2020
中国饲料工业年鉴

农业农村部畜牧兽医局
全　国　畜　牧　总　站　编
中　国　饲　料　工　业　协　会

中国农业出版社
北　京

《中国饲料工业年鉴》（2020）
编辑委员会

2019年4月18日，由中国饲料工业协会、全国畜牧总站主办，以“转型升级　绿色发展”为主题的2019中国饲料工业展览会在广西南宁举办。展会贯彻高质量发展要求，集中展示饲料行业的新产品、新技术、新工艺、新设备、新业态。农业农村部副部长于康震出席展会开幕式并参观展览。

2019年4月18日，由中国饲料工业协会、全国畜牧总站主办的2019中国饲料工业展览会在广西南宁举办。农业农村部副部长于康震（左2）视察展会现场。

2019年11月25～26日，中国饲料工业协会第七届理事会会议暨2019年年会在北京召开。农业农村部副部长于康震出席会议并讲话，农业农村部总畜牧师马有祥，畜牧兽医局局长杨振海，中国饲料工业协会会长、中国工程院院士李德发，全国畜牧总站站长、中国饲料工业协会秘书长王宗礼等领导出席会议，协会理事单位及会员代表400余人参加了会议。

2019年11月25日，中国饲料工业协会第七届理事会会议暨2019年年会在北京召开。农业农村部副部长于康震出席会议并讲话。

2019年11月22日，农业农村部新闻办公室举行例行新闻发布会，介绍10月份生猪生产形势。农业农村部畜牧兽医局局长杨振海介绍有关情况，并回答记者提问。

2019年11月25日，中国饲料工业协会第七届理事会会议暨2019年年会在北京召开。全国畜牧总站站长、中国饲料工业协会秘书长王宗礼作《中国饲料工业协会第七届理事会工作报告（审议稿）》。

2019年11月7日，农业农村部畜牧兽医局副局长魏宏阳出席2019年四川省饲料行业年会，并发表讲话。他指出，当前防控非洲猪瘟以及药物饲料添加剂退出是饲料行业共同面对的重大课题；养殖端的新变化和新要求，既是饲料行业转型的动力、又是压力；面对防非禁抗，让饲料产品高质量、让产业充满活力是全行业的共同使命，希望饲料行业继续群策群力，在实践中不断创新，在畜牧业高质量发展中发挥出更大的作用。

2019年8月20日，广西壮族自治区主席陈武（前排左2）视察广西扬翔股份有限公司并召开自治区非洲猪瘟防控工作指挥部（扩大）会议。他指出，要高度关注防控工作中面临的一些新的苗头性、倾向性、典型性问题，着力防范思想麻痹松劲、整改问题反弹、内外疫情传入、猪肉供给不足等风险。

2019年8月20日，福建省政协副主席、省工商联主席王光远(前排左2)考察天马科技集团。

2019年1月15日，广东省饲料行业协会在广东顺德召开六届五次会长办公会暨饲料企业环保排放专题研讨会，全省40多家饲料企业代表参加会议。

2019年1月17日，陕西省饲料工业发展与环保政策落实对接座谈会在西安召开。陕西省饲料工作总站邀请省生态环境厅、省耕地质量与农业环境保护工作站相关同志到会指导。会议明确了生态环境部门对饲料企业在环境保护方面的具体规定、要求，统一了政策执行的尺度和标准；对饲料企业执行环境保护政策存在的难点、热点、焦点问题进行了答疑解惑。

2019年3月6日，陕西省饲料工业工作暨行业新规培训会在西安召开。会议以“提高站位立足新职能 担当履职实现新作为 努力推进指导全省饲料行业发展工作取得新成效”为主题，全面总结了2018年全省饲料工业发展工作的突出亮点与特点，回顾了2018年推进重点工作取得的成效，对2019年全省饲料工业发展工作进行了具体安排。

2019年3月21～22日，云南省饲料工业协会在昆明举办了2019年饲料质量安全管理规范培训班。

2019年4月9日，海南省在琼海召开全省饲料行业第一季度形势分析暨提升非洲猪瘟防控能力培训会，邀请专家讲授如何做好防控非洲猪瘟的生物安全工作，70多名饲料管理人员参会。

2019年4月11日，山东省畜牧兽医局和省饲料行业协会联合公布了“山东饲料改革开放四十年先进个人”名单，并为获奖人员颁奖。

2019年4月12日，湖北省饲料工业协会第六届会员代表大会暨2019年年会在武汉召开，省农业农村厅畜牧兽医处处长何年华参加本次会议并作重要讲话，湖北省饲料工业协会会长詹志春作了第五届理事会工作报告。

2019年4月12日，湖北省饲料监管培训会议在武汉召开，会议组织学习了《省人民政府关于印发湖北省推进“证照分离”改革试点工作实施方案的通知》（鄂政发〔2018〕6号）精神，研究并制定了《关于加强饲料和饲料添加剂生产许可证核发事中事后监管工作实施方案》。

2019年4月13～14日，京津冀豫闽饲料工业协会领导及相关企业人员一行到广西富凤集团、广西商大科技股份有限公司等进行考察和交流。

2019年4月16日，全国畜牧总站、中国饲料工业协会在广西南宁举办2019中国饲料发展论坛。本次论坛以“增强内生动力，提升发展质量，加快转型升级”为主题，旨在深化畜牧业供给侧结构性改革，推进畜牧业转型升级，提升综合生产能力和核心竞争力。行业领导、知名专家学者、企业人员600多名代表参加。

2019年4月30日，海南省召开全省饲料行业非洲猪瘟防控工作汇报会，省农业农村厅饲料兽药管理处负责人、省饲料兽药行业协会会长和秘书长及20多家畜禽饲料生产企业主要负责人参加会议。

2019年5月14日，新疆生产建设兵团组织专家对新疆天康饲料有限公司进行续展现场审核。

2019年5月15日，正虹科技与阿里巴巴签约搭建“N+1”数字采购平台，旨在拓宽采购渠道，优化采购流程，提高采购效率，降低企业成本。

2019年5月22日，农业农村部、山东省人民政府在山东省寿光市共同举办2019年全国放心农资下乡进村宣传周现场咨询活动。饲料兽药企业积极参与放心农资下乡宣传活动。

2019年5月22日，广西壮族自治区在南宁举行2019年全区饲料和饲料添加剂生产许可评审专家法规宣贯培训班。全区饲料和饲料添加剂生产许可证评审专家、各市农业农村局负责饲料管理的工作人员等120余人参加了本次培训。

2019年6月3～4日，2019年江苏省饲料工业协会年会在南京召开。会议以“回眸卓越四十年　开创绿色新未来”为主题，总结改革开放四十年来江苏饲料工业发展成就，分析发展形势，探索发展思路，并对全省饲料行业优秀企业和先进个人进行表彰。

2019年6月4日，江苏省农业农村厅召开全省饲料管理工作会议，江苏省各市、县（区）农业农村局分管负责人、饲料管理人员和部分企业代表350多人参加会议。会议总结了2018年饲料、生鲜乳、“瘦肉精”管理工作，分析当前形势，部署2019年监管工作。

2019年6月5日，广东省召开全省饲料质量安全监管工作座谈会，分析研判饲料质量安全形势，布置质量安全监管工作。

2019年7月8～10日，山东省畜牧兽医局副局长高强生（前排左3）带领省饲料兽药处、饲料检验所、兽药检验所一行到临沂、日照等市（区、县）对部分饲料兽药生产企业、养殖场进行调研。

2019年7月12日，在宁夏农业农村厅饲料行业主管领导和部门的大力支持下，第三届宁夏饲料工业协会理事会代表大会在银川成功召开，会议选举产生了新一届领导班子和成员。

2019年7月19日，宁夏伊品生物科技股份有限公司李德发院士专家工作站在宁夏永宁县建成揭牌，成为继宁夏大北农科技实业有限公司之后建成的宁夏回族自治区第二个饲料和饲料添加剂院士专家工作站。

2019年7月21至10月31日，海南省实施全省饲料行业安全生产风险隐患百日整治行动，对饲料企业进行安全生产检查工作。

2019年8月2日，由河北生猪健康养殖联盟、河北省生猪产业技术体系创新团队共同主办，河北方田饲料有限公司、河北畜牧网联合承办的以“产业　生存　创新　发展”为主题的“2019首届雄安猪业高峰论坛暨后非洲猪瘟时代恢复产能稳定生产会议”在雄安市民服务中心会议中心隆重召开，业界专家、学者以及相关业界同仁1 300多人参会。

2019年8月16日，禾丰集团代表参观考察辽宁菲迪饲料科技有限责任公司。

2019年8月20至9月28日，2019年湖北省饲料质量安全管理规范培训班分别在武汉、荆州、襄阳、黄冈、宜昌、荆门、咸宁、黄石、随州、鄂州、孝感举办11场次，共为全省饲料企业培训各类技术人员660余人次。

2019年8月23日，云南省2019畜牧业投入品监管培训班在昆明召开。培训主要围绕奶业政策及监管系统维护、兽药可追溯使用及规模养殖场可追溯系统的建立、畜产品抽样及兽药残留注意事项、兽药及抗生素药物减量化创建示范、饲料质量安全监管等内容进行。

2019年8月26日，由全国畜牧总站和中国农业科学院北京畜牧兽医研究所共同组织举办的第三届中国青贮饲料质量评鉴大赛在内蒙古呼和浩特举行。国内外20多名专家对采集的631个青贮样品进行现场评鉴，通过感官评价及检验数据分析，共评选出了10名金奖和10名银奖。

2019年9月5～6日，吉林省畜牧业管理局在长春市会展中心举办了全省饲料和饲料添加剂监督执法培训班。培训班主要是针对机构改革后市、县饲料行业监管人员调整变化较大，基层执法人员法规知识不够、执法程序不熟、法律条款了解不全等实际问题开展培训。各市（州）、长白山管委会及各县（市、区）畜牧业管理局饲料行政管理人员、饲料监督执法人员150余人参加了培训。

2019年9月5～6日，广东省举办全省饲料生产许可现场审核培训班，提升专家现场审核工作能力，规范现场审核行为。

2019年9月9～10日，安徽省举办2019年度饲料质量安全管理规范培训班，探讨未来饲料质量安全监控技术发展趋势，加强企业风险管控意识，交流质量控制经验。来自有关市、县畜牧管理部门以及饲料生产企业的质量安全管理人员等200余人参加了此次培训。

2019年9月9～15日，河南省饲料添加剂协会落实“一带一路”倡议，组织企业赴巴基斯坦交流考察。

2019年9月11日，由大连商品交易所主办的2019中国玉米产业大会在辽宁大连召开。大会以“新形势、新工具、新融合”为主题，邀请多位政府部门，学界、产业界的代表和嘉宾，围绕“中美贸易摩擦对中国农业发展的影响”“完善玉米产业链品种 期现结合促功能发挥”等7个市场关注的热点话题进行了交流。

2019年9月21日，宁夏回族自治区饲料工作站举办了全区饲料质量安全监管工作会议暨法规培训班，布置了近期饲料监管重点任务，强调要把饲料监管作为农产品质量安全问题专项整治工作的重中之重迅速安排部署。

2019年10月10～21日，2019年农业农村部专家组在湖北省武汉、荆州等11个市州展开饲料质量“双随机”检查。

2019年10月12日，辽宁省农业农村厅在营口举办了辽宁省畜禽养殖减抗实用技术培训班。农业农村部畜牧兽医局药政药械处处长谷红（左2）、辽宁省农业农村厅兽药饲料处处长张建勋（左3）出席本次培训班。各市农业农村局、农业发展服务中心主管人员以及饲料生产企业技术负责人、国家及省级养殖减抗示范企业负责人共计130余人参加培训。

2019年10月17日，禾丰牧业董事长金卫东陪同辽宁省常务副省长陈向群率领的代表团到禾丰战略合作伙伴——荷兰皇家德赫斯公司考察交流。

2019年10月19日，国家饲料质量监督检验中心在新疆生产建设兵团开展抽样工作。

2019年10月24日，全国饲料工业统计信息系统培训班在四川成都举办，来自各省级及部分地市级饲料管理部门、10家饲料集团企业的统计工作人员等70余人参加了此次培训。农业农村部畜牧兽医局饲料饲草处处长黄庆生指出，各省要适应行业管理和产业发展新形势新要求，创新和改进工作方式方法，抓紧推进监管监测一体化，以监管促进监测，用监测结果推动监管，相互促进，相得益彰，要提高做好新时期饲料统计监测工作重要性的认识，继续努力做好统计工作。

2019年10月30日至11月1日，新疆生产建设兵团农业农村局在乌鲁木齐市举办了2019年兵团饲料质量安全规范及饲料工业信息系统填报培训班。

2019年11月3日，以“新趋势、新思考、新行动”为主题的2019广西动物营养学术年会暨广西饲料工业协会第二届邕江论坛在南宁召开。大会由广西饲料工业协会、广西畜牧兽医学会动物营养与饲料学分会联合主办，来自全国知名专家、学者，企业管理与生产者约480人参加会议。

2019年11月5～7日，为提升饲料行业管理人员能力素质，农业农村部畜牧兽医局在陕西省西安市鄠邑区韩村举办了全国饲料行政执法培训班。农业农村部畜牧兽医局副局长魏宏阳，全国畜牧总站、中国饲料工业协会副书记、纪委书记聂善明，畜牧兽医局饲料饲草处处长黄庆生等有关领导及专家应邀进行专题讲座。来自全国各省（市、区）饲料行政管理部门、饲料质检机构以及承担饲料行政许可工作的地市或县级管理部门有关人员等160余人参加了本次培训。

2019年11月5～7日，全国饲料行政执法培训班在西安市鄠邑区东韩村举办，农业农村部畜牧兽医局副局长魏宏阳参加开幕式并讲话。他指出，此次培训班是新一轮党和国家机构改革后以饲料行政执法为主题在全国召开的第一个培训班，也是全国饲料行业贯彻落实“放管服”改革的一项重要举措；各级农业农村部门要尽快适应新形势下行政部门对饲料行业监管工作的新要求，积极调整饲料行业行政执法思路，全面做好饲料类行政审批工作，确保饲料产业健康有序发展。

2019年11月7～8日，2019年四川省饲料行业年会在四川成都举行。本届年会由四川省饲料工业协会主办、通威公司承办，以“防非禁抗 创新转型”为主题，聚焦畜牧饲料行业提质增效、减抗替抗减排、防非复产等热点难点问题进行了专题学术报告与技术交流。农业农村部畜牧兽医局副局长魏宏阳，四川省农业农村厅总畜牧师赵勇、省畜牧食品局原局长屈坤宁、中国饲料工业协会副会长蔡辉益研究员、厅饲料兽药处处长周朝华等领导与高校科研单位和四川省大中型企业负责人500人参会。

2019年11月8日，2019年四川省饲料行业年会在四川成都举行。大会表彰了年度“四川省饲料行业十大领航企业”“四川省饲料行业十大质量标杆企业”，畜科公司等10家企业荣膺“四川省饲料行业十大领航企业”殊荣。

2019年11月20日，2019全国饲料生产形势分析会在海口召开。会议深入分析了2019年饲料生产、饲料原料供求变化及畜禽养殖等领域生产形势、存在的问题与发展建议。农业农村部畜牧兽医局饲料饲草处处长黄庆生对2020年饲料行业管理工作提出了具体要求：一要认真落实“放管服”改革要求，根据饲料行业的现实情况和发展需要，创新方式方法，着力围绕规范行业秩序、营造良好发展氛围做好饲料行业管理工作。二要为企业做好服务，加强一线调研，及时了解企业困难和诉求，尽力做好帮扶工作。三要加强饲料质量安全监管，特别是针对混合型饲料添加剂要进一步强化监管，近期农业农村部将研究制定相关标准，为监督执法提供更有效的规范支撑。

2019年11月23日至12月27日，2019年湖北省饲料质量安全“双随机”检查在武汉、黄冈等15个市进行，共检查企业17家。

2019年11月25～26日，中国饲料工业协会第七届理事会会议暨2019年年会在北京召开。农业农村部畜牧兽医局、市场经济与信息司有关负责同志，部分行业企业家和知名专家就饲料工业形势与任务、应对中美经贸摩擦、玉米供求趋势、饲料加工研究、饲用酶制剂研发等作精彩报告。

2019年11月29日，在湖南省工业和信息化厅主办的2019年湖南省智能制造对接合作推进会上，湖南普菲克生物科技有限公司获湖南省智能制造示范车间并授牌。

2019年12月6日，广东省饲料行业协会七届一次会员代表大会在广东东莞召开，选举产生了第七届理事会。

2019年12月6～7日，2019年广东省饲料行业年会在广东东莞成功召开。会议期间，举办了“第三届广东省无抗饲料产业技术联盟技术大会暨2019年技术总监峰会”“第六届广东饲料科学技术大会”两场科技论坛，成立了广东省饲料行业协会油脂分会、广东省饲料行业协会微生态制剂分会。

2019年12月12日，由中国畜牧兽医学会主办的中国维生素产业发展高层论坛在江西省南昌市举行，传递新形势下行业发展与价值链重塑等信息。农业农村部畜牧兽医局饲料饲草处调研员李大鹏莅临会议，并发表主题演讲。

2019年12月12日，全国畜牧总站在北京召开新饲料和新饲料添加剂评审会。农业农村部畜牧兽医局副局长魏宏阳，全国畜牧总站饲料评审处和评审委员会专家参加会议。

2019年12月18日，江西省在南昌举办全省饲料质量安全管理规范及法律法规培训班。各区市、省直管试点县畜牧兽医（畜牧水产）局或饲料办分管领导、饲料生产企业管理人员、饲料工业统计系统填报员等330余人参加了培训班。

2019年12月24日，全国畜牧总站在北京召开2019年第一次饲料原料和饲料添加剂品种审定咨询会，全国畜牧总站纪委书记聂善明，农业农村部畜牧兽医局饲料饲草处处长黄庆生、调研员李大鹏，全国畜牧总站饲料评审处处长胡广东及评审委员会专家参加会议。

2019年12月27～28日，由安徽省饲料与健康养殖行业协会主办的2019年安徽省饲料与健康养殖行业协会年会暨成立20周年纪念大会在安徽合肥举行。全国畜牧总站、中国饲料工业协会副书记、纪委书记聂善明，原安徽省畜牧兽医局局长、原会长董卫星，安徽省农业农村厅畜牧处副处长王明辉等领导及各行业同仁近400人共谋行业发展。

2019年12月27日，在2019年安徽省饲料与健康养殖行业协会年会暨成立20周年纪念大会上，宣城木子禽业专业合作社、安徽新华畜牧科技有限公司和安徽展羽生态农业开发有限公司等10家企业荣获“安徽省十佳饲料产业融合企业”。

2019年12月27日，陕西省饲料工业统计分析与监测预警专题培训班在陕西西安举办。中国饲料工业协会信息中心高级项目数据分析师陆泳霖围绕“饲料统计分析”主题，从统计分析工作规律和特点、饲料统计监测预警分析工作方法和写作技巧等方面全面系统地进行专题授课，来自陕西省各市县级管理部门73人参加培训。

畜牧兽医局、全国畜牧总站/中国饲料工业协会

<table>
<tr><th colspan="2">单　位</th><th>电　话</th><th>传　真</th><th>地　址</th><th>E-mail</th></tr>
<tr><td rowspan="2">畜牧兽医局</td><td>综合处</td><td>(010) 59192844
59192835</td><td>(010)
59192869</td><td rowspan="2">北京市朝阳区农展馆南里 11 号(100125)</td><td rowspan="2">xmjslch@agri.gov. cn</td></tr>
<tr><td>饲料饲草处</td><td>(010) 59192872
59191800
59193306
59192831</td><td>(010)
59192848</td></tr>
<tr><td rowspan="8">全国畜牧总站/中国饲料工业协会</td><td>办公室</td><td>(010) 59194778
59194608
59194760</td><td>(010)
59194611</td><td rowspan="8">北京市朝阳区麦子店街 20 号楼(100125)</td><td>bgsh-nahs@agri. gov. cn</td></tr>
<tr><td>人事处
(党委办公室)</td><td>(010) 59194589</td><td>(010)
59194611</td><td>rsch-nahs@agri. gov. cn</td></tr>
<tr><td>财务处</td><td>(010) 59194792
59194689</td><td>(010)
59194611</td><td>cwch-nahs@agri. gov. cn</td></tr>
<tr><td>项目与资产管理处</td><td>(010) 59194581
59195113</td><td>(010)
59194611</td><td>xmyzcglch-nahs@agri. gov. cn</td></tr>
<tr><td>国际合作处</td><td>(010) 59194753</td><td>(010)
59194611</td><td>gjhzch-nahs@agri. gov. cn</td></tr>
<tr><td>行业统计分析处</td><td>(010) 59194369
59194643</td><td>(010)
59194611</td><td>hytjfxch-nahs@agri. gov. cn</td></tr>
<tr><td>体系建设与推广处</td><td>(010) 59194712
59194606
59194618
59194755</td><td>(010)
59194611</td><td>txjsytgch-nahs@agri. gov. cn</td></tr>
<tr><td>质量标准与认证处(无公害畜产品认证中心)</td><td>(010) 59194657
59194645
59191485</td><td>(010)
59194779</td><td>zlbzyrzch-nahs@agri. gov. cn</td></tr>
</table>

（续）

单　位		电　话	传　真	地　址	E-mail
全国畜牧总站/中国饲料工业协会	牧业发展处	（010）59194610	（010）59194611	北京市朝阳区麦子店街 20 号楼（100125）	myfzch-nahs@agri. gov. cn
	草业处（全国草品种审定委员会办公室）	（010）59195177 59194616 59194721	（010）59194611		cych-nahs@agri. gov. cn
	饲料行业指导处	（010）59194709 59194594	（010）59194591		slhyzdch-nahs@agri. gov. cn
	奶业与畜产品加工处	（010）59194420	（010）59194611		nyyxcpjgch-nahs@agri. gov. cn
	协会工作处	（010）59194789 59194586	（010）59194611		xhgzch-nahs@agri. gov. cn
	饲料评审处（全国饲料评审委员会办公室）	（010）59194650 59194438	（010）59194584		slpsch-nahs@agri. gov. cn
	畜禽资源处（国家畜禽遗传资源委员会办公室）	（010）59194754 59194625	（010）59194375		xqzych-nahs@agri. gov. cn
	信息中心	（010）59194761 59194684 59194617 62145462	（010）59194611		xxzx-nahs@agri. gov. cn xxzx427@163. com
	农业农村部全国草业产品质量监督检验测试中心	（010）60481123	（010）60480301		
	农业农村部种畜品质监督检验测试中心	（010）62894845	（010）62894803	北京市海淀区圆明园西路 2 号中国农科院畜牧所院内（100094）	

前言

2019年，受生猪产能下滑和国际贸易形势变化等因素影响，全国工业饲料产值和产量下降，产品结构调整加快，饲料添加剂产品稳步增长，规模企业经营形势总体平稳。

全国工业饲料总产量22 885.4万t，同比下降3.7%。其中，配合饲料21 013.8万t，同比下降3.0%；浓缩饲料1 241.9万t，同比下降12.4%；添加剂预混合饲料542.6万t，同比下降10.6%。2019年，饲料产量超千万吨省份9个，比上年减少2个，按产量排序分别为山东、广东、广西、辽宁、江苏、河北、湖北、四川、湖南，合计产量占全国总产量的66.4%。全国有12个省份产量同比增长，其中贵州、云南、甘肃、宁夏、新疆等5个西部省份增幅超过20%。

全国饲料工业总产值8 088.1亿元，同比下降9.0%；营业收入7 780.0亿元，同比下降10.5%。其中，饲料产品产值7 097.7亿元、营业收入6 858.5亿元，同比分别下降9.8%、11.5%；饲料添加剂产品产值839.3亿元、营业收入763.4亿元，同比分别下降12.4%、13.4%；饲料机械总产值47.8亿元、营业收入60.5亿元，同比分别下降19.3%、1.4%；宠物饲料产品产值103.3亿元，营业收入97.6亿元。

《中国饲料工业年鉴（2020）》（以下简称《年鉴》）比较翔实地记录了2019年我国饲料工业及其相关行业的发展情况。

《年鉴》全文主要包括六个部分，即综合篇、专题篇、地方篇、企业篇、统计资料和大事记。另外，在正文之前以图文并茂的形式介绍了领导视察、行业发展、企业采风、政务联络等内容。综合篇包括2019年发布实施的政策法规等；专题篇包括2019年饲料加工工业概况、主要饲料产品及原料工业概况、饲料添加剂工业概况、饲料机械制造工业概况、饲料工业许可证管理、饲料质量安全管理、饲料质量监督与检测、科技与推广、饲料行业职业技能鉴定、饲料工业标准化、饲料工业质量认证；地方篇包括了除香港、澳门、台湾以外的全国所有省（自治区、直辖市）饲料工业概况；企业篇包括重点企业经验介绍和企业简介；统计资料包括全国饲料工业统计资料、主要饲料原料进出口情况；大事记主要包括农业农村部畜牧兽医局饲料饲草处、中国饲料工业协会以及各地饲料工作办公室、饲料工业协会在

2019 年的主要工作与取得的成绩。

《年鉴》图片部分从不同侧面反映了行业的发展，文字内容丰富，覆盖面广，史料性强，是饲料行业行政事业单位、检测机构、科研机构等单位所必备的工具书。《年鉴》的专题篇和地方篇撰稿人主要是各饲料行业主管部门和行业相关专家学者。

《年鉴》反映的各省（自治区、直辖市）和有关企业情况等文字材料及图片部分，只要涉及排序，均按时间排列；农业农村部畜牧兽医局饲料饲草处、中国饲料工业协会和各省（自治区、直辖市）提供的大事记，除按全国省份的行政区划排序外，均按时间排序。

《中国饲料工业年鉴》编辑部

2020 年 5 月 20 日

目 录

前言

综 合 篇

专 题 篇

地　方　篇

企　业　篇

统 计 资 料

大 事 记

综合篇

2019年全国饲料工业发展概况

2019年，受生猪产能下滑和国际贸易形势变化等影响，全国工业饲料产值和产量下降，产品结构调整加快，饲料添加剂产品稳步增长，规模企业经营形势总体平稳。

一、饲料工业总产值

全国饲料工业总产值8 088.1亿元，同比下降9.0%；营业收入7 780.0亿元，同比下降10.5%。其中，饲料产品产值7 097.7亿元、营业收入6 858.5亿元，同比分别下降9.8%、11.5%；饲料添加剂产品产值839.3亿元、营业收入763.4亿元，同比分别下降12.4%、13.4%；饲料机械总产值47.8亿元、营业收入60.5亿元，同比分别下降19.3%、1.4%；宠物饲料产品产值103.3亿元，营业收入97.6亿元。

二、工业饲料总产量

全国工业饲料总产量22 885.4万t，同比下降3.7%。其中，配合饲料21 013.8万t，同比下降3.0%；浓缩饲料1 241.9万t，同比下降12.4%；添加剂预混合饲料542.6万t，同比下降10.6%。分品种看，猪饲料7 663.2万t，同比下降26.6%，其中仔猪、母猪、育肥猪饲料分别下降39.2%、24.5%、15.9%；蛋禽饲料3 116.6万t，同比增长9.6%，其中蛋鸭、蛋鸡饲料分别增长27.2%、1.8%；肉禽饲料8 464.8万t，同比增长21.0%，其中肉鸡、肉鸭饲料增长17.9%、25.2%；反刍动物饲料1 108.9万t，同比增长9.0%，其中肉牛、奶牛、肉羊饲料分别增长32.5%、0.8%、7.8%；宠物饲料产量87.1万t，同比增长10.8%；水产饲料2 202.9万t，同比增长0.3%；其他饲料241.9万t，同比增长29.5%。在饲料总产量中，猪饲料占比从2018年的43.9%下降到33.5%，禽饲料占比从2018年的41.4%上升到50.6%。

三、饲料添加剂产量

全国饲料添加剂产量1 199.2万t，同比增长8.2%。其中，直接制备饲料添加剂1 130.2万t，同比增长7.6%；生产混合型饲料添加剂69万t，同比增长20.0%。氨基酸、维生素和矿物元素产量分别为330万t、127万t、590万t，同比分别增长10.5%、14.7%、4.1%。酶制剂和微生物制剂产量继续快速增长，同比增幅分别为16.6%、19.3%。

四、集约化经营情况

全国10万t以上规模饲料生产厂621家，比2018年减少35家；饲料产量10 659.7万t，同比增长3.7%，在全国饲料总产量中的占比为46.6%，较2018年增长3.3个百分点。全国有7家生产厂的年产量超过50万t，比2018年减少1家，单厂最大产量110.7万t。年产百万t以上规模的饲料企业集团31家，在全国饲料总产量中的占比为50.5%，其中有3家企业集团年产量超过1 000万t。

五、区域布局变化情况

全国饲料产量超千万吨的省份 9 个，比 2018 年减少 2 个，按产量排序分别为山东、广东、广西、辽宁、江苏、河北、湖北、四川、湖南。其中，山东省产量达 3 778.9 万 t，同比增长 5.9%；广东省产量2 923.8 万 t，同比下降 8.3%；山东和广东两省饲料产品总产值继续保持在千亿以上，分别为 1 057 亿元和 1 009 亿元。全国有 12 个省份产量同比增长，其中贵州、云南、甘肃、宁夏、新疆 5 个西部省份增幅超过 20%。

六、企业经营调整情况

2019 年猪饲料生产厂数量 5 432 家，比 2018 年减少 238 家；家禽饲料生产厂数量 4 848 家，比 2018 年增加 313 家；反刍和宠物饲料生产厂也分别比 2018 增加 68 家和 38 家。全国散装饲料总量 4 414.3 万 t，同比增长 5.4%；在饲料总产量中的占比为 19.3%，比上年提高 1.7 个百分点。

（黄庆生）

2018 年度饲料工业统计数据根据《全国饲料工业统计调查制度》（农办牧〔2019〕24 号）实施的全覆盖统计结果进行了修正，重新发布修正后数据。

政 策 法 规

中华人民共和国农业农村部公告

第 123 号

依据《饲料和饲料添加剂管理条例》，我部组织全国饲料评审委员会对广州市科虎生物技术研究开发中心申报的扩大姜黄素适用范围事项进行评审，决定将姜黄素的适用范围扩大至肉仔鸡，在肉仔鸡配合饲料中的推荐添加量为50～150mg/kg，最高限量为150mg/kg（以干物质含量为88％的配合饲料为基础）。

上述修订意见自本公告发布之日起执行。各级饲料管理部门在办理有关姜黄素的行政审批、监督执法事项时，以本公告为准。

农业农村部

2019年1月15日

农业农村部办公厅关于实施添加剂预混合饲料和混合型饲料添加剂产品备案管理的通知

农办牧〔2019〕32号

各省、自治区、直辖市农业农村（农牧、畜牧兽医）厅（局、委），新疆生产建设兵团农业农村局：

为贯彻落实《国务院关于取消和下放一批行政许可事项的决定》（国发〔2019〕6号）要求，加强添加剂预混合饲料和混合型饲料添加剂产品生产监管，促进饲料行业健康有序发展，我部将实施添加剂预混合饲料和混合型饲料添加剂产品备案管理，现将有关事项通知如下。

一、添加剂预混合饲料和混合型饲料添加剂生产企业（以下简称“生产企业”）生产相关产品不再申请产品批准文号，省级饲料管理部门不再审批核发相关产品批准文号。

二、生产企业应当在产品投入生产前，将产品信息通过添加剂预混合饲料和混合型饲料添加剂备案系统（以下简称“备案系统”）进行网络在线备案。定制产品依照本通知要求进行网络在线备案。

三、省级饲料管理部门负责本行政区域混合型饲料添加剂和添加剂预混合饲料产品备案管理工作，定期抽查企业备案情况，组织市、县级饲料管理部门督促生产企业按照本通知要求实施备案，按照“双随机、一公开”要求对生产企业备案工作进行监督检查。

四、生产企业进行备案时，应当在线提交产品配方、产品质量标准、产品标签样式和使用说明等材料。饲料管理部门工作人员应当对生产企业提交的需要保密的技术资料保密。

五、生产企业存在应备案而未备案情形的，依据相关法律法规进行处罚。

六、生产企业的生产许可证被吊销、撤销、撤回、注销的，备案系统将废止该企业所有产品备案信息，并对相关信息进行公示。

七、备案系统正式上线运行前，生产企业可先行组织生产。备案系统上线运行后，再进行网络在线补录备案。

农业农村部办公厅

2019年3月29日

中华人民共和国农业农村部公告

第 162 号

据《饲料和饲料添加剂管理条例》和《新饲料和新饲料添加剂管理办法》的规定，批准四川省畜科饲料有限公司申请的柠檬酸铜为新饲料添加剂，并准许在中华人民共和国境内生产、经营和使用（新产品目录见附件 1），核发饲料和饲料添加剂新产品证书，同时发布产品标准、说明书和标签（见附件 2）。产品标准、说明书和标签自发布之日起执行。

特此公告。

附件：1. 饲料和饲料添加剂新产品目录（2019—01）

2. 柠檬酸铜产品标准、说明书和标签

农业农村部

2019 年 4 月 16 日

附件 1

饲料和饲料添加剂新产品目录（2019—01）

证书编号	新饲证字（2019）01 号	
申请单位	四川省畜科饲料有限公司	
通用名称	柠檬酸铜	
英文名称	Cupric Citrate	
主要成分	柠檬酸铜	
产品类别	矿物元素及其络（螯）合物	
产品来源	柠檬酸与碱式碳酸铜反应制得	
适用动物	断奶仔猪	
在配合饲料中的推荐添加量	30～60mg/kg（以铜元素计）	
在配合饲料中的最高限量（以干物质含量为 88%的配合饲料为基础）	60mg/kg（以铜元素计）	
质量要求	外观和性状	绿色或蓝绿色粉末，无味
	柠檬酸铜（$C_6H_4O_7Cu_2 \cdot 2.5H_2O$）/%	98.0～104.0
	铜（Cu）/%	34.5～36.7
	柠檬酸盐（以 $C_6H_5O_7^{3-}$ 计）/%	≥51.0
	总砷（As）/(mg/kg)	≤4
	铅（Pb）/(mg/kg)	≤5
	汞（Hg）/(mg/kg)	≤0.2
	镉（Cd）/(mg/kg)	≤0.1
	硫酸盐（以 SO_4^{2-} 计）/%	≤0.5
	粒度（250μm 试验筛通过率）/%	≥98.0

附件 2

饲料添加剂　柠檬酸铜

1　范围

本标准规定了饲料添加剂柠檬酸铜的技术要求、取样、试验方法、检验规则、标签、包装、运输、贮存和保质期。

本标准适用于以柠檬酸与碱式碳酸铜为原料，经化学反应制得的饲料添加剂柠檬酸铜。

分子式：$C_6H_4O_7Cu_2 \cdot 2.5H_2O$

相对分子质量：360.22（按 2014 年国际相对原子质量计）

2　规范性引用文件

下列文件对于本文件的应用是必不可少的。凡是注日期的引用文件，仅所注日期的版本适用于本文件。凡是不注日期的引用文件，其最新版本（包括所有的修改单）适用于本文件。

GB/T 601 化学试剂　标准滴定溶液的制备

GB/T 602 化学试剂　杂质测定用标准溶液的制备

GB/T 603 化学试剂　试验方法中所用制剂及制品的制备

GB/T 5917.1 饲料粉碎粒度测定　两层筛筛分法

GB/T 6682 分析实验室用水规格和试验方法

GB/T 8170 数值修约规则与极限数值的表示和判定

GB 10648 饲料标签

GB/T 13079 饲料中总砷的测定

GB/T 13080 饲料中铅的测定　原子吸收光谱法

GB/T 13081 饲料中汞的测定

GB/T 13082 饲料中镉的测定方法

GB/T 14699.1 饲料　采样

3　技术要求

3.1　外观和性状

绿色或蓝绿色粉末，无味。

3.2　技术指标

应符合表 1 规定。

表 1　技术指标

项　　目	指　标
柠檬酸铜（$C_6H_4O_7Cu_2 \cdot 2.5H_2O$）/%	98.0～104.0
铜（Cu）/%	34.5～36.7
柠檬酸盐（以 $C_6H_5O_7^{3-}$ 计）/%	≥51.0
总砷（As）/(mg/kg)	≤4
铅（Pb）/(mg/kg)	≤5
汞（Hg）/(mg/kg)	≤0.2

（续）

项　目	指　标
镉（Cd）/（mg/kg）	≤0.1
硫酸盐（以 SO_4^{2-} 计））/%	≤0.5
粒度（250μm 试验筛通过率）/%	≥98.0

4　取样

按 GB/T 14699.1 规定执行。

5　试验方法

本标准所用试剂和水，在未注明其他要求时，均指分析纯试剂和 GB/T 6682 中规定的三级水；所述溶液若未指明溶剂，均系水溶液；所有滴定分析用标准溶液按 GB/T 601 配制和标定；所有杂质测定用标准溶液按 GB/T 602 配制；所有试验方法中所用制剂及制品按 GB/T 603 配制。

5.1　感官检验

取适量试样放置于清洁、干燥的白瓷盘内，于自然光线下观察其色泽和状态，嗅其味。

5.2　鉴别

5.2.1　试剂和溶液

5.2.1.1　硝酸溶液：2mol/L。

5.2.1.2　硫酸汞溶液：1mol/L。

5.2.1.3　高锰酸钾溶液：1mol/L。

5.2.1.4　亚铁氰化钾溶液（100g/L）：称取 10g 亚铁氰化钾，加适量水溶解后定容至 100mL。

5.2.2　柠檬酸的鉴别

称取试样约 0.5g（精确至 0.000 2g）溶于 10mL 水和 2.5mL 硝酸溶液（5.2.1.1）混合液中，加 1mL 硫酸汞溶液（5.2.1.2），加热至沸腾，再加 1mL 高锰酸钾溶液（5.2.1.3），即产生白色沉淀物。

5.2.3　铜的鉴别

称取试样约 0.5g（精确至 0.000 2g），加 20mL 水溶解。取 10mL 此溶液，加入 0.5mL 新配制的 100g/L 亚铁氰化钾溶液（5.2.1.4），振摇，生成红棕色沉淀，此沉淀不溶于稀酸。

5.3　柠檬酸铜和铜含量的测定

5.3.1　原理

试样用盐酸溶液溶解，在酸性条件下，二价铜离子与碘化钾作用析出等当量碘，以淀粉为指示剂，用硫代硫酸钠标准滴定溶液滴定。从消耗硫代硫酸钠标准滴定溶液的体积，计算试样中铜和柠檬酸铜含量。

5.3.2　试剂和溶液

5.3.2.1　碘化钾。

5.3.2.2　盐酸溶液：1+1。

5.3.2.3　硫代硫酸钠标准滴定溶液［c（$Na_2S_2O_3$）=0.1mol/L］：按 GB/T 601 规定配制。

5.3.2.4　淀粉指示剂：10g/L。

5.3.3　试验步骤

准确称取试样 0.5g（精确至 0.000 2g）置于 250mL 碘量瓶中，加盐酸溶液（5.3.2.2）10mL，试样溶解后加水 50mL，加碘化钾（5.3.2.1）3g，摇匀后，于暗处静置 5min，用硫代硫酸钠标准滴定溶液（5.3.2.3）滴定，直至溶液变成淡黄色时，加入 3mL 淀粉指示剂（5.3.2.4），继续滴定至蓝色消失，即为终点。

同时，另取 250mL 锥形瓶，做空白试验，除不加入试样外，其他操作及加入试剂的种类和数量均与测定试验相同。

5.3.4 结果计算与表示

试样中铜或柠檬酸铜含量 W_1 以质量分数（%）表示，按式（1）计算：

$$W_1=\frac{(V-V_0)\ cM\times10^{-3}}{m}\times100=\frac{0.1\times\ (V-V_0)\ cM}{m} \qquad (1)$$

式中：

V——滴定试样溶液所消耗硫代硫酸钠标准滴定溶液（5.3.2.3）的体积，单位为毫升（mL）；

V_0——滴定空白溶液所消耗硫代硫酸钠标准滴定溶液（5.3.2.3）的体积，单位为毫升（mL）；

c——硫代硫酸钠标准滴定溶液（5.3.2.3）的摩尔浓度，单位为摩尔每升（mol/L）；

M——以铜（Cu）计时，其摩尔质量的数值 M 代入 63.55；以柠檬酸铜（$C_6H_4O_7Cu_2\cdot2.5H_2O$）计时，其摩尔质量的数值 M 代入 180.11，单位为克每摩尔（g/mol）；

m——试样质量，单位为克（g）。

以两次平行测定结果的算术平均值为测定结果，结果保留至小数点后一位。

5.3.5 重复性

在重复条件下获得的两次独立测试结果的绝对差值不超过 0.2%。

5.4 柠檬酸盐含量的测定

5.4.1 原理

在酸性条件下，柠檬酸根与三价铁离子生成黄色络合物，在一定浓度范围内颜色的深浅与络合物的浓度成正比。

5.4.2 试剂和溶液

5.4.2.1 柠檬酸钠。

5.4.2.2 硫酸高铁铵溶液：10%。

5.4.2.3 盐酸溶液：1+2。

5.4.3 试验步骤

5.4.3.1 标准曲线的绘制

准确称取 180℃下烘至恒重的柠檬酸钠（5.4.2.1）0.341 1g，溶于水后定容至 250mL，分别移取 0mL、0.5mL、1mL、2mL、3mL、4mL、5mL 柠檬酸钠溶液于 25mL 比色管中，此时每个比色管中分别含柠檬酸根 0mg、0.5mg、1mg、2mg、3mg、4mg、5mg，分别加入 0.5mL 硫酸高铁铵溶液（5.4.2.2），定容摇匀，空白调零，5min 后在 400nm 处分别测定吸光值，以柠檬酸根质量为横坐标，吸光度为纵坐标，绘制标准曲线。

5.4.3.2 样品的测定

准确称取试样 0.25g（精确至 0.000 2g），置于 250mL 锥形瓶中，加入 20mL 水和 1mL 盐酸溶液（5.4.2.3），溶解，摇匀，放置冷却后，加水定容至 250mL 容量瓶中。分取 5ml 试样溶液于 25mL 比色管中，加入 0.5mL 硫酸高铁铵溶液（5.4.2.2），定容摇匀，5 分钟后在 400nm 处测定其吸光值，与标准曲线对照计算出试样溶液中柠檬酸盐含量。

5.4.4 结果计算与表示

试样中柠檬酸盐含量 W_2 以质量分数（%）表示，按式（2）计算：

$$W_2=\frac{m_2\times D}{m_1\times 1\ 000}\times 100 \qquad (2)$$

式中：

m_2——根据标准曲线得出的试样溶液中柠檬酸盐质量，单位为毫克（mg）；

D——分取倍数，试样溶液体积/分取体积，250/5；

m_1——试样质量，单位为克（g）；

1 000——换算系数。

以两次平行测定结果的算术平均值为测定结果，结果保留至小数点后一位。

5.4.5 重复性

在重复条件下获得的两次独立测试结果的绝对差值不超过 1%。

5.5 总砷的测定

按 GB/T 13079 规定执行。

5.6 铅的测定

按 GB/T 13080 规定执行。

5.7 汞的测定

按 GB/T 13081 规定执行。

5.8 镉的测定

按 GB 13082 规定执行。

5.9 硫酸盐的测定

5.9.1 原理

在酸性条件下，用氯化钡将硫酸根离子沉淀为硫酸钡，沉淀经过滤、洗涤和灼烧后，以硫酸钡形式称重，计算得到以硫酸根计的硫酸盐含量。

5.9.2 试剂和溶液

5.9.2.1 盐酸。

5.9.2.2 氯化钡溶液：1mol/L。

5.9.2.3 硝酸银溶液：0.1mol/L。

5.9.3 试验步骤

准确称取试样 1g（精确至 0.000 2g），置于 250mL 烧杯中，加水 70mL，于沸水浴中加热，滴加盐酸（5.9.2.1）至试样完全溶解，过滤；滤液加热至沸后，加入 10mL 氯化钡溶液（5.9.2.2），在沸水浴中保温 2h，取出加盖，放置过夜，滤液用定量滤纸过滤，再用热蒸馏水冲洗滤渣，直至用硝酸银溶液（5.9.2.3）检验滤液无白色沉淀产生。将滤纸同滤渣移入已灼烧至恒重的坩埚中，在不燃烧的条件下使滤纸炭化，后于 600℃灼烧至恒重（两次称量的质量之差小于 0.001g）。

5.9.4 结果计算与表示

试样中硫酸根含量 W_3 以质量分数（%）表示，按式（3）计算：

$$W_3=\frac{m_4\times 0.412}{m_3}\times 100 \qquad (3)$$

式中：

m_4——沉淀质量，单位为克（g）；

0.412——硫酸钡与硫酸根的转换系数；

m_3——试样质量，单位为克（g）；

以两次平行测定结果的算术平均值为测定结果，结果保留至小数点后一位。

5.9.5 重复性

在重复条件下获得的两次独立测试结果的相对偏差不大于15%。

5.10 粒度的测定

按GB/T 5917.1规定执行。

6 检验规则

6.1 组批

以相同材料、相同的生产工艺、连续生产或同一班次生产的产品为一批，但每批产品不得超过10t。

6.2 出厂检验

出厂检验项目为外观和性状、柠檬酸铜、铜、柠檬酸盐含量和粒度。产品出厂前应逐批检验，检验合格并且附具合格证和使用说明书（见附录A）方可出厂。

6.3 型式检验

型式检验项目为本标准第3章规定的所有项目。在正常生产情况下，每半年至少进行1次型式检验。有下列情况之一时，亦应进行型式检验：

a）产品定型投产时；

b）生产工艺、配方或主要原料来源有较大改变，可能影响产品质量时；

c）停产3个月以上，重新恢复生产时；

d）出厂检验结果与上次型式检验结果有较大差异时；

e）饲料行政管理部门提出检验要求时。

6.4 判定规则

6.4.1 所验项目全部合格，判定为该批次产品合格。

6.4.2 检验结果中有任何指标不符合本标准规定时，可自同批产品中重新加倍取样进行复检。若复检结果仍不符合本标准规定，则判定该批产品不合格。

6.4.3 各项目指标的极限数值判定按GB/T 8170中修约值比较法执行。

7 标签

按GB 10648规定执行，见附录B。

8 包装、运输、贮存和保质期

8.1 包装

采用覆膜袋包装，规格为20kg/袋。

8.2 运输

运输时应小心轻放，防止包装破损、日晒、雨淋，禁止与有毒有害物质共运。

8.3 贮存

贮存于通风、干燥处，防止日晒、雨淋，远离火源，禁止与有毒有害物质混储。

8.4 保质期

未开启包装的产品，在规定的运输、贮存条件下，原包装自生产之日起保质期为18个月。

附录 A
（规范性附录）
产品使用说明书

【新产品证书号】
【生产许可证号】
【产品批准文号】
【执行标准】

饲料添加剂　柠檬酸铜
使用说明书

【产品名称】柠檬酸铜
【英文名称】Cupric citrate
【有效成分】柠檬酸铜
【性状】绿色或蓝绿色粉末，无味
【产品成分分析保证值】

项　　目	指　标
柠檬酸铜（$C_6H_4O_7Cu_2 \cdot 2.5H_2O$）/%	98.0～104.0
铜（Cu）/%	34.5～36.7
柠檬酸盐（以 $C_6H_5O_7^{3-}$ 计）/%	≥51.0
总砷（As)/(mg/kg)	≤4
铅（Pb)/(mg/kg)	≤5
汞（Hg)/(mg/kg)	≤0.2
镉（Cd)/(mg/kg)	≤0.1
硫酸盐（以 SO_4^{2-} 计））/%	≤0.5
粒度（250μm 试验筛通过率）/%	≥98.0

【作用功效】提供动物所需铜元素
【适用范围】断奶仔猪
【用法与用量】在断奶仔猪配合饲料中的推荐添加量为 30～60mg/kg，最高限量为 60mg/kg（以铜元素计，以干物质含量为 88%的配合饲料为基础）
【净含量】20kg/袋
【保质期】18 个月
【贮运】产品应贮存于通风、干燥处，防止日晒、雨淋，远离火源，禁止与有毒有害物质混储；运输时应小心轻放，防止包装破损、日晒、雨淋，禁止与有毒有害物质共运。
【生产企业】
地址　　邮编
电话　　传真
网址　　邮箱

附录 B
（规范性附录）
产品标签

【新产品证书号】　　　　　　　　　　　　　　【生产许可证号】
【执行标准】　　　　　　　　　　　　　　　　【产品批准文号】

饲料添加剂
柠檬酸铜
（Cupric citrate）

【产品名称】柠檬酸铜
【产品成分分析保证值】

项　　目	指　标
柠檬酸铜（$C_6H_4O_7Cu_2 \cdot 2.5H_2O$）/%	98.0～104.0
铜（Cu）/%	34.5～36.7
柠檬酸盐（以 $C_6H_5O_7^{3-}$ 计）/%	≥51.0
总砷（As）/(mg/kg)	≤4
铅（Pb）/(mg/kg)	≤5
汞（Hg）/(mg/kg)	≤0.2
镉（Cd）/(mg/kg)	≤0.1
硫酸盐（以 SO_4^{2-} 计））/%	≤0.5
粒度（250μm 试验筛通过率）/%	≥98.0

【原料组成】柠檬酸铜
【作用功效】提供动物所需铜元素
【适用范围】断奶仔猪
【用法与用量】在断奶仔猪配合饲料中的推荐添加量为 30～60mg/kg，最高限量为 60mg/kg（以铜元素计，以干物质含量为 88%的配合饲料为基础）
【保质期】18 个月
【贮运】产品应贮存于通风、干燥处，防止日晒、雨淋，远离火源，禁止与有毒有害物质混储；运输时应小心 轻放，防止包装破损、日晒、雨淋，禁止与有毒有害物质共运。
【净含量】20kg/袋
【生产企业】
　　地址：　　　　　　　　　　　　邮编：
　　电话：　　　　　　　　　　　　传真：
【生产日期】
【生产批号】

中华人民共和国农业农村部公告

第 163 号

依据《饲料和饲料添加剂管理条例》，我部组织全国饲料评审委员会对亚太兴牧（北京）科技有限公司申报的扩大 N-氨甲酰谷氨酸适用范围事项进行评审，决定将 N-氨甲酰谷氨酸的适用范围扩大至花鲈、泌乳奶牛。在花鲈配合饲料中的推荐添加量为 240～360mg/kg，最高限量为 360mg/kg（以干物质含量为 88%的配合饲料为基础）。在泌乳奶牛全混合日粮中的推荐添加量为 880mg/kg，最高限量为 880mg/kg（以干物质含量为 88%的饲料为基础）。

上述修订意见自本公告发布之日起执行。各级饲料管理部门在办理 N-氨甲酰谷氨酸的行政审批、监督执法事项时，以本公告为准。

农业农村部

2019 年 4 月 16 日

农业农村部关于印发饲料质量安全监督抽查检测工作要求及2019年工作方案的通知

农牧发〔2019〕22号

各省、自治区、直辖市农业农村（农牧、畜牧兽医）厅（局、委），新疆生产建设兵团农业农村局：

为强化饲料质量安全监管工作，确保养殖业质量安全，根据《国务院关于在市场监管领域全面推行部门联合“双随机、一公开”监管的意见》（国发〔2019〕5号）要求，结合工作实际，我部对饲料质量安全监督抽查检测工作进行了规范，制定了《饲料质量安全监督抽查检测工作要求》和《2019年全国饲料质量安全监督抽查工作方案》。

现将工作要求和方案印发给你们，请遵照执行。工作中如有问题和建议，请及时与我部畜牧兽医局联系。

联 系 人：胡翊坤
联系电话：010－59191800
传　　真：010－59192848

附件：1. 饲料质量安全监督抽查检测工作要求
　　　2. 2019年全国饲料质量安全监督抽查工作方案

农业农村部
2019年7月24日

附件 1

饲料质量安全监督抽查检测工作要求

为落实党中央、国务院关于推进“放管服”改革有关要求，进一步规范饲料、饲料添加剂监督抽查检测工作，提高效率，确保监管成果，对工作方法、流程及管理提出以下要求。

一、总体要求

根据国务院关于在市场监管领域全面推行“双随机、一公开”监管的要求，在组织实施饲料、饲料添加剂生产企业监督抽查检测工作过程中，按照规范抽查、抽检分离、痕迹管理的总体思路，全面推行“互联网＋饲料监管”，建立健全被监督抽查企业库、监管专家库和随机抽取机制，规范监督抽样、检测检验、结果报送、复核仲裁、异议处理等流程，应用饲料质量安全监测信息系统，实现工作全程痕迹化管理，确保监督抽查检测工作的公平、公正，监督抽查结果及时向社会公开。

二、监督抽查方式

采取“双随机、一公开”方式，组织实施饲料、饲料添加剂监督抽查检测工作。

（一）建立被监督抽查企业库。与饲料和饲料添加剂生产许可信息管理系统实时对接，建立饲料、饲料添加剂生产企业库，依据生产企业生产经营状态，实施动态管理和随机选取被抽查对象。

（二）建立监管专家库。吸纳具有养殖、饲料加工、动物营养、生物技术等专业知识和熟悉相关法律、法规知识的人才，建立全国饲料质量安全监管专家库，随机选取监督抽查、抽样、现场检查或飞行检查工作人员。

（三）公开监督抽查事项。对饲料、饲料添加剂生产企业监督抽查目的、方式、内容、检验检测产品等予以公开，并在我部门户网站公开饲料质量安全监督抽查结果。同一年度内对同一企业的监督抽查，原则上不超过 2 次。

三、承检机构管理

承检机构是指我部畜牧兽医局通过公开招标等方式确定，并签订购买服务合同或委托协议，委托其开展全国饲料质量安全监督抽查样品检测工作的检测机构，以及承担检测任务的部属检测机构。

（一）关于检测工作要求。承检机构不得非法更换样品、出具虚假检测报告或伪造检验结论。不得利用监督抽查检测工作之便牟取不正当利益或违反规定事先通知被抽查饲料生产企业，并擅自发布饲料质量安全监督抽样检测信息。我部畜牧兽医局运用全国饲料质量安全监测信息系统，对检测过程实现留痕管理与结果应用。

（二）落实检测过程要求。未经我部畜牧兽医局同意，承检机构不得分包或者转包检测任务。承检机构完成检测工作时，应将其检测过程信息和结果，录入全国饲料质量安全监测信息系统。承检机构应自收到样品之日起，在 20 个工作日内完成检测工作并出具检测报告。检测结论作出后 10 个工作日内，将检测结论报送国家饲料质量监督检验中心（北京），并录入全国饲料质量安全监测信息系统。检测结论不合格的，应当在检验检测结论作出后 2 个工作日内，报告国家饲料质量监督检验中心（北京）。自检测结论作出之日起 3 个月内妥善保存检测样品。

国家饲料质量监督检验中心（北京）负责对承检机构进行实验室技术规范性检查和人员业务技能提升培训。

四、抽样工作

对饲料、饲料添加剂生产企业实施监督抽查过程中，应在其成品库或自检合格的待销产品中随机抽取样品。完成现场抽样工作人员不得少于 2 人。抽样记录保存期限为 6 年。

（一）抽样前工作要求。抽样人员需准备好抽样工具，向被监督抽查企业出示我部饲料质量安全监督抽查工作方案，主动告知其依法享有的权利和义务，使用移动采样终端设备录入被抽查企业营业执照、生产许可证等资质文件信息，检查产品包装完整性。

（二）抽样过程要求。同一生产企业的同一批次产品只抽样一次，不得由饲料、饲料添加剂生产企业自行提供样品。样品数量原则上不少于 500g/份（固体）或 300mL/份（液体），库存量少于 5 个产品包装规格的不得抽样。抽样人员应当通过拍照方式保存证据。样品由抽样人员于结束抽样工作后 5 个工作日内，携带或者寄送至国家饲料质量监督检验中心（北京），抽样过程信息应录入全国饲料质量安全监测信息系统。

（三）样品管理要求。样品分被监督抽查对象备份样品、检测样品、复核检测样品及仲裁检测样品一式 4 份，其中 1 份交由被监督抽查企业留存，其余 3 份由国家饲料质量监督检验中心（北京）负责统一登记、分配、派发，样品流向信息应录入全国饲料质量安全监测信息系统。

（四）网络销售产品抽样要求。从网络饲料交易第三方平台抽样的，应当明确买样人员、付款账户、注册账号、收货地址、联系方式等信息。抽样人员收到样品后，应采取拍照或者录像等手段记录拆封过程，对邮寄包装、样品包装、样品储运条件等进行查验，并对检测样品和复核检测样品分别封样。抽样人员还可以通过截图、购买过程视频采集等方式对被抽样样品网页展示信息进行采集和保存证据。

（五）不予抽样要求。超过保质期，饲料标签、包装标有“样品”字样，或已经由饲料、饲料添加剂生产企业自行停止生产、并单独存放或明确标注封存待处置的，不予抽样。

五、复核检测

（一）申请复核检测要求。承检机构作出“不合格”检测结论的，被监督抽查企业或对象可以自收到检测结论 5 个工作日内，向我部畜牧兽医局书面提出复核检测申请。承检机构作出“合格”检测结论的，不再接受复核检测申请。

（二）实施复核检测。复核检测机构由我部畜牧兽医局从具有饲料质量安全检测资质的公益性事业单位中择优选择，指定其承担复核检测任务。复核检测样品由国家饲料质量监督检验中心（北京）提供，复核检测机构接样后 10 个工作日内作出检测结论，并出具检测报告，同时将复核检测工作过程信息、检验结论和检测报告上传全国饲料质量安全监测信息系统。承检机构可以派员赴复核检测机构实验室观察检测过程，但不得干扰复核检测工作。

微生物指标不合格、复核检测样品超过保质期、逾期提出复核检测申请的，不予复核检测。

六、仲裁检测

（一）作出仲裁检测决定。被监督抽查企业或对象对复核检测结果仍持有异议的，可以自收到复核检测结果后 2 个工作日内，书面向我部畜牧兽医局申请进行仲裁检测。我部畜牧兽医局将申请进行仲裁检测的意见，提请全国饲料质量安全监管工作组研究，于 2 个工作日内作出是否进行仲裁检测决定。

（二）实施仲裁检测工作。仲裁检测工作原则上由国家饲料质量监督检验中心（北京）开展，使用仲裁检测样品进行检测，仲裁检测工作应在 5 个工作日内完成，并将检验结论录入全国饲料质量安全监测信息系统。

七、异议处理

（一）提出异议处理申请。被监督抽查企业或对象对监督抽查检测过程、抽样、复核检测等工作有异议的，可以向我部畜牧兽医局提出异议处理申请。异议处理申请应书面说明理由，并提交相关证明材料。

（二）书面答复异议处理申请。我部畜牧兽医局将异议处理申请提请全国饲料质量安全监管工作组会议研究，根据全国饲料质量安全监测信息系统流程记录及会议研究决定，向提出申请者予以书面答复。

八、工作责任

被监督抽查的饲料、饲料添加剂生产企业及网络饲料交易第三方平台，在收到监督抽查检测不合格检测结论后，应当立即封存不合格产品，采取暂停生产不合格产品、召回已销售的不合格产品等风险控制措施，排查不合格原因并进行整改，及时向当地饲料行政管理部门报告相关处置情况。积极配合饲料行政管理部门的调查和执法，不得隐瞒或逃避。

我部畜牧兽医局按照有关规定，为随机选取的监督抽查人员提供必要的工作经费保障和技术培训。

任何单位或个人不得擅自发布、泄露全国饲料质量安全监督抽查检测工作信息。

附件 2

2019 年全国饲料质量安全监督抽查工作方案

2019 年，我部按照规范监督抽查、抽检分离、痕迹管理和实施“互联网＋饲料监管”工作思路，开展本年度全国饲料质量安全监督抽查工作，现制定工作方案如下。

一、工作任务

（一）监督抽查对象。重点抽查 31 个省（自治区、直辖市）的饲料、饲料添加剂生产企业。2018 年饲料质量安全监督抽检不合格生产企业必检。

（二）监督抽查数量。随机确定 1 000 家生产企业，抽取 4 000～4 500 份样品。随机确定 300 家生产企业，检查《饲料质量安全管理规范》实施情况。

（三）地方监督抽查工作。各地饲料行政管理部门负责本辖区饲料、饲料添加剂监督抽查工作。各地制定的省级监督抽查工作方案，应与我部年度监督抽查工作方案衔接，实现被监督抽查企业名录信息共享，避免同一年度重复抽查同一生产企业。

二、工作程序

（一）编制工作方案。我部畜牧兽医局负责编制全国饲料质量安全监督抽查工作方案。省级饲料行政管理部门负责制定本辖区监督抽查工作方案。

（二）推进“互联网＋饲料监管”。我部畜牧兽医局负责建立完善全国饲料质量安全监测信息系统和全国饲料质量安全监管专家库，与饲料和饲料添加剂生产许可信息管理系统对接，采样过程推广使用移动采样终端，过程信息实时上传全国饲料质量安全监测信息系统，实现监督抽查工作痕迹化、信息化管理。

（三）随机选取被抽查单位。通过全国饲料质量安全监测信息系统随机选取被抽查的饲料、饲料添加剂生产企业。

（四）随机确定抽查人员。通过全国饲料质量安全监管专家库随机选取赴现场监督抽查人员，委托国家饲料质量监督检验中心（北京）组成全国饲料监督抽查组（以下简称抽查组），完成被抽查生产企业的监督抽样和生产现场监督检查等工作。

（五）产品监督抽样。抽查组进行监督抽样时应使用移动采样终端，按照饲料质量安全监督抽查检测工作规范抽取样品，并完成样品封装，现场录入样品信息（生成样品唯一编码）、生产企业信息、饲料标签照片等信息，经被监督抽查企业负责人签字确认后，上传至全国饲料质量安全监测信息系统，现场打印移动抽样单和样品标签、封条，被监督抽查企业在移动抽样单上盖章。样品封装后，拍照上传至全国饲料质量安全监测信息系统。抽样过程要确保真实、完整、有效。如遇季节性停产或企业注销需上传照片或企业登记注册信息。

（六）检测任务分配。委托国家饲料质量监督检验中心（北京）根据检测机构检测能力分配样品检测任务，通过全国饲料质量安全监测信息系统向各承检机构下达。检测任务分配、样品派发接收等过程信息，应实时上传至全国饲料质量安全监测信息系统。

（七）检测过程管理。有关承检机构要将其具备的检测资质、检测方法等信息录入全国饲料质量安全监测信息系统，为样品检测任务分配提供参考。承检机构接受检测任务、接收样品、完成检测、出具检测报告、向产品不合格单位反馈结果、结果异议处理等过程信息，应上传至全国饲料质量安全监测信息系统。

检测报告签发后 2 日内，承检机构应将《不合格结果通知单》（附件 2－1）传真至我部畜牧兽医局，并将原件和检测报告通过邮政特快专递寄送给被监督抽查企业联系人，同时将《不合格结果通知单》和特快专递发送单扫描件上传至全国饲料质量安全监测信息系统。全国饲料质量安全监测信息系统实时向被监督抽查企业联系人手机号发送提示信息。

被监督抽查企业需填写《收到不合格结果回执》（附件 2－2）并传真至我部畜牧兽医局和相应承检机构。

（八）检测结果复议程序。对检测结果有异议的，自收到《不合格结果通知单》之日（以邮政特快专递签收日期为准）起 5 日内，向我部畜牧兽医局书面申请复核检测。复核检测工作由我部在饲料质量安全监督复核检测指定单位中（附件 2－3），按就近原则择优安排。复核检测工作应当收到样品后 10 个工作日内完成，并向申请复核检测单位出具检测报告。被监督抽查企业对复核检测结果仍持有异议的，在收到复核检测结果起 2 日内，向我部畜牧兽医局书面申请仲裁。由国家饲料质量监督检验中心（北京）对复检结果作出技术仲裁，提请全国饲料质量安全监管工作组分析会商，对被监督抽查样品检测结论作出最终判定。

（九）企业现场检查。委托中国农业科学院饲料研究所（以下简称饲料所）组织对饲料、饲料添加剂生产企业执行《饲料质量安全管理规范》实施现场检查，现场填写《饲料和饲料添加剂生产企业现场检查表》，经被检查单位签字确认后，录入全国饲料质量安全监测信息系统。被检查企业所在地饲料行政管理部门应派员参加。

（十）强化事中事后监管。对检测结果无异议的、对检测结果有异议但逾期不书面申请复议的，或者申请复核检测但结果仍然不合格的，省级饲料行政主管部门要组织执法机构，对相关产品生产企业进行调查，并依法核查处置，于 12 月 31 日前将核查处置情况报送我部畜牧兽医局。我部采取适当方式，向社会公开监督抽查情况。

三、工作要求

（一）高度重视，大力支持。各地饲料行政主管部门、质检机构要高度重视此项工作，采取必要措施，支持被选取参加抽查组的人员做好监督抽查工作。我部提供全国饲料质量安全监管专家一定的工作经费保障。

（二）培训上岗，考核录用。有关承检（含复核检测）机构要选派技术骨干参加与监督抽查工作相关的技术培训，熟悉掌握不同饲料产品需要开展检测的指标（附件 2－4）、规定检测方法和判定限量值等（附件2－5）。经各地省级饲料行政管理部门推荐的全国饲料质量安全监管专家库人员，需参加移动采样终端使用技术培训，考核合格后列入抽查组人员候选名单。

（三）严格程序，规范抽查。监督抽查样品应严格按规定保存和派发。现场抽取的样品一式 4 份，被监督抽查企业留存 1 份，其余 3 份由抽样人员送至国家饲料质量监督检验中心（北京）。国家饲料质量监督检验中心（北京）留存 2 份，向承检机构派发 1 份。复核检测样品使用国家饲料质量监督检验中心（北京）留存的备份样品。如需进行仲裁检测，使用国家饲料质量监督检验中心（北京）留存的备份样品和被监督抽查企业留存的样品同时检测。

通过全国饲料质量安全监测信息系统随机确定的被监督抽查企业，原则上不与地方自行组织实施的饲料质量安全抽查企业重复。如遇重复，被监督抽查企业可向我部畜牧兽医局提出书面申请，重新随机选取。随机确定的被监督抽查企业，如遇季节性停产或企业注销等情况，重新随机确定。

（四）积极配合，共同完成。被监督抽查企业应积极配合完成对本企业生产的商品饲料监督抽样工作，在本企业成品库房或原料库房存放的非本企业生产的饲料、饲料添加剂产品，监督抽查时可以采样、检测，不作为对该企业监督抽查的样品，仅用于风险监测。全国饲料质量安全监管工作组负责对监督抽查及抽检结果的汇总、分析和会商等工作。

工作中如有问题和建议，请及时与有关单位联系。

国家饲料质量监督检验中心（北京）

联系人：樊霞　联系电话：010－82106583

中国农业科学院饲料研究所

联系人：李俊　联系电话：010－82106058

附件：2－1. 不合格结果通知单

2－2. 收到不合格结果回执

2－3. 饲料质量安全监督复核检测指定单位

2－4. 不同饲料产品及检测指标

2－5. 检测方法、判定依据、判定原则

附件 2－1

不合格结果通知单

（被监督抽查企业名称）：

根据农业农村部《2019 年全国饲料质量安全监督抽查工作方案》要求，我单位作为承检机构对（被监督抽查企业名称）标称为________的________产品进行了检验检测。检验检测结果报告共________份，编号为________。

如异议，可自收到检测结果之日起 5 日，向农业农村部畜牧兽医局书面申请复核检测。

微生物指标不接受复核检测。

承检机构名称：________________________________

地址：____________________　　联系人：____________________

邮编：____________________　　电话（传真）：______________

（承检机构公章）

年　　月　　日

农业农村部畜牧兽医局传真：010－59192848

国家饲料质量监督检验中心（北京）传真：010－82106580

附件 2－2

收到不合格结果回执

（承检机构名称）：

你单位寄送我单位的《饲料质量安全监督检验结果告知书》已收到，我单位：

□ 无异议

□ 我单位将于 5 日内提出书面异议

受检企业： 联系人：

地 址： 邮 编：

电 话： 传 真：

负责人签字：

（受检企业公章）

年 月 日

承检机构联系人：________ 联系电话：________

农业农村部畜牧兽医局传真：010－59192848

附件 2－3

饲料质量安全监督复核检测指定单位

序号	单位名称
1	国家饲料质量监督检验中心（北京）
2	北京市饲料监察所
3	天津市兽药饲料监察所
4	河北省兽药监察所
5	山西省饲料兽药监察所
6	内蒙古自治区饲料草种监督检验站
7	辽宁省检验检测认证中心
8	吉林省兽药饲料检验监测所
9	黑龙江省农产品和兽药饲料技术鉴定站
10	上海市兽药饲料检测所
11	江苏省畜产品质量检验测试中心
12	浙江省兽药饲料监察所
13	安徽省兽药饲料监察所
14	福建省兽药饲料监察所
15	江西省兽药饲料监察所
16	山东省饲料质量检验所
17	河南省兽药饲料监察所
18	湖北省兽药监察所
19	湖南省兽药饲料监察所
20	广东省农产品质量安全中心
21	广西饲料监测所
22	海南省兽药饲料监察所
23	重庆市兽药饲料检测所
24	四川省饲料工作总站
25	贵州省兽药饲料监察所
26	云南省兽药饲料检测所
27	陕西省饲料监测所
28	甘肃省农产品质量安全检验检测中心
29	青海省兽药饲料监察所
30	宁夏回族自治区兽药饲料监察所
31	新疆维吾尔自治区兽药饲料监察所
32	新疆生产建设兵团畜牧兽医工作总站

附件 2-4

不同饲料产品及检测指标

检测项目	产品类别															
	配合饲料、浓缩饲料和精料补充料					饲料原料							添加剂预混合饲料			饲料添加剂（含混合型饲料添加剂）
	育肥猪、肉牛和肉羊饲料	禽饲料	水产饲料	宠物饲料	其他饲料	动物油脂	鱼粉	骨粉	肉骨粉	其他动物源性单一饲料	植物源性单一饲料	微生物发酵类单一饲料	维生素预混合饲料	微量元素预混合饲料	复合预混合饲料	
水分	√	√	√	√	√		√	√	√	√	√	√				
粗蛋白	√	√	√	√	√		√		√	√	√	√				
总磷								√								
钙								√								
维生素 A													√		√	
维生素 D_3													√			
维生素 E													√		√	
维生素 B_2													√		√	
维生素 B_6													√		√	
铜	√	√	√	√	√									√	√	
锌	√	√	√	√	√									√	√	
赖氨酸															√	
蛋氨酸															√	
砂分							√									
有效成分						√										√
铅	√	√	√	√	√									√	√	√
砷	√	√	√	√	√									√	√	√
镉	√	√	√	√	√									√		
铬	√	√	√	√	√		√		√	√						
三聚氰胺										√	√					
沙门氏菌							√	√	√	√		√				
牛源性成分							√	√	√	√						
羊源性成分							√	√	√	√						
酸价						√										
碘价						√										
过氧化值						√										
黄曲霉毒素 B_1	√	√	√	√	√						√	√				
玉米赤霉烯酮	√	√	√	√	√						√	√				
T-2 毒素	√	√	√	√	√						√	√				

（续）

检测项目	产品类别															
	配合饲料、浓缩饲料和精料补充料					饲料原料							添加剂预混合饲料			饲料添加剂（含混合型饲料添加剂）
	育肥猪、肉牛和肉羊饲料	禽饲料	水产饲料	宠物饲料	其他饲料	动物油脂	鱼粉	骨粉	肉骨粉	其他动物源性单一饲料	植物源性单一饲料	微生物发酵类单一饲料	维生素预混合饲料	微量元素预混合饲料	复合预混合饲料	
脱氧雪腐镰刀菌烯醇	√	√	√	√	√						√	√				
赭曲霉毒素 A	√	√	√	√	√						√	√				
伏马毒素	√	√	√	√	√						√	√				
喹乙醇	√	√	√		√											
喹烯酮	√	√	√		√											
金霉素	√	√	√		√											
土霉素	√	√	√		√											
克仑特罗	√															
沙丁胺醇	√															
莱克多巴胺	√															
齐帕特罗	√															
氯丙那林	√															
特布他林	√															
西马特罗	√															
西布特罗	√															
马布特罗	√															
溴布特罗	√															
克仑普罗	√															
班布特罗	√															
妥布特罗	√															
呋喃西林		√														
呋喃妥因		√														
呋喃它酮		√														
呋喃唑酮		√														
氯霉素		√	√													

附件 2－5

检测方法、判定依据、判定原则

一、检测方法

GB 5009.227—2016 食品安全国家标准 食品中过氧化值的测定
GB 5009.229—2016 食品安全国家标准 食品中酸价的测定
GB/T 5532—2008 动植物油脂 碘值的测定
GB/T 6432—2018 饲料中粗蛋白的测定 凯氏定氮法
GB/T 6435—2014 饲料中水分的测定
GB/T 6436—2018 饲料中钙的测定
GB/T 6437—2018 饲料中总磷的测定 分光光度法
GB/T 8381.7—2009 饲料中喹乙醇的测定 高效液相色谱法（含第1号修改单）
GB/T 8381.9—2005 饲料中氯霉素的测定 气相色谱法
GB/T 13079—2006 饲料中总砷的测定
GB/T 13080—2018 饲料中铅的测定 原子吸收光谱法
GB/T 13082—1991 饲料中镉的测定方法
GB/T 13088—2006 饲料中铬的测定
GB/T 13091—2018 饲料中沙门氏菌的测定
GB/T 13885—2017 动物饲料中钙、铜、铁、镁、锰、钾、钠和锌含量的测定 原子吸收光谱法
GB/T 14701—2002 饲料中维生素 B_2 的测定
GB/T 14702—2018 添加剂预混合饲料中维生素 B_6 的测定 高效液相色谱法
GB/T 17817—2010 饲料中维生素 A 的测定 高效液相色谱法
GB/T 17812—2008 饲料中维生素 E 的测定 高效液相色谱法
GB/T 17818—2010 饲料中维生素 D_3 的测定 高效液相色谱法
GB/T 18246—2000 饲料中氨基酸的测定
GB/T 19164—2003 鱼粉 附录 A“鱼粉中砂分的测定方法”
GB/T 19684—2005 饲料中金霉素的测定 高效液相色谱法
GB/T 20190—2006 饲料中牛羊源性成分的定性检测 定性聚合酶链式反应（PCR）法
GB/T 21108—2007 饲料中氯霉素的测定 高效液相色谱串联质谱法
GB/T 22259—2008 饲料中土霉素的测定 高效液相色谱法
GB/T 23710—2009 饲料中甜菜碱的测定 离子色谱法
GB/T 30956—2014 饲料中脱氧雪腐镰刀菌烯醇的测定 免疫亲和柱净化-高效液相色谱法
GB/T 30957—2014 饲料中赭曲霉毒素 A 的测定 免疫亲和柱净化-高效液相色谱法
农业部 1486 号公告—8—2010 饲料中硝基呋喃类药物的测定 高效液相色谱法
农业部 1063 号公告—6—2008 饲料中 13 种 β-受体激动剂的检测 液相色谱-串联质谱法
农业部 1629 号公告—1—2011 饲料中 16 种 β-受体激动剂的测定 液相色谱-串联质谱法
农业部 2086 号公告—5—2014 饲料中卡巴氧、乙酰甲喹、喹烯酮和喹乙醇的测定 液相色谱-串联质谱法

NY/T 1372—2007　饲料中三聚氰胺的测定

NY/T 1946—2010　饲料中牛羊源性成分检测　实时荧光聚合酶链反应法

NY/T 1970—2010　饲料中伏马毒素的测定

NY/T 2071—2011　饲料中黄曲霉毒素、玉米赤霉烯酮和 T－2 毒素的测定　液相色谱-串联质谱法

NY/T 3144—2017　饲料原料　血液制品中 18 种 β-受体激动剂的测定　液相色谱-串联质谱法

NY/T 3145—2017　饲料中 22 种 β-受体激动剂的测定　液相色谱-串联质谱法

饲料添加剂主含量的检测方法：采用相应饲料添加剂产品标准中规定或推荐的检测方法。

二、判定依据

（一）卫生指标。按照《饲料卫生标准》（GB 13078—2017）判定；饲料添加剂产品按照生产企业产品执行标准判定。

（二）质量指标。按照生产企业产品执行标准、有效合同、明示指标（饲料标签的明示指标、产品说明）进行判定。如生产企业产品执行标准与明示指标、《饲料添加剂安全使用规范》（农业部公告第 1224 号或第 2625 号）不一致，以其中较严格指标进行判定。

（三）药物饲料添加剂和非法添加物。《饲料和饲料添加剂管理条例》《兽药管理条例》《禁止在饲料和动物饮水中使用的药物品种目录》（农业部公告第 176 号）、《食品动物禁用的兽药及其他化合物清单》（农业部公告第 193 号）、《禁止在饲料和动物饮水中使用的物质》（农业部公告第 1519 号）、《饲料原料和饲料产品中三聚氰胺限量值的规定》（农业部公告第 1218 号）及药物饲料添加剂使用规范性技术要求。

（四）饲料和饲料添加剂产品标签中分析保证值之外的指标判定不考虑饲料产品的保质期。

三、判定原则

（一）单项指标判定。饲料产品的各类质量指标及其卫生指标依据《饲料检测结果判定的允许误差》（GB/T 18823—2010）执行。

1. 饲料添加剂的判定。各类质量指标及其卫生指标不考虑方法误差。

2. 药物饲料添加剂判定。超范围使用的判定原则：检测方法有定量限的以定量限为判定限，金霉素以检测方法的最低检出浓度为判定限，超过判定限即判定为不合格。肉牛（羊）精料补充料中金霉素和土霉素不作判定。超剂量使用的判定原则：对于在规定范围内使用的药物饲料添加剂，以折算回收率后的结果进行判定，超出规定添加量的，判定为不合格。可能存在交叉污染的判定原则：在饲料产品中检出低剂量喹乙醇、喹烯酮，检出值在配合饲料样品中小于或等于 10mg/kg 时（浓缩饲料和添加剂预混合饲料按产品规格比例进行折算），存在加工过程中交叉污染的可能性，质检机构出具检验检测报告时不作是否合格判定，但需在备注中写明相关情况。

3. 非法添加物的判定。确认检测方法有定量限的以定量限为判定限，超过定量限即判定为不合格；没有定量限的，以检测限或检出限为判定限，超过检测限即判定为不合格。三聚氰胺的判定按照《饲料原料和饲料产品中三聚氰胺限量值的规定》（农业部公告第 1218 号）判定。

4. 牛羊源性成分判定。牛源性成分、羊源性成分有一项为阳性（高于 0.25％的检出限），则判定该样品为不合格。使用实时荧光 PCR 方法时，设置 0.25％的阳性对照样，以实测 Ct 值进行阳性或阴性判定。

（二）产品综合判定。一项指标不合格即判定该批次产品不合格。水分仅作计算使用，不纳入综合判定。

中华人民共和国农业农村部公告

第 210 号

农业农村部公告第 20 号要求，2019 年 9 月 1 日以后生产的国产和进口宠物饲料产品所附具的标签，应当符合《宠物饲料标签规定》。近期，有较多宠物饲料生产企业反映，目前旧版标签库存量较大，在规定日期前完成新旧标签过渡会造成较大经济损失。经调查核实，针对宠物饲料行业的实际情况，为减少资源浪费，减轻企业负担，现就有关事宜公告如下。

一、延长宠物饲料标签转换过渡期 6 个月。2020 年 3 月 1 日以后生产的国产和进口宠物饲料产品所附具的标签，应当符合《宠物饲料标签规定》。

二、2020 年 3 月 1 日前，宠物饲料生产企业继续使用旧版标签的，应当粘贴或者附着附加标签。附加标签上应当标明以下内容：符合《宠物饲料标签规定》要求的通用名称，《宠物饲料标签规定》要求应当标明、而旧版标签上未标明的产品成分分析保证值，“本产品符合宠物饲料卫生规定”字样。附加标签应当粘贴或者附着于旧版标签的显著位置，通用名称字号不得小于旧版标签中通用名称和商品名称。

三、自 2020 年 3 月 1 日起，各级饲料管理部门按照《宠物饲料标签规定》要求，对宠物饲料标签开展监管执法工作，促进行业健康发展。

农业农村部

2019 年 9 月 2 日

中华人民共和国农业农村部公告

第 217 号

根据《饲料和饲料添加剂管理条例》《新饲料和新饲料添加剂管理办法》，批准北京生泰尔科技股份有限公司、爱迪森（北京）生物科技有限公司联合申请的绿原酸（源自山银花，原植物为灰毡毛忍冬）为新饲料添加剂，并准许在中华人民共和国境内生产、经营和使用（新产品目录见附件 1），核发饲料和饲料添加剂新产品证书，同时发布产品标准、说明书和标签（见附件 2）。产品标准、说明书和标签自发布之日起执行。

特此公告。

附件：1. 饲料和饲料添加剂新产品目录（2019—02）

2. 绿原酸（源自山银花，原植物为灰毡毛忍冬）产品标准、说明书和标签

农业农村部

2019 年 9 月 23 日

附件 1

饲料和饲料添加剂新产品目录（2019—02）

证书编号	新饲证字（2019）02 号	
申请单位	北京生泰尔科技股份有限公司、爱迪森（北京）生物科技有限公司	
通用名称	绿原酸（源自山银花，原植物为灰毡毛忍冬）	
英文名称	Chlorogenic acid（from Lonicerae flos，the original plant is *Lonicera macranthoides* Hand. -Mazz.）	
主要成分	绿原酸	
产品类别	其他	
产品来源	以山银花（原植物为灰毡毛忍冬 *Lonicera macranthoides* Hand. -Mazz.）为原料，经醇提、浓缩、脱色、柱层析、萃取、结晶等工艺制得。	
适用动物	肉仔鸡	
在配合饲料中的推荐添加量	15～30mg/kg（以绿原酸计）	
质量要求	外观与性状	类白色粉末
	绿原酸（$C_{16}H_{18}O_9$）/%	≥95.0
	水分/%	≤3.0
	氯化物（以 Cl^- 计）/%	≤0.2
	灼烧残渣/%	≤1.0
	总砷（As）/(mg/kg)	≤0.5
	铅（Pb）/(mg/kg)	≤1.0

附件 2

饲料添加剂　绿原酸（源自山银花，原植物为灰毡毛忍冬）

1　范围

本标准规定了饲料添加剂绿原酸（源自山银花，原植物为灰毡毛忍冬）的技术要求、取样、试验方法、检验规则、标签、包装、运输、贮存和保质期。

本标准适用于以山银花（原植物为灰毡毛忍冬 *Lonicera macranthoides* Hand.-Mazz.）为原料，经醇提、浓缩、脱色、柱层析、萃取、结晶等工艺制得的饲料添加剂绿原酸。

2　规范性引用文件

下列文件对于本文件的应用是必不可少的。凡是注日期的引用文件，仅所注日期的版本适用于本文件。凡是不注日期的引用文件，其最新版本（包括所有的修改单）适用于本文件。

GB/T 602 化学试剂杂质测定用标准溶液的制备

GB/T 603 化学试剂试验方法中所用制剂及制品的制备

GB/T 6435 饲料中水分的测定

GB/T 6438 饲料中粗灰分的测定

GB/T 6682 分析实验室用水规格和试验方法

GB/T 8170 数值修约规则与极限数值的表示和判定

GB/T 9729 化学试剂氯化物测定通用方法

GB 10648 饲料标签

GB/T 13079 饲料中总砷的测定

GB/T 13080 饲料中铅的测定　原子吸收光谱法

GB/T 14699.1 饲料采样

3　化学名称、分子式、相对分子质量、CAS 登记号和结构式

化学名称：（1S，3R，4R，5R）-3-［［3-（3，4-二羟基苯基）-1-氧代-2-丙烯基］氧］-1，4，5-三羟基环己烷甲酸

分子式：$C_{16}H_{18}O_9$

相对分子质量：354.31（按 2014 年国际相对原子质量计）

CAS 登记号：327—97—9

结构式：

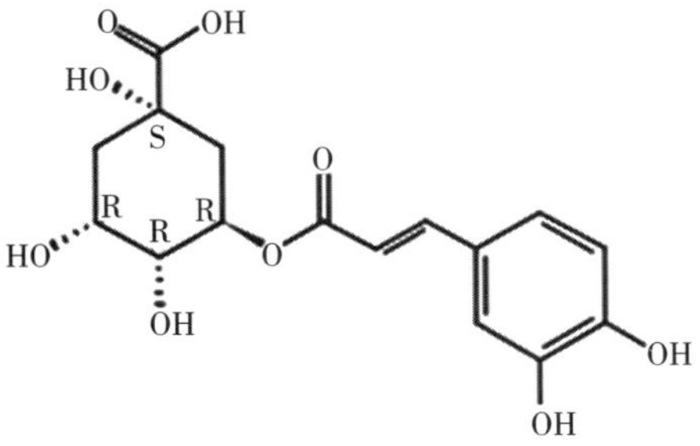

4 技术要求

4.1 外观与性状

类白色粉末，味微苦，色泽一致，无发霉、变质。

4.2 技术指标

技术指标应符合表 1 的规定。

表 1 技术指标

项 目		指标
绿原酸（$C_{16}H_{18}O_9$）/%	≥	95.0
水分/%	≤	3.0
氯化物（以 Cl^- 计）/%	≤	0.2
灼烧残渣/%	≤	1.0
总砷（As）/(mg/kg)	≤	0.5
铅（Pb）/(mg/kg)	≤	1.0

5 取样

按 GB/T 14699.1 规定执行。

6 试验方法

本标准所用试剂和水，在没有注明其他要求时，均指分析纯试剂和 GB/T 6682 中规定的三级水；试验中所用杂质测定用标准溶液、制剂及制品，在没有注明其他要求时，均按 GB/T 602、GB/T 603 的规定制备。试验中所用溶液在未注明用何种溶剂配制时，均指水溶液。

6.1 感官检验

取适量试样放置于清洁、干燥的白瓷盘内，于自然光线下用眼观其色泽和状态，用口尝其滋味。

6.2 鉴别

6.2.1 试剂和材料

6.2.1.1 乙酸丁酯。

6.2.1.2 甲酸。

6.2.1.3 甲醇。

6.2.1.4 绿原酸标准品：含量≥97.0%。

6.2.1.5 展开剂：将乙酸丁酯、甲酸和水按照体积比 7∶2.5∶2.5 配成溶液，静置分层，取上层溶液。

6.2.1.6 微孔滤膜：0.45μm，有机系。

6.2.2 仪器设备

6.2.2.1 分析天平：感量为 0.000 1g。

6.2.2.2 超声波水浴锅。

6.2.2.3 半自动点样仪。

6.2.2.4 层析缸。

6.2.2.5 薄层板：硅胶 H。

6.2.2.6 紫外灯。

6.2.3 试验步骤

6.2.3.1 绿原酸标准溶液制备：准确称取绿原酸标准品（6.2.1.4）约 0.02g（精确至 0.000 1g），加甲醇（6.2.1.3）20mL，溶解配制成 1mg/mL 标准溶液。

6.2.3.2 绿原酸试样溶液制备：准确称取绿原酸试样约 0.1g（精确至 0.000 1g），加甲醇（6.2.1.3）100mL，超声处理 30min，经 0.45μm 微孔滤膜（6.2.1.6）过滤。

6.2.3.3 精确移取绿原酸标准溶液和试样溶液各 2μL，分别使用半自动点样仪点于同一硅胶 H 薄层板（6.2.2.5）上，用展开剂（6.2.1.5）展开，展距 10cm，取出，晾干，置紫外灯（365nm）下检视。试样溶液应在与绿原酸标准溶液色谱相应位置上，显相同颜色的荧光斑点。绿原酸薄层色谱图参见附录 A。

6.3 绿原酸

6.3.1 试剂和材料

6.3.1.1 乙腈：色谱纯。

6.3.1.2 甲醇：色谱纯。

6.3.1.3 磷酸。

6.3.1.4 绿原酸标准品：含量≥97.0%。

6.3.1.5 50%甲醇溶液：甲醇+水=5+5。

6.3.1.6 0.4%磷酸溶液：准确移取磷酸 1mL，定容至 250mL。

6.3.1.7 微孔滤膜：0.45μm，有机系。

6.3.2 仪器设备

6.3.2.1 高效液相色谱仪：配有紫外检测器。

6.3.2.2 分析天平：感量为 0.000 01g。

6.3.2.3 超声波水浴锅。

6.3.3 试验步骤

6.3.3.1 标准溶液制备

6.3.3.1.1 绿原酸标准储备溶液：准确称取绿原酸标准品（6.3.1.4）约 0.02g（精确至 0.000 01g），置于 100mL 棕色容量瓶中，加 50mL50%甲醇溶液（6.3.1.5），超声溶解，冷却至室温后用 50%甲醇溶液（6.3.1.5）定容至刻度，摇匀。该标准储备溶液浓度为 200μg/mL。于 10℃以下保存，有效期为 3 个月。

6.3.3.1.2 绿原酸标准工作溶液：准确移取绿原酸标准储备溶液（6.3.3.1.1）5mL，置于 25mL 棕色容量瓶中，用 50%甲醇溶液（6.3.1.5）定容至刻度，摇匀。该标准工作溶液浓度为 40μg/mL。于 10℃以下保存，临用现配。

6.3.3.2 试样溶液制备

准确称取试样约 0.1g（精确至 0.000 01g）于 250mL 容量瓶中，加入 50%甲醇溶液（6.3.1.5）约 200mL，超声溶解，冷却至室温后用 50%甲醇溶液（6.3.1.5）定容至刻度，摇匀；准确移取上述溶液 5mL，置于 50mL 棕色容量瓶中，用 50%甲醇溶液（6.3.1.5）定容至刻度，摇匀，0.45μm 微孔滤膜（6.3.1.7）过滤。试样溶液立即测定。

6.3.3.3 液相色谱参考条件与系统适用性试验

6.3.3.3.1 液相色谱参考条件

色谱柱：C_{18}柱，长 250mm，内径 4.6mm，粒径 5μm，或者性能相当色谱柱。

柱温：30℃。

检测波长：327nm。

流动相：乙腈（6.3.1.1）+0.4%磷酸溶液（6.3.1.6）=13+87。

流速：1.0mL/min。

进样量：10μL。

6.3.3.3.2 系统适用性试验

取绿原酸标准工作溶液（6.3.3.1.2），注入液相色谱仪，按色谱条件（6.3.3.3.1）进行分析，记录色谱图。理论板数按绿原酸峰计算应不低于1 000。

6.3.3.4 测定

分别取绿原酸标准工作溶液（6.3.3.1.2）和试样溶液（6.3.3.2）注入液相色谱仪，按色谱条件（6.3.3.3.1）进行分析，用外标法计算。绿原酸标准溶液和试样溶液的液相色谱图参见附录B。

6.3.4 试验数据处理

试样中绿原酸含量 w_1，以质量分数（%）表示，按式（1）计算：

$$w_1 = \frac{A \times c \times V \times n}{A_s \times m \times 1\ 000\ 000} \times 100 \qquad (1)$$

式中：

A——试样溶液中绿原酸的峰面积；

c——标准工作溶液中绿原酸的浓度，单位为微克每毫升（μg/mL）；

V——试样溶液定容体积，单位为毫升（mL）；

n——试样溶液稀释倍数；

A_s——标准工作溶液中绿原酸的峰面积；

m——试样质量，单位为克（g）。

测定结果以平行测定的算术平均值表示，保留至小数点后一位。

6.3.5 重复性

在重复条件下，两次独立测试结果与其算术平均值的绝对差值不大于该算术平均值的2%。

6.4 水分

按GB/T 6435规定执行。

6.5 灼烧残渣

按GB/T 6438规定执行。

6.6 氯化物

按GB/T 9729规定执行。

6.7 总砷

按GB/T 13079规定执行。

6.8 铅

按GB/T 13080规定执行。

7 检验规则

7.1 批次

以一次投料、经过一个完整生产过程所获得的产品为一批。

7.2 出厂检验

出厂检验项目为外观与性状、水分和绿原酸含量。产品出厂前应逐批检验，检验合格并且附具合格证和使用说明书（见附录C）方可出厂。

7.3 型式检验

型式检验项目为本标准第4章规定的所有项目。在正常生产情况下，每半年至少进行1次型式检验。

有下列情况之一时，亦应进行型式检验：

a）产品定型投产时；

b）生产工艺、配方或主要原料来源有较大改变，可能影响产品质量时；

c）停产3个月以上，重新恢复生产时；

d）出厂检验结果与上次型式检验结果有较大差异时；

e）饲料行政管理部门提出检验要求时。

7.4 判定规则

7.4.1 所验项目全部合格，判定为该批次产品合格。

7.4.2 检验结果中有任何指标不符合本标准规定时，可自同批产品中重新加倍抽样进行复检。若复检结果仍不符合本标准规定，则判定该批产品不合格。

7.4.3 各项目指标的极限数值判定按GB/T 8170中修约值比较法执行。

8 标签

按GB 10648规定执行，见附录D。

9 包装、运输、贮存和保质期

9.1 包装

采用铝箔袋包装，规格为100g/袋。

9.2 运输

运输时应小心轻放，防止包装破损、日晒、雨淋，禁止与有毒有害物质共运。

9.3 贮存

贮存于通风、干燥处，防止日晒、雨淋，远离火源，禁止与有毒有害物质混储。

9.4 保质期

未开启包装的产品，在规定的运输、贮存条件下，原包装自生产之日起保质期为24个月。

附录 A
（资料性附录）
绿原酸薄层色谱图

绿原酸薄层色谱图见图 A.1。

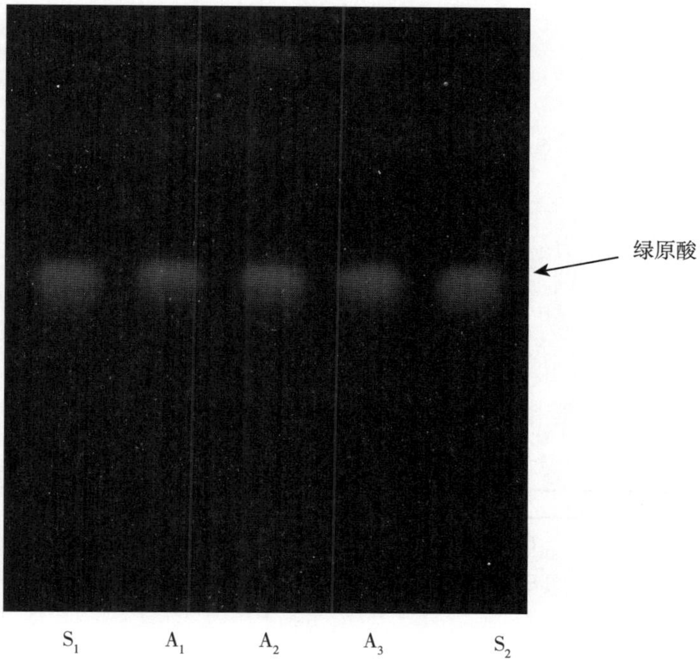

图 A.1 绿原酸薄层色谱图
（S_1、S_2 为绿原酸标准品，A_1、A_2、A_3 为绿原酸试样）

附录 B
（资料性附录）
绿原酸标准溶液和试样溶液的液相色谱图

绿原酸标准溶液和试样溶液的液相色谱图见图 B.1 和图 B.2。

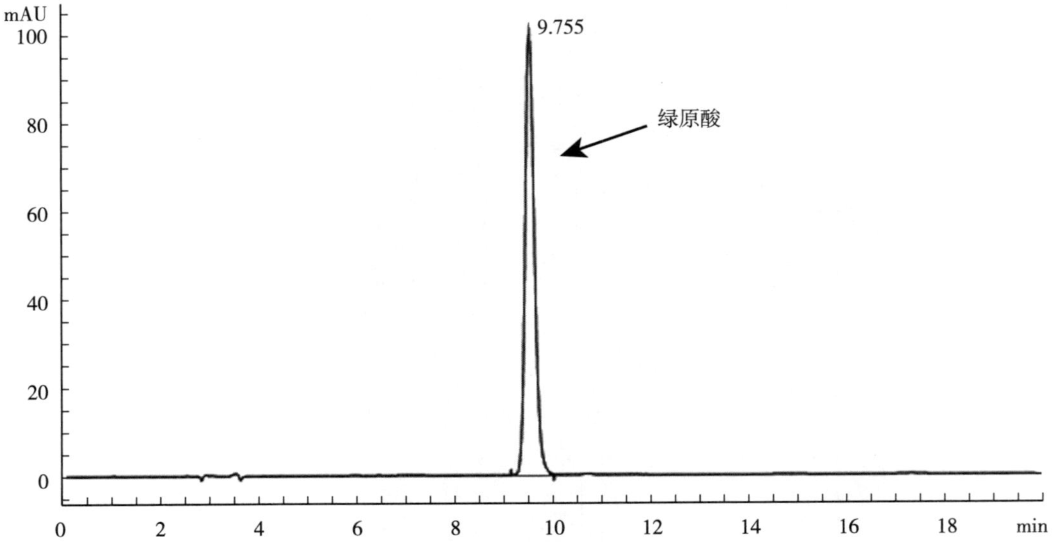

图 B.1 绿原酸标准溶液的液相色谱图

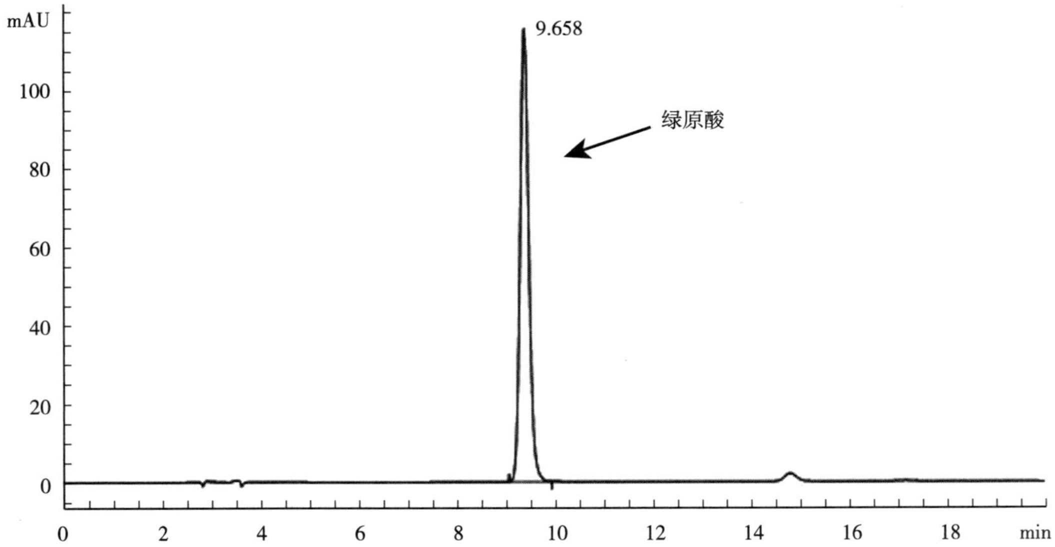

图 B.2 绿原酸试样溶液的液相色谱图

附录 C
（规范性附录）
产品使用说明书

【新产品证书号】
【生产许可证号】
【产品批准文号】
【执行标准】

饲料添加剂　绿原酸（源自山银花，原植物为灰毡毛忍冬）使用说明书

【产品名称】绿原酸（源自山银花，原植物为灰毡毛忍冬）
【英文名称】Chlorogenic acid（from Lonicerae flos，the original plant is *Lonicera macranthoides* Hand. -Mazz.）
【有效成分】绿原酸
【性状】类白色粉末，味微苦
【产品成分分析保证值】

项　目		指　标
绿原酸（$C_{16}H_{18}O_9$）/%	≥	95.0
水分/%	≤	3.0
氯化物（以 Cl^- 计）/%	≤	0.2
灼烧残渣/%	≤	1.0
总砷（As)/(mg/kg)	≤	0.5
铅（Pb)/(mg/kg)	≤	1.0

【作用功效】促进肉仔鸡生长，提高饲料转化效率，增强机体抗氧化能力，改善肠道菌群结构。
【适用范围】肉仔鸡
【用法与用量】在肉仔鸡配合饲料中的推荐添加量为 15～30mg/kg（以绿原酸计）
【净含量】100g/袋
【保质期】24 个月
【贮运】产品应贮存于通风、干燥处，防止日晒、雨淋，远离火源，禁止与有毒有害物质混储；
运输时应小心轻放，防止包装破损、日晒、雨淋，禁止与有毒有害物质共运。
【生产企业】

地址　　邮编
电话　　传真
网址　　邮箱

附录 D
（规范性附录）
产品标签

【新产品证书号】　　　　　　　　　　【生产许可证号】
【执行标准】　　　　　　　　　　　　【产品批准文号】

饲料添加剂　绿原酸（源自山银花，原植物为灰毡毛忍冬）

Chlorogenic acid（from Lonicerae flos，the original plant is *Lonicera macranthoides* Hand. -Mazz.）

【产品名称】绿原酸（源自山银花，原植物为灰毡毛忍冬）

【产品成分分析保证值】

项　目		指　标
绿原酸（$C_{16}H_{18}O_9$）/%	≥	95.0
水分/%	≤	3.0
氯化物（以 Cl^- 计）/%	≤	0.2
灼烧残渣/%	≤	1.0
总砷（As）/(mg/kg)	≤	0.5
铅（Pb）/(mg/kg)	≤	1.0

【有效成分】绿原酸

【作用功效】促进肉仔鸡生长，提高饲料转化效率，增强机体抗氧化能力，改善肠道菌群结构。

【适用范围】肉仔鸡

【用法与用量】在肉仔鸡配合饲料中的推荐添加量为 15～30mg/kg（以绿原酸计）

【保质期】24 个月

【贮运】产品应贮存于通风、干燥处，防止日晒、雨淋，远离火源，禁止与有毒有害物质混储；运输时应小心轻放，防止包装破损、日晒、雨淋，禁止与有毒有害物质共运。

【净含量】100g/袋

【生产企业】

　　地址　　　　　　　　　　邮编

　　电话　　　　　　　　　　传真

【生产日期】

【生产批号】

中华人民共和国农业农村部公告

第 226 号

为进一步规范新饲料添加剂审定工作，根据《饲料和饲料添加剂管理条例》及其配套规章规定，我部修订了《新饲料添加剂申报材料要求》《新饲料添加剂申报材料格式》《新饲料添加剂申请表》，现予公布，自 2019 年 12 月 4 日起施行。原农业部 2014 年 6 月 5 日发布的第 2109 号公告中有关《新饲料添加剂申报材料要求》的内容同时废止。

附件：1. 新饲料添加剂申报材料要求
　　　2. 新饲料添加剂申报材料格式
　　　3. 新饲料添加剂申请表

农业农村部

2019 年 11 月 4 日

附件 1

新饲料添加剂申报材料要求

申请新饲料添加剂证书、申请扩大饲料添加剂适用范围、申请生产含量规格低于《饲料添加剂安全使用规范》等规范性文件要求的饲料添加剂品种（由饲料添加剂与载体或者稀释剂按照一定比例配制的产品除外）、申请生产工艺发生重大变化的饲料添加剂、申请进口含有我国尚未批准使用的饲料添加剂的产品，应当按照本要求规定准备相关材料。

一、申报材料摘要

围绕安全性、有效性、质量可控性以及对环境的影响等方面对申报品种进行简要概述。摘要内容应可公开。

二、产品名称及命名依据、类别

（一）产品通用名称及命名依据

通用名称应反映饲料添加剂产品真实属性，并在申报材料中统一使用该名称。

通用名称应符合国内相关标准（例如：药典、国家标准和行业标准）或国际组织（例如：国际纯粹化学和应用化学联合会（IUPAC））相关标准的命名原则。有美国化学文摘（CAS）登录号的应予提供。

微生物饲料添加剂（包括直接饲喂微生物、生产发酵饲料所使用的微生物），应提供包括微生物来源、种名（包括中文名、拉丁名、俗名或别名等）、菌株编号及其他必要信息。细菌和真菌的命名应分别符合原核生物国际命名法规和国际藻类、真菌和植物命名法规要求。

饲用酶制剂，应参照国际生物化学和分子生物学联合会（IUBMB）酶学委员会（EC）的命名原则命名，并用括号注明生产菌种名称及菌株编号。

其他采用发酵工艺生产的饲料添加剂，应用括号注明生产菌种名称及菌株编号。

饲料添加剂为提取物的，依据其来源（包括动、植物的中文名、拉丁名、俗名或别名、部位）命名，并注明主要成分；也可以依据提取物的主要成分命名，并注明来源。

（二）产品的商品名称

商品名称为产品在市场销售时拟采用的名称，没有的可不提供。

（三）产品类别

根据产品的功能，参照《饲料添加剂品种目录》设立的类别名称填写。超出目录现有类别范围的，根据产品实际功能提出分类建议。

三、产品研制目的

重点阐述产品研制背景、研究进展、研制目标、产品功能、国内外在饲料及相关行业批准使用情况、产品的先进性和应用前景等。

四、产品组分及其鉴定报告、理化性质及安全防护信息

（一）产品组分

提供产品全部或主要组成成分，包括有效组分及其他组分。

1. 有效组分及其含量

有效组分为化学上可定义的物质，应给出通用名称、化学名称、CAS 登录号、分子式、化

学结构式和分子量；含量以%、g/kg、mg/kg、IU/g 等国际通用单位表示。

有效组分不能以单一化学式描述或组分不能被完全鉴定的混合物，应给出特征主成分或类组分，含量以%、g/kg、mg/kg、IU/g 等国际通用单位表示。

微生物饲料添加剂应以每克或每毫升产品中活菌数表示，即 CFU/g、CFU/mL。

饲用酶制剂应以每克或每毫升中的酶活力表示。

2. 其他组分及其含量

应说明除有效组分外的其他组分及其含量。添加载体的，应提供名称及其配方量。

提取物等其他组分不能以单一化学式描述或组分不能被完全鉴定的混合物，应说明除有效组分外的其他组分类别，可不提供具体组分含量。

（二）鉴定报告

化学上可定义物质：应准确鉴定申报产品的有效组分，并说明确认实验所用主要仪器和测试方法，例如，红外光谱、紫外光谱、质谱、核磁共振、化学官能团的特征反应等。

饲用酶制剂：应提供能够证明酶制剂的来源与结构的鉴定报告。

微生物饲料添加剂：应通过菌株的形态学、生理生化特性、分子生物学特性等方法，提供鉴定至少到种或亚种的报告。基因工程菌株需要提供农业转基因生物安全证书。生产饲料添加剂所用微生物菌种也应提供上述报告。

植物提取物：应提供包含前述有效组分和其他组分的特征图谱。

（三）外观与物理性状

固体产品应提供颜色、气味、粒径分布、密度或容重等数据；液体产品应提供颜色、气味、粘度、密度、表面张力等数据。

（四）有效组分理化性质

根据产品的性质，提供有效组分的沸点、熔点、密度、蒸汽压、折光率、比旋光度、常见溶媒中的溶解性、对光或热的稳定性、电离常数、电解性能、pKa 等数据。相关信息可来自国际机构（如 CAS、IUPAC 等）公开发布的数据或由申请人实测数据。

（五）产品安全防护信息

根据产品的性质，提供危害描述、泄露应急处理、操作处置与储存、接触控制与个体防护、急救措施、废弃处置等信息。

五、产品功能、适用范围和使用方法

产品功能应说明其作用，阐述作用机制，并以试验数据或公开发表的文献资料作为支撑。

适用范围和使用方法应说明产品适用的动物种类、生产阶段、推荐用量及注意事项，必要时应提供产品在配合饲料或全混合日粮中添加的最高限量建议值，相关内容应有安全性和有效性评价试验数据的支撑。

六、生产工艺、制造方法及产品稳定性试验报告

（一）生产工艺和制造方法

提供产品生产工艺流程图和工艺描述。流程图应以设备简图的方式表示，详细体现产品生产全过程；工艺描述应与流程图一一对应，重点描述原料、设备、生产过程各步骤所使用的方法和技术参数（化学合成应有温度、压力、反应时间、pH 等，提取物应有提取溶剂、提取时间、提取次数、分离材料或设备等），有中间产品控制指标的也应一并提供。

微生物及其发酵制品还应当提供生产用菌株的传代培养情况及遗传稳定性、培养基成分、保存和必要的复壮方法等材料。

对于采取诱变方式实施改良的菌株，应提供诱变条件和步骤。

（二）产品稳定性试验报告

稳定性试验包括影响因素试验、加速试验和长期稳定性试验。应提供按照农业农村部相关技术指南开展的稳定性试验的报告。

七、产品质量标准草案、编制说明及检验报告

（一）产品质量标准草案：应按照《标准化工作导则　第 1 部分：标准的结构和编写》（GB/T 1.1）和《标准编写规则　第 10 部分：产品标准》（GB/T 20001.10）的要求进行编写。

（二）编制说明：应说明质量标准中的指标设置依据。指标的设置应符合相关法规标准要求，并与实际检测情况一致。对引用的国际标准应提供其原文和中文译文，国内其他行业标准提供原文。

（三）对新建检测方法，应提供至少三家具备检验资质的第三方机构出具的验证报告。

（四）检验报告：由申请人自行检测或委托具备检验资质的机构出具的三个批次产品检验报告。检测项目应与质量标准一致，并采用其规定的检测方法。

（五）有最高限量要求的产品，应根据其适用对象，提供有效组分在配合饲料、浓缩饲料、精料补充料或添加剂预混合饲料中的检测方法。

八、安全性评价材料要求

包括靶动物耐受性评价报告、毒理学安全评价报告、代谢和残留评价报告、菌株安全性评价报告。评价试验应按照农业农村部发布的技术指南或国家、行业标准进行。农业农村部暂未发布指南或暂无国家、行业标准的，可以参照世界卫生组织（WHO）、经济合作与发展组织（OECD）等国际组织发布的技术规范或指南进行。靶动物耐受性评价报告、毒理学安全评价报告、代谢和残留评价报告应由农业农村部指定的评价试验机构出具。评价报告出具单位不得是申报产品的研制单位、生产企业，或与研制单位、生产企业存在利害关系。

（一）靶动物耐受性评价报告。

（二）毒理学安全评价报告。包括急性毒性试验、遗传毒性试验（致突变试验）、28 天经口毒性试验、亚慢性毒性试验、致畸试验、繁殖毒性试验、慢性毒性试验（包括致癌试验）等毒性评价。评价方法参照农业农村部技术指南或国家、行业标准的规定。

（三）代谢和残留评价报告。化合物应进行代谢和残留评价，但以下情形除外：

——在饲用物质中天然存在并具有较高含量；

——化合物或代谢残留物是动物体液或组织的正常成分；

——可被证明是原形排泄或不被吸收；

——是以体内化合物的生理模式和生理水平被吸收；

——农业农村部技术指南、国家或行业标准规定的数据外推情形。

（四）菌株安全性评价报告。对于饲用微生物添加剂和生产饲料添加剂所用微生物菌种，应进行菌株安全性评价。通过微生物表型试验、分子生物学试验和全基因组序列（WGS）分析，结合相关文献资料，对拟评价菌株的致病性、有毒代谢产物产生能力（用微生物发酵生产的饲料添加剂应对终产品中由生产菌株产生的有毒代谢产物进行测定）及抗菌药物耐药性等进行综合评价。

（五）提供国内外权威机构就该产品的安全性评价报告，国内外权威刊物公开发布的就该产品安全性的文献资料，其他可证明该产品安全性的报告或文献资料。

九、有效性评价材料要求

（一）提供由农业农村部指定的有效性评价试验机构出具的试验报告；靶动物有效性试验

应按照农业农村部发布的技术指南或国家、行业标准进行。农业农村部技术指南、国家或行业标准规定的可以进行数据外推的情形除外。

（二）根据产品用途，提供依据技术规范或公认的方法测定的特性效力的试验报告，如抗氧化剂效力和防霉剂效力测试等。试验应选取申报产品适用饲料类别中的代表性产品进行。试验报告应由省部级以上高等院校、科研单位或检测机构等出具。

（三）提供国内外权威机构就该产品靶动物有效性或特性效力的试验报告或评价报告，国内外权威刊物公开发布的就该产品靶动物有效性或特性效力的文献资料，其他可证明该产品靶动物有效性或特性效力试验的报告或文献资料。

评价报告的出具单位不得是申报产品的研制单位和发表文献的署名单位、生产企业，或与研制单位、生产企业存在利害关系。

十、对人体健康可能造成影响的分析报告

应根据安全性、有效性和代谢、残留等数据和文献资料以及相关产品信息，参照风险评估的方法就饲料添加剂对人体健康可能造成的影响进行评估分析，形成报告。

十一、标签式样、包装要求、贮存条件、保质期和注意事项

标签式样应符合《饲料和饲料添加剂管理条例》和《饲料标签》标准（GB 10648）的规定。

包装要求、贮存条件、保质期的确定应以稳定性试验的数据为依据。

十二、中试生产总结和“三废”处理报告

（一）中试生产总结

包括中试的时间和地点，生产产品的批数（至少连续 5 批）、批号、批量，每批中试产品的详细生产和检验报告，中试中发现的问题和处置措施等。

（二）“三废”处理报告

应说明生产过程中产生的“三废”及处理措施。

十三、联合申报协议书

由两个或两个以上单位联合申报的（申报单位应是共同参与产品研发的研制单位或生产企业），应提供由所有联合申报单位共同签署的联合申报协议书，明确知识产权归属、申请人排序、责任划分等，并承诺不就同一产品进行重复申报。协议由各单位法定代表人签字并加盖单位公章。

十四、其他材料

其他应提供的证明性文件和必要材料。例如，需进一步证明申报产品安全性的试验报告。

十五、参考资料

提供产品研究、开发和生产中参考的主要参考文献，并在引用处进行标注，重要文献应附全文。注明参考材料中提到的有效组分与所申请的饲料添加剂品种是否一致，并说明相关信息的详细来源，如数据库、标准、研究报告、期刊和书籍等。

附件 2

新饲料添加剂申报材料格式

一、申报材料的格式

（一）申报材料包括《新饲料添加剂申请表》及《新饲料添加剂申报材料要求》中的相关内容。

（二）《新饲料添加剂申请表》应当从农业农村部网站下载，不得随意改变字体大小和表格结构。

（三）申报材料正文应当使用小四号宋体（英文和数字为 Times New Roman 字体），A4 规格纸张打印。除签名外，所有材料不得手写。

（四）检测、试验、鉴定报告应加盖报告出具单位公章，由负责人和检测试验人员签名，并提供原件。外文材料应同时提交中文翻译件。

（五）申报材料一式两份（原件一份，复印件一份，复印件采用双面复印）。材料按照预审意见规定的内容顺序编排目录，例如“1—1，1—2，…，2—1，…”，每章独立编排页码，按目录顺序活页装订，各章应用口取纸或其他明显标记予以划分。材料装订完成后，应在整本材料侧面加盖申报单位骑缝章。

（六）在提交书面申报材料的同时，还应提交内容与书面材料一致的 CD 光盘两份。每章节应制成独立的 PDF 格式文件，文档名称以章号和章标题命名。

二、相关表格填写

（一）通用名称：填写与正文内容一致的通用名称。

（二）产品类别：填写与正文内容一致的产品类别，若为“其他类型”，还应在后附横线上予以说明。

（三）申请类型：将相应类型的方框涂黑（■）。

（四）申请人名称：填写具有法人地位的单位名称，可以是研制者或者生产企业，并加盖公章。由多个申请人联合申报的，填写第一申请人相关信息。

（五）法定代表人：填写申请人的法定代表人姓名。由多个申请人联合申报的，填写第一申请人相关信息。

（六）申请人注册地址及邮政编码：填写法人注册地址及邮政编码。由多个申请人联合申报的，填写第一申请人相关信息。

（七）申请人通讯地址及邮政编码：填写申请人的通讯地址及邮政编码。由多个申请人联合申报的，填写第一申请人相关信息。

（八）联系人、传真、固定电话、手机、电子邮箱：填写申请单位负责办理审定申请的人员姓名及相应联系方式。联合申报的，由申请人确定一名联系人及其联系方式。

（九）申报日期：填写申请人报出材料的时间。

（十）通用名称：填写与正文一致的通用名称。

（十一）外观与物理性状：说明产品的颜色、气味、性状（粉末、颗粒、结晶、块状、半固态、液态等）。

（十二）商品名称：填写与正文一致的商品名称，没有的应填写“无”。

（十三）产品类别：填写与正文一致的产品类别。

（十四）是否转基因产品：将相应的方框涂黑（■）。

（十五）保质期：填写与正文一致的保质期。

（十六）成分、化学式或描述、含量、检测方法："成分"栏，逐一填写各有效组分及其他组分的名称；"化学式或描述"栏，化学上可定义物质应填写化学式，其他应填写描述；"含量"栏，有效组分填写典型分析值；其他组分应填写除有效组分外的其他组分含量；添加载体的，应提供载体名称及其配方量；对于提取物等其他组分不能以单一化学式描述或不能被完全鉴定的混合物，应填写有效组分外的组分类别，可不提供具体组分含量；"检测方法"栏，采用现行国家标准或行业标准进行检测的，可填写标准名称和编号，否则应填写检测方法简称（如"高效液相色谱法"），在配合饲料或全混合日粮中有最高限量要求的，还应提供在饲料产品中相应成分的检测方法。

（十七）适用范围、在配合饲料或全混合日粮中的推荐添加量和最高限量、使用注意事项：填写产品适用的动物种类、生产阶段及其在配合饲料或全混合日粮中的推荐添加量；有最高限量要求的，应填写在配合饲料或全混合日粮中的最高限量；使用过程中有特殊要求的，应填写使用注意事项。

（十八）生产工艺简述：填写主要生产工艺，不超过 150 个字。

（十九）申请人名称及地址：按申请人排序逐一填写单位名称、通信地址和邮编，在性质栏内将相应的方框涂黑（■），并由各单位法定代表人签字并加盖公章。

附件 3

新饲料添加剂申请表

通用名称：____

产品类别：____

申请类型：□申请新饲料添加剂证书 □申请扩大饲料添加剂适用范围 □申请生产含量规格低于《饲料添加剂安全使用规范》等规范性文件要求的饲料添加剂品种 □申请生产工艺发生重大变化的饲料添加剂 □申请进口含有我国尚未批准使用的饲料添加剂的产品 □农业农村部规定的其他情形________________

申请人名称：____________________________________（公章）

法定代表人：____

申请人注册地址：____________________________________

邮政编码：____

申请人通讯地址：____________________________________

邮政编码：____

联 系 人：____________________ 传真：____________________

固定电话：____________________ 手机：____________________

电子邮件：____

申报日期：________年____月____日

中华人民共和国农业农村部 制

二〇____年

<table>
<tr><td colspan="2">通用名称</td><td></td><td>外观
与物理性状</td><td></td><td>商品名称</td><td></td></tr>
<tr><td colspan="2">产品类别</td><td></td><td>是否转基因产品</td><td>□是
□否</td><td>保质期</td><td></td></tr>
<tr><td colspan="2">成分</td><td>化学式或描述</td><td>含量</td><td>检测方法</td><td colspan="2">在配合饲料中的
检测方法（适用时）</td></tr>
<tr><td rowspan="2">有效组分</td><td>1</td><td></td><td></td><td></td><td colspan="2"></td></tr>
<tr><td>…</td><td></td><td></td><td></td><td colspan="2"></td></tr>
<tr><td rowspan="2">其他组分</td><td>1</td><td></td><td></td><td></td><td colspan="2"></td></tr>
<tr><td>…</td><td></td><td></td><td></td><td colspan="2"></td></tr>
<tr><td colspan="2">适用范围</td><td colspan="2">在配合饲料或全混合日粮
中的推荐添加量</td><td colspan="2">在配合饲料或全混合
日粮中的最高限量</td><td>使用注意事项</td></tr>
<tr><td colspan="2">适用范围 1</td><td colspan="2"></td><td colspan="2"></td><td></td></tr>
<tr><td colspan="2">适用范围 2</td><td colspan="2"></td><td colspan="2"></td><td></td></tr>
<tr><td colspan="2">……</td><td colspan="2"></td><td colspan="2"></td><td></td></tr>
<tr><td colspan="7">生产工艺简述（150 字以内）</td></tr>
<tr><td colspan="2">申请人信息</td><td colspan="2">（第一申请人）</td><td colspan="2">（第二申请人）</td><td>……</td></tr>
<tr><td colspan="2">单位名称</td><td colspan="2"></td><td colspan="2"></td><td></td></tr>
<tr><td colspan="2">地　址</td><td colspan="2"></td><td colspan="2"></td><td></td></tr>
<tr><td colspan="2">性　质</td><td colspan="2">□研制者
□生产企业</td><td colspan="2">□研制者
□生产企业</td><td>……</td></tr>
<tr><td colspan="2">法定代表人
签字及盖章</td><td colspan="2"></td><td colspan="2"></td><td></td></tr>
</table>

中华人民共和国农业农村部公告

第 227 号

为深入贯彻行政审批制度改革精神，进一步落实“放管服”要求，鼓励饲料、饲料添加剂新品种开发和研制，帮助饲料企业和有关技术机构（以下简称申请人）提高研发能力，根据各方面的建议，我部建立饲料原料和饲料添加剂审批咨询服务工作机制。现就有关事项公告如下。

一、咨询服务范围

申请人拟申请新饲料和新饲料添加剂证书，拟申请扩大饲料添加剂适用范围，拟申请生产含量规格低于《饲料添加剂安全使用规范》等规范性文件要求的饲料添加剂品种（由饲料添加剂与载体或者稀释剂按照一定比例配制的产品除外），拟申请生产工艺发生重大变化的饲料添加剂，拟申请进口含有我国尚未批准使用的饲料原料和饲料添加剂的产品，以及拟申请将原料或者添加剂品种纳入《饲料原料目录》或者《饲料添加剂品种目录》，可以按照本公告规定申请咨询服务。

二、咨询材料要求

申请人应当向农业农村部畜牧兽医局提出书面申请并提交以下材料：产品通用名称、产品类别、产品研制目的、产品组分、外观与物理性状、产品功能、适用范围、使用方法、生产工艺和制造方法，产品在国内外相关行业应用的基本情况，以及已收集到的能够证明其安全性、有效性的相关科学文献、报告或者试验结果等资料。申请人可参考《新饲料添加剂申报材料要求》（农业农村部公告第 226 号）准备相关材料。

三、咨询服务程序

农业农村部畜牧兽医局收到书面申请和相关材料后，在 5 个工作日内对咨询材料进行核对，不需要补充材料的，组织全国饲料评审委员会召开咨询会，由咨询会专家对申请事项进行专家评议并提出咨询意见和建议。农业农村部畜牧兽医局在收到咨询意见和建议后，5 个工作日内书面告知申请人。

咨询服务由申请人自愿提出，不收取任何费用。咨询服务不作为行政审批的前置程序，咨询意见不作为做出行政审批决定的依据。申请过程中如有问题，请联系农业农村部畜牧兽医局（电话 010－59192853）或全国畜牧总站（电话 010－59194438）。

农业农村部

2019 年 11 月 4 日

专题篇

2019年饲料加工工业概况

2019年，在非洲猪瘟疫情和国际贸易形势变化的影响下，全国工业饲料产值和产量双降，全行业积极应对，饲料行业继续保持平稳发展态势，产品结构调整加快，饲料添加剂产品稳步增长，规模企业经营形势总体平稳。

一、2019年饲料加工工业基本情况

2019年我国饲料工业总产量保持平稳，连续5年产量破2亿t，连续9年位居世界第一，约占全球总产量的1/4。年产千万吨的省份9个，总产量1.5亿t，占全国总产量约66.4%，31家年产百万吨以上饲料企业，产量占比超过50.5%。

1. 饲料工业总产值稳定增长。全国饲料工业总产值8 088亿元，同比下降9.0%，总营业收入7 780亿元，同比下降10.5%。其中，饲料产品产值7 098亿元、营业收入6 858亿元，同比分别下降9.8%、11.5%；宠物饲料产品产值103亿元、营业收入98亿元；饲料添加剂产品产值839亿元、营业收入763亿元，同比分别下降12.4%、13.4%；饲料机械产品产值48亿元、营业收入60亿元，同比分别下降19.3%、1.4%（图1，图2）。

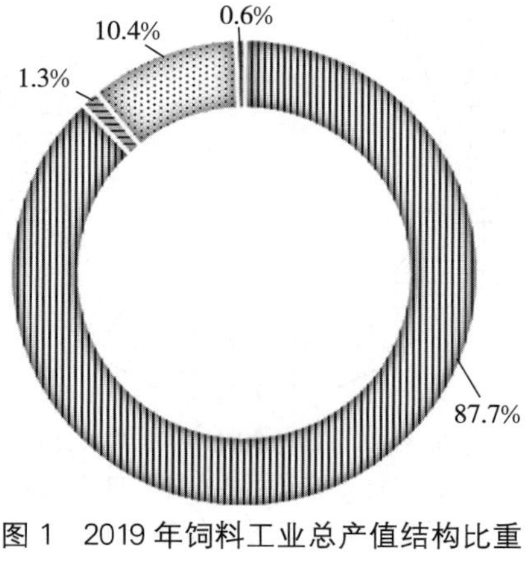

图1 2019年饲料工业总产值结构比重

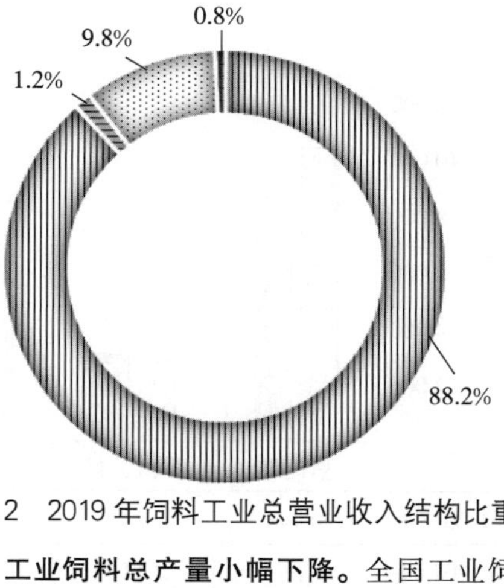

图2 2019年饲料工业总营业收入结构比重

2. 工业饲料总产量小幅下降。全国工业饲料总产量22 885万t，同比下降3.7%。其中，配合饲料21 014万t、同比下降3.0%，浓缩饲料1 242万t、同比下降12.4%，添加剂预混合饲料543万t、同比下降10.6%（图3）。

从不同饲料品种看，猪饲料7 663万t、同比下降26.6%，蛋禽饲料3 117万t、同比增长9.6%，肉禽饲料8 465万t、同比增长21.0%，水产饲料2 203万t、同比增长0.3%，反刍动物饲料1 109万t、同比增长9.0%，宠物饲料87万t、同比增长10.8%，其他饲料242万t、同比增长29.5%（图4，图5）。

不同类别饲料产品情况，配合饲料中，猪配合饲料6 675万t、同比下降26.8%，蛋禽配合饲料2 796万t、同比增长10.2%，肉禽饲料8 301万t、同比增长21.0%，水产饲料2 164万t、同比增长0.1%，精料补充料855万t、同比增长5.6%，其他饲料224万t、同比增长26.7%（图6）。

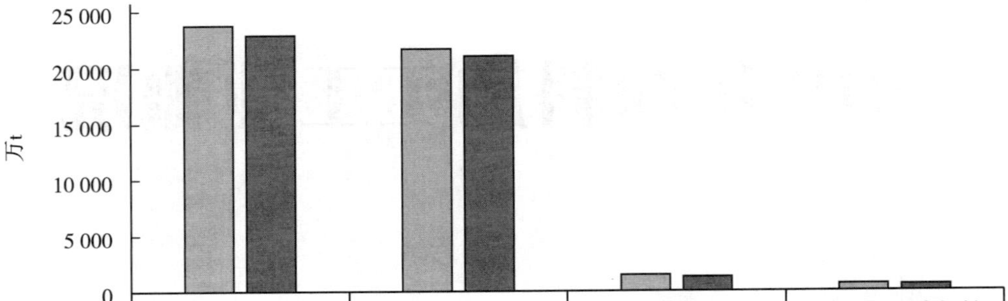

	总产量	配合饲料	浓缩饲料	添加剂预混合饲料
2018年	23 763	21 659	1 418	607
2019年	22 885	21 014	1 242	543

图 3　2018—2019 年饲料总量类别同比

注：总产量包括宠物饲料。

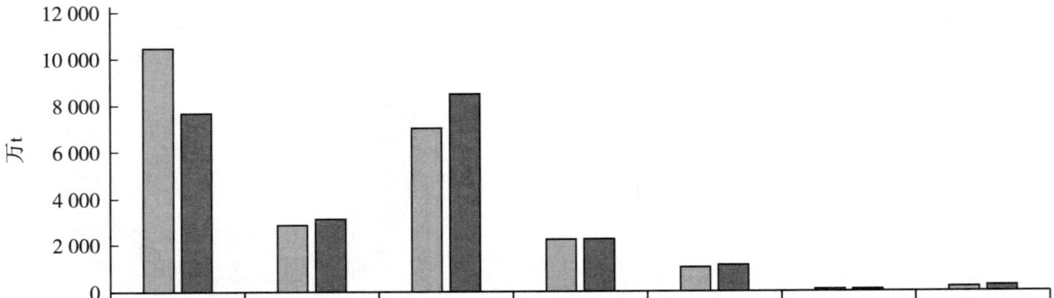

	猪饲料	蛋禽饲料	肉禽饲料	水产饲料	反刍饲料	宠物饲料	其他饲料
2018年	10 443	2 845	6 998	2 196	1 017	79	187
2019年	7 663	3 117	8 465	2 203	1 109	87	242

图 4　2018—2019 年畜禽饲料品种同比

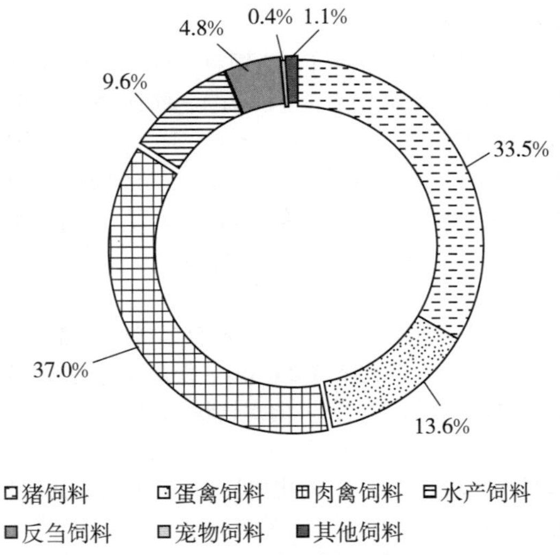

图 5　2019 年各品种饲料占总产量比重

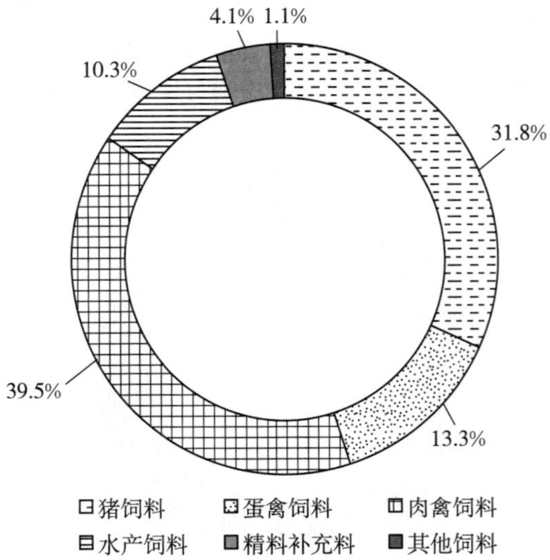

图 6　2019 年配合饲料结构图

浓缩饲料中，猪浓缩饲料756万t、同比下降22.9%，蛋禽浓缩饲料152万t、同比下降4.6%，肉禽浓缩饲料118万t、同比增长9.8%，水产浓缩饲料4.7万t、同比增长30.1%，反刍动物浓缩饲料199万t、同比增长22.8%，其他浓缩饲料12万t、同比增长118.0%（图7）。

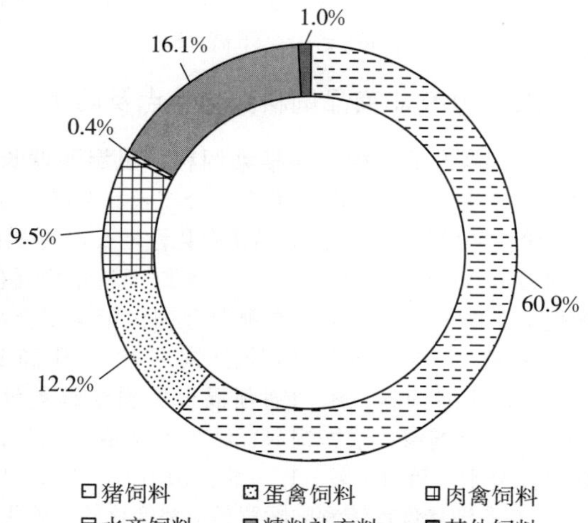

图7 2019年浓缩饲料结构图

添加剂预混合饲料中，猪预混合饲料233万t、同比下降32.7%，蛋禽预混合饲料169万t、同比增长13.7%，肉禽预混合饲料46万t、同比增长43.2%，水产预混合饲料34万t、同比增长13.1%，反刍动物预混合饲料55万t、同比增长20.0%，其他预混合饲料5.6万t，同比增长30.5%（图8）。

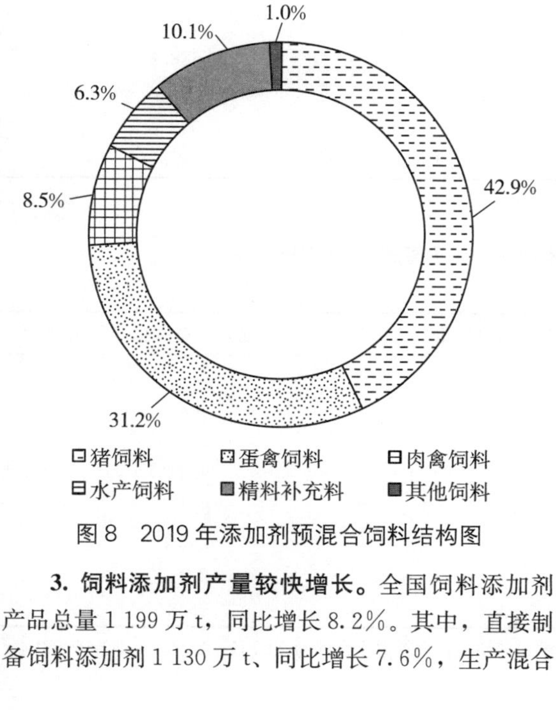

图8 2019年添加剂预混合饲料结构图

3. 饲料添加剂产量较快增长。全国饲料添加剂产品总量1 199万t，同比增长8.2%。其中，直接制备饲料添加剂1 130万t、同比增长7.6%，生产混合型饲料添加剂69万t、同比增长20.0%（表1，表2）。

表1 2019年各类饲料添加剂产量

单位：万t、%

类别	产量	同比
氨基酸、氨基酸盐及其类似物	330.1	10.5
维生素及类维生素	127.2	14.7
矿物元素及其络（螯）合物	590.5	4.1
酶制剂	19.4	16.6
微生物	17.4	19.3
非蛋白氮	3.9	26.4
抗氧化剂	6.7	−7.1
防腐剂、防霉剂和酸度调节剂	64.8	19.6
着色剂	4.9	51.4
调味和诱食物质	3.4	−6.3
黏结剂、抗结块剂、稳定剂和乳化剂	20.5	10.2
多糖和寡糖	0.7	−9.8
其他	9.5	6.9

表2 2019年各产品类型饲料添加剂产量

单位：万t、%

类别	饲料添加剂	同比	混合型饲料添加剂	同比
氨基酸、氨基酸盐及其类似物	329.9	10.5	0.3	140.0
维生素及类维生素	117.8	14.1	9.4	22.2
矿物元素及其络（螯）合物	582.2	3.7	8.2	40.3
酶制剂	12.2	1.7	7.2	54.6
微生物	5.5	9.9	11.9	24.2
非蛋白氮	1.1	64.5	2.8	15.5
抗氧化剂	1.9	−9.1	4.9	−6.3
防腐剂、防霉剂和酸度调节剂	52.0	22.4	12.9	9.5
着色剂	2.8	18.5	2.1	140.6
调味和诱食物质	0.4	131.3	3.0	−12.4
黏结剂、抗结块剂、稳定剂和乳化剂	19.9	9.5	0.6	40.5
多糖和寡糖	0.3	−5.3	0.4	−12.8
其他	4.2	7.1	5.2	6.8

4. 产业集中度适应性调整。2019年，饲料总产量过千万吨以上的省（自治区）9个，比上年减少2个。9省（自治区）合计产量占全国比重66.4%，比上年下降9.4个百分点（表3）。

表 3 2019 年饲料产量过千万吨省份产量及比重

单位：万 t、%

排序	地 区	总产量	占全国比重
	全国总计	22 885.4	
1	山 东	3 778.9	17
2	广 东	2 923.8	13
3	广 西	1 508.9	7
4	辽 宁	1 318.9	6
5	江 苏	1 276.4	6
6	河 北	1 231.1	5
7	湖 北	1 091.4	5
8	四 川	1 036.7	5
9	湖 南	1 033.8	5
	小 计	15 199.8	66.4

5. 大宗饲料原料消费大幅调整。2019 年，部分大宗饲料原料消费总量 17 049 万 t，同比下降 29.1%。其中，玉米消费量 9 037 万 t，同比下降 34.6%；小麦消费量 167 万 t，同比下降 3.7%；鱼粉消费量 184 万 t，同比下降 26.7%；豆粕消费量 3 415 万 t，同比下降 9.1%；棉籽粕消费量 183 万 t，同比下降 29.6%；菜籽粕消费量 273 万 t，同比下降 28.1%；其他饼粕消费量 424 万 t，同比增长 16.4%；磷酸氢钙消费量 185 万 t，同比下降 30.3%；其他消费量 3 180 万 t，同比下降 33.4%。

6. 成套机组大型饲料机械设备下降、单机增长。成套机组 749 台套，同比下降 2 165 台套，下降 74.3%；单机 33 754 台，同比增加 1 008 台，增长 3.1%。在成套机组中，时产≥10t 设备 297 台套，同比减少 504 台套，下降 62.9%；时产<10t 设备 452 台套，同比下降 1 661 台套，下降 78.9%。

二、2019 年商品饲料变化特点及简析

1. 饲料产品结构调整推动饲料总量温和增长。2013 年以来，饲料总产量年均复合增长率为 2.8%。这个阶段的增长主要是产品结构变化性增长，其中配合饲料年均复合增长率为 4.3%，浓缩饲料年均复合增长率下降 10.4%，添加剂预混合饲料年均复合增长率下降 2.6%。2019 年配合饲料比重升高到 91.8%，浓缩饲料、添加剂预混合饲料继续萎缩。2019 年配合饲料、浓缩饲料、添加剂预混合饲料占比同比分别下降 3.0%、12.4%、10.6%（图 9，图 10）。在非洲猪瘟疫情和国际贸易形势变化的影响下，工业饲料产量下降，产品结构调整加快，产品结构的变化与养殖业规模化提升相适应（表 4，表 5）。

表 4 2013—2019 年饲料总产量及年均复合增速

单位：万 t

年份	总产量	配合饲料	浓缩饲料	添加剂预混合饲料
2013	19 340	16 307.9	2 398.5	633.7
2014	19 727	16 935.3	2 151.2	640.6
2015	20 009	17 396.2	1 960.5	652.5
2016	20 918	18 394.5	1 832.4	690.6
2017	22 161	19 618.6	1 853.7	688.9
2018	23 763	21 659.1	1 418.1	607.3
2019	22 885	21 013.8	1 241.9	542.6
年均复合增长	2.8%	4.3%	−10.4%	−2.6%

注：2018、2019 年总产量包括宠物饲料。

表 5 2013—2019 年配合、浓缩、添加剂预混合饲料占总产量比重

单位：%

年份	配合饲料占总量比重	浓缩饲料占总量比重	添加剂预混合饲料占总产量比重
2013	84.3	12.4	3.3
2014	85.8	10.9	3.2
2015	86.9	9.8	3.3
2016	87.9	8.8	3.3
2017	88.5	8.4	3.1
2018	91.1	6.0	2.6
2019	91.8	5.4	2.4
年均复合增长	1.4	−12.9	−5.3

注：2018 年、2019 年总产量包括宠物饲料，所以配合、浓缩、添加剂预混合饲料占比合计为 99.7%、99.6%，不等于 100%。

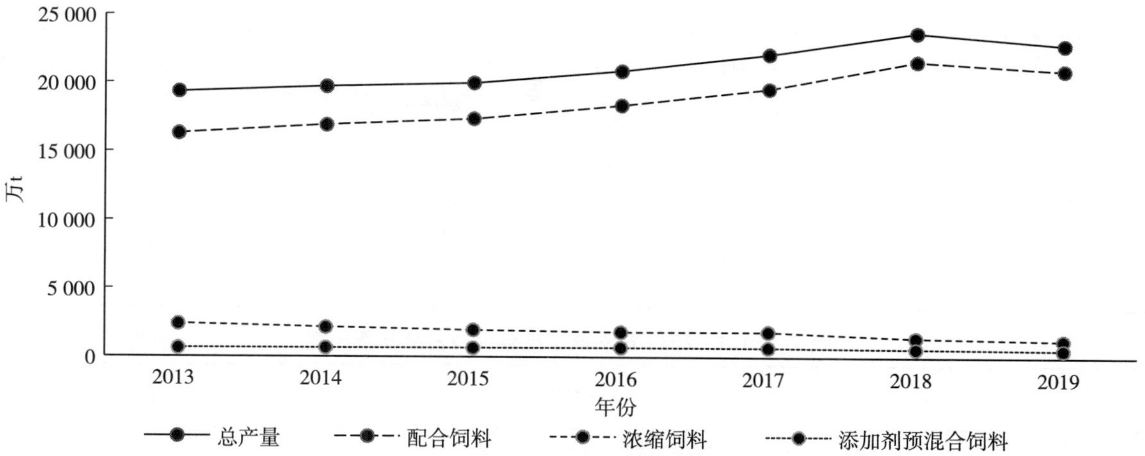

图 9　2013 年以来饲料产品结构趋势

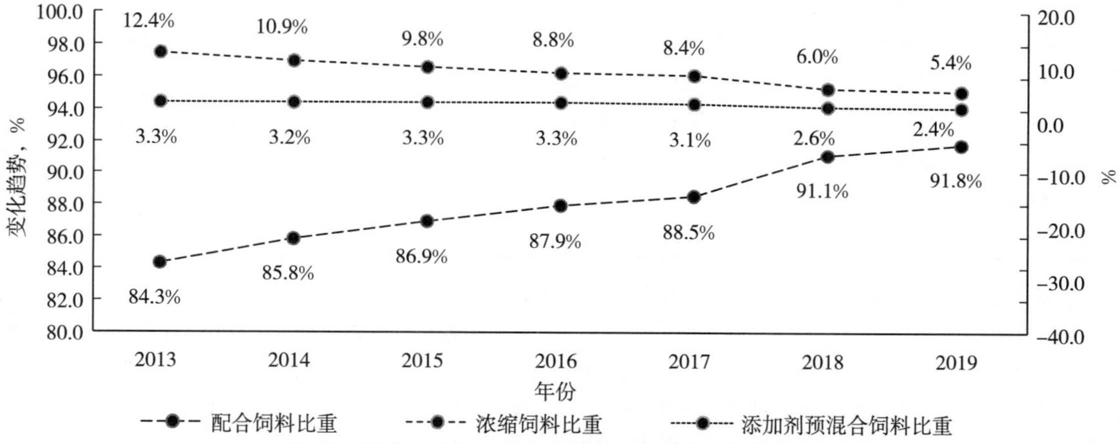

图 10　配合、浓缩、添加剂预混合饲料占比变化趋势

注：浓缩饲料、添加剂预混合饲料比重参考右侧刻度值。

2. 不同畜禽品种饲料表现“猪弱禽强、反刍水产快涨”。2013 年以来，猪饲料产量年均下降 125 万 t，年均复合下降 1.5%。2019 年猪饲料因非洲猪瘟疫情及猪周期叠加因素影响，导致生猪存栏降至历史低点，猪饲料产量大幅下降。非洲猪瘟疫情造成养殖户损失严重，打击养殖积极性；生猪养殖周期性下行，生猪、母猪存栏下降处于相对低位，环保、保险理赔机制等因素进一步挤压养猪业，加剧了猪饲料消费总量的缩减。

与此同时，同样受非洲猪瘟疫情及周期性因素叠加影响，猪肉价格上涨较快，替代效应导致其他肉类、蛋类需求上涨，拉动的蛋禽、肉禽、反刍动物等存栏较快恢复，养殖补栏积极性高，饲料需求提振，饲料企业积极转型，开发禽料、水产料和反刍料等其他品种。蛋禽饲料年均增长 14 万 t，年均复合增长 0.4%。肉禽饲料年均增长 586 万 t，年均复合增长 9.4%。水产、反刍饲料年均增长率分别为 2.8%、5.7%（表 6，表 7）。

表 6　2013—2019 年猪禽饲料占总产量比重　　单位：万 t、%

年份	总产量	猪饲料	比重	蛋禽饲料	比重	肉禽饲料	比重
2013	19 340	8 411	43.5	3 035	15.7	4 947	25.6
2014	19 727	8 616	43.7	2 902	14.7	5 033	25.5
2015	20 009	8 344	41.7	3 020	15.1	5 515	27.6
2016	20 918	8 726	41.7	3 005	14.4	6 011	28.7

（续）

年份	总产量	猪饲料	比重	蛋禽饲料	比重	肉禽饲料	比重
2017	22 161	9 810	44.3	2 931	13.2	6 014	27.1
2018	23 763	10 443	43.9	2 845	12.0	6 998	29.4
2019	22 885	7 663	33.5	3 117	13.6	8 465	37.0
年均增长量	591	−125		14		586	
年均增长率	2.8%	−1.5%		0.4%		9.4%	

表7　2013—2019年水产、反刍饲料占总产量比重　　单位：万t、%

年份	总产量	水产饲料	比重	反刍饲料	比重	宠物饲料	比重	其他饲料	比重
2013	19 340	1 864	9.6	795	4.1			288	1.5
2014	19 727	1 903	9.6	876	4.4			397	2.0
2015	20 009	1 893	9.5	884	4.4			354	1.8
2016	20 918	1 930	9.2	880	4.2			366	1.8
2017	22 161	2 080	9.4	923	4.2			403	1.8
2018	23 763	2 196	9.2	1 017	4.3	79	0.3	187	0.8
2019	22 885	2 203	9.6	1 109	4.8	87	0.4	242	1.1
年均增长量	591	57		52		8		−8	
年均增长率（%）	2.8	2.8		5.7		10.1		−2.9	

3. 单产10万t规模企业略有调整。全国万吨规模以上饲料生产厂达3 566家，比上年减少176家，饲料产量占总产量94.7%，比上年下降0.1个百分点；其中，10万t规模以上厂家数量达621家，比上年减少35家，饲料产量占总产量46.6%，较上年增长3.3个百分点（图11）。

大型饲料企业（集团）。2019年年产50万t以上43家，占全国饲料总产量54.1%。其中，2019年，100万t以上31家，占全国饲料总产量50.5%。

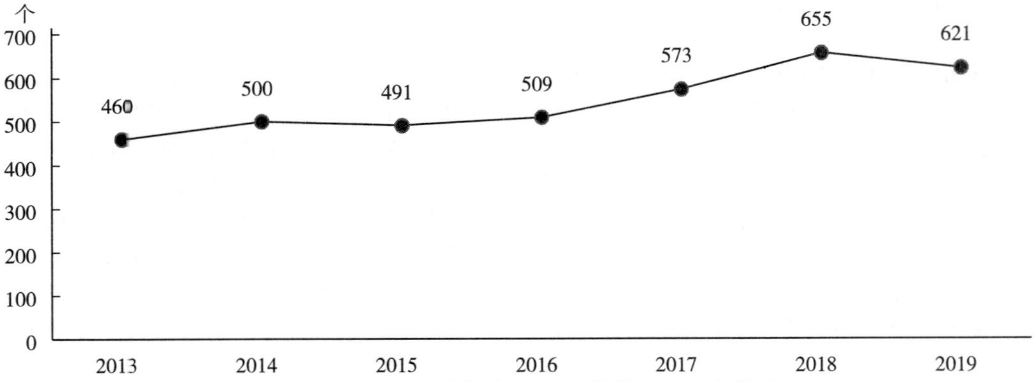

图11　2013年以来年产10万t规模以上厂家数量

4. 饲料加工业带动了相关产业体系的发展。2019年，饲料企业年末职工人数为79.1万人。其中，大学专科及以上学历的职工数为30.4万人，占职工总人数的38.4%。其中，博士0.5万人，硕士1.5万人，大学本科11.1万人，大学专科17.3万人，其他学历48.7人。

饲料产品出口量13万t，同比下降13.2%；出口额8亿元，同比下降83.7%；饲料添加剂出口量287万t，同比下降74.5%，饲料添加剂出口额238亿元，同比下降37.5%；单一饲料出口量183万t，同比增长13.6%；单一饲料出口额858亿元，同比下降26.8%（表8，图12，图13）。

表 8　2019 年加工业体系产量、产值

单位：万 t、亿元

产品类别	总产量	总产值	营业收入
饲料产品	22 798	7 098	6 858
宠物饲料	87	103	98
饲料添加剂	1 199	839	763
饲料机械（台、套）	34 503	48	60
单一饲料	8 805	—	—

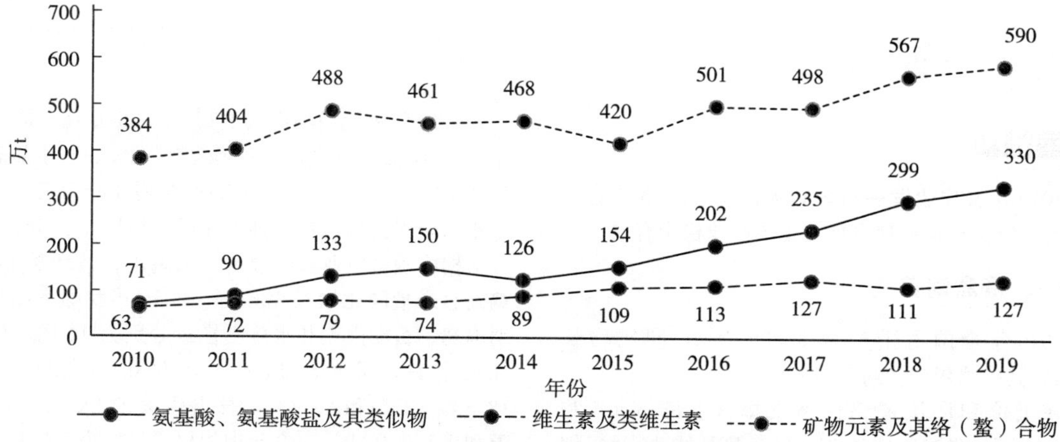

图 12　2010—2019 年部分主要饲料添加剂产量

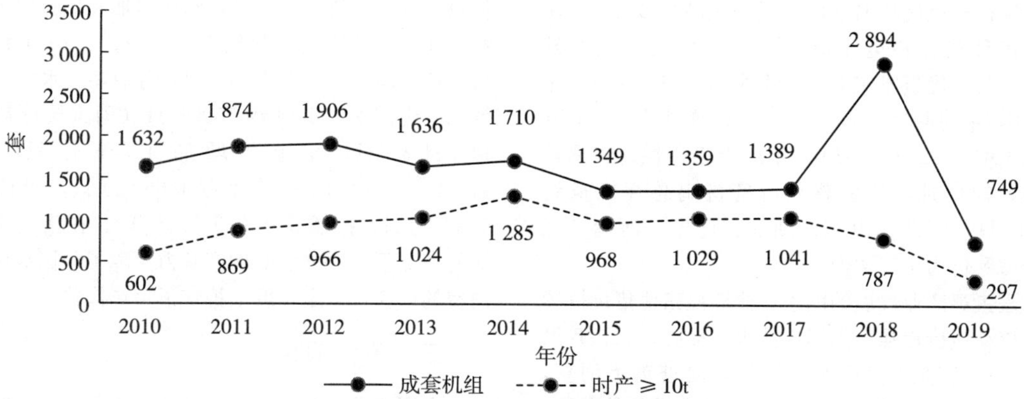

图 13　2010—2019 年成套机组数量

（黄庆生　胡翊坤）

主要饲料产品概述

家禽饲料

2019年畜牧业发展出现较大波动，生猪产能大幅下滑，家禽产业快速发展，牛羊产业稳中有增。

一、蛋禽饲养

2019年全国禽蛋产量3 309万t，同比增长5.8%，其中鸡蛋产量约2 813万t。

在蛋价和淘汰蛋鸡价格支撑（上涨6.4%和29.5%）下，蛋鸡养殖效益（只鸡盈利约44元）创近10年最高。2019年我国祖代蛋种鸡产能持续下降，全年在产祖代种鸡平均存栏同比减少5.2%。在产父母代种鸡存栏处于高位，平均存栏同比上升17.5%，父母代蛋雏鸡月均销售量11 265万羽，相对于2018年同期销售量9 168万羽增加了2 097万羽，同比增长22.9%。2019年产蛋鸡存栏、雏鸡补栏量均大幅增加，产蛋鸡和后备蛋鸡总存栏量约14.54亿只，河北、山东、湖北、辽宁、河南、江苏、安徽等仍为主产省份。

促进蛋鸡产业发展的因素：非洲瘟猪使猪价持续高涨，拉动蛋价走强；人们生活水平提高、二孩政策放开、人口特别是幼龄人口增加，促进鸡蛋消费；2019年国家增加了学生餐补，特别是小学及幼儿园，有利于鸡蛋消费；节日（元旦、春节、中秋、国庆）对蛋价提振显著，全年价格波动大，促进鸡蛋深加工，进而促进蛋鸡产业。全年打蛋量约25万t，蛋粉产量约5万t，蛋液产量约6万t。

二、肉禽饲养

全年猪牛羊禽肉产量7 649万t，比上年下降10.2%。其中禽肉产量2 239万t，增长12.3%，禽肉占畜禽肉类产量的比例从22%提升至29%，禽肉中鸡肉占60%。

2019年祖代白羽肉鸡更新122.35万套，是2018年的1.64倍，祖代产能利用效率（60.14）也显著高于2018年（51.69），祖代平均存栏140万套。2019年年末全国父母代在产种鸡存栏3 141.09万套。

据中国畜牧业协会数据，肉鸡出栏数增长14%；鸡肉总产量同比增长13.1%。2019年我国商品代白羽肉鸡、黄羽肉鸡和水禽出栏量分别为44亿、49亿和42亿只，同比增加5亿、10亿和13亿只，增幅12.8%、25%和44.8%，日出栏量1 200万、1 340万和1 150万只。2019年肉鸽出栏量约为7亿只，增幅有限；淘汰蛋鸡约11亿只；817肉杂鸡15亿～20亿只（取平均值18亿只），同比增加6亿只以上，增幅>50%，日均出栏量约500万只。2019年我国肉禽（黄羽肉鸡、白羽肉鸡、817肉杂鸡、水禽、淘汰蛋鸡、肉鸽等）共计约170亿只（国家统计局数据146.41亿只，比上年增加15.51亿只，增长11.9%），日平均出栏量约4 650万只，出苗量约5 000万只（按照成活率90%计算）。在猪肉供应紧缺的情况下，家禽业的增产有力保障了我国居民肉类消费的供应，一定程度上稳定了市场肉价。

三、家禽饲料

全国工业饲料总产量22 885.4万t，同比下降3.7%。蛋禽饲料3 116.6万t，同比增长9.6%，其中蛋鸭、蛋鸡饲料分别增长27.2%、1.8%；肉禽饲料8 464.8万t，同比增长21.0%，其中肉鸡、肉鸭饲料增长17.9%、25.2%。

图1显示，蛋禽和肉禽饲料占饲料总产量的比例（50.80%）重回50%以上，1993—2008年均>50%，2009以来，历时10年，终于在2019年再次大于50%。养禽的饲料蛋白利用效率远远高于养猪，这是节约社会的体现。

家禽饲料与禽产品的比例越来越不合适。蛋禽饲料产量低于禽蛋产量，差距越来越大；肉禽饲料远远高于禽肉产量，差距越来越大。

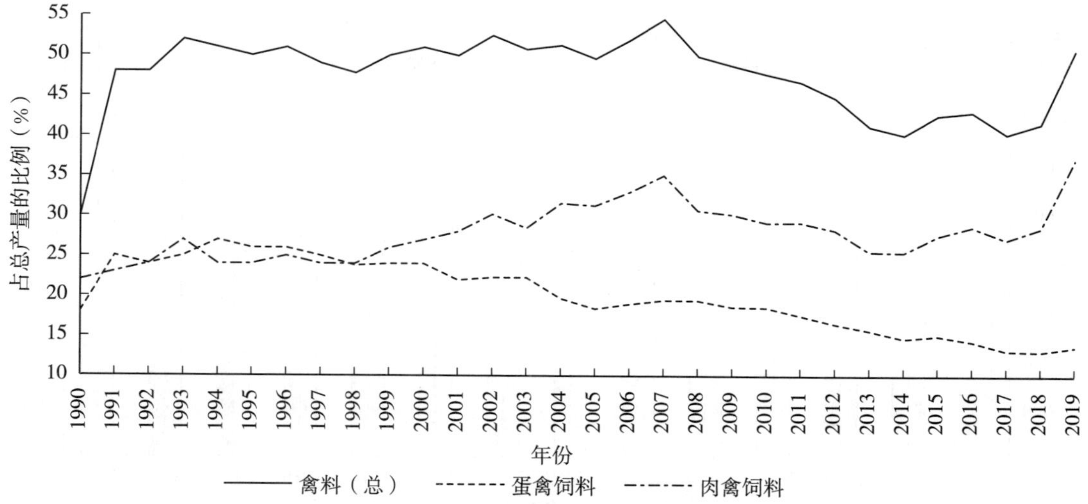

图1 我国家禽饲料占饲料总产量的比例变化图

1. 蛋禽饲料。产蛋，需要摄入饲料，蛋鸡、鹌鹑、鸽子等几无放养，蛋鸭还有些水面养殖，同样需要喂料。蛋禽饲料（配合饲料 2 795.9 万 t、浓缩饲料 151.6 万 t、添加剂预混合饲料 169.0 万 t）总量 3 116.6 万 t，低于禽蛋总量（3 309 万 t）（图 2）。若按蛋禽浓缩饲料占配合饲料的 30%，添加剂预混合饲料占配合饲料的 3%计算，折合配合饲料 8 936.25 万 t，禽蛋的料蛋比为 2.7。

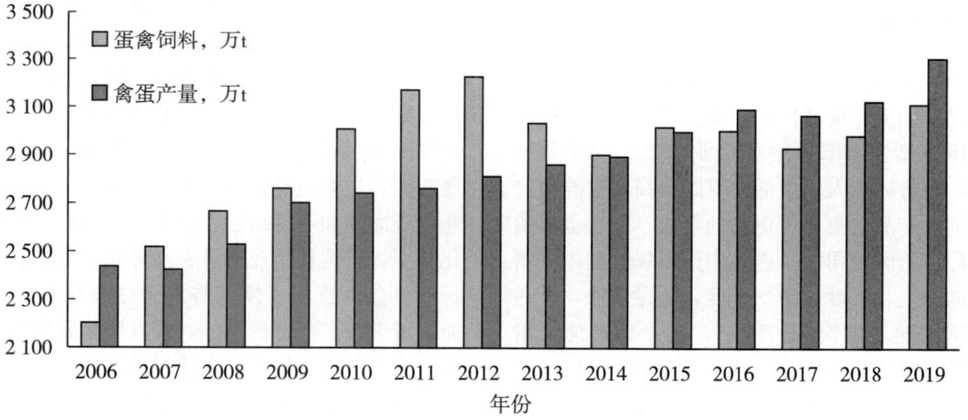

图2 蛋禽饲料和禽蛋产量

2. 肉禽饲料。饲料总产量 8 464.8 万 t，其中配合饲料 8 300.7 万 t、浓缩饲料 118.1 万 t、添加剂预混合饲料 46.0 万 t。按照国家统计局公布的禽肉产量 2 239 万 t 计算，饲料/肉＝3.78，比值偏高。生产中白羽肉鸡、白羽肉鸭的料重比约在 1.5 左右，按屠宰率 70%折算也就 2.05。从图 3 可以看出，禽饲料产量越来越大，禽肉的增加有限，使得饲料/禽肉的比例不断提高，2006 年为 1.93，2019 年达到了 3.78。可能原因是禽肉产量被低估、肉禽的屠宰率被看低。

四、2020 年展望

2019 年底，2020 年年初的新冠疫情，复工、开学滞后，消费不动；国际流行，订单减少，复工无工；各地禁止流通，使得饲料、鸡蛋运输不畅，造成青年鸡违约、鸡苗捕杀，后期蛋价可能会上涨，预计 2020 年蛋鸡存栏维持理性，鸡蛋价格合理运行。

蛋鸡养殖的品牌意识，通过深加工减少季节等对鲜蛋价格的影响，以及市面上深加工的半成品、再制品、精制品数量的增多，无疑会促进蛋鸡养殖。与此同时，肉鸡产能仍将持续增长。

预计，在非洲猪瘟影响仍将持续的情况下（上半年消费减少），种鸡存栏将可能提高＞10%，且持续增加，虽有新冠肺炎的影响，但百姓仍在消费，全年肉鸡出栏量和肉产量仍将保持增长态势。肉鸡产能阶段性过剩难以避免，全产业收益可能会降低。

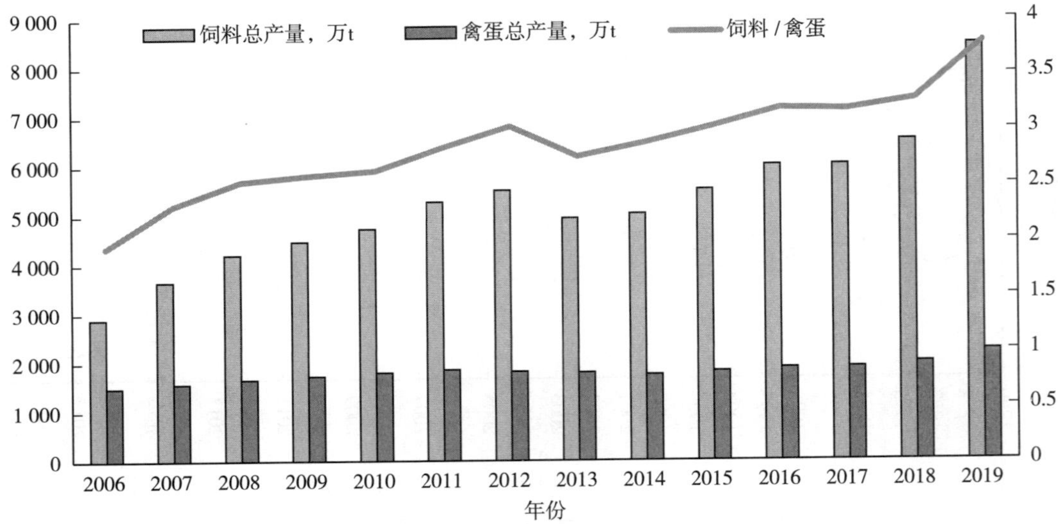

图3　肉禽饲料和禽肉产量

（武书庚　齐广海）

水产饲料

一、水产饲料行业发展阶段

经过20年的快速发展，我国饲料行业出现了产能过剩情况，加上原料涨价，成本上升，行业利润下滑，企业压力增大，部分中小企业出现生存艰难情况。同时，随着城乡人民生活的不断提高，对养殖产品乃至对饲料产品也提出了更高的要求。加入世界贸易组织以后，跨国公司大举进入中国市场，国内饲料市场竞争的深度、广度、激烈程度，超过以往，企业的兼并、重组随之加快。2019年，受生猪产能下滑和国际贸易形势变化等影响，全国工业饲料产值和产量下降，产品结构调整加快，规模企业经营形势总体平稳。

2019年，全国工业饲料总产量22 885.4万t，同比下降3.7%。其中，配合饲料21 013.8万t，同比下降3.0%；浓缩饲料1 241.9万t，同比下降12.4%，添加剂预混合饲料542.6万t，同比下降10.6%。分品种看，猪饲料7 663.2万t，同比下降26.6%，其中仔猪、母猪、育肥猪饲料分别下降39.2%、24.5%、15.9%；蛋禽饲料3 116.6万t，同比增长9.6%，其中蛋鸭、蛋鸡饲料分别增长27.2%、1.8%；肉禽饲料8 464.8万t，同比增长21.0%，其中肉鸡、肉鸭饲料增长17.9%、25.2%；反刍动物饲料1 108.9万t，同比增长9.0%，其中肉牛、奶牛、肉羊饲料分别增长32.5%、0.8%、7.8%；宠物饲料产量87.1万t，同比增长10.8%；水产饲料2 202.9万t，同比增长0.3%；其他饲料241.9万t，同比增长29.5%。

水产饲料快速的产业转型升级尤为明显，为了适应新形势，在激烈的竞争中生存、发展，众多水产饲料企业重点关注优化产业结构，调整战略布局，转变发展方式，从量的扩张向质的提升方向转变，从外延式发展向内涵式发展为主转变，从粗放经营向科学发展转变，从而提高核心竞争力，保持行业发展的协调性、全面性和可持续性。行业将逐渐向规模化和集约化转变，但饲料企业将进一步分化，优势企业多利用行业整合机遇及规模优势，通过兼并和新建扩大产能，或进行产业链的延伸，或发展多元化的业务；中小企业面对资本压力、人才压力、技术压力和服务能力等发展瓶颈，将逐步被优势企业整合并购或退出市场。

据不完全统计，目前养殖品种已多达300～400种，养殖设施、养殖环境也极具中国特色。近年来随着经济的不断发展，我国水产品养殖量也在不断增长。同时，随着经济形势日益转好，居民家庭可支配收入将在未来几年获得快速增长，水产消费品种、消费理念在不断升级和转型，我国水产品消费将会迎来长期增长，与此同时，水产品流通业、加工业将迎来新的发展机遇。

水产饲料企业方面，2019年仍然整体趋于稳定但复杂化，传统的营销模式已经很难适应行业未来的发展和变化，饲料企业简单的营销将被战略、资源、产业链等一体的全面战争所替代，水产行业出现了一些新的气象。

优质动物种苗业务市场空间巨大，但多数养殖品类的优质种苗、特别是水产种苗目前供应不足，具有自主知识产品的新品种少，产能小，远不能满足养殖业升级进步的需要，将在较长的周期内都面临要取得研发进步和提高生产供应能力的压力。

动保行业市场需求快速增长，特别是随着消费升级，养殖品种升级显著的提升了对健康、安全、绿色养殖的需求，预防重于治疗的理念越来越被广大养殖户所接受，合理的动保产品投入对养殖的帮助主要表现为疫病风险下降、产品健康安全附加值提高、养殖成本可控、养殖效益提升等直接作用，还有劳动强度下降、产业链延伸能力提升等诸多延伸作用。未来动保行业市场容量将在目前的基础上有较大的持续发展空间，优势企业将迎来重大的市场发展机遇。

但是，与中国水产品养殖量和消费量世界第一的身份不符的是，我国的水产品加工业仍不算发达，有价值和市场影响力的品牌还比较缺失，在追求产量和产能的条件下，中国水产人还应当在水产品品牌塑造上下功夫，争取打造世界一流的水产加工市场，生产全球化、贸易全球化——电商、冷链物流发展更会带来更多更优质的水产品出口，获得更多的价值。

二、水产饲料行业发展状况

经过三十多年的发展，中国水产饲料行业取得了巨大的成就，产业规模不断扩大，培育了一批成长迅速、特色鲜明的企业。目前，全国水产配合饲料生产企业约有 3 000 家，平均生产规模在 5 500t 左右，相比全国饲料工业企业平均 1.18 万 t 的生产规模，水产配合饲料行业平均规模偏小、行业集中度较低的问题仍旧突出。

主题：破裂传统，市场爆冷“黑天鹅”频发

回顾过去的 2019，水产行业打破预期而稳定的状态，频频出现从业者震惊的“黑天鹅”，诸多热门品种市场呈现全面奔溃式下跌，严重的病害持续泛滥，中美贸易摩擦引发连续价格战等等。顿时业界一片哀鸿遍野，从业者更是步履蹒跚，踽踽独行。

全国特种养殖兴起，推动养殖终端结构快速调整。抓住某一品种的发展红利期，实现发家致富，成为近两年众多养殖户的梦寐以求的事情，小龙虾、河蟹、牛蛙等无一不是热门选择。2019 年这些热门品种却陆续遭遇行情滑铁卢，养殖户短时间内陷入成本泥潭。

据有关数据统计，2018 年小龙虾养殖规模大幅度增长，产量高达 164 万 t，同比 2017 年 113 万 t，同比增长 45%，2019 年养殖规模俨然突破 2 000 万亩。年初 3 月份小龙虾苗突破 37 元/斤，极大刺激的养殖户的兴奋神经，然而 5 月份行情直接腰斩，从近 30 元/斤价格直降至 13 元/斤范围，出乎从业者意料，养殖户被拖进亏本泥潭中，不少饲料企业也面临营收压力。

再看河蟹市场，全年行情令养殖户苦不堪言。8 月底份以 20 元/斤的幅度数度飙升，中秋过后立马出现全面腰斩，10 月底江苏塘头 4 两/只公蟹报价已经低至 21 元/斤，甚至跌破 5～6 元/只，前后价格相差 40 元/斤。临近行市收官之际，各产区成蟹存塘量居然超 50%，实在令人咋舌。

除此之外，2019 年不少传统品种也打破从业者固有印象和预期。鲫鱼市场出现全国性大溃败，“腮出血”病导致江苏 30%存塘鱼死亡，养殖户节奏打乱，资金周转困难，养殖唯艰；生鱼全年陷入价格泥潭，养殖户不得不停料控制成本，等待寒冬过去；大黄鱼面临滞收，1 斤/尾规格报价仅 11 元/斤，行情持续低迷等等。

与此同时，业界频频发生“黑天鹅”事件，将 2019 年水产业改写成情节难测的剧本。5 月份“杀青苔”“死苗”事件挑破水产动保业隐藏依旧的暗疮，无异于令从业者忍受肌肤割裂之痛；环保大闸落下，叫停了福建漳州、厦门、汕头地区混乱的牛蛙养殖产业，推动产业大转移；中美贸易摩擦挑动饲料原料价格神经，导致终端价格战一触即发，海大集团将竞争焦点从淡水鱼延伸至特种鱼，甚至开展“五连降”打击，力度之大当属业内首例。系列的业内大事无一打破传统的行业思维。

1. 国家政策方向。2019 年，是水产行业变革转型的关键时期，2 月 15 日首个指导我国水产养殖业绿色发展纲领性文件《关于加快推进水产养殖业绿色发展的若干意见》发布。

该文件依法划定了“三区”，并且全国覆盖，有污染风险的高密度投饵型养殖可能被限制。针对水产品安全方面，文件指出将加强投入品监管，加强检测。还特别提出要借助“一带一路”加强水产品出口。

这是新中国成立以来第一个经国务院同意、专门针对水产养殖业的指导性文件，是当前和今后一个时期指导中国水产养殖业绿色发展的纲领性文件，对水产养殖业的转型升级、绿色高质量发展都具有重大而深远的意义。

另外，2019 年 8 月 28 日，农业农村部向社会公布《中华人民共和国渔业法修订草案（征求意见稿）》，该修订草案与水产人密切相关，渔业法最近一次修订是 2013 年，至今 6 年有余。

此次渔业法的修订，以绿色、生态、安全、协调的原则为指导，对相关条款进行适当修改，使之适应新时代发展，必将有效提升渔业价值链，优化渔业发展的产业结构，促进一二三产业融合，壮大休闲渔业、增殖渔业、远洋渔业等，加快发展渔业方面的新模式、新业态、新产业。

2. 竞争格局的变化。近年来，在行业内部市场竞争不断加剧以及下游水产养殖业整合推动下，水产饲料行业整合趋势已经显现，大企业的发展不断加速，部分规模小、技术管理落后的企业则逐渐被淘汰，行业集中度将逐步提升，未来水产饲料企业整合将成为行业发展必然趋势。横向集中度相对较高，从竞争格局来看，我国水产饲料下游养殖以散户为主，难以集中。从地区分布情况来看，水产饲料的主要生产地区为我国的广东、江苏和湖北，地域分布较为集中，具有明显的集聚效应。2019 年，广东省水产饲料产量约占全国总产量的 29.8%，江苏省约占 15.6%，湖北省约占 12.2%。市场占有率看，海大集团约占 14%，通威股份约占 10%，新希望约占 5%，恒兴约占 5%，综合来看，我国水产饲料行业竞争格局相对于较好。

2019 年饲料产业整合进一步深化，畜牧企业全面跨界进军水产，已从暗自发力转移到明面角逐，志在打破行业壁垒。正邦、双胞胎、唐人神、傲农、双胞胎等大型畜牧业巨头进一步加快布局水产板块，实现全面开发。由广东联鲲集团主办的《连接共生 航向蓝海——2019’中国畜禽企业拓展水产饲料高峰论坛》和《2019 中国水产饲料企业产品升级与经营转型高峰论坛》中，齐聚了行业诸多巨头和专家共同商讨 2019 年水产饲料的布局和转型之道。

畜牧企业一方面不断拓展产能，全国性规划水产料生产基地、销售公司，进一步完成从零散开拓市场到统筹规划的过渡；另一方面，投入“重火力”聚焦水产料研发，深化品种市场开发，从兼顾大宗淡水料，往特种小龙虾、河蟹、青蛙等品种聚焦。例如唐人神，全国原有 8 个生产基地兼顾水产料、畜禽料，自 2019 年后武汉、江西规划新建基地，全面投产水产料，并投入重资建立实验基地，深入水产各品种相关研究，为畜牧企业全面进军水产树立新标杆。

动保企业也进入发展新模式，打破传统“单打独斗”的做法，实现跨界合作。2019 年，渔美康与通威、粤海、安琪酵母等产业巨头形成战略联盟，这意味着行业尖端的饲料产品、动保产品、养殖模式、服务团队等进行重组与迭代，“1＋1 大于 2”市场效应快速推动动保行业发展，终端养殖户以最简单的方式、用最快的时间、实现效益最大化。

在对虾种苗繁育领域，我国对虾苗种业进一步打破国外苗种资源的绝对优势，2019 年正以百花竞放的趋势改写中国对虾繁育发展进程。海茂集团、禄泰、新荣腾等优秀种苗企业以全资收购或合资收购形式，整合国外亲虾资源，组建自主基因库，甚至投产国外亲虾基地，开拓中国对虾繁育事业的新篇章。

另外，2019 年渤海水产、中科海洋、恒兴股份、海兴农、青岛海壬等一批种苗企业繁育推广的新品种已在市场赢得监视口碑，例如广泰 1 号、科海 1 号、中兴 1 号、海兴农 2 号、壬海 1 号等，矢志振兴中国虾业，大涨我国虾农信心。

打破行业壁垒，意味着冲击原有的行业生态，引入更充裕的资金、人力和科研资源，推动行业高效发展，同时也触发更激烈的市场竞争，推动行业洗牌。换个角度来看，跨界企业具备优异的市场竞争力，对市场必然产生一番摧枯拉朽的催化作用。未来又该如何回归初心，思考如何深化服务，提升客户盈利水平，而不是一门心思求拓展，也值得自身思考。

2019 年全国不同省份水产饲料产量统计

单位：万 t

地 区	水产饲料
全国总计	22 029 068
广 东	6 562 440
江 苏	3 441 924
湖 北	2 689 355
福 建	1 543 711
湖 南	1 482 559
浙 江	911 316
江 西	659 903
四 川	610 715
广 西	573 018
辽 宁	459 214
山 东	455 615
海 南	421 461
安 徽	399 535
河 北	381 402
云 南	319 509
河 南	308 769
天 津	302 238
重 庆	183 350
新 疆	87 795
黑龙江	56 846
宁 夏	38 884
上 海	33 230
陕 西	30 126
北 京	29 292

（续）

地 区	水产饲料
贵 州	11 634
新疆兵团	11 015
吉 林	8 600
甘 肃	7 973
内蒙古	7 639
山 西	1
青 海	—

3. 非洲猪瘟带来的影响。据中国海关数据显示，2019年猪肉进口210.8万t，猪肉供给仍然面临巨大压力，国家有关部门积极扩大肉类进口以缓解市场压力，消费替代的牛肉、禽肉、水产品等产品的进口量均出现大幅增长。随着猪肉供给的显著减少令其价格大幅攀升，人们进而将更多目光转向禽肉、禽蛋及水产上，禽肉及禽蛋相继随猪价上涨爆发大幅上涨行情，养殖产能也随之大幅扩张。但奇怪的是，虽同为动物蛋白供给，水产品的价格却迟迟未能起来，部分水产品特别是一些常规水产品价格甚至还低于往年。

4. 消费升级持续推动特种水产料增长。目前，特种水产配合饲料行业的发展处于快速成长期。

水产品是人们理想的食品，是我国膳食结构调整中需增加消费的主要食品之一。在我国水产品消费中，过去一直以青鱼、草鱼、鲢鱼、鳙鱼四大家鱼为主，渔业养殖生产也以解决普通水产品消费需求为核心。随着我国水产品总量的迅速上升，“吃鱼难”的问题得到了有效解决，水产品需求转向“质量型、健康型”的发展趋势。特种水产品中富含预防人类心脑血管疾病的EPA和DHA等多种不饱和脂肪酸（畜禽不含有DHA和EPA），随着我国心脑血管疾病发病率逐年上升，在经济水平提高已能够满足居民健康消费的前提下，市场对营养价值高、肉质细嫩、口感好、品种更为多样化的健康食品——特种水产品的消费需求将呈现不断上升的趋势。随着特种水产动物养殖规模的不断扩大及其配合饲料应用普及率的不断提高，潜在市场需求将迅速释放，市场空间巨大。

全国特种水产配合饲料生产企业约有650家左右，主要分布在福建、广东、浙江和山东等沿海省市，年产4万t以上特种水产配合饲料的企业不足30家。

部分本土优秀企业通过特种料细分也获得了长足的发展，诸如品种细分、粒径细分、功能性饲料细分、配方细分等打造差异化优势。如加州鲈、黄颡鱼、螃蟹料、小龙虾、蛙料、河豚等品种，市场总量有限，但在短期内有着优秀的收益表现和市场容量，一些中小本土企业利用其自身灵活或者原料采购、或者技术上优势抓住机遇，在部分核心市场占据绝对话语权。

不同区域特种品种如雨后春笋一般蓬勃发展，销量整体稳健增长。常规特种品种：牛蛙、小龙虾、黄颡鱼、金鲳、海鲈、生鱼、塘虱、甲鱼、鳗鱼、泥鳅等相对比较成熟整体稳定增长，构成特种品种中的主力，另外部分新特特种品种诸如加州鲈、青蛙、大黄鱼、翘嘴红鲌、鳜鱼、石斑鱼爆发的增长势头迅猛，大有可为。

5. 产品升级趋势坚定。从目前我国市场情况来看，我国水产饲料仍以颗粒料为主。统计数据显示，2019年，颗粒料约占水产饲料总产量的83%，而膨化料约占17%左右。但是经过2年以来的推广，尤其是华中区域，传统草鱼养殖投喂颗粒饲料转用膨化饲料的趋势较为明显。

随着养殖的集约化、高密度化，养殖户技术的提升，以及养殖模式的升级，为了解决养殖某阶段易发的或者较为突出的病害问题，同时他们对饲料的鉴别能力越来越高，观念上把养殖看做是一种投资，追求高产，快速出鱼，资金周转快，降低风险，这样传统的产品档次已难以适应市场的快速变化，功能性饲料的需求被提到了新的高度。

功能性产品设计上面要综合考虑多重因素：如明确功能性饲料的竞品、功能性饲料的种类、掌握各种功能的营养技术方案、分析目前市场上功能性饲料产品不足之处、功能性预混料添加剂的配套、产品设计与营销推广方面，每一个环节都必不可少，这些因素将决定功能性产品的灵魂和竞争力。然而厂家由于存在技术储备和研发实力差异，终端效果表现达也层次不齐。

6. 高效益养殖模式拉动饲料配套调水和动保产品。目前整个行业动保销量在60亿～70亿元，在通威、海大的规划里，动保行业的价值被评估到上百亿级别的市场容量。围绕养殖业的发展，饲料业务发展趋势也较大程度上预示着动物保健是未来动物养殖发展的重要趋势性特征，产品需求将快速增长。

养殖户的普遍接受，饲料厂推广具备传统动保企业不具备的一些优势，可以更高效地推广技术应用方案。同时借助于动保产品，提高企业的综合服务能力和竞争力水平。江苏淮安大北农服务模式转型升级，水产动保从400万飙升到1.5个亿，刮起行业旋风！湖南本土企业湘北突破性的在常规淡水鱼品种实现接近2 000万的动保销售，开创行业神话！

当前各大水产饲料企业当前正在努力打造以动保为工具的高效综合服务能力。未来十年，调水产品会成为决定水产饲料企业发展或者生死的致命武器。未来十年，调水剂会成为左右中国乃至全球水产饲料竞争格局的核心因素。

三、水产饲料行业的发展趋势与展望

突如其来的新冠疫情不仅打乱了我们的生活，同样对水产行业影响巨大。往年的春节，是水产品的传统销售旺季，春节里的各类聚餐、宴席催生了大量的水产品需求。然而，2020 年初爆发的新冠疫情，让整条水产品产业链都迎来危机，疫情的影响已经开始体现。

短期：水产品产销对接极不畅通。疫情管控措施下，物流几乎中断，餐饮企业退单严重，水产品加工企业持续停工，市场交易量严重不足，导致上游养殖者及中间各级经销商库存积压现象严重，生鲜产品库存成本高企，直接影响了源头养殖者以及各级经销商的收入，部分小型市场参与者或因无法承受疫情期间导致的亏损而被淘汰出局。

中期：待疫情结束后，预计大众会出现报复性消费现象，届时水产品市场将逐步回暖。此外，2020 年是我国“十三五”的收官之年，按照《全国渔业发展第十三个五年规划（2016—2020 年）》，我国 2020 年目标水产品总产量 6 600 万 t；国内捕捞产量实现“负增长”，国内海洋捕捞产量控制在 1 000 万 t 以内。乐观预计我国 4 月底前能战胜新冠疫情的情况下，基于近年来水产品总产量趋于稳定，2020 年实现水产品总产量 6 600 万 t 有一点难度，但实现国内海洋捕捞产量 1 000 万 t 以内问题不大。

长期：随着人们收入水平的提升，健康保健意识的加强，以及冷链物流的发展，我国的水产品消费市场预计将长期保持增长，特别是农村市场。此外，相比野生陆地动物，野生海鲜产品更为健康，在国家逐步发布政策法律禁止野味交易的情况下，野生海鲜产品或实现替代需求导致的增长。但在国家“养殖为主”的方针下，未来养殖水产品的市场规模更为广阔。

1. 水产品需求的稳定增长和消费结构的持续升级对饲料的持续拉动作用。作为一个水产品生产大国，我国人均消费量却远低于其他水产品大国，联合国粮食及农业组织数据显示，韩国、日本、挪威的人均年水产品消费量级在 50 千克左右，美国、加拿大的人均年水产品消费量级在 20 千克左右，皆高于我国。作为优质的蛋白来源，水产品走上中国人餐桌的路还很长。我国水产品消费呈现高度的地域性，东部沿海地区居民因海洋渔业资源丰富更偏爱海水产品，因江河湖海密布而淡水资源丰富的江西、湖北、四川、重庆、安徽等地，居民则更喜食河鲜湖鲜，水域资源相对匮乏的中西部地区，居民的水产品消费量少，也无具体偏好。此外，我国城乡居民的水产品人均消费量差距也十分明显。从趋势看，城镇居民的人均水产品消费量已较为稳定，维持在 14 千克左右，2019 年为 14.3 千克；农村居民的人均水产品消费量则稳步上升，从 2013 年的 6.6 千克上涨至 2019 年的 7.8 千克，然而仅仅是城镇居民消费量的 1/2 左右，可见农村水产品消费市场还有广阔的增长空间。

随着人民对食品安全的关注都越来越高，以及消费观念的转变，为满足人们健康、便捷的消费需求，品牌鱼和以各类以水产品为主的冷鲜制品、调理制品、预制菜食品、方便即食品等深加工产品逐渐被开发出来。特别是疫情后更注重健康，消费升级趋势更坚定。

一些龙头企业利用水产品加工中废弃物，开发研制成降压肽、鱼皮胶原蛋白、鱼精蛋白等产品，投入市场获取了丰厚回报。目前，水产加工业的整体实力明显提高，产业结构正逐步发生变化，加工技术水平不断上升，质量卫生意识大大增强，高附加值产品增长明显。

2. 行业竞争程度加剧，服务型定位战略的突出关键性。水产饲料生产企业主要通过规模化战略（低成本优势）和差异化战略（技术服务优势）两种方式在竞争中开拓并稳固市场，水产饲料企业因而分化成生产型企业、技术服务型企业两大类型。生产型企业通常以成本控制为主要经营策略，通过规模化生产等方式实现低成本竞争优势，以价格为主要手段占领市场、稳定市场，但技术研发投入欠缺，产品同质化情况严重。技术服务型企业在规模化生产的基础上采取以“价格＋技术”开拓市场、以“技术＋服务”稳固市场的经营策略，重视产品技术研发投入、技术人才培养，以贴近终端养殖客户、跟踪差异化需求为目标，依托技术、工艺等强大的专业化生产能力，提供最优性价比产品，建立客户品牌粘性。技术服务型企业在行业激烈竞争中优势明显，能够占领饲料行业未来竞争的制高点。

水产饲料企业服务的重要工具—动保产品将成为决定饲料企业是否能将服务落实到地，成为企业发展和弯道超车的利器。

3. 技术需求更为明显。环保和成本双重压力下，催动了例如智慧渔业系统（物联网、互联网和水产养殖的结合）、集装箱养殖、跑道养殖、深海网箱养殖等创新的养殖模式。一方面，顺应不同养殖模式的特种饲料需求越发显著，另一方面，为了解决养殖过程中突出问题和达到特定养殖效果的功能性饲料的要求越来越高。其他技术方面，如生物饲料技术蓬勃发展，饲用微生物、酶制剂等产品种类不断增加、功能不断拓展，在促进饲用抗生素减量使用、饲料资源高效利用等方面展现出巨大潜力，都会成为行业新的竞争门槛。

4. 新营销方式的变革。互联网平台、直播平台、新零售将带来新的改革契机，对比传统营销方式，新营销方式的商业张力开始慢慢显示出来，在原有营销方式的基础上引入创新性的方式，或许会带来意想不到的效果。

5. 人才和品牌壁垒。

人才壁垒：水产饲料涉及动物营养学、饲料加工工艺学、水产养殖学、水生生物学等诸多学科，对技术、市场和管理方面人才的专业能力要求较高。随着产品、技术的升级，对行业的专业人才和市场营销人员的技术要求越来越高，同时新进入企业要建立一支优秀的管理团队与技术团队需要在时间、人力、物力和财力上有足够投入。

品牌壁垒：由于受到自身管理水平、科技研发水平等因素制约，饲料产品质量参差不齐。随着养殖户观念的改变，高质量产品的品牌优势逐渐得到体现。品牌逐渐成为养殖户选择水产饲料的主要考虑因素之一。

在竞争日趋激烈的市场环境下，企业的竞争优势将会更多的依赖于综合人才、产品、品牌竞争力的打造。

（彭志东　张　松　杨　勇）

反刍动物饲料

近两年，受中美经贸摩擦、非洲猪瘟疫情等影响，我国生猪产能大幅下降，蛋白饲料原料供应不确定性增加，市场需求和格局发生变化，饲料行业发展受到较大影响。但总的看，我国饲料产业仍处于重要战略机遇期，稳定发展的基本面没有变，支撑高质量发展的生产要素条件没有变，保持长期稳中向好的总体趋势没有变。其中，反刍动物饲料生产形势总体稳定，产量保持在合理区间，产品结构加快优化调整，行业整体素质稳步提升。

一、反刍动物饲料生产情况

2012—2019 年，我国反刍动物饲料产量保持平稳发展态势，持续稳步增长。图 1 可以看出，整个“十二五”期间，反刍动物饲料产量一直连续增长，至 2015 年年底反刍动物饲料产量达到 884t，比 2012 年增产 14.1%。从“十二五”向“十三五”跨越期间，反刍动物饲料产量基本持平。截至 2019 年年底，我国反刍动物饲料总产量高达 1 109 万 t，较 2018 年同比增产 9.0%。预计到 2020 年，我国反刍动物饲料总量有望突破 1 200 万 t。总体来看，“十三五”期间反刍动物饲料产量逐年呈阶梯式上升，增产速度优于“十二五”。以上结果表明，我国反刍动物饲料生产表现为长期稳定的增长趋势，全产业链发展仍是反刍动物饲料生产的主流发展方向。

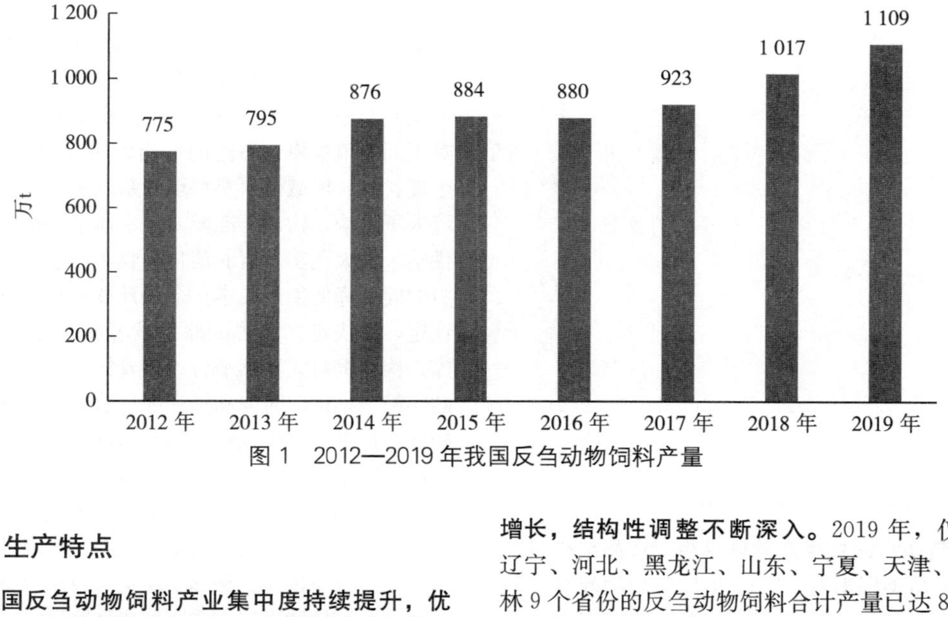

图 1　2012—2019 年我国反刍动物饲料产量

二、生产特点

1. 我国反刍动物饲料产业集中度持续提升，优势产区产量大、生产区域相对集中，产量将保持稳定增长，结构性调整不断深入。2019 年，仅内蒙古、辽宁、河北、黑龙江、山东、宁夏、天津、北京和吉林 9 个省份的反刍动物饲料合计产量已达 816.5 万 t，占全国比重 73.6%（表 1）。内蒙古仍旧位于反刍动物饲料产量之首，产量高达 238.7 万 t，占总产量的 21.5%；其次为辽宁、河北，产量均超过 100 万 t，分别占总产量的 11.3%和 10.6%。此外，宁夏反刍动物饲料产量与上年相比，涨幅高达 32.6%。随着非洲猪瘟疫情引发的肉类消费替代效应影响，反刍动物生产的快速发展推动了饲料业结构的优化调整，拉动了反刍动物饲料生产的快速增长。

表 1　2019 年我国 30 个省（自治区、直辖市）**反刍动物饲料产量**

单位：万 t

地区	配合饲料（精补料）	浓缩饲料	添加剂预混合饲料	反刍动物饲料
北 京	23.1	3.2	8.5	34.8
天 津	30.2	12.2	6.1	48.5
河 北	82.4	27.3	7.7	117.4
山 西	9.5	3.8	0.8	14.1
内蒙古	193.2	43.5	2.0	238.7
辽 宁	89.7	30.1	5.1	124.9
吉 林	18.7	11.7	1.8	32.2
黑龙江	71.0	25.1	2.9	99.0
上 海	12.5	0.6	1.5	14.6
江 苏	40.3	1.1	1.7	42.9
浙 江	10.9	—	—	11.0
安 徽	8.4	0.3	0.2	9.0
福 建	—	—	—	—
江 西	—	—	0.1	0.1
山 东	59.2	3.5	9.0	71.6
河 南	30.5	1.8	0.9	33.2
湖 北	1.4	0.1	—	1.4
湖 南	0.2	—	0.3	0.4
广 东	5.6	—	—	5.6
广 西	1.6	—	—	1.6
海 南	0.0	—	—	—
重 庆	1.6	0.2	—	1.9
四 川	8.0	1.4	1.5	11.0
贵 州	7.3	0.4	—	7.8
云 南	3.2	1.1	—	4.4
陕 西	18.7	4.6	2.4	25.7
甘 肃	29.8	9.9	0.9	40.6
青 海	7.5	0.1	0.2	7.8
宁 夏	33.6	15.0	0.9	49.5
新 疆	56.5	2.3	0.6	59.3
全国总计	854.7	199.4	54.9	1 108.9

2. 反刍动物饲料生产总体平稳，产品结构日趋合理。从产品类别来看，2019 年反刍动物配合饲料产量为 854.7 万 t，同比增长 5.6%；浓缩饲料产量为 199.4 万 t，同比增长 22.8%；添加剂预混合饲料为 54.9 万 t，同比增长 20.0%，三者较上年度比较，增长幅度均较快，尤其以浓缩饲料和添加剂预混合饲料较为突出。间接反映 2019 年我国反刍动物畜产品生产能力总体稳定，市场供应有保障。

3. 反刍动物饲料产品质量安全持续向好，产业趋向高质量发展。一是法规制度日臻完善。国家相继出台了相关饲料安全管理条例和规章制度，构建相应的饲料质量检测和管理体系，以法律、行政措施严格控制饲料质量，确保饲料安全。二是饲料添加剂安全使用有依据。国家在关于饲料药物添加剂规定的新旧转换过程中，监管力度不断加大。农业农村部要求，自 2020 年 1 月 1 日起，退出除中药外的所有促生长类药物饲料添加剂品种，7 月 1 日开始，停止生产含有促生长类药物饲料添加剂（中药类除外）的商品饲料，12 月 31 日起停止这类商业饲料流通。这意味着我国饲料无抗时代将正式开启。三是产品卫生质量有保障。新版《饲料卫生标准》涵盖 5 类 24 个有毒有害项目、164 个技术指标，80%达到全球最严的欧盟标准水平。

三、发展趋势

新的发展时期，反刍动物养殖业进入规模发展、结构优化、质量提升、产业整合的新阶段，反刍动物饲料工业发展也面临着市场竞争愈发激烈、质量监管更加严格、资源环境约束更加紧张等诸多挑战，迫切要求加快推进供给侧结构性改革，实现发展动能转换。未来，反刍动物饲料科技必将朝着精准化、动态化、无抗化、环保化、智能化方向发展。

在《全国饲料工业“十三五”发展规划》、2020 年中央 1 号文件和《农业绿色发展技术指导 2018—2030》等总纲的指导下，充分挖掘利用国内饲料资源并发展新型饲料生物技术，提高粗饲料利用率，并针对不同养殖规模、不同的反刍动物品种、生长阶段、生理状态、地域及原料特点，系统考虑营养互作和环境因子影响，构建精准配方技术体系，实现精准营养供给，最大化实现营养消化吸收利用率，在提高生产力的同时降低生产成本；全面开展饲料原料营养价值评定，加快建立完善的原料营养价值参数动态数据库，构建饲料大数据平台；随着饲料行业无抗化进程的实施与推进，研究和推广绿色营养调控及免疫调节功能添加剂、减少药物添加剂的使用，从源头上保障畜产品质量安全和环境友好是未来反刍动物饲料开发的热点；继续实施粮改饲，加快推动现代饲草产业发展，实施奶业提质增效行动，推广一批降低饲草料成本、就地保障供应的种养一体化绿色环保是未来反刍动物饲养可持续发展方向；加快物联网、大数据、区块链、人工智能、5G 技术等现代信息技术在饲料工业的应用，建立饲料行业数据共享、信息互通、技术集成等的运行机制，提升饲料行业研发、加工、运输、供给水平，开启饲料行业进入由信息革命推动饲料及养殖技术大发展、大创新、大飞跃的新时代。

（孙海洲　金　鹿）

特种动物饲料

随着我国农业产业结构的调整及农业供给侧结构性改革需求的引导，2019 年我国特种动物饲料产业发展稳定，毛皮动物饲料市场规模比上一年度略有下降，茸鹿饲料及部分珍禽饲料领域，市场规模与上一年度持平，保持相对稳定。

毛皮动物貂、狐、貉为肉食动物，其饲料具有特殊性，动物的营养需求及饲料配制加工有其自身的特点，形成了独特的市场，主要有狐、貉干粉配合饲料、全价饲料及全价鲜饲料，水貂 20%左右比例配合干粉饲料及全价鲜饲料，各类预混料等产品；梅花鹿和马鹿在东北及新疆等地区饲养比较集中，随着规模化和集约化生产的发展，仔鹿及生茸期公鹿全混合日粮饲养逐渐成为市场趋势，同时在鹿精饲料补充饲料、打包玉米青贮饲料的应用也越来越普及；兔的生产在我国南方较多地区已形成了特色产业，其皮肉兼用型的特点，为产业的发展提供了强大的需求动力，饲料市场在集中饲养区专业化程度逐渐提高；部分珍禽如雉鸡、鹌鹑、肉鸽、野鸭、火鸡、珍珠鸡、大雁等，在局部地区形成了养殖的优势产业，但其饲料产业还未形成规模和特有市场。

一、特种动物产业发展概况

2019 年毛皮动物受市场皮张价格低位运行的影响，貂、狐、貉饲养量与 2018 年度相比下降明显，为 4 800 万只左右，水貂养殖量减少比较明显，貉和狐狸养殖量基本不变，饲养量为水貂 1 400 万只，狐 1 800 万只，貉 1 600 万只。随着产业的快速发展及人工成本的增加，毛皮动物养殖集约化、机械化程度越来越高，而且大型养殖场逐渐增加，以前以家庭为单位的小型养殖单元逐渐被大型集约化饲养代替，这就为饲料配制及规模化生产提出了很多技术新课题，如水貂鲜饲料的配制、保鲜、配送，貉颗粒饲料配制及自动化加食技术等，都是毛皮动物饲料产业未来发展的新方向。

兔的主要产品为毛用、肉用或皮肉兼用，为草食性动物，饲养成本低，饲料来源丰富；在我国的饲养主要集中在四川、重庆、山东、江苏、福建、浙江、河南、河北、安徽等地。兔养殖技术较易掌握，繁殖快，适宜于农户养殖，可充分利用农村闲散劳动力及当地饲草资源，市场风险也较低。但随着我国环保要求的提升及严格执法，集约化饲养也逐渐增加，2019 年养殖量在 2.2 亿只左右，与 2018 年基本持平，肉兔活兔价格约为 20 元/kg，皮张价格受国际市场走势的影响略有下行，一般质量獭兔皮价格在 30 元左右，特级皮价格保持稳定，在 50 元左右。兔的毛皮属中低档产品，市场需求广泛，受国际经济走势的影响较小。

我国人工养鹿历史悠久，养殖品种主要是梅花鹿和马鹿，2019 年的饲养量约 65 万头，与 2018 年养殖量持平，主要饲养方式为人工圈养，我国各省份均有饲养，东北三省为主要养殖区，占全国养殖数量的 80%。梅花鹿、马鹿饲养的主要产品为鹿茸，每年鹿茸产量约 520t，每年直接鹿茸产值达 10 亿元，带动其产品深加工、制药等相关产业产值达 670 多亿元，提供就业岗位 80 万个左右，在我国农村经济的发展中起到了越来越重要的作用。

我国茸鹿养殖的主要产品为鹿茸，其价格的变化带动着鹿价格的变化。2019 年鹿茸价格较上一年度略有上涨，仔鹿价格也有上涨。2019 年茸鹿饲料成本有所增长，主要是由于玉米及豆粕价格高位运行所致，由于人工成本的增加，粗饲料价格逐渐上涨，如果粮改饲步伐加快，种草养鹿提供更多优质粗饲料，会进一步提高养鹿的综合效益。当前，部分公鹿饲养多，平均产茸量较高的饲养场有相对较好的盈利，部分开展鹿茸深加工及制药的企业，为了稳定的鹿茸原料供应及保证鹿茸原料质量，开展茸鹿的养殖，均获得了很好的综合经济效益。

我国饲养的珍禽品种主要有雉鸡、乌骨鸡、鹌鹑、肉鸽、珍珠鸡、贵妃鸡、火鸡、野鸭、孔雀、鸵鸟、大雁等，2019 年其市场需求随着人们生活水平的提高及消费结构的变化逐渐提高，存栏数达到 6.0 亿只左右，增长率 5%左右。目前珍禽市场需求较为旺盛，但当前存在着市场流通与调控能力不强，健康养殖理念不到位、养殖规模小而散、生产效率不高等弊端，有待不断扭转与破除。

二、特种动物饲料生产情况

2019 年毛皮动物貂、狐、貉鲜饲料、干粉及颗粒饲料需求近 400 万 t，毛皮动物饲料企业生产商品狐貉粉料 118 万 t，主要由膨化玉米、豆粕、肉粉、鱼粉、DDGS、麦麸、米糠、豆油、鸡油、预混料等组成，是市场中全价饲料的主体，部分养殖户在使用全价饲料的过程中，会结合当地饲料资源情况，添加部分海杂鱼、鸡架、鸡肠等鲜饲料，一方面可以提高饲料的适口性和采食量，另一方面也可以增加饲料的多样性，补充部分动物性饲料，利用当地屠宰下脚料，降低饲料成本。水貂商品干粉配合饲料年生产16万t左右，主要由膨化玉米、豆粕、DDGS、米糠粕、预混料等组成，用来代替水貂饲料中熟化植物性饲料，补充氨基酸、微量元素及维生素等成分，一般配比占水貂饲料的20%～30%。2019年水貂全价鲜饲料年需求39万t，主要由海杂鱼、鸡骨泥、鸭骨泥、鸡肠、膨化玉米、豆粕、预混料等组成，干物质含量约35%，采取每日配送的形式分派到养殖场，这种集约化的厨房式生产需要在水貂养殖较为集中的区域开展，鲜饲料适口性好、营养全面、动物对营养物质的利用率相对较高，发展有较大潜力；由于鲜饲料的配送专业化程度高，运费高，市场半径有限，目前在水貂养殖较为集中的威海地区、潍坊地区市场需求较为旺盛。毛皮动物各类颗粒饲料年生产31万t左右，当前貉颗粒饲料由于饲喂方便，人工管理简捷，在部分把养殖当第二产业的地方有较好的需求，水貂颗粒饲料在部分地方也有一定的市场。毛皮动物预混料年生产在2.9万t左右，主要为微量元素、维生素、氨基酸、酶制剂、抗生素等的混合物，多为1%或4%的添加产品，部分以预防腹泻、增加毛皮品质等的功能性预混料产品也有一定的市场。毛皮动物商品饲料占市场需求将近50%的份额，其中狐貉饲料仅75%为商品饲料，而水貂饲料仅30%为商品饲料，其他均为养殖场自配料。整个毛皮动物饲料市场还有很大的潜力，其市场主要分布在山东、河北、辽宁、吉林、黑龙江等地区。

兔的养殖比较分散，以区域性农户为主，2019年兔专业性精料补充料已形成产业，在西部地区有一定的市场，大型专业化兔饲料公司逐步呈现，目前兔饲料市场约600万t（含自做饲料）。

我国茸鹿的养殖98%为人工圈养，很少的鹿实施草地放牧或围栏放牧，适当人工补饲，而且梅花鹿占茸鹿养殖的90%，饲料主要为梅花鹿精料补充饲料，占饲料市场的80%。因为鹿茸是我国茸鹿养殖的主导产品，所以在养殖生产中，对公鹿生茸期饲料的营养供给考虑得最多，而且精饲料占到日粮干物质总量的60%，其次是仔鹿生长期精饲料。随着人工成本的增加，粗饲料的收购价格提高，而且粗饲料在饲养过程中管理成本也较高，在仔鹿生长期和公鹿的生茸期，人们逐渐接受使用全混合日粮，即把精饲料和优质的粗饲料混合甚至制成颗粒来饲养鹿，以达到仔鹿健康快速生长和公鹿高产茸的目的。目前我国茸鹿的饲养主要以农户家庭圈养为主，大型集约化养殖场较少，饲料的配制主要是自配精饲料在动物关键生产时期开展补饲，如仔鹿的生长期、公鹿生茸期、母鹿妊娠期和泌乳期。集中饲养的吉林省每年公司化生产的全混合饲料和精料补充饲料的量在10万t左右，已初步形成了一定市场规模。随着鹿茸深加工及高附加值科技成果的推广应用，鹿茸价格的走高，茸鹿饲料产业也将在养殖集中区逐步形成稳定的产业。

珍禽养殖的区域非常广泛，相对分散，在局部地区形成了特色养殖优势产业，但其饲料产业尚未形成自己的特色和规模市场，其饲料的配制多参考家禽的营养需求及饲料配方，有一定的现实意义，但专业性不强，不能很好发挥动物的遗传潜力和生产性能。每年珍禽的饲料市场需求在150万t左右，除部分自配饲料外，多被家禽饲料企业直接代替，严重阻碍了产业的健康高效发展。未来相对专业性的肉鸽饲料、雉鸡饲料、野鸭饲料在大型珍禽养殖企业将形成一定规模，区域性特色养殖也将是未来珍禽产业发展的必然之路。

三、特种动物饲料发展特点

1. 受上年度皮张价格较低影响，毛皮动物饲料价格竞争激烈，多元化结构增强。2019年毛皮动物全价饲料、配合饲料、颗粒饲料、鲜饲料及预混料等呈现多元化发展趋势，各类饲料市场总额均有不同程度的增长，养殖户自配饲料的比例下降，这表明商品饲料的市场化程度提高，专业化程度增强，更多的养殖户愿意使用商品化饲料开展毛皮动物养殖，从而减少人工成本及提高专业化分工。

受2019年皮张价格低位运行的影响，毛皮动物饲养户在饲料的选择上多选择价位低饲料，在市场选择压力和利润空间的调节下，低价位毛皮动物饲料销售较好，市场竞争激烈。在多元化结构的变化中，毛皮动物颗粒饲料因其饲喂简单、便捷，在一定程度上降低了人工成本，在部分狐貉集中养殖区应用呈现扩大的趋势。随着产业的发展，越来越多的大型狐貉养殖场倾向于部分使用商品化的干粉饲料，减少由于饲料原料的购置、贮藏、加工等的繁杂程序及风险。水貂饲料不同于狐貉饲料，水貂是鼬科动物，是更严格的肉食动物，对食物的选择性强、适口性要求高，干粉饲料适口性相对鲜饲料差，而且在蛋白质的利用率上相对低，完全的干粉饲料饲喂水貂，难以获得较好的生产性能，在体重、皮张延展性、毛皮光泽度等方面都略逊一筹。水貂养殖场目前一般都选择自配鲜饲料，部分饲养场选购一部分水貂配合饲料，其主要组成为膨化玉米、豆粕及部分微量元素和维生素的添加物，减少了养殖场熟化玉米等谷物饲料的麻烦，而且添加了微量元素和维生素及氨基酸、酶制剂等物质，提高了饲料营养的全价性和功能性，这种饲料的市场需求还在上升过程中。水貂鲜饲料在水貂养殖集中区市场份额逐渐增加，因为中小型水貂养殖场在进行鲜饲料配制时，在鲜饲料采购的质量控制、鲜饲料的保存以及加工等方面，面临着很多困难，鲜饲料加工配送公司生产的产品可以直接饲喂，适口性好、新鲜度高、营养的全价性好，这是未来水貂养殖集约化发展的必然趋势。

2. 毛皮动物优良品种的推广与扩繁将促进饲料技术的革新。毛皮动物皮张的价格很大程度上取决于动物品种。蓝狐的人工授精技术也为体型大、毛质好的芬兰狐扩繁提供了技术支持；这些优良动物品种生产性能的发挥需要优质营养的饲料供给，特种动物优良品种的广泛饲养要求饲料进一步提高质量，特别是营养的全价性和平衡性。优良品种生产需要高质量的营养饲料，特别是鲜鱼、鲜肉或鱼粉、肉粉等优质蛋白质饲料，这也为鲜饲料配送企业提供了更多的市场机会，从而改变我国饲料市场的结构。

3. 自动化技术在毛皮动物生产中的应用促进了鲜饲料及颗粒饲料配制的标准化进程。随着我国经济的发展和劳动力成本的增加，我国已成为全球毛皮第一进出口大国、加工大国及消费大国，国际毛皮动物养殖逐渐向我国转移，我国也成为毛皮动物的第一养殖大国，毛皮动物养殖的结构和技术发生了很大变化，很多大型毛皮动物养殖场，在动物饲养的品种、饲养模式、机械化程度、管理方式等方面，引进了美国或丹麦的模式开展养殖生产。在新技术的应用上，机械化程度越来越高，自动喂食、自动饮水系统等生产技术的应用大大提高了生产的效益，节省了人工成本；同时，机械化自动化必须要求饲料均一稳定，颗粒饲料流散性好，鲜饲料干湿合理，推送自如，饲料能挂网，有利于毛皮动物的自由采食等，这就要求饲料配制中原料稳定、水分及黏度适宜等，对饲料的标准化提出了更高的要求。

4. 特种动物疾病综合防控及养殖废弃物利用技术的应用推进了特种动物饲料行业的健康发展。特种动物疾病种类多，危害性大，特别是毛皮动物貂、狐、貉犬瘟热、病毒性肠炎等烈性传染病，各种原因引起的腹泻等，影响着动物饲料的有效利用，同时养殖废弃物对环境及动物自身健康的影响很大，对特种动物疾病开展综合防控，减少环境污染，有利于产业的健康良性发展。当前各类疫苗的应用有效控制了烈性传染病，但环境污染程度大、动物饲养密集、常规性消毒措施不力、动物福利考虑少等都加大了疾病防控失败的风险，饲料中过度添加抗生素形成了病菌耐药性，降低了动物抵御疾病的能力，同时也降低了饲料的有效利用。饲料氨基酸平衡技术的应用降低了氮磷的环境排放，动物疾病综合防控及养殖废弃物综合利用技术的应用近年越来越受到重视，推进了特种动物饲料行业的健康发展。

5. 全混合日粮、精料浓缩饲料及预混饲料将成为茸鹿及獭兔饲料市场的主要产品。我国茸鹿及獭兔的养殖分布范围广而分散，但饲料的专业性要求高，饲料远程配送成本较高，高密度建厂市场又有限，这一矛盾需要平衡解决才能有益于健康的特种动物饲料市场。对相对集中的养殖区，茸鹿和獭兔饲料全混合日粮比较省事，集中建立市场已成为可能，补充以精饲料或浓缩饲料，将会成为市场的主体。对养殖分散的区域，浓缩饲料和预混饲料将成为主体。

6. 特种动物饲料市场专业化程度将逐渐加强。狐貉干粉或颗粒饲料技术的广泛应用，以及水貂鲜饲料的专业化配送，促进了产业的分工与专业化。由于特种动物与常规家养动物生理特性及营养要求不同，随着特种动物营养需要研究的深入及饲料加工配制技术的提升，市场将进一步分化，专业化程度必将得到进一步提升，以更好地满足市场需求。

（鲍　坤　李光玉）

饲料原料工业概况

单一饲料概况

一、总体情况

全国单一饲料产品总产量 8 805 万 t，同比下降 1.1%。

从主要品种看，谷物及其加工产品产量 1 428 万 t，同比增长 15.5%；鱼、其他水生动物及其副产品 83 万 t，同比分别增长 3.1%；其他植物、藻类及其加工产品、天然矿物质等产品保持强劲增长势头，同比分别增长 30.8%、49.5%。

油料籽实及其加工产品、豆科作物籽实及其加工产品、块茎、块根及其加工产品等产品产量分别达 6 944 万 t、3 433t、321t，同比分别下降 4.0%、17.3%、7.4%。陆生动物产品及其副产品、微生物发酵产品及副产品同比分别下降 0.5%、2.2%。

二、分类情况

1. 谷物及其加工产品。2019 年总产量 1 428 万 t，同比增长 15.5%。其中，干酒精槽（DDGS）645 万 t，同比增长 29.8%；喷浆玉米皮 481 万 t，同比增长 7.2%；玉米蛋白粉 258 万 t，同比增长 6.5%。

2. 油料籽实及其加工产品。2019 年总产量 6 944 万 t，同比下降 4.0%。其中，豆粕 6 088 万 t，同比下降 2.4%；膨化豆粕 333 万 t，同比增长 7.1%；菜粕 201 万 t，同比下降 40.2%（包括双低菜粕）；棉籽粕 193 万 t，同比增长 3.0%；花生粕 86 万 t，同比下降 23.9%。

3. 豆科作物籽实及其加工产品。2019 年总产量 3 433t，同比下降 17.3%。

4. 块茎、块根及其加工产品。2019 年总产量 321t，同比下降 7.4%。

5. 其他植物、藻类及其加工产品。2019 年总产量 7 611t，同比增长 30.8%。

6. 陆生动物产品及其副产品。2019 年总产量 195 万 t，同比下降 0.5%。其中，动物油 85 万 t，同比增长 19.6%；动物油渣 11 万 t，同比下降 13.9%；水解羽毛粉 31 万 t，同比下降 10.8%；肉粉 24 万 t，同比下降 12.1%。

7. 鱼、其他水生动物及其副产品。2019 年总产量 83 万 t，同比增长 3.1%。其中，鱼粉 66 万 t，同比增长 4.3%。

8. 天然矿物质。2019 年总产量 4 万 t，同比增长 49.5%。

9. 微生物发酵产品及副产品。2019 年总产量 149 万 t，同比下降 2.2%。其中，发酵豆粕 28 万 t，同比增长 4.8%；谷氨酸渣 31 万 t，同比下降 10.8%；

10. 其他类单一饲料。2019 年总产量 1 万 t，同比增长 230 666.6%（表 1）。

表 1　2019 年各类单一饲料产量

单位：万 t、%

类　别	产量	同比
合计	8 805	−1.1
谷物及其加工产品	1 428	15.5
油料籽实及其加工产品	6 944	−4.0
豆科作物籽实及其加工产品	0.3	−17.3
块茎、块根及其加工产品	0.03	−7.4
其他植物、藻类及其加工产品	0.8	30.8
陆生动物产品及其副产品	195	−0.5
鱼、其他水生动物及其副产品	83	3.1
天然矿物质	4	49.5
微生物发酵产品及副产品	149	−2.2
其他	1	230 666.6

三、单一饲料总产值营收情况

全国单一饲料产品总产值 3 428 亿元、营业收入 3 108 亿元。

各类单一饲料产品营业收入情况如下：谷物及其加工产品 302 亿元；油料籽实及其加工产品 2 598 亿元；豆科作物籽实及其加工产品 1 557 万元；块茎、块根及其加工产品 1 250 万元；其他植物、藻类及其加工产品 8 154 万元；陆生动物产品及其副产品91 亿元；鱼、其他水生动物及其副产品69 亿元；天然矿物质 1 亿元；微生物发酵产品及副产品 45 亿元；其他 3 774 万元（表 2）。

表 2　2019 年各类单一饲料营业收入

单位：亿元

类　　别	营业收入
合计	3 108
谷物及其加工产品	302
油料籽实及其加工产品	2 598
豆科作物籽实及其加工产品	0.2
块茎、块根及其加工产品	0.1
其他植物、藻类及其加工产品	0.8
陆生动物产品及其副产品	91
鱼、其他水生动物及其副产品	69
天然矿物质	1
微生物发酵产品及副产品	45
其他	0.4

四、区域情况

2019 年，单一饲料总产值 500 亿元以上的省有 2 个，分别是山东、江苏，2 省合计产值占全国比重 32.3%；总产值在 100 亿～500 亿元的省份有 8 个，8 省份合计产值占全国比重 53.1%；50 亿～100 亿元的省份有3 个，3 省份合计产值占全国比 6.3%；低于 50 亿元的省份有 18 个，18 省份合计产值占全国比 8.4%。

五、企业规模情况

年产百万吨以上企业共 18 家，产量合计 2 328 万 t，占全国比重 26.4%；年产 50 万～100 万 t 企业共 34 家，产量合计 2 635 万 t，占全国比重 29.9%；年产 10 万～50 万 t 企业共 103 家，产量合计 2 628 万 t，占全国比重 29.8%；年产 10 万 t 以下企业共 2 043 家，产量合计 1 214 万 t，占全国比重 13.8%。

六、单一饲料产品出口

单一饲料产品出口量 183 万 t，同比增长 13.5%；饲料产品出口额 858 亿元，同比下降 26.8%。

各类单一饲料产品出口量及其同比增长情况如下：谷物及其加工产品 117 万 t，同比增长 29.5%；油料籽实及其加工产品 60 万 t，下降 6.9%；豆科作物籽实及其加工产品 909t，下降 46.2%；块茎、块根及其加工产品 0t，同比持平；其他植物、藻类及其加工产品 0t，下降 100%；陆生动物产品及其副产品 2 万 t，增长 25.1%；鱼、其他水生动物及其副产品 7 631t，下降 22.2%；天然矿物质 997t，增长 190.5%；微生物发酵产品及副产品 3 万 t，下降 11.6%；其他类单一饲料 229t，增长 11.0%（表 3）。

表 3　2019 年各类单一饲料出口量

单位：万 t、%

类　　别	出口量	同比
合计	183	13.5
谷物及其加工产品	117	29.5
油料籽实及其加工产品	60	−6.9
豆科作物籽实及其加工产品	0.1	−46.2
块茎、块根及其加工产品	0	0.0
其他植物、藻类及其加工产品	0	−100.0
陆生动物产品及其副产品	2	25.1
鱼、其他水生动物及其副产品	0.8	−22.2
天然矿物质	0.1	190.5
微生物发酵产品及副产品	3	−11.6
其他	0.02	11.0

注：以上统计数均来源于饲基 33 表。

（胡翊坤）

主要饲料原料产量分布与概况

2019 年，全球主要饲料原料供应充足，满足养殖业需求，饲料产量总体稳定，略有下降。2019 年全球饲料产量近 11.3 亿 t，较 2018 年下降 1.0%。其中，亚太地区依旧是饲料最大生产区，约占全球产量的 32.2%，较上年下降 1.6 个百分点。受非洲猪瘟疫情等影响，中国猪饲料下降明显，导致亚太地区产量同比下降 5.5%；其次是欧洲饲料产量 2.79 亿 t，同比增长 0.2%，占全球饲料产量的 24.8%。北美、拉美、非洲地区饲料产量同比分别增长 1.6%、2.2%、7.5%。中东地区、大洋洲地区饲料产量同比分别下降

5.8%、1.3%（来源：奥特奇全球饲料调查数据）。

一、玉米

1. 全球玉米生产情况。据美国农业部供需报告显示，预测2019/2020年度全球玉米产量11.12亿t，较上年度增长1.1%。预计全球玉米国内消费量11.36亿t，主要原因是美国大幅上调了本国玉米饲用消费量。预计玉米贸易量1.66亿t。预计期末库存2.97亿t，同比下降7.2%；库消比26.2%，较2018/2019年度下降1.8个百分点。

2. 中国玉米生产情况。国家统计局数据显示，2019年我国玉米产量2.61亿t，较上年增加360万t，增幅1.4%。我国玉米产量自2004年起连续12年增长，2015年达到历史高位2.65亿t，库存高企，市场供过于求现象凸显。2016年起我国持续推进农业供给侧结构性改革，玉米产量在2016年至2018年连续3年回落，2019年小幅增长。2019年我国玉米种植面积4 128万hm^2，较2018年减少85万hm^2，降幅2.0%，自2016年连续第四年下降，主要是东北地区种植结构调整，减少玉米种植，改种大豆。玉米单产水平有所提高，2019年玉米单产6 315kg/hm^2，每公顷产量比上年增加211.5kg，同比增长3.5%（图1）。

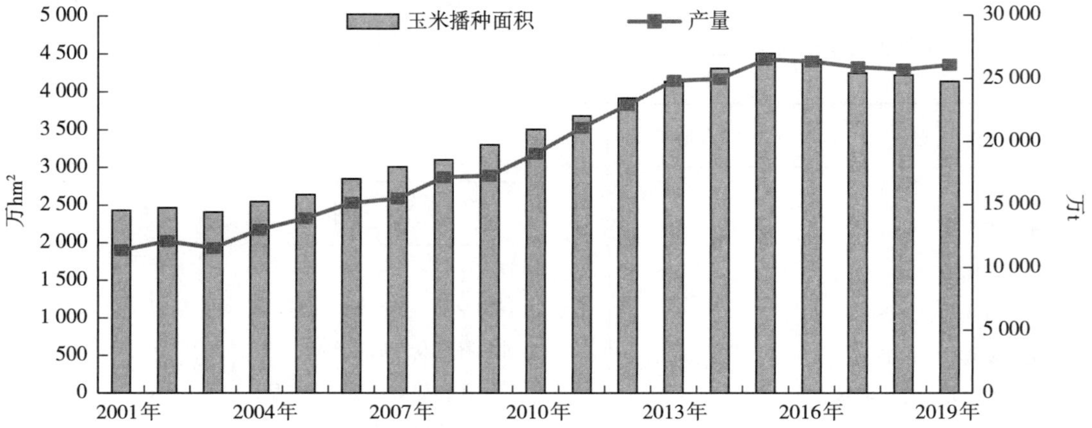

图1 2001—2019年全国玉米播种面积和产量

3. 进出口情况。海关数据显示，2019年我国进口玉米479.3万t，同比增长36.0%；进口额10.6亿美元，同比增长34.8%；出口玉米2.6万t，同比增长114.4%，出口额987万美元，同比增长64.7%。净进口量477万t，同比增长35.7%，净进口量连续2年增加，较上年增加126万t。自2010年起，我国玉米进口量明显多于出口量，从玉米净出口国转变为净进口国。2012玉米进口量达到最高水平，激增至520.7万t；2015年到2017年连续3年下降；2018年、2019年进口量呈现连续两年增长态势。

2019年我国玉米进口主要来源国是乌克兰，进口量413.7万t，较上年增加120.8万t，同比增长41.2%，占总进口量的86.3%；其次是美国，进口量31.8万t，较上年增加0.5万t，同比增长1.7%，占总进口量的6.6%。再次是老挝、缅甸、俄罗斯，分别占总进口量的3.0%、2.4%、1.5%。从我国主要玉米出口国占比看，主要出口到朝鲜、加拿大、越南、俄罗斯、韩国，分别占总出口量的87.8%、4.3%、2.2%、2.1%、1.4%（图2，图3）。

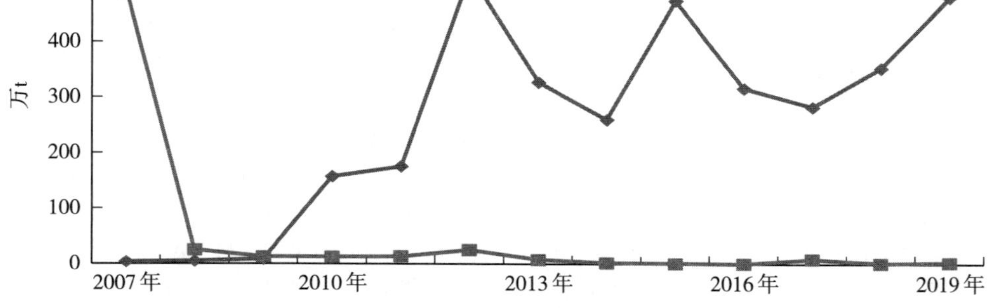

图2 2007—2019年中国玉米进出口情况

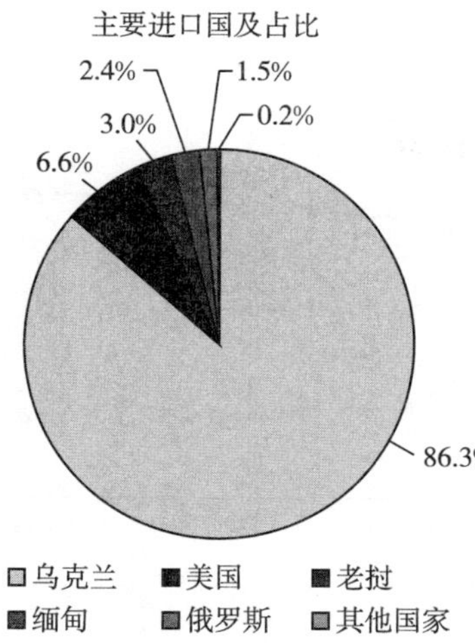

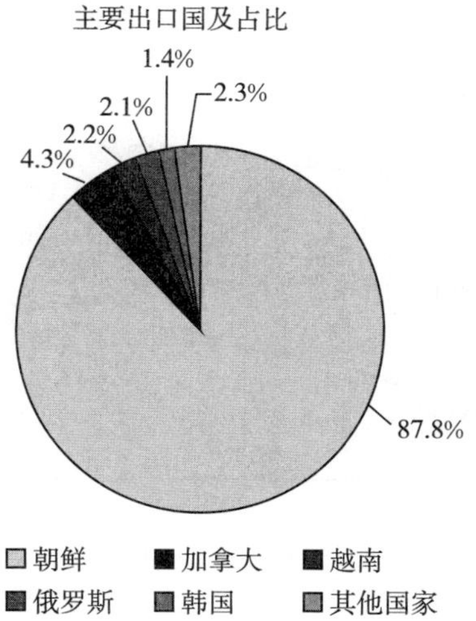

图 3　2019 年中国主要玉米进口国、出口国及占比

二、大豆

1. 全球大豆生产情况。自 2014 年以来，全球大豆供需持续供过于求。2019 年全球大豆产量明显下降，主要是美豆种植面积大幅减少所致。据美国农业部供需报告显示，预测 2019/2020 年度全球大豆产量为 3.42 亿 t，较上年减少 1 688 万 t，同比下降 4.7%。其中美国大豆产量 9 684 万 t，同比减少 2 367 万 t，同比下降 19.6%；巴西大豆产量 1.26 亿 t，同比增加 900 万 t，同比增长 7.7%。由于消费增幅有限，预计全球大豆期末库存为 1.024 亿 t，较上年减少 944 万 t，处于历史第二高水平。

2. 中国大豆生产情况。2019 年我国实施大豆振兴计划，实现了良好开局。大豆播种面积增加，单产有所提升，产量继续增加。2019 年大豆播种面积 933 万 hm^2，较上年增加 92 万 hm^2，同比增长 10.9%。大豆单产 935kg/hm^2，每公顷产量比上年增加 40.5kg，同比增长 2.2%。2019 年国内大豆总产量 1 810 万 t，较上年增加 213 万 t，同比增长 13.3%，创历史最高产量。其中，辽宁、吉林、黑龙江、内蒙古“三省一区”大豆面积增加量占全国增加量的 9 成以上，尤其是黑龙江省大豆面积增加 71.2 万 hm^2，占全国增加量的 77.3%（图 4）。

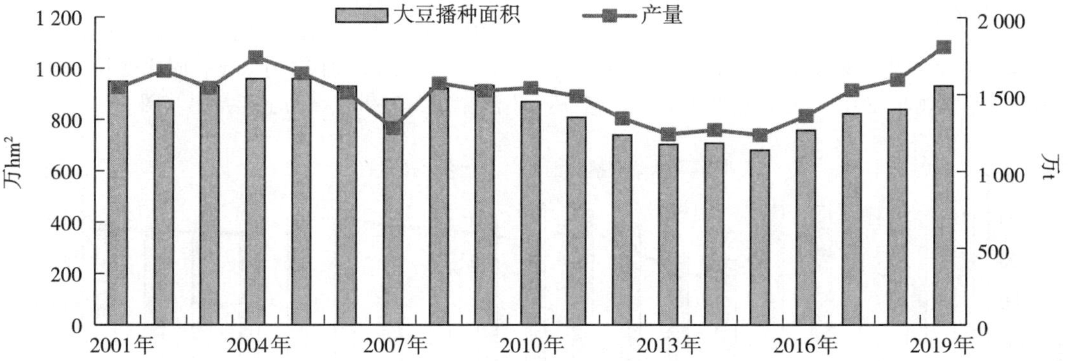

图 4　2001—2019 年全国大豆播种面积和产量

3. 进出口情况。我国是大豆主要消费国和进口国，大豆对外依存度高。我国大豆进口量连年递增，自 2015 年以来连续 5 年进口量达 8 000 万 t 以上。2017 年因大豆进口关税下调推动进口量达到历史高位。海关数据显示，2019 年我国大豆进口量 8 851.1 万 t，同比增长 0.5%；进口额 353.4 亿美元，同比下降 7.2%；出口量 11.7 万 t，同比下降 13.9%；出口额 0.9 亿美元，同比下降 7.3%。净进口 8 839.4 万 t，同比增长 0.6%。巴西、美国、阿根廷是我国进口大豆的主要来源国。受 2018 年以来中美经贸摩擦影响，我国自美国进口大豆由 2017 年占总进口量的 34.4%下降到 2019 年 19.1%，减少了 15.3 个百分点。2019 年我国进口巴西、美国、阿根廷大豆量分别为 5 767 万 t、1 694 万 t、879 万 t，占总进口量

的 65.2%、19.1%、9.9%（图 5，图 6）。

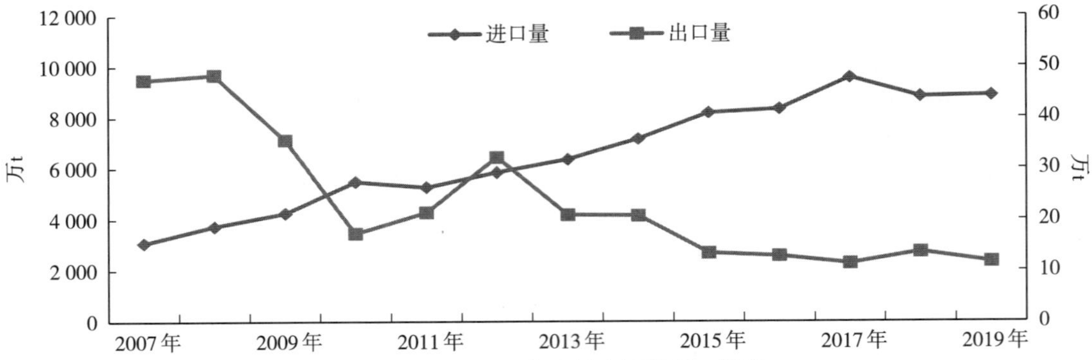

图 5　2007—2019 年中国大豆进出口情况

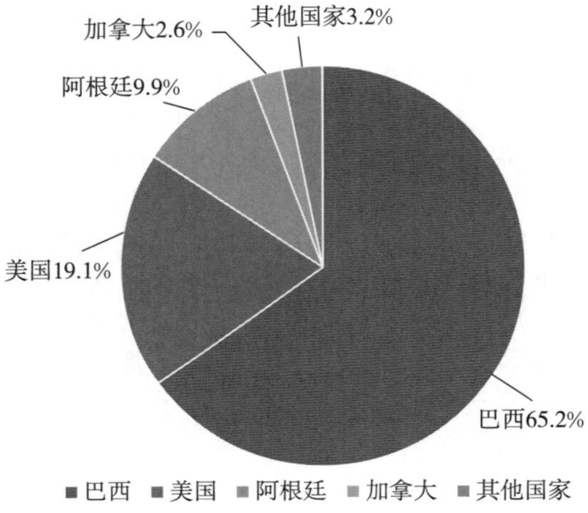

图 6　2019 年我国主要大豆进口国及进口量占比

三、油菜籽

1. 全球油菜籽生产情况。受全球油菜籽主产国调减种植面积影响，2019/2020 年度油菜籽产量下降。据美国农业部预计 2019/2020 年度全球油菜籽产量 6 815 万 t，同比减少 426 万 t，同比下降 5.9%，连续第二年下降。其中，加拿大油菜籽产量 1 900 万 t，较上年减少 134 万 t，同比下降 6.6%；预计欧盟油菜籽产量 1 700 万 t，较上年减少 303 万 t，同比下降 15.1%；澳大利亚油菜籽产量 230 万 t，较上年增加 12 万 t，同比增长 5.5%。

2. 国内油菜籽生产情况。自 2015 年 6 月，我国取消油菜籽临时收储政策后，农户种植油菜籽积极性降低。国产油菜籽种植面积下降，由 2009—2015 年连续 7 年种植面积在 700 万 hm^2 以上，自 2016 年开始持续 4 年降至 660 万 hm^2 左右。2016 年油菜籽产量 1 313 万 t，降幅达 5.3%，2017—2019 年连续3 年小幅增长。据国家粮油信息中心预计，2019/2020 年度国内油菜籽产量为 1 353 万 t，较上年增加 25 万 t，同比增长 1.9%。我国油菜籽播种面积预计为 667 万 hm^2，较上年增加 12 万 hm^2，同比增长 1.8%。单产预计为 2.3t/hm^2，与上年持平（图 7）。

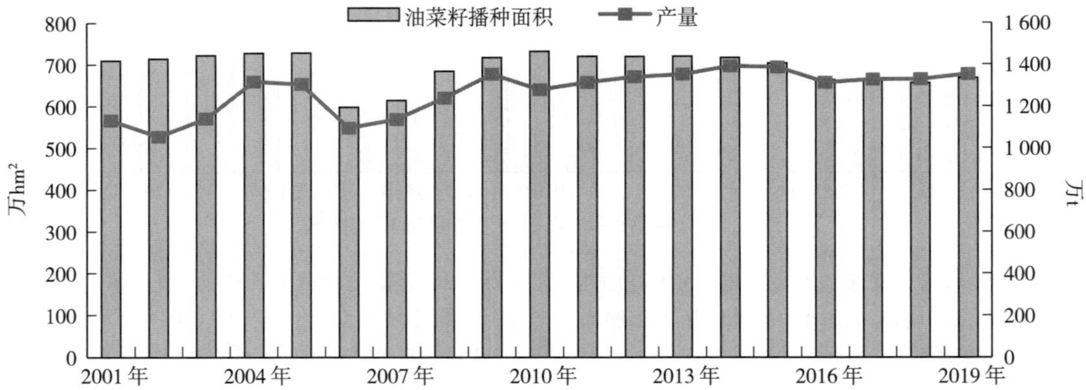

图 7　2001—2019 年全国油菜种植面积与产量

3. 进出口情况。加拿大是我国油菜籽进口的主要来源国，2019 年中国海关从加拿大进口的油菜籽中检测出危险性的有害生物，海关总署撤销部分问题严重的加拿大企业进口资格。受此影响，2019 年我国油菜籽进口量大幅下降。海关数据显示，2019 年我国油菜籽进口量 273.7 万 t，较上年减少 202.0 万 t，同比下降 42.5%。其中，自加拿大进口油菜籽 235.7 万 t，占总进口量的 86.1%，自澳大利亚、俄罗斯、蒙古国进口量分别占总进口量的 6.9%、4.9%、2.1%。2019 年油菜籽出口 53t，同比下降 48.1%（图 8，图 9）。

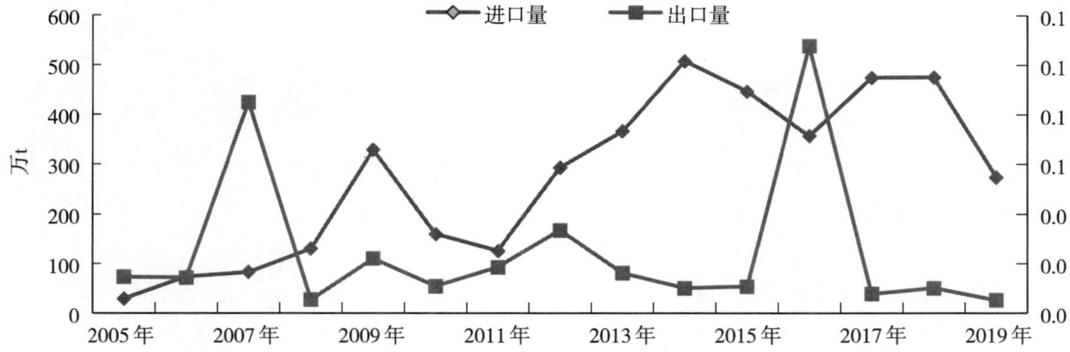

图 8　2005—2019 年中国油菜籽进出口情况

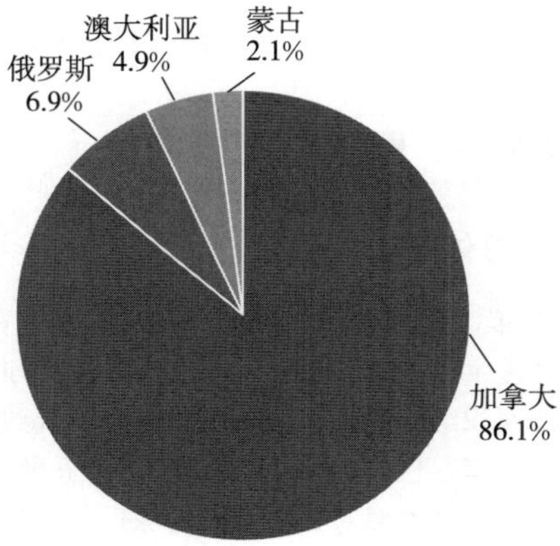

图 9　2019 年我国主要油菜籽进口国及进口量占比

四、棉花

1. 全球棉花生产情况。据美国农业部 2019 年 12 月预测，2019/2020 年度全球棉花产量预计为 2 655 万 t，较 2018/2019 年度增加 65 万 t，同比增长 2.5%。全球棉花消费量预计 2 619 万 t，同比下降 4.2%。2019/2020 年度全球棉花期末库存 1 750 万 t，较上年度期末库存高 13 万 t，但中国以外的库存较上年同期高 68 万 t。据德国汉堡的行业刊物《油世界》称，2019/2020 年度全球棉籽产量预计达到 320 万 t，比上年增长 7%。

2. 中国棉花生产情况。2019 年我国棉花种植面积稳中略降，总产量小幅下降，主要是受主产区灾害性气候影响。全年棉花种植面积 333.9 万 hm^2，比上年减少 1.5 万 hm^2，同比下降 0.5%。棉花单产 1 763.7kg/hm^2，较上年减少 55.6kg/hm^2，同比下降 3.1%。棉花产量 588.9 万 t，较上年减少 21.3 万 t，同比下降 3.5%。其中，我国最大产棉区新疆棉花产量 500.2 万 t，比上年减少 10.8 万 t，下降 2.1%。新疆棉花产量占全国的 84.9%，较上年提高 1.2 个百分点，主要是受国家对新疆地区实施棉花目标价格补贴政策，新疆棉花种植面积稳定增加。其次是河北 22.7 万 t，占全国的 3.9%；山东 19.6 万 t，占全国的 3.3%；湖北 14.4 万 t，占全国的 2.4%（图 10）。

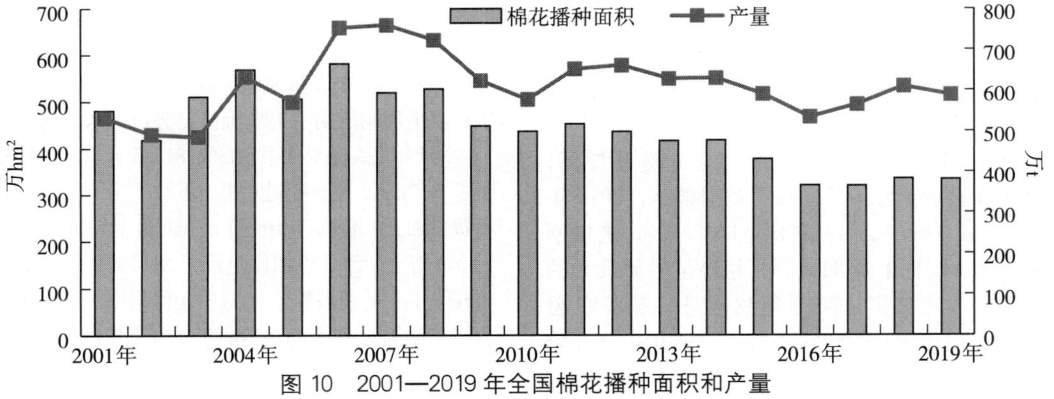

图 10　2001—2019 年全国棉花播种面积和产量

3. 进出口情况。2019 年我国棉花进口 193.7 万 t，同比增长 19.0%；进口额 36.0 亿美元，同比增长 12.6%。主要来源于巴西、澳大利亚、美国，分别占总进口量的 27%、22%、20%（图 11）。

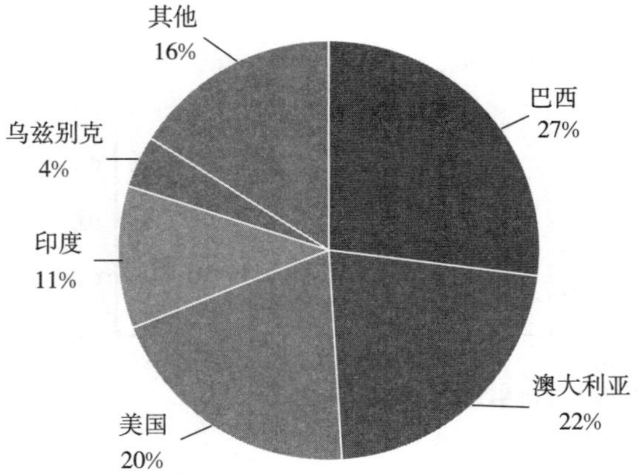

图 11　2019 年我国主要棉花进口国及进口量占比

五、鱼粉

1. 全球鱼粉生产情况。近年来全球鱼粉供应相对稳定。2019 年受秘鲁沿海地区厄尔尼诺现象影响，秘鲁鱼粉产量有所下降。同时，由于面临毛鳞鱼配额严重匮乏的风险，北欧渔场产量小幅回落。据国际海洋原料组织 IFFO 预测，2019 年全球鱼粉产量 501 万 t，较上年减少 48.5 万 t，同比下降 8.8%。

2. 中国鱼粉生产情况。2019 年国内鱼粉产量约 66 万 t，同比增长 4.3%。生产企业主要分布在浙江、山东、辽宁、广东、广西 5 个省（自治区），5 个省（自治区）合计占国内生产总量的 94%。其中，浙江、山东、辽宁分别约占 33%、26%、20%（表 1）。

表 1　2019 年国产鱼粉生产情况

单位：万 t、%

主产地	浙江	山东	辽宁	广东	广西	其他
产量	21.6	17.0	13.1	7.0	3.0	3.9
占比	33	26	20	11	5	6

3. 进出口情况。我国是最大的鱼粉进口国，2019 年进口依存度达 77%。海关数据显示，2019 年我国进口鱼粉 141.9 万 t，同比下降 2.9%；进口额 19.7 亿美元，同比下降 11.3%。秘鲁是世界最大的鱼粉生产国和出口国。2019 年我国进口秘鲁鱼粉 77.1 万 t，占总进口量的 54.3%，增长 0.6 个百分点。其次是越南、俄罗斯分别占总进口量的 8.7%、5.1%。2019 年我国仅出口鱼粉 140t，同比增长 10.0%（图 12）。

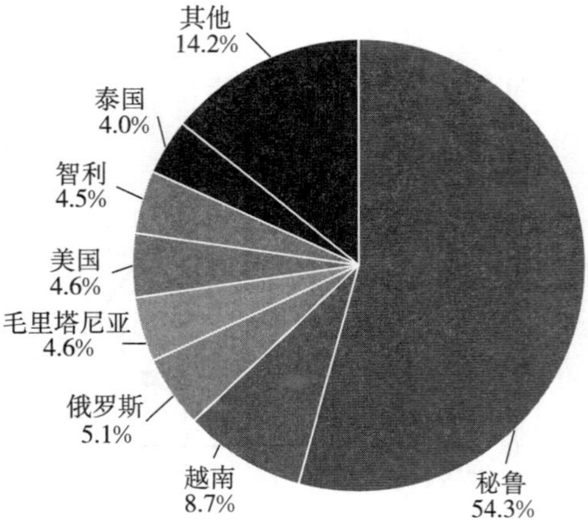

图 12　2019 年我国主要鱼粉进口国及进口量占比

（陆泳霖　陈亚楠）

玉米生产、贸易与市场情况

一、总体情况

2019 年，我国玉米市场在非洲猪瘟疫情影响下，全年呈“慢牛”走势。虽经粮改饲实施的不断深入，玉米播种面积继续回调，但非洲猪瘟疫情导致生猪存栏和能繁母猪存栏量大幅下降，抑制了玉米的消费，同时，中美贸易摩擦对玉米市场的深远影响将长期影响我国玉米产业发展格局。2019 年临储玉米拍卖成为玉米市场多空的一个晴雨表，全年拍卖量成交量仅为 2 191 万 t，远远低于上年的 1 亿 t，也侧面反映了对玉米市场的悲观预期，但总体来看，2019 年玉米价格与 2018 年相比略有提升。

二、受非洲猪瘟疫情影响玉米上涨空间低于预期

2019 年，我国部分地区玉米均价 1 912 元/t，同比上涨了 3.33%。低于上年的增幅，玉米走强趋势没有改变。2019 年玉米价格大致呈现“w”走势，上半年非洲猪瘟疫情加剧压制了玉米价格走势，玉米均价从年初的 1 932 元/t，跌至 4 月中旬的 1 813.5 元/t，与年初比下跌了 5.43%，与上年同期相比下跌了 4.30%。随后玉米消费量回升，价格开始反弹，到 6 月上旬价格涨至 1 987 元/t，与上半年低点相比上涨了 9.57%，但随着生猪需求在下半年持续疲软，10 月中旬价格回调至 1 889 元/t，与年初比仍低 23 元/t，但高于 4 月的年内低点。年末价格略有上涨，达到 1 893 元/t（图 1）。

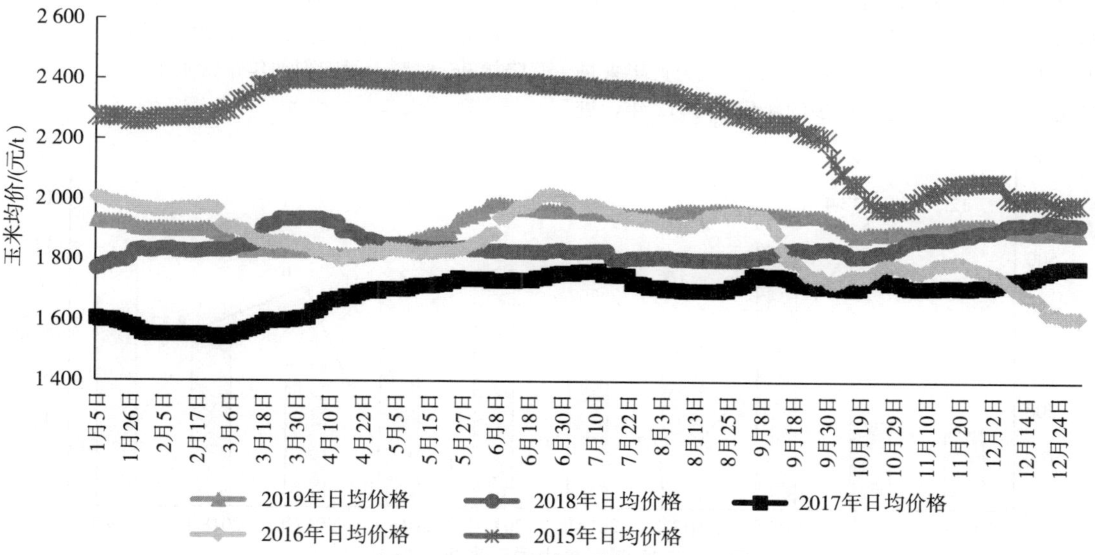

图 1　2015 年以来玉米均价对比

三、2019 年玉米供需情况

1. 供应。

(1) 2019 年玉米产量和播种面积继续回调。2019 年，我国玉米播种面积小幅回调，但产量同比略有增幅。这是我国在实施对镰刀弯地区粮改饲后播种面积调整。同时，2019 年中央 1 号文件表明我国实行振兴大豆计划，并提出稳定玉米生产。由于我国玉米和大豆种植区域高度重叠，振兴大豆势必会影响玉米种植面积。2019 年第二季度初始，东北地区大豆玉米生产者补贴就陆续公布，明确了大豆玉米生产者补贴依旧实行差异化政策，大豆种植情绪继续受到鼓舞。2019 年生产者补贴情况为：黑龙江玉米生产者补贴 450 元/hm^2，较上年上调 75 元，大豆补贴 3 285 元/hm^2，较上年下调 975 元；吉林玉米生产者补贴约 1 290 元/hm^2，大豆生产者补贴标准约为 3 975 元/hm^2；辽宁的玉米生产者补贴 1 140 元/hm^2，大豆是 4 140 元/hm^2。受此影响，加上部分产区农民 2018 年玉米收益下降等影响，导致玉米种植积极性下降。

统计数据显示，2019 年我国玉米产量为 2.607 7 亿 t，同比提高了 1.34%；2019 年的播种面积为 4 128.4 万 hm^2，同比下降了 2.01%，低于 2018 年的播种面积，但产量创下历史新高（图 2）。2019 年我国玉米机械化种植和收割继续深化，随之而来的成本也不断提升，化肥和农药维持中等偏上水平，另外，人力成本也大幅提升，但租地费用与上年持平，预计 2019 年玉米种植成本为 8 000～8 500 元/hm^2。

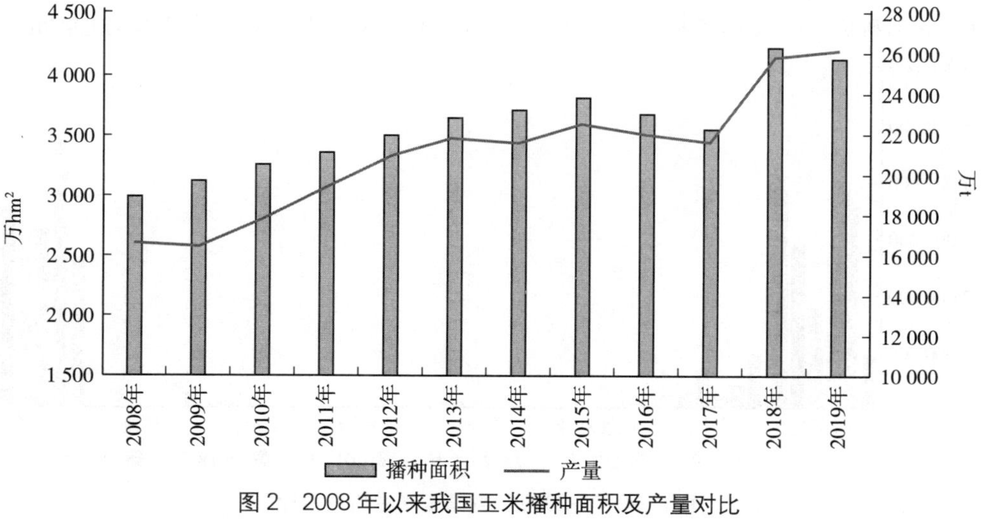

图 2　2008 年以来我国玉米播种面积及产量对比

(2) 2019 年玉米进口创下历史次高点。图 3、图 4 显示，2019 年，我国进口玉米总量为 479.37 万 t，同比上调了 126.97 万 t，幅度 36.03%，为近年来进口的次高点，上一次进口量多的年份在 2012 年，进口量达到了 520.72 万 t。2019 年我国出口玉米继续维持低位，总量为 2.61 万 t，同比下降了 80.09 万 t，降幅 96.84%。回归到往年正常水平。

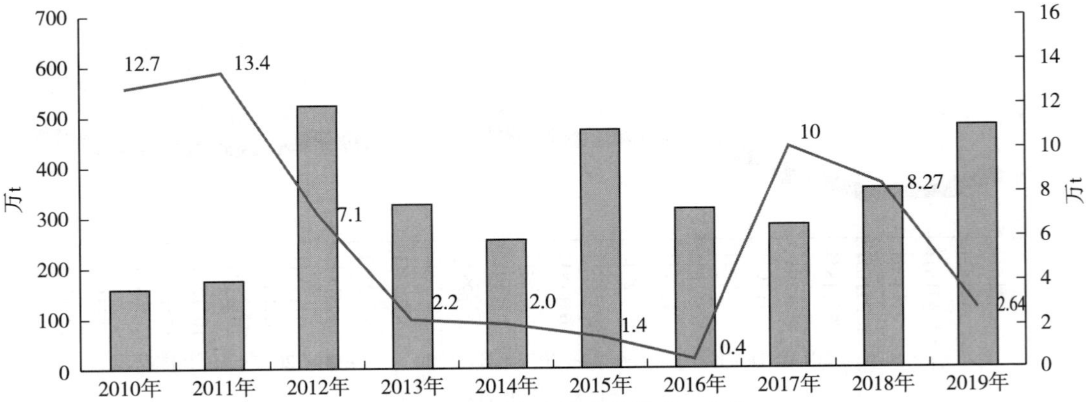

图 3　2010 年以来中国玉米进出口变化

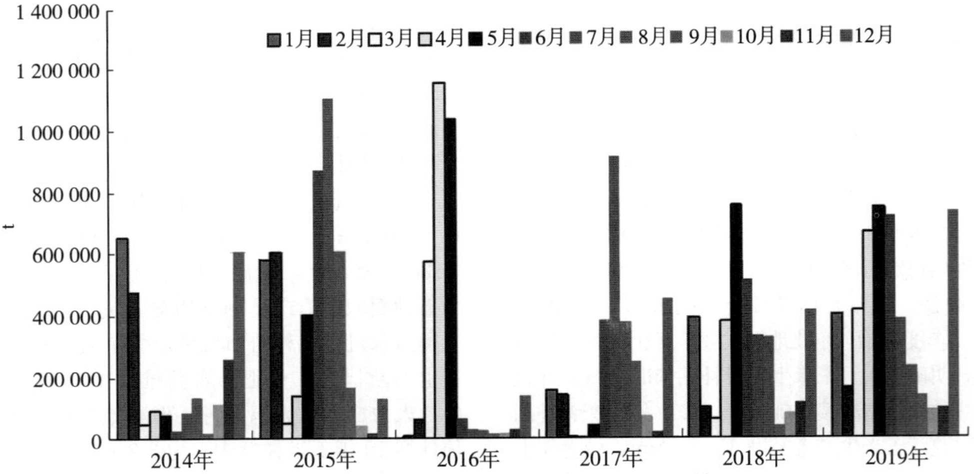

图 4　2014 年以来中国玉米进口各月份变化情况

图 5 显示，2019 年，我国玉米进口国家仍集中在乌克兰和美国、保加利亚。这 3 个国家进口占比近 96%。其中从乌克兰进口量高达 413.74 万 t，占比达到了 86.31%。从美国进口量 31.77 万 t，与上年相比持平略增。

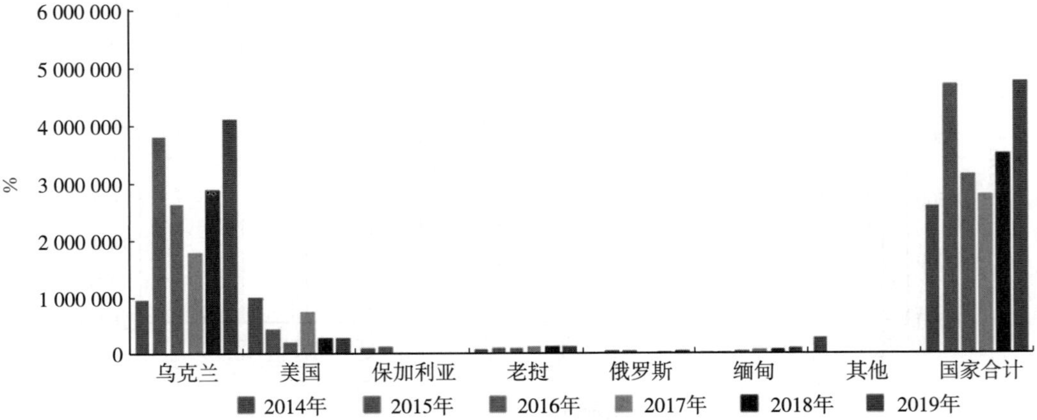

图 5　2014—2019 年各国玉米进口量占比

（3）主产区收购量同比增加。根据国家粮食和物资储备局的最新消息显示，截至 2019 年 4 月 30 日，2018 年度秋粮旺季收购结束，其中，黑龙江、吉林、辽宁、山东等 11 个主产区累计收购玉米 10 986 万 t，同比增加 1 155 万 t。这也是我国玉米收购数量在近 5 年内第四次累计收购数量破亿 t。这表明虽然受疫情影响，市场需求不旺，但企业依旧看好未来市场，特别是市场的需求要好于预期。

（4）2019 年临储和进口玉米拍卖情况。2019 年 5 月 23 日启动临储拍卖，与往年相比推迟了超过 1 个月，共进行 21 次拍卖，累计拍卖量 8 059 万 t，实际成交量 2 191 万 t，总体成交率 27.19%。其中成交比较高的拍卖是在开拍的头三次，成交率最高达到了 90.66%，随着玉米消费疲软，成交率一路下滑，成交率集中在 2%～20%。2019 年临储拍卖成交均价从 1 695 元/t，一路震荡跌至 1 616 元/t，7 月后随着玉米价格上涨，成交价格略有上调至 1 743 元/t，但仍摆脱不了成交率低的现象。总体来看，近几年的临储拍卖玉米成交量呈上行态势，而拍卖底价也逐年递增。2019 年临储玉米拍卖持续时间短，成交率低，成交总量远不如上年。说明 2019 年玉米市场供需缺口很小，非洲猪瘟给玉米市场带来的冲击不容小觑（表 1 和表 2）。

表 1 历年拍卖情况对比

单位：万 t、%

年份	累计拍卖量	拍卖成交量	成交率
2014	10 394	2 595	24.97
2015	11 953	355	2.97
2016	11 834	2 165	18.29
2017	9 980	5 748	57.60
2018	21 991	10 013	45.53
2019	8 059	2 191	27.19

表 2 2015 年产临储玉米东北剩余量

单位：万 t、%

地区	收购数量	拍卖成交量	结余	各省份结余占比
辽宁	1 124	780	344	6.12
吉林	4 536	3 225	1 311	23.35
内蒙古	2 186	1 238	948	16.89
黑龙江	4 697	1 687	3 010	53.64
总计	12 543	6 930	5 613	100

（5）2019 年玉米进口量增加，高粱和 DDGS 进口量下降。图 6 显示，2019 年我国进口 DDGS 总量继续下降，为 14.0 万 t，为 2009 年以来的新低，同比减少 0.79 万 t，降幅为 5.34%。进口国家仍为美国，占比近 100%。2019 年 1 月 1 日我国取消杂粕进口关税，菜籽粕进口量增加，同时，6 月 19 日，商务部发布 2019 年第 30 号公告，做出复审裁定，决定继续维持对原产于美国的进口干玉米酒糟的反倾销和反补贴措施。直接导致全年 DDGS 进口量大幅缩减，而玉米及蛋白粕的价差缩小，也导致国内进口 DDGS 难有起色。2019 年我国国产 DDGS 总量继续提升，约为 430 万 t，同比提高了 7.5%。值得注意的是，2019 年稻米型以及玉米、稻米混合型酒糟产量预计达到 90 万 t，这种新型 DDGS 在饲料企业应用也比较广泛。

图 7 显示，2019 年我国累计进口高粱 83.19 万 t，同比下降了 77.20%，进口量继续下降。我国进口高粱的国家仍为美国、阿根廷、澳大利亚和缅甸。来自美国的高粱进口为 60.11 万 t，同比下降了 300.49 万 t，降幅达 83.33%；美国高粱进口占比为 72.26%，下降了 26.74 个百分点，进口量和进口占比均下调。2019 年我国进口大麦为 592.87 万 t、小麦 348.79 万 t、苜蓿 162.72 万 t、DDGS 14.00 万 t，玉米 479.37 万 t，全年我国进口玉米、高粱、大麦、苜蓿共计为 1 318.15 万 t，进口量反弹，增幅比较多的是玉米。其他产品均出现不同幅度的下降。

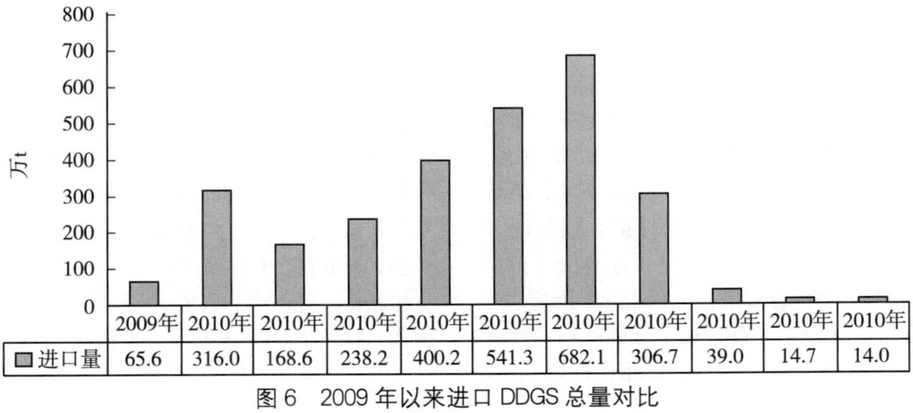

图 6 2009 年以来进口 DDGS 总量对比

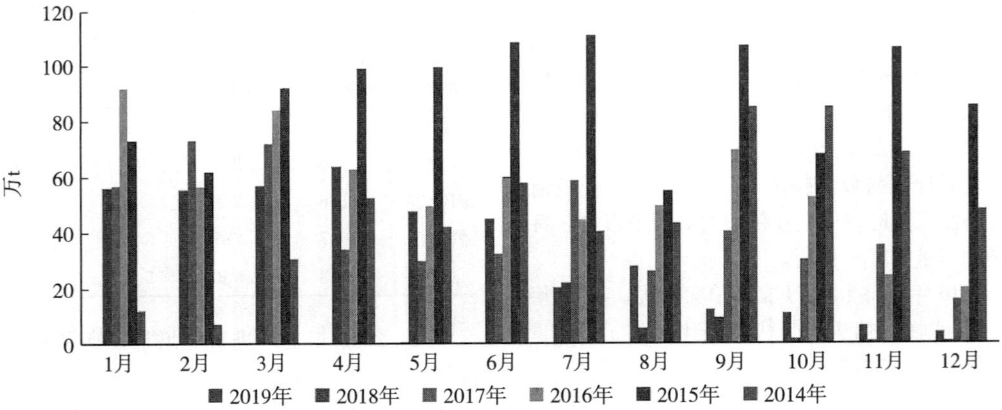

图 7　2014 年以来进口高粱对比

2. 需求。

(1) 非洲猪瘟疫情导致饲料总量略增，猪饲料下降。2019 年，我国饲料和养殖结构深度变化，非洲猪瘟疫情影响了全年猪饲料需求，到 2019 年 9 月，生猪存栏和能繁母猪存栏跌至谷底，生猪市场需求也降至全年低点，从 10 月开始生猪存栏和能繁母猪存栏缓慢回升。按照往年计算，猪饲料占比一般会超过 40%。且生猪对玉米的消耗量要远远高于其他养殖品种。2019 年我国饲料产量 2.285 4 亿 t，同比增长了 1.11%，其中猪饲料产量 7 363.18 万 t，同比下降了 26.6%，是近年来降幅比较大的一年。2019 年家禽、水产、反刍动物等其他品种的饲料均有不同幅度的增幅（图 8）。

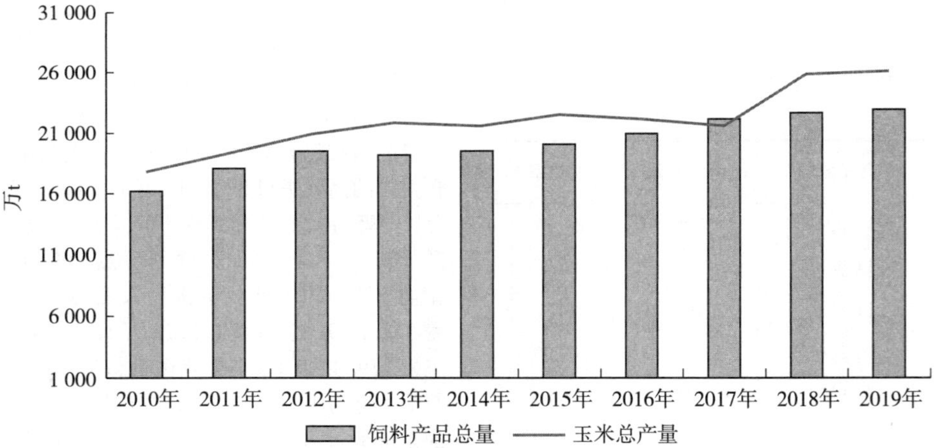

图 8　近年中国饲料产量与玉米产量情况

(2) 2019 年生猪存栏和能繁母猪存栏量降至低位，抑制玉米需求。如图 9 所示，我国生猪存栏和能繁母猪存栏降至历史低位。截至 10 月，生猪存栏量和能繁母猪存栏量同比分别下降了 41.40%和 37.80%，理论存栏总量分别为 1.990 4 亿头和 1 951 万头，为近 10 年来记录数据的最低点。从能繁母猪存栏情况来看：400 个监测县能繁母猪存栏环比 9 月增长 0.6%，这是 19 个月以来的环比首次增长，意味着生猪基础产能已经开始恢复。2019 年，我国南猪北养的格局有所放缓，南方部分省份生猪开始利用智能化进行养殖，新的养殖模式即将普及，或许可以解决非洲猪瘟疫情的困扰。全年生猪存栏量在历史低位徘徊，严重抑制了猪饲料中玉米的需求。猪肉是我国肉蛋奶中占有绝对主导意义的蛋白类产品，在居民消费价格指数（CPI）中的权重也具有举足轻重的低位。为此，2019 年，从国务院到农业农村部，还有国家发展和改革委员会、财政部、自然资源部等密集出台相关政策，保证生猪稳产保供给。截至 2019 年年底，生猪价格涨幅放缓，存栏量开始恢复。

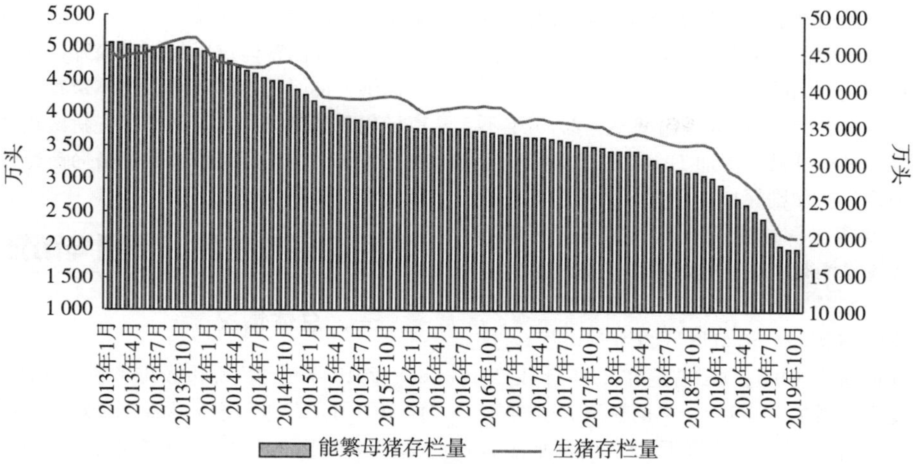

图 9　2013 年以来生猪存栏、能繁母猪产量情况

(3) 深加工玉米消费量增量达到峰值，未来增速将放缓。图 10 显示，2019 年我国深加工玉米消费稳步提升，2018/2019 年度工业玉米消费量达到了 8 200 万 t，同比提高了 12.28%。工业消费是我国玉米的第二大消费主力，占据了玉米消费总量的 35%。玉米深加工主要分为淀粉加工和酒精加工及其副产品，淀粉加工占据玉米深加工约 75%的量，酒精行业占据约 25%的量。玉米深加工企业在东北主产区转移和新建产能，加工能力显著提升。近两年玉米淀粉产量维持在 2 650 万 t 左右，淀粉糖和造纸需求预计还将稳步增加。

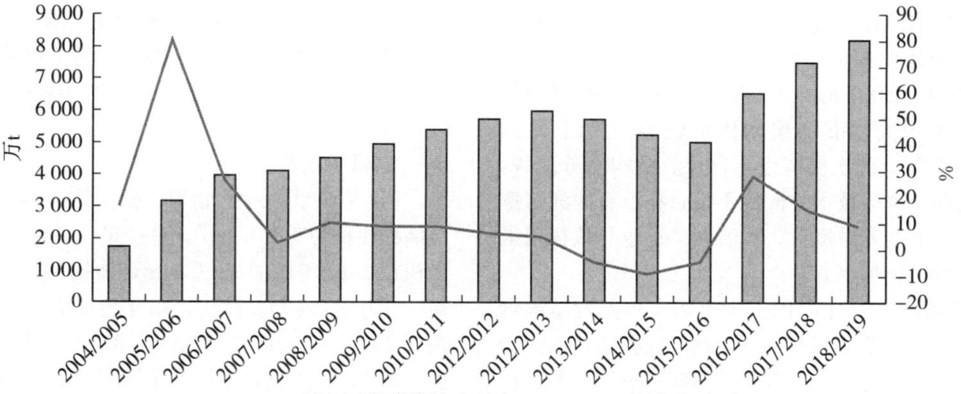

图 10　2003/2004 年度以来工业玉米消费量及增幅情况

3. 全球饲用玉米库存量下降，贸易量提升。

(1) 全球玉米供需情况。从美国农业部（以下简称 USDA）12 月的报告显示，2018/2019 年度全球玉米产量预估为 11.24 亿 t，同比增加 0.48 亿 t，2018/2019 年度玉米库存预估为 3.19 亿 t，与上一年相比减少了 0，21 亿 t。总体来看，全球玉米供应总量增加，库存量有所下降，贸易量提升。值得一提的是乌克兰玉米产量达到 3 581 万 t，出口量达到了 3 023 万 t，占比高达 84.41%。

(2) 美国供需情况。USDA 数据显示，2018/2019 年度美国玉米产量为 3.662 9 亿 t，同比减少了 467 万 t，略有回调。预计 2018/2019 年度玉米出口 5 246 万 t，同比减少 948 万 t，幅度为 15.30%；2018/2019 年度美国玉米期末库存为 5 371 万 t，同比下调了 13.26%。2018/2019 年度因美国出口玉米节奏继续放缓，出口量下降。

(3) 阿根廷和巴西的供需情况。USDA 数据显示，2018/2019 年度阿根廷玉米产量为 5 100 万 t，同比上调了 1 800 万 t，恢复至 2016/2017 年的正常水平。出口玉米量为 3 600 万 t，同比提高了 1 300 万 t，出口占总产量的 70.58%，基本与上年持平。2018/2019 年度巴西玉米产量为 1.01 亿 t，同比上调了 1 900 万 t，出口量为 4 100 万 t，出口量增加了 1 750 万 t。2018/2019 年度南美玉米产量恢复，出口量基本恢复至往年水平。

4. 2019 年玉米市场影响因素。

(1) 政策继续倾斜大豆等其他品种，调减玉米种植基调未变。2019 年上半年东北三省一区（自治区）

实施玉米和大豆种植补贴，凸显了国家对鼓励大豆种植、适当调减玉米种植的基调未变，同时，加速种植结构调整，提高粮改饲的种植面积。

（2）玉米深加工增长继续深化调整。2019 年不再对深加工企业进行补贴。深加工企业都能保持一定盈利，继续补贴只会加剧深加工企业区域发展不平衡的问题。2019 年玉米深加工行业也告别了前两年的超高盈利，无论是酒精企业还是淀粉企业盈利整体趋稳，全年平均开机率在 70%附近，年度消费依然保持 7%～8%的高速增长，消费增量约为 500 万 t。这主要是由于前期新建或扩建项目普遍在 2019 年投产，保守估计年度产能增加 750 万 t。在饲料消 费严重萎缩的大背景下，占全部玉米消费近 35%的深加工扛起了玉米收购的大旗，在 2019 年如此严峻的形势下玉米价格依然没有大幅下跌，深加工消费增长功不可没。但高速发展之下企业盈利能力下降及产能过剩问题也开始显现，尤其是氨基酸类项目可谓惨淡经营，开机率仅勉强维持在 50%。

（3）非洲猪瘟疫情影响玉米需求和产业发展。2019 年非洲猪瘟对国内生猪养殖业造成严重冲击，供应量大幅缩减且持续时间过长催生了此轮超级猪周期。2019 年年底国内生猪价格飙升至 34 元/kg，约为 2018 年年底价格的 2.5 倍。虽然养殖利润可观，但复养难度较高，市场预期供应恢复至少也要到 2020 年下半年。此次疫情也导致行业结构充分洗牌，由于设施和防疫等技术方面的不足，在没有非洲猪瘟疫苗的情况下复养难度大、风险高。这也导致饲用玉米消费受到一定抑制。

5. 总结。2019 年我国玉米市场在中美贸易艰难磋商、非洲猪瘟重创饲养行业影响下波折前行。2019 年在生猪存栏维持低位、玉米临储库存继续下滑、新季玉米产量缩减、进口替代冲击等多重作用下，全年玉米市场呈震荡走势。同时，玉米产业链上下游经历改革和疫情等洗礼后，包含基层种植、环节贸易、下游加工在内的企业规模化和专业化进一步深化，玉米产业链企业的整体抗风险能力提升，也为玉米价格运行提供了良好的内部环境。总体来看，随着国内玉米市场化改革持续深入，新平台、新模式进一步融合发展，传统市场供需结构及购销格局被打破，未来玉米市场将面临新的挑战。

大豆和豆粕生产、贸易与市场情况

一、总体情况

2019 年全球大豆市场维持供过于求格局。同时，伴随中国开辟进口新市场，全球大豆格局也正在生变。2019 年国内大豆市场整体呈震荡走强态势运行，上半年国产大豆市场价格低位区间震荡，价格走势与外盘走势背离，5～6 月因美国春播耽搁严重，推动大豆期现货价格出现阶段性上涨，但受到供给充足和大豆临储拍卖利空消息的打压而回落。第四季度临储大豆去库存结束，加之国内食用大豆需求增加，提振国产大豆市场价格大幅走强。2019 年国内豆粕市场行情走势平平，在大多时间内中美贸易摩擦都释放出了良好的缓和信号，豆粕价格明显缩水；而非洲猪瘟疫情导致国内生猪存栏量大幅度下降，导致豆粕需求量受到抑制，价格也出现大起大落的现象，平均价格以弱为主。

1. 供需状况。

（1）国产大豆生产情况。据统计，2019 年我国大豆播种面积为 933 万 hm^2，总产量为 1 810 万 t。播种面积较 2018 年增加 93 万 hm^2，增幅 11.0%，产量提高 210 万 t（表 1）。其中，东北地区大豆种植面积增幅近九成，黑龙江省增幅达 77.3%。黑龙江大豆播种面积为 427.9 万 hm^2，较上年增长 71.2 万 hm^2。2019 年的降水量一直比均值要高，黑龙江和内蒙古的部分地区都出现了积水，对大豆生长有一定的影响，但部分玉米转播大豆弥补了天气影响的产量调减。

表 1　2012—2019 年国产大豆种植面积、产量及同比增幅

单位：万 hm^2、万 t、%

年份	2012	2013	2014	2015	2016	2017	2018	2019
种植面积	717	679	640	659	715.6	790	840	933
产量	1 305	1 195	1 150	1 161	1 250	1 440	1 600	1 810
产量同比增幅	−9.94	−8.43	−3.77	0.96	7.67	15.2	11.3	13.3

（2）大豆、豆粕进出口情况。图 1 显示，2019 年中国进口大豆总量为 8 851 万 t，同比上升了 0.5%。其中，从巴西进口 5 767 万 t，同比减少 12.73%；从阿根廷进口 879 万 t，同比增长 500.91%；从美国进口 1 694 万 t，同比增长 1.80%。尽管 2019 年国内饲料养殖需求大幅下降，但全国大豆进口量与 2018 年基本持平，部分进口大豆进入国家储备，并未流入国内市场。

海关数据显示，从大豆进口来源国看，中国进口大豆的主要来源地为：巴西、美国、阿根廷。巴西为中国进口大豆的最大来源国，巴西和阿根廷进口占比为75.08%；美国进口占比为19.13%（图2）。

2019年从美国进口大豆1 694万t，占比19.13%，同比提高了0.23个百分点；从巴西进口大豆5 467万t，占比65.15%，同比下降了9.91个百分点；从阿根廷进口大豆879万t，占比9.93%，同比提高了8.27个百分点。

从图3来看，各月大豆进口量变化较大。因中国对美国进口大豆开征高额关税抑制采购，2019年2月中国进口大豆446万t，创下过去4年来的同期最低水平，同比减少17%。到12月，因中美贸易关系缓和，中国加快采购美国大豆，从美国进口大豆309万t，是上年同期的44倍，12月中国进口量达到了954.3万t，为全年最高。

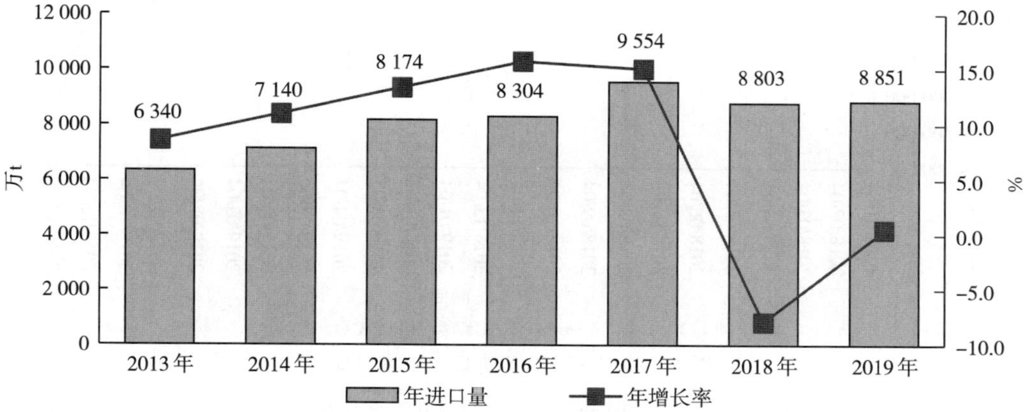

图1 2013—2019年大豆年进口量

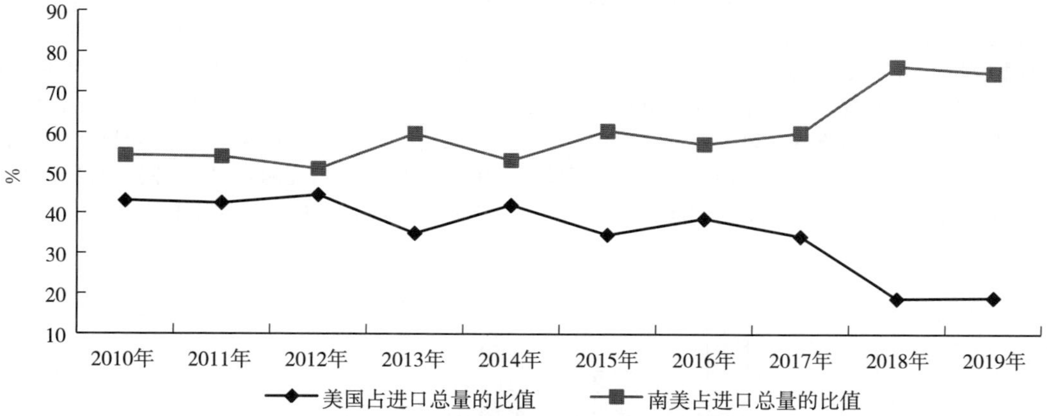

图2 2010—2019年美国和南美大豆年进口所占比重

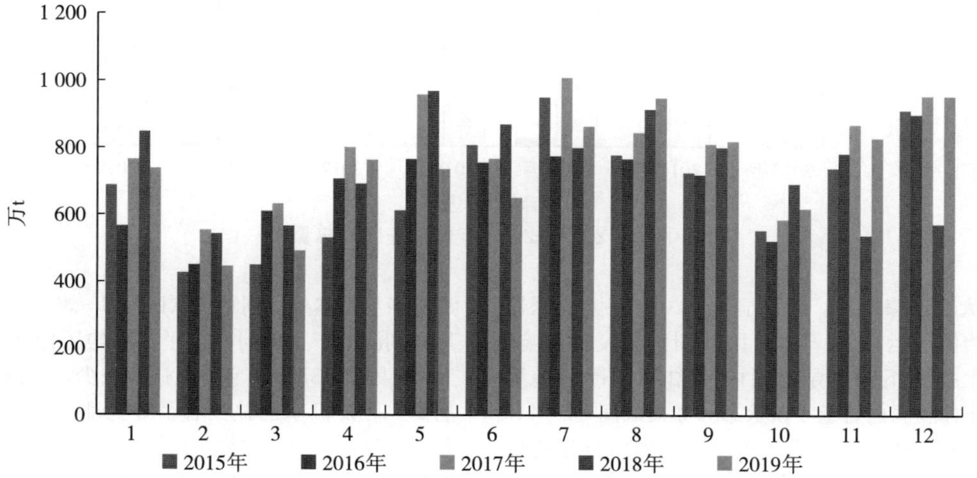

图3 2015—2019年月度大豆进口量

（3）进口大豆库存量。如图 4 所示，从 2019 年港口大豆库存情况来看，全年基本呈现持续宽幅震荡趋势。全年库存水平明显低于 2018 年的同期，同时，库存波动量也比较大，这也加剧了大豆价格波动。截至 12 月 30 日，我国港口大豆库存为 502 万 t，较 2018 年同期的 697.4 万 t，同比下降 28.0%。

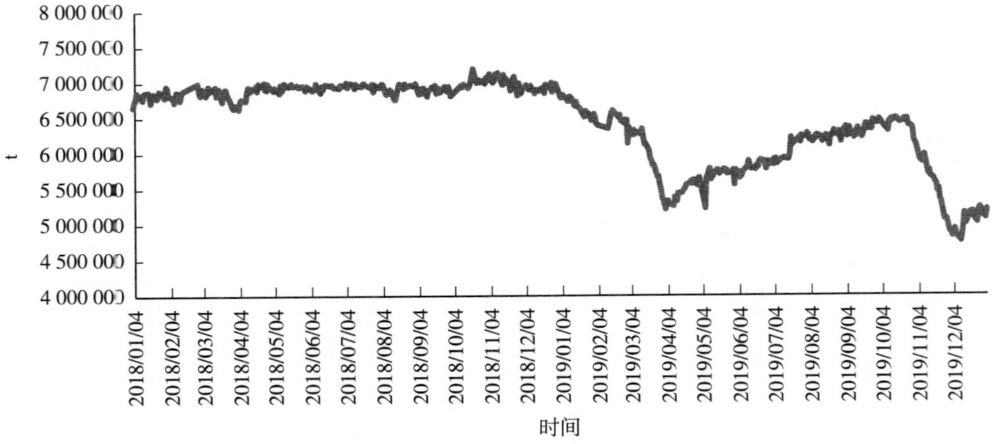

图 4　2018—2019 年进口大豆港口库存

（4）大豆出口情况。海关数据显示，2019 年 1～12 月我国大豆出口量为 11 万 t，同比下降 14.5%，大豆出口金额 92.27 百万美元，同比下降 7.8%。主要出口国为韩国、日本、美国、意大利等。

（5）豆粕进出口情况。2019 年我国豆粕较上年相比，进口量上升，出口量下降。如图 5 显示，2019 年进口豆粕 0.95 万 t 左右，比 2018 年的 2.29 万 t 下降了 58.48%，比 2017 年的 6.12 万 t 下降了 84.41%。2019 年主要从丹麦、印度、美国、荷兰等国家进口；其中从丹麦进口豆粕 0.89 万 t，同比上升了 0.28%；从印度进口豆粕 0.03 万 t，同比上升了 9.27%。2019 年我国全年出口豆粕 96.7 万 t，比 2018 年的 111.8 万 t 下降了 13.5%，比 2017 年的 97.3 万 t 下降了 0.62%，主要出口至日本、丹麦、英国、荷兰等国家。其中，向日本出口豆粕 55 万 t，同比上升 2.34%；向丹麦出口豆粕 7.64 万 t，同比上升 14.31%。

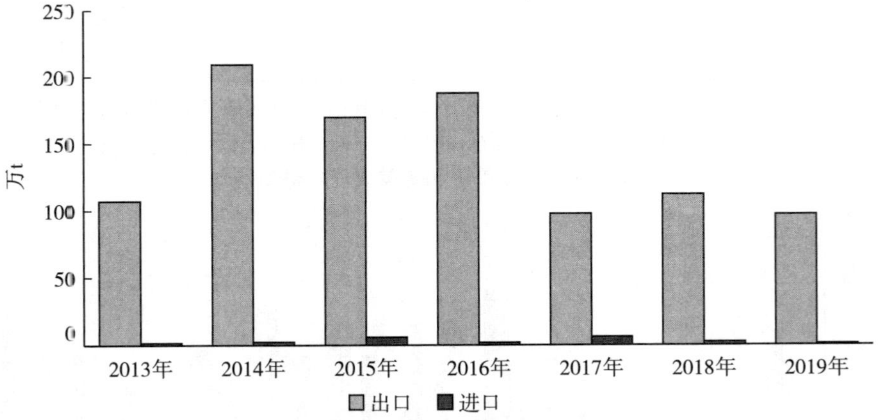

图 5　2013—2019 年豆粕进出口总量

2. 大豆压榨情况。图 6 显示，2019 年大豆压榨利润仍然偏弱运行。1～4 月因非洲猪瘟疫情影响，生猪存栏持续下降，导致国内豆粕现货行情持续下跌，压榨利润也处于亏损状态（亏损区间 54～417 元/t），5 月中美贸易关系再度升级，国内豆粕均价升至 2 983 元/t；大豆压榨利润也升至 209 元/t，之后下半年基本处盈利状态（区间 4～304 元/t）。全年压榨利润低于上年同期水平，平均压榨利润亏损 30 元/t。因 2018/2019 年大豆进口减少，国内库存即使居高，但开机率也并没有明显上涨，且下游需求不足，期货盘面较为弱势，油厂压榨利润不足，国内主要油厂大豆压榨量整体维持低位运行。

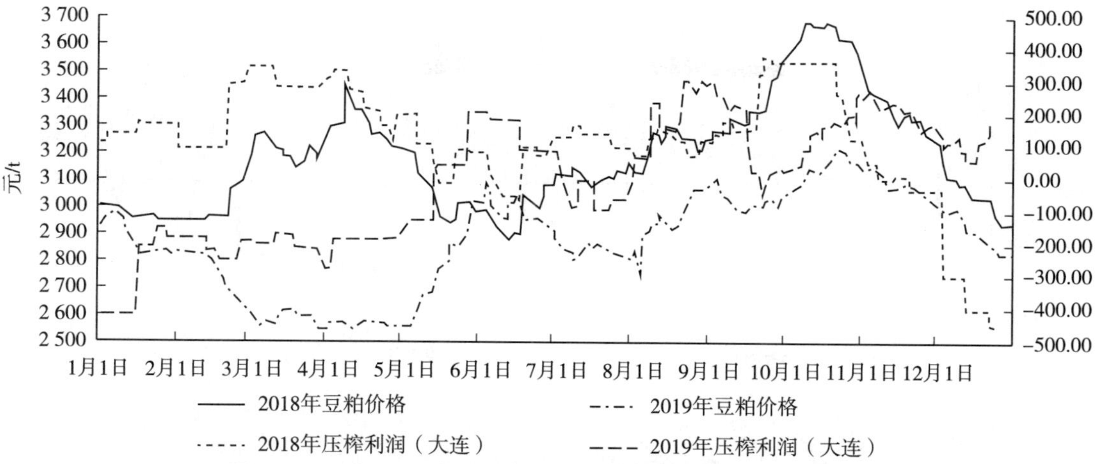

图6　2018和2019年大连进口大豆压榨利润与豆粕价格走势

（大豆压榨利润数据来源：WIND）

3. 国内豆粕供应量和消费量。图7显示，2019年国内豆粕供应量为6 809万t，消费量为6 648万t，与2018年相比，供应量减少405万t，降幅5.61%；消费量减少336万t，降幅4.81%。国内豆粕供应量从2011年的4 028万t增至2019年的6 809万t，增长了2 781万t，年均增长率6.77%。消费量从2011年的4 018万t增至2019年的6 648万t，增长了2 630万t，年均增长率6.45%。整体来看，供应相对充足。

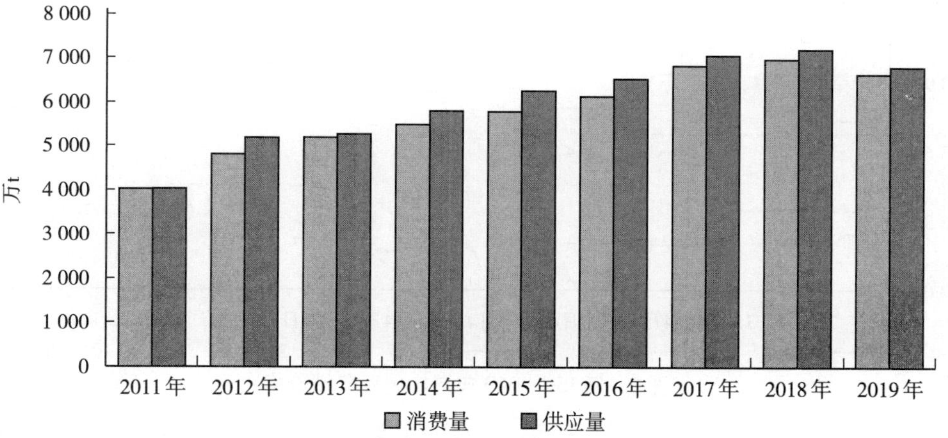

图7　2011—2019年国内豆粕供应和消费总量

4. 大豆压榨利润亏损严重。图8显示，2019年1～5月大豆压榨利润仍延续2018年的亏损状态，在−417～−54元/t区间震荡，5月初豆粕价格上涨，压榨利润改善，盈利162元/t。下半年虽然油厂大豆压榨利润一度好转，但市场价格波动加剧，加上市场需求表现不及预期，油厂压榨利润未能全部兑现，大豆实际压榨也稳中有减。2019全年平均压榨利润亏损30元/t，同比2018年的60元/t，下降了50%。

5. 进口大豆分销价格分析。2019年我国进口大豆港口分销价整体处于震荡下跌趋势（图9），全年价格均低于上年同期水平。2019年我国进口大豆港口分销价格均价为3 223元/t，较2018年的3 430元/t下跌了207元/t，跌幅为6.03%。较2017年的3 478元/t下跌了255元/t，跌幅为7.33%。全年价格在3 098～3 352元/t的区间震荡。1～8月港口大豆分销价格相对平稳，之后呈小幅增长。全年的最高点出现在9月初，为3 352元/t，而最低点则在5月底，价格为3 098元/t。

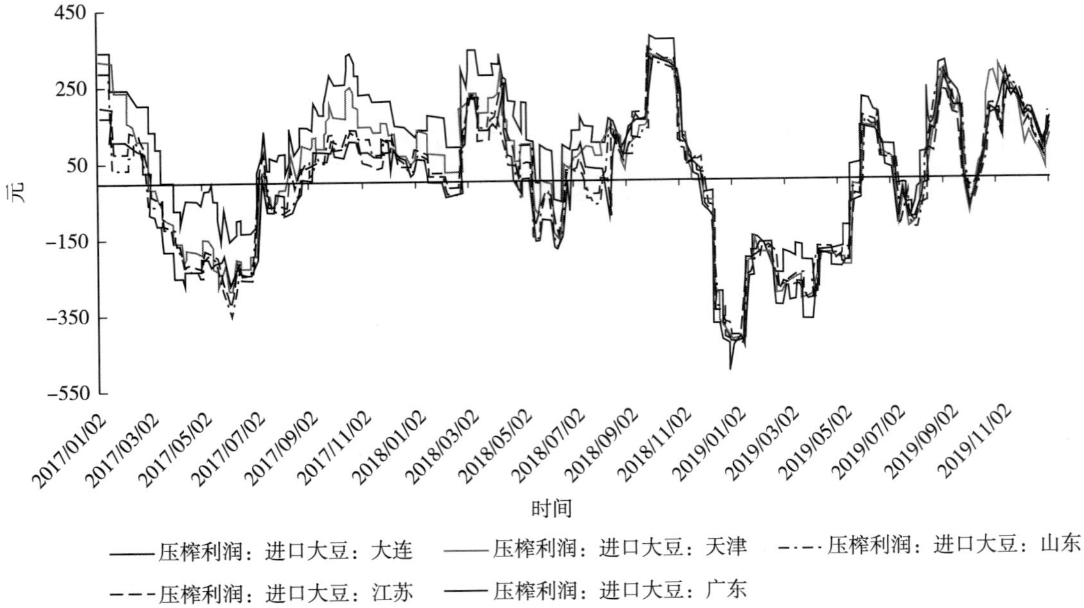

图 8　2017—2019 年进口大豆压榨利润

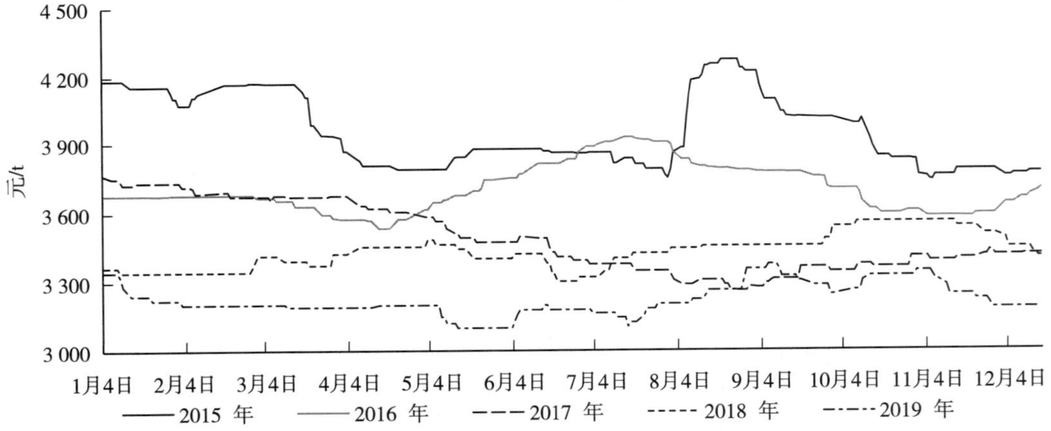

图 9　2015—2019 年港口大豆分销价格

二、价格情况

1. 国产大豆价格行情。2019 年国产大豆收购价格波动幅度呈窄幅震荡，震荡区间为 3 435～3 706 元/t（图 10），价差为 271 元/t，与 2018 年的波动幅度 49 元/t 相比较，波动幅度增长 5 倍之多。与 2017 年 389 元/t 的波动幅度相比有所下降。

2. 国内豆粕价格行情。2019 年国内豆粕均价先抑后扬，整体价格低于 2018 年。1～4 月，因全球大豆丰产、中美贸易谈判持续释放良好信号、非洲猪瘟疫情压力下生猪存栏持续下降，导致国内豆粕现货行情持续下跌，4 月豆粕均价 2 560 元/t；5～6 月因中美贸易摩擦再度升级，国内豆粕供应受到影响，行情也因而出现连续两个月飙升，均价升至 2 983 元/t；第三季度，虽然中美贸易谈判消息反复，但因国内养殖业低迷，尤其是生猪存栏大幅度下降，豆粕需求受限，行情走势被压制在 2 800 元/t 左右窄幅波动；10 月因中美谈判取得良好进展，美豆成本飙升，国内豆粕现货也受到提振，月度均价突破 3 000 元/t 大关；但 11 月和 12 月因国内养殖业需求低于预期、且中美达成第一阶段协议，国内供应预期充足，豆粕行情连续下跌。

2019 年国内整体豆粕均价约 2 872 元/t，同比下降 9.79%。全年中最高价出现在 10 月下旬，价格为 3 216 元/t，比年初上涨了 297 元/t，涨幅为 10.1%。而最低价格出现在 3 月底，价格为 2 540 元/t，与最高价格的价差为 676 元/t，比年初下降了 379 元/t，幅度为 14.9%。2019 年全年豆粕均值与过去 5 年豆粕均值 3 145 元/t（图 11）相比，下降了 273 元/t，降幅为 8.68%。

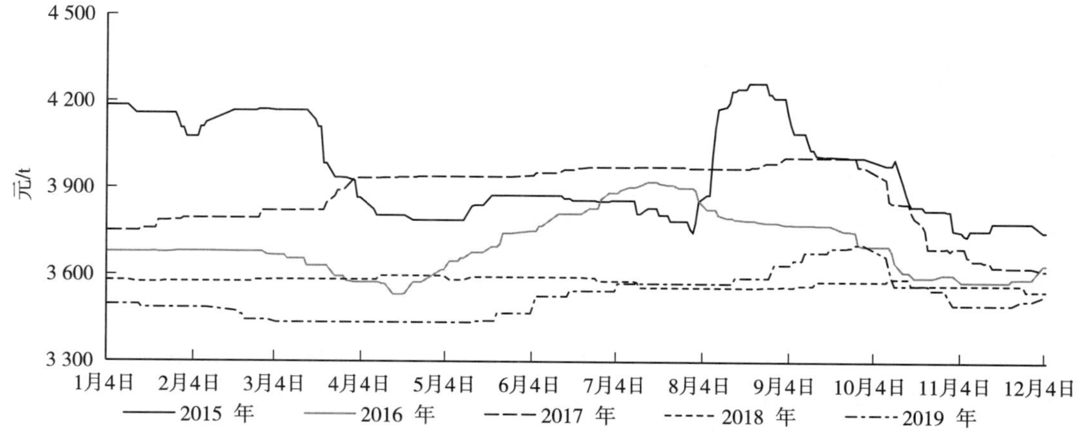

图 10　2015—2019 年国产大豆价格走势

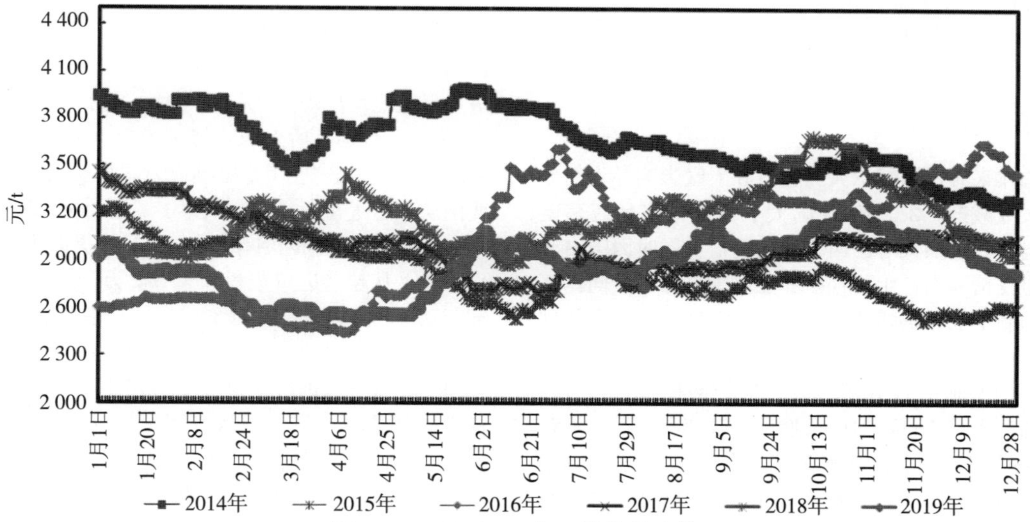

图 11　2014—2019 年豆粕价格走势

三、2019 年大豆市场的主要影响因素分析

1. 中美贸易摩擦影响大豆供应。2019 年 8 月 15 日，美国政府宣布，对自华进口的约 3 000 亿美元商品加征 10%关税，针对美方上述措施，中方被迫采取反制措施。经国务院批准，国务院关税税则委员会决定，对原产于美国的 5 078 个税目、约 750 亿美元商品，加征 10%、5%不等关税，分两批实施。中国从 9 月 1 日起对美国大豆加征 5%的关税，从 12 月 15 日起对美国小麦、玉米和高粱加征 10%的关税。经过多轮谈判，中美贸易未有任何缓和的迹象，相反双方的火药味越来越浓，这使得国内市场担忧后期的大豆、豆粕供应。

2. 美豆减产，供应宽松局面不在。由于产区降雨天气较多，影响新季播种进度，2019 年美国大豆减产，全球大豆总产量同样下降，全球大豆期末库存消费比因受到美国大豆产量刺激较上一年度回落。据美国农业部（USDA）12 月供需报告数据显示，全球大豆期末库存为 9 542 万 t，较 2018 年的 9 889 万 t 减少 347 万 t。从库存消费比来看，2019 年的全球大豆库存小幅下降，数值为 19%。而美豆因为产量大幅减少，库存消费比下降则更为明显，12 月数据显示为 11%。全球库存消费比的下降，成为我国豆粕市场价格积极的支撑因素。

3. 允许俄罗斯全境大豆进口 我国大豆进口趋于多元化。7 月 25 日，中国海关总署发布关于允许俄罗斯全境大豆进口的公告，在俄罗斯境内所有产区种植用于加工的大豆，经检验检疫合格后可以进入我国市场。虽然我国从俄罗斯进口的大豆与从巴西、阿根廷、美国进口的大豆数量不在一个量级上，在进口大豆中占比很小，但从长远来看，允许从俄罗斯全境大豆进口，可以促进我国大豆进口多元化，改变我国进口大豆过度依赖单一进口源的局面。此外，由于俄罗斯大豆为非转基因大豆，加上俄罗斯未来可以提供的资源丰富等，还有可能改变国内大豆加工企业的布局与结构，有利于满足国内市场不同层次的需求。

4. 响应大豆振兴计划农户种植意向积极。年初以来，大豆振兴计划始终被摆在粮食生产中的重要地位，2019 年中央 1 号文件以及农业农村部发布的多个文件均对此作出部署。其中，农业农村部办公厅年初发布的《大豆振兴计划实施方案》就具体提出，2019 年大豆种植面积要增加 67 万 hm^2。受种植结构调整影响，农户大豆种植意向积极。国家统计局数据显示，2019 年全国大豆意向种植面积增长 16.4%。其中，吉林、黑龙江、辽宁和内蒙古大豆意向更加明显，种植面积分别增长 37.0%、28.4%、14.2%和 14.1%。全年大豆种植面积增加了 11.07%，在市场预期内。

四、总结

总体来看，因减少大豆进口和天气影响导致部分地区大豆减产，2019 年我国大豆市场价格呈震荡走强态势。我国加大对巴西大豆的进口，同时因国内非洲猪瘟疫情肆虐，生猪存栏和能繁母猪存栏量同比下降，抑制了豆粕的需求，故 2019 年大豆库存增加到 2 173 万 t，大豆库存/消费比为 20.63%。同时，2018 年大豆振兴计划刺激大豆播种面积提升，从而推升国产大豆产量，但中长期较难改变我国严重依赖进口大豆的局面。总体来看，全年大豆供需相对平衡，但因贸易摩擦，导致大豆出现阶段性供应短缺，从而加剧大豆价格波动。

鱼粉生产、贸易与市场情况

自 2018 年非洲猪瘟疫情爆发以来，全国生猪存栏量出现断崖式下跌，特别是能繁母猪存栏下降，抑制了鱼粉消费。而水产养殖因强降雨天气频繁也迟迟未能上量，鱼粉需求相应减少，需求不佳令国内港口库存持续高位，2019 年上半年国内鱼粉处于高库存、高成本的状态。与往年不同的是，下半年鱼粉出货量同比上涨，鱼粉需求消耗量较往年有所上涨。而秘鲁自开捕以来，“意外多多”，小禁捕不断，导致捕鱼量和上年同期相比降幅明显。2019 年我国养殖水产品产量 5 050 万 t，增长 1.0%；捕捞水产品产量 1 400 万 t，下降 5.0%。

1. 鱼粉进口情况。

（1）2019 年鱼粉进口情况。图 1 显示，据海关数据显示，2019 年我国累计进口鱼粉 141.87 万 t，同比下降了 2.90%，这是继 2017 年历史高点的再次回调。其中 1 月、6 月、7 月、8 月、9 月、10 月的进口量同比均出现回调；而 2 月、3 月、4 月、5 月、11 月、12 月均有所上涨，特别是年终岁末，为往年需求淡季，鱼粉进口量却出现大幅度提升。2019 年我国从秘鲁进口鱼粉 77.06 万 t，同比略下调了 1.34 万 t，占进口总量的 54.35%，比上年提高了 0.65 个百分点；从越南进口鱼粉为 12.28 万 t，同比下降了 0.92 万 t，占进口总量的 8.66%；从俄罗斯进口量为 7.29 万 t，同比提高了 0.71 万 t，占进口总量的 5.14%；从美国进口 6.49 万 t，同比减少 0.78 万 t，占进口总量的 4.57%；从智利进口 6.39 万 t，同比减少 2.81 万 t，占进口总量的 4.50%。2019 年我国从秘鲁、美国、智利等进口均有不同幅度的下调，自俄罗斯进口出现上调。

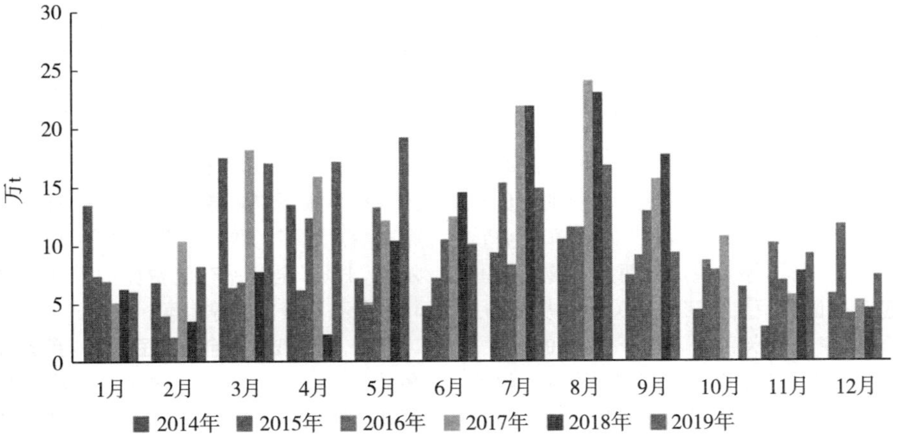

图 1　2014—2019 年各月鱼粉进口情况对比

（2）2018 年与 2019 年鱼粉进口情况比较。从图 2 可以看出，2018 年和 2019 年我国进口鱼粉，自秘鲁进口仍占据主导，对鱼粉价格起到了决定性的作用。虽然进口量下降，但进口占比却有所提升。从秘鲁、俄罗斯、巴基斯坦、毛里塔尼亚的进口占比提升，从美国、越南、泰国、智利和其他国家的进口量有所回调。2019 年，我国自多国进口鱼粉已经稳居近半壁江山，但秘鲁进口总量仍难以撼动。从鱼粉市场来看，进口鱼粉对蛋白市场的价格走势比较敏感，进口价格一般会跟随国内蛋白市场波动。

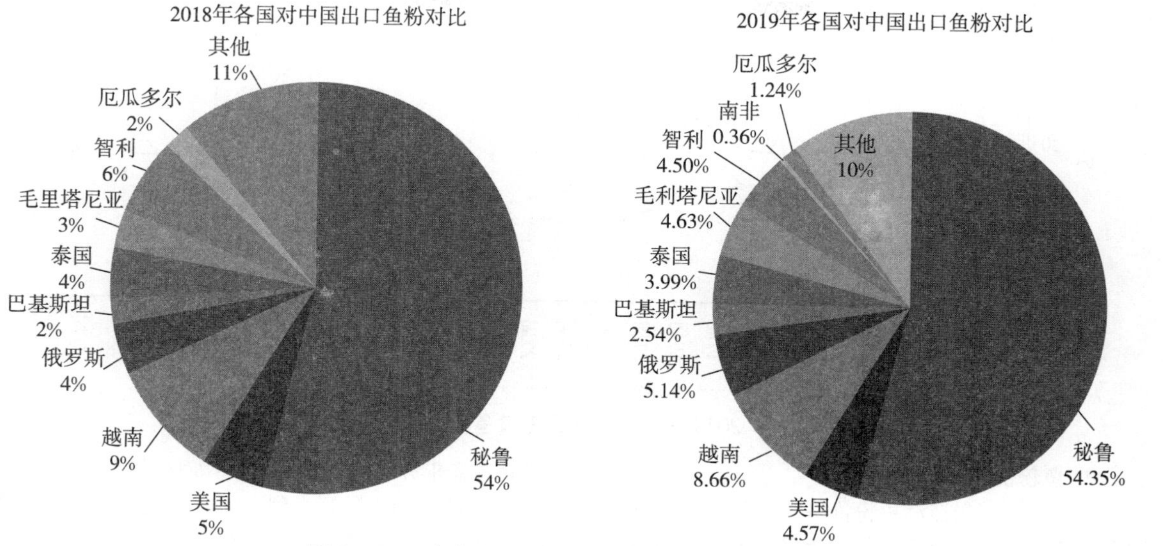

图 2　2018 年与 2019 年各国鱼粉进口量所占比例

从图 3 发现，2019 年我国各个港口进口鱼粉与 2018 年有所不同，上海、广州、厦门港口进口占比有所下降，福州、大连、厦门、青岛和黄埔占比有所提升，同时，其他港口进口占比也有所增长。其中两个进口港口黄埔和上海的总进口量占比达到了 60.29%，比上年下降了 2.03 个百分点。2019 年，从大连和广州港口进口量也有小幅提升，占比均超过 8%，从其他港的进口略有下降。

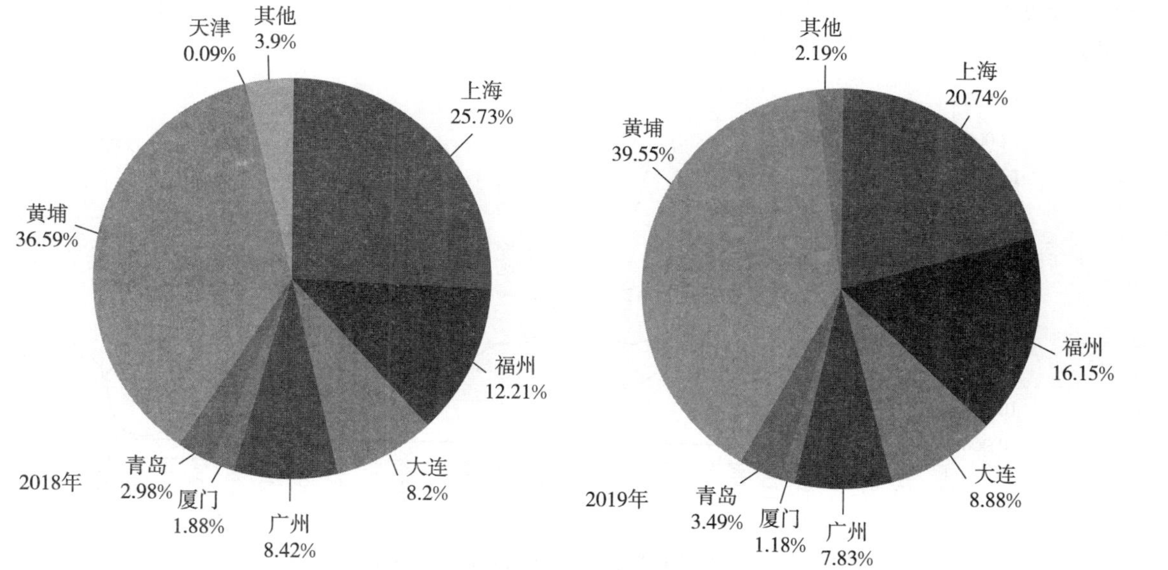

图 3　2018 年与 2019 年各港口鱼粉进口量所占比例

2. 鱼粉库存情况。2019 年我国鱼粉库存创下历史新高。一方面出库节奏明显放缓，另一方面，进口鱼粉在贸易形势不明朗的情况下导致鱼粉市场价格混乱，市场观望气氛浓厚而导致库存量居高不下。在非洲猪瘟疫情不断冲击及中美贸易摩擦等不确定因素的作用下，使整个秘鲁企业处于被动中，并对整个渔业价值链产生影响。中美贸易磨擦导致人民币贬值，使得以美元计价的进口产品成本大涨，使大批美元购买鱼粉的贸易商阶段性难以在中国开展业务。2019 年 9 月中国近 30 万 t 高库存的鱼粉仍囤积在港口，这个大库存数量也是历史少有的（图 4）。因国内现货价格低于进口成本，内外价格倒挂，导致尚未从秘鲁运出的鱼粉将以低价出口，这些都归结为贸易摩擦对周边国家贸易的影响。

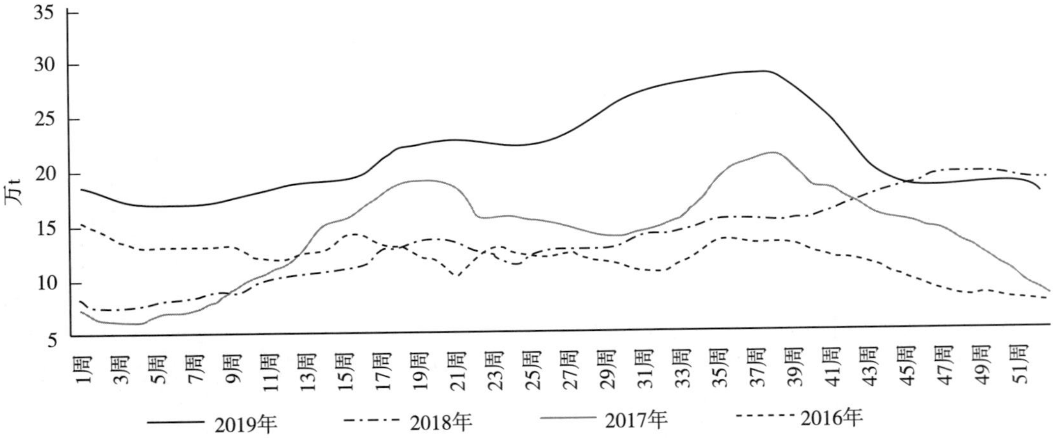

图 4　2016—2019 年我国港口鱼粉库存量变化

3. 鱼粉价格行情。

（1）秘鲁超级蒸汽鱼粉价格震荡下降。2019 年，我国进口超级蒸汽级别鱼粉现货报价为 10 713 元/t，同比下降了 12.82%，为近 4 年来最低水平。2019 年春节后国内鱼粉市场开市，市场购销节奏平稳，市场整体表现平静，厂家报价稳定。随着 3 月新货陆续到港，国内进口鱼粉港口库存小幅波动，但部分前期囤货企业由于资金压力抛货压力较大，市场价格出现阶段性快速下跌。5 月，鱼粉市场在贸易商挺价影响下出现阶段性上涨。因秘鲁无库存压力，但国内鱼粉需求并未出现显著好转，库存呈现增长趋势。8～9 月我国南方频繁受到台风、降雨等影响，水产养殖受到一定侵袭。9 月水产鱼粉需求下降，加上能繁母猪存栏尚无起色，导致鱼粉市场价格一路下跌，临近月末才有企稳迹象。第四季度鱼粉虽然略有反弹，但因总体需求量不足，到 12 月末，鱼粉价格回调至 11 100 元/t，与年初的 10 712.5 元/t 相比，略涨了 3.62%。与年中的高价 11 425 元/t 相比，下跌了 2.84%。总体来看，2019 年鱼粉价格以弱势运行为主（图 5）。

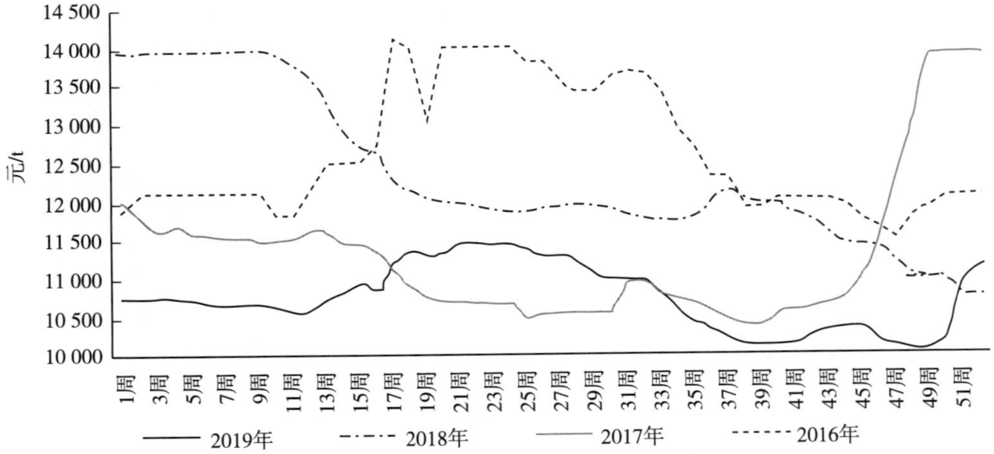

图 5　2016—2018 年秘鲁超级蒸汽级别鱼粉价格变化趋势

（2）国产鱼粉市场量价齐跌。图 6 显示，2019 年，国产鱼粉震荡大幅下调。受外盘秘鲁鱼粉市场影响，终端饲料企业多选择国产鱼粉进行采购，这主要是国产鱼粉产量上升且国产鱼粉价格存在比价优势。2019 年我国主要港口普通级鱼粉参考报价最低在 9 500 元/t 附近，与进口鱼粉存在价差为 800 元/t，仍有一定的比价优势。随着国内生猪存栏量下降，我国鱼粉的消费量下降，这也导致国产鱼粉价格上半年的小幅上调后，最高价格出现在 6 月前后，均价为 10 200 元/t，下半年出现旺季不旺的现象，国产鱼粉震荡回调，到年底价格低至 9 100 元/t，比年初下跌了 400 元/t，跌幅 4.21%。虽然国产鱼粉具有较为明显的性价比，但全年国产鱼粉的消费量仍有所下降，为54.5万t，同比下降了37.71%。

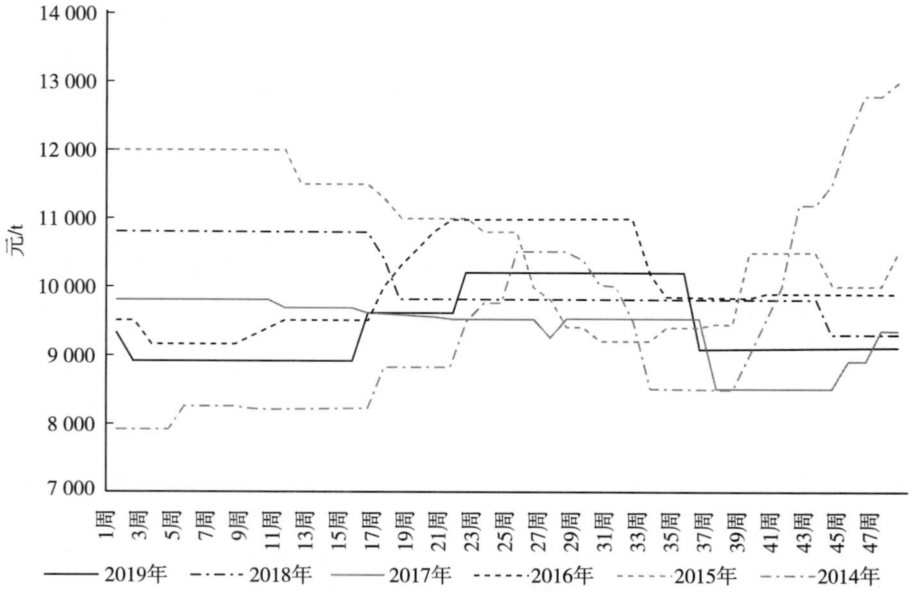

图6　2014—2019年山东65%脱脂鱼粉价格变化趋势

（3）秘鲁全年捕鱼适中，鱼粉市场外在因素影响偏多。秘鲁海洋研究院（Imarpe）在11月的鱼资源考察报告中，公布秘鲁鱼资源数量为834万t，是近5年来的偏高水平。此次考察的鳀鱼资源量为2008年以来第二低水平，仅仅略高于2010年第一捕季时考察的鳀鱼资源量680万t，且同比下降36%；鳀鱼捕捞配额为2008年以来的第三低水平，略高于2016年第一捕季的180万t及2013年第一捕季的205万t，同比更是下降37%。鳀鱼资源量的同比降幅更是创下了2008年以来的最高水平。

图7显示，秘鲁2019年中北部第一捕季从利马时间4月28日00：00点开始试捕，5月4日正式开捕；最大捕捞限额为210万t，达到捕捞最高限额或参照Imarpe建议结束捕季。秘鲁中北部第一捕季于7月30日结束，部分渔船移往南方作业。截至7月30日，94天累计捕鱼201.78万t，配额210万t完成96.09%，平均日捕量2.15万t。6月28日至7月7日，秘鲁中北部全海域施行禁捕，禁捕期10天。再开捕已经到了7月中旬，海况已经开始不适于捕鱼作业，本捕季基本结束。

秘鲁产业部1月14日正式公布，2019年第二渔季捕鱼于1月15日0：00结束，该决定是基于IMARPE最近对鱼况和海洋条件的考察而作出的。本渔季自11月6日开始，有效捕鱼53d，累计捕鱼100.4万t，仅仅完成配额278.6万t的36.04%，平均日捕鱼18 946t。在捕鱼后期，从2020年1月5日后没有捕鱼。秘鲁产业部宣布了自秘鲁北端——Trujillo于1月11～16日期间的禁捕，导致本来就偏少的捕鱼量继续下降。

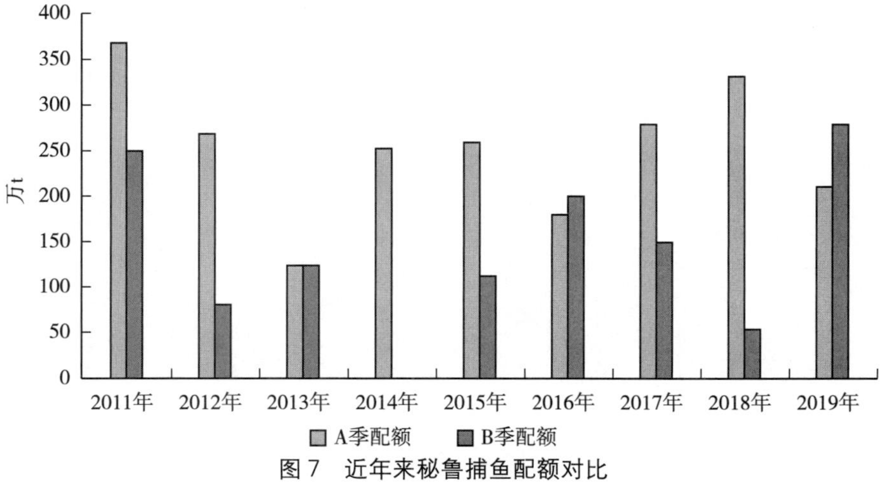

图7　近年来秘鲁捕鱼配额对比

4. 2019 年影响鱼粉市场因素分析。

（1）鱼粉主要消费主体缺失导致需求量下降。2019 年是中国鱼粉行业艰难的一年，非洲猪瘟疫情对鱼粉市场的打击不容小觑，这直接导致鱼粉价格跌至近几年低点。全国生猪存栏处于低位，多地开始鼓励复养，9 月猪料环比才出现上涨，但同比仍不乐观。猪场复产逐渐启动，猪料需求出现恢复的迹象。随着后期母猪存栏回升有利于鱼粉需求恢复，从而提振国内鱼粉市场需求信心，但母猪存栏回升需要时间，远期对鱼粉市场存在较好预期。

（2）秘鲁鱼粉受中美贸易摩擦影响到货。2019 年秘鲁部分区域幼鱼比例不达标，使得小禁捕政策持续不断，捕鱼节奏和上年同期相比明显偏缓。但同时秘鲁政府释放大配额政策，增加中短期鱼粉供应，总体来说，在秘鲁中北部大配额背景支撑下，大大缓和了国内外鱼粉市场的购销心态。

（3）2019 年国产鱼粉消费量下降但产量有所提升。我国通常每年 5 月 1 日至 9 月为伏季休渔期。自 2018 年 10 月开始，我国沿海（赤道太平洋 Nino4 区）的水温距平持续处于厄尔尼诺警戒线上方。鳀鱼是冷水鱼，水温持续偏高的现象并不利于鳀鱼的生存，2019 年有 8 个月时间都明显低于 1℃，海洋环境利于鳀鱼的捕捞。同时，2019 年我国公布的《京津冀及周边地区 2018—2019 年秋冬季大气污染综合治理攻坚行动方案》的实施，也让部分国产鱼粉厂得以开工，利于我国捕鱼，从而在一定程度上刺激了国产鱼粉的产量提升。

（4）我国进口鱼粉国家产生微妙变化。2019 年，秘鲁依旧占据我国鱼粉进口的主导地位，越南也仍然和 2018 年一样紧随其后，但智利和美国却跌出了非秘鲁鱼粉进口的“前三甲”之位，转由俄罗斯和毛里塔尼亚取而代之。而我国鱼粉进口量前十名仍然“换汤不换药”，值得一提的是毛里塔尼亚异军突起，由原来的第八名上升至第四名。

5. 总结。我国鱼粉市场受非洲猪瘟疫情和中美贸易摩擦的内外因素重叠导致鱼粉市场供需都受到影响。鱼粉市场供应量出现阶段性不足，导致鱼粉价格波动幅度较大，同时，国内非洲猪瘟疫情导致需求量大幅缩减。总体来看，在整体供应比较宽松的情况下，鱼粉市场价格仍在正常区间运行。

饲料添加剂工业概况

2019 年饲料添加剂概况

一、饲料添加剂产量较快增长

2019 年，全国饲料添加剂产品总量 1 199 万 t，同比增长 8.2%。其中，直接制备饲料添加剂 1 130 万 t、同比增长 7.6%，生产混合型饲料添加剂 69 万 t、同比增长 20.0%。

从主要品种看，氨基酸、维生素和矿物元素等产品产量分别达 330 万 t、127 万 t、590 万 t，同比分别增长 10.5%、14.7%、4.1%。酶制剂和微生物制剂等生物饲料添加剂产品呈现上升势头，同比分别增长 16.6%、19.3%。非蛋白氮、防腐剂、防霉剂和酸度调节剂、着色剂、黏结剂、抗结块剂、稳定剂和乳化剂皆保持增长。抗氧化剂、调味和诱食物质、多糖和寡糖产量下降，同比分别下降 7.1%、6.3%、9.8%。其他类添加剂 9 万 t、同比增长 6.9%。

二、分类别情况

1. 氨基酸、氨基酸盐及其类似物。2019 年，总产量 330 万 t，同比增长 10.5%，其中，饲料添加剂中氨基酸 330 万 t，同比增长 10.5%；混合型饲料添加剂中氨基酸 2 564t，同比增长 140.0%。其中，饲料添加剂中，赖氨酸 227 万 t（含 70%赖氨酸），同比增长 31.0%；蛋氨酸 25 万 t，同比下降 3.2%；苏氨酸 66 万 t，同比下降 8.1%；色氨酸3 万 t，同比下降 13.6%。

2. 维生素及类维生素。2019 年总产量 127.2 万 t，同比增长 14.7%。其中，饲料添加剂中维生素 118 万 t，同比增长 14.1%；混合型饲料添加剂中维生素 9 万 t，同比增长 22.2%。其中，单体维生素中，氯化胆碱 77 万 t，同比增长 33.4%；维生素 A 8 214t，同比增长 68.8%；维生素 E 9 万 t，同比下降 0.5%；维生素 B_2 6 263t，同比增长 2.5%；维生素 B_{12} 150t，同比下降 75.1%；维生素 C 3 万 t，同比下降 9.6%。

3. 矿物元素及其络（螯）合物。2019 年总产量 590.5 万 t，同比增长 4.1%。其中，饲料添加剂中矿物元素 582 万 t，同比增长 3.7%；混合型饲料添加剂中矿物元素 8 万 t，同比增长 40.3%。其中，饲料添加剂中磷酸氢钙（含磷酸二氢钙）366 万 t，同比增长 2.3%；硫酸亚铁 12 万 t，同比增长 1.5%；硫酸铜 2 万 t，同比增长 1.4%；硫酸锌 8 万 t，同比增长 23.3%；硫酸锰 14 万 t，同比下降 4.7%。

4. 酶制剂。2019 年总产量 19.4 万 t，同比增长 16.6%。其中，饲料添加剂中酶制剂 12 万 t，同比增长 1.7%；混合型饲料添加剂中酶制剂 7 万 t，同比增长 54.6%。其中，饲料添加剂中植酸酶 8 万 t，同比下降 12.9%；蛋白酶 2 万 t，同比增长 53.3%。

5. 微生物。2019 年总产量 17.4 万 t，同比增长 19.3%。其中，饲料添加剂中微生物 6 万 t，同比增长 9.9%；混合型饲料添加剂中微生物 12 万 t，同比增长 24.2%。

6. 非蛋白氮。2019 年总产量 3.9 万 t，同比增长 26.4%。其中，饲料添加剂中非蛋白氮 1 万 t，同比增长 64.5%；混合型饲料添加剂中非蛋白氮 3 万 t，同比增长 15.5%。

7. 抗氧化剂。2019 年总产量 6.7 万 t，同比下降 7.1%。其中，饲料添加剂中抗氧化剂 2 万 t，同比下降 9.1%；混合型饲料添加剂中抗氧化剂 5 万 t，同比下降 6.3%。

8. 防腐剂、防霉剂和酸度调节剂。2019 年总产量 64.8 万 t，同比增长 19.6%。其中，饲料添加剂中防腐剂、防霉剂和酸度调节剂 52 万 t，同比增长 22.4%；混合型饲料添加剂中防腐剂、防霉剂和酸度调节剂 13 万 t，同比增长 9.5%。

9. 着色剂。2019 年总产量 4.9 万 t，同比增长 51.4%。其中，饲料添加剂中着色剂 3 万 t，同比增长 18.5%；混合型饲料添加剂中着色剂 2 万 t，同比增长 140.6%。

10. 调味和诱食物质。2019 年总产量 3.4 万 t，同比下降 6.3%。其中，饲料添加剂中调味和诱食物质 3 531t，同比增长 131.5%；混合型饲料添加剂中调味和诱食物质 3 万 t，同比下降 12.4%。

11. 黏结剂、抗结块剂、稳定剂和乳化剂。2019 年总产量 20.5 万 t，同比增长 10.2%。其中，饲料添加剂中黏结剂、抗结块剂、稳定剂和乳化剂 20 万 t，同比增长 9.5%；混合型饲料添加剂中黏结剂、抗结块剂、稳定剂和乳化剂 5 907t，同比增长 40.5%。

12. 多糖和寡糖。2019 年总产量 7 464t，同比下降 9.8%。其中，饲料添加剂中多糖和寡糖 3 161t，同比下降 5.3%；混合型饲料添加剂中多糖和寡糖 4 303t，同比下降 12.8%。

13. 其他类添加剂。2019 年总产量 9.5 万 t，同比增长 6.9%。其中，饲料添加剂中其他类 4 万 t，同比增长 7.1%；混合型饲料添加剂中其他类 5 万 t，同比增长 6.8%（表 1，表 2）。

表 1　2019 年各类饲料添加剂产量

单位：万 t、%

类别	产量	同比
合计	1 199	8.2
氨基酸、氨基酸盐及其类似物	330.1	10.5
维生素及类维生素	127.2	14.7
矿物元素及其络（螯）合物	590.5	4.1
酶制剂	19.4	16.6
微生物	17.4	19.3
非蛋白氮	3.9	26.4
抗氧化剂	6.7	−7.1
防腐剂、防霉剂和酸度调节剂	64.8	19.6
着色剂	4.9	51.4
调味和诱食物质	3.4	−6.3
黏结剂、抗结块剂、稳定剂和乳化剂	20.5	10.2
多糖和寡糖	0.7	−9.8
其他	9.5	6.9

表 2　2019 年各产品类型饲料添加剂产量

单位：万 t、%

类别	饲料添加剂	同比	混合型饲料添加剂	同比
合计	1 130	7.6	69	20.0
氨基酸、氨基酸盐及其类似物	329.9	10.5	0.3	140.0
维生素及类维生素	117.8	14.1	9.4	22.2
矿物元素及其络（螯）合物	582.2	3.7	8.2	40.3
酶制剂	12.2	1.7	7.2	54.6
微生物	5.5	9.9	11.9	24.2
非蛋白氮	1.1	64.5	2.8	15.5
抗氧化剂	1.9	−9.1	4.9	−6.3
防腐剂、防霉剂和酸度调节剂	52.0	22.4	12.9	9.5
着色剂	2.8	18.5	2.1	140.6
调味和诱食物质	0.4	131.3	3.0	−12.4
黏结剂、抗结块剂、稳定剂和乳化剂	19.9	9.5	0.6	40.5
多糖和寡糖	0.3	−5.3	0.4	−12.8
其他	4.2	7.1	5.2	6.8

三、饲料添加剂总产值、营收下降

2019 年，全国饲料添加剂产品总产值 839.3 亿元，同比下降 12.4%，营业收入 763.4 亿元，同比下降 13.4%。

四、区域情况

2019 年，饲料添加剂总产值达 100 亿元以上的省份有 3 个，分别是山东、浙江、河北，合计产值 378 亿元，同比下降 15.9%，占全国比重 41.6%，较上年的 47.6%下降 6.0 个百分点。

总产值 50 亿～100 亿元的省份有 3 个，分别是内蒙古、广东、云南，合计产值 166 亿元，同比增长 35.1%，占全国比重 18.3%，较上年的 13.0%增长 5.3 个百分点。

总产值 10 亿～50 亿元的省份有 15 个，合计产值335亿元，同比增长1.9%，占全国比重36.9%，较上年的34.8%增长2.1个百分点。

总产值10亿元以下的省份有10个，合计产值29亿元，同比下降32.1%，占全国比重3.2%，较上年的4.5%下降1.3个百分点。

五、企业规模情况

年产10万t以上企业28家，合计产量666万t，同比增长14.7%，占全国比重55.5%，较上年的52.6%增长3.0个百分点。

年产5万～10万t企业23家，合计产量165万t，同比增长3.7%，占全国比重13.8%，较上年的14.4%下降0.6个百分点。

年产1万～5万t企业112家，合计产量232万t，同比增长6.6%，占全国比重19.4%，较上年的19.7%下降0.4个百分点。

年产1万t以下企业2 166家，合计产量136万t，同比下降7.6%，占全国比重11.4%，较上年的13.3%下降2.0个百分点。

六、饲料产品出口

饲料添加剂产品出口量288万t，同比下降74.5%；饲料添加剂产品出口额238亿元，同比下降37.5%。

直接制备饲料添加剂出口量273万t，同比下降75.7%，出口额225亿元，同比下降39.5%；混合型饲料添加剂出口量15万t，同比增长174.5%，出口额13亿元，同比增长57.5%。

（胡翊坤）

饲料级氨基酸

2019年全球赖氨酸产能再次创下新高，上游玉米价格演绎慢牛行情，对赖氨酸形成成本压力，同时，下游生猪存栏大幅下调，截至2019年12月，我国生猪和能繁母猪存栏分别下调37.7%和31.4%，严重抑制了赖氨酸的需求。部分赖氨酸厂家进入深度亏损而出现停产、减产的现象。蛋氨酸、苏氨酸市场均出现不同幅度亏损，价格低位徘徊，下游采购意愿不强，采取低库存采购形式。色氨酸市场总体产能有所分化，加上小品种氨基酸的进入，对色氨酸形成冲击，同时，低蛋白日粮的推广，也助推了小品种氨基酸的应用。2019年由于非洲猪瘟疫情，部分小品种氨基酸的推广也受到了影响。2019年在全国线上交易大趋势下，销售模式从线下转变成线上。同时，专利问题争端、知识产权都成为未来企业发展必定要关注的问题。

一、赖氨酸

2019年，我国赖氨酸市场受2018年价格下跌及全球产能增加影响，价格保持低位运行。除延续2018年环保压力、补贴降低及非洲猪瘟疫情影响外，中美贸易摩擦也成为利空影响的主要因素。国内赖氨酸市场价格震荡，全年呈“波浪”型震荡调整。2019年我国玉米受2018年去库存影响，价格持续高位震荡，但由于近两年国内赖氨酸扩增产能释放，赖氨酸价格仍保持低位运行。2019年持续发生的非洲猪瘟导致生猪养殖行业利润走低，饲料需求下滑，赖氨酸市场整体处于供过于求、交投清淡的局面。

1. 赖氨酸出口情况。

（1）年度出口情况。图1显示，据海关统计数据显示，2019年我国赖氨酸出口继续大幅提升，累计出口赖氨酸盐及酯共计58.84万t，增幅为48.1%，与近5年的出口量均值相比提高了19.75万t，增幅为50.52%；相比2018年，涨势凶猛，是我国赖氨酸产能扩增的重要一年。

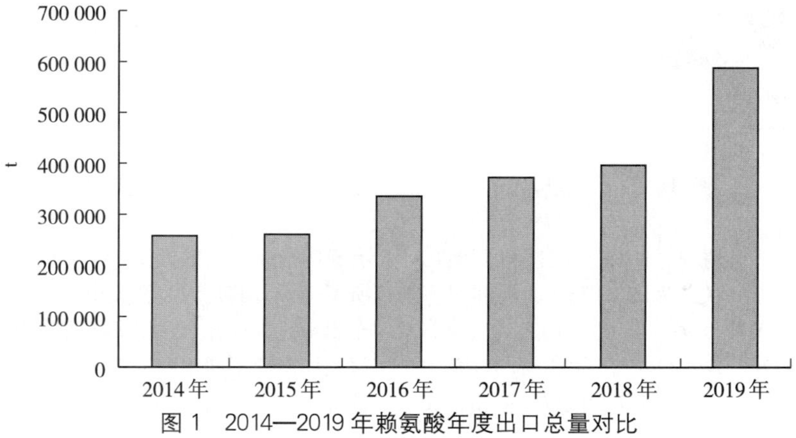

图1　2014—2019年赖氨酸年度出口总量对比

（2）月度出口情况。图2显示，据海关统计数据显示，2019年我国赖氨酸月度出口较过去5年，全年同比增加，总体呈“波浪式”震荡上升。月均出口量4.9万t，均大幅超过2018年3.3万t和2017年3.1万t的水平。全年除了1月、2月，出口量均超过4万t。

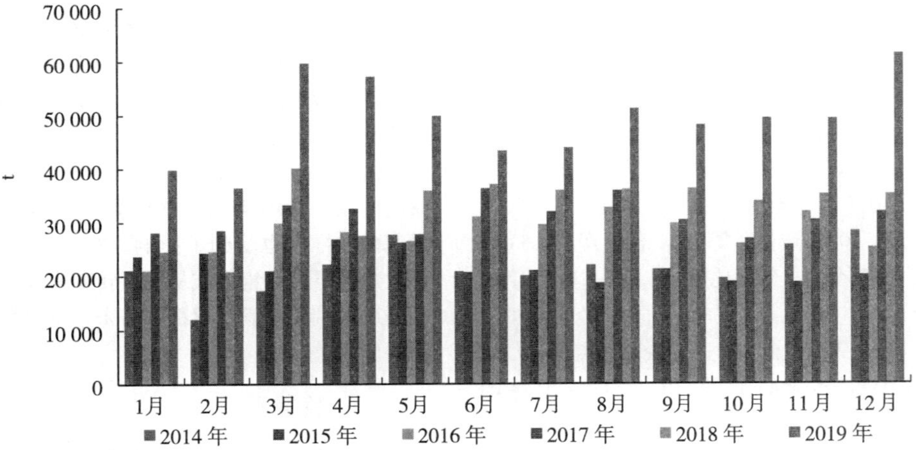

图2 2014—2019年赖氨酸月度出口量对比

（3）分国别出口情况。2019年我国赖氨酸出口的国家主要有荷兰（80 064.865t）、德国（31 205.413t）、越南（24 105.73t）、丹麦（10 884.977t）、立陶宛（22 931.075t）、泰国（33 711.703t）、日本（20 941.345t）、南非（11 399.825t）等。近两年俄罗斯本土赖氨酸企业崛起，自2017年9月20日开始，俄罗斯联邦兽医和植物检疫监督处决定，禁止从梅花（通辽、新疆、廊坊）、伊品（宁夏、内蒙古）、金玉米等6个中国赖氨酸工厂进口赖氨酸，主要原因在于工厂检查问题未能达成一致。2019年我国赖氨酸出口荷兰由2018年的64 050.415t增加至80 064.865t，荷兰仍保持为我国赖氨酸第一出口国（图3）。受全球饲料增长、国内企业生产成本偏低、以及国内出口退税率上调、一带一路等政策影响，2019年我国赖氨酸产品出口量继续增长。

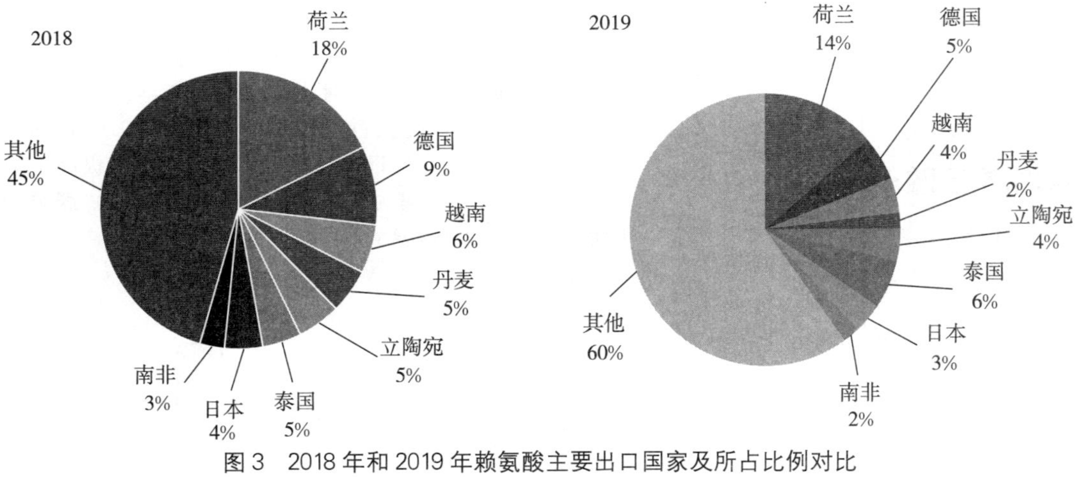

图3 2018年和2019年赖氨酸主要出口国家及所占比例对比

（4）主要海关出口情况。2019年我国赖氨酸出口的主要海关有大连海关（7 233.835t）、满洲里海关（27 572.28t）、天津海关（454t）、山东海关（青岛、济南合并统计，170 410t）、乌鲁木齐海关（89 805.502t）等（图4）。2019年我国赖氨酸出口又有新的变化，其中天津、满洲里、大连海关的出口有所下降，尤其是天津海关由2018年的155 141.37t跌至454t。其他几个主要海关如南京、合肥、乌鲁木齐海关均出现不同幅度的提升，其中乌鲁木齐海关出口提升了近20倍。

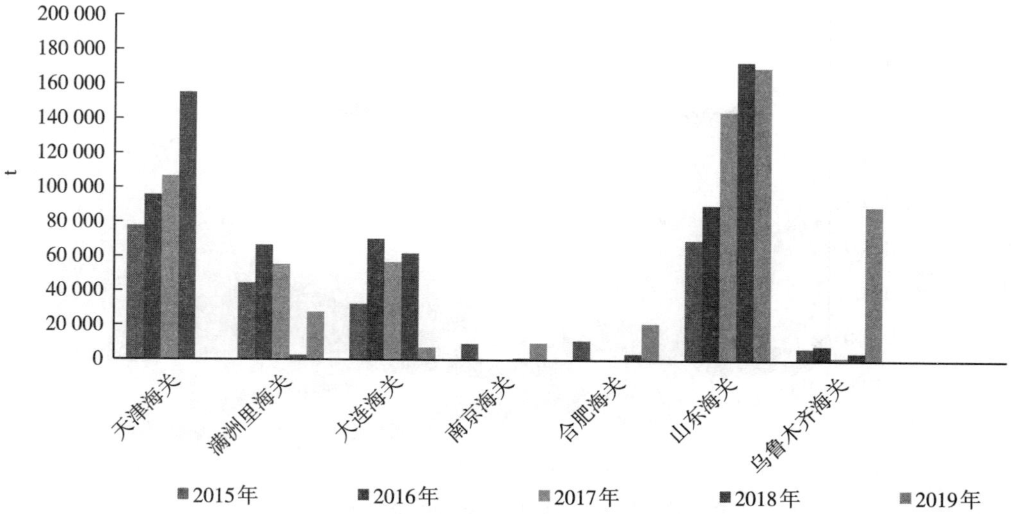

图4　2015—2019 年国内主要港口赖氨酸出口量对比

（5）进出口均价情况。图 5 显示，2019 年我国赖氨酸出口总额为 53 944.11 万美元，同比 2018 年的 44 465.48 万美元提高了 9 478.63 万美元，增幅为 21.32%。赖氨酸出口均价为 0.92 美元/kg，同比（2018 年为 1.13 美元/kg）下降了 18.58%。由于产能过剩，需求清淡，2019 年我国赖氨酸价格大幅下滑，市场交投清淡，出口市场整体向好。全年出口最高均价出现在 1 月，为 1 美元/kg，而全年最低出口均价出现在 11 月，仅为 0.82 美元/kg。

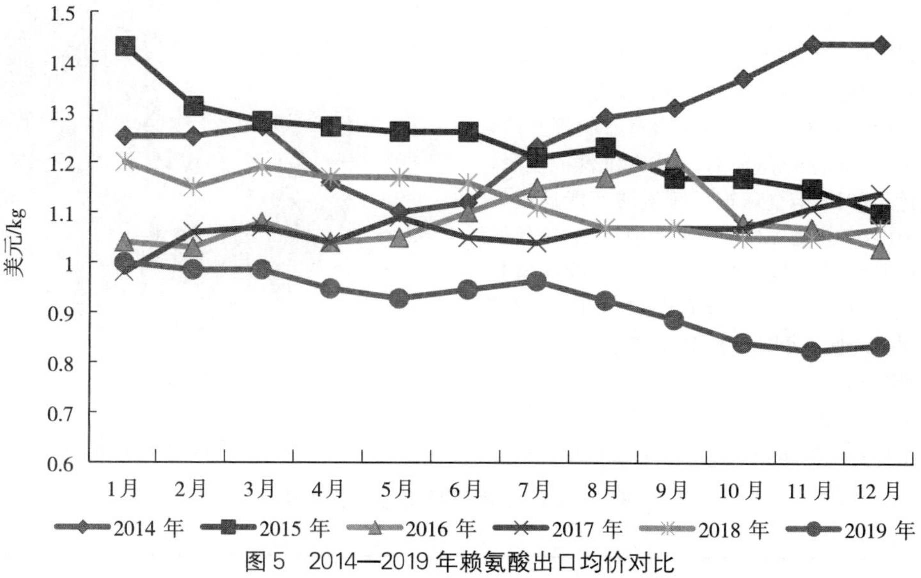

图5　2014—2019 年赖氨酸出口均价对比

2. 2019 年赖氨酸市场价格分析。图 6 显示，2019 年，我国由于非洲猪瘟疫情、企业竞争等因素，给赖氨酸市场带来的压力巨大，赖氨酸整体供应量有所提升，出口量创下历史记录，但庞大的市场供应及需求低迷压制了赖氨酸的价格走势。2019 年全年赖氨酸价格低位徘徊，并逐渐呈下降趋势。从年初的 7.86 元/kg（与上年同期相比下降 22.56%），下降至年底的 6.75 元/kg，下跌了 14.12%，全年价格波动区间在 7.86～6.36 元/kg，最高价差达到了 19.08%。2019 年全年赖氨酸均价 7.1 元/kg（2018 年全年均价 8.35 元/kg），同比下跌了 14.97%。与 5 年均值相比下跌了 15.88%。全年价格低点出现在第三季度，赖氨酸市场供过于求，导致市场竞争激烈，价格下降。

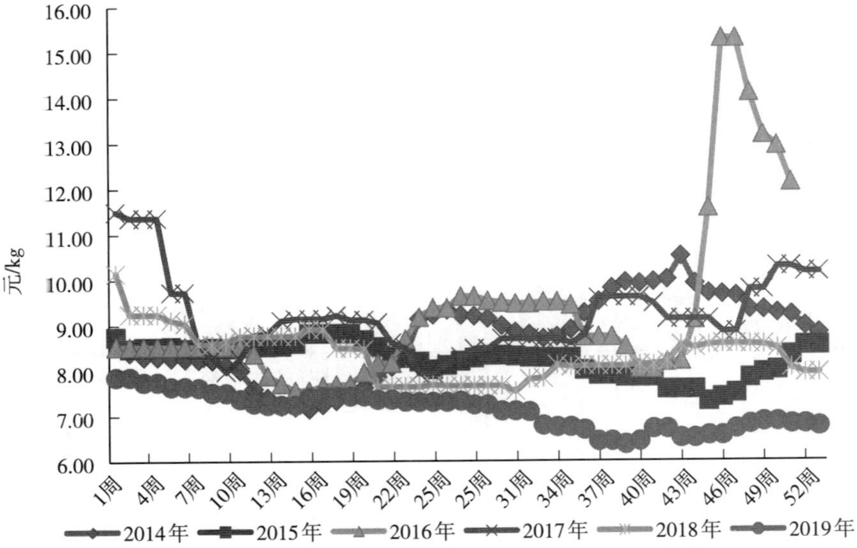

图 6　2014—2019 年国产 98.5% 赖氨酸国内价格走势

3. 市场行情主要影响因素。

(1) 产能扩增到停产，过山车式风暴再次席卷赖氨酸厂家。2019 年，在全球赖氨酸产能过剩的背景下，开机常年低位运行，行业亏损严重。陆续有生产厂家停报、实单议价，后续出现停产、减产等现象，市场上询价量、成交量明显下降。下半年，大成生化、希杰沈阳工厂、东方希望、成福、丰原、长清生物等企业大多减产过半或者停产，味之素泰国工厂也在 9 月选择停产。据了解，长春大合宣布暂停生产，拟暂停至 2020 年 2 月中旬前后。图 7 和表 1 显示，据不完全统计，2019 年全球饲用赖氨酸产能规模为 580.5 万 t，国内产能为 420 万 t，其中 2019 年新增产能和投产的赖氨酸总量达到了 89 万 t，同比增长 27.81%。新增产能厂家主要分布在黑龙江、吉林、山东、内蒙古等地。我国在全球总产能占比高达 72.35%，同比提高 2.35 个百分点。

2019 年，我国全年赖氨酸厂家整体开工率远远低于上年水平，赖氨酸价格在成本线附近徘徊，加工利润大幅缩水。

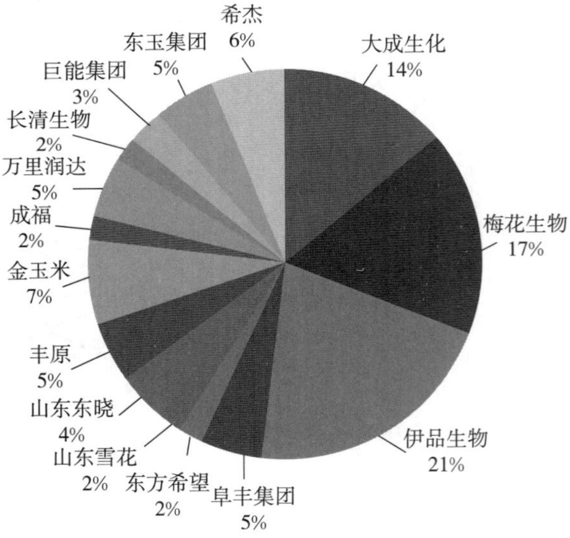

图 7　2019 年国内赖氨酸产能分布（饲料级）

表 1　2019 年赖氨酸新增产能情况

单位：万 t

省市	企业	投产具体时间	赖氨酸投产或扩产	产品情况
内蒙古扎兰屯	阜丰集团	2019 年初投产	9	98.5%赖氨酸 9 万 t
黑龙江大庆	伊品生物	2019 年 2 月	30	30 万 t 赖氨酸（其中 98.5%赖氨酸 12 万 t，70%赖氨酸 18 万 t）
吉林白城	梅花生物	2019 年 3 月	40	98.5%赖氨酸 20 万 t，70%赖氨酸 20 万 t
黑龙江宝清	万里润达	暂定 2020 年上半年	15	15 万 t 赖氨酸
山东潍坊	巨能集团	2019 年 4 月	15	2020 年 35 万 t 淀粉，15 万 t 赖氨酸

（2）非洲猪瘟疫情肆虐，继续抑制生猪存栏和能繁母猪存栏，赖氨酸需求量下滑。图 8 显示，据农业农村部公布的我国生猪存栏监测数据显示，截至 2019 年 10 月，我国生猪存栏同比下降 41.4%；能繁母猪存栏同比下降 37.8%。同时，生猪调运量大幅度下降，引起产区生猪滞销、母猪淘汰量增加，仔猪补栏积极性不高、猪饲料产销量下滑等一系列连锁反应。虽然我国生猪和能繁母猪存栏仍在下降的通道中，但鉴于非洲猪瘟在我国已趋于常态化，大部分企业产能有所恢复，能繁母猪存栏逐渐恢复。据国家统计局数据，2019 年，生猪存栏 31 041 万头，比 2016 年减少 12 463 万头，下降 28.6%；生猪出栏 54 419 万头，比 2016 年减少 14 083 万头，下降 20.6%；生产猪肉 4 255 万 t，比 2016 年减少 1 044 万 t，下降 19.7%。2019 年，我国猪饲料产量 7 663.2 万 t，同比下降了 26.62%。而赖氨酸在猪饲料中为第一限制性氨基酸，在猪饲料中使用量占据很大部分，猪饲料产销量下降势必拖累赖氨酸的使用量大幅下降。

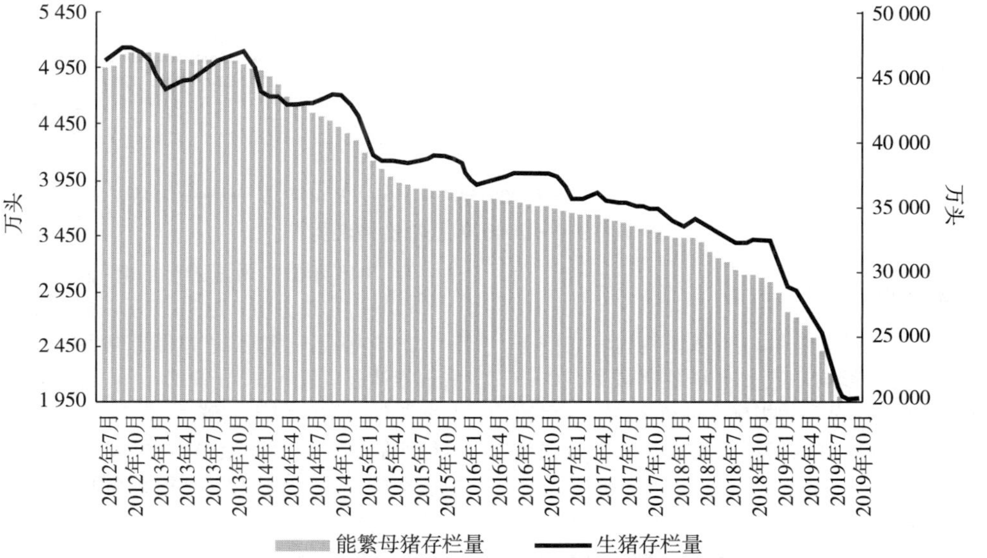

图 8　2013—2019 年（10 月）我国生猪和能繁母猪存栏量对比

（数据来源：农业农村部）

（3）推出低蛋白日粮标准，推动氨基酸消费增长。2018 年 10 月 23 日，中国饲料工业协会发布《仔猪、生长育肥猪配合饲料》《蛋鸡、肉鸡配合饲料》两项团体标准，自 2018 年 11 月 1 日起实施。此次下调了饲料中粗蛋白比例的下限，同时增设了上限规定，而原来并无上限规定。根据农业农村部测算，猪配合饲料平均蛋白水平下调 1.5 个百分点；蛋鸡、肉鸡配合饲料蛋白降低约 1 个百分点。新标准如果在全行业全面推行，养殖业豆粕年消耗量有望降低约 1 100 万 t，利于推动氨基酸消费量的增长。

（4）豆粕价格大幅波动加上玉米成本逐年提升，对赖氨酸价格形成支撑。图 9 显示，2019 年 2～4 月豆粕价格出现下滑，后走势呈“M”型大幅震荡走势，并出现三次价格高点，全年最高价 3 216 元/t 出现在国庆假期后，较 2018 年同期下滑 10.99%，较年初上涨 7.88%。迫于豆粕价格压力，菜籽粕、棉籽粕等替代豆粕方案被列出，饲料添加剂企业及时提出氨基酸平衡方案，赖氨酸在饲料中占比提升，需求量增加。同时，在玉米种植面积调减，玉米去库存成效显著的情况下，2019 年玉米价格整体呈先抑后扬的走势，均价较 2018 年上涨 2.89%，作为赖氨酸主要生产原料的玉米，其成本上行也提高了赖氨酸的生产成本。

4. 总结。2019 年在玉米原料价格持续回升的成本支撑下，赖氨酸市场产能大量释放，导致赖氨酸价格多在成本线附近徘徊，出口市场虽然有所提升，但整体供应量提升幅度过大，同时，2019 年国内赖氨酸的需求增幅有限，导致市场明显为供过于求的竞争格局，导致全年停产、减产现象成为常态，开工率明显不足。终端用户大多观望，在采购过程中的随采随用，更加剧赖氨酸市场的弱势格局。在缺乏明显需求增长的提振下，赖氨酸市场打破现有格局只能是开发新市场和寻求新产品突破。

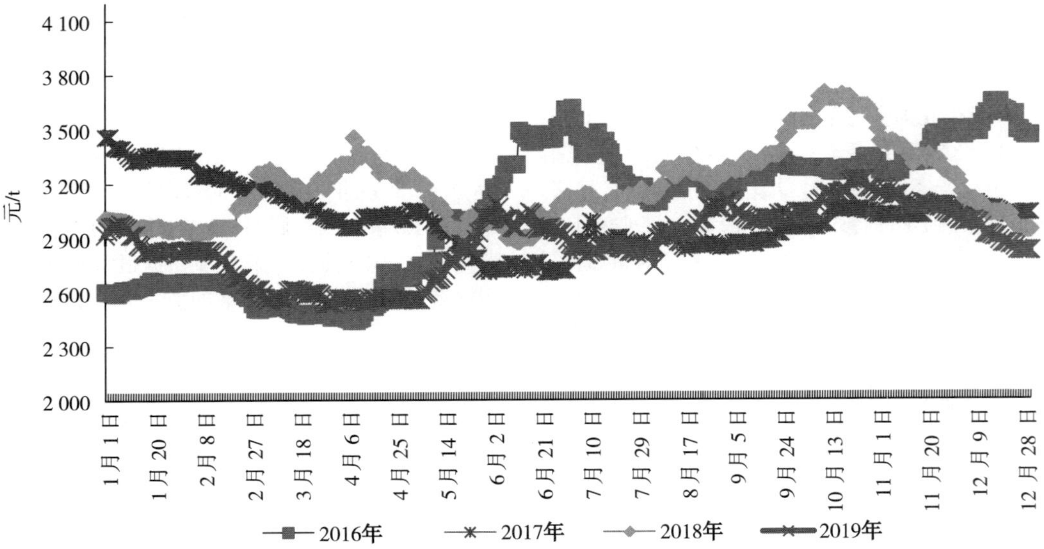

图 9　2016—2019 年豆粕价格走势

二、蛋氨酸

2019 年，全球蛋氨酸供应整体保持宽松，受下半年非洲猪瘟疫情影响，家禽市场盈利较好，2018 年年末全球原油供应过剩的担忧令油价承压，人民币兑美元汇率走势总体可以概括为先稳后贬、双向波动。从近几年的价格走势来看，除 2014 年和 2015 年经历过两次价格飙升外，2018 年蛋氨酸价格维持相对平稳的价格走势。市场供应宽松，特别是中国蛋氨酸产能的释放，在主要供应地区的竞争激烈，导致价格难以出现大的涨跌。虽然受非洲猪瘟疫情影响，家禽市场盈利较好，但蛋氨酸市场需求并未大幅提升，实际成交价格并未达到市场预期。

1. 2019 年国内蛋氨酸市场情况。

（1）进口量分析。图 10 显示，据海关统计数据显示，2019 年我国蛋氨酸进口量出现明显上涨。2019 年我国累计进口蛋氨酸 21.99 万 t。同比上涨了 23.19%，与前 5 年的均值相比上涨了 23.54%。2019 年我国蛋氨酸产能继续扩大，亚洲产量供应增多，全球蛋氨酸供应格局不断发生变化，产能继续增加，其中我国浙江新和成股份有限公司预计有 25 万 t 产能即将释放。进口蛋氨酸反倾销调查有助于提振国内蛋氨酸市场。2019 年 4 月商务部决定对原产于新加坡、马来西亚和日本的进口蛋氨酸进行反倾销调查，涉及厂商包括赢创、希杰以及住友等。2019 年我国蛋氨酸超过 80%的进口量来自这三个国家，若反倾销成立，蛋氨酸进口成本将提高，有助于增强国内蛋氨酸生产企业信心。

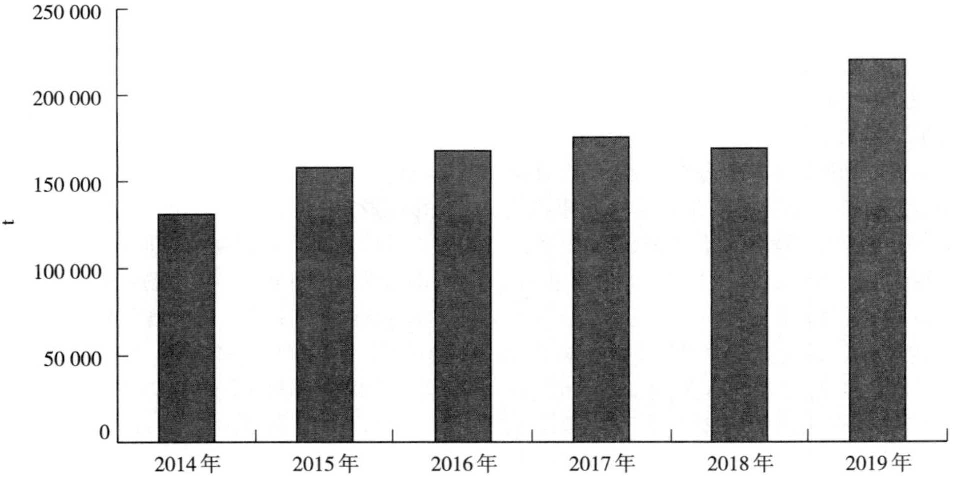

图 10　2014—2019 年蛋氨酸累计进口总量对比

图 11 显示，从单月来看，2019 年，我国蛋氨酸各月份进口量略有差异，2 月和 3 月的进口量相对偏低，进口量分别为 6 957.18t 和 10 561.54t，但 10 月的进口量高达 28 750.01t，同比上涨 107.17%，也是近年来单月进口量最高的月份。从季度进口量对比来看，第四季度进口量最高，达到了 6.74 万 t，第一季度进口量最低，为 3.62 万 t。

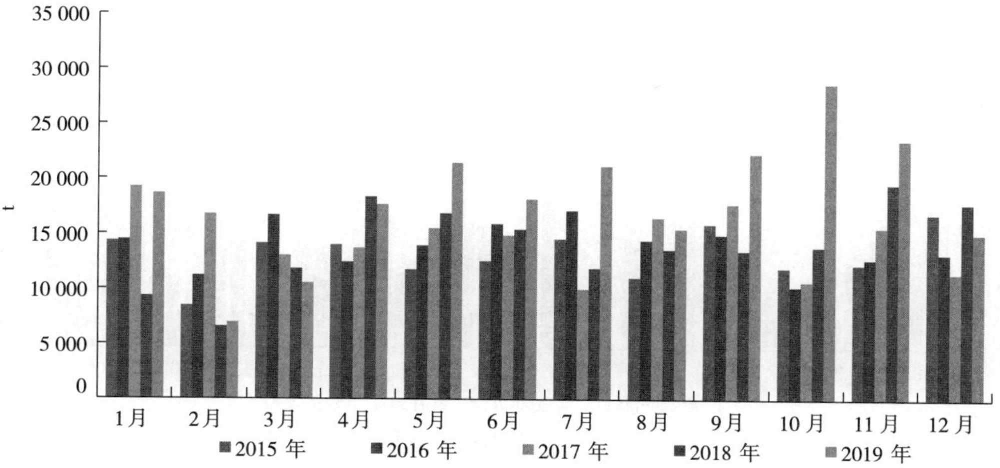

图 11　2015—2019 年各年度蛋氨酸月度进口量

2019 年，我国蛋氨酸的主要进口国有：新加坡（92 160t）、比利时（20 353t）、日本（30 890t）、马来西亚（61 765t）、法国（10 745t）和德国（3 677t）。2019 年我国从新加坡和日本的进口量继续提高，占比分别达到了 42%、14%。其中新加坡进口占比上涨了 80.71%，日本进口占比上涨了 19.57%。从比利时、法国、德国的进口量出现小幅上涨，但由于受中美贸易摩擦影响，从美国进口量仍为 0（图 12）。

据统计数据显示，2019 年我国蛋氨酸进口量有所上涨。从进口厂家来看，赢创德固赛的进口量占据主导，其次是希杰、住友和安迪苏。从进口厂家份额比例来看，赢创德固赛进口量占比为 53%，较上年下降 1 个百分点，而住友进口量下降 1 个百分点，安迪苏的进口量下降 4 个百分点，希杰进口量占比增加至 28%，提高了 6 个百分点。图 13 和图 14 显示，从蛋氨酸进口量来看，2019 年，赢创德固赛进口量为 116 190t，同比上涨了 16.69%；住友进口量为 30 889.8t，同比上涨了 14.17%；安迪苏进口量为 10 745t，同比下滑了 38.81%；希杰进口量为 61 765 t，同比上涨了 50.80%。

（2）进口均价分析。图 15 显示，根据海关统计数据显示，2019 年我国蛋氨酸进口总额为 43 171.94 万美元。同比 2018 年的 35 360.219 4 万美元上涨了 22.1%，进口均价为 1.97 美元/kg，同比 2018 年的 2.11 美元/kg 下降了 6.64%，与近 5 年进口均值相比下降了 29.39%，2019 年进口均价呈下降趋势。全年进口均价低点出现在 10 月，为 1.89 美元/kg；8 月为年内的高点，为 2.15 美元/kg。进口蛋氨酸竞争激烈，同时，人民币汇率升值也压制了蛋氨酸的进口价格。

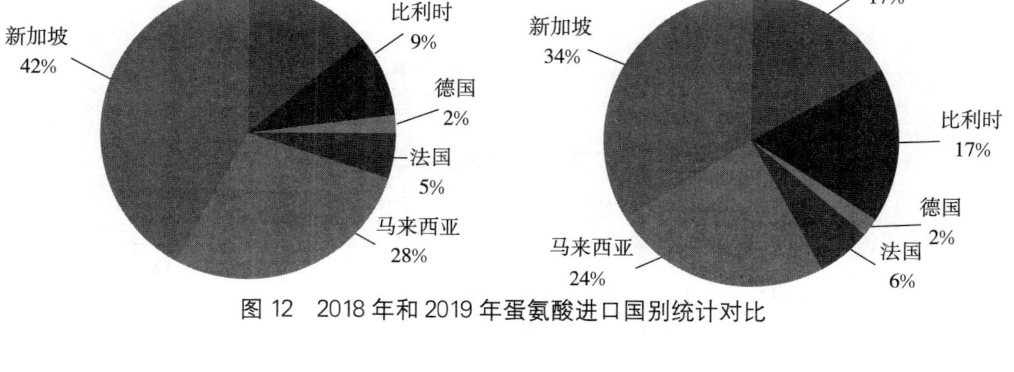

图 12　2018 年和 2019 年蛋氨酸进口国别统计对比

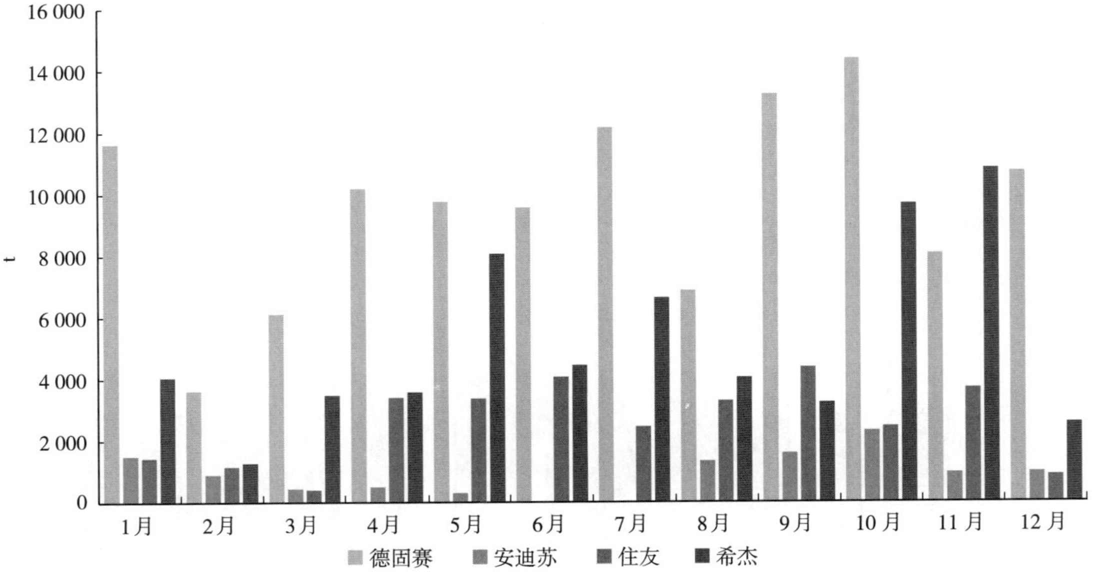

图 13　2019 年主流蛋氨酸品牌进口总量对比

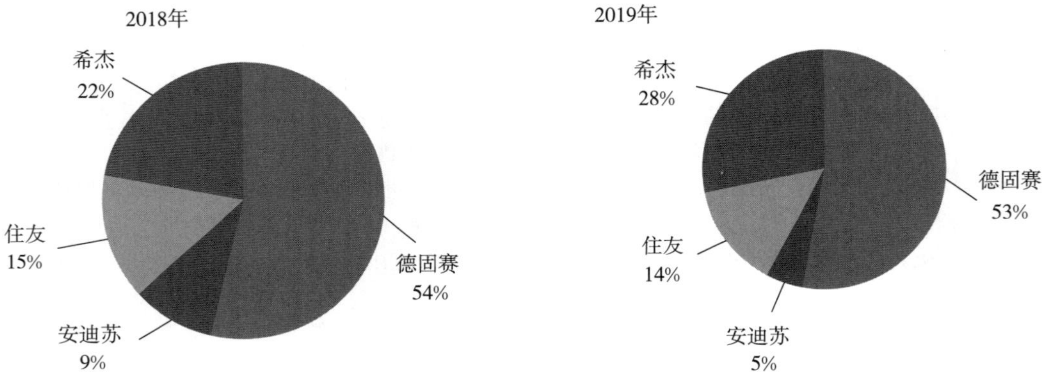

图 14　2018 年和 2019 年主流蛋氨酸品牌进口量占比

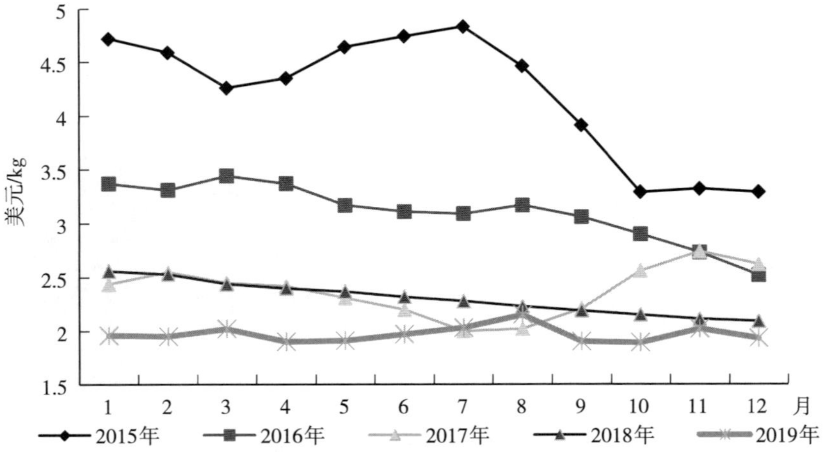

图 15　2015—2019 年各年蛋氨酸月度进口均价对比

（3）国内市场价格分析。从近几年的价格走势来看，近三年年价格仍在一定区间内运行。全球蛋氨酸产能继续扩张，蛋氨酸价格受到压制。图 16 显示，2019 年全年国内蛋氨酸均价为 18.43 元/kg，与 2018 年的 24.88 元/kg 同比下降了 25.92%，与近 5 年均值相比下降了 41.87%。2019 年国内蛋氨酸价格保持低位运行。年初价格为 19.16 元/kg，高于 2019 年平均价格。市场长期供过于求，国内采购价格下降，随着进口量下降，蛋氨酸报价随之下调，年内低点是在 8 月下旬，国内蛋氨酸供应过剩，人民币汇率升高利好于出口，使得国内蛋氨酸价格持续下调。10 月企业挺价意愿浓厚，蛋氨酸价格逐渐回调。截至 12 月，蛋氨酸月度均价为 19.43 元/kg，基本为年内均价偏上水平。但同比年初价格上调了 1.4%，比年内的低价相比上涨了 7.23%。

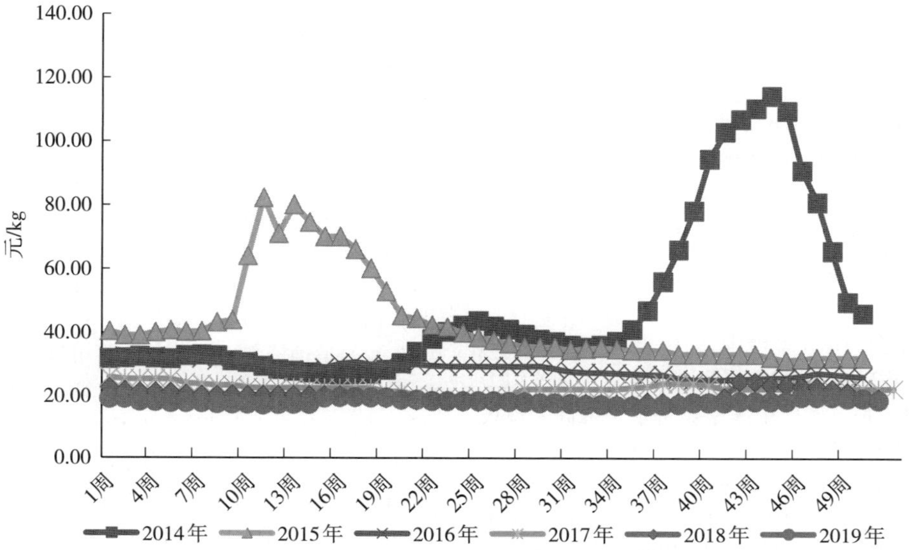

图 16　2014—2019 年各年度蛋氨酸周度价格走势

2. 市场行情影响因素。

（1）2019 年蛋氨酸整体供应提升压制价格走势。蛋氨酸行业呈寡头垄断格局，产能集中度不断提高。由于蛋氨酸制造工艺十分复杂，并且原料多为易燃易爆危险品，目前全球生产企业仅 8 家，2019 年前三大企业德固赛、安迪苏和诺伟司市场占有率达 76%，同比提高了 1.3 个百分点，较 2018 年年底提高约 4%，行业呈现寡头垄断格局。目前全球蛋氨酸产能 204.5 万 t/年，行业集中度进一步提高，导致蛋氨酸价格常年稳定在较高水平。随着行业垄断势头的攀升，未来蛋氨酸价格将进一步被抬高。据悉，2020 年有投产计划的主要有新和成 10 万 t，总产能同比将增长 5%（图 17 和表 2）。

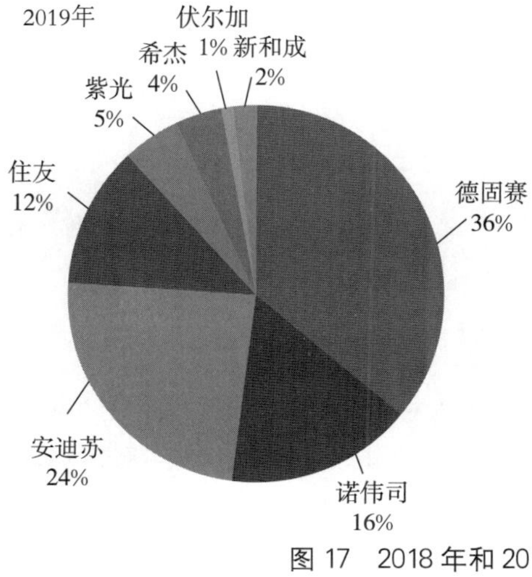

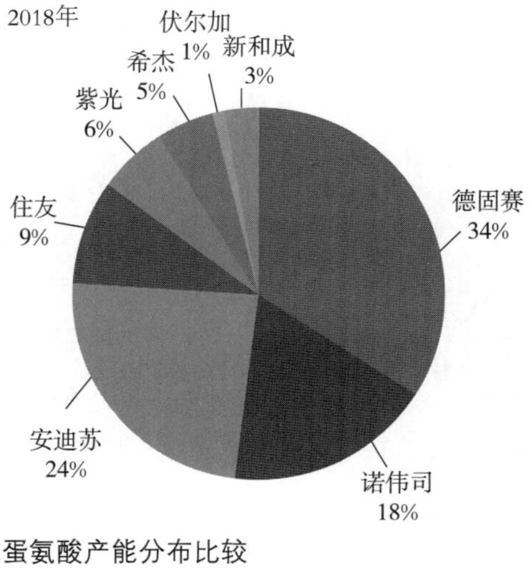

图 17　2018 年和 2019 年全球蛋氨酸产能分布比较

表 2　2019 年蛋氨酸新增产能情况

厂家	新增产能	备　注
安迪苏	30 万 t	预计 2020 年将无新增产能
住友	10 万 t	每年总产能达到 25 万 t，产能占比由 9%提升至 12%

（2）环保压力继续施压氨基酸市场，蛋氨酸压力巨大。自 2016 年 1 月开始，历经两年的全国全覆盖环保督察，对各行各业均有不同程度的影响。发酵氨基酸在生产过程中的污水、废气、噪音等问题也备受关注。淘汰环保不达标的落后设备，提升排污标注，远离社区等各项要求越来越严格，对国内蛋氨酸厂家的生产会有一定的压力，对我国氨基酸生产也将产生阶段性的影响。因此，在全球蛋氨酸厂家价格激烈竞争的背景下，环保或是延缓价格过分、过快下跌的一大重要因素。

（3）新的蛋氨酸产能继续释放，国内蛋氨酸厂家竞争激烈，继续压制价格。蛋氨酸全球需求增速约为 5%。受人口增长、发展中国家经济水平提高、现代化禽畜养殖业不断发展等因素影响，包括中国在内的亚太地区蛋氨酸需求高速增长，2019 年蛋氨酸全球需求量约 137 万 t，同比约增长 5.4%。预计全球蛋氨酸需求将维持 5.0%～5.5%的增速。

（4）2019 年家禽市场不断发力，支撑蛋氨酸消费量提升。全球超过 80%以上的蛋氨酸主要用于饲料添加剂，作为禽类的第一限制性氨基酸，生猪的第二限制性氨基酸，禽类消费占到饲料类蛋氨酸总消费市场的 60%，是蛋氨酸最大的消费市场。由于非洲猪瘟疫情影响，2019 年我国生猪及能繁母猪存栏量大幅下降，生猪市场供给大幅下降，肉禽及蛋鸡市场的替代消费显著。2019 年我国蛋禽消费市场季节性消费不明显，与近 5 年鸡蛋价格相比，处于中等偏高水平，这也凸显了蛋禽消费市场活跃度偏强。随着蛋、禽替代消费的持续增加，蛋氨酸需求将进一步提升。随着非洲猪瘟疫情影响减弱，蛋氨酸需求有望回归正常状态。

（5）低蛋白日粮逐步落实，利好于蛋氨酸市场行情。2018 年，中国饲料工业协会起草《仔猪、生长育肥猪配合饲料》《蛋鸡、肉鸡配合饲料》2 项协会团体标准，公开征求意见，该标准明确指出，中国饲料资源短缺，蛋白质饲料长期依赖进口，随着低蛋白日粮配制技术的发展，在合理添加氨基酸和酶制剂的前提下，配合饲料中粗蛋白水平可以显著降低，可减少饲料原料消耗，降低养殖业对环境造成的污染。新标准增设了猪饲料粗蛋白的上限值，低蛋白日粮逐步推广将有利于蛋氨酸需求。

（6）原油价格低位区间震荡 蛋氨酸。2019 年国际油价波动较大，开年承接 2018 年第四季度的大跌低谷后，随着美国对委内瑞拉和伊朗的制裁升级，第一季度油价大幅修复走高。图 18 显示，2019 年排除 4 月高位阶段，西得克萨斯中质原油（WTI）期货的主波动区间为 50～60 美元/桶，布伦特（Brent）原油期货则在 59～69 美元/桶之间波动，上海原油期货的主波动区间 420～465 元/桶。蛋氨酸生产方法主要为化学合成法，原料成本依赖于原油，原油价格上涨将从成本端对蛋氨酸价格形成支撑。随第一季度末原油价格上涨，蛋氨酸价格也随之走高，但后期原油价格恢复平缓走势，蛋氨酸价格曲线也呈弱势下行。

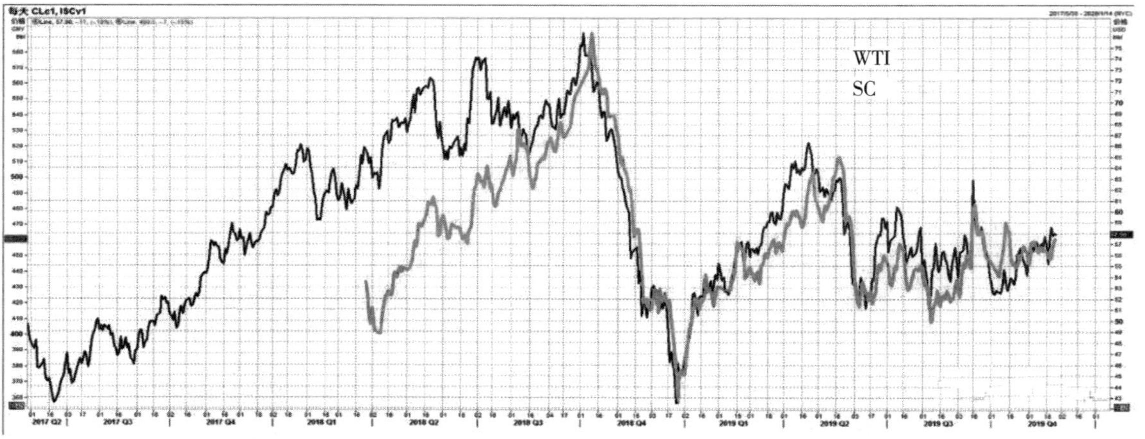

图 18　2018—2019 年国际油价走势图［WTI 原油和上海原油期货（SC）］数据来源：路透 EIKON

（7）液体蛋氨酸渗透率不断提升，驱动公司市场份额逐步扩大。目前市场供应的蛋氨酸主要包括固体蛋氨酸和液体蛋氨酸，安迪苏是世界上两家能够同时生产液体和固体蛋氨酸的厂家之一，其液体蛋氨酸市场份额居全球第一。目前全球液体蛋氨酸使用量约占蛋氨酸全部使用量的 40%，而美国、墨西哥等国家液体蛋氨酸的使用量占比超过 60%。随着中国、印度等发展中国家家禽行业逐步整合以及养殖工业化、自动化水平提升，液体蛋氨酸需求增长将高于固体蛋氨酸。自 2014 年至 2017 年，安迪苏液体蛋氨酸产品销量平均增长率为 15%，远高于行业需求 6%的平均增速。随液体蛋氨酸扩增，将会有新企业分占蛋氨酸市场，一方面阻断蛋氨酸市场垄断，另一方面降低固体蛋氨酸用量，这两点都将导致固体蛋氨酸价格下降。

3. 总结。2019 年，我国蛋氨酸市场在供应充裕并缺乏需求利好的背景下，全年蛋氨酸压力明显。在新投产和扩产的供应压力下，蛋氨酸价格基本维持相对偏低走势。随着新产能不断增加，蛋氨酸市场供应压力不断扩大，同时，家禽市场在过去一年时间内，受利润丰厚刺激，家禽产能得到快速增长并会进入瓶颈期，蛋氨酸的整体需求会受到抑制，同时，2019 年石油大国沙特阿拉伯已经进行石油减产，从而对蛋氨酸原料供应形成打压。

三、苏氨酸

2019 年苏氨酸行业集中度提升，产能和产量再次冲高，市场竞争格局与赖氨酸如出一辙，企业出现阶段性深度亏损并出现停产和减产现象，但仍未能阻止供大于需的市场格局。苏氨酸主要厂家为梅花、伊品和阜丰，还有成福、ADM、恩贝、希杰、国光、味之素、赢创等。2019 年全球苏氨酸产能 130 万 t，同比略降 7.14%。2019 年我国苏氨酸出口总量达到了 47.6 万 t，同比 2018 年提高了 5.08%，出口量继续扩大（图 19）。2019 年我国苏氨酸产能为 112 万 t，占全球苏氨酸总产量的 86.15%，苏氨酸产能集中在我国。

2019 年我国苏氨酸出口平均价格为 1 407 美元/t，同比下降 10.14%，降幅扩大了 2.24 个百分点。虽出口总量增加，但出口价格下降明显，出口国家与上年变化不大。2019 年，欧洲市场整体需求增速放缓，我国苏氨酸产能释放导致产品价格在短期内承压，但行业内的产能和竞争格局正在重塑，龙头企业的行业地位和产能集中度势必将在行业格局重塑后大幅提高。

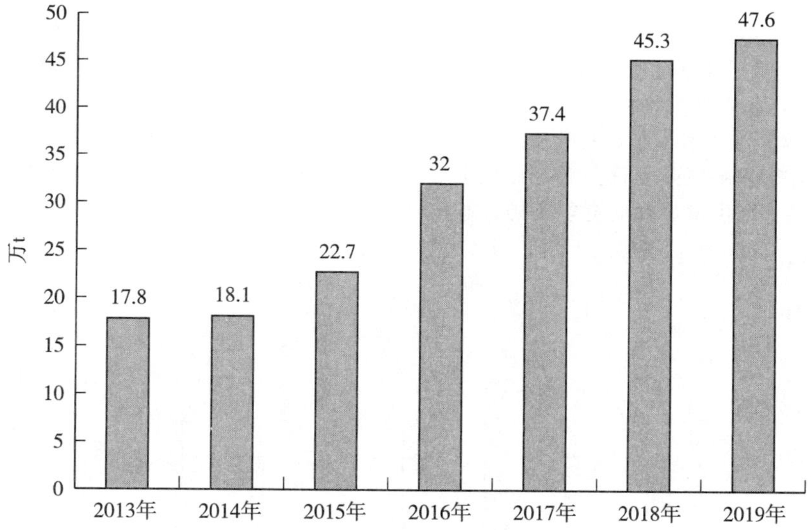

图 19　2013 年以来我国苏氨酸出口量对比

2019 年苏氨酸价格在低位运行。全年价格运行为 6.35～7.95 元/kg 之间，价格区间继续下移，随着人民币贬值加上苏氨酸在国际竞争格局中处于优势，出口量有所提升。全年均价在 7 元/kg 左右。2018 年苏氨酸市场总体来说是以价换量，全年苏氨酸价格从 7.8～12 元/kg 的价格区间明显下移。同时由于人民币贬值，苏氨酸在国际市场上的竞争力提升，出口量再继续增加。总体上，欧洲市场作为苏氨酸主要需求市场也面临饱和，国内行情低迷，未来苏氨酸市场或面临新的调整。

四、色氨酸

2019 年，全球色氨酸厂家包括梅花、巨龙、鲁抗、梦家园、丰原生物、大成、伊品、成福、拜克、孟成、阜丰、味之素、赢创、希杰等，白俄罗斯有项目生产，还未投产。色氨酸生产厂家进一步分散，全球色氨酸产能为 8.75 万 t，同比 2018 年的 7.65 万 t，提高了 14.37%。增加的产能主要来自我国。2019 年我国色氨酸进口量下降，出口提升。全年出口量预计 11 000t，同比增长 20.29%；进口量 4 700t，同比减少 16.42%。梅花、阜丰、象屿、升华拜克市场供应量提升，伊品和成福均未生产，万里润达未投产，国内竞争激烈导致价格持续在低位徘徊，上半年维持在 55～60 元/kg，下半年涨幅不大。未来色氨酸行业仍有新产能投入，市场仍存在很大变数，市场格局保持分散状态，预计将会在压力下导致深度探底，为长期稳定供应做准备。

五、缬氨酸和精氨酸

2019 年，对我国小品种饲料来说既是机遇也是挑战。因非洲猪瘟疫情快速在全国蔓延，生猪市场消费在饲料中的消费主体大大削弱，导致在仔猪饲料和教槽料及母猪饲料中对缬氨酸、精氨酸的使用量有所抑制。同时，大型企业也在积极探索新的饲料配方体系，积极使用小品种氨基酸，其中缬氨酸的主要生产厂家是梅花、伊品和希杰等，产能预计在 5 万 t 左右。目前生产小品种氨基酸的厂家有梅花、希杰、星湖、阜丰、晶海。精氨酸生产厂家包括星湖、阜丰和希杰。

饲料级维生素

2019 年，非洲猪瘟疫情也对维生素市场产生了一定影响，经过在家禽及其他畜种稀释、前期囤积库存不断出清、自身产业产能扩张并存的状况下，供需的双重压力让 2019 年维生素市场难有喘息余地。同时，环保监管、饲料养殖业深度调整，都给维生素市场带来了不确定性。维生素市场的竞争格局日益集中，市场会向上下游产业延伸，以均衡市场风险。

2019 年，我国维生素类出口总量为 34.72 万 t，同比略有下降，其中维生素 A、维生素 B_1、维生素 B_2、维生素 B_6、维生素 C 等出口价格上涨，而维生素 E、维生素 B_{12}、泛酸钙及其他维生素出口量下降。总体来看，2019 年出口量仍保持在正常年份水平。

1. 维生素 A、维生素 E。

（1）维生素 A 市场及进出口基本概况。2019 年，我国维生素 A 及其衍生物累计出口 4 348t（图 20），同比提高了 39.51%；出口金额为 22 795 万美元，同比下降了 20.94%。维生素 A 主要出口的国家有德国（1 562.2t）和美国（889.2t），这两个国家占出口总量的 56.38%，同比提高了 3.18 个百分点。2019 年我国维生素 A 及其衍生物累计进口 1201.7t，同比提高了 6.03%；进口金额为 7 236.09 万美元，同比下降了 32.82%。

2019 年，全球维生素 A 的生产厂家基本维持上年的 6 个厂家，没有新进入者。包括帝斯曼、巴斯夫、安迪苏、新和成、金达威、浙江医药。其中浙江医药新的维生素 A 生产线开始运行，巴斯夫德国工厂也在扩建。同时，2019 年，我国维生素 A 的生产厂家继续加大对上游柠檬醛原料的生产，加大对 β-紫罗兰酮的研发投入力度，以降低长期对柠檬醛及 β-紫罗兰酮的进口依赖，这两种原料主要集中德国和日本。总体来看，2019 年各个维生素 A 的生产企业均有扩产或者向上游产业延伸的迹象。

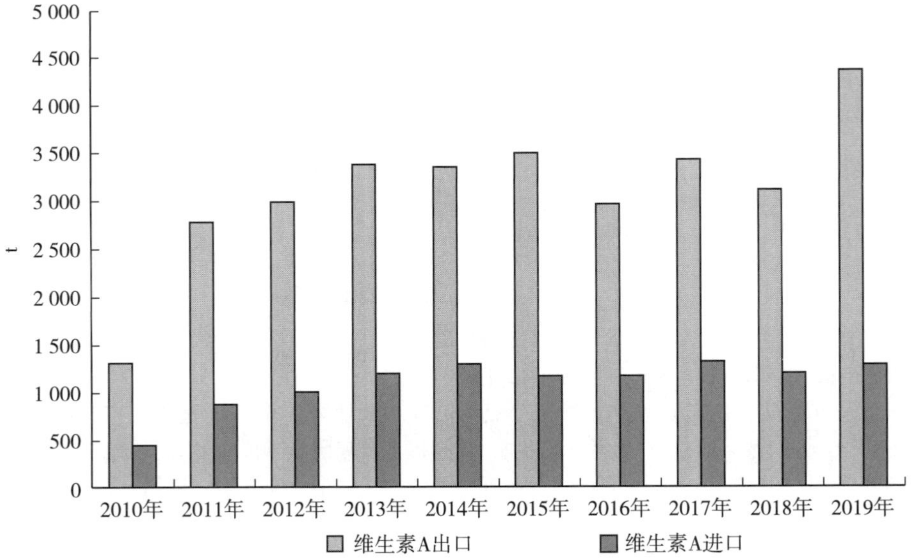

图 20　2010—2019 年我国维生素 A 进出口总量对比

图 21 显示，2019 年维生素 A 出口均价为 52.43 美元/kg，同比下跌了 43.31%。2018 年我国维生素 A 进口均价为 56.7 美元/kg，同比下降了 36.65%，维生素 A 价格理性回归，但仍是 2008 年以来的次高

位。2019 年，国内因非洲猪瘟疫情导致需求量下降，虽然出口量增加，中美贸易摩擦导致市场上担忧会加征关税，令市场出现阶段性供应紧张，但全年终端库存走货缓慢，市场价格受到压制。

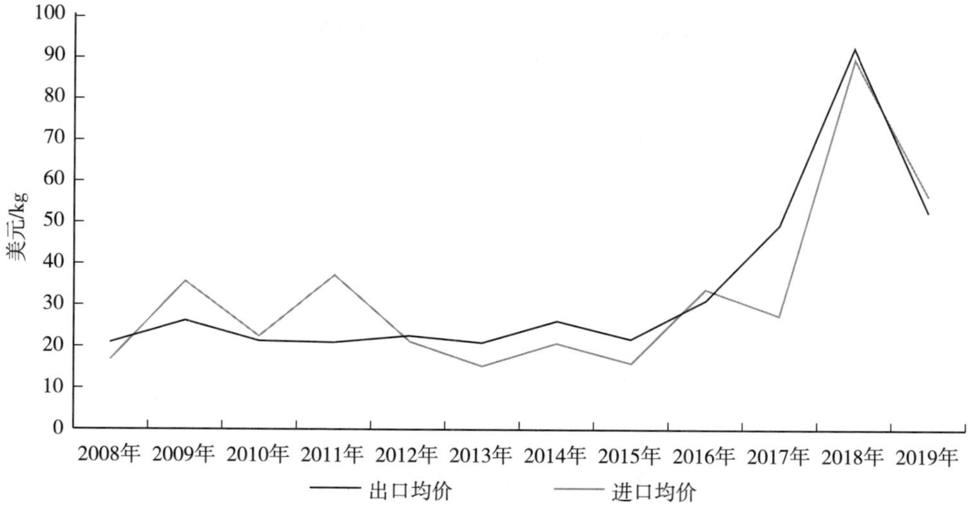

图 21　2008—2019 年我国维生素 A 进出口均价对比

（2）维生素 E 市场及进出口基本概况。2019 年，我国维生素 E 生产厂家主要集中在浙江医药、新和成、巴斯夫、帝斯曼、能特科技和北沙制药，浙江海欣药业受环保影响进行技术改造。1 月，能特科技与 DSM 签订《框架协议》，在维生素 E 及其中间体业务组建合资公司；8 月，两家企业签订了《股权购买协议》。为此全球维生素 E 厂家进一步集中，但随着前期投资的工厂陆续投产，国内维生素 E 产能继续提升，加上新的技术和关键中间体间甲酚存在倾销现象，在商务部进行反倾销调查期间，预计维生素 E 成本将继续上行。

2019 年，我国维生素 E 及其衍生物累计出口 69 257t，同比下调了 7.63%；出口金额 42 182 万美元，同比下调了 35.23%（图 22）。我国维生素 E 主要出口的国家有美国（18 548t）、德国（16 874t）、荷兰（7 932t）、日本（2 673t）、加拿大（1 541t）、泰国（1 996t）、巴西（2 515t）、越南（2 057t），向上述几个国家出口的维生素 E 占总量的 78.1%，同比提高了了 3.36 个百分点。2019 年，主要出口国家增加的有荷兰、泰国，而美国、德国、日本、加拿大、巴西、越南均出现不同幅度回调。

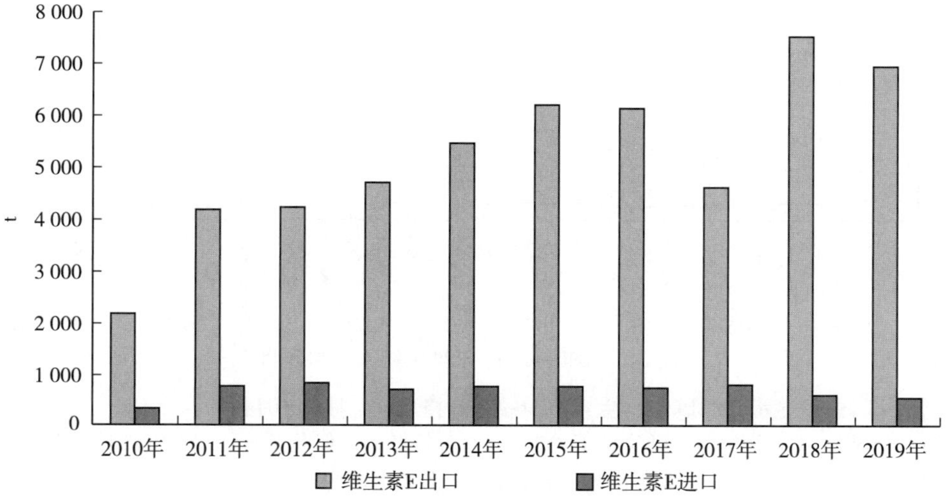

图 22　2010—2019 年我国维生素 E 进出口总量对比

2019 年我国维生素 E 及其衍生物累计进口 5 686t，同比下降了 8.48%，但德国巴斯夫的进口量大幅提升，其他国家进口量下降。进口金额为 5 655 万美元，同比下降了 34.54%。2019 年我国维生素 E

出口均价为6.09美元/kg，同比下降了56.19%；进口均价为9.94美元/kg，同比下降了14.38%（图23）。2019年我国维生素E的进出口价格均不同程度下降，价格处在整理过程中。

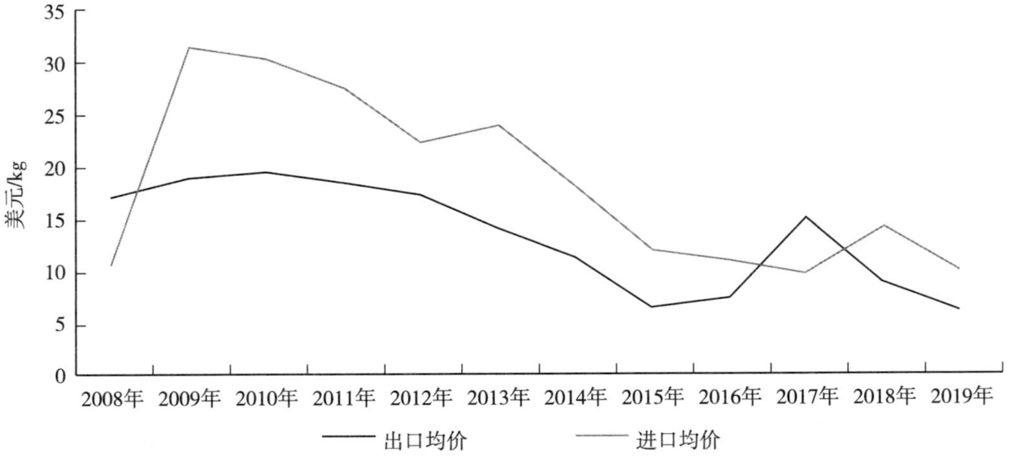

图23 2008—2019年我国维生素E进出口均价对比

(3) 维生素A和维生素E的价格走势。

①维生素A价格继续理性回顾。2019年，维生素A价格呈现波浪震荡走势。年初均价为390元/kg，震荡回调后，到6月末价格与年初达到同一水平。下半年随着市场需求不景气，企业库存走货缓慢，维生素A市场价格震荡下行，到年末价格跌至313元/kg，同比下跌了19.74%。全年维生素A均价为360元/kg，同比下跌了近一半，达49.08%。但仍高于5年均值的284元/kg，提高近26.76%。全年国内市场因受非洲猪瘟疫情影响，导致市场需求有所抑制，但出口势头良好，弥补了部分国内需求的下降。详见图24。

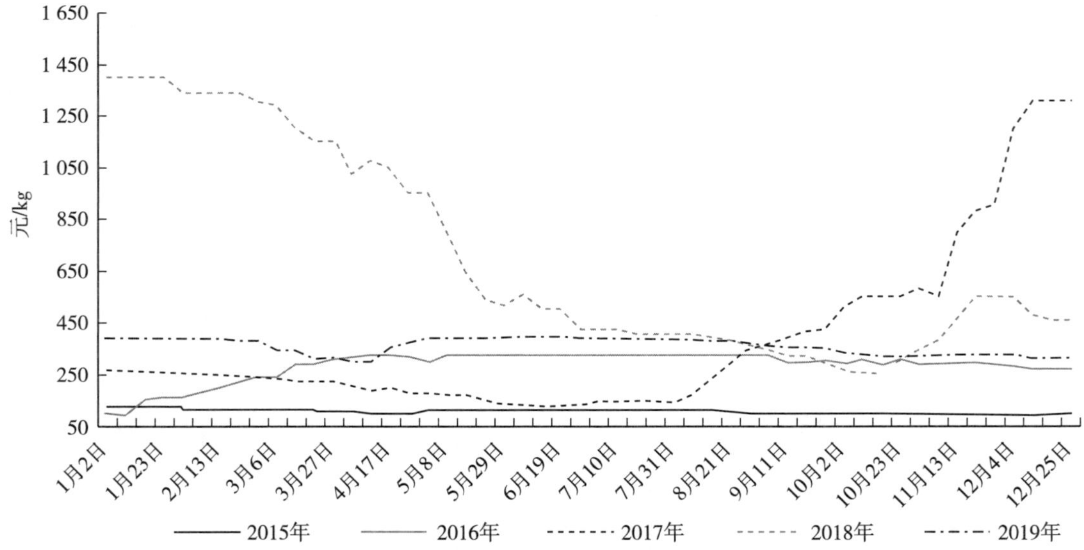

图24 2015—2019年维生素A价格走势

②维生素E。图25显示，2019年维生素E价格走势与2015年走势略有几分相似。维生素E全球市场竞争比较突出，随着部分市场受到技术或者经营等问题退出后，市场集中度再度加强。年初维生素E价格维持在41.5元/kg的相对低价区间内，随着帝斯曼和能特科技成立合资公司，维生素E上游原料价格上涨等推动，维生素价格震荡上行，年内最高价格涨至5月末6月初的57元/kg，与年初相比上涨了37.35%。但仍低于2016年同期86元/kg的水平。下半年维生素E的价格走势与维生素A有所趋同，均受到生猪存栏大幅下降导致的需求锐减，维生素E价格回调至48.5元/kg，与年初相比仍上涨了16.87%。全年均值46.73元/kg，与过去5年均值的62.63元/kg相比，仍下跌了25.39%。

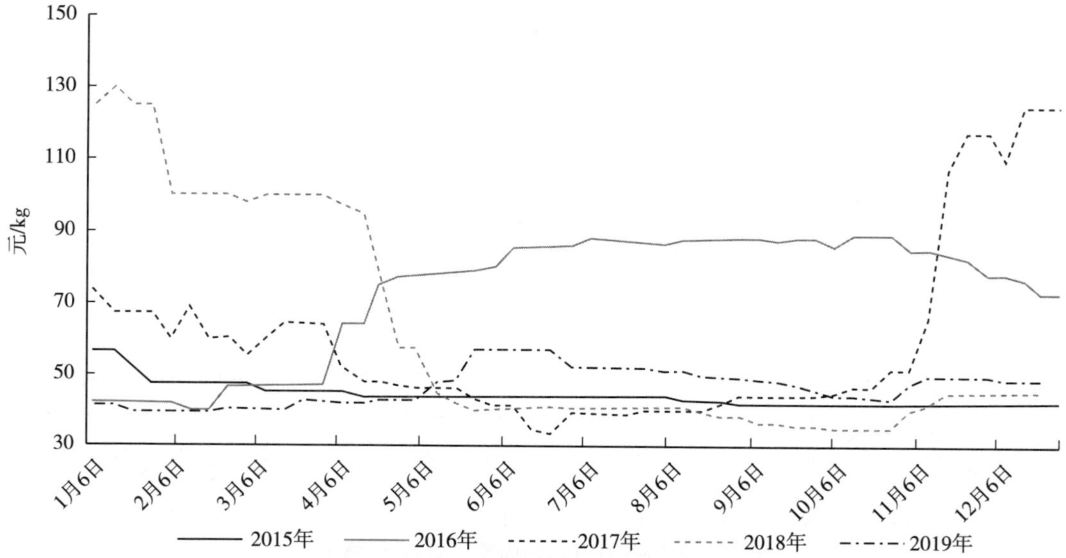

图 25　2015—2019 年维生素 E 价格走势

2. 维生素 B_2。2019 年，我国维生素 B_2 及其衍生物累计出口 3 285t，同比上涨了 9.28%，出口金额 8 760 万美元，同比下调了 23.510%。2019 年我国维生素 B_2 出口的国家集中在美国（798t）、越南（236t）、印度（181t）、印度尼西亚（171t）、巴西（164t）、俄罗斯（141t）、斯里兰卡（122t）、韩国（121t）、马来西亚（101t）等国家，上述国家占我国总出口市场份额的 61.945%，同比提高了 7.85 个百分点。

2019 年，全球具有生产维生素 B_2 能力的企业主要是帝斯曼和巴斯夫。国内厂家包括海嘉诺、广济药业、恩贝、神州生物、黄河龙生物、巨龙生物、中升药业、钱江生物化学等。近几年新进入者产量小，生产不连续，并且各个厂家因菌种效率、生产工艺的影响，成本差距较大，价格会有一定的反复波动。2019 年欧洲市场价格高企，出口市场受到提振，但国内维生素 B_2 维持低位，全年均价为 125 元/kg，同比下降了近 50%。全年价格波动震荡下行，从年初的 167.5 元/kg，震荡走低至年底的 102.5 元/kg，下跌 38.81%（图 26）。目前，产量比较高的企业以出口为主。国内市场需求得以恢复还需更长时间。

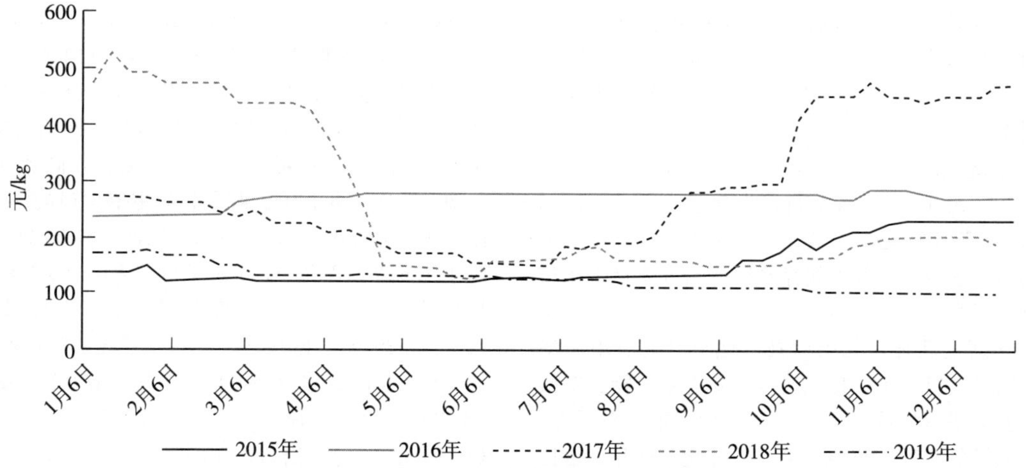

图 26　2015—2019 年维生素 B_2 价格走势

3. 维生素 D_3。图 27 显示，2019 年维生素 D_3 价格理性回归，持续震荡走低。全年最高点在年初，为 325 元/kg，下半年价格下跌加速，行情利润率也大幅下降，因成本和生产工艺各不相同，各个企业生产成本差异很大。最低价格出现在年底，价格为 97.5 元/kg，与年初相比下降了 70.00%。

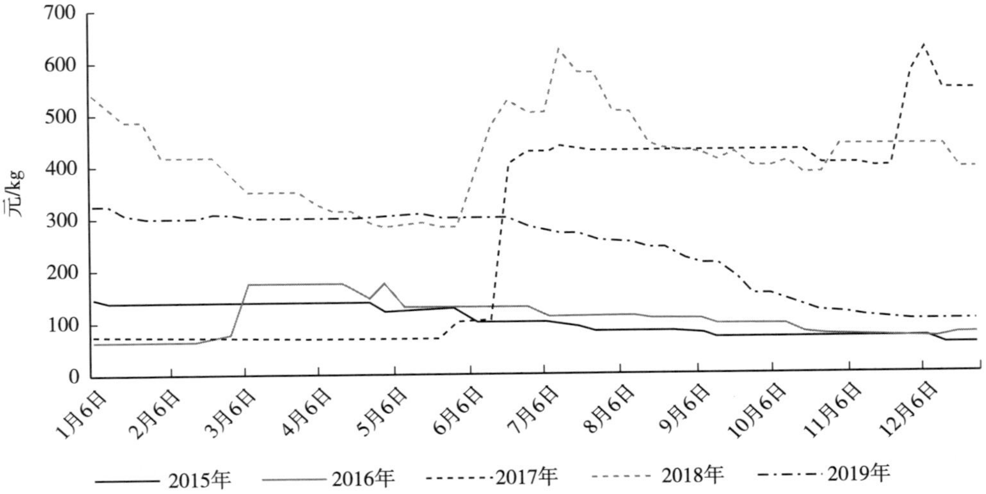

图 27　2015—2019 年国内维生素 D_3 价格走势

维生素 D_3 广泛应用于饲料添加剂、食品添加剂、营养保健品和医药等领域，应用范围和市场需求日趋扩大。据了解，2019 年，花园生物胆固醇产品满负荷生产，产品供不应求；25-羟基维生素 D_3 原按订单生产，产销量稳步提升；饲料级维生素 D_3 价格同比虽然大幅下滑，但产销量同比大幅上升。我国具有生产饲料级维生素 D_3 能力的厂家包括花园生物、新和成、金达威、台州海盛、威仕生物、浙江医药、天新药业。山东同辉、金冠纳米 D_3、浙江威仕、浙江朗博、东营天润等，黑龙江格林赫思、湖北元泰等也有计划投产维生素 D_3 及相关配套产品。国外企业集中在帝斯曼、印度迪氏曼。

维生素 D_3 关键生产原料 NF 级胆固醇原料主要生产企业为花园生物，国外有日本精化、新加坡恩凯、印度迪氏曼这三家企业。中国企业具备生产胆固醇的企业众多，但生产工艺不精，纯度不够，主要仍以花园生物为主。

4. 泛酸钙。2019 年，泛酸钙价格再次冲高，从年初的 165 元/kg，一路上行，到年底上涨至 372.5 元/kg，上涨 1.25 倍。主要出口需求大幅提升，加上除了饲料需求以外，其他食品和医药需求增量也比较大，刺激泛酸钙价格上涨。2019 年泛酸钙生产厂家主要包括新发药业、兄弟科技、亿帆医药、山东华辰、帝斯曼、巴斯夫、精晶药业、安力肽生物、安徽泰格、安徽华恒生物、大连韦德生化、重庆桑禾等。生产泛酸钙的两种主要原料来自石油化工产品，占比高达 60%，一旦原料供应紧张，泛酸钙便会出现供应紧张和价格上涨的现象。2019 年，泛酸钙市场供应主体比较分散，行业毛利率还处于高位。但不排除后期新进入带来新的技术突破，打破现有的平衡。

5. 叶酸。2019 年叶酸价格走出一个倒“V”走势。从年初的 245 元/kg，一路上行，到年中上涨至全年最高点 410 元/kg，上涨幅度达 67.35%。随后价格震荡回调，年底价格基本回吐上半年涨幅，年终报价 225 元/kg，与年初相比还下跌 20 元/kg。2019 年部分厂家受环保影响停产，部分也存在 OEM 现象，导致市场供应波动比较大，同时，欧美终端用户也对产品要求日益严格，部分厂家无法出口，造成出口量有所下降，导致国际价格上涨。2019 年，叶酸主要生产厂家包括天新药业、南通常海、新鸿医药、圣达生物、安徽泰格、牛塘化工等。2019 年环保投入提高成本，加上出口供应紧张，导致市场价格坚挺，但因高利润仍吸引众多企业进入，市场竞争激烈，超卖和需求下降，预计对未来市场形成压力。

6. 胆碱及其盐。2019 年，我国我国氯化胆碱的出口总量下降，但金额上升，价格上涨压制了国际市场的需求。2019 年累计出口 60 232t，同比大幅提高了21 194%；出口额为 7 125 万美元，同比提高了 3 826%。2019 年我国胆碱及其盐主要出口的国家和地区有印度尼西亚（6 720.206t）、巴西（6 526.2t）、越南（5 191.62t）、泰国（3 658.61t）、美国（3 549.506t）加拿大（2 378.156t）、摩洛哥（2 313t）、菲律宾（2 270.936t）、土耳其（1 993.79t）、马来西亚（1 835.245t）、澳大利亚（1 764.873t）、俄罗斯（1 668.638t）、荷兰（1 609.311t）、阿根廷（1 394.61t）等。出口上述国家占比达到了 71.18%。其中，进口国家比较多是印度尼西亚、越南和泰国。

图 28 显示，2019 年我国氯化胆碱价格基本回归正常水平。全年均价为 4 632 元/t，同比下降了 29.88%。从年初的 4 300 元/t，价格上涨至 5 月中旬

的 5 150 元/t，随着市场需求不振，市场竞争激烈，价格震荡回调，到年底价格回调至 4 700 元/t，与年初比上涨额 9.30%。我国是主要氯化胆碱的供应国，厂家主要分布在河北、山东及江苏 3 个省份。厂家包括恩贝丰银、奥克特、山东巨佳生物、信诺、伊士曼、辽宁中信。河北毕隆等。氯化胆碱生产工艺相对简单，主要原材料是三甲胺和环氧乙烷，其价格波动会直接影响到氯化胆碱的价格。随着环保督察和安全督察不断深入，氯化胆碱未来产业将日趋集中，大型氯化胆碱生产企业的品牌效应提升，市场的集中度不断增强，对未来价格具有一定的支撑作用。

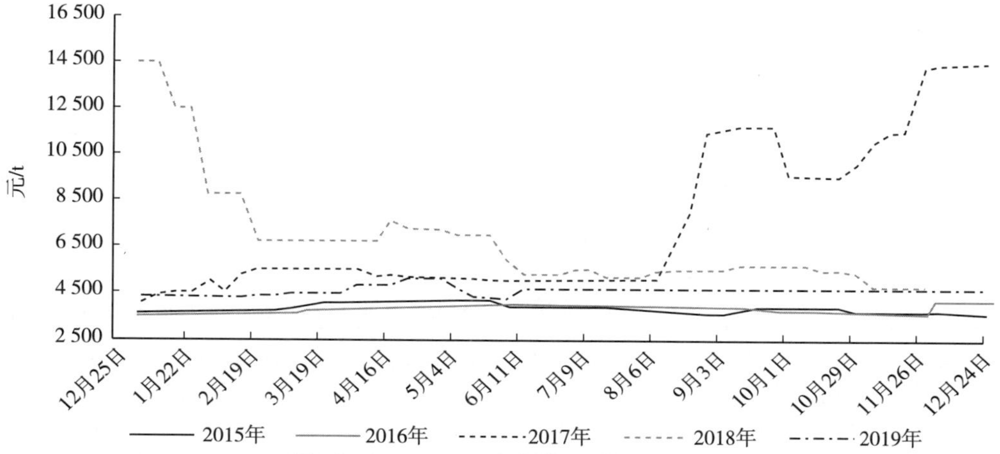

图 28　2015—2019 年氯化胆碱价格走势

7. 维生素 B_1、维生素 B_6、维生素 B_{12}、维生素 K_3。2018 年我国维生素 B_1 出口总量为 7 137t，同比增长了 7.34%；出口金额 19 704 万美元，同比下调 33，35%；维生素 B_6 出口总量为 6 422，同比上涨了 12.14%；出口金额 17 046 万美元。同比下降了 28.09%；维生素 B_{12} 出口总量为 181t，同比下调了 46.30%；出口金额 19 566 万美元，同比上涨了 3.95%。

2019 年维生素 B_1、维生素 B_6、维生素 B_{12} 和维生素 K_3 的价格走势基本仍延续上一年的理性回归阶段。其中维生素 B_1、维生素 B_6 价格从年初开始一路下跌，分别从年初的 515 元/kg 和 530 元/kg，震荡下跌至年底的 205 元/kg 和 200 元/kg，继续砍掉一半的价格，降幅分别为 60.19%和 62.26%。维生素 B_{12} 和维生素 K_3 价格同样从年初开始回调，低点分别在 6 月和 10 月，价格分别为 190 元/kg 和 51.5 元/kg。随着市场补充库存，价格有所反弹，但整体价格从年初的 925 元/kg 和 150 元/kg，分别下跌至年底的 315 元/kg 和 72.5 元/kg，下跌幅度分别为 65.95%和 51.67%。

8. 生物素（维生素 H）**。**图 29 显示，2019 年，生物素市场受出口市场拉动，价格走高。2019 年前三季度，价格基本在 57 元/kg 左右徘徊，从第四季度开始，生物素价格震荡走高，到年底价格上涨至 171.5 元/kg，是年初的 3 倍多，基本上回归并接近 2018 年年初的价格水平。生物素的生产过程有反应步骤多，反应时间长，生产周期长，以及收益率低的特点，近几年随着我国生产工艺不断进步，生产效率大幅提升，产量不断扩大。其上游原料环酸在生产生物素过程中的成本占比超过 60%，所以上游环酸受环保管制导致价格出现大幅波动。另外，也面临现有厂家产能扩产的现象，未来生物素仍有大幅波动的压力。生产生物素的厂家包括圣达生物、海嘉诺、新和成、科兴生物、浙江医药、安徽泰格、江西科兴及帝斯曼公司。2019 年海嘉诺和浙江医药虽停产时间较长，但前期库存弥补了停产带来的冲击。

9. 烟酸与烟酰胺（维生素 PP）**。**2019 年我国烟酸与烟酰胺价格在 35～50 元/kg 之间波动。从年初的 35 元/kg，冲高至年中的 53 元/kg，后随着市场货源充足，价格再次回调至 44.5 元/kg，与年初相比上涨了 27.14%。

2018 年，我国烟酸与烟酰胺生产厂家众多，仍处于产能释放阶段，厂家竞争激烈。2018 年烟酸与烟酰胺共有 10 个生产厂家。包括广东龙沙、山东泓达、安徽瑞邦、爱迪亚、兄弟科技、兰博生物、四川威尼达、瑞士龙沙、印度吉友联、美国凡特鲁斯等。2019 年主要生产厂家仍面临上游原料供应问题，在综合成本提升的情况下，烟酸和烟酰胺市场价格波动会继续，在此期间，企业要保持盈利状态，必须在上游原料、生产工艺及市场营销策略上有所转变。

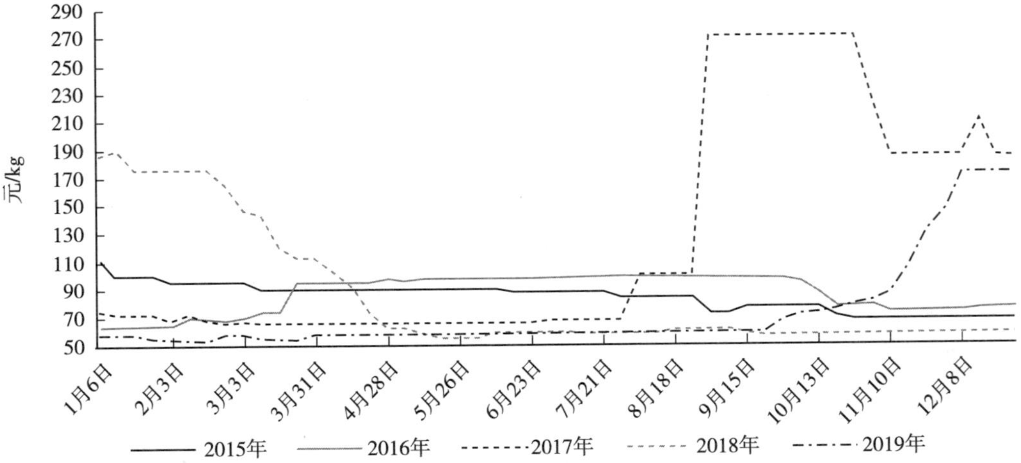

图 29　2015—2019 年国内生物素价格走势

10. 维生素 C。 2019 年，我国维生素 C 出口以价换量，出口量提升，但出口价格大幅下降。2019 年维生素 C 全年出口总量为 155 204t，同比 2018 年的 1 451 781t，提高了 6.91%；出口总额为 56 503 万美元，同比下降 32.36%。出口国家主要是德国、美国、日本、荷兰等国家。出口国家相对分散。出口至巴西和越南的比例增大。维生素 C 的上游原料是山梨醇，其关键中间体是古龙酸。维生素 C 市场竞争格局更加倾向于延长产业链，完善产品销售渠道等，同时，也在积极拓展维生素 C 的精致产品，提升市场集中度。如包被维生素 C 和维生素 C 磷酸酯的技术成熟和集中度提升，也会提高产品的竞争力，同时也是下一阶段产品发展的一个重点方向。

2019 年，我国维生素 C 的主要生产厂家包括石药集团、山东鲁维、东北制药。江山制药、山东天力、华北制药等。2019 年因价格低迷，前期恢复生产的企业暂停生产，出口量增多的企业是石药集团和山东鲁维。华北制药继续停产。2019 年，我国维生素 C 价格从年初的 30.5 元/kg，震荡回调至年底的 23.5 元/kg，下跌幅度为 22.95%。全年均价 26.5 元/kg，同比上年均价的 46.2 元/kg，下跌了 42.64%。见图 30。

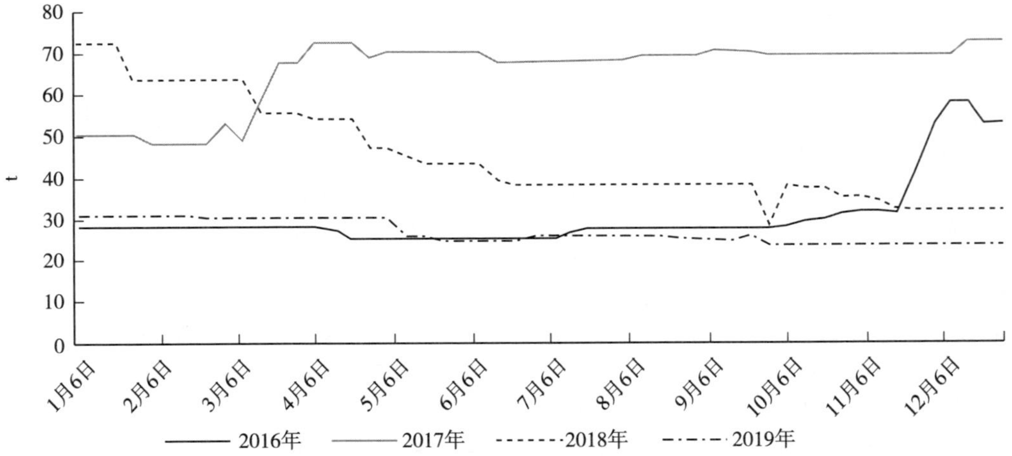

图 30　2016—2019 年维生素 C 价格走势

总结

2019 年，维生素国内市场整体需求偏弱，在中美贸易摩擦、非洲猪瘟疫情双重作用下，我国饲用维生素对维生素市场的支撑大大降低，饲料产业发展方向、企业库存流转、市场采购节奏等各个环节都发生质的变化，均对维生素市场形成深刻影响。2019 年，维生素产业也在发生变化，从上游原料采购、生产工艺、经营模式。销售渠道等各个环节不断优化，加快对上下游产业链的整合力度，提升在市场中的竞争力。这些都成为 2019 年维生素产业发展的重要核心内容。

微量元素氨基酸螯合物的研究及应用

无机微量元素成本低、容易获得，长期以来在畜牧养殖中广泛应用，但由于无机微量元素生物学有效性低，致使畜牧生产中微量元素超量添加。微量元素超量添加会给动物带来应激和健康问题，造成资源浪费和环境污染问题。微量元素氨基酸螯合物是一种新型有机矿物元素添加剂，具有吸收率高、生物学效价高等优点，被称为第3代微量元素添加剂。我们收集整理了2019年1月1日至12月31日，在我国期刊杂志上公开发表的有关微量元素氨基酸螯合物在猪、家禽、反刍动物、水产养殖、经济动物生产中的研究及应用文章，供研究、生产、应用者参考。

一、微量元素氨基酸螯合物在养猪生产中的应用研究

1. 氨基酸螯合物在断奶仔猪和育肥猪生产中的应用研究。

（1）蛋氨酸锌和维生素A生长性能的影响。旨在研究蛋氨酸锌（ZnMet）和维生素A（VA）对断奶仔猪生长性能及小肠前段肠道功能的影响。贾玉川等（2019）选择81头21日龄断奶、体重［（7.72±0.61）kg］相近的“杜×长×大”三元杂种仔猪，采用2因素3水平有重复析因设计，随机分为9个组，每组3个重复，每个重复3头猪，分别饲喂含0、300mg/kg、400mg/kg ZnMet及0、3 000IU/kg、6 000IU/kgVA的混合饲粮，试验期为21d。结果表明：（1）饲粮单独添加VA可显著提高仔猪平均日增重和显著降低料重比；饲粮单独添加ZnMet可显著提高仔猪日增重，但对料重比没有显著影响；二者交互效应对仔猪日增重影响显著。（2）饲粮添加ZnMet和VA均使仔猪小肠隐窝深度显著降低，小肠绒毛宽度和高度显著增加，且两者互作效应显著。（3）饲粮单独添加ZnMet或VA均可显著提高小肠二糖酶活性，两者互作效应影响显著。综上所述：饲粮中添加400mg/kg ZnMet和6 000IU/kgVA时，断奶仔猪生长性能达到最优效果，两者互作效应对仔猪日增重影响更显著；ZnMet和VA对改善仔猪小肠前段形态及提高小肠二糖酶活性有显著作用。

（2）羟基蛋氨酸螯合铜对仔猪和育肥猪生长性能的影响。李志惠等（2019）在研究日粮添加有机铜（羟基蛋氨酸铜）及不同铜源和添加水平对仔猪和育肥猪生长性能及组织铜含量的影响。共分为3个试验，试验Ⅰ：评估日粮添加6和170mg/kg硫酸铜及170mg/kg羟基蛋氨酸铜对1～42d断奶仔猪生长性能和组织铜含量的影响。试验Ⅱ：评估日粮不同铜源对1～21d仔猪生长性能和肝脏微量元素含量的影响。试验Ⅲ：评估日粮不同铜源对育肥猪屠宰性能的影响。与对照组和硫酸铜组相比，羟基蛋氨酸铜组仔猪末重均提高6%。与硫酸铜组相比，羟基蛋氨酸铜组1～14d仔猪日增重和日采食量分别提高了22.9%和8.6%，同时显著降低了料比。硫酸铜组肝脏铜含量较对照组提高了2.7倍，较羟基蛋氨酸铜组提高了4.5倍。羟基蛋氨酸铜组较对照组和硫酸铜组显著提高了肝脏铜含量。80mg/kg羟基蛋氨酸铜组较对照组和160mg/kg硫酸铜组显著提高了育肥猪屠体重。80和160mg/kg羟基蛋氨酸铜组较160mg/kg硫酸铜组和对照组显著提高了眼肌深度。综上所述，羟基蛋氨酸铜可以提高仔猪的生长性能和肝脏铜含量，但对仔猪促生长作用所需的添加量较硫酸铜小。80mg/kg羟基蛋氨酸铜可以提高育肥猪生长性能和眼肌深度。

2. 氨基酸螯合铁对母猪生产性能的影响。赵冬琴等（2019）选取体重相近、胎次相近、遗传结构一致、健康的二元杂母猪30头，随机分为5组。在评估母猪饲料中添加两种不同水平螯合态的有机铁对仔猪生长性能和改善仔猪贫血效果的研究。对照组1，在基础饲料中添加硫酸亚铁100g/kg；处理组2、3、4、5，分别在基础饲料中添加甘氨酸亚铁80g/kg和100g/kg、复合氨基酸螯合铁80g/kg和100g/kg。结果表明，母猪饲料中添加甘氨酸亚铁100g/kg和复合氨基酸螯合铁80g/kg可提高21日龄断奶仔猪体重，分别提高12.26%和10.3%；母猪饲料中添加甘氨酸亚铁和复合氨基酸螯合铁可改善母猪生产时和产后21日龄以及仔猪初生和断奶后体内血液红细胞数量（RBC）、血液平均红细胞的体积（MCV）和血液中红细胞压积（HCT），其中母猪日粮中添加甘氨酸亚铁80g/kg和复合氨基酸螯合铁100g/kg组仔猪血液红细胞数量（RBC）在初生和21日龄断奶分别提高6.06%和9.29%；母猪饲料中添加有机微量甘氨酸亚铁和复合氨基酸铁都可提高母猪初乳和常乳中乳铁的含量，其中添加甘氨酸亚铁100g/kg和复合氨基酸螯合铁100g/kg组初乳中铁浓度分别提高276%和346%。综上所述：通过提高母猪乳中有机铁含量可提高初生仔猪体内的铁储存与代谢以达到仔猪抵抗贫血风险的作用。

二、微量元素氨基酸螯合物在家禽生产中的应用研究

1. 甘氨酸锰对产蛋后期蛋鸡生产性能和蛋壳颜色的影响。在养殖生产中，产蛋鸡产蛋后期鸡蛋逐渐增大，蛋壳颜色逐渐变浅、蛋壳强度逐渐降低，导致蛋鸡生产性能明显下降。如何提高产蛋后期生产性能、改善鸡蛋蛋壳质量一直是研究者及养殖户关注的

问题。影响产蛋后期蛋鸡生产性能、蛋壳质量的因素较多，李东全等（2019）从营养因素出发，比较不同添加量、不同来源的锰组合对产蛋后期蛋鸡的影响。试验Ⅰ在基础日粮中分别添加60、80、100、125mg/kg锰（硫酸锰），125mg/kg硫酸锰组蛋鸡蛋重显著高于其他组，100、125mg/kg组蛋壳颜色指数显著好于60、80mg/kg组；试验Ⅱ（基于试验1的试验结果），在基础日粮中，试验组分别添加125mg/kg硫酸锰、100mg/kg硫酸锰＋25mg/kg锰（甘氨酸锰）、80mg/kg硫酸锰＋45mg/kg锰（甘氨酸锰）。试验结果表明：试验饲粮中添加125mg/kg硫酸锰可提高单枚蛋重与蛋壳颜色指数；添加25mg/kg以上甘氨酸锰替代部分硫酸锰有改善鸡蛋蛋壳颜色的趋势。

2. 氨基酸锌锰对蛋鸡种蛋中锌锰含量及子代胫骨发育的影响。锌和锰参与机体中间代谢、激素分泌以及和免疫相关蛋白质的组成，对种鸡繁殖以及鸡胚发育过程有重要作用。王振鑫等（2019）试验选取23周龄、体重相近的健康海兰褐祖代种母鸡576只，旨在研究蛋鸡母体添加有机锌和有机锰对种蛋中锌锰含量及后代雏鸡骨骼发育的影响。试验鸡随机分为3组，每组12个重复，每个重复16只鸡。对照组饲粮添加80mg/kg的无机锌锰（来源：$ZnSO_4$、$MnSO_4$），等量添加组饲粮用40mg/kg的有机锌锰（来源：氨基酸锌、锰）替换对照组饲粮等量的无机锌和无机锰，额外添加组饲粮在对照组饲粮的基础上添加40mg/kg有机锌、锰，试验第8、24周测定种蛋中锌锰含量，试验第31周所产种蛋入孵，检测1日龄雏鸡的胫骨发育情况。结果表明：种鸡饲粮中添加有机锌锰显著提高了蛋黄和胫骨中的锰沉积量（$P<0.05$）；试验第23周，等量添加组雏鸡的胫骨长度显著高于对照组和额外添加组（$P<0.05$）；试验第31周，等量添加组雏鸡的胫骨重显著低于对照组（$P<0.05$）。因此，种鸡饲粮等量添加有机和无机锌锰能促进锰在蛋黄和后代胫骨中的沉积，促进骨骼发育。

3. 肉仔鸡日粮中不同形态锰源的相对生物学利用率研究。生物学利用率也称生物学效价，是指被采食后的养分被动物小肠吸收并能参与代谢过程或贮存在动物组织中的部分占食入总量的比例。为评价肉仔鸡日粮中不同形态锰源的相对生物学利用率，郭蕊（2019）选择玉米—豆粕型基础日粮（锰含量为37.66mg/kg），添加2种锰源（复合氨基酸螯合锰和硫酸锰）和5个锰添加水平（0、45、90、130、180mg/kg），构成10个日粮处理组，将540只1日龄健康艾维茵肉仔鸡随机分为10个处理组，每个处理组3个重复，每个重复18只鸡，公母各半，开展为期42d的肉仔鸡饲养试验。分别于21、42日龄时，取各组试验鸡的肝脏、肾脏及左侧胫骨，采用原子吸收分光光度计测定肝脏、肾脏组织以及胫骨的锰浓度。将各组织锰含量与日粮锰进食量进行多元线性回归方程拟合，采用斜率比法计算复合氨基酸锰相对无机硫酸锰的生物学利用率。结果表明，无机硫酸锰生物学利用率以100％计，当以胫骨、肝脏、肾脏锰含量为评价指标时，复合氨基酸螯合锰相对于无机硫酸锰的生物学利用率在21日龄时分别为103％、109％、124％，42日龄时分别为118％、82.5％、107％。相关系数与显著性检验结果表明，21日龄肉仔鸡组织锰回归函数线性拟合程度明显高于42日龄，说明组织锰的沉积受锰水平变化的影响在生长前期比生长后期更敏感；胫骨指标的拟合度最优，说明在反映锰摄取量变化的敏感程度上，胫骨锰含量最敏感，最能反映锰摄取量的变化。

三、微量元素氨基酸螯合物在水产饲料中的应用研究

旨在研究饲料中添加不同锌源（肠溶型甘氨酸锌、甘氨酸锌、一水硫酸锌）对吉富罗非鱼生长性能、抗氧化能力、脂肪代谢以及血清和肝胰脏中抗氧化相关微量元素铜、铁、锰、锌含量的影响。付志欢等（2019）将240尾初重为（47.54±0.84）g的吉富罗非鱼随机分为4组，每组3个重复，每个重复20尾。对照组罗非鱼饲喂基础饲料（锌含量为72.22mg/kg），试验组罗非鱼分别饲喂在基础饲料中添加40mg/kg（以锌计）肠溶型甘氨酸锌、甘氨酸锌、一水硫酸锌的试验饲料。试验期为40d。结果显示：与对照组和一水硫酸锌组对比，饲料中添加肠溶型甘氨酸锌不仅可以显著提高吉富罗非鱼的增重率和蛋白质效率，还可以显著降低吉富罗非鱼肝体比和饲料系数。与对照组和一水硫酸锌组相比，甘氨酸锌组饲料系数显著降低，蛋白质效率显著提高。各组血清超氧化物歧化酶、碱性磷酸酶活性无显著差异，但肠溶型甘氨酸锌组、甘氨酸锌组血清丙二醛含量显著低于对照组。肠溶型甘氨酸锌组血清总胆固醇含量显著高于其他各组，同时甘油三酯含量显著高于对照组和一水硫酸锌组。各组血清中铜、铁、锰含量无显著差异，但肠溶型甘氨酸锌组血清和肝胰脏中锌含量显著高于对照组和一水硫酸锌组。结果提示，饲料中添加肠溶型甘氨酸锌可提高吉富罗非鱼的生长性能，提高抗氧化能力，促进脂肪代谢，增加血清和肝胰脏中锌含量，且肠溶型甘氨酸锌的促生长效果优于甘氨酸锌。

（王　安）

黏结剂

近年来，随着我国养殖业、宠物业的迅速发展，配合饲料生产量不断增加，饲料颗粒化的比重日益上升，黏结剂主要用于加工颗粒饲料，以改善粒料品质（包括粉率、硬度、耐磨度、成团性）、增加生产效率及延长铸模寿命，减少饲料粉尘，保持颗粒颜色稳定，水产饵料需要提高其在水中不散、不沉的特性。水产料对饲料黏合剂的要求较高，近年来，国内外对水产料黏结剂的研究活跃，新的黏结剂种类不断推出；在水产养殖中使用黏土性饲料黏结剂可延长水产饲料在水中的耐泡时间，且搬运时不易破损，并对预防鱼病，改善水质都有积极作用。稀土对动物有明显的促生长作用，特别是在哺乳、断奶仔猪方面的应用效果显著。

黏结剂的种类有很多，主要分类情况见表1。

表1　黏结剂种类

类	代表产品	特点
天然类	树木分泌的胶汁（龙胶、瓜拉胶、果胶等）	易受到pH、湿度、矿物质盐等物质的影响而降低黏度，因此未能得到广泛应用
	稀土、黏土型（膨润土、陶土、钠土、凹凸棒等）	黏度较低，添加比例大
	植物（小麦、玉米、木薯、马铃薯等）淀粉或变性淀粉	粘结力的大小，与淀粉类型、饲料加工设备、操作技术等有关
	海藻类胶质（海藻酸钠、海带胶、琼脂等）	粘结力强，价格贵，多用于试验研究
人工合成类	羧甲基纤维素钠（CMC）	白色纤维状或颗粒状粉末，无臭、无味，有吸湿性，水溶液对热不稳定，其黏度随温度升高而降低。用量不超过2%
	脲醛树脂	在各种冷、热、湿和化学腐蚀等苛刻的环境中有良好的稳定性，价格低廉，是颗粒饲料粘合剂比较好的备选材料。用量0.5%
	木质素磺酸盐	不均匀的醚聚合物，暗褐色，固态物吸湿性强，颗粒状饲料成品中含量不可超过4%
	聚丙烯酸钠	水溶性高分子化合物，具有极强的增稠保水功能，水溶液黏度较高，约为CMC、海藻酸钠等的15～20倍，为食品级的黏结剂

对湖北饲料厂家的调查结果显示，畜禽颗粒饲料一般用膨润土作黏结剂，制粒效果好，饲料品质稳定。许多人研究认为α-淀粉是目前黏结剂中的佳品，是使用量最大的黏结剂。中国是全球最大的水产养殖国，随着水产养殖业的不断发展，α-淀粉的生产规模越来越大，全国现有生产企业50余家，主要有广西百色华侨实业有限责任公司淀粉厂，德清县康正面筋厂，广西隆安银丰淀粉有限公司，无锡泰花淀粉有限公司，浙江欣欣生化科技有限公司，广西武鸣泰源食品有限公司等。

与α-淀粉等天然类黏结剂相比，人工合成黏结剂添加量少、成本低、效果好，已占据主流，被多数饲料生产厂家所接受，羧甲基纤维素钠（CMC）是其中的代表产品。我国CMC自1956年研制成功以来，经过几十年的发展，已形成一个有40多个骨干企业组成的行业，年产量5万t，主要生产企业有威怡化工（苏州）有限公司，赫克力士化工（江门）有限公司，江苏宜兴市通达化学有限公司等。

目前来看，我国的黏结剂生产能力较强，可为饲料业的生产提供充足的产品。

抗结块剂

也称流散剂，本品多系无水硅酸盐，其颜色不一，比重较大，微小颗粒，流散性好，可防止结块，防止配料仓结拱。国内批准使用的抗结块剂有亚铁氰化钾、硅铝酸钠、磷酸三钙、二氧化硅、微晶纤维素、硬脂酸镁、碳酸镁、滑石粉等，其中亚铁氰化钾在“绿色”标志的食品中禁用。应用较普遍的抗结块剂有二氧化硅及硅酸盐等天然矿物，如膨润土及其钠盐、球土、高岭土、硅藻土、某些黏土等，此外，常用的还有硬脂酸钙、硬脂酸钾、硬脂酸钠等。其中二氧化硅价低最为常用。各种抗结块剂在配合饲料中一般不超过 2%。

中国南方地区气候潮湿，饲料极易结块，而南方广东、四川、江西、湖南等省份都是配合饲料和养殖业比较发达的地区，所以对抗结块剂的需求量较大。国内生产饲用抗结块剂的厂家很多，代表企业见表 2。

抗结块剂在生产中使用量较少，且非必需添加剂，因此国内生产量完全可以满足饲料行业的需要。

表 2　国内主要饲用抗结块剂生产厂家

企业名称	产品名称	生产能力（t/年）
青州恒旭化工有限公司	二氧化硅	4 000
重庆建峰工业集团有限公司	二氧化硅	20 000
齐河绿之源动物保健品有限公司	二氧化硅	1 500
广州中琦硅业有限公司	二氧化硅	50 000
晋江富联化工有限公司	二氧化硅	25 000
江西兴鼎科技有限公司	硅铝酸钠	7 000
广州正和生物科技有限公司	二氧化硅、三氧化二铝	30 000
泗县天力生物科技有限公司	二氧化硅、三氧化二铝	2 000

乳化剂

乳化剂是一种表面活性剂，其作用是乳化两种互不相混溶液体中的一种，使其能均匀地分布于另一液体中，形成均匀的乳状液。乳化剂普遍用于食品工业、医药工业、化妆品工业等。近年来，因养殖动物品种改良，生长潜能不断提高，其营养需求也在提高，饲料蛋白、能量等营养浓度越来越高，为了促进动物对饲料脂质的利用，饲料中一般添加乳化剂。

饲料中使用乳化剂的目的有三：添加于高脂饲粮，有助于动物肠道中乳糜微粒形成，可提高饲料脂肪、能量的消化率和利用率，促进动物生长；添加于液体饲料（如幼龄动物代乳料）中，以确保其中营养成分（尤其是脂溶性成分）的均匀分布；采用后喷涂的饲料加工工艺中，可保证脂类物质在喷涂液中的均匀分布，增强雾化效果，提高喷涂质量。

当今饲用乳化剂有数十种，生产企业百余家，用于饲料工业上的主要有磷脂类、脂肪酸酯、糖苷酯类和胆汁酸盐类乳化剂。为获得更好的乳化性能，乳化剂产品通常将几种乳化剂按照一定的比率复合而成（如美肥、超能等），这些不同乳化剂之间互相配合，加强了乳化剂对油脂的乳化能力。国内现有乳化剂产品除用于饲料工业外（表 3），多用于食品工业中。

表 3　国内主要饲用乳化剂生产企业

企业名称	产品名称
九三集团北安大豆制品有限公司	大豆磷脂
广西渤海农业发展有限公司	大豆磷脂
河南正通食品科技有限公司	大豆磷脂
德清麦特生物有限公司	大豆磷脂
泰安市泰山区孚瑞饲料厂	大豆磷脂
中纺粮油（沈阳）有限公司	大豆磷脂
德清县天丰磷脂饲料厂	大豆磷脂
沧州海通生物饲料有限公司	大豆磷脂
潍坊康地恩生物科技有限公司	蔗糖脂肪酸酯、大豆磷脂
潍坊雷曼生物科技有限公司	复合乳化剂（乳能佳）
厦门美尔吉生物科技公司	复合乳化剂（美能）
山东龙昌动物保健品有限公司	饲料级胆汁酸

抗氧化剂

饲料在加工、运输和贮藏过程中，常因自体氧化、微生物污染等，造成腐败变质。饲料中易氧化和促氧化物质较多，如油脂、矿物元素等，油脂酸败后产生的短链脂肪酸、过氧化物和羟等，具有苦涩味，极大降低了饲料适口性，氧化的油脂会严重破坏畜禽肝脏，造成能量代谢、脂肪代谢等障碍，降低动物采食量，导致腹泻等，更有甚者还会产生有毒有害物质导致畜禽中毒死亡。饲料中添加抗氧化剂可阻碍氧化作用，延缓饲料氧化的时间，但不能改变已经酸败的结果，故应在饲料原料未氧化或刚开始氧化时添加，以发挥其作用。

目前常用的抗氧化剂主要有：乙氧基喹啉（EMQ）、二丁基羟基甲苯（BHT）、丁基羟基茴香醚（BHA）、没食子酸丙酯（PC）和特丁基对苯酚（TBHQ），以及基于这些成分的复合抗氧化剂。而饲料中主要使用的抗氧化剂为 EMQ 和 BHT。其中 BHT 国内生产能力为 2.33 万 t/年。国内主要饲用抗氧化剂生产企业情况见表 4。

表 4　国内主要饲用抗氧化剂生产企业情况

企业名称	产品名称
潍坊加易加生物科技有限公司	EMQ
河南省瑞特利生物技术有限公司	EMQ
无锡大江中盛生物科技有限公司	EMQ、BHT
安徽天浩生物技术有限责任公司	EMQ、BHT、BHA
泰兴瑞泰化工有限公司	EMQ、BHT、BHA

（续）

企业名称	产品名称
厦门牡丹饲料科技发展有限公司	EMQ
广州立达尔生物科技股份有限公司	EMQ、BHT
上海天昌饲料科技有限公司	EMQ、BHT
泰州市丰润生物科技有限公司	EMQ、BHT
北京昕地美饲料科技有限公司	EMQ
上海向阳化工厂	BHT
广东瑞生科技有限公司	EMQ、PC
诺伟司饲料添加剂（上海）有限公司	EMQ、BHT、PC

防霉剂

饲料中含有丰富的蛋白质、淀粉、维生素等营养成分，在高温高湿环境下，易因微生物的繁殖而腐败、霉变。霉变饲料不仅影响适口性，降低采食量和饲料报酬，甚至造成畜禽中毒死亡。故储存饲料的仓库要通风、阴凉、干燥、清洁，无霉料，堆放要规范，应与窗、壁保持一定距离，长期储存还需定期翻动、通风。储存饲料要善于利用防霉剂。饲料防霉剂是指能降低饲料霉菌数量，抑制霉菌毒素产生，预防饲料贮存期间营养成分损失，防止饲料发霉变质、延长贮存期的饲料添加剂。

常用防霉剂有小分子的有机酸、有机酸盐及其酯、复合防霉剂、具有防霉作用的植物源添加剂等（表 5）。未来饲料防霉剂的研发将朝着优质高效，绿色环保，低成本，多功能的方向发展。饲料发霉过程常伴随营养成分的氧化，故一般防霉剂与抗氧化剂一起使用。

表 5　常用防霉剂

防霉剂	作用及推荐剂量
双乙酸钠	对黑曲霉、黑根霉、黄曲霉、绿色木霉等的抑制效果优于山梨酸钾。0.1%～0.3%配合饲料，可保鲜 3～5 个月
苯甲酸和苯甲酸钠	阻碍微生物的代谢，抑制多种微生物的生长和繁殖。饲料中苯甲酸钠用量≤0.1%
丙酸盐	含水 12.5%～13.5%的颗粒料储存>1 个月，添加 0.3%丙酸钙，11.55%～12.5%粉料贮存>0.15%。南方、夏季、雨水较多，添加 0.2%～0.4%的丙酸钙或丙酸钠
富马酸及其酯	富马酸二甲酯、富马酸二乙酯等，酸性防霉剂，抗菌谱较广。0.2%
脱氢乙酸	高效、广谱抗菌剂，在酸、碱条件下均具有一定的抗菌作用。0.05%
复合型防霉剂	广谱抗菌防霉，适用范围宽，如万香保（由丙酸铵、乙酸、富马酸、山梨酸等多种有机酸组成）、克霉霸（由丙酸、乙酸、苯甲酸、氯化钠、磷酸钙等组成），还有克霉灵、克霉净和霉敌 101 等
植物源防霉剂	中草药、天然植物提取物、植物精油防霉剂等。绿色环保，功能全面，来源广阔

国内防霉剂的主要生产企业见表 6。

表 6　国内防霉剂主要生产企业

企业名称	产品名称
潍坊加易加生物科技有限公司	丙酸钙
河南省瑞特利生物技术有限公司	丙酸
深圳市永鲜宝实业有限公司	丙酸、丙酸铵、苯甲酸
无锡大江中盛生物科技有限公司	丙酸、富马酸、双乙酸钠
齐河绿之源动物保健品有限公司	双乙酸钠、丙酸、丙酸钙
鹤山市南华动物药业有限公司	丙酸
济南品佳科技发展有限公司	丙酸、丙酸钙
江西兴鼎科技有限公司	丙酸钙
生物源生物技术（深圳）有限公司	丙酸钠、山梨酸钾
厦门牡丹饲料科技发展有限公司	丙酸、丙酸钙
广州立达尔生物科技股份有限公司	丙酸钙
北京大北农科技集团股份有限公司	山梨酸、富马酸、柠檬酸
安徽天浩生物技术有限责任公司	双乙酸钠、丙酸钙
诺伟司饲料添加剂（上海）有限公司	甲酸、甲酸铵、丙酸、乳酸

酸度调节剂

酸度调节剂，用以维持或改变饲粮酸碱度，有单一和复合酸度调节剂。复合酸度调节剂是利用几种特定有机酸和无机酸复合而成（如磷酸＋乳酸＋富马酸、乳酸＋富马酸＋柠檬酸），能迅速降低饲料 pH，保持良好的缓冲值和生物功能，添加成本较低。不同酸度调节剂间往往有协同作用，如较高浓度的乳酸能增强醋酸对大肠杆菌的毒性作用，复配酸度调节剂，可增强酸化能力和预防疾病的效果，是饲料酸度调节剂发展的趋势。

饲料中添加酸度调节剂可以改善饲料 pH 和酸结合力，促进胃内酶原活化，促进肠道微生态平衡，预防动物肠道病原微生物疾病，促进营养物质消化，减慢食物在胃中的排空速度，增加蛋白质在胃中的停留时间，提高蛋白质消化率。此外，某些酸度调节剂的酸味是动物喜爱的味觉之一，可提高动物采食量，同时也可以掩盖饲料中某些不良味觉反应，提高饲料适口性。

我国是工业产品生产加工大国，生产酸度调节剂的厂家很多，如厦门惠盈动物科技有限公司，广州先至饲料添加剂有限公司，潍坊加易加生物科技有限公司，河南省瑞特利生物技术有限公司，北京大北农科技集团股份有限公司，诺伟司饲料添加剂（上海）有限公司等，有足够的生产能力满足国内需求。柠檬酸是酸度调节剂中的主要品种，约占总耗量的2/3。我国生产能力为300万t/年，实际产量不足200万t/年。2013—2018年，我国柠檬酸出口量呈上升趋势，2017年出口量为92万t，同比增长8%。2018年1～7月出口量为57万t，同比增长7.5%。2019年1～11月出口量为86万t，同比下降0.7%；2019年1～11月出口金额为551 050千美元，同比下降15%。

乳酸是目前国家政策优先扶持和重点发展的产品，生产技术创新后劲十足，国际上的品牌知名度也得到迅速提升。我国现有乳酸生产厂家约40家，总生产能力超过20万t/年。近年来市场形势看好，年需求量增长5%左右。国内已有多家企业投资建设L-乳酸生产装置。目前，国内主要生产厂家有上海东亚橡胶厂、郸城金丹乳酸实业有限公司、湖南生物化工厂、常德乳酸厂、湖南安化乳酸厂、安徽中粮生化格拉特乳酸有限公司、山东百盛生物科技有限公司、浙江海正生物材料股份有限公司等厂家。全球乳酸生产企业主要集中在美国、中国、泰国、西欧、中南美及日本等，中国生产的乳酸约占30%的市场份额，其余地区的制造商市场份额约占10%。此外，磷酸、碳酸钠等酸度调节剂国内产量也十分充足，完全可满足饲料工业的生产需要。

（武书庚　任　冰）

药物饲料添加剂

2019年农业农村部持续推进国务院“放管服”改革精神落地；建立健全兽药管理政策法规体系，为兽药产业健康发展提供法制保障。在政策设计与实施上，鼓励创新，为产业发展增添后劲；强化“事中事后监督”，严格执法，为产业发展提供保障。同时，大力推进行业信息化应用，提升评审、检验、监督等效能；开展部门协作，助力产业健康发展。

一、深入贯彻国务院“放管服”改革精神，优化审批服务

（1）农业农村部对兽药产品批准文号核发和标签、说明书审批事项实施全程电子化办公。自9月1日起，兽药生产企业申请兽药产品批准文号的，不再提供纸质申请表和其他纸质申请资料。（2）根据《国务院关于取消和下放一批行政许可事项的决定》要求，“新兽药临床试验审批”和“已取得进口兽药注册证书的兽用生物制品进口审批”等2项行政许可事项自2019年2月27日起取消，其中新兽药临床试验审批改为备案管理。为切实做好上述2项许可事项取消后的监管工作，部办公厅及时发布后续有关工作的通知，对工作要求进行了进一步的细化。

二、加强监管力度，把好动物用药质量关

（1）为加强兽药监督管理，促进兽医临床合理用药，保障动物产品安全，农业农村部组织制定了《兽用处方药品种目录（第三批）》，22个新增化药品种列入处方药管理。（2）为了保障新修订的《兽药产品批准文号管理办法》的实施，农业农村部组织制定了《兽药比对试验目录（第二批）》及相关要求。将2012年至2018年4月期间公告批准的新兽药（不含第一批目录产品），均统一纳入目录（第二批），并设定了比对试验的技术要求。包括17个进口产品、89个新兽药产品和6个其他化药产品，以及2016年5月1日起监测期满的中兽药品种。（3）为了保障养殖环节用药安全，根据全国兽药质量监督抽检计划，2019年（2018年第四季度至2019年前三季度）共抽检中、化药产品一万两千余批，生物制品六百余批，抽检合格产品相关信息可在中国兽药信息网查询，对不合格产品的被抽样单位和标称兽药生产企业根据法规要求进行相应处理处罚。

三、继续完善兽药注册法规政策，加强试验单位规范化管理

（1）为规范兽药注册现场核查行为，保证现场核查的规范性、科学性与公正性，根据兽药注册相关法规及农业部公告第2 368号的有关要求，农业农村部组织制定了《兽药注册现场核查工作规范》。（2）为切实做好兽药非临床研究和临床试验监督检查工作，督促相关单位按照兽药GLP和兽药GCP要求开展兽药研究活动，根据农业部公告第2464号要求，农业农村部对申请资质备案的试验单位组织开展监督检查工作，2019年公布了第二批至第七批符合兽药临床试验质量管理规范要求单位信息及第三、四批符合兽药非临床研究质量管理规范要求单位信息。

四、进一步规范养殖用药行为，保障动物源性食品安全

2019年农业农村部联合国家卫健委、国家市场

监督管理总局发布《食品安全国家标准 食品中兽药最大残留限量》，共规定了267种（类）兽药在畜禽产品、水产品、蜂产品中的2 191项残留限量及使用要求，基本覆盖了我国常用兽药品种和主要食品动物及组织，标志着我国兽药残留标准体系建设进入新阶段。相比2002年发布的第235号公告，涵盖兽药品种和限量数量大幅增加，并且在标准要求上与国际全面接轨，采用CAC和欧盟、美国等发达国家或地区的最严标准。另外标准制定更加科学严谨，充分考虑了我国动物性食品生产、消费实际和现行标准实施中的关键问题，开展了相关风险评估、广泛征求各方意见并接受了世贸组织成员的评议，为我国动物性食品质量安全监督提供更为有力的支撑。此外，19年12月农业农村部修订了食品动物中禁止使用的药品及其他化合物清单，包含21种（类）化合物。

五、清理促生长药物饲料添加剂，维护公共卫生安全

按照《遏制细菌耐药国家行动计划（2016—2020年）》和《全国遏制动物源细菌耐药行动计划（2017—2020年）》部署，农业农村部决定停止生产、进口、经营、使用部分药物饲料添加剂，并发布第246号公告废止15个药物饲料添加剂标准、注销558个相关产品批准文号和3个进口兽药证书、规范15个兽药产品和5个进口兽产品的质量标准和说明书范本，并要求在2020年1月15日前完成“兽药添字”转“兽药字”批准文号批件的变更和发放工作。

2019年农业农村部批准注册兽药品种简述。

1. 碘甘油混合溶液。本品为红棕色至黑褐色液体；黏稠，具有碘的特臭。属于消毒防腐药。碘具有强大的消毒作用，主要以分子（I_2）形式发挥作用，其原理可能是碘化和氧化病原微生物蛋白活性基团，并与蛋白的氨基酸结合而导致蛋白变性或抑制病原微生物的代谢酶系统。本品对引起奶牛乳房炎的病原体如金黄色葡萄球菌、无乳链球菌等细菌有较强的杀灭作用，有助于预防奶牛乳房炎病原微生物感染，用于泌乳期奶牛的乳头消毒。外用，挤完奶后，立即使用本品原液浸渍或喷雾每个乳头，确保药液覆盖至少四分之三的乳头。禁与其他化学物质混合使用。由中国农业科学院饲料研究所与利拉伐（天津）有限公司联合申请注册获得批准。

2. 复方过硫酸氢钾枸橼酸粉。本品为过硫酸氢钾复合盐（$2KHSO_5 \cdot KHSO_4 \cdot K_2SO_4$）、枸橼酸、十二烷基苯磺酸钠、氯化钾等配制而成的淡粉红色至淡紫红色粉末或颗粒，有柠檬气味。属于消毒防腐药。过硫酸氢钾复合盐在水中经链式反应可连续持久地产生小分子自由基、次氯酸、新生态氧和活性氧衍生物，氧化和氯化病原体，使病原体蛋白质变性凝固，增加细胞膜的通透性，造成酶和营养物质流失、病原体溶解破裂，从而杀灭病原微生物。枸橼酸影响病原微生物的酶反应和物质转运过程，使病原微生物能量耗尽而死亡。另外，枸橼酸能降低pH值，从而抑制病原微生物的生长，同时增强过硫酸氢钾复合盐的氧化作用，起到协同增效的效果。用于畜禽厩舍、空气和饮用水等的消毒。以本品计，浸泡或喷雾：畜舍环境消毒、空气消毒，1∶200倍稀释；饮用水消毒，1∶1 000倍稀释；对特定病原体消毒，大肠杆菌1∶400倍稀释，禽流感病毒1∶3 200倍稀释，新城疫病毒1∶6 400倍稀释，猪瘟病毒、猪蓝耳病病毒1∶800倍稀释。不与碱类物质混存或合并使用。由北京大北农动物保健科技有限责任公司与韶山大北农动物药业有限公司联合申请注册获得批准。

3. 磺胺氯吡嗪钠甲氧苄啶可溶性粉。本品为磺胺氯吡嗪钠、甲氧苄啶与适宜辅料配制而成的淡黄色粉末。属于抗球虫药。磺胺氯吡嗪钠抗球虫的作用机理主要是竞争二氢叶酸合成酶，抑制二氢叶酸的合成，从而起到阻碍球虫生长的作用。其作用峰期是第二代裂殖体，对第一代裂殖体也有一定作用。甲氧苄啶抗球虫作用机理为抑制二氢叶酸还原酶，使二氢叶酸不能还原成四氢叶酸，妨碍球虫核酸合成，进而抑制球虫生长繁殖。甲氧苄啶与磺胺氯吡嗪钠合用时，可以从两个不同环节同时阻断球虫叶酸代谢而起协同作用。用于治疗鸡球虫病。以本品计，混饮：每1L水，鸡1～1.5g，连用3～5日。蛋鸡产蛋期禁用；按推荐剂量连续给药不超过5日；不得在饲料中添加长期使用。河南牧翔动物药业有限公司、广东腾骏动物药业股份有限公司、四川恒通动保生物科技有限公司、石家庄江山动物药业有限公司、江苏恒丰强生物技术有限公司、扬州大学、河南农业大学等7家单位联合申请注册获得批准。

4. 加米霉素注射液。本品为加米霉素与适宜溶剂配制而成的无菌溶液，为无色至微黄色的澄明液体。属于大环内酯类抗生素。加米霉素为15元环的半合成氮杂内酯类，主要通过与细菌核糖体50S亚基结合，阻止多肽链延长，抑制细菌蛋白质的合成。体外试验数据表明加米霉素以抑菌方式对溶血性曼氏杆菌、多杀性巴氏杆菌起作用。加米霉素内酯环的7a位为烷基化氮，在生理pH条件下能快速吸收，并在靶组织肺中维持长时间的作用。用于治疗对加米霉素敏感的多杀性巴氏杆菌引起的牛呼吸道疾病。按加米霉素计，皮下注射：一次量，牛每1kg体重6mg（相当于每25kg体重注射1mL）。仅用一次。每个注射部位的注射量不超过10mL。牛皮下注射本品时，注射部位可能会出现短暂的肿胀，并偶尔伴有轻微疼

痛；可能会引起过敏反应。禁用于对大环内酯类抗生素过敏的动物；禁与其他大环内酯类或林可酰胺类抗生素同时使用；禁用于泌乳期奶牛；禁用于预产期在2个月内的怀孕母牛。由天津市中升挑战生物科技有限公司、新昌和宝生物科技有限公司、艾美科健（中国）生物医药有限公司等3家单位联合申请注册获得批准。

5. 碱式硝酸铋乳房注入剂（干乳期）。本品为碱式硝酸铋与液体石蜡等制成的灭菌制剂，为白色至类白色油膏。属于乳头封闭剂。碱式硝酸铋本身不具有药理活性。碱式硝酸铋乳房注入剂通过在乳头管形成物理性屏障，阻止新的病原菌进入乳房，从而降低奶牛干乳期乳房炎的发病率。单独使用，用于预防洁净奶牛干乳期乳房内新生感染；与抗菌性干乳期乳房注入剂联合使用，用于辅助治疗奶牛干乳期乳房炎。奶牛干乳期最后一次挤奶后，清洗消毒乳头，待干燥后，乳管注入，每乳室1支。持续温和地推动活塞直至本品形成糊状后使用。灌注后不可按摩乳房和乳头。与抗菌性干乳期乳房注入剂联合使用时，在灌注本品前乳头需再次清洗消毒，灌注本品后乳头需再次消毒。患亚临床型乳房炎的奶牛禁止单独使用本品，可在感染乳区使用合适的抗菌药治疗后使用本品；患临床型乳房炎的奶牛禁止单独使用本品；泌乳期奶牛禁用。由中国农业科学院饲料研究所、浙江海正动物保健品有限公司、齐鲁动物保健品有限公司、浙江海正药业股份有限公司、齐鲁晟华制药有限公司5家单位联合申请注册获得批准。

6. 利福昔明子宫注入剂。本品为橘红色的灭菌混悬液，放置后分层，振摇后能均匀分散。属于利福霉素类抗生素。利福昔明是利福霉素SV的半合成衍生物。其主要通过与细菌依赖DNA的RNA聚合酶β-亚单位不可逆地结合，抑制细菌RNA的合成，达到杀菌目的。敏感菌包括厌氧菌，革兰氏阳性菌如葡萄球菌、链球菌、隐秘杆菌，革兰氏阴性菌如大肠杆菌。用于治疗由葡萄球菌、链球菌、隐秘杆菌、大肠杆菌及厌氧菌感染引起的奶牛子宫内膜炎。以本品计，子宫内灌注：一次量，牛100mL，每三日一次，连用2次，严重者可给药3次。本品用前摇匀，使用一次性无菌输精管将药物注入子宫。由南京农业大学、山东鲁抗舍里乐药业有限公司高新区分公司、佛山市南海东方澳龙制药有限公司、湖北回盛生物科技有限公司、四川省川龙动科药业有限公司、河南益华动物药业有限公司6家单位联合申请注册获得批准。

7. 硫糖铝片。本品为类白色片。属于胃黏膜保护剂，在酸性环境下可解离出硫酸蔗糖复合离子，能聚合成胶体直接在溃疡面或炎症处形成一层薄膜，保护溃疡或炎症黏膜，抵御胃酸的侵袭。硫糖铝还具有吸附胃蛋白酶、中和胃酸和胆汁酸的作用，并能促进内源性前列腺素的合成以及吸附表皮生长因子，使之聚集于溃疡或炎症处，从而利于黏膜再生和溃疡愈合。用于治疗犬胃溃疡、十二指肠溃疡和胃炎。以硫糖铝计，内服：一次量，每1kg体重，犬50mg，一日2次，5～7日为一疗程。或在兽医指导下使用。仅用于宠物犬。青岛蔚蓝生物股份有限公司、天津市保灵动物保健品有限公司、江苏恒丰强生物技术有限公司、保定冀中生物科技有限公司、北京中科拜克生物技术有限公司、青岛动保国家工程技术研究中心有限公司、山东益远药业有限公司等7家单位联合申请注册获得批准。

8. 米尔贝肟吡喹酮咀嚼片。本品为淡黄色椭圆形刻痕片（27.5mg规格）或淡黄色圆形片（137.5mg规格）。属于大环内酯类抗体内外寄生虫药物，可有效对抗螨虫、线虫（幼虫和成虫）以及心丝虫的幼虫。米尔贝肟通过作用于谷氨酸控制的氯离子通道（与节肢动物的γ-氨基丁酸和甘氨酸受体有关）而增强靶虫的细胞膜对氯离子的通透性，使寄生虫的神经肌肉膜超极化，导致虫体麻痹和死亡。吡喹酮具有广谱抗血吸虫和抗绦虫作用。其改变寄生虫的细胞膜对钙离子的通透性（大量涌入Ca^{2+}）而引起细胞膜结构失衡，从而导致膜去极化，肌肉组织几乎瞬间收缩（强直），合胞体皮层形成灶性空泡，随后分解（起泡），最终导致寄生虫更易从胃肠道排出或死亡。用于驱除犬绦虫和线虫，预防犬心丝虫。以米尔贝肟计，内服：每1kg体重，犬0.5mg；或遵医嘱。不推荐用于严重肝肾功能损伤的犬；牧羊犬或相关犬种在使用本品后注意观察。本品治疗有大量微丝蚴感染的犬可能会导致过敏反应，如黏膜苍白、呕吐、震颤、呼吸困难或大量流涎，这些反应与死亡或即将死亡的微丝蚴释放的蛋白有关，并非产品直接的毒性作用。服用本品后，极少数可能出现罕见的不良反应：系统性症状（如嗜睡）、神经性症状（如运动失调、肌肉震颤）和胃肠道症状（如呕吐、腹泻）等。由浙江海正动物保健品有限公司申请注册获得批准。

9. 双氯芬酸钠注射液。本品为几乎无色的澄明液体。属于非甾体类解热镇痛抗炎药。双氯芬酸钠是一种衍生于苯乙酸类的非甾体消炎镇痛药，其作用机理为抑制环氧化酶活性，从而阻断花生四烯酸向前列腺素的转化。同时，它也能促进花生四烯酸与甘油三脂结合，降低细胞内游离的花生四烯酸浓度，而间接抑制白三烯的合成。用于辅助治疗奶牛临床型乳房炎引起的发热。肌内注射：每1kg体重，奶牛2.2mg，每日1次，连用3日。禁用于肝功能、肾功能损伤的动物；禁用于胃溃疡的动物。由郑州百瑞动物药业有限公司、中国农业科学院兰州畜牧与兽药研究所、河南省兽药监察所、郑州大学等4家单位联合申请注册获得批准。

10. 泰地罗新注射液。本品为泰地罗新与丙二醇等制成的无菌水溶液，为几乎无色至淡黄色液体。属于大环内酯类抗生素。泰地罗新为16元环的半合成大环内酯类抗生素。其主要通过与细菌核糖体50S亚基结合，阻止多肽链延长，抑制细菌蛋白质的合成。泰地罗新对猪胸膜肺炎放线杆菌、多杀性巴氏杆菌、副猪嗜血杆菌和支气管败血波氏杆菌有良好的抗菌活性。用于治疗和控制对泰地罗新敏感的胸膜肺炎放线杆菌、多杀性巴氏杆菌和副猪嗜血杆菌等细菌引起的猪呼吸系统疾病。以泰地罗新计，肌内注射：一次量，每1kg体重，猪4mg，仅用一次。禁用于对大环内酯类抗生素或其辅料过敏的动物；禁与其他大环内酯类、林可酰胺类或链阳霉素类抗生素同时使用；对于妊娠期和泌乳期的动物，应在兽医指导下使用；禁止静脉注射；每个注射部位的给药体积不超过5mL。由齐鲁动物保健品有限公司、齐鲁晟华制药有限公司和中国农业大学3家单位联合申请注册获得批准。

11. 头孢洛宁乳房注入剂（干乳期）。本品为头孢洛宁与适当的助悬剂和非水介质制备成的灭菌混悬液，为类白色至淡黄色混悬液体。属于β-内酰胺类抗生素。头孢洛宁为第一代动物专用的头孢菌素类抗生素。其主要通过与细菌胞质膜上的青霉素结合蛋白（PBPs）结合，造成敏感菌内黏肽的交叉联结受到阻碍，细胞壁缺损，从而使细菌裂解死亡。头孢洛宁对金黄色葡萄球菌、无乳链球菌、乳房链球菌和大肠杆菌等细菌有良好的抗菌活性。用于治疗由金黄色葡萄球菌、无乳链球菌、乳房链球菌和大肠杆菌等细菌引起的奶牛干乳期乳房炎以及预防干乳期奶牛乳房内新增感染。以本品计。乳管注入：干乳期奶牛，每个乳室1支。用于奶牛干乳期乳房炎，禁用于泌乳期奶牛；禁用于对β-内酰胺类抗生素过敏的动物。由中国农业科学院饲料研究所、齐鲁动物保健品有限公司、北京市畜牧总站和齐鲁晟华制药有限公司等4家单位联合申请注册获得批准。此外，获得同品种批准的还有中牧实业股份有限公司等6家单位。

12. 维生素ADE注射液。本品为黄色至棕黄色澄明油状液体。属于维生素类药。维生素A具有促进生长、维持上皮组织，如皮肤、结膜、角膜等正常机能的作用，并参与视紫红质的合成，增强视网膜感光力。另外，维生素A还参与体内许多氧化过程，尤其是不饱和脂肪酸的氧化。维生素D对钙、磷代谢及幼畜骨骼生长有重要影响，其主要功能是促进钙、磷在小肠内正常吸收。维生素D的代谢活性物质能调节肾小管对钙的重吸收，维持循环血液中钙的水平，并促进骨骼的正常发育。维生素E可阻止体内不饱和脂肪酸及其他易氧化物质的氧化，保护细胞膜的完整性，维持其正常功能。维生素E与动物的繁殖机能也密切相关，具有促进性腺发育、促成受孕和防止流产等作用。另外，维生素E还能提高动物对疾病的抵抗力，增强抗应激能力。用于预防和治疗牛维生素A、维生素D和维生素E缺乏症，如可辅助治疗夜盲症、角膜软化、皮炎、佝偻病、骨软化症、白肌症和不孕症等。以本品计，肌内注射：一次量，牛8～10mL，犊牛3～5mL。使用时应注意补充钙剂；维生素A和维生素D容易因补充过量而中毒，中毒时应立即停用本品和含钙制剂；维生素D过多会减少骨的钙化作用，软组织出现异位钙化，且容易出现心律失常和神经功能紊乱等症状；偶尔可引起死亡等严重过敏反应，可立即注射肾上腺素或抗组胺药物治疗；注射体积超过5mL时应分点注射。由宁夏智弘生物科技有限公司、苏州素仕生物科技有限公司、河北远征药业有限公司和宁夏回族自治区兽药饲料监察所等4家单位联合申请注册获得批准。

13. 烯丙孕素内服溶液。本品为烯丙孕素与大豆油等配制而成的淡黄色至黄色澄清油状液体。属于性激素类药。烯丙孕素与天然黄体酮的作用类似。给药期间能够抑制脑垂体分泌促性腺激素，阻止卵泡发育及发情；给药结束后，脑垂体恢复分泌促性腺激素，促进卵泡发育与发情。停药时卵泡发育程度一致，加上促性腺激素的分泌同步恢复，促使所有动物在停药5～8日后同期发情。用于控制后备母猪同期发情。以烯丙孕素计，直接用5mL喷头饲喂或喷洒在饲料上内服，一次量，后备母猪20mg（5mL），连用18日。仅用于至少发情过一次的性成熟的母猪；有急性、亚急性、慢性子宫内膜炎的母猪慎用。由齐鲁动物保健品有限公司申请注册获得批准。此外，获得同品种批准的还有上海同仁药业股份有限公司上海兽药厂等4家单位。

14. 注射用阿莫西林钠克拉维酸钾。本品为白色或类白色粉末。属于β-内酰胺类抗生素。阿莫西林具有广谱抗菌作用，通过抑制细菌细胞壁黏肽的合成发挥杀菌作用，对引起猪感染性疾病的大多数革兰氏阳性菌和革兰氏阴性菌有较强的杀菌活性，如葡萄球菌、链球菌、大肠埃希菌、沙门氏菌、布氏杆菌和巴氏杆菌等。克拉维酸钾为不可逆性竞争性β-内酰胺酶抑制剂，可抑制β-内酰胺酶对β-内酰胺类抗生素的破坏，增强阿莫西林的抗菌活性，减少细菌的耐药性。用于治疗致病性大肠埃希菌引起的仔猪白痢。以阿莫西林计，肌内注射：一次量，猪每1kg体重6mg。一日2次，连用5日。本品用灭菌注射用水或注射用生理盐水（0.9%w/v）配制。对青霉素过敏的动物禁用。内蒙古联邦动保药品有限公司和华北制药集团动物保健品有限责任公司及瑞普（天津）生物药业有限公司等3家单位联合申请注册获得批准。

15. 多杀霉素米尔贝肟咀嚼片。本品为略带有斑点的棕褐色圆形片。属于大环内酯类抗寄生虫药。多杀霉素具有杀灭跳蚤的作用，用药30分钟后起效，4小时可杀灭产卵前的跳蚤。多杀霉素通过激活烟碱型乙酰胆碱受体，兴奋运动神经元，导致肌肉不自主收缩和震颤，诱导昆虫持续过度兴奋而使虫体麻痹、死亡。多杀霉素与其他已知的烟碱型或γ-氨基丁酸（GABA）受体型杀虫药（如新烟碱类、芬普尼类、米尔贝霉素类、阿维菌素类和环戊二烯类）的杀虫结合位点不同。多杀霉素对昆虫和哺乳动物乙酰胆碱受体选择性存在差异，因此，按推荐剂量给药，多杀霉素对哺乳动物相对安全。米尔贝肟具有广谱抗寄生虫活性，可同时杀灭体内和体外寄生虫。对螨虫、线虫的幼虫和成虫以及心丝虫的幼虫均有效。米尔贝肟通过干扰无脊椎动物的神经传导而发生作用。它可干扰谷氨酸氯离子门控通道，从而增加线虫和昆虫细胞膜对氯离子的通透性，引起虫体细胞膜的超极化，导致虫体麻痹和死亡。另外米尔贝肟也可通过扰乱无脊椎动物神经传导物质的传递而发生作用，尤其是γ-氨基丁酸（GABA）。用于预防犬心丝虫病；预防和治疗犬的跳蚤（猫栉首蚤）感染；治疗和控制犬钩虫（犬钩口线虫）成虫、犬蛔虫（犬弓蛔虫和狮弓蛔虫）成虫、犬鞭虫（狐毛尾线虫）成虫感染。以有效成分计，内服：一次量（推荐的最低剂量），犬每1kg体重，多杀霉素30mg和米尔贝肟0.5mg。或根据下表推荐剂量给药，每月1次。8周龄以下犬用药安全未进行评估，建议用于8周龄以上的犬；妊娠和泌乳犬以及有癫痫史的犬慎用；种公犬的用药安全未进行评估。由美国礼蓝动物保健有限公司申请注册获得批准。

16. 氟雷拉纳咀嚼片。本品为浅棕色至深棕色圆形片。属于异噁唑啉类的杀虫剂和杀螨剂，通过拮抗γ-氨基丁酸受体和谷氨酸受体门控氯离子通道，使氯离子无法渗透进入突触后膜，干扰神经系统的跨膜信号传递，导致昆虫神经系统紊乱，进而死亡。氟雷拉纳与狄氏剂不具有交叉耐药性。用于治疗犬体表的跳蚤和蜱感染，还可辅助治疗因跳蚤引起的过敏性皮炎。以本品计，内服：犬按下表中的体重范围给药，每12周给药1次。不得用于8周以下的幼犬和/或体重低于2kg的犬。由英特威国际有限公司申请注册获得批准。

17. 复方季铵盐戊二醛溶液。本品为烷基二甲基苄基氯化铵、二癸基二甲基氯化铵和戊二醛等配制而成的棕色澄清液体。属于消毒防腐药，双链季铵盐为阳离子表面活性剂，具有亲脂性，可溶解细菌细胞壁、细胞膜及病毒的囊膜，导致生物膜的渗透性改变及组分外流。戊二醛具有亲水性，可与病毒的衣壳蛋白及微生物的酶结合，使蛋白凝固；戊二醛还可以与微生物的核酸结合，使核酸变性而杀灭微生物。在亲脂消毒剂季铵盐的协助下，戊二醛能进入微生物细胞内快速发挥效力。用于牧场及畜禽栏舍的日常环境消毒。以本品计，浸泡或喷雾：用于病毒消毒时，以1∶200稀释；用于细菌、真菌、霉菌和酵母菌消毒时，以1∶400稀释；用于农场入口消毒池消毒时，以1∶200稀释，应参考农场的日常消毒程序，并根据消毒池人员及车辆等进出的频率和清洁程度，建议每2～3天更换一次消毒液。由世德来有限公司申请注册获得批准。

18. 卡洛芬咀嚼片（犬用）。本品为淡棕色片。属于种非甾体类抗炎药，具有解热、镇痛、抗炎作用，其作用机制与抑制环氧酶活性有关。卡洛芬可选择性地抑制COX-2，从而抑制前列腺素合成。卡洛芬还可抑制大鼠的多形核白细胞（PMN）中几种前列腺素的释放，表明可抑制急性（PMN系统）和慢性（滑膜细胞系统）炎症反应。卡洛芬对体液免疫和细胞免疫反应有调节作用。卡洛芬通过抑制前列腺素的生物合成，对破骨细胞激活因子（OAF）、前列腺素E_1和前列腺素E_2生成具有抑制作用。用于缓解犬骨关节炎引起的疼痛和炎症，用于软组织和骨外科手术的术后镇痛。以卡洛芬计。内服：每1kg体重，犬4.4mg，一日1次，或每1kg体重，犬2.2mg，一日2次。用于6周龄以下或老年犬时，可能出现其他风险，必须使用时，应降低使用剂量并加以临床管理；禁用于妊娠、配种或哺乳期的犬；禁用于具有出血性疾病（如血友病等）的犬，因在这类患犬中安全性尚未确定；禁用于脱水、肾功能、心血管和/或肝功能不全的犬，或与利尿药合用治疗，可能增加肾脏毒性，与具有潜在肾脏毒性药物合用时应慎用并进行监测。由硕腾公司申请注册获得批准。

19. 卡洛芬注射液（犬用）。本品为黄色至浅棕黄色混悬液。属于非甾体类抗炎药，具有解热、镇痛和抗炎作用，其作用机制与抑制环氧酶活性有关。卡洛芬可选择性地抑制COX-2，从而抑制前列腺素合成。卡洛芬还可抑制大鼠的多形核白细胞（PMN）中几种前列腺素的释放，表明卡洛芬可抑制急性（PMN系统）和慢性（滑膜细胞系统）炎症反应。卡洛芬对体液和细胞免疫反应有调节作用。卡洛芬通过抑制前列腺素的生物合成，对破骨细胞激活因子（OAF）、前列腺素E_1和前列腺素E_2生成具有抑制作用。用于缓解犬骨关节炎引起的疼痛和炎症，用于软组织和骨外科手术的术后镇痛。以卡洛芬计，皮下注射：每 1kg 体重，犬 4.4mg，一日 1 次；或每 1kg 体重，犬 2.2mg，一日 2 次。用于 6 周龄以下或老年犬时，可能出现其他风险，必须使用时，应降低使用剂量并加以临床管理；禁用于妊娠、配种或哺乳期的犬；禁用于具有出血性疾病（如血友病等）的犬，因在这类患犬中安全性尚未确定；禁用于脱水、肾功能、心血管和/或肝功能不全的犬，或与利尿药合用治疗，可能增加肾脏毒性，与具有潜在肾脏毒性药物合用时应慎用并进行监测。由硕腾公司申请注册获得批准。

20. 马来酸奥拉替尼片。本品为白色至类白色囊状包衣片，两侧均刻有 AQ 和半片刻痕以及对应不同片剂规格的 S、M 或 L。奥拉替尼是一种合成的细胞内非受体酪氨酸激酶（Janus kinase，简称 JAK）抑制剂，通过抑制多种依赖于 JAK_1、JAK_3 酶活性的诱发瘙痒、炎症的细胞因子以及与过敏有关的细胞因子起作用。该药对与造血有关的细胞因子（依赖于 JAK_2）没有影响。用于控制犬过敏性皮炎引起的瘙痒症和异位性皮炎。以奥拉替尼计，口服：每 1kg 体重，犬 0.4～0.6mg，每日 2 次，连用 14 日。随后一日 1 次维持治疗。仅用于 12 月龄或以上犬。禁止用于 12 月龄以下或体重低于 3kg 的犬。禁止用于育种用犬、怀孕或哺乳母犬。禁止用于感染严重的犬。由硕腾公司申请注册获得批准。

21. 浓碘混合溶液。本品为褐色粘稠液体。消毒防腐药。碘具有强大的消毒作用，可杀灭细菌芽孢、真菌、病毒及部分原虫。碘主要是以分子（I_2）发挥作用，其原理是碘化和氧化菌体蛋白的活性基团，并与蛋白的氨基酸结合而导致蛋白变性或抑制菌体的代谢酶系统。在酸性条件下，游离碘增多，杀菌作用较强。本品对引起乳房炎的病原体如金黄色葡萄球菌、乳房链球菌等有较强的杀灭作用。本品含甘油，可防止皮肤粗糙或在干燥等特殊环境中保护皮肤，有助于预防奶牛乳房炎病原微生物的感染。用于泌乳期奶牛的乳头消毒。外用，使用前将 1 份本品加 3 份洁净水稀释，摇匀。挤奶前，用纸巾擦去乳头上的污物，将乳头浸入稀释好的消毒剂中，确保稀释液至少覆盖乳头的 3/4，作用 15～30 秒钟后，用纸巾将乳头擦干。挤完奶后，立即用稀释液药浴每个乳头，或对每个乳头进行充分喷雾消毒。必要时更换稀释液，稀释液应现配现用。由利拉伐美国生产厂申请注册获得批准。

22. 双羟萘酸噻嘧啶吡喹酮片。本品为白色至微黄色片。属于抗蠕虫药。吡喹酮对猫肠道内主要绦虫的所有发育阶段都有效，如泡状带绦虫、乔伊绦虫、犬复孔绦虫、中殖孔绦虫属和多房棘球绦虫。吡喹酮可被寄生虫体表快速吸收并在寄生虫体内均匀分布，引发寄生虫虫体细胞膜对钙离子通透性的改变，导致寄生虫代谢异常，迅速引起寄生虫体壁内外的严重破坏，导致寄生虫的收缩与麻痹。噻嘧啶为拟胆碱兴奋药，作用与尼古丁类似，通过神经肌肉阻断作用导致寄生虫痉挛性麻痹。噻嘧啶为抗蛔虫的特异性成分，对猫所有线虫均有效，包括猫弓首蛔虫、管形钩口线虫和巴西钩口线虫。用于治疗猫的线虫和绦虫混合感染。如猫弓首蛔虫成虫、管形钩口线虫成虫、巴西钩口线虫成虫、多房棘球绦虫、犬复孔绦虫、泡状带绦虫、中殖孔绦虫属、乔伊绦虫等。以本品计。内服：一次量，每 4kg 体重，猫 1 片（相当于 1kg 体重，双羟萘酸噻嘧啶 57.5mg、吡喹酮 5mg）。体重低于 1kg 的幼猫禁用；由于猫最早可能感染绦虫的时间为 3 周龄，故本品仅适用于 3 周龄以上确诊混合感染的猫；勿用于妊娠母猫。由拜耳动物保健有限责任公司申请注册获得批准。

23. 泰拉霉素注射液。本品为泰拉霉素与硫代甘油等配制而成的无菌水溶液，为无色至微黄色澄明液体。属于大环内酯类抗生素。泰拉霉素是一个半合成的大环内酯类抗生素。大环内酯类抗生素通过与细菌核糖体 RNA 选择性地结合来抑制必需蛋白质的生物合成。它们通过在易位过程中促进多肽- tRNA 从核糖体解离而起作用。与其他许多大环内酯类抗生素不同的是，它的药物作用保持时间较长，部分原因是由于其结构中有 3 个氨基基团。泰拉霉素在体外可有效抑制牛溶血巴氏杆菌、多杀性巴氏杆菌、睡眠嗜血杆菌和牛支原体以及猪胸膜肺炎放线杆菌、多杀性巴氏杆菌和肺炎支原体。治疗和预防对泰拉霉素敏感的溶血巴氏杆菌、多杀性巴氏杆菌、睡眠嗜血杆菌和支原体引起的牛呼吸道疾病；治疗和预防对泰拉霉素敏感的胸膜肺炎放线杆菌、多杀性巴氏杆菌和肺炎支原体引起的猪呼吸道疾病。以泰拉霉素计。皮下注射：一次量，每 1kg 体重，牛 2.5mg（相当于 1mL/40kg 体重）。每个注射部位的给药剂量不超过 7.5mL。颈部肌内注射：一次量，每 1kg 体重，猪 2.5mg（相当于 1mL/40kg 体重）。每个注射部位的给药剂量不超过 2mL。对大环内酯类抗生素过敏的动物禁用；供生产人用乳品的泌乳期奶牛禁用。由硕腾公司申请注册获得批准。

24. 替米沙坦内服溶液（猫用）**。**本品为无色至微黄色的黏稠澄清液体。属于特异性血管紧张素Ⅱ受体 1 型（AT_1）拮抗剂。AT_1 受体激活与血管紧张素Ⅱ对肾脏的血管收缩、水钠潴留、醛固酮合成增加和器官重塑效应有关，AT_2 受体激活与血管舒张、尿钠排泄和抑制非正常细胞增殖有关。替米沙坦对 AT_1 具有高度选择性，对其他 AT 亚型无亲和力。替米沙坦对 AT_1 亲和力强，解离缓慢，为 AT_1 完全拮抗剂，无部分激动剂作用。替米沙坦通过与 AT_1 结合，可使猫的平均动脉血压呈剂量依赖性下降。临床试验显示，患有慢性肾病的猫内服替米沙坦 7 日内，蛋白尿减少。大鼠离体肾脏灌注实验显示，替米沙坦可使肾脏灌流液流速、尿流速和肾小球滤过率呈剂量依赖性增加。大鼠和犬的肾脏效应试验显示，替米沙坦可使尿量和钠排泄显著增加，对肾功能具有有利作用。用于治疗猫慢性肾病引起的蛋白尿。以替米沙坦计。内服：一次量，每 1kg 体重，猫 1mg（0.25mL），一日 1 次。禁用于妊娠或哺乳期的猫；禁用于已知对替米沙坦过敏的猫。德国勃林格殷格翰动物保健有限公司。

25. 乙酸地洛瑞林植入剂。本品为白色至淡黄色圆柱形固体。属于促性腺激素释放激素（GnRH）类似物，通过持续低剂量释放可抑制垂体—性腺轴，从而影响动物合成和/或释放促卵泡素（FSH）和促黄体生成素（LH），进而影响雄性动物的生殖能力。给药后，血浆睾酮水平可能会立即出现短暂升高。给药后 4～6 周，持续低剂量释放的地洛瑞林开始引起雄性生殖器官功能的退化，表现为性欲减退、精子生成减少以及血浆睾酮水平降低。对血浆睾酮浓度的检测表明，药物作用可维持 6 个月。用于健康、性成熟、未阉割雄性犬的暂时节育。背部肩胛间皮下植入：每只犬 1 支；不计体重，每 6 个月给药一次。由法国维克有限公司申请注册获得批准。

26. 博普总碱散。由博普总碱经加工制成的散剂，具有抗炎之功能，主治鸡大肠杆菌性腹泻。混饲：每 1kg 饲料，鸡 0.4g，连用 7 日。由湖南农业大学、湖南美可达生物资源股份有限公司、湖南菲托葳植物资源有限公司和湖南省中药提取工程研究中心有限公司等 4 家单位联合申请注册获得批准。

27. 柴黄口服液。由北柴胡、黄芩等药味制备而成，具有清热燥湿之功能，用于预防高温、高湿引起的鸡体温升高，精神不振和食少。混饮：每 1L 水，鸡 1mL，高温、高湿期间添加。由河北远征药业有限公司、河北锦坤动物药业有限公司、郑州福源动物药业有限公司、河北远征禾木药业有限公司、石家庄石牧动物药业有限公司、河北好施德生物科技有限公司和河北农业大学等 7 家单位联合申请注册获得批准。

28. 柴芍口服液。由柴胡、白芍、枳实、甘草等药味制备而成，具有透邪解郁，疏肝理脾之功能，主治由霉变饲料导致的鸡肝损伤。混饮：每 1L 水，鸡 5mL，连用 7 日。由青岛动保国家工程技术研究中心有限公司、潍坊诺达药业有限公司、山东方舟生物科技有限公司、潍坊华英生物科技有限公司、青岛蔚蓝生物股份有限公司、山东德信生物科技有限公司、河北科星药业有限公司、四川鼎尖动物药业有限责任公司和徐州天意动物药业股份有限公司 9 家单位联合申请注册获得批准。

29. 金香颗粒。由贯叶金丝桃、蜘蛛香、石菖蒲等药味制备而成。具有清热利湿，止痢之功能，主治仔猪白痢。灌服：每 1kg 体重，仔猪 0.25g，一日 1 次，连用 5 日。沈阳伟嘉牧业技术有限公司和郑州福源动物药业有限公司联合申请注册获得批准。

30. 女贞子提取物散。由女贞子经提取加工制成的散剂。具有增强免疫力，促生长之功能。用于促进鸡生长。混饲：每 1kg 饲料，鸡 0.5g。可长期添加使用。由北京生泰尔科技股份有限公司、爱迪森（北京）生物科技有限公司、北京喜禽药业有限公司和生泰尔（内蒙古）科技有限公司 4 家单位联合申请注册获得批准。

31. 七味消滞颗粒。由薏苡仁、稻芽、山楂、淡竹叶、钩藤、蝉蜕、甘草等药味制备而成。具有开胃消滞，清热定惊之功能，主治仔猪积滞化热。证见少食懒动，鼻盘干燥，粪便酸臭或燥结等。混饲：每 1kg 饲料，仔猪 4g，连用 3 日。由西安雨田农业科技有限公司、河北地邦动物保健科技有限公司、湖北武当动物药业有限责任公司、四川德成动物保健品有限公司、河北新世纪药业有限公司、济南亿民动物药业有限公司和福建贝迪药业有限公司 7 家单位联合申请注册获得批准。

32. 芪根可溶性粉。由黄芪、板蓝根、防风和白术（炒）等药味制备而成。具有益气固表，提高鸡的免疫力之功能，用于增强鸡对鸡新城疫弱毒苗的免疫应答。混饮，每 1L 水，鸡 2g，免疫后 12 小时给药，连用 5 日。由青岛农业大学、中国农业科学院兰州畜牧与兽药研究所、中国农业大学、山东鲁港福友药业有限公司、安徽奥力欣生物科技有限公司、山东晟阳生物工程有限公司和青岛百慧智业生物科技有限公司 7 家单位联合申请注册获得批准。

33. 芪芝口服液。由黄芪、灵芝等药味制备而成。具有补中益气之功能，用于提高鸡对鸡新城疫疫苗的免疫应答。混饮，每 1kg 体重，鸡 0.2mL，免疫 2 日后给药，连用 3 日。大连三仪动物药品有限公司、河北普德动物药业有限公司、河南益华动物药业有限公司、江西嘉博生物工程有限公司、辽宁凯为生物技术有限公司、河南森隆动物保健品有限公司和福建贝迪药业有限公司等 7 家单位联合申请注册获得批准。

34. 青蒿甘草颗粒。由青蒿、甘草等药味制备而成。具有清热之功能，用于治疗猪发热。混饲：每 1kg 体重，猪 0.5g，连用 3 日。郑州大学、中国农业科学院兰州畜牧与兽药研究所、商丘爱己爱牧生物科技股份有限公司、郑州百瑞动物药业有限公司、河南中盛动物药业有限公司和太原恒德源动保科技开发有限公司等6家单位联合申请注册获得批准。

35. 双葛止泻口服液。由金银花、葛根、黄芩、黄连、白芍、炙甘草等药味制备而成。具有清热燥湿，解毒止泻之功能，用于仔猪湿热泄泻，证见黄色糊状或稀粥样粪便、或挟有黏液，鼻盘微干等。灌服：一次量，每1kg体重，仔猪0.34mL，一日2次，连用5日。由洛阳惠中兽药有限公司、普莱柯生物工程股份有限公司和河南新正好生物工程有限公司3家单位联合申请注册获得批准。

36. 乌锦颗粒。由乌梅、地锦草、黄连、厚朴、苍术、茯苓、山楂等药味制备而成。具有涩肠止泻、清热燥湿之功能，主治羔羊痢疾。灌服：一次量，每1kg体重，羔羊2g，每日2次，连用2～4日。中国农业科学院兰州畜牧与兽药研究所、青岛农业大学、成都中牧生物药业有限公司、山东德州神牛药业有限公司、中农华威生物制药（湖北）有限公司和安徽奥力欣生物科技有限公司6家单位联合申请注册获得批准。

37. 银黄二陈合剂。由黄芩、金银花、姜半夏、陈皮、茯苓、甘草等药味制备而成。具有清热解毒，燥湿化痰之功能，主治温热咳嗽，鸡传染性喉气管炎见上述证候者。混饮：每1L水，鸡2mL，连用5日。保定冀中药业有限公司、山东派森药业有限公司、保定冀中生物科技有限公司、保定阳光本草药业有限公司和河北农业大学等5家单位联合申请注册获得批准。

38. 肿节风三清颗粒。由肿节风、射干、甘草等药味制备而成。具有清热解毒，止咳平喘之功能，主治鸡热毒壅盛喘咳证。证见发热，咳嗽，痰不易咳出，气喘，张口呼吸，气管啰音或见眼结膜潮红，眼睑浮肿，冠肉青紫色，咽喉肿胀者。混饮，每1kg体重，鸡1.2g，连用5日。广西大学和广西北斗星动物保健品有限公司联合申请注册获得批准。

（以上内容以农业农村部公告为准）

（徐　倩　董义春　段文龙　梁先明）

饲料酶制剂

饲用酶制剂是一种以酶为主要功能因子的饲料添加剂，其主要来源是细菌、真菌等微生物发酵。饲用酶制剂主要有三个功能：一是通过补充内源性消化酶来帮助畜禽对饲料的消化吸收，提高饲料利用率，促进动物生长，同时使畜禽排泄物中有机物等营养物质排泄量大大减少，从而减少对环境的污染；二是降解食物中的抗营养因子如非淀粉多糖、植酸、单宁酸、蛋白酶抑制因子等，提高饲料的营养价值，为开辟新的饲料资源提供思路；三是具有促进肠道健康、生理免疫调控、脱毒解毒、抑菌杀菌以及抗应激抗氧化等功能。

近年来，随着无抗时代的来临，饲用酶制剂作为替抗产品取得了良好应用效果，已成为生物技术在饲料工业应用中的重要领域。由于其绿色无公害、且性价比高，将来在畜牧饲料行业还有很大的发展空间。

一、饲用酶制剂产量

据统计，2019年饲用酶制剂产量19.4万t，同比增长了16.6%。在全国工业饲料总产量同比下降3.7%的情况下，饲用酶还能增长的主要的原因如下：

1. 饲料企业进一步规模化，酶制剂使用普及率更高。2019年，全国10万t以上规模饲料生产厂621家，比上年减少35家，但饲料产量达到10 659.7万t，同比增长3.7%，占全国饲料总产量46.6%，较上年增长3.3个百分点，规模饲料厂酶制剂的使用普及率更高。

2. 禽料中酶制剂的使用更加普遍。受生猪产能急速去化，上半年来多数饲企采取猪料转禽料等方式突破困境。在饲料总产量中，猪饲料占比从上年的43.9%下降到33.5%，禽饲料占比从上年的41.4%上升到50.6%。由于家禽的消化道比较短，在肠道末端的微生物较少，在家禽饲料中添加饲用酶制剂的效果就会更加显著。全球大约有70%以上的家禽饲粮中添加有酶制剂，欧洲近90%的禽料含有酶制剂。我国禽料中酶制剂的使用率也达到83%左右，显著高于猪料。

3. 功能性新酶种的使用增加。近年来，酶制剂在饲料养殖领域的应用技术不断发展，新思路、新理念、新技术不断出现，在杀菌和替抗中取得了很好的应用效果，如葡萄糖氧化酶、过氧化氢酶、溶菌酶等，酶制剂的药用价值受到广泛关注，成为饲料酶制剂的一个新的增长点。

二、饲用酶制剂行业发展动态

1. 龙头企业继续扩张，在生产研发和市场推广中各出新招。广东溢多利成为珠海市重点企业被首批授予省级博士工作站；推出了无抗组合产品，并召开了发布会，多次在国内外重要的展会、会议中介绍其方案，备受饲料企业、行业媒体的关注。

青岛蔚蓝生物下属公司获得非洲猪瘟第三方实验室检测授权；重视专利技术，中国企业专利500强发布，蔚蓝生物列第177位。

武汉新华扬集团主办的2019中国农牧业首脑峰会11月13日在武汉隆重开幕，围绕当下的行业热点以及未来的发展趋势进行深度剖析，明辨挑战与机遇、论道变革之路。

科为博集团与建明集团的合资签约，双方投资合作后，内蒙古科为博注册资本增加到1亿元，北京科为博占70%的股权，建明工业占30%的股权，美国建明成为内蒙古科为博的股东，共同打造世界一流的原料酶与菌的生产基地。

山东隆科特被认定为中国轻工业酶制剂工程技术研究中心，通过ISO14001和ISO45001双体系监督审核。

可以看出在经济效益下降的情况下，有资本运作的如酶制剂第一家上市企业溢多利及2019年上市的青岛蔚蓝生物，仍专注于研发，推出新产品；新华扬、科为博等多与行业交流或寻求合作。有活力的酶制剂企业在积极的探索企业发展之路，深耕于绿色的添加剂、专注于产品方案。

2. 姚斌研究员当选中国工程院2019年院士。姚斌研究员是饲用酶制剂研发的领军人物，在国内率先开展生物活性饲料添加剂的分子生物学与基因工程的研究，建立了国内饲料研究中第一个分子生物学实验室，研究方向主要集中在饲料用酶制剂及其他生物活性物质的分子生物学和基因工程改良、高效表达目标产品的重组微生物生物反应器的构建等。

在长期的饲料用酶工程研究过程中，建立了完整、高效的饲料用酶研发体系，开发了系列产品，支撑我国饲料用酶迅速发展成具有国际竞争力的高新技术产业。研发出19种饲料用酶品种，成为市场上的主导品种和先导品种，实现了饲料用酶的全面国产化。

3. 非洲猪瘟促使饲料企业对酶制剂耐温性能更加关注。猪同源性原料带毒是非洲猪瘟疫情传播的重要原因，高温制粒是阻断饲料传播非洲猪瘟的最后一道防线，饲料酶制剂如何提高耐温性，通过85℃ 3min的高温制粒，成为行业企业关注焦点。如溢多利通过分子生物学改造，使其耐高温植酸酶，在85℃处理5min，保留率在85%以上，完全可以满足高温制粒的使用条件。

三、饲用酶制剂应用新进展

1. 饲用酶制剂在饲料原料生产上的应用。通过使用专门的酶制剂，酶解鱼粉和豆粕等饲料原料中的抗营养因子和过敏源性蛋白，生产高质量的饲料原料。这种情况下也可以有专门的酶，如酶解鱼粉和豆粕等。2019年溢多利首次在行业内推出液体、小肽含量稳定的酶解鱼浆产品，能起到较好的鱼粉替代效果。

2. 饲用酶制剂在替代抗生素中的应用。随着饲料添加抗生素的禁用以及人们对无抗产品的需求，以葡萄糖氧化酶、过氧化氢酶、溶菌酶等为代表的保障畜禽健康、减少甚至取代抗生素使用的系列酶制剂的应用取得了良好的应用效果。其中葡萄糖氧化酶的效果已基本得到公认，大量的实验表明其对乳猪、母猪、肉鸡、蛋鸡等均有一定效果。之前葡萄糖氧化酶在实际饲料生产使用中，存在耐温性差、产量少、酶活较低、生产制备工艺复杂、生产成本较高等缺点，随着近几年的研发及生产工艺改进，已完全可以满足畜禽饲料制粒的温度限制，生产成本也已大大降低，是替代抗生素产品的选择之一。

3. 饲用酶制剂在反刍动物营养上的应用。很多研究表明，向反刍动物饲粮中添加外源酶制剂可提高肉牛、肉羊增重和奶牛产奶量，这些动物生产性能的提高主要归因于饲料消化率的提高。大量生产研究也表明，外源酶的添加不仅不会破坏抑制内源酶，而且能帮助和促进动物的消化吸收，从而进一步肯定了饲用酶制剂在反刍动物生产中的应用。

外源酶被认为是提高反刍动物粗饲料利用率和生产效率的有效方法，采用酶技术提高家畜饲料利用效率已不再是新技术手段。近年来，随着酶制剂企业不断完善应用，市场上已经有了效果确切的适合反刍动物专用的酶制剂产品。

四、饲用酶制剂行业的机遇和挑战

饲用酶作为一种新型绿色、安全、高效的生物催化剂，在解决饲料资源匮乏、畜牧业可持续发展等方面潜力无限。我国是饲料生产和使用大国，最大限度地发挥酶制剂的生物催化效率，提高现有饲料资源的利用率，积极拓展各种非常规饲料原料在饲料中的应用，是每一个有社会责任担当的酶制剂企业的当务之急。

1. 国家将生物酶制剂列入战略性新型产业。通过酶制剂生产出的产品，不仅能降低成本、节约资源，还有助于新产品的开发。

2. 酶制剂的催化不存在耐药性、药物残留等问题，是一种新型、高效、绿色环保的抗生素替代物。

3. 饲用酶制剂产业主要问题：①研发资金和人员投入不足，应用研发相对落后；②产品同质化严重，恶性竞争问题突出；③新产品、新市场的培育缓慢；④知识产权保护力度有待提高。

（芦　雪）

饲用酵母源饲料

酵母是一种伴随着人类社会发展的工业化成万吨生产的有益微生物，能够高效地将无机氮源转化为有机氮源，制造人类所需要的蛋白质。随着酵母类产品深度开发，酵母年产能以 10%以上的速度递增。酵母富含蛋白质（40%以上）、核酸（8%以上）、β-葡聚糖（20%以上）、甘露聚糖（20%以上），另外还含有丰富的 B 族维生素、微量元素、辅酶及矿物质，可以深度开发并应用于食品、保健食品、动物保健品、药品、化妆品、生化培养基等领域。

饲料酵母作为一种纯天然的功能性饲料添加剂，可向动物胃肠道内的微生物提供代谢营养底物，通过滋养微生物和刺激它们的代谢活性维持和改善动物胃肠道内的微生物生态环境，可显著提高动物机体的抗应激能力、提高机体免疫力、减少抗生素使用、改善生态环境、保障食品安全、提高产品品质，同时可以改善饲料的适口性和消化性能、提高饲料利用率和养殖效益。

通过近 40 年的发展，饲料酵母已经成为一个不可替代的且独立的细分市场。

一、产业结构

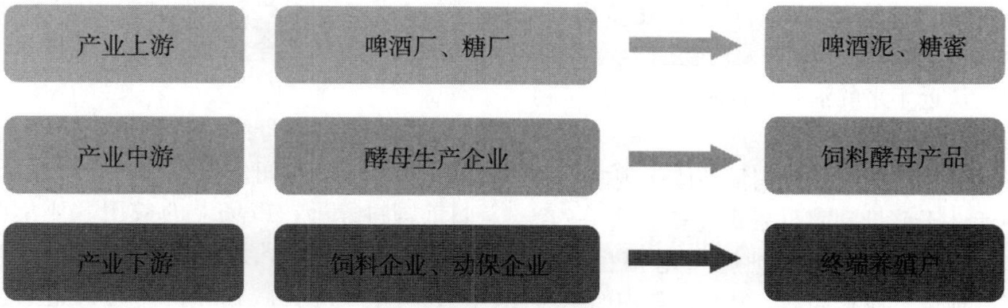

图 1　饲料酵母产业结构

饲料酵母产业结构有：上游原材料供应，中游饲料酵母生产商，下游饲料及动保生产企业，此外还有贯穿产业链的物流配送厂家等（图 1）。饲料酵母的供应关系和供应链正处于快速发展和不断完善的过程当中。

1. 上游市场。处于行业上游的企业主要包括啤酒厂和糖厂，主要向产业链中游企业提供啤酒泥、糖蜜等主要原材料。

2015—2019 年，全国啤酒消费量出现连续 5 年持续下滑，对应的啤酒酵母产量也呈现持续下降，据国家统计局数据显示，2019 年 1～12 月全国啤酒产量为 3 765.3 万 t，啤酒酵母泥约占啤酒产量的 0.15%（干物质），据此推算，利用啤酒酵母泥生产出来的干态啤酒酵母总量为 5.65 万 t，同比略下降 1.2%（图 2）。啤酒酵母泥产量下降而饲料酵母的需求却持续火热，上游啤酒厂强势上涨酵母泥招标价格，啤酒酵母加工原料成本一路走高。因此，未来酵母很可能成为一个资源型产品，价格会升高，这将会导致附加值低的酵母粉的产量越来越低，迫使企业继续转向利用价值和附加值更高的破壁型酵母和酵母细胞壁产品。

由于上游的啤酒泥和糖蜜等原材料的产量直接制约了中游饲料酵母加工企业的酵母深加工的产能，所以在未来 3 年内，饲料酵母产品价格仍不会有大幅度的回落，而上升的可能性会更大。

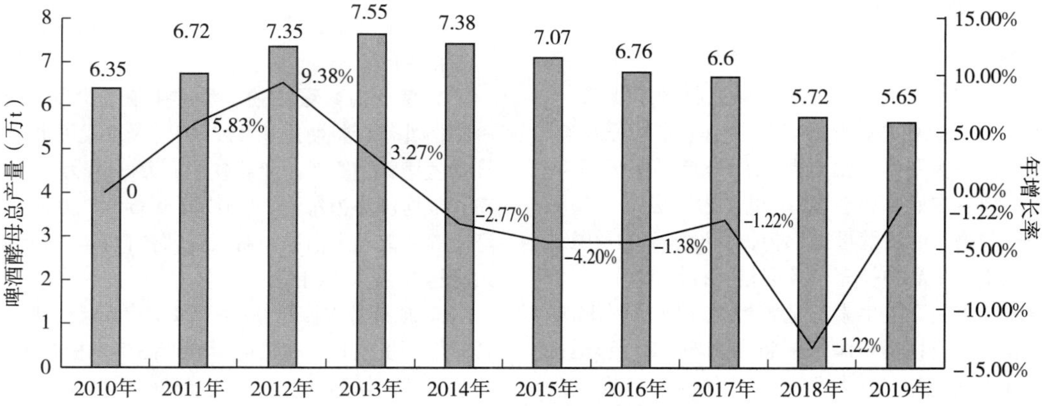

图 2　近 10 年全国啤酒酵母总产量统计

2. 中游市场。处于行业中游的企业主要为包括雅琪在内酵母及酵母衍生物生产企业。从供求方面看，我国饲料酵母行业的绝大多数产品处于供不应求的强竞争状态，2019 年总体生产能力依然小于市场需求，因而供应方依然处于市场强势地位，即卖方市场。

另外，不容忽视的是中游企业生产成本持续增加，一方面煤改气后，天然气价格一路上涨，加工干燥成本持续增加，酵母泥运输成本、人力成本等都不同程度增加，另一方面酵母生产属于高污染行业，环保压力大，环保处理费用高，导致饲料酵母行业生产成本持续走高。

3. 下游市场。处于行业下游的产业主要包括饲料厂、动保厂及养殖终端，目前我国饲料行业和养殖行业对酵母源生物饲料及添加剂的认知正逐步提高，作为替抗的添加剂，酵母成为广大动物营养专家新宠，前景广阔，从近年来的消费数据来看，基本呈稳定性增长。

在行业大背景下，饲料酵母销量整体呈现较大幅度增长，其中活性干酵母和酵母硒市场增长 5%，酵母水解物增幅高达 20%，酵母细胞壁增幅也高达 12%，曾一度出现供不应求局面，断货的情况时有发生（表 1）。

表 1　2019 年主要新型酵母源生物饲料产销量统计

产品名称	2019 年产销量（t）	2018 年产销量（t）	较 2018 年增长（%）
活性干酵母	6 750	6 600	2.3
酵母水解物	18 500	18 000	3.0
酿酒酵母细胞壁	10 500	10 000	5.0
酵母硒	4 350	4 200	3.6
合计	40 100	38 800	3.6

二、发展机遇与挑战

1. 发展机遇。酵母工业属于生物产业中的生物制造业，生物产业是我国七大战略性新兴产业之一。2010 年 4 月，农业部召开的“对中小企业支持方案”研讨会，再一次明确对酵母类微生态产品的支持 30 年不变，随后农业部公告（第 2038 号）公布，将酿酒酵母培养物、酿酒酵母提取物、酵母水解物及酿酒酵母细胞壁 4 个品种补充至《饲料原料目录》。

随着“滥用”抗生素的危害性越来越受到重视，农业部表示，药物饲料添加剂将在 2020 年全部退出市场，且明确规定了减抗限抗的具体时间！从 2015 年 9 月 1 日到 2017 年 6 月 22 日，农业部罕见高密度连续 3 次出台抗生素“限/禁用”相关政策与计划，彻底解决水产畜牧养殖业抗生素滥用问题的决心彰显无疑，对于饲料酵母企业来讲，这既是挑战更是机遇，饲料酵母功能性替代产品市场空间巨大。

2. 行业挑战。

（1）饲料酵母产品众多，饲料酵母行业的标准、国家标准制定相对落后。广东雅琪生物股份有限公司 2019 年联合行业内其他知名厂家制订了酵母水解物团体标准，标志着酵母水解物质量控制迈向新的台阶。而欧美等发达国家酵母市场已经比较成熟，在国际市场上应用效果较好。

（2）目前饲料酵母的市场竞争主要体现在高档产品市场和中低档产品市场的竞争。我国饲料酵母创新能力不强和知识产权问题制约了高档饲料酵母的应用和发展，市场竞争的焦点依然是技术、标准和产品质量。

（3）饲料酵母终端消费成本高，加之上游原料招标价格高涨，中间生产成本高，产品价格不断走高。目前饲料酵母在市场上的应用主要集中在：单胃动物、反刍动物、乳猪教槽料、高档水产料、观赏鱼及宠物料中，而在微利经营的禽料企业按照每吨添加 1.2kg，其成本要增加 30 元左右，如何让所有企业都用得起酵母，是饲料酵母行业急需解决的难题。

三、饲料酵母应用

1. 减少鱼粉在饲料水产饲料中使用。我国是世界最大的鱼粉消费国，据估计年鱼粉消费量约为 130 万 t。全世界鱼粉年产量 600 万 t 左右，贸易量约 400 万 t。我国每年进口鱼粉量约为 100 万 t，消费量和进口量都是世界鱼粉总产量和贸易量的近 1/4。据不完全统计，我国每年的鱼粉产量为 40 多万 t，因此，即使考虑豆粕的替代作用，市场每年鱼粉供给缺口仍约有 80 万 t。近年来鱼粉价格上升、资源短缺，饲料企业对鱼粉从相爱转变为相杀，即采取鱼粉替代来降低饲料成本，经大量实验证明，饲料酵母可部分或全部替代鱼粉，且不会造成饲料中蛋白质消化率的下降。

2. 替代血浆蛋白粉。喷雾干燥血浆蛋白粉在我国高档乳仔猪料使用量 4%～5%，按我国近 200 万 t 乳猪教槽料计算，每年将使用 8 万～10 万 t 血浆蛋白粉（平均价格为每吨 28 000 万～35 000 万元），利用酵母等功能性蛋白原料替代血浆蛋白粉，每年销售收入可达 30 亿元以上。

3. 减抗替抗。自 2017 年 1 月 1 日起，欧盟全面禁止使用抗生素，将给酵母类产品带来极好机会。作为重要免疫增强剂产品的功能性酵母产品越来越受关注，很多饲料厂将酵母作为常规添加成分，市场需求巨大。印遇龙、麦康森等院士和专家多次在行业大会上向与会人员分享了酵母细胞壁半替代抗生素、酵母水解物代替血浆研究的成果，鼓励行业应多关注酵母源生物饲料，认为酵母源生物饲料在减少抗生素的用量、缓解蛋白质资源短缺等方面具有广泛的应用前景。

四、饲用酵母未来发展思路

1. 组建饲料酵母行业协会。组建行业协会，为行业健康和可持续发展建言献策，抛弃单兵作战模式，整合资源，形成利益共同体。统一制定行业生产、加工以及产品标准，这样才能极大地提高我国饲料酵母生产企业的竞争力。

2. 进一步规范市场行为。政府加大监管力度，规范企业的公平竞争环境，保护市场价格，减少恶意竞争。

3. 加大研发投入。饲料酵母企业一定要与高校或科研院所进行紧密的产学研合作，转化研发成果，提高产品的质量和技术含量，优化生产能力和工艺，加大对对酵母源生物饲料产品的投入与研究，促进整个酵母生物饲料业健康、良性、快速发展，为推动饲料和食品安全做出积极贡献。

4. 开发新产品。不断开发新饲料、酵母新品种，为饲料酵母持续注入新鲜血液，同时在稳定现有产品产销能力下，拓展酵母在饲料行业的使用。

5. 销售模式创新。运用互联网和跨界思维，大胆创新，引入粉丝经济、物联经济、资本经济、实现多点盈利、多方共赢的局面。

（陈训银　董爱华　高波　汤学敏）

益生素应用研究进展

长期以来，抗生素具有提高动物生长性能、产品质量、改善机体健康、提高动物对外界各种应激的承受能力等作用而被养殖者广泛地运用到生产养殖过程中，尤其在养殖业中得到最为广泛的应用。然而，随着人们对食品安全问题的重视不断提高，抗生素在养殖生产中滥用所导致的耐药性和药物残留等问题逐渐受到重视。我国在2020年将全面禁止促生长饲用抗生素在养殖生产中应用，寻找符合绿色生态养殖业发展要求的饲用抗生素替代品将是解决这一问题的有效途径。

益生素又称益生菌、微生态制剂等，是指可以直接饲喂动物，并通过调节动物肠道稳态达到预防疾病、促进动物生长和提高饲料转化率的活性微生物或其培养物。益生素作为一种无毒、无副作用的新型绿色饲料添加剂，其有望成为抗生素替代品之一。2019年，我国关于益生素的研究应用涉及家禽、猪、反刍动物、水产养殖和特种经济动物等领域，为益生素在动物生产中的广泛应用提供了宝贵经验。

一、益生素研究概述

Lilley和Stillwell在1965年第一次提出益生素（Probiotics）的概念，即由一种微生物分泌的用于刺激另一种微生物的物质。随后，美国学者将益生素定义为维持肠道内微生物平衡的微生物或物质。美国食品与药品管理局把益生素定义为可以直接饲喂的微生物制剂。在1991年，我国学者提出“饲用微生物添加剂”这一概念。总之，益生素是指能通过改变肠道微生态平衡，对宿主产生积极影响，从而有助于减少肠道致病菌有害影响的活的微生物饲料制剂。农业部《饲料添加剂品种目录（2013）》规定的可以直接饲喂动物的饲料级微生物添加剂菌种共34种，其中在畜牧生产中最常用的益生素种类有芽孢杆菌类（芽孢杆菌、枯草芽孢杆菌等）、乳酸菌类（嗜乳酸杆菌、双歧杆菌等）和酵母菌类（酿酒酵母、石油酵母等）。

二、益生素的作用机制

益生素在动物体内发挥作用的机制主要包括优势菌群学说，生物夺氧理论和竞争排斥理论。益生素进入动物体后可通过增强有益菌菌群优势和抑制致病菌繁殖来维持肠道微生态平衡。益生素制剂中的需氧菌种，可以迅速消耗肠道中的氧气，使肠道处于无氧或少氧的状态，从而抑制机体肠道内部分需氧有害病原菌的生长繁殖与定植，促进有益菌的生长繁殖与定植。另外，肠道内有益菌可与有害致病菌竞争肠道黏膜上皮的定植位点，抑制有害致病菌在肠道内的定植，从而减少有害致病菌数目，促进动物生长，增强机体免疫能力，改善畜禽产品品质。

三、益生素在畜牧生产中的应用

2019年益生素在畜牧生产上的应用研究涉及家禽、猪、反刍动物、水产养殖、特种经济动物等领域。研究较多的动物依旧是家禽和猪，但在反刍动物研究中较2018年有大幅增加；在益生素种类方面，研究较多的是乳酸菌、芽孢杆菌和酵母菌；在益生素应用形式方面，复合益生素及益生素与酶制剂、中草药等方面研究较多；在益生素应用效果方面，益生素主要起到维持肠道菌群平衡，改善动物肠道健康，提高机体免疫机能，促进营养物质吸收与利用，进而达到提高生产性能的作用。

1. 益生素在家禽生产中的应用。综述2019年我国有关益生素在家禽生产中的应用研究，按照研究对象、益生素组成、添加剂量、试验期、应用效果等方面内容归纳成表1。从研究对象来看，2019年国内关于益生素在家禽上的研究主要集中于肉鸡和蛋鸡，此外，在地方鸡种和肉鸭上也有少量研究。从益生菌组成来看，益生素在家禽生产中的应用有单一益生素、复合益生素及益生素与酶制剂、中草药等多种方式，其中以复合益生素的应用最为广泛，效果最佳。从添加方式来看，益生素在家禽生产中的应用主要通过添加至饲料中或饮水中进行，也有少量研究通过喷洒益生素来改善禽舍环境，这为微生态制剂的利用提供了新的思路。从应用效果来看，益生素的使用能够提高家禽抗氧化能力和免疫能力，维持肠道菌群结构，从而促进肠道健康，提高养分消化利用率，提高生产性能。同时，益生素的添加还可以缓解家禽由于冷应激、热应激和免疫应激所引起的损伤，维持动物健康。

表1　益生素在家禽生产中的应用

研究对象	益生素组成	添加剂量	试验期	应用效果	参考文献
柳州麻鸡	丁酸梭菌、乳酸菌、地衣芽孢杆菌、枯草芽孢杆菌和双歧杆菌，有效活菌含量≥1×10^{7} CFU/mL	0.5%	30d	提高体增重，肠道酶活和机体免疫指标	刘欢欢等
青脚麻鸡	复合益生菌制剂：双歧杆菌、乳酸杆菌、粪链球菌和酵母菌，有效活菌含量≥1×10^{7} CFU/g	50mg/d	14d	提高某些有益菌的定植丰度，上调小肠上皮组织中紧密连接相关基因的表达，促进绒毛的生长，影响肉鸡早期和后期的生长性能	梅文晴等
白羽乌骨雏鸡	复合益生菌制剂：丁酸梭菌，有效活菌含量≥1×10^{9} CFU/L；枯草芽孢杆菌，有效活菌含量≥1×10^{12} CFU/L；地衣芽孢杆菌，有效活菌含量≥1×10^{12}CFU/L	0.01%	42d	提高雏鸡的平均体重，增加鸡的胸腺指数和法氏囊指数，促进十二指肠和盲肠内乳酸杆菌和双歧杆菌增殖	张雷等
脱瘟土鸡	优菌肽：含乳酸菌、枯草芽孢杆菌、产朊假丝酵母等十多种益生菌，有效活菌含量≥2×10^{7}CFU/g	未见说明	40d	影响寄生菌群，抑制病原菌生长，减少疾病发生，提高鸡饲料转化率，降低饲料成本	杨艳红等
爱拔益加肉仔鸡（AA肉鸡）	发酵乳杆菌，有效活菌含量≥1×10^{9}CFU/g；凝结芽孢杆菌，有效活菌含量≥1×10^{10}CFU/g	0.1%	28d	对感染肉鸡的肠道微生物具有调控作用，其中添加凝结芽孢杆菌有利于肠道绒毛发育，缓解肠道损伤，一定程度上提高了肉鸡的生长性能	夏亿等
雪峰乌骨鸡	复合益生菌发酵饲料：酵母菌、枯草芽孢杆菌、植物乳杆菌和屎肠球菌	未见说明	35d	提高日粮养分表观消化率，改善肉品质，但添加比例与效果相关性不明显，以100%替代效果最佳	陈婷等
AA肉鸡	凝结芽孢杆菌制剂，有效活菌含量≥3×10^{6}CFU/g	未见说明	21d	对饲料转化率和腹泻率有一定程度的改善	王乙茹等
大骨鸡	益生菌及有机酸复合制剂：乳酸杆菌、枯草芽孢杆菌，有效活菌含量≥5×10^{9}CFU/g	0.3%	63d	提高大骨鸡生长性能和免疫水平，对肉品质有一定的改善作用	李万军等
AA肉鸡	乳酸杆菌，有效活菌含量≥6×10^{8} CFU/g	1×10^{8} CFU/kg	42d	与抗生素具有相同的促生长效果，提高肉鸡抗氧化能力和免疫水平	李龙等
AA肉鸡	凝结芽孢杆菌，有效活菌含量≥1×10^{10}CFU/g	3×10^{6} CFU/g	21d	改善肉鸡生长性能，与提高饲料碳水化合物和脂肪的消化、吸收效率有关	夏涛等

（续）

研究对象	益生素组成	添加剂量	试验期	应用效果	参考文献
罗斯 308 白羽肉鸡	复合活菌制剂：双歧杆菌、乳酸杆菌、粪链球菌和酵母菌，有效活菌含量≥1×10^7CFU/g	0.05g/(只·d)	14d	提高肉鸡的生长性能，参与机体免疫调节，并对 LPS 引起的肝脏炎症反应有一定的缓解作用	郝雅蓉等
罗斯 308 白羽肉鸡	复合益生菌：枯草芽孢杆菌，有效活菌含量≥1×10^7CFU/g；植物乳杆菌，有效活菌含量≥1×10^8CFU/g；乳酸片球菌，有效活菌含量≥1×10^8CFU/g；戊糖片球菌，有效活菌含量≥1×10^8CFU/g	未见说明	35d	降低肉鸡料肉比及死淘率，提高鸡肉品质	郭王勇等
AA 肉仔鸡	复合益生菌制剂：乳酸菌、枯草芽孢杆菌和酵母菌，有效活菌含量≥4×10^9CFU/g	0.6%	42d	提高肉仔鸡的平均日增重，降低料重比，改善生产性能，增强肉鸡的免疫功能	刘淑娇等
罗曼粉蛋鸡	复合益生菌制剂：乳酸菌制剂、粪链球菌、双歧杆菌、芽孢杆菌制剂和酵母菌，有效活菌含量≥2×10^{10}CFU/g	0.3%	364d	提高蛋鸡的产蛋量、蛋重，降低料蛋比，提高饲料转化率，提高机体免疫力和性激素水平、提前开产时间和产蛋高峰期，延长产蛋高峰期和产蛋时间	乔立东
京粉 2 号蛋鸡	复合益生菌制剂：包含丁酸梭菌及其复合菌剂（凝结芽孢杆菌和地衣芽孢杆菌），有效活菌含量≥1×10^9CFU/g	未见说明	84d	缓解夏季高温对产蛋鸡生产性能和蛋品质造成的负面影响，并延长鸡蛋存放时间，改善血清生化指标	郑超等
海兰褐蛋雏鸡	复合益生菌制剂：海洋红酵母菌，有效活菌含量≥1.6×10^8 CFU/kg，枯草芽孢杆菌，有效活菌含量≥6.7×10^{10} CFU/hg	未见说明	28d	提高蛋雏鸡的生长性能，改善肠道形态，增强免疫功能	李玲茜等
罗曼褐蛋鸡	益生菌微生态制剂：枯草芽孢杆菌、地衣芽孢杆菌、植物乳杆菌、酿酒酵母、粪肠球菌及多种细菌代谢产物，有效活菌含量≥1.3×10^9CFU/g	0.1%	30d	提高生产性能和鸡蛋的蛋白高度、蛋黄颜色和蛋壳颜色	褚素乔等
海兰褐蛋鸡	发酵复合益生菌：枯草芽孢杆菌、乳酸菌和酵母菌，有效活菌含量≥1×10^{11}CFU/g	0.1%	30d	提高蛋鸡生产性能，改善蛋品质和提高抗体水平	管倩等
天府肉鸭	枯草芽孢杆菌和柠檬酸杆菌	1.0%	21d	提高肉鸭生长性能和屠宰性能	申红春

2. 益生菌在猪生产中的应用。2019 年我国有关益生素在猪生产中的应用研究见表 2。从研究对象来看，2019 年益生素在断奶仔猪和育肥猪上的研究相对较多，而在哺乳仔猪、母猪和地方猪种上的研究较少。从应用形式来看，益生菌的使用主要集中于复合益生素及益生素与寡糖、中草药等形式。从菌种组成上来看，乳酸菌、酵母菌、芽孢杆菌和丁酸梭菌等是主要的利用菌种。从应用效果看，益生素能够促进断奶仔猪胃肠道的生长发育，增强肠道物理屏障和免疫屏障，维持肠道微生态区系平衡，从而提高养分消化率，降低腹泻率，促进动物生长。另外，益生素的添加还能改善育肥猪生长性能、胴体性状和肉品质，从而提高猪生产经济效益。

表 2　益生素在猪生产中的应用

研究对象	益生素组成	添加剂量	试验期	应用效果	参考文献
杜×长×大三元生长猪	复合益生菌制剂：包含乳酸杆菌和芽孢杆菌，有效活菌含量≥1×10^{10} CFU/g	0.05%	45d	对生长猪的生长性能有促进作用，但对肥育猪的生长性能影响较小，对肉质有一定负面作用，提高结肠菌群的丰富度指数，对菌群结构也有一定影响	李宗凯等
杜×长×大三元生长猪	猪源罗伊氏乳杆菌，有效活菌含量≥5×10^{10} CFU/kg	未见说明	166d	提高猪常见病毒疫苗免疫后的抗体水平，提示其不仅可以作为饲用抗生素的潜在替代品，同时在预防和治疗猪病毒性疾病方面具有应用前景	冯军森等
杜×长×大三元断奶仔猪	复合益生菌制剂：植物乳杆菌、枯草芽孢杆菌、产朊假丝酵母和扣囊复膜孢酵母，有效活菌含量≥9.8×10^{9} CFU/g	0.2%	40d	提高断奶仔猪的生长性能，血清免疫球蛋白含量和粪便乳酸杆菌数量	陈国福等
杜×长×大三元杂交生长猪	益生菌：枯草芽孢杆菌，有效活菌含量≥2.5×10^{9} CFU/kg；酵母菌，有效活菌含量≥1×10^{9} CFU/kg；嗜酸乳杆菌，有效活菌含量≥2.5×10^{9} CFU/kg	0.15%	60d	提高仔猪机体免疫能力和生长性能，提高血清中 IgG 和 IgA 水平，促进机体吸收营养物质，提高仔猪生长性能	龚泽修等
巴马香猪	复合益生菌制剂：乳酸菌和酵母菌发酵液，有效活菌含量≥1.2×10^{6} CFU/g	200mL/(头·d)	110d	影响血浆生化指标和繁殖激素含量，改善机体对营养物质的吸收利用，利于母猪繁殖性能的提高	马翠等
杜×花二元杂育肥猪	半固态发酵制剂：乳酸菌和嗜酸乳杆菌，有效活菌含量≥1×10^{9} CFU/g	未见说明	150d	各试验组猪群的粪便评分与腹泻率均低于对照组	阳林芳等
长×白二元育肥猪	枯草芽孢杆菌，有效活菌含量≥1×10^{7} CFU/g；益生菌制剂：乳酸菌，有效活菌含量≥1×10^{8} CFU/kg；枯草芽孢杆菌，有效活菌含量≥1×10^{10} CFU/kg；酵母菌，有效活菌含量≥1×10^{10} CFU/kg	3g/kg	45d	对生长后期育肥猪生长性能和养分表观消化率的作用效果不显著	程皇座等
长大母猪	益生源：枯草芽孢杆菌和地衣芽孢杆菌	1.5g/kg	120d	提高胎盘的厚度，降低胎盘的面积，增加窝均产仔数与窝均产活仔数，改善母猪的繁殖性能	张吉鹍等

3. 益生素在反刍动物生产中的应用。 2019 年我国有关益生素在反刍动物生产中的应用研究见表 3。与 2018 年相比，益生素在反刍动物生产中的应用研究有所增加，其中涉及的菌种主要有地衣芽孢杆菌、枯草芽孢杆菌和乳酸菌等。从添加方式来看，日粮中添加复合益生素以及加酶益生素的使用方式较为常见。总体来说，日粮中添加益生素能够改善反刍动物瘤胃发酵环境，促进肠道生长发育，维持肠道菌群结构，从而提高营养物质消化吸收能力、增强免疫性能和生产性能。另外，复合益生素及中药微生态制剂添加至饲粮中可提高奶牛的产奶性能和乳品质，预防乳房炎，提高肉牛屠宰率和肉品质，从而提高畜牧生产的经济效益。

表3 益生素在反刍动物生产中的应用

研究对象	益生素组成	添加剂量	试验期	应用效果	参考文献
荷斯坦奶牛	复合益生菌：酵母培养物，有效活菌含量≥3×10^9CFU/g，芽孢杆菌，有效活菌含量≥1.2×10^{11}CFU/g	100g/(头·d)	42d	缓解热应激对奶牛生产性能的影响	汤志宏等
荷斯坦奶牛	复合益生菌制剂：乳酸杆菌，有效活菌含量≥9×10^9 CFU/g；酵母菌和枯草芽孢杆菌，有效活菌含量≥4.5×10^9 CFU/g	40g/d	60d	提高奶牛的生产性能、乳品质，减少体细胞数量	廖智慧等
泌乳中后期荷斯坦奶牛	复合益生菌：地衣芽孢杆菌，有效活菌含量≥1×10^9 CFU/g；枯草芽孢杆菌，有效活菌含量≥2×10^9 CFU/g；和米曲霉，有效活菌含量≥2×10^4CFU/g	20g/(头·d)	45d	改变瘤胃菌群结构，改善瘤胃发酵，提高瘤胃微生物蛋白浓度，提高粗蛋白质和中性洗涤纤维的表观消化率，进而提高奶产量和饲料利用率	刘程等
荷斯坦奶牛	复合益生菌制剂：乳酸菌、枯草芽孢杆菌和丁酸梭菌，有效活菌含量≥1×10^9CFU/g	2%	60d	提高奶牛产奶量及乳品质	胡蕾等
娟姗牛与荷斯坦牛杂交的青年牛	青黄贮专用菌：主要微生物有乳酸片球菌、植物乳杆菌、屎肠球菌、粪肠球菌等；加强型EM菌青贮饲料专用发酵剂：主要微生物有乳酸菌、枯草芽孢杆菌、沼泽红假单孢菌及复合酶制剂等；增香青贮微贮剂：主要微生物有产朊假丝酵母、枯草芽孢杆菌、乳酸片球菌等；青贮宝：主要微生物有乳酸片球菌、植物乳杆菌	未见说明	60d	增香青贮微贮剂在青年牛生产中应用效果最佳	周晓情等
断奶西门塔尔犊牛	枯草芽孢杆菌基因工程菌，有效活菌含量≥1×10^{10} CFU/g；屎肠球菌，有效活菌含量≥1×10^{10} CFU/g	2×10^{10} cfu/(头·d)	60d	提高犊牛的生长性能，改善瘤胃发酵环境，对犊牛的健康生长有益	聂炼等
娟荷育成牛	复合益生菌：枯草芽孢杆菌和酵母菌	50g/(头·d)	67d	提高育成牛的生长性能、免疫功能和抗氧化性能，降低氨气的排放、净化养殖环境	梁金逢等
努比亚母山羊	复合益生菌制剂：植物乳杆菌，有效活菌含量≥2×10^6CFU/mL；酵母菌，有效活菌含量≥1×10^6CFU/mL	0.4%	60d	提高舍饲山羊的血清免疫球蛋白含量，改善其抗氧化功能，具有提高其育肥性能的趋势	彭涛等
杜寒杂交母羊	复合益生菌制剂：枯草芽孢杆菌、光合细菌、酵母菌、双歧杆菌和黑曲霉菌，有效活菌含量≥1.5×10^9 CFU/g	100g/(只·d)	60d	改善杜寒杂交肉羊背最长肌中脂肪酸和风味物质的组成和含量	刘旺景等
杜寒杂交肉羊	益生菌发酵豆秸：塔宾曲霉、乳酸菌和枯草芽孢杆菌，有效活菌含量≥1×10^9 CFU/g	1%	56d	提高肉羊的生长性能和其血清中总蛋白（TP）、白蛋白（ALB）含量，降低血清中谷丙转氨酶（GPT）、尿素氮（BUN）、谷草转氨酶（GOT）的含量，从而提高肝、肾代谢功能	汪源泉等
努比亚山羊	益生菌制剂：乳酸菌和酵母菌，有效活菌含量≥2×10^9CFU/mL	0.4%	30d	提高舍饲山羊的生长性能，改善其机体免疫水平和抗氧化功能	尚含乐等

（续）

研究对象	益生素组成	添加剂量	试验期	应用效果	参考文献
生长期公湖羊	复合益生菌：地衣芽孢杆菌，有效活菌含量≥2×10⁹ CFU/g；枯草芽孢杆菌，有效活菌含量≥2×10⁹ CFU/g；米曲霉，有效活菌含量≥2×10⁴ CFU/g	1g/kg	45d	显著提高生长期湖羊日增重、饲料转化效率，增强抗病力	何韵秋等
断奶小尾寒羊	益生菌制剂：酵母菌、黑曲霉和枯草芽孢杆菌，有效活菌含量≥8×10⁸ CFU/g	60%	60d	促进肉羊生长，提高养分利用率	刘太峰

4. 益生素在水产养殖中的应用。2019年我国益生素在水产养殖中的应用见表4。从研究对象来看，2019年我国益生素在水产养殖中的研究涉及了鱼和凡钠滨对虾等动物个体。从应用菌种来看，有关芽孢杆菌和乳酸菌的研究居多。总体来看，在水产饲料中添加益生素可以提高动物的消化酶活性，增强免疫功能和抗氧化能力，促进机体生长，进而提高水产养殖的经济效益。

表4 益生素在水产养殖中的应用

研究对象	益生素组成	添加剂量	试验期	应用效果	参考文献
凡纳滨对虾	假交替单胞菌和微小杆菌，有效活菌含量≥1×10¹¹ CFU/mL	未见说明	60d	影响对虾肠道优势菌群的种类，为带毒虾苗的养殖提供一种有效的病害防控和促生长的方法	练小军等
凡纳滨对虾	地衣芽孢杆菌和凝结芽孢杆菌，有效活菌含量≥1×10⁸ CFU/g	未见说明	28d	提高凡纳滨对虾的生长性能，增强其营养物质代谢水平，提高其抗氧化能力	樊英等
凡纳滨对虾	地衣芽孢杆菌和枯草芽孢杆菌	10⁷ CFU/mL	30d	提高凡纳滨对虾抗副溶血弧菌感染能力，对虾抗病力的提高可能与益生菌增加对虾肠道可培养细菌数量，抗病相关基因表达水平及过氧化氢酶CAT活性有关	杨运楷等
凡纳滨对虾	霍氏肠杆菌和乳酸菌，有效活菌含量≥6×10⁷ CFU/mL	5%	5d	改变肠道内原有菌群的数量和结构，促进对虾肠道内微生物群落间复杂的相互作用，进而在维持或者促进对虾健康方面发挥着重要的作用	尚碧娇等
凡纳滨对虾	复合益生菌：假交替单胞菌、短小芽孢杆菌、芽孢杆菌和肠球菌，有效活菌含量≥3×10⁶ CFU/mL	未见说明	5d	抑制弧菌在育苗水体和凡纳滨对虾幼体体内的过度增殖，提高幼体的成活率，实现育苗的健康生产。	孙博超等
红白锦鲤亲鱼	枯草芽孢杆菌、丁酸梭菌和粪肠球菌，有效活菌含量≥1×10⁹ CFU/mL	3%～4%	90d	促进锦鲤的性腺发育，增强雌鱼的繁殖性能和仔鱼成活率，其中枯草芽孢杆菌、丁酸梭菌和粪肠球菌的比例为1∶1∶5的效果最好	史东杰等
罗氏沼虾	枯草芽孢杆菌，有效活菌含量≥6×10⁷ CFU/g	2%～3%	84d	改善和提高罗氏沼虾的生长性能	朱光来等

5. 益生素在特种经济动物中的应用。 2019年我国益生素在特种经济动物养殖中的应用见表5。从研究对象来看，2019年我国有关益生素在特种经济动物中的应用有所增加，主要对象为犬和鸽子。与2018年相比较，益生素在特种经济动物生产中的应用研究有所增加，其中涉及的菌种主要有枯草芽孢杆菌和乳酸菌等。从添加方式来看，日粮中添加复合益生素的使用方式较为常见。总体来说，日粮中添加益生素能够促进特种经济动物肠道生长发育，维持肠道菌群结构，从而提高营养物质消化吸收能力、增强免疫功能和生产性能。

表5 益生素在特种经济动物养殖中的应用

研究对象	益生素组成	添加剂量	试验期	应用效果	参考文献
中华田园犬	益生菌制剂：双歧杆菌、地衣芽孢杆菌、乳酸链球菌和屎肠球菌，有效活菌含量≥2×10^9 CFU/g	1.0g/kg	30d	提高幼犬肠道消化酶活性，改善肠道形态结构	陆江等
比格犬	益生菌制剂：鲁氏芽孢杆菌和蜡样芽孢杆菌，有效活菌含量≥6×10^7 CFU/g；鼠李糖乳杆菌和嗜酸乳杆菌，有效活菌含量≥1×10^8 CFU/g	1×10^9 CFU/（只·d）	7d	使脾虚犬抗氧化功能和消化吸收功能恢复正常，对犬脾虚证有更好的治疗效果	曹护群等
比格犬	复合益生菌：鲁氏芽孢杆菌和蜡样芽孢杆菌，有效活菌含量≥6×10^7 CFU/g；鼠李糖乳杆菌和嗜酸乳杆菌，有效活菌含量≥1×10^8 CFU/g	1×10^9 CFU/（只·d）	14d	使脾气虚犬盲肠菌群多样性恢复至正常犬水平，而且还能够提高盲肠菌群中有益菌拟杆菌、芽孢杆菌的占比，对脾气虚犬盲肠菌群结构有良好的调节作用	曹护群等
金毛宠物犬	复合活菌制剂：乳酸杆菌、双歧杆菌、酵母菌和粪链球菌，有效活菌含量≥1×10^7 CFU/g	1.0%	28d	提高宠物犬的生长性能，提高宠物犬血清中TP、ALB含量，减低血清中BUN、TC的含量及ALT与AST的活性，降低肝、肾损伤，提高肝、肾代谢功能	向大育
新西兰白兔	枯草芽孢杆菌，有效活菌含量≥1×10^6 CFU/g；乳酸菌，有效活菌含量≥1×10^7 CFU/g	未见说明	42d	提高肠道有益菌群数量、营养物质消化率、盲肠发酵、饲料效率和生长性能，添加乳杆菌的家兔肠道大肠菌群和粪便评分均有所下降	孔庆娟等
乳鸽	丁酸梭菌，有效活菌含量≥2×10^8 CFU/g；乳酸菌，有效活菌含量≥1×10^{10} CFU/g	0.4%	28d	单一菌种以1×10^8 CFU/kg剂量的丁酸梭菌制剂效果最好，复合组以5×10^9 CFU/kg乳酸菌+1×10^8 CFU/kg丁酸梭菌制剂组最好，且整体上复合制剂组效果优于单一制剂组	袁文华等
青年鸽	丁酸梭菌，有效活菌含量≥2×10^8 CFU/g；乳酸菌，有效活菌含量≥1×10^{10}CFU/g	0.5‰	28d	改善青年鸽肠道形态，提高小肠消化酶活性及血清抗氧化能力，从而增强青年鸽的免疫力	袁文华等
水貂	益生菌制剂：乳酸杆菌、枯草芽孢杆菌和酵母菌，有效活菌含量≥1×10^8CFU/g	1.0%	60d	提高水貂的生长性能和免疫指标	赵国清等

四、小结

益生素作为一种绿色环保的益生菌制剂，因其无残留、无污染、无耐药性等特点得到了畜牧生产者和科技工作者的广泛关注。目前，益生素在动物养殖中扮演着越来越重要的角色，并有逐步取代抗生素的趋势。无论是单一益生素，复合益生素，还是益生素与植物提取物、中草药等联合使用，在提高动物生长性能、增强机体免疫力、维持肠道菌群稳态、改善养殖环境和提高产品品质等方面，都具有良好的应用前景。然而，目前新菌种的开发、菌种的使用剂量和时间、不同菌种之间的联合使用以及益生素与其他添加剂的混合应用等问题仍制约着益生素在动物养殖中的进一步发展。因此，饲用益生素的研究和使用，今后还应侧重以下几个方面：(1) 进一步对益生素作用机理及其应用方式进行深入研究，以保证其发挥出最佳功效；(2) 选育具有一定耐性和抗性的菌种，利用分子生物学技术，改造已有有益菌种，开发新菌种，提高菌种的作用效果；(3) 合理把握益生素的使用剂量与时间，以确保其达到最佳效果；(4) 加强益生素与中草药制剂等其他制剂之间的科学配比研究，最大限度地发挥其益生作用。

（王　恬　白凯文）

寡糖

农业农村部发布第 194 号公告，自 2020 年 1 月 1 日起正式禁止饲用抗生素。因此，寻求抗生素的替代物新型绿色饲料添加剂成为当前亟待解决的课题。

寡糖是一种新型绿色添加剂，由 α-1，2、α-1，6、β-1，2 和 β-1，6 型等糖苷键连接形成的，能被单胃动物直接消化吸收只能被肠道内有益菌利用的低度聚合糖类。寡糖含有生物活性的氨基酸和羟基等功能性基团，有抗菌、抗炎、抗氧化、调节免疫和降低胆固醇的功效，现已逐渐取代抗生素用于健康养殖生产。同时，寡糖在动物生产性能、矿物质元素吸收和骨骼健康等方面的研究越来越广泛，调控动物肠道微生物平衡和机体免疫力也是研究的热点。

寡糖对肠道有害菌的抑制作用主要通过 2 个方面来实现：一是通过促进有益菌的增殖间接抑制有害菌在肠道内的繁殖；二是寡糖可以与有害菌结合，抑制其对肠道上皮细胞的黏附作用。

低聚果糖（FOS）又称蔗果低聚糖或果寡糖，是由 1～3 个果糖基通过 β-1，2 糖苷键与蔗糖中的果糖基结合生成的蔗果三糖、蔗果四糖和蔗果五糖等的混合物，均属于果糖和葡萄糖构成的直链杂低聚糖。低聚果糖广泛存在于洋葱、小麦、香蕉、大蒜、蜂蜜等日常食品中。质量稳定，不易被内源酶消化，能促进婴儿或成人肠道中的双歧杆菌和乳酸杆菌的定植，促进钙吸收，增强机体免疫力，目前已被广泛应用于化妆品、食品、保健品以及动物饲料中，被誉为抗生素时代后最具潜力的新一代添加剂——促生物质。

甘露寡糖（MOS）是由甘露糖残基与葡萄糖残基通过 β-1，4 或 β-1，3 糖苷键连接而成的聚合度为 2～10 的低聚糖。从酵母细胞壁中提取的磷酸化葡萄糖与甘露糖结合的甘露寡糖复合物，能够显著降低小鼠血糖、总胆固醇及甘油三酯的水平，具有无毒副作用、无污染残留、不产生耐药性且可部分替代抗生素等特点。甘露寡糖可提高非洲鲶鱼、鲤鱼、大西洋鲑、罗非鱼、金头鲷、黄颡鱼、斑点叉尾鮰、舌齿鲈和草鱼等鱼类的生产性能和抗病力。

魔芋甘露寡糖（KMOS）是以魔芋葡甘聚糖为原料，经过生物酶法降解制备而成，由 β-D-甘露糖和 β-D-葡萄糖残基组成。我国年产魔芋大约 1.5 万 t，居世界之首，饲用魔芋甘露寡糖的开发和利用具有资源和安全上的双重优势，目前已是我国新食品原料，在肠道益生、血糖/血脂降低、免疫调节等多个方面均显示出良好的作用。目前研究认为，魔芋甘露寡糖具有缓解 2，4，6-三硝基苯磺酸（TNBS）诱导的结肠炎作用、增加老年 BALB/c 小鼠的免疫活性、通过调节肠道菌群增效二甲双胍的降血糖作用以及缓解高脂膳食诱发的体重增加的作用、通过调节糖原代谢通路和胰岛素分泌等缓解高糖水平诱发的大鼠代谢综合征，通过调节肠道菌群干预机体脂代谢过程的作用等（张芸环等，2019）。

海洋寡糖是来源于海洋的寡糖，以壳寡糖、褐藻寡糖、卡拉胶和琼胶寡糖等为代表，来源丰富，结构独特，在农业上具有巨大的开发潜力。

壳寡糖是天然糖中唯一大量存在的带正电荷的碱性氨基多糖，具有无污染、无残留、高效、低成本的特点。壳寡糖（COS）是由甲壳质（几丁质）脱乙酰化的产物壳聚糖降解获得，聚合度 2～10，也叫几丁寡糖。甲壳素是由氨基葡萄糖和 N-乙酰氨基葡萄糖通过 β-1，4 糖苷键连接而成，作为甲虫、虾、蟹等甲壳类的外骨骼及蘑菇等菌类的细胞壁成分，是自然界含量仅次于纤维素的天然多糖。壳寡糖具有较低的相对分子质量，平均相对分子质量 1 000～3 000，呈水溶性，非常容易被人体吸收，并且具有多种生理活性和功能，在医药和食品领域的应用得到较多关注，它也被作为天然的防腐剂。如降低血压、血糖、吸附胆固醇；改善肠道微生态环境，增殖有益菌群；提高机体的免疫功能；通过促进巨噬细胞释放细胞因子 IL-1、TNF-α 等进一步激活巨噬细胞和 NK 细胞，直接抑制肿瘤细胞增殖、影响肿瘤血管生成和迁移；能够诱导白血病 Hela 细胞、S180 肉瘤细胞、卵巢癌 SKOV-3 细胞的增殖并且促进其凋亡；能够增强机体的免疫应答水平，增强亚单位疫苗的免疫效果，具有缓控、释控作用，可有效延长疫苗作用时间，避免突释，减轻或避免毒副反应，提高疫苗免疫效果；能够显著增加肉仔鸡胸肌、腿肌中 Ca、Zn、Fe 元素的含量，仔猪（35d 和 70d）背最长肌中 Cu、心肌中 Zn 及脾脏中 Mn 的含量；通过构建大鼠和兔子的骨质疏松或骨缺损模型发现，壳寡糖可通过增加骨密度骨强度，降低过高骨转换，促进结缔组织再生，促进成骨细胞增殖和调节骨愈合相关基因表达等途径，促进骨缺损修复，缓解骨质疏松症状。此外，壳寡糖还显著提高植物抗性，促进种子萌发和幼苗生长等，提高产量与品质，提高葡萄、桃树、柑橘等果树的光合作用，提高产量与品质。

海藻寡糖（AOS）是由聚合度较低的β-D-甘露糖醛酸与α-L-古罗糖醛酸连接而成的低聚糖，是海藻多糖经过酸、氧化剂或裂合酶降解而获得的小分子质量片段。最具代表性的海藻寡糖是由红藻糖胶和褐藻胶降解而来的琼胶寡糖和褐藻寡糖。其中，琼胶寡糖主要由琼二糖连接而成，包括琼寡糖和新琼寡糖，琼寡糖以 3，6-内醚-α-L-半乳糖残基为还原性末端，新琼寡糖则以β-D-半乳糖残基为还原性末端；褐藻寡糖由β-D-甘露糖醛酸和α-L-古罗糖醛酸组成（李倩等，2019）。聚合度低、相对分子质量小，易溶于水，容易被吸收，具有许多重要的生物学功能，如抗氧化活性、抗凝血活性、降血压活性、免疫调节活性、植物生长调节活性、诱导植物抗病活性、促进逆境中食用菌的生长等。褐藻寡糖具有促进作物生长、生殖及增加产量的效果，能够促进种子萌发和幼苗生长，增加幼苗中淀粉酶和叶绿素的含量，提高幼苗根系的活力，能够提高果实保水保鲜的能力，并改善其营养品质。海藻寡糖处理浓度与作物细胞膜的通透性、脯氨酸及可溶性糖含量呈显著正相关（孙敏秀等，2019）。海藻多糖钠盐即海藻酸钠，是生产海藻寡糖的主要原料，主要也是由β-D-甘露糖醛酸与α-L-古罗糖醛酸以 3 种方式（MM 段、GG 段和 MG 段）通过α-1，4 糖苷键连接而成，是一种高聚合度的多糖类物质。海藻寡糖的制备方法主要有酸降解法、物理降解法、氧化降解法和酶解法等。贺秋红等（2019）应用响应面法优化海藻寡糖的酶法提取工艺，通过单因素试验和响应面试验设计对酶解海藻酸钠制备海藻寡糖的底物浓度、酶解温度及酶解 pH 进行优化发现，最佳酶解条件为海藻酸钠质量浓度 1.0g/100mL、酶解温度 40℃、酶解 pH 8.0。在此最佳酶解条件下，海藻寡糖的平均聚合度为 4.08，比优化前降低了 27.35%。裙带菜寡糖是经蜗牛酶处理裙带菜降解多糖制成的，粗寡糖含量为 68.43%，具有双向调节免疫力，清除自由基，抗衰老，抗凝血，抗血栓和抗肿瘤，降低高脂血症和高血压，稳定血糖水平等生理功能（苏莹莹等，2019）。

果胶寡糖（POS）主要由以半乳糖醛酸为基质的果胶二糖和果胶三糖组成。相关的研究表明，在饲粮中添加山楂 POS 能调节小鼠的脂肪代谢和抗氧化能力；甜菜来源的 POS 可以改善人和猪肠道食糜中的微生物组成；饲粮添加苹果 POS 能改善断奶大鼠生长性能、抗氧化能力、肠道微生物组成和空肠黏膜结构，并改善了断奶仔猪的生长性能和免疫力，且其在饲粮中的添加剂量以 200mg/kg 为宜（毛湘冰等，2019）。

巴戟天寡糖胶囊是从巴戟天提取分离的一组寡糖类成分经现代制药工艺制成的制剂，临床主要用于抑郁症的辅助治疗（宋欣欣等，2019；何雪梅，2019；慕永刚等，2019）。

一、寡糖在畜牧业中的应用进展

杜晨红等（2019）对比研究了异麦芽寡糖（纯度 99%）、半乳甘露寡糖（纯度 99%）、木寡糖（纯度 99%）、甘露寡糖（纯度 99%）、纤维寡糖（纯度 99%）、果寡糖（纯度 95%）、大豆寡糖（纯度 99%）、壳寡糖（纯度 98%））对乳酸杆菌、大肠杆菌和沙门氏菌增殖的影响及大肠杆菌、沙门氏菌对猪空肠上皮细胞（IPEC-J2）黏附性的影响。结果表明，8 种功能性寡糖对细菌的增殖作用有差异，果寡糖对有益菌的增殖效果最显著，且对有害菌增殖效果最低并有一定抑制生长的趋势；8 种功能性寡糖均能显著降低大肠杆菌和沙门氏菌对 IPEC-J2 的黏附性（$P<0.05$），其中甘露寡糖对沙门氏菌的黏附抑制作用最好，果寡糖则对大肠杆菌黏附抑制作用最明显。由此可见，功能性寡糖不仅能够促进有益菌大量增殖，而且对有害菌增殖也有一定促进作用，且不同功能性寡糖对细菌的促进作用差异显著；8 种功能性寡糖能够显著抑制大肠杆菌、沙门氏菌对肠道上皮细胞的黏附作用。

1. 在养猪生产上的应用。袁华根等（2019）探讨日粮添加壳寡糖对断奶仔猪生长性能、营养物质消化率和小肠功能的影响，评估其作为断奶仔猪日粮中抗生素替代品的效果。结果显示，日粮添加 160mg/kg 壳寡糖显著提高回肠粗蛋白质、粗脂肪、灰分、钙和磷的表观消化率（$P<0.05$），显著提高小肠绒毛高度及绒毛高度与隐窝深度的比值（$P<0.05$），同时显著提高 56d 十二指肠和空肠隐窝细胞增殖活力（$P<0.05$），认为日粮添加 160mg/kg 壳寡糖可以通过提高回肠养分表观消化率、绒毛高度和肠上皮细胞的数量来促进消化吸收能力，进而提高断奶仔猪生长性能和健康状态，其作用与盐霉素的效果相当。颜莹莉等（2019）探讨日粮中添加壳寡糖对（杜×长×大）断奶仔猪生长性能的影响，结果表明，日粮中添加壳寡糖对仔猪末重、平均日增重、平均日采食量、仔猪发病率、腹泻率及死淘率均无显著影响（$P>0.05$），但壳寡糖组仔猪料肉比要显著低于对照组（$P<0.05$），千克增重饲料成本对照组为 8.37 元/头，壳寡糖组为 7.66 元/头，提示在三元断奶仔猪饲粮中添加 300g/t 壳寡糖不影响仔猪平均日增重、平均日采食量、发病率、死淘率、腹泻率等指标，但可降低仔猪料肉比，提高饲粮利用率。

另一个壳寡糖对妊娠母猪的试验表明，壳寡糖能够改善妊娠母猪的生产性能，活仔数提高了 2.78%～17.31%，断奶成活率提高 1.83%～8.91%，仔猪转出率提高了 1.73%～31.73%（$P<0.05$）；饲料养分消化率显著提高，其中蛋白质消化率提高 0.56%～8.57%、能量消化率提高 2.46%～9.32%、脂肪消化率提高 2.90%～5.94%、粗纤维消化率提高 0.1%～23.15%、钙的消化率提高 16.79%～23.25%、磷消化率提高 3.16%～8.87%。可知，饲粮中添加 100～200g/t 壳寡糖能够改善妊娠母猪繁殖能力，提高妊娠母猪营养物质利用率（边佳伟等，2019）。

饲粮添加果胶寡糖对轮状病毒攻毒断奶仔猪回肠屏障功能影响的试验结果表明，轮状病毒攻毒提高了断奶仔猪的腹泻率和回肠黏膜中轮状病毒非结构蛋白 4（NSP4）的阳性率，显著降低了回肠黏膜的绒毛高度和绒毛高度/隐窝深度值（$P<0.05$），显著降低了回肠黏膜中闭锁小带蛋白-1（ZO-1）、闭合蛋白（occludin）、黏蛋白（mucin）1 和 mucin2 的表达（$P<0.05$），显著提高了回肠黏膜中丙二醛的含量和回肠食糜中大肠杆菌的数量（$P<0.05$），并显著降低了回肠黏膜中总抗氧化能力和回肠食糜中乳酸杆菌和总菌的数量（$P<0.05$），而饲粮添加果胶寡糖降低了轮状病毒攻毒断奶仔猪的腹泻率和回肠黏膜中轮状病毒 NSP4 的阳性率，并显著缓解了轮状病毒对断奶仔猪回肠形态结构、回肠黏膜中 occludin、mucin1 和 mucin2 的表达和抗氧化能力以及回肠食糜中微生物数量的影响（$P<0.05$）。在断奶仔猪饲粮中添加果胶寡糖可以预防轮状病毒诱导发生的腹泻，而这一作用与其可改善回肠屏障功能有关（毛湘冰等，2019）。

李玉欣等（2019）的研究表明，毕赤酵母甘露寡糖能改善大肠杆菌攻毒对仔猪造成的生长速度下降和饲料效率降低；毕赤酵母甘露寡糖能增加上皮细胞间淋巴细胞和杯状细胞数量。说明毕赤酵母甘露寡糖在大肠杆菌感染时可以通过改变免疫细胞数量来提高机体局部免疫反应，防止免疫过度激活，改善仔猪生长性能。

刘静波等（2019）通过试验研究短链果寡糖对断奶仔猪肠道氧化还原状态和屏障功能的影响，研究短链果寡糖对断奶仔猪肠道氧化还原状态和黏膜完整性的影响。结果表明短链果寡糖摄入可显著提高仔猪平均日增重（ADG）并显著降低料重比（F/G）（$P<0.05$）；可显著降低仔猪血浆二胺氧化酶（DAO）活性和 D-乳酸含量（$P<0.05$）；可显著提高仔猪空肠黏膜中还原型谷胱甘肽（GSH）含量和谷胱甘肽过氧化物酶（GSH-Px）活性并降低丙二醛（MDA）含量（$P<0.05$）；可显著上调空肠黏膜 GSH-Px 和核转录因子 NF-E2 相关因子 2（NRF2）mRNA 表达量（$P<0.05$），有增加空肠黏膜 Keleh 样环氧氯丙烷相关蛋白 1（KEAP1）mRNA 表达量的趋势（$P=0.08$）；可显著上调空肠黏膜紧密连接蛋白 2（ZO2）和封闭蛋白 2（CLDN2）mRNA 表达量（$P<0.05$），有增加闭合蛋白（OCLD）mRNA 表达量的趋势（$P=0.05$）。短期摄入短链果寡糖可通过缓解肠道氧化应激和改善肠道屏障功能的途径改善断奶仔猪生长性能，可提高仔猪在断奶后 2 周的 ADG 并降低 F/G，这可能与肠道抗氧化能力的提高并肠道屏障功能的增强有关。

路兵龙等（2019）通过研究主要成分有壳寡糖、有机酸、L-抗坏血酸、谷氨酰胺等肠道营养保健剂对弱僵猪生长性能、免疫机能及消化酶活性的影响，发现肠道营养保健剂能提高弱僵猪的采食量、激活胃蛋白酶和糜蛋白酶活性、降低弱僵猪胃 pH、促进养分的消化吸收、减少腹泻率和死淘率，提高了弱僵猪的生长性能；肠道营养保健剂还能够提高弱僵猪免疫球蛋白 IgM、IgA 和 IgG 的质量浓度，提高免疫器官指数，增强免疫功能，减少弱僵猪的腹泻率和死淘率。

刘媛媛等（2019）研究了壳寡糖与干酪乳杆菌对断奶仔猪生长性能、血清抗氧化酶活性及肠道微生物菌群结构的影响。结果表明壳寡糖作为饲料添加剂可提高断奶仔猪机体抗氧化能力；乳酸菌则可提高肠道益生菌数量，降低断奶仔猪腹泻率；同时添加壳寡糖和乳酸菌可以有效提高断奶仔猪的饲料转化率，提高肠道有益微生物数量，使仔猪肠道更健康。

2. 在养禽生产上的应用。熊阿玲等（2019）探讨了饲粮中添加不同浓度甘露寡糖对肉仔鸡生长性能及肝脏、脾脏、回肠和盲肠中 Toll 样受体（TLR）和抗菌肽等天然免疫基因表达的影响。结果表明，饲粮中添加 0.3～0.9g/kgMOS 可显著提高肉仔鸡 1～42 日龄的平均日采食量和平均日增重（$P<0.05$ 或 $P<0.01$），显著提高肉仔鸡 21 日龄法氏囊指数和 42 日龄胸腺指数（$P<0.05$），不同程度地提高 21 和 42 日龄肉鸡回肠、盲肠、肝脏和脾脏 TLR2、TLR4、β-防御素 9（AvBD9）和 cathelicidin-B1（Cath-B1）mRNA 表达（$P<0.05$ 或 $P<0.01$）。说明在饲粮中添加适宜水平的甘露寡糖可不同程度地提高肉仔鸡生长性能，并可能通过提高肉仔鸡组织 TLRs 表达并由 TLRs 介导上调 β-防御素和 cathelicidins 等抗菌肽表达而提高肉仔鸡天然免疫防御功能。

郑雅文等（2019）通过日粮中添加果寡糖测定其对肉鸡生长性能、消化酶活性和短链脂肪酸的影响，研究果寡糖在肉鸡生产中的应用效果。结果表明，与对照组相比，添加250mg/kg果寡糖不仅能够显著提高肉鸡平均日采食量（$P<0.05$）和十二指肠食糜中淀粉酶活性（$P<0.05$），还能够提高22d肉鸡盲肠食糜中戊酸含量。同时饲料中添加125mg/kg和500mg/kg果寡糖也能显著提高肉鸡盲肠食糜中戊酸含量（$P<0.05$），并推测肉鸡饲料中果寡糖的最佳添加量为250mg/kg。

添加壳寡糖可能通过增强免疫力，改善肠道菌群和提高营养物质吸收利用率等途径，使肉仔鸡获得更好的生产性能（闫冰雪等，2019）。试验表明，300mg/kg壳寡糖添加量显著提高了1～42d的体增重及前期（1～21d）和全期（1～42d）的耗料量（$P<0.05$）；150mg/kg壳寡糖组对各个阶段耗料量和体增重影响不显著（$P>0.05$）；腿肌率较对照组显著提高（$P<0.05$）；半净膛率、全净膛率和胸肌率组间差异不显著（$P>0.05$）；300mg/kg壳寡糖显著提高了42d肉仔鸡的胫骨长、股骨干重和股骨长，较对照组分别增长6.079%～29.790%（$P<0.05$），显著增加了21d肉仔鸡的血清P、胫骨钙（$P<0.05$），42d参数组间差异均不显著（$P>0.05$）。可见，基础饲粮中添加300mg/kg壳寡糖可以显著提高肉仔鸡生长性能、对骨骼发育和钙磷沉积代谢也有一定促进作用。

周建民等（2019）研究了饲粮添加果寡糖对产蛋后期蛋鸡生产性能、营养素利用率、血清生化指标和肠道形态结构的影响，结果表明，与对照组相比，饲粮添加0.2%果寡糖显著降低试验后期（第7～12周）蛋鸡料蛋比（$P<0.05$），且料蛋比随果寡糖添加量的增加呈二次曲线变化（$P<0.05$）；蛋黄颜色评分随饲粮果寡糖添加量的增加呈线性升高（$P<0.05$）；显著提高了试验期末蛋鸡对饲粮的表观代谢能和粗蛋白质利用率（$P<0.05$），且表观代谢能和粗蛋白质利用率随果寡糖添加量的增加呈二次曲线变化（$P<0.05$）；试验期末蛋鸡血清总蛋白和球蛋白含量随果寡糖添加量的增加呈线性增加（$P<0.05$），血清总胆固醇、甘油三酯和高密度脂蛋白含量随果寡糖添加量的增加呈线性降低（$P<0.05$）；显著降低了试验第12周末蛋鸡空肠隐窝深度（$P<0.05$），显著增加了蛋鸡回肠绒毛高度（$P<0.05$）。推荐以生产性能为判断依据，产蛋后期蛋鸡基础饲粮中果寡糖的添加量以0.20%～0.25%为宜。

黄芪多糖与果寡糖合用可显著提高蛋用雏鸡的生长性能和成活率。综合考虑，1%黄芪多糖+0.75%果寡糖的添加量较为适宜（魏加辉，2019）。

安文艺等（2019）通过试验探究饲粮中添加壳寡糖和鸡源屎肠球菌PNC01对脂多糖（LPS）诱导的肉鸡炎症反应的调节作用，结果表明，LPS刺激可降低肉鸡采食量（$P<0.01$），破坏肠道形态，降低盲肠食糜中丁酸含量和血清IgA水平（$P<0.05$），引起脾脏肿大，上调IL-1β和IL-8mRNA表达（$P<0.01$）；添加壳寡糖可缓解LPS刺激肉鸡采食量的下降（$P<0.05$），提高盲肠丙酸和丁酸含量（$P<0.05$），降低脾脏指数和回肠IL-8mRNA表达量（$P<0.05$），有下调脾脏IL-1βmRNA表达的趋势（$P<0.1$）；PNC可提高21d肉鸡血清IgA含量（$P<0.05$），降低肉仔鸡脾脏指数（$P<0.01$）；非LPS刺激时，同时添加壳寡糖和屎肠球菌可提高盲肠中乙酸含量（$P<0.05$）。可见，添加壳寡糖和PNC均能缓解LPS刺激导致的脾脏肿大，缓解炎症反应，改善LPS刺激对肉仔鸡的不利影响。

赵峰等（2019）试验研究果寡糖、枯草芽孢杆菌和非淀粉多糖酶及其组合对黄羽肉鸡生产性能和饲粮养分表观代谢率的影响。结果表明，与对照组相比，试验组均能一定程度提高黄羽肉鸡平均日增重（ADG）9.4%～10.8%（$P<0.05$），料重比（F/G）显著降低（$P<0.05$）；提高饲粮粗蛋白质的代谢率9.0%～13.6%（$P<0.05$）；饲粮粗脂肪代谢率有所提高，但组间无显著差异（$P>0.05$）；粗纤维代谢率比对照组提高3.2%～5.5%（$P<0.05$）；显著提高Ca和P的代谢率（$P<0.05$）。说明在黄羽肉鸡饲粮中添加果寡糖、枯草芽孢杆菌和非淀粉多糖酶，均可不同程度提高生产性能和饲粮养分代谢率。果寡糖和枯草芽孢杆菌具有协同作用，两者联用的效果优于单独使用的效果。

3. 在反刍动物中的应用。黄帅（2019）探讨不同水平果寡糖对山羊瘤胃发酵及柠条营养物质降解率的影响。结果表明，添加果寡糖组瘤胃内pH在采食后各个时间点较对照组均有降低趋势（$P>0.05$）；在山羊采食后2h，对瘤胃内NH_3-N浓度没有影响，从采食后4h至10h，降低瘤胃内NH_3-N浓度；显著提高瘤胃β-葡萄糖苷酶、微晶纤维素酶、羧甲基纤维素钠酶和木聚糖酶活性（$P<0.05$）；显著提高柠条干物质、酸性洗涤纤维及粗蛋白瘤胃降解率（$P<0.05$）；显著提高柠条中性洗涤纤维瘤胃降解率（$P<0.05$）。饲粮中添加1.0%果寡糖效果最好。

为研究奶山羊日粮中果寡糖添加水平对血清主要生化指标、抗氧化指标及免疫机能的影响，宋宏立等（2019）选用体况良好、体重相近的8月龄崂山奶山羊4只，采用4×4拉丁方试验设计，结果表明，试验组血清中总蛋白及高密度脂蛋白的含量分别提高

9.46%（$P<0.05$）和8.15%（$P<0.05$），尿素氮和低密度脂蛋白胆固醇含量分别降低6.15%和13.33%（$P<0.05$），1.6%果寡糖组尿素氮和总胆固醇、高密度脂蛋白胆固醇含量分别降低5.69%（$P<0.05$）、23.12%（$P<0.05$）、16%（$P<0.05$），但各试验组对球蛋白、白蛋白、甘油三酯、谷草转氨酶及谷丙转氨酶无显著影响；丙二醛含量在14d与28d与对照组差异均显著（$P<0.05$）。试验28d时，谷胱甘肽过氧化物酶活性分别比对照组提高12.71%（$P<0.05$），13.72%（$P<0.05$）。提示饲料中添加果寡糖能显著提高山羊血清碱性磷酸酶及IgA、IgG含量（$P<0.05$），对溶菌酶及IgM无显著影响，在不损伤机体肝脏和心脏的前提下起到良好的降血脂作用，促进机体蛋白质和氨基酸的合成，促进血清IgA、IgG和IgM的分泌，其中以1.2%的添加量为最佳。

梁金逢等（2019）在TMR日粮中添加5g/（头·d）的甘露寡糖和50g/（头·d）复合益生菌剂，60d的试验表明，饲喂甘露寡糖配合复合益生菌剂30d后育成牛的平均日增重显著提高。甘露寡糖配合复合益生菌剂对TIg、IgG和IgA抗体的水平有显著提高作用，但是对IFN-γ水平无明显影响。TMR日粮添加甘露寡糖配合复合益生菌后可显著提高SOD和GSH-Px活性，但对T-AOC活性水平没有多大影响。此外饲喂TMR日粮添加寡糖和复合益生菌可显著降低牛舍中氨气的含量。

梁金逢等（2019）同时探讨了功能性寡糖（甘露寡糖和果寡糖）配合复合益生菌在娟姗奶牛上的应用效果，结果表明，60d后奶牛的平均日产奶量及乳脂率显著提高（$P<0.05$），但乳蛋白含量和非脂乳固体含量没有显著变化（$P>0.05$），可显著提高娟姗奶牛血清中总免疫球蛋白（TIg）、免疫球蛋白G（IgG）含量，可提高粗蛋白及粗脂肪的消化率（$P<0.05$），且显著（$P<0.05$）或极显著（$P<0.01$）降低牛舍中氨气的浓度。说明饲喂功能性寡糖配合复合益生菌可提高娟姗奶牛的产奶性能和免疫功能，并可改善牛舍的养殖环境，这可能与益生菌提高了饲料转化效率、减少了肠内蛋白质向氨的转化有关，可改善牛舍空气环境质量，调节奶牛肠道微生态环境，提高奶牛生产性能和机体的免疫力。

冶文兴等（2019）基于ITS高通量测序技术研究了果寡糖对奶牛瘤胃真菌菌群的影响，结果显示，在日粮中添加果寡糖并未显著影响奶牛瘤胃真菌的多样性（$P>0.05$），但优势菌属的相对丰度在两组之间存在差异，其中接合菌门（Zygomycota）仅存在于对照组，新丽鞭毛菌门（Neocallimastigomycota）相对丰度试验组比对照组增加了628.28%，但差异不显著（$P=0.21$）；试验组假丝酵母属（*Candida*）和平革菌属（*Phanerochaete*）相对丰度极显著高于对照组（$P=0.001$、$P=0.003$），试验组毛壳属（*Chaetomidium*）相对丰度显著增加（$P=0.037$），试验组瘤胃壶菌属（*Piromyces*）相对丰度较对照组增加1 205.71%，但差异不显著（$P=0.135$）；试验组柄孢壳属（*Zopfiella*）和德巴利氏酵母属（*Debaryomyces*）相对丰度比对照组分别降低99.08%和64.14%，但差异不显著（$P=0.523$、$P=0.671$）。研究认为，日粮中果寡糖的添加对奶牛瘤胃真菌菌群的多样性并未产生明显的影响，但优势菌比例发生变化，瘤胃中瘤胃壶菌属、平革菌属等纤维降解菌的相对丰度提高，增强了瘤胃真菌菌群对纤维的降解能力。

4. 在水产动物中的应用。饲料中添加低聚果糖，可显著提高大菱鲆、奥尼罗非鱼的生长性能，提升银鲫、草鱼的非特异性免疫能力。

赵丽丽等（2019）研究了低聚果糖对仿刺参生长及生长免疫因子的影响，试验表明，低聚果糖添加量对仿刺参的成活率无显著影响（$P>0.05$），但显著影响了仿刺参的质量增加率和特定生长率（$P<0.05$）；仿刺参体壁基本成分不受低聚果糖添加量的影响（$P>0.05$），总糖含量随低聚果糖的升高而升高（$P<0.05$）；体壁中甘氨酸、半胱氨酸及精氨酸含量随低聚果糖含量的增加呈先升后降的趋势（$P<0.05$）；体腔液中生长激素、补体C3、补体C4及一氧化氮合酶含量均随低聚果糖的升高呈先升后降的趋势，但肠道丙酮酸激酶和己糖激酶活力均随低聚果糖的升高而升高（$P<0.05$）。以质量增加率为评价指标，经二次曲线回归分析，仿刺参饲料中低聚果糖的适宜添加量为0.55%。

杜宗君等（2019）探讨了甘露寡糖对泥鳅生产性能、肠道菌群和非特异性免疫功能的影响。选择健康均重为（3.27±0.05）g泥鳅360尾，随机分为6组，每组3个重复，每个重复20尾。在基础饲料中分别添加0（对照组）、100、200、400、600和800mg/kg甘露寡糖。试验70d后，检测成活率、特定生长率、肥满度、饵料系数、肠体指数、肠长指数，肠道大肠埃希氏菌、乳酸杆菌、双歧杆菌以及血浆和肝胰脏溶菌酶、超氧化物歧化酶、过氧化氢酶等指标。结果表明，200和400mg/kg组特定生长率、肥满度、肠体指数和肠长指数显著高于对照组，饵料系数显著低于对照组（$P<0.05$）；200和400mg/kg组肠道乳酸杆菌和双歧杆菌数量显著高于对照组，大肠埃希氏菌数量显著低于对照组（$P<0.05$）；200和400mg/kg组血浆和肝胰脏SOD、CAT活性显著高于对照组（$P<0.05$），血浆LZM含量显著高于对照组（$P<0.05$）。研究认为在饲料

中添加 200～400mg/kg 甘露寡糖可促进泥鳅肠道发育，优化肠道微生态环境，显著提高其非特异性免疫功能和生长性能。

胡凌豪等（2019）以初始体质量（18.13±0.02）g 的斜带石斑鱼为试验对象，探讨了果寡糖对石斑鱼免疫功能和肠道形态的影响。结果表明，饲料中添加 0.05%～0.20%果寡糖能改善斜带石斑鱼的免疫功能和肠道形态，且饲料中添加 0.05%果寡糖斜带石斑鱼的生长性能最佳。

陈伟军等（2019）研究壳寡糖对体重约为（1.50±0.03）g 的凡纳滨对虾生长性能、抗氧化指标和肠道结构的影响。为期研究 80d 的结果显示，饲料中添加 0.06%浓度的壳寡糖后，凡纳滨对虾的多个生长指标与对照组相比都有明显的提升，尤其是在饲料系数的降低方面效果尤为突出，饲料系数较对照组降低 10.7%。饲料中添加壳寡糖能够提高凡纳滨对虾总抗氧化能力和超氧化物歧化酶活性，降低肌肉组织中的丙二醛含量。饲料中添加壳寡糖能够增加肠道绒毛长度，使上皮细胞排列得更加整齐、紧密。这预示了壳寡糖在凡纳滨对虾水产养殖方面有巨大的应用潜力和广阔的应用前景。

饲料中添加壳寡糖后，鲤鱼幼鱼血液中红细胞计数（RBC）、血红蛋白浓度（Hb）以及平均血红蛋白浓度（MCHC）有所升高；随着养殖周期的增加，0.6%浓度添加组鲤鱼平均红细胞体积（MCV）和红细胞平均血红蛋白含量（MCH）明显降低。说明饲料中添加壳寡糖可以使黄河鲤鱼幼鱼携氧能力显著提高，代谢能力增强，健康指数增加（范超杰等，2019）。

党慧凤等（2019）研究不同添加量壳寡糖对体重为（4.5±0.5）g 仿刺参（*Apostichopus japonicus*）各组织和体腔液免疫指标的影响，采用体细胞计数法、氮蓝四唑（NBT）还原法对体腔细胞的吞噬率和吞噬活性进行测定，采用紫外分光光度法对仿刺参肠、触手、体壁、体腔液的免疫指标——酸性磷酸酶（ACP）、碱性磷酸酶（AKP）、溶菌酶（LSZ）、超氧化物歧化酶（SOD）活性进行测定，每隔 7d 测定 1 次。结果表明，壳寡糖添加量为 0.3%和 0.5%时均能显著提高仿刺参体腔细胞的吞噬活性、活性氧（ROS）水平以及 ACP、AKP、LSZ、SOD 等的活性，但在不同组织和体腔液中免疫酶类应答的情况不同；LSZ 活性在触手和体壁组织中升高最快，AKP 和 ACP 活性在肠组织中变化较快，SOD 活性变化在体腔液中最明显且活性最高，各免疫指标几乎都在前 3 周活性达到最高，随后有所降低。添加 0.5%壳寡糖的免疫效果比添加 0.3%壳寡糖的免疫效果好。

5. 在其他动物中的应用。王乐乐等（2019）在日粮中添加 0.5%和 1%的果寡糖，研究了果寡糖对兔生长性能和免疫功能的影响，结果表明果寡糖对试验兔的生长性能、脏器指数和血液生化指标无显著影响，但能够提高试验兔血液中白细胞介素 2（IL－2）含量及肿瘤坏死因子 α（TNF-α）水平，增强机体免疫力。

吴峰洋等（2019）研究魔芋甘露寡糖对生长獭兔肠道菌群、挥发性脂肪酸含量及结构形态的影响，结果表明，饲粮 KON-MOS 水平对生长獭兔的胃、十二指肠、盲肠上部、中部以及底部的 pH 均无显著影响（$P>0.05$），对盲肠的总挥发性脂肪酸含量以及乙酸和丁酸含量均有显著影响（$P<0.05$），对盲肠的大肠杆菌、双歧杆菌以及乳酸菌含量均有显著影响（$P<0.05$），对十二指肠的肠绒毛高度无显著影响（$P>0.05$），对隐窝深度及绒毛高度和隐窝深度比均有显著影响（$P<0.05$），但有使生长獭兔盲肠的 pH 降低的趋势，能改善盲肠菌群组成，提高盲肠内挥发性脂肪酸含量，改善十二指肠的结构形态。

文继锋等（2019）用 SPF 级昆明小鼠以原核表达的重组 VP6－VP7 蛋白为抗原，添加浓度为 2.0mg/mL 壳寡糖作为免疫佐剂制成 GPRV VP6－VP7－COS 亚单位疫苗，研究了壳寡糖对大熊猫轮状病毒（GPRV）重组蛋白 VP6－VP7 的免疫增强作用，检测小鼠血清 IgG、IgA 抗体效价、T 淋巴细胞转化率、细胞因子的含量，并取小鼠注射部位的肌肉组织进行病理组织学分析。结果表明，壳寡糖对 GPRV VP6－VP7 蛋白呈现较好的免疫增强效果，GPRV 重组蛋白 VP6－VP7 能够显著诱导动物机体的免疫应答，组织病理学分析表明，以壳寡糖作为佐剂的 VP6－VP7 亚单位疫苗免疫小鼠后，注射部位的肌肉组织未出现病理变化。

二、寡糖在农业生产及食品工业中的应用进展

寡糖生产来源广泛，有特定的生理活性，具有提高农业生产效率，增强动植物的抗病力等功能。农业生产中采用或添加寡糖作为肥料、生长调节剂等，在食品中可以用作添加剂用于防腐等提高食品质量。

1. 在食品行业中的应用。郑晓杰等（2019）采用湿热法美拉德反应制备壳寡糖—乳酸链球菌素复合物（COS－N 复合物），通过扫描电镜与红外光谱分析表明，COS 和 NISIN 反应后发生共价交联，微观结构发生变化。在大肠杆菌和金黄色葡萄球菌的抑菌性试验中，COS－N 复合物在相同条件下对大肠杆菌和金黄色葡萄球菌的半致死浓度（LD_{50}）比 COS 与 NISIN 的混合物（COS－N 混合物）分别降低 22%和

55%。抗菌机理研究显示，相比 COS－N 混合物，COS－N 复合物在更大程度上破坏细菌细胞壁的完整性，增加离子通透性以及促进细菌体内 ATP 酶的泄露，说明通过美拉德反应能有效提高 COS－N 复合物的抗菌活性，为新型食品添加剂的开发奠定基础。

高晓冉等（2019）以冷鲜牛肉为研究对象，通过分析菌落总数、大肠杆菌、L＊（亮度）、a＊（红度）、高铁肌红蛋白值（metmyoglobin，metMb）、肉糜脂肪氧化程度（meat fat oxidation degree，TBARS）、挥发性盐基氮（total volatile basic nitrogen，TVB－N 值）、硬度以及汁液流失率等指标，研究了 0.06g/100mL 壳寡糖和不同浓度茶多酚复配对冷鲜牛肉的保鲜效果。结果表明，在贮藏期内，壳寡糖与茶多酚复合处理对冷鲜牛肉的微生物总数、色泽（L＊值、a＊值）、MetMb%、脂肪氧化、蛋白质氧化、硬度、汁液损失率均产生有利影响。使用复合保鲜剂，比单独使用壳寡糖可以更好地抑制冷鲜牛肉中菌落总数、大肠菌群、MetMb%、TBARS、TVB－N、硬度和汁液流失率的上升，以及 L＊、a＊的下降。0.06g/100mL 壳寡糖与 0.3g/100mL 茶多酚复配时，保鲜效果最佳，可将冷鲜牛肉的货架期由单独壳寡糖处理的 20d 延长至 25d。

2. 在农业生产中的应用。壳寡糖作为一种新型的植物生长调节剂，能够保护环境且不会导致农药残留，因而具有重要的生物防治价值和广阔的开发应用前景。

黄梦甜和张正茂（2019）以壳聚糖和壳寡糖为原料，添加甘油、乙酸等配制保鲜液，研究了壳聚糖和壳寡糖保鲜湖北利川山药的效果，结果表明，壳聚糖和壳寡糖可以在不同程度上抑制山药失质量率、褐变率、腐烂率的上升；延缓维生素 C 含量下降；定多酚氧化酶（PPO）先上升达到峰值后下降，说明壳聚糖及其降解产物壳寡糖在利川山药的保鲜方面具有可观的应用前景。

毛志强等（2019）以辣椒为试验材料，探究了叶面喷施不同浓度的几丁寡糖对辣椒生长发育和品质的影响。试验采用盆栽方式，设置 CK（水溶肥溶液）、J－1（喷施 1mg/L 几丁寡糖水溶肥溶液）、J－10（喷施 10mg/L 几丁寡糖水溶肥溶液）3 个试验处理。结果表明，叶面喷施不同浓度的几丁寡糖对辣椒的生长发育和品质产生显著的影响，能够显著提高植株的地上部鲜重和地下部的干鲜重（$P<0.05$），株高和根冠比也有一定程度的增加，但未达到显著差异水平；辣椒果长、果肉厚和单果重显著提高（$P<0.05$），但果径和果形指数未表现出显著差异水平；辣椒果实的维生素 C 含量、可溶性蛋白、硝酸盐含量、可溶性糖含量、游离氨基酸含量显著增加（$P<0.05$）；类黄酮和总酚的相对含量、辣椒素含量和二氢辣椒素含量则显著减少（$P<0.05$）；辣椒品质的相关性分析结果表明，可溶性蛋白、可溶性总糖、蔗糖、果糖与 VC 含量呈极显著正相关（$P<0.01$）；辣椒素、二氢辣椒素与可溶性蛋白、可溶性总糖、VC 含量呈极显著负相关。

陈扬波等（2019）分别用河南双腾实业有限公司的质量浓度为 2.0%的壳聚糖溶液和壳寡糖溶液对鲜切莲藕进行保鲜处理，定期测定鲜切莲藕的褐变程度并对其进行感官评价。结果表明，2.0%壳聚糖溶液能有效抑制鲜切莲藕褐变，且褐变程度和感官测定结果都明显比其它处理方法更好；壳聚糖浓度为 2.2%时对鲜切莲藕的保鲜效果最佳。

李映龙等（2019）以华脆苹果为试材，研究叶面喷施不同质量浓度壳寡糖对叶片光合作用和果实品质的影响。结果表明：苹果着色前，在叶面喷施不同质量浓度壳寡糖，可提高叶片叶绿素含量和 Rubisco 活性，使叶片净光合速率和气孔导度提高；ρ（壳寡糖）＝100mg/L处理显著提高了转化酶、山梨醇脱氢酶、山梨醇氧化酶和 ATPase 活性，使果实中淀粉和可溶性糖显著提高，最终显著提高了成熟果实中可溶性总糖和花色苷含量，果实硬度也得到显著提高。适当质量浓度的壳寡糖处理不但提高了叶片净光合速率，还显著提高了转化酶、山梨醇脱氢酶、山梨醇氧化酶和 ATPase 活性，促进了果实中蔗糖和山梨醇的卸载和跨膜运输，使苹果果实中淀粉含量和可溶性总糖含量显著提高，最终也显著提高了华脆苹果成熟时果实的品质。因此，苹果着色前，在叶面喷施适当质量浓度的壳寡糖，可通过提高叶绿素含量和 Rubisco 活性显著提高叶片光合作用速率，同时显著提高果实中糖分积累关键酶活性，最终提高果实品质。

李婧等（2019）采用盆栽试验的方法，研究了叶面喷施不同浓度壳寡糖对小白菜生长及产量的影响。结果表明：小白菜喷施适宜浓度的壳寡糖（10 000～20 000 倍液）表现出良好的应用效果，可使小白菜株高、叶片数、叶面积、叶绿素 SPAD 值、地上鲜重和根鲜重较对照分别增加 18.3%、18.0%、67.1%、14.4%、33.1%和 51.3%。

雷菲等（2019）以樱桃番茄为试验对象，研究叶面喷施壳寡糖对樱桃番茄生长、产质量及晚疫病防控效果等的影响。结果表明：叶面喷施不同浓度壳寡糖处理樱桃番茄的株高、叶绿素含量、产量、VC 含量、可溶性糖含量及晚疫病的防控效果均显著提高，可滴定酸含量显著降低；叶面喷施 450mg/L 壳寡糖，樱桃番茄的产量、糖酸比和晚疫病的防控效果均最高。叶面喷施壳寡糖可提高樱桃番茄的产质量和晚疫病的防控效果，建议生产上的施用浓度为450mg/L。

6%寡糖·链蛋白是一种新型蛋白质农药，能刺激作物生长，诱导作物增强抗性，提高抗病抗逆能力，有效提高作物产量和品质，对多种植物真菌、细菌、病毒产生免疫和杀灭作用。康启中和刘观清(2019)认为6%寡糖·链蛋白可湿性粉剂对水稻纹枯病、稻曲病具有良好的防效，能提高水稻抗高温能力和分蘖率，增加有效穗，提高结实率和产量，增产13%左右。

李倩等（2019）为探究琼胶寡糖作为叶面肥的效果，以秋葵为试验材料，以复合肥作为基肥（对照)，在秋葵的生长过程中分别增施0.2‰琼胶寡糖、海藻肥基肥，测定秋葵的生长指标、果实参数及营养品质。结果表明，0.2‰琼胶寡糖显著促进了秋葵植株的生长并提高了果实产量和营养品质（$P<0.05$)，产量较对照提高41.56%，果实中营养物质黄酮、果糖、果胶、游离氨基酸、可溶性糖和Vc分别增加0.39个百分点、29.33%、93.28%、36.09%、19.75%和18.14%。琼胶寡糖能够明显改善果蔬的生长及品质，在高品质果蔬的生产中具有较大应用潜力。孙敏秀等（2019）探究琼胶寡糖作为激发子对植物的影响，以碧翠18号黄瓜为试验材料，在其生长过程中喷施不同浓度琼胶寡糖，测定黄瓜的生长指标、抗性相关酶活和基因表达，以及农药啶虫脒残留量。结果表明，喷施琼胶寡糖可显著促进黄瓜植株生长，提高果实产量；提高黄瓜叶片超氧化物歧化酶、过氧化物酶、多酚氧化酶、过氧化氢酶活性，降低丙二醛含量；并上调几丁质酶与病程相关蛋白1基因的表达，最高表达量分别为对照组的10.4倍和14.5倍。此外，喷施琼胶寡糖有效降低了啶虫脒在黄瓜上的半衰期，加速其降解。浸果试验结果也显示，琼胶寡糖可显著降低农药残留，$100\mu g \cdot mL^{-1}$琼胶寡糖溶液可减少农残68.29%。因此，琼胶寡糖具有促进黄瓜植株生长、提高抗性及减少果实农药残留的效果，在农业生产中具有良好的开发价值。

聂伟燕等（2019）研究了在水分胁迫下褐藻酸寡糖对黄瓜幼苗抗氧化酶活性及渗透调节物质的影响，以“津研4号”黄瓜为研究对象，在黄瓜幼苗水分胁迫不同时期（胁迫7、14、21d）喷施聚合度为8-12的褐藻酸寡糖，测定了黄瓜幼苗体内抗氧化酶活性及渗透调节物质含量，结果表明，在水分胁迫不同时期，褐藻酸寡糖能够显著增加黄瓜幼苗叶片的超氧化物歧化酶、过氧化物酶、过氧化氢酶活性及脯氨酸含量，可显著提高可溶性蛋白质含量，能够显著增强黄瓜幼苗抗旱功能。

三、在医学领域的应用进展

张芸环等（2019）采用组间对照和自身对照方法探讨灰树花魔芋壳寡糖肽制品对糖尿病患者的辅助降糖作用。结果显示，试食组受试者试食后与试食前比较，空腹血糖和餐后2h血糖明显降低（$P<0.05$)，总有效率为80.26%；对照组试食前后前后差异无统计学意义（$P>0.05$)。试食中无不良反应。

孙晶和薛春玲（2019）探讨了燕麦葡聚糖（广州中康食品有限公司，葡聚糖含量≥70%)、壳寡糖（山东卫康生物医药科技有限公司，脱乙酰度≥85%)与中药黄精提取物（宣城百草药业有限公司，多糖含量≥15%)、桑叶提取物（宣城百草药业有限公司，多糖含量≥10%)、苦瓜提取物（宣城百草药业有限公司，苦瓜多糖≥10%)、富铬酵母（安琪酵母股份有限公司，2000ppm）等配伍的降血糖作用，发现均具有降血糖的作用，证明膳食纤维多糖、中药多糖与铬共同配伍还具有协同增效作用。

刘旭等（2019）探讨了壳寡糖对胰腺癌细胞系PACN-1生长的影响作用。细胞集落实验发现，培养48 h、96 h后，随壳寡糖浓度的升高，细胞集落的细胞数减少，细胞集落的的细胞延展性变差，细胞间的连接程度变好。MTT实验发现，培养48h后，壳寡糖对PACN-1生长有较显著的抑制作用，且随壳寡糖浓度的升高及时间的延长，其对胰腺癌细胞生长的抑制作用增强。官杰等（2019）探讨了壳寡糖对白血病K562细胞生长抑制和凋亡诱导作用。发现壳寡糖能有效抑制K562细胞的增殖，呈时间—剂量依赖性；Annexin VIPI双标记流式细胞术检测结果显示，壳寡糖处理K562细胞能明显诱导凋亡，并呈剂量依赖性。朴光熙等（2019）探讨壳寡糖对肺爆震伤小鼠氧化应激及凋亡作用影响。结果表明，壳寡糖可以显著抑制爆震伤导致的肺组织氧化应激蛋白ROS、黑色素瘤分化相关基因5和肌醇依赖酶α表达，促进超氧化物歧化酶-1蛋白表达（$P<0.05$)；壳寡糖可以显著抑制爆震伤导致的肺组织凋亡相关蛋白Bax和Caspase-3表达（$P<0.05$)，促进Bcl-2和非活化Caspase-8蛋白表达（$P<0.05$)。杨硕等（2019）研究了壳寡糖对高脂饮食诱导肥胖小鼠脂肪组织内质网应激及炎性因子释放的影响。结果显示，与正常饮食组比较，高脂组小鼠血糖、血脂、体重、肾周及皮下组织脂肪细胞体积及重量均明显增加（$P<0.05$或$P<0.01$)，脂肪组织中内质网应激标志蛋白葡萄糖调节蛋白（GRP-78)、内质网激酶（PERK）mRNA及蛋白表达增加（$P<0.05$)，脂肪组织核因子-κB（NF-κB）通路激活。除总胆固醇外各项指标均明显降低（$P<0.05$)。

苏莹莹等（2019）比较了裙带菜多糖及其寡糖对洛哌丁胺引起小鼠便秘的肠道菌群的影响。结果显示，裙带菜多糖可以明显改善小鼠由洛哌丁胺引起的便秘并且增加菌群多样性，裙带菜寡糖虽然也可以改善但效果不是很明显（对便秘和菌群有改善，但差异无统计学意义。

甘露寡糖及其与二甲双胍联用具有良好的辅助降血糖的作用，并可显著调节肠道菌群。李恒等（2019）的降糖研究和初步机制分析结果显示，甘露寡糖与二甲双胍联用可显著上调胰岛素受体/胰岛素受体底物1/磷脂酰肌醇3-激酶/蛋白激酶B信号通路相关基因的转录水平，且与二甲双胍给药量有良好的剂量依赖关系；甘露寡糖及与二甲双胍联用可显著调节肠道菌群结构，在属水平上，共有6个属上调、17个属下调；关联分析发现，Akkermansia属与PI3K基因的转录正相关，Anaerostipes属和AF12属与胰岛素信号通路IR/IRS-1及Glut4的转录负相关，显示肠道菌群与胰岛素抵抗相关信号通路之间存在显著关联性。李亚男等（2019）探讨乳杆菌联合甘露寡糖与非酒精性脂肪肝的关系。造模小鼠干预10周后，与空白对照组比较，模型组小鼠体重及血清中三酰甘油（TG）、丙氨酸氨基转移酶（ALT）、天冬氨酸氨基转移酶（AST）差异均有统计学意义（$P<0.05$）。与模型组比较，乳杆菌组、甘露寡糖组和乳杆菌+甘露寡糖组小鼠体重差异均有统计学意义（$P<0.05$），其中乳杆菌+甘露寡糖组对小鼠体重的影响显著（$P<0.01$）。检测血清中TG、ALT、AST发现，与模型组小鼠比较，乳杆菌组差异有统计学意义（$P<0.05$），甘露寡糖组差异无统计学意义（$P>0.05$），但乳杆菌+甘露寡糖组对小鼠TG、ALT及AST的影响极显著（$P<0.01$），通过肝脏组织学的进一步分析发现，乳杆菌组、甘露寡糖组或乳杆菌+甘露寡糖组小鼠肝组织的病理损伤情况明显改善，其中乳杆菌+甘露寡糖组作用效果更加明显。由此得出结论，乳杆菌联合甘露寡糖能明显改善由高脂饮食引起的肝损伤和肝脏脂肪性病变。牟婕等（2019）探讨甘露糖醛酸寡糖（M3K）对过氧化氢（H_2O_2）诱导的心肌细胞衰老的作用及其可能机制。倒置显微镜观察显示，与对照组相比，H_2O_2组心肌细胞数量明显减少；与H_2O_2组相比，M3K干预各组心肌细胞数量呈剂量依赖性增多，差异有统计学意义（$F=8.685$，$P<0.05$）。Western blot检测显示，H_2O_2组心肌细胞P21和P53蛋白表达较对照组明显增加，M3K干预各组心肌细胞P21和P53蛋白表达较H_2O_2组明显降低，差异有显著意义（$F=31.507$、13.111，$P<0.05$）。RT-PCR检测显示，H_2O_2组心肌细胞beclin1、Atg7和LC3-ii的mRNA表达较对照组显著降低，并认为甘露糖醛酸寡糖可以延缓H_2O_2诱导的心肌细胞衰老，其机制可能与自噬的激活有关。

于丽燕和谢姗姗（2019）分析了脑波同步穴位刺激联合巴戟天寡糖胶囊（北京同仁堂股份有限公司同仁堂制药厂生产，国药准字Z20120013）对老年抑郁症患者的影响，可有效改善老年抑郁症患者抑郁症状、记忆功能、认知功能及睡眠质量，降低社会功能缺陷程度并减少不良反应的发生。慕永刚等（2019）探讨巴戟天寡糖对抑郁症患者血浆白细胞介素-6（interleukin-6，IL-6）和肿瘤坏死因子-α（tumor necrosis factor，TNF-α）的影响及其与临床疗效的关系，发现巴戟天寡糖胶囊可以改善抑郁症患者的抑郁症状，巴戟天寡糖可降低抑郁症患者血浆IL-6和TNF-α水平。

为了提高抑郁症的治疗效果，分析采用舒肝解郁胶囊和巴戟天寡糖胶囊治疗的价值和意义，王健昌等（2019）进行了舒肝解郁胶囊和巴戟天寡糖胶囊治疗抑郁症的临床对照研究发现，抑郁症患者采取舒肝解郁胶囊治疗，有助于改善患者临床症状，提高其生活质量，效果显著，值得应用。顾冰（2019）观察巴戟天寡糖（由河南大学药学院提取）对阿霉素所致大鼠心肌损伤的影响后发现巴戟天寡糖对阿霉素所致心肌损伤具有保护作用，这可能与巴戟天寡糖的抗氧化作用有关。何雪梅（2019）以187例老年抑郁症患者作为研究对象，探讨巴戟天寡糖胶囊联合阿戈美拉汀片治疗老年抑郁症的临床疗效发现，具有较好的临床疗效，能改善临床症状，调整血清因子水平，安全性较好，具有一定的临床推广应用价值。宋欣欣等（2019）分析巴戟天寡糖胶囊联合舍曲林治疗抑郁症患者临床疗效及安全性发现，巴戟天寡糖胶囊联合舍曲林治疗抑郁症患者临床疗效显著，不仅能改善患者抑郁症状，还能减少不良反应，安全性较高。此外，佘琴（2019）考察巴戟天寡糖联合文拉法辛治疗抑郁症的效果，观察组经巴戟天寡糖胶囊联合文拉法辛缓释片治疗之后，患者的汉密尔顿抑郁量表评分（17.61±2.98）分、抑郁自评量表评分（33.19±2.31）分、治疗总有效率（96.00%）和不良反应发生率（4.00%）均优于对照组，$P<0.05$。并总结认为，巴戟天寡糖和文拉法辛联合治疗抑郁证的疗效可观，安全性良好，具有较好的临床应用价值。

（陈旭东）

丁酸钠对肉鸡肠道形态结构的研究进展

抗生素作为饲料工业中的促生长添加剂，具有抑制或杀灭病原微生物、维持肠道微生物平衡、提高养分的吸收率、减少幼龄动物的腹泻等功效，然而由于抗生素长期添加或超量使用，导致耐药性、药物残留，可造成动物免疫力降低甚至超级细菌的产生等毒副作用。作为抗生素替代品，不仅要具有与抗生素带来的类似益处，而且不会对人类健康造成影响，其目的主要在于维持动物肠道和免疫系统及提高动物生产性能的功能。有机酸及其盐如丁酸或丁酸钠作为动物肠道酸化剂替代抗生素是无害的，已被大多数国家批准用作动物饲料添加剂。本文就在肉鸡日粮中添加丁酸钠后的吸收利用、促进肠道发育、改善肠道形态等方面进行概述，并为在饲料中进一步研究应用提供科学依据。

一、健康肠道的重要功能

禽类消化道是一条从口腔、咽、食道、腺胃、肌胃、十二指肠、空肠、回肠、盲肠、结直肠及泄殖腔的肌性管道，其中肠道是动物体营养物质消化吸收的场所，是最重要的消化器官之一，动物摄取的营养物质经过一系列的物理化学消化过程后被小肠上皮细胞吸收。肠道粘膜的发育情况能够反映动物的消化吸收能力。在小肠的内表面有很多环形皱褶，皱褶上有很多绒毛状的突起，这就是小肠绒毛，小肠绒毛壁只有一层细胞厚度，在绒毛内部布满了许多的微血管，这种结构特点有助于吸收营养物质。当小肠绒毛的高度增加时，增大了与消化道内容物的接触面积，加强了消化吸收。小肠还有隐窝结构，小肠隐窝是绒毛根部上皮下陷至固有层形成的管状腺体，隐窝底部的上皮细胞不断向上分化形成了新的绒毛，隐窝的深度在一定程度上反映了小肠绒毛的更新情况。肠道是动物消化、吸收和利用营养物质的主要场所，而这些功能的实现取决于肠黏膜细胞的生长及保持形态结构的完整，对动物日粮的消化和吸收依赖于肠道的健康，如果肠道功能受损，养分的消化吸收就会受到影响，因此健康完整的肠道功能对于提高动物的生产性能至关重要。

二、丁酸的来源及特点

丁酸作为肠道的重要能量来源，对肠黏膜细胞的增殖和成熟有重要促进作用，其不仅可改善畜禽肠道发育，调节肠道菌群平衡，而且可提高免疫功能，促进机体生长。由于丁酸的挥发性和游离性特点使其在应用中有一定的局限性，而丁酸钠呈固态且不易挥发，臭味较小，在饲料加工中易于处理，因此在饲料加工和养殖生产中常使用丁酸钠来替代丁酸。丁酸钠也存在一些弊端，如丁酸钠本身具有奶酪酸败气味和吸湿性，在贮存和运输过程中易结块，影响饲料的品质，为减小丁酸钠不良气味，提高饲料的适口性，可通过包被或微胶囊等形式处理，使丁酸钠在整个肠道中得到缓慢释放，使肠道得到充分吸收，提高其生物利用度。

丁酸甘油酯和包被丁酸钠都是丁酸的衍生产品，它们都能为动物体提供丁酸。丁酸甘油酯属于短链脂肪酸酯，由三分子丁酸和一分子甘油构成，在胃液中不被分解，在胰脂肪酶的作用下缓慢释放成丁酸和甘油，通过胃进入肠道后被组织利用。丁酸甘油酯作为丁酸的前体物，半衰期长，使用方便，安全无毒副作用，无臭味，既解决了丁酸为液态易挥发、气味难闻、难以添加的特点，又改善了丁酸钠吸湿性及释放过快的缺点，且具有促进畜禽肠道健康发育，提高机体免疫能力，促进营养物质消化吸收等功能，在促进动物生长及维护动物机体健康替代抗生素等方面已有所研究和报道。

三、丁酸的吸收利用

添加丁酸钠的重要目的在于抑制肠道有害菌群，维持肠道健康。丁酸钠的主要作用部位为小肠和后肠，丁酸钠在畜禽消化道前段容易被分解，使其不能有足够的剂量达到小肠和大肠，从而导致其功能得不到有效发挥，少量可以到达肠道的后段，不能有效发挥肠道保健的作用。

目前，丁酸的应用多以包被丁酸钠或丁酸甘油酯的形式而添加于动物饲料中，其作用效果也好于未稳定化处理的丁酸钠产品。由于猪禽等单胃动物胃中 pH 较低，未包被的丁酸钠解离常数 pKa 为 4.82，一旦进入胃中，便快速释放钠离子，剩余丁酸根转变为非解离的丁酸，进而通过非离子化形式经胃被动吸收，导致胃中丁酸浓度的显著增加，但在肉鸡的空肠食糜（Hu & Guo，2007）中却未显著增加，同样在猪的盲肠、结肠和直肠中的丁酸浓度也没有显著增加（Manzanilla 等，2006）。Van der Wielen（2002）报道丁酸钠以游离的形式在肉鸡消化道上段（嗉囊）中易被吸收，Warnecke（2005）报道丁酸钠发挥抗菌作用需在到达消化道后段前处于未解离状态。徐振飞（2011）报道在体外模拟仔猪胃肠道环境的试验中，未经包被的丁酸钠粉末在模拟胃环境中分解率超过 50%，而经过包被的丁酸钠在模拟胃环境中分解率不到 2%，在模拟小肠环境中分解率达 41.6%。Liu 等（2017 年）指出，摄入 30min 至 2.5h 后是胶囊化丁酸钠产品提高营养物质消化率和刺激小肠上皮细胞发育的合适时间，2.5～4h 是胶囊化丁酸钠侧重于后肠细菌控制的最佳时间范围。由此可见，丁酸钠在小肠中早期释放可以增加营养物质的消化率，并刺激绒毛的发育，而若在消化道后段释放则对肠道致病菌有抑制作用（Fernández-Rubio 等，2009；Guilloteau 等，

2010）。

因此日粮中添加丁酸钠，在消化道上段可降低胃中 pH，促进胃蛋白酶原转变为胃蛋白酶，进而促进蛋白质、氨基酸和矿物质等养分的吸收利用，同时在消化道后段，由于丁酸较强的亲脂性又可破坏病原菌的能量利用、抑制细菌代谢及促使胞液外流，达到阻碍病原菌营养物质利用的效果（图 1）。

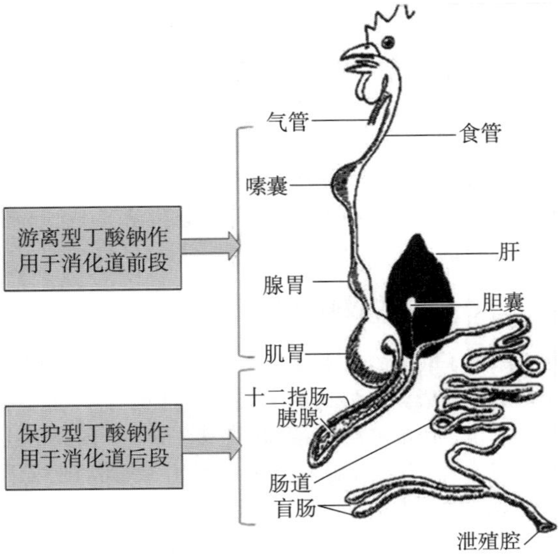

图 1　丁酸钠在胃肠道中的作用部位

四、丁酸钠对消化道器官的影响

Abdelqader（2016）报道，在高温 32℃ 21～35 日龄的肉鸡应激期后，经 7d 21℃恢复期至 42 日龄的实验中，在热应激期添加丁酸 0.5g/kg 的实验组较热应激对照组的体重、日增重、绒毛高度、绒毛面积及肠道重量显著提高，提示丁酸具有在热应激条件下可保持肠道健康。Eshak 等（2016）发现，在肉鸡经坏死性肠炎毒株攻毒后，添加包被丁酸钠实验组与对照组相比，肠道直径和长度增加，法氏囊重量及新城疫疫苗的抗体滴度均显著增加。实验组与对照组相比，添加丁酸钠的肉鸡全肠重量和长度增加（Aghazadeh 和 Tahayazdi，2012 年）。Wu 等（2018）报道，在 6 组肉鸡实验中，除对照组外其他各组分别添加包被丁酸钠 200mg/kg（SB1）、400mg/kg（SB1）、800mg/kg（SB3）、1 000mg/kg（SB4）和抗生素组（金霉素 100mg/kg＋20mg/kg 硫酸黏杆菌素），实验结果表明，添加丁酸钠对肉仔鸡 42 日龄十二指肠、空肠、回肠的相对长度和 21 日龄盲肠相对重量有显著影响。与对照组和抗生素组相比，SB1 组在 21 日龄时空肠和回肠以及在 42 日龄时十二指肠的相对长度显著增加，SB2 组在第 42 日龄时回肠和空肠的相对长度显著增加。此外，SB1 组的盲肠相对重量和 SB4 组 42d 的十二指肠相对长度与对照组相比有显着增加。由此可见，在 21 和 42 日龄肉鸡日粮中添加丁酸钠显著增加了肉仔鸡肠段的长度和重量。据 González-Ortiz 等（2019）报道，肉鸡实验中设为 4 组，对照组、其他组分别加木聚糖酶（16 000 BXU/kg）、包被丁酸组（1kg/t）、添加木聚糖酶＋丁酸钠组，结果表明，在 21 日龄，饲喂丁酸钠的肉鸡总胃肠道和空肠较重，达到显著水平，十二指肠达到极显著，在 42 日龄，丁酸钠显著提高了 VH∶CD 比值，而添加木聚糖酶不影响任何肠段的相对重量。同样的研究表明，与对照组相比，添加丁酸钠 14 日龄肉鸡的小肠和空肠的相对长度更长（Chamba 等，2014），以及小肠较长（Aghazadeh 等，2012）或小肠较重（Adil 等，2011）。高水平的丁酸钠改善了空肠和小肠的长度（Mahdavi 等，2009）。消化道器官的长度或重量受很多因素的影响，如遗传因素、饲料颗粒大小，谷物原料的性质，饲料添加剂的补充，其中丁酸作为肠道上皮细胞的重要能量来源，能够促进不同肠段尤其是结肠上皮细胞的增殖，刺激肠道血液流量，因此丁酸钠对促进肠道上皮细胞的代谢及增殖中供能作用非常重要（表 1）。

表 1　添加不同剂型丁酸对肠道形态学参数的影响

丁酸剂型	实验分组	肠道形态学参数变化	文献来源
未包被丁酸钠	对照组 实验组 1：0.5g/kg 丁酸钠全期， 实验组 2：1g/kg 丁酸钠全期 实验组 3：2g/kg 丁酸钠全期	实验组 3 的空肠 VH∶CD 比值显著增加，达 32.3%	Hu & Guo（2007）
	对照组 实验组 1：0.5g/kg 呋喃唑酮 实验组 2：2g/kg 丁酸钠全期 实验组 3：4g/kg 丁酸钠全期 实验组 4：6g/kg 丁酸钠全期	补充丁酸钠可使十二指肠 VH 提高（实验组 2：7.25%；实验组 3：8.9%；实验组 4：8.1%）和 CD 提高（实验组 2：10.3%；实验组 3：18.1%；实验组 4：15.5%）	Panda et al.（2009）

（续）

丁酸剂型	实验分组	肠道形态学参数变化	文献来源
脂肪包被丁酸钠	2x3 析因实验： 补充酶（在全期饲喂中无或 1g/kg） SCFA（无，全期饲料中的 0、0.3g/kg 丁酸钠） SCFA 混合物在全期饲料（1g/kg）	丁酸钠对空肠或回肠中的 VH，绒毛宽度，CD 和黏膜层宽度无明显影响	Smulikowska et al.（2009）
	对照组 实验组 1：1.05g/kg 丁酸钠全期 实验组 2：1g/kg 的精油（EO）混合物 实验组 3：实验组 1＋实验组 2，全期 实验组 4：10^9CFU 益生菌全期	丁酸钠显著增加空肠 VH 达 15.8%，但不显著影响 VH∶CD 比	Jerzsele et al.（2012）
	对照组 实验组 1：0.3g/kg 丁酸钠 实验组 2：0.06g/kg 盐霉素 实验组 3：实验组 1＋实验组 2	丁酸钠显著增加空肠 VH（5.7%），但不显著影响绒毛宽度，CD，VH∶CD 比或黏膜膜宽度。回肠上述参数不显著	Czerwinski et al.（2012）
丁酸甘油酯	对照组 实验组 1：1g/kg 益生元 实验组 2：3g/kg 丁酸甘油酯在前期和 2g/kg 在生长期 实验组 3：0.5g/kg 杆菌肽在前期和 0.25g/kg 杆菌肽在中后期	十二指肠，空肠和回肠的 VH 和宽度不受丁酸甘油酯影响，而丁酸甘油酯导致十二指肠隐窝加深（25.4%），而空肠、回肠中的 VH 不变	Sayrafi et al.（2011）

五、丁酸钠对肠道形态学的影响

肠道消化吸收能力的强弱取决于绒毛高度与隐窝深度比值的高低（VH/CD），小肠的绒毛长度和宽度及隐窝深度、黏膜厚度作为小肠消化功能的重要评价指标，其中肠道绒毛上皮细胞主要发挥吸收功能，隐窝上皮细胞主要发挥分泌功能。较大的绒毛可以改善肠道消化吸收的功能，从而提高家禽的生长性能。在以前的研究中发现，与对照组相比，丁酸钠改善了部分肠段（十二指肠，空肠和回肠）的绒毛高度（表7）。

Malloet 等（2012）发现，肉仔鸡日粮丁酸钠的添加会影响肠道绒毛的长度和宽度，饲喂丁酸钠 0.5 和 1g/kg 的肉鸡 21 日龄时肠道绒毛长度极显著增加可达 55%和 27%，42 日龄时，绒毛长度增加达 39%和 18%。Elnesr 等（2019）在鹌鹑日粮中添加 1g/kg 丁酸钠，21 日龄时十二指肠、空肠、回肠分别较对照组绒毛长度增加分别达 21.9%、68.2%、39.7%，42 日龄时十二指肠、空肠、回肠分别较对照组绒毛长度增加分别达 20.3%、70.1%、29.3%。郭传珍等（2014）研究表明，肉鸭基础日粮中分别添加丁酸钠 500mg/kg、1 000mg/kg 及杆菌肽锌 40mg/kg，21 日龄时添加 1 000mg/kg 组十二指肠的绒毛高度、隐窝深度均显著优于对照组，其中 VH/CD 值极显著高于对照组和抗生素组，添加 500mg/kg 包膜丁酸钠组的绒毛高度、隐窝深度及其比值与对照组和抗生素组相比增加不显著。42 日龄时，试验组比对照组十二指肠的小肠绒毛高，并随添加量增加而增高，分别增高 0.9%和 10.4%，其中 1 000mg/kg 丁酸钠组显著高于对照组和 500mg/kg 丁酸钠，添加丁酸钠组 VH/CD 比值均显著优于对照组和抗生素组。添加包膜丁酸钠有效地增加了肉鸭肠道绒毛高度，降低了隐窝深度，促进肠道对营养物质的吸收，使肉鸭肠道健康综合指标有所改善。Hu 等（2007）在肉鸡饲粮中添加不同水平（500、1 000、2 000mg/kg）的包膜丁酸钠发现，绒毛高度与隐窝深度的比值随着丁酸钠的增加而成线性增加。Leeson 等（2005）指出在家禽日粮中添加丁酸钠后，绒毛高度和隐窝深度有所改善，添加丁酸钠具有刺激肠绒毛生长的作用（Guilloteau 等，2010）。Elnesr 等（2019）认为丁酸钠改善肠道状态的作用可能是由于丁酸钠刺激了肠黏膜血流量和胃肠激素的合成，并导致肠上皮细胞的增殖增强，从而修复和改善受损黏膜上皮并增加了绒毛高度。

结语

丁酸钠作为替代肉鸡日粮中抗生素的潜在替代

品，不仅在于能够维持胃肠道的健康，保持肠黏膜完整性，而且有助于提高肉鸡的生长性能。已有研究表明，丁酸钠在肠道组织形态、肠道屏障、免疫功能等方面具有重要作用，同时丁酸钠还可改善肠道微生物群落，减少疾病发生，是肠道上皮发育的杀菌剂和刺激剂。随着相关研究的不断深入，化丁酸钠产品必将有助于家禽业的发展，有助于替代抗生素的使用，有助于动物食品的更加安全优质和绿色健康。

（李　祥）

饲料机械制造工业概况

2019年，受非洲猪瘟、中美贸易战的影响，饲料企业运行艰难。一方面由于饲料生产的不确定性，严重影响了饲料企业对扩大再生产的需求，使饲料加工成套机组的需求量急剧减少；另一方面饲料企业为了提高核心竞争力，积极转型升级调整产品结构，加大工艺设备改造力度，关注饲料卫生管理，降低有害微生物的污染，挖掘现有工艺、装备潜力，提升饲料加工工艺技术和管理技术水平，适应饲料生产形势的新变化。随着饲料企业数量的减少及产业集中度、规模化的不断提升，集团化的饲料企业数量越来越多，先进技术装备得到很大发展，自动化和智能化的技术与装备的应用也得到了极大的推广。

1. 饲料加工成套机组生产情况。近3年饲料加工成套机组生产情况见表1。由表1中可以看出，2019年共生产饲料加工成套机组749套，生产总数与2017年、2018年相比急剧减少，分别减少了640套和2 165套，降低幅度分别为46.1%和74.3%。其中，生产时产10t以上的大型饲料加工成套机组297套，与2017年、2018年相比大幅下降，分别减少了744套和504套，下降幅度分别为71.5%和62.9%；生产时产10t以下的中小饲料加工成套机组452套，与2017年相比有所增加，增加了104套，增长幅度为29.9%，与2018年相比急剧降低，减少了1 661套，下降幅度为78.6%。2019年饲料加工成套机组数量急剧减少，主要与2018年加工成套机组数量增幅过大有关，也与饲料需求总量增速放缓、饲料供给侧产能过剩有关。

表1 饲料加工成套机组产量（套）

年度	≥10t/h	<10t/h	合计
2017	1 041	348	1 389
2018	801	2 113	2 914
2019	297	452	749

2. 饲料加工机械生产情况。近3年饲料加工机械单机设备生产情况见表2。由表2中可以看出，2019年共生产单机设备33 754台，与2017年相比大幅增加，增加了9 454台，增长幅度为38.9%，与2018年相比略有增加，增加了1 008台，增长幅度为3.1%。粉碎机、混合机、制粒机等三大主机共生产9 472台，与2017年相比呈现断崖式下降，减少了8 926台，下降幅度为48.52%，与2018年相比略有增加，增加了265台，增长幅度为2.9%。其中，粉碎机2 567台，与2017年相比大幅下降，减少了5 560台，下降幅度为68.4%，与2018年相比略有增加，增加了116台，增长幅度为4.7%；混合机2 265台，与2017年相比下降显著，减少了4 334台，下降幅度为65.7%，与2018年相比有所增加，增加了101台，增长幅度为4.7%；制粒机4 640台，与2017年相比增长较多，增加了968台，增长幅度为26.4%，与2018年相比略有增长，增加了48台，增长幅度为1.0%。其他单机设备24 282台，生产总数与2017年相比呈现井喷式上升，增加了18 380台，增长幅度为3.11倍，与2018年相比略有增加，增加了743台，增长幅度为3.2%。2019年出口3 140台，占生产总量的比例为9.5%，与2017年、2018年相比大幅下降，分别减少了9 733台和8 642台，下降幅度分别为74.8%和72.5%。饲料加工三大主机生产量与2018年相比略有增加、与2017年相比大幅下降，是由于饲料需求总量增速放缓，导致饲料加工企业进行技术改造、设备更新换代的速度有所放缓，也与成套机组数量和饲料机械出口量的大幅下降有关。其他单机设备生产量处于较高水平，与饲料生产线辅助设备老化、需要大量更换有关。

表 2 饲料加工机械单机产量（台）

年度	粉碎机	混合机	制粒机	其他	合计		饲料机械出口量
					三大主机	所有设备	
2017	8 127	6 599	3 672	5 902	18 398	24 300	13 009
2018	2 451	2 164	4 592	23 539	9 207	32 746	11 918
2019	2 567	2 265	4 640	24 282	9 472	33 754	3 276

3. 饲料加工机械设备发展特点。2019 年，饲料行业产能过剩，饲料产品利润率低，人力资源成本增加，市场竞争日益激烈，饲料企业充分认识到通过提升饲料加工技术水平和饲料加工装备水平来提升核心竞争力、建立市场优势的重要性，认识到饲料加工规模化、专业化、信息化、智能化的急迫性，努力挖掘现有工艺装备潜力，全面提升饲料加工工艺技术水平和饲料加工装备性能，加快规模化、规范化、差异化、专业化进程，实现智能化、精细化、高效低耗、安全生产。2019 年配合饲料加工设备的发展呈现如下特点。

（1）饲料加工更加关注质量卫生。非洲猪瘟疫情的爆发、蔓延及饲料中禁止抗生素添加的政策即将实施，使饲料和养殖企业进一步认识到生物安全的重要性，全面提升生物安全防控措施，更加关注动物的精准饲养，通过饲料的精准加工满足动物营养需求，提高动物机体免疫力；关注饲料热加工的灭菌效果，通过饲料加工工艺的改进，降低有害微生物的污染；关注饲料生产的卫生管理，提高饲料原料卫生、饲料加工过程卫生，以及产品卫生水平，确保饲料原料、加工过程和最终产品没有病原微生物或其他有害因素影响动物健康。

（2）饲料生产关注安全与环境保护。饲料企业的环保与安全生产问题引起政府与企业的高度重视，近年的“环保督察、粉尘防爆督察风暴”在饲料行业引起了积极反响，安全生产与环境保护的持续改进、常态化督察已成为行业与企业可持续发展的前提，如何防止粉尘爆炸、解决生产过程中产生的异味与臭气，是饲料企业面对的一个现实问题。加强饲料加工有限空间作业的安全生产管理与监控，采取有效的化学、物理与生物除臭后处理技术，消除或减少异味与臭气的排放，是确保安全生产与环境保护的重要内容。新建饲料厂在总平面规划设计、饲料工艺和设备设计、安装过程中必须同步考虑安全生产与环境保护的防控措施，包括除尘防爆、气味处理排放、噪声降低，以及雨污水分离排放等。

（3）饲料加工设备更加关注可靠性、易损件寿命。目前，饲料加工装备中锤片、筛片、环模、压辊以及螺杆等关键部件的使用寿命已经成为业内主要关注的焦点；同时，设备的连续运转无故障时间也成为市场关注的重要指标。可靠性问题已成为制约我国饲料加工装备技术水平提升的瓶颈问题，市场对高可靠性饲料加工装备的需求非常迫切。加大适用于饲料机械行业应用的优质基础材料和耐磨材料的研究，是提高整机稳定性和工程使用经济性的关键所在，提高易损件和整机的使用寿命，是未来重点发展的方向之一。

（4）针对非洲猪瘟疫情改进饲料制粒工艺。饲料热加工过程是一个物料物理化学变化的复杂过程，其对饲料产品品质、安全卫生有着至关重要的作用，非洲猪瘟疫情的暴发使饲料加工及饲料机械制造企业更加认识到饲料高效热处理技术是优质饲料产品生产、保证饲料生物安全的关键，加大对饲料制粒工艺的改造力度，如：改造制粒之前的调质器配置，延长调质时间，保证粉料在 80～90℃保温 3min 以上；在制粒机之后冷却器之前加装后熟化稳定器，保证颗粒在 80～90℃ 保温 15min 以上；甚至采用膨化（膨胀）技术对混合大料进行高温高压预处理，温度可以达到 100℃以上，以期在饲料加工过程中灭活非洲猪瘟病毒，还可以提高饲料转化率。

（5）无抗饲料加工工艺的探索创新。面对无抗时代的来临，饲用抗生素替代品包括微生态制剂、中草药制剂及天然植物提取物、酸化剂、寡糖、酶制剂、抗菌肽、益生菌/益生元、乳酸菌、芽孢杆菌、功能性氨基酸等的应用日益增多，如何在饲料高效热处理提高品质和安全性的同时，保护热敏性抗生素替代品有效成分的活性，是饲料加工面临的一个现实问题。探索创新既能提高饲料生产效率和饲料利用率，又能有效保护热敏性成分的畜禽饲料制粒新工艺，将得到推广应用；为了保护发酵原料生物活性，将湿态发酵原料直接用于颗粒饲料生产，研究提高配合饲料水分的均匀性、防止霉变、降低添加湿态发酵原料对颗粒质量和制粒效率的影响的预处理工艺。

（6）高档水产饲料加工机械设备得到进一步开发。膨化水产饲料的快速发展，加快了水产饲料膨化设备的研发和膨化技术的进步。膨化机在大型化、自动化研究方面取得了较大进展，生产性能和产品质量得到了较大提升；与膨化设备配套的烘干机在干燥原理、物料特性、干燥效率等方面也取得较大进展，成为提升产量和品质的重要手段。

（7）智能化饲料加工关键设备的创新制造和研发。从车间单机到车间系统扩展到整个工厂物流过程的自动化、数字化、智能化是未来的发展方向。集成组装技术、自动化控制技术等在大型粉碎机、颗粒机、膨化机及大型饲料加工成套设备的设计制造中得到了应用，自动化、信息化程度进一步提高，使饲料生产的工作效率、工作稳定性和产品质量都得到大幅度提高，但其机械操作与工作质量自动监视能力反馈控制程度低，距完全自动化及智能化还有很大差距。只有具有数据信息采集设备和反馈控制系统的自动化饲料加工设备才具有智能化的特征，目前这是饲料加工机械的一个短板。

（8）饲料加工过程信息数据采集设备进入研发阶段。随着饲料加工机械设备自动化程度的提高以及人力成本的增加，对饲料加工过程的信息数据采集越来越重要，与自动化机械设备相匹配的加工信息数据采集设备需求将进一步加大，并配套开发与过程信息数据采集后的数据处理分析系统，从而实现优化生产工序及工序工艺参数。

（9）饲料加工机械研发国际化。伴随着国内饲料机械制造工业发展的瓶颈化及饲料加工成套设备生产线建设的减少，在国家“一带一路”政策的大力支持下，我国饲料机械制造工业走向国际市场的进程不断加快，大型饲料加工设备集团分别在亚州、欧州、美国设立研究院，研发力量的国际化发展迅速，但设备出口数量并没有同步大幅增加，甚至还有大幅度减少。

（10）持续开展饲料加工机械装备的标准化。标准化是饲料机械设备产品走向国际化的基础，目前国内已有一些前期基础，后期应加大标准化及相应标准的制定。

（李军国　王红英）

饲草产业发展概况

2019年，在国内需求不断增长和国际贸易形势变化的背景下，我国草食畜牧业发展呈稳定向好态势，饲草产区雨热同期，单产水平有所提高，种业基础更加牢固，种植结构进一步优化，生产经营主体发展态势良好，草产品和草种进口量略有下降，进口格局逐步优化。

1. 饲草种业稳步发展。2019年，种业发展基础进一步夯实，生产结构进一步优化，种子产量增幅明显，草种进口量略有下降。种质资源保护、新品种测试审定等基础性工作成效显著。全国共收集饲草种质资源429份，复检入库1 998份，累计保存总量达到6.3万份；开展71个品种、1 564个小区的区域试验；审定通过新品种25个，累计审定优良饲草品种584个。继续实施现代种业提升工程饲草项目，中央投资3 000万元，在宁夏、陕西新建苜蓿等饲草良种繁育基地3个，在北京改扩建部级饲草种子质检中心1座。紫花苜蓿和燕麦等优质饲草种子生产田面积较上年明显增加，占全国饲草种子田面积比例有所提高。因水热匹配较好，开花期、成熟期、收获期等生产关键时期气候状况好于上年，加之甘肃、内蒙古等重点地区专业化、标准化生产水平提升明显，2019年全国饲草种子总产量预计可达到10万t。全年进口草种5.13万t，同比减少9%。进口草种主要以草坪草为主，饲草种子占比较小。紫花苜蓿种子进口0.26万t，同比增长4%，平均到岸价格2.84美元/kg，同比上涨5%，主要进口自加拿大和澳大利亚，占比分别为82%和11%，其他从美国、意大利及法国进口；黑麦草种子进口3.11万t，同比增长4%，平均到岸价格1.52美元/kg，同比下跌5%；三叶草子进口0.22万t，同比减少26%，平均到岸价格3.68美元/kg，同比下跌3%。

2. 饲草种植水平进一步提高。2019年，我国四季气温均偏高，春秋明显偏暖，降水偏多，倒春寒、干旱等气象灾害均偏轻，雨热同期，适宜饲草生长。在粮改饲试点和振兴奶业苜蓿发展行动等项目示范带动下，各地大力推广丰产关键技术，增加优良饲草品种比例，扩大规模化、标准化种植，实施机械化作业和病虫杂草防控等综合生产管理措施，种草管理水平提升明显，全国紫花苜蓿、青贮玉米单产水平预计可达7.2t/hm^2、25t/hm^2。

3. 国产商品草供给能力加快提升。2019年，从事饲草生产加工的经营主体发展态势良好，企业超过550家，农牧民专业合作社约240家。生产加工主体主要集中在甘肃、内蒙古、青海、宁夏、山东、河南、湖北等地，企业数量和产量约占全国的七成，产品主要为紫花苜蓿草捆、草块、草颗粒、草粉，青贮玉米裹包和燕麦草捆。

4. 草产品进口量略有下降。2019年，我国草产品进口总量为162.68万t，同比下降5%。进口苜蓿干草捆135.61万t，占草产品进口总量的83%，同比下降2%，平均到岸价339美元/t，同比上涨5%。进口苜蓿干草捆主要来自美国、西班牙和加拿大，其中从美国进口101.47万t，同比减少12%，占比75%，较上年减少9%；从西班牙进口25.17万t，同比增长46%，占比19%，较上年增长7%；从加拿大进口3.63万t，同比减少9%，占比约3%，与上年基本持平；其余从南非、苏丹及意大利进口。进口苜蓿粗粉及颗粒2.98万t，占草产品进口总量的2%，同比持平，平均到岸价格268美元/t，同比上涨4%。进口苜蓿粗粉及颗粒主要来自西班牙，少量来自墨西哥和意大利。进口燕麦草全部来自澳大利亚，进口量24.09万t，占草产品进口总量的15%，同比下降18%。因气候原因导致澳大利亚燕麦草大幅减产，平均到岸价格359美元/t，同比上涨32%。

饲料质量安全监管

2019年，农业农村部印发《饲料质量安全监督抽查检测工作要求》《2019年全国饲料质量安全监督抽查工作方案》，继续在全国开展饲料质量安全监督抽查工作。在具体组织实施工作过程中，按照规范抽查、抽检分离、痕迹管理的总体思路，全面推行“互联网＋饲料监管”，建立健全被监督抽查企业库、监管专家库和随机抽取机制，规范监督抽样、检测检验、结果报送、复核仲裁、异议处理等流程，应用饲料质量安全监测信息系统，实现工作全程痕迹化管理，全年抽检各类饲料产品2 805批次，针对监测中发现的不合格产品，指导地方及时查处，通过农业农村部门户网站向社会公开监督抽查结果。

“瘦肉精”专项整治

2019年，农业农村部按照部级抽检、省级监测、重点区域飞行检查相结合的方式，重点针对肉牛肉羊养殖、运输、交易、屠宰等环节开展“瘦肉精”专项整治。派出40个工作组，对吉林、山东、福建、甘肃等8省进行了拉网式监测，对浙江、宁夏等5省（自治区）进行了飞行检查。全年采集了3 640批次牛羊尿液样品，在市场购买了61份牛羊肉产品，对所有疑似阳性尿液和牛羊组织样品，委托国家饲料质量监督检验中心（北京）进行了11种β-受体激动剂仪器上机确证检测，确证9批次肉牛尿液样品克伦特罗阳性。此外，结合各地发现的“瘦肉精”线索，及时启动案件移交和督办程序，督促地方落实“瘦肉精”监管责任，认真处理群众举报和反映的问题，通过飞行检查等方式，对“瘦肉精”违法问题保持高压严打态势，确保畜产品质量安全。

粮改饲工作

2019年，粮改饲项目继续在河北、山西、内蒙古、辽宁、吉林、黑龙江、安徽、山东、河南、广西、贵州、云南、陕西、宁夏、甘肃、青海、新疆等17个省（自治区）655个县（含211个贫困县）实施，完成面积101.4万hm^2。

1. 促进了种养双赢。各地充分发挥市场在资源配置中的决定性作用，坚持需求导向、终端带动，统筹考虑种养业协调发展，以养定种、以养带种，种养结合，有序推进青贮玉米及其他优质饲草种植，打通种养业循环渠道，既提高了土地产出效益，又降低了牛羊养殖成本。青贮玉米种植户根据市场需求组织生产，销售渠道畅通，价格公道合理，大多数地方每吨全株玉米的地头价稳定在300元左右。在同等种植条件下，种植青贮玉米比籽粒玉米平均每公顷多增收近4 500元。山西朔州整市推进粮改饲后，粮经饲结构调整为42∶23∶35，在统筹三元种植结构上走出了好路子。牛羊养殖中饲喂青贮玉米后，年产奶6t的奶牛日均产奶量可增加3kg，乳蛋白、乳脂肪等质量指标也明显提高，生产1t牛奶节约饲料成本300多元；肉牛出栏时间缩短30d以上，饲料成本每头降低900元左右；肉羊出栏时间缩短15d以上，饲料成本每只降低40元左右。参与项目实施的养殖场户流转土地自种、种养一体化经营比例达40%，内蒙古、辽宁、青海等省（自治区）达60%以上。养殖场利用一体化经营优势，将牛羊粪便还田用于青贮玉米种植，减少化肥用量40%以上，既培肥了地力，又减轻了粪污处理压力，走出了生产生态协调发展之路。

2. 助力精准脱贫。2019年，粮改饲项目覆盖到211个贫困县，中央财政资金投入8.9亿元。各地将粮改饲作为产业扶贫的重要抓手，探索形成了多种行之有效的模式，带领建档立卡贫困户分享粮改饲的收益。一是饲草订单模式。企业利用自身优势，通过技术、品种、种植和订单“四统一”方式，带动贫困户发展青贮饲料产业。二是土地流转托管模式。贫困户将土地以托管方式流转给养殖企业，每公顷可以拿到1.2万～1.5万元的土地租金。三是务工就业模式。通过对贫困人口先培训、再就业，帮助其掌握相应技能，进入养殖企业务工，增加工资性收入。四是母畜托管模式。贫困户把资金委托给养殖企业或合作社，代购基础母牛母羊，签订寄养协议，按协议分红。五是合作养畜模式。贫困户联合成立养殖合作社，与龙头企业签订育肥牛羊回收协议，由企业进行养殖技术培训，合作社统一收贮青贮玉米、统一购畜、统一防疫、统一销售。

3. 推动现代饲草产业发展。各地以粮改饲为抓手，培育壮大新型经营主体，推进“产加销用”协调发展，现代饲草产业初具规模，从“有草无业”到“立草为业”取得明显进展。饲草专业化生产服务机制初步形成。相关的社会化服务组织快速成长，“耕、种、收、贮”全程机械化作业水平大幅度提高。项目实施省份饲草专业化服务组织达801家，养殖合作社达4 210家。产业融合发展加快推进。各地积极探索各种融合模式，打造以龙头企业为核心、专业合作社为纽带、家庭养殖场为基础的现代畜牧产业化联合体，带动中小农户参与到发展全过程。山西、河北、河南、山东等地创设青贮贷等新型融资模式，为养殖场（户）收购全株青贮饲料、购置大型青贮收获机械提供金融服务，帮助解决资金难题。饲草种类进一步丰富。各地积极开展饲草品种的区域适应性筛选，将青贮高粱、苜蓿、燕麦、黑麦草、构树和甜高粱等纳入补贴范围。2019年，全株玉米以外的饲草收贮量达150万t，丰富了优质饲草料资源，打下了多元发展的基础。

草种质量抽检

2019年，全国各级饲草种子质检机构通过对比试验、能力验证、交流研讨、设备更新、技术引进等手段努力提升检测能力和水平。全国18家省部级质检机构共检测饲草种子4 400余份。5家省部级质检机构在饲草种子主要生产和销售地区抽检306批次样品，其中质量等级为三级以上的占比72.5%，比上年提高0.8个百分点。

饲料行业法制建设

1. 国务院印发《关于取消和下放一批行政许可事项的决定》(国发〔2019〕6号),取消饲料添加剂预混合饲料、混合型饲料添加剂产品批准文号核发制,改为备案制。

2. 农业农村部发布公告第227号,建立饲料原料和饲料添加剂审批咨询服务工作机制,在申请人自愿前提下,采取专家咨询会形式提供免费咨询服务,针对申报产品提出指导性意见,帮助申请人提高效率。

3. 农业农村部发布公告第226号,修订饲料添加剂申报材料要求,针对酶制剂、微生物、植物提取物等类别,进一步细化了产品名称、有效组分及含量、生产工艺和制造方法等方面要求,便于申请人更加准确地理解评审要求;明确可以用国内外权威机构已形成的试验报告、评价报告或文献资料作为判断安全性、有效性的依据,通过共享科学数据帮助申请人节约研发成本。

4. 印发《饲料和饲料添加剂评审工作规范》,将新饲料产品评审工作流程细化为咨询、初审和终审3个环节,采取专业组审议和评审专家投票决议制度,规范了评审工作程序和要求。全年受理新产品审批咨询材料15个,召开咨询会1次,为申请人提供咨询意见4份;受理新饲料和新饲料添加剂产品申报材料17个,召开评审会5次,2个新饲料添加剂产品通过评审并获得新饲料和新饲料添加剂证书。

饲料行政许可

围绕饲料行业“放管服”改革要求，全面推进饲料行政许可“三减一优”工作。取消添加剂预混合饲料和混合型饲料添加剂产品批准文号的行政许可，改由企业通过备案系统自主进行网络在线备案，压减饲料产品批准文号许可数量90%以上。针对进口饲料和饲料添加剂登记许可事项，进行“减材料、减环节、减时限、优化审批服务”制度性改革，减少证明材料4类，产品复核检测指标由25类减少为19类，审批时限由20个工作日压减为15个工作日、复核检测时限由3个月压减为2个月，采用信息系统优化审批工作运转流程，“三减一优”工作取得明显成效。全年受理进口饲料和饲料添加剂登记申请材料2 066件，其中新登记1 576件、续展登记380件、变更登记110件，按期办结率100%；发布农业农村部公告8份，新颁发登记证404个、续展登记190个、变更换证78个；受理发放自由销售证明124份。

进口饲料和饲料添加剂管理

根据《进口饲料和饲料添加剂登记管理办法》有关规定，批准美国佳和生物技术公司等生产的 594 种饲料和饲料添加剂产品在我国登记或续展登记，并发给进口登记证（见附件 1 和附件 2）。批准凯塔斯（西班牙）有限公司等企业换发进口登记证（见附件 3）。所登记产品的监督检验，按中华人民共和国国家标准或我部发布的质量标准执行。

附件 1

进口饲料和饲料添加剂产品登记证目录（2019）

登记证号	通用名称	商品名称	产品类别	使用范围	生产厂家	有效期限	备注
(2019) 外饲准字 001 号	饲料添加剂 蛋白铜 Feed additive Copper Proteinate	保福敏蛋白铜 Buffermin Copper Proteinate	饲料添加剂 Feed Additive	猪、家禽、马 Swine, Poultry, Horses	美国佳和生物技术公司 JH Biotech, Inc., USA	2019.01—2024.01	新办
(2019) 外饲准字 002 号	饲料添加剂 氨基酸铁络合物 Feed Additive Iron Amino Acid Complex	氨维乐—铁 90 Availa-Fe 90	饲料添加剂 Feed Additive	畜禽、水产养殖动物 Livestock, Poultry, Aquaculture animals	美国金宝动物营养（国际）有限公司 Zinpro Animal Nutrition (International) Inc., USA	2019.01—2024.01	新办
(2019) 外饲准字 003 号	饲料添加剂 氨基酸铜络合物 Feed Additive Copper Amino Acid Complex	氨维乐—铜 100 Availa-Cu 100	饲料添加剂 Feed Additive	畜禽、水产养殖动物 Livestock, Poultry, Aquaculture animals	美国金宝动物营养（国际）有限公司 Zinpro Animal Nutrition (International) Inc., USA	2019.01—2024.01	新办
(2019) 外饲准字 004 号	饲料添加剂 氨基酸锰络合物 Feed Additive Manganese Amino Acid Complex	氨维乐—锰 80 Availa-Mn 80	饲料添加剂 Feed Additive	畜禽、水产养殖动物 Livestock, Poultry, Aquaculture animals	美国金宝动物营养（国际）有限公司 Zinpro Animal Nutrition (International) Inc., USA	2019.01—2024.01	新办
(2019) 外饲准字 005 号	饲料添加剂 氨基酸锌络合物 Feed Additive Zinc Amino Acid Complex	氨维乐—锌 120 Availa-Zn 120	饲料添加剂 Feed Additive	畜禽、水产养殖动物 Livestock, Poultry, Aquaculture animals	美国金宝动物营养（国际）有限公司 Zinpro Animal Nutrition (International) Inc., USA	2019.01—2024.01	新办
(2019) 外饲准字 006 号	饲料添加剂 硫酸钠 Feed Additive Sodium sulphate	安舒钠 AdiSodium™	饲料添加剂 Feed Additive	养殖动物 All species or categories of animals	安迪苏法国公司 ROR 工厂 Adisseo France S. A. S., Plant ROR, France	2019.01—2024.01	新办
(2019) 外饲准字 007 号	饲料添加剂 硫酸钠 Feed Additive Sodium sulphate	安舒钠 AdiSodium™	饲料添加剂 Feed Additive	养殖动物 All species or categories of animals	安迪苏法国公司 Commentry 工厂 Adisseo France S. A. S., Plant Commentry, France	2019.01—2024.01	新办
(2019) 外饲准字 008 号	混合型饲料添加剂香味物质 Feed Additives Mixture Flavouring Substances	德斯特"金晶精" DOSTO® Mineral 4Green	混合型饲料添加剂 Feed Additives Mixture	养殖动物 All species or categories of animals	德国德斯特农场有限责任公司 DOSTOFARM GmbH, Germany	2019.01—2024.01	新办

（续）

登记证号	通用名称	商品名称	产品类别	使用范围	生产厂家	有效期限	备注
(2019) 外饲准字 009 号	饲料添加剂 甘氨酸锌 Feed additive Zinc Glycinate	益可锌 25% E. C. O. Trace® Zn 25%	饲料添加剂 Feed Additive	猪 Swine	德国 Biochem 添加剂贸易和生产有限公司 Biochem Zusatzstoffe Handels-und Produktionsgesellschaft mbH, Germany	2019. 01—2024. 01	新办
(2019) 外饲准字 010 号	饲料添加剂 天然类固醇萨洒皂角苷（源自丝兰） Feed Additive Yucca schidigera extract	除臭灵 DE-ODORASE	饲料添加剂 Feed Additive	畜禽、宠物、水产养殖动物 Livestock, Poultry, Pets, Aquaculture animals	墨西哥奥特奇公司 ALLTECH SSF, S. de R. L. de C. V., Mexico	2019. 01—2024. 01	新办
(2019) 外饲准字 011 号	混合型饲料添加剂 氯化镁 硫酸镁 硫酸钙 Feed Additives Mixture Magnesium Chloride Magnesium Sulfate Calcium Sulfate	艾力宝 Elite	混合型饲料添加剂 Feed Additives Mixture	母畜 Dams	美国国际矿物质公司 International Mineral Sales LLC, USA	2019. 01—2024. 01	新办
(2019) 外饲准字 012 号	混合型饲料添加剂 氧化锌 Feed Additives Mixture Zinc Oxide	集富锌宝 P JEFO ZINCO-PLUS P	混合型饲料添加剂 Feed Additives Mixture	家禽 Poultry	加拿大 Jefagro 科技有限公司 Jefagro Technologies Inc., Canada	2019. 01—2024. 01	新办
(2019) 外饲准字 013 号	混合型饲料添加剂 微生物 Feed Mixture Additives Live Microorganisms	达特沃丽高 Doctor Oligo	混合型饲料添加剂 Feed Additives Mixture	养殖动物 All species or categories of animals	韩国 FARMTEC 会社 FARMTEC, Korea	2019. 01—2024. 01	新办
(2019) 外饲准字 014 号	混合型饲料添加剂 酶制剂 Feed Additives Mixture Enzymes	保安生® TP-100 (HPR) Porzyme® TP-100 (HPR)	混合型饲料添加剂 Feed Additives Mixture	猪 Swine	丹尼斯克美国有限公司（Neosho 工厂） Danisco US Inc.（Neosho Plant）, USA	2019. 01—2024. 01	新办
(2019) 外饲准字 015 号	混合型饲料添加剂 酶制剂 Feed Additives Mixture Enzymes	保安生®TP-200 (HPR) Porzyme® TP-200 (HPR)	混合型饲料添加剂 Feed Additives Mixture	猪 Swine	丹尼斯克美国有限公司（Neosho 工厂） Danisco US Inc.（Neosho Plant）, USA	2019. 01—2024. 01	新办
(2019) 外饲准字 016 号	混合型饲料添加剂 酶制剂 Feed Additives Mixture Enzymes	爱维生® 1505 R Avizyme® 1505 R	混合型饲料添加剂 Feed Additives Mixture	家禽 Poultry	丹尼斯克美国有限公司（Neosho 工厂） Danisco US Inc.（Neosho Plant）, USA	2019. 01—2024. 01	新办

（续）

登记证号	通用名称	商品名称	产品类别	使用范围	生产厂家	有效期限	备注
(2019）外饲准字017号	混合型饲料添加剂 果寡糖 Feed Additives Mixture Fructo-oligosaccharides	爱佳康 IGY PIG Powder	混合型饲料添加剂 Feed Additives Mixture	猪 Swine	韩国三养 ANIPHARM 株式会社 Samyang Anipharm Co.，Ltd，Korea	2019.01—2024.01	新办
(2019）外饲准字018号	混合型饲料添加剂 丙酸 丙酸铵 Feed Additives Mixture Propionic Acid Ammonium Propionate	EastmanTM 防霉剂 LP2 NC EastmanTM Mould Control LP2 NC	混合型饲料添加剂 Feed Additives Mixture	养殖动物 All species or categories of animals	（荷兰）Vendrig Liquid Solutions B. V. Vendrig Liquid Solutions B. V.，the Netherlands	2019.01—2024.01	新办
(2019）外饲准字019号	混合型饲料添加剂 矿物元素 Feed Additives Mixture Minerals	犊牛用补液盐片 HydraBoost calf Tab	混合型饲料添加剂 Feed Additives Mixture	犊牛 Calves	法国 SYNERGIE PROD SYNERGIE PROD，France	2019.01—2024.01	新办
(2019）外饲准字020号	混合型饲料添加剂 防腐剂 Feed Additives Mixture Preservatives	巧酸霉（液体） SCHAUMASIL SUPRANK FLüSSIG	混合型饲料添加剂 Feed Additives Mixture	猪、鸡、鱼 Swine，Chickens，Fish	德国里格拉纳有限责任公司 Ligrana GmbH，Germany	2019.01—2024.01	新办
(2019）外饲准字021号	混合型饲料添加剂 地衣芽孢杆菌 Feed Additives Mixture *Bacillus licheniformis*	保卫菌 100 B-Act® 100	混合型饲料添加剂 Feed Additives Mixture	肉鸡、蛋鸡 Broilers，Laying hens	保加利亚标伟特股份有限公司 Biovet Joint Stock Company，Bulgaria	2019.01—2024.01	新办
(2019）外饲准字022号	混合型饲料添加剂 枯草芽孢杆菌 Feed Additives Mixture *Bacillus subtilis*	丹联枯草芽孢杆菌 Dan Lian Bacillus subtilis	混合型饲料添加剂 Feed Additives Mixture	畜禽 Livestock，Poultry	（台湾）味丹企业股份有限公司沙鹿第五工厂 VEDAN ENTERPRISE CORPORATION SHALU FIFTH FACTORY，Taiwan	2019.01—2024.01	新办
(2019）外饲准字023号	混合型饲料添加剂 轻质碳酸钙 Feed Additives Mixture Calcium Carbonate	霉可吸 MYCOSORB	混合型饲料添加剂 Feed Additives Mixture	养殖动物 All species or categories of animals	美国奥特奇公司 Alltech Inc.，USA	2019.01—2024.01	新办
(2019）外饲准字024号	犊牛精料补充料 Calves Supplementary Concentrate	优仕乳 Joosten Milk	精料补充料 Supplementary Concentrate	犊牛 Calves	荷兰优斯顿产品有限公司 Joosten Products B. V.，the Netherlands	2019.01—2024.01	新办

（续）

登记证号	通用名称	商品名称	产品类别	使用范围	生产厂家	有效期限	备注
(2019) 外饲准字 025 号	白鱼粉 White Fishmeal	白鱼粉（三级） White Fishmeal (Grade Ⅲ)	单一饲料 Single Feed	畜禽、水产养殖动物 Livestock, Poultry, Aquaculture animals	俄罗斯 OKEANRYBFLOT 开放式股份公司（工船加工，工船名称 "BORISOV" 工船号：CH-68G） JSC "OKEANRYBFLOT" (Produced on Board at vessel "BORISOV", Register No. CH-68G), Russia	2019.01—2024.01	新办
(2019) 外饲准字 026 号	白鱼粉 White Fishmeal	白鱼粉（三级） White Fishmeal (Grade Ⅲ)	单一饲料 Single Feed	畜禽、水产养殖动物 Livestock, Poultry, Aquaculture animals	俄罗斯 OKEANRYBFLOT 开放式股份公司（工船加工，工船名称 "MOSKOVSKAYA OLIMPIADA" 工船号：CH-76G） JSC "OKEANRYBFLOT" (Produced on Board at vessel "MOSKOVSKAYA OLIMPIADA", Register No. CH-76G), Russia	2019.01—2024.01	新办
(2019) 外饲准字 027 号	鱼油 Fish Oil	鱼油（饲料级） Fish Oil (Feed Grade)	单一饲料 Single Feed	畜禽、水产养殖动物 Livestock, Poultry, Aquaculture animals	智利三文鱼油公司（工厂位于 Calbuco） Salmonoil S. A., Plant in Calbuco, Chile	2019.01—2024.01	新办
(2019) 外饲准字 028 号	鱼粉 Fishmeal	红鱼粉（三级） Red Fishmeal (Grade Ⅲ)	单一饲料 Single Feed	畜禽、水产养殖动物 Livestock, Poultry, Aquaculture animals	俄罗斯 JSC "Tralflot" 股份公司（工船加工，工船名称 Petr Ⅰ，工船批准号：CH-857） JSC "Tralflot" (Produced on Board at vessel Petr Ⅰ, Register No. CH-857), Russia	2019.01—2024.01	新办
(2019) 外饲准字 029 号	宠物配合饲料成年期猫粮 Pet Compound feed Adult Cat food	赛恩贝成猫粮 SIAMPET CAT FOOD ADULT	宠物配合饲料 Pet Compound Feed	猫 Cats	泰国 Nutrix Public 有限公司 Nutrix Public Company Limited, Thailand	2019.01—2024.01	新办
(2019) 外饲准字 030 号	宠物配合饲料幼年期猫粮 Pet Compound feed Kitten food	赛恩贝幼猫粮 SIAMPET CAT FOOD KITTEN	宠物配合饲料 Pet Compound Feed	猫 Cats	泰国 Nutrix Public 有限公司 Nutrix Public Company Limited, Thailand	2019.01—2024.01	新办

（续）

登记证号	通用名称	商品名称	产品类别	使用范围	生产厂家	有效期限	备注
(2019) 外饲准字 031 号	宠物配合饲料妊娠期、哺乳期和幼年期猫粮 Pet Compound feed Gestation Cat, Lactation Cat and Kitten food	赛恩贝猫奶糕 SIAMPET CAT FOOD MOTHER AND BABY	宠物配合饲料 Pet Compound Feed	猫 Cats	泰国 Nutrix Public 有限公司 Nutrix Public Company Limited, Thailand	2019.01—2024.01	新办
(2019) 外饲准字 032 号	宠物配合饲料妊娠期、哺乳期和幼年期犬粮 Pet Compound feed Gestation Bitch, Lactation Bitch and Puppy food	赛恩贝犬奶糕 SIAMPET DOG FOOD MOTHER AND BABY	宠物配合饲料 Pet Compound Feed	犬 Dogs	泰国 Nutrix Public 有限公司 Nutrix Public Company Limited, Thailand	2019.01—2024.01	新办
(2019) 外饲准字 033 号	鸡肉粉 Poultry By-product Meal	宠粮级鸡肉粉 Pet Food Grade Poultry By-product Meal	单一饲料 Single Feed	猪、家禽、水产养殖动物、宠物 Swine, Poultry, Aquaculture animals, Pets	美国皮尔格林公司西弗吉尼亚州穆尔菲尔德工厂 Pilgrim's Pride Corporation, Plant Moorefield, USA	2019.01—2024.01	续展
(2019) 外饲准字 034 号	混合型饲料添加剂 布氏乳杆菌 Feed Additives Mixture *Lactobacillus buchneri*	先锋先牧® 1166 青贮接种剂 Pioneer® 1166 Silage Inoculant	混合型饲料添加剂 Feed Additives Mixture	青贮饲料 Silage	美国科汉森有限公司威斯康辛州工厂 Chr. Hansen Inc., Plant WI, USA	2019.01—2024.01	续展
(2019) 外饲准字 035 号	混合型饲料添加剂 酵母硒 Feed Additives Mixture Selenium Enriched Yeast	拉曼硒 2000 Alkosel 2000	混合型饲料添加剂 Feed Additives Mixture	养殖动物 All species or categories of animals	加拿大拉曼公司 Lallemand Inc., Canada	2019.01—2024.01	续展
(2019) 外饲准字 036 号	饲料添加剂 丙酸 Feed Additive Propionic Acid	露保细 Luprosil	饲料添加剂 Feed Additive	养殖动物 All species or categories of animals	巴斯夫欧洲公司 BASF SE, Germany	2019.01—2024.01	续展
(2019) 外饲准字 037 号	混合型饲料添加剂 甘油脂肪酸酯 Feed Additives Mixture Glycerine Fatty Acid Ester	福乐酸 SR130 ProPhorce SR130	混合型饲料添加剂 Feed Additives Mixture	仔猪、鸡、犊牛 Piglets, Chickens, Calves	荷兰 Perstorp Waspik B. V. 公司 Perstorp Waspik B. V., the Netherlands	2019.01—2024.01	续展

（续）

登记证号	通用名称	商品名称	产品类别	使用范围	生产厂家	有效期限	备注
(2019) 外饲准字 038 号	混合型饲料添加剂 百里香油 迷迭香油 Feed Additives Mixture Thyme Oil Rosemary Oil	爱洛美 AROMEX® ME	混合型饲料添加剂 Feed Additives Mixture	生长育肥猪、肉牛、奶牛 Growing-finishing swine, Beef cattle, Dairy cattle	奥地利 DELACON 生物技术公司 DELACON Biotechnik GmbH, Austria	2019.01—2024.01	续展
(2019) 外饲准字 039 号	啤酒酵母粉 Yeast Powder	博赛 Brewcell	单一饲料 Single Feed	养殖动物 All species or categories of animals	巴西库塔糖业公司（UBG 工厂） Acucareira Quata, S. A., Plant UBG, Brazil	2019.01—2024.01	续展
(2019) 外饲准字 040 号	啤酒酵母粉 Brewers Dried Yeast	普乐微 DEMP	单一饲料 Single Feed	肉牛、奶牛 Beef cattle, Dairy cattle	巴西奥特奇公司（São Pedro do Ivaí 工厂） Alltech do Brasil Agroindustrial Ltda., Brazil	2019.01—2024.01	续展
(2019) 外饲准字 041 号	啤酒酵母粉 Brewers Dried Yeast	普乐微 DEMP	单一饲料 Single Feed	肉牛、奶牛 Beef cattle, Dairy cattle	美国奥特奇公司 Alltech Inc., USA	2019.01—2024.01	续展
(2019) 外饲准字 042 号	鱼粉 Fishmeal	红鱼粉（三级） Red Fishmeal (Ⅲ)	单一饲料 Single Feed	畜禽、水产养殖动物 Livestock, Poultry, Aquaculture animals	缅甸海产阿擦日益产品有限公司 Marine Acary Production Co., Ltd, Myanmar	2019.01—2024.01	续展
(2019) 外饲准字 043 号	鱼粉 Fishmeal	红鱼粉（三级） Red Fishmeal (Ⅲ)	单一饲料 Single Feed	畜禽、水产养殖动物 Livestock, Poultry, Aquaculture animals	墨西哥 Sardinas de Sonora S. A. de C. V. 公司 Sardinas de Sonora S. A. de C. V., Mexico	2019.01—2024.01	续展
(2019) 外饲准字 044 号	鱼粉 Fishmeal	红鱼粉（三级） Red Fishmeal (Ⅲ)	单一饲料 Single Feed	畜禽、水产养殖动物 Livestock, Poultry, Aquaculture animals	巴基斯坦 Abideen and Company Abideen and Company, Pakistan	2019.01—2024.01	续展
(2019) 外饲准字 045 号	裂壶藻粉 DHA-Rich Algae Powder	裂壶藻粉 DHA-Rich Algae Powder	单一饲料 Single Feed	畜禽、水产养殖动物 Livestock, Poultry, Aquaculture animals	台湾味丹生物科技股份有限公司埤头工厂 Vedan Biotechnology Corporation, Plant Pitou, Taiwan	2019.01—2024.01	续展

（续）

登记证号	通用名称	商品名称	产品类别	使用范围	生产厂家	有效期限	备注
(2019) 外饲准字 046 号	鸡肉粉 Poultry By-product Meal	宠粮级鸡肉粉 Pet Food Grade Poultry By-product Meal	单一饲料 Single Feed	猪、家禽、水产养殖动物、宠物 Swine, Poultry, Aquaculture animals, Pets	美国皮尔格林公司南卡莱罗纳州萨姆特工厂 Pilgrim's Pride Corporation, Plant Sumter, USA	2019.01—2024.01	续展
(2019) 外饲准字 047 号	鸡肉粉 Poultry By-product Meal	宠粮级鸡肉粉 Pet Food Grade Poultry By-product Meal	单一饲料 Single Feed	猪、家禽、水产养殖动物、宠物 Swine, Poultry, Aquaculture animals, Pets	美国皮尔格林公司德克萨斯州芒特普莱森特工厂 Pilgrim's Pride Corporation, Plant Mt. Pleasant, USA	2019.01—2024.01	续展
(2019) 外饲准字 048 号	鸡肉粉 Poultry By-product Meal	宠粮级鸡肉粉 Pet Food Grade Poultry By-product Meal	单一饲料 Single Feed	猪、家禽、水产养殖动物、宠物 Swine, Poultry, Aquaculture animals, Pets	美国皮尔格林公司弗吉尼亚州廷伯维尔工厂 Pilgrim's Pride Corporation, Plant Timberville, USA	2019.01—2024.01	续展
(2019) 外饲准字 049 号	猪肉骨粉 Porcine Meat and Bone Meal	猪肉骨粉 Porcine Meat and Bone Meal	单一饲料 Single Feed	猪、家禽、水产养殖动物、宠物 Swine, Poultry, Aquaculture animals, Pets	美国 JBS 有限公司明尼苏达州沃辛顿工厂 JBS USA, LLC, Plant Worthington, USA	2019.01—2024.01	续展
(2019) 外饲准字 050 号	猪肉骨粉 Porcine Meat and Bone Meal	猪肉骨粉 Porcine Meat and Bone Meal	单一饲料 Single Feed	猪、家禽、水产养殖动物、宠物 Swine, Poultry, Aquaculture animals, Pets	美国 JBS 有限公司艾奥瓦州马歇尔敦工厂 JBS USA, LLC, Plant Marshalltown, USA	2019.01—2024.01	续展
(2019) 外饲准字 051 号	混合型饲料添加剂 酸度调节剂 Feed Additives Mixture Acidity Regulators	猪宝 500 Tetracid 500	混合型饲料添加剂 Feed Additives Mixture	猪 Swine	加拿大 Jefagro 科技有限公司 Jefagro Technologies Inc., Canada	2019.01—2024.01	续展
(2019) 外饲准字 052 号	虾用微量元素预混合饲料 Trace Mineral Premix for Shrimps	虾用矿物精 Mineral Premix for Shrimp Feeds	添加剂预混合饲料 Feed Additive Premix	虾 Shrimps	台湾全兴国际水产股份有限公司桃园厂 Ye Cherng Industrial Products Co. Ltd., Tao-Yuan Factory, Taiwan	2019.01—2024.01	续展

（续）

登记证号	通用名称	商品名称	产品类别	使用范围	生产厂家	有效期限	备注
(2019) 外饲准字 053 号	鱼用维生素预混合饲料 Vitamin Premix for Fish	鱼用维生素 Vitamin Premix for Fish Feeds	添加剂预混合饲料 Feed Additive Premix	淡水鱼 Freshwater fish 台湾全兴国际水产股份有限公司桃园厂 Ye Cherng Industrial Products Co. Ltd.，Tao-Yuan Factory，Taiwan	2019. 01—2024. 01	续展	
(2019) 外饲准字 054 号	混合型饲料添加剂 蛋白酶（产自枯草芽孢杆菌） Feed Additives Mixture Protease (Source: Bacillus subtilis)	杰富宝 125 PT 125	混合型饲料添加剂 Feed Additives Mixture	猪、鱼、虾、家禽 Swine, Fish, Shrimps, Poultry	加拿大集富动物营养公司 Jefo Nutrition Inc.，Canada	2019. 01—2024. 01	续展
(2019) 外饲准字 055 号	混合型饲料添加剂 吡啶甲酸铬 Feed Additives Mixture Chromium Tripicolinate	铬精 0. 2% Chromium Picolean	混合型饲料添加剂 Feed Additives Mixture	猪 Swine	意大利阿卡公司 Prodotti Arca S. r. l.，Italy	2019. 01—2024. 01	续展
(2019) 外饲准字 056 号	饲料添加剂 甘油脂肪酸酯 Feed Additive Glycerine Fatty Acid Ester	福乐酸 SR 730 ProPhorce TM SR 730	饲料添加剂 Feed Additive	养殖动物 All species or categories of animals	（荷兰）柏斯托（瓦斯皮克）公司 Perstorp Waspik B. V.，the Netherlands	2019. 03—2024. 03	新办
(2019) 外饲准字 057 号	饲料添加剂 DL-甲硫氨酰-DL-甲硫氨酸 Feed Additive DL-Methionyl-DL-Methionine	AQUAVI® 蛋氨酸二肽（DL-甲硫氨酰-DL-甲硫氨酸，饲料级） AQUAVI® Met-Met (DL-Methionyl-DL-Methionine, feed grade)	饲料添加剂 Feed Additive	淡水鱼、虾 Freshwater fish, Shrimps	赢创安特卫普公共有限公司 Evonik Antwerpen N. V.，Belgium	2019. 03—2024. 03	新办评审产品
(2019) 外饲准字 058 号	饲料添加剂 DL-蛋氨酸（瘤胃保护） Feed Additive DL-Methionin (Rumen Protected)	日曹美宝 Met-Plus	饲料添加剂 Feed Additive	奶牛 Cow	（日本）Nisso Fine Co.，Ltd（工厂） Nisso Fine Co.，Ltd，Japan	2019. 03—2024. 03	新办

（续）

登记证号	通用名称	商品名称	产品类别	使用范围	生产厂家	有效期限	备注
(2019) 外饲准字 059 号	混合型饲料添加剂 天然三萜烯皂角苷（源自可来雅皂角树） Feed Additives Mixture Triterpenic saponins（Quillaja saponaria extract）	利能 Natufactant	混合型饲料添加剂 Feed Additives Mixture	养殖动物 All species or categories of animals	澳大利亚 Bioproton Pty Ltd 公司 Bioproton Pty Ltd，Australia	2019.03—2024.03	新办
(2019) 外饲准字 060 号	混合型饲料添加剂 地衣芽孢杆菌 Feed Additives Mixture Bacillus licheniformis	保卫菌 WSP B-Act® WSP	混合型饲料添加剂 Feed Additives Mixture	蛋鸡、肉鸡 Laying hen，Broiler	保加利亚标伟特股份有限公司 Biovet Joint Stock Company，Bulgaria	2019.03—2024.03	新办
(2019) 外饲准字 061 号	混合型饲料添加剂 矿物元素 酸度调节剂 Feed Additives Mixture Minerals Acidity Regulators	基派 Ji Pai	混合型饲料添加剂 Feed Additives Mixture	家禽 Poultry	美国动物科学产品公司 Animal Science Products Inc.，USA	2019.03—2024.03	新办
(2019) 外饲准字 062 号	混合型饲料添加剂 微生物 Feed Additives Mixture Live Microorganisms	博士乐 Bonsilage Maize Deluxe	混合型饲料添加剂 Feed Additives Mixture	青贮饲料 Silage	奥地利力多生有限责任公司 Lactosan GmbH & Co，KG，Austria	2019.03—2024.03	新办
(2019) 外饲准字 063 号	混合型饲料添加剂 微生物 Feed Additives Mixture Live Microorganisms	保得益 Protecure	混合型饲料添加剂 Feed Additives Mixture	猪、鸡 Swine，Chicken	奥地利力多生有限责任公司 Lactosan GmbH & Co，KG，Austria	2019.03—2024.03	新办
(2019) 外饲准字 064 号	混合型饲料添加剂 微生物 Feed Additives Mixture Live Microorganisms	保时青（玉米） Bonsilage Maize Liquid	混合型饲料添加剂 Feed Additives Mixture	青贮饲料 Silage	奥地利力多生有限责任公司 Lactosan GmbH & Co，KG，Austria	2019.03—2024.03	新办
(2019) 外饲准字 065 号	混合型饲料添加剂 微生物 Feed Additives Mixture Live Microorganisms	保时青（加强型 C） Bonsilage Plus C	混合型饲料添加剂 Feed Additives Mixture	青贮饲料 Silage	奥地利力多生有限责任公司 Lactosan GmbH & Co，KG，Austria	2019.03—2024.03	新办
(2019) 外饲准字 066 号	混合型饲料添加剂 微生物 Feed Additives Mixture Live Microorganisms	保时青 CCM Bonsilage CCM Plus	混合型饲料添加剂 Feed Additives Mixture	青贮饲料 Silage	奥地利力多生有限责任公司 Lactosan GmbH & Co，KG，Austria	2019.03—2024.03	新办

（续）

登记证号	通用名称	商品名称	产品类别	使用范围	生产厂家	有效期限	备注
(2019) 外饲准字 067 号	产蛋家禽用维生素预混合饲料 Vitamin Premix for Laying Poultry	优蛋 Glife Multi- Vitamin Supplement Powder for Laying Hens	添加剂预混合饲料 Feed Additive Premix	产蛋家禽 Laying Poultry	加拿大 Glife 生物科技有限公司 Canada Glife Biotech Ltd.，Canada	2019.03—2024.03	新办
(2019) 外饲准字 068 号	维生素预混合饲料 Vitamin Premix	利多净脏宝 FINTOX PRO ADVANCE	添加剂预混合饲料 Feed Additive Premix	猪、鸡、鱼 Swine，Chicken，Fish	西班牙利多赛公司 LiPIDOS TOLEDO S. A.，Spain	2019.03—2024.03	新办
(2019) 外饲准字 069 号	鱼粉 Fishmeal	鱼粉（三级） Fish Meal（Ⅲ）	单一饲料 Single Feed	畜禽、水产养殖动物 Livestock，Poultry，Aquaculture animals	（塞内加尔）圣路易海产有限公司 Saint Louis Sea Production，Senegal	2019.03—2024.03	新办
(2019) 外饲准字 070 号	白鱼粉 White Fishmeal	白鱼粉（三级） White Fishmeal（Ⅲ）	单一饲料 Single Feed	畜禽、水产养殖动物 Livestock，Poultry，Aquaculture animals	新西兰桑福德有限公司（工船加工，工船名"San Granit"，official No. PH222/01） Sanford Limited（Produced on board at vessel"San Granit"（official No. PH222/01），New Zealand	2019.03—2024.03	新办
(2019) 外饲准字 071 号	鱼粉 Fishmeal	红鱼粉（三级） Fish meal	单一饲料 Single Feed	畜禽、水产养殖动物 Livestock，Poultry，Aquaculture animals	毛里塔尼亚 MAURITANIA FISH MEAL SARL 公司 MAURITANIA FISH MEAL SARL，Mauritania	2019.03—2024.03	新办
(2019) 外饲准字 072 号	鱼粉 Fishmeal	三级红鱼粉 Fish meal（Ⅲ）	单一饲料 Single Feed	畜禽、水产养殖动物 Livestock，Poultry，Aquaculture animals	（越南）坚江信富玉海产责任有限公司 TIN PHU NGOC KIEN GIANG SEAFOOD LIMITED COMPANY，Vietnam	2019.03—2024.03	新办
(2019) 外饲准字 073 号	酵母水解物 Autolysed Dry Yeast	恒赛尔 Hicell	单一饲料 Single Feed	养殖动物 All species or categories of animals	巴西库塔糖业公司（UBG 工厂） Acucareira Quata，S. A.，Plant UBG，Brazil	2019.03—2024.03	新办

（续）

登记证号	通用名称	商品名称	产品类别	使用范围	生产厂家	有效期限	备注
（2019）外饲准字 074 号	鱼粉 Fishmeal	红鱼粉（三级） Red Fishmeal（grade Ⅲ）	单一饲料 Single Feed	畜禽、水产养殖动物 Livestock，Poultry，Aquaculture animals	纳米比亚 ERONGO 海洋企业有限公司（工船加工，工船名称 Desert Ruby，工船号 L1286） ERONGO MARINE ENTERPRISES（PTY）LTD.（produced on board at vessel：Desert Ruby，vessel no. L1286），NAMIBIA	2019.03—2024.03	新办
（2019）外饲准字 075 号	宠物配合饲料幼年期犬粮 Pet Compound feed Puppy food	赛恩贝幼犬粮 SIAMPET DOG FOOD PUPPY	宠物配合饲料 Pet Compound Feed	犬 Dogs	泰国 Nutrix Public 有限公司 Nutrix Public Company Limited，Thailand	2019.03—2024.03	新办
（2019）外饲准字 076 号	宠物配合饲料成年期犬粮 Pet Compound feed Adult dog food	赛恩贝成犬粮 SIAMPET DOG FOOD ADULT	宠物配合饲料 Pet Compound Feed	犬 Dogs	泰国 Nutrix Public 有限公司 Nutrix Public Company Limited，Thailand	2019.03—2024.03	新办
（2019）外饲准字 084 号	混合型饲料添加剂 维生素 D3 Feed Additives Mixture Vitamin D3	罗维素® D3-500 ROVIMIX® D3-500	混合型饲料添加剂 Feed Additives Mixture	养殖动物 All species or categories of animals	帝斯曼营养产品美国有限公司 DSM Nutritional Products，USA	2019.04—2024.04	新办
（2019）外饲准字 085 号	混合型饲料添加剂 枯草芽孢杆菌 Feed Additives Mixture Bacillus subtilis	美枯源 Growgen 11	混合型饲料添加剂 Feed Additives Mixture	鸡、猪、牛 Chicken，Swine，Cattle	（日本）株式会社目黑研究所加西工厂 Meguro Institute Co.，Ltd.，Kasai Factory，Japan	2019.04—2024.04	新办
（2019）外饲准字 086 号	混合型饲料添加剂 香味物质 Feed Additives Mixture Flavouring Substances	奕壮宝 PHYTMAX BEEF CATTLE	混合型饲料添加剂 Feed Additives Mixture	牛 Cattle	西班牙 Laboratorios Karizoo 公司 Laboratorios Karizoo. S. A.，Spain	2019.04—2024.04	新办
（2019）外饲准字 087 号	混合型饲料添加剂 香味物质 Feed Additives Mixture Flavouring Substances	奕乳康 PHYTMAX DAIRY COW	混合型饲料添加剂 Feed Additives Mixture	奶牛 Dairy cow	西班牙 Laboratorios Karizoo 公司 Laboratorios Karizoo. S. A.，Spain	2019.04—2024.04	新办

（续）

登记证号	通用名称	商品名称	产品类别	使用范围	生产厂家	有效期限	备注
(2019）外饲准字 088 号	混合型饲料添加剂 香芹酚 百里香酚 Feed Additives Mixture Carvacrol Thymol	安禽康 Anco®FIT Poultry	混合型饲料添加剂 Feed Additives Mixture	家禽 Poultry	奥地利利可拉股份有限公司 Likra Tierernährung GmbH，Austria	2019.04—2024.04	新办
(2019）外饲准字 089 号	混合型饲料添加剂 山梨糖醇 L-肉碱 氢钴胺（维生素 B12） Feed Additives Mixture Sorbitol L-Carnitine Cyanocobalamin（Vitamin B12）	可瑞通 Carnitonic Oral	混合型饲料添加剂 Feed Additives Mixture	畜禽 Livestock，Poultry	荷兰 Interchemie Werken “De Adelaar” B. V. 公司 Interchemie Werken “De Adelaar” B. V.，the Netherlands	2019.04—2024.04	新办
(2019）外饲准字 090 号	混合型饲料添加剂 香味物质 Feed Additives Mixture Flavouring substances	纽埃特艾派施 APEX 5	混合型饲料添加剂 Feed Additives Mixture	猪、家禽 Swine，Poultry	英国纽埃特有限公司 NUTRIAD LTD. UK	2019.04—2024.04	新办
(2019）外饲准字 091 号	花生粕 Peanut meal	花生粕 Peanut meal	单一饲料 Single Feed	畜禽、水产养殖动物 Livestock，Poultry，Aquaculture animals	苏丹 BAYRONY 国际投资公司 BAYRONY INVESTMENT INTERNATIONAL CO. LTD，Sudan	2019.04—2024.04	新办
(2019）外饲准字 092 号	膨化豆粕 Extruded Soybean Meal	豆粕高蛋 46 Soybean Meal 46	单一饲料 Single Feed	猪、家禽 Swine，Poultry	巴西 LOUIS DREYFUS COMPANY BRASIL S. A.，Brazil	2019.04—2024.04	新办
(2019）外饲准字 093 号	鸡肉粉 Poultry meal	宠物级鸡肉粉 Poultry Meal 63	单一饲料 Single Feed	宠物、鱼 Pets，Fish	索纳克贝赫姆（荷兰）有限公司 SONAC BURGUM B. V.，the Netherlands	2019.04—2024.04	新办
(2019）外饲准字 094 号	宠物配合饲料小型犬成年期犬粮 Pet Compound Feed Adult Small Breed Dog Feed	金士摩海鱼配方小型犬成年期犬粮 Kingsmoor Seafish Adult Small Breed Dog	宠物配合饲料 Pet Compound Feed	犬 Dogs	（丹麦）维塔宠物食品集团公司（工厂） Vital Petfood Group A/S，Denmark	2019.04—2024.04	新办
(2019）外饲准字 095 号	宠物配合饲料幼年期犬粮 Pet Compound Feed Puppy Feed	金士摩海鱼配方幼年期犬粮 Kingsmoor Seafish Puppy	宠物配合饲料 Pet Compound Feed	犬 Dogs	（丹麦）维塔宠物食品集团公司（工厂） Vital Petfood Group A/S，Denmark	2019.04—2024.04	新办

（续）

登记证号	通用名称	商品名称	产品类别	使用范围	生产厂家	有效期限	备注
（2019）外饲准字 096 号	宠物配合饲料老年期猫粮 Pet Compound Feed-Senior Cat Feed	金士摩海鱼配方老年期猫粮 Kingsmoor Seafish Senior Cat	宠物配合饲料 Pet Compound Feed	猫 Cats	（丹麦）维塔宠物食品集团公司（工厂） Vital Petfood Group A/S, Denmark	2019.04—2024.04	新办
（2019）外饲准字 097 号	宠物配合饲料成年期犬粮 Pet Compound Feed for adult dog	宝比特成犬粮—含鸡肉大米 Pop'n Bites Adult Dog Food-Chicken & Rice	宠物配合饲料 Pet Compound Feed	犬 Dogs	比利时联合宠物食品公司 United Petfood Producers NV, Belgium	2019.04—2024.04	新办
（2019）外饲准字 098 号	宠物配合饲料成年期猫粮 Pet Compound Feed for adult cat	宝比特成猫粮—鸡肉大米配方 Pop'n Bites Adult Cat Food-Chicken & Rice	宠物配合饲料 Pet Compound Feed	猫 Cats	比利时联合宠物食品公司 United Petfood Producers NV, Belgium	2019.04—2024.04	新办
（2019）外饲准字 099 号	宠物配合饲料大/中型成年期犬粮 Pet Compound Feed for large/medium adult dog	高雀大中型犬均衡营养狗粮 Go-Charr balanced nutrition dog food for large and medium-sized dog	宠物配合饲料 Pet Compound Feed	犬 Dogs	加拿大斯派特饲料服务有限公司（工厂） Spectrum Feed Services LTD, Canada	2019.04—2024.04	新办
（2019）外饲准字 100 号	宠物配合饲料幼年期犬粮 Pet Compound Feed for puppy	高雀营养孕哺配方幼犬粮 Go-Charr nutritional formula dog food in pregnancy and lactation for puppies	宠物配合饲料 Pet Compound Feed	犬 Dogs	加拿大斯派特饲料服务有限公司（工厂） Spectrum Feed Services LTD, Canada	2019.04—2024.04	新办
（2019）外饲准字 101 号	宠物配合饲料幼年期猫粮 Pet Compound Feed for kittens	高雀高蛋白孕哺营养配方幼猫粮 Go-Charr high protein nutritional formula cat food in pregnancy and lactation for kittens	宠物配合饲料 Pet Compound Feed	猫 Cats	加拿大斯派特饲料服务有限公司（工厂） Spectrum Feed Services LTD, Canada	2019.04—2024.04	新办

（续）

登记证号	通用名称	商品名称	产品类别	使用范围	生产厂家	有效期限	备注
(2019）外饲准字 102 号	宠物配合饲料成年期猫粮 Pet Compound Feed for Adult cat	萌极 来野—特优级天然低谷成年猫专用粮—凤尾鱼配方 MONGE Natural Super-Premium BWILD LOW GRAIN Adult Cat Anchovies	宠物配合饲料 Pet Compound Feed	猫 Cats	意大利 Monge & C. S. p. A Monge & C. S. p. A，Italy	2019. 04—2024. 04	新办
(2019）外饲准字 103 号	宠物配合饲料成年期猫粮 Pet Compound Feed for Adult cat	萌极 来野—特优级天然低谷成年猫专用粮—兔肉配方 MONGE Natural Super-Premium BWILD LOW GRAIN Adult Cat Hare	宠物配合饲料 Pet Compound Feed	猫 Cats	意大利 Monge & C. S. p. A Monge & C. S. p. A，Italy	2019. 04—2024. 04	新办
(2019）外饲准字 104 号	宠物配合饲料成年期犬粮 Pet Compound Feed for Adult dogs	萌极 来野—特优级天然低谷成年犬专用粮—野猪肉配方 MONGE Natural Super-Premium BWILD LOW GRAIN All Breeds Adult Dog Wild Boar	宠物配合饲料 Pet Compound Feed	犬 Dogs	意大利 Monge & C. S. p. A Monge & C. S. p. A，Italy	2019. 04—2024. 04	新办
(2019）外饲准字 105 号	宠物配合饲料成年期犬粮 Pet Compound Feed for Adult dogs	萌极 来野—特优级天然低谷成年犬专用粮—鹅肉配方 MONGE Natural Super-Premium BWILD LOW GRAIN All Breeds Adult Dog Goose	宠物配合饲料 Pet Compound Feed	犬 Dogs	意大利 Monge & C. S. p. A Monge & C. S. p. A，Italy	2019. 04—2024. 04	新办

（续）

登记证号	通用名称	商品名称	产品类别	使用范围	生产厂家	有效期限	备注
(2019) 外饲准字 106 号	宠物配合饲料小型犬成年期犬粮 Pet Compound Feed for Mini Adult dogs	萌极 来野—特优级天然无谷小型成年犬专用粮—凤尾鱼马铃薯豌豆配方 MONGE Natural Super-Premium BWILD GRAIN FREE Mini Adult Dog Anchovies with Potatoes and Peas	宠物配合饲料 Pet Compound Feed	犬 Dogs	意大利 Monge & C. S. p. A Monge & C. S. p. A，Italy	2019.04—2024.04	新办
(2019) 外饲准字 107 号	宠物配合饲料成年期犬粮 Pet Compound Feed for Adult dogs	萌极 来野—特优级天然无谷成年犬专用粮—鸭肉马铃薯配方 MONGE Natural Super-Premium BWILD GRAIN FREE All Breeds Adult Dog Duck with Potatoes	宠物配合饲料 Pet Compound Feed	犬 Dogs	意大利 Monge & C. S. p. A Monge & C. S. p. A，Italy	2019.04—2024.04	新办
(2019) 外饲准字 108 号	宠物配合饲料小型犬成年期犬粮 Pet Compound Feed for Mini Adult dogs	萌极 来野—特优级天然无谷小型成年犬专用粮—鸭肉马铃薯配方 MONGE Natural Super-Premium BWILD GRAIN FREE Mini Adult Dog Duck with Potatoes	宠物配合饲料 Pet Compound Feed	犬 Dogs	意大利 Monge & C. S. p. A Monge & C. S. p. A，Italy	2019.04—2024.04	新办
(2019) 外饲准字 109 号	宠物配合饲料幼年期犬粮 Pet Compound Feed for Puppy	萌极 来野—特优级天然无谷幼犬专用粮—鸭肉马铃薯配方 MONGE Natural Super-Premium BWILD GRAIN FREE All Breeds Puppy Duck with Potatoes	宠物配合饲料 Pet Compound Feed	犬 Dogs	意大利 Monge & C. S. p. A Monge & C. S. p. A，Italy	2019.04—2024.04	新办

（续）

登记证号	通用名称	商品名称	产品类别	使用范围	生产厂家	有效期限	备注
（2019）外饲准字 110 号	宠物配合饲料成年期犬粮 Pet Compound Feed for Adult Dog	萌极 来野—特优级天然无谷成年犬专用粮—凤尾鱼马铃薯豌豆配方 MONGE Natural Super-Premium BWILD GRAIN FREE All Breeds Adult Dog Anchovies with Potatoes and Peas	宠物配合饲料 Pet Compound Feed	犬 Dogs	意大利 Monge &C. S. p. A Monge & C. S. p. A，Italy	2019.04—2024.04	新办
（2019）外饲准字 111 号	宠物配合饲料成年期犬粮 Pet Compound Feed Adult Dog food	君纳斯成犬粮（牛肉味） Genus Dog Beef Flavor	宠物配合饲料 Pet Compound Feed	犬 Dogs	泰国 Nutrix Public 有限公司 Nutrix Public Company Limited，Thailand	2019.04—2024.04	新办
（2019）外饲准字 112 号	宠物配合饲料成年期犬粮 Pet Compound Feed Adult Dog food	君纳斯成犬粮（鸡肉味） Genus Dog Chicken Flavor	宠物配合饲料 Pet Compound Feed	犬 Dogs	泰国 Nutrix Public 有限公司 Nutrix Public Company Limited，Thailand	2019.04—2024.04	新办
（2019）外饲准字 113 号	宠物配合饲料幼年期（2 个月以上）/成年期犬粮 Pet Compound Feed for puppy（over 2 months）/Adult Dog	王室贵族狗粮 Grandee Dry Dog Food	宠物配合饲料 Pet Compound Feed	犬 Dogs	泰国 Nutrix Public 有限公司 Nutrix Public Company Limited，Thailand	2019.04—2024.04	新办
（2019）外饲准字 114 号	宠物配合饲料幼年期猫粮 Pet Compound Feed for kitten	崎元三文鱼味幼猫粮 PURETRITION KITTEN SALMON FLAVOR	宠物配合饲料 Pet Compound Feed	猫 Cats	泰国 Nutrix Public 有限公司 Nutrix Public Company Limited，Thailand	2019.04—2024.04	新办
（2019）外饲准字 115 号	宠物配合饲料成年期猫粮 Pet Compound Feed for adult cat	崎元吞拿鱼和羊肉味成猫粮 PURETRITION ADULT CAT FOOD TUNA & LAMB FLAVOR	宠物配合饲料 Pet Compound Feed	猫 Cats	泰国 Nutrix Public 有限公司 Nutrix Public Company Limited，Thailand	2019.04—2024.04	新办

（续）

登记证号	通用名称	商品名称	产品类别	使用范围	生产厂家	有效期限	备注
（2019）外饲准字 116 号	宠物配合饲料成年期猫粮 Pet Compound Feed for adult cat	崎元鱼味成猫粮 PURETRITION ADULT CAT FOOD FISH FLAVOR	宠物配合饲料 Pet Compound Feed	猫 Cats	泰国 Nutrix Public 有限公司 Nutrix Public Company Limited，Thailand	2019.04—2024.04	新办
（2019）外饲准字 117 号	宠物配合饲料猫粮 Pet compound feed for cat	奥蓝多天然无谷猫粮（阿拉斯加鳕鱼+羊肉配方） Allando Natural Holistic Grain Free Cat Food（Alaska Pollock & Lamb）	宠物配合饲料 Pet Compound Feed	猫 Cats	（台湾）富崴饲料有限公司 Foray Forage Co.，Ltd.	2019.04—2024.04	新办
（2019）外饲准字 118 号	宠物配合饲料猫粮 Pet compound feed for cat	奥蓝多天然无谷猫粮（全鱼宴配方） Allando Natural Holistic Grain Free Cat Food（Whole Fish）	宠物配合饲料 Pet Compound Feed	猫 Cats	（台湾）富崴饲料有限公司 Foray Forage Co.，Ltd.	2019.04—2024.04	新办
（2019）外饲准字 119 号	宠物配合饲料猫粮 Pet compound feed for cat	奥蓝多天然无谷猫粮（野生鲑鱼+火鸡肉配方） Allando Natural Holistic Grain Free Cat Food（Wild Salmon & Turkey）	宠物配合饲料 Pet Compound Feed	猫 Cats	（台湾）富崴饲料有限公司 Foray Forage Co.，Ltd.	2019.04—2024.04	新办
（2019）外饲准字 144 号	混合型饲料添加剂 香味物质 Feed Additives Mixture Flavouring Substances	可克斯 COXSAN	混合型饲料添加剂 Feed Additives Mixture	猪、兔、家禽、反刍动物 Swine，Rabbits，Poultry，Ruminant	西班牙 Laboratorios Karizoo 公司 Laboratorios Karizoo. S. A.，Spain	2019.07—2024.07	新办
（2019）外饲准字 145 号	混合型饲料添加剂 香味物质 Feed Additives Mixture Flavouring Substances	奕可诺 LICOROL	混合型饲料添加剂 Feed Additives Mixture	猪、家禽、反刍动物 Swine，Poultry，Ruminant	西班牙 Laboratorios Karizoo 公司 Laboratorios Karizoo. S. A.，Spain	2019.07—2024.07	新办

（续）

登记证号	通用名称	商品名称	产品类别	使用范围	生产厂家	有效期限	备注
(2019) 外饲准字 146 号	混合型饲料添加剂 防霉剂 矿物元素 Feed Additives Mixture Preservatives Minerals	纽埃特强霉净剂 TOXY-NIL® Plus Dry	混合型饲料添加剂 Feed Additives Mixture	养殖动物 All species or categories of animals	比利时纽埃特国际营养公司（Beveren-Waas 工厂） NUTRI-AD International N. V. (Plant in Beveren-Waas), Belgium	2019. 07—2024. 07	新办
(2019) 外饲准字 147 号	混合型饲料添加剂 酸度调节剂 香味物质 Feed Additives Mixture Acidity Regulators Flavouring Substances	普瑞沙 FX Presan® FX	混合型饲料添加剂 Feed Additives Mixture	猪 Swine	荷兰赛尔可公司 Selko B. V., the Netherlands	2019. 07—2024. 07	新办
(2019) 外饲准字 148 号	混合型饲料添加剂 酸度调节剂 香味物质 Feed Additives Mixture Acidity Regulators Flavouring Substances	普瑞沙 FY Presan® FY	混合型饲料添加剂 Feed Additives Mixture	家禽 Poultry	荷兰赛尔可公司 Selko B. V., the Netherlands	2019. 07—2024. 07	新办
(2019) 外饲准字 149 号	混合型饲料添加剂 酶制剂 Feed Additives Mixture Enzymes	艾克拿斯 MP 100 Econase MP 100	混合型饲料添加剂 Feed Additives Mixture	猪、家禽 Swine, Poultry	新加坡金朝生物技术私人有限公司 Crown Pacific Biotechnology Pte. Ltd., Singapore	2019. 07—2024. 07	新办
(2019) 外饲准字 150 号	混合型饲料添加剂 酶制剂 Feed Additives Mixture Enzymes	艾克拿斯 MP 1000 Econase MP 1000	混合型饲料添加剂 Feed Additives Mixture	猪、家禽 Swine, Poultry	新加坡金朝生物技术私人有限公司 Crown Pacific Biotechnology Pte. Ltd., Singapore	2019. 07—2024. 07	新办
(2019) 外饲准字 151 号	混合型饲料添加剂 植酸酶（产自毕赤酵母） Feed Additives Mixture Phytase (Source: Pichia pastoris)	好特美 P 30000 PF Hostazym® P 30000 PF	混合型饲料添加剂 Feed Additives Mixture	猪、肉鸡、蛋鸡 Swine, Broiler, Laying hens	保加利亚标伟特股份有限公司 BIOVET Joint Stock Company, Bulgaria	2019. 07—2024. 07	新办
(2019) 外饲准字 152 号	混合型饲料添加剂 香味物质 Feed Additives Mixture Flavouring Substances	肠福康 Forcix PY	混合型饲料添加剂 Feed Additives Mixture	家禽 Poultry	法国 Société IDENA 公司 Société IDENA, France	2019. 07—2024. 07	新办

（续）

登记证号	通用名称	商品名称	产品类别	使用范围	生产厂家	有效期限	备注
(2019) 外饲准字 153 号	宠物添加剂预混合饲料猫氨基酸 Pet Feed Additive Premix for Cat Amino Acids	乐妥 LT POWDER	宠物添加剂预混合饲料 Pet Feed Additive Premix	猫 Cats	新加坡威发药业有限公司 Vetpharm Laboratories (S) Pte. Ltd., Singapore	2019.07—2024.07	新办
(2019) 外饲准字 154 号	宠物配合饲料幼年期/成年期猫粮 Pet Compound Feed for Kitten/Adult Cat	王室贵族猫粮 Grandee Dry Cat Food	宠物配合饲料 Pet Compound Feed	猫 Cats	泰国 Nutrix Public 有限公司 Nutrix Public Company Limited, Thailand	2019.07—2024.07	新办
(2019) 外饲准字 155 号	宠物配合饲料成年期猫粮 Pet Compound Feed Adult Cat Food	飞里士成猫粮（海洋鱼味） Frislexis Cat Ocean Fish Flavor	宠物配合饲料 Pet Compound Feed	猫 Cats	泰国 Nutrix Public 有限公司 Nutrix Public Company Limited, Thailand	2019.07—2024.07	新办
(2019) 外饲准字 156 号	宠物配合饲料成年期猫粮 Pet Compound Feed Adult Cat Food	飞里士成猫粮（红鲑鱼味） Frislexis Cat Salmon Flavor	宠物配合饲料 Pet Compound Feed	猫 Cats	泰国 Nutrix Public 有限公司 Nutrix Public Company Limited, Thailand	2019.07—2024.07	新办
(2019) 外饲准字 157 号	宠物配合饲料犬处方粮 Complete Dietetic Feed for Dog	萌极维他—犬心脏病处方粮 MONGE VETSOLUTION CANINE CARDIAC	宠物配合饲料 Pet Compound Feed	犬 Dogs	意大利 Monge & C. S. p. A Monge & C. S. p. A, Italy	2019.07—2024.07	新办
(2019) 外饲准字 158 号	宠物配合饲料犬成年期处方粮 Complete Dietetic Feed for Adult Dog	萌极维他—犬肾脏处方粮 MONGE VETSOLUTION CANINE RENAL	宠物配合饲料 Pet Compound Feed	犬 Dogs	意大利 Monge & C. S. p. A Monge & C. S. p. A, Italy	2019.07—2024.07	新办
(2019) 外饲准字 159 号	宠物配合饲料犬成年期处方粮 Complete Dietetic Feed for Adult Dog	萌极维他—成年犬胃肠道处方粮 MONGE VETSOLUTION CANINE GASTROINTESTINAL ADULT	宠物配合饲料 Pet Compound Feed	犬 Dogs	意大利 Monge & C. S. p. A Monge & C. S. p. A, Italy	2019.07—2024.07	新办

（续）

登记证号	通用名称	商品名称	产品类别	使用范围	生产厂家	有效期限	备注
（2019）外饲准字 160 号	宠物配合饲料猫处方粮 Complete Dietetic Feed for Cat	萌极维他—猫糖尿病处方粮 MONGE VETSOLUTION FELINE DIABETIC	宠物配合饲料 Pet Compound Feed	猫 Cats	意大利 Monge & C. S. p. A Monge & C. S. p. A，Italy	2019.07—2024.07	新办
（2019）外饲准字 161 号	宠物配合饲料猫处方粮 Complete Dietetic Feed for Cat	萌极维他—猫皮肤病处方粮 MONGE VETSOLUTION FELINE DERMATOSIS	宠物配合饲料 Pet Compound Feed	猫 Cats	意大利 Monge & C. S. p. A Monge & C. S. p. A，Italy	2019.07—2024.07	新办
（2019）外饲准字 162 号	宠物配合饲料幼年期犬粮 Pet Compound Feed for Puppy Dog	酷客鸡肉火鸡肉配方幼犬干粮 Kookut Dry Dog: Chicken & Turkey for Puppy	宠物配合饲料 Pet Compound Feed	犬 Dogs	比利时联合宠物食品公司 United Petfood Producers NV，Belgium	2019.07—2024.07	新办
（2019）外饲准字 163 号	宠物配合饲料老年期犬粮 Pet Compound Feed for Senior Dog	高雀低脂塑身配方狗粮 Go-Charr formula dog food with low fat for body shaper	宠物配合饲料 Pet Compound Feed	犬 Dogs	加拿大斯派特饲料服务有限公司（工厂） Spectrum Feed Services Ltd，Canada	2019.07—2024.07	新办
（2019）外饲准字 164 号	宠物配合饲料成年期猫粮 Pet Compound Feed for Adult Cat	高雀均衡营养成猫粮 Go-Charr balanced nutrition cat food for adult cat	宠物配合饲料 Pet Compound Feed	猫 Cats	加拿大斯派特饲料服务有限公司（工厂） Spectrum Feed Services Ltd，Canada	2019.07—2024.07	新办
（2019）外饲准字 165 号	鱼粉 Fishmeal	红鱼粉（三级） Red Fishmeal（Grade Ⅲ）	单一饲料 Single Feed	畜禽、水产养殖动物 Livestock，Poultry，Aquaculture animals	俄罗斯国际渔业船队有限责任公司（工船加工，工船名称“Antur”工船号：CH-549） Interrybflot Co.，Ltd（Produced on Board at vessel F/V Antur，official No. CH-549），Russia	2019.07—2024.07	新办
（2019）外饲准字 166 号	酿酒酵母培养物 Yeast Culture	生物发酵饲料 Biological Fermentation Feed	单一饲料 Single Feed	奶牛、肉牛、猪、家禽 Cow，Beef cattle，Swine，Poultry	美国 POET 生物提炼公司—康宁 POET Biorefining-Corning，USA	2019.07—2024.07	新办

（续）

登记证号	通用名称	商品名称	产品类别	使用范围	生产厂家	有效期限	备注
（2019）外饲准字 167 号	全价大型犬幼年期犬粮 Complete Feed Large Breed Puppy Food	欧恩焙大型犬鸡肉配方幼犬粮 Oven-Baked Tradition puppy large breed made with fresh deboned chicken dog food	宠物配合饲料 Pet Compound Feed	犬 Dogs	（加拿大）百奥比斯克有限公司 Bio Biscuit Inc，Canada	2019. 07—2024. 07	新办
（2019）外饲准字 168 号	全价幼年期犬粮 Complete Feed Puppy Food	欧恩焙全犬种鸡肉配方幼犬粮 Oven-Baked Tradition puppy all breeds made with fresh deboned chicken dog food	宠物配合饲料 Pet Compound Feed	犬 Dogs	（加拿大）百奥比斯克有限公司 Bio Biscuit Inc，Canada	2019. 07—2024. 07	新办
（2019）外饲准字 169 号	全价小型犬犬粮 Complete Feed Small Breed Dog Food	欧恩焙小型犬无谷物鱼肉配方全犬粮 Oven-Baked Tradition small breed，all life stages grain free made with fresh fish dog food	宠物配合饲料 Pet Compound Feed	犬 Dogs	（加拿大）百奥比斯克有限公司 Bio Biscuit Inc，Canada	2019. 07—2024. 07	新办
（2019）外饲准字 170 号	全价小型犬犬粮 Complete Feed Small Breed Dog Food	欧恩焙小型犬无谷物鸭肉配方全犬粮 Oven-Baked Tradition small breed，all life stages GF made with deboned duck dog food	宠物配合饲料 Pet Compound Feed	犬 Dogs	（加拿大）百奥比斯克有限公司 Bio Biscuit Inc，Canada	2019. 07—2024. 07	新办
（2019）外饲准字 171 号	全价小型犬成年期犬粮 Complete Feed Small Breed Adult Dog Food	欧恩焙小型犬鱼肉配方成犬粮 Oven-Baked Tradition adult small breed made with fresh fish dog food	宠物配合饲料 Pet Compound Feed	犬 Dogs	（加拿大）百奥比斯克有限公司 Bio Biscuit Inc，Canada	2019. 07—2024. 07	新办

（续）

登记证号	通用名称	商品名称	产品类别	使用范围	生产厂家	有效期限	备注
(2019) 外饲准字 172 号	全价大型犬成年期犬粮 Complete Feed Large Breed Adult Dog Food	欧恩焙大型犬鸡肉配方成犬粮 Oven-Baked Tradition adult large breed made with fresh deboned chicken dog food	宠物配合饲料 Pet Compound Feed	犬 Dogs	(加拿大) 百奥比斯克有限公司 Bio Biscuit Inc, Canada	2019.07—2024.07	新办
(2019) 外饲准字 173 号	全价大型犬成年期犬粮 Complete Feed Large Breed Adult Dog Food	欧恩焙大型犬羊肉配方成犬粮 Oven-Baked Tradition adult large breed made with deboned lamb dog food	宠物配合饲料 Pet Compound Feed	犬 Dogs	(加拿大) 百奥比斯克有限公司 Bio Biscuit Inc, Canada	2019.07—2024.07	新办
(2019) 外饲准字 174 号	全价成年期犬粮 Complete Feed Adult Dog Food	欧恩焙全犬种鸡肉配方成犬粮 Oven-Baked Tradition adult all breeds made with fresh deboned chicken dog food	宠物配合饲料 Pet Compound Feed	犬 Dogs	(加拿大) 百奥比斯克有限公司 Bio Biscuit Inc, Canada	2019.07—2024.07	新办
(2019) 外饲准字 175 号	全价成年期犬粮 Complete Feed Adult Dog Food	欧恩焙全犬种羊肉配方成犬粮 Oven-Baked Tradition adult all breeds made with deboned lamb dog food	宠物配合饲料 Pet Compound Feed	犬 Dogs	(加拿大) 百奥比斯克有限公司 Bio Biscuit Inc, Canada	2019.07—2024.07	新办
(2019) 外饲准字 176 号	全价幼年期猫粮 Complete Feed Kitten Food	欧恩焙全生活方式鸡肉配方幼猫粮 Oven-Baked Tradition kitten all life style made with fresh deboned chicken cat food	宠物配合饲料 Pet Compound Feed	猫 Cats	(加拿大) 百奥比斯克有限公司 Bio Biscuit Inc, Canada	2019.07—2024.07	新办

（续）

登记证号	通用名称	商品名称	产品类别	使用范围	生产厂家	有效期限	备注
（2019）外饲准字 177 号	混合型饲料添加剂 香味物质 Feed Additives Mixture Flavouring Substances	潘绿能，代码 6930 XTRACT® 6930，code 6930	混合型饲料添加剂 Feed Additives Mixture	畜禽、水产养殖动物 Livestock，Poultry，Aquaculture animals	瑞士潘可士玛公司 Pancosma S. A.，Switzerland	2019.07—2024.07	新办
（2019）外饲准字 203 号	混合型饲料添加剂 防霉剂 Feed Additives Mixture Preservatives	克菌宝 FINTOX MOLD	混合型饲料添加剂 Feed Additives Mixture	养殖动物 All species or categories of animals	西班牙利多沙公司 LIPIODS TOLEDO S. A.，Spain	2019.08—2024.08	新办
（2019）外饲准字 204 号	混合型饲料添加剂 维生素 A 乙酸酯 Feed Additives Mixture Vitamin A Acetate	罗维素® A 500 WS ROVIMIX® A 500 WS	混合型饲料添加剂 Feed Additives Mixture	养殖动物 All species or categories of animals	帝斯曼营养产品法国有限公司 DSM Nutritional Products France SAS，France	2019.08—2024.08	新办
（2019）外饲准字 205 号	混合型饲料添加剂 酶制剂 Feed Additives Mixture Enzymes	艾克拿斯 MP 500 Econase MP 500	混合型饲料添加剂 Feed Additives Mixture	猪、家禽 Swine，Poultry	新加坡金朝生物技术私人有限公司 Crown Pacific Biotechnology Pte. Ltd.，Singapore	2019.08—2024.08	新办
（2019）外饲准字 206 号	混合型饲料添加剂 酶制剂 Feed Additives Mixture Enzymes	澳德强力酵素 Natuzyme Plus	混合型饲料添加剂 Feed Additives Mixture	猪、家禽 Swine，Poultry	澳大利亚 Bioproton Pty Ltd 公司 Bioproton Pty Ltd，Australia	2019.08—2024.08	新办
（2019）外饲准字 207 号	混合型饲料添加剂 维生素 矿物元素 Feed Additives Mixture Vitamins Minerals	牧场卫士 犊维健 Farm-O-San PowerFit	混合型饲料添加剂 Feed Additives Mixture	犊牛 Calves	荷兰创荷美营养有限公司 Trouw Nutrition Nederland B. V.，the Netherlands	2019.08—2024.08	新办
（2019）外饲准字 208 号	混合型饲料添加剂 蛋白酶（产自黑曲霉） Feed Additives Mixture Protease (Source：Aspergillus niger)	咕咕宝® Cody-nutro®	混合型饲料添加剂 Feed Additives Mixture	猪、家禽 Swine，Poultry	（台湾）生百兴业有限公司宜兴厂 Life Rainbow Biotech Co.，Ltd. Yixing Factory	2019.08—2024.08	新办
（2019）外饲准字 209 号	混合型饲料添加剂 维生素 Feed Additives Mixture Vitamins	纽崔宝 NUTRIBOOST	混合型饲料添加剂 Feed Additives Mixture	犊牛 Calves	法国协力动保 Synergie Prod，France	2019.08—2024.08	新办

（续）

登记证号	通用名称	商品名称	产品类别	使用范围	生产厂家	有效期限	备注
(2019）外饲准字 210 号	混合型饲料添加剂 肉桂醛 Feed Additives Mixture Cinnamic aldehyde	安畜康 Anco® FIT	混合型饲料添加剂 Feed Additives Mixture	猪、反刍动物 Swine，Ruminant	奥地利利可拉股份有限公司 Likra Tierernahrung GmbH，Austria	2019.08—2024.08	新办
(2019）外饲准字 211 号	混合型饲料添加剂 酸度调节剂 Feed Additives Mixture Acidity Regulators	威克沙 FormaXOL	混合型饲料添加剂 Feed Additives Mixture	养殖动物 All species or categories of animals	意大利 Kemin Cavriago S. R. L. Kemin Cavriago S. R. L.，Italy	2019.08—2024.08	新办
(2019）外饲准字 212 号	生长育肥猪用微量元素预混合饲料 Trace Mineral Premix for Growing-Finishing Swine	福盈 SFM-矿物质 PHOWIN SFM-Mineral	添加剂预混合饲料 Feed Additive Premix	生长育肥猪 Growing-Finishing Swine	（台湾）中国化学制药股份有限公司台南官田工厂 China Chemical & Pharmaceutical Co.，Ltd.	2019.08—2024.08	新办
(2019）外饲准字 213 号	犊牛精料补充料 Supplementary Concentrate for Calf	优牛 CAIR Kalvolac CAIR	精料补充料 Supplementary Concentrate	犊牛 Calves	荷兰纽维德公司 Nutrifeed，the Netherlands	2019.08—2024.08	新办
(2019）外饲准字 214 号	鱼油 Fish Oil	鱼油 Fish oil	单一饲料 Single Feed	畜禽、水产养殖动物（反刍动物除外） Livestock，Poultry，Aquaculture animals（Not including ruminant）	毛里塔尼亚 MAURITANIA FISH MEAL SARL 公司 MAURITANIA FISH MEAL SARL，Mauritania	2019.08—2024.08	新办
(2019）外饲准字 215 号	牛肉骨粉 Bovine Meat and Bone Meal	TBP 牛肉骨粉 TBP Bovine Meat and Bone Meal	单一饲料 Single Feed	养殖动物（反刍动物除外） All species or categories of animals（Not including ruminant）	新西兰塔拉纳奇副产品公司 Taranaki By Products Ltd.，New Zealand	2019.08—2024.08	新办
(2019）外饲准字 216 号	鱼油 Fish Oil	鱼油（饲料级） Fish oil（Feed grade）	单一饲料 Single Feed	畜禽、水产养殖动物（反刍动物除外） Livestock，Poultry，Aquaculture animals（Not including ruminant）	越南智兴进出口生产贸易有限责任公司 TRIHUNG PRODUCING TRADING IM-EXPORT COMPANY LIMITED，Vietnam	2019.08—2024.08	新办

（续）

登记证号	通用名称	商品名称	产品类别	使用范围	生产厂家	有效期限	备注
(2019) 外饲准字 217 号	鱼粉 Fishmeal	鱼粉（二级） Fishmeal（Ⅱ级）	单一饲料 Single Feed	畜禽、水产养殖动物（反刍动物除外） Livestock，Poultry，Aquaculture animals（Not including ruminant）	毛里塔尼亚贸易有限公司 MAURITANIA BUSINESS SARL，Mauritania	2019.08—2024.08	新办
(2019) 外饲准字 218 号	高温高压水解羽毛粉 High Temperature and Pressure Hydrolyzed Feather Meal	同益牌羽毛粉 TongYi feather meal	单一饲料 Single Feed	猪、鸡、鸭 Swine，Chickens，Ducks	（台湾）同益企业股份有限公司 Tongyi Enterprise Co.，Ltd.	2019.08—2024.08	新办
(2019) 外饲准字 219 号	鱼粉 Fishmeal	红鱼粉（Ⅲ） Red Fishmeal（Ⅲ）	单一饲料 Single Feed	畜禽、水产养殖动物（反刍动物除外） Livestock，Poultry，Aquaculture animals（Not including ruminant）	印度 M/S MUKKA SEA FOOD INDUSTRIES PVT LTD 公司（工厂） M/S MUKKA SEA FOOD INDUSTRIES PVT LTD，India	2019.08—2024.08	新办
(2019) 外饲准字 220 号	兔配合饲料 Rabbit Compound Feed	凡赛尔全方位成兔粮 VERSELE-LAGA CUNI ADULT COMPLETE	配合饲料 Compound Feed	兔 Rabbits	（比利时）凡赛尔 VERSELE-LAGA，Belgium	2019.08—2024.08	新办
(2019) 外饲准字 221 号	宠物配合饲料成年期猫粮 Pet Compound Feed-Adult Cat Feed	金士摩海鱼配方成年期猫粮 Kingsmoor Seafish Adult Cat	宠物配合饲料 Pet Compound Feed	猫 Cats	（丹麦）维塔宠物食品集团公司（工厂） Vital Petfood Group A/S，Denmark	2019.08—2024.08	新办
(2019) 外饲准字 222 号	宠物配合饲料幼年期猫粮 Pet Compound Feed-Kitten Feed	金士摩海鱼配方幼年期猫粮 Kingsmoor Seafish Kitten	宠物配合饲料 Pet Compound Feed	猫 Cats	（丹麦）维塔宠物食品集团公司（工厂） Vital Petfood Group A/S，Denmark	2019.08—2024.08	新办
(2019) 外饲准字 223 号	宠物配合饲料犬处方粮 Complete Dietetic Feed for Dog	萌极维他—犬糖尿病处方粮 MONGE VETSOLUTION CANINE DIABETIC	宠物配合饲料 Pet Compound Feed	犬 Dogs	意大利 Monge & C. S. p. A Monge & C. S. p. A，Italy	2019.08—2024.08	新办

（续）

登记证号	通用名称	商品名称	产品类别	使用范围	生产厂家	有效期限	备注
(2019) 外饲准字 224 号	宠物配合饲料猫处方粮 Complete Dietetic Feed for Cat	萌极维他—猫肥胖症处方粮 MONGE VETSOLUTION FELINE OBESITY	宠物配合饲料 Pet Compound Feed	猫 Cats	意大利 Monge & C. S. p. A Monge & C. S. p. A，Italy	2019.08—2024.08	新办
(2019) 外饲准字 225 号	宠物配合饲料犬处方粮 Complete Dietetic Feed for Dog	萌极维他—犬肥胖症处方粮 MONGE VETSOLUTION CANINE OBESITY	宠物配合饲料 Pet Compound Feed	犬 Dogs	意大利 Monge & C. S. p. A Monge & C. S. p. A，Italy	2019.08—2024.08	新办
(2019) 外饲准字 226 号	宠物配合饲料成年期猫粮 Pet Compound Feed for Adult Cat	酷客三文鱼白鱼配方成猫干粮 Kookut Dry Cat：White Fish & Salmon for Adult	宠物配合饲料 Pet Compound Feed	猫 Cats	比利时联合宠物食品公司 United Petfood Producers NV，Belgium	2019.08—2024.08	新办
(2019) 外饲准字 227 号	宠物配合饲料成年期猫粮 Pet Compound Feed for Adult Cat	酷客鸡肉鸭肉配方成猫干粮 Kookut Dry Cat：Chicken & Duck for Adult	宠物配合饲料 Pet Compound Feed	猫 Cats	比利时联合宠物食品公司 United Petfood Producers NV，Belgium	2019.08—2024.08	新办
(2019) 外饲准字 228 号	宠物配合饲料成年期犬粮 Pet Compound Feed for Adult Dog	酷客鸡肉鸭肉配方成犬干粮 Kookut Dry Dog：Chicken & Duck for Adult	宠物配合饲料 Pet Compound Feed	犬 Dogs	比利时联合宠物食品公司 United Petfood Producers NV，Belgium	2019.08—2024.08	新办
(2019) 外饲准字 229 号	宠物配合饲料幼年期猫粮 Pet Compound Feed for Kitten Cat	酷客鸡肉火鸡肉配方幼猫干粮 Kookut Dry Cat：Chicken & Turkey for Kitten	宠物配合饲料 Pet Compound Feed	猫 Cats	比利时联合宠物食品公司 United Petfood Producers NV，Belgium	2019.08—2024.08	新办
(2019) 外饲准字 230 号	饲料添加剂 木质素磺酸盐 Feed Additive Lignin Sulfonate	索孚特 SoftAcid Concentrate	饲料添加剂 Feed Additive	养殖动物 All species or categories of animals	挪威鲍利葛工业公司 Borregaard AS，Norway	2019.08—2024.08	新办

（续）

登记证号	通用名称	商品名称	产品类别	使用范围	生产厂家	有效期限	备注
(2019) 外饲准字 231 号	混合型饲料添加剂 香味物质 维生素 Feed Additives Mixture Flavouring Substances Vitamins	佳益多 Garvital Oral	混合型饲料添加剂 Feed Additives Mixture	猪、家禽 Swine, Poultry	荷兰 Interchemie werken "De Adelaar" B. V. 公司 Interchemie werken "De Adelaar" B. V., the Netherlands	2019.08—2024.08	新办
(2019) 外饲准字 232 号	混合型饲料添加剂 香味物质 Feed Additives Mixture Flavouring Substances	可安松 Coxasan Oral	混合型饲料添加剂 Feed Additives Mixture	家禽 Poultry	荷兰 Interchemie werken "De Adelaar" B. V. 公司 Interchemie werken "De Adelaar" B. V., the Netherlands	2019.08—2024.08	新办
(2019) 外饲准字 233 号	混合型饲料添加剂 L-赖氨酸盐酸盐 Feed Additives Mixture L-Lysine Monohydrochloride	奶牛宝赖氨酸 30 DAIRYNAT LYS 30	混合型饲料添加剂 Feed Additives Mixture	奶牛 Cows	加拿大 Jefagro 科技有限公司 Jefagro Technologies Inc., Canada	2019.08—2024.08	新办
(2019) 外饲准字 234 号	混合型饲料添加剂 微生物 Feed Additives Mixture Live Microorganisms	益尔可库 ECOCOOL	混合型饲料添加剂 Feed Additives Mixture	青贮饲料 Silage	英国弗莱克国际有限公司 Volac International Ltd., UK	2019.08—2024.08	新办
(2019) 外饲准字 235 号	混合型饲料添加剂 矿物元素 Feed Additives Mixture Minerals	艾特脱 ARTETOX	混合型饲料添加剂 Feed Additives Mixture	家禽、猪、反刍动物 Poultry, Swine, Ruminant	美国艾特维特有限责任公司 Artevet LLC, USA	2019.08—2024.08	新办
(2019) 外饲准字 236 号	混合型饲料添加剂 香味物质 Feed Additives Mixture Flavouring Substances	百奥明®百健宝 MGE 150 Biomin® P. E. P. MGE 150	混合型饲料添加剂 Feed Additives Mixture	养殖动物 All species or categories of animals	百奥明新加坡私人有限公司 BIOMIN Singapore Pte. Ltd, Singapore	2019.08—2024.08	新办
(2019) 外饲准字 237 号	混合型饲料添加剂 香味物质 Feed Additives Mixture Flavouring Substances	百奥明®百健宝 MGE 500 Biomin® P. E. P. MGE 500	混合型饲料添加剂 Feed Additives Mixture	养殖动物 All species or categories of animals	百奥明新加坡私人有限公司 BIOMIN Singapore Pte. Ltd, Singapore	2019.08—2024.08	新办

（续）

登记证号	通用名称	商品名称	产品类别	使用范围	生产厂家	有效期限	备注
(2019) 外饲准字 238 号	全价老年期猫粮 Complete Feed Senior Cat Food	欧恩焙全生活方式鸡肉配方老年猫减肥粮 Oven-Baked Tradition senior & weight management all life style made with fresh deboned chicken cat food	宠物配合饲料 Pet Compound Feed	猫 Cats	(加拿大) 百奥比斯克有限公司 Bio Biscuit Inc, Canada	2019.08—2024.08	新办
(2019) 外饲准字 239 号	全价小型犬老年期犬粮 Complete Feed Small Breed Senior Dog Food	欧恩焙小型犬含鸡肉配方老年犬减肥粮 Oven-Baked Tradition senior & weight management small breed made with fresh deboned chicken dog food	宠物配合饲料 Pet Compound Feed	犬 Dogs	(加拿大) 百奥比斯克有限公司 Bio Biscuit Inc, Canada	2019.08—2024.08	新办
(2019) 外饲准字 240 号	全价成年期犬粮 Complete Feed Adult Dog Food	欧恩焙全犬种鱼肉配方成犬粮 Oven-Baked Tradition adult all breeds fish dog food	宠物配合饲料 Pet Compound Feed	犬 Dogs	(加拿大) 百奥比斯克有限公司 Bio Biscuit Inc, Canada	2019.08—2024.08	新办
(2019) 外饲准字 241 号	全价成年期猫粮 Complete Feed Adult Cat Food	欧恩焙全生活方式鸡肉配方成猫粮 Oven-Baked Tradition adult all life style made with fresh deboned chicken cat food	宠物配合饲料 Pet Compound Feed	猫 Cats	(加拿大) 百奥比斯克有限公司 Bio Biscuit Inc, Canada	2019.08—2024.08	新办

（续）

登记证号	通用名称	商品名称	产品类别	使用范围	生产厂家	有效期限	备注
(2019) 外饲准字 242 号	全价小型犬幼年期犬粮 Complete Feed Small Breed Puppy Food	欧恩焙小型犬鸡肉配方幼犬粮 Oven-Baked Tradition puppy small breed made with fresh deboned chicken dog food	宠物配合饲料 Pet Compound Feed	犬 Dogs	（加拿大）百奥比斯克有限公司 Bio Biscuit Inc，Canada	2019.08—2024.08	新办
(2019) 外饲准字 276 号	饲料添加剂 L-色氨酸 Feed Additive L-Tryptophan	饲料级 L-色氨酸 L-Tryptophan Feed Grade	饲料添加剂 Feed Additive	养殖动物 All species or categories of animals	韩国大象株式会社 Daesang Corporation，Korea	2019.09—2024.09	新办
(2019) 外饲准字 277 号	混合型饲料添加剂 枯草芽孢杆菌 Feed Additives Mixture Bacillus subtilis	美饲宝 3PS BiOWiSH® MultiBio 3PS Aquaculture	混合型饲料添加剂 Feed Additives Mixture	水产养殖动物 Aquaculture animals	美国宝微科技公司-Blue Ash 工厂 BiOWiSH Technologies，Inc.-Blue Ash，USA	2019.09—2024.09	新办
(2019) 外饲准字 278 号	混合型饲料添加剂 香味物质 Feed Additives Mixture Flavouring Substances	潘自然，代码 X60-6986 XTRACT® Nature，code X60-6986	混合型饲料添加剂 Feed Additives Mixture	养殖动物 All species or categories of animals	瑞士潘可士玛公司 Pancosma S. A.，Switzerland	2019.09—2024.09	新办
(2019) 外饲准字 279 号	混合型饲料添加剂 酶制剂 Feed Additives Mixture Enzymes	特威宝 FD ALLZYME FD	混合型饲料添加剂 Feed Additives Mixture	家禽 Poultry	美国奥特奇公司 Alltech，Inc.，USA	2019.09—2024.09	新办
(2019) 外饲准字 280 号	混合型饲料添加剂 酶制剂 Feed Additives Mixture Enzymes	艾特酶 ARTEZYME	混合型饲料添加剂 Feed Additives Mixture	家禽、猪、反刍动物 Poultry，Swine，Ruminant	美国艾特维特有限责任公司 Artevet LLC，USA	2019.09—2024.09	新办
(2019) 外饲准字 281 号	混合型饲料添加剂 磷酸氢二钠 Feed Additives Mixture Disodium Phosphate	奇特磷 Rotosal	混合型饲料添加剂 Feed Additives Mixture	鸽子 Pigeons	（德国）亨森博士动物制药有限公司 Dr. Hesse Tierpharma GmbH & Co. KG，Germany	2019.09—2024.09	新办
(2019) 外饲准字 282 号	混合型饲料添加剂 矿物元素 DL-蛋氨酸 Feed Additives Mixture Minerals DL-Methionine	速飞乐 K+K Protein Dragees	混合型饲料添加剂 Feed Additives Mixture	鸽子 Pigeons	（德国）亨森博士动物制药有限公司 Dr. Hesse Tierpharma GmbH & Co. KG，Germany	2019.09—2024.09	新办

（续）

登记证号	通用名称	商品名称	产品类别	使用范围	生产厂家	有效期限	备注
（2019）外饲准字 283 号	混合型饲料添加剂 氯化胆碱 DL-蛋氨酸 Feed Additives Mixture Choline Chloride DL-Methionine	肝精 Sedochol	混合型饲料添加剂 Feed Additives Mixture	鸽子 Pigeons	（德国）亨森博士动物制药有限公司 Dr. Hesse Tierpharma GmbH & Co. KG, Germany	2019.09—2024.09	新办
（2019）外饲准字 284 号	混合型饲料添加剂 乳酸片球菌 Feed Additives MixturePediococcus acidilactici	肥菌宝 Bio Nutritio-Piglet	混合型饲料添加剂 Feed Additives Mixture	仔猪、母猪 Piglets, Sow	（台湾）阳田生物科技有限公司后湖厂 Yanten Biotech Co., Ltd. Houhu	2019.09—2024.09	新办
（2019）外饲准字 285 号	混合型饲料添加剂 甲酸乳酸丙酸硫酸铜丁酸钠 Feed Additives Mixture Formic AcidLactic AcidPropionic AcidCopper Sulphate Sodium Butyrate	谷饲妥 L Cu Gustor L Cu	混合型饲料添加剂 Feed Additives Mixture	猪、家禽 Swine, Poultry	西班牙 Norel, S. A. 公司（工厂） Norel, S. A., Spain	2019.09—2024.09	新办
（2019）外饲准字 286 号	混合型饲料添加剂 酸度调节剂 香味物质 矿物元素 Feed Additives Mixture Acidity Regulators Flavouring Substances Minerals	伊士曼胃肠益生剂 SF3 EastmanTM ProGIT SF3	混合型饲料添加剂 Feed Additives Mixture	猪、家禽 Swine, Poultry	荷兰佩蒂公司 Peti B. V., the Netherlands	2019.09—2024.09	新办
（2019）外饲准字 287 号	鱼用微量元素预混合饲料 Trace Mineral Premix for Fish	鱼用矿物精（谊晟生技） Mineral Premix for Fish Feeds	添加剂预混合饲料 Feed AdditivePremix	鱼 Fish	（台湾）谊晟生物科技股份有限公司（工厂） MULTI-ADVANCE BIOTECHNOLOGY CO., LTD	2019.09—2024.09	新办
（2019）外饲准字 288 号	全价宠物食品小型犬成年期犬粮 Pet Compound Feed for Small Adult Dog	维克维优小型、迷你绝育成年犬粮 VIRBAC HPM SMALL & TOY ADULT DOG NEUTERED	宠物配合饲料 Pet Compound Feed	犬 Dogs	比利时联合宠物食品公司 United Petfood Producers NV, Belgium	2019.09—2024.09	新办
（2019）外饲准字 289 号	鸽用复合预混合饲料 Premix for Pigeon	速霸皇 Bt-Amin Forte	添加剂预混合饲料 Feed AdditivePremix	鸽子 Pigeons	（德国）亨森博士动物制药有限公司 Dr. Hesse TierpharmaGmbH & Co. KG, Germany	2019.09—2024.09	新办

（续）

登记证号	通用名称	商品名称	产品类别	使用范围	生产厂家	有效期限	备注
(2019) 外饲准字 290 号	鱼油 Fish Oil	瑞海鱼油（饲料级）THUY HAI Fish oil (Feed grade)	单一饲料 Single Feed	畜禽、水产养殖动物（反刍动物除外）Livestock, Poultry, Aquaculture animals (Not including ruminant)	越南瑞海水产加工有限责任公司 Thuy Hai Sea Products Processing Company Limited, Vietnam	2019.09—2024.09	新办
(2019) 外饲准字 291 号	鸡肉粉 Poultry By-product Meal	宠物级鸡肉粉 pet food grade poultry by-product meal	单一饲料 Single Feed	畜禽、水产养殖动物、宠物（反刍动物除外）Livestock, Poultry, Aquaculture animals, Pets (Not including ruminant)	美国峡谷蛋白公司（工厂）Valley Proteins, Inc., USA	2019.09—2024.09	新办
(2019) 外饲准字 292 号	白鱼粉 White Fishmeal	白鱼粉（三级）White Fishmeal (Grade Ⅲ)	单一饲料 Single Feed	畜禽、水产养殖动物（反刍动物除外）Livestock, Poultry, Aquaculture animals (Not including ruminant)	俄罗斯"普列奥布拉热尼耶拖网船队基地"公众股份公司（工船加工，工船名：科列斯尼科夫船长；工船号：CH-220）Public Joint-Stock Company "Preobrazhenskaya Base of Trawling Fleet" (Produced on Board at Vessel Kapitan Kolesnikov, official No. CH-220), Russia	2019.09—2024.09	新办
(2019) 外饲准字 293 号	白鱼粉 White Fishmeal	白鱼粉（三级）White Fishmeal (Grade Ⅲ)	单一饲料 Single Feed	畜禽、水产养殖动物（反刍动物除外）Livestock, Poultry, Aquaculture animals (Not including ruminant)	俄罗斯"普列奥布拉热尼耶拖网船队基地"公众股份公司（工船加工，工船名：杰米久克船长；工船号：CH-219）Public Joint-Stock Company "Preobrazhenskaya Base of Trawling Fleet" (Produced on Board at Vessel Kapitan Demidyuk, official No. CH-219), Russia	2019.09—2024.09	新办

（续）

登记证号	通用名称	商品名称	产品类别	使用范围	生产厂家	有效期限	备注
（2019）外饲准字 294 号	白鱼粉 White Fishmeal	白鱼粉（三级） White Fishmeal（Grade Ⅲ）	单一饲料 Single Feed	畜禽、水产养殖动物（反刍动物除外） Livestock，Poultry，Aquaculture animals（Not including ruminant）	俄罗斯“普列奥布拉热尼耶拖网船队基地”公众股份公司（工船加工，工船名：普列奥布拉热尼耶港湾；工船号：CH-63G） Public Joint-Stock Company “Preobrazhenskaya Base of Trawling Fleet”（Produced on Board at Vessel Bukhta Preobrazheniya，official No. CH-63G），Russia	2019.09—2024.09	新办
（2019）外饲准字 295 号	白鱼粉 White Fishmeal	白鱼粉（三级） White Fishmeal（Grade Ⅲ）	单一饲料 Single Feed	畜禽、水产养殖动物（反刍动物除外） Livestock，Poultry，Aquaculture animals（Not including ruminant）	俄罗斯“普列奥布拉热尼耶拖网船队基地”公众股份公司（工船加工，工船名：特罗舍夫将军；工船号：CH-30M） Public Joint-Stock Company “Preobrazhenskaya Base of Trawling Fleet”（Produced on Board at Vessel General Troshev，Official No. CH-30M），Russia	2019.09—2024.09	新办
（2019）外饲准字 296 号	白鱼粉 White Fishmeal	白鱼粉（三级） White Fishmeal（Grade Ⅲ）	单一饲料 Single Feed	畜禽、水产养殖动物（反刍动物除外） Livestock，Poultry，Aquaculture animals（Not including ruminant）	俄罗斯 Polaris 有限责任公司（工船加工，工船名称“Mys Chuprova”，工船号：CH-32P） Polaris Co. Ltd.（Produced on Board at vessel F/V Mys Chuprova，official No. CH-32P），Russia	2019.09—2024.09	新办
（2019）外饲准字 297 号	鱼粉 Fishmeal	红鱼粉（三级） Red Fishmeal（Grade Ⅲ）	单一饲料 Single Feed	畜禽、水产养殖动物（反刍动物除外） Livestock，Poultry，Aquaculture animals（Not including ruminant）	俄罗斯 Polaris 有限责任公司（工船加工，工船名称“Mys Chuprova”，工船号：CH-32P） Polaris Co. Ltd.（Produced on Board at vessel F/V Mys Chuprova，official No. CH-32P），Russia	2019.09—2024.09	新办

（续）

登记证号	通用名称	商品名称	产品类别	使用范围	生产厂家	有效期限	备注
(2019) 外饲准字 298 号	花生粕 Peanut Meal	花生粕 Peanut Meal	单一饲料 Single Feed	畜禽、水产养殖动物 Livestock, Poultry, Aquaculture animals	苏丹 ERKY INTEGRATED SOLUTIONS CO. LTD ERKY INTEGRATED SOLUTIONS CO. LTD, Sudan	2019.09—2024.09	新办
(2019) 外饲准字 299 号	花生粕 Peanut Meal	花生粕 AL-Tawoos	单一饲料 Single Feed	畜禽、水产养殖动物 Livestock, Poultry, Aquaculture animals	苏丹 Al-Tawoos Investment Company Al-Tawoos Investment Company, Sudan	2019.09—2024.09	新办
(2019) 外饲准字 300 号	鱼油 Fish Oil	秘鲁鱼油（饲料级） PERUVIAN FISH OIL (Feed Grade)	单一饲料 Single Feed	畜禽、水产养殖动物（反刍动物除外） Livestock, Poultry, Aquaculture animals (Not including ruminant)	秘鲁 Pesquera Centinela S. A. C 公司 Chancay 工厂 Pesquera Centinela S. A. C, Plant Chancay, Peru	2019.09—2024.09	新办
(2019) 外饲准字 301 号	鱼油 Fish Oil	秘鲁鱼油（饲料级） PERUVIAN FISH OIL (Feed Grade)	单一饲料 Single Feed	畜禽、水产养殖动物（反刍动物除外） Livestock, Poultry, Aquaculture animals (Not including ruminant)	秘鲁 Pesquera Centinela S. A. C. 公司 Chimbote 工厂 Pesquera Centinela S. A. C., Plant Chimbote, Peru	2019.09—2024.09	新办
(2019) 外饲准字 302 号	淡水鱼粉 Freshwater Fishmeal	鱼粉 Fish meal	单一饲料 Single Feed	畜禽、水产养殖动物（反刍动物除外） Livestock, Poultry, Aquaculture animals (Not including ruminant)	越南雄鱼水产饲料股份公司 HUNG CA AQUAFEED CORPORATION, Vietnam	2019.09—2024.09	新办
(2019) 外饲准字 303 号	高温高压水解羽毛粉 Hydrolyzed Poultry Feather Meal	羽毛粉 Feather Meal	单一饲料 Single Feed	畜禽、水产养殖动物、宠物（反刍动物除外） Livestock, Poultry, Aquaculture animals, Pets (Not including ruminant)	美国皮尔格林公司德克萨斯州芒特普莱森特工厂 Pilgrim's Pride Corporation, Plant Mt. Pleasant, USA	2019.09—2024.09	新办

（续）

登记证号	通用名称	商品名称	产品类别	使用范围	生产厂家	有效期限	备注
(2019) 外饲准字 304 号	仔猪配合饲料 Piglet Compound Feed	妙可优 PRIMAPIG	配合饲料 Compound Feed	仔猪 Piglets	（法国）SOFIVO SAS 公司 SOFIVO SAS, France	2019.09—2024.09	新办
(2019) 外饲准字 305 号	犊牛配合饲料 Calf Compound Feed	普瑞福四号 Sprayfo Excellent	配合饲料 Compound Feed	犊牛 Calves	荷兰司劳特公司 Sloten B. V., the Netherlands	2019.09—2024.09	新办
(2019) 外饲准字 306 号	宠物配合饲料犬粮 Pet Compound Feed for Dog	味思伴海洋犬粮 Wishbone Ocean Dog	宠物配合饲料 Pet Compound Feed	犬 Dogs	（新西兰）爱德胜宠物产品有限公司 Addiction Foods NZ Ltd., New Zealand	2019.09—2024.09	新办
(2019) 外饲准字 307 号	宠物配合饲料犬粮 Pet Compound Feed for Dog	味思伴湖泊犬粮 Wishbone Lake Dog	宠物配合饲料 Pet Compound Feed	犬 Dogs	（新西兰）爱德胜宠物产品有限公司 Addiction Foods NZ Ltd., New Zealand	2019.09—2024.09	新办
(2019) 外饲准字 308 号	宠物配合饲料犬粮 Pet Compound Feed for Dog	味思伴饲草犬粮 Wishbone Pasture Dog	宠物配合饲料 Pet Compound Feed	犬 Dogs	（新西兰）爱德胜宠物产品有限公司 Addiction Foods NZ Ltd., New Zealand	2019.09—2024.09	新办
(2019) 外饲准字 309 号	宠物配合饲料犬粮 Pet Compound Feed for Dog	野宴含鸭肉&鹿肉配方犬粮 Livin' Wild Duck & Venison Irish Pot Dog	宠物配合饲料 Pet Compound Feed	犬 Dogs	（新西兰）爱德胜宠物产品有限公司 Addiction Foods NZ Ltd., New Zealand	2019.09—2024.09	新办
(2019) 外饲准字 310 号	全价宠物食品犬粮 Pet Compound Food for Dog	爱德胜全生命阶段 MEGA 犬粮 Addiction All Life Stage Mega Dog	宠物配合饲料 Pet Compound Feed	犬 Dogs	（新西兰）爱德胜宠物产品有限公司 Addiction Foods NZ Ltd., New Zealand	2019.09—2024.09	新办
(2019) 外饲准字 311 号	全价宠物食品猫粮 Pet Compound Food for Cat	爱德胜全生命阶段鹿肉配方猫粮 Addiction All Life Stage Viva La Venison Cat	宠物配合饲料 Pet Compound Feed	猫 Cats	（新西兰）爱德胜宠物产品有限公司 Addiction Foods NZ Ltd., New Zealand	2019.09—2024.09	新办
(2019) 外饲准字 312 号	全价宠物食品猫粮 Pet Compound Food for Cat	爱德胜全生命阶段鲑鱼配方猫粮 Addiction All Life Stage Salmon Bleu Cat	宠物配合饲料 Pet Compound Feed	猫 Cats	（新西兰）爱德胜宠物产品有限公司 Addiction Foods NZ Ltd., New Zealand	2019.09—2024.09	新办

（续）

登记证号	通用名称	商品名称	产品类别	使用范围	生产厂家	有效期限	备注
(2019) 外饲准字 313 号	全价宠物食品猫粮 Pet Compound Food for Cat	爱德胜全生命阶段含鸭肉配方猫粮 Addiction All Life Stage Duck Royale Cat	宠物配合饲料 Pet Compound Feed	猫 Cats	（新西兰）爱德胜宠物产品有限公司 Addiction Foods NZ Ltd.，New Zealand	2019.09—2024.09	新办
(2019) 外饲准字 314 号	全价宠物食品犬粮 Pet Compound Feed for Dog	ReaLife 犬粮 含牛肉羊肉配方超级食品 ReaLife Real Beef，Lamb and Superfoods Dog	宠物配合饲料 Pet Compound Feed	犬 Dogs	（新西兰）爱德胜宠物产品有限公司 Addiction Foods NZ Ltd.，New Zealand	2019.09—2024.09	新办
(2019) 外饲准字 315 号	宠物配合饲料成年期猫粮 Pet Compound Food for Adult Cat	枫趣奥瑞 猫粮/成年期/鸡肉配方 Pronature ORIGINAL CAT FOOD/ADULT/CHICKEN RECIPE	宠物配合饲料 Pet Compound Feed	猫 Cats	加拿大 PLB 国际公司 PLB International Inc.，Canada	2019.09—2024.09	新办
(2019) 外饲准字 316 号	宠物配合饲料成年期犬粮 Pet Compound Food for Adult Dog	枫趣奥瑞 犬粮/成年期/全品种/鸡肉燕麦配方 Pronature ORIGINAL-DOGFOOD/ADULT/ALLBREEDS/CHICKENWITHOATMEAL RECIPE	宠物配合饲料 Pet Compound Feed	犬 Dogs	加拿大 PLB 国际公司 PLB International Inc.，Canada	2019.09—2024.09	新办
(2019) 外饲准字 317 号	宠物配合饲料幼年期猫粮 Pet Compound Food for Kitten	枫趣奥瑞 幼猫粮/成长期/鸡肉配方 Pronature ORIGINAL KITTEN FOOD/GROWTH/CHICKEN RECIPE	宠物配合饲料 Pet Compound Feed	猫 Cats	加拿大 PLB 国际公司 PLB International Inc.，Canada	2019.09—2024.09	新办
(2019) 外饲准字 318 号	宠物配合饲料犬粮 Pet Compound Feed for Dogs	通用型犬粮羊肉大米鸡肉配方 General dog food with lamb，rice and chicken	宠物配合饲料 Pet Compound Feed	犬 Dogs	加拿大斯派特饲料服务有限公司（工厂） Spectrum Feed Services Ltd.，Canada	2019.09—2024.09	新办

（续）

登记证号	通用名称	商品名称	产品类别	使用范围	生产厂家	有效期限	备注
(2019) 外饲准字 319 号	宠物配合饲料幼年期猫粮 Pet Compound Feed for Kitten	宝比特幼猫粮—鸡肉大米配方 Pop'n Bites Kitty Food-Chicken&Rice	宠物配合饲料 Pet Compound Feed	猫 Cats	比利时联合宠物食品公司 United Petfood Producers NV，Belgium	2019.09—2024.09	新办
(2019) 外饲准字 320 号	宠物配合饲料幼年期犬粮 Pet Compound Feed for Puppy Dog	宝比特幼犬粮—鸡肉大米配方 Pop'n Bites Puppy Food-Chicken&Rice	宠物配合饲料 Pet Compound Feed	犬 Dogs	比利时联合宠物食品公司 United Petfood Producers NV，Belgium	2019.09—2024.09	新办
(2019) 外饲准字 321 号	全价幼年期犬粮 Compound Feed for Puppy	米咖幼年期犬粮 MIC&FRIENDS PUPPY	宠物配合饲料 Pet Compound Feed	犬 Dogs	（比利时）菲德氏宠物食品有限公司 Fides Petfood N. V.，Belgium	2019.09—2024.09	新办
(2019) 外饲准字 322 号	全价幼年期猫粮 Compound Feed for Kitten	米咖幼年期猫粮 MIC&FRIENDS KITTEN	宠物配合饲料 Pet Compound Feed	猫 Cats	（比利时）菲德氏宠物食品有限公司 Fides Petfood N. V.，Belgium	2019.09—2024.09	新办
(2019) 外饲准字 323 号	全价成年期猫粮 Compound Feed for Adult Cat	米咖含鱼肉成年期猫粮 MIC&FRIENDS ADULT CAT FISH	宠物配合饲料 Pet Compound Feed	猫 Cats	（比利时）菲德氏宠物食品有限公司 Fides Petfood N. V.，Belgium	2019.09—2024.09	新办
(2019) 外饲准字 324 号	全价成年期犬粮 Compound Feed for Adult Dog	米咖成年期犬粮 MIC&FRIENDS ADULT DOG	宠物配合饲料 Pet Compound Feed	犬 Dogs	（比利时）菲德氏宠物食品有限公司 Fides Petfood N. V.，Belgium	2019.09—2024.09	新办
(2019) 外饲准字 325 号	全价宠物食品成年期犬粮 Pet Compound Feed for Adult Dog	比利—玛格三文鱼配方超级食品 全价成年犬犬粮 Billy＋Margot Salmon＋Superfood Blend Complete & Balanced Food For Adult Dogs	宠物配合饲料 Pet Compound Feed	犬 Dogs	澳大利亚宠物食品有限公司（Ingleburn 工厂） Australian Pet Brands Pty Ltd（Ingleburn），Australia	2019.09—2024.09	新办

（续）

登记证号	通用名称	商品名称	产品类别	使用范围	生产厂家	有效期限	备注
（2019）外饲准字 326 号	全价宠物食品成年期犬粮 Pet Compound Feed for Adult Dog	比利—玛格羊肉配方超级食品 全价成年犬犬粮 Billy + Margot Lamb + Superfood Blend Complete & Balanced Food For Adult Dogs	宠物配合饲料 Pet Compound Feed	犬 Dogs	澳大利亚宠物食品有限公司（Dubbo 工厂） Australian Pet Brands Pty Ltd（Dubbo），Australia	2019.09—2024.09	新办
（2019）外饲准字 327 号	全价宠物食品幼年期猫粮 Pet Compound Feed for Kitten	糖狐优质无谷幼猫粮 Sugar Fox Premium Grain Free Cat Food For Kitten	宠物配合饲料 Pet Compound Feed	猫 Cats	美国 C. J. 食品股份有限公司 C. J. Foods，Inc.，USA	2019.09—2024.09	新办
（2019）外饲准字 328 号	全价宠物食品成年期猫粮 Pet Compound Feed for Adult Cat	糖狐优质无谷成猫粮 Sugar Fox Premium Grain Free Cat Food For Adult	宠物配合饲料 Pet Compound Feed	猫 Cats	美国 C. J. 食品股份有限公司 C. J. Foods，Inc.，USA	2019.09—2024.09	新办
（2019）外饲准字 329 号	全价宠物食品猫粮 Pet Compound Feed for Cat	糖狐优质无谷全猫粮 Sugar Fox Premium Grain Free Cat Food For All Life Stage	宠物配合饲料 Pet Compound Feed	猫 Cats	美国 C. J. 食品股份有限公司 C. J. Foods，Inc.，USA	2019.09—2024.09	新办
（2019）外饲准字 330 号	全价宠物食品犬粮 Pet Compound Feed for Dog	糖狐优质无谷全犬粮 Sugar Fox Premium Grain Free Dog Food For All Life Stage	宠物配合饲料 Pet Compound Feed	犬 Dogs	美国 C. J. 食品股份有限公司 C. J. Foods，Inc.，USA	2019.09—2024.09	新办
（2019）外饲准字 331 号	宠物配合饲料小型犬成年期犬粮 Compound Pet Food-Small Dog Food Adult	Dog Selection 小型成犬粮 Dog Selection Breeders Adults Small Breeds	宠物配合饲料 Pet Compound Feed	犬 Dogs	阿根廷 Pet Foods Saladillo S. A. 公司 Pet Foods Saladillo S. A.，Argentina	2019.09—2024.09	新办
（2019）外饲准字 332 号	宠物配合饲料成年期犬粮 Compound Pet Food-Dog Food Adult	Dog Selection 成犬粮牛肉鸡肉味 Dog Selection Breeders Adults Beef and Chicken Flavour	宠物配合饲料 Pet Compound Feed	犬 Dogs	阿根廷 Pet Foods Saladillo S. A. 公司 Pet Foods Saladillo S. A.，Argentina	2019.09—2024.09	新办

（续）

登记证号	通用名称	商品名称	产品类别	使用范围	生产厂家	有效期限	备注
(2019) 外饲准字 333 号	全价猫粮 Complete Feed Cat Food	欧恩焙全生活方式无谷物鸭肉配方全猫粮 Oven-Baked Tradition all life style all life stages grain free made with deboned duck cat food	宠物配合饲料 Pet Compound Feed	猫 Cats	(加拿大) 百奥比斯克有限公司 BioBiscuit Inc., Canada	2019.09—2024.09	新办
(2019) 外饲准字 334 号	全价猫粮 Complete Feed Cat Food	欧恩焙全生活方式无谷物鱼肉配方全猫粮 Oven-Baked Tradition all life style all life stages grain free made with fresh fish cat food	宠物配合饲料 Pet Compound Feed	猫 Cats	(加拿大) 百奥比斯克有限公司 BioBiscuit Inc., Canada	2019.09—2024.09	新办
(2019) 外饲准字 335 号	全价老年期犬粮 Complete Feed Senior Dog Food	欧恩焙全犬种含鸡肉配方老年犬减肥粮 Oven-Baked Tradition senior & weight management all breeds made with fresh deboned chicken dog food	宠物配合饲料 Pet Compound Feed	犬 Dogs	(加拿大) 百奥比斯克有限公司 BioBiscuit Inc., Canada	2019.09—2024.09	新办
(2019) 外饲准字 336 号	全价犬粮 Complete Feed Dog Food	欧恩焙无谷物鱼肉配方全犬粮 Oven-Baked Tradition all breeds, all life stages grain free made with fresh fish dog food	宠物配合饲料 Pet Compound Feed	犬 Dogs	(加拿大) 百奥比斯克有限公司 BioBiscuit Inc., Canada	2019.09—2024.09	新办
(2019) 外饲准字 337 号	全价小型犬成年期犬粮 Complete Feed Small Breed Adult Dog Food	欧恩焙小型犬鸡肉配方成犬粮 Oven-Baked Tradition adult small breed made with fresh deboned chicken dog food	宠物配合饲料 Pet Compound Feed	犬 Dogs	(加拿大) 百奥比斯克有限公司 BioBiscuit Inc., Canada	2019.09—2024.09	新办

（续）

登记证号	通用名称	商品名称	产品类别	使用范围	生产厂家	有效期限	备注
（2019）外饲准字 338 号	全价小型犬成年期犬粮 Complete Feed Small Breed Adult Dog Food	欧恩焙小型犬羊肉配方成犬粮 Oven-Baked Tradition adult small breed made with deboned lamb dog food	宠物配合饲料 Pet Compound Feed	犬 Dogs	（加拿大）百奥比斯克有限公司 BioBiscuit Inc.，Canada	2019.09—2024.09	新办
（2019）外饲准字 339 号	全价犬粮 Complete Feed Dog Food	欧恩焙无谷物鸭肉配方全犬粮 Oven-Baked Tradition all breeds，all life stages grain free made with deboned duck dog food	宠物配合饲料 Pet Compound Feed	犬 Dogs	（加拿大）百奥比斯克有限公司 BioBiscuit Inc.，Canada	2019.09—2024.09	新办
（2019）外饲准字 340 号	全价猫粮 Complete Feed Cat Food	欧恩焙全生活方式无谷物鸡肉配方全猫粮 Oven-Baked Tradition all life style all life stages grain free made with fresh deboned chicken cat food	宠物配合饲料 Pet Compound Feed	猫 Cats	（加拿大）百奥比斯克有限公司 BioBiscuit Inc.，Canada	2019.09—2024.09	新办
（2019）外饲准字 341 号	全价宠物食品幼年期猫粮 Pet Compound Feed for Baby Cat	维克维优幼猫粮 VIRBAC HPM BABY CAT	宠物配合饲料 Pet Compound Feed	猫 Cats	比利时联合宠物食品公司 United Petfood Producers NV，Belgium	2019.09—2024.09	新办
（2019）外饲准字 342 号	全价宠物食品成年期猫粮 Pet Compound Feed for Adult Cat	维克维优绝育及非绝育成年猫粮含三文鱼 VIRBAC HPM ADULT CAT NEUTERED AND ENTIRE WITH SALMON	宠物配合饲料 Pet Compound Feed	猫 Cats	比利时联合宠物食品公司 United Petfood Producers NV，Belgium	2019.09—2024.09	新办
（2019）外饲准字 343 号	全价宠物食品成年期猫粮 Pet Compound Feed for Adult Cat	维克维优绝育成年猫粮 VIRBAC HPM ADULT CAT NEUTERED	宠物配合饲料 Pet Compound Feed	猫 Cats	比利时联合宠物食品公司 United Petfood Producers NV，Belgium	2019.09—2024.09	新办

（续）

登记证号	通用名称	商品名称	产品类别	使用范围	生产厂家	有效期限	备注
（2019）外饲准字 344 号	全价宠物食品成年期犬粮 Complete Pet Food for Adult Dogs	渴望伴侣犬粮 ORIJEN Fit & Trim Biologically Appropriate Dog Food	宠物配合饲料 Pet Compound Feed	犬 Dogs	加拿大冠军宠物食品公司 Champion Petfoods LP，Canada	2019.09—2024.09	新办
（2019）外饲准字 345 号	全价宠物食品老年期犬粮 CompletePet Food for Senior Dogs	渴望高龄犬粮 ORIJEN Senior Biologically Appropriate Dog Food	宠物配合饲料 Pet Compound Feed	犬 Dogs	加拿大冠军宠物食品公司 Champion Petfoods LP，Canada	2019.09—2024.09	新办
（2019）外饲准字 346 号	全价宠物食品成年期猫粮 Complete Pet Food for Adult Cats	渴望伴侣猫粮 ORIJEN Fit & Trim Biologically Appropriate Cat Food	宠物配合饲料 Pet Compound Feed	猫 Cats	加拿大冠军宠物食品公司 Champion Petfoods LP，Canada	2019.09—2024.09	新办
（2019）外饲准字 347 号	全价宠物食品中、小型犬幼年期犬粮 Complete Pet Food for Puppy Dogs of Small and Medium Breeds	渴望幼犬粮 ORIJEN Puppy Biologically Appropriate Dog Food	宠物配合饲料 Pet Compound Feed	犬 Dogs	加拿大冠军宠物食品公司 Champion Petfoods LP，Canada	2019.09—2024.09	新办
（2019）外饲准字 348 号	全价宠物食品大型犬幼年期犬粮 Complete Pet Food for Puppy Large Breeds Dogs	渴望大型幼犬粮 ORIJEN Puppy Large Biologically Appropriate Dog Food	宠物配合饲料 Pet Compound Feed	犬 Dogs	加拿大冠军宠物食品公司 Champion Petfoods LP，Canada	2019.09—2024.09	新办
（2019）外饲准字 349 号	全价宠物食品老年期犬粮 Complete Pet Food for Senior Dogs	爱肯拿高龄犬粮 ACANA Senior Formula Dog Food	宠物配合饲料 Pet Compound Feed	犬 Dogs	加拿大冠军宠物食品公司 Champion Petfoods LP，Canada	2019.09—2024.09	新办
（2019）外饲准字 350 号	全价宠物食品成年期犬粮 Complete Pet Food for Adult Dogs	爱肯拿经典鸡肉配方犬粮 ACANA Prairie Poultry Formula Dog Food	宠物配合饲料 Pet Compound Feed	犬 Dogs	加拿大冠军宠物食品公司 Champion Petfoods LP，Canada	2019.09—2024.09	新办

（续）

登记证号	通用名称	商品名称	产品类别	使用范围	生产厂家	有效期限	备注
(2019) 外饲准字 351 号	全价宠物食品成年期犬粮 Complete Pet Food for Adult Dogs	爱肯拿放养鸭肉配方犬粮 ACANA Free-Run Duck Singles Formula Dog Food	宠物配合饲料 Pet Compound Feed	犬 Dogs	加拿大冠军宠物食品公司 Champion Petfoods LP, Canada	2019.09—2024.09	新办
(2019) 外饲准字 352 号	全价宠物食品小型犬幼年期犬粮 Complete Pet Food for Puppy Small Breed Dogs	爱肯拿小型幼犬粮 ACANA Puppy Small Breed Formula Dog Food	宠物配合饲料 Pet Compound Feed	犬 Dogs	加拿大冠军宠物食品公司 Champion Petfoods LP, Canada	2019.09—2024.09	新办
(2019) 外饲准字 353 号	全价宠物食品小型犬成年期犬粮 Complete Pet Food for Small Breed Adult Dogs	爱肯拿小型成犬粮 ACANA Adult Small Breed Formula Dog Food	宠物配合饲料 Pet Compound Feed	犬 Dogs	加拿大冠军宠物食品公司 Champion Petfoods LP, Canada	2019.09—2024.09	新办
(2019) 外饲准字 354 号	混合型饲料添加剂 香味物质 Feed Additives Mixture Flavouring Substances	克纳禽加 CRINA® Poultry Plus	混合型饲料添加剂 Feed Additives Mixture	家禽 Poultry	荷兰佩蒂公司 Peti B. V., the Netherlands	2019.09—2024.09	新办
(2019) 外饲准字 377 号	饲料添加剂 硒代蛋氨酸羟基类似物 Feed Additive Selenomethionine Hydroxy Analogue	喜利硒 2%硒 Selisseo 2% Se	饲料添加剂 Feed Additive	肉鸡、蛋鸡、仔猪、泌乳奶牛 Broiler, Laying hens, Piglets, Lactating cow	德国 MinAscent Leuna Production 公司（工厂） MinAscent Leuna Production GmbH, Germany	2019.11—2024.11	新办评审产品
(2019) 外饲准字 378 号	饲料添加剂 碘酸钙 Feed Additive Calcium Iodate	碘酸钙 CALCIUM IODATE	饲料添加剂 Feed Additive	养殖动物 All species or categories of animals	AJAY-SQM 智利股份公司 AJAY-SQM CHILE S. A, Chile	2019.11—2024.11	新办
(2019) 外饲准字 379 号	混合型饲料添加剂 氯化钠 Feed Additives Mixture Sodium Chloride	欧迪美 TM 素贝斯 603 希恩 Optimizor® Veggie Base 603 CN	混合型饲料添加剂 Feed Additives Mixture	猫、犬 Cats, Dogs	美国 AFB International 公司 AFB International, USA	2019.11—2024.11	新办
(2019) 外饲准字 380 号	混合型饲料添加剂 香味物质 Feed Additives Mixture Flavouring Substances	可克斯液体 COXSAN LIQUID	混合型饲料添加剂 Feed Additives Mixture	肉鸡、猪、羔羊、山羊、犊牛 Broiler, Swine, Lamb, Goat, Calves	西班牙 Laboratorios Karizoo 公司 Laboratorios Karizoo. S. A., Spain	2019.11—2024.11	新办

（续）

登记证号	通用名称	商品名称	产品类别	使用范围	生产厂家	有效期限	备注
(2019) 外饲准字 381 号	混合型饲料添加剂 酸度调节剂 Feed Additives Mixture Acidity Regulators	普乐客 Pro-Mac	混合型饲料添加剂 Feed Additives Mixture	家禽 Poultry	荷兰肯特斯私人有限公司 Kanters Special Products B. V. , the Netherlands	2019.11—2024.11	新办
(2019) 外饲准字 382 号	混合型饲料添加剂 酿酒酵母 Feed Additives Mixture Saccharomyces cerevisiae	威灵赐壮 Wellingstrong	混合型饲料添加剂 Feed Additives Mixture	畜禽、水产养殖动物 Livestock, Poultry, Aquaculture animals	（台湾）艾立生物股份有限公司—公馆厂 ANIBIO. CO. , LTD-Gongguan	2019.11—2024.11	新办
(2019) 外饲准字 383 号	混合型饲料添加剂 屎肠球菌 乳酸片球菌 动物双歧杆菌 Feed Additives Mixture Enterococcus faecium Pediococcus acidilactici Bifidobacterium animalis	百奥明®百禽康 W PoultryStar® sol	混合型饲料添加剂 Feed Additives Mixture	家禽 Poultry	百奥明新加坡私人有限公司 BIOMIN Singapore Pte. Ltd, Singapore	2019.11—2024.11	新办
(2019) 外饲准字 384 号	混合型饲料添加剂 氯化镁 L-肉碱 亚硒酸钠 Feed Additives Mixture Magnesium Chloride L-carnitine Sodium Selenite	优速特 Carni speed	混合型饲料添加剂 Feed Additives Mixture	鸽子 Pigeons	（德国）亨森博士动物制药有限公司 Dr. Hesse Tierpharma GmbH & Co. , KG, Germany	2019.11—2024.11	新办
(2019) 外饲准字 385 号	混合型饲料添加剂 地衣芽孢杆菌 Feed Additives Mixture Bacillus licheniformis	佳利保达 GalliPro® Tect	混合型饲料添加剂 Feed Additives Mixture	养殖动物 All species or categories of animals	美国科汉森有限公司威斯康辛州工厂 Chr. Hansen Inc. , Plant WI, USA	2019.11—2024.11	新办
(2019) 外饲准字 386 号	混合型饲料添加剂 微生物 Feed Additives Mixture Live Microorganisms	健力-BM Power-BM	混合型饲料添加剂 Feed Additives Mixture	养殖动物 All species or categories of animals	奥佰特韩国有机生物技术有限公司 Organic Bio Tech Co. , Ltd. , Korea	2019.11—2024.11	新办
(2019) 外饲准字 387 号	混合型饲料添加剂 苹果酸 氨基酸 维生素 Feed Additives Mixture Malic Acid Amino Acids Vitamins	百舒泰（粉末） VIUSID VET (Powder)	混合型饲料添加剂 Feed Additives Mixture	畜禽、水产养殖动物 Livestock, Poultry, Aquaculture animals	凯塔斯（西班牙）有限公司 CATALYSIS, S. L. , Spain	2019.11—2024.11	新办

（续）

登记证号	通用名称	商品名称	产品类别	使用范围	生产厂家	有效期限	备注
（2019）外饲准字 388 号	混合型饲料添加剂 氯化胆碱 Feed Additives Mixture Choline Chloride	维乳舒 Ruprocol®	混合型饲料添加剂 Feed Additives Mixture	反刍动物 Ruminant	意大利 Vetagro S. p. A. 股份公司 Vetagro S. p. A.，Italy	2019.11—2024.11	新办
（2019）外饲准字 389 号	混合型饲料添加剂 酸度调节剂 矿物元素 Feed Additives Mixture Acidity Regulators Minerals	可乐酸 Kanters pH Support	混合型饲料添加剂 Feed Additives Mixture	猪、家禽 Swine，Poultry	荷兰肯特斯私人有限公司 Kanters Special Products B. V.，the Netherlands	2019.11—2024.11	新办
（2019）外饲准字 390 号	混合型饲料添加剂 香味物质 可食用脂肪酸单/双甘油酯 Feed Additives Mixture Flavouring Substances Mono-/di-glycerides of Edible Fatty Acids	奕源宝 PHYTOBUTYRIN	混合型饲料添加剂 Feed Additives Mixture	猪、家禽、反刍动物 Swine，Poultry，Ruminant	西班牙 Laboratorios Karizoo 公司 Laboratorios Karizoo. S. A.，Spain	2019.11—2024.11	新办
（2019）外饲准字 391 号	混合型饲料添加剂 植物乳杆菌 Feed Additives Mixture Lactobacillus Plantarum	先锋先牧® 1152 青贮接种剂 Pioneer® 1152 Silage Inoculant	混合型饲料添加剂 Feed Additives Mixture	青贮饲料 Silage	美国科汉森有限公司威斯康辛州工厂 Chr. Hansen Inc.，Plant WI，USA	2019.11—2024.11	新办
（2019）外饲准字 392 号	混合型饲料添加剂 氯化钠 Feed Additives Mixture Sodium Chloride	艾瑞补 Effy Drat	混合型饲料添加剂 Feed Additives Mixture	家禽 Poultry	法国 SYNERGIE PROD SYNERGIE PROD，France	2019.11—2024.11	新办
（2019）外饲准字 393 号	混合型饲料添加剂 维生素 C 防腐剂 Feed Additives Mixture Vitamin C Preservatives	艾瑞爽 Effy Heat	混合型饲料添加剂 Feed Additives Mixture	家禽 Poultry	法国 SYNERGIE PROD SYNERGIE PROD，France	2019.11—2024.11	新办
（2019）外饲准字 394 号	混合型饲料添加剂 香味物质 Feed Additives Mixture Flavouring Substances	爱乐吸粉剂 Aromax Dry	混合型饲料添加剂 Feed Additives Mixture	畜禽 Livestock，Poultry	德国 MIAVIT GmbH 公司 MIAVIT GmbH，Germany	2019.11—2024.11	新办

（续）

登记证号	通用名称	商品名称	产品类别	使用范围	生产厂家	有效期限	备注
(2019) 外饲准字 395 号	混合型饲料添加剂 香味物质 Feed Additives Mixture Flavouring Substances	爱乐吸 Aromax	混合型饲料添加剂 Feed Additives Mixture	畜禽 Livestock, Poultry	德国 MIAVIT GmbH 公司 MIAVIT GmbH, Germany	2019.11—2024.11	新办
(2019) 外饲准字 396 号	复合预混合饲料 Premix	达可® Diakur® Plus	添加剂预混合饲料 Feed Additive Premix	幼畜 Young animals	勃林格殷格翰动物保健（丹麦）公司 Boehringer Ingelheim Animal Health Denmark A/S, Denmark	2019.11—2024.11	新办
(2019) 外饲准字 397 号	奶牛维生素预混合饲料 Vitamin Premix for Cow	好奶牛 BIOCOW PREMIX	添加剂预混合饲料 Feed Additive Premix	奶牛 Cow	新加坡威发药业有限公司 Vetpharm Laboratories (S) Pte. Ltd., Singapore	2019.11—2024.11	新办
(2019) 外饲准字 398 号	犊牛精料补充料 Supplementary Concentrate for Calves	利宝维犊牛优乳 Prominend Plus	精料补充料 Supplementary Concentrate	犊牛 Calves	荷兰利宝维公司 Liprovit B. V., the Netherlands	2019.11—2024.11	新办
(2019) 外饲准字 399 号	鱼溶浆 Fish Soluble Paste	鱼溶浆 Fish Soluble Paste	单一饲料 Single Feed	畜禽、水产养殖动物（反刍动物除外） Livestock, Poultry, Aquaculture animals (Not including ruminant)	印度 Blueline Foods (India) Pvt. Ltd. (Unit-Ⅲ) 公司 Blueline Foods (India) Pvt. Ltd. (Unit-Ⅲ), India	2019.11—2024.11	新办
(2019) 外饲准字 400 号	含可溶物的玉米干酒精糟 Corn Distillers Dried Grains with Solubles (DDGS)	玉米酒糟蛋白饲料 Corn Distillers Dried Grains with Solubles (DDGS)	单一饲料 Single Feed	养殖动物 All species or categories of animals	美国新谷公司 CHS Inc, USA	2019.11—2024.11	新办
(2019) 外饲准字 401 号	酿酒酵母细胞壁 Saccharomyces cerevisiae Yeast Cell Wall	普壮素 ImmunoWall	单一饲料 Single Feed	养殖动物 All species or categories of animals	巴西 ICC Industrial Com. Exp. E Imp. Ltda ICC Industrial Com. Exp. E Imp. Ltda, Brazil	2019.11—2024.11	新办

（续）

登记证号	通用名称	商品名称	产品类别	使用范围	生产厂家	有效期限	备注
(2019) 外饲准字 402 号	鱼粉 Fishmeal	红鱼粉（三级） Red Fishmeal (Grade Ⅲ)	单一饲料 Single Feed	畜禽、水产养殖动物（反刍动物除外） Livestock, Poultry, Aquaculture animals (Not including ruminant)	智利 Los Glaciares 公司（Panitao 工厂） Los Glaciares S. A. (Panitao Plant), Chile	2019.11—2024.11	新办
(2019) 外饲准字 403 号	鸡肉骨粉 Poultry By-Product Meal	果茂饲料级鸡肉骨粉 Gro-Mor Poultry By-Product Meal Feed Grade	单一饲料 Single Feed	鸡、鱼、虾、宠物 Chicken, Fish, Shrimp, Pets	美国中部副产品公司（LP） Central Bi-Products, USA	2019.11—2024.11	新办
(2019) 外饲准字 404 号	鸡肉骨粉 Chicken By-Product Meal	鸡肉骨粉 Chicken By-Product Meal	单一饲料 Single Feed	畜禽、水产养殖动物、宠物（反刍动物除外） Livestock, Poultry, Aquaculture animals, Pets (Not including ruminant)	美国泰森食品公司斯克兰顿工厂 Tyson Foods, Inc., Plant Scranton, USA	2019.11—2024.11	新办
(2019) 外饲准字 405 号	鱼粉 Fishmeal	红鱼粉（三级） Red Fishmeal (grade Ⅲ)	单一饲料 Single Feed	畜禽、水产养殖动物（反刍动物除外） Livestock, Poultry, Aquaculture animals (Not including ruminant)	丹麦 FF Skagen 有限公司 FF Skagen A/S, Denmark	2019.11—2024.11	新办
(2019) 外饲准字 406 号	菜籽粕 Rapeseed Meal	菜籽粕（加拿大菜籽） Canola Meal (Canadian Seed)	单一饲料 Single Feed	猪、牛、家禽 Swine, Cattle, Poultry	巴基斯坦 DALDA FOODS LIMITED DALDA FOODS LIMITED, Pakistan	2019.11—2024.11	新办
(2019) 外饲准字 407 号	鱼油 Fish Oil	秘鲁鱼油（饲料级） PERUVIAN FISH OIL (Feed Grade)	单一饲料 Single Feed	畜禽、水产养殖动物（反刍动物除外） Livestock, Poultry, Aquaculture animals (Not including ruminant)	秘鲁 Pesquera Centinela S. A. C. 公司 Tambo de Mora 工厂 Pesquera Centinela S. A. C, Peru-Tambo de Mora Plant, Peru	2019.11—2024.11	新办

（续）

登记证号	通用名称	商品名称	产品类别	使用范围	生产厂家	有效期限	备注
（2019）外饲准字 408 号	鱼油 Fish Oil	秘鲁鱼油（饲料级） PERUVIAN FISH OIL (Feed Grade)	单一饲料 Single Feed	畜禽、水产养殖动物（反刍动物除外） Livestock，Poultry，Aquaculture animals（Not including ruminant）	秘鲁 Tecnologica De Alimentos S. A. 公司 Malabrigo 工厂 Tecnologica De Alimentos S. A.，Malabrigo Plant，Peru	2019. 11—2024. 11	新办
（2019）外饲准字 409 号	鱼油 Fish Oil	秘鲁鱼油（饲料级） PERUVIAN FISH OIL (Feed Grade)	单一饲料 Single Feed	畜禽、水产养殖动物（反刍动物除外） Livestock，Poultry，Aquaculture animals（Not including ruminant）	秘鲁 Tecnologica De Alimentos S. A. 公司 Chimbote 工厂 Tecnologica De Alimentos S. A.，Chimbote Plant，Peru	2019. 11—2024. 11	新办
（2019）外饲准字 410 号	鸡肉粉 Poultry By-Products Meal	WAPAK 鸡肉粉 WAPAK Poultry By-Products Meal	单一饲料 Single Feed	养殖动物（反刍动物除外） All species or categories of animals (Not including ruminant)	美国温泽世家公司 G. A. Wintzer and Son Co.，USA	2019. 11—2024. 11	新办
（2019）外饲准字 411 号	豆粕 Soybean Meal	Renova 高蛋白豆粕 Renova High Protein Soyabean Meal	单一饲料 Single Feed	养殖动物 All species or categories of animals	阿根廷 RENOVA S. A. 公司 RENOVA S. A.，Argentina	2019. 11—2024. 11	新办
（2019）外饲准字 412 号	豆粕 Soybean Meal	高蛋白豆粕 High Protein Soyabean Meal	单一饲料 Single Feed	养殖动物 All species or categories of animals	阿根廷 OLEAGINOSA SAN LORENZO S. A. 公司 OLEAGINOSA SAN LORENZO S. A.，Argentina	2019. 11—2024. 11	新办
（2019）外饲准字 413 号	鱼粉 Fishmeal	红鱼粉（三级） Red Fishmeal (grade Ⅲ)	单一饲料 Single Feed	畜禽、水产养殖动物（反刍动物除外） Livestock，Poultry，Aquaculture animals（Not including ruminant）	墨西哥瓜伊马斯海鲜公司（工厂） Productos Pesqueros de Guaymas，S. A. de C. V.，Mexico	2019. 11—2024. 11	新办

（续）

登记证号	通用名称	商品名称	产品类别	使用范围	生产厂家	有效期限	备注
(2019) 外饲准字 414 号	蛋粉 Egg Powder	傲娃 46 Ova46	单一饲料 Single Feed	畜禽、水产养殖动物、宠物（反刍动物除外） Livestock, Poultry, Aquaculture animals, Pets (Not including ruminant)	美国 IsoNova 科技有限责任公司—伊顿谷工厂 IsoNova Technologies LLC-Eden Valley Facility, USA	2019. 11—2024. 11	新办
(2019) 外饲准字 415 号	鱼油 Fish Oil	鱼油（饲料级） Fish oil (Feed grade)	单一饲料 Single Feed	畜禽、水产养殖动物（反刍动物除外） Livestock, Poultry, Aquaculture animals (Not including ruminant)	越南安乐水产加工合资股份有限公司 AN LAC CORPORATION, Vietnam	2019. 11—2024. 11	新办
(2019) 外饲准字 416 号	鱼粉 Fishmeal	Lucky 88 牌红鱼粉（三级） Lucky 88 Brand Red Fishmeal (Ⅲ)	单一饲料 Single Feed	畜禽、水产养殖动物（反刍动物除外） Livestock, Poultry, Aquaculture animals (Not including ruminant)	新西兰 Maruha (N. Z.) Corporation Limited 公司（工船加工，工船名称 “Te Raukura”，工船号：L901363） Maruha (N. Z.) Corporation Limited (Produced on Board at vessel Te Raukura, official No. L901363), New Zealand	2019. 11—2024. 11	新办
(2019) 外饲准字 417 号	白鱼粉 White Fishmeal	Lucky 88 牌白鱼粉（三级） Lucky 88 Brand White Fishmeal (Ⅲ)	单一饲料 Single Feed	畜禽、水产养殖动物（反刍动物除外） Livestock, Poultry, Aquaculture animals (Not including ruminant)	新西兰 Maruha (N. Z.) Corporation Limited 公司（工船加工，工船名称 “Te Raukura”，工船号：L901363） Maruha (N. Z.) Corporation Limited (Produced on Board at vessel Te Raukura, official No. L901363), New Zealand	2019. 11—2024. 11	新办
(2019) 外饲准字 418 号	菜籽粕 Rapeseed Meal	印度菜籽粕 Indian Rapeseed Meal	单一饲料 Single Feed	养殖动物 All species or categories of animals	（印度）阿达尼丰益有限公司 Alwar 工厂 Adani Wilmar Limited, Alwar Plant, India	2019. 11—2024. 11	新办

（续）

登记证号	通用名称	商品名称	产品类别	使用范围	生产厂家	有效期限	备注
（2019）外饲准字 419 号	菜籽粕 Rapeseed Meal	印度菜籽粕 Indian Rapeseed Meal	单一饲料 Single Feed	养殖动物 All species or categories of animals	（印度）阿达尼丰益有限公司 Bundi 工厂 Adani Wilmar Limited，Bundi Plant，India	2019.11—2024.11	新办
（2019）外饲准字 420 号	宠物配合饲料猫粮 Pet Compound Feed for Cat	滋益巅峰新西兰马鲛鱼配方猫粮罐头 Ziwi Peak Canned New Zealand Mackerel Recipe Cat Food	宠物配合饲料 Pet Compound Feed	猫 Cats	（新西兰）PetfoodNZ 国际有限公司 PetfoodNZ International Limited，New Zealand	2019.11—2024.11	新办
（2019）外饲准字 421 号	宠物配合饲料猫粮 Pet Compound Feed for Cat	滋益巅峰新西兰鹿肉配方猫粮罐头 Ziwi Peak Canned New Zealand Venison Recipe Cat Food	宠物配合饲料 Pet Compound Feed	猫 Cats	（新西兰）PetfoodNZ 国际有限公司 PetfoodNZ International Limited，New Zealand	2019.11—2024.11	新办
（2019）外饲准字 422 号	宠物配合饲料犬粮 Pet Compound Feed for Dog	滋益巅峰新西兰鹿肉配方犬粮罐头 Ziwi Peak Canned New Zealand Venison Recipe Dog Food	宠物配合饲料 Pet Compound Feed	犬 Dogs	（新西兰）PetfoodNZ 国际有限公司 PetfoodNZ International Limited，New Zealand	2019.11—2024.11	新办
（2019）外饲准字 423 号	宠物配合饲料犬粮 Pet Compound Feed for Dog	滋益巅峰新西兰牛肉配方犬粮罐头 Ziwi Peak Canned New Zealand Beef Recipe Dog Food	宠物配合饲料 Pet Compound Feed	犬 Dogs	（新西兰）PetfoodNZ 国际有限公司 PetfoodNZ International Limited，New Zealand	2019.11—2024.11	新办
（2019）外饲准字 424 号	宠物配合饲料犬粮 Pet Compound Feed for Dog	滋益巅峰新西兰羊肚羊肉配方犬粮罐头 Ziwi Peak Canned New Zealand Tripe & Lamb Recipe Dog Food	宠物配合饲料 Pet Compound Feed	犬 Dogs	（新西兰）PetfoodNZ 国际有限公司 PetfoodNZ International Limited，New Zealand	2019.11—2024.11	新办

（续）

登记证号	通用名称	商品名称	产品类别	使用范围	生产厂家	有效期限	备注
(2019) 外饲准字 425 号	宠物配合饲料猫粮 Pet Compound Feed for Cat	滋益巅峰新西兰羊肉配方猫粮罐头 Ziwi Peak Canned New Zealand Lamb Recipe Cat Food	宠物配合饲料 Pet Compound Feed	猫 Cats	（新西兰）PetfoodNZ 国际有限公司 PetfoodNZ International Limited，New Zealand	2019.11—2024.11	新办
(2019) 外饲准字 426 号	宠物配合饲料猫粮 Pet Compound Feed for Cat	滋益巅峰新西兰牛肉配方猫粮罐头 Ziwi Peak Canned New Zealand Beef Recipe Cat Food	宠物配合饲料 Pet Compound Feed	猫 Cats	（新西兰）PetfoodNZ 国际有限公司 PetfoodNZ International Limited，New Zealand	2019.11—2024.11	新办
(2019) 外饲准字 427 号	宠物配合饲料猫粮 Pet Compound Feed for Cat	滋益巅峰新西兰马鲛鱼羊肉配方猫粮罐头 Ziwi Peak Canned New Zealand Mackerel & Lamb Recipe Cat Food	宠物配合饲料 Pet Compound Feed	猫 Cats	（新西兰）PetfoodNZ 国际有限公司 PetfoodNZ International Limited，New Zealand	2019.11—2024.11	新办
(2019) 外饲准字 428 号	宠物配合饲料犬粮 Pet Compound Feed for Dog	滋益巅峰新西兰羊肉配方犬粮罐头 Ziwi Peak Canned New Zealand Lamb Recipe Dog Food	宠物配合饲料 Pet Compound Feed	犬 Dogs	（新西兰）PetfoodNZ 国际有限公司 PetfoodNZ International Limited，New Zealand	2019.11—2024.11	新办
(2019) 外饲准字 429 号	宠物配合饲料猫粮 Pet Compound Feed for Cat	滋益巅峰新西兰鳕鱼配方猫粮罐头 Ziwi Peak Canned New Zealand Hoki Recipe Cat Food	宠物配合饲料 Pet Compound Feed	猫 Cats	（新西兰）PetfoodNZ 国际有限公司 PetfoodNZ International Limited，New Zealand	2019.11—2024.11	新办
(2019) 外饲准字 430 号	宠物配合饲料犬粮 Pet Compound Feed for Dog	滋益巅峰新西兰马鲛鱼羊肉配方犬粮罐头 Ziwi Peak Canned New Zealand Mackerel & Lamb Recipe Dog Food	宠物配合饲料 Pet Compound Feed	犬 Dogs	（新西兰）PetfoodNZ 国际有限公司 PetfoodNZ International Limited，New Zealand	2019.11—2024.11	新办

（续）

登记证号	通用名称	商品名称	产品类别	使用范围	生产厂家	有效期限	备注
（2019）外饲准字 431 号	宠物配合饲料犬粮 Pet Compound Feed for Dog	滋益巅峰风干新西兰羊肉配方犬粮 Ziwi Peak Air-Dried New Zealand Lamb Recipe Pouch Dog Food	宠物配合饲料 Pet Compound Feed	犬 Dogs	（新西兰）滋益有限公司 Ziwi Limited，New Zealand	2019.11—2024.11	新办
（2019）外饲准字 432 号	宠物配合饲料犬粮 Pet Compound Feed for Dog	滋益巅峰风干新西兰鹿肉配方犬粮 Ziwi Peak Air-Dried New Zealand Venison Recipe Pouch Dog Food	宠物配合饲料 Pet Compound Feed	犬 Dogs	（新西兰）滋益有限公司 Ziwi Limited，New Zealand	2019.11—2024.11	新办
（2019）外饲准字 433 号	宠物配合饲料犬粮 Pet Compound Feed for Dog	滋益巅峰风干新西兰羊肚羊肉配方犬粮 Ziwi Peak Air-Dried New Zealand Tripe & Lamb Recipe Pouch Dog Food	宠物配合饲料 Pet Compound Feed	犬 Dogs	（新西兰）滋益有限公司 Ziwi Limited，New Zealand	2019.11—2024.11	新办
（2019）外饲准字 434 号	宠物配合饲料犬粮 Pet Compound Feed for Dog	滋益巅峰风干新西兰马鲛鱼羊肉配方犬粮 Ziwi Peak Air-Dried New Zealand Mackerel & Lamb Recipe Pouch Dog Food	宠物配合饲料 Pet Compound Feed	犬 Dogs	（新西兰）滋益有限公司 Ziwi Limited，New Zealand	2019.11—2024.11	新办
（2019）外饲准字 435 号	宠物配合饲料犬粮 Pet Compound Feed for Dog	滋益巅峰风干新西兰牛肉配方犬粮 Ziwi Peak Air-Dried New Zealand Beef Recipe Pouch Dog Food	宠物配合饲料 Pet Compound Feed	犬 Dogs	（新西兰）滋益有限公司 Ziwi Limited，New Zealand	2019.11—2024.11	新办
（2019）外饲准字 436 号	宠物配合饲料犬粮 Pet Compound Feed for Dog	滋益巅峰风干新西兰鸡肉配方犬粮 Ziwi Peak Air-Dried New Zealand Chicken Recipe Pouch Dog Food	宠物配合饲料 Pet Compound Feed	犬 Dogs	（新西兰）滋益有限公司 Ziwi Limited，New Zealand	2019.11—2024.11	新办

（续）

登记证号	通用名称	商品名称	产品类别	使用范围	生产厂家	有效期限	备注
(2019) 外饲准字 437 号	宠物配合饲料猫粮 Pet Compound Feed for Cat	滋益巅峰风干新西兰羊肉配方猫粮 Ziwi Peak Air-Dried New Zealand Lamb Recipe Pouch Cat Food	宠物配合饲料 Pet Compound Feed	猫 Cats	（新西兰）滋益有限公司 Ziwi Limited, New Zealand	2019.11—2024.11	新办
(2019) 外饲准字 438 号	宠物配合饲料猫粮 Pet Compound Feed for Cat	滋益巅峰风干新西兰鸡肉配方猫粮 Ziwi Peak Air-Dried New Zealand Chicken Recipe Pouch Cat Food	宠物配合饲料 Pet Compound Feed	猫 Cats	（新西兰）滋益有限公司 Ziwi Limited, New Zealand	2019.11—2024.11	新办
(2019) 外饲准字 439 号	宠物配合饲料猫粮 Pet Compound Feed for Cat	滋益巅峰风干新西兰马鲛鱼羊肉配方猫粮 Ziwi Peak Air-Dried New Zealand Mackerel & Lamb Recipe Pouch Cat Food	宠物配合饲料 Pet Compound Feed	猫 Cats	（新西兰）滋益有限公司 Ziwi Limited, New Zealand	2019.11—2024.11	新办
(2019) 外饲准字 440 号	宠物配合饲料猫粮 Pet Compound Feed for Cat	滋益巅峰风干新西兰鹿肉配方猫粮 Ziwi Peak Air-Dried New Zealand Venison Recipe Pouch Cat Food	宠物配合饲料 Pet Compound Feed	猫 Cats	（新西兰）滋益有限公司 Ziwi Limited, New Zealand	2019.11—2024.11	新办
(2019) 外饲准字 441 号	宠物配合饲料猫粮 Pet Compound Feed for Cat	滋益巅峰风干新西兰牛肉配方猫粮 Ziwi Peak Air-Dried New Zealand Beef Recipe Pouch Cat Food	宠物配合饲料 Pet Compound Feed	猫 Cats	（新西兰）滋益有限公司 Ziwi Limited, New Zealand	2019.11—2024.11	新办
(2019) 外饲准字 442 号	宠物配合饲料大型犬成年期犬粮 Pet Compound Feed for Adult Large Breed Dog	金士摩海鱼配方大型成年犬粮 Kingsmoor Seafish Adult Large Breed Dog	宠物配合饲料 Pet Compound Feed	犬 Dogs	（丹麦）维塔宠物食品集团公司（工厂） Vital Petfood Group A/S, Denmark	2019.11—2024.11	新办

（续）

登记证号	通用名称	商品名称	产品类别	使用范围	生产厂家	有效期限	备注
(2019）外饲准字 443 号	宠物配合饲料成年期犬粮 Pet Compound Feed for Adult Dog	Zential 体重控制犬粮 Zential Weight Control	宠物配合饲料 Pet Compound Feed	犬 Dogs	比利时 Fides Petfood Fides Petfood，Belgium	2019.11—2024.11	新办
(2019）外饲准字 444 号	宠物配合饲料成年期犬粮 Pet Compound Feed for Adult Dog	Zential 关节 & 运动犬粮 Zential Joint & Mobility Care	宠物配合饲料 Pet Compound Feed	犬 Dogs	比利时 Fides Petfood Fides Petfood，Belgium	2019.11—2024.11	新办
(2019）外饲准字 445 号	宠物配合饲料成年期犬粮 Pet Compound Feed for Adult Dog	Zential 消化敏感犬粮 Zential Gastrointestinal Care	宠物配合饲料 Pet Compound Feed	犬 Dogs	比利时 Fides Petfood Fides Petfood，Belgium	2019.11—2024.11	新办
(2019）外饲准字 446 号	宠物配合饲料成年期犬粮 Pet Compound Feed for Adult Dog	Zential 低敏健体犬粮 Zential Hypoallergenic Care	宠物配合饲料 Pet Compound Feed	犬 Dogs	比利时 Fides Petfood Fides Petfood，Belgium	2019.11—2024.11	新办
(2019）外饲准字 447 号	宠物配合饲料成年期犬粮 Pet Compound Feed for Adult Dog	Zential 皮肤护理犬粮 Zential Derma Care	宠物配合饲料 Pet Compound Feed	犬 Dogs	比利时 Fides Petfood Fides Petfood，Belgium	2019.11—2024.11	新办
(2019）外饲准字 448 号	宠物配合饲料成年期猫粮 Pet Compound Feed Cat Feed Adult	牧场滋味鱼肉配方成猫粮 Putake Natural Fish Cat Adult Food	宠物配合饲料 Pet Compound Feed	猫 Cats	（新西兰）爱德胜宠物产品有限公司 Addiction Foods NZ Ltd.，New Zealand	2019.11—2024.11	新办
(2019）外饲准字 449 号	宠物配合饲料幼年期犬粮 Pet Compound Feed Dog Feed Puppy	牧场滋味鸡肉配方幼犬粮 Putake Natural Chicken Puppy Food	宠物配合饲料 Pet Compound Feed	犬 Dogs	（新西兰）爱德胜宠物产品有限公司 Addiction Foods NZ Ltd.，New Zealand	2019.11—2024.11	新办
(2019）外饲准字 450 号	宠物配合饲料幼年期猫粮 Pet Compound Feed Cat Feed Kitten	牧场滋味鱼肉配方幼猫粮 Putake Natural Fish Kitten Food	宠物配合饲料 Pet Compound Feed	猫 Cats	（新西兰）爱德胜宠物产品有限公司 Addiction Foods NZ Ltd.，New Zealand	2019.11—2024.11	新办
(2019）外饲准字 451 号	宠物配合饲料成年期犬粮 Pet Compound Feed Dog Adult	牧场滋味鸡肉配方成犬粮 Putake Natural Chicken Dog Adult Food	宠物配合饲料 Pet Compound Feed	犬 Dogs	（新西兰）爱德胜宠物产品有限公司 Addiction Foods NZ Ltd.，New Zealand	2019.11—2024.11	新办

（续）

登记证号	通用名称	商品名称	产品类别	使用范围	生产厂家	有效期限	备注
(2019) 外饲准字 452 号	宠物配合饲料猫粮 Pet Compound Feed for Cat	味思伴走地猫粮 Wishbone Roost Cat	宠物配合饲料 Pet Compound Feed	猫 Cats	(新西兰) 爱德胜宠物产品有限公司 Addiction Foods NZ Ltd.，New Zealand	2019.11—2024.11	新办
(2019) 外饲准字 453 号	全价宠物食品猫粮 Pet Compound Feed for Cat	RealLife 猫粮 含羊肉鸡肉配方超级食品 RealLife Real Lamb, Chicken and Superfoods Cat	宠物配合饲料 Pet Compound Feed	猫 Cats	(新西兰) 爱德胜宠物产品有限公司 Addiction Foods NZ Ltd.，New Zealand	2019.11—2024.11	新办
(2019) 外饲准字 454 号	宠物配合饲料成年期犬粮 Pet Compound Feed for Adult Dogs	狗狗宝贝—成年狗粮 Doggy's Adult Dogs	宠物配合饲料 Pet Compound Feed	犬 Dogs	(黎巴嫩) 哈瓦鸡肉生产有限公司 Hawa Chicken-Chicken Production & Distribution Co. S. A. L, Lebanon	2019.11—2024.11	新办
(2019) 外饲准字 455 号	全价宠物食品犬粮 Pet Compound Food for Dog	爱德胜全生命阶段野生袋鼠苹果配方犬粮 Addiction All Life Stage Wild Kangaroo & Apples Dog	宠物配合饲料 Pet Compound Feed	犬 Dogs	(新西兰) 爱德胜宠物产品有限公司 Addiction Foods NZ Ltd.，New Zealand	2019.11—2024.11	新办
(2019) 外饲准字 456 号	全价宠物食品犬粮 Pet Compound Food for Dog	爱德胜菩提素食犬粮 Addiction All Life Stage Zen Vegetarian Dog	宠物配合饲料 Pet Compound Feed	犬 Dogs	(新西兰) 爱德胜宠物产品有限公司 Addiction Foods NZ Ltd.，New Zealand	2019.11—2024.11	新办
(2019) 外饲准字 457 号	全价宠物食品小型犬成年期犬粮 Pet Compound Feed for Small Adult Dog	维克维优小型、迷你成年犬粮 VIRBAC HPM SMALL & TOY ADULT DOG	宠物配合饲料 Pet Compound Feed	犬 Dogs	比利时联合宠物食品公司 United Petfood Producers NV, Belgium	2019.11—2024.11	新办
(2019) 外饲准字 458 号	全价宠物食品小型犬幼年期犬粮 Pet Compound Feed for Small Baby Dog	维克维优小型、迷你幼犬粮 VIRBAC HPM SMALL & TOY BABY DOG	宠物配合饲料 Pet Compound Feed	犬 Dogs	比利时联合宠物食品公司 United Petfood Producers NV, Belgium	2019.11—2024.11	新办

（续）

登记证号	通用名称	商品名称	产品类别	使用范围	生产厂家	有效期限	备注
(2019) 外饲准字 459 号	全价宠物食品大/中型犬成年期犬粮 Pet Compound Feed for Large & Medium Adult Dog	维克维优大、中型绝育成年犬粮 VIRBAC HPM LARGE & MEDIUM ADULT DOG NEUTERED	宠物配合饲料 Pet Compound Feed	犬 Dogs	比利时联合宠物食品公司 United Petfood Producers NV, Belgium	2019. 11—2024. 11	新办
(2019) 外饲准字 460 号	全价宠物食品大/中型犬成年期犬粮 Pet Compound Feed for Large & Medium Adult Dog	维克维优大、中型成年犬粮 VIRBAC HPM LARGE & MEDIUM ADULT DOG	宠物配合饲料 Pet Compound Feed	犬 Dogs	比利时联合宠物食品公司 United Petfood Producers NV, Belgium	2019. 11—2024. 11	新办
(2019) 外饲准字 461 号	全价宠物食品成年期犬粮 Pet Compound Feed for Adult Dog	Carnilove 三文鱼配方成犬粮 Carnilove Salmon for Adult Dogs	宠物配合饲料 Pet Compound Feed	犬 Dogs	捷克万富有限公司 VAFO PRAHA, s. r. o. , Czech Republic	2019. 11—2024. 11	新办
(2019) 外饲准字 462 号	全价宠物食品幼年期犬粮 Pet Compound Feed for Puppy	Carnilove 三文鱼 & 火鸡肉配方幼犬粮 Carnilove Salmon & Turkey for Puppies	宠物配合饲料 Pet Compound Feed	犬 Dogs	捷克万富有限公司 VAFO PRAHA, s. r. o. , Czech Republic	2019. 11—2024. 11	新办
(2019) 外饲准字 463 号	全价宠物食品成年期犬粮 Pet Compound Feed for Adult Dog	Carnilove 鲜鲤鱼 & 鳟鱼配方成犬粮 Carnilove Fresh Carp & Trout for Adult Dogs	宠物配合饲料 Pet Compound Feed	犬 Dogs	捷克万富有限公司 VAFO PRAHA, s. r. o. , Czech Republic	2019. 11—2024. 11	新办
(2019) 外饲准字 464 号	全价宠物食品大型犬幼年期犬粮 Pet Compound Feed for Large Breed Puppy	Carnilove 三文鱼 & 火鸡肉配方大型幼犬粮 Carnilove Salmon & Turkey for Large Breed Puppy	宠物配合饲料 Pet Compound Feed	犬 Dogs	捷克万富有限公司 VAFO PRAHA, s. r. o. , Czech Republic	2019. 11—2024. 11	新办

（续）

登记证号	通用名称	商品名称	产品类别	使用范围	生产厂家	有效期限	备注
（2019）外饲准字 465 号	全价宠物食品大型犬成年期犬粮 Pet Compound Feed for Large Breed Adult Dog	Carnilove 三文鱼 & 火鸡肉配方大型成犬粮 Carnilove Salmon & Turkey for Large Breed Adult	宠物配合饲料 Pet Compound Feed	犬 Dogs	捷克万富有限公司 VAFO PRAHA，s. r. o.，Czech Republic	2019. 11—2024. 11	新办
（2019）外饲准字 466 号	全价宠物食品小型犬成年期犬粮 Pet Compound Feed for Small Breed Adult Dog	Carnilove 鲜鸵鸟肉 & 羊肉配方小型成犬粮 Carnilove Fresh Ostrich & Lamb for Small Breed Adult Dogs	宠物配合饲料 Pet Compound Feed	犬 Dogs	捷克万富有限公司 VAFO PRAHA，s. r. o.，Czech Republic	2019. 11—2024. 11	新办
（2019）外饲准字 467 号	全价宠物食品成年期犬粮 Pet Compound Feed for Adult Dog	Carnilove 鹿肉配方成犬粮 Carnilove Reindeer for Adult Dogs	宠物配合饲料 Pet Compound Feed	犬 Dogs	捷克万富有限公司 VAFO PRAHA，s. r. o.，Czech Republic	2019. 11—2024. 11	新办
（2019）外饲准字 468 号	全价宠物食品犬粮 Pet Complete Food for Dog	K9 Natural 冷冻干燥宠物食品羊肉配方 K9 Natural Freeze Dried Lamb Feast	宠物配合饲料 Pet Compound Feed	犬 Dogs	新西兰冻干食品有限公司 Freeze Dried Foods New Zealand Limited，New Zealand	2019. 11—2024. 11	新办
（2019）外饲准字 469 号	全价宠物食品犬粮 Pet Complete Food for Dog	K9 Natural 冷冻干燥宠物食品牛肉配方 K9 Natural Freeze Dried Beef Feast	宠物配合饲料 Pet Compound Feed	犬 Dogs	新西兰冻干食品有限公司 Freeze Dried Foods New Zealand Limited，New Zealand	2019. 11—2024. 11	新办
（2019）外饲准字 470 号	全价宠物食品猫粮 Pet Complete Food for Cat	Feline Natural 冷冻干燥宠物食品羊心 & 帝王鲑鱼配方 Feline Natural Freeze Dried Lamb & King Salmon Feast	宠物配合饲料 Pet Compound Feed	猫 Cats	新西兰冻干食品有限公司 Freeze Dried Foods New Zealand Limited，New Zealand	2019. 11—2024. 11	新办

（续）

登记证号	通用名称	商品名称	产品类别	使用范围	生产厂家	有效期限	备注
（2019）外饲准字 471 号	宠物配合饲料成年期犬粮 Pet Compound Feed for Adult Dog	枫趣盛宴成年期全品种小颗粒犬粮（北欧配方） Pronature Holistic DOG FOOD-ADULT-ALL BREEDS-NORDIKÖ-SMALL BITES	宠物配合饲料 Pet Compound Feed	犬 Dogs	加拿大 PLB 国际公司 PLB International Inc.，Canada	2019.11—2024.11	新办
（2019）外饲准字 472 号	宠物配合饲料成年期犬粮 Pet Compound Feed for Adult Dog	枫趣盛宴成年期全品种小颗粒犬粮（地中海配方） Pronature Holistic DOG FOOD-ADULT-ALL BREEDS-MEDITERRA-NĒA-SMALL BITES	宠物配合饲料 Pet Compound Feed	犬 Dogs	加拿大 PLB 国际公司 PLB International Inc.，Canada	2019.11—2024.11	新办
（2019）外饲准字 473 号	宠物配合饲料成年期犬粮 Pet Compound Feed for Adult Dog	枫趣盛宴成年期全品种小颗粒犬粮（亚洲配方） Pronature Holistic DOG FOOD-ADULT-ALL BREEDS-ASIATÒ-MINI BITES	宠物配合饲料 Pet Compound Feed	犬 Dogs	加拿大 PLB 国际公司 PLB International Inc.，Canada	2019.11—2024.11	新办
（2019）外饲准字 474 号	宠物配合饲料成年期猫粮 Pet Compound Feed for Adult Cat	枫趣盛宴成年期猫粮（北欧配方） Pronature Holistic CAT FOOD-ADULT-NORDIKÖ	宠物配合饲料 Pet Compound Feed	猫 Cats	加拿大 PLB 国际公司 PLB International Inc.，Canada	2019.11—2024.11	新办
（2019）外饲准字 475 号	宠物配合饲料成年期猫粮 Pet Compound Feed for Adult Cat	枫趣盛宴成年期猫粮（地中海配方） Pronature Holistic CAT FOOD-ADULT-MEDITERRANĒA	宠物配合饲料 Pet Compound Feed	猫 Cats	加拿大 PLB 国际公司 PLB International Inc.，Canada	2019.11—2024.11	新办

（续）

登记证号	通用名称	商品名称	产品类别	使用范围	生产厂家	有效期限	备注
（2019）外饲准字 476 号	宠物配合饲料成年期猫粮 Pet Compound Feed for Adult Cat	枫趣盛宴成年期猫粮（亚洲配方） Pronature Holistic CAT FOOD-ADULT-ASIATÒ	宠物配合饲料 Pet Compound Feed	猫 Cats	加拿大 PLB 国际公司 PLB International Inc.，Canada	2019. 11—2024. 11	新办
（2019）外饲准字 477 号	宠物配合饲料猫粮 Pet Compound Feed for Cats	枫趣莱芙—猫粮—轻盈生活—全年龄阶段—含无骨鸡肉 Pronature Life-CAT FOOD-FIT-ALL LIFE STAGES-WITH DEBONED CHICKEN	宠物配合饲料 Pet Compound Feed	猫 Cats	加拿大 PLB 国际公司 PLB International Inc.，Canada	2019. 11—2024. 11	新办
（2019）外饲准字 478 号	宠物配合饲料犬粮 Pet Compound Feed for Dogs	枫趣莱芙—犬粮—舒适生活—全年龄阶段—全品种—含无骨火鸡肉 Pronature Life-DOG FOOD-CHILL-ALL LIFE STAGES-ALL BREEDS-WITH DEBONED TURKEY	宠物配合饲料 Pet Compound Feed	犬 Dogs	加拿大 PLB 国际公司 PLB International Inc.，Canada	2019. 11—2024. 11	新办
（2019）外饲准字 479 号	宠物配合饲料犬粮 Pet Compound Feed for Dogs	枫趣莱芙—犬粮—长久生活—全年龄阶段—全品种—含无骨三文鱼 Pronature Life-DOG FOOD-INFINITI-ALL LIFE STAGES-ALL BREEDS-WITH DEBONED SALMON	宠物配合饲料 Pet Compound Feed	犬 Dogs	加拿大 PLB 国际公司 PLB International Inc.，Canada	2019. 11—2024. 11	新办

（续）

登记证号	通用名称	商品名称	产品类别	使用范围	生产厂家	有效期限	备注
(2019) 外饲准字 480 号	宠物配合饲料猫粮 Pet Compound Feed for Cats	枫趣莱芙—猫粮—长久生活—全年龄阶段—含无骨三文鱼 Pronature Life-CAT FOOD-INFINITI-ALL LIFE STAGES-WITH DEBONED SALMON	宠物配合饲料 Pet Compound Feed	猫 Cats	加拿大 PLB 国际公司 PLB International Inc.，Canada	2019.11—2024.11	新办
(2019) 外饲准字 495 号	饲料添加剂 亚硫酸氢钠甲萘醌 Feed Additive Menadione Sodium Bisulfite	维可兹-MSB Microvitam K_3 MSB (Menadione sodium bisulphite)	饲料添加剂 Feed Additive	养殖动物 All species or categories of animals	（俄罗斯）诺沃赫罗姆有限责任公司 Novochrom Ltd.，Russia	2019.12—2024.12	新办
(2019) 外饲准字 496 号	混合型饲料添加剂 β-葡聚糖酶（产自李氏木霉） Feed Additives Mixture β-Glucanase (Source: Trichoderma reesei)	浓缩型 β-葡聚糖酶 Beta Glucanase BP CONC	混合型饲料添加剂 Feed Additives Mixture	猪、家禽 Swine, Poultry	（墨西哥）Enmex, S. A. de C. V. Enmex, S. A. de C. V.，Mexico	2019.12—2024.12	新办
(2019) 外饲准字 497 号	混合型饲料添加剂 植酸酶（产自李氏木霉） Feed Additives Mixture Phytase (Source: Trichoderma reesei)	爱特康® PHY 10000 TPT2 Axtra® PHY 10000 TPT2	混合型饲料添加剂 Feed Additives Mixture	猪、家禽 Swine, Poultry	新加坡金朝生物技术私人有限公司 Crown Pacific Biotechnology Pte.，Ltd.，Singapore	2019.12—2024.12	新办
(2019) 外饲准字 498 号	混合型饲料添加剂 甜味物质 Feed Additives Mixture Sweetening Substances	特甜宝 Sugarex PF/95F	混合型饲料添加剂 Feed Additives Mixture	仔猪 Piglets	西班牙英明公司（工厂） INTERQUIM S. A.，Spain	2019.12—2024.12	新办
(2019) 外饲准字 499 号	混合型饲料添加剂 酸度调节剂 矿物元素 Feed Additives Mixture Acidity Regulators Minerals	强清胶囊 Tricoli Stop-Capsules	混合型饲料添加剂 Feed Additives Mixture	鸽子 Pigeons	（挪威）法马泰克股份有限公司 Pharmatech AS, Norway	2019.12—2024.12	新办

（续）

登记证号	通用名称	商品名称	产品类别	使用范围	生产厂家	有效期限	备注
(2019) 外饲准字 500 号	液体仔猪复合预混合饲料 Liquid Premix Feed for Piglet	活力 1 号 Piglet Start	添加剂预混合饲料 Feed Additive Premix	猪 Swine	爱尔兰 Inform 营养有限公司 Inform Nutrition Ireland Ltd.，Ireland	2019.12—2024.12	新办
(2019) 外饲准字 501 号	菜籽粕 Rapeseed Meal	菜籽粕 Rape seed meal	单一饲料 Single Feed	养殖动物 All species or categories of animals	印度 GUJARAT AMBUJA EXPORTS LTD.，公司 GUJARAT AMBUJA EXPORTS LTD.，India	2019.12—2024.12	新办
(2019) 外饲准字 502 号	蛋粉 Egg Product	喷雾干燥蛋粉 傲娃 46 Spray-Dried Egg Product Ova46	单一饲料 Single Feed	畜禽、水产养殖动物、宠物（反刍动物除外） Livestock，Poultry，Aquaculture animals，Pets (Not including ruminant)	美国 IsoNova 科技有限责任公司—佐治亚工厂 IsoNova Technologies LLC. Social Circle，GA，USA	2019.12—2024.12	新办
(2019) 外饲准字 503 号	酿酒酵母培养物 Yeast Culture	泌乳宝 Rumen Pass	单一饲料 Single Feed	奶牛 Cow	美国全球原料公司 Global Ingredients Corporation，USA	2019.12—2024.12	新办
(2019) 外饲准字 504 号	鱼粉 Fishmeal	挪威鱼粉（三级） Norwegian Fishmeal (Ⅲ)	单一饲料 Single Feed	畜禽、水产养殖动物（反刍动物除外） Livestock，Poultry，Aquaculture animals (Not including ruminant)	挪威 Triplenine Vedde AS 公司 Triplenine Vedde AS，Norway	2019.12—2024.12	新办
(2019) 外饲准字 505 号	白鱼粉 White Fishmeal	挪威鱼粉（三级） Norwegian Fishmeal (Ⅲ)	单一饲料 Single Feed	畜禽、水产养殖动物（反刍动物除外） Livestock，Poultry，Aquaculture animals (Not including ruminant)	挪威 Triplenine Vedde AS 公司 Triplenine Vedde AS，Norway	2019.12—2024.12	新办
(2019) 外饲准字 506 号	猪肉骨粉 Porcine Meat And Bone Meal	猪肉骨粉 PORCINE MEAT AND BONE MEAL	单一饲料 Single Feed	畜禽、水产养殖动物、宠物（反刍动物除外） Livestock，Poultry，Aquaculture animals，Pets (Not including ruminant)	美国史密斯费尔德鲜肉公司塔希尔工厂 Smithfield Fresh Meats Corp. Tarheel Plant，USA	2019.12—2024.12	新办

（续）

登记证号	通用名称	商品名称	产品类别	使用范围	生产厂家	有效期限	备注
(2019) 外饲准字 507 号	鱼粉 Fishmeal	红鱼粉（三级） Red Fishmeal (Grade Ⅲ)	单一饲料 Single Feed	畜禽、水产养殖动物（反刍动物除外） Livestock, Poultry, Aquaculture animals (Not including ruminant)	巴基斯坦 M/S. A-ONE 鱼粉公司 M/S. A-ONE FISH MEAL, Pakistan	2019.12—2024.12	新办
(2019) 外饲准字 508 号	仔猪配合饲料 Compound Feed for Piglets	利宝维 F38 Pigger Flex 38	配合饲料 Compound Feed	仔猪 Piglets	荷兰利宝维公司 Liprovit B. V., the Netherlands	2019.12—2024.12	新办
(2019) 外饲准字 509 号	全价宠物食品猫粮 Pet Compound Food for Cat	Solid Gold 含鸡肉 & 蛋粉猫粮 Solid Gold Indigo Moon with Chicken & Eggs Cat Food	宠物配合饲料 Pet Compound Feed	猫 Cats	（加拿大）艾尔麦乐宠物产品有限公司 Elmira Pet Products Ltd., Canada	2019.12—2024.12	新办
(2019) 外饲准字 510 号	全价宠物食品小型犬犬粮 Pet Compound Food for Small Breed Dog	Solid Gold 鸡肉，鹰嘴豆 & 南瓜配方小型犬粮 Solid Gold Mighty Mini Chicken, Chickpea & Pumpkin Recipe Dog Food	宠物配合饲料 Pet Compound Feed	犬 Dogs	（加拿大）艾尔麦乐宠物产品有限公司 Elmira Pet Products Ltd., Canada	2019.12—2024.12	新办
(2019) 外饲准字 511 号	宠物配合饲料成年期犬粮 Pet Compound Feed for Adult Dog	金士摩海鱼配方瘦身犬粮 Kingsmoor Seafish Light Dog	宠物配合饲料 Pet Compound Feed	犬 Dogs	（丹麦）维塔宠物食品集团公司（工厂） Vital Petfood Group A/S, Denmark	2019.12—2024.12	新办
(2019) 外饲准字 512 号	全价小型犬成年期犬粮 Complete Small Breed Adult Dog Food	灵萃靓犬小型犬成犬粮添加百合 VIGOR & SAGE Lily Root Beauty Small Breed Adult Dog Food	宠物配合饲料 Pet Compound Feed	犬 Dogs	（荷兰）容克宠物食品有限公司 Jonker Petfood B. V., the Netherlands	2019.12—2024.12	新办
(2019) 外饲准字 513 号	全价成年期猫粮 Complete Adult Cat Food	灵萃美猫成猫粮 添加百合 VIGOR & SAGE Lily Root Beauty Adult Cat Food	宠物配合饲料 Pet Compound Feed	猫 Cats	（荷兰）容克宠物食品有限公司 Jonker Petfood B. V., the Netherlands	2019.12—2024.12	新办

（续）

登记证号	通用名称	商品名称	产品类别	使用范围	生产厂家	有效期限	备注
(2019) 外饲准字 514 号	全价宠物食品老年期犬粮 Pet Complete Food for Senior Dog	NPN 无谷老龄犬粮火鸡肉 & 鸭肉味 NPN GRAIN-FREE SENIOR DOG FOOD TURKEY & DUCK FLAVOUR	宠物配合饲料 Pet Compound Feed	犬 Dogs	加拿大尼亚加拉宠物营养品有限公司 Niagara Pet Nutrition Inc.，Canada	2019.12—2024.12	新办
(2019) 外饲准字 515 号	全价宠物食品老年期犬粮 Pet Complete Food for Senior Dog	NPN 无谷老龄犬粮鸡肉 & 火鸡肉味 NPN GRAIN-FREE SENIOR DOG FOOD CHICKEN & TURKEY FLAVOUR	宠物配合饲料 Pet Compound Feed	犬 Dogs	加拿大尼亚加拉宠物营养品有限公司 Niagara Pet Nutrition Inc.，Canada	2019.12—2024.12	新办
(2019) 外饲准字 516 号	全价宠物食品老年期犬粮 Pet Complete Food for Senior Dog	NPN 无谷老龄犬粮鲱鱼 & 三文鱼配方 NPN GRAIN-FREE SENIOR DOG FOOD MENHADEN & SALMON FORMULA	宠物配合饲料 Pet Compound Feed	犬 Dogs	加拿大尼亚加拉宠物营养品有限公司 Niagara Pet Nutrition Inc.，Canada	2019.12—2024.12	新办
(2019) 外饲准字 517 号	全价宠物食品老年期犬粮 Pet Complete Food for Senior Dog	NPN 无谷老龄犬粮猪肉 & 鹿肉配方 NPN GRAIN-FREE SENIOR DOG FOOD PORK & VENISON FORMULA	宠物配合饲料 Pet Compound Feed	犬 Dogs	加拿大尼亚加拉宠物营养品有限公司 Niagara Pet Nutrition Inc.，Canada	2019.12—2024.12	新办
(2019) 外饲准字 518 号	全价宠物食品成年期猫粮 Pet Complete Food for Adult Cat	NPN 无谷成猫粮三文鱼 & 鲱鱼配方 NPN GRAIN-FREE ADULT CAT FOOD SALMON & MENHADEN FORMULA	宠物配合饲料 Pet Compound Feed	猫 Cats	加拿大尼亚加拉宠物营养品有限公司 Niagara Pet Nutrition Inc.，Canada	2019.12—2024.12	新办

（续）

登记证号	通用名称	商品名称	产品类别	使用范围	生产厂家	有效期限	备注
(2019) 外饲准字 519 号	全价宠物食品老年期猫粮 Pet Complete Food for Senior Cat	NPN 无谷老龄体重控制猫粮三文鱼 & 鲱鱼配方 NPN GRAIN-FREE SENIOR CAT WEIGHT CONTROL FOOD SALMON & MENHADEN FORMULA	宠物配合饲料 Pet Compound Feed	猫 Cats	加拿大尼亚加拉宠物营养品有限公司 Niagara Pet Nutrition Inc.，Canada	2019.12—2024.12	新办
(2019) 外饲准字 520 号	全价宠物食品幼年期猫粮 Pet Compound Feed for Kitten	NPN 无谷幼猫粮三文鱼 & 鲱鱼配方 NPN GRAIN-FREE KITTEN FOOD SALMON & MENHADEN FORMULA	宠物配合饲料 Pet Compound Feed	猫 Cats	加拿大尼亚加拉宠物营养品有限公司 Niagara Pet Nutrition Inc.，Canada	2019.12—2024.12	新办
(2019) 外饲准字 521 号	全价宠物食品成年期犬粮 Pet Compound Feed for Adult Dog	NPN 无谷成犬粮猪肉 & 鹿肉配方 NPN GRAIN-FREE ADULT DOG FOOD PORK & VENISON FORMULA	宠物配合饲料 Pet Compound Feed	犬 Dogs	加拿大尼亚加拉宠物营养品有限公司 Niagara Pet Nutrition Inc.，Canada	2019.12—2024.12	新办
(2019) 外饲准字 522 号	全价宠物食品成年期犬粮 Pet Compound Feed for Adult Dog	NPN 无谷成犬粮鲱鱼 & 三文鱼配方 NPN GRAIN-FREE ADULT DOG FOOD MENHADEN & SALMON FORMULA	宠物配合饲料 Pet Compound Feed	犬 Dogs	加拿大尼亚加拉宠物营养品有限公司 Niagara Pet Nutrition Inc.，Canada	2019.12—2024.12	新办
(2019) 外饲准字 523 号	全价宠物食品幼年期犬粮 Pet Complete Food for Puppy	NPN 无谷幼犬粮鲱鱼 & 三文鱼配方 NPN GRAIN-FREE PUPPY FOOD MENHADEN & SALMON FORMULA	宠物配合饲料 Pet Compound Feed	犬 Dogs	加拿大尼亚加拉宠物营养品有限公司 Niagara Pet Nutrition Inc.，Canada	2019.12—2024.12	新办

（续）

登记证号	通用名称	商品名称	产品类别	使用范围	生产厂家	有效期限	备注
（2019）外饲准字 524 号	全价宠物食品幼年期犬粮 Pet Complete Food for Puppy	NPN 无谷幼犬粮鸡肉 & 火鸡肉味 NPN GRAIN-FREE PUPPY FOOD CHICKEN & TURKEY FLAVOUR	宠物配合饲料 Pet Compound Feed	犬 Dogs	加拿大尼亚加拉宠物营养品有限公司 Niagara Pet Nutrition Inc.，Canada	2019.12—2024.12	新办
（2019）外饲准字 525 号	全价宠物食品幼年期犬粮 Pet Complete Food for Puppy	NPN 无谷幼犬粮猪肉 & 鹿肉配方 NPN GRAIN-FREE PUPPY FOOD PORK & VENISON FORMULA	宠物配合饲料 Pet Compound Feed	犬 Dogs	加拿大尼亚加拉宠物营养品有限公司 Niagara Pet Nutrition Inc.，Canada	2019.12—2024.12	新办
（2019）外饲准字 526 号	全价宠物食品成年期犬粮 Pet Compound Feed for Adult Dog	NPN 无谷成犬粮火鸡肉 & 鸭肉味 NPN GRAIN-FREE ADULT DOG FOOD TURKEY & DUCK FLAVOUR	宠物配合饲料 Pet Compound Feed	犬 Dogs	加拿大尼亚加拉宠物营养品有限公司 Niagara Pet Nutrition Inc.，Canada	2019.12—2024.12	新办
（2019）外饲准字 527 号	全价宠物食品成年期犬粮 Pet Compound Feed for Adult Dog	NPN 无谷成犬粮鸡肉 & 火鸡肉味 NPN GRAIN-FREE ADULT DOG FOOD CHICKEN & TURKEY FLAVOUR	宠物配合饲料 Pet Compound Feed	犬 Dogs	加拿大尼亚加拉宠物营养品有限公司 Niagara Pet Nutrition Inc.，Canada	2019.12—2024.12	新办
（2019）外饲准字 528 号	全价宠物食品幼年期犬粮 Pet Complete Food for Puppy	NPN 无谷幼犬粮火鸡肉 & 鸭肉味 NPN GRAIN-FREE PUPPY FOOD TURKEY & DUCK FLAVOUR	宠物配合饲料 Pet Compound Feed	犬 Dogs	加拿大尼亚加拉宠物营养品有限公司 Niagara Pet Nutrition Inc.，Canada	2019.12—2024.12	新办

（续）

登记证号	通用名称	商品名称	产品类别	使用范围	生产厂家	有效期限	备注
(2019) 外饲准字 529 号	全价宠物食品成年期猫粮 Pet Compound Feed for Adult Cat	益之选 体重控制鸡肉配方成年期猫粮 1st Choice Cat Food-Adult-Weight Control-Chicken Formula	宠物配合饲料 Pet Compound Feed	猫 Cats	加拿大 PLB 国际公司 PLB International Inc., Canada	2019.12—2024.12	新办
(2019) 外饲准字 530 号	宠物配合饲料犬粮 Pet Compound Feed for Dogs	枫趣莱芙—犬粮—轻盈生活—全年龄阶段—全品种—含无骨鸡肉 Pronature Life-DOG FOOD-FIT-ALL LIFE STAGES-ALL BREEDS-WITH DEBONED CHICKEN	宠物配合饲料 Pet Compound Feed	犬 Dogs	加拿大 PLB 国际公司 PLB International Inc., Canada	2019.12—2024.12	新办
(2019) 外饲准字 531 号	幼年期、妊娠期、哺乳期全价猫粮 Complete Mother & Baby Cat Feed	幼年期、妊娠期、哺乳期全价猫粮 Mother & Baby cat	宠物配合饲料 Pet Compound Feed	猫 Cats	玛氏奥地利有限公司 MARS AUSTRIA OG, Austria	2019.12—2024.12	新办
(2019) 外饲准字 532 号	成年期全价猫粮 Complete Adult Cat Feed	成年期绝育呵护全价猫粮（汤汁） Sterilised (Gravy)	宠物配合饲料 Pet Compound Feed	猫 Cats	玛氏奥地利有限公司 MARS AUSTRIA OG, Austria	2019.12—2024.12	新办
(2019) 外饲准字 533 号	贵宾成年期全价犬粮 Complete Adult Poodle Feed	贵宾成年期全价犬粮 Adult Poodle	宠物配合饲料 Pet Compound Feed	犬 Dogs	玛氏奥地利有限公司 MARS AUSTRIA OG, Austria	2019.12—2024.12	新办
(2019) 外饲准字 534 号	小型犬幼年期全价犬粮 Complete Mini Puppy Feed	小型犬幼年期全价犬粮 Mini Puppy	宠物配合饲料 Pet Compound Feed	犬 Dogs	玛氏奥地利有限公司 MARS AUSTRIA OG, Austria	2019.12—2024.12	新办
(2019) 外饲准字 535 号	幼年期、妊娠期、哺乳期全价犬粮 Complete Mother & Babydog Feed	幼年期、妊娠期、哺乳期全价犬粮 Starter Mother & Babydog	宠物配合饲料 Pet Compound Feed	犬 Dogs	玛氏奥地利有限公司 MARS AUSTRIA OG, Austria	2019.12—2024.12	新办
(2019) 外饲准字 536 号	小型犬成年期全价犬粮 Complete Mini Adult Dog Feed	小型犬成年期全价犬粮 Mini Adult	宠物配合饲料 Pet Compound Feed	犬 Dogs	玛氏奥地利有限公司 MARS AUSTRIA OG, Austria	2019.12—2024.12	新办

（续）

登记证号	通用名称	商品名称	产品类别	使用范围	生产厂家	有效期限	备注
（2019）外饲准字537号	幼年期全价猫粮 Complete Kitten Feed	幼年期全价猫粮（汤汁） Kitten Instinctive (Gravy)	宠物配合饲料 Pet Compound Feed	猫 Cats	玛氏奥地利有限公司 MARS AUSTRIA OG，Austria	2019.12—2024.12	新办
（2019）外饲准字538号	成年期全价猫粮 Complete Adult Cat Feed	成年期全价猫粮（汤汁） Adult Instinctive (Gravy)	宠物配合饲料 Pet Compound Feed	猫 Cats	玛氏奥地利有限公司 MARS AUSTRIA OG，Austria	2019.12—2024.12	新办
（2019）外饲准字539号	幼年期全价猫粮 Complete Kitten Feed	幼年期全价猫粮（慕斯） Kitten Instinctive (Loaf)	宠物配合饲料 Pet Compound Feed	猫 Cats	玛氏奥地利有限公司 MARS AUSTRIA OG，Austria	2019.12—2024.12	新办
（2019）外饲准字540号	成年期全价猫粮 Complete Adult Cat Feed	成年期全价猫粮（啫喱） Adult Instinctive (Jelly)	宠物配合饲料 Pet Compound Feed	猫 Cats	玛氏奥地利有限公司 MARS AUSTRIA OG，Austria	2019.12—2024.12	新办
（2019）外饲准字541号	成年期全价猫粮 Complete Adult Cat Feed	成年期全价猫粮（慕斯） Adult Instinctive (Loaf)	宠物配合饲料 Pet Compound Feed	猫 Cats	玛氏奥地利有限公司 MARS AUSTRIA OG，Austria	2019.12—2024.12	新办
（2019）外饲准字542号	幼年期全价猫粮 Complete Kitten Feed	幼年期全价猫粮（啫喱） Kitten Instinctive (Jelly)	宠物配合饲料 Pet Compound Feed	猫 Cats	玛氏奥地利有限公司 MARS AUSTRIA OG，Austria	2019.12—2024.12	新办
（2019）外饲准字543号	成年期全价猫粮 Complete Adult Cat Feed	成年期去毛球全价猫粮 Hairball Care	宠物配合饲料 Pet Compound Feed	猫 Cats	玛氏奥地利有限公司 MARS AUSTRIA OG，Austria	2019.12—2024.12	新办
（2019）外饲准字544号	宠物配合饲料成年期犬粮 Pet Compound Feed for Adult Dogs	狗狗宝贝—高蛋白狗粮 Doggy's High Protein	宠物配合饲料 Pet Compound Feed	犬 Dogs	（黎巴嫩）哈瓦鸡肉生产有限公司 Hawa Chicken-Chicken Production & Distribution Co. S. A. L，Lebanon	2019.12—2024.12	新办
（2019）外饲准字545号	宠物配合饲料成年期猫粮 Pet Compound Feed for Adult Cats	猫咪宝贝—成年猫粮 Catty's Adult	宠物配合饲料 Pet Compound Feed	猫 Cats	（黎巴嫩）哈瓦鸡肉生产有限公司 Hawa Chicken-Chicken Production & Distribution Co. S. A. L，Lebanon	2019.12—2024.12	新办
（2019）外饲准字546号	宠物配合饲料幼年期犬粮 Pet Compound Food for Puppy	枫趣奥瑞 幼犬粮/成长期/鸡肉燕麦配方 Pronature ORIGINAL PUPPY FOOD/GROWTH/ALL BREEDS/CHICKEN WITH OATMEAL RECIPE	宠物配合饲料 Pet Compound Feed	犬 Dogs	加拿大PLB国际公司 PLB International Inc.，Canada	2019.12—2024.12	新办

（续）

登记证号	通用名称	商品名称	产品类别	使用范围	生产厂家	有效期限	备注
（2019）外饲准字 547 号	全价宠物食品大/中型犬幼年期犬粮 Pet Compound Feed for Large & Medium Junior Dog	维克维优大、中型幼犬粮 VIRBAC HPM LARGE & MEDIUM JUNIOR DOG	宠物配合饲料 Pet Compound Feed	犬 Dogs	比利时联合宠物食品公司 United Petfood Producers NV，Belgium	2019.12—2024.12	新办
（2019）外饲准字 548 号	全价宠物食品犬粮 Pet Compound Food for Dog	爱德胜全生命阶段羊肉配方犬粮 Addiction All Life Stage Le Lamb Dog	宠物配合饲料 Pet Compound Feed	犬 Dogs	（新西兰）爱德胜宠物产品有限公司 Addiction Foods NZ Ltd.，New Zealand	2019.12—2024.12	新办
（2019）外饲准字 549 号	宠物配合饲料小型犬成年期犬粮 Compound Pet Food-Small Dog Food Adult	Dog Selection 黑标小型成犬粮 Dog Selection Black Label Adults Small Breeds	宠物配合饲料 Pet Compound Feed	犬 Dogs	阿根廷 Pet Foods Saladillo S. A. 公司 Pet Foods Saladillo S. A.，Argentina	2019.12—2024.12	新办
（2019）外饲准字 550 号	全价宠物食品猫粮 Pet Complete Food for Cat	Feline Natural 冷冻干燥宠物食品牛肉 & 鳕鱼配方 Feline Natural Freeze Dried Beef & Hoki Feast	宠物配合饲料 Pet Compound Feed	猫 Cats	新西兰冻干食品有限公司 Freeze Dried Foods New Zealand Limited，New Zealand	2019.12—2024.12	新办
（2019）外饲准字 551 号	全价宠物食品成年期猫粮 Pet Compound Feed for Adult Cat	益之选 绝育鸡肉配方成年期猫粮 1st Choice Cat Food-Adult-Sterilized-Chicken Formula	宠物配合饲料 Pet Compound Feed	猫 Cats	加拿大 PLB 国际公司 PLB International Inc.，Canada	2019.12—2024.12	新办
（2019）外饲准字 552 号	全价宠物食品成年期猫粮 Pet Compound Feed for Adult Cat	益之选 泌尿健康鸡肉配方成年期猫粮 1st Choice Cat Food-Adult-Urinary Health-Chicken Formula	宠物配合饲料 Pet Compound Feed	猫 Cats	加拿大 PLB 国际公司 PLB International Inc.，Canada	2019.12—2024.12	新办

附件 2

进口饲料和饲料添加剂产品续展登记证目录（2019）

登记证号	通用名称	商品名称	产品类别	使用范围	生产厂家	有效期限	备注
（2019）外饲准字 033 号	鸡肉粉 Poultry By-product Meal	宠粮级鸡肉粉 Pet Food Grade Poultry By-product Meal	单一饲料 Single Feed	猪、家禽、水产养殖动物、宠物 Swine，Poultry，Aquaculture animals，Pets	美国皮尔格林公司西弗吉尼亚州穆尔菲尔德工厂 Pilgrim's Pride Corporation，Plant Moorefield，USA	2019.01—2024.01	续展
（2019）外饲准字 034 号	混合型饲料添加剂 布氏乳杆菌 Feed Additives Mixture *Lactobacillus buchneri*	先锋先牧® 1166 青贮接种剂 Pioneer® 1166 Silage Inoculant	混合型饲料添加剂 Feed Additives Mixture	青贮饲料 Silage	美国科汉森有限公司威斯康辛州工厂 Chr. Hansen Inc.，Plant WI，USA	2019.01—2024.01	续展
（2019）外饲准字 035 号	混合型饲料添加剂 酵母硒 Feed Additives Mixture Selenium Enriched Yeast	拉曼硒 2000 Alkosel 2000	混合型饲料添加剂 Feed Additives Mixture	养殖动物 All species or categories of animals	加拿大拉曼公司 Lallemand Inc.，Canada	2019.01—2024.01	续展
（2019）外饲准字 036 号	饲料添加剂 丙酸 Feed Additive Propionic Acid	露保细 Luprosil	饲料添加剂 Feed Additive	养殖动物 All species or categories of animals	巴斯夫欧洲公司 BASF SE，Germany	2019.01—2024.01	续展
（2019）外饲准字 037 号	混合型饲料添加剂 甘油脂肪酸酯 Feed Additives Mixture Glycerine Fatty Acid Ester	福乐酸 SR130 ProPhorce SR130	混合型饲料添加剂 Feed Additives Mixture	仔猪、鸡、犊牛 Piglets，Chickens，Calves	荷兰 Perstorp Waspik B. V. 公司 Perstorp Waspik B. V.，the Netherlands	2019.01—2024.01	续展
（2019）外饲准字 038 号	混合型饲料添加剂 百里香油 迷迭香油 Feed Additives Mixture Thyme Oil Rosemary Oil	爱洛美 AROMEX® ME	混合型饲料添加剂 Feed Additives Mixture	生长育肥猪、肉牛、奶牛 Growing-finishing swine，Beef cattle，Dairy cattle	奥地利 DELACON 生物技术公司 DELACON Biotechnik GmbH，Austria	2019.01—2024.01	续展
（2019）外饲准字 039 号	啤酒酵母粉 Yeast Powder	博赛 Brewcell	单一饲料 Single Feed	养殖动物 All species or categories of animals	巴西库塔糖业公司（UBG 工厂） Acucareira Quata，S. A.，Plant UBG，Brazil	2019.01—2024.01	续展

（续）

登记证号	通用名称	商品名称	产品类别	使用范围	生产厂家	有效期限	备注
（2019）外饲准字 040 号	啤酒酵母粉 Brewers Dried Yeast	普乐微 DEMP	单一饲料 Single Feed	肉牛、奶牛 Beef cattle，Dairy cattle	巴西奥特奇公司（São Pedro do Ivaí 工厂） Alltech do Brasil Agroindustrial Ltda.，Brazil	2019.01—2024.01	续展
（2019）外饲准字 041 号	啤酒酵母粉 Brewers Dried Yeast	普乐微 DEMP	单一饲料 Single Feed	肉牛、奶牛 Beef cattle，Dairy cattle	美国奥特奇公司 Alltech Inc.，USA	2019.01—2024.01	续展
（2019）外饲准字 042 号	鱼粉 Fishmeal	红鱼粉（三级） Red Fishmeal（Ⅲ）	单一饲料 Single Feed	畜禽、水产养殖动物 Livestock，Poultry，Aquaculture animals	缅甸海产阿擦日益产品有限公司 Marine Acary Production Co.，Ltd，Myanmar	2019.01—2024.01	续展
（2019）外饲准字 043 号	鱼粉 Fishmeal	红鱼粉（三级） Red Fishmeal（Ⅲ）	单一饲料 Single Feed	畜禽、水产养殖动物 Livestock，Poultry，Aquaculture animals	墨西哥 Sardinas de Sonora S. A. de C. V. 公司 Sardinas de Sonora S. A. de C. V.，Mexico	2019.01—2024.01	续展
（2019）外饲准字 044 号	鱼粉 Fishmeal	红鱼粉（三级） Red Fishmeal（Ⅲ）	单一饲料 Single Feed	畜禽、水产养殖动物 Livestock，Poultry，Aquaculture animals	巴基斯坦 Abideen and Company Abideen and Company，Pakistan	2019.01—2024.01	续展
（2019）外饲准字 045 号	裂壶藻粉 DHA-Rich Algae Powder	裂壶藻粉 DHA-Rich Algae Powder	单一饲料 Single Feed	畜禽、水产养殖动物 Livestock，Poultry，Aquaculture animals	台湾味丹生物科技股份有限公司埤头工厂 Vedan Biotechnology Corporation，Plant Pitou，Taiwan	2019.01—2024.01	续展
（2019）外饲准字 046 号	鸡肉粉 Poultry By-product Meal	宠粮级鸡肉粉 Pet Food Grade Poultry By-product Meal	单一饲料 Single Feed	猪、家禽、水产养殖动物、宠物 Swine，Poultry，Aquaculture animals，Pets	美国皮尔格林公司南卡莱罗纳州萨姆特工厂 Pilgrim's Pride Corporation，Plant Sumter，USA	2019.01—2024.01	续展
（2019）外饲准字 047 号	鸡肉粉 Poultry By-product Meal	宠粮级鸡肉粉 Pet Food Grade Poultry By-product Meal	单一饲料 Single Feed	猪、家禽、水产养殖动物、宠物 Swine，Poultry，Aquaculture animals，Pets	美国皮尔格林公司德克萨斯州芒特普莱森特工厂 Pilgrim's Pride Corporation，Plant Mt. Pleasant，USA	2019.01—2024.01	续展

（续）

登记证号	通用名称	商品名称	产品类别	使用范围	生产厂家	有效期限	备注
(2019) 外饲准字 048 号	鸡肉粉 Poultry By-product Meal	宠粮级鸡肉粉 Pet Food Grade Poultry By-product Meal	单一饲料 Single Feed	猪、家禽、水产养殖动物、宠物 Swine, Poultry, Aquaculture animals, Pets	美国皮尔格林公司弗吉尼亚州廷伯维尔工厂 Pilgrim's Pride Corporation, Plant Timberville, USA	2019.01—2024.01	续展
(2019) 外饲准字 049 号	猪肉骨粉 Porcine Meat and Bone Meal	猪肉骨粉 Porcine Meat and Bone Meal	单一饲料 Single Feed	猪、家禽、水产养殖动物、宠物 Swine, Poultry, Aquaculture animals, Pets	美国 JBS 有限公司明尼苏达州沃辛顿工厂 JBS USA, LLC, Plant Worthington, USA	2019.01—2024.01	续展
(2019) 外饲准字 050 号	猪肉骨粉 Porcine Meat and Bone Meal	猪肉骨粉 Porcine Meat and Bone Meal	单一饲料 Single Feed	猪、家禽、水产养殖动物、宠物 Swine, Poultry, Aquaculture animals, Pets	美国 JBS 有限公司艾奥瓦州马歇尔敦工厂 JBS USA, LLC, Plant Marshalltown, USA	2019.01—2024.01	续展
(2019) 外饲准字 051 号	混合型饲料添加剂 酸度调节剂 Feed Additives Mixture Acidity Regulators	猪宝 500 Tetracid 500	混合型饲料添加剂 Feed Additives Mixture	猪 Swine	加拿大 Jefagro 科技有限公司 Jefagro Technologies Inc., Canada	2019.01—2024.01	续展
(2019) 外饲准字 052 号	虾用微量元素预混合饲料 Trace Mineral Premix for Shrimps	虾用矿物精 Mineral Premix for Shrimp Feeds	添加剂预混合饲料 Feed Additive Premix	虾 Shrimps	台湾全兴国际水产股份有限公司桃园厂 Ye Cherng Industrial Products Co. Ltd., Tao-Yuan Factory, Taiwan	2019.01—2024.01	续展
(2019) 外饲准字 053 号	鱼用维生素预混合饲料 Vitamin Premix for Fish	鱼用维生素 Vitamin Premix for Fish Feeds	添加剂预混合饲料 Feed Additive Premix	淡水鱼 Freshwater fish	台湾全兴国际水产股份有限公司桃园厂 Ye Cherng Industrial Products Co. Ltd., Tao-Yuan Factory, Taiwan	2019.01—2024.01	续展
(2019) 外饲准字 054 号	混合型饲料添加剂 蛋白酶（产自枯草芽孢杆菌） Feed Additives Mixture Protease (Source: *Bacillus subtilis*)	杰富宝 125 PT 125	混合型饲料添加剂 Feed Additives Mixture	猪、鱼、虾、家禽 Swine, Fish, Shrimps, Poultry	加拿大集富动物营养公司 Jefo Nutrition Inc., Canada	2019.01—2024.01	续展

（续）

登记证号	通用名称	商品名称	产品类别	使用范围	生产厂家	有效期限	备注
(2019) 外饲准字 055 号	混合型饲料添加剂 吡啶甲酸铬 Feed Additives Mixture Chromium Tripicolinate	铬精 0.2% Chromium Picolean	混合型饲料添加剂 Feed Additives Mixture	猪 Swine	意大利阿卡公司 Prodotti Arca S. r. l. , Italy	2019.01—2024.01	续展
(2019) 外饲准字 077 号	虾苗配合饲料 Shrimp Larva Compound feed	八虾牌草虾虾片—虾苗饲料 Eight Shrimp Shrimp Flake for Tiger Prawn-Shrimp Larve Feed	配合饲料 Compound Feed	虾苗 Shrimp Larvae	台湾绿奇国际企业有限公司 Richen International Enterprise Co. , Ltd.	2019.03—2024.03	续展
(2019) 外饲准字 078 号	鱼油 Fish Oil	鱼油（饲料级） Fish Oil (Feed Grade)	单一饲料 Single Feed	畜禽、水产养殖动物 Livestock, Poultry, Aquaculture animals	墨西哥 Sardinas de Sonora S. A. de C. V. ，公司 Sardinas de Sonora S. A. de C. V. , Mexico	2019.03—2024.03	续展
(2019) 外饲准字 079 号	双低菜籽粕 Double Low Canola Meal	双低菜籽粕 Double Low Canola Meal	单一饲料 Single Feed	猪、家禽、牛、水产养殖动物 Swine, Poultry, Cattle, Aquaculture animals	加拿大理查森油籽有限公司 Yorkton 工厂 Richardson Oilseed Ltd. , Yorkton Plant, Canada	2019.03—2024.03	续展
(2019) 外饲准字 080 号	双低菜籽粕 Double Low Canola Meal	双低菜籽粕 Double Low Canola Meal	单一饲料 Single Feed	猪、家禽、牛、水产养殖动物 Swine, Poultry, Cattle, Aquaculture animals	加拿大理查森油籽有限公司 Lethbridge 工厂 Richardson Oilseed Ltd. , Lethbridge Plant, Canada	2019.03—2024.03	续展
(2019) 外饲准字 120 号	饲料添加剂 dl-α-生育酚乙酸酯 Feed Additive dl-α-Tocopheryl Acetate	生育酚乙酸酯 Tocopheryl Acetate Technical Grade	饲料添加剂 Feed Additive	养殖动物 All species or categories of animals	瑞士帝斯曼营养产品有限公司 DSM Nutritional Products AG, Switzerland	2019.04—2024.04	续展
(2019) 外饲准字 121 号	饲料添加剂 丙酸 Feed Additive Propionic Acid	丙酸，FCC 级别 Propionic Acid, FCC Grade	饲料添加剂 Feed Additive	养殖动物 All species or categories of animals	美国陶氏化学公司下属联合碳化物公司 Union Carbide Corporation, A Wholly Owned Subsidiary of the Dow Chemical Company, USA	2019.04—2024.04	续展

（续）

登记证号	通用名称	商品名称	产品类别	使用范围	生产厂家	有效期限	备注
（2019）外饲准字 122 号	饲料添加剂 DL-蛋氨酸 Feed Additive DL-Methionine	饲料级 DL-蛋氨酸 DL-Methionine Feed Grade	饲料添加剂 Feed Additive	养殖动物 All species or categories of animals	德国赢创德固赛有限公司韦塞林格工厂 Evonik Degussa GmbH，Wesseling plant，Germany	2019. 04—2024. 04	续展
（2019）外饲准字 123 号	饲料添加剂 木质素磺酸盐 Feed Additive Lignosulphonate	木质素磺酸钙 LignoBond DD	饲料添加剂 Feed Additive	养殖动物 All species or categories of animals	挪威鲍利葛工业有限公司 Borregaard AS，Norway	2019. 04—2024. 04	续展
（2019）外饲准字 124 号	混合型饲料添加剂 抗氧化剂 Feed Additives Mixture Antioxidants	纽埃特 PG 抗氧化剂 OXY-NIL PG Dry	混合型饲料添加剂 Feed Additives Mixture	养殖动物 All species or categories of animals	比利时纽埃特国际营养公司 Beveren-Waas 工厂 NUTRI-AD International N. V.，Plant in Waas，Belgium	2019. 04—2024. 04	续展
（2019）外饲准字 125 号	混合型饲料添加剂 枯草芽孢杆菌 Feed Additives Mixture *Bacillus subtilis*	博菲奇 eXolution	混合型饲料添加剂 Feed Additives Mixture	猪，家禽 Swine，Poultry	韩国西梯茜公司 CTCBIO INC.，Korea	2019. 04—2024. 04	续展
（2019）外饲准字 126 号	混合型饲料添加剂 布氏乳杆菌 Feed Additives Mixture *Lactobacillus buchneri*	福来适 LALSIL® Fresh	混合型饲料添加剂 Feed Additives Mixture	青贮饲料 Silage	法国拉曼股份公司 Lallemand S. A. S.，France	2019. 04—2024. 04	续展
（2019）外饲准字 127 号	混合型饲料添加剂 尿素 Feed Additives Mixture Urea	奥优金 TMⅡ OPTIGENTM Ⅱ	混合型饲料添加剂 Feed Additives Mixture	牛 Cattle	美国奥特奇公司 Alltech Inc.，USA	2019. 04—2024. 04	续展
（2019）外饲准字 128 号	混合型饲料添加剂 DL-蛋氨酸 L-赖氨酸盐酸盐 Feed Additives Mixture DL-Methionine L-Lysine Hydrochloride	乳倍佳 METIOLIS 10 30	混合型饲料添加剂 Feed Additives Mixture	牛 Cattle	意大利优赐大药厂 Industria Italiana Integratori Trei S. P. A.，Italy	2019. 04—2024. 04	续展
（2019）外饲准字 129 号	混合型饲料添加剂 微生物 Feed Additives Mixture Live Microorganisms	肥利宝 FAT-LI-POWER	混合型饲料添加剂 Feed Additives Mixture	畜禽、水产养殖动物 Livestock，Poultry，Aquaculture animals	台湾博尧生物科技股份有限公司 Bioyo Biotech Co.，Ltd.	2019. 04—2024. 04	续展

（续）

登记证号	通用名称	商品名称	产品类别	使用范围	生产厂家	有效期限	备注
（2019）外饲准字 130 号	混合型饲料添加剂 维生素 氨基酸 矿物元素 Feed Additives Mixture Vitamins Amino Acids Minerals	爱固壮 Arcavit WP	混合型饲料添加剂 Feed Additives Mixture	养殖动物 All species or categories of animals	意大利阿卡公司 Prodotti Arca S. r. l. , Italy	2019.04—2024.04	续展
（2019）外饲准字 131 号	混合型饲料添加剂 维生素 氨基酸 矿物元素 Feed Additives Mixture Vitamins Amino Acids Minerals	爱金维 Arcavit L Forte	混合型饲料添加剂 Feed Additives Mixture	养殖动物 All species or categories of animals	意大利阿卡公司 Prodotti Arca S. r. l. , Italy	2019.04—2024.04	续展
（2019）外饲准字 132 号	混合型饲料添加剂 维生素 氨基酸 Feed Additives Mixture Vitamins Amino Acids	爱胺补 Arcavit Amino	混合型饲料添加剂 Feed Additives Mixture	养殖动物 All species or categories of animals	意大利阿卡公司 Prodotti Arca S. r. l. , Italy	2019.04—2024.04	续展
（2019）外饲准字 133 号	鱼配合饲料 Fish Compound Feed	新爱鱼仔 鱼宝（鱼饲料） New Love Larva Yu Bao	配合饲料 Compound Feed	鱼 Fish	日本林兼产业株式会社饲料事业部长府工厂 Hayashikane Sangyo Co. , Ltd. , Feed Business Division, Chofu Plant, Japan	2019.04—2024.04	续展
（2019）外饲准字 134 号	鱼配合饲料 Fish Compound Feed	新大海鱼耀（鱼饲料） New Marine Yu Yao	配合饲料 Compound Feed	鱼 Fish	日本林兼产业株式会社饲料事业部长府工厂 Hayashikane Sangyo Co. , Ltd. , Feed Business Division, Chofu Plant, Japan	2019.04—2024.04	续展
（2019）外饲准字 135 号	酿酒酵母细胞壁 Yeast Cell Wall	爱特蒙 Active MOS	单一饲料 Single Feed	养殖动物 All species or categories of animals	巴西库塔糖业公司 Acucareira Quata, S. A. , Brazil	2019.04—2024.04	续展
（2019）外饲准字 136 号	鱼粉 Fishmeal	秘鲁蒸汽干燥鱼粉（三级） Peruvian Steam Dried Fishmeal (Ⅲ)	单一饲料 Single Feed	畜禽、水产养殖动物 Livestock, Poultry, Aquaculture animals	秘鲁 Tecnologica De Alimentos S. A. 公司 Supe 工厂 Tecnologica De Alimentos S. A. , Supe Plant, Peru	2019.04—2024.04	续展

（续）

登记证号	通用名称	商品名称	产品类别	使用范围	生产厂家	有效期限	备注
(2019) 外饲准字 137 号	鱼粉 Fishmeal	秘鲁蒸汽干燥鱼粉（三级）Peruvian Steam Dried Fishmeal (Ⅲ)	单一饲料 Single Feed	畜禽、水产养殖动物 Livestock, Poultry, Aquaculture animals	秘鲁 Tecnologica De Alimentos S. A. 公司 Paracas 工厂 Tecnologica De Alimentos S. A., Paracas Plant, Peru	2019.04—2024.04	续展
(2019) 外饲准字 138 号	鱼粉 Fishmeal	秘鲁蒸汽干燥鱼粉（三级）Peruvian Steam Dried Fishmeal (Ⅲ)	单一饲料 Single Feed	畜禽、水产养殖动物 Livestock, Poultry, Aquaculture animals	秘鲁 Tecnologica De Alimentos S. A. 公司 Samanco 工厂 Tecnologica De Alimentos S. A., Samanco Plant, Peru	2019.04—2024.04	续展
(2019) 外饲准字 139 号	鱼粉 Fishmeal	秘鲁蒸汽干燥鱼粉（三级）Peruvian Steam Dried Fishmeal (Ⅲ)	单一饲料 Single Feed	畜禽、水产养殖动物 Livestock, Poultry, Aquaculture animals	秘鲁 Tecnologica De Alimentos S. A. 公司 Callao 工厂 Tecnologica De Alimentos S. A., Callao Plant, Peru	2019.04—2024.04	续展
(2019) 外饲准字 140 号	鱼粉 Fishmeal	秘鲁蒸汽干燥鱼粉（三级）Peruvian Steam Dried Fishmeal (Ⅲ)	单一饲料 Single Feed	畜禽、水产养殖动物 Livestock, Poultry, Aquaculture animals	秘鲁 Tecnologica De Alimentos S. A. 公司 Razuri 工厂 Tecnologica De Alimentos S. A., Razuri Plant, Peru	2019.04—2024.04	续展
(2019) 外饲准字 141 号	鱼粉 Fishmeal	秘鲁蒸汽干燥鱼粉（三级）Peruvian Steam Dried Fishmeal (Ⅲ)	单一饲料 Single Feed	畜禽、水产养殖动物 Livestock, Poultry, Aquaculture animals	秘鲁 Tecnologica De Alimentos S. A. 公司 Pisco 工厂 Tecnologica De Alimentos S. A., Pisco Plant, Peru	2019.04—2024.04	续展
(2019) 外饲准字 142 号	白鱼粉 White Fishmeal	白鱼粉（三级）White Fishmeal (Ⅲ)	单一饲料 Single Feed	畜禽、水产养殖动物 Livestock, Poultry, Aquaculture animals	阿根廷 Agustiner 公司 Agustiner S. A., Argentina	2019.04—2024.04	续展
(2019) 外饲准字 143 号	菜籽粕 Canola meal	菜籽粕（加拿大菜籽）Canola Meal (Canadian seeds)	单一饲料 Single Feed	养殖动物 All species or categories of animals	阿拉伯联合酋长国古赖尔集团—油蛋白资源有限责任公司 Al Ghurair Resources-Oils & Proteins LLC, United Arab Emirates	2019.04—2024.04	续展

（续）

登记证号	通用名称	商品名称	产品类别	使用范围	生产厂家	有效期限	备注
(2019) 外饲准字 081 号	磷虾粉 Krill Meal	磷虾粉 Krill Meal	单一饲料 Single Feed	畜禽、水产养殖动物 Livestock, Poultry, Aquaculture animals	挪威 Aker 生物海产南极公司（工船加工，工船名 Antarctic Sea，工船号 N-75-VV） Aker BioMarine Antarctic AS.，(Produced on Board at Vessel Antarctic Sea, Official No. N-75-VV)，Norway	2019.03—2024.03	续展
(2019) 外饲准字 082 号	鱼粉 Fishmeal	红鱼粉（三级） Red Fishmeal (Ⅲ)	单一饲料 Single Feed	畜禽、水产养殖动物 Livestock, Poultry, Aquaculture animals	马来西亚祥丰鱼粉厂有限公司 TANGAWIRA SDN. BHD.，Malaysia	2019.03—2024.03	续展
(2019) 外饲准字 083 号	高温高压水解羽毛粉 Hydrolyzed Chicken Feather Meal	羽毛粉 Feather Meal	单一饲料 Single Feed	猪、家禽、水产养殖动物、宠物 Swine, Poultry, Aquaculture animals，Pets	美国泰森食品公司 Tyson Foods, Inc.，USA	2019.03—2024.03	续展
(2019) 外饲准字 178 号	仔猪复合预混合饲料 Premix for Piglets	荣都 MEGA40 Produmix MEGA40	添加剂预混合饲料 Feed Additive Premix	仔猪 Piglets	西班牙 Produmix S. A. 公司 Produmix S. A.，Spain	2019.07—2024.07	续展
(2019) 外饲准字 179 号	混合型饲料添加剂 酶制剂 Feed Additives Mixture Enzymes	恩多美 ENDO-POWER Beta	混合型饲料添加剂 Feed Additives Mixture	猪、家禽、水产养殖动物 Swine, Poultry, Aquaculture animals	韩国 EASY BIO 公司 EASY BIO Inc.，Korea	2019.07—2024.07	续展
(2019) 外饲准字 180 号	混合型饲料添加剂 香味物质 Feed Additives Mixture Flavouring Substances	潘食乐 XTRACT® instant, code X60-6936	混合型饲料添加剂 Feed Additives Mixture	养殖动物 All species or categories of animals	瑞士潘可士玛公司 Pancosma S. A.，Switzerland	2019.07—2024.07	续展
(2019) 外饲准字 181 号	混合型饲料添加剂 氯化钠 Feed Additives Mixture Sodium Chloride	欧迪美 素贝斯 603 Optimizor® Veggie Base 603	混合型饲料添加剂 Feed Additives Mixture	宠物 Pets	美国 AFB International 公司 AFB International, USA	2019.07—2024.07	续展
(2019) 外饲准字 182 号	混合型饲料添加剂 防霉剂 Feed Additives Mixture Preservatives	贝斯特 Baler's Choice	混合型饲料添加剂 Feed Additives Mixture	养殖动物 All species or categories of animals	（美国）汉威斯特股份公司 Harvest Tec, Inc.，USA	2019.07—2024.07	续展

（续）

登记证号	通用名称	商品名称	产品类别	使用范围	生产厂家	有效期限	备注
(2019) 外饲准字 183 号	混合型饲料添加剂 调味和诱食物质 Feed Additives Mixture Flavouring and Appetising Substances	百奥壮 510 BIOSTRONG® 510	混合型饲料添加剂 Feed Additives Mixture	家禽 Poultry	奥地利 DELACON 生物技术公司 Delacon Biotechnik GmbH，Austria	2019.07—2024.07	续展
(2019) 外饲准字 184 号	混合型饲料添加剂 轻质碳酸钙 Feed Additives Mixture Calcium Carbonate	奥奶净 OmniGen-AF®	混合型饲料添加剂 Feed Additives Mixture	奶牛 Cow	美国王子农产品公司 Prince Agri Products Inc.，USA	2019.07—2024.07	续展
(2019) 外饲准字 185 号	鱼粉 Fishmeal	秘鲁蒸汽干燥鱼粉（三级） Peruvian Steam Dried Fishmeal（Ⅲ）	单一饲料 Single Feed	畜禽、水产养殖动物 Livestock，Poultry，Aquaculture animals	秘鲁 Pesquera Centinela S. A. C. 公司 Chimbote 工厂 Pesquera Centinela S. A. C.， Plant Chimbote，Peru	2019.07—2024.07	续展
(2019) 外饲准字 186 号	鱼粉 Fishmeal	红鱼粉（三级） Red Fishmeal (gradeⅢ)	单一饲料 Single Feed	畜禽、水产养殖动物 Livestock，Poultry，Aquaculture animals	毛里塔尼亚 ATYFEN 公司 ATYFEN SARL，Mauritania	2019.07—2024.07	续展
(2019) 外饲准字 187 号	鱼粉 Fishmeal	红鱼粉（三级） Red Fishmeal (Grade Ⅲ)	单一饲料 Single Feed	畜禽、水产养殖动物 Livestock，Poultry，Aquaculture animals	巴基斯坦 M. A. 蛋白质公司 M. A. Proteins，Pakistan	2019.07—2024.07	续展
(2019) 外饲准字 188 号	鱼粉 Fishmeal	红鱼粉（三级） Red Fishmeal (grade Ⅲ)	单一饲料 Single Feed	畜禽、水产养殖动物 Livestock，Poultry，Aquaculture animals	泰国 Anusorn Mahachai Surimi 有限公司 Anusorn Mahachai Surimi Company Limited，Thailand	2019.07—2024.07	续展
(2019) 外饲准字 189 号	鱼粉 Fishmeal	红鱼粉（三级） Red Fishmeal (grade Ⅲ)	单一饲料 Single Feed	畜禽、水产养殖动物 Livestock，Poultry，Aquaculture animals	印度 BAWA 鱼粉鱼油公司 Bawa Fishmeal & Oil Co.，India	2019.07—2024.07	续展

（续）

登记证号	通用名称	商品名称	产品类别	使用范围	生产厂家	有效期限	备注
(2019) 外饲准字 190 号	鱼油 Fish Oil	鱼油 Fish Oil	单一饲料 Single Feed	畜禽、水产养殖动物 Livestock, Poultry, Aquaculture animals	越南旅游投资和水产发展股份公司 Travel Investment and Seafood Development Corporation, Vietnam	2019.07—2024.07	续展
(2019) 外饲准字 191 号	混合型饲料添加剂 天然类固醇萨洒皂角苷（源自丝兰） Feed Additives Mixture YUCCA (Yucca Schidigera Extract)	丝兰宝（液体） BIOLIQUID 3000	混合型饲料添加剂 Feed Additives Mixture	鸡、牛、猪 Chicken, Cattle, Swine	墨西哥 Baja Agro International, S. A. de C. V. 公司 Baja Agro International, S. A. de C. V., Mexico	2019.07—2024.07	续展
(2019) 外饲准字 192 号	混合型饲料添加剂 聚氧乙烯 20 山梨醇酐单油酸酯 单硬脂酸甘油酯 Feed Additives Mixture Polyoxyethylene (20) Sorbitan Mono-oleate Glyceryl Monosterate	艾多乳 Aldosperse O—20 KFG	混合型饲料添加剂 Feed Additives Mixture	猪、鸡、水产养殖动物、宠物 Swine, Chicken, Aquaculture animals, Pets	美国龙沙有限公司 Lonza Inc., USA	2019.07—2024.07	续展
(2019) 外饲准字 193 号	饲料添加剂 L-赖氨酸盐酸盐 Feed Additive L-Lysine Monohydrochloride	L-赖氨酸盐酸盐 98.5%（饲料级） L-Lysine Monohydrochloride 98.5% Feed Grade	饲料添加剂 Feed Additive	猪、家禽、鱼 Swine, Poultry, Fish	美国 ADM BIO PRODUCTS 公司 ADM BIO PRODUCTS, USA	2019.07—2024.07	续展
(2019) 外饲准字 194 号	混合型饲料添加剂 布氏乳杆菌 Feed Additives Mixture *Lactobacillus buchneri*	拉曼优贮® Fresh HC LALSIL® Fresh HC	混合型饲料添加剂 Feed Additives Mixture	青贮饲料 Silage	（美国）拉曼特种益生菌公司 Lallemand Specialties, Inc., USA	2019.07—2024.07	续展
(2019) 外饲准字 195 号	饲料添加剂 酵母硒 Feed Additive Selenium Yeast Complex	拉曼硒®3000 Alkosel® 3000	饲料添加剂 Feed Additive	养殖动物 All species or categories of animals	加拿大拉曼公司 Lallemand Inc., Canada	2019.07—2024.07	续展
(2019) 外饲准字 196 号	饲料添加剂 L-抗坏血酸-2-磷酸酯 Feed Additive L-Ascorbyl-2-Phosphate	罗维素 安定-C 35 Rovimix® Stay-C35	饲料添加剂 Feed Additive	养殖动物 All species or categories of animals	帝斯曼营养产品法国有限公司 DSM Nutritional Products France SAS, France	2019.07—2024.07	续展

（续）

登记证号	通用名称	商品名称	产品类别	使用范围	生产厂家	有效期限	备注
(2019) 外饲准字 197 号	饲料添加剂 β-葡聚糖酶（产自棘孢曲霉） Feed Additive β-Glucanase (Source: *Aspergillus aculeatus*)	乐多仙®VP（包被颗粒） RONOZYME® VP (CT)	饲料添加剂 Feed Additive	育肥鸡、仔猪 Fattening chicken, Piglets	丹麦诺维信公司 Novozymes A/S, Denmark	2019.07—2024.07	续展
(2019) 外饲准字 198 号	混合型饲料添加剂 调味和诱食物质 Feed Additives Mixture Flavouring and Appetising Substances	肥速达 FRESTA® F	混合型饲料添加剂 Feed Additives Mixture	猪、犊牛、羊、兔、马 Swine, Calf, Sheep, Rabbits, Horses	奥地利 DELACON 生物技术公司 Delacon Biotechnik GmbH, Austria	2019.07—2024.07	续展
(2019) 外饲准字 199 号	混合型饲料添加剂 枯草芽孢杆菌 酿酒酵母 Feed Additives Mixture *Bacillus subtilis Saccharomyces cerevisiae*	牧哥益佰 Digesta-10	混合型饲料添加剂 Feed Additives Mixture	猪、禽、牛、鱼 Swine, Poultry, Cattle, Fish	韩国 Eunjin 国际生物技术株式会社 Eunjin International Biotechnology Co., Ltd., Korea	2019.07—2024.07	续展
(2019) 外饲准字 200 号	混合型饲料添加剂 酸度调节剂 维生素 Feed Additives Mixture Acidity Regulators Vitamins	利多康 LIPTOCITRO GROWTH PLUS	混合型饲料添加剂 Feed Additives Mixture	鱼、虾 Fish, Shrimp	西班牙利多赛 LIPIDOS TOLEDO, S. A., Spain	2019.07—2024.07	续展
(2019) 外饲准字 201 号	混合型饲料添加剂 尿素 Feed Additives Mixture Urea	奥迈乐 OPTIMASE	混合型饲料添加剂 Feed Additives Mixture	牛 Cattle	美国奥特奇公司 Alltech Inc., USA	2019.07—2024.07	续展
(2019) 外饲准字 202 号	仔猪复合预混合饲料 Premix for Piglets	荣都 ST-10 Produmix ST-10	添加剂预混合饲料 Feed Additive Premix	仔猪 Piglets	西班牙 Produmix S. A. 公司 Produmix S. A., Spain	2019.07—2024.07	续展
(2019) 外饲准字 243 号	饲料添加剂 蛋氨酸羟基类似物钙盐 Feed Additive Methionine Hydroxy Analogue Calcium	艾全美 MHA	饲料添加剂 Feed Additive	猪、鸡、牛、水产养殖动物 Swine, Chickens, Cattle, Aquaculture animals	诺伟司国际公司 Novus International, Inc., USA	2019.08—2024.08	续展
(2019) 外饲准字 244 号	混合型饲料添加剂 氯化铵 Feed Additives Mixture Ammonium Chloride	安奶宝 Anion Booster	混合型饲料添加剂 Feed Additives Mixture	奶牛 Cows	美国斯图尔企业有限责任公司 Stuhr Enterprises, LLC., USA	2019.08—2024.08	续展

（续）

登记证号	通用名称	商品名称	产品类别	使用范围	生产厂家	有效期限	备注
(2019) 外饲准字 245 号	含可溶物的玉米干酒糟 Dried Distillers Grains with Solubles (DDGS)	大河资源格瓦 DDGS Big River Resources Galva DDGS	单一饲料 Single Feed	猪、家禽、牛 Swine, Poultry, Cattle	美国大河资源格瓦有限公司 Big River Resources Galva, LLC, USA	2019.08—2024.08	续展
(2019) 外饲准字 246 号	混合型饲料添加剂 维生素 矿物元素 酸度调节剂 Feed Additives Mixture Vitamins Minerals Acidity Regulators	赐益强 Nopstress	混合型饲料添加剂 Feed Additives Mixture	猪、家禽 Swine, Poultry	新加坡大祥资源有限公司 Diasham Resources Pte. Ltd., Singapore	2019.08—2024.08	续展
(2019) 外饲准字 247 号	饲料添加剂 DL-蛋氨酸 Feed Additive DL-Methionine	饲料级 DL-蛋氨酸 DL-Methionine Feed Grade	饲料添加剂 Feed Additive	养殖动物 All species or categories of animals	美国赢创股份公司 Evonik Corporation, USA	2019.08—2024.08	续展
(2019) 外饲准字 248 号	饲料添加剂 酿酒酵母 Feed Additive *Saccharomyces cerevisiae*	益生酵母（浓缩物） YEA-SACC Concentrate	饲料添加剂 Feed Additive	养殖动物 All species or categories of animals	美国奥特奇公司 Alltech Inc., USA	2019.08—2024.08	续展
(2019) 外饲准字 249 号	饲料添加剂 天然类固醇萨洒皂角苷（源自丝兰） Feed Additive YUCCA (Yucca Schidigera Extract)	除臭灵 De-Odorase	饲料添加剂 Feed Additive	养殖动物 All species or categories of animals	美国奥特奇公司 Alltech Inc., USA	2019.08—2024.08	续展
(2019) 外饲准字 250 号	混合型饲料添加剂 维生素 B_2 Feed Additives Mixture Vitamin B_2	罗维素® B_2 80-SD ROVIMIX® B_2 80-SD	混合型饲料添加剂 Feed Additives Mixture	养殖动物 All species or categories of animals	帝斯曼营养产品德国有限公司 DSM Nutritional Products GmbH, Germany	2019.08—2024.08	续展
(2019) 外饲准字 251 号	混合型饲料添加剂 叶酸 Feed Additives Mixture Folic Acid	罗维素®叶酸 80 SD ROVIMIX® Folic 80 SD	混合型饲料添加剂 Feed Additives Mixture	养殖动物 All species or categories of animals	帝斯曼营养产品法国有限公司 DSM Nutritional Products France SAS, France	2019.08—2024.08	续展

（续）

登记证号	通用名称	商品名称	产品类别	使用范围	生产厂家	有效期限	备注
(2019) 外饲准字 252 号	鱼油 Fish Oil	双马鱼油（二级） Double Horse Fish Oil (Ⅱ)	单一饲料 Single Feed	畜禽、水产养殖动物（反刍动物除外） Livestock, Poultry, Aquaculture animals (Not including ruminant)	越南禾瑞康水产物料加工有限公司 Honoroad Vietnam Aquatic Feed Ingredient Processing Co., Ltd., Vietnam	2019.08—2024.08	续展
(2019) 外饲准字 253 号	鱼粉 Fishmeal	墨西哥红鱼粉（三级） Mexican Red Fishmeal (Ⅲ) 单一饲料 Single Feed		畜禽、水产养殖动物（反刍动物除外） Livestock, Poultry, Aquaculture animals (Not including ruminant)	墨西哥 Pacifico Industrial S.A. de C.V. 公司 Pacifico Industrial S.A. de C.V., Mexico	2019.08—2024.08	续展
(2019) 外饲准字 254 号	混合型饲料添加剂 香味物质 Feed Additives Mixture Flavouring Substances	普乐新吉吉 Intella Fit (cc)	混合型饲料添加剂 Feed Additives Mixture	家禽 Poultry	法国普乐维美公司 PROVIMI France, France	2019.08—2024.08	续展
(2019) 外饲准字 255 号	混合型饲料添加剂 低聚壳聚糖 Feed Additives Mixture Low-molecular-weight Chitosan	福德安 Bestfude	混合型饲料添加剂 Feed Additives Mixture	家禽、猪、水产养殖动物 Poultry, Swine, Aquaculture animals	中国派斯德股份有限公司 China Bestar Laboratories Ltd.	2019.08—2024.08	续展
(2019) 外饲准字 256 号	鱼粉 Fishmeal	红鱼粉（二级至三级） Red Fishmeal (Grade Ⅱ to Ⅲ) 单一饲料 Single Feed		畜禽、水产养殖动物（反刍动物除外） Livestock, Poultry, Aquaculture animals (Not including ruminant)	毛里塔尼亚非墨尔有限公司 Fimol Sarl Co., Ltd., Mauritania	2019.08—2024.08	续展
(2019) 外饲准字 257 号	饲料添加剂 蛋白铁 Feed Additive Iron Proteinate	企利蛋白铁 Keylated Iron Proteinate	饲料添加剂 Feed Additive	养殖动物（反刍动物除外） All species or categories of animals (Not including ruminant)	美国百尔康公司（盐湖城工厂） Balchem Corporation, USA	2019.08—2024.08	续展

（续）

登记证号	通用名称	商品名称	产品类别	使用范围	生产厂家	有效期限	备注
(2019) 外饲准字 258 号	饲料添加剂 蛋白锌 Feed Additive Zinc Proteinate	企利蛋白锌 Keylated Zinc Proteinate	饲料添加剂 Feed Additive	养殖动物（反刍动物除外） All species or categories of animals（Not including ruminant）	美国百尔康公司（盐湖城工厂） Balchem Corporation，USA	2019.08—2024.08	续展
(2019) 外饲准字 259 号	混合型饲料添加剂 甜味物质 Feed Additives Mixture Sweetening Substances	特佳甜 Optisweet® T	混合型饲料添加剂 Feed Additives Mixture	仔猪 Piglets	英国纽埃特有限公司 Nutriad Ltd.，UK	2019.08—2024.08	续展
(2019) 外饲准字 260 号	混合型饲料添加剂 矿物元素 酸度调节剂 Feed Additives Mixture Minerals Acidity Regulators	百喷® Spray-Vac	混合型饲料添加剂 Feed Additives Mixture	猪、家禽 Swine，Poultry	美国动物科学产品公司 Animal Science Products，Inc.，USA	2019.08—2024.08	续展
(2019) 外饲准字 261 号	混合型饲料添加剂 矿物元素 氨基酸酸度调节剂 Feed Additives Mixture Minerals Amino Acids Acidity Regulators	百潘加® VAC-PAC	混合型饲料添加剂 Feed Additives Mixture	猪、家禽 Swine，Poultry	美国动物科学产品公司 Animal Science Products，Inc.，USA	2019.08—2024.08	续展
(2019) 外饲准字 262 号	饲料添加剂 dl-α-生育酚乙酸酯 Feed Additive dl-α-Tocopherol Acetate	维生素 E 醋酸酯油剂 Vitamin E Acetate Oily Feed	饲料添加剂 Feed Additive	养殖动物 All species or categories of animals	巴斯夫欧洲公司 BASF SE，Germany	2019.08—2024.08	续展
(2019) 外饲准字 263 号	饲料添加剂 D-泛酸钙 Feed Additive D-Calcium Pantothenate	罗维素®泛酸钙 Rovimix® Calpan	饲料添加剂 Feed Additive	养殖动物 All species or categories of animals	帝斯曼营养产品（英国）有限公司 DSM Nutritional Products（UK）Ltd.，UK	2019.08—2024.08	续展
(2019) 外饲准字 264 号	鸡猪用复合预混合饲料 Premix for Chickens and Swine	威力宝 POWELBONE	添加剂预混合饲料 Feed Additive Premix	鸡、猪 Chickens，Swine	台湾汇轩股份有限公司 Kanvergen Inc.	2019.08—2024.08	续展

（续）

登记证号	通用名称	商品名称	产品类别	使用范围	生产厂家	有效期限	备注
（2019）外饲准字 265 号	混合型饲料添加剂 甜味物质 Feed Additives Mixture Sweetening Substances	甜味素 Sugarcap	混合型饲料添加剂 Feed Additives Mixture	仔猪 Piglets	西班牙埃特亚公司 Industrial Técnica Pecuaria, S. A., Spain	2019.08—2024.08	续展
（2019）外饲准字 266 号	混合型饲料添加剂 酸度调节剂 矿物元素 Feed Additives Mixture Acidity Regulators Minerals	活力健 BESTLYTES	混合型饲料添加剂 Feed Additives Mixture	鸡 Chickens	中国派斯德股份有限公司 China Bestar Laboratories Ltd.	2019.08—2024.08	续展
（2019）外饲准字 267 号	混合型饲料添加剂 防腐剂 丙二醇 Feed Additives Mixture Preservatives Propylene Glycol	康富鲜全混日粮防腐剂 KOFA® TMR	混合型饲料添加剂 Feed Additives Mixture	养殖动物 All species or categories of animals	德国爱德康欧洲有限公司 ADDCON Europe GmbH, Germany	2019.08—2024.08	续展
（2019）外饲准字 268 号	混合型饲料添加剂 防腐剂 Feed Additives Mixture Preservatives	康富鲜谷物防腐剂-pH 5- KOFA® Grain-pH 5-	混合型饲料添加剂 Feed Additives Mixture	养殖动物 All species or categories of animals	德国爱德康欧洲有限公司 ADDCON Europe GmbH, Germany	2019.08—2024.08	续展
（2019）外饲准字 269 号	鸡肉粉 Chicken By-Product Meal	鸡肉粉 Chicken By-Product Meal	单一饲料 Single Feed	养殖动物（反刍动物除外） All species or categories of animals (Not including ruminant)	美国泰森食品公司斯克兰顿工厂 Tyson Foods, Inc., Plant Scranton, USA	2019.08—2024.08	续展
（2019）外饲准字 270 号	鸡肉粉 Chicken By-Product Meal	鸡肉粉 Chicken By-Product Meal	单一饲料 Single Feed	养殖动物（反刍动物除外） All species or categories of animals (Not including ruminant)	美国泰森食品公司德克萨肯纳工厂 Tyson Foods, Inc., Plant Texarkana, USA	2019.08—2024.08	续展
（2019）外饲准字 271 号	混合型饲料添加剂 可食用脂肪酸单/双甘油酯 Feed Additives Mixture Mono-/diglycerides of Edible Fatty Acids	斯福（液体） Lacto-Butyrin Liquid	混合型饲料添加剂 Feed Additives Mixture	养殖动物 All species or categories of animals	意大利 SILO 公司 SILO SpA, Italy	2019.08—2024.08	续展

（续）

登记证号	通用名称	商品名称	产品类别	使用范围	生产厂家	有效期限	备注
(2019) 外饲准字 272 号	鱼配合饲料 Fish Compound Feed	日清鱼饲料（EP2） OTOHIME（EP2）	配合饲料 Compound Feed	鱼 Fish	日本日清丸红饲料株式会社知多工厂 Marubeni Nisshin Feed Co., Ltd., Chita Feed Mill, Japan	2019.08—2024.08	续展
(2019) 外饲准字 273 号	鱼配合饲料 Fish Compound Feed	日清鱼饲料（EP8，EP10） OTOHIME（EP8，EP10）	配合饲料 Compound Feed	鱼 Fish	日本日清丸红饲料株式会社知多工厂 Marubeni Nisshin Feed Co., Ltd., Chita Feed Mill, Japan	2019.08—2024.08	续展
(2019) 外饲准字 274 号	鱼配合饲料 Fish Compound Feed	日清鱼饲料（EP3） OTOHIME（EP3）	配合饲料 Compound Feed	鱼 Fish	日本日清丸红饲料株式会社知多工厂 Marubeni Nisshin Feed Co., Ltd., Chita Feed Mill, Japan	2019.08—2024.08	续展
(2019) 外饲准字 275 号	鱼配合饲料 Fish Compound Feed	日清鱼饲料（EP4，EP5，EP6） OTOHIME（EP4，EP5，EP6）	配合饲料 Compound Feed	鱼 Fish	日本日清丸红饲料株式会社知多工厂 Marubeni Nisshin Feed Co., Ltd., Chita Feed Mill, Japan	2019.08—2024.08	续展
(2019) 外饲准字 355 号	鱼油 Fish Oil	鱼油（饲料级） Fish Oil (Feed Grade)	单一饲料 Single Feed	畜禽、水产养殖动物（反刍动物除外） Livestock, Poultry, Aquaculture animals (Not including ruminant)	厄瓜多尔 Productos Pesqueros S. A. 公司 PRODUPES Productos Pesqueros S. A., PRODUPES, Ecuador	2019.09—2024.09	续展
(2019) 外饲准字 356 号	混合型饲料添加剂 甜菜碱 Feed Additives Mixture Betaine	芬莱碱®S1 Betafin® S1	混合型饲料添加剂 Feed Additives Mixture	养殖动物 All species or categories of animals	芬兰饲料国际有限公司 Finnfeeds Finland Oy, Finland	2019.09—2024.09	续展
(2019) 外饲准字 357 号	混合型饲料添加剂 甜菜碱 Feed Additives Mixture Betaine	芬莱碱®S4 Betafin® S4	混合型饲料添加剂 Feed Additives Mixture	养殖动物 All species or categories of animals	芬兰饲料国际有限公司 Finnfeeds Finland Oy, Finland	2019.09—2024.09	续展
(2019) 外饲准字 358 号	饲料添加剂 核黄素（维生素 B_2） Feed Additive Riboflavin (Vitamin B_2)	露他维 B_2 80 Lutavit B_2 SG80	饲料添加剂 Feed Additive	养殖动物 All species or categories of animals	韩国巴斯夫公司 BASF Company Ltd., Korea	2019.09—2024.09	续展

（续）

登记证号	通用名称	商品名称	产品类别	使用范围	生产厂家	有效期限	备注
(2019) 外饲准字 359 号	饲料添加剂 D-泛酸钙 Feed Additive D-Calcium Pantothenate	露他维 泛酸钙 Lutavit® Calpan 98%	饲料添加剂 Feed Additive	养殖动物 All species or categories of animals	巴斯夫欧洲公司 BASF SE, Germany	2019.09—2024.09	续展
(2019) 外饲准字 360 号	混合型饲料添加剂 香味物质 Feed Additives Mixture Flavouring Substances	潘牛乐 XTRACT® 7065, code X60-7065	混合型饲料添加剂 Feed Additives Mixture	反刍动物 Ruminant	瑞士潘可士玛公司 Pancosma S. A., Switzerland	2019.09—2024.09	续展
(2019) 外饲准字 361 号	混合型饲料添加剂 酸度调节剂 Feed Additives Mixture Acidity Regulators	利增宝 Liptosa Hygen Pro	混合型饲料添加剂 Feed Additives Mixture	养殖动物 All species or categories of animals	西班牙 Lipidos Toledo 有限公司 Lipidos Toledo S. A., Spain	2019.09—2024.09	续展
(2019) 外饲准字 362 号	鱼粉 Fishmeal	秘鲁蒸汽干燥鱼粉（三级） PERUVIAN STEAM DRIED FISHMEAL (Ⅲ)	单一饲料 Single Feed	畜禽、水产养殖动物（反刍动物除外） Livestock, Poultry, Aquaculture animals (Not including ruminant)	秘鲁 Tecnologica De Alimentos S. A. 公司 Atico 工厂 Tecnologica De Alimentos S. A., Atico Plant, Peru	2019.09—2024.09	续展
(2019) 外饲准字 363 号	混合型饲料添加剂 氯化胆碱 Feed Additives Mixture Choline Chloride	科百瑞 CholiPEARL	混合型饲料添加剂 Feed Additives Mixture	奶牛 Cow	意大利 Kemin Cavriago S. R. L. Kemin Cavriago S. R. L., Italy	2019.09—2024.09	续展
(2019) 外饲准字 364 号	鱼粉 Fishmeal	红鱼粉（三级） Red Fishmeal (Ⅲ)	单一饲料 Single Feed	畜禽、水产养殖动物（反刍动物除外） Livestock, Poultry, Aquaculture animals (Not including ruminant)	泰国 Choke Udom Pattana Fishmeal Limited Partnership Choke Udom Pattana Fishmeal Limited Partnership, Thailand	2019.09—2024.09	续展
(2019) 外饲准字 365 号	鱼粉 Fishmeal	红鱼粉（三级） Red Fishmeal (Ⅲ)	单一饲料 Single Feed	畜禽、水产养殖动物（反刍动物除外） Livestock, Poultry, Aquaculture animals (Not including ruminant)	智利 Orizon S. A. 公司 Coquimbo 工厂 Orizon S. A., Plant Coquimbo, Chile	2019.09—2024.09	续展

（续）

登记证号	通用名称	商品名称	产品类别	使用范围	生产厂家	有效期限	备注
(2019) 外饲准字 366 号	混合型饲料添加剂 酶制剂 Feed Additives Mixture Enzymes	乐多仙® MultiGrain (GT) RONOZYME® MultiGrain (GT)	混合型饲料添加剂 Feed Additives Mixture	家禽、仔猪 Poultry, Piglets	丹麦诺维信公司 Novozymes A/S, Denmark	2019.09—2024.09	续展
(2019) 外饲准字 367 号	混合型饲料添加剂 L-抗坏血酸（维生素 C） Feed Additives Mixture L-Ascorbic Acid (Vitamin C)	罗维素® C-EC Rovimix® C-EC	混合型饲料添加剂 Feed Additives Mixture	养殖动物 All species or categories of animals	帝斯曼营养产品（英国）有限公司 DSM Nutritional Products (UK) Ltd., UK	2019.09—2024.09	续展
(2019) 外饲准字 368 号	白鱼粉 White Fishmeal	白鱼粉（三级） White Fishmeal (Ⅲ)	单一饲料 Single Feed	畜禽、水产养殖动物（反刍动物除外） Livestock, Poultry, Aquaculture animals (Not including ruminant	阿根廷 San Arawa 有限公司（工船加工，工船名“泰安”，工船号 3748） San Arawa Sociedad Anónima (Produced on Board at Vessel “TAI AN”, Official No. 3748), Argentina	2019.09—2024.09	续展
(2019) 外饲准字 369 号	奶牛维生素预混合饲料 Vitamin Premix for Cow	维奶康 Lactation VBTM	添加剂预混合饲料 Feed AdditivePremix	奶牛 Cow	加拿大 Jefagro 科技有限公司 Jefagro Technologies Inc., Canada	2019.09—2024.09	续展
(2019) 外饲准字 370 号	奶牛维生素预混合饲料 Vitamin Premix for Cow	维产康 Transition VBTM	添加剂预混合饲料 Feed AdditivePremix	奶牛 Cow	加拿大 Jefagro 科技有限公司 Jefagro Technologies Inc., Canada	2019.09—2024.09	续展
(2019) 外饲准字 371 号	白鱼粉 White Fishmeal	丹麦白鱼粉（三级） Danish White Fishmeal (Ⅲ)	单一饲料 Single Feed	畜禽、水产养殖动物（反刍动物除外） Livestock, Poultry, Aquaculture animals (Not including ruminant)	丹麦三九鱼蛋白有限公司 Thyborøn 工厂 TripleNine Fish Protein A/S, Thyborøn Plant, Denmark	2019.09—2024.09	续展
(2019) 外饲准字 372 号	混合型饲料添加剂 丙酸 Feed Additives Mixture Propionic Acid	露保卫® Luprosil® NC	混合型饲料添加剂 Feed Additives Mixture	养殖动物 All species or categories of animals	巴斯夫欧洲公司 BASF SE, Germany	2019.09—2024.09	续展

（续）

登记证号	通用名称	商品名称	产品类别	使用范围	生产厂家	有效期限	备注
(2019) 外饲准字 373 号	混合型饲料添加剂 dl-α-生育酚乙酸酯 Feed Additives Mixture dl-alpha-Tocopherol Acetate	露他维 E50 Lutavit® E50	混合型饲料添加剂 Feed Additives Mixture	养殖动物 All species or categories of animals	巴斯夫欧洲公司 BASF SE, Germany	2019.09—2024.09	续展
(2019) 外饲准字 374 号	白鱼粉 White Fishmeal	丹麦白鱼粉（三级） Danish White Fishmeal (Ⅲ)	单一饲料 Single Feed	畜禽、水产养殖动物（反刍动物除外） Livestock, Poultry, Aquaculture animals (Not including ruminant)	丹麦三九鱼蛋白有限公司 Esbjerg 工厂 TripleNine Fish Protein A/S, Esbjerg Plant, Denmark	2019.09—2024.09	续展
(2019) 外饲准字 375 号	鱼粉 Fishmeal	丹麦红鱼粉（三级） Danish Red Fishmeal (Ⅲ)	单一饲料 Single Feed	畜禽、水产养殖动物（反刍动物除外） Livestock, Poultry, Aquaculture animals (Not including ruminant)	丹麦三九鱼蛋白有限公司 Esbjerg 工厂 TripleNine Fish Protein A/S, Esbjerg Plant, Denmark	2019.09—2024.09	续展
(2019) 外饲准字 376 号	鸡肉粉 Poultry Meal	鸡肉粉 Poultry Meal	单一饲料 Single Feed	养殖动物（反刍动物除外） All species or categories of animals (Not including ruminant)	新西兰途康蛋白有限公司 Tuakau Proteins Limited, New Zealand	2019.09—2024.09	续展
(2019) 外饲准字 481 号	高温高压水解羽毛粉 Hydrolyzed Chicken Feather Meal	羽毛粉 Feather Meal	单一饲料 Single Feed	猪、家禽、水产养殖动物（反刍动物除外） Swine, Poultry, Aquaculture animals (Not including ruminant)	美国泰森食品公司斯克兰顿工厂 Tyson Foods, Inc., Plant Scranton, USA	2019.11—2024.11	续展
(2019) 外饲准字 482 号	大豆酶解蛋白 Enzyme Treated Soya Protein	哈姆雷特蛋白 HP AviStart HP AviStart	单一饲料 Single Feed	养殖动物 All species or categories of animals	丹麦 Hamlet Protein 有限公司 Hamlet Protein A/S, Denmark	2019.11—2024.11	续展

（续）

登记证号	通用名称	商品名称	产品类别	使用范围	生产厂家	有效期限	备注
(2019）外饲准字 483 号	大豆酶解蛋白 Enzyme Treated Soya Protein	哈姆雷特蛋白 HP300 HP300	单一饲料 Single Feed	养殖动物 All species or categories of animals	美国 Hamlet Protein Inc. 有限公司 Hamlet Protein Inc.，USA	2019.11—2024.11	续展
(2019）外饲准字 484 号	饲料添加剂 盐酸硫胺 Feed Additive Thiamin Hydrochloride	盐酸硫胺素 Thiamine Hydrochloride	饲料添加剂 Feed Additive	养殖动物 All species or categories of animals	德国帝斯曼营养产品有限公司 DSM Nutritional Products GmbH，Germany	2019.11—2024.11	续展
(2019）外饲准字 485 号	饲料添加剂 硝酸硫胺 Feed Additive Thiamin Mononitrate	罗维素® B1 ROVIMIX® B1	饲料添加剂 Feed Additive	养殖动物 All species or categories of animals	德国帝斯曼营养产品有限公司 DSM Nutritional Products GmbH，Germany	2019.11—2024.11	续展
(2019）外饲准字 486 号	饲料添加剂 蛋氨酸羟基类似物 Feed Additive Methionine Hydroxy Analogue	速牧美®-L Sumimet®-L	饲料添加剂 Feed Additive	家禽、猪、牛 Poultry，Swine，Cattle	日本住友化学株式会社 Sumitomo Chemical Company，Limited，Japan	2019.11—2024.11	续展
(2019）外饲准字 487 号	母猪微量元素预混合饲料 Trace Mineral Premix for Sow	优知乐 MZ Sow Advantage	添加剂预混合饲料 Feed Additive Premix	母猪 Sow	美国奥特奇公司 Alltech Inc.，USA	2019.11—2024.11	续展
(2019）外饲准字 488 号	饲料添加剂 嗜酸乳杆菌 Feed Additive Lactobacillus acidophilus	祖莱克益生菌 Zoolac Feedgrade	饲料添加剂 Feed Additive	养殖动物 All species or categories of animals	丹麦 ChemVet dk A/S 公司 ChemVet dk A/S，Denmark	2019.11—2024.11	续展
(2019）外饲准字 489 号	饲料添加剂 DL-蛋氨酸 Feed Additive DL-Methionine	饲料级蛋氨酸 METAMINO （DL-METHIONINE）	饲料添加剂 Feed Additive	养殖动物 All species or categories of animals	赢创蛋氨酸新加坡有限公司 Evonik Methionine SEA Pte. Ltd.，Singapore	2019.11—2024.11	续展
(2019）外饲准字 490 号	混合型饲料添加剂 DL-蛋氨酸 氯化胆碱 甜菜碱盐酸盐 Feed Additives Mixture DL-Methionine Choline Chloride Betaine Hydrochloride	维乳宝 Mecovit	混合型饲料添加剂 Feed Additives Mixture	家禽、反刍动物 Poultry，Ruminant	意大利 Vetagro S. P. A. 股份公司 Vetagro S. P. A.，Italy	2019.11—2024.11	续展

（续）

登记证号	通用名称	商品名称	产品类别	使用范围	生产厂家	有效期限	备注
（2019）外饲准字 491 号	饲料添加剂 L-蛋氨酸 Feed Additive L-Methionine	L-蛋氨酸（L-MET 100） L-Methionine（L-MET 100）	饲料添加剂 Feed Additive	养殖动物 All species or categories of animals	希杰生化马来西亚有限公司 CJ Bio Malaysia Sdn. Bhd.，Malaysia	2019.11—2024.11	续展
（2019）外饲准字 492 号	鱼粉 Fishmeal	秘鲁蒸汽干燥鱼粉（三级） PERUVIAN STEAM DRIED FISHMEAL（Ⅲ）	单一饲料 Single Feed	畜禽、水产养殖动物（反刍动物除外） Livestock，Poultry，Aquaculture animals（Not including ruminant）	秘鲁 Corporacion Pesquera Inca S. A. C. 公司 Corporacion Pesquera Inca S. A. C.，Peru	2019.11—2024.11	续展
（2019）外饲准字 493 号	犊牛配合饲料 Calf Compound Feed	优乳优 Eurolac Blue	配合饲料 Compound Feed	犊牛 Calves	荷兰希尔斯公司 Schils B. V.，the Netherlands	2019.11—2024.11	续展
（2019）外饲准字 494 号	仔猪配合饲料 Piglet Compound Feed	猪奶优 PIGIPRO MILK	配合饲料 Compound Feed	仔猪 Piglets	荷兰希尔斯公司 Schils B. V.，the Netherlands	2019.11—2024.11	续展
（2019）外饲准字 553 号	养殖动物用维生素预混合饲料 Vitamin Premix Feed for Breeding Animals	拉蒙斯氨基维他 VIT-AMINO PREMIUM	添加剂预混合饲料 Feed Additive Premix	养殖动物 All species or categories of animals	西班牙拉蒙斯大药厂 Laboratorios Lamons，Spain	2019.12—2024.12	续展
（2019）外饲准字 554 号	海水鱼配合饲料 Marine Fish Compound Feed	奥润之 START-S/L O. range START-S/L	配合饲料 Compound Feed	鱼 Fish	英伟（泰国）饲料有限公司 INVE（Thailand）Ltd.，Thailand	2019.12—2024.12	续展
（2019）外饲准字 555 号	海水鱼配合饲料 Marine Fish Compound Feed	奥润之 WEAN-S/L O. range WEAN-S/L	配合饲料 Compound Feed	鱼 Fish	英伟（泰国）饲料有限公司 INVE（Thailand）Ltd.，Thailand	2019.12—2024.12	续展
（2019）外饲准字 556 号	仔虾配合饲料 Shrimp Post Larvae Compound Feed	福瑞派 PL＋150/300 ULTRA FRIPPAK PL＋150/300 ULTRA	配合饲料 Compound Feed	虾苗 Shrimp Larvae	英伟（泰国）饲料有限公司 INVE（Thailand）Ltd.，Thailand	2019.12—2024.12	续展
（2019）外饲准字 557 号	虾苗配合饲料 Shrimp Larvae Compound Feed	福瑞派 FRESH ＃1 CAR FRIPPAK FRESH ＃1 CAR	配合饲料 Compound Feed	虾苗 Shrimp Larvae	英伟（泰国）饲料有限公司 INVE（Thailand）Ltd.，Thailand	2019.12—2024.12	续展

（续）

登记证号	通用名称	商品名称	产品类别	使用范围	生产厂家	有效期限	备注
(2019) 外饲准字 558 号	虾苗配合饲料 Shrimp Larvae Compound Feed	兰西-MPL LANSY-Shrimp MPL	配合饲料 Compound Feed	虾苗 Shrimp Larvae	英伟（泰国）饲料有限公司 INVE (Thailand) Ltd., Thailand	2019.12—2024.12	续展
(2019) 外饲准字 559 号	仔虾配合饲料 Shrimp Post Larvae Compound Feed	福瑞派 RACEWAY RW＋400/500/700 FRIPPAK RACEWAY RW＋400/500/700	配合饲料 Compound Feed	虾苗 Shrimp Larvae	英伟（泰国）饲料有限公司 INVE (Thailand) Ltd., Thailand	2019.12—2024.12	续展
(2019) 外饲准字 560 号	虾苗配合饲料 Shrimp Larvae Compound Feed	福瑞派 FRESH ＃2 CD/3 CD FRIPPAK FRESH ＃2 CD/3 CD	配合饲料 Compound Feed	虾苗 Shrimp Larvae	英伟（泰国）饲料有限公司 INVE (Thailand) Ltd., Thailand	2019.12—2024.12	续展
(2019) 外饲准字 561 号	宠物配合饲料犬粮 Pet Compound Feed Dog Feed	派斯宝犬粮 Legacy Valuing Tradition (Mature Lite)	宠物配合饲料 Pet Compound Feed	犬 Dogs	加拿大派斯特饲料有限公司 Spectrum Feed Services Ltd., Canada	2019.12—2024.12	续展
(2019) 外饲准字 562 号	宠物配合饲料大型犬成年期犬粮 Pet Compound Feed Dog Feed Large Breed Adult	派斯宝成犬粮（大型犬） Legacy Valuing Tradition (Large Breed Adult)	宠物配合饲料 Pet Compound Feed	犬 Dogs	加拿大派斯特饲料有限公司 Spectrum Feed Services Ltd., Canada	2019.12—2024.12	续展
(2019) 外饲准字 563 号	宠物配合饲料小型中型犬幼年期犬粮 Pet Compound Feed Dog Feed Small Medium Breed Puppy	派斯宝幼犬粮（小型/中型犬） Legacy Valuing Tradition (Small/Medium Breed Puppy)	宠物配合饲料 Pet Compound Feed	犬 Dogs	加拿大派斯特饲料有限公司 Spectrum Feed Services Ltd., Canada	2019.12—2024.12	续展
(2019) 外饲准字 564 号	宠物配合饲料大型犬幼年期犬粮 Pet Compound Feed Dog Feed Large Breed Puppy	派斯宝幼犬粮（大型犬） Legacy Valuing Tradition (Large Breed Puppy)	宠物配合饲料 Pet Compound Feed	犬 Dogs	加拿大派斯特饲料有限公司 Spectrum Feed Services Ltd., Canada	2019.12—2024.12	续展
(2019) 外饲准字 565 号	大豆酶解蛋白 Enzymed Soybean Protein	哈姆雷特蛋白 HP300 HP300	单一饲料 Single Feed	仔猪 Piglets	丹麦哈姆雷特蛋白质有限公司 Hamlet Protein A/S, Denmark	2019.12—2024.12	续展

（续）

登记证号	通用名称	商品名称	产品类别	使用范围	生产厂家	有效期限	备注
(2019) 外饲准字 566 号	马精料补充料 Horse Supplementary Concentrate	10%温和型颗粒型马饲料 10% Cool Feed Cubes	精料补充料 Supplementary Concentrate	马 Horse	爱尔兰康诺利红磨坊动物饲料有限公司 Connolly's Red Mills, Ireland	2019.12—2024.12	续展
(2019) 外饲准字 567 号	马精料补充料 Horse Supplementary Concentrate	18%马驹及一岁马用混合型马饲料 18% Foal and Yearling Cooked Mix	精料补充料 Supplementary Concentrate	马 Horse	爱尔兰康诺利红磨坊动物饲料有限公司 Connolly's Red Mills, Ireland	2019.12—2024.12	续展
(2019) 外饲准字 568 号	马精料补充料 Horse Supplementary Concentrate	14% 混合型马饲料 14% Horse Cooked Mix	精料补充料 Supplementary Concentrate	马 Horse	爱尔兰康诺利红磨坊动物饲料有限公司 Connolly's Red Mills, Ireland	2019.12—2024.12	续展
(2019) 外饲准字 569 号	鱼粉 Fishmeal	红鱼粉（三级） Red Fishmeal (Ⅲ)	单一饲料 Single Feed	畜禽、水产养殖动物（反刍动物除外） Livestock, Poultry, Aquaculture animals (Not including ruminant)	南非先锋渔业（西海岸）有限公司 Pioneer Fishing (West Coast) (Pty) Ltd., South Africa	2019.12—2024.12	续展
(2019) 外饲准字 570 号	鱼粉 Fishmeal	秘鲁蒸汽干燥鱼粉（三级） PERUVIAN STEAM DRIED FISHMEAL (Ⅲ)	单一饲料 Single Feed	畜禽、水产养殖动物（反刍动物除外） Livestock, Poultry, Aquaculture animals (Not including ruminant)	秘鲁 Pesquera Diamante S. A. 公司 Pisco 工厂 Pesquera Diamante S. A., Pisco Plant, Peru	2019.12—2024.12	续展
(2019) 外饲准字 571 号	混合型饲料添加剂 香味物质 Feed Additives Mixture Flavouring Substances	爱吉福 ACTIFOR® Boost	混合型饲料添加剂 Feed Additives Mixture	反刍动物 Ruminant	奥地利 DELACON 生物技术公司 DELACON Biotechnik GmbH, Austria	2019.12—2024.12	续展
(2019) 外饲准字 572 号	牛肉骨粉 Bovine Meat and Bone Meal	牛肉骨粉 Bovine Meat and Bone Meal	单一饲料 Single Feed	猪、家禽、鱼 Swine, Poultry, Fish	阿根廷 LOGROS 公司 LOGROS S. A., Argentina	2019.12—2024.12	续展

（续）

登记证号	通用名称	商品名称	产品类别	使用范围	生产厂家	有效期限	备注
(2019) 外饲准字 573 号	白鱼粉 White Fishmeal	白鱼粉（三级至一级） White Fishmeal (Grade Ⅲ to Ⅰ)	单一饲料 Single Feed	畜禽、水产养殖动物（反刍动物除外） Livestock, Poultry, Aquaculture animals (Not including ruminant)	俄罗斯海洋渔船队上市股份有限公司（工船加工，工船名“Mys Olyutorskiy”，工船号 CH-38N） JSC “Okeanrybflot” (Produced on Board at vessel “Mys Olyutorskiy”, Official No. CH-38N), Russia	2019.12—2024.12	续展
(2019) 外饲准字 574 号	牛羊用微量元素预混合饲料 Trace Mineral Premix for Cattle and Sheep	黄洛奇 Yellow Rockies	添加剂预混合饲料 Feed Additive Premix	牛、羊 Cattle, Sheep	英国泰邦公司 Tithebarn Limited, UK	2019.12—2024.12	续展
(2019) 外饲准字 575 号	牛羊用微量元素预混合饲料 Trace Mineral Premix for Cattle and Sheep	红洛奇 Red Rockies	添加剂预混合饲料 Feed Additive Premix	牛、羊 Cattle, Sheep	英国泰邦公司 Tithebarn Limited, UK	2019.12—2024.12	续展
(2019) 外饲准字 576 号	牛羊用微量元素预混合饲料 Trace Mineral Premix for Cattle and Sheep	5%富磷洛奇 Phos Rich 5%	添加剂预混合饲料 Feed Additive Premix	牛、羊 Cattle, Sheep	英国泰邦公司 Tithebarn Limited, UK	2019.12—2024.12	续展
(2019) 外饲准字 577 号	混合型饲料添加剂 防霉剂 Feed Additives Mixture Preservatives	纽埃特克霉宝 MOLD-NIL Dry	混合型饲料添加剂 Feed Additives Mixture	养殖动物 All species or categories of animals	比利时纽埃特国际营养公司（Beveren-Waas 工厂） NUTRI-AD International N. V. (Beveren-Waas plant), Belgium	2019.12—2024.12	续展
(2019) 外饲准字 578 号	混合型饲料添加剂 防霉剂 Feed Additives Mixture Preservatives	纽埃特立霉净 MOLD-NIL MC Dry	混合型饲料添加剂 Feed Additives Mixture	养殖动物 All species or categories of animals	比利时纽埃特国际营养公司（Beveren-Waas 工厂） NUTRI-AD International N. V. (Beveren-Waas plant), Belgium	2019.12—2024.12	续展
(2019) 外饲准字 579 号	蛋粉 Egg Product	傲娃 46 Ova46	单一饲料 Single Feed	畜禽、水产养殖动物、宠物（反刍动物除外） Livestock, Poultry, Aquaculture animals, Pets (Not including ruminant)	美国 IsoNova 科技有限责任公司 Verona 工厂 IsoNova Technologies LLC. Verona, MO, USA	2019.12—2024.12	续展

（续）

登记证号	通用名称	商品名称	产品类别	使用范围	生产厂家	有效期限	备注
(2019) 外饲准字 580 号	牛用微量元素预混合饲料 Trace Mineral Premix for Cattle	KNZ 传统盐舔块 KNZ Tradition	添加剂预混合饲料 Feed Additive Premix	牛 Cattle	荷兰诺力昂功能化学品公司 Nouryon Functional Chemicals B. V. , the Netherlands	2019. 12—2024. 12	续展
(2019) 外饲准字 581 号	饲料添加剂 包被 DL-蛋氨酸 Feed Additive Encapsulated DL-Methionine	过瘤胃蛋氨酸 Mepron	饲料添加剂 Feed Additive	奶牛 Cow	（克罗地亚）Genera Inc. 公司 Genera Inc，Croatia	2019. 12—2024. 12	续展
(2019) 外饲准字 582 号	犊牛精料补充料 Calves Supplementary Concentrate	优乳代 Eurolac Red	精料补充料 Supplementary Concentrate	犊牛 Calves	荷兰希尔斯公司 Schils B. V. , the Netherlands	2019. 12—2024. 12	续展
(2019) 外饲准字 583 号	混合型饲料添加剂 枯草芽孢杆菌 Feed Additives Mixture Bacillus Subtilis	霍曼特 Fermentab	混合型饲料添加剂 Feed Additives Mixture	家禽、猪、牛、水产养殖动物 Poultry，Swine，Cattle，Aquaculture animals	台湾信逢股份有限公司 New Well Power Co. , Ltd.	2019. 12—2024. 12	续展
(2019) 外饲准字 584 号	混合型饲料添加剂 枯草芽孢杆菌 Feed Additives Mixture Bacillus Subtilis	必优素 Biomix	混合型饲料添加剂 Feed Additives Mixture	家禽、猪、牛、水产养殖动物 Poultry，Swine，Cattle，Aquaculture animals	台湾信逢股份有限公司 New Well Power Co. Ltd.	2019. 12—2024. 12	续展
(2019) 外饲准字 585 号	鱼粉 Fishmeal	秘鲁蒸汽干燥鱼粉（三级）PERUVIAN STEAM DRIED FISHMEAL（Ⅲ）	单一饲料 Single Feed	畜禽、水产养殖动物（反刍动物除外）Livestock，Poultry，Aquaculture animals（Not including ruminant）	秘鲁 Corporacion Pesquera Inca S. A. C. 公司 Chancay 工厂 Corporacion Pesquera Inca S. A. C. , Chancay Plant，Peru	2019. 12—2024. 12	续展
(2019) 外饲准字 586 号	混合型饲料添加剂 丙酸铬 Feed Additives Mixture Chromium Propionate	微生康 TM 铬 04 粉剂 KemTRACETM Chromium Propionate 0. 4% Dry	混合型饲料添加剂 Feed Additives Mixture	奶牛 Cow	美国建明工业有限公司 Kemin Industries，Inc. , USA	2019. 12—2024. 12	续展
(2019) 外饲准字 587 号	混合型饲料添加剂 酸度调节剂 Feed Additives Mixture Acidity Regulators	加强肥酸宝 Selacid® Green Growth-MP	混合型饲料添加剂 Feed Additives Mixture	猪、家禽、兔、鱼、虾 Swine，Poultry，Rabbit，Fish，Shrimp	荷兰赛尔可公司 Selko B. V. , the Netherlands	2019. 12—2024. 12	续展

（续）

登记证号	通用名称	商品名称	产品类别	使用范围	生产厂家	有效期限	备注
(2019) 外饲准字 588 号	马精料补充料 Horse Supplementary Concentrate	10%温和型混合马饲料 10% Cool ‘N’ Cooked Mix	精料补充料 Supplementary Concentrate	马 Horse	爱尔兰康诺利红磨坊动物饲料有限公司 Connolly's Red Mills，Ireland	2019.12—2024.12	续展
(2019) 外饲准字 589 号	混合型饲料添加剂 微生物 Feed Additives Mixture Live Microorganisms	青贮宝 AS 200 SiloSolve® AS 200	混合型饲料添加剂 Feed Additives Mixture	青贮饲料 Silage	科汉森捷克有限公司 Chr. Hansen Czech Republic，s. r. o.，Czech Republic	2019.12—2024.12	续展
(2019) 外饲准字 590 号	混合型饲料添加剂 酸度调节剂 Feed Additives Mixture Acidity Regulators	防霉赞液 MI 501 ProSidTM MI 501	混合型饲料添加剂 Feed Additives Mixture	养殖动物 All species or categories of animals	（荷兰）柏斯托（瓦斯皮克）公司 Perstorp Waspik B. V.，the Netherlands	2019.12—2024.12	续展
(2019) 外饲准字 591 号	牛羊用微量元素预混合饲料 Trace Mineral Premix for Cattle and Sheep	富磷洛奇 Phos Rich 10%	添加剂预混合饲料 Feed Additive Premix	牛、羊 Cattle，Sheep	英国泰邦公司 Tithebarn Limited，UK	2019.12—2024.12	续展
(2019) 外饲准字 592 号	混合型饲料添加剂 酸度调节剂 Feed Additives Mixture Acidity Regulators	抑霉宝 Moldgard	混合型饲料添加剂 Feed Additives Mixture	猪、家禽 Swine，Poultry	英国 Anpario 公司 Anpario plc，UK	2019.12—2024.12	续展
(2019) 外饲准字 593 号	混合型饲料添加剂 酸度调节剂 Feed Additives Mixture Acidity Regulators	赛可利 Salkil Liquid	混合型饲料添加剂 Feed Additives Mixture	猪、家禽 Swine，Poultry	英国 Anpario 公司 Anpario plc，UK	2019.12—2024.12	续展
(2019) 外饲准字 594 号	鱼油 Fish Oil	鱼油 Fish Oil	单一饲料 Single Feed	水产动物、家禽、猪、宠物（反刍动物除外） Aquaculture animals，Poultry，Swine，Pets (Not including ruminant)	越南越中煦日水产物料加工责任有限公司 XURI Viet Trung Aquatic Products Processing Limited Company，Vietnam	2019.12—2024.12	续展

附件 3

换发进口饲料和饲料添加剂产品登记证目录（2019）

登记证号	商品名称	通用名称	变更内容	原名称	变更名称
（2017）外饲准字 008 号	派固威 FOLREX PETS	混合型饲料添加剂 氨基酸 维生素 Feed Additives Mixture Amino Acids Vitamins	通用名称	混合型饲料添加剂 氨基酸 维生素 Feed Additives Mixture Amino Acids Vitamins	宠物营养补充剂 氨基酸 维生素 Pet Nutrition Supplement Amino Acids Vitamins
			产品类别	混合性饲料添加剂 Feed Additives Mixture	宠物添加剂预混合饲料 Pet Feed Additive Premix
（2017）外饲准字 009 号	派实净 RENALOF PETS	混合型饲料添加剂 叶酸 泛酸钙 Feed Additives Mixture Folic Acid Calcium Pantothenate	通用名称	混合型饲料添加剂 叶酸 泛酸钙 Feed Additives Mixture Folic Acid Calcium Pantothenate	宠物营养补充剂 Pet Nutrition Supplement
			产品类别	混合性饲料添加剂 Feed Additives Mixture	宠物添加剂预混合饲料 Pet Feed Additive Premix
（2017）外饲准字 010 号	派固坚 KALSIS PETS	混合型饲料添加剂 氨基酸 维生素 矿物质 Feed Additives Mixture Amino Acids Vitamins Minerals	通用名称	混合型饲料添加剂 氨基酸 维生素 矿物质 Feed Additives Mixture Amino Acids Vitamins Minerals	宠物营养补充剂 氨基酸 维生素 矿物质元素 Pet Nutrition Supplement Amino Acids Vitamins Minerals
			产品类别	混合性饲料添加剂 Feed Additives Mixture	宠物添加剂预混合饲料 Pet Feed Additive Premix
（2017）外饲准字 011 号	派爱舒 OCOXIN PETS	混合型饲料添加剂 氨基酸 维生素 Feed Additives Mixture Amino Acids Vitamins	通用名称	混合型饲料添加剂 氨基酸 维生素 Feed Additives Mixture Amino Acids Vitamins	宠物营养补充剂 氨基酸 维生素 Pet Nutrition Supplement Amino Acids Vitamins
			产品类别	混合性饲料添加剂 Feed Additives Mixture	宠物添加剂预混合饲料 Pet Feed Additive Premix
（2017）外饲准字 012 号	派甘宝 VIUSID PETS	混合型饲料添加剂 氨基酸 维生素 Feed Additives Mixture Amino Acid Vitamins	通用名称	混合型饲料添加剂 氨基酸 维生素 Feed Additives Mixture Amino Acid Vitamins	宠物营养补充剂 氨基酸 维生素 Pet Nutrition Supplement Amino Acids Vitamins
			产品类别	混合性饲料添加剂 Feed Additives Mixture	宠物添加剂预混合饲料 Pet Feed Additive Premix

（续）

登记证号	商品名称	通用名称	变更内容	原名称	变更名称
（2017）外饲准字013号	派糖平 DIAMEL PETS	混合型饲料添加剂 氨基酸 维生素 Feed Additives Mixture Amino Acids Vitamins	通用名称	混合型饲料添加剂 氨基酸 维生素 Feed Additives Mixture Amino Acids Vitamins	宠物营养补充剂 氨基酸 维生素 Pet Nutrition Supplement Amino Acids Vitamins
			产品类别	混合性饲料添加剂 Feed Additives Mixture	宠物添加剂预混合饲料 Pet Feed Additive Premix
（2017）外饲准字014号	派可清 ASBRIP PETS	混合型饲料添加剂 富马酸 苹果酸 抗坏血酸 Feed Additives Mixture Fumaric Acid Malic Acid Ascorbic Acid	通用名称	混合型饲料添加剂 富马酸 苹果酸 抗坏血酸 Feed Additives Mixture Fumaric Acid Malic Acid Ascorbic Acid	宠物营养补充剂 Pet Nutrition Supplement
			产品类别	混合性饲料添加剂 Feed Additives Mixture	宠物添加剂预混合饲料 Pet Feed Additive Premix
（2015）外饲准字343号	L-色氨酸 L-Tryptophan	L-色氨酸 L-Tryptophan	生产地址名称	Jalan Raya Arjosari km. 9，Kecamatan Rejoso，Kabupaten Pasuruan，67181，Jawa Timur，Indonesia	Desa Arjosari RT. 04，RW. 02，Kecamatan Rejoso，Kabupaten Pasuruan，67181，Indonesia
（2016）外饲准字154号	饲料级98% L-色氨酸 L-Tryptophan 98% Feed Grade	L-色氨酸 L-Tryptophan	申请企业名称	味之素（法国）公司 Ajinomoto Eurolysine S. A. S.，France	味之素动物营养欧洲公司 AJINOMOTO ANIMAL NUTRITION EUROPE
			生产厂家名称	味之素（法国）公司 Ajinomoto Eurolysine S. A. S.，France	味之素动物营养欧洲公司 AJINOMOTO ANIMAL NUTRITION EUROPE
（2017）外饲准字111号	蘑力多 Agaricus Bio	混合型饲料添加剂 木寡糖 Feed Additives Mixture Xylo-oligosaccharides	申请企业名称	美国阿特拉斯沃尔德公司 Atals World USA，Inc	美国阿特拉斯沃尔德公司 Atlas World USA Inc
			生产厂家名称	美国阿特拉斯沃尔德公司 Atals World USA，Inc	美国阿特拉斯沃尔德公司 Atlas World USA Inc

（续）

登记证号	商品名称	通用名称	变更内容	原名称	变更名称
（2017）外饲准字 201 号	耐吉斯无谷犬粮—鸡肉及三文鱼 Holistic Recipe Solution Grain Free Dog Food-Chicken & Salmon	犬配合饲料 Dog Compound Feed	中外文商品名称	耐吉斯无谷犬粮—鸡肉及三文鱼 Holistic Recipe Solution Grain Free Dog Food-Chicken & Salmon	耐吉斯无谷犬粮三文鱼配方 Holistic Recipe Solution Grain Free Dry Dog Food Salmon Recipe
			通用名称	犬配合饲料 Dog Compound Feed	全价宠物食品犬粮 Pet Compound Feed for dog
			产品类别	配合饲料 Compound Feed	宠物配合饲料 Pet Compound Feed
（2017）外饲准字 202 号	耐吉斯无谷犬粮—羊肉及三文鱼 Holistic Recipe Solution Grain Free Dog Food-Lamb & Salmon	犬配合饲料 Dog Compound Feed	中外文商品名称	耐吉斯无谷犬粮—羊肉及三文鱼 Holistic Recipe Solution Grain Free Dog Food-Lamb & Salmon	耐吉斯无谷犬粮羊肉配方 Holistic Recipe Solution Grain Free Dry Dog Food Lamb Recipe
			通用名称	犬配合饲料 Dog Compound Feed	全价宠物食品犬粮 Pet Compound Feed for dog
			产品类别	配合饲料 Compound Feed	宠物配合饲料 Pet Compound Feed
（2017）外饲准字 203 号	耐吉斯无谷猫粮—三文鱼及羊肉 Holistic Recipe Solution Grain Free Cat Food-Salmon & Lamb	猫配合饲料 Cat Compound Feed	中外文商品名称	耐吉斯无谷猫粮—三文鱼及羊肉 Holistic Recipe Solution Grain Free Cat Food-Salmon & Lamb	耐吉斯无谷猫粮羊肉配方 Holistic Recipe Solution Grain Free Dry Cat Food Lamb Recipe
			通用名称	猫配合饲料 Cat Compound Feed	全价宠物食品猫粮 Pet Compound Feed for cat
			产品类别	配合饲料 Compound Feed	宠物配合饲料 Pet Compound Feed
（2017）外饲准字 204 号	耐吉斯无谷猫粮—三文鱼及鸡肉 Holistic Recipe Solution Grain Free Cat Food-Salmon & Chicken	猫配合饲料 Cat Compound Feed	中外文商品名称	耐吉斯无谷猫粮—三文鱼及鸡肉 Holistic Recipe Solution Grain Free Cat Food-Salmon & Chicken	耐吉斯无谷猫粮三文鱼配方 Holistic Recipe Solution Grain Free Dry Cat Food Salmon Recipe
			通用名称	猫配合饲料 Cat Compound Feed	全价宠物食品猫粮 Pet Compound Feed for cat
			产品类别	配合饲料 Compound Feed	宠物配合饲料 Pet Compound Feed

（续）

登记证号	商品名称	通用名称	变更内容	原名称	变更名称
(2019）外饲准字053号	鱼用维生素 Vitamin Premix for Fish Feeds	鱼用维生素预混合饲料 Vitamin premix for Fish	申请企业名称	台湾全兴国际水产股份有限公司 Ye Cherng Industrial Products Co. Ltd.	（台湾）全兴国际水产股份有限公司 NUTRI-POTENTIAL BIOTECHNOLOGY Co. Ltd.
			生产厂家名称	台湾全兴国际水产股份有限公司桃园厂 Ye Cherng Industrial Products Co. Ltd.，Tao-Yuan Factory	（台湾）全兴国际水产股份有限公司桃园厂 NUTRI-POTENTIAL BIOTECHNOLOGY Co. Ltd.，Tao-Yuan Factory
(2019）外饲准字052号	虾用矿物精 Mineral Premix for Shrimp Feeds	虾用微量元素预混合饲料 Trace Mineral Premix for Shrimps	申请企业名称	台湾全兴国际水产股份有限公司 Ye Cherng Industrial Products Co. Ltd.	（台湾）全兴国际水产股份有限公司 NUTRI-POTENTIAL BIOTECHNOLOGY Co. Ltd.
			生产厂家名称	台湾全兴国际水产股份有限公司桃园厂 Ye Cherng Industrial Products Co. Ltd.，Tao-Yuan Factory	（台湾）全兴国际水产股份有限公司桃园厂 NUTRI-POTENTIAL BIOTECHNOLOGY Co. Ltd.，Tao-Yuan Factory
(2015）外饲准字277号	鱼用矿物精 Mineral Premix for Fish Feeds	混合型饲料添加剂 矿物元素 Feed Additives Mixture Minerals	申请企业名称	台湾全兴国际水产股份有限公司 Ye Cherng Industrial Products Co. Ltd.	（台湾）全兴国际水产股份有限公司 NUTRI-POTENTIAL BIOTECHNOLOGY Co. Ltd.
			生产厂家名称	台湾全兴国际水产股份有限公司桃园厂 Ye Cherng Industrial Products Co. Ltd.，Tao-Yuan Factory	（台湾）全兴国际水产股份有限公司桃园厂 NUTRI-POTENTIAL BIOTECHNOLOGY Co. Ltd.，Tao-Yuan Factory
(2015）外饲准字278号	健鳗矿 Mineral Premix for Eel Feeds	鳗鱼微量元素预混合饲料 Eel Mineral Premix	申请企业名称	台湾全兴国际水产股份有限公司 Ye Cherng Industrial Products Co. Ltd.	（台湾）全兴国际水产股份有限公司 NUTRI-POTENTIAL BIOTECHNOLOGY Co. Ltd.
			生产厂家名称	台湾全兴国际水产股份有限公司桃园厂 Ye Cherng Industrial Products Co. Ltd.，Tao-Yuan Factory	（台湾）全兴国际水产股份有限公司桃园厂 NUTRI-POTENTIAL BIOTECHNOLOGY Co. Ltd.，Tao-Yuan Factory

（续）

登记证号	商品名称	通用名称	变更内容	原名称	变更名称
（2017）外饲准字 344 号	鳗多维 Vitamin Premix for Eel Feeds	维生素添加剂预混合饲料 Vitamin Additive Premix	申请企业名称	台湾全兴国际水产股份有限公司 Ye Cherng Industrial Products Co. Ltd.	（台湾）全兴国际水产股份有限公司 NUTRI-POTENTIAL BIOTECHNOLOGY Co. Ltd.
			生产厂家名称	台湾全兴国际水产股份有限公司桃园厂 Ye Cherng Industrial Products Co. Ltd.，Tao-Yuan Factory	（台湾）全兴国际水产股份有限公司桃园厂 NUTRI-POTENTIAL BIOTECHNOLOGY Co. Ltd.，Tao-Yuan Factory
（2016）外饲准字 037 号	饲虾维 Vitamin Premix For Shrimp Feeds	混合性饲料添加剂 维生素 Feed Additives Mixture Vitamins	申请企业名称	台湾全兴国际水产股份有限公司 Ye Cherng Industrial Products Co. Ltd.	（台湾）全兴国际水产股份有限公司 NUTRI-POTENTIAL BIOTECHNOLOGY Co. Ltd.
			生产厂家名称	台湾全兴国际水产股份有限公司桃园厂 Ye Cherng Industrial Products Co. Ltd.，Tao-Yuan Factory	（台湾）全兴国际水产股份有限公司桃园厂 NUTRI-POTENTIAL BIOTECHNOLOGY Co. Ltd.，Tao-Yuan Factory
（2016）外饲准字 279 号	优默菌 ECOPLUS	枯草芽孢杆菌 *Bacillus Subtilis*	生产地址名称	256-7，Dugok-ri，Sinam-myeon，Yesan-gun，Chungcheongnam-Do，Korea	235-26，Chusa-ro，Sinam-myeon，Yesan-gun，Chungcheongnam-do，Republic of Korea
			产品中文商品名称	优默菌	优福康 e
（2017）外饲准字 205 号	耐吉斯火鸡肉苹果幼犬干粮 Holistic Recipe Solution Turkey and Apple Puppy Dry Dog Food	犬配合饲料 Dog Compound Feed	中外文商品名称	耐吉斯火鸡肉苹果幼犬干粮 Holistic Recipe Solution Turkey and Apple Puppy Dry Dog Food	耐吉斯幼年期全价犬粮火鸡肉配方 Holistic Recipe Solution Puppy Dry Dog Food Turkey Recipe
			通用名称	犬配合饲料 Dog Compound Feed	全价宠物食品幼年期犬粮 Pet Compound Feed for Puppy
			产品类别	配合饲料 Compound Feed	宠物配合饲料 Pet Compound Feed
（2017）外饲准字 206 号	耐吉斯火鸡肉苹果成犬干粮 Holistic Recipe Solution Turkey and Apple Adult Dry Dog Food	犬配合饲料 Dog Compound Feed	中外文商品名称	耐吉斯火鸡肉苹果成犬干粮 Holistic Recipe Solution Turkey and Apple Adult Dry Dog Food	耐吉斯成年期全价犬粮火鸡肉配方 Holistic Recipe Solution Adult Dry Dog Food Turkey Recipe
			通用名称	犬配合饲料 Dog Compound Feed	全价宠物食品成年期犬粮 Pet Compound Feed for Adult Dog
			产品类别	配合饲料 Compound Feed	宠物配合饲料 Pet Compound Feed

（续）

登记证号	商品名称	通用名称	变更内容	原名称	变更名称
（2015）外饲准字148号	耐吉斯火鸡肉米玩赏犬干粮 Holistic Recipe Solution Turkey and Rice Toy Breed Dry Dog Food	犬配合饲料 Dog Compound Feed	中外文商品名称	耐吉斯火鸡肉米玩赏犬干粮 Holistic Recipe Solution Turkey and Rice Toy Breed Dry Dog Food	耐吉斯玩赏犬全价犬粮火鸡肉配方 Holistic Recipe Solution Toy Breed Dry Dog Food Turkey Recipe
			通用名称	犬配合饲料 Dog Compound Feed	全价宠物食品小型犬犬粮 Pet Compound Feed for Small Breed Dog
			产品类别	配合饲料 Compound Feed	宠物配合饲料 Pet Compound Feed
（2017）外饲准字207号	耐吉斯幼猫干粮 Holistic Recipe Solution Kitten Dry Cat Food	猫配合饲料 Cat Compound Feed	中外文商品名称	耐吉斯幼猫干粮 Holistic Recipe Solution Kitten Dry Cat Food	耐吉斯幼年期全价猫粮火鸡肉配方 Holistic Recipe Solution Kitten Dry Cat Food Turkey Recipe
			通用名称	猫配合饲料 Cat Compound Feed	全价宠物食品幼年期猫粮 Pet Compound Feed for Kitten
			产品类别	配合饲料 Compound Feed	宠物配合饲料 Pet Compound Feed
（2017）外饲准字209号	耐吉斯成猫干粮 Holistic Recipe Solution Adult Dry Cat Food	猫配合饲料 Cat Compound Feed	中外文商品名称	耐吉斯成猫干粮 Holistic Recipe Solution Adult Dry Cat Food	耐吉斯室内成年期全价猫粮鸡肉配方 Holistic Recipe Solution Indoor Adult Dry Cat Food Chicken Recipe
			通用名称	猫配合饲料 Dog Compound Feed	全价宠物食品成年期猫粮 Pet Compound Feed for Adult Cat
			产品类别	配合饲料 Compound Feed	宠物配合饲料 Pet Compound Feed
（2017）外饲准字208号	耐吉斯室内猫干粮 Holistic Recipe Solution Indoor Dry Cat Food	猫配合饲料 Cat Compound Feed	中外文商品名称	耐吉斯室内猫干粮 Holistic Recipe Solution Indoor Dry Cat Food	耐吉斯室内成年期全价猫粮火鸡肉 & 三文鱼配方 Holistic Recipe Solution Indoor Adult Dry Cat Food Turkey & Salmon Recipe
			通用名称	猫配合饲料 Cat Compound Feed	全价宠物食品成年期猫粮 Pet Compound Feed for Adult Cat
			产品类别	配合饲料 Compound Feed	宠物配合饲料 Pet Compound Feed

（续）

登记证号	商品名称	通用名称	变更内容	原名称	变更名称
（2016）外饲准字 238 号	耐吉斯鸡肉米幼犬干粮 HOLISTIC RECIPE SOLUTION CHICKEN AND RICE PUPPY DRY DOG FOOD	犬配合饲料 Dog Compound Feed	中外文商品名称	耐吉斯鸡肉米幼犬干粮 HOLISTIC RECIPE SOLUTION CHICKEN AND RICE PUPPY DRY DOG FOOD	耐吉斯幼年期全价犬粮鸡肉配方 Holistic Recipe Solution Puppy Dry Dog Food Chicken Recipe
			通用名称	犬配合饲料 Dog Compound Feed	幼年期全价犬粮 Pet Compound Feed for Puppy
			产品类别	配合饲料 Compound Feed	宠物配合饲料 Pet Compound Feed
（2016）外饲准字 239 号	耐吉斯鸡肉米成犬干粮 HOLISTIC RECIPE SOLUTION CHICKEN AND RICE ADULT DRY DOG FOOD	犬配合饲料 Dog Compound Feed	中外文商品名称	耐吉斯鸡肉米成犬干粮 HOLISTIC RECIPE SOLUTION CHICKEN AND RICE ADULT DRY DOG FOOD	耐吉斯成年期全价犬粮鸡肉配方 Holistic Recipe Solution Adult Dry Dog Food Chicken Recipe
			通用名称	犬配合饲料 Dog Compound Feed	成年期全价犬粮 Pet Compound Feed for Adult Dog
			产品类别	配合饲料 Compound Feed	宠物配合饲料 Pet Compound Feed
（2016）外饲准字 240 号	耐吉斯鸡肉米玩赏犬干粮 HOLISTIC RECIPE SOLUTION CHICKEN AND RICE TOY BREED DRY DOG FOOD	犬配合饲料 Dog Compound Feed	中外文商品名称	耐吉斯鸡肉米玩赏犬干粮 HOLISTIC RECIPE SOLUTION CHICKEN AND RICE TOY BREED DRY DOG FOOD	耐吉斯玩赏犬成年期全价犬粮鸡肉配方 Holistic Recipe Solution Toy Breed Adult Dry Dog Food Chicken Recipe
			通用名称	犬配合饲料 Dog Compound Feed	小型犬成年期全价犬粮 Pet Compound Feed for Adult Small Breed Dog
			产品类别	配合饲料 Compound Feed	宠物配合饲料 Pet Compound Feed
（2016）外饲准字 241 号	耐吉斯鸡肉米幼猫干粮 HOLISTIC RECIPE SOLUTION CHICKEN AND RICE KITTEN DRY CAT FOOD	猫配合饲料 Cat Compound Feed	中外文商品名称	耐吉斯鸡肉米幼猫干粮 HOLISTIC RECIPE SOLUTION CHICKEN AND RICE KITTEN DRY CAT FOOD	耐吉斯幼年期全价猫粮鸡肉 & 三文鱼配方 Holistic Recipe Solution Kitten Dry Cat Food Chicken & Salmon Recipe
			通用名称	猫配合饲料 Cat Compound Feed	幼年期全价猫粮 Pet Compound Feed for Kitten
			产品类别	配合饲料 Compound Feed	宠物配合饲料 Pet Compound Feed

（续）

登记证号	商品名称	通用名称	变更内容	原名称	变更名称
（2016）外饲准字 242 号	耐吉斯鸡肉米成猫干粮 HOLISTIC RECIPE SOLUTION CHICKEN AND RICE ADULT DRY CAT FOOD	猫配合饲料 Cat Compound Feed	中外文商品名称	耐吉斯鸡肉米成猫干粮 HOLISTIC RECIPE SOLUTION CHICKEN AND RICE ADULT DRY CAT FOOD	耐吉斯成年期全价猫粮鸡肉 & 三文鱼配方 Holistic Recipe Solution Adult Dry Cat Food Chicken & Salmon Recipe
			通用名称	猫配合饲料 Cat Compound Feed	成年期全价猫粮 Pet Compound Feed for Adult Cat
			产品类别	配合饲料 Compound Feed	宠物配合饲料 Pet Compound Feed
（2016）外饲准字 243 号	耐吉斯鸡肉米室内猫干粮 HOLISTIC RECIPE SOLUTION CHICKEN AND RICE INDOOR DRY CAT FOOD	猫配合饲料 Cat Compound Feed	中外文商品名称	耐吉斯鸡肉米室内猫干粮 HOLISTIC RECIPE SOLUTION CHICKEN AND RICE INDOOR DRY CAT FOOD	耐吉斯室内成年期全价猫粮鸡肉 & 三文鱼配方 Holistic Recipe Solution Indoor Adult Dry Cat Food Chicken & Salmon Recipe
			通用名称	猫配合饲料 Cat Compound Feed	成年期全价猫粮 Pet Compound Feed for Adult Cat
			产品类别	配合饲料 Compound Feed	宠物配合饲料 Pet Compound Feed
（2016）外饲准字 244 号	耐吉斯鸡肉米奶糕犬粮 HOLISTIC RECIPE SOLUTION CHICKEN AND RICE WEANING DRY DOG FOOD	犬配合饲料 Dog Compound Feed	中外文商品名称	耐吉斯鸡肉米奶糕犬粮 HOLISTIC RECIPE SOLUTION CHICKEN AND RICE WEANING DRY DOG FOOD	耐吉斯离乳期全价犬粮鸡肉配方 Holistic Recipe Solution Weaning Dry Dog Food Chicken Recipe
			通用名称	犬配合饲料 Dog Compound Feed	幼年期全价犬粮 Pet Compound Feed For Puppy
			产品类别	配合饲料 Compound Feed	宠物配合饲料 Pet Compound Feed
（2017）外饲准字 325 号	鸡肉 & 火鸡肉全猫配方 T22 NutramNumber Total Cat Food Chicken & Turkey Recipe	猫配合饲料 Cat Compound Feed	中外文商品名称	鸡肉 & 火鸡肉全猫配方 T22 NutramNumber Total Cat Food Chicken & Turkey Recipe	T22 纽顿全价猫粮鸡肉 & 火鸡肉配方 T22 NutramNumber Total Cat Food Chicken & Turkey Recipe
			通用名称	猫配合饲料 Cat Compound Feed	全价宠物食品猫粮 Pet Compound Feed for Cat
			产品类别	配合饲料 Compound Feed	宠物配合饲料 Pet Compound Feed

（续）

登记证号	商品名称	通用名称	变更内容	原名称	变更名称
（2017）外饲准字 326 号	鳟鱼 & 鲑鱼全猫配方 T24 NutramNumber Total Cat Food Trout & Salmon Meal Recipe	猫配合饲料 Cat Compound Feed	中外文商品名称	鳟鱼 & 鲑鱼全猫配方 T24 NutramNumber Total Cat Food Trout & Salmon Meal Recipe	T24 纽顿全价猫粮鲑鱼 & 鳟鱼配方 T24 NutramNumber Total Cat Food Salmon & Trout Recipe
			通用名称	猫配合饲料 Cat Compound Feed	全价宠物食品猫粮 Pet Compound Feed for Cat
			产品类别	配合饲料 Compound Feed	宠物配合饲料 Pet Compound Feed
（2017）外饲准字 327 号	鸡肉 & 鲑鱼幼猫配方 S1 NutramNumber Sound Kitten Food Chicken Meal & Salmon Meal Recipe	猫配合饲料 Cat Compound Feed	中外文商品名称	鸡肉 & 鲑鱼幼猫配方 S1 NutramNumber Sound Kitten Food Chicken Meal & Salmon Meal Recipe	S1 纽顿幼年期全价猫粮鸡肉 & 鲑鱼配方 S1 NutramNumber Sound Kitten Food Chicken & Salmon Recipe
			通用名称	猫配合饲料 Cat Compound Feed	全价宠物食品幼年期猫粮 Pet Compound Feed for Kitten
			产品类别	配合饲料 Compound Feed	宠物配合饲料 Pet Compound Feed
（2017）外饲准字 328 号	鸡肉 & 全蛋室内猫配方 I17 NutramNumber Ideal Indoor Cat Food Chicken Meal & Whole Eggs Recipe	猫配合饲料 Cat Compound Feed	中外文商品名称	鸡肉 & 全蛋室内猫配方 I17 NutramNumber Ideal Indoor Cat Food Chicken Meal & Whole Eggs Recipe	I17 纽顿室内成年期全价猫粮鸡肉 & 全蛋配方 I17 NutramNumber Ideal Indoor Adult Cat Food Chicken & Whole Eggs Recipe
			通用名称	猫配合饲料 Cat Compound Feed	全价宠物食品成年期猫粮 Pet Compound Feed for Adult Cat
			产品类别	配合饲料 Compound Feed	宠物配合饲料 Pet Compound Feed
（2017）外饲准字 329 号	鸡肉 & 鲑鱼成猫配方 S5 NutramNumber Sound Adult Senior Cat Food Chicken Meal & Salmon Meal Recipe	猫配合饲料 Cat Compound Feed	中外文商品名称	鸡肉 & 鲑鱼成猫配方 S5 NutramNumber Sound Adult Senior Cat Food Chicken Meal & Salmon Meal Recipe	S5 纽顿成年期 & 老年期全价猫粮鸡肉 & 鲑鱼配方 S5 NutramNumber Sound Adult & Senior Cat Food Chicken & Salmon Recipe
			通用名称	猫配合饲料 Cat Compound Feed	全价宠物食品成年期/老年期猫粮 Pet Compound Feed for Adult/Senior Cat
			产品类别	配合饲料 Compound Feed	宠物配合饲料 Pet Compound Feed

（续）

登记证号	商品名称	通用名称	变更内容	原名称	变更名称
（2017）外饲准字 330 号	鸡肉 & 全蛋幼犬配方 S2 NutramNumber Sound Puppy Food Chicken Meal & Whole Eggs Recipe	犬配合饲料 Dog Compound Feed	中外文商品名称	鸡肉 & 全蛋幼犬配方 S2 NutramNumber Sound Puppy Food Chicken Meal & Whole Eggs Recipe	S2 纽顿幼年期全价犬粮鸡肉 & 全蛋配方 S2 NutramNumber Sound Puppy Food Chicken & Whole Eggs Recipe
			通用名称	犬配合饲料 Dog Compound Feed	全价宠物食品幼年期犬粮 Pet Compound Feed for Puppy
			产品类别	配合饲料 Compound Feed	宠物配合饲料 Pet Compound Feed
（2017）外饲准字 331 号	羊肉 & 豌豆全犬配方 T26 NutramNumber Total Dog Food Lamb & Split Peas Recipe	犬配合饲料 Dog Compound Feed	中外文商品名称	羊肉 & 豌豆全犬配方 T26 NutramNumber Total Dog Food Lamb & Split Peas Recipe	T26 纽顿全价犬粮羊肉 & 豌豆配方 T26 NutramNumber Total Dog Food Lamb & Peas Recipe
			通用名称	犬配合饲料 Dog Compound Feed	全价宠物食品犬粮 Pet Compound Feed for Dog
			产品类别	配合饲料 Compound Feed	宠物配合饲料 Pet Compound Feed
（2017）外饲准字 332 号	鸡肉 & 火鸡肉全犬配方 T27 NutramNumber Total Small & Toy Breed Dog Food Chicken & Turkey Recipe	犬配合饲料 Dog Compound Feed	中外文商品名称	鸡肉 & 火鸡肉全犬配方 T27 NutramNumber Total Small & Toy Breed Dog Food Chicken & Turkey Recipe	T27 纽顿小型 & 玩赏犬全价犬粮鸡肉 & 火鸡肉配方 T27 NutramNumber Total Small & Toy Breed Dog Food Chicken & Turkey Recipe
			通用名称	犬配合饲料 Dog Compound Feed	全价宠物食品小型犬粮 Pet Compound Feed for Small Breed Dog
			产品类别	配合饲料 Compound Feed	宠物配合饲料 Pet Compound Feed
（2017）外饲准字 333 号	鸡肉 & 燕麦幼犬配方 S3 NutramNumber Sound Large Breed Puppy Food Chicken Meal & Oatmeal Recipe	犬配合饲料 Dog Compound Feed	中外文商品名称	鸡肉 & 燕麦幼犬配方 S3 NutramNumber Sound Large Breed Puppy Food Chicken Meal & Oatmeal Recipe	S3 纽顿大型犬幼年期全价犬粮鸡肉 & 燕麦配方 S3 NutramNumber Sound Large Breed Puppy Food Chicken & Oatmeal Recipe
			通用名称	犬配合饲料 Dog Compound Feed	全价宠物食品大型犬幼年期犬粮 Pet Compound Feed for Large Breed Puppy
			产品类别	配合饲料 Compound Feed	宠物配合饲料 Pet Compound Feed

（续）

登记证号	商品名称	通用名称	变更内容	原名称	变更名称
(2017）外饲准字 334 号	鸡肉 & 糙米中大型成犬配方 S6 NutramNumber Sound Adult Dog Food Chicken Meal & Brown Rice Recipe	犬配合饲料 Dog Compound Feed	中外文商品名称	鸡肉 & 糙米中大型成犬配方 S6 NutramNumber Sound Adult Dog Food Chicken Meal & Brown Rice Recipe	S6 纽顿成年期全价犬粮鸡肉 & 糙米配方 S6 NutramNumber Sound Adult Dog Food Chicken & Brown Rice Recipe
			通用名称	犬配合饲料 Dog Compound Feed	全价宠物食品成年期犬粮 Pet Compound Feed for Adult Dog
			产品类别	配合饲料 Compound Feed	宠物配合饲料 Pet Compound Feed
(2017）外饲准字 335 号	鸡肉 & 糙米成犬配方 S7 NutramNumber Sound SmallBreed Adult DogFood ChickenMeal & BrownRice Recipe	犬配合饲料 Dog Compound Feed	中外文商品名称	鸡肉 & 糙米成犬配方 S7 NutramNumber Sound SmallBreed Adult DogFood ChickenMeal&BrownRice Recipe	S7 纽顿小型犬成年期全价犬粮鸡肉 & 糙米配方 S7 NutramNumber Sound Small Breed Adult Dog Food Chicken & Brown Rice Recipe
			通用名称	犬配合饲料 Dog Compound Feed	全价宠物食品小型犬成年期犬粮 Pet Compound Feed for Small Breed Adult Dog
			产品类别	配合饲料 Compound Feed	宠物配合饲料 Pet Compound Feed
(2017）外饲准字 336 号	鸡肉 & 全蛋小型幼犬配方 S11 NUTRAMNUBER SOUND SMALL & TOY BREED PUPPY FOOD CHICKEN MEAL & WHOLE EGGS RECIPE	犬配合饲料 Dog Compound Feed	中外文商品名称	鸡肉 & 全蛋小型幼犬配方 S11 NUTRAMNUBER SOUND SMALL & TOY BREED PUPPY FOOD CHICKEN MEAL & WHOLE EGGS RECIPE	S11 纽顿小型 & 玩赏犬幼年期全价犬粮鸡肉 & 全蛋配方 S11 NutramNumber Sound Small & Toy Breed Puppy Food Chicken & Whole Eggs Recipe
			通用名称	犬配合饲料 Dog Compound Feed	全价宠物食品小型犬幼年期犬粮 Pet Compound Feed for Small Breed Puppy
			产品类别	配合饲料 Compound Feed	宠物配合饲料 Pet Compound Feed

（续）

登记证号	商品名称	通用名称	变更内容	原名称	变更名称
（2017）外饲准字 351 号	鳟鱼 & 鲑鱼全犬配方 T28 NutramNumber Total Small & Toy Breed Dog Food Trout & Salmon Meal Recipe	犬配合饲料 Dog Compound Feed	中外文商品名称	鳟鱼 & 鲑鱼全犬配方 T28 NutramNumber Total Small&Toy Breed Dog Food Trout & Salmon Meal Recipe	T28 纽顿小型 & 玩赏犬全价犬粮鲑鱼 & 鳟鱼配方 T28 NutramNumber Total Small & Toy Breed Dog Food Salmon & Trout Recipe
			通用名称	犬配合饲料 Dog Compound Feed	全价宠物食品小型犬犬粮 Pet Compound Feed for Small Breed Dog
			产品类别	配合饲料 Compound Feed	宠物配合饲料 Pet Compound Feed
（2018）外饲准字 092 号	超灵动 Superflex	混合型饲料添加剂 矿物元素 Feed Additives Mixture Minerals	通用名称	混合型饲料添加剂 矿物元素 Feed Additives Mixture Minerals	宠物营养补充剂矿物质微量元素 Pet Nutritional Supplement Minerals Trace Element
			产品类别	混合型饲料添加剂 Feed Additives Mixture	宠物营养补充剂 Pet Nutritional Supplement
（2018）外饲准字 093 号	超灵动 VS Superflex VS	混合型饲料添加剂 矿物元素 Feed Additives Mixture Minerals	通用名称	混合型饲料添加剂 矿物元素 Feed Additives Mixture Minerals	宠物营养补充剂矿物质微量元素 Pet Nutritional Supplement Minerals Trace Element
			产品类别	混合型饲料添加剂 Feed Additives Mixture	宠物营养补充剂 Pet Nutritional Supplement
（2018）外饲准字 094 号	超灵动 V Superflex V	混合型饲料添加剂 矿物元素 Feed Additives Mixture Minerals	通用名称	混合型饲料添加剂 矿物元素 Feed Additives Mixture Minerals	宠物营养补充剂矿物质微量元素 Pet Nutritional Supplement Minerals Trace Element
			产品类别	混合型饲料添加剂 Feed Additives Mixture	宠物营养补充剂 Pet Nutritional Supplement

（续）

登记证号	商品名称	通用名称	变更内容	原名称	变更名称
（2018）外饲准字 331 号	蒸汽烘干红鱼粉（三级） Steam Dried Sterilized Fishmeal（Ⅲ）	鱼粉 Fishmeal	中外文商品名称	蒸汽烘干红鱼粉（三级） Steam Dried Sterilized Fishmeal（Ⅲ）	蒸汽烘干红鱼粉（Ⅲ） Steam Dried Fishmeal（Ⅲ）
			生产地址名称	SY. No. 262-1C1 A Kodavoor Village, Malpe, Udupi Taluk & Dist. Karnataka, India	D. No. 1-23, 3rd Cross, Malpe-Madhwaraj Road, Malpe, Udupi District, Karnataka-576108, India
（2018）外饲准字 119 号	鸡肉 & 火鸡肉全猫配方 T22 NutramNumber Total Cat Food Chicken & Turkey Recipe	猫配合饲料 Cat Compound Feed	中文商品名称	鸡肉 & 火鸡肉全猫配方	T22 纽顿全价猫粮鸡肉 & 火鸡肉配方
			通用名称	猫配合饲料 Cat Compound Feed	全价宠物食品猫粮 Pet Compound Feed for Cat
			产品类别	配合饲料 Compound Feed	宠物配合饲料 Pet Compound Feed
（2018）外饲准字 124 号	鸡肉 & 鲑鱼幼猫配方 S1 NutramNumber Sound Kitten Food Chicken Meal & Salmon Meal Recipe	猫配合饲料 Cat Compound Feed	中外文商品名称	鸡肉 & 鲑鱼幼猫配方 S1 NutramNumber Sound Kitten Food Chicken Meal & Salmon Meal Recipe	S1 纽顿幼年期全价猫粮鸡肉 & 鲑鱼配方 S1 NutramNumber Sound Kitten Food Chicken & Salmon Recipe
			通用名称	猫配合饲料 Cat Compound Feed	全价宠物食品幼年期猫粮 Pet Compound Feed for Kitten
			产品类别	配合饲料 Compound Feed	宠物配合饲料 Pet Compound Feed
（2018）外饲准字 120 号	鸡肉 & 全蛋室内猫配方 I17 NutramNumber Ideal Indoor Cat Food Chicken Meal & Whole Eggs Recipe	猫配合饲料 Cat Compound Feed	中外文商品名称	鸡肉 & 全蛋室内猫配方 I17 NutramNumber Ideal Indoor Cat Food Chicken Meal & Whole Eggs Recipe	I17 纽顿室内成年期全价猫粮鸡肉 & 全蛋配方 I17 NutramNumber Ideal Indoor Adult Cat Food Chicken & Whole Eggs Recipe
			通用名称	猫配合饲料 Cat Compound Feed	全价宠物食品成年期猫粮 Pet Compound Feed for Adult Cat
			产品类别	配合饲料 Compound Feed	宠物配合饲料 Pet Compound Feed

（续）

登记证号	商品名称	通用名称	变更内容	原名称	变更名称
（2018）外饲准字 123 号	鸡肉 & 鲑鱼成猫配方 S5 NutramNumber Sound Adult Senior Cat Food Chicken Meal&Salmon Meal Recipe	猫配合饲料 Cat Compound Feed	中外文商品名称	鸡肉 & 鲑鱼成猫配方 S5 NutramNumber Sound Adult Senior Cat Food Chicken Meal&Salmon Meal Recipe	S5 纽顿成年期 & 老年期全价猫粮鸡肉 & 鲑鱼配方 S5 NutramNumber Sound Adult & Senior Cat Food Chicken & Salmon Recipe
			通用名称	猫配合饲料 Cat Compound Feed	全价宠物食品成年期/老年期猫粮 Pet Compound Feed for Adult/Senior Cat
			产品类别	配合饲料 Compound Feed	宠物配合饲料 Pet Compound Feed
（2018）外饲准字 116 号	羊肉 & 豌豆全犬配方 T26 NutramNumber Total Dog Food Lamb & Split Peas Recipe	犬配合饲料 Dog Compound Feed	中外文商品名称	羊肉 & 豌豆全犬配方 T26 NutramNumber Total Dog Food Lamb & Split Peas Recipe	T26 纽顿全价犬粮羊肉 & 豌豆配方 T26 NutramNumber Total Dog Food Lamb & Peas Recipe
			通用名称	犬配合饲料 Dog Compound Feed	全价宠物食品犬粮 Pet Compound Feed for Dog
			产品类别	配合饲料 Compound Feed	宠物配合饲料 Pet Compound Feed
（2018）外饲准字 117 号	鸡肉 & 燕麦幼犬配方 S3 NutramNumber Sound Large Breed Puppy Food Chicken Meal & Oatmeal Recipe	犬配合饲料 Dog Compound Feed	中外文商品名称	鸡肉 & 燕麦幼犬配方 S3 NutramNumber Sound Large Breed Puppy Food Chicken Meal & Oatmeal Recipe	S3 纽顿大型犬幼年期全价犬粮鸡肉 & 燕麦配方 S3 NutramNumber Sound Large Breed Puppy Food Chicken & Oatmeal Recipe
			通用名称	犬配合饲料 Dog Compound Feed	全价宠物食品大型犬幼年期犬粮 Pet Compound Feed for Large Breed Puppy
			产品类别	配合饲料 Compound Feed	宠物配合饲料 Pet Compound Feed

（续）

登记证号	商品名称	通用名称	变更内容	原名称	变更名称
（2018）外饲准字122号	鸡肉&糙米中大型成犬配方 S6 NutramNumber Sound Adult Dog Food Chicken Meal & Brown Rice Recipe	犬配合饲料 Dog Compound Feed	中外文商品名称	鸡肉&糙米中大型成犬配方 S6 NutramNumber Sound Adult Dog Food Chicken Meal & Brown Rice Recipe	S6 纽顿成年期全价犬粮鸡肉&糙米配方 S6 NutramNumber Sound Adult Dog Food Chicken & Brown Rice Recipe
			通用名称	犬配合饲料 Dog Compound Feed	全价宠物食品成年期犬粮 Pet Compound Feed for Adult Dog
			产品类别	配合饲料 Compound Feed	宠物配合饲料 Pet Compound Feed
（2018）外饲准字121号	鸡肉&糙米成犬配方 S7 NutramNumber Sound Small Breed Adult Dog Food Chicken Meal & Brown Rice Recipe	犬配合饲料 Dog Compound Feed	中外文商品名称	鸡肉&糙米成犬配方 S7 NutramNumber Sound Small Breed Adult Dog Food Chicken Meal & Brown Rice Recipe	S7 纽顿小型犬成年期全价犬粮鸡肉&糙米配方 S7 NutramNumber Sound Small Breed Adult Dog Food Chicken & Brown Rice Recipe
			通用名称	犬配合饲料 Dog Compound Feed	全价宠物食品小型犬成年期犬粮 Pet Compound Feed for Small Breed Adult Dog
			产品类别	配合饲料 Compound Feed	宠物配合饲料 Pet Compound Feed
（2018）外饲准字118号	鳟鱼&鲑鱼全犬配方 T28 NutramNumber Total Small &Toy Breed Dog Food Trout & Salmon Meal Recipe	犬配合饲料 Dog Compound Feed	中外文商品名称	鳟鱼&鲑鱼全犬配方 T28 NutramNumber Total Small &Toy Breed Dog Food Trout & Salmon Meal Recipe	T28 纽顿小型&玩赏犬全价犬粮鲑鱼&鳟鱼配方 T28 NutramNumber Total Small & Toy Breed Dog Food Salmon & Trout Recipe
			通用名称	犬配合饲料 Dog Compound Feed	全价宠物食品小型犬犬粮 Pet Compound Feed for Small Breed Dog
			产品类别	配合饲料 Compound Feed	宠物配合饲料 Pet Compound Feed

（续）

登记证号	商品名称	通用名称	变更内容	原名称	变更名称
（2014）外饲准字 336 号	发育宝-S 整肠配方（小、中型犬用）SINGENCare Gastrointestinal Formula（for Small & Medium Dog）	混合型饲料添加剂 维生素 嗜酸乳杆菌 Feed Additives Mixture Vitamins Lactobacillus acidophilus	中文商品名称	发育宝-S 整肠配方（小、中型犬用）	发育宝 整肠配方（小、中型犬用）
			通用名称	混合型饲料添加剂 维生素 嗜酸乳杆菌 Feed Additives Mixture Vitamins Lactobacillus acidophilus	宠物营养补充剂小型中型犬用 Pet Nutritional Supplement for Small & Medium Dog
			产品类别	混合型饲料添加剂 Feed Additives Mixture	宠物添加剂预混合饲料 Pet Feed Additive Premix
（2014）外饲准字 337 号	发育宝-S 整肠配方（大、巨型犬用）SINGENCare Gastrointestinal Formula（for Large & Giant Dog）	混合型饲料添加剂 维生素 嗜酸乳杆菌 Feed Additives Mixture Vitamins Lactobacillus acidophilus	中文商品名称	发育宝-S 整肠配方（大、巨型犬用）	发育宝 整肠配方（大、巨型犬用）
			通用名称	混合型饲料添加剂 维生素 嗜酸乳杆菌 Feed Additives Mixture Vitamins Lactobacillus acidophilus	宠物营养补充剂大型巨型犬用 Pet Nutritional Supplement for Large & Giant Dog
			产品类别	混合型饲料添加剂 Feed Additives Mixture	宠物添加剂预混合饲料 Pet Feed Additive Premix
（2014）外饲准字 335 号	发育宝-S 整肠配方（离乳犬用）SINGENCare Gastrointestinal Formula（for Weanling Puppy）	混合型饲料添加剂 维生素 嗜酸乳杆菌 Feed Additives Mixture Vitamins Lactobacillus acidophilus	中文商品名称	发育宝-S 整肠配方（离乳犬用）	发育宝 整肠配方（幼年期犬用）
			通用名称	混合型饲料添加剂 维生素 嗜酸乳杆菌 Feed Additives Mixture Vitamins Lactobacillus acidophilus	宠物营养补充剂幼年期犬用 Pet Nutritional Supplement for Weanling Puppy
			产品类别	混合型饲料添加剂 Feed Additives Mixture	宠物添加剂预混合饲料 Pet Feed Additive Premix
（2014）外饲准字 338 号	发育宝-S 整肠配方（猫用）SINGENCare Gastrointestinal Formula（for Cat）	混合型饲料添加剂 维生素 嗜酸乳杆菌 Feed Additives Mixture Vitamins Lactobacillus acidophilus	中文商品名称	发育宝-S 整肠配方（猫用）	发育宝 整肠配方（猫用）
			通用名称	混合型饲料添加剂 维生素 嗜酸乳杆菌 Feed Additives Mixture Vitamins Lactobacillus acidophilus	宠物营养补充剂猫用 Pet Nutritional Supplement for Cat
			产品类别	混合型饲料添加剂 Feed Additives Mixture	宠物添加剂预混合饲料 Pet Feed Additive Premix

（续）

登记证号	商品名称	通用名称	变更内容	原名称	变更名称
（2014）外饲准字 333 号	钙胃能（大、巨型犬用）SINGENCare Calcium Supplement（for Large & Giant Dog）	混合型饲料添加剂 磷酸氢钙 维生素 D3 嗜酸乳杆菌 Feed Additives Mixture Dibasic Calcium Phosphate Vitamin D3Lactobacillus acidophilus	通用名称	混合型饲料添加剂 磷酸氢钙 维生素 D3 嗜酸乳杆菌 Feed Additives Mixture Dibasic Calcium Phosphate Vitamin D3Lactobacillus acidophilus	宠物营养补充剂大型巨型犬用 Pet Nutritional Supplement for Large & Giant Dog
			产品类别	混合型饲料添加剂 Feed Additives Mixture	宠物添加剂预混合饲料 Pet Feed Additive Premix
（2014）外饲准字 332 号	钙胃能（小、中型犬用）SINGENCare Calcium Supplement（for Small & Medium Dog）	混合型饲料添加剂 磷酸氢钙 维生素 D3 嗜酸乳杆菌 Feed Additives Mixture Dibasic Calcium Phosphate Vitamin D3Lactobacillus acidophilus	通用名称	混合型饲料添加剂 磷酸氢钙 维生素 D3 嗜酸乳杆菌 Feed Additives Mixture Dibasic Calcium Phosphate Vitamin D3Lactobacillus acidophilus	宠物营养补充剂小型中型犬用 Pet Nutritional Supplement for Small & Medium Dog
			产品类别	混合型饲料添加剂 Feed Additives Mixture	宠物添加剂预混合饲料 Pet Feed Additive Premix
（2014）外饲准字 334 号	钙胃能（猫用）SINGENCare Calcium Supplement（for Cat）	混合型饲料添加剂 磷酸氢钙 维生素 D3 嗜酸乳杆菌 Feed Additives Mixture Dibasic Calcium Phosphate Vitamin D3Lactobacillus acidophilus	通用名称	混合型饲料添加剂 磷酸氢钙 维生素 D3 嗜酸乳杆菌 Feed Additives Mixture Dibasic Calcium Phosphate Vitamin D3Lactobacillus acidophilus	宠物营养补充剂猫用 Pet Nutritional Supplement for Cat
			产品类别	混合型饲料添加剂 Feed Additives Mixture	宠物添加剂预混合饲料 Pet Feed Additive Premix
（2017）外饲准字 482 号	钙胃能 Caweline	混合型饲料添加剂 磷酸氢钙 维生素 D3 嗜酸乳杆菌 Feed Additives Mixture，Calcium Hydogen Phosphate，Vitamin D3，Lactobacillus acidophilus	通用名称	混合型饲料添加剂 磷酸氢钙 维生素 D3 嗜酸乳杆菌 Feed Additives Mixture，Calcium Hydogen Phosphate，Vitamin D3，Lactobacillus acidophilus	宠物营养补充剂 Pet Nutritional Supplement
			产品类别	混合型饲料添加剂 Feed Additives Mixture	宠物添加剂预混合饲料 Pet Feed Additive Premix

（续）

登记证号	商品名称	通用名称	变更内容	原名称	变更名称
（2018）外饲准字 241 号	赖安司 Easypill L-Lysine	混合型饲料添加剂 赖氨酸盐酸盐 Feed Additives MixtureL-Lysine Monohydrochloride	通用名称	混合型饲料添加剂 赖氨酸盐酸盐 Feed Additives MixtureL-Lysine Monohydrochloride	补充性宠物食品 赖氨酸盐酸盐 Supplementary Pet Food L-Lysine Monohydrochloride
			产品类别	混合型饲料添加剂 Feed Additives Mixture	宠物添加剂预混合饲料 Pet Feed Additive Premix
（2017）外饲准字 230 号	安惠华 TM SWI 301 CN Enviva® SWI 301 CN	枯草芽孢杆菌 Bacillus subtilis	中外文商品名称	安惠华 TM SWI 301 CN Enviva® SWI 301 CN	安惠华 TM SWI 201 CN Enviva® SWI 201 CN
（2018）外饲准字 041 号	喵达全猫期无谷三文鱼 & 鲱鱼配方猫粮 Meowstard Holistic Grain Free All Life Stages with Salmon & Herring	猫配合饲料 Cat Compound Feed	中外文商品名称	喵达全猫期无谷三文鱼 & 鲱鱼配方猫粮 Meowstard Holistic Grain Free All Life Stages with Salmon & Herring	喵达全猫期无谷猫粮 Meowstard Holistic Grain Free All Life Stages
			通用名称	猫配合饲料 Cat Compound Feed	全价宠物食品猫粮 Complete Pet Food Cat Food
			产品类别	配合饲料 Compound Feed	宠物配合饲料 Pet Compound Feed
（2018）外饲准字 039 号	喟达全犬期无谷三文鱼 &白鱼配方犬粮 Woofstard Holistic Grain Free All Life Stages with Salmon &White Fish	犬配合饲料 Dog Compound Feed	中外文商品名称	喟达全犬期无谷三文鱼 & 白鱼配方犬粮 Woofstard Holistic Grain Free All Life Stages with Salmon &White Fish	喟达全犬期无谷犬粮 Woofstard Holistic Grain Free All Life Stages
			通用名称	犬配合饲料 Dog Compound Feed	全价宠物食品犬粮 Complete Pet Food Dog Food
			产品类别	配合饲料 Compound Feed	宠物配合饲料 Pet Compound Feed
（2018）外饲准字 151 号	布利多 683 Bredol 683	饲料添加剂 聚乙二醇甘油蓖麻酸酯 Feed Additive Glyceryl Polyethylenglycol Ricinoleate	生产厂家名称	瑞典阿克苏诺贝尔表面化学有限公司 Akzo Nobel Surface Chemistry AB，Sweden	瑞典诺力昂表面化学有限公司 Nouryon Surface Chemistry AB，Sweden
			申请企业名称	瑞典阿克苏诺贝尔表面化学有限公司 Akzo Nobel Surface Chemistry AB，Sweden	瑞典诺力昂表面化学有限公司 Nouryon Surface Chemistry AB，Sweden

（续）

登记证号	商品名称	通用名称	变更内容	原名称	变更名称
（2018）外饲准字 152 号	布利多 693 Bredol 693	饲料添加剂 聚乙二醇甘油蓖麻酸酯 Feed Additive Glyceryl Polyethylenglycol Ricinoleate	生产厂家名称	瑞典阿克苏诺贝尔表面化学有限公司 Akzo Nobel Surface Chemistry AB, Sweden	瑞典诺力昂表面化学有限公司 Nouryon Surface Chemistry AB, Sweden
			申请企业名称	瑞典阿克苏诺贝尔表面化学有限公司 Akzo Nobel Surface Chemistry AB, Sweden	瑞典诺力昂表面化学有限公司 Nouryon Surface Chemistry AB, Sweden
（2018）外饲准字 150 号	布利多 694 Bredol 694	饲料添加剂 聚乙二醇甘油蓖麻酸酯 Feed Additive Glyceryl Polyethylenglycol Ricinoleate	生产厂家名称	瑞典阿克苏诺贝尔表面化学有限公司 Akzo Nobel Surface Chemistry AB, Sweden	瑞典诺力昂表面化学有限公司 Nouryon Surface Chemistry AB, Sweden
			申请企业名称	瑞典阿克苏诺贝尔表面化学有限公司 Akzo Nobel Surface Chemistry AB, Sweden	瑞典诺力昂表面化学有限公司 Nouryon Surface Chemistry AB, Sweden
（2017）外饲准字 167 号	百乐宝 50 RD Palbio 50 RD	猪肠膜蛋白粉 Porcine Mucosa Protein Powder	生产地址名称	Poligono Lnd "Mas Puigvert" Ctra. Nacional Ⅱ, Km 680. 6, 08389 Palafolls, Barcelona, Spain	C/Antic Camí de Tordera, 109-119. 08389 Palafolls. Barcelona-Spain
（2017）外饲准字 168 号	百乐宝 62 SP Palbio 62 SP	猪肠膜蛋白粉 Porcine Mucosa Protein Powder	生产地址名称	Poligono Lnd "Mas Puigvert" Ctra. Nacional Ⅱ, Km 680. 6, 08389 Palafolls, Barcelona, Spain	C/Antic Camí de Tordera, 109-119. 08389 Palafolls. Barcelona-Spain
（2015）外饲准字 191 号	秘鲁红鱼粉（三级） Peruvian Red Fishmeal（Ⅲ）	鱼粉 Fishmeal	生产厂家名称	秘鲁 Procesadora De Productos Marinos S. A. 公司 Chimbote 工厂 Procesadora De Productos Marinos S. A. , Chimbote Plant, Peru	秘鲁 GER EXPORT S. A. 公司，Chimbote 工厂 GER EXPORT S. A. , Chimbote Plant, Peru
			申请企业名称	秘鲁 Procesadora De Productos Marinos S. A. 公司 Procesadora De Productos Marinos S. A. , Peru	秘鲁 GER EXPORT S. A. 公司 GER EXPORT S. A. , Peru

完善饲料评审制度 激发行业技术创新活力

——全国饲料评审委员会2019主要工作

2019年，全国饲料评审委员会（以下简称“评审委”）紧紧围绕饲料畜牧业中心工作，聚焦药物饲料添加剂减量退出和鼓励饲料技术创新，以饲料评审制度创新为抓手，完善新饲料评审制度，不断激发行业技术创新活力；依法依规开展新产品评审，不断完善饲料评价技术体系；办好高层论坛，为行业发展加油助力。

一、全力配合做好饲料审批制度创新，推动出台饲料审批新制度、新要求

为在饲料审批工作中深入贯彻行政审批制度改革精神，落实“放管服”要求，积极配合畜牧兽医局，全面梳理饲料审批流程，从提高技术评审效率、加强对申请人技术指导等方面对饲料审批进行新的制度设计。推动建立农业农村部饲料审批咨询服务机制，出台《饲料和饲料添加剂评审工作规范》，将饲料审批纳入法制化规范化轨道；及时组织修订《新饲料添加剂申报材料要求》，强化微生物等重要饲料添加剂要求，鼓励提取物类添加剂申报。同时，及时与饲料评价机构沟通，组织制定饲料技术评审原则，建立技术评审信息平台，实现无纸化评审，为提高审批效率，促进评审工作标准化、规范化和鼓励行业技术创新奠定制度基础。

二、加强饲料评价技术体系建设

进一步完善饲料评价技术体系，在借鉴欧盟发达国家地区经验基础上，组织起草《饲用微生物及发酵制品生产菌株安全性评价指南》，结合我国近年来饲料评价工作实践，组织开展饲料和饲料添加剂畜禽和水产靶动物有效性评价指南、耐受性评价指南等4项重要基础评价指南的修订，为科学开展饲料评审提供技术支撑。

三、科学规范开展新产品技术咨询与评审

按照饲料审批新制度要求，组织召开首次新产品申报咨询会，甄选咨询会专家，充分准备，精心组织，确保咨询意见科学权威。严把产品准入关，对20个新饲料和新饲料添加剂产品申报材料进行形式审查；对13个产品进行技术评审，评审通过新饲料添加剂3个、进口饲料添加剂2个，扩大适用范围3个；组织专家对植物炭黑新饲料添加剂开展现场检查与抽样；针对3家企业提出的2个饲料添加剂品种开展审议，增补进入《饲料添加剂品种目录》；为3个产品开展新产品申报咨询评议；接待新产品申报等技术咨询15次。

四、积极做好《饲料添加剂品种目录》修订基础性工作

组织饲料添加剂生产情况调查和食品用香料专项调研，结合对欧盟等近年来法规进展，创新修订工作方式，充分发挥相关领域专家技术优势，分类开展《目录》修订工作，组织召开7次《饲料添加剂品种目录》讨论会，对400多个添加剂品种的生产工艺和含量规格进行审定，为加强行业监管提供技术支撑。

五、开展官方评议和国外法规动态跟踪

认真做好饲料行业WTO官方通报评议和国外法规和技术指南的动态跟踪。2019年共收到欧盟、日本、韩国等国家和地区的通报评议47件，对与我国进出口贸易量大、涉及饲料质量安全的9件通报进行了技术评议。重点对菲律宾、韩国关于从出现非洲猪瘟（ASF）疫情国家进口饲料饲草相关产品的官方通

报开展评议。发布国外饲料和饲料添加剂最新法规动态41件，为行业和企业及时了解国外管理动态提供服务。

六、加强行业服务，成功举办2019中国饲料发展论坛和协会年会

为服务行业发展，增强内生动力，在2019年饲料工业展览会期间，以“增强内生动力，提升发展质量，加快转型升级”为主题，举办2019中国饲料发展论坛。论坛邀请行业领导、知名专家学者、企业家代表就三农政策、行业趋势、现代种业等领域作专题报告；同时就“应对非洲猪瘟疫疫情”和“畜牧业减排、替抗”设置2个互动环节，为行业发展问诊把脉，共600多名代表参加论坛。精心组织协会2019年年会，紧扣行业热点、难点问题，邀请行业领导和行业知名专家学者就饲料工业形势、中美经贸摩擦、原料供需、产业绿色发展等进行研讨，并就“药物饲料添加剂退出和非洲猪瘟疫情下饲料养殖业应对策略”行业焦点进行互动交流，反映诉求，解疑释惑。近500名代表参加年会。

（饲料评审处）

饲料质量监督与检测

为加强饲料质量安全监管，保障动物产品质量安全，按照《农业农村部关于印发饲料质量安全监督抽查检测工作要求及2019年工作方案的通知》（农牧发〔2019〕22号）要求，农业农村部畜牧兽医局组织开展了2019年度全国饲料质量安全监督抽查工作，监督抽查结果如下。

一、抽查情况

按照“双随机、一公开”监管要求，畜牧兽医局从被监督抽查企业库中随机选取1 555家饲料生产企业进行监督抽查，从监管专家库中随机选取100名饲料质量安全监管专家开展抽样工作。2019年监督抽查企业范围涉及30个省（自治区、直辖市）和新疆生产建设兵团，产品监测指标包括卫生、禁限用药物、牛羊源性成分和质量4个方面54项指标，产品检验检测工作由畜牧兽医局通过公开招标方式选择的27家承检机构完成，有关省级饲料质检机构对303份样品进行了复核检验。此次监督抽查的样品采集、派样检测、检测报告、复核检验等全部工作流程均录入全国饲料质量安全监测信息系统，实现监督抽查工作全程可追溯。在监督抽查中随机选取部分饲料、饲料添加剂生产企业进行现场检查。国家饲料质量监督检验中心（北京）、中国农业科学院饲料研究所和北京畜牧兽医研究所等单位参与完成有关工作。

二、监督抽查结果

（一）总体情况

2019年监督抽查工作共抽检各类商品饲料样品2 805批次，总体合格率96.2%。其中，配合饲料1 622批次，合格率95.7%；浓缩饲料436批次，合格率93.1%；精料补充料76批次，合格率98.7%；宠物饲料54批次，合格率96.3%；添加剂预混合饲料285批次，合格率99.0%；饲料添加剂95批次，合格率100%；混合型饲料添加剂122批次，合格率100%；动物源性饲料原料52批次，合格率96.2%；植物性饲料原料46批次，合格率97.8%；单一饲料17批次，合格率100%。

（二）重要指标检测结果

对2 742批次样品进行卫生指标检测，发现41批次不合格产品，不合格率为1.5%；对2 201批次样品进行禁限用药物指标检测，发现38批次不合格产品，不合格率为1.7%；对30批次样品进行牛羊源成分指标检测，发现2批次不合格产品，不合格率为6.7%；对2 429批次样品进行质量指标检测，发现34批次不合格产品，不合格率为1.4%。

三、企业现场检查结果

在完成监督抽查工作的同时，畜牧兽医局还委托专家对照生产企业许可条件和《饲料质量安全管理规范》（以下简称“管理规范”）要求，围绕安全生产、许可条件、原料使用、生产过程控制、产品质量控制、管理规范执行、标签标识7个方面33项内容，对202家饲料生产企业（包括配合饲料、浓缩饲料、精料补充料、添加剂预混合饲料、混合型饲料添加剂生产企业）、17家饲料添加剂生产企业和17家单一饲料生产企业进行了现场检查。

结果发现，饲料生产企业主要存在以下问题：一是生产过程污染风险防控措施不到位，涉及125家企业，占比61.9%；二是原料查验检验制定落实不到位，涉及97家企业，占比48.0%；三是管理规范有关制度执行不到位，涉及85家企业，占比42.1%；四是危险操作面防护措施不到位，涉及82家企业，占比40.6%；五是用电防护措施不到位，涉及67家企业，占比33.2%。饲料添加剂生产企业主要存在用电防护措施不到位、设施设备与许可申报不一致、留样观察制度未落实3个问题，各涉及4家企业，占比均为23.5%。单一饲料生产企业主要存在劳动保护不到位、未严格执行产品出厂检验、留样观察制度不落实3个问题，涉及企业分别为6家、5家、4家，占比分别为35.3%、29.4%、23.5%。现场检查专家对存在问题的企业分别提出了整改意见建议。

四、有关要求

针对2019年度饲料质量安全监督抽查工作中发现的问题，畜牧兽医局要求各级畜牧兽医管理部门要高度重视饲料质量安全问题，切实落实属地管理责任，加快建立"互联网+监管"工作机制，强化落实监管措施，督促企业依法依规生产。

一是按照《饲料和饲料添加剂管理条例》规定，严肃处理监督抽查中发现的不合格产品及其生产企业，督促指导有关企业进行对照整改，并要求将有关查处和整改落实情况请于2020年7月30日前报送至畜牧兽医局。

二是根据全国饲料质量安全监督抽检和地方抽检结果，对涉嫌售假冒伪劣产品、产品连续出现不合格情况的生产企业实施重点监控，建立"黑名单"制度；对抽检中发现问题的生产企业采取约谈、限期整改、行政处罚等措施，督促生产企业落实质量安全主体责任。各省级畜牧兽医管理部门可登陆全国饲料质量安全监测信息系统，查看本省（自治区、直辖市）有关企业被监督抽查情况及结果。

三是要求各省级畜牧兽医管理部门加大辖区内饲料、饲料添加剂生产企业监管力度，以生产企业许可条件和管理规范执行情况为重点开展现场检查，对管理混乱、存在严重质量安全风险隐患的企业，要督促整改或依法处罚。

附件：1. 2019年全国饲料质量安全监督抽查不合格产品列表（卫生指标）
2. 2019年全国饲料质量安全监督抽查不合格产品列表（禁限用药物指标）
3. 2019年全国饲料质量安全监督抽查不合格产品列表（牛羊源成分指标）
4. 2019年全国饲料质量安全监督抽查不合格产品列表（质量指标）

（攀　霞　李　俊）

附件 1

2019 年全国饲料质量安全监督抽查不合格产品列表（卫生指标）

省份	生产企业	产品名称	不合格项目
山西	山西晋龙集团临汾饲料有限公司	产蛋鸡产蛋前期浓缩饲料 JL－125	铬
		产蛋后备鸡前期配合饲料 JL－112	铬
		产蛋鸡产蛋高峰期浓缩饲料 JL－126	铬
	山西万年青饲料有限公司	蛋鸡产蛋期浓缩饲料 668	铬
		蛋鸡产蛋高峰期配合饲料 623S	铬
		蛋鸡青年期配合饲料 622A	铬
	山西晋龙集团饲料有限公司	产蛋鸡产蛋高峰期配合饲料 JL－116	黄曲霉毒素 B_1
		产蛋鸡产蛋高峰期配合饲料 JL－119	黄曲霉毒素 B_1
		产蛋后备鸡中期配合饲料 JL－113	黄曲霉毒素 B_1
		产蛋鸡产蛋前期配合饲料 JL－115	黄曲霉毒素 B_1
	稷山县昌宏饲料养殖农民专业合作社	青年鸡全价饲料 9128	铬
		产蛋鸡全价饲料 9188	铬
辽宁	葫芦岛天时达饲料有限公司	狐狸膨化配合饲料	铬
		仔猪高蛋白浓缩料 1888H	铬
	葫芦岛正达饲料有限公司	母猪专用浓缩饲料（156）	铬
	锦州众发饲料有限公司	828 仔猪浓缩饲料	铬
黑龙江	哈尔滨鹏盛牧业有限公司	仔猪保育浓缩饲料（9930）	总砷
江苏	连云港市雨顺饲料有限公司	河蟹 1 号颗粒配合饲料	铅
		龙虾开口料颗粒配合饲料	铅、铬
安徽	安徽天邦饲料科技有限公司	3443B 南美白对虾 3 号 B 料	镉
山东	蓬莱正兴海参饲料有限公司	海参开口配合饲料	总砷
	山东联森宠物食品有限公司	全价比熊犬粮	铬
		全价泰迪专用粮	铬
	诸城鑫金聚农牧科技有限公司	肉小鸭配合饲料 8418	铬
	山东大草原农牧发展有限公司	30％肉牛浓缩饲料（草原蓝）	铬
	高唐和慧农牧有限公司	肉小鸡配合饲料 510A	铬
	昌邑八方牧歌农牧科技有限公司	肉中鸭配合饲料 549	铬
		肉中鸡配合饲料 511	铬
	乐陵和美饲料有限公司	肉小鸭配合饲料（548）	黄曲霉毒素 B_1
	上海众望（临朐）饲料有限公司	肉小鸭配合饲料 548	铬
		肉中鸭配合饲料 549	铬
河南	南阳市牧黄金饲料有限公司	生长育肥猪配合饲料 552	黄曲霉毒素 B_1
	南阳正大有限公司	蛋鸡育雏期配合饲料 521	黄曲霉毒素 B_1

（续）

省份	生产企业	产品名称	不合格项目
湖北	湖北威艾彼农牧科技有限公司	5%产蛋鸡预混合饲料 L536	总砷
		5%蛋鸡育成鸡预混合饲料 L526	总砷
湖南	澧县弘福油脂有限公司	饲料原料用棉籽粕	黄曲霉毒素 B_1
广东	韶关市大盛农营养饲料有限公司	怀孕母猪复合预混合饲料-4325	总砷
贵州	贵州省顺民饲料有限公司	仔猪浓缩饲料　珠源 206	铬
	贵州鑫瑞农业科技发展有限公司	乳猪浓缩饲料　鑫瑞红 A8	铬
陕西	西安市高陵区达利饲料有限公司	产蛋后备鸡浓缩饲料 502	铬
	陕西三原中农希望饲料科技有限公司	生长育肥猪浓缩饲料 6088	铬

附件 2

2019 年全国饲料质量安全监督抽查不合格产品列表（禁限用药物指标）

省份	生产企业名称	产品名称	不合格项目
天津	天津津门赛普科技有限公司	仔猪用浓缩饲料赛普-8018	金霉素
		仔猪用浓缩饲料赛普-8028	金霉素
	天津禾普饲料有限公司	仔猪浓缩饲料 131	金霉素
		仔猪全价配合饲料 552L	土霉素
		仔猪全价配合饲料 552	喹烯酮、土霉素
		仔猪浓缩饲料（三元王）	金霉素、土霉素
	天津爱利达科技有限公司	仔猪保育配合饲料 AS200T（爱利乐）	喹烯酮
河北	廊坊大台农饲料有限公司	生长肥育猪浓缩饲料 8288	金霉素
辽宁	辽宁金实集团有限公司	貉子膨化配合饲料	喹烯酮
吉林	吉林天惠伟邦生物科技有限公司	天惠 956 生长肥育猪浓缩饲料（肥大壮）	喹烯酮、金霉素
黑龙江	黑龙江格跃玛饲料有限公司	乳猪教槽颗粒配合饲料（8001）	喹烯酮
	巴彦县巨龙生物饲料开发有限公司	Z421 仔猪极品浓缩料	喹烯酮、金霉素
浙江	浙江多能营养饲料有限公司	25%乳猪浓缩料 2518	喹烯酮
福建	漳州市九舟饲料有限公司	512 小鸭配合饲料	金霉素
江西	南昌柯恩生物技术有限公司	乳猪配合饲料	喹烯酮
山东	山东阳谷绿源饲料有限公司	高档仔猪配合饲料（金猪二号）	土霉素
		乳猪膨化颗粒配合饲料（551A）	喹烯酮、土霉素
	临沂金迈农农业科技有限公司	小猪熟化配合饲料 生态 1 号	土霉素
	潍坊久品源饲料有限公司	乳猪高档保育配合饲料（贝贝乐）	土霉素
		小猪配合饲料（宝贝康）	金霉素
	高唐双胞胎饲料有限公司	小猪配合饲料 552	金霉素
	青岛嘉明牧业科技有限公司	乳猪配合饲料	金霉素
	山东丹育生物科技有限公司	仔猪浓缩饲料 151	土霉素
	山东京良饲料科技有限公司	肉大鹅育肥期配合饲料	土霉素
	山东九牛饲料有限责任公司	小猪配合饲料 S9912	土霉素
	山东香驰生物饲料有限公司	002 生长肥育猪期配合饲料	金霉素
		仔猪配合饲料 1191A	喹烯酮
河南	河南宏远饲料有限公司	生长育肥猪浓缩饲料（HY-151）	金霉素
广东	茂名市正辉饲料有限公司	833 大猪颗粒配合饲料	金霉素
	佛山市顺德区喜德宝企业有限公司	乳猪浓缩饲料 4011	金霉素
	佛山市南海禅益饲料有限公司	323 大鸡配合饲料	喹烯酮
广西	玉林柳新饲料有限公司	小猪配合饲料 322	土霉素
四川	乐山市金塔饲料有限公司	乳猪保育配合饲料Ⅰ型 801	金霉素

（续）

省份	生产企业名称	产品名称	不合格项目
云南	云南荣强饲料有限公司	猪用浓缩饲料 838-45	金霉素
陕西	富平县天唯源农牧有限公司	高产蛋鸡配合饲料 330	氯霉素
		产蛋鸡浓缩饲料 305	氯霉素
		产蛋鸡浓缩饲料 308	氯霉素
	汉中市沣钰农业发展有限公司	肉中大鸡配合饲料 513	金霉素

附件 3

2019 年全国饲料质量安全监督抽查不合格产品列表（牛羊源成分指标）

省份	生产企业名称	产品名称	不合格项目
江苏	溧阳市全盛生物科技有限公司	猪油渣	牛源性成分
	江苏耀东饲料科技有限公司	猪油渣粉	牛源性成分、羊源性成分

附件 4

2019 年全国饲料质量安全监督抽查不合格产品列表（质量指标）

省份	生产企业名称	产品名称	不合格项目
天津	天津津门赛普科技有限公司	中猪配合饲料赛普-2022	铜、锌
		中大猪配合饲料赛普-2023	铜
河北	石家庄市中科信饲料有限公司	獭兔配合饲料 612	铜
	廊坊大台农饲料有限公司	生长肥育猪浓缩饲料 8288	铜
辽宁	朝阳市百信饲料厂	仔猪浓缩饲料（151T）	铜
	葫芦岛正达饲料有限公司	母猪专用浓缩饲料（156）	铜
	大成农技（葫芦岛）有限公司	貉全膨化配合饲料（971）	铜、锌
吉林	吉林省正邦饲料有限责任公司	仔猪浓缩饲料 ZN810	铜
黑龙江	哈尔滨鹏盛牧业有限公司	仔猪保育浓缩饲料（9930）	锌
	黑龙江格跃玛饲料有限公司	乳猪教槽颗粒配合饲料（8001）	铜、锌
浙江	德清县红亮饲料有限公司	肉用仔鸡前期配合饲料	铜
山东	山东阳谷绿源饲料有限公司	高档仔猪配合饲料（金猪二号）	铜
	聊城新大地畜禽实业有限公司	肉鹅配合饲料	铜
	莱芜市万兴饲料有限公司	乳猪开口配合饲料（851）	锌
	沂南民乐饲料有限公司	哺乳母猪配合饲料 557	铜
	陵县八方饲料有限公司	511 肉中鸡配合饲料	锌
		肉小鸡配合饲料 510	锌
	青岛嘉明牧业科技有限公司	乳猪配合饲料	锌
	临朐金泉饲料有限公司	妊娠母猪配合饲料 006	铜、锌
	山东香驰生物饲料有限公司	仔猪配合饲料 1191A	铜
	烟台大信饲料有限公司	哺乳母猪配合饲料 2050	铜
河南	汤阴县益农饲料有限责任公司	育肥猪浓缩饲料	锌
	周口永欣饲料有限公司	哺乳母猪浓缩饲料　母仔康	锌
湖南	郴州双胞胎饲料有限公司	乳猪配合饲料 111	铜
广东	佛山市金浦饲料实业有限公司	肉鸭配合饲料 213	锌
重庆	重庆弘宇饲料有限公司	生长育肥猪配合饲料 803	铜
	重庆开洲九鼎牧业科技开发有限公司	大猪配合饲料 6D400	锌
贵州	贵州省顺民饲料有限公司	生长育肥猪前期配合饲料　中猪配合饲料	铜
	贵州万江源农业科技有限公司	肉小鸡配合饲料Ⅲ型	铜
		草鱼配合饲料Ⅱ型	铜
	贵州新之道生物科技有限公司	大猪配合饲料	铜
甘肃	张掖大北农农牧科技有限公司	健康羊伴侣羊精料补充料 a	铜
	武威新正大饲料有限公司	510 肉仔鸡前期配合饲料	铜
		511 肉仔鸡中期配合饲料	铜

粮改饲试点工作

2019年，在国家全面实施乡村振兴战略的背景下，聚焦畜牧业新要求、新任务，继续深化畜牧业供给侧结构性改革，深入推进粮改饲试点项目，取得新成效。

一、全力做好粮改饲推进工作，落实完成粮改饲面积1 500多万亩

一是强化绩效考核，确保任务落实到位。坚持以绩效考核为抓手，强化过程管理，在畜牧兽医局统一部署下，组织开展2018年度粮改饲绩效评价工作，有力促进了各试点省区粮改饲工作落实。二是强化精准管理，准确掌握粮改饲工作情况。在青贮玉米收储关键期和验收期，及时调度青贮玉米等优质饲草料种植、产量、价格、收贮量、生产方式等数据信息，全面掌握各试点省区粮改饲工作落实进展和完成情况。同时对"三区三州"中粮改饲试点县实行单独调度重点跟踪。三是强化技术指导，提高青贮玉米质量。粮改饲试点地区，不少中小型养殖企业（合作社）青贮玉米质量不高，养殖水平不高，针对这一情况，组织有关专家成立了粮改饲技术服务指导组，专家深入一线开展技术指导，大力强化技术实际操作服务。同时还举办两期青贮技术培训班，对来自17个省区的400多名粮改饲工作人员进行技术培训。四是组织召开现场会，深入推进粮改饲工作。9月底，正值青贮玉米收储关键时节，组织召开了2019年粮改饲工作推进现场会。在现场会上于康震副部长做了重要讲话，杨振海局长对粮改饲收贮工作进行了再部署。甘肃、内蒙古、山东、贵州、宁夏以及山西朔州、青海湟源农业农村部门负责人作交流发言，与会代表实地观摩了临夏州广河县、东乡县的粮改饲发展情况，学习交流了甘肃省粮改饲工作的经验和做法，取得了良好效果。五是强化调查研究，服务科学决策。由局级干部带队组成调研组，深入粮改饲试点县和养殖企业一线，调查黄河流域畜牧业发展和农牧交错带农业结构调整情况、存在问题和建议，为畜牧业发展科学决策提供依据。通过这些系列活动，2019年，粮改饲试点项目实施范围扩大到17个省区629个县，落实完成粮改饲面积1 500多万亩，收贮青贮优质饲草料4 200多万t。

二、组织实施粮改饲优质青贮行动计划，提升青贮饲料质量

为全面掌握粮改饲试点地区全株玉米青贮饲料质量状况，提升玉米青贮的整体质量，确保粮改饲政策的实施效果，自2018年起，全国畜牧总站与中国农业科学院北京畜牧兽医研究所共同组织实施粮改饲—优质青贮行动计划，对享受粮改饲补贴的收贮主体，进行全株玉米青贮饲料质量跟踪评价。

一是编制了《2019粮改饲—优质青贮行动计划（GEAF计划）》。组织专家编写了《2019粮改饲—优质青贮行动计划（GEAF计划）》，现场指导了山东、宁夏、河北等三省区青贮质量评鉴大赛活动，有力地推动了优质青贮行动计划落地，为提升粮改饲关键技术水平提供技术支撑。二是组织开展全株玉米青贮质量评价。2019年，对全国17个粮改饲试点省区的550个县粮改饲收贮主体的全株玉米青贮饲料进行质量跟踪评价，共采集有效样品466个样品，每个样品检测18项质量安全指标，同时结合委托检测评价的340个玉米青贮样品数据，研究提出青贮质量分级评分指数（CSQS），全面掌握我国全株玉米青贮质量状况，并在此基础上编制《2019年中国全株玉米青贮质量安全报告》。三是组织举办第三届全国全株玉

米青贮质量评鉴大赛。8月，在内蒙古自治区组织举办了评鉴大赛，国内外20多名专家对采集的631个青贮样品进行现场评鉴，通过感官评价及检验数据分析，共评选出了10名金奖和10名银奖。全国全株玉米青贮质量评鉴大赛以点带面发挥了示范引领和辐射带动作用，提高了全国青贮饲料质量和安全，确保了粮改饲实施效果，促进了畜牧业高质量发展。

科技与推广

2019年，由中国农业大学谯仕彦教授主持完成的“新型饲用氨基酸与猪低蛋白质饲料创制技术”获国家技术发明二等奖，项目参加单位及完成人包括长春大成实业集团有限公司王德辉、辽宁禾丰牧业股份有限公司岳隆耀、中国农业大学曾祥芳、亚太兴牧（北京）科技有限公司王春平、中国农业大学马曦。我国养猪产业规模世界第一，但长期存在蛋白质饲料资源短缺，以大豆为主的饲用蛋白质大量依赖进口，高蛋白质饲料配制及利用技术落后，造成氮排放过多污染严重等问题。但国内外低蛋白质饲料配制技术又存在种猪繁殖性能低、育肥猪胴体品质下降的难题。针对上述问题，项目历经16年，在新型饲用氨基酸创制、内源氨基酸合成与氮高效利用、新型低蛋白质饲料制备等方面进行了系统研究，取得了系列重要发明。发明了赖氨酸硫酸盐制备工艺和苏氨酸与色氨酸直接结晶新技术，实现了规模化生产，扭转了我国饲用氨基酸依赖进口的被动局面，为新型低蛋白质饲料的创制奠定了基础。独创雾化造粒、成型选别和流化包衣制备赖氨酸硫酸盐工艺，创制出赖氨酸硫酸盐系列新产品，较传统赖氨酸盐酸盐生产污水排放减少90%，成本降低45%；产品占全球赖氨酸市场份额近40%，年出口量超过100万t。创建了渗透压为1 500mOsm/kg的高渗发酵与连续补料相结合以及无离子交换直接结晶苏氨酸和色氨酸的新技术，较传统技术成本分别降低48%和60%。发明了氨基酸内源合成激活剂N-氨甲酰谷氨酸（NCG）新工艺，首创畜禽内源氨基酸合成与氮高效利用新途径，为减少氮排放和改善种猪繁殖性能提供了技术支撑。创建了以甲酸铵、氢氧化钠和谷氨酸为原料制备NCG母液以及母液微波处理新工艺，替代了欧美以氰酸钾等有毒物质为原料的生产工艺，实现了饲用NCG安全高效生产，填补了国内外促进畜禽氨基酸内源合成产品的空白。NCG通过激活N-氨甲酰磷酸合成酶Ⅰ促进精氨酸、瓜氨酸、鸟氨酸和脯氨酸等氨基酸体内合成，氮沉积效率提高10%以上，窝产仔数平均提高1.2头。发明了新型低蛋白质氨基酸平衡饲料技术与系列产品，突破了胴体品质下降的技术瓶颈，有效缓解了大豆高度依赖进口和养猪业氮排放污染的问题。解析了低蛋白质饲料中关键氨基酸在猪体内的代谢转化与调控机制，揭示了净能体系配制猪低蛋白质饲料增加氮利用率、减少体脂肪沉积的机制，创建了新型低蛋白质饲料中多种氨基酸相互平衡和净能赖氨酸平衡新模式。创制了种猪、仔猪和育肥猪系列新型低蛋白质饲料产品16种。与高蛋白质饲料相比，新型低蛋白质氨基酸平衡饲料可提高猪肉中风味物质的含量，瘦肉率提高10%以上，养殖全程豆粕平均用量减少20%以上，氮利用率提高10%～15%，粪尿排泄、氮排放和猪舍氨气浓度分别减少15%～20%、25%～35%和20%～30%。近3年新增销售额273.08亿元，新增利润33.24亿元；推广新型饲用氨基酸120多万t，新型低蛋白质饲料（以配合饲料计）1.1亿t；年替代大豆650多万t，减少氮排放35万t以上。研制的新型饲用氨基酸产品出口欧美日韩等35个国家和地区，专利转让和技术服务收入2 950万元。获国家发明专利17件，饲料添加剂新产品证书2个，欧盟饲料添加剂安全认证证书3个；制定、修订国家标准2项、团体标准1项；发表论文122篇，其中SCI论文70篇。项目成果曾获神农中华农业科技奖一等奖和大北农科技奖一等奖。

由浙江大学汪以真教授主持完成的“猪健康养殖的饲用抗生素替代关键技术及应用”获国家科技进步二等奖，项目参加单位包括华南农业大学、北京大北农科技集团股份有限公司、浙江农林大学、浙江惠嘉生物科技股份有限公司、杭州康德权饲料有限公司、天邦食品股份有限公司。我国是全球最大的动物饲料和畜产品生产国，饲料生产量居世界第一，猪肉生产量占全球48%。当前，我国猪饲用抗生素使用量已占畜禽饲用抗生素的70%，食品安全、环境污染等一系列问题随之而来，饲用抗生素成为阻碍优质、安全、生态的动物饲料和畜产品生产，阻拦我国由生产大国向生产强国迈进的主要瓶颈。项目主要针对生猪养殖饲用抗生素过量使用和滥用引起的细菌耐药、抗生素残留、肉品质下降及土壤水体污染风险等严重威胁我国养猪业和饲料产业的问题，聚焦猪的免疫调节、微生态平衡、肠黏膜修复三大难点，历经近20年的系统研究，创建了猪先天免疫因子—内源抗菌肽高效表达的营养调控技术、肠黏膜保护因子的控释增效技术、肠道微生物平衡技术，创制了丁酸梭菌、地衣芽孢杆菌和约氏乳杆菌饲料添加剂新产品，形成了猪健康养殖的饲用抗生素替代的营养技术体系，减少猪饲用抗生素70%以上，生长肥育猪全程不添加饲用抗生素。项目形成了一套易操作、效果好、成本低、系统性强的技术产品，已经在全国近30个省（自治区、直辖市）的300余家大中型饲料和生猪养殖企业应用推广。

由中国农业科学院北京畜牧兽医研究所熊本海研究员主持完成的“家畜养殖数字化关键技术与智能饲喂装备创制及应用”获国家科技进步二等奖，项目参加单位包括北京农学院、江苏省农业科学院、河南南商农牧科技股份有限公司、无锡市富华科技有限责任公司、温氏食品集团股份有限公司、北京大北农科技集团股份有限公司。项目主要针对我国家畜精细养殖全面数字化的需求，开展了“饲料营养数据库与家畜营养动态模型构建”“家畜电子标识及智能饲喂设备创制”及“环境精准控制及养殖过程数字化平台研发”三方面的研究，历经多年取得了多项创新性研究成果：建成了功能完整的中国饲料数据库，获得了系列化的家畜营养动态模型及日粮配方优化系统；率先实现了家畜电子标识国产化，创制了家畜生命体征感知系统及智能精准饲喂装备；创建了家畜环境精准控制系统，形成了家畜养殖数字化管控和畜产品溯源的理论与技术体系。该项目总体实现了主要家畜养殖数字化与智能化的理论与技术创新。成果构建的应用饲料数据库及配方技术、智能装备、标识产品等已覆盖除澳门外的全国33个省（自治区、直辖市），包括饲料行业TOP10在内的3 700余家企业；核心的标识产品出口到5大洲94个国家，成为我国少有的进入国际市场的家畜标识产品，项目成果1995—2018年已经累计新增产值1 275.09亿元，累计新增利税94.55亿元。

由中国农业大学杨富裕教授主持完成的“饲草优质高效青贮关键技术与应用”获国家科技进步二等奖，项目参加单位包括华南农业大学、兰州大学、山西农业大学、河北省农林科学院农业资源环境研究所、全国畜牧总站、四川高福记生物科技有限公司。项目针对青贮营养损失大、青贮成功率低、标准化生产技术体系不健全三大产业问题，围绕青贮发酵机理研究薄弱、青贮菌剂受制于人两大技术瓶颈开展技术攻关，以饲草青贮发酵机理研究为突破点，攻克了青贮发酵过程中优良菌株少、初期发酵慢、不良发酵多、有氧变质快等关键技术难题，自主创制出系列青贮菌剂，建立了青贮全产业链技术体系并推广应用，极大提升了我国青贮饲料生产水平，有力支撑了我国节粮型草食畜牧业提质增效。

由四川农业大学周小秋教授主持完成的“草鱼健康养殖营养技术创新与应用”获国家科技进步二等奖，项目参加单位包括通威股份有限公司、广州市科虎生物技术研究开发中心、四川省畜牧科学研究院、四川省畜科饲料有限公司、中国水产科学研究院淡水渔业研究中心、成都美溢德生物技术有限公司。草鱼是我国养殖量最大的鱼类，集约化养殖易引起发病率和用药量增加，肉品质下降，严重威胁其优质安全生产。营养是调控鱼类健康养殖和鱼肉品质的重要途径，然而缺乏相关理论与技术的系统研究。项目以草鱼“器官健康”和“鱼肉品质”为核心，揭示了营养调控草鱼“器官健康”和“鱼肉品质”的作用及机制，创新了草鱼健康养殖、优质安全生产的营养与关键饲料技术并推广应用。项目瞄准产业问题，创新增强“器官健康”和改善“鱼肉品质”的35种营养物质需要技术参数8套、关键饲料技术23项；研制了水产专用饲料产品35个；获国家新饲料添加剂产品证书1个，制定国标、行标和企标14项；获授权专利34件和有机、无公害鱼、产地认证证书32个。该成果推广应用后鱼发病率、死亡率、用药成本、氮磷排出分别降低73%、84%、73%、16%以上，生产成绩提高16%以上，在全国16省市45家企业推广应用以来，获经济效益79.61亿元（近三年29.90亿元）。

为深入贯彻党的十九大和十九届二中、三中、四中全会精神，实施科教兴农战略、人才强国战略和创新驱动发展战略，充分发挥科技创新在推进农业农村现代化发展中的重要作用，农业农村部决定，对2018—2019年度为我国农业科技进步作出突出贡献的农业科技人员和团队给予表彰。16项涉及饲料的项目、团队及丛书获得奖励，其中科学研究类一等奖8项，科学研究类二等奖2项，科学研究类三等奖3项，优秀创新团队奖1个，科学普及奖2项。

2018—2019 年度与饲料相关的神农中华农业科技奖获奖项目

序号	项目名称	奖励类别	主要完成人	主要完成单位
1	奶牛营养代谢调控和绿色健康养殖关键技术开发与应用	科学研究类成果一等奖	李胜利，曹志军，杨红建，李建国，甄玉国，乔绿，王雅晶，孙武文，李寰旭，杨军香，彭传文，夏建民，杨敦启，刘春龙，都文，姚琨，田雨佳，张书义，王蔚，卢娜	中国农业大学，河北农业大学，长春博瑞农牧集团股份有限公司，北京首农畜牧发展有限公司，北京东方天合生物技术有限责任公司，天津农学院，天津嘉立荷牧业集团有限公司，全国畜牧总站，中国科学院东北地理与农业生态研究所
2	猪精准营养配方技术体系的建立与应用	科学研究类成果一等奖	王军军，张帅，王凤来，朴香淑，朱正鹏，曹云鹤，俞云涛，邹新华，李德发，张丽英，赖长华，董冰，沈红霞，马永喜，刘岭，黄承飞，李军涛，倪冬姣，王亚楠	中国农业大学，新希望六和股份有限公司，北京大北农科技集团股份有限公司，播恩生物技术股份有限公司，北京同力兴科农业科技有限公司
3	奶及奶制品安全控制与质量提升关键技术	科学研究类成果一等奖	王加启，郑楠，李松励，张养东，郑百芹，王成，张树秋，杨志刚，王惠铭，黄小平，文芳，李爱军，赵善仓，赵艳坤，马文丽，高斌斌，韩晓旭，刘慧敏，李慧颖，赵圣国	中国农业科学院北京畜牧兽医研究所，唐山市畜牧水产品质量监测中心，新疆农业科学院农业质量标准与检测技术研究所，山东省农业科学院农业质量标准与检测技术研究所，内蒙古蒙牛乳业（集团）股份有限公司，光明乳业股份有限公司，内蒙古伊利实业集团股份有限公司
4	新型饲用抗生素替代品创制及应用	科学研究类成果一等奖	王建华，滕达，宋维平，王秀敏，毛若雨，吴子林，郝娅，王莹莹，杨雅麟，魏凌云，田子罡，刘滢，张伟，管庆丰，刘宾，王潇，张勇，张乐，张军，杨娜	中国农业科学院饲料研究所，北京大北农科技集团股份有限公司，沈阳爱地生物科技有限公司
5	饲料质量安全与高效加工关键技术研究与应用	科学研究类成果一等奖	秦玉昌，李军国，张军民，王红英，王卫国，李俊，薛敏，饶正华，陈余，宋维平，冯光德，董颖超，谷旭，赵青余，杨洁，汤超华，牛力斌，贾亚雄，吕学泽	中国农业科学院北京畜牧兽医研究所，中国农业科学院饲料研究所，中国农业大学，河南工业大学，中国农业科学院农业质量标准与检测技术研究所，北京市畜牧总站，北京大北农科技集团股份有限公司，四川铁骑力士实业有限公司
6	畜禽抗菌药的创制与产业化关键技术的研发和应用	科学研究类成果一等奖	肖希龙，郝智慧，汤树生，贾德强，万仁玲，何家康，孔梅，赵晖，王春元，李建成，刘全才	中国农业大学，青岛蔚蓝生物股份有限公司，中国兽医药品监察所，青岛农业大学，齐鲁动物保健品有限公司，广西大学
7	奶牛专用安全高效新兽药创制与应用	科学研究类成果一等奖	李秀波，路永强，刘义明，徐飞，陈孝杰，石波，赵炳超，马书宇，郭江鹏，任康，杨宇泽，张正海，李萌，王峥，梁景乐	中国农业科学院饲料研究所，北京市畜牧总站，中牧实业股份有限公司，华秦源动物药业（北京）有限公司
8	肉鹅配套系培育与高效生产关键技术应用	科学研究类成果一等奖	王继文，王志跃，李亮，徐琪，马敏，何大乾，韩春春，杨海明，康波，胡深强，刘贺贺，张扬，王万霞，胡继伟，何桦，许恒勇，夏露，张荣萍，宋陈玲，郑灿财	四川农业大学，扬州大学，四川省畜牧总站，上海市农业科学院
9	生物饲料添加剂新产品研发与应用	科学研究类成果二等奖	丁宏标，蔡辉益，张荣庆，吴庭鹤，高秀华，陶正国，邵彩梅，钱雪桥，徐广锐	中国农业科学院饲料研究所，清华大学，浙江清华长三角研究院，广州立达尔生物科技股份有限公司，辽宁禾丰牧业股份有限公司，广东海大集团股份有限公司

（续）

序号	项目名称	奖励类别	主要完成人	主要完成单位
10	海水鱼循环水养殖关键技术研发与产业化	科学研究类成果二等奖	曲克明，刘鹰，崔正国，刘寿堂，张宇雷，朱建新，尤锋，宋协法，孙金生，邢克智，刘晃，李勇，马绍赛，徐勇，张旭志	中国水产科学研究院黄海水产研究所，中国科学院海洋研究所，海阳市黄海水产有限公司，中国水产科学研究院渔业机械仪器研究所，中国海洋大学，天津师范大学，天津农学院
11	畜禽产品质量安全风险因子识别与评估技术研发及应用	科学研究类成果三等奖	罗林广，邱静，张大文，钱永忠，廖且根，邱素艳，许彦阳，张莉，张金艳，何清华	江西省农业科学院农产品质量安全与标准研究所，中国农业科学院农业质量标准与检测技术研究所，宁都县畜牧兽医局
12	芽孢杆菌益生菌在畜禽养殖业中的应用	科学研究类成果三等奖	王升平，李丽立，印遇龙，李咏梅，马向东，张彬，陈宇光，雷平，张刚，陈晓安	中国科学院亚热带农业生态研究所，湖南省微生物研究院，湖南农业大学，青岛蔚蓝生物集团有限公司，湖南粒丰生物科技有限公司
13	乳品安全管控与品质提升关键技术产业化开发与应用	科学研究类成果三等奖	陈历俊，耿健强，刘继超，万宇平，刘江毅，张朔望，赵军英，林莉，姜洁，乔为仓	北京三元食品股份有限公司，北京市食品安全监控和风险评估中心（北京市食品检验所），中国奶业协会，北京勤邦生物技术有限公司，北京中大华远认证中心
14	东北农业大学—非粮型饲料资源研究与开发创新团队	优秀创新团队奖	单安山，张永根，包军，崔国文，石宝明，冯兴军，许丽，李垚，马得莹，徐良梅，董娜，李建平，李锋，马清泉，刁新平，张忠远，吕银凤，窦秀静，孟庆维，姜新鹏	东北农业大学
15	图解畜禽标准化规模养殖系列丛书	科学普及奖	朱庆，王之盛，王继文，张红平，颜景辰，杨在宾，谢晓红，林燕，丁雪梅，尹华东，朱德康，皱华围，薛白，王立志，王彦，赖松家，李亮，占思远，晋超，陈舜	四川农业大学，中国农业出版社有限公司，山东农业大学，四川省畜牧科学研究院
16	全国主推高效水产养殖技术丛书	科学普及奖	陈学洲，郑珂，于秀娟，高勇，黄向阳，王金环，李苗，张海琪，陈焕根，张秋明，杨华莲，王广军，戴银根，欧东升，邹宏海，何中央，汤亚斌，刘国兴，刘学光，吴海军	全国水产技术推广总站，中国农业出版社有限公司，江苏省渔业技术推广中心，广西壮族自治区水产技术推广总站，北京市水产技术推广站，浙江省水产技术推广总站，中国水产科学研究院珠江水产研究所，湖北省水产技术推广总站，江西水产技术推广站，湖南张家界大鲵国家级自然保护区管理处（湖南省大鲵救护中心）

为深入贯彻落实《中华人民共和国农业技术推广法》，表彰奖励在在农业技术推广工作中做出贡献的单位和个人，农业农村部组织完成了2016—2018全国农牧渔业丰收奖评审工作，于2019年12月对获奖情况进行通报，涉及饲料及相关的奖项38项，其中一等奖10项，二等奖17项，三等奖11项。

2016—2018全国农牧渔业丰收奖农业技术推广成果奖饲料及相关项目

序号	项目名称	第一完成单位	第一完成人	奖励类别
1	肉羊健康高效养殖全营养草料复合颗粒饲料推广与示范	山西农业大学	张建新	推广成果一等奖
2	奶牛高效生产综合配套技术推广	黑龙江省乳业发展中心	朱赫	推广成果一等奖

（续）

序号	项目名称	第一完成单位	第一完成人	奖励类别
3	水禽集约化高效生态养殖关键技术集成与推广	江苏省畜牧总站	贡玉清	推广成果一等奖
4	青海省燕麦饲草生产全程机械化技术集成与推广	青海省农牧机械推广站	许振林	推广成果一等奖
5	畜禽养殖中未知添加物筛查与控制新技术及推广应用	中国农业科学院农业质量标准与检测技术研究所	杨署明	推广成果一等奖
6	中苜 2 号高产苜蓿新品种的推广应用	中国农业科学院北京畜牧兽医研究所	杨青川	推广成果一等奖
7	草鱼绿色养殖和产业升级技术集成与示范推广	中国水产科学研究院珠江水产研究所		推广成果一等奖
8	生猪高效生态健康养殖关键技术集成与推广	南京农业大学	黄瑞华	推广成果一等奖
9	优质肉牛标准化生产关键技术研究集成与示范推广	西北农林科技大学	昝林森	推广成果一等奖
10	规模化奶牛场优质高效安全体系与关键技术推广	全国畜牧总站	韩广文	推广成果一等奖
11	畜禽规模化养殖节能减排关键技术推广应用	北京市畜牧业环境监测站	张加勇	推广成果二等奖
12	新型瘦肉精免疫快速检测技术的创建与推广应用	河北省科学院生物研究所	李春生	推广成果二等奖
13	肉牛生态健康养殖技术集成与推广	山西省生态畜牧产业管理站	刘晓妮	推广成果二等奖
14	生猪健康模式综合配套技术推广	辽宁省农业发展服务中心	郑林	推广成果二等奖
15	黑龙江省奶公犊牛综合利用技术的应用推广	黑龙江省畜牧兽医信息中心	王宏光	推广成果二等奖
16	优质肉鸡养殖提质增效关键技术集成创新与应用	江苏省家禽科学研究所	施寿荣	推广成果二等奖
17	海水蟹配合饲料研发和替代冰鲜小杂鱼养殖示范与推广	浙江省水产技术推广总站	丁雪燕	推广成果二等奖
18	环保型生物饲料关键技术研究及产业化	安徽省农业科学院畜牧兽医研究所	夏伦志	推广成果二等奖
19	基于生物安全控制的畜禽绿色养殖模式创建与示范	安徽农业大学	涂健	推广成果二等奖
20	优质肉鸡精准营养与饲料添加剂应用关键技术推广	江西省农业科学院畜牧兽医研究所	邹志恒	推广成果二等奖
21	免疫增强型畜禽饲料配制技术示范推广	江西省农业科学院畜牧兽医研究所	李思明	推广成果二等奖
22	青贮饲料新技术创新集成与示范推广	山东省畜牧总站	姜慧新	推广成果二等奖
23	博落回散在生猪健康养殖中的推广应用	湖南省兽药饲料监察所（农业农村部畜禽产品质量安全监督检验测试中心·长沙）	欧阳龙	推广成果二等奖
24	西南地区奶牛健康养殖关键技术创新集成与示范推广	四川省畜牧科学研究院	谢晶	推广成果二等奖

（续）

序号	项目名称	第一完成单位	第一完成人	奖励类别
25	肉兔高效健康养殖关键技术集成与推广应用	四川省畜牧总站	谢晓红	推广成果二等奖
26	黔北肉羊标准化养殖技术集成推广	遵义市畜牧总站	肖礼华	推广成果二等奖
27	羊绿色增效技术集成模式创新与应用	中国农业科学院兰州畜牧与兽药研究所	杨博辉	推广成果二等奖
28	内蒙古三河牛提高生产性能综合技术集成与示范推广	呼伦贝尔市畜牧工作站	包利锋	推广成果三等奖
29	包头市肉羊生产“提质增效”综合配套技术推广	包头市家畜改良工作站	贾保中	推广成果三等奖
30	生鲜乳质量安全检测技术的推广应用	黑龙江省兽药饲料监察所	郭昭林	推广成果三等奖
31	高寒地区河蟹生态养殖技术示范推广	黑龙江省水产技术推广总站	张旭彬	推广成果三等奖
32	绿色生态蛋鸡标准化养殖研究与产业化示范	柳州市宏华禽蛋养殖有限公司	曹艳红	推广成果三等奖
33	饲草高效生产及养畜配套技术集成推广	重庆市畜牧技术推广总站	尹权为	推广成果三等奖
34	兽药饲料质量监测集成技术推广应用	遵义市兽药饲料监察所	李骥泽	推广成果三等奖
35	肉牛高效增产技术集成生产模式研究与示范	甘肃省畜牧业产业管理局	李积友	推广成果三等奖
36	甘肃省红豆草等优良牧草营养评价与产品研发	甘肃省草原技术推广总站	张榕	推广成果三等奖
37	柴达木肉牛产业化技术集成与示范项目	海西自治州畜牧兽医工作站	布仁朝格图	推广成果三等奖
38	非粮资源饲料化技术集成与推广应用	宁夏农林科学院畜牧兽医研究所（有限公司）	刘自新	推广成果三等奖

（吴子林）

饲料工业标准化

2019 年，全国饲料工业标准化技术委员会（以下简称“标委会”）在国家标准化管理委员会和农业农村部农产品质量安全监管司、畜牧兽医局等主管司局的领导和支持下，以“优供给、强安全、保生态”为中心，结合饲料工业发展需求和行业重点工作，大力推进标准制定、修订，为促进行业高质量发展和公平贸易提供了有力的技术支撑，为政府部门监督执法提供了有效技术手段。

一、推进标准制（修）订

1. 推动行业亟需标准立项。根据年度饲料行业标准化工作重点，在饲料工业信息网上公开征集标准项目，组织召开申报项目论证评审会议，严把标准申报质量关。2019 年，推动标准立项 36 项，其中，国家市场监督管理总局下达的《仔猪、生长育肥猪配合饲料》等国家标准计划 12 项（见表 1），农业农村部下达的《饲料中氟虫腈及其代谢物的测定　液相色谱-串联质谱法》等农业行业标准计划 24 项（见表 2）。

2. 推动立项标准的审查和报批。全年召开标准审查会 4 次，审查标准 39 项（见表 3）。报批标准 40 项，其中《饲料添加剂　第 5 部分：微生物 酿酒酵母》等强制性国家标准 3 项，推荐性国家标准 1 项（见表 4），《饲料添加剂　硫酸锰》等国家标准外文版 8 项（见表 5），《畜禽血液和尿液中 160 种兽药及其他化合物的测定　液相色谱-串联质谱法》等农业行业标准 28 项（见表 6）。

3. 推动报批标准的发布。推动国家市场监管总局和农业农村部全年发布标准 35 项，其中《饲料添加剂　第 1 部分：氨基酸、氨基酸盐及其类似物　L-苏氨酸》等强制性国家标准 10 项，《饲料中氨基酸的测定》等推荐性国家标准 3 项（见表 7），《畜禽血液和尿液中 160 种兽药及其他化合物的测定　液相色谱-串联质谱法》《畜禽血液和尿液中 150 种兽药及其他化合物同步检测　液相色谱-高分辨质谱法》等农业行业标准 21 项（见表 8）。推动中国饲料工业协会发布《饲料中地西泮的测定》团体标准 1 项（见表 9）。

二、进行 2015 年前立项至今尚未完成项目的清理

根据国标委要求，完成了对本标委会归口的 2015 年之前下达、至今未完成的 35 个国家标准项目的清理，在起草单位自评的基础上，邀请专家对标准技术内容进行研讨，本着行业需要、承担单位能力许可的原则，确定了清理结论并向国标委提交了处理建议。除《饲料用玉米》已批准发布外，建议继续执行 17 项、终止 17 项；继续执行的计划中，8 项处于公开征求意见阶段，8 项处于送审阶段，1 项处于报批阶段。

三、强化标准制修订和宣贯培训

一是强化《饲料卫生标准》等重要基础标准宣贯，3 月 22 日，在武汉市举办 2019 年饲料工业标准宣贯培训班，邀请标准起草专家权威解读《饲料卫生标准》《饲料标签》以及 13 项最新发布的饲料中有毒有害物质和违禁物质检测方法标准，来自全国饲料企业、各省级饲料检测和监督机构等单位的 230 名代表参加培训。二是组织标准制定、修订编制培训，5 月 21—22 日，在西安举办一期饲料工业标准编制培训班，重点围绕新修订的标准化工作导则和标准制定、修订程序要求，对 100 余位委员以及起草、审查专家进行了培训，有效提升了标准编制的质量。

四、强化标委会自身建设和标准化服务功能

为增强标准化工作的公开性、透明度，提高标准的

规范性，本年度在标委会重点开展了以下工作：一是在中国畜牧兽医信息网（http：//www. nahs. org. cn/）和中国饲料工业协会官网（http：//www. chinafeed. org. cn/）开设饲料标准专栏，将标准目录，制定、修订计划，工作程序和相关要求向社会公开，便于全行业对标准化工作进行了解。二是组织专家编制了高效液相色谱检测方法等 8 个检测方法标准模板和 1 个方法验证报告模板，免费向全行业提供并在标准专栏中公开，有效提高了标准的规范化水平。三是对强制性国家标准以及重要推荐性标准的标准文本和编制说明，除定向征求意见外，将在上网进行为期 30 天的公开征求意见，进一步提升了征求意见的实效性以及全行业标准化工作的参与度。

五、履行国际标准化组织对口单位职责

作为国际标准化组织 ISO/TC34/SC10 的国内对口单位，完成《动物饲料　术语》等 15 项国际标准制定、修订和复审投票（表 10），作为工作组成员参加《玉米》国际标准饲用玉米部分的制定工作，并就国际标准《玉米》中饲用玉米的杂质和分级条款多次进行交涉，提出了我方意见。完成饲料工业国际标准转化情况的梳理，并向国家标准化管理委员会提交了研究报告。

表 1　2019 年新立项国家标准汇总表

序号	计划号	标准名称	制定/修订	修订标准号
1	20190870—T—469	仔猪、生长育肥猪配合饲料	修订	GB/T 5915—2008
2	20190871—T—469	产蛋鸡和肉鸡配合饲料	修订	GB/T 5916—2008
3	20193216—T—469	饲料中粗纤维的含量测定	修订	GB/T 6434—2006
4	20193215—T—469	饲料中中性洗涤纤维（NDF）的测定	修订	GB/T 20806—2006
5	20193214—T—469	饲料中铬的测定	修订	GB/T 13088—2006
6	20193213—T—469	饲料中总砷的测定	修订	GB/T 13079—2006
7	20193220—T—469	饲料中尼卡巴嗪的测定	修订	GBT 19423—2003
8	20193212—T—469	饲料中丁基羟基茴香醚、二丁基羟基甲苯、特丁基对苯二酚、乙氧喹和没食子酸丙酯的测定	修订	GB/T 17814—2011
9	20193217—T—469	饲料中硒的测定	修订	GB/T 13883—2008
10	20193218—T—469	饲料中水溶性氯化物的测定	修订	GB/T 6439—2007
11	20193219—T—469	饲料中碘的测定	修订	GB/T 13882—2010
12	20194231—T—469	饲料　采样	修订	GB/T 14699. 1—2005

表 2　2019 年新立项农业行业标准汇总表

序号	标准名称	制定/修订	修订标准号
1	玉米秸秆蒸汽爆破饲料制作技术规范	制定	—
2	饲料中二噁英及二噁英类多氯联苯的测定　荧光素酶表达基因法	制定	—
3	饲料中氰虫腈及其代谢物的测定　液相色谱-串联质谱法	制定	—
4	青绿饲料中 60 种农药残留的测定　液相色谱-串联质谱法	制定	—
5	哲罗鲑配合饲料	制定	—
6	虹鳟养殖技术规范 配合颗粒饲料（SC/T 1030. 7—1999）	制定	—
7	饲料中酸价的测定	制定	—
8	饲料添加剂 α-半乳糖苷酶活力的测定	制定	—
9	团头鲂配合饲料	修订	SC/T 1074—2004
10	饲料中阿克洛胺、甲苄喹啉、癸氧喹酯含量的测定　高效液相色谱法和液相色谱-串联质谱法	制定	—

（续）

序号	标准名称	制定/修订	修订标准号
11	饲料中盐酸异丙嗪、盐酸氯丙嗪、地西泮、盐酸硫利达嗪和奋乃静的同步测定　高效液相色谱法和液相色谱质谱联用法	修订	NY/T 1458—2007
12	饲料中卡巴氧、乙酰甲喹、喹烯酮和喹乙醇的测定　液相色谱-串联质谱法	修订	农业部 2086 号公告-5-2014
13	饲料中地克珠利和妥曲珠利的测定　高效液相色谱法和液相色谱-串联质谱法	修订	农业部 1862 号公告-5-2012 农业部 2349 号公告-1-2015
14	饲料中安普霉素的测定　高效液相色谱法	修订	农业部 1 486 号公告-3-2010
15	饲料中大观霉素的测定	修订	农业部 2086 号公告-7-2014
16	饲料中斑蝥黄的测定　高效液相色谱法	修订	NY/T 2896—2016
17	饲料中伏马毒素的测定	修订	NY/T 1970—2010
18	饲料中二硝托胺的测定　高效液相色谱法	修订	农业部 783 号公告-5-2006
19	饲料添加剂中重金属限量试验 比浊法	制定	—
20	饲料中米诺地尔的测定　液相色谱法和液相色谱-串联质谱法	制定	—
21	动物尿液中 22 种 β-受体激动剂的测定　液相色谱-串联质谱法	修订	农业部 1063 号公告-3-2008
22	中华绒螯蟹配合饲料	修订	SC/T 1078—2004
23	克氏原螯虾配合饲料	制定	—
24	饲料中链霉素、双氢链霉素和卡那霉素含量的测定　液相色谱-串联质谱法	制定	—

表 3　2019 年审查标准汇总表

序号	标准编号	标准名称	备注
1	2014—205	饲料原料　猪肉粉	
2	2015—50	饲料原料　蛋清粉	
3	20141771—Q—469	饲料添加剂　丙酸	
4	2015—50	饲料用玉米胚芽粕	
5	2018—46—41	饲料中氨苯砜的测定　液相色谱-串联质谱法	
6	2015—111	饲料中 β-胡萝卜素的测定　高效液相色谱法	
7	2016—28—34	饲料添加剂中铊的测定　电感耦合等离子体质谱法	
8	2013—340	饲料中 37 种霉菌毒素的测定　液相色谱-串联质谱法	
9	20140207—Q—469	饲料添加剂　酿酒酵母	
10	42278	饲料原料　葡萄糖胺盐酸盐	
11	2016—29—158	大菱鲆配合饲料	
12	2018—46—84	鲟配合饲料	
13	2018—46—110	饲料中克百威、杀虫脒和双甲脒的测定　液相色谱-串联质谱	
14	2017—38—65	饲料中 17 种头孢类抗菌药物的测定　液相色谱-串联质谱法	
15	2016—29—151	饲料原料中酸溶蛋白的测定	
16	2016—29—151	饲料中苯并（a）芘的测定　高效液相色谱法	

（续）

序号	标准编号	标准名称	备注
17	2015—25	饲料中青霉素 G 等 7 中抗生素含量的测定　液相色谱-串联质谱法	
18	2018—46—88	饲料中青霉素类抗生素的测定　液相色谱-串联质谱法	
19	2018—46—11	对虾开口配合饲料	
20	W20180258	饲料添加剂　硫酸锰	国家标准外文版
21	W20180259	饲料添加剂　维生素 D_3（微粒）	国家标准外文版
22	W20180260	饲料添加剂　硫酸亚铁	国家标准外文版
23	W20180261	饲料添加剂　氯化胆碱	国家标准外文版
24	W20180262	饲料添加剂　维生素 B_6（盐酸吡哆醇）	国家标准外文版
25	W20180263	饲料添加剂　L-赖氨酸盐酸盐	国家标准外文版
26	W20180264	饲料添加剂　β-胡萝卜素（化学合成）	国家标准外文版
27	W20180265	饲料添加剂　亚硫酸氢钠甲萘醌（维生素 K_3）	国家标准外文版
28	2016—29—112	饲料原料稻谷	
29	2013—253	饲料原料小麦次粉	
30	20141769—Q—469	斑蝥黄	
31	2016—29—112	饲料原料高粱	
32	2016—29—112	饲料原料碎米	
33	2015—50	玉米胚芽粕	
34	2015—44	小麦水解蛋白	
35	2016—22	饲料添加剂蛋氨酸锌及蛋白锌络（螯）合强度的测定	
36	20061685—T—469	饲料中异硫氰酸酯的测定	
37	2017—38—116	饲料原料油脂中不皂化物的的测定	
38	2016—39	饲料添加剂β-葡聚糖酶活力的测定　分光光度法	
39	2016—39	饲料添加剂纤维素酶活力的测定　分光光度法	

表 4　2019 年报批国家标准清单

序号	项目编号	标准名称	代替标准
1	20140206—Q—469	饲料添加剂　谷氨酸钠	—
2	20100298—Q—469	饲料添加剂　植酸酶	—
3	20101439—T—469	饲料中氨基酸的测定	GB/T18246—2000
4	20140207—Q—469	饲料添加剂　第 5 部分　微生物　酿酒酵母	—

表 5　2019 年报批标准外文版清单

序号	项目编号	标准名称	标准类型
1	W20180258	饲料添加剂　硫酸锰	外文版
2	W20180259	饲料添加剂　维生素 D_3（微粒）	外文版
3	W20180260	饲料添加剂　硫酸亚铁	外文版
4	W20180261	饲料添加剂　氯化胆碱	外文版
5	W20180262	饲料添加剂　维生素 B_6（盐酸吡哆醇）	外文版
6	W20180263	饲料添加剂　L-赖氨酸盐酸盐	外文版
7	W20180264	饲料添加剂　β-胡萝卜素（化学合成）	外文版
8	W20180265	饲料添加剂　亚硫酸氢钠甲萘醌（维生素 K_3）	外文版

表 6　2019 年报批农业行业标准清单

序号	项目编号	标准名称	代替标准
1	2013—47	饲料中氢溴酸常山酮的测定　液相色谱-串联质谱法	—
2	2014—165	饲料原料　米糠饼	NY/T 123—1989
3	2014—166	饲料原料　米糠粕	NY/T 124—1989
4	2014—263	饲料原料　花生饼	NY/T 132—1989
5	2015—100	饲料中海南霉素的测定　液相色谱-串联质谱法	—
6	2016—29—150	卵形鲳鲹 配合饲料	—
7	2016—1069 2017—831	畜禽血液和尿液中 160 种兽药及其他化合物同步检测　液相色谱-串联质谱法	—
8	2016—1069 2017—831	畜禽血液和尿液中 150 种兽药及其他化合物同步检测　液相色谱-高分辨串联质谱方法	—
9	2017—38—14	饲料中硝基咪唑类药物的测定　液相色谱-质谱法	农业农村部 1486 号公告-4-2010
10	2017—38—35	饲料中纽甜、阿力甜、阿斯巴甜、甜蜜素、安赛蜜、糖精钠的测定　液相色谱-串联质谱法	—
11	2012—211	饲料中甲丙氨酯的测定　液相色谱-串联质谱法	—
12	2011—176	饲料中泰妙菌素的测定　高效液相色谱法	—
13	2013—343	饲料中赛地卡霉素的测定　液相色谱-串联质谱法	—
14	2015—131	饲料中他唑巴坦的测定　液相色谱-串联质谱法	—
15	2017—38—65； 2009—184	饲料中 17 种头孢菌素类药物的测定　液相色谱-串联质谱法	—
16	2016—29—53	饲料中盐酸氯苯胍的测定　高效液相色谱法	NY/T 910—2004
17	2011—387	饲料中乙氧酰胺苯甲酯的测定高效液相色谱法	—
18	2017—38—109； 2018—46—110	饲料中克百威、杀虫脒和双甲脒的测定　液相色谱-串联质谱法	—
19	2013—342	饲料中 N-羟甲基蛋氨酸钙的测定	—
20	2015—10	饲料原料　葡萄糖胺盐酸盐	—
21	2016—29—158	大菱鲆配合饲料	SC/T 2031—2004
22	2018—46—84	鲟鱼配合饲料	—
23	2013—340	饲料中 37 种霉菌毒素的测定　液相色谱-串联质谱法	—
24	2018—46—41	饲料中氨苯砜的测定　液相色谱-串联质谱法	—
25	2014—328	饲料中苯硫胍和硫菌灵的测定　液相色谱-串联质谱法	—
26	2015—131	饲料中交沙霉素和麦迪霉素的测定　液相色谱-串联质谱法	—
27	2016—151	饲料原料中酸溶蛋白的测定	—
28	2012—216； 2014—331	动物毛发中克伦特罗、沙丁胺醇、莱克多巴胺、苯乙醇胺 A 的测定　液相色谱-串联质谱法	—

表7　2019年发布国家标准汇总表

序号	编号	标准名称	代替标准
1	GB/T 14701—2019	饲料中维生素 B_2 的测定	—
2	GB/T 18869—2019	饲料中大肠菌群的测定	—
3	GB/T 18246—2020	饲料中氨基酸的测定	GB/T 18246—2000
4	GB 7300.101—2019	饲料添加剂　第1部分：氨基酸、氨基酸盐及其类似物　L-苏氨酸	GB/T 21979—2008
5	GB 7300.102—2019	饲料添加剂　第1部分：氨基酸、氨基酸盐及其类似物　甘氨酸	—
6	GB 7300.201—2019	饲料添加剂　第2部分：维生素及类维生素　L-抗坏血酸-2-磷酸酯盐	GB/T 19422—2003
7	GB 7300.202—2019	饲料添加剂　第2部分：维生素及类维生素　维生素 D_3 油	—
8	GB 7300.204—2019	饲料添加剂　第2部分：维生素及类维生素　甜菜碱盐酸盐	—
9	GB 7300.301—2019	饲料添加剂　第3部分：矿物元素及其络（螯）合物　碘化钾	—
10	GB 7300.302—2019	饲料添加剂　第3部分：矿物元素及其络（螯）合物　亚硒酸钠	—
11	GB 7300.401—2019	饲料添加剂　第4部分：酶制剂　木聚糖酶	—
12	GB 7300.801—2019	饲料添加剂　第8部分：防腐剂、防霉剂和酸度调节剂　碳酸氢钠	—
13	GB 7300.901—2019	饲料添加剂　第9部分：着色剂　β-胡萝卜素粉	GB/T 19370—2003

表8　2019年发布行业标准汇总表

序号	编号	标准名称	代替标准
1	农业农村部公告第197号-1-2019	饲料中硝基咪唑类药物的测定　液相色谱-质谱法	农业部1486号公告-4-2010
2	农业农村部公告第197号-2-2019	饲料中盐酸沃尼妙林和泰妙菌素的测定　液相色谱-串联质谱法	—
3	农业农村部公告第197号-3-2019	饲料中硫酸新霉素的测定　液相色谱-串联质谱法	—
4	农业农村部公告第197号-4-2019	饲料中海南霉素的测定　液相色谱-串联质谱法	—
5	农业农村部公告第197号-5-2019	饲料中可乐定等7种α-受体激动剂的测定　液相色谱-串联质谱法	—
6	农业农村部公告第197号-6-2019	饲料中利巴韦林等7种抗病毒类药物的测定　液相色谱-串联质谱法	—
7	农业农村部公告第197号-7-2019	饲料中福莫特罗、阿福特罗的测定　液相色谱-串联质谱法	—
8	农业农村部公告第197号-8-2019	动物毛发中赛庚啶残留量的测定　液相色谱-串联质谱法	—
9	农业农村部公告第197号-9-2019	畜禽血液和尿液中150种兽药及其他化合物鉴别和确认　液相色谱-高分辨串联质谱法	—
10	农业农村部公告第197号-10-2019	畜禽血液和尿液中160种兽药及其他化合物的测定　液相色谱-串联质谱法	—
11	NY/T 123—2019	饲料用米糠饼	NY/T 123—1989
12	NY/T 124—2019	饲料用米糠粕	NY/T 124—1989

（续）

序号	编号	标准名称	代替标准
13	NY/T 132—2019	饲料用花生饼	NY/T 132—1 989
14	NY/T 3473—2019	饲料中纽甜、阿力甜、阿斯巴甜、甜蜜素、安赛蜜、糖精钠的测定　液相色谱-串联质谱法	—
15	NY/T 3474—2019	卵形鲳鲹配合饲料	—
16	NY/T 3475—2019	饲料中貂、狐、貉源性成分的定性检测　实时荧光PCR法	—
17	NY/T 3476—2019	饲料原料　甘蔗糖蜜	—
18	NY/T 3477—2019	饲料原料　酿酒酵母细胞壁	—
19	NY/T 3478—2019	饲料中尿素的测定	—
20	NY/T 3479—2019	饲料中氢溴酸常山酮的测定　液相色谱-串联质谱法	—
21	NY/T 3480—2019	饲料中那西肽的测定　高效液相色谱法	—

表 9　2019 年发布团体标准汇总表

序号	编号	标准名称	代替标准
1	T/CFIAS 003—2019	饲料中地西泮的测定　高效液相色谱法	—

表 10　2019 年参与国际标准投票汇总表

序号	投票类型	编　　号	发起日期	截止日期
1	CIB	ISO/TC34/SC10 N1696	2019-01-27	2019-04-05
2	NP	ISO 19942：2018/NP Amd 1	2019-01-11	2019-04-10
3	CIB	ISO/TC 34/SC 10 _ N 1704	2019-04-28	2019-05-25
4	SR	ISO 15914：2004（vers 3）	2019-01-15	2019-06-04
5	FDIS	ISO/FDIS 20588	2019-06-27	2019-08-22
6	CD	ISO/CD 5984	2019-07-28	2019-09-20
7	WG	ISO-TC34-SC10-WG11 _ N0005 _ ISO _ 19942 _ Amd _ 1 _ _ 2nd _ WD _ August _ 2019	2019-08-18	2019-09-25
8	SR	ISO 5983-1：2005（vers 3）	2019-07-15	2019-12-02
9	SR	ISO 5983-2：2009（Ed 2，vers 2）	2019-07-15	2019-12-02
10	SR	ISO 6491：1998（Ed 2，vers 4）	2019-07-15	2019-12-02
11	SR	ISO 13903：2005（vers 3）	2019-07-15	2019-12-02
12	SR	ISO 14183：2005（vers 3）	2019-07-15	2019-12-02
13	SR	ISO 14718：1998（vers 4）	2019-07-15	2019-12-02
14	CD	ISO 19942：2018/CD Amd 1	2019-10-22	2019-12-17
15	CIB	ISO/TC34/SC10 _ N 1725	2019-12-21	2020-01-20

（王黎文）

饲料行业质量认证

一、认证行业工作概述

2019年，认证行业围绕“市场化、国际化、专业化、集约化、规范化”的目标导向，着力提升认证认可检验检测工作水平，为加强市场监管、推动高质量发展发挥了应有作用。

（一）认证行业规模

截至2019年年底，我国经中国国家认证认可监督管理委员（CNCA）会批准的认证机构达到597家，比上年增长24.6%；累计颁发有效认证证书222.7万张，比上年增长15%，连续多年发证数量世界第一；获证组织68.6万家，比上年增长10%；累计取得资质认定检验检测机构4.2万家，比上年增长6.6%；累计认可各类合格评定机构11 409家，比上年增长7.5%。

（二）2019年主要工作回顾

1. 深化改革实现新突破。完善从业机构行政审批制度，作出在自贸试验区推行认证机构审批“证照分离”改革的安排，取消从事强制性产品认证活动检查机构指定的审批制度；深化强制性产品认证制度改革，进一步压缩强制性产品认证（CCC认证）目录，目录压缩幅度达24.7%。

2. 行业监管取得新进展。通过全面实施“双随机、一公开”监督检查、加大执法查处力度、加强从业人员监管、着力防范和化解行业风险、健全监管机制，规范了行业管理，确保了认证认可活动的规范性和有效性。2019年在认证领域，按照15%比例抽查70家自愿性认证机构，对26家CCC指定认证机构实施全覆盖检查、78家CCC指定实验室实施重点检查，发现问题2 176项；重点针对25种CCC产品、9种有机产品共计2 646批次产品开展认证有效性抽查，检出不合格CCC产品272批次、有机产品30批次，撤销、暂停证书535张；对电商平台销售的CCC产品联网核查CCC证书2.7亿次，下架问题商品1 743万件。通过现场检查、第三方质量评价等形式加强认可监督，督促认可机构强化认可约束，暂停各类机构认可资格487家，撤销认可资格161家。

3. 服务发展彰显新成效。一是促进重点产业提质升级，在化工、电力、玻璃企业着力推广节能环保认证；在食品农产品领域推行有机产品、良好农业规范等认证；在消费品领域推行家电优品、智能家电、高清数字电视、金融科技产品等认证；在工业品领域推行城市轨道交通装备、交通一卡通、无人机等认证，在服务业推行健康服务、养老服务、家政服务、金融服务、数字工程等认证，引导产品和服务质量提升。二是服务国计民生需求。围绕网络安全战略，配合中央网信办等部门建立App认证、数据安全管理认证、商用密码认证制度，推动开展网络专用设备和网络安全产品认证工作，提升网络安全技术保障能力。围绕国家重大活动提供质量认证服务保障，如北京冬奥组委会获得大型活动可持续管理体系认证；配合非洲猪瘟防控工作，为相关机构应对疫情及时提供检测能力认可。三是助推地方经济高质量发展。积极引导地方通过第三方认证方式，培育“浙江制造”“丽水山耕”“上海品牌”“泰山品质”“蒙字标”等一批区域质量品牌。

4. 国际合作结出新硕果。通过服务“一带一路”建设、深化双边合作领域、持续提升多边合作机制，我国认证认可的专业能力得到全球范围承认，提升了中国认证认可的国际地位。

二、饲料行业质量安全管理工作概述

（一）行业概况

2019年，受生猪产能下滑和国际贸易形势变化等影响，全国工业饲料产值和产量下降，产品结构调整加快，饲料添加剂产品稳步增长，规模企业经营形势总体平稳。

1. 饲料工业总产值及营业收入均有下降。全国饲料工业总产值 8 088.1 亿元，同比下降 9.0%；营业收入 7 780.0 亿元，同比下降 10.5%。其中，饲料产品产值 7 097.7 亿元、营业收入 6 858.5 亿元，同比分别下降 9.8%、11.5%；饲料添加剂产品产值 839.3 亿元、营业收入 763.4 亿元，同比分别下降 12.4%、13.4%；饲料机械总产值 47.8 亿元、营业收入 60.5 亿元，同比分别下降 19.3%、1.4%；宠物饲料产品产值 103.3 亿元、营业收入 97.6 亿元。

2. 工业饲料总产量略有下降，受非洲猪瘟影响猪饲料产量下降明显。全国工业饲料总产量 22 885.4 万 t，同比下降 3.7%。其中，配合饲料 21 013.8 万 t，同比下降 3.0%；浓缩饲料 1 241.9 万 t，同比下降 12.4%；添加剂预混合饲料 542.6 万 t，同比下降 10.6%。分品种看，猪饲料 7 663.2 万 t，同比下降 26.6%，其中仔猪、母猪、育肥猪饲料分别下降 39.2%、24.5%、15.9%；蛋禽饲料 3 116.6 万 t，同比增长 9.6%，其中蛋鸭、蛋鸡饲料分别增长 27.2%、1.8%；肉禽饲料 8 464.8 万 t，同比增长 21.0%，其中肉鸡、肉鸭饲料增长 17.9%、25.2%；反刍动物饲料 1 108.9 万 t，同比增长 9.0%，其中肉牛、奶牛、肉羊饲料分别增长 32.5%、0.8%、7.8%；宠物饲料产量 87.1 万 t，同比增长 10.8%；水产饲料 2 202.9 万 t，同比增长 0.3%；其他饲料 241.9 万 t，同比增长 29.5%。在饲料总产量中，猪饲料占比从上年的 43.9%下降到 33.5%，禽饲料占比从上年的 41.4%上升到 50.6%。

受非洲猪瘟影响，2019 年猪饲料生产厂数量 5 432 家，比上年减少 238 家；家禽饲料生产厂数量 4 848 家，比上年增加 313 家；反刍和宠物饲料生产厂也分别比上增加 68 家和 38 家。

3. 饲料添加剂产量增长。全国饲料添加剂产量 1 199.2 万 t，同比增长 8.2%。其中，直接制备饲料添加剂 1 130.2 万 t，同比增长 7.6%；生产混合型饲料添加剂 69 万 t，同比增长 20.0%。氨基酸、维生素和矿物元素产量分别为 330 万 t、127 万 t、590 万 t，同比分别增长 10.5%、14.7%、4.1%。酶制剂和微生物制剂产量继续快速增长，同比增幅分别为 16.6%、19.3%。

4. 集约化经营更加突出。全国 10 万 t 以上规模饲料生产厂 621 家，比上年减少 35 家；饲料产量 10 659.7 万 t，同比增长 3.7%，在全国饲料总产量中的占比为 46.6%，较上年增长 3.3 个百分点。全国有 7 家生产厂年产量超过 50 万 t，比上年减少 1 家，单厂最大产量 110.7 万 t。年产百万吨以上规模饲料企业集团 31 家，在全国饲料总产量中的占比为 50.5%，其中有 3 家企业集团年产量超过 1 000 万 t。

5. 传统饲料生产区域总产值下降，西南和西北产量增幅明显。全国饲料产量超千万吨省份 9 个，比上年减少 2 个，按产量排序分别为山东、广东、广西、辽宁、江苏、河北、湖北、四川、湖南。其中，山东省产量达 3 778.9 万 t，同比增长 5.9%；广东省产量 2 923.8 万 t，同比下降 8.3%；山东和广东两省饲料工业总产值继续保持在千亿以上，分别为 1 057 亿元和 1 009 亿元。全国有 12 个省份产量同比增长，其中贵州、云南、甘肃、宁夏、新疆 5 个西部省份增幅超过 20%。

6. 饲料巨头投资养猪。以新希望、正邦、大北农、唐人神、金新农、傲农生物等为代表的饲料企业，在全国各地引种布局养猪事业。

（二）行业质量安全管理

饲料作为动物食品，质量安全工作是一个需要持续强化的过程。2019 年全行业继续应对非洲猪瘟给行业带来的深远影响，同时饲料端“禁抗”，自 2020 年 1 月 1 日起，退出除中药外所有促生长类药物饲料添加剂品种给行业带来的新的挑战。围绕上述面临的问题，饲料行业在质量安全管理方面开展了如下工作：

1. 在全国范围内开展饲料质量安全监督抽查工作。为贯彻落实《饲料和饲料添加剂管理条例》要求，根据《国务院关于在市场监管领域全面推行部门联合“双随机、一公开”监管的意见》，农业农村部每年均制定全国饲料质量安全监督抽查工作方案。2019 年，农业农村部第一次针对配合饲料、浓缩饲料、精料补充料、饲料原料、添加剂预混合饲料、饲料添加剂及混合型饲料添加剂等不同类别饲料工业产品，从质量指标、卫生指标、添加剂限量指标、违禁物质等方面，规定了 54 项检测指标。2019 年全国饲料质量安全监督抽查结果的通报数据显示，监督抽查共抽检各类商品饲料样品 2 805 批次，总体合格率 96.2%，比 2018 年提高 3 个百分点。其中，配合饲料 1 622 批次，合格率 95.7%；浓缩饲料 436 批次，合格率 93.1%；精料补充料 76 批次，合格率 98.7%；宠物饲料 54 批次，合格率 96.3%；添加剂预混合饲料 285 批次，合格率 99.0%；饲料添加剂 95 批次，合格率 100%；混合型饲料添加剂 122 批次，合格率 100%；动物源性饲料原料 52 批次，合格率 96.2%；植物性饲料原料 46 批次，合格率 97.8%；微生物发酵类单一饲料 17 批次，合格率 100%。产品不合格主要是卫生指标中铬、砷、黄曲霉毒素 B_1 超标；禁限用药物中金霉素、土霉素、喹烯酮超标；质量指标中锌、铜超标。

2. 加强饲料生产全过程的质量管理，防控非洲猪瘟病毒。采取的主要措施有：

（1）原料质量安全。制定严格原料筛选、采购及品控制度。选用烘干或烘焙玉米和高温豆粕，建立稳定的采购供应渠道，建立非洲猪瘟病毒检测平台，对采购的原料及生产成品进行严格监控。

原料运输时选用专业原料运输车辆，运输装车前车辆彻底消毒；尽量避开疫情运输路线。

原料储存时仓库保持干燥、通风，并做好防鼠措施，避免生物带病毒进入原料。

（2）生产安全。将猪配合饲料的制粒温度提高到85～95℃，并适当延长制粒和增加后熟化工艺及延长后熟化时间，在达到杀灭非洲猪瘟病毒的同时进一步提高糊化度。在装袋封包过程中，尽量采取全机械自动化，减少人员接触，确保装袋封包过程中不感染。

（3）管理安全。饲料厂的员工进厂作业前严格执行消毒流程，员工不能带猪肉及猪肉制品进入厂区，厂区内食堂不制作任何含有猪肉或猪肉制品的主食及菜肴。

对进出入厂区的运输车辆，进行全面、彻底、有效的消毒处理。

3. 为动物源食品安全，确定禁抗后的替抗方案。按照农业农村部第194号公告，自2020年元旦起，我国饲料中全面禁止添加抗生素，以减少滥用抗生素造成的危害，维护动物源食品安全和公共卫生安全。饲料中全面禁止添加抗生素，这要求行业要进一步提高动物营养与保健，调整饲料营养设计，选用新型绿色添加剂产品。目前已有细胞因子、中兽药、益生菌、酶制剂等替抗方案，可以为消费者提供质量好又安全的绿色食品。

4. 继续推进《饲料质量安全管理规范》的全面实施。农业农村部出台的《饲料质量安全管理规范》等多项规定，对饲料原料采购与管理、生产过程控制、产品质量控制、产品贮存与运输、产品投诉与召回等多个方面进行了严格规范，以保障饲料产品质量安全。

2019年各省（自治区、直辖市）畜牧管理部门牵头组织了对本地区饲料生产企业《饲料质量安全管理规范》示范企业的验收工作，相关数据较分散，难以完全统计。

三、行业质量认证工作开展情况

（一）行业开展认证情况简述

饲料及饲料添加剂行业开展的国内认证主要有GB/T 19001质量管理体系认证、GB/T 22000食品安全管理体系认证、GB/T 24001环境管理体系认证、GB/T 45001职业健康安全管理体系认证，国际认证有欧洲饲料添加剂和添加剂预混合饲料质量体系（FAMI-QS）认证、动物饲料生产中的良好生产规范（GMP+）认证、全球食品安全标准（BRC）认证。

国内认证机构给饲料企业颁发的GB/T 22000食品安全管理体系证书数量显示，近三年饲料企业开展食品安全管理体系认证的企业数量基本稳定，保持在600家左右。

近三年，饲料行业开展欧洲饲料添加剂和添加剂预混合饲料质量体系（FAMI-QS）认证的企业数量逐年增加。据统计，2019年全球颁发FAMI-QS认证证书1 250张，颁发证书数量与2018年持平；其中中国颁发了410张，比2018年略有下降，但仍保持了全球发证数量第一的地位。

随着国家环保政策日趋严格、饲料行业环保意识不断加强，行业大型企业集团已率先开展GB/T 24001环境管理体系认证。

（二）北京华思联认证中心认证工作开展情况

2019年，北京华思联认证中心（以下简称中心）作为畜牧行业专业的第三方认证机构，开展了如下工作：

1. 聚焦饲料及饲料添加剂行业，开展国内外认证业务。中心的发展宗旨是立足养殖和饲料行业，提供专业化认证服务，成为初级农产品加工产业链的专业认证机构。截至2019年年底，中心获证客户涵盖了国内开展认证的质量管理体系（GB/T 19001）、食品安全管理体系（GB/T 22000）、良好农业规范（GB/T 20014）、环境管理体系（GB/T 24001）、职业健康安全管理体系（GB/T 45001）五大专业领域；涵盖了国际欧洲饲料添加剂和添加剂预混合饲料质量体系（FAMI-QS）、动物饲料生产中的良好生产规范（GMP+）、全球食品安全标准（BRC）、国际食品标准（IFS）等细分的专业认证领域。从行业分布看，聚焦在畜牧行业的饲料生产企业、养殖企业、食品生产企业及化工行业的饲料添加剂生产企业，上述获证企业占到中心总获证企业75%以上，其中，养殖企业、饲料及饲料添加剂生产企业获证企业占比达到85%以上，充分体现了中心聚焦战略的经营理念。

从中心各领域颁发证书数量与组织规模分析来看，获证客户中企业集团、大中型企业比例超过50%，这些企业中既有国有企业，亦有民营企业。通过为相关行业内领先企业提供认证、二方审核等服务，中心强化了具有的饲料、饲料及食品添加剂、养殖等领域认证的独特优势。

2. 国际合作认证业务稳定发展。2019年，中心开展的欧盟FAMI-QS认证业务持续增长，颁发的FAMI-QS证书占到全国颁发量的73%，占到全球颁发量的24%。为促进行业对欧盟质量和饲料安全管理体系的理解，中心推出了 FAMI-QS 6.0 版审核认证操作规范的中文版文件，供中国区获得 FAMI-QS 认可的认证机构使用。

BRC 分包业务 2018 年稳定发展，新增认证客户 10%以上。

中心与西班牙 ACETRA 公司合作，拓展了 Global GAP 认证服务。

中心作为荷兰 GMP＋International 授权可从事 GMP＋认证的唯一中国认证机构，在为企业提供了 GMP＋认证和增值服务同时，持续对 GMP＋、英国 FEMAS 等饲料认证标准进行了跟踪研究，拟吸收其成熟有效的管控经验，为中国饲料行业质量和安全管理提供借鉴。

3. 服务社会，为行业质量安全发挥专业作用。 作为聚焦畜牧、饲料、饲料和食品添加剂行业的专业认证机构，中心将确保食品链条的安全、为行业质量安全发挥专业作用作为自己的社会责任。2019 年中心主要开展了如下工作：

（1）在防控非洲猪瘟的工作中，为获证企业提供增值服务。结合认证标准，中心在供应商管理、原料验收及储存、生产加工的过程管理、原料及产品的可追溯管理、人员管理、厂区卫生管理、运输管理等方面提出了饲料厂在防控非洲猪瘟工作中的关键点及质量安全管理措施，为获证企业提供了增值服务。

同时，应大型企业集团的要求，结合管理体系认证，为其下属工厂进行质量及食品安全管理的全面诊断，帮助企业将管理体系认证与日常生产经营有机结合起来。

（2）在“一带一路”贸易交往中发挥中心的专业作用。国家的“一带一路”倡议推动了饲料添加剂、添加剂预混合饲料对欧盟的出口，出口的企业必须通过 FAMI-QS（欧洲饲料添加剂和添加剂预混合饲料质量体系）认证，它是对全球进入欧盟的饲料添加剂和添加剂预混合饲料开展的强制认证。

中心作为欧盟唯一授权在中国合法从事 FAMI-QS 认证的合作伙伴，聚焦并转化企业需求，2019 年协助 FAMI-QS 协会在京举办生物工业研讨会，使参会企业了解到维生素 B_2 出口欧盟的现状和质量要求。

（3）向国外相关管理机构及跨国集团介绍中国宠物饲料的质量监管政策。中心在饲料行业的专业性得到国外相关管理机构及跨国集团的认可。2019 年，中心应邀为爱尔兰驻华大使馆商务处、日本三井物产株式会社解读中国对宠物饲料监管的法律法规；应邀参加爱尔兰贸易与科技局组织的宠物食品出口中国专题会议、韩国宠物食品协会宠物食品法规研讨会议，介绍中国宠物饲料市场、国家相关政策，并与国外同行就宠物饲料的质量管理进行深入交流。

（4）通过与客户的沟通平台，解读监管要求。中心建立了网站专栏、微信公众号、季刊发布机制，通过上述平台向客户传递监管部门规定和行业信息，讲解认证标准，探讨管理之道，解读国家的法律法规。

2019 年度，中心通过上述沟通平台，先后详细解读了农业农村部关于饲料的 5 个现行规章和 23 个规范性文件、2018 版《粉尘防爆安全规程》、饲料和饲料添加剂进口管理规定、强制管理的计量器具目录、GB 2763—2019《食品安全国家标准 食品中农药最大残留限量》、2019 年修订的《食品安全法实施条例》等内容。

四、饲料行业认证活动的发展趋势

1. 大型企业集团、非集团化的大中型企业从开展质量及食品安全管理体系认证中获益，这些企业按照 GB/T 19001、GB/T 22000 标准的要求建立起的质量和安全管理体系，实现了从原料采购、配方设计、产品加工到产品销售的全程质量控制。

2. 无抗饲料到来，希望开展无抗饲料产品认证的需求得到释放。

3. “建设生态文明，是关系人民福祉、关系民族未来的大计”已成为全社会的共识，行业内大型企业集团在践行“绿水青山就是金山银山”的行动中，已把生态环境保护摆在了突出的位置，进行环境管理体系认证的企业逐年增加。

4. 国家的“一带一路”倡议推动了饲料添加剂、添加剂预混合饲料对欧盟的出口，因出口的企业必须通过 FAMI-QS（欧洲饲料添加剂和添加剂预混合饲料质量体系）认证，故 FAMI-QS 认证有增长空间。

5. 我国宠物饲料行业处于高速发展期，宠物饲料的认证是未来新的增长点。

附件：2019 年北京华思联认证中心部分获证企业名单

附件：

2019 年北京华思联认证中心部分获证企业名单

序号	企业名称	序号	企业名称
1	唐人神集团股份有限公司	40	安徽大北农农牧科技有限公司
2	北京三元禾丰牧业有限公司	41	蚌埠大北农农牧科技有限公司
3	唐山禾丰饲料有限公司	42	中粮饲料（佛山）有限公司
4	甘肃禾丰牧业有限公司	43	中粮饲料（茂名）有限公司
5	西安禾丰饲料科技有限公司	44	中粮天科生物工程（天津）有限公司
6	凌源禾丰牧业有限责任公司	45	中粮饲料（新沂）有限公司
7	淮安禾丰饲料有限公司	46	中粮饲料（沛县）有限公司
8	西安禾丰饲料科技有限公司	47	中粮粮油工业（黄冈）有限公司
9	沈阳禾丰牧业有限公司	48	中粮饲料（东台）有限公司
11	沈阳禾丰反刍动物饲料有限公司	49	中粮饲料（黄石）有限公司
12	台安禾丰饲料有限责任公司	50	中粮饲料（唐山）有限公司
13	上海禾丰饲料有限公司	51	中粮饲料（成都）有限公司
14	沈阳正大畜牧有限公司	52	中粮饲料（茂名）有限公司衡水分公司
15	广汉正大饲料科技有限公司	53	中粮饲料（茂名）有限公司临汾分公司
16	长沙正大有限公司	54	中粮饲料（茂名）有限公司镇江分公司
17	天津正大农牧有限公司	55	中粮饲料（张家港）有限工公司
18	正大预混料（天津）有限公司	56	中粮东大（黑龙江）饲料科技有限公司
19	正大预混料（柳州）有限公司	57	中粮饲料（巢湖）有限公司
20	正大预混料（杭州）有限公司	58	中粮饲料（日照）有限公司
21	正大预混料（沈阳）有限公司	59	中粮饲料（沛县）有限公司临沂分公司
22	正大预混料（广汉）有限公司	60	中粮饲料（荆州）有限公司
23	正大岳阳有限公司	61	南平中粮华港饲料有限公司
24	东莞正大康地有限公司	62	漳州中粮华港饲料有限公司
25	武汉正大有限公司	63	中粮（北京）饲料科技有限公司
26	正大饲料（随州）有限公司	64	中粮（北京）饲料科技有限公司徐州分公司
27	正大饲料（衡阳）有限公司	65	龙岩中粮华港饲料有限公司
28	厦门正大农牧有限公司	66	宁德中粮华港饲料有限公司
29	山东大北农农牧科技有限责任公司	67	中粮家佳康（吉林）有限公司
30	齐齐哈尔大北农饲料有限公司	68	中粮家佳康（张北）有限公司
31	赤峰大北农农牧科技有限公司	69	中粮家佳康（赤峰）有限公司
32	常德大北农饲料有限公司	70	中粮肉食（江苏）有限公司饲料分公司
33	梁平大北农饲料科技有限责任公司	71	安徽天邦饲料科技有限公司
34	饶阳大北农农牧科技有限责任公司	72	湖北天邦饲料有限公司
35	通辽大北农牧业科技有限公司	73	盐城天邦饲料科技有限公司
36	哈尔滨大北农牧业科技有限公司	74	广东天邦饲料科技有限公司
37	吉林大北农农牧科技有限责任公司	75	内蒙古草原天邦饲料有限公司
38	江西大北农科技有限责任公司	76	淮安通威饲料有限公司
39	浙江大北农农牧科技有限公司	77	通威（大丰）饲料有限公司

（续）

序号	企业名称	序号	企业名称
78	西安通威饲料有限公司	118	锦州双胞胎饲料有限公司
79	无锡通威生物科技有限公司	119	山东佑润生物技术股份有限公司
80	通威股份有限公司海南分公司	120	山东和达农牧有限公司
81	连云港通威饲料有限公司	121	潍坊硕昌中慧饲料有限公司
82	天津通威饲料有限公司	122	山东惠康饲料有限公司
83	佛山市高明通威饲料有限公司	123	诸城中慧饲料有限公司
84	宁夏银川通威饲料有限公司	124	青岛明慧饲料有限公司
85	广东通威饲料有限公司	125	临沂市环山饲料有限公司
86	嘉吉饲料（新疆）有限公司	126	山东龙昌动物保健品有限公司
87	嘉吉饲料（陕西）有限公司	127	赤峰家育饲料有限公司
88	嘉吉动物营养（郑州）有限公司	128	青岛大信饲料有限公司
89	邦基玖瑞（德州）农牧有限公司	128	青岛和美饲料有限公司
90	邦基（唐山）饲料有限公司	130	宇星饲料（德州）有限公司
91	泰高营养科技（北京）有限公司	131	烟台大韩饲料有限公司
92	泰高营养科技（湖南）有限公司	132	河南大陆农牧技术股份有限公司
93	内蒙古博瑞饲料有限公司	133	河南普爱饲料股份有限公司
94	山东博瑞饲料有限公司	134	河南广安生物科技股份有限公司
95	辽宁九州生物科技有限公司	135	河南雄峰科技有限公司新郑分公司
96	北京九州大地生物技术集团股份有限公司	136	河南聚丰饲料科技有限公司
97	张家口九州大地饲料有限公司	139	安徽申亚农牧科技股份有限公司
98	天津九州大地饲料有限公司	140	固安君德同创生物工程有限公司
99	北京科兴大地饲料有限公司	141	武汉安佑饲料科技有限公司
100	北京英惠尔生物技术有限公司	142	衡阳市中宝饲料科技有限公司
101	北京科为博生物科技有限公司	143	湖南旺大生物科技有限公司
102	北京首农畜牧发展有限公司饲料分公司	144	深圳康达尔（邵阳）饲料有限公司
103	北京三元种业科技股份有限公司滦平饲料分公司	145	江苏天成科技集团有限公司
104	天津昌农科技有限责任公司	146	江苏比利美英伟营养饲料有限公司
105	天津光明荷斯坦牧业有限公司	147	盐城恒兴饲料有限公司
106	天津硕普饲料有限公司	148	太仓安佑生物科技有限公司
107	天津通和饲料有限公司宝坻分公司	149	金朝生物科技（上海）有限公司
108	天津瑞孚饲料有限公司	150	上海黑马饲料有限公司
109	廊坊瑞康饲料有限公司	151	诺伟司饲料添加剂（上海）有限公司
110	谷实农牧集团股份有限公司	152	上海创博生态工程有限公司
111	沈阳谷实饲料有限公司	153	上海朝翔生物技术有限公司
112	长春谷实饲料有限公司	155	广东希普生物科技股份有限公司
113	唐山天康饲料有限公司	156	广东科邦饲料科技有限公司
114	黑龙江九三农垦科菲特饲料有限公司	157	广东兴腾科生物科技有限公司
115	黑龙江省荣耀牧业有限公司	158	广东雅琪生物科技有限公司
116	英赉动物营养（吉林）有限公司	159	广东海因特生物技术集团有限公司
117	沈阳英大科技发展有限公司	160	广州市番禺区大川饲料有限公司

（续）

序号	企业名称	序号	企业名称
161	广州南宝饲料有限公司	182	陕西正立乳业有限责任公司泾阳饲料厂
162	广州市海维饲料有限公司	183	盐城双胞胎饲料有限公司
163	广州市众望饲料有限公司	184	鄂州双胞胎饲料有限公司
164	广州市骏宝饲料有限公司	185	松原兴和饲料有限公司
165	江门珊瑚饲料有限公司	186	北京东方天合生物技术有限责任公司
166	广州绿安康饲料科技有限公司	187	无锡华诺威动物保健品有限公司
167	广州市联鲲生物科技有限公司	188	英联普美欣科技（江西）有限公司
168	广东君有饲料有限公司	189	江西万年华农恒青农牧有限公司
169	茂名君有饲料有限公司	190	辽宁菲迪饲料科技有限责任公司
170	漳州日高饲料有限公司	191	辽宁亚禾营养科技有限责任公司
171	厦门汇盛生物有限公司	192	公主岭禾丰牧业有限责任公司
172	海南海壹水产饲料有限公司	193	湖南金霞九鼎农牧有限公司
173	柳州亿万饲料科技有限公司	194	安徽喜乐佳生物科技有限公司
174	广西旺大饲料有限公司	195	四川新一美生物科技有限公司
175	南宁市泽威尔饲料有限责任公司	196	河北方田饲料有限公司
176	南宁艾格菲饲料有限公司	197	思凯汀（珠海）饲料有限公司
177	南昌比利美英伟营养饲料有限公司	198	上海美嘉饲料有限公司
178	大理东道农业产业有限公司	199	南宁艾格菲饲料有限公司
179	云南东道饲料有限公司	200	重庆桑禾动物药业有限公司
180	成都蜀星饲料有限公司	201	湖北老鬼生物科技有限公司
181	康地饲料（银川）有限公司	202	蛙牌宠物（湖北）股份有限公司

（雷学锋）

国际交流与合作

一、中国饲料工业协会 2019 年出访国际交流情况

1. 为了进一步加强合作，韩国动物药品协会邀请中国兽药协会和中国饲料工业协会相关人员参加了 2019 年 7 月 15 日至 7 月 19 日在韩国首尔举办的“2019 年兽药产业发展国际研讨会”。本次研讨会内容包括介绍中韩兽药、饲料添加剂和产业现状及发展趋势等方面。韩国农林畜产食品部、韩国农林畜产检疫本部、韩国动物药品协会、韩国动物药品企业、技术专家百余人参加了本次研讨会。此次会议加强了中韩两国兽药协会间的交流，对于学习借鉴韩国兽药产业发展中好的经验，促进我国更好地研发、制造、生产高质量兽药具有重要意义。

2. 2019 年 11 月 17 日至 29 日，参加由农业农村部农业机械化管理司组织的培训团组，执行畜禽养殖废弃物资源化利用机械装备技术培训任务。本次培训紧紧围绕畜禽养殖废弃物资源化利用主题，在丹麦的相关政策法规、主要生产模式、机械化生产技术、信息化技术应用等方面采取听讲座的方式学习；并有针对性地同沼气生产厂、垃圾焚烧厂、奶牛养殖场、有机蛋鸡养殖场、仔猪繁育养殖场、大田作物农场进行现场交流，了解丹麦在资源化利用各个环节的装备应用、管理以及农机农艺融合、农机化信息化融合的状况。

3. 为加强国际同行间的技术合作与交流，学习借鉴荷兰、英国在农业面源及重金属污染防治政策与技术方面的经验，中国饲料工业协会于 2019 年 11 月 24 日至 12 月 1 日参团赴荷兰瓦赫宁根大学（WUR）和英国东英吉利大学（UEA）执行农业面源及重金属污染防治政策与技术交流任务，了解荷兰、英国农业面源及重金属污染防治技术模式、相关配套政策和相关领域的科技发展动态，结合当前我国实际情况，为污染防治研究提供经验和借鉴。

二、中国饲料工业协会重要外事活动

2019 年 4 月 24 日上午，中阿豆粕产业对话会在北京举行。对话会由阿根廷农业产业部主办，旨在促进中阿两国豆粕产业界的沟通和了解。中国饲料工业协会组织多家国内大型豆粕进口饲料企业参加对话会，为国内饲料企业提供更多进口豆粕渠道，有效对接需求。

（毕颖慧）

2019 中国饲料工业展览会

2019 年是新中国成立 70 周年，是全面建成小康社会关键之年。以“合作共赢、绿色发展”为主题的 2019 中国饲料工业展览会在广西南宁成功举办。来自美国、加拿大、欧盟、澳大利亚、日本、韩国、东盟等 20 多个国家和中国台湾地区的 511 家农牧企业参展，特装展区面积超过 90%，展会接待观众 6 万余人次。本届展会以“转型升级、绿色发展”为主题，展示了行业最新成果，擘画了行业发展的美好未来，受到了业界的普遍好评。

参会企业和代表普遍反映，展会论坛主题突出，特色鲜明，内容丰富多彩，收获很大。与往届展会相比，本届展会有以下五大亮点。

一是绿色主题鲜明。本届展览会以“合作共赢绿色发展”为主题，贯彻高质量发展要求，集中展示饲料行业的新产品、新技术、新工艺、新设备、新业态。饲料发展论坛围绕“畜牧业减排、替抗”热点，以“增强内生动力，提升发展质量，加快转型升级”为主题，旨在推进养殖业转型升级，提升综合生产能力和核心竞争力。同期还举办了专题展——“2019 畜禽粪污资源化利用展”等配套活动，在展示中国饲料传统优势和特色的基础上，贯通畜牧业上中下游产业链，融合畜牧、种植、土肥、农机、环保等不同行业，引导广大畜牧、饲料企业自觉践行绿色发展理念，转变发展方式，延伸产业链条，走生产生态协调发展的新路子，对于实现变废为宝、促进绿色发展、建设美丽乡村具有重要意义。

二是激励企业参与脱贫攻坚。协会积极引领饲料企业参与农业产业扶贫，通过多种方式树立产业扶贫典范。2018 年年底评选出 2018 饲料行业扶贫工作先进集体 30 家。在本届展会开幕式上，协会向正邦集团有限公司、唐人神集团股份有限公司、福建傲农生物科技集团股份有限公司等 2018 饲料行业扶贫工作先进集体代表授牌，隆重表彰相关饲料企业，激发饲料企业投身脱贫攻坚主战场的热情。

三是组团参展印象深刻。广西组织区内 44 家饲料养殖及终端产品企业以“参展参会+广西优质畜产品推介”形式参展，充分展示了广西养殖业生态，“百鸡宴”受到热捧，宣传效果很好。陕西省整省组团，企业参展，政府买单，既推介了陕西省饲料工业，展示了企业产品，促进了招商引资，又切实降低了企业费用，取得了多赢的效果。安徽、陕西等多省的农业农村厅领导亲自带队听讲座、观展览，了解行业内最新的政策、技术动态，为产业发展寻求技术支撑。

四是防疫工作向全产业链伸延。为应对非洲猪瘟严峻形势，本届展览会有正昌、丰尚、布勒等多家饲料机械企业对设备进行改进，在饲料生产、加工环节隔断非洲猪瘟的传播途径；扬翔、特驱等饲料加工企业提出了防非洲猪瘟综合养殖方案；正大集团旗下鑫百勤提出在生猪运输环节增加消毒设施阻断疫情传播。参展企业的各种举措充分展现了业界战胜非洲猪瘟的决心和信心。

五是宣传报道及时跟进。本届展览会宣传工作谋划超前，报道及时，受众广泛。《人民日报》、人民网、新华网、《农民日报》、农业农村部网站、《中国畜牧兽医报》《中国农村杂志》第一时间报道论坛观点、展会亮点、行业热点等内容。《中国饲料》《中国畜牧业》《畜牧业环境》、中国饲料工业信息网、中国畜牧兽医网等自媒体全程宣传、推介，跟踪报道热点。另外，与行业内的 20 多家知名媒体开展立体的、矩阵式展会广告合作，为 2019 饲料展招展造势。充分利用视频流等新媒体技术，对论坛实时在线直播，而且在展览期间专题论坛的在线收看人数达到 42.4 万人，效果超出想象。同时，全方位向今日头条、腾讯网、新浪网等主流媒体网站推送信息，主流媒体网站均对展会论坛进行了报道，提升了普通民众对畜牧业和饲料工业的了解。

中国饲料工业协会第七届理事会会议暨 2019 年年会

11 月 25～26 日，中国饲料工业协会第七届理事会会议暨 2019 年年会在北京召开。农业农村部副部长于康震出席会议并讲话。农业农村部总畜牧师马有祥、畜牧兽医局局长杨振海，中国饲料工业协会会长、中国工程院院士李德发等领导出席会议。协会理事单位及会员代表 400 余人参加了会议。

会议指出，近两年，受中美经贸摩擦、非洲猪瘟疫情等影响，中国生猪产能大幅下降，蛋白饲料原料供应不确定性增加，市场需求和格局发生变化，饲料行业发展受到较大影响。但总体来看，中国饲料产业仍处于重要战略机遇期，稳定发展的基本面没有变，支撑高质量发展的生产要素条件没有变，保持长期稳中向好的总体趋势没有变。今年前三季度，猪饲料产量下降 23. 5%，但家禽饲料同比增长 12. 5%，反刍饲料增长 5. 8%，水产饲料增长 1. 1%，饲料生产形势总体稳定，产量保持在合理区间，产品结构加快优化调整，行业整体素质稳步提升。近期，随着生猪生产止跌回升，其他养殖业持续向好，饲料产业未来可期。会议强调，要把学习贯彻十九届四中全会精神作为行业的头等大事，加快建立健全现代饲料工业治理体系，不断提升行业治理能力水平。要牢固树立新发展理念，坚持高质量发展，以供给侧结构性改革为主线，坚持饲料工业大家办的方针，实施大原料、大市场、大企业、大安全战略，加快建设饲料工业强国。要千方百计保障饲料用粮，继续保持高压态势狠抓饲料质量安全，大力推进饲料产业绿色发展，加强科技创新。饲料工业在改革大潮中应运而生，在改革中茁壮成长，必将在改革中“化蛹成蝶”。要继续深化饲料行业“放管服”改革，发挥饲料企业主体作用，按照“五脱钩、五规范”和“不脱轨、不脱缰、不脱管”的原则要求，高质量完成协会脱钩改革。

会议听取并审议了《中国饲料工业协会第七届理事会三年工作报告》，表决通过了《中国饲料工业协会会员会费标准》和《中国饲料工业协会会员服务项目》。本次会议对中国饲料工业协会第七届理事会部分负责人进行了调整，全国畜牧总站站长王宗礼当选协会常务副会长、秘书长。

同期举办了中国饲料工业协会 2019 年年会。中国工程院沈建忠、麦康森、印遇龙三位院士分别就《健康生态养殖与食品安全》《水产饲料研发现状与趋势》和《饲用禁抗后养殖投入品策略》做主题演讲，农业农村部畜牧兽医局、市场与信息化司有关负责同志、行业大咖和知名专家就饲料工业形势与任务、应对中美经贸摩擦、玉米供求趋势、饲料加工研究、饲用酶制剂研发等做精彩报告。

地方篇

北京市饲料工业

【发展概况】

2019年，北京市饲料生产企业共118家，年末企业职工总人数为6 109人，同比2018年的8 608人下降29.0%。

2019年，北京市饲料工业总产值和营业收入分别为81.4亿元、80.6亿元，同比分别下降23.4%、25.2%；饲料产值为67.0亿元，营业收入为68.3亿元；饲料添加剂产值为5.3亿元，营业收入为5.2亿元。

全年饲料产品总产量155.6万t，同比下降16.2%；其中配合饲料91.8万t，同比下降14.4%；浓缩饲料21.6万t，同比下降24.8%；添加剂预混合饲料38.6万t，同比下降16.8%。商品饲料中配合饲料、浓缩饲料、添加剂预混合饲料产量占比分别为59.0%、13.9%、24.8%。与2018年相比，配合饲料占比有所增加，添加剂预混合饲料、浓缩饲料占比减少。从畜禽品种看，猪料产量为52.7万t；蛋禽料产量为27.6万t；肉禽料产量为29.4万t；反刍料产量为34.8万t；水产料产量为2.9万t；宠物饲料产量为3.6万t；其他饲料产量为4.6万t。饲料添加剂产品总量1.9万t，同比下降27.2%。其中饲料添加剂产量0.4万t，混合型添加剂产量1.5万t。

2019年，北京市饲料工业总出口额1 300.2万元，同比下降99.4%；饲料工业总出口量490.9t，同比下降73.0%。

【组织结构】

2019年2月，北京市农业农村局调整内设机构，其中行政审批处、畜牧渔业处作为北京市的饲料行政管理部门，分别依法负责本市饲料行业的行政许可、监督管理和质量安全监管工作。北京市饲料监察所、北京市动物卫生监督所分别协助北京市农业农村局开展饲料产品质量安全检验工作和执法监管工作。

【主要工作】

（一）严格执行行政许可审批工作

依法依规严把行政许可审批程序，严把准入关，全年对79个饲料及饲料添加剂生产企业提交的续展、变更、增项申请进行了审批，办理了2个添加剂生产企业批准文号55个，备案2个饲料生产企业委托生产。落实《国务院关于取消和下放一批行政许可事项的决定》（国发〔2019〕6号）文件精神，及时落实取消了“饲料添加剂预混合饲料、混合型饲料添加剂产品批准文号核发”，改为备案。优化“从事饲料、饲料添加剂生产的企业审批”工作程序，办理时限同比压缩55%、精简材料78%。

（二）推进落实监测检测工作

1. 落实农业农村部饲料质量安全监督抽检工作

一是配合农业农村部乳品质量监督检验测试中心（哈尔滨）对全市开展生鲜乳质量安全飞行抽检工作，共抽检生鲜乳样品35批，检测结果全部合格；配合广电计量检测（沈阳）有限公司分两次对全市开展生鲜乳例行监测和《生乳》国标指标监测工作，共抽检生鲜乳样品132批，检测结果全部合格。二是配合农业农村部委托第三方饲料监督抽检工作组对顺义、通州、房山等8个区的26家指定饲料生产企业开展饲料质量安全监督抽样工作和饲料生产企业质量安全管理规范实施情况现场检查。

2. 开展市级饲料质量安全监督检测工作

全年共检测饲料样品810批次，实现对在产饲料生产企业200%全覆盖监测。抽检范围涉及全市12个区，包含饲料生产企业173家次，养殖企业68家。检测项目包括：营养指标、微量元素、维生素、重金属、微生物、霉菌毒素、违禁添加物等近40个参数，合格率为98.64%。

（三）强化行业监督执法，开展相关专项整治行动

针对饲料监督执法，全市共出动执法人员 4 758 人次，出动执法车辆 1 511 车次，监督检查监管对象 1 645 个次，查处案件 40 起，包括饲料生产环节案件 11 起，经营环节案件 25 起，使用环节 2 起，行刑衔接 2 起，罚没款 14.3 万余元，没收不合格饲料 3.1t。开展饲料质量安全监管、饲用血液制品生产使用单位的专项检查、动物养殖环节违禁物质添加、饲料中禁用物质监管等多项专项整治工作。

（四）完成重大活动保障工作

落实全国两会、国庆、北京市两会、中非合作论坛北京峰会等重大活动保障性检测 6 次，对生猪、牛羊肉、淡水鱼、鸡蛋共 5 家供应企业的养殖基地进行了饲料质量安全专项监测工作。共抽检供应基地 22 家次，抽检饲料及饲料原料样品 52 个，所有样品均完成检测。检测项目包括重金属、违禁添加物、霉菌毒素、致病菌等 20 个参数，检测结果全部合格。

（五）落实非洲猪瘟防控工作

根据农业农村部非洲猪瘟防控工作要求，切断非洲猪瘟疫情通过饲料传播的途径。一是落实“京饲十条”防控措施，组织开展饲料质量安全专项动，细化防控领域，部署重点监控环节应采取的措施，期间全市共出动执法人员 1 775 人次，检查监管对象 709 个次，发放宣传材料 1 000 余份。二是对本市饲料生产企业生产的猪用饲料、本市生猪养殖场户使用的外埠猪用饲料开展非洲猪瘟专项抽检工作，全年抽检饲料生产企业 1 033 家次，本市生产的猪用饲料产品 4 581 批次，抽检生猪养殖场（户）299 家次，外埠猪饲料 976 批次，非洲猪瘟核酸检测结果均为阴性。三是加强以猪血为原料的血液制品的监管。下发《北京市农业农村局关于开展北京市饲用血液制品生产企业监督检查工作的通知》，对本市饲用血液制品生产企业开展检查督导，确保企业能够在消毒设施、生产工艺、产品生产过程管理、产品出厂检测等方面落实农业农村部 第 91 号公告要求，有效防控动物疫病通过饲料途径传播的风险。

（六）完成饲料统计监测工作

一是落实统计人员责任制，保证统计工作程序畅通。市级专人负责本市饲料工业统计工作，各区统计人员负责辖区饲料生产企业报表上报，层层把关。二是保障新系统有效运行。自 2018 年统计系统升级以来，采取多种培训沟通方式，保证统计人员熟练掌握统计系统各项应用。三是紧抓上报率，确保统计数据完整性。按制度时限要求，全年本市在产企业上报率达 100%。2019 年北京市农业农村局和本市 4 名饲料统计工作人员在饲料统计监测工作受到农业农村部表扬。

（七）开展培训宣传教育

围绕饲料质量安全监管工作，通过组织开展工作会、专题培训、下发宣传材料等方式切实提高监管对象的责任意识和安全认识。全年针对饲料行政管理人员、执法人员和饲料企业负责人开展多种形式的培训活动累计 50 次，参训人员 1 600 余人次，印发《饲料和饲料添加剂政策法规汇编》《宠物饲料政策法规汇编》《宠物饲料管理办法及标签规定》《养殖环节禁用物质名单》4 类培训材料共计 1 500 份。组织开展宣传 49 次，发放宣传学习材料 2.1 万余份。

（北京市农业农村局）

天津市饲料工业

【发展概况】

2019 年，天津市饲料生产行业在 2018 年非洲猪瘟暴发和 2019 年中美贸易摩擦的双重压力下，砥砺前行，保持了饲料工业平稳发展。全市共有各类饲料生产企业 185 家，其中配合饲料、浓缩饲料和精料补充料获证企业 112 家，添加剂预混合饲料获证企业 75 家，饲料添加剂和混合饲料添加剂获证企业41 家，单一饲料获证企业 20 家。全年饲料工业总产量 194.5 万 t，同比下降 16.6%，总产值 88.3 亿元，同比下降 13.0%。其中配合饲料 121.3 万 t，同比下降 20.3%；浓缩饲料 45.4 万 t，同比下降 16.2%；添加剂预混合饲料 25.7 万 t，同比增长 7.2%。添加剂和混合型添加剂产量为 4.3 万 t，同比增长 16.2%。2019 年天津单一饲料总产量 404.0 万 t，同比下降 7.3%。

【组织机构】

2019 年 1 月，天津市行政机构改革后，天津市饲料行政主管部门调整为天津市农业农村委员会，审批处负责饲料企业行政许可审批工作，畜牧兽医处负责事中事后监管工作。各区农业农村委员会为各区饲料行政主管部门。

【主要工作】

（一）贯彻落实《饲料和饲料添加剂管理条例》和《饲料质量安全管理规范》，强化饲料质量安全监管

一是制定印发了《2019 年天津市饲料质量安全监管工作实施方案》，对全年饲料质量安全监管工作和饲料质量安全专项监测工作进行全面部署。二是落实企业主体责任，严格源头管理。加强持证企业监管，组织开展签订生产企业质量安全责任书、经营企业质量安全承诺书工作，以签订责任书、承诺书工作为抓手，贯彻落实法规制度，明确企业责任义务。全市签订企业生产质量安全责任书 185 份，经营企业质量安全承诺书 59 份。三是落实属地管理责任，实施月巡查制度。严格落实月巡查制度和经营门店登记备案制度，强化对生产企业和经营门店日常监管。全市区级饲料管理部门共巡查饲料生产企业、经营场所 2 000 余场次，出动执法人员 3 600 人次，排除安全隐患 10 余处，印发资料 1.06 万余份。四是落实市级不定期抽查督查计划，深入 10 个区，抽查了 32 家饲料生产企业，对其中的 2 个有安全隐患的企业提出整改。有力推动了饲料质量安全依法监管工作任务的落实。

（二）加强质量监测，实施检打联动

一是加强饲料质量监测，全面开展饲料质量安全专项监测，监测范围覆盖全市饲料生产企业及经营和使用环节全年抽检饲料产品 3 797 批次。二是开展风险监测，市级监督抽检 610 批次，其中有 2 批次浓缩饲料中粗蛋白含量不达标，总合格率为 99.32%。饲料质量安全水平保持平稳势态。三是配合完成农业农村部饲料质量安全监督检测“双随机、一公开”抽样工作，配合质监处完成天津市饲料质量安全监测抽样检测工作。

（三）加强法规宣传培训，开展交流学习

一是为进一步提高全市饲料行业监督管理整体水平，规范饲料行业监管和饲料及饲料添加剂生产经营行为，组织举办天津市饲料工业信息统计培训班、饲料行业监管法律法规培训班，共有 260 余名区级饲料监管人员和生产企业人员参加了培训，提升了依法行政和饲料工业统计信息系统应用水平。二是开展了预混合饲料添加剂、混合型饲料添加剂网上备案工作培训指导工作。三是组织开展了区级饲料行业管理工作互查互学活动，加强各区之间交流学习，有效发挥了互帮互学、共同提高的作用，推动全市饲料行业依法

行政规范化水平不断提升。

【存在问题】

一是饲料经营企业监管工作难度大。目前饲料经营企业规模小，布局分散，兼营情况突出，因为没有经营许可证制度．缺乏有效的监管手段和质量控制措施，存在很大的安全监管风险。

二是区级监管执法人员不足，养殖环节饲料安全使用监管能力不足，存在监管风险。

三是受公车制度改革影响，普遍存在执法设备不能满足工作需要的问题。

【2020 年工作思路】

落实《饲料和饲料添加剂管理条例》、《饲料质量安全管理规范》，强化饲料质量安全监管，组织开展专项风险监测，提高风险预警能力，开展饲料生产信息统计，加强生产情况监测预警，强化法律法规宣贯培训，提高法律法规普及水平。

（天津市农业农村委员会畜牧兽医处）

河北省饲料工业

【发展概况】

2019年，河北省各级饲料管理部门认真落实农业农村部和省委、省政府的决策部署，按照全省“一体两翼”的农业总体布局，紧紧围绕乡村振兴战略和农业绿色发展的总体要求，有力推动全省饲料产业高质量发展，全年各项目标任务圆满完成。

截至2019年年底，全省共有饲料生产企业993家。受2019年2月非洲猪瘟疫情的影响，生猪生产出现断崖式下跌，多数猪场无猪可养或退出市场，需求量的萎缩使得河北猪饲料产量受到很大影响。2019全省饲料总产量为1 231.1万t，同比下降5.5%，其中配合饲料1 061.6万t，同比下降6.1%；浓缩饲料99.1万t，同比下降4.9%；添加剂预混合饲料27.9万t，同比增长10.0%；宠物饲料42.4万t，同比增长0.4%。

【组织机构】

2019年河北省农业农村厅机构改革后，省级成立了畜禽屠宰与兽药饲料管理处，定编12人，其中负责饲料工作3人。改革后，畜禽屠宰与兽药饲料管理处在饲料工作方面的职责：负责全省饲料发展政策和规划、计划并组织实施监管；监督管理饲料和饲料添加剂生产、经营和使用，拟定有关标准规范，并组织实施；组织开展饲料和饲料添加剂质量安全监测预警；负责新饲料和饲料添加剂、进口饲料和饲料添加剂管理；牵头负责动物养殖、出栏、收购、贩运、屠宰环节的“瘦肉精”及其他非法添加物的监管；指导饲料和饲料添加剂生产企业安全生产工作；负责全省饲料和饲料添加剂技术支撑体系建设。

河北省兽药监察所［河北省饲料监察所、河北省畜产品质量检验中心、农业农村部畜禽产品质量安全监督检验测试中心（石家庄）］饲料方面的工作主要：承担农业农村部和省农业农村厅下达、安排的各类产品抽样监测计划和全省饲料产品质量安全监督、检验、委托检验及提供技术支撑等工作。

河北省畜牧总站承担饲料方面的工作主要：组织开展全省饲料业技术推广业务培训和技术交流合作；承担饲料工业信息统计和运行监测工作；组织饲料资源的普查和综合开发利用工作。

【主要工作】

（一）狠抓饲料产品质量不放松

一是按照全省2019年饲料质量安全监督抽检计划，饲料共抽检450批，其中监督抽检300批，风险监测150批，合格率为98.2%，为历年最好水平。二是对农业农村部通报的河北2018年度产品检测不合格的5家生产企业已经按照程序全部移交所属市、县进行了查处（当时还未成立执法局）。三是配合农业农村部开展了2019年“双随机、一公开”监督抽样及质量安全检查工作。此次抽样共有9名专家，组成3个工作组，从10月15日起至26日顺利完成抽样工作。全省应抽企业117家，实际抽查企业94家，共抽样148份，并对其中的22家企业进行质量安全生产检查。

（二）认真做好“瘦肉精”监管工作

一是按照《关于印发2019年河北省农产品及投入品质量安全监测计划的通知》要求，在全省开展了2019年下半年养殖、屠宰环节“瘦肉精”监测工作，涉及沧州、辛集、承德、张家口、保定和唐山。监督抽检839批次，全部合格；风险监测186批次，其中沧州2批次不合格。根据《农业农村部畜牧兽医局关于开展“瘦肉精”专项监测工作的通知》，农业农村部于2019年12月9日至12月15日共4组12个人，到保定市易县、唐县、涞水县和定兴县，就肉牛、肉羊养殖环节组织开展“瘦肉精”专项监测工作，共抽检140个场（户）435个样品。其中肉牛场（户）46

个，抽检牛尿样品 153 个；肉羊场（户）94 个，抽检羊尿样品 282 个；合格样品 434 个，合格率 99.8%。二是“瘦肉精”监管的牵头工作于 2019 年 8 月划转到畜禽屠宰与兽药饲料管理处，监管工作涉及很多部门、很多环节，工作衔接比较困难，主要面临职能不清、没人监管、没钱办事等问题，“瘦肉精”监管工作任重道远，形势不容乐观。

（三）进一步做大做强宠物饲料

近年来全省宠物饲料产业迎来了迅速发展期，产业规模不断扩大，截至年底全省宠物饲料生产厂家达到 66 家，比 2018 年增加了 4 家，宠物饲料产量达到了 42 万 t，比 2018 年增加了 0.2 万 t，占全国市场份额的 50%左右，继续保持全国绝对领先位置。特别是邢台市南和县宠物饲料生产企业达到 40 余家，产销量近 33 万 t，产值 21 亿元，被中国农业国际合作促进会宠物产业委员会授予“中国宠物食品之乡”的荣誉称号。具体工作：一是搞好新法规的宣传工作，在农业农村部印发了《宠物饲料管理办法》等 6 个规范性文件后，省农业农村厅于 2019 年上半年集中了全省所有宠物饲料企业，邀请农业农村部畜牧兽医局饲料饲草处调研员李大鹏解读《宠物饲料管理办法》等 6 个规范性文件和相关的法律法规，收到了很好的效果。二是提升宠物饲料的品牌意识，打造全省宠物饲料这一品牌，经过各方的共同努力，河北省南和县宠物饲料共荣获“河北省著名商标”9 个，特别是华兴公司“奥丁”品牌更是荣获“中国驰名商标”。三是协助南和县做好 2019 年南和宠物饲料交易会的筹备工作，充分宣传南和及河北的宠物饲料品牌。

（四）紧盯饲料生产企业安全生产不动摇

一是落实好安全生产责任。按照《安全生产法》要求，饲料生产企业是安全生产的责任主体，饲料生产企业主要负责人（法人或总经理）对本单位安全生产全面负责，是安全生产第一责任人，要按照有关安全生产法律法规，切实履行安全生产主体责任。同时，省农业农村厅畜禽屠宰与兽药饲料管理处与全省各市饲料管理部门签订了安全生产目标管理责任书，并要求逐级签订，明确安全生产职责，层层抓好落实。二是按照统一安排，从 2019 年 1 月 1 日至 6 月 30 日，在全省农业系统开展了安全生产大排查、大整治攻坚行动，全面排查事故隐患，坚决遏制各类安全生产事故。据不完全统计，整个行动期间，全省饲料系统共出动人员 1 121 人次，检查生产企业 756 家，发现各类安全隐患 865 项，已经全部整改到位。三是关键时间节点，抓好关键区域的督导检查工作。结合元旦、春节、两会、暑期办公、国庆等关键时间节点，对重点区域、重点企业、重点环节开展安全生产督导检查活动，进一步夯实饲料生产企业安全生产工作。2019 年，省农业农村厅对 38 家饲料生产企业进行重点督导检查，发现问题 146 条，已督促企业对检查中发现的问题进行整改，并要求市、县进行核实。安排 13 个设区市开展饲料安全生产交叉检查，通过强化源头管理，注重责任落实，为迎接新中国成立 70 周年创建了良好的行业生产环境，全省饲料生产企业没有发生大的安全生产事故。四是制定饲料安全生产风险分级管控与隐患排查治理指导手册。根据省安委办《抓紧制定安全生产风险分级管控与隐患排查治理指导手册的提示函》要求，2019 年上半年组织有关专家通过反复研究论证，制定了《河北省饲料安全生产风险分级管控与隐患排查治理指导手册》（试行）并发布实施。

【存在问题】

（一）饲料生产企业面临低效益局面

由于受添加剂、豆粕等原材料普遍涨价影响，效益空间越来越小，加之环保压力越来越大，企业经常被停产限产，导致效益下降，处于维持状态，造成全省饲料企业 1/3 盈利、1/3 维持、1/3 亏损的局面，严重制约了河北饲料行业的发展。

（二）饲料监管能力有待进一步提高

由于机构调整、人员变化等原因，监管能力不能适应新形势，有待进一步提高。全省饲料监管检测体系虽然初步形成，并且开展了卓有成效的工作，但部分市、县监管人员少，经费严重不足，缺乏监督执法的必要装备和手段。市级饲料检测机构大都还停留在常规营养指标的检测上，对卫生指标和违禁添加物的检测缺乏设备和技术。大部分县（市）还没有饲料检测机构，不能满足当前饲料质量安全监督管理的需要。

（三）饲料企业数量多，规模小，应加快整合力度

目前全省饲料企业近千家，年产 10 万 t 以上企业仅有 30 家左右。企业做大做强的步伐仍需要加快，饲料企业做大做强的意识虽有了明显提高，但实施的步伐不够快，小规模、大群体的行业格局依然没有改变，产业链需要延伸，抗风险能力需要增强。全省以饲料产业为主导产业的省级以上农业产业化龙头企业很少，由于对产业链的延伸和产业化的运作还不深入，企业集团化整合力度不够，对上游没有整合饲料原料生产环节，对下游还没有建立配套的养殖合作社、养殖基地，更缺乏产品加工、销售环节，对于市场的波动缺乏缓冲力，企业抗风险的能力还比较脆弱。

（四）宠物饲料还应进一步做大做强

一是开展宠物饲料专项整治，重点宣传《宠物饲料管理办法》等6个规范性文件，特别是抓好宠物饲料卫生标准和宠物饲料标签标准两个国家强制标准的落实。二是转变观念，放宽眼界，“引进来、走出去”，着力引进一批宠物行业国际大品牌企业入驻河北，组织部分宠物饲料生产企业到上海、广东等地参观学习，开阔视野。三是协助南和县把宠物产业博览会坚持办下去，办成全国乃至全世界宠物行业的盛会，叫响“中国宠物产业之都”的金字招牌。四是研发力度需要加大，核心竞争力需要提升，河北省虽与各大科研院所建立了不同形式的合作关系，取得了一定成效，但与外资企业、合资企业以及到河北落户的外省企业相比，企业自己的研发体系仍然很薄弱，大多数企业还未建立自己的研发机构。

【下一步工作思路】

下一步，全省饲料工作将按照农业农村部和省委、省政府的安排部署，重点做好以下工作：

一是提升饲料生产企业质量安全水平，制定并实施全省饲料质量监督抽检计划，配合农业农村部开展“双随机、一公开”监督抽样及质量安全检查工作。选择部分大中型、有积极性的饲料生产企业研发、推广无抗饲料。二是举办“瘦肉精”监管培训班，提高全省各级人员的监管水平和业务能力。三是推动宠物饲料再上新台阶，提升品牌价值，力争本省宠物饲料产量继续保持全国领先，协助南和县继续举办宠物产业博览会。四是继续开展安全生产培训和应急演练，提高全省饲料生产企业的专业水平和应急能力。五是配合兽药方面组建兽用抗菌药减量使用产业技术创新联盟，促进饲料行业健康、持续发展。

（河北省农业农村厅畜禽屠宰与兽药饲料管理处）

山西省饲料工业

【发展概况】

2019年，山西省各级党委、政府和畜牧兽医部门高度重视饲料行业发展，积极应对非洲猪瘟疫情、猪周期等对行业的冲击和影响，不断完善各项工作制度，切实加强行业指导和监管工作，确保了全省饲料质量安全和行业健康发展。全省共有各类饲料生产企业193家，饲料总产量347.3万t，同比增长2.9%，总产值100.0亿元，同比下降2.0%，总营业收入85.8亿元，同比下降8.5%。

从饲料种类来看，随着全省畜禽产能不断回升，2019年全省蛋、奶产量分别同比增了长8.6%、13.3%，相应配合饲料生产也稳步增长，全年产量317.4万t，同比增长3.2%；添加剂预混合饲料3.8万t，同比增长48.4%。生产企业应对区域性市场需求，调整产品结构，调减浓缩饲料生产，全年浓缩料产量26.1万t，同比下降4.6%；

从畜禽种类来看，受非州猪瘟疫情和猪周期叠加影响，市场饲料需求减少，全省猪饲料产量在上半年大幅下降，7月以后随着一系列扶持生猪生产政策的落地见效，猪饲料呈快速恢复态势，全年猪饲料产量102.2万t，同比增长4.4%。2019年全省肉禽出栏也大幅增长，相应肉禽饲料产量达132.9万t，同比增长8.8%。蛋禽和反刍饲料饲料随着养殖企业自配料占比上升，产量略有下降，蛋禽饲料全年产量98.0万t，同比下降4.8%；反刍饲料14.1万t，同比下降1.7%。

从行业结构来看，全省饲料行业集中度进一步提高，饲料龙头企业产量占比越来越高，大象农牧集团和晋龙集团两个企业产量占全省的56%。全省饲料产品在集团内养殖企业使用比例也大幅增加，约60%用于企业自身养殖场，外销产品呈下降趋势。在产值结构上，饲料产值99.2万元，同比下降2.1%；饲料添加剂产值7 422万元，同比增长24.7%。在营业收入结构上，饲料营业收入85.3亿元，同比下降8.7%，饲料添加剂营业收入5 461万元，同比增长70.2%。

【主要工作】

为切实加强全省饲料行业指导和监管工作，采取了一系列有力举措。

（一）加强行业发展指导

针对机构改革后，饲料监管部门重新整合和人员调整的工作实际，切实加强监管队伍建设，进一步明确职责，落实任务，制定了全省饲料质量安全工作要点和实施方案，并将监管工作责任和任务分解到各部门和各市、县，确保监管工作到位。认真落实饲料质量安全管理规范，组织对100家重点企业进行培训指导，引导饲料企业调整饲料产品结构，加强生产安全管理，增强抵御市场风险的能力。省农业农村厅办公室下发了《关于认真做好〈全国饲料工业统计调查制度〉填报工作的通知》，对高质量做好统计填报工作进行了安排部署，严格执行填报时限，确保真实、准确、完整。

（二）强化质量安全监管

按照“坚持问题导向、加强日常监管、健全长效机制”的工作思路和“标本兼治、重在治本”的要求，围绕饲料质量安全工作中存在的突出问题和关键环节，将“双随机、一公开”作为基本手段和方式，强化对生产企业抽查检测，2019年全省共对21个企业采样76批次，现场检查了14个饲料企业，确保企业规范生产和行业生产安全。对饲用血液制品生产企业开展了重点监督检查，有效消除了非洲猪瘟通过饲料途径传播风险。做好取消许可事项的后续监管工作，对添加剂预混合饲料、混合型饲料添加剂产品审批改为备案管理，对65个相关企业进行重新备案登记。认真落实农业农村部公告第194号要求，依托山西省饲料工业协会，告知企业、指导企业、帮助企业开展产品替抗，实现平稳过渡和行业健康发展。强化饲料督查工作。

（三）规范行政审批工作

省农业农村厅对饲料生产许可证申请等行政审批工作进行梳理，重新制定办事指南，简化办事程序，规范审批行为。同时制作并发放企业告知书，发放至每一家生产企业，对换证时限、要求和后果进行了告知和说明，深入企业做好指导和服务工作。2019年全省共对73家企业换发或新发生产许可证，目前饲料和饲料添加剂生产获证情况：饲料添加剂生产许可证18个，混合型饲料添加剂生产许可证20个，添加剂预混合饲料生产许可证50个，配合饲料、浓缩饲料、精料补充料生产许可证166个，单一饲料生产许可证30个。注销了8个饲料和饲料添加剂生产许可证。全省饲料企业硬件设施明显改善，饲料质量安全保障能力明显提升。

（四）切实加强检打联动

继续开展以“瘦肉精”为重点开展专项整治，对违法违规行为保持高压态势。专项整治期间，各级精心组织，积极推进，认真落实检打联动机制，对饲料兽药各类风险监测、例行监测、重点检测检查中发现的问题，严格按照相关法律开展查处，做到批批有查处、件件有回音。要求各级对监督抽检中发现的违法行为，在收到检验报告后要及时开展查处，不得以等上级部门文件通报等理由拖延。2019年全省共处罚饲料企业9家，罚没款437 102元。

【存在问题】

当前，非洲猪瘟的影响仍在持续，饲料“禁抗”和养殖“减抗”的期限越来越近，全省饲料企业抗风险和持续发展能力不强，饲料行业面临严峻挑战，主要表现：

（一）饲料“禁抗”对部分饲料企业发展影响很大

农业农村部公告第194号对药物饲料添加剂管理政策作出调整，出台饲料禁止添加抗生素政策，从2020年7月1日起停止生产含有促生长药物饲料添加剂的商品饲料。随着饲料“禁抗”的临近，对于饲料行业造成一定影响，如某饲料公司年生产3万t饲料，其中70%的饲料产品含有促生长药物饲料添加剂，这些产品2020年将停止生产和使用，而公司又缺乏“饲料替抗方案”的研发能力，企业生存面临很大压力。

（二）饲料质量安全形势依然严峻

新时期加强饲料质量安全监管，不仅要聚焦保障动物产品安全这个核心目标，还要兼顾消费升级、环境安全等新要求。当前，从全国来讲“瘦肉精”等老问题尚未彻底根治，新型非法添加物时有发现，在全省饲料抽检查中，霉菌毒素、重金属污染等问题也时有暴露，安全隐患不容忽视，需要采取更有效的措施加以解决。

【下一步工作计划】

（一）加快开发绿色安全替抗饲料产品

为减少饲料“禁抗”对饲料行业发展的影响，鼓励支持研发应用绿色安全的替代产品，打造“政、产、学、研”产业联合体，开展相关技术和产品组装集成并示范应用，并加快审批上市，推广具有调养机体、健康肠胃、改善吸收等作用的天然植物提取物替代产品，增强机体主动防御能力，改善动物健康，最终实现饲料“禁抗”、产品“无抗”。

（二）强化饲料兽药质量安全监管

全面落实饲料质量安全管理规范，制定出台《山西省饲料质量安全抽查检测工作规范》，落实添加剂预混合饲料和混合型饲料添加剂产品备案制度，开展“双随机、一公开”饲料生产企业现场监督检查和饲料质量安全监督抽检，规范动物养殖者饲料自行配制、储运和饲喂使用行为，强化饲料生产企业原料管控、生产过程管控和产品质量管控。

（三）深入开展畜产品质量安全专项整治

深入开展“瘦肉精”专项整治，严厉打击饲料、养殖、收购贩运、交易、屠宰等环节非法添加使用“瘦肉精”行为。建立违法生产企业重点监控制度，开展饲料生产、经营和使用环节质量安全监督抽检和执法检查，规范“检打联动”工作机制，保持高压严打态势。

（山西省农业农村厅畜牧兽医局）

内蒙古自治区饲料工业

【饲料生产】

2019年，内蒙古自治区饲料总产量为378.9万t，同比增长8.2%；总产值160.0亿元，同比增长10.1%；营业收入152.5亿元，同比增长8.2%。按产品类别分：配合饲料产量313.6万t，同比增长8.5%；浓缩饲料产量57.7万t，同比下降0.2%；添加剂预混合饲料产量7.6万t，同比增长145.1%。按产品品种分：猪饲料产量84.1万t，同比增长25.9%；蛋禽饲料产量19.5万t，同比下降18.2%；肉禽饲料产量29.4万t，同比增长10.8%；反刍饲料产量238.7万t，同比增长5.2%。

饲料添加剂产量为79.6万t，同比下降8.8%；营业收入49.2亿元，同比增长10.4%；总产值57.0亿元，同比增长17.2%。

全区饲料生产企业加工能力单班达到400万t以上，从业人数达到了3.1万人；年实际产量超过5万t的企业达到了19家，合计产量214.2万t，占全区总产量的56.5%。

【饲料行政许可】

截至2019年年底，内蒙古自治区饲料生产企业有335家，获得生产许可证388个。其中双证企业41家，三证企业1家，四证企业3家。所获生产许可证中饲料添加剂生产许可证37个，混合型饲料添加剂生产许可证34个，添加剂预混合饲料生产许可证42个，单一饲料生产许可证49个，配合饲料、浓缩饲料、精料补充料生产许可证226个。

【饲料质量安全管理规范示范企业创建】

饲料企业标准化生产有力推进。以推动落实《饲料卫生标准》《饲料标签标准》和《饲料质量安全管理规范》3个强制性标准规范实施为牵引，以6家部级和15家自治区级示范企业为样板，全力推进饲料企业标准化生产。结合饲料质量安全监督检查、饲料生产安全大检查和安全月活动，对饲料生产企业全面进行现场监督检查，对发现的饲料质量安全问题及时进行了纠正。对1家不符合标准生产企业的生产许可证进行了注销。

【饲料质量安全监管及“瘦肉精”专项整治】

饲料质量安全监督管理进一步加强。实行制度化踪迹化日常监管。三级饲料监管部门按照“212”巡查制度，对饲料生产、使用和经营环节进行全覆盖检查，日常监管形成了“常态化、踪迹化、统一化”模式。全年组织开展饲料生产、经营、养殖环节巡查监督6 347家次，出动执法人员10 424人次，并对属地生产企业质量安全进行全覆盖监测，共抽检饲料生产环节382批次，经营和使用环节抽检产品1 710批次，合格率97.6%。同时对3 056家养殖企业（户）开展瘦肉精监测17 796批次，结果均为阴性。为加大随机监测排查力度，购买第三方检测机构监测抽检服务。

【机构建设和队伍素质稳步提升】

2019年机构改革，自治区农牧厅饲料饲草处成立，各盟市农牧局成立了饲料饲草科并实行人员轮岗，针对机构改革后人员轮岗的实际，举办了饲料监管工作、统计工作等培训班，培训150余人，培训了相关业务知识，基层和企业印发了《饲料法律法规汇编》。

【存在问题】

一是基层监督管理和执法体制不完善，加之监督监测技术支撑机构建设不全、人员少、装备建设滞后，风险监测、质量安全监管难度大。

二是饲料生产企业整体素质不高，饲料产品同质化问题突出，部分企业处于停产、半停产状态。中小型生产企业贯彻《饲料质量安全管理规范》较差，企业规范制度、记录、规程等执行不力。生产企业制度和操作规程不完善，饲料生产、经营和使用环节部分从业人员对饲料行业管理的法律法规不熟悉。

三是经营、使用环节“三无”、假冒饲料添加剂和添加剂预混料产品仍然存在，特别是兽药经销店经营不合格饲料添加剂现象比较严重。经营市场大部分存在经营者查验义务不履行、证明材料不留存、购销台账不完善现象。养殖场（户）自配料生产安全隐患大，监管形势依然严峻。

四是养殖环节“瘦肉精”监测采样难度大，抽取尿液虽然采用新型扦样器，但抽取尿样的时间比较长，而且很难采集到规定尿液样品量。抽样人员深入牛、羊、猪圈舍，有一定的安全隐患。

五是获证企业全覆盖监测中发现，个别企业停产时间较长，抽检不到样品，对其产品质量情况没有实施监督检验，存在质量安全风险。

【下一步工作重点及措施】

下一步以落实年度目标任务，针对存在的问题，积极采取措施，重点加强以下几项工作。

（一）质量安全监管方面

一是严格按照制定的申报、审核、审批饲料生产行政许可规范程序进行饲料生产许可证审批，在实施行政许可的过程中，把责任意识和风险意识摆在前面，严格生产许可证和产品批准文号审核。许可审核公开、透明，许可审批按规定时限完成。

二是在监管力量、经费、手段十分有限的条件下，突出重点问题、找准关键环节。突出重点监管非法添加“三个目录”以外的物质、超范围超量使用添加剂和标签标识不符等关键环节，对检查中发现的违规行为依法进行查处。

三是按照饲料质量安全及养殖环节“瘦肉精”监测计划，进一步强化上下、区域、部门联动机制，针对牛羊养殖重点地区加大突击监管抽检频率，不定期进行拉网式排查，突出重点，督促责任主体落实责任。重点加大第三方检测机构随机检测排查力度，“检打联动”做好“瘦肉精”整治工作。

四是以落实《饲料和饲料添加剂管理条例》及其配套规章为重点，提升监管监测能力，严格落实“212”巡查制度，三级饲料管理部门年、月巡查分别达到 2 次、1 次和 2 次以上。重点实行产品抽样与日常监管相结合，监督管理部门与质检机构协同行动，在抽样的同时对各环节进行监督检查。

（二）饲料生产标准化方面

一是严格执行《饲料标签标准》和《饲料卫生标准》。针对企业素质低问题，抓重点企业搞示范，全力推进《饲料质量安全管理规范》。进一步强化监督执法、服务指导和宣传培训。对于不执行规范的企业，明确提出整改要求和时限，对于经督促仍不改正的，一律按照条例规定严肃处理。

二是对饲料从业人员进行强化培训，采取集中、分类指导等方式对基层监管队伍的培训，进一步提升饲料标准化程度，全面提高监管能力。

（三）质量安全监测和追溯管理方面

做到获证饲料生产企业监测抽检率 100％，饲料生产、经营和使用环节普法、执法检查率 100％。

（内蒙古自治区农牧业厅饲料饲草处）

辽宁省饲料工业

【发展概况】

2019年，受生猪产能下滑和国际贸易形势变化等影响，全省猪用饲料产量下降明显。产品结构调整加快，肉禽、反刍和经济动物饲料产品稳步增长，规模企业经营形势总体平稳，全省工业饲料产值和产量双增长。

全省饲料工业总产值410.1亿元，同比增长4.3%，营业收入357.8亿元，同比下降2.9%。其中，饲料产品产值392.5亿元，同比增长5.1%，营业收入341.6亿元，同比减少3.3%；饲料添加剂产品产值17.2亿元，同比减少12.0%，营业收入15.7亿元，同比增长2.3%。

2019年，全省工业饲料总产量1 318.9万t，同比增长6.9%。按饲料类别分：配合饲料1 071.4万t，同比增长8.0%；浓缩饲料223.7万t，同比减少0.4%；添加剂预混合饲料23.2万t，同比增长42.5%，宠物饲料5 862.4t，同比增长20.5%。按动物品种分：猪饲料307.2万t，同比下降8.8%；蛋禽饲料217.1万t，同比增长0.1%；肉禽饲料591.3万t，同比增长16.7%；水产饲料45.9万t，同比增长4.8%；反刍饲料124.9万t，同比增长17.6%；其他饲料31.8万t，同比增长42.1%，其中貂、狐、貉饲料19.4万t，同比增长29.1%。

全省饲料添加剂产品总量24.0万t，同比增长16.9%。其中，直接制备饲料添加剂19.4万t，同比增长20.6%；生产混合型饲料添加剂4.6万t，同比增长3.4%。氨基酸产量5.0万t，同比下降35.4%；维生素和矿物元素产量分别为4.8万t、11.2万t，同比分别增长6.5%、64.3%；酶制剂2 303t，同比增长173.7%；微生物制剂3 158t，同比增长47.6%。

全省年产万吨以上的企业217家，占饲料生产企业总数的30.0%，饲料产量1 230.9万t，占全省饲料总产量的93.3%。其中年产10万t以上的企业32家，饲料产量590.6万t，占饲料总产量的44.8%；年产1万～10万t的企业185家，饲料产量640.4万t，占饲料总产量的48.6%。

全省饲料产量超百万吨的市3个，按产量排序分别为沈阳、鞍山、大连、朝阳、锦州、铁岭、阜新、丹东、盘锦、营口、葫芦岛、辽阳、抚顺、本溪。其中，沈阳市产量达358.3万t，同比增长13.29%；鞍山市产量233.86万t，同比增长10.26；大连市产量199.7万t，同比增长3.94%。沈阳、鞍山、大连饲料工业总产值分别为129.87亿元、64.64亿元、58.87亿元，3市饲料工业总产值占全省的61.78%。全省有10个市产量同比增长，其中沈阳、鞍山、铁岭、抚顺、葫芦岛5个市增幅超过10%。

2019年猪饲料生产厂数量329家，比上年减少13家；家禽饲料生产厂数量326家，比上年增加4家；反刍饲料厂数量109家，比上年增加12家；貂狐貉饲料厂数量53家，比上年增加10家。全省散装饲料总量298.09万t，同比增长10.65%，占饲料总产量的22.6%，比上年提高0.7个百分点。

【组织机构】

辽宁省农业农村厅兽药饲料处（省饲料工作办公室）行政编制5名，负责拟订并组织实施全省饲料行业发展规划和计划，组织实施饲料行业质量管理规范，承担饲料和饲料添加剂研制、生产、经营的监督管理工作。辽宁省农业发展服务中心畜产品安全与深加工部协助厅机关开展饲料生产经营和使用监管等事务性工作。

【主要工作】

（一）聚焦重点领域开展饲料质量安全专项整治

严格落实“双随机、一公开”监管机制，加强全链条监管，组织开展饲料质量安全专项整治，开展饲料生产和经营单位检查，全力保障全省饲料产品质量安全。

（二）实施饲料质量安全监督抽检和风险监测计划

制定实施《2019 年辽宁省兽药饲料监测计划》，开展饲料质量安全、饲料卫生指标、饲料安全、饲料药物添加剂、反刍饲料牛羊源性成分、饲料铜锌等 6 个专项监测计划。全年共抽检样品 4 130 批次，合格率 100%。

（三）开展饲用血液制品生产企业专项监督检查

根据《农业农村部畜牧兽医局关于开展饲用血液制品生产企业监督检查工作的通知》（农牧便函〔2019〕455 号）有关要求，以猪血制品生产企业作为重点，加强对动物源性饲料生产企业的监督，确保企业严格执行农业农村部公告第 91 号要求。

（四）优化服务事项程序，做好行业服务

深化“放管服”改革，助力推进优化营商环境，采用申请材料和办理结果快递送达的方式，简化服务事项程序，提高工作效率。全年共开具自由销售证明 53 份，办理饲料及饲料添加剂产品委托生产备案 21 份。按照《农业农村部办公厅关于实施添加剂混合饲料和混合型饲料添加剂产品备案管理的通知》（农办牧〔2019〕32 号）要求，指导全省添加剂预混合饲料和混合型饲料添加剂产品生产企业有序开展网络备案工作。

（五）落实饲料行业安全生产责任制

制定下发了《2019 年辽宁省兽药饲料生产企业和屠宰企业安全生产监管工作方案》，以防范化解重大风险、及时消除事故隐患、有效遏制生产安全事故为目标，推动饲料行业严格安全管理，落实安全生产责任，要求各地开展有声势又有实效的宣传教育活动，促进安全生产水平提升和安全生产形势稳定向好。组织全省通过宣传培训，提升监管人员、企业管理人员的安全生产法规意识和责任意识，通过企业自查、日常巡查和专项检查发现安全生产隐患并逐步整改，确保不发生重大安全生产责任事故。

【下一步工作思路】

（一）深入饲料质量安全专项整治活动，加大案件查处力度

针对饲料产品安全风险隐患，深挖案件线索，按照“五不放过”原则，加大案件查办和惩处力度，加大违法违规行为司法惩处力度。

（二）严格饲料行政审批

因机构改革，人员变动较大，拟调整辽宁省饲料企业生产许可审查专家库成员，修订专家委员会工作章程，加强专家库人员培训，适应当前形势要求，严把企业准入关。

（三）加强培训，提高饲料管理人员业务水平

举办辽宁省饲料工业统计及安全生产培训。规范饲料工业统计系统操作规程，提高饲料统计数据的准确性、科学性。推进饲料工业统计系统在实际工作中的应用。提升安全生产管理水平，坚持预防第一、综合治理，将饲料质量安全检查和安全生产检查结合起来，对发现的安全生产事故隐患“零容忍”。

（四）落实农业农村部公告第 194 号

大力宣传“无抗”养殖典型，鼓励辖区内企业积极研究“饲料替抗方案”，以药物添加剂为重点，加强饲料质量安全监管，平稳过渡饲料“禁抗”期，降低饲料“禁抗”对行业的影响。

（辽宁省农业农村厅）

吉林省饲料工业

【主要工作】

（一）进一步加强饲料行业监管

2019 年，全省饲料和饲料添加剂生产企业 324 家，年产饲料 373.0 万 t，产值 144.4 亿元。全年完成 3 500 批次饲料质量监督抽查工作，抽检产品合格率达 95.3%。完成饲料和饲料添加剂行政审批 215 件，办结率 100%。

1. 实施饲料质量安全监督抽查工作

3 月 13 日，印发了《2019 年饲料质量安全监督抽查工作方案》（吉牧饲发〔2019〕88 号），明确了 2019 年监督抽查方式、规范了样品抽样行为、规定了盲样检测程序、强化了“检打联动”机制、部署了信息发布工作。按照方案要求，分别于 5 月和 10 月组成 4 个监督抽样工作组，分赴各地开展监督抽样工作，完成了全年 3 500 批次样品监测任务。按照“检打联动”机制，对不合格产品生产企业进行了处罚，共罚款 10 余万元。

2. 开展饲料质量和生产“两个安全”专项检查

2 月 26 日，印发了《吉林省畜牧业管理局关于组织开展饲料质量安全和生产安全专项检查的通知》（吉牧饲发〔2019〕66 号），按照省级统一部署、市州组织、县级实施的原则，从 4 月 1 日至 6 月 30 日，组织开展了“两个安全”专项检查。专项检查中，全省共出动执法人员 1 500 余人次，检查饲料企业和经营业户 1 000 余家，罚款 8 170 元。

3. 开展监督执法规范年活动

4 月 4 日，印发了《全省饲料和饲料添加剂监督执法规范年活动实施方案》（吉牧饲发〔2019〕115 号），从 4 月 1 日至 9 月 30 日，利用 6 个月时间在全省集中开展执法监督规范年活动。通过建立违法线索举报通道、日常巡查等制度，强化了监督执法制度性建设。通过集中开展案件查处、执法培训、卷宗点评活动，规范了行业监管，提高了监管能力和水平。在执法规范年活动中，全省共出动执法人员 2 773 人次、检查生产和经营业户 1 289 个、罚款 2.1 万元、发放各类宣传单等 5 000 余份，活动结束后省畜牧业管理局下发了执法规范年活动通报。

4. 圆满完成监督执法培训工作

按照全省饲料和饲料添加剂监督执法“规范年”活动安排，9 月 5～6 日，在长春市会展中心举办了全省饲料和饲料添加剂监督执法培训班，近 150 名监督执法人员参加培训，省畜牧业管理局副局长孙晓峰出席开班仪式并做了动员讲话。通过培训，进一步增强了全省监督执法人员的综合能力素质，提升了行业依法行政的整体水平。培训工作收到了良好效果，达到了预期目标。

5. 开展了“双随机、一公开”检查活动

7 月 17 日，印发了《吉林省畜牧业管理局关于开展“双随机一公开”监督检查工作的通知》（吉牧饲发〔2019〕244 号）。8 月，随机组成 3 个检查组，对随机抽查的 30 个饲料生产企业进行了检查，对发现的问题责令限期整改，对违法违规企业在网上公开。

6. 深入推进“放管服”工作

按照省委、省政府关于行政审批“放管服”和“只跑一次”要求，省畜牧业管理局优化明晰了饲料和饲料添加剂行政许可事项、格式要求，精简了申报材料内容，取消了混合型饲料添加剂等 2 项许可的批准文号事项并开展了网上备案工作。通过深化“放管服”改革，全年共开展行政审批事项 215 件，办结率 100%。

7. 成功举办饲料行业暨生猪发展高峰论坛

3 月 21 日，组织省饲料工业协会、省牧业协会举办了 2019 年吉林省饲料行业暨生猪发展高峰论坛。省畜牧业管理局副局长孙晓峰做了《抢抓历史发展机遇，科学应对新挑战》的主旨报告，邀请了中国人民大学教授张利庠、搜猪网 CEO 冯永辉、中国畜牧兽医学会首席专家彭激夫做了专题报告。全省饲料管理部门及饲料、生猪养殖企业 300 余人参加了论坛。

（二）稳步推进粮改饲试点工作

2019 年，在全省 28 个县市开展粮改饲试点工作，比 2018 年增加 10 个试点县，粮改饲试点范围进一步扩大。2019 年通过粮改饲项目共收贮饲草料 83 万 t。

1. 提早谋划粮改饲试点工作

2018 年 10 月下旬，印发了《吉林省畜牧业管理局关于申报 2019 年粮改饲试点需求的通知》，根据各地申报需求，结合 2018 年完成任务和各地养殖量等情况，确定了 28 个粮改饲试点县，并提前将 2019 年收储青贮玉米等饲草料任务和资金下达到试点单位，为各地开展好粮改饲试点工作做了充分准备。

2. 完成 2018 年粮改饲试点绩效评价工作

与省财政厅联合制定印发了《2018 年粮改饲工作绩效评价办法》。2019 年年初，在 18 个试点单位自评的基础上，对长春市九台区、长岭县、榆树市、东丰县开展了绩效评价。吉林省在农业农村部 3 月下旬组织的 2018 年粮改饲绩效评价工作中，取得了绩效评价 94 分的较好成绩。

3. 狠抓粮改饲政策落实

制定印发了《吉林省 2019 年粮改饲试点实施方案》《吉林省粮改饲试点指导服务管理工作规范》，规定了补助对象、标准，强化了对粮改饲试点项目的监督管理和跟踪督导。4 月上旬，召开了粮改饲试点工作集中审查会议，针对各单位存在的问题，提出解决办法和要求，全面推动粮改饲政策落实。

4. 狠抓青贮饲料质量提升

为全面掌握粮改饲试点县青贮饲料质量状况，提升青贮饲料加工水平，印发了《关于开展 2019 年粮改饲试点县全株玉米青贮饲料质量跟踪评价工作的通知》，试点县于 5 月 30 日完成了全株玉米青贮饲料抽样监测工作。加强人员培训，强化技术支撑，印发了《关于参加优质青贮饲料制作及应用技术培训班的通知》，4 月下旬，组织试点县工作人员参加了农业农村部举办的优质青贮饲料制作及应用技术培训班，通过培训，粮改饲工作人员专业技能得到进一步提高。

5. 加大粮改饲政策宣传

9 月中旬，吉林日报对长春市九台区牧硕养殖有限公司广泽牧场收储现场进行了全方位采访，并以“九台‘粮改饲’效益显著提升”为题，在《吉林日报》“三农视野”版块中报道了长春市九台区及吉林省 2015 年来粮改饲取得的成绩，通过宣传报道，扩大了粮改饲试点工作的影响。

【存在问题】

在推进饲草料工作中，还存在一些突出问题需要解决，主要表现：

（一）饲料企业总体规模不大，现代化程度不高

从全省企业总体规模看，大部分企业生产规模较小。以配合（浓缩）饲料为例，年生产能力在 5 万 t 以下的有 119 家，占比达到 54%。从现代化水平看，绝多数饲料生产企业在加工设备、管理体系和技术创新能力等方面还有差距，产品同质化问题突出，具有较大影响力的企业、品牌和新产品不多。

（二）部分县市难以完成粮改饲任务指标

为加快推进粮改饲工作进度，省里于 2018 年年底就将收贮任务和资金通过正式文件形式印发各地。但通过集中审查和对 2019 年任务调度情况掌握，东辽县、通化县、长岭县和洮南市难以完成 2019 年粮改饲任务指标。主要原因是草食畜养殖量较少、养殖场搬迁和 2019 年秋季雨水较多等原因，导致饲草料收贮数量下降，难以完成年度目标任务。

【2020 年工作安排】

2020 年，吉林省饲料工作办公室将按照“保供给、保安全”的总体要求，坚持“强管理、保发展”工作思路，以加快饲草料产业发展为目标，重点实施“三大工程”、开展“三大行动”。

（一）启动实施“三大工程”

具体启动实施“优质饲料保障”工程、“粮改饲提质增产”工程和“秸秆饲料化利用提升”工程。

（二）推动开展”三大行动”

具体推动开展“饲料监督执法利剑”行动、“优化行政审批便企”行动和“农牧民补奖宣贯惠民”行动。

通过实施“三大工程”和开展“三大行动”，确保 2020 年饲料行业安全平稳运行，产业发展再上新台阶。

（吉林省饲料工作办公室）

黑龙江省饲料工业

【发展概况】

2019年，黑龙江省各级饲料管理部门通过培训宣贯、监督检查、精准管理等方式，着力打造优良营商环境，坚持管理与服务结合、监督和发展兼顾，严把生产安全、质量安全关，扎实抓好饲料各项监管工作。在非洲猪瘟疫情和猪周期叠加导致生猪产能下降的不利因素影响下，全省饲料工业实现了稳中向好、稳中有进的发展态势。2019年全省饲料总产量为345.7万t，同比增长0.1%，总产值137.3亿元。

（一）全省饲料生产企业获证情况

截至年底，全省饲料生产企业有396家，获得有效生产许可526个，其中饲料添加剂生产许可证25个，混合型饲料添加剂生产许可证97个，添加剂预混合饲料生产许可证101个，单一饲料生产许可证80个，配合饲料、浓缩饲料、精料补充料生产许可证223个。

（二）全省饲料生产情况

按产品类别分类，2019年共生产配合饲料236.4万t，其中猪料68.7万t；蛋禽料17.3万t；肉禽料57.1万t；水产料4.5万t；反刍料71万t；狐貉等其他料17.8万t。浓缩饲料101.2万t，其中猪料58.6万t；蛋禽料9.6万t；水产饲料1.2万t；肉禽料6.5万t；反刍料25.1万t；狐貉等其他饲料0.2万t。添加剂预混合饲料8.1万t，其中猪料2万t；蛋禽料2.9万t；肉禽料0.2万t；反刍料2.9万t；狐貉等其他料0.1万t。饲料添加剂54.9万t，单一饲料363.1万t。

【组织机构】

黑龙江省农业农村厅畜牧处负责起草畜牧业、饲料业发展政策建议和规划，监督管理饲料及其饲料添加剂质量安全。

【主要工作】

（一）继续开展饲料生产企业安全生产照单检查

督促市、县级履行行业管理责任，建立健全行业安全生产责任体系；加强检查、指导、考核，督促企业认真执行安全生产法律法规，建立和落实安全生产各项制度措施。

（二）进一步做好全国饲料工业统计信息系统填报工作

督促各市、县畜牧兽医管理部门按时督促辖区内所有获证饲料和饲料添加剂生产企业在新系统中填报数据，使信息填报工作常态化。要求各市、县确保信息填报的持续性，调查摸清停产企业数量，总结问题并及时沟通。

（三）加强饲料质量安全监管

1. 继续在全省范围内组织开展饲料产品监督抽检

印发了《2019年黑龙江省饲料质量安全监督抽检计划》，要求各市农业农村部门制定抽样实施方案，科学安排抽样，原则上保证辖区内饲料生产企业抽样全覆盖；黑龙江省农产品和兽药饲料技术鉴定站跟踪确认不合格检测结果及饲料质量安全监督检验结果告知书送达情况，严格执行异议处理程序，保证监督抽查结果的合法性，并及时向省农业农村厅报送监督抽查检测结果。

2. 组织开展2020年养殖环节“瘦肉精”专项监测

各有关市农业农村局负责抽样、现场筛查及实验室筛查样品采集工作。省农产品和兽药饲料技术鉴定站负责样品实验室筛查及全省结果的总结上报工作。对现场筛查出疑似阳性样品的养殖场（户），要求市级农业农村局及时对其饲养的活畜采取临时控制措施，检测结果出来前禁止转移和出栏销售。

（四）切实提升服务质量和工作效率，优化营商环境

缩短审批时限，制定审批流程图、一次性告知单，提高办事效率。严格按照程序依法依规审批，保证在规定的时限内完成审批工作，并力争在实际工作中提高审批效率，压缩审批时间。坚持以人民为中心，优化服务、依法办事、公开公正、诚实守信、廉洁高效、权责一致，以服务为出发点，做好各项审批工作，提高行政效能，依法平等保护市场主体合法权益，维护市场秩序，承诺“办事不求人、最多跑一次”。

【存在问题】

（一）执法监管体系尚未完善

2019 年，按照全国农业综合执法改革有关要求，本省原有的畜牧执法监管体系权力都已经移交到农业综合执法部门，不再承担执法监管职能，出现了在实际工作中发现问题也无权处理的窘境。但是，由于市、县级农业综合执法机构刚刚组建，专业执法人员、工作经费和技术手段缺乏保障等诸多因素，导致部分市、县畜牧执法监管不到位，个别市地甚至还存在“零案件”上报的现象。

（二）执法监管经费没有保障

由于黑龙江省是欠发达省份，部分县市还是国家级贫困县，财政资金大多用于保障民生或扶贫领域，农业行政执法经费经常得不到保障，严重限制了农业综合执法工作的正常开展。

（三）农业执法监管能力普遍不高

受人员、经费和培训等因素限制，基层农业执法人员在从事具体的行政执法过程中，在事先告知、立案程序、调查取证、证据处理、查封扣押冻结等行政强制措施、行政处罚自由裁量等具体执法监管环节，还普遍存在不专业、不规范执法的现象，如行政处罚不事先告知、越权执法、超期限扣押物品等。

【下一步工作思路】

（一）切实做好放管服改革工作

做好饲料和饲料添加剂网上行政许可事项审批工作，“办事不求人、最多跑一次”，打造优良营商环境。落实添加剂预混合饲料和混合型饲料添加剂产品备案制度。

（二）强化饲料质量安全监管

实施“双随机、一公开”饲料质量安全监督抽检，落实饲料质量安全管理规范。严厉打击饲料环节非法添加药物和违禁物质等违法行为。强化饲料质量安全风险预警监测，开展养殖环节“瘦肉精”专项整治。

（三）组织开展饲料质量安全监管培训

组织召开饲料质量安全监管培训班，通过专家讲解、书面交流等形式对各级饲料管理部门人员开展相关法律法规、监管执法等方面的培训。

（黑龙江省农业农村厅畜牧处）

上海市饲料工业

【主要工作】

2019年，上海市各级畜牧兽医部门、监督监测机构和行业协会围绕投入品安全监管和畜产品质量安全，不断强化源头监管，规范饲料市场秩序，提高饲料质量安全水平，保障养殖业健康发展，促进饲料行业不断向规模化、标准化、集约化方向发展。

（一）行业结构优化，生产发展稳定

全市饲料工业呈现总体健康发展、结构不断优化的趋势。截至2019年年底，全市共有82家饲料和饲料添加剂获证企业，其中，配合饲料、浓缩饲料、精料补充料和单一饲料等饲料生产许可证企业45家（包括专业宠物饲料生产企业6家、单一饲料生产企业3家），饲料添加剂生产企业5家，混合型饲料添加剂生产企业20家，添加剂预混合饲料生产企业54家，行业发展整体保持稳定良好态势。

随着长三角地区退养力度加大、非洲猪瘟疫情、城市拆迁等因素影响，全市畜禽养殖量下降明显，导致对饲料需求下降，再加上部分原材料大幅涨价，饲料产量出现不同幅度的下滑。2019年全市饲料加工产品总产量125.6万t，同比下降8.9%，其中，配合饲料89.54万t，同比下降1.9%；浓缩饲料5.90万t，同比下降41.4%；添加剂预混合饲料14.57万t，同比下降20.9%；饲料添加剂和混合型饲料添加剂加工产品总产量5.31万t，同比增长4.8%。饲料和饲料添加剂总产值92.20亿元，同比下降28.3%。

（二）改革创新制度，强化监管力度

以许可审核为抓手，以贯彻落实《饲料和饲料添加剂管理条例》以下简称《条例》及其配套规章为要求，不断强化许可监管力度，严格行业准入门槛，确保行政许可的公开、公正、公平。

1. 健全许可管理制度

继续推进全市许可审核专家队伍建设，不断完善专家审核制度，加强专家审核队伍培训，统一评审尺度，严把行业准入关。2019年完成各类审核发证共72张，其中：饲料生产许可证56张，饲料添加剂生产许可证16张，注销饲料和饲料添加剂生产许可证25张。

2. 强化取消事项监管力度

贯彻落实《国务院关于取消一批行政许可事项的决定》精神，加强“添加剂预混合饲料和混合型饲料添加剂产品批准文号审批”许可事项取消后的事中事后监管，做好取消事项的有序衔接。按照农业农村部的统一部署，组织实施了饲料和饲料添加剂产品网络备案工作，组织开展了产品上线备案专题宣传和培训，并对产品备案情况实施了网络监督抽查和现场专项督查。截至年底，全市所有饲料生产企业全部入网。

3. 改革创新审批制度

对市、区两级畜牧兽医相关行政审批事项组织实施了一网通办、“双减半”、电子证照和证照分离优化服务试点改革等一系列审批制度改革，压减审批承诺时限，大幅精简申请材料，实现了申请人实际办理时间和提交材料均减半的要求，并重新修订行政审批办事指南，完善办事指南基本信息、办理地点、办理流程等要素，进一步提升审批事项的标准化、规范化水平，提高行政审批透明度和可预期性。

（三）严格监督抽检，强化过程监管

1. 实施本市饲料监督抽检工作

根据全市饲料质量安全监测计划，部署实施了饲料产品质量、饲料中违禁添加物、饲料中有毒有害物质的抽检等各项监测任务，对抽检不合格的获证企业，做到有案必查，使监管措施规范化、系统化、常态化。2019年全市完成饲料监测样品100批，其中配合、浓缩饲料42批，饲料原料6批，添加剂4批，添加剂预混合饲料48批，共计各类检测项目1 387

个项目批次，其中违禁添加物 919 项目批次、重金属 168 项目批次、营养指标 219 项目批次、微生物 56 项目批次、毒素 25 项目批次，样品检测合格率 100%。

2. 实施“瘦肉精”及其替代品产地监测工作

加强对地产生猪的残留安全管理，重点加强对出栏前生猪的检测，强化源头管理和生产监控，及时掌控全市出栏生猪的质量情况。全年共完成对生猪出栏前“瘦肉精”及其替代品产地监测 14 541 批次，飞行监测 4 224 批，检测项目包括盐酸克仑特罗、沙丁胺醇、莱克多巴胺、齐帕特罗、赛庚啶等，检测结果均为未检出。

3. 组织实施新模式饲料国检任务

农业农村部 2019 年饲料国检任务采取了“双随机、一公开”“互联网＋饲料监管”和公开检测指标等新模式，并按照“过程规范、结果准确、全程留痕”的原则制定了《2019 年全国饲料质量安全监管实施方案》，上海市积极配合农业农村部开展好各项监管实施措施。一是推荐一批专业能力和工作经验较强的监管专家加入部级饲料质量安全监管专家库，保障部级饲料监管专家库的顺利建立；二是配合农业农村部专家组对随机抽取的 12 家饲料和饲料添加剂生产企业，顺利完成了饲料质量安全抽检和现场许可规范审核等各项任务；三是将本市饲料辖区抽检任务与国检任务进行科学合理配套，确保饲料抽检工作的科学性、代表性和不重复性。

（四）完善监管机制，强化监督执法

1. 强化制度建设

成立上海市农业农村委员会执法总队，并将饲料监督执法工作纳入总队职能，饲料监督执法工作开启了新的篇章；强化获证企业后续监管力度，继续实行“双告知”和“双随机”抽查工作机制，不断完善饲料执法程序；继续实施诚信评级，开展企业分级监督管理制度，引导本市饲料行业进入自律、规范的良好发展状态。

2. 强化监督检查

依托行政审批、质量安全监测、案件查处三方联动机制，推行告知承诺制度，强化饲料安全责任，严肃查处违法违规企业，严格规范饲料用药，对获证企业的年度检查覆盖率达到 300%以上。2019 年全市累计出动执法人员 8 709 人次，检查养殖场 1 118 家次、饲料生产企业 398 家次和饲料经营企业 119 家次，发放各类宣传资料 1 480 份，查处饲料案件 4 起，罚没款 2.5 万元，维护和净化了本市饲料市场秩序。

3. 强化专项检查

结合农业农村部饲料质量安全监管工作部署，重点围绕安全生产、许可条件、生产过程、质量控制和标签标识，对全市 12 家获证饲料生产企业开展专项督导检查，并通过饲料企业监督检查和产品抽样检测联动，健全完善权责清晰、运行高效、监督有力的饲料质量安全监管机制，规范饲料生产经营和使用、打击违禁添加行为，切实保障饲料质量安全，全面提升动物性产品质量安全水平。按照农业农村部公告第 91 号要求，组织实施了两轮饲用血液制品生产企业现场督查行动，督促相关企业建立完善可追溯制度，严把严控消毒、生产、储存、检测等各个环节管理，确保各项整改措施落实到位。

（五）严格行业规范，引导有序发展

1. 继续推进《饲料质量安全管理规范》的实施

加强各区属地化监管职能，采取督促指导和处罚制约同步实施的方式，注重对不符合项的整改指导，促进企业达到规范各项标准，对于排斥抵触、拒不整改的企业按照《条例》有关规定予以查处。同时，继续实施《规范》标准与生产许可条件的现场并轨审核，从准入的层面，推进《规范》实现从原料入厂到成品出厂的全过程质量安全控制，及时发现并消除各种风险隐患。

2. 继续推进宠物饲料管理新规的实施

为深入贯彻落实《宠物饲料管理办法》等规范性文件，依法推进饲料行业管理工作，配合国家饲料质量监督检测中心在上海举办了全国宠物饲料管理制度和卫生指标检测技术培训班，各省份饲料质检机构和第三方商业检测机构负责人、技术骨干以及全国各地宠物饲料生产、营销企业代表近 200 人参加了培训。会后，建立了宠物管理微信交流群，由专家随时解答行业内关于宠物法规、标准标签和许可规范等各类问题。

3. 推进“退抗”国策的顺利实施

以《全国兽药（抗菌药）综合治理五年行动方案》为抓手，不断强化农业农村部公告第 194 号关于退出使用促生长兽用抗菌药政策的宣传力度，对养殖环节用药情况实行“检打联动”，对打击“滥用、乱用和误用兽用抗菌药”保持高压态势。同时，从控制农业面源污染、保障饮用水安全、提供优质绿色农产品的角度出发，制定印发了《上海市养殖业抗菌药物使用规范（试行）》，明确将抗菌药物使用监管纳入对各区乡村振兴年度考核内容，并定期组织开展督查，确保工作责任落实到位。

【2020 年工作思路】

2020 年，上海市将按照农业农村部的统一部署，在市农业农村委员会的正确领导下，以饲料质量安全整治为重点，在长效管理上下功夫，确保畜牧业投入品的质量安全，重点做好以下几方面的工作：

（一）进一步强化获证企业监督力度

继续强化获证企业后续监管，监督检查做到全覆盖，实施饲料生产企业诚信评级制度和分级监管制度，完善企业监管信息档案，并实行“双告知”和“双随机”抽查工作机制，完善饲料执法程序；加大监督执法力度，依法从重处罚饲料违法行为，切实做到“检打联动”，维护行业秩序，提升本市饲料质量安全水平。

（二）进一步强化饲料许可审核力度

继续推行许可专家审核制度，强化专家审核队伍建设，提升审核水平，规范审核程序，注重审批时效，保障饲料验收审核顺利、有序、公正地开展；继续完善《规范》并轨许可审核工作，加强对部级、市级示范企业监督和回访制度；继续落实好饲料行政审批事项关于自贸区委托下放审批、优化服务改革、一网通办和事中事后监管等各项审批制度改革措施的具体实施。

（三）进一步强化饲料质量安全监测力度

继续加强饲料预警监测工作力度，开展饲料中未知风险物质排查，将抽检工作和日常监督检查相结合，及早发现质量安全隐患，并通过优化抽检方案进一步提高监测的针对性和有效性；结合全国饲料质量安全监管工作部署，围绕生产、质量和安全等重点环节实施专项督导检查；继续强化企业自检能力，开展精密仪器、主成分监测和卫生指标检测等方面的专项培训。

（上海市农业农村委员会畜牧兽医管理处）

江苏省饲料工业

【发展概况】

2019年，江苏省饲料行业积极应对复杂多变的发展形势，努力克服国际经济形势变化和非洲猪瘟疫情等诸多不利因素的影响，进一步加大结构调整力度，提升产业规模化水平和产业集中度，加快全产业链融合发展。全省饲料工业发展主要呈现以下几个特点：

（一）饲料生产总量首次出现下降

受多重因素影响，2019年江苏饲料发展近20年来首次下降，全省饲料工业总产值和总营业收入分别518.7亿元和522.2亿元，同比分别下降10.9%和9.0%；饲料总产量1 276.4万t，同比下降5.0%。配合饲料、浓缩饲料和添加剂预混合饲料产量分别为1 210.6万t、28.1万t、35.9万t，同比分别下降3.4%、42.2%、14.2%，宠物饲料1.8万t，同比增长68.6%。配合饲料、浓缩饲料、添加剂预混合饲料产量占总产量比重分别为94.8%、2.2%、2.8%。配合饲料比重与上年相比提高1.7个百分点，浓缩饲料、添加剂预混合饲料比重与上年相比分别下降1.4个、0.3个百分点，配合饲料主导地位更加凸显，进一步适应规模养殖快速发展。

（二）品种结构调整幅度较大

从养殖动物品种来看，受非洲猪瘟疫情影响，猪饲料大幅下降，禽料、反刍料大幅增长，水产饲料略有下降。2019年猪料、水产料产量分别为255.0万t、344.2万t，同比分别下降41.4%、2.4%；蛋禽料、肉禽料、反刍料产量分别为217.3、409.1万t、42.9万t，同比分别增长24.2%、21.1%、15.2%。另外，宠物饲料这两年发展较快，2019年宠物饲料产量1.8万t，同比增长68.6%。

（三）饲料添加剂和饲料机械受影响明显

受饲料行业整体发展形势影响，饲料添加剂和饲料机械产值也出现较大幅度下降。2019年饲料添加剂总产值、总营业收入分别为48.4亿元、43.2亿元，同比分别下降19.2%、19.8%；饲料机械总产值、总营业收入分别为46.7亿元、59.7亿元，同比分别下降19.0%、0.8%。

（四）饲料企业整合调整加快

截至2019年年底，全省共有饲料和饲料添加剂生产企业698家，同比减少56家。持有有效生产许可证838个，同比减少48个，其中配合饲料（含浓缩饲料、精料补充料）、添加剂预混合饲料、单一饲料、饲料添加剂、混合型饲料添加剂生产许可证分别为391个、178个、96个、98个、75个，一企多证的企业为131家。

（五）生产规模化、集约化程度提高

大型企业集团市场份额进一步加大，2019年，全省年产量超20万t、10万t企业分别为5、31家，超5万t的企业90家，年饲料产量达916.5万t，占全省饲料总产量的71.9%，比上年提高2.5个百分点；万t以下企业284家，饲料产量只占全省饲料总产量的6.1%。面对行业竞争加剧的挑战，饲料企业逐步调整经营策略，实施产业转型，加快向下游养殖业发展，2019年产量超10万t的饲料企业均发展了自营养殖业务，提高了自用饲料比例。

【组织机构】

江苏省农业农村厅为全省饲料行政管理部门。厅内畜牧业处负责起草饲料业发展政策和规划，监督管理饲料及饲料添加剂质量安全；行政审批处负责饲料及饲料添加剂有关行政审批事务；农业综合行政执法监督局承担饲料行政执法监督职能。

【主要工作】

（一）突出优化服务，做好许可审批服务

认真贯彻落实“放管服”改革精神，严格按照《饲料和饲料添加剂管理条例》（以下简称《条例》）

及相关规章的要求，做好饲料和饲料添加剂生产许可和产品批准文号的行政许可工作。2019 年共计核发、变更、换发生产许可证 398 个，其中饲料添加剂和混合型饲料添加剂生产许可证 70 个，饲料生产许可证 328 个，核发饲料添加剂产品批准文号 114 个。认真按照《国务院关于取消和下放一批行政许可事项的决定》(国发〔2019〕6 号)，取消添加剂预混合饲料和混合型饲料添加剂产品批准文号管理制度，改为备案管理。督促和指导企业做好产品备案工作，全年共计备案添加剂预混合饲料和混合型饲料添加剂产品分别为 3 842 个和 782 个。

(二) 突出质量安全，强化行业监督管理

组织召开全省饲料管理工作会议，总结分析全省饲料行业发展形势，部署全年饲料管理工作。加强行业监督管理，结合本省实际，制定了《饲料和饲料添加剂生产企业省级“双随机、一公开”监管工作方案》，对企业从安全生产、许可条件、原料使用、生产过程、产品质量、《饲料质量安全管理规范》(以下简称《规范》) 执行、标签标识等方面进行现场检查，并实施产品抽样检测，推行监检结合，增强监管效果，提高监管效率，积极配合农业农村部饲料质量安全监测工作组做好监督检查和监测抽样工作，全年部级饲料质量安全监测共计检查 150 家饲料生产企业，抽检饲料产品 272 批次，抽检合格率 96.7%；省级饲料质量安全监测共计 35 家检查饲料生产企业，抽检饲料产品 63 批次，抽检合格率 97.1%。

(三) 突出生产安全，开展风险隐患排查

各级饲料管理部门坚持将安全生产作为饲料行业管理工作的一项重要内容，通过印发文件、会议培训、应急演练、警示教育、举办主题宣传日、签订安全生产承诺书和责任状等方式，压实企业安全生产主体责任，督促企业不断提高安全生产水平。全省各级饲料管理部门通过县级自查、市级督查、省级抽查等方式对全省饲料生产和经营企业开展安全生产大检查 1 045 批次，排查出安全生产隐患 1 426 项次，责令停产整改企业 13 家。有效排除安全生产隐患，提升企业安全生产和产品质量安全保障能力。

(四) 突出及时准确，做好行业信息统计

积极推动实施《全国饲料工业统计调查制度》(农办牧〔2019〕24 号)，组织举办 2019 饲料监测统计业务培训班，就全国饲料工业统计调查制度要求对全省各相关市、县饲料统计管理人员宣贯培训。督促饲料和饲料添加剂生产企业按月填报饲料工业统计信息，认真开展信息审核和饲料生产形势分析。2019 年全省所有饲料、饲料添加剂和饲料机械企业全部按时填报了饲料工业统计月报和年报数据。

(五) 突出服务提升，加强行业协会工作

组织饲料、饲料添加剂和饲料机械企业积极参加 2019 中国饲料工业展览会。拍摄制作《改革开放 40 年江苏饲料工业发展纪实》宣传片，总结改革开放以来江苏饲料工业发展成就，探讨江苏饲料发展趋势。组织举办 2019 年江苏省饲料工业协会年会，联合山东省饲料行业协会举办关于举办饲料法规培训，联合省渔业技术推广中心和美国大豆出口协会举办水产饲料营养和原料使用专题讲座，积极为企业做好行业管理政策、动物营养和配方技术等咨询培训服务。

【下一步工作思路】

(一) 优化管理服务，提高行政许可审批质量和效率

贯彻落实国务院“放管服”改革精神和江苏省“不见面审批”工作部署，进一步完善饲料和饲料添加剂行政许可服务举措，精简审批材料，优化审批流程，提高审批效率，提高审核人员水平，规范饲料和饲料添加剂生产许可现场审核程序。在新冠肺炎疫情期间，简化行政许可审批流程，提高审批效率。严格准入条件，坚决把生产条件不符合、《规范》执行不到位、质量安全和生产安全无保障的小、散、乱生产企业淘汰出行业。加强添加剂预混合饲料和混合型饲料添加剂产品备案监督管理，督促相关生产企业按照要求做好产品备案工作。

(二) 强化监督管理，保障饲料产品质量安全

依据《条例》《规范》及相关法律、法规和标准的有关规定，坚持依法行政，落实监管责任，推进“双随机、一公开”监管制度化、规范化。加大现场监督检查力度，建立完善监管档案。深入开展饲料产品质量安全监测和饲料中“瘦肉精”等违禁添加物、药物以及未知风险物质预警监测，严厉打击饲料生产过程中非法添加违禁物质和超剂量、超范围使用药物饲料添加剂等行为。

(三) 深化排查整治，提升行业安全生产水平

切实履行安全生产部门监管责任，加强安全生产警示宣传教育，组织开展安全生产专项排查整治，全面摸排、梳理饲料和饲料添加剂生产企业安全生产风险点，建立完善安全生产风险隐患数据库。指导和督促企业进一步夯实安全生产主体责任，强化安全生产管理制度落实，加强对员工的培训、教育、监督与奖惩，提高全员安全生产意识，全面开展隐患排查与整改，提升饲料行业安全生产监管能力，有效防范和遏制安全生产事故发生。

(四) 催化提质增效，促进行业转型升级

督促指导企业严格落实疫情防控措施，强化防控主体责任，加强沟通服务，协调解决企业复工面临的疫情防控、原料采购、产品运输、人员返岗等实际问题，有序推进饲料生产企业复工复产。推广应用生物发酵饲料、猪鸡低蛋白低磷日粮、精准配方等先进配方技术，鼓励饲料企业以改进关键生产工艺，采用先进加工设备，推动饲料加工装备升级，提高饲料行业质量安全、生物安全、生产安全保障能力。大力推动优质、绿色、安全、健康型饲料和饲料添加剂的研究开发，督促指导饲料生产企业提前做好“无抗”和“替抗”的技术储备，有序推进抗菌药类促生长药物饲料添加剂退出工作。督促企业依法履行饲料统计义务，按时准确填报相关饲料工业统计信息，加强对企业填报数据的审核和监测分析。加强饲料和饲料添加剂生产企业信息化管理，提高监管效率，提升管理水平。

（江苏省农业农村厅畜牧业处）

浙江省饲料工业

【发展概况】

2019 年，全省饲料产业发展按照畜牧业绿色发展要求，严格实施《饲料质量安全管理规范》，加快向绿色环保方向转型升级，强化饲料质量安全监管，严厉打击饲料生产经营违法违规行为，行业绿色发展水平持续提高。

据统计，全省共有各类生产许可证 356 个，其中配合饲料、浓缩饲料、精料补充料生产许可证 139 个，单一饲料生产许可证 40 个，预混料生产许可证 61 个，饲料添加剂生产许可证 116 个。全面施行混合型饲料添加剂和添加剂预混合饲料批准文号网上备案，其中备案饲料和饲料添加剂产品批准文号 112 个，核发饲料添加剂产品批准文号 238 个。2019 年，全省饲料和饲料添加剂总产量 596.0 万 t，其中饲料产品（配合饲料、浓缩饲料、预混料）392.0 万 t，单一饲料 184.5 万 t，饲料添加剂 19.5 万 t，较上年分别下降 3.6%、增长 4%、下降 3.2%。2019 年饲料和饲料添加剂总产值 270.4 亿元，同比下降 10.3%。

【主要工作】

2019 年，饲料管理工作认真践行绿色发展理念，着力产业转型升级与质量安全统筹抓，全面施行《饲料质量安全管理规范》，规范行业生产经营秩序，有效防范质量安全风险，促进饲料行业健康发展。

（一）优化服务举措，扎实做好行政许可工作

在饲料行业许可中深入推进“最多跑一次”改革，进一步精简优化相关审批流程。转变作风，切实增强以人民为中心的服务理念，提高服务意识，强化对饲料许可现场审验的服务指导，营造热情、负责、高效、廉洁的服务氛围。一是进一步提升许可办事效率。根据省委改革办关于开展农业农村系统“最多跑一次”办事事项颗粒度细化梳理工作部署，将饲料添加剂、添加剂预混合饲料生产企业审批由 20 天提速为 8 天，大幅提高办事效率。二是进一步提升服务企业水平。针对许可审批过程中遇到的疑难问题，及时与相关行业管理部门会商，帮助企业解决问题，如与绍兴市生态环境局上虞分局会商浙江新和成药业有限公司维生素 D_3 油环评许可办理事宜，协助企业获得规范的环保证明，便于企业后续规范开展饲料生产许可证申办业务。三是进一步做好行政审批技术审查。认真贯彻落实饲料管理法规，严格执行行政许可管理制度、工作纪律和党风廉政责任制，依法依规做好相关行政许可业务的审核和现场审验等工作，严把企业准入关。全年完成审查并发放生产许可证 155 张。

（二）夯实畜牧业绿色发展基础，推广使用绿色环保饲料

“绿水青山就是金山银山”，绿色发展就是新发展理念的重要组成部分，也是畜牧业高质量发展的基本要求。一是开展环保型饲料行业发展情况调研。组织省内饲料技术专家，对 100 余家饲料生产企业和养殖场，开展实地走访、问卷调查和集中座谈等形式的调研，全面掌握了全省环保型饲料产品生产销售及使用情况，摸清了行业发展存在的问题和短板，并针对环保型饲料行业发展政策制度体系不完善、产品推广产业链基础薄弱、中小规模场使用环保型饲料自主性较差、行政推动手段缺乏等问题提出了对策建议。二是稳步推进饲料技术研究，修订《浙江省环保节约型猪配合饲料团体标准》。组织专家研究“饲料中 7 种青霉素类药物的测定”技术，并通过农业行业标准预审会，形成了报批稿；分层次召开《浙江省环保节约型猪配合饲料团体标准》研讨会、评审会，多部门征求修改意见，最终出台了《浙江省环保节约型猪配合饲料团体标准》，为环保型猪饲料的推广提供了技术依据。三是举办全省环保型饲料推广使用培训班。组织环保型饲料生产企业、养殖场负责人和各地饲料监管部门负责人参加培训，邀请浙江大学和省农科院专家

讲解环保型饲料科学知识，加大工作力度，努力推进环保型饲料推广应用，全面深入推动畜牧业绿色发展。

（三）严格实施《饲料质量安全管理规范》，保障产品质量安全

严格实施《饲料质量安全管理规范》是消除风险隐患、保障饲料产品质量安全的必然选择。浙江省始终把宣传贯彻《饲料质量安全管理规范》作为饲料产品质量安全的主要抓手。一是抓好示范创建，发挥引领作用。开展省级示范企业创建工作，上半年组织专家组对湖州、嘉兴等地申报省级示范创建的企业进行验收和实地指导，共有6家企业通过验收。二是抓好宣传培训，活动形式多样。各市根据省年初的部署要求，利用微博、微信、钉钉等新媒体，开展多种形式的宣传培训活动，重点宣贯《饲料质量安全管理规范》及相关配套政策、监管要求和企业实施的具体要求。三是抓好落实督查，加强后续监管。采取企业自查、辖区检查、市级督查的方式，对企业的设施设备、人员素质、日常管理、质量控制等方面进行全面检查，因主观原因未按规定建立相关制度和记录的企业，由辖区农业执法部门依法查处；将《饲料质量安全管理规范》实施纳入许可技术审查和产品质量监督抽查的范围，不符合要求的缺陷项目，限期整改。

（四）抓好行业信息化体系建设，引导规范行业发展

一是全面推行饲料相关批准文号网上备案。根据农业农村部通知要求，及时启动混合型饲料添加剂和添加剂预混合饲料产品备案工作，向省内100余家混合型饲料添加剂和添加剂预混合饲料企业分配备案系统账号信息，组织做好系统注册、信息维护及产品备案信息上传等工作。二是发挥饲料工业全口径统计平台作用，为行业健康发展提供数据支撑。推进饲料统计全口径月度监测，省内饲料生产企业全部纳入统计范围，每月填报统计数据，经市、县审核并报省级汇总，对出现异常情况的数据退回重审，并及时修改填报。2019年全省饲料统计填报率稳定在99%左右，统计数据真实反映了行业发展情况，为政策制定、行业扶持等方面提供了数据支撑。三是组织召开全省饲料统计工作座谈会，总结布置统计工作。11月在嘉兴召集由各市（含部分县区）饲料统计员和饲料企业代表参加的饲料统计工作座谈会，会上传达了全国饲料统计工作会议精神，对饲料统计员进行了工作培训，查找饲料统计工作不足，并提出了改进措施，为下一步统计工作顺利推进打下了良好基础。

【存在问题】

（一）监管形势复杂压力增大

从监管体系看，机构改革职能划分上下不统一，存在有职能没人手或有人手没职能的问题；县区级技术支撑、机构人才、装备建设滞后，基础监督执法体制不健全，风险管控能力不强；从经营市场看，假冒商品饲料、预混料、添加剂等“三无”产品依然存在，养殖主体自配料比重不断加大，违规使用添加剂问题难以根除。

（二）饲料产业特别是环保型饲料产业总体发展缓慢

全省饲料工业总体生产能力与上年持平，其中环保型饲料因其体量小、缺少行业推动等原因，总体呈现平稳缓慢的发展趋势。受下游端需求不足以及近期非洲猪瘟疫情等影响，部分环保型饲料添加剂生产企业陆续缩减了生产规模，甚至处于暂停生产状态。

（三）政策扶持力度弱，抗风险能力不强

饲料生产企业既是农业投入品加工企业，也是工业化生产企业，在应对大宗原料价格波动、国际市场变化、采用新技术新装备、加工和养殖对接等方面缺乏政策支持，在新建改址用地等方面政策支持受限，抗风险和持续发展能力不强。

【2020年工作思路】

2020年的总体思路：认真贯彻落实国家饲料监管法规及配套规章，围绕省委、省政府和省农业农村厅加快畜牧业转型升级高质量发展的部署要求，加强饲料行业许可服务，强化饲料生产全过程质量安全监管，保障产品质量安全，完善行业绿色发展管控机制，努力提升绿色发展水平。

（一）扎实做好饲料兽药行政许可技术审查

按照“最多跑一次”改革部署及工作要求，及时完成饲料行政许可技术审查工作，把好准入关。完善现场审验工作机制，优化许可服务流程，加强与主体沟通，尽力缩减许可办理时间

（二）提升饲料质量安全监管能力

按照“全链条”监管要求，顺应农业综合执法体制改革新趋势，统筹加强对市、县农业综合执法机构的指导，完善饲料生产经营使用“全链条”质量安全监管工作机制，提高执法监管能力。严格落实《关于养殖者自行配制饲料的有关规定》（农业农村部公告第307号），开展监督检查，提高规范化使用水平。

（三）强化“检打联动”机制

针对饲料产品大流通、大市场新格局、新特点，突出强化省内省外联防联控协作，强化部门沟通协作，进一步完善联动机制，提升监管效能。突出加强饲料经营使用环节省外产品的质量安全监督抽检，严厉打击违法行为。

（四）积极推动饲料兽药行业绿色发展

深化行业调研，全面梳理总结饲料行业科技应用

中存在的问题和短板，开展针对性对策研究。推进实施绿色环保饲料推广三年行动，强化技术指导，做好“减抗”成效评价，梳理总结一批针对不同畜禽品种的“减抗”技术方案，开展“减抗”成果示范推广。积极做好引导和服务，鼓励支持饲料企业加大绿色、环保、高效产品研发生产。

（五）加强行业绿色发展专题培训

进一步强化饲料法律法规和配套管理制度宣贯及行业绿色发展专题培训，全面夯实行业绿色发展基础。组织开展饲料企业质量安全管控知识专题培训，推进饲料生产环节质量安全标准体系建设，引导主体进一步规范生产经营行为。立足问题导向，引导各地增强绿色发展理念，提升护航畜牧业绿色发展能力。

（浙江省畜牧农机发展中心饲料兽药处）

安徽省饲料工业

【发展概况】

2019年，安徽省持续深入推进农业供给侧结构性改革，饲料行业克服了中美贸易摩擦、非洲猪瘟、禁养限养规定、减抗限抗等因素的影响，大力推进饲料多元化和产业融合，积极发展健康养殖模式。全年禽料大幅增长，饲料总产量和产值稳定增长，优质企业主导产业发展特点明显。全省饲料总产量817.4t，同比增长9.1%。其中，配合料778.5万t，同比增长12.2%；浓缩料17.7万t，同比下降44.4%；预混料14.5万t，同比下降22.7%，各类单一饲料产量103.4万t。饲料产量排名前五的企业分别为强英集团、嘉吉动物蛋白（安徽）有限公司、安徽海大饲料有限公司、阜阳立华畜禽有限公司、滁州温氏畜牧有限公司，合计产量为175.0万t，占全省饲料总产量的21.4%。从畜禽饲料品种上看，猪料176.8万t，同比下降28.2%；蛋禽料123.7万t，同比增长19.4%；肉禽料460.9万t，同比增长32.7%；水产料40.0万t，同比增长0.2%；反刍料9.0万t，同比增长20.1%；宠物饲料6.7万t，同比增长45.1%；其他饲料0.3万t，同比增长66.8%，有力地促进了养殖业的持续发展。

【组织机构】

安徽省农业农村厅为全省饲料行政管理部门，畜牧处负责全省饲料和饲料添加剂行政管理工作；省兽药饲料监察所负责饲料质量监测工作。安徽省饲料与健康养殖行业协会主要调查研究行业发展动态，协助饲料主管部门做好行业管理，宣传、普及饲料工业的新知识和新技术，承接相关的政府购买服务，推介最新饲料与健康养殖科技成果的转化或先进经验，帮助企业改善经营管理，组织企业经营贸易合作与科学技术交流，编辑出版饲料行业有关图书、资料、期刊，做好宣传报道工作。

【主要工作】

（一）健全管理制度，强化准入监管

以《饲料和饲料添加剂管理条例》及其配套规章为要求，持续完善制度，明确责任，制定标准，规范程序。一是健全许可管理制度。依照《饲料和饲料生产许可证管理办法》规定，继续完善推进饲料和饲料添加剂生产许可审核专家队伍建设，不断完善专家审核制度，增补相关专家，加强专家审核队伍培训，足额保障许可专家审核经费。全年共抽取专家22批次，共44人次。二是开展许可审核工作。2019年共审核申报生产企业133家，召开畜牧（饲料）行政许可审核会议13期，核发饲料和饲料添加剂生产许可证136个，其中换证企业达到107家，占审核数量的80%。三是结合农业农村部部署的统一行动，省、市、县饲料管理行政部门共检查获证企业87家，涵盖了全省12个市。

（二）继续实施《饲料质量安全管理规范》

为全面解读农业农村部《饲料质量安全监督抽查监测工作》和《2019年安全饲料质量安全监督抽查工作方案》，加强企业风险管控意识，9月9～10日在合肥举办了2019年度饲料质量安全管理规范培训班，来自有关市、县畜牧管理部门以及饲料生产企业的质量安全管理人员等共200余人参加了此次培训。会议邀请国内知名专家就《规范》现场检查与实施要点、推进《规范》提高饲料质量等方面进行了培训授课。全省饲料生产企业已经开展《规范》的实施与自查自评，结合日常培训和检查，持续改进，努力达到《规范》要求。

（三）科技创新和扩展产业链能力不断提高

以行业健康绿色发展为导向，全省饲料企业不断创新发展，锐意进取，涌现了一大批科技创新和社会责任感企业。一是安徽丰原集团有限公司获得多项国

家及省、市科学技术奖，其自固定化酵母细胞酒精连续发酵技术荣获国家科学技术进步奖二等奖。拥有发明专利 500 多项，重大工艺技术发明专利 170 多项。丰原集团在发展工业化项目建设的同时还注重新产品的研究开发工作，安徽泰格维生素 C 磷酸酯获评国家重点新产品；L-色氨酸等获评省高新技术产品。二是安徽五粮泰生物工程股份有限公司 9 月被授牌为安徽省博士后工作站。三是安徽华卫集团与国内多家知名院所开展产学研合作，以“公司＋农户”方式，带动了数以千计的农户养鸡致富，实现从“农场到餐桌”的肉鸡一条龙的产业链经营模式。另外，年底通过企业自主申报、安徽省饲料与养殖行业协会组织专家评审的方式，评选出安徽省十佳饲料科技创新企业和安徽省十佳饲料产业融合企业。安徽湘大骆驼饲料有限公司、安徽天安生物科技股份有限公司、安徽展羽生态农业开发有限公司等 20 家企业获奖。这些优秀企业也一直致力于科技创新，取得了一系列的科技成果，推动了行业技术进步和养殖业健康发展。

（四）加大市场检查力度

一是开展“瘦肉精”专项监督抽查。根据农业农村部办公厅《关于开展“瘦肉精”专项监督抽查工作工作的通知》（农办牧〔2019〕2 号）要求，省农业农村厅在春节前开展“瘦肉精”专项监督抽查工作，严厉打击养殖、运输、交易、屠宰等环节使用“瘦肉精”等违禁添加物的违法行为。各市和省直管县畜牧兽医行政管理部门针对养殖、运输、交易、屠宰等环节进行“瘦肉精”监督检测，检测合格率 100%。二是对 2018 年全国饲料质量安全监测不合格产品进行查处。根据检测结果，省农业农村厅组织约谈了有关市农业农村局分管饲料工作的负责人，要求切实推进辖区内《饲料质量安全管理规范》实施，建立健全饲料质量安全日常巡查制度，加大饲料监管力度，严厉查处不合格饲料。各地农业农村部门约谈饲料生产企业负责人。同时，组织执法人员对企业进行检查，对不合格企业及其产品作出限期整改、召回不合格饲料产品无害化处理决定，部分依照《饲料和饲料添加剂管理条例》第四十条予以处罚。三是开展饲用血液制品生产企业监督检查。5 月 21～26 日，依照农业农村部公告第 91 号和农牧便函〔2019〕455 号要求，对淮北恩彼、马鞍山爱不停、桐城雨润 3 家企业进行了监督检查。3 家企业都严格按照农业农村部公告第 91 号要求，设立了车辆消毒设施，严格划分了原料和成品区域，购置了 PCR 检测仪，执行了原料进场和成品出厂检测记录，生产工艺增加了产品 60℃保温设施，建立了 20℃以上保温成品库。

（五）强化饲料行业统计及监测工作

饲料监管监测一体化正在稳步推进，各级饲料主管领导高度重视，指派专人加强管理。全省饲料统计工作委托省饲料与健康养殖行业协会具体承担，协会指派专人，常抓不懈，努力提升饲料统计上报率及统计质量。2019 年共完成近 4 000 份统计报表的催报审核工作，编写了《安徽省饲料工业生产分析统计报告》；与各市饲料主管部门对饲料企业生产经营情况进行核实，整理出半停产企业 75 家。系统显示上报 2019 统计年报企业 321 家，同比提高了 28%，基本完成农业农村部的相关要求。省饲料与健康养殖行业协会获农村农业部“饲料统计先进单位”称号，多人获得“饲料统计先进个人”等称号。

（六）继续做好企业标准制定、修订服务和地方标准申报工作

全年共完成 20 余家单位 40 余份企业标准的制定、修订工作。按照标准的标准编写质量、标准协调配套性、标准适用性等方面对标准进行全面审查服务，提出修改意见。安徽省饲料标准化技术委员会组织全省饲料行业企事业单位和科研院校积极申报安徽省饲料行业地方标准共计 8 项，经初审后上报地方标准 4 项，其中《生猪饲料清洁生产技术规范》和《全株饲料大麦青贮技术规程》2 项标准通过立项评估，进入标准验收程序。

（七）举办行业新产品新技术培训及交流活动

为推广替抗、减抗和生产工艺新技术新产品，2019 年还成功举办了多次行业技术培训。8 月 14～16 日，成功举办了第二届家禽无抗福利养殖新技术研讨会。会议邀请了国家蛋鸡产业技术体系专家王红宁教授、张宏福研究员、国家水禽产业技术体系专家王志跃教授等知名专家就无抗养殖在蛋鸡、肉鸡、水禽上的研究进展做学术报告，培训约 300 人次。11 月 7～8 日，举办了饲料加工技术研修班，饲料加工生产技术经理、生产总监等共 100 余人参加了此次培训，会上安徽农业大学丁小玲教授和多家业内龙头企业生产总监就饲料生产过程中的精细化管理、生物安全防控等方面进行了培训。分别于 6 月、7 月、11 月在合肥、蚌埠、泾县举办了饲料企业互动交流会，共计 300 余人次参加了交流活动，进一步加强了行业联系，交流了先进经验，促进了行业互动，新产品新技术得到推广应用。

【存在问题】

一是监管队伍需要充实，检测能力需要提高；二是科技创新不足，活力不够，产业链需要延伸，抗风险能力需要提升；三是饲料行业缺乏品牌企业和品牌饲料，企业做大做强的步伐需要加快；四是饲料质量安全仍然存在潜在风险。

【下一步工作思路】

下一步将按照农业农村部的要求和省农业农村厅的统一部署，做好饲料行业管理工作。一是组织开展饲料行业监督检查，严厉打击违禁违法物质添加，完善约谈机制。二是继续贯彻落实《饲料质量安全管理规范》，进一步落实饲料生产企业规范，做好企业自律工作。三是完善饲料原料营养价值数据库，鼓励研发转化成果，激励争创知名品牌，支持企业生产无抗生物饲料。四是提高饲料信息统计工作质量，抓好档案建设，确保统计信息较高上报率。

（安徽省农业农村厅畜牧处）

福建省饲料工业

【发展概况】

2019年，福建省共有饲料和饲料添加剂生产企业334家，402张饲料或饲料添加剂生产许可证（添加剂预混合饲料74张、配合饲料211张、饲料添加剂29张、混合型饲料添加剂36张、单一饲料52张）。

2019年饲料总产量799.4万t，同比下降2.8%。其中，配合饲料766.7万t，同比下降2.8%；浓缩饲料16.5万t，同比增长16.7%；添加剂预混合饲料16.2万t，同比下降16.8%。从产品品种上看，畜禽饲料641.4万t，同比下降3.4%；水产饲料154.4万t，同比下降1.4%；反刍饲料0.01万t，同比增长7.2%；宠物饲料0.06万t，同比增长25.8%；其他饲料3.5万t。其中年产10万t以上的企业18家，其产量占全省总产量的46%。

饲料添加剂产量6.5万t，产值12.4亿元，主要产品有酶制剂、维生素A、维生素D_3、维生素E、抗氧化剂、二氧化硅、微生物制剂等。

饲料原料（单一饲料）产量394.8万t，产值131.8亿元，其中鱼油2.9万t、鱼粉1.3万t、豆粕341.1万t、菜籽粕7.8万t、发酵豆粕1.7万t。

【组织机构】

福建省农业农村厅为全省饲料行政主管部门，畜牧兽医处负责全省饲料行政管理日常工作，法规处（行政审批处）负责饲料行政审批相关工作；福建省动物卫生监督所承担饲料行政执法职能；福建省农产品质量安全检验检测中心（福建省兽药饲料检验所）负责饲料质量检测工作。

【主要工作】

2019年，福建省各级饲料管理部门认真贯彻落实党中央、国务院和省委、省政府关于农产品质量安全工作和安全生产工作的决策部署，坚持“产出来”和“管出来”两手抓，以“四个严把”推动饲料产品质量安全和生产安全形势持续稳定向好，促进全省饲料产业健康发展。

（一）严把质量安全关

1. 严格行政许可准入

根据《国务院关于取消和下放一批行政许可事项的决定》（国发〔2019〕6号）及农业农村部配套文件，制定印发《“饲料添加剂预混合饲料、混合型饲料添加剂产品批准文号核发”取消后的事中事后监管措施》，取消“添加剂预混合饲料、混合型饲料添加剂产品批准文号核发”，实施备案管理。同时修改精简“饲料添加剂产品批准文号核发”许可事项的审批材料，明确受理条件和办理标准，增强饲料许可审批透明度和可预期性，保证饲料行政许可严格按照法律法规要求公平公正开展。2019年依法核发144家企业饲料和饲料添加剂许可证；核发10家企业饲料添加剂或添加剂预混合饲料产品批准文号。

2. 严格饲料质量安全监管

认真开展质量安全监督抽查，根据《农业农村部关于印发饲料质量安全监督抽查检测工作要求及2019年工作方案的通知》，认真组织实施涉及本省的任务，对全省7个设区市23个县（市、区）共34家饲料生产企业开展抽样工作，共抽取93个样品，其中2个样品不合格，合格率97.85%。积极开展“双随机”监督检查，根据《福建省农业农村厅办公室关于做好2019年随机抽查工作的通知》，组织检查组对龙岩、南平、福州、漳州和泉州共35家饲料和饲料添加剂生产企业进行实地检查，重点检查专职技术人员、厂房、设备、仓储设施、检验机构和质量管理制度执行情况，共排查125个问题，督促及时抓好问题整改，实现闭环管理。

3. 开展饲用血液制品生产企业监督检查

根据农业农村部公告第91号要求，制定印发

《福建省农业农村厅关于加强猪源性单一饲料生产企业监管工作的通知》（闽农综明传［2019］13号），设计《猪源性单一饲料生产企业监督检查表》，组织各设区市饲料管理机构对全省9家相关企业进行实地检查。根据《农业农村部畜牧兽医局关于开展饲用血液制品生产企业监督检查工作的通知》（农牧便函〔2019〕455号），成立检查组对龙岩市福建容和盛食品集团有限公司的消毒设施、生产工艺、产品生产过程管理、产品出厂检测等方面进行实地检查，排查7个安全隐患，督促企业停产并完成整改。

（二）严把安全生产关

1. 开展饲料企业安全隐患排查治理专项行动

制定印发《福建省农业农村厅办公室关于认真组织开展饲料企业安全隐患排查治理专项行动的通知》，对20家饲料企业进行实地检查，重点检查安全生产管理制度制定落实情况、安全生产培训、职业病防控、应急管理和档案管理等内容，共排查94个安全隐患，已经全部完成整改，实现闭环管理。

2. 大力推进双重预防机制

根据《福建省实施遏制重特大事故工作指南构建双重预防机制方案》要求，以30家部、省、市级饲料质量安全示范企业为重点，在全省范围开展饲料行业双重预防机制试点工作，引导企业落实《福建省饲料生产企业安全风险分级管控和隐患排查治理规范》，大力推进双重预防机制，引领全省饲料行业安全生产形势稳定向好。

3. 开展“安全生产月”活动

为全省所有饲料企业采购安全生产挂图，要求企业在醒目位置张贴，组织员工培训安全生产知识。同时通过微信群、下乡检查等途径宣传粉尘防爆相关安全生产法规知识及《地方党政领导干部安全生产责任制规定》等有关文件，促进市、县饲料管理人员强化安全监管意识，全面履行属地监管责任；提高企业遵纪守法的自觉性，督促企业落实安全生产的主体责任，防范生产安全事故的发生。

（三）严把基本情况关

1. 扎实抓好饲料统计监管工作

根据农业农村部部署，制定印发《福建省农业农村厅办公室关于认真做好全国饲料工业统计调查工作的通知》，要求各地认真学习统计调查制度，明确工作目标、任务和要求，强化日常指导监管，逐月按时做好辖区企业各类报表的催报、审核工作，定期开展行业形势分析，准确研判变化趋势，力求实现精准管理。2019年共督促完成全省4 260家次饲料生产企业报表的催报、审核工作，精准率、及时率和上报率均达到100%。全省14位饲料统计监管人员和4家集团企业统计工作表现突出，受到农业农村部畜牧兽医局通报表扬。

2. 开展饲料添加剂生产情况摸底调查

为进一步加强饲料添加剂管理，规范饲料添加剂生产使用行为，制定印发《福建省农业农村厅办公室关于开展饲料添加剂生产情况摸底调查工作的通知》，围绕生产工艺描述、含量规格、产品标准等方面，对全省28家饲料添加剂生产企业开展全覆盖摸底调查，为农业农村部修订《饲料添加剂品种目录（2013）》提供素材。

3. 完善安全生产动态监管

督促各级饲料管理部门对照《工贸行业重点可燃性粉尘目录（2015版）》，对辖区内涉粉饲料企业定期进行排查摸底，及时更新数据，建立动态监管名录，不断完善全省粉尘涉爆饲料企业基础台账。全省粉尘涉爆饲料企业数量为281家，其中粉尘作业人数10～30人的企业数量为57家，30人以上的企业数量为10家。

（四）严把执法查处关

1. 加强日常监督检查

加强对饲料和饲料添加剂生产、经营、使用活动的日常巡查，强化执法检查的靶向性，重点检查产品标签及包装、生产许可证号、产品批准文号、产品质量标准、违法再加工、添加违禁物质、违法拆包或分装、违反限制性使用规定、生产经营假劣产品等内容，保持饲料质量安全的严管新常态。

2. 加强产品质量抽检

以发现和查处饲料产品质量安全问题为导向，以监督抽检为抓手，强化源头管理，规范饲料投入品市场行为。针对在日常巡查中发现存在问题的企业、被投诉举报的企业以及上一年度抽检饲料产品不合格的企业，进行重点抽检，2019年共抽检饲料产品288批次，其中12批次不合格，合格率95.8%，及时消除饲料产品质量安全的隐患，提高饲料生产经营活动的全程全域监管水平。

3. 加强饲料案件查处

实行“检打联动”机制，严厉查处不合格饲料产品，完善了案件查处的协作配合机制，在严查受检单位、依法监督不合格产品召回和销毁的同时，深入调查涉案产品的来源和去向，及时向涉案地移交案件线索，确保全程追溯。2019年立案查处饲料产品案件16起，罚没款21.28万元。

【存在问题】

（一）基层监管能力不足

市级畜牧兽医行政部门，多则3～4人，少则1人，饲料行政工作多数是兼职，县里绝大多数无饲料行政管理机构，职能多数由执法队或动监所承担，监管任务重，人员又偏少，且变动快，造成监管难以到位。

（二）企业主体责任落实不足

部分饲料生产企业和养殖场生产经营记录不规范、不健全，自我管理能力不足，在饲料生产和养殖环节存在违规生产使用假劣饲料产品的现象，不利于饲料“禁抗”全面推进。

【下一步工作思路】

2020 年，将继续贯彻落实饲料法规及配套规章，以产品质量安全和生产安全为目标，创新工作机制，不断加强饲料行业监管，确保饲料生产安全和质量安全再上新水平，促进全省畜禽行业持续健康发展。

（一）提高监督检查靶向性

在完成 2020 年全国饲料质量安全监督抽查计划的基础上，同步组织开展全省饲料和饲料添加剂企业生产活动监督检查，以饲料“禁抗”为重点，实地检查企业生产许可条件、产品标签及包装、添加违禁物质、违法拆包或分装、违反限制性使用规定等内容，进一步提升产品质量。

（二）强化安全生产整治实效性

根据《关于认真组织开展饲料企业安全隐患排查治理专项行动的通知》，组织各级饲料管理机构在全覆盖的基础上，紧盯 α-淀粉、鱼粉、血粉等饲料生产企业，重点排查粉尘作业场所 30 人以上饲料生产企业，督促企业抓好问题整改，对问题企业开展安全检查“回头看”，提高整治效果。

（三）巩固饲料统计精准率、及时率和上报率

督促各地按照农业农村部部署，落实《统计调查制度》，创新工作思路，完善监管机制，加大监管力度，层层压实企业主体责任，抓实做好各类报表的催报、审核工作，提升信息报送质量，注重做好行业形势分析，确保全省饲料统计各项工作取得新成效。

（四）强化教育监督实效性

结合饲料质量安全监督抽查等检查，以“安全生产月”等活动为载体，开展培训和宣传教育工作，提高从业人员安全技能和安全意识。充分利用社会监督和网络监督作用，及时组织报道饲料行业监管工作亮点，对检查走过场、隐患排查治理不力、存在重大隐患问题和严重违法违规行为的企业给予公开曝光或列入失信名单，形成有力震慑。

（五）激发企业创新积极性

推动企业抓住饲料“禁抗”这一契机做大做强，从不同的角度、采取不同的策略与方案进行替抗和无抗饲料的探索，综合运用营养平衡技术和新型饲料添加剂产品，改善饲料配制与加工工艺手段，研究替抗饲料产品，确保全省饲料“禁抗”有序推进。

（福建省农业农村厅）

江西省饲料工业

【发展概况】

2019年，江西省饲料行业以全面实施《饲料质量安全管理规范》为抓手，进一步完善监管机制，大力推进现代企业制度建设，着力构建企业管理规范、产品优质安全、资源高效利用的现代化饲料工业体系，为全省畜牧水产养殖业持续健康发展提供可靠物质保障。2019年开展饲料质量安全、生产安全专项整治行动，加强对饲料生产和经营企业的监督、管理，切实做好指导、协调和服务工作，圆满实现了全省饲料工业目标任务。

2019年饲料产品总产量843.8万t，同比减少22.6%；总产值283.2亿元，同比减少10.7%。其中配合饲料806.6万t，同比减少20.5%；浓缩料10.0万t，同比减少63.5%；预混料27.1万t，同比减少43.4%。按品种分，猪料456.9万t，同比减少41.7%；蛋禽料120.3万t，同比增长20.8%；肉禽料199.2万t，同比增长38.9%；水产料66.0万t，同比增长6.9%，反刍饲料799t，同比增长105.4%。

（一）禽料占比明显提高

受2019年非洲猪瘟疫情影响，居民肉类消费结构适度转移，畜牧业产业结构进一步优化，应对猪肉供应紧张的不利局面，加大了畜牧业结构调整力度，大力发展家禽和牛羊生产，特别是家禽发展迅猛，起到了重要的替代作用。全省家禽出栏5.40亿只，同比增长18.8%，禽肉产量75.9万t，增长20.2%，禽蛋产量57.2万t，增长21.7%。禽料占比达37.9%，同比提高18个百分点。一些大型集团公司，如双胞胎、加大、正邦等集团，以前只生产猪饲料，2019年大力发展禽饲料的生产和销售。传统的禽饲料生产企业产量大幅增加，如高安市漓源饲料有限公司、2家温氏集团分公司、樟树农好农业发展有限公司（家禽饲料生产）的禽料年产量都超过10万t，南昌华达、江西金苹果等几家公司年产量达4万～5万t，同比均大幅增长。

（二）猪料大幅减少

受非洲猪瘟疫情、禁养拆迁等因素影响，中小猪场数量减少，生猪生产出现下降，中美贸易摩擦又导致饲料原料价格持续上涨，饲料原料成本增加，对养殖户采购大宗饲料原料玉米、豆粕均有不利影响，用预混料自配配合饲料养猪比用商品配合饲料成本更高，所以赣州朱师傅、播恩生物、赣州澳德、江西佳腾丰等猪预混料生产企业产量继续呈现下跌趋势。南昌市是全省最大的饲料产业基地，产销量均占全省饲料工业的40%以上，但随着南昌市城市布局的优化和环保要求升级，部分饲料企业面临巨大挑战。2019年南昌市经济技术开发区的5家大型饲料企业关厂停产，造成全市猪饲料产量大幅减少。

（三）牛羊饲料快速增长

2019年牛出栏125.2万头、羊出栏144.1万只，分别比上年增长4.8%、9.6%；牛、羊肉产量占比分别比上年提高了5.9个百分点和0.8个百分点。全年反刍饲料799t，同比增长105.4%。

【组织机构】

江西省饲料工业办公室为全额拨款事业单位，编制12人。内设机构3个，即综合科、监督管理科、行业指导科。

受饲料行政主管部门委托，负责全省饲料工业的行业管理工作。负责提出和编制全省饲料行业发展规划，并组织实施；负责组织全省饲料和饲料添加剂产品在生产环节、养殖环节、流通环节的质量安全监管；负责饲料添加剂和添加剂预混料生产许可证审核发放、产品批准文号的核准发放；负责饲料企业的培训、饲料行业职业技能鉴定、饲料标准化技术工作；牵头负责畜产品质量安全监督管理工作。

【主要工作】

(一) 认真做好行政审批工作

全省饲料生产行政许可分两个层级实施：各设区市负责单一饲料、浓缩饲料、配合饲料、精料补充料生产许可证核发；省级负责饲料添加剂、添加剂预混合饲料生产许可证核发，饲料添加剂和预混合饲料产品批准文号核发。截至 2019 年年底，全省饲料企业达到 314 家，在有效期内的饲料、饲料添加剂生产许可证 395 张，其中添加剂预混合饲料生产许可证 88 张，饲料添加剂生产许可证和混合型饲料添加剂生产许可证 95 张，配合饲料、浓缩饲料、精料补充料、单一饲料生产许可证共 212 张。依据《农业农村部办公厅关于实施添加剂预混合饲料和混合型饲料添加剂产品备案管理办法（农办牧〔2019〕32 号）》做好混合型饲料添加剂和添加剂预混合饲料产品备案工作，给相关企业分配登录农业农村部备案网站的账号和密码。

(二) 加强监管和专项整治工作

1. 注重日常监管

2019 年，江西持之以恒抓好饲料企业生产安全和质量安全，主要在三个方面持续精准发力：一是加大饲料质量安全监督检查的频次和力度，要求设区市每个季度进行一次质量安全检查，针对企业问题整改情况专门进行了“回头看”，从 6 月起组织设区市、县（市、区）饲料管理部门对全省饲料企业就安全生产进行了拉网式检查，特别是粉尘防爆、高压锅炉、用电用气等进行了重点排查，发现问题即时整改，一般问题限时整改，确保全省饲料企业不发生安全事故；二是大力推进《饲料质量安全管理规范》贯彻实施，督促企业严格按照规范组织生产，提升了企业规范化水平；三是强化安全生产培训，为有效开展此项工作，全省加大宣传力度，加强对饲料法规、规章及有关政策的学习、宣传和培训，提高饲料生产经营企业从业人员守法意识，增强依法生产经营的自觉性。

2. 专项检查情况

一是根据《农业农村部畜牧兽医局关于开展饲用血液制品生产企业监督检查工作的通知》（农牧便函〔2019〕455 号），江西省饲料工业办公室对江西省血液制品企业和所在地的饲料管理部门开展联合检查，责令问题企业于规定期限内按要求整改到位，并对企业的问题产品进行无害化处理，防止问题产品流入市场，有效防控动物疫病通过饲料途径传播的风险。二是根据《农业农村部关于印发饲料质量安全监督抽查检测工作要求及 2019 年工作方案》（农办发〔2019〕22 号）文件精神，配合农业农村部工作小组完成饲料质量安全监督抽查检测工作，农业农村部从企业库里随机抽取选定 35 家企业，共抽取 76 个样品，下一步将跟踪检测结果。三是 2019 年共组织对 6 家饲料生产企业进行了“双随机、一公开”行政监督检查。四是对全省 11 个设区市 252 个牛羊养殖场进行专项监测，总计样品 1 015 份，全部为阴性。在出具备动物产地检疫出证条件的同时必须经“瘦肉精”和莱克多巴胺抽检合格后，检疫员方可出具动物检疫合格证明，提高了生猪牛羊的产地检疫率，保证了牛羊生猪及其制品的质量安全。加大屠宰检疫环节监管力度。严把生猪牛羊入场关，对生猪牛羊宰前批批抽检尿样、宰后批批抽检膀胱尿样，不合格的坚决不准屠宰和出场。五是按《全省饲料生产企业质量安全监管规则》，进一步规范管理行为，确保饲料质量安全管理落到实处，要求各级饲料管理部门按《饲料和饲料添加剂生产企业现场监督检查表》对企业定期检查、企业按《饲料和饲料添加剂生产企业自查表》进行自查，表中包含了安全生产、许可条件、原料使用、生产过程、产品质量、《规范》执行、标签标示、其他等方面，较好地规范了监管部门和企业的行为，保障了饲料质量的安全。

3. 服务企业情况

及时解决企业遇到的问题和困难，建立了全省饲料管理人员微信群，实行“点对点、一对一”服务。二是坚持以问题为导向，面对全省各级饲料管理部门和企业督查中存在和发现的问题，以及新出台的法律法规，加大宣传力度，举办了一期 300 余人参加的饲料质量安全管理规范及饲料法律法规培训班。帮助饲料企业做好非洲猪瘟防控工作，指导饲料企业建立车辆和人员消毒通道，对进入产区的车辆和人员实行严格消毒，严防非洲猪瘟疫情通过饲料传播；要求有条件的饲料企业购置检测设备，开展非洲猪瘟自检工作；建议饲料企业在制粒工艺加装高温调制器，采取 85° 3 分钟技术灭活可能污染的非洲猪瘟病毒。引导企业创新发展新思路，加大科研和产品研发投入力度，实现企业转型升级，推动一二三产业融合发展，确保江西省饲料工业稳步发展。

【2020 年工作计划】

一是制定一个标准。组织省饲料标准委员会、省级专家、大型企业共同合作，制定切合全省实际的《江西省饲料企业安全生产地方标准》。

二是做到两个规范。一是规范行政许可的管理，进一步开展“双随机、一公开”活动；二是规范自律行为，同时进一步做好统计工作。

三是强化三个服务。一是推荐一个配方。面对中美贸易摩擦，针对中小企业自配饲料的养殖场，结合江西构建绿色有机大省的目标，根据国家团体标准，组织专家、企业技术研发人员，制定具有江西特色的绿色、有机的养猪、养禽饲料配方；二是针对企业、管理人员开展一次培训；三是为促进饲料行业发展，由大型企业领头，筹建饲料行业协会，不断把江西饲料工业推向新的台阶，确保江西省畜牧业持续、健康发展。

（江西省饲料工业办公室）

山东省饲料工业

【发展概况】

2019年，山东省饲料行业发挥长期人才、资金和市场积淀优势，努力上下游延伸产业融合式发展，走出去抢占外省市场，克服了非洲猪瘟、中美贸易摩擦等带来的诸多困难和挑战，紧紧抓住猪料、禽料均产量大增、效益全面飘红的历史机遇，积极转型升级，饲料总产量实现了逆势上涨，引领科技创新和饲料生物安全，率先推广绿色无抗饲料生产，着力提升产品质量安全水平，为山东省畜牧业的稳定、和谐、可持续发展，以及保障畜产品质量安全提供了坚实保障。

（一）山东省饲料领先优势继续扩大

2019年是全国饲料统计月报系统全面、客观上报的第二年，数据的齐全性、时效性全面提高。与2018年相比，2019年全国饲料总产量、销售收入、产值等出现首次全面下降，按照农业农村部公布的数据，全国饲料工业总产量22 885万t，比2018年的23 763万t下降3.7%。饲料工业总产值8 088亿元，比上年的8 886亿元下降9.0%，饲料工业总营业收入7 780亿元，比2018年的8 696亿元下降10.5%。

山东省2019年饲料统计显示，全省饲料总产量3 778.9万t，比2018年的3 568.2万t（原统计报表数3 227万t修订）增长5.9%，占全国饲料产量的16.5%，同比提高1.5个百分点；饲料工业企业总营业收入1 184.7亿元，比2018年的1 332.3亿元下降11%；饲料总产值1 228.9亿元，比2018年1 352.7亿元下降9.1%，饲料总营业收入和产值均占全国的15.2%，占全国的比例分别比2018年下降0.1个百分点和持平。饲料产量、产值分别领先全国排名第二的广东省855万t、162亿元，领先优势比2018年继续扩大。

（二）饲料生产结构进一步调整优化

截至2019年年底，山东省审批发证的饲料生产企业1 839家，其中配合饲料生产企业888个，饲料添加剂和混合型添加剂生产企业分别为185个、304个；添加剂预混合饲料408个，单一饲料生产企业473个。和2018年年初相比，配合饲料企业减少64家，下降6.5%；预混料和混合型饲料添加剂企业分别增加66个和83个，分别增长18.9%和37.6%。

根据饲料产量中分品类对比，2019年全省配合饲料产量3 582.6万t，同比增长6.3%，占全国配合饲料总产量的17%，浓缩饲料产量105.9万t，同比下降9.9%，占全国浓缩饲料总产量的8.5%；添加剂预混合饲料产量78.5万t，同比增长8.5%，占全国总产量的14.5%。饲料添加剂总产值157.4亿元，比2018年的290.9亿元下降45.9%。

据中国饲料工业统计系统显示：2019年全国添加剂预混合饲料产量同比下降10.6%，山东省添加剂预混合饲料产量实现逆势增长，同比增长8.5%，产量万吨以上的企业有12家，除满足本地使用还销往省外区域。山东省添加剂预混合饲料产量位居全国第一，品种相对齐全，科技研发能力持续加强，涌现出一批在全国具有品牌影响力的优秀企业。

分畜种统计，2019年山东肉禽料产量2 508.1万t，排名全国第一，占全国的29.6%；蛋禽料产量345.7万t，排名全国第二（低于河北省的394万t），占全国的11.1%；猪料产量722.9万t，排名全国第二（低于广东省的928.8万t），占全国的9.4%；反刍饲料产量71.6万t，排名全国第五，仅次于内蒙古、辽宁、河北、黑龙江；水产饲料产量45.6万t，排全国第11位。

（三）猪饲料生产逐步恢复

据国家统计局统计数据显示：2019年年末山东省生猪存栏2 176.5万头，同比下降27.1%，其中能繁母猪存栏200.58万头，同比下降35%；生猪出栏3 176.44万头，同比下降37.5%。

据中国饲料工业统计系统显示：2019 年山东省生猪饲料产量 722.9 万 t，同比下降 20.6%。其中配合饲料产量 624.8 万 t，同比下降 21.2%；浓缩饲料产量 81.8 万 t，同比下降 16.4%；添加剂预混合饲料产量 16.3 万 t，同比下降 17.6%。临沂市和潍坊市是山东省生猪养殖的主要区域，2018 年两个市的生猪饲料产量占全省一半左右。2019 年两市生猪饲料产量分别比上年下降 41%和 18%，合计占全省的比重降至 40%；日照市、泰安市、淄博市猪饲料产量同比降幅也在 15%以上。

仔猪饲料和母猪饲料降幅更大。据山东省 1 100 余个规模猪场统计数据显示，6 月末监测生猪存栏同比下降 38.3%，仔猪存栏同比下降 40.5%，能繁母猪存栏同比下降 41.7%，去产能化达到年度最大。7 月开始随猪价快速上涨，刺激生猪产能逐渐企稳。饲料消费量在下半年得到恢复，但同比仍然下降，11 月、12 月同比降幅缩窄。山东省仔猪饲料产量同比降幅达到 35.5%，母猪饲料产量同比下降 25.6%。

中小企业生猪饲料生产萎缩严重。2019 年山东省生产生猪饲料的企业 485 家，比 2018 年减少 28 家，其中生猪饲料企业产量同比下降的占到六成。生猪饲料年产量 10 万 t 以上的企业（集团）11 家，比 2018 年减少 7 家，其产量占全省生猪饲料产量的 48%，同比下降 8.7%，低于全省平均降幅。生猪饲料年产量 10 万 t 以下的企业生猪饲料产量同比下降 31%。

（四）肉禽超常规发展

山东是全国肉禽养殖和输出大省，受肉类供应替代效应的影响，肉禽养殖效益好，肉禽饲料产销两旺，但竞争也更加激烈。2019 年山东鸡存栏 62 722.67 万只，同比增长 4.5%，其中肉鸡 37 935.18 万只，同比增长 4.8%，蛋鸡 24 784.49 万只，同比增长 4.04%；出栏 176 399.26 万只，同比增长 7.01%。鸭鹅存栏 15 814.76 万只，同比增长 3.03%；出栏 54 350.36 万只，同比增长 4.47%。肉类产量 698.6 万 t，同比下降 17.74%；蛋类产量 450.1 万 t，同比增长 0.7%；奶类产量 228.0 万 t，同比增长 1.3%。

据中国饲料工业统计系统显示：2019 年山东省肉禽饲料产量 2 508.1 万 t，同比增长 15.0%，占全国肉禽饲料产量的 29.6%。其中，配合饲料产量 2 489.3 万 t，同比增长 15%；浓缩饲料产量 11.9 万 t，同比增长 6.7%；添加剂预混合饲料产量 6.9 万 t，同比增长 32.4%。

据相关行业数据统计，山东省白羽肉鸡、肉鸭年出栏量均占全国 1/3，地方特色 817 肉鸡年出栏量占全国 50%左右，尤其是 2019 年白羽肉鸡受产能限制，增量空间有限，817 肉鸡产量快速增长。据中国饲料工业统计系统显示：2019 年山东省肉鸡饲料产量 1 374.3 万 t，同比增长 13.4%，占肉禽饲料的 54.8%；肉鸭饲料产量 1 108.3 万 t，同比增长 16.6%，占肉禽饲料的 44.1%；肉鹅饲料基数小，但增长幅度大。

2019 年山东省肉禽饲料企业（集团）基本稳定在 350 家左右，但竞争格局变化较大：一是生产集中度高，2019 年肉禽饲料产量 10 万 t 以上的企业（集团）有 29 家，其产量占全省肉禽饲料产量的 80%；二是竞争日趋激烈，部分以生猪饲料生产为主的企业因市场萎缩、客户减少，开始转产肉禽饲料，2019 年有近 70 家原来不生产肉禽饲料的企业开始生产肉禽饲料，加剧了肉禽饲料市场的竞争。部分缺乏规模优势、产业链短的肉禽饲料企业利润下降，甚至亏损。根据监测数据，有四成左右的肉禽饲料企业的产量同比下降。

（五）宠物饲料快速发展

全省 2019 年宠物饲料产量 11.9 万 t，比 2018 年的 8.1 万 t 增长 46.5%，产量占全国 87 万 t 的 13.7%，产量在全国排名第二，低于河北省的 42.4 万 t。山东宠物饲料总产值 14.4 亿元，占全国的 14%，低于河北的 27 亿元、上海的 25.5 亿元，排名全国第三。宠物饲料生产企业主要分布在聊城、临沂、菏泽、潍坊、威海、烟台等市。2019 年宠物饲料产值过亿元的企业有 5 家，其产值占全省宠物饲料的 74.3%。

（六）饲料添加剂继续稳步发展

2019 年山东省饲料添加剂产值 157.4 亿元，占全国饲料添加剂产值的 18.8%；饲料添加剂产量 222.1 万 t，同比增长 19.9%，占全国饲料添加剂产量的 18.5%。其中，饲料添加剂 209.6 万 t，同比增长 19.0%，比全国平均增幅高 11.4 个百分点；混合型饲料添加剂 12.5 万 t，同比增长 37.4%，比全国平均增幅高 17.4 个百分点。产值过 10 亿元的企业有 3 家，产值 5 亿～10 亿元的企业有 7 家。2019 年虽然实现全省饲料添加剂产量的大幅增长，但受全球市场供应的影响，山东产量较大的赖氨酸、蛋氨酸、泛酸钙、维生素 C、氯化胆碱、甜菜碱等市场价格整体下调幅度很大，饲料添加剂产值同比下降 45.9%，全国降幅最大。

山东省饲料添加剂生产品种多，赖氨酸、蛋氨酸、氯化胆碱、泛酸钙、维生素 BCDE、甜菜碱等产品产量在全国占有优势地位，酶制剂、防霉防腐剂、微生物等产量在全国份额也较高。饲料添加剂同医药、化工行业密切相关，山东良好的关联产业基础使饲料添加剂的竞争力逐渐显现，随着一批维生素和氨基酸项目的相继投建，山东省在饲料添加剂领域的竞争力将进一步提升。

（七）单一饲料原料供应宽松

2019年山东省单一饲料总产量1 575.1万t。谷物及其加工产品产量221.9万t，其中喷浆玉米皮128.9万t，玉米蛋白粉81.6万t；各种饼粕类蛋白原料1 232.9万t，其中豆粕1 161.9万t，花生粕47.4万t，棉籽粕22.7万t；动物油脂、肉骨粉、鱼粉等动物副产品75.5万t；发酵豆粕、发酵棉粕、柠檬酸渣等微生物发酵产品及副产品22.1万t。

从能量原料供需来看，据国家粮油信息中心数据，2019年山东谷物产量5 210万t，其中玉米产量2 611万t，全国排名第四，位于黑龙江、吉林和内蒙古之后；玉米饲料消费需求1 937万t，深加工等用量为2 060万t，年度玉米供需缺口1 386万t，供需缺口比上年度收窄。缺口的大部分需要从东北调入，少量靠进口谷物及副产品（玉米、高粱、DDGS等）以及本地谷物加工副产品补充。

从蛋白原料供需来看，据行业相关统计，山东大豆压榨能力2 800万t左右，位于江苏之后，全国排名第二。2019年豆粕产量1 161.9万t，省内豆粕消费470万t，大量豆粕供应省外饲料市场。山东省还有花生粕、棉粕、动物源性饲料等原料用于蛋白原料的补充。

从原料价格来看，2019年全国玉米去库存取得一定进展，谷物及副产品进口监管趋严，山东玉米价格呈现震荡上涨的趋势，全年均价1 893元/t，同比上涨2.8%。中美贸易摩擦对豆粕的供需影响有限，在整体供大于求的局面下，2019年山东省豆粕均价2 856元/t，同比下降8.8%，山东省玉米和豆粕价格基本接近全国平均价格。

2019年山东省蛋鸡产蛋高峰期饲料价格同比下降2.7%，肉大鸡饲料价格同比下降0.7%。饲料价格下跌进一步增强了养殖端的盈利能力。生猪养殖市场萎缩，生猪饲料价格降幅也大，饲料企业竞争压力继续加大。

【饲料监管能力和水平明显提升】

（一）抓典型，开展省级检查督导

一年三次开展“双随机、一公开”检查活动，省级直接检查饲料生产企业90多家，检查比例达到5%，组织查处了烟台鸿福道、潍坊世泽等大案，督办莱芜博飞等疑难案件；组织协助农业农村部开展饲料监督抽检250多批次，承担省农业农村厅质监处组织的省级700批次饲料、4 000批次养殖环节尿液“瘦肉精”监督抽检工作，积极应对社会舆论热点和群众举报的问题，主动查处典型案件，协调具体指导参与潍坊、烟台等市假劣饲料兽药大案查处，督导聊城、泰安、日照“瘦肉精”阳性案件，对农业农村部2018年抽检不合格企业和17批风险预警问题企业进行跟踪查处。

（二）树示范，深入实施饲料质量安全管理规范

继续深入推进《饲料质量安全管理规范》实施工作，结合量化分级，对全省1 764家饲料生产企业进行了规范检查，其中7家饲料生产企业被评定为饲料质量安全管理规范省级示范企业，目前全省共有66家企业通过部级或省级示范企业验收，是全国最多的省份。两次组织饲料行业转型升级和高质量发展调研，10月印发《关于开展饲料兽药行业“转型升级”和高质量发展龙头企业推荐宣传活动的通知》，推出一批行业内前三名的创新特色典型企业，正面宣传引领行业向产业融合、科技创新、工匠精神、融入乡村振兴等发展。

（三）提供培训指导服务基层

应对省级行政审批权下放、基层综合执法机构改革后现状，一方面积极开展人员培训和技术指导活动，在荣成和潍坊两次举办人员培训活动，重点培训基层执法人员和宠物饲料，印发饲料法规汇编2 000册；二是积极落实《国务院关于加强和规范事中事后监管的指导意见》（国发〔2019〕18号），争取农业农村部支持，在饲料许可监管系统增设50个端口，为16个市和34个重点县等基层事中事后监管提供支持，调动基层积极性。积极参与省饲料所和省饲料行业协会工作，推进绿色无抗联盟和东东论坛的合作交流活动。

（四）紧盯热点问题敢于担当落实

针对省委、省政府关注的非洲猪瘟防控、饲料生产形势分析、抗生素药残、饲料粮供应保障、中兽药研发推广、瘦肉精和违禁添加物质打假、问政山东、饲料兽药使用监管、网络经营规范等，及时组织重点攻坚，开展横向协调，努力做到担当作为，2019年先后参与督办查处了聊城莘县农业农村部抽检“瘦肉精”阳性事件、以及省畜牧兽医局监督抽检17批次动物尿液中“瘦肉精”阳性线索，对省农业农村厅质监处检测的动物毛发风险预警监测阳性进行了追踪调查。

（五）行业监管量化分级成效明显

按照《山东省饲料兽药生产企业分级管理办法（试行）》规定，2020年3月31日，山东省畜牧兽医局发布公告，公布了2019年度饲料、兽药生产企业分级评定结果和企业名单。截至2019年年底，全省共有饲料生产企业1 839家，全部纳入评定，其中年度评价优秀企业（A级）530家，占全部企业总数的28.8%；良好企业（B级）930家，占比50.6%；一般企业（C级）217家，占比11.8%；因新建、停产、改造等原因未评定 162 家，占比 8.8%。共有兽药生产企业 289 家，全部纳入评定，其中年度评价优秀企业（A 级）101 家，占全部企业总数的 34.9%；良好企业（B 级）142 家，占比 49.2%；一般企业（C 级）28 家，占比 9.7%；因延期验收、停产迁址等原因未评定 18 家，占比 6.2%。

山东省畜牧兽医局要求各级畜牧兽医行政管理部门、行业协会等对年度评定优秀（A 级）的饲料、兽药生产企业，以不同方式积极向社会宣传，在政策项目推荐、人员培训、宣传推广、技术服务等方面优先考虑。加强对一般企业（C 级）重点监管，引导其尽快规范提升。加大对未评定企业的检查，因企施策，推动其改善质量安全管理水平。

2019 年 4 月，省畜牧兽医局公布了《2018 年度山东省饲料生产企业分级评定名单》，评定的 1 764 家饲料生产企业中，优秀企业 518 家，占 29.4%；良好企业 938 家，占 53.2%；一般企业 192 家，占 10.9%；评定不合格及改造、停产等原因未评定等级生产企业 116 家，占 6.6%。

通过分级监管，行业集中度进一步提升，质量安全水平逐步提高。2019 年饲料产量大于 100 万 t 的集团企业有 6 家，其产量占全省饲料产量的 50%，比上年提升 6 个百分点；年产 30 万～100 万 t 的饲料企业有 8 家，其产量占全省饲料产量的 10%。在这些集团企业中，有 70%开展了一体化经营，有效缓冲了畜牧养殖业的市场波动。省畜牧兽医局公布了 2019 年省级饲料监督抽检结果：抽检 16 市饲料产品 646 批，合格 595 批，合格率 92.1%，与 2018 年的 93.1%基本持平。配合饲料、浓缩饲料和单一饲料合格率达 94%以上，自配料的合格率只有 81%。存在的主要问题是高铜、高锌和药物超限。确认 6 家饲料企业为质量安全风险企业，7 家饲料企业为省级重点监控企业。

饲料企业减少重复生产和恶性竞争，强化合作，专业化优势协作，主动调减产品结构，加大委托加工，降成本，提效能，形成区域化的乳猪饲料、大猪饲料、肉禽饲料、牛羊饲料等的专业化分工，防止了交叉污染，提高了产能利用，实现了规模效益。2019 年委托加工饲料 70.7 万 t，同比增长 28.7%。2019 年散装饲料产量 733.4 万 t，同比增长 18.1%，占全省饲料产量的 19.4%。据调查，每月可以节省成品编织袋 1 600 余万条，降低饲料成本 480 多万元。

（六）参与行业协会等其他服务工作

2019 年 1 月，省饲料行业协会公布了《无抗饲料产品认定办法》，在企业自愿申报的基础上，经过独立、客观、公正、公开、规范、透明的认定，150 家蛋禽和肉禽饲料企业为山东无抗饲料产品示范企业。2019 年 4 月，为进一步营造遵法、自律、诚实、守信的市场秩序和信用环境，省饲料行业协会开展了饲料生产企业信用等级评价，根据《山东饲料企业信用等级评价管理办法》，2019 年获得山东饲料企业信用 AAA 级的企业 143 家。

2020 年要面对全面建成小康社会、脱贫攻坚、乡村振兴等，山东省饲料行业面临建设现代化强省的任务，从 2019 年全年特别是 12 月份畜牧业生产形势分析，2020 年非洲猪瘟对畜牧业的冲击将会减轻，预计生猪生产稳中有升，但不大可能很快恢复到 2018 年的数量，预计全年猪饲料产量 700 万～800 万 t，比 2018 年减少 20%左右；随着人口增长放缓、经济和居民收入减速、进口肉类市场挤压、非洲猪瘟打击餐饮消费习惯等因素影响，全年肉鸡、肉鸭等过快发展，肉禽饲料连续增长势头预计 12—4 月将到顶下跌，全年产量约 2 400 万 t，比上年增长 13%；蛋禽饲料产量预计 350 万 t 以上，稳步增长达到 20%；其他畜种饲料产量 150 万 t 相对稳定，全省饲料总产量预计达到 3 600 万 t，产值 1 600 亿元以上，比上年分别增长 10%以上。

（山东省畜牧兽医局）

河南省饲料工业

【发展概况】

2019年，河南省饲料工业受非洲猪瘟疫情、猪周期、环保严要求、国家生猪养殖激励政策、持续高猪价等多重因素的影响，波动较大。第一、第二季度受非洲猪瘟疫情和环保严要求的影响，生猪养殖量大幅下滑，商品饲料产量尤其是猪料产量同比缩水较大，到第三季度末，随着国家和河南省生猪养殖激励政策的出台和生猪价格的高位运行的刺激，生猪养殖积极性高涨，补栏恢复性增长，饲料产量触底回升，10月猪料环比增长4.18%，其中仔猪料环比增长2.8%，母猪料环比增长16.7%；11月猪料环比增长5.58%，其中仔猪料环比增长10.61%，母猪料环比增长6.28%。全年全省饲料工业生产总体形势是先降后升，各畜禽种类饲料产量有升有降，商品饲料总产量同比下降，饲料工业生产形势总体平稳。截至2019年年底，全省共有饲料和饲料添加剂生产企业832家，同比减少12家；共有生产许可证1 069个，同比减少88个，其中浓配料429个、单一饲料123个、添加剂预混合饲料286个、饲料添加剂36个、混合型饲料添加剂195个。据中国饲料工业统计信息系统显示：前三季度，全省商品饲料总产量645.5万t，与上年同期相比下降17%。其中配合料593.7万t、浓缩料31.28万t、预混料20.39万t，同比分别下降14.3%、43%、33.9%。猪料333万t，同比下降33.6%；蛋禽料100.4万t，同比增长33.9%；肉禽料157万t，同比增长12.1%；水产料27.2万t，同比下降15.3%；反刍料22.9万t，同比基本持平；其他料5.1万t，同比下降25.7%。由于第四季度为每年的畜产品集中上市旺季，加上生猪产能快速恢复，饲料需求量增大，商品饲料产量与前三季度相比增幅较大。全年全省商品饲料总产量929.9万t，同比下降13.1%。其中配合饲料产量853.9万t，同比下降10.5%；浓缩饲料45.5万t，同比下降38.5%；添加剂预混合饲料30.3万t，同比下降28.5%。

（一）猪饲料生产企业受打击较大

受非洲猪瘟疫情、猪周期的严重影响，猪饲料生产企业经营惨淡，部分企业呈现停产半停产状态，有订单就生产，没有订单就停产，订单生产成为新业态。

（二）禽饲料增长较快

禽类产品产销两旺，价高利好，补栏积极情高涨，禽饲料产量快速持续增长，增幅较大。全年蛋禽料产量148.76万t，同比增长34.59%；肉禽料产量227.69万t，同比增长18.76%，其中肉鹅饲料增加3倍多。

（三）委托加工和散装饲料成为新亮点

饲料生产企业为了降低成本，节约费用，纷纷开展委托加工和饲料散装散运，委托加工节约了运输费，饲料散装散运节约了包装费和人工搬运费。全年全省散装饲料产量达301.44万t，占全省商品饲料总产量的近1/3。

（四）饲料添加剂快速发展

尤其是混合型饲料添加剂发展迅速，全省混合型饲料添加剂生产企业达195家，比2018年年底的129家增加了66家，增长了51.2%。全年全省饲料添加剂产量达19.84万t，同比增长84.44%。

（五）环保、无抗、微生物发酵等新型饲料产品研发成为行业新热点

替代抗生素的饲料产品、环保减排饲料产品、微精微囊提高利用率的饲料添加剂产品、微生物发酵、膨化饲料产品等不断出现。

（六）天然植物饲料原料发展成为企业新的增长点

自从2019年5月1日《天然植物饲料原料通用要求》（GB/T 19424—2018）实施后，天然植物饲料原料生产呈快速发展势头，各种天然植物干燥物、粉

碎物和粗提物等产品不断涌现。

【组织机构】

河南省农业农村厅为全省饲料行政管理部门，内设36个处室，其中饲料兽药处负责全省饲料和饲料添加剂的监督管理工作，主要职责：组织拟订饲料行业、兽药发展规划并组织实施；监督执行饲料产品质量标准和行业技术规范；组织开展饲料和饲料添加剂质量安全监测预警，负责饲草饲料资源保护和开发利用工作；组织开展饲料行业新技术、新产品推广应用；指导饲料企业执行饲料质量安全管理规范；承担饲料工业统计工作；负责兽药生产企业、经营企业和兽药使用环节监督管理工作；制定兽药质量监测检验体系建设规划和兽药质量监督抽检、兽药残留监控计划并组织实施。

【主要工作】

（一）定期组织召开形势分析会

河南省农业农村厅饲料兽药处积极协调河南省饲料工业协会和河南省饲料商会组织召开了第一、第二、第三和第四季度饲料原料行情形势分析会，分析行业发展形势，研判饲料原料价格行情，积极引导饲料生产企业转型升级。

（二）积极协调省饲料工业协会开展饲料行业对接交流活动

先后举办了饲料企业赴广西学习交流活动、第二届中原饲料科技论坛等。

（三）积极组织饲料企业参加全国饲料工业展会

2019年4月，积极组织河南省饲料企业参加在广西南宁举办的2019年全国饲料工业展会。中农颖泰、亿万中元等15家饲料添加剂企业参加了展览，200多家饲料生产企业共计400多人参加了展会，展示了形象，开阔了眼界，学习了先进技术和前沿的发展理念。

（四）积极引导饲料兽药企业落实“一带一路”倡议

联系河南省饲料添加剂协会组织饲料兽药企业赴巴基斯坦开展交流考察活动，深入考察了巴基斯坦市场。30多家企业参加了活动，多家企业现场达成合作意向或找到了产品出口目标，为实施“一带一路”倡议、不断扩大出口销售积累了经验。

（五）深入推进放管服工作

按照要求进一步梳理了饲料行政许可责任清单、负面清单和职权清理调整。完善了全省饲料生产行政许可评审管理系统，实现了饲料生产行政许可网上申报、网上审批、网上监督，专家现场审核标准化、程序化、模式化。从申报、受理、审查、验收专家选派、现场审核到许可证发放等环节全过程在网上运行、网上查阅，实现了企业饲料许可“零跑腿”。

（六）严格饲料生产行政许可

严格按照饲料生产许可条件和饲料生产行政许可审核程序，认真审核企业申报许可材料，严把材料审核关。对于材料审核通过的企业，随机抽派专家开展现场审核，逐项审核是否符合许可条件，严把行业入口关。1～8月，全省共计现场审核饲料生产企业338家次，不予许可17家次。

（七）积极开展全省饲用血液制品生产企业监督检查工作

按照《农业农村部畜牧兽医局关于开展饲用血液制品生产企业监督检查工作的通知》（农牧便函〔2019〕455号）要求，5月27～30日，先后赴焦作、鹤壁、新乡、漯河和商丘5个省辖市对7个饲用血液制品生产企业进行了现场监督检查。重点检查了企业在消毒措施、生产工艺、产品生产过程管理和产品出厂检测等方面。全省7个饲用血液制品生产企业，有2家符合农业农村部公告第91号要求正常生产，有5家停产，其中4家因环保、资金缺乏、产品滞销等原因，已停产半年以上，生产条件不符合公告要求；有1家因不符合公告要求，已于1月被责令停产整顿。

（八）开展饲料质量安全监测

按照年初制定下达饲料质量安全监测计划，对全省18个省辖市和部分省直管县的饲料和饲料原料进行了监督抽测。全年全省共检测饲料和饲料原料样品647批，总体合格率96.2%。其中，饲料原料和饲料产品质量安全监测236批，合格率94.2%；饲料中聚醚类药物专项监测26批，合格52批，合格率94.4%；反刍动物饲料专项监测80批，合格80批，合格率100%；饲料中重金属专项监测85批，合格82批，合格率96.6%。同时，积极配合农业农村部开展饲料质量监督检查和抽检工作，共抽检饲料生产企业113家。

（九）加强饲料质量案件查处

依托畜牧兽医综合执法，对违法违规饲料生产、经营企业，建立“黑名单”制度并实施跟踪监管，严厉打击未取得生产许可证生产饲料、饲料添加剂的行为，严厉打击非法添加违禁物质和超范围添加、超剂量添加饲料添加剂和滥用药物饲料添加剂等的不法行为。同时，充分发挥“检打联动”作用，严厉打击监测不合格饲料产品生产厂家，对农业农村部和省监督检测中发现的不合格产品厂家进行了通报查处。全年全省饲料行业共立案132起，处罚金额59.02万多元，取缔非法生产黑窝点1个，移送公安机关2起。

（十）开展兽用抗菌药综合治理

按照《河南省兽药（抗菌药）综合治理五年行动方案（2015—2019年）》要求，针对重点区域、重点产品和薄弱环节，利用春防检查、畜产品质量安全检查等，加强了对兽用抗菌药滥用及生产经营假劣兽药等违法行为的监督检查。积极开展抗菌药使用减量化行动试点。按照《农业农村部关于开展兽用抗菌药使用减量化行动试点工作方案（2018—2021 年）》要求，遴选上报了 6 个规模养殖场作为抗菌药使用减量化行动试点，并于 9 月组织人员对试点企业进行了现场指导和督促，完成第一批 5 个试点企业自评及汇总上报。

【存在问题】

一是产业集中度不高，中小企业多，大型企业集团企业少。二是科技研发投入不足，科研技术力量薄弱，科技成果转化率低。三是产品同质化严重，具有特色竞争力的产品少，大路产品多，科技含量高的添加剂产品少。四是饲料质量管理有待进一步加强，不合格产品时有被检出，饲料生产过程中超剂量、超范围添加使用药物饲料添加剂现象依然存在。五是《饲料质量安全管理规范》没有全面落实到位，中小饲料生产企业落实难度大，进展缓慢。

【下一步工作思路】

下一步河南省将“两手抓”，一手抓质量监督管理，一手抓行业发展。

在质量管理上，一是认真落实监管责任和企业的主体责任，进一步完善政府负责、部门监管、企业自控、社会监督为一体的监管机制。二是强化主体责任落实，宣传和督促企业提高诚信意识和自觉守法意识，加强质量安全自控，从原料采购到产品销售的全过程实行质量可追溯，规范生产行为，保障产品质量。三是强化监督管理，推行“互联网＋饲料兽药监管”，完善监督检查机制，定期开展行业监管检查，发现问题及时查处，并建立监督日志，完善监督管理档案，留下检查痕迹；四是强化质量监测，加强饲料兽药质检体系建设，完善检测机构，保障监测经费，落实监测任务，加强产品质量监督检测和风险预警检测，增强风险管控能力；五是强化执法办案，加强监管执法能力建设，大力推行综合执法，建立有奖举报制度和“黑名单”制度，实施跟踪监管，依法严厉打击假冒伪劣、违禁添加、超量添加等违法违规行为。

在行业发展上，一是依托行业协会积极推行“走出去，引进来”战略，进一步加强国内外行业交流学习，更新发展理论，引进发展技术和发展模式，促进行业转型升级。二是积极培育产业龙头。鼓励支持企业通过购并重组、参股控股、改制上市、产业联盟等形式进行整合融合，进一步提高产业集中度，打造一批生产规模大、科技含量高、产品竞争力强、在国内外有较强知名度的饲料企业集团。三是加大科技创新力度。鼓励支持企业联合科研单位、大专院校进行产学研合作，建立行业战略科技联盟，加大研发力度，创新科技成果。大力培育科技成果应用中介组织，搭建技术研发和技术推广协调平台，提高科技成果转化率。

（河南省农业农村厅饲料兽药处）

湖北省饲料工业

2019 年是湖北省农业农村厅机关机构改革后的第一年，原湖北省饲料工作办公室机构撤销，职能整体划转到新成立的省农业农村厅畜牧兽医处。在上级饲料主管部门的正确下，湖北省饲料工作紧紧围绕推进农业供给侧结构性改革主线，一手抓非洲猪瘟疫情防控，一手抓《饲料质量安全管理规范》落实促生产，加快推进产业融合，努力实现湖北饲料工业高质量发展。

【发展概况】

2019 年，湖北省饲料工业总产值 370.4 亿元，同比下降 9.3%；营业收入 359.4 亿元，同比下降 10.9%。其中，饲料产品产值 336.7 亿元、营业收入 327.7 亿元，同比分别下降 8.7%、11.1%；饲料添加剂产品产值 33.3 亿元、营业收入 31.4 亿元，同比分别下降 16.2%、10.0%；宠物饲料产品产值 0.34 亿元，营业收入 0.3 亿元。

湖北省工业饲料总产量 1 091.4 万 t，同比下降 5.5%。其中，配合饲料 1 050.9 万 t，同比下降 4.8%；浓缩饲料 19.6 万 t，同比下降 31.5%；添加剂预混合饲料 20.8 万 t，同比下降 6.5%；宠物饲料 0.03 万 t，同比增长 18.3%。湖北省饲料添加剂产量 77.5 万 t，同比增长 3.9%。其中，直接制备饲料添加剂 74.2 万 t，同比增长 3.6%；生产混合型饲料添加剂 3.3 万 t，同比增长 11.0%。

【主要工作】

（一）持续推进《饲料质量安全管理规范》实施

通过前期下发文件，将《饲料质量安全管理规范》（以下简称《规范》）内容纳入生产许可条件同步进行审核，并按《规范》要求，制定了《饲料质量安全管理规范现场验收细目表》，实现了“不漏一人，不漏一处”。全年核发饲料、饲料添加剂许可证 173 个，在全省 11 个市州举办《规范》培训 11 班次，培训各类人员 660 余人。通过《规范》抓安全，通过安全促生产，确保生产安全和产品质量安全。

（二）严格实施监督管理

按照农业农村部和湖北省“双随机、一公开”要求，2019 年农业农村部组织专家组对武汉、荆州等 11 个市州的饲料企业进行了“双随机”检查，共检查企业 28 家（检查现场 13 家），抽样 96 份，产品合格率在 97%以上。省级“双随机”检查抽样 231 份，产品合格率 96.8%。对检查中发现的问题和隐患下达了书面整改通知书，对产品不合格的企业进行了行政处罚。

（三）全面提升统计质量

按照饲料工业统计系统要求，明确每个月的后三个工作日和下个月的前三个工作日，为企业统计报表时间，同时要求市州饲料管理部门及时审核报表，对存在“数据异常”的报表，要仔细核实，通过压实企业报表主题责任和属地管理责任，2019 年全省饲料企报表率多次达到 100%，数据准确率大幅提高。

（四）不断加强合作交流

为进一步提升肉、蛋、奶等畜产品的食品质量安全水平，帮助饲料企业建立基于风险分析和供应链管理监管体系，2019 年 11 月 7 日，中荷饲料和食品安全协同发展高峰论坛在武汉举行，会上还举行了湖北省对外科技交流中心和 GMP＋国际组织关于“饲料和食品安全协同发展”高峰论坛合作协议和谅解备忘录的签署仪式。会议还就 2020 年湖北省饲料企业组团“走出去”参观见学进行了深入讨论。

（五）广泛开展技能培训

为全面提高检化验员业务水平和操作技能，依托省饲料工业协会，先后在华中农业大学、湖北国正检测等地，举办湖北省第 27 期饲料行业检化验员培训班、检验比对能力等培训活动，全省各市州近 40 家企业的化验员参加了培训，并对取得优异成绩的学员给予精神和物质奖励。

【存在问题】

一是受非洲猪瘟和中美贸易摩擦影响，2019 年全省饲料产量和产值同比均出现下降，饲料企业特别是中小饲料企业经营难度进一步加大。二是自配料监管难度加大，部分没有饲料生产许可证的企业及合作社，变相从事商品饲料生产销售，尤其是湖北省水产品丰富，以虾料为代表的水产自配料，产品质量安全隐患较多，查处难度较大。三是监管力量薄弱，改革后省级、市州级、县区级具体从事饲料业务经办的部门普遍只有 1 名工作人员，且身兼多职，开展工作难度较大。四是本省龙头饲料企业带动作用不强，10 万 t 产量的本省品牌饲料企业数量有进一步下滑的趋势。

【下一步工作思路】

受非洲猪瘟疫情、中美贸易摩擦、“药物添加”退出，特别是新冠肺炎疫情等多重不利因素影响，2020 年饲料行业将面临前所未有的困难。湖北省将继续以《规范》落实为抓手，不断深入推进“放管服”改革，加强安全监管和产品抽样监测，努力克服各种不利因素的影响，确保不发生较大质量安全事件。

(一) 继续推进《规范》实施

按照“通过规范抓安全，通过安全促生产”的思路，继续在全省范围内推进《规范》实施，对不达标企业实施源头管控，力争通过三年时间，将全省饲料企业通过《规范》细则表打分，实行饲料企业“分级制”管理。

(二) 继续严格监督管理

按照“管行业，就必须管安全”“管业务，就必须管安全”“管生产经营，就必须管安全”的要求，用好《饲料和饲料添加剂管理条例》，通过“双随机、一公开”等检查方式，建立监督抽查与行政执法的联动机制，加大对不合格产品和违法案件的查处力度，确保防疫安全、生产安全和产品质量安全。

(三) 继续做好统计工作

按照统计系统报表要求，督促本省企业按时报表、精确报表，进一步提高企业统计的上报率和上报准确率，同时督促市州饲料管理部门及时仔细审核，共同提高全省统计报表质量。

(四) 继续加强合作交流

按照已达成的 GMP＋国际组织关于“饲料和食品安全协同发展”高峰论坛合作协议和谅解备忘录的内容，力争组织本省饲料企业在 2020 进一步走出去，利用湖北省添加剂产品特色优势，不断扩大饲料销售市场和范围。

(五) 继续加强各类培训

一是加强对各级管理部门工作人员的业务培训，二是加强对企业检化验员的培训，不断提高全省饲料工业的水平。

（湖北省农业农村厅畜牧兽医处）

湖南省饲料工业

【发展概况】

2019 年全省饲料加工企业总产量 1 033.8 万 t，同比下降 18.4%，全省饲料工业总产值 345.7 亿元，同比下降 27.9%。

饲料加工企业总产量中：配合饲料 980.5 万 t，同比下降 17.3%（其中散装饲料 243.7 万 t，委托加工 28.9 万 t）；浓缩料 19.6 万 t，同比下降 41.9%；预混料 33.7 万 t，同比下降 29.1%。猪料 614.5t，同比下降 30.7%；蛋禽料 113.9 万 t，同比增长 6.3%；肉禽料 152.1 万 t，同比增长 35.6%；水产料 148.3 万 t，同比下降 6.1%。

【组织机构】

省饲料工业办公室现有专职工作人员 9 人，2019 年核发 490 个饲料生产许可证，其中浓配料 230 个，预混料 123 个，添加剂 57 个，混合添加剂 48 个，单一饲料 32 个。

【主要工作】

2019 年，全省各级饲料管理部门以推进《饲料质量安全管理规范》（以下简称《规范》）为契机，狠抓饲料质量安全监管，主要做了以下四方面工作：

1. 着力推动饲料产业转型升级，提升行业竞争力

省饲料工业办公室积极转变工作职能，支持帮助企业改造、升级加工装备，淘汰落后产能，提升专业化、集约化和智能化水平，积极推行饲料生产与畜禽养殖“厂场对接”经营模式，降低生产成本。

2. 着力加强行政执法管理，扎实开展专项整治行动

全省各级饲料管理部门共出动执法人员 1.3 万人次，检查饲料生产企业 558 个次，检查饲料经销门店 1 823 个次，下达整改通知 324 份，查处违法违规案件 15 起，查获违法违规饲料 14t，涉案金额 5.6 万元。11 月下旬，省饲料工业办公室参加了由省农业农村厅畜牧兽医处组织的畜禽产品质量安全专项整治行动，共检查桃江、安化、新化、冷水江 4 个县市，每个县市抽检 6 个肉牛养殖场（户）、2 个蛋鸡养殖场、1 个屠宰场、2 个兽药经营店、2 个饲料经营店。

3. 着力深化“放管服”改革，规范行政许可管理

切实贯彻国务院“证照分离”改革要求，推行行政许可现场审核程序改革，进一步规范了生产许可现场技术评审工作。2019 年，对 110 个饲料企业的生产许可申证和换证申请进行了材料审查与现场审核发证工作，办理了 92 个饲料添加剂和添加剂预混合饲料生产企业的产品批准文号 1 513 个。各个环节未出现超时“亮红灯”事故，办结率 100%，群众满意率 100%。

4. 着力加强质量安全监管，全面推行《规范》实施工作

首先是强化组织领导、成立了规范推进工作领导小组，制定实施方案，将规范推进工作作为全省饲料管理工作的工作重点。其次是将规范实施情况纳入行政许可范畴，对申证企业的安全生产及规范实施情况进行现场审核，查阅企业规范体系文件资料，对企业实施规范过程中存在的不规范问题和隐患下达整改通知书，并要求市县饲料管理部门督促整改落实到位，整改落实不到位的一律不核发生产许可证。

【存在问题】

当前湖南省饲料产业正处在转型升级的关键期，饲料行业还面临许多突出问题：一是执法监管的工作积极性不高，违法案件的查处力度有待进一步加强；二是饲料原料对处依存度高，受市场波动的影响大；三是产业链不够长，上游新型高端原料产品的研发生产能力相对较弱，与下游养殖产业的对接还不够充分；四是饲料生产企业超标准添加兽用药物和微量元素现象仍然存在。

同时，湖南省饲料产业也面临诸多挑战：一是饲料产能过剩，饲料行业进入微利时代，市场竞争进一步加剧；二是受资源环境约束，饲料添加剂生产面临的环保压力将成为常态，生产成本将进一步提升；三是市场对饲料产品的质量要求越来越高，饲料产业总体上已进入降产能、降成本、重质量、重环保的新阶段。加快饲料产业转型升级，推动饲料产业高质量发展，已成为产业发展的迫切要求。

【下一步工作计划】

2020 年是全面贯彻落实党的十九大精神、决胜全面建成小康社会、推进“十三五”规划实施的关键之年，全省饲料管理工作将以全面贯彻落实《国务院办公厅关于加强饲料用粮供应保障促进饲料产业持续健康发展的意见》精神，突出抓好以下五项工作：

一是大力推动转变生产方式。鼓励企业通过联合、兼并、重组等方式，提升规模化、集约化水平，提升产业集中度。引导企业升级加工装备，提升专业化、自动化和智能化水平，依法淘汰小、乱、差企业，减少过剩产能。

二是大力发展绿色安全高效产品。引导企业加大研发力度，构建精准配方技术，推广低蛋白日粮体系。积极推广低氮、低磷和低矿物质饲料，推进药物添加剂减量使用。

三是大力推动科技创新。鼓励企业建立技术研发机构，参与国家重大科技项目实施，与科研院所建立战略合作关系，研发推广饲料加工新工艺和绿色高效新产品。

四是大力加强饲料质量安全监管。结合《规范》的实施，加大饲料生产企业的现场检查力度，监督企业落实质量安全责任和安全生产制度，认真履行第一责任人职责，防范重大饲料质量安全事件和重大安全生产责任事故的发生。积极探索建立饲料质量安全大数据和互联网监管技术平台，对饲料质量安全实时有效监控，实现饲料监管事前、事中、事后的紧密衔接。

五是大力推进行政审批制度改革。严格落实“证照分离”改革要求，继续简化申报材料及许可流程，依法履行行政许可职责，切实加强对饲料和饲料添加剂生产企业的资质审查，按照《饲料生产企业许可条件》的规定，严格把好资料审查关，积极推进行政许可现场审核制度改革，调整现场审核工作程序。要严厉查处无证生产企业和打着养殖合作社的牌子，对外销售自配料的加工点，确保生产企业持证率达到 100%。

（湖南省饲料工业办公室）

广东省饲料工业

【发展概况】

2019年，全省各级饲料管理部门认真贯彻落实农业农村部和省委、省政府的决策部署，大力推动饲料业转型升级和结构调整，积极应对养殖业发展新形势新变化，全省饲料业发展总体平稳。受生猪产能下滑等因素影响，全省饲料工业产量和产值同比下降，饲料产品结构性调整，主要生产形势与特点如下：

（一）饲料总产量同比下降，饲料产品结构性调整

饲料工业总产值1 067亿元，同比下降11.2%，其中，饲料产品总产值1 012亿元，同比下降13.4%；饲料添加剂总产值55亿，同比增长52.6%。饲料产品总产量为2 924万t，同比下降8.3%；饲料添加剂总产量17万t，同比增长18.6%。按品种分，猪饲料产量928.8万t，同比下降38.5%；蛋禽饲料产量209.7万t，同比增长12.6%；肉禽饲料产量1 114.3万t，同比增长26.0%；水产饲料产量656.2万t，同比增长9.9%。按饲料种类分，配合饲料2 840.5万t，同比下降7.9%；浓缩料24.3万t，同比下降38.5%；添加剂预混合饲料57.3万t，同比下降10.3%。

（二）饲料生产企业数量同比基本持平，配合饲料生产企业减少

全省共有饲料和饲料添加剂企业914家，生产许可证数1 041个，其中浓配饲料467个、单一饲料104个、添加剂预混合饲料255个、饲料添加剂71个、混合型饲料添加剂144个。浓配饲料生产企业同比减少57个，下降10.9%。随着饲料业竞争日趋激烈，行业规模化程度越来越高，小型配合料企业逐渐退出。

（三）产业规模位居全国前列，产业集中度较高

2019年全省饲料总产量和总产值均位居全国第二，规模化水平和产业集中度保持较高水平。年产100万t以上集团企业有5家，年产50万t以上集团企业有10家，年产10万t以上的生产厂108家，其产量约占总产量的66%，比全国平均水平高近20个百分点。

（四）饲料产品质量好品牌响，绿色高效产品加快发展

现有一批体量大、品牌响、质量好的集团化饲料企业；在多维、多矿、酶制剂、酸化剂、色素等领域，涌现一批知名特色企业。不少企业加快优化产品配方，推广应用低蛋白、低矿物质饲料；不少企业加快无抗饲料研发，储备了一批替抗产品和替抗集成技术；不少企业在生物发酵饲料研发方面取得了新进展。

（五）产业结构不断调整，企业产业链不断延伸

部分企业针对生猪养殖大幅下降的形势，及时转向生产家禽和水产饲料。部分企业优化产能布局，发展多品种、多类型产品，实现产品结构多元化。部分饲料集团企业加快发展生猪、家禽、水产等下游养殖业，延伸产业链。部分企业大力拓展国际市场，全省共有60多家企业的500多个产品销往亚洲、欧洲、非洲、美洲等60多个国家和地区。

【组织机构】

广东省农业农村厅内设畜牧与饲料处，负责饲料和饲料添加剂的监督管理工作。

【主要工作】

（一）推动调整优化产业结构，提升行业竞争力

引导企业调整优化产品结构，延伸产业链，拓展发展空间，应对养殖业发展新形势。大力宣传饲料“无抗”计划和要求，组织开展“替抗”集成技术研究。引导企业通过推广低蛋白日粮、优化饲料配方、开拓杂粕来源等多种方式，降低中美贸易摩擦对饲料业的影响。支持饲料企业创建农业龙头企业和农业名牌产品，现有饲料类省级农业龙头企业 36 家，饲料类省级农业名牌产品 165 个。

（二）深化“放管服”改革，激发企业活力

大幅精简行政许可申请材料，压缩办理时间，实行“不见面审批”，优化行政许可服务。取消添加剂预混合饲料和混合型饲料添加剂产品批准文号，实行添加剂预混合饲料和混合型饲料添加剂产品备案制度。继续将饲料生产许可证核发（单一饲料、浓缩饲料、配合饲料、精料补充料）和饲料添加剂（不含混合型饲料添加剂）产品批准文号核发，委托地级以上市实施。申请农业农村部向各市开放饲料生产许可系统应用端口，提高行政许可办理效率。委托 4 家第三方检测机构承担行政审批所需的检测工作，免费为企业提供高效的检测服务。

（三）加强生产管理，规范生产行为

增补 84 名生产许可现场审核专家，举办生产许可现场审核培训班，提升专家现场审核工作能力，规范现场审核行为。严格生产许可审批和批准文号核发，对不符合条件的一律不予许可，从源头上规范企业生产行为。全省共核发饲料和饲料添加剂生产许可证 548 个，核发批准文号 432 个；办理委托生产备案 125 批次，产品 3 132 个；办理自由销售证明 201 批次，产品 500 个。开展饲料质量安全管理规范调研指导，组织专家现场指导 51 家企业，提升企业全过程生产管理水平。认真开展饲料生产信息审核、统计工作，开展重点企业生产情况，及时分析生产形势，引导企业及时调整产品结构和产量。

（四）加强质量安全监管，提升饲料产品质量

召开全省饲料质量安全监管工作座谈会，分析研判饲料质量安全工作形势，部署针对性监管措施。制定《2019 年广东省饲料质量安全监管工作方案》，按照“双随机、一公开”原则，组织开展饲料质量安全监管工作，省级监督抽查饲料生产企业 81 个、饲料产品 181 批次。制定《2019 年饲料产品质量风险预警监测工作方案》，开展饲料产品质量风险预警监测，监测饲料产品 500 批次，重点监测重金属、霉菌毒素等有毒有害物质，筛查非法添加物和违禁药物。开展“瘦肉精”监督抽查工作，全省共抽查养殖环节、运输环节、交易环节及屠宰环节活畜样品 312 661 批次，检验结果全部合格。严肃查处违法案件，各地共查处饲料违法案件 31 宗。

（五）加强饲料环节非洲猪瘟防控，严防疫情传播

加强以猪血为原料的饲用血液制品生产过程监控，督促饲用血液制品生产企业严格按照农业农村部公告第 91 号要求进行整改，对饲用血液制品经非洲猪瘟检测阴性后方可出厂销售。现场核查饲用血液制品生产企业的生产条件，对符合要求的准予继续生产；对不符合要求的，责令停产、限期整改，整改后经现场核查合格的方可恢复生产。积极指导商品饲料生产企业，通过改进加工工艺、严格饲料原料质量监控、运输车辆消毒等措施，加强非洲猪瘟防控。

【存在问题】

广东省饲料业在产业规模、产业集中度、产品质量、科技创新等方面全国领先，但也面临一些新形势和新挑战，加快饲料业转型升级，推动饲料业高质量发展，已成为饲料业发展的迫切要求。一是受非洲猪瘟及禁养区清理等因素影响，生猪产能恢复还需一定的时间，饲料企业需采取调整产品结构和产业布局、严格成本控制等措施，渡过“寒冬”。二是饲料产能总体过剩，市场竞争日趋激烈，商品饲料企业以提高规模化程度增强竞争力，小型企业以发展特色专业化产品寻求市场空间，规模化、专业化已成为饲料行业的发展趋势。三是受资源环境约束，畜禽养殖量已接近天花板，拓展国内外市场、延伸产业链，将成为饲料企业新的发展方向。四是近年来国家相继提高了饲料卫生标准、降低了铜锌添加标准，2020 年起还将全面“禁抗”，发展绿色高效饲料产品已成为当务之急。五是饲料用蛋白对外依存度高，饲料中蛋白水平偏高，发展平衡高效的低蛋白饲料，将成为饲料行业新的发展趋势。

【下一步工作思路】

（一）稳定饲料生产和供应

支持饲料企业在做好新冠肺炎疫情防控的前提下，加快复工复产，保障畜牧生产正常开展和畜禽产品有效供给；严格落实“一断三不断”要求，积极协调畅通饲料运输渠道；加强跟踪监测，及时协调解决饲料生产和供应中遇到的困难。

（二）加快饲料业转型升级

引导企业调整优化产业布局和产品结构，提升规模化、集约化水平；支持企业延伸拓展产业链，发展下游养殖业，重点发展生猪生产；鼓励企业和科研机构研发推广饲料精准配方技术体系，规范发展新兴生物饲料产业。

（三）加强饲料生产管理

严格生产许可和批准文号审核，规范生产行为；加强养殖环节自配料生产和使用管理；完善饲料生产信息月度统计监测，增强数据报送及时性和准确性，及时分析生产形势，引导合理安排生产。

（四）加强饲料质量安全监管

实施“双随机、一公开”饲料质量安全监督抽

检，落实《饲料质量安全管理规范》；开展饲料产品质量安全风险预警监测，开展养殖环节“瘦肉精”专项整治；强化药物添加监管，严厉打击饲料生产环节非法添加药物和违禁物质。

（五）切实做好放管服改革工作

在原有委托事项的基础上，将宠物配合饲料生产许可证核发委托地级以上市实施；落实添加剂预混合饲料和混合型饲料添加剂备案制度；落实“放管服”有关要求，精简办理材料，优化办理流程，提升办理效率；加强饲料法规宣传培训，指导企业及时掌握、落实饲料管理有关要求。

（广东省农业农村厅畜牧与饲料处）

广西壮族自治区饲料工业

【发展概况】

2019年，广西共有饲料和饲料添加剂生产企业298家，同比持平，受非洲猪瘟疫情影响，2019年全区饲料产品产量有所减少，总产量1 508.9万t，同比下降11.3%，饲料工业总产值443.0亿元，同比下降13.2%，全区饲料产品抽检合格率99.58%，同比基本持平，商品饲料和生猪尿样“瘦肉精”等违禁药物未检出。

（一）大型企业集中度高

广西列为全国生猪生产的7个重点发展省份后，通过积极制定优惠政策、优化营商环境，推动全区生猪家禽出栏量连续多年居全国前列，吸引了双胞胎、正邦集团等大型饲料生产企业落户广西。目前，全年产量10万t以上的企业54家，产量1 095.2万t，占全区饲料总产量的70%以上；年产量50万t以上的集团企业4家，产量789.18万t，占全区总产量的50%以上。其中桂林力源食品集团有限公司区内20家饲料公司年产量504.91万t，占广西饲料总产量的33.46%，广西扬翔股份有限公司年产78.18万t，占广西饲料产品总产量的7.14%。大型企业所占份额越来越大，饲料生产集中度越来越高。

（二）产品结构调整加快

2019年广西生猪生产受非洲猪瘟影响较大，为保障肉类产品市场供应，积极引导发展生长周期短、替代性强的家禽产业，有效优化肉类供给结构。通过开展标准化家禽规模养殖示范、支持短平快项目等措施，有力推动家禽养殖企业不断扩大养殖规模，全年配合饲料1 482.8万t，同比下降10.8%；浓缩饲料11.0万t，同比下降44.8%；预混合饲料15.06万t，同比下降16.3%。猪料591.0万t，同比下降39.7%；蛋禽料91.9万t，同比增长29.4%；肉禽料765.0万t，同比增长30.1%；水产料57.3万t，同比下降6.1%。全年家禽饲料产量856.9万t，同比增长30.0%。

（三）产品质量保持高水平

2019年，广西各级农业农村部门不断强化监管措施，通过法规宣贯及证后监管，在饲料生产企业全面推行《饲料质量安全管理规范》，实现从原料采购到产品生产、产品销售的全程质量控制，进一步落实企业的质量安全主体责任。区农业农村厅采取对饲料生产企业现场检查、监督抽查、飞行检查、暗查暗访、投诉举报等手段，对重点区域、重点企业、重点产品实施重点检查。根据全国和自治区抽检结果，对涉嫌假冒伪劣产品、不合格产品生产企业实施重点监控，对抽检中发现问题从严处理。全区饲料质量安全监测合格率99.58%，比上年增加0.21个百分点，反刍动物饲料中牛羊源性成分例行监测合格率100%，“瘦肉精”等违禁药物专项监测合格率100%，全年未发生重大饲料产品质量安全事件。

（四）区位集聚优势更加凸显

广西年进口粮食达800多万t，约占全国进口总量的10%，国内大型粮油加工企业纷纷看好广西沿海港口的区位优势和海运成本低廉的优势，相继落户钦州、北海和防城港等地聚集发展，广西已成为我国进口粮油加工重要加工基地。全年加工豆粕、菜粕产量672.84万t，除满足广西饲料行业需求外，饲料原料辐射云南、贵州、四川、海南、湖南、湖北等省。广西已形成饲料蛋白原料产业带、矿物元素添加剂生产带和饲料加工集中区的产业布局，其中饲料蛋白原料产业带分布在钦州、北海和防城港，矿物元素添加剂生产带集中在贵港、崇左、钦州等有色金属主产区，饲料加工集中分布在南宁、柳州、桂林、玉林、贵港、钦州等中心城市和养殖业发达地区，6个市的饲料产品产量占广西总产量的95%以上，其中南宁市的饲料产量约占广西总产量的1/2，其饲料生产企业数量及饲料产量居广西首位。

【主要工作】

（一）开展全国饲料质量安全监督抽查

农业农村部在全国采取“双随机、一公开”方式的对饲料和饲料添加剂实施监督抽查检测工作，重点抽查饲料和饲料添加剂生产企业，特别是2018年饲料质量安全监督抽检不合格的生产企业必检。共对广西31家饲料和饲料添加剂生产企业109个样品进行监督抽检，目前正在开展产品质量安全检测工作。

（二）开展广西饲料和饲料添加剂产品质量安全监测

全年共抽检饲料和饲料添加剂生产、经营企业、养殖场（户）776家次，抽检饲料和饲料添加剂样品2 170批次，合格2 161批次，合格率为99.58%，同比基本持平。区农业农村厅将根据全国饲料质量安全监督抽检和自治区抽检结果，对涉嫌假冒伪劣产品、产品连续出现不合格情况的生产企业实施重点监控，建立“黑名单”制度；对抽检中发现问题的生产企业采取约谈、限期整改、行政处罚等措施，督促生产企业落实质量安全主体责任。

（三）开展“瘦肉精”专项整治行动

全年共抽检养殖、活畜运输、活畜交易、屠宰等环节1 157批次，检测项目为克伦特罗、莱克多巴胺、沙丁胺醇，检测结果均为阴性。全区各级农业农村部门通过进一步开展宣传教育，落实各监管环节责任，始终保持监管的高压态势，截至目前，全区没有发现生产、销售和使用含“瘦肉精”等违禁药物饲料的违法行为。

（四）严格资格许可管理，加强证后监管

2019年是饲料生产许可证集中换证年，全年新发换证共163张饲料和饲料添加剂生产企业许可证。重点结合《饲料质量安全管理规范》要求加强对企业的管理制度、规程和记录表样的审核力度。凡是未提供相关材料或材料不符合要求的，不予核发饲料生产许可证。加强获证企业日常监管，杜绝许可证失效企业转为地下工厂。

（五）举办全区饲料生产许可评审专家法规宣贯培训班

新一轮机构改革后，在面临的新形势、新任务、新要求的情况下，进一步提升饲料评审工作能力水平。5月22日，举办全区饲料和饲料添加剂生产许可评审专家的培训班，培训班上，授课专家针对《饲料和饲料添加剂管理条例》及配套法规宣贯、生产许可证审核技术要点分析、生产许可和规范实施中常见问题进行解答。全区饲料和饲料添加剂生产许可证评审专家、各市农业农村局有关负责人、部分饲料生产企业负责人共120余人参加了本次培训。

（六）强化非洲猪瘟防控，确保饲料产品安全卫生

一是进一步落实农业农村部公告第91号。2月22日，印发《关于进一步贯彻落实农业农村部91号公告规范饲料生产企业消毒防疫工作的通知》。规范以猪血为原料的饲用血液制品生产企业按照91号公告要求采取措施完善生物安全设施和制度，其他动物源性饲料生产企业参照执行。努力防范非洲猪瘟等动物疫情经由饲料产品和饲料运输车辆、工具、包装材料等传播。二是开展饲用血液制品生产企业监督检查。5月21～29日，对区内3家饲用血液制品生产企业进行了现场监督检查。重点检查企业在消毒措施、生产工艺、产品过程管理、产品出厂检测等方面的落实情况。对不符合要求的企业，责令立即停产，限期整改到位后，方可恢复生产和销售。三是饲料生产企业在配方技术生产工艺方面确保饲料生物安全。力源集团、扬翔集团、双胞胎集团等企业积极应对非洲猪瘟病毒，采取设施设备清洗消毒、85℃三分钟高温制粒、防止交叉污染等措施进行生物安全防控，目前产品质量安全系数得到了有效提升。

（七）强化饲料和饲料添加剂生产企业安全生产专项整治

继续在全区结合日常监管深入开展粉尘爆炸专项整治活动，努力防范和遏制重特大生产安全事故发生。截至目前，全区共出动检查人员530人次，检查企业282家次，没有重特大生产安全事故发生。

（八）抓好饲料行业的基础性及服务工作

一是加强组织领导实现饲料统计全口径填报、审核、上报，为政策决策分析提供数据支撑；二是积极主动与税务、粮食、市场监督管理部门沟通、联系，做好协调工作，确保饲料企业能公平享受优惠政策，从政策角度减少企业成本，营造良好营商环境；三是组织饲料生产经营养殖企业参加广西饲料工业协会组织的各种形式的研讨会、技术讲座、法规培训；四是积极为桂林力源集团、海大集团、新希望集团等大型饲料企业在区内外的扩张，寻求合作伙伴牵线搭桥，积极为区外饲料企业在广西的发展提供帮助。

【存在问题】

（一）企业质量安全主体责任的落实仍是薄弱环节

养殖户、饲料和饲料添加剂经营企业生产经营档案仍不规范、不健全，自我管理能力不足，发生产品质量安全问题后难以追溯，养殖环节不按规定使用药物，流通环节制售假冒伪劣饲料、无证生产饲料等问题依然无法杜绝。

（二）部分市饲料执法人员依法监管的能力和水平仍然有待提高

部分市的畜牧兽医综合执法工作还没有全部整体推进，饲料执法仅靠几个行政管理人员，监管工作难以落到实处。一些市虽然将饲料执法委托给动物卫生监督所，但对委托执法情况未加强指导和监管，执法人员仍存在有案不会办、不敢办、不想办的现象。特别是《饲料质量安全管理规范》的实施，对企业执行规范的监管主要由县级执法人员承担，基层监管人员的监管能力迫切需要提升。

（三）各市对饲料统计工作不重视，质量不高

一是部分市饲料管理部门、企业统计人员对统计报表理解不透、概念不清，工作不重视、不负责，迟报、虚报、错报的现象时有发生，特别是未经认真核对就上报；二是管理部门没有将统计工作与日常监管相结合，且企业上报数据时，各市只求上报率，不求上报质量，或者业务不熟练，建议今后多开展统计工作业务培训。

【下一步工作思路】

全面落实农业农村部决策部署，突出抓好饲料监管工作。一是落实农业农村部饲料质量安全监督抽查和自治区本级监测计划；二是加大力度开展饲料法规宣传和饲料生产许可专家培训；三是加强饲料监管和执法体系建设，提高监管和执法水平；四是严格资格审核，加强生产企业的准入管理和证后监管，依法淘汰不合格企业；五是加强日常监管和执法监督，对违法违规行为保持高压严打态势；六是强化饲料和饲料添加剂生产企业安全生产专项整治；七是强化饲料信息统计工作，实现全口径上报统计数据，确保统计数据时效性、准确性、完整性和真实性。

（广西壮族自治区农业农村厅）

海南省饲料工业

【发展概况】

2019年，海南省深入贯彻落实乡村振兴战略，围绕畜牧业供给侧结构性改革，加快推动全省饲料工业转型升级，持续强化技术支撑和服务，不断推动饲料工业高质量发展，为全省畜牧现代化发展作出应有贡献。2019年新增饲料生产企业2家，核发饲料添加剂批准文号1个，全省饲料生产企业共45家。2019年受非洲猪瘟影响，特别是4月海南发生非洲猪瘟后，生猪养殖量不断下滑，肉类保供给结构发生变化，市场禽肉蛋及水产品需求增长，其价格稳健，促使生猪养殖产业全链条转型禽类或水产养殖产业，禽类及水产养殖量增加，牵动禽类及水产饲料生产提升，猪饲料生产一直处于下降状态，饲料生产形成“一降三增”态势，全省饲料生产量总体与上年趋平。据饲料统计报表显示，2019年全省商品饲料总产量286.2万t，总产值83.0亿元，总营业收入83.5亿元，同比分别下降1.5%、23.5%和18.3%。其中，配合饲料286.0万t，同比下降1.5%；添加剂预混合饲料2 203t，同比下降33.1%。分品种统计，猪饲料89.3万t，同比下降37.1%；蛋禽饲料22.3万t，同比增长27.1%；肉禽饲料132.4万t，同比增长34.8%；水产饲料42.1万t，同比增长28.2%。

全省直接制备饲料添加剂总产量464.1t，总产值270.6万元，总营业收入232.5万元。

全省混合型饲料添加剂总产量352.3t，总产值718.3万元，总营业收入782.6万元。

全省单一饲料总产量2.5万t，总产值1.7亿元，总营业收入1.7亿元。

全省全年饲料工业合计总产值84.7亿元，总营业收入85.2亿元。

【组织机构】

2019年4月，海南省原农业厅畜牧业处、兽医处、饲料兽药管理处（加挂“海南省饲料工作办公室”牌子）合并为海南省农业农村厅畜牧兽医处，现定编人员10人，主要承担起草全省畜牧业、饲料（草）业、畜禽屠宰行业、兽医事业发展政策、规划并组织实施；监督管理畜牧业生产和饲料（草）业生产经营；监督管理兽医医政、兽药及兽医器械；指导畜禽粪污资源化利用、畜禽标准化生产和规模化饲养；监督管理屠宰、饲料及其添加剂、生鲜乳生产收购环节质量安全；负责本省无规定动物疫病区监督管理，组织实施省内动物疫病检疫管理工作；负责种用、乳用动物跨省调运审批，引入省外动物及动物产品产地疫情查询及审批有关工作等职能。兽医兽药饲料、生猪屠宰、动物卫生监督等执法职能于2019年6月划转到省农业农村厅内设执法局。

海南省动物疫病预防控制中心（海南省兽药饲料监察所）主要承担农业农村部和省农业农村厅下达的各类产品抽样监测计划和本省兽药饲料产品质量安全监督、检验、技术仲裁及提供监管技术支撑等工作职能。

全省18个市、县农业农村局分别负责辖区内畜牧兽医行业日常管理和配合省兽药饲料畜产品检测机构做好各类产品抽样送样等工作。畜牧行业监督执法转接各市、县综合执法局，原市、县畜牧兽医局改为服务中心，配合农业农村局做好畜牧行业工作。

【工作措施】

（一）推进饲料企业转型升级工作

针对畜牧发展和饲料行业形势，不断推进饲料企业转型升级，严格按照《饲料和饲料添加剂管理条例》规定和行政许可审批程序的要求，坚持行业准入条件，针对当前非洲猪瘟影响和畜牧业发展形势，认真组织实施有关专家对企业申报材审核和企业生产现场核查工作，《饲料质量安全管理规范》（以下简称

《规范》）纳入许可条件内容，着力提升生产工艺和规范制度执行以及安全管理，确保全行业的整体素质。全年完成全省饲料企业行政许可新增企业2家，换证企业19家，变更企业信息5家，核发饲料添加剂批准文号1个。

（二）增强饲料监管工作

制定印发了《海南省农业农村厅关于印发2019年全省饲料质量安全监管工作方案的通知》（琼农字〔2019〕52号），开展饲料生产经营养殖环节饲料抽查，对全省所有饲料生产企业实施抽检，增加养殖企业自配料，同时进行监督检查，不断增强饲料企业自律意识，提高企业规范管理水平。在配合农业农村部做好监督抽检工作的基础上，监督抽查了全省饲料生产经营及养殖企业229家次（其中生产企业37家次，经营企业76家次，养殖企业116家次）共抽检各类饲料产品352批次，开展饲料产品质量安全和饲料风险监测专项工作，其中饲料质量安全监测200批次，检测合格率为99.4%，比2018年下降了0.1个百分点。养殖自配饲料风险监测专项监测152批次，监测霉菌毒素、违禁药物、矿物质及重金属等三大类14个项目，霉菌毒素类检测合格率100%；违禁药物类检测合格率为合格率99.3%；矿物质及重金属类检测合格率为74%。

同时，配合农业农村部做好监督抽查工作，10月派出3名专家配合农业农村部监督抽查组完成海南省4家饲料企业产品抽查及现场检查任务。

（三）抓好饲料企业非洲猪瘟防控工作

4月19日海南发生非洲猪瘟疫情后，全省饲料行业迅速行动，配合有关部门做好防控工作，积极采取防控措施，保证饲料质量安全，确保生猪饲料有力保障。严格按照农业农村部公告第64号和第91号要求，先后印发了《海南省农业农村厅关于进一步加强省外猪用饲料监管的通知》《海南省农业农村厅关于进一步加强全省猪用饲料监管工作的补充通知》等文件，同时利用微信及时发布相关通知，不断加强饲料原料特别是动物源性蛋白饲料原料管理，派出督查组开展饲料企业清查工作，督促全省猪饲料企业落实好“六个严控”工作，即：严控原料关。严禁使用猪附属产品原料，采购风干玉米等大宗原料，确保饲料原料安全。严控生产线关。饲料企业生产多品种的，采取措施，实施猪饲料生产与禽水产饲料分离生产，猪饲料原料和成品也要相对有效分开，避免交叉污染。严控工艺关。提升生产工艺，粉料改为制粒，制粒调质温度达到85℃以上。严控进出人员及车辆消毒关。所有进出厂区人员及车辆进行全面消毒，防控外界传入非洲猪瘟病毒。严控厂区消毒关。对厂区实施分类管控，进入生产区人员进行消毒，加强防鸟、防鼠、防蚊虫“四害”等措施，防范饲料原料和成品污染等。严控食堂食品关。饲料企业要对食堂食品采购进行管控，防止携带食用猪产品等等，确保全省猪饲料生产质量安全。

（四）加强服务指导工作

为加强饲料形势分析研判工作，做好行业生物安全体系建设，提升行业经济发展态势的预测力、非洲猪瘟防控能力，分别于4月9日和30日组织召开了全省饲料行业第一季度形势分析暨提升非洲猪瘟防控能力培训会和全省饲料行业非洲猪瘟防控工作会议，培训饲料管理人员100多人，进一步增强饲料行业防控意识和防控能力。

（五）抓好饲料统计工作

严格按照农业农村部畜牧兽医局工作要求，抓实抓细全省饲料统计工作，安排专人负责饲料统计，建立信息队伍，及时督促新增企业注册入网，核对企业单位名称、地址等关键信息，督促企业按时完成饲料生产报表并核查系统数据，较好完成月报、季报、年报统计任务，为全国畜牧统计与监测工作及时提供翔实准确的数据，有力地支撑和保障了畜牧业大数据宏观调控引导生产，得到了上级机关的充分肯定，两名同志受到了农业农村部畜牧兽医局的表扬。

（六）强化监督执法工作

按照农业农村部要求，加强动物源性蛋白饲料使用监管，强化饲料监督执法力度，重点在全国两会及博鳌亚洲论坛年会期间及主要市、县开展执法督查，在海口、文昌、澄迈等饲料生产企业集中市、县，突出检查饲料添加剂企业和使用动物源性蛋白饲料，发现违规行为严厉查处。全省出动执法人员200多人次，检查配合饲料生产企业50多家次，饲料经营销售企业100多家次，养殖企业130多家次，关停1家饲料企业。

（七）抓实安全生产工作

根据国家、省安委会（省应急管理厅）以及省农业农村厅有关安全生产文件要求，周密部署2019年饲料行业安全生产工作，持续抓好饲料企业粉尘防爆和危险化学治理工作，加强行业安全管理人员教育宣传工作，组织开展饲料行业“安全生产月”活动，同时利用微信及时传达贯彻好安全生产要求。在7～10月落实好“安全生产风险隐患排查百日整治行动”方案，重点检查了海口、澄迈、文昌、琼海等市、县饲料生产企业共计50多家次，及时排查隐患，催促整改完善100多项问题，进一步完善危险化学品管理台账，不断强化饲料企业安全生产工作措施，确保全省饲料企业安全生产。

（八）有序推动饲草料发展

围绕“稳猪、促禽、增牛羊”畜牧养殖发展要求，检查推动海口、东方、万宁、三亚、澄迈、文昌及中国热带农业科学院品质研究所等单位青贮饲料加工项目工作，种养结合，推动全省牛羊养殖业发展。

【存在问题】

一是饲料监管队伍减弱。由于机构改革未落实好“事随编走，人随事走”，市、县饲料管理职能原在畜牧兽医局，现在为农业农村局，但全省大部分市、县饲料管理人员未随编到农业农村局，饲料管理队伍实际被削弱。

二是饲料检测能力不足。市、县没有饲料检测能力，省级检测机构只有兽药饲料监察所，个别饲料不能检测，如饲料添加剂不能检测。

三是自配料安全隐患多。2019 年加强养殖企业自配料监测，抽检 152 批次，合格率为 78%，主要存在铜锌超标不合格产品，有 1 批次检出违禁药物，反映养殖企业自配饲料生产技术管理人员质量安全意识差，生产工艺设备落后，质量安全风险隐患多。

【下一步工作思路】

（一）坚持抓好饲料企业转型升级

积极适应“放管服”形势要求，坚持落实好监管制度，做到监管工作形成制度化、常态化、标准化，进一步规范行业市场秩序，不断提升全省饲料行业发展综合水平。

（二）坚持服务指导《规范》实施工作

在上年基础上，加强服务培训工作，增强日常检查指导，监督企业落实饲料生产质量安全管控制度，规范企业生产行为，提高饲料队伍管理能力，实现饲料产品质量可控可追溯，进一步提升饲料质量安全水平。

（三）坚持问题导向抓好饲料抽查工作

按照上级部署，抓好 2020 年饲料监督监测工作，继续加强自配料监测，落实跟踪监测，严厉查处非法添加违禁药物行为，确保全省饲料质量安全。

（四）坚持抓好安全生产综合治理工作

继续开展饲料企业粉尘防爆专项治理和危险化学综合治理工作，并重日常监督检查，严格落实各项安全生产制度措施，排查消除安全隐患，确保全省饲料行业生产安全。

（五）坚持种养结合推进饲草工作

按照畜牧养殖业发展规划，继续抓好“以草换肉”工程，利用好已实施项目带动，示范引领饲草业发展，保障草食动物的饲料供给。

（海南省农业农村厅畜牧兽医处）

重庆市饲料工业

【发展概况】

2019年，重庆市按照农业农村部统一部署，在饲料行业全面深化“放管服”改革，精简审批流程，缩短审批时间，创新监管方式，切实加强事中、事后的质量安全监管工作，积极引导饲料生产企业转变生产和经营方式，努力提高饲料工业综合生产能力，大力推广优质工业饲料，饲料行业健康有序发展，全年未发生饲料质量安全事故。

全市共有获证饲料生产企业159家，其中，配合饲料、浓缩饲料生产企业90家，预混合饲料生产企业32家，饲料添加剂生产企业9家，混合型饲料添加剂生产企业21家，单一饲料生产企业7家。2019年全市饲料工业总产量307.3万t。其中，配合饲料285.7万t，浓缩饲料20.7万t，添加剂预混合饲料0.9万t。各类饲料添加剂总产量2.5万t，单一饲料50.9万t。不同品种饲料产量有增有降，总体产量增加。全市饲料工业总产值115.5亿元（包括单一饲料）。

【组织机构】

重庆市饲料工业办公室于1986年正式成立，挂靠市农办。1996年转到市农业局后改为市农业局内设机构。2000年机构改革时改为挂靠重庆市农业局畜牧兽医处。2005年重庆畜牧兽医体制改革，畜牧兽医处分为畜牧处和兽医处，重庆市饲料工业办公室挂靠在畜牧处。2008年成立市农委后，挂靠在重庆市农委畜牧业发展处。2018年机构改革成立重庆市农业农村委员会，相关职能并入畜牧业处。

【主要工作】

（一）积极推进饲料行政审批事项改革，优化调整办事流程

按照国务院和市委、市政府的要求，进一步精简了饲料生产企业设立申报材料、缩短审批时间，并提供申请材料示范文本。同时，在办公场所以及重庆市网上行政审批平台、重庆市农业农村信息网等网络平台，公示“设立饲料和饲料添加剂生产企业审批事项”的申请条件、审批依据、受理机构、受理标准、申请材料目录、办理基本流程、禁止性要求、行政相对人权利和义务、办理时限、办理进程和结果查询、办公地址和时间、监督投诉渠道等内容，为申请人申请审批提供全面信息，提高了对审批事项的办事效率和透明度，做到了“让数据多跑路、群众少跑腿”。2019年，核发饲料添加剂生产许可证8家；添加剂预混合饲料2家；浓缩、配合、精料补充料20家。

（二）创新监管方式，加强源头管控和过程监管

2019年，以“准入”为抓手强化事前监管，对饲料企业使用《饲料原料目录》和《饲料添加剂品种目录》以外的任何资质申请行政许可的，一律不予审批。以《饲料质量安全管理规范》（以下简称《规范》）为重点强化事中监管，“产”“管”结合，落实饲料生产企业的主体责任和地方属地管理责任。按照“双随机、一公开”要求开展日常监管巡查，对企业执行《规范》情况进行逐条比对检查，严肃查处违法违规行为。全年共出动执法人员8 474人次，检查生产企业141个，检查经营门店2 523个，检查养殖场所13 769个。

（三）加大监测力度，落实检打联动机制

饲料监测工作根据全市畜禽养殖和饲料生产情况，突出重点区域、重点环节和重点产品，强化对饲料经营和使用环节的监测。下发《重庆市饲料质量安全监测计划的通知》（渝农发〔2019〕54号）和《关于印发全市“瘦肉精”专项监督抽查工作方案》（渝农办发〔2019〕18号），在全市范围对饲料产品质量安全监测500批次，重点监测卫生指标、违禁添加物和主要营养指标，合格率达99.3%，饲料产品合格率常年保持较高水平，连续多年未检出违禁添加物。

在活畜养殖、运输、交易、屠宰环节开展“瘦肉精”专项监督抽检，共检测 5 700 余份次，未检出“瘦肉精”。2019 年，全市共立案查处 16 起饲料违法违规案件，罚没款 14.58 万元，没收不合格饲料产品 7.5t。

（四）加强法律法规宣贯和饲料数据统计分析

全市各级饲料管理部门通过发放宣传资料，现场咨询、答疑，播放影像资料等多种形式，大力宣传《农产品质量安全法》《饲料和饲料添加剂管理条例》等法律法规，有效提高了饲料生产、经营和使用企业的遵纪守法意识。同时，进一步加强对饲料生产数据的统计分析运用工作。目前，所有饲料企业均通过网络上报农业农村部生产数据。通过收集整理与行业密切相关的各种信息，为管理部门和企业提供了科学决策的依据。

【存在问题】

一是企业安全生产主体责任意识不强，重产量销售轻检测检验思想普遍存在。二是受非洲猪瘟、环保以及猪周期等因素叠加，饲料产量大幅下降，不少中小型企业处于停产或半停产状态，企业生存尚有问题，执行《规范》流于形式，产品质量存在安全隐患。三是区县机构改革，大部分监管人员更换，造成了部分地方、部分环节管理“真空”，监督、服务不到位，工作主动积极性不高，管理连续性脱节。四是养殖者使用自配料随意性大，超范围、超剂量、违规添加兽药的情况时有发生，自配料仍是监管的难点和薄弱环节。

【下一步工作思路】

一是加强对基层监管人员的培训。2020 年拟定对区县行政审批、执法、检测人员进行专题培训 1～2 次，着重从饲料企业许可条件、监督执法重点、检测方法等方面培训，着力提高全市饲料质量安全监管水平。二是开展专项行动，全面落实国家新政。按照农业农村部规定，2020 年 1 月 1 日起退出除中药外的所有促生长类药物饲料添加剂，指导区县开展专项监督检查行动，督促企业全面落实国家要求。三是继续强化对销售使用环节的监督监测工作。加大监督检查的力度，提高对销售和使用饲料的抽检频率，对经销无证无号和标签不合格的饲料、经销过期饲料和抽检不合格问题饲料等违法违规行为，坚决按有关规定查处，确保上市销售和使用的饲料质量安全。四是继续抓好饲料法规的宣贯工作。继续抓好对饲料管理条例及相关配套规章的宣贯工作，让饲料生产企业、饲料经销商及养殖场（户）进一步知晓了解国家相关政策规定，自觉依法生产、守法经营、合法使用，不断提高遵纪守法意识。

（重庆市农业农村委员会畜牧业处）

四川省饲料工业

【发展概况】

截至2019年12月底，全省共有饲料和饲料添加剂生产企业487家，取得配合饲料、浓缩饲料、精料补充料生产许可证企业267家，添加剂预混合饲料生产许可证企业101家，饲料添加剂生产许可证企业61家，混合型饲料添加剂生产许可证企业52家，单一饲料生产许可证企业80家。

2019年，全省工业饲料总产量1 036.6万t，同比下降4.5%，饲料工业总产值373.1亿元，同比下降9.0%。从饲料种类来看，配合饲料965.9万t，同比下降3.6%；浓缩饲料43.4万t，同比下降19.9%；添加剂预混合饲料25.6万t，同比下降9.4%。从饲料品种来看，猪饲料613.5万t，同比下降17.6%，其中仔猪料256.4万t，同比下降29.8%，母猪料76.9万t，同比下降3.8%，育肥猪料237.0万t，同比下降10.7%；禽饲料333.1万t，同比增长31.3%，其中肉禽料225.8万t，同比增长40.1%，蛋禽料107.4万t，同比增长15.9%；水产料61.1万t，同比下降2.5%；反刍料11.0万t，同比下降4.2%；其他料16.2万t，同比增长41.6%；宠物饲料1.7万t，同比增长12.5%。2019年全省共监督抽取饲料样品1 616批，产品质量合格率99.2%，未检出“瘦肉精”、三聚氰胺等违禁物质，连续10年产品合格率保持在98%以上。

【主要工作】

（一）启动实施“三大工程”

1.“以秸秆换肉奶”工程

围绕全省现代农业“10＋3”产业体系建中的川牛羊产业振兴，在非洲猪瘟防控形势严峻、生猪产业受到严重影响、肉类供应严重不足的情况下，组织省畜牧科学研究院草食动物研究所有关专家，深入开展《“以秸秆换肉奶”工程项目建设方案》研究，以废弃的秸秆换取优质牛羊肉和奶，切实保障牛羊肉等畜产品供应。《“以秸秆换肉奶”工程项目建设方案》已完成省级评审。

2. 生猪优质饲料保障工程

围绕全省现代农业“10＋3”产业体系建中的川猪产业振兴，启动生猪优质饲料保障工程，为川猪有效供给和产业振兴奠定坚实的物质基础。组织四川农业大学等有关专家深入新希望、铁骑力士等重点生猪饲料生产企业开展《生猪优质饲料保障工程项目建设方案》调研，全面了解提升生猪饲料生产能力和保障产品质量的关键举措。《生猪优质饲料保障工程项目建设方案》已完成省级评审。

3. 检验检测能力提升工程

组织专家对饲料生产企业提升检验检测水平的关键环节和保障措施进行调查研究，制定完善饲料和饲料添加剂生产企业实验室建设指导意见。开展饲料生产企业检测能力考核工作，完成117家饲料生产企业检验检测能力比对考核工作，考核结果为满意的114家，满意度为97.44%。对50余家饲料生产企业的实验室建设、人员配备和检测技术进行现场指导，邀请国家饲料中心专家来川指导大型饲料企业实验室建设，进一步提升检测能力和水平。

（二）不断强化行业监管

1. 强化质量安全监管

一是严把准入关。组织研究许可评审出现的新情况、新问题，对《四川省饲料和饲料添加剂生产许可评审指导意见》进行修改完善；调整充实许可专家库，培训提高专家许可审核水平，统一验收标准，提升饲料许可质量；将行业安全生产、职业健康、环境保护等管理要求纳入许可评审内容，对不合格企业坚决不予许可，严把行业准入关，从产前、从源头入手加强饲料质量安全监管。2019年，全省共开展饲料生产许可书面评审323个次，现场审核290个次，合格率分别为 89.2%和 88.6%。二是加强监督检查。组织开展饲料生产企业现场监督检查，加强对企业实施《饲料质量安全管理规范》的服务指导和监督执法。对检查中发现的问题，及时进行通报，实行分类处理，对符合法定注销情形的企业公告注销，全年共注销 75 家企业生产许可证。三是开展饲料监测。开展全省饲料质量安全监督抽检、饲料中抗生素等药物专项监测和混合型饲料添加剂风险评估，打出一套“全覆盖+专项监测”的组合拳。采用“双随机”方式开展饲料产品抽样，严格检验检测，促进饲料产品净化和饲料市场净化。2019 年全省共抽检饲料样品 1 616 批，产品质量合格率 99.2%。四是实施“检打联动”。2019 年全省出动执法人员 4.4 万人次，检查饲料生产企业和经营企业 2 万余个次，提出整改意见 849 条，查处案件 133 件，涉案金额 21 万余元，罚没款 100 多万元。五是防控非洲猪瘟。为切实防控非洲猪瘟通过饲料途径传播，保障猪肉产品供给，严格按照农业农村部公告第 91 号要求对全省所有饲用血液制品生产企业进行现场检查，对不符合公告要求的责令企业立即停产整改或依法注销。六是建立“两个名单”制度。印发了《四川省农业农村厅关于建立四川省饲料兽药生产企业重点监控名单和黑名单制度的通知》，不断加大对违法违规企业的震慑力度，倒逼企业诚信守法经营，及时消除行业质量安全隐患，维护良好的市场秩序。

2. 强化生产安全监管

制定印发《关于进一步加强饲料兽药（渔药）行业安全生产和职业健康工作的通知》，印制《饲料兽药（渔药）行业安全生产和职业健康监督检查表》，下达了年度监督检查计划，将行业安全生产和职业健康工作融入行业日常监管工作中。认真组织开展安全生产和职业健康检查，有效防范安全事故，2019 年，共检查饲料生产经营企业 185 家次，全省没有重大安全生产事故发生。

（四川省农业农村厅饲料兽药处）

贵州省饲料工业

【发展概况】

2019年，贵州省饲料行业积极贯彻《饲料和饲料添加剂管理条例》《饲料和饲料添加剂生产许可管理办法》及配套法规，着力抓好行政许可、日常监管、安全监测、监督执法等重点，加强饲料质量安全监管，按时完成统计报表审核工作。全省工业饲料产量增长快速，行业整体生产技术、质量水平持续提高。全省饲料生产企业80家，其中，配合、浓缩、精料补充料饲料生产企业63家，饲料添加剂9家，单一饲料7家，添加剂预混合饲料1家。2019年全省工业饲料产量227.7万t，同比增长22.7%。饲料年产5万t以上企业15家，1万t以上企业42家。其中按类型分，配合饲料189.8万t，同比增长30.9%；浓缩饲料37.9万t，同比下降6.6%。按品种分，猪饲料160.4万t，同比增长25.3%；蛋禽饲料20.1万t，同比增长7.0%；肉鸡饲料38.1万t，同比增长31.5%；水产饲料1.2万t，同比下降50.6%；反刍饲料7.8万t，同比增长5.0%。

【组织机构】

因机构改革，原贵州省农业委员会草业饲料处和畜牧业发展处，合并为贵州省农业农村厅畜牧发展处，正处级行政单位，在编5人。主要职能为全省畜牧业、饲料行业、畜禽粪污等监管与服务。全省9个市州农业农村行政管理部门均有饲料管理部门。本省辖区市州级有饲料质检机构7个，无饲料质检机构市州2个。县级基本无饲料质检机构。

【主要工作】

（一）加大监督抽查力度，确保饲料产品质量安全

1. 开展饲料产品监督抽检

一是印发《2019年全省饲料质量安全监测方案》（黔农函〔2019〕10号），完成监督抽检851批。其中，饲料质量安全监测178批，饲料中使用环节违禁添加物监测117批次，饲料中黄曲霉毒素、玉米赤霉烯酮等监测120批，着色剂监测218批，尼卡巴嗪专项监测218批。二是印发《2019年全省饲料质量安全监管工作计划》（黔农办发〔2019〕61号），要求各地认真完成安排的抽样任务，并在抽样时对照《饲料和饲料添加剂生产企业现场监督检查表》进行监督检查。完成饲料产品质量检测997批，超额完成目标任务。

2. 开展“瘦肉精”专项监督抽查

印发《“瘦肉精”专项监督抽查工作方案》，组织贵阳市、安顺市对辖区的养殖、活畜运输、重点活畜交易、屠宰环节进行“瘦肉精”专项监督抽查，共抽检猪牛羊尿样239批次（生猪尿样154批次，肉牛尿样75批次，肉羊尿样10批次）。通过抽查，辖区县（市、区）养殖、运输、交易、屠宰过程中未发现违法使用“瘦肉精”行为，检测结果均为阴性。

3. 配合做好全国饲料质量安全监督抽查

按照《农业农村部关于印发饲料质量安全监督抽查检测工作要求及2019年工作方案的通知》（农牧发〔2019〕22号）和《农业农村部畜牧兽医局关于印发饲料质量安全监督抽查检测工作规则和专家库成员名单的函》（农牧便函〔2019〕857号）要求，采取“双随机、一公开”进行监督抽查工作，农业农村部畜牧兽医局派出工作小组于10月15～18日赴贵州省12家企业开展监督抽查工作。共抽取32个样品，每个样品4份，送国家饲料质量监督检验中心（北京）根据检测机构检测能力分配样品进行检测。

（二）加大宣传培训，规范行政审批关

1. 加强技术培训

为规范饲料产品监督抽样程序行为及监管工作能力，提高各地监管监测工作能力，确保完成饲料质量

监管监督检测任务，举办2019年全省饲料监督抽样技术师资培训班及饲料质量安全监管暨“粮改饲”培训会各1期，共计200余人参会。

2. 加强宣传指导

组织贵州省兽药饲料监察所专家、贵阳富源饲料有限公司、贵阳正大有限公司、贵阳金满船饲料有限公司、贵阳新希望农业科技有限公司4家企业参与“2019年放心农资下乡进村宣传周”活动。开展技术指导、宣传展示，普及饲料法律法规知识，指导养殖场（户）及农户安全规范使用饲料和饲料添加剂。免费赠送饲料产品2 160kg，优惠销售21 400kg。

3. 加强审批服务

一是全省饲料行政审批已于2015年下放各市州人民政府农业行政管理部门。为做好此项工作，指导各地严格按照《饲料和饲料添加剂管理条例》及相关法律法规，严把行政许可审核关，把《饲料质量安全管理规范》纳入许可的必要条件，确保行政许可程序合法、饲料生产企业条件合格，对各地提出的问题进行解答及指导，做好服务。2019年完成56家企业设立、续展、变更、注销等工作。二是按照《农业农村部办公厅关于贯彻落实〈国务院关于取消和下放一批行政许可事项的决定（国发〔2019〕6号）〉的通知》（农办法〔2019〕3号）和《农业农村部办公厅关于实施饲料添加剂预混合饲料和混合型饲料添加剂产品备案管理的通知》（农办牧〔2019〕32号）要求，印发《关于实施饲料添加剂预混合饲料和混合型饲料添加剂产品备案管理的通知》（黔农办发〔2019〕62号），指导各地做好备案管理工作。

（三）强化检打联动，严厉打击违规违法行为

一是对抽检出不合格产品的，要求检测机构在完成异议处理后，第一时间上报并反馈当地饲料管理部门，各地在收到不合格检测结果后，及时组织立案处罚。

二是按照《农业农村部办公厅关于印发〈2018年全国饲料质量安全监管工作方案〉的通知》（农办牧〔2018〕21号）要求，青海省兽药饲料监察所、第三方质检机构对贵阳市、安顺市、黔西南州饲料生产企业进行饲料产品监督抽检。农业农村部办公厅对2018年全国饲料质量安全监测结果进行了通报（农办牧〔2019〕42号），涉及贵阳市、安顺市4家企业5个产品不合格。按照通报要求，已将有关不合格产品查处情况报告上报农业农村部畜牧兽医局。

（四）按时完成饲料工业统计填报

1. 按时完成饲料统计报表填报

2019年，贵州省对饲料数据要求更加严格，实行“省—市—县—企业”逐级负责制，逐级上报、逐级负责，所有企业需按时每月上报、全口径监测，各市、县饲料管理部门及生产企业明确安排专人负责统计报表。如未按时上报，将在QQ群、微信工作群进行催报与通报，通过全省努力，按时完成中国饲料工业信息统计系统报表月报及审核工作，企业上报率98%左右。

2. 加强技术培训与服务指导

一是举办全省饲料行业监管培训班1期，对常见问题及数据的真实性重要性进行了强调。二是在企业填报过程中为各地饲料管理审核部门和企业填报人员提供服务指导，以便按时完成饲料统计报表系统填报及审核。

【存在问题】

一是基层饲料质量安全监测力量不足，饲料经营环节监管执法困难。二是饲料标签标示内容不符合规定。三是企业布局不合理。全省一半饲料企业主要集中在贵阳周边，加工能力相对较强，而在其他市州则较少，制约了全省饲料行业、养殖业的协调发展。四是部分饲料生产企业填报报表不及时，且统计工作不是由专门的统计人员负责，有些换人填报，没有较好地完成工作交接，影响了数据的质量和时效。

【下一步工作计划】

一是按照农业农村部相关精神，继续抓好《饲料和饲料添加剂管理条例》等相关法律法规的贯彻落实，并根据农业农村部要求，扎实抓好饲料质量安全监管监测。二是加强监督抽查。继续安排专项经费用于饲料监管监测，加强事前事中事后监管，加大监督抽查力度，强化“检打联动”，严厉打击在饲料生产经营过程中违规违法行为。三是继续指导辖区市州严格按照饲料生产企业设立、续展、变更等申报条件，严把行政许可审核关。四是加大相关法律法规的宣传培训力度。五是按时完成饲料工业统计信息系统报表月报、年报催报及审核工作，争取全省上报率达到100%。六是按照“双随机、一公开”要求，继续做好饲料及饲料添加剂监督检查。

（贵州省农业农村厅畜牧发展处）

云南省饲料工业

2019年，云南省饲料工业以加快产业转型升级、狠抓饲料产品质量安全管理为目标，严格准入，强化监管，从严执法，积极引导饲料企业做大做强，努力保障饲料和饲料添加剂产品质量安全。全省饲料工业生产克服了多重困难，呈现稳中有升的良好态势，为云南养殖业和经济社会发展提供了有力支撑。

【发展概况】

（一）饲料企业发展良好

2019年云南省共有饲料和饲料添加剂生产企业253家，其中配合饲料、浓缩饲料、精料补充料生产企业163家，单一饲料生产企业23家，添加剂预混合饲料生产企业36家，饲料添加剂生产企业31家。

（二）饲料产量稳定增长

据统计，2019年云南省饲料总产量457.8万t，产值156.9亿元，同比分别增长20.7%和12.9%。其中配合饲料368万t，同比增长29.3%，浓缩饲料85.1万t，添加剂预混合饲料4.6万t，同比分别下降5.4%、4.4%。主要饲料品种中，猪料259.2万t、肉禽料123.6万t、蛋禽料38.5万t、水产料32.0万t、反刍料4.4万t，同比分别增长24.9%、18.9%、15.4%、4.0%、22.1%。饲料添加剂工业实现同步增长，饲料添加剂总产量231.9万t，产值54.5亿元，同比分别增长15.0%、3.4%。

（三）饲料企业转型升级成效明显

随着省内养殖业规模化、集约化、专业化程度的提升，加上非洲猪瘟疫情的挑战和散养户数量的减少，饲料生产企业数量逐步减少，单个饲料生产企业产量增加。2019年全省饲料企业相比2018年减少41家，饲料产量相比增长20.7%，饲料企业转型升级成效明显。

【组织机构】

云南省饲料工作办公室隶属云南省农业农村厅，与厅畜牧兽医处合署办公，畜牧兽医处处长兼任饲料办主任。

【主要工作】

（一）优化行政审批，严把行业准入关

一是进一步完善饲料生产许可相关的程序和制度，明确饲料生产行政许可的责任主体。二是严格按照“提高门槛、减少数量、转变方式、增加效益、加强监管、保证安全”的总体要求，严把饲料生产企业准入关。2019年是饲料及饲料添加剂生产许可证的换证高峰期，省农业农村厅畜牧兽医处严格按照《饲料质量安全管理规范》和现场审核程序，通过“双随机、一公开”及时抽派专家开展饲料生产许可现场审核工作。全年全省共审查饲料生产企业并发证127家，依法注销饲料和饲料添加剂生产企业54家，并在省农业农村厅官网上公示。三是对省内国家级自由贸易试验片区下放饲料生产许可行政审批等省级政务服务事项，采取优化审批流程、实行告知承诺、加强事中事后监管等方式提升审批效率，营造稳定透明的营商环境。

（二）积极推动“证照分离”试点改革和数字政务建设

按照国务院关于“放管服”改革的相关要求和省政府构建“一网通办”“一部手机办事通”的工作部署，删减申报材料，压缩办结时限、精简办件环节。全年共梳理、删减饲料行业申报材料42项，办结时限由法定的20天全部压缩到10天。同时，为了让企业少跑腿，全省饲料生产行政许可实现了从材料申报、材料审查到发证等环节全过程网上办理，大大提高了审批效率。

（三）做好培训指导、加强行业监管

一是加强技术培训指导。2019年3月依托省饲料工业协会举办了2019年《饲料质量安全管理规范》

培训班，来自全省饲料和饲料添加剂生产企业的品管、生产、技术等部门负责人共160多人参加了此次培训。8月组织省动物卫生监督所举办了2019年云南省畜牧投入品监管培训班。培训主要围绕饲料及投入品监管、畜产品抽样及兽药残留注意事项等五块内容进行，来自各市州动物疫病预防控制中心和动物卫生监督机构的210余名工作人员参加了培训。二是继续做好年度饲料质量安全抽检。根据2019年全国饲料质量安全监管工作方案，制定了2019年饲料质量安全监管工作方案，下达了2019年饲料质量安全监测计划并印发全省组织实施。2019年，完成饲料质量安全抽检计划1 810批次，合格率96.9%，比上年提高0.7个百分点。配合农业农村部异地抽检饲料生产企业36家、108批次。三是开展饲料行业扫黑除恶专项整治行动。2019年全省共召开饲料领域“扫黑除恶”相关会议121次，排查单位数1 822个，排查出动管理人员2 546人次，排查发现问题线索的单位数9个，自行发现线索7条，完成线索核查598条，农业农村部门执法执纪立案查处线索6条，现场检查出动执法人员2 421人次，现场检查管理对象1 600个，立案查处行政违法案件9起，办结行政处罚案件45起。

（四）广泛宣传，严格饲料生产安全监管

一是结合“扫黑除恶”专项斗争、“不忘初心、牢记使命”主题教育和“放心农资下乡”宣传周等活动，在全省各地广泛宣传《饲料及饲料添加剂管理条例》等饲料法律法规知识，增强企业规范、安全生产意识。2019年全省共印发宣传资料9 409份，张贴告知书1 731份，举办集中宣传活动场81次，开展法治宣传和培训指导2 644人次。二是对饲料生产、经营企业加大督查指导、抽检和巡查工作力度，督促企业建立健全生产管理制度，严格执行饲料质量标准。三是认真组织实施饲料质量抽检计划，加大饲料质量安全监管力度，扩大抽检范围和频率。

（五）饲料统计工作有序开展

一是统计全覆盖。对取得生产许可证的所有企业均要求其在统计信息网上进行注册并按时填报统计报表，并且将统计工作作为饲料企业评优评先的考核条件。二是要求按时上报。每月初，采用QQ群、微信群发布报送提醒信息，对超过报送日期还没报送的企业，安排专人进行电话催报，从而保证了生产企业统计工作的按时上报。三是及时分析统计数据。每个季度均对所有生产企业上报的数据导出后进行分析，查看其填写是否全面完整，是否符合逻辑关系，对存在问题的数据及时联系企业了解情况，对不合理或填写错误的要求及时更证，从而保证了统计数据的真实可靠。全年平均各月上报企业238家，除去半停产企业，全省饲料企业平均上报率99.2%，同比提高5.2个百分点。

【2020年工作思路】

（一）进一步完善饲料行政许可审批服务

继续落实饲料和饲料添加剂生产许可专家审核制度，补充和完善饲料生产行政许可技术评审专家库，按照自贸区改革和“一网通办”要求，编制新版办事指南和业务手册。优化网络办件流程和事中事后监管等各项制度改革措施的具体实施。

（二）进一步加强饲料行业监督检查

结合饲料质量安全监管工作，建立监管抽检和行政执法联动的长效机制，严格落实“双随机、一公开”监管机制，深入开展饲料产品监督抽检和饲料企业现场监督检查，严厉打击违法违规行为，加大对不合格产品和违法案件查处力度，确保畜产品健康安全，加强事中事后监管，稳步推进全省饲料工业发展。

（云南省农业农村厅畜牧兽医处）

西藏自治区饲料工业

【发展概况】

一是合理利用天然草场。全区可利用天然草场面积11.29亿亩。2019年全区天然草原鲜草产量1.17亿t，载畜量为3 275.91万绵羊单位。通过草原生态保护补助奖励机制政策的实施，天然草原基本达到草畜平衡。

二是大力发展人工饲草料基地。截至目前，全区人工饲草保留面积157万亩，以多年生禾本科和豆科牧草、饲料玉米为主。

三是稳步推进饲草料加工企业。截至2019年，全区已取得饲料生产许可证的饲料加工企业7家，主要生产牛羊抗灾饲料、蛋鸡、肉鸡、育肥猪配合饲料等十多类产品，年产各类饲料6万多t。

【组织机构】

西藏自治区农业农村厅畜牧水产处（自治区饲料工作办公室）负责全区的饲料企业年审、生产许可证颁证、质量监督和执法工作。7个地市农业农村局负责本辖区饲料加工业工作，县农业农村局负责本辖区内底料加工业工作。

【主要工作】

一是对申请颁证的2家饲料加工企业，组织专家实施现场审核，并发放饲料生产许可证；二是聘请第三方对全区6个饲料生产企业开展检测，检测结果均合格，确保畜产品质量安全；三是2019年推广GT智能牧草工厂，建成3座工厂，拓宽了饲料原料来源渠道。

【存在问题】

一是全区畜牧业规模化、集约化发展滞后，经营主体单一，绝大部分处于传统的“散而全”的养殖模式，农副产品、农作物秸秆利用率不高，阻碍了饲料市场的发育。

二是饲料加工企业由于原料不足，生产成本高，价格也很高，设备不能实现全负荷运作，与区外饲料相比没有价格优势。养殖场（户）更愿意从临近省份购买饲料，严重影响了饲料企业发展信心。

（西藏自治区农业农村厅畜牧水产处）

陕西省饲料工业

【发展概况】

2019年是陕西饲料工业发展具有挑战性的一年，面对中美贸易摩擦、非洲猪瘟疫情和环保新规实施等影响，全省饲料行业主动适应新形势，全面落实新要求，积极贯彻省委、省政府建设“3＋X”特色现代农业产业发展决策部署，主动研判形势，找准切入点，精准应对，全省饲料工业经受住了考验，实现了稳步发展。

（一）工业饲料产量产值稳步增长

2019年，全省共有获证饲料企业205家。其中浓配饲料加工企业135家，添加剂预混合饲料等企业41家，单一饲料企业29家。

2019年全省工业饲料总产量268.6万t，总产值90.9亿元，分别较上年增长5.5%和1.9%。按饲料产品类别分：配合饲料208.5万t，同比增长7.6%；浓缩饲料49.4万t，同比下降3.2%；添加剂预混合饲料10.5万t，同比增长9.7%。配合饲料、浓缩饲料、添加剂预混合饲料分别占工业饲料总产量的77.6%、18.4%、3.9%，与上年相比配合饲料占比提高了1.5个百分点，浓缩饲料占比减少了1.7个百分点，添加剂预混合占比提高了0.3个百分点。

（二）生产规模产业集中度进一步提高

据统计数据，2019年全省前10名饲料生产企业工业饲料产量达117.08万t，占全省工业饲料年总产量的43.61%，总产值达到38.04亿元，占全省工业饲料总产值的41.90%。全省135家浓缩饲料、配合饲料加工企业中，全年饲料生产量在10万～50万t的有5家，5万～10万t的有12家，1万～5万t的有38家。

（三）饲料产品结构调整加快

受非洲猪瘟疫情影响，2019年，全省猪饲料产量136.0万t，同比仅增长0.8%；水产饲料3.0万t，同比下降17.1%；蛋禽饲料68.6万t，同比增长6.4%；肉禽饲料34.1万t，同比增长11.3%。受全省建设“3＋X”特色现代农业以及千亿级奶山羊为主现代畜牧产业政策等推动，反刍饲料25.7万t，同比增长25.7%，其中，奶山羊料4.31万t，同比增长68.36%；其他料1.0万t，同比增长226.1%。

【组织机构】

陕西省农业农村厅为全省饲料主管部门，省农业农村厅畜牧处负责全省饲料行政管理日常工作。陕西省饲料工作总站承担除行政许可、执法监管外的日常饲料行业服务支撑工作。

【重点工作】

2019年陕西饲料行业聚焦乡村振兴战略，积极贯彻落实农业供给侧结构性改革要求，适时、适当、适策应对非洲猪瘟疫情及中美贸易摩擦等不利因素影响，全面推进各项重点工作落实。

（一）及时组织开展行业新规宣贯工作

3月6日在西安召开了全省饲料工业工作暨行业新规培训会，对参加会议的200多名饲料企业负责人进行了新修订的法律法规培训。针对全省饲料企业执行环境保护政策存在的难点、热点、焦点问题，年初组织召开了全省饲料工业发展与环保政策落实对接座谈会。会议邀请省生态环境厅综合处、固体废物管理处、排污许可处和环境影响评价处有关负责同志，省耕地质量与农业环境保护工作站相关同志以及省内6家有代表性的饲料加工企业、单一饲料企业参加。省生态环境厅相关处负责同志分类逐一讲解了中央和陕西省关于饲料企业相关环保政策规定，统一了政策执行的尺度和标准，为持续保持全省饲料行业发展与环境保护相协调奠定了基础。根据近年来中央和陕西省出台、完善饲料法规较多的情况，及时组织编印了《饲料法规汇编》《饲料法规100问》《饲料知识100

问》等书籍，服务饲料企业。9 月 29 日，在西安召开全省饲料行业前三季度生产与发展形势分析会，对全省饲料行业前三季度发展特点和重点工作进行了总结，对饲料行业发展形势进行了分析与预测。

（二）扎实推动“放管服”改革工作

按照“放管服”要求，2019 年全省除部分饲料添加剂和混合型饲料添加剂生产许可留在省农业农村厅外，其他饲料行政许可事项省农业农村厅均委托各市相关职能部门办理。针对这一新变化，陕西省农业农村厅组织人员梳理相关清单，再造流程，推行统一格式，印发了《陕西省农业农村厅办公室关于规范饲料类行政许可办理事项的通知》，及时做好相关工作与各市衔接，并做好审批事项向农业农村部相关数据库传输工作，全年全省共办理饲料行政审批企业 49 家，实现了新旧审批工作机制顺利转换。根据国务院《关于取消和下放一批行政许可事项的决定》（国发〔2019〕6 号）精神，以及农业农村部畜牧兽医局《关于饲料和饲料添加剂产品备案系统试运行通知》的要求，将混合型饲料添加剂、添加剂预混合饲料产品批准文号由审批转为备案，大力推进全省饲料行业监管重心从事前审批向事中事后监管转变，行业监管职能向创造良好发展环境、提供优质公共服务转变，营造良好的行业发展秩序，为全省饲料行业持续健康发展提供有力保障。

（三）稳步提升饲料产品质量安全

省饲料总站印发了《关于在全省饲料行业进一步做好安全生产工作的通知》，明确各级安全生产责任；持续开展饲料产品质量安全专项整治活动，印发了《2019 年陕西省饲料质量安全专项整治行动实施方案》和《2019 年陕西省饲料质量安全监测工作实施方案》；印发了《陕西省农业农村厅办公室关于持续做好饲料行业监管工作的通知》，加大饲料企业监管力度，按照属地管理原则依法对不合格产品严格查处，通过开展饲料产品抽检，全年共抽取 481 个饲料产品样品，合格 473 批次，合格率达 98.3%，全省饲料产品质量安全水平进一步提高。同时，根据不同检验机构监测结果显示，全省饲料产品中违禁添加物保持连续多年无检出的良好态势，有力保障了畜牧业生产发展需要。

（四）开展饲料行业各类急需技术培训

8 月 25 日，邀请陕西省肉羊产业技术体系首席科学家、西北农林科技大学教授张恩平对肉羊养殖户进行专题培训。10 月 25 日邀请西北农林科技大学权富生教授对贫困养殖户作《羊疫病防控与冬季羊病防控措施》专题讲座。11 月 13～15 日，在宝鸡市举办了 2019 年全省饲料行业通讯员培训班，50 余名市级饲料管理部门负责宣传人员和饲料企业通讯员参加培训。根据省饲料总站《高活性微生物饲料添加研究与应用推广项目》工作安排，8～12 月，分别在富平、长武、城固、洛南和铜川开展了 5 场集中推广应用培训会，宣传试验成果，培训无抗养殖饲料产品及技术，对全省畜牧养殖业早日实现无抗、绿色、高效养殖起到引领作用。11 月 22 日，省饲料站组织站领导班子成员及各科业务干部赴西北农林科技大学动物科技学院和杨凌职业技术学院动物工程分院进行对接，加强各级管理部门行业院校在动物营养领域的协作交流，为共同促进指导和服务全省饲料行业技术推广、实现转型升级发展搭建了平台。

（五）深入开展行业扫黑除恶专项斗争

按照省农业农村厅关于开展扫黑除恶专项斗争有关决策部署和要求，在全省饲料行业深入开展扫黑除恶专项斗争。在 3 月召开的全省饲料工业工作会上，对全省饲料行业扫黑除恶专项斗争工作进行了专项安排部署，并向与会的 200 多名代表发放扫黑除恶应知应会手册 300 余份。省饲料总站制定印发了《关于在全省饲料行业组织开展扫黑除恶专项斗争工作的通知》和《关于报送全省饲料行业扫黑除恶工作信息的通知》，要求各市饲料管理部门认真摸排辖区饲料行业涉黑涉恶涉乱新线索，并实行相关信息日报制，营造行业良好发展环境，一年来全省饲料行业未发生涉黑涉恶案件。

（六）加强饲料行业信息数据统计和宣传工作

全年共编辑发行《陕西饲料》报刊 24 期，在陕西农业农村厅门户网站省厅资讯栏发布信息共计 17 篇，在陕西农业农村厅门户网站政务公开“饲料工业栏”发布信息 92 篇，充分宣传全省饲料行业发展新动态。省饲料总站申请财政资金，订购、制做特装展位，组织省内有代表性的 16 家饲料企业，参加了 4 月 18～20 日在南宁举办的 2019 中国饲料工业展览会，省农业农村厅副厅长宁殿林到会指导，推介宣传省内饲料企业和饲料产品。推行由市级统计人员轮流复核全省饲料企业统计上报数据的新举措，夯实统计数据准确性，为管理部门和企业决策提供依据。积极创新，认真做好全省饲料行业信息监测预警工作，及时采集跟踪企业监测数据，做好数据处理和月度形势分析。12 月 27 日，召开全省工业饲料统计分析与监测预警专题培训班，邀请中国饲料工业协会信息中心高级分析师陆泳霖做饲料统计分析专题讲座，讲解饲料统计和监测预警报表中存在的突出问题和解决办法，为进一步提高饲料统计人员数据分析和动态监测精准化水平奠定基础。全省饲料统计工作三大类报表直报率均为 100%，居全国首位，受到农业农村部畜牧兽医局表扬。

（七）抓好行业精神文明建设各项活动

省饲料总站印发了《2019年全省饲料行业精神文明建设工作实施方案》，开展聘请饲料行业诚信监督员、评选表彰2018年度全省饲料行业诚信农企、致全省饲料生产经营企业的一封信等活动。9月25～27日在咸阳永寿县举办了全省饲料行业（温氏杯）男子篮球比赛，进一步提升了行业凝聚力，不断在行业树立积极向上、和谐诚信的良好风气。

【存在问题】

一年来，在全行业的不懈努力下，全省饲料工业发展取得可喜成绩，有力支撑了全省现代畜牧产业发展，为繁荣农村经济、增加农民收入做出了重大贡献。但是，全省饲料行业也存在饲料生产规模化程度不高、饲料产品精准度不高、企业经营效益较低等突出问题，面临着"提质增效、转型升级"的迫切任务。

（一）行业发展基础相对薄弱

总体看，全省饲料企业规模小，中小企业占比高，竞争力弱。据统计，2019年全省前10名饲料生产企业总产量117.08万t，总产值38.04亿元，分别占全省的43.61%和41.9%，显示企业两级分化日趋严重。全省135家浓缩饲料、配合饲料加工企业中，年产量在万吨以下的饲料企业有80家，占60%。同时企业生产中还存在低水平经营、低层次竞争，产品同质化严重等问题，导致行业利润率低，部分企业生产效益低下，影响了全省饲料产业整体水平的提升。

（二）行业监管工作进展不平衡

省内各市饲料管理工作进展不平衡，部分市因机构改革饲料管理机构、监测机构不健全，执法人员少，执法手段落后。有些市饲料管理人员兼职情况严重，专业水平能力不高，对饲料生产、经营和使用环节的有效监管不足。企业准入后续管理工作跟不上，对饲料行业发展指导服务能力欠缺。

（三）科技创新能力亟待提升

目前全省饲料行业科技创新能力不强，生产的饲料和饲料添加剂部分产品，借鉴发达国家或者国内大饲料企业的产品配方，自主研发并拥有独立知识产权的产品和技术工艺较少。饲料工业整体研发能力较弱，产业的整体技术水平与国内、国际水平有一定差距，缺乏有效的科技推广与科技成果转化机制，相关科研单位的研究课题与生产实际结合的程度不高，有限的科研成果尚未能有效地转化为生产力。

【下一步工作思路】

2020年陕西饲料工业发展目标是紧扣产业提质增效和强化质量安全两大任务，攻重点，补短板，促落实，推动全省饲料行业高质量发展。

一是在全省饲料行业组织开展"改革创新强基础担当作为攻重点"主题活动。

二是在全省饲料行业组织实施"优质饲料产能保障提升、优质饲料产品精准提升和优质饲料产品研发推广"三大重点提升工程。

三是进一步加大饲料产品抽检力度，提升质量安全监管力度。

四是以科研项目实施为依托，加快绿色环保饲料产品研发推广。

五是扎实做好农业农村部公告第194号《关于停止生产、进口、经营、使用部分药物饲料添加剂》等政策规定贯彻落实。

（陕西省饲料工作总站）

甘肃省饲料工业

【发展概况】

（一）饲料行业稳步发展

2019年，甘肃省有各类饲料生产企业86家，生产许可证102个。按生产产品类别划分，配合饲料、浓缩饲料、精料补充料69生产企业家，添加剂预混合饲料生产企业18家，饲料添加剂企业7家，单一饲料生产企业8家，企业从业人数3 648人，生产能力达到430万t，比2015年增加130万t。

（二）饲料产量平稳增长

甘肃省饲料产量连续多年维持在100万t左右，呈逐年增长态势。2017年饲料产量92万t，2018年95万t，2019年120万t，同比增长26.2%。其中配合饲料98万t，比上年同期增长31.9%；浓缩饲料21万t，比上年同期增长4.8%；添加剂预混合饲料1.3万t，与上年同期增长35.3%；饲料总产值40亿元，比上年同期增长15.5%。

（三）产品质量进一步提高

2019年，饲料质量安全监测总体合格率稳定在94%以上，其中：生产环节产品合格率在98%以上，反刍动物饲料中牛羊源性成分例行监测、三聚氰胺等违禁药物专项监测和养殖环节“瘦肉精”专项监测合格率均为100%。

（四）原料和产品价格稳中有涨

2019年，玉米、棉粕、豆粕等大宗原料普遍上涨，麸皮、DDGS、磷酸氢钙价格平稳，赖氨酸价格和其他原料价格有所下降。其中玉米2.0～2.1元/kg，同比上涨3%；棉粕2.8～2.9元/kg，同比上涨4%；46%豆粕3.2～3.5元/kg，同比上涨17%；麦麸1.5～1.6元/kg，DDGS 2.0～2.1元/kg，磷酸氢钙2.2～2.3元/kg，与上年持平；赖氨酸6.3～6.4元/kg，同比下降14%。

产品价格有所上涨。其中：育肥猪配合饲料2 900～3 000元/t，比上年同期上涨4%；浓缩饲料5 500～5 600元/t，比上年同期上涨5%；蛋鸡产蛋高峰期配合饲料2 750～2 800元/t，比上年同期上涨5%；奶牛精料补充料2 800元/t、浓缩饲料3 750元/t，略高于上年水平。

（五）企业管理更加规范

2019年，《饲料质量安全管理规范》继续全面实施，饲料生产企业按照规范要求，从原料采购与管理、生产过程控制、产品质量控制、产品贮存与运输、产品投诉与召回等方面制定了完善的管理制度、操作规范和各生产全过程记录，并在生产过程中组织实施。目前，已有7家企业获得农业农村部示范企业称号，6家企业获得省级示范企业称号。

【主要工作】

（一）深入推进饲料“放管服”工作

一是根据《国务院关于在全国推开“证照分离”改革的通知》要求，对设立饲料、饲料添加剂生产企业压缩审批时限，将法定审批时限压缩为10个工作日。同时精简了审批材料，在线获取核验营业执照等材料，不再收取企业组织机构图、主要机构负责人和特有工种人员劳动合同、企业管理制度、主要机构负责人毕业证书或职称证书等材料。二是按照农业农村部要求，取消添加剂预混合饲料和混合型饲料添加剂产品批准文号审批，改为备案，及时在“饲料和饲料添加剂产品备案系统”中为企业分配账号，并指导企业上线备案。目前，18家添加剂预混合饲料和2家混合型饲料添加剂生产企业的产品批准文号已按要求在系统中备案。

（二）严格饲料行政许可行为

一是严把企业材料审核关，对企业现场审核工作实行专家审核制，并进行证前公示和证后公告，确保饲料生产行政许可工作程序合法。二是完成了市级上报饲料生产企业的许可审核工作，核发饲料生产许可证22家，换发3家，注销3家；三是完成4家饲料添加剂生产企业申请产品批准文号材料审核，核发批准文号11个。

（三）加强饲料行业日常监管

一是对2018年全国饲料质量安全监测5批不合格饲料产品依法进行了处罚，并组织相关企业人员学习饲料法律法规，对生产全过程进行追溯，强化企业主体责任。二是根据2018年第二批省级配套饲料质量安全监测结果，对13家经营企业的15批不合格饲料产品进行了严厉查处。三是根据甘肃省农业农村厅扫黑除恶专项斗争工作安排部署，印发了《全省饲料兽药企业扫黑除恶专项斗争线索摸排表》，在全省饲料生产、经营和使用环节，组织开展了线索摸排工作。

（四）开展“瘦肉精”专项整治行动

一是制定了《2019年甘肃省“瘦肉精”专项整治实施方案》，完善养殖、运输、交易、屠宰环节“瘦肉精”监管工作制度，严厉打击生产、销售和使用“瘦肉精”违法犯罪行为，确保畜产品质量安全。二是按照《农业农村部办公厅关于开展“瘦肉精”专项监督抽查工作的通知》（农办牧［2019］2号）要求，在春节前开展“瘦肉精”专项监督抽查工作，抽取样品15份，监测克伦特罗、莱克多巴胺、沙丁胺醇，结果全部为阴性。三是配合农业农村部在定西市149户肉牛和肉羊养殖场（户）抽取438份牛尿液和羊尿液，检测出阳性样品1例，已责成渭源县畜牧兽医管理部门依法查处。

（五）开展饲料信息统计和调查工作

一是指导饲料生产企业按时完成了2019年饲料企业生产数据统计，实现了行业精准管理。二是结合饲料行业和养殖业形势，做出统计分析报告。三是按照农业农村部要求，开展全省饲料添加剂生产企业调查，对全省7家饲料企业生产工艺、产品标准、产量等信息进行摸底，及时上报农业农村部，掌握了全省饲料添加剂生产情况。

【存在问题】

（一）饲料经营环节存在质量隐患

由于饲料经营部（点）从业人员专业素质低，对假劣饲料的辨别能力差，经营环节安全隐患较大。上半年查处的15批不合格产品，全部为经营环节的预混料产品。

（二）饲料生产企业产能过剩

甘肃省饲料生产企业有30余家拥有畜禽和反刍饲料两条生产线，每条生产线的年生产能力达2万t以上，但大部分企业实际产量不足1/3，致使设备长期闲置。

【2020年工作计划】

（一）组织实施《饲料质量安全管理规范》

继续在全省组织饲料生产企业实施《饲料质量安全管理规范》，开展全省饲料生产企业规范实施检查和指导工作，帮助企业整改落实。

（二）开展饲料监督监测和“双随机”抽查工作

完成农业农村部和全省级饲料质量安全检测和“双随机”监督检查工作，并将抽查情况和查处结果及时公布。

（三）加大饲料经营使用环节监督检查力度

加大饲料经营门店和养殖场（户）监督检查力度，严厉查处不合格饲料企业和产品，进一步规范饲料生产、经营秩序。

（四）规范药物饲料添加剂的使用工作

积极推动除中药外促生长类药物饲料添加剂品种退出工作，督导饲料生产企业自2020年7月1日起停止生产含有促生长类药物饲料添加剂（中药类除外）的商品饲料，尽量减少药物饲料添加剂的使用量，维护动物源性食品安全和公共卫生安全。

（甘肃省畜牧兽医局）

青海省饲料工业

【发展概况】

2019年，全省饲料获证生产企业20家（许可证22个），年单班加工能力达到65.7万t。全省年实际生产各类饲料、饲料添加剂、单一饲料共计9.0万t，其中：配合饲料7.9万t，单一饲料0.8万t，其他0.3万t）。

【组织机构】

青海省饲料工作办公室隶属于青海省农业农村厅，与厅畜牧业处合署办公，畜牧业处处长兼任饲料办主任。

【主要工作】

（一）加强饲料质量安全监管工作

制定下发《关于开展2019年度青海省饲料质量监管监测工作的通知》，为切实保障饲料产品质量安全，加强饲料监管力度，促进饲料和养殖业持续健康发展提供了保障。

（二）严格饲料生产行政许可管理

按照《饲料和饲料添加剂管理条例》《饲料和饲料添加剂生产许可管理办法》等，省饲料工作办公室严格按照许可要求，依法履行生产许可职责。2019年共完成7家饲料生产企业生产许可评审工作，并及时发布公告。

（三）组织开展饲料质量安全监管监测工作

全年共完成西宁市（大通县、湟源县），海东市（平安区、乐都区、民和县、互助县）、海南藏族自治州（贵德县）、海北藏族自治州（刚察县、门源县）、海西蒙古族藏族自治州（格尔木市、都兰县）5个市州11个县（市、区）的72家饲料生产、经营企业及养殖户的356批次饲料产品检测任务。其中：饲料质量安全监测计划217批次，饲料安全专项监测计划100批次，委托检验39批次。共检出不合格饲料3批次，合格率为98.8%，较上年同期提高1.5个百分点。同时，配合农业农村部完成对青海省明胶有限责任公司和刚察县鲁援生态饲料有限公司饲料质量安全监督抽样工作。

（四）指导青海省高寒牧区越冬饲料产品标准的制定工作

针对青海省目前尚无高寒牧区越冬饲料产品标准现状，由青海省饲料工业协会组织科研院所和行业专家，结合当地实际，制定《青海高寒牧区牛羊越冬饲料团体标准》（T/QAS 003—2019），为该地区牲畜安全越冬提供了技术依据和质量标准。

（五）做好全省饲料生产企业产量统计

按照《全国饲料工业统计报表制度》要求，完成1～12月全省饲料生产企业产量统计工作。

（六）开展饲料行业突出问题整治和乱象乱点依法治理工作

按照《青海省农业农村厅关于印发扫黑除恶专项斗争反馈问题整改方案的通知》（青农法〔2019〕156号）要求，组织开展了全省饲料行业扫黑除恶专项斗争突出问题整治和乱象乱点依法治理工作，对全省5市州13个县（市、区）57家饲料加工点和经营门店开展执法检查。同时，对有质量安全隐患的饲料产品和原料抽样68批，寄送部级饲料检测部门进行饲料质量安全风险预警筛查，均未筛出非法添加物。针对检查中发现的行业突出乱象问题，及时印发了《青海省饲料行业乱象专项整治方案》，并根据省农业农村厅《关于开展饲料行业乱象专项联合整治行动的紧急通知》要求，会同省兽药饲料监察所和相关市、县农业综合执法部门，对西宁市大通县、湟源县和海东市平安区、乐都区、民和县进行了饲料行业乱象专项联合整治行动，进一步规范饲料生产经营市场秩序。

【存在问题】

（一）基层饲料监管执法力量薄弱

市州、县（市、区）农业农村部门对饲料行业监管重视不够，职责不明确，部分地区监管缺失，监督检查跟不上，加之监管人员大多为兼职，人员流动较快，监管人员不熟悉饲料相关法律法规，专业化水平较低，执法力度弱，无法对饲料行业进行有效监管。

（二）各级饲料质检机构缺少

全省饲料产品检测仅依靠省级质检机构完成，且检测人员较少，每年开展的饲料抽检数量和检测范围有限，未能及时开展饲料风险预警监测，致使饲料质量存在一定的安全隐患。

（三）饲料生产企业产能过剩

截至2019年年底，全省获证饲料企业年单班加工能力达到65.7万t，2019年全省年实际生产各类饲料和饲料添加剂9.0万t。由于没有订单，大部分饲料生产企业处于半停产状态。

【下一步工作思路】

（一）严格行业准入，加快产业转型升级

通过强化许可管理和日常监管，引导企业通过兼并重组、整合合作，扩大生产规模，提高产业集中度，提升产业档次和产品质量。

（二）开展饲料和饲料添加剂生产企业生产许可

按照《饲料和饲料添加剂管理条例》《饲料和饲料添加剂生产许可管理办法》等配套法规，继续开展饲料和饲料添加剂生产许可工作，对符合要求的企业发放生产许可证。

（三）加强行业监管，严处违法行为

坚持问题导向，深入开展饲料中添加禁用物质等专项整治和监督抽检，开展质量安全风险隐患排查，开展饲料生产经营企业“双随机、一公开”监督检查。针对性地抓好整顿与规范，防范系统性、区域性风险。全面落实质量安全主体责任，完善饲料质量安全违法信息管理，构建守信激励、失信惩戒机制，依法及时查处各类违法违规行为，做到饲料生产、经营和使用环节违法行为案件查处率100%，质量不合格案件查处率100%，饲料生产企业全部纳入监管范围，从源头消除畜产品质量安全隐患，促进饲料行业健康发展。

（四）建立全省饲料风险预警体系

自2002年全国开展饲料质量安全监测工作以来，青海省饲料产品合格率逐年提升，但饲料质量安全问题具有隐蔽性、长期性和复杂性等特点，仍然存在有毒有害物质污染饲料、非法添加违禁物质、饲料添加剂使用不合理等问题。建立饲料风险预警体系，创新饲料安全评价技术，防患于未然，避危于无形，有效规避或降低各种因素带来的饲料质量安全风险，有效打击假冒伪劣产品和违禁添加等乱象，震慑掺假造假等违规涉事人员，有效提高全省饲料质量安全水平，确保全省饲料产品不出现重大质量安全事故。

（五）强化业务培训和法规宣传

组织有关部门通过集中培训或相关专家分赴各市州、县（市、区）培训的方式，对监管执法人员、行业从业人员进行针对性培训，进一步提高行业监管执法能力和行业从业人员知识水平。通过编写知识宣传册、制作App软件、宣传彩页等方式进行广泛宣传法律法规，进一步增强广大消费者防范风险意识和从业人员守法意识，努力构筑食品安全第一道屏障。

（青海省饲料工作办公室）

宁夏回族自治区饲料工业

【发展概况】

2019年，宁夏全区饲料生产企业67家，其中，配合饲料38家、饲料添加剂10家、单一饲料19家；全年全区商品饲料总产量72.4万t，同比增长23.4%（配合饲料49.2万t，同比增长12.1%；浓缩饲料21.8万t，同比增长60.6%；添加剂预混合饲料1.4万t，同比增长14.4%），营业收入22.1亿元；饲料添加剂产量34.8万t，营业收入26.5亿元；单一饲料产量20.5万t，营业收入4.2亿元。饲料质量安全监测合格率达到98%。为全区畜牧水产业持续健康发展提供了坚实的物质支撑，已成为推动农村一二三产业融合发展的重要力量。

【机构职责】

自治区饲料工作站（编制5名、现有4人）协助厅畜牧局做好饲料和饲料添加剂生产许可审批；负责依法开展饲料和饲料添加剂产品质量安全监督管理工作；组织全区饲料产业发展规划、政策意见、技术标准制定和实施；负责饲料资源的保护及合理开发利用工作；组织开展饲料行业普法及专业知识培训、信息宣传；负责饲料行业装备工艺、高新技术的引进和试验；负责全区饲料生产经营统计和质量安全追溯体系建设；组织饲料企业开展种养加一体化经营和饲草料加工调制试验推广；完成自治区农业农村厅交办的其他工作任务。

【主要任务】

紧紧围绕“确保饲料质量安全”这一核心，健全“饲料属地管理责任，饲料市场‘检打联动’监管”两项机制；紧盯饲料“生产、经营、养殖”三个环节；抓好“许可、规范、监测、监管、服务”五项工作，坚决杜绝饲料生产、经营、使用环节违禁添加物的使用。

【主要工作】

（一）制定政策措施，推进产业科技创新

为贯彻落实国办发〔2018〕100号文件精神，制定印发了《自治区人民政府办公厅关于加强饲料用粮供应保障促进饲料产业持续健康发展的实施意见》（宁政办发〔2019〕28号），推行豆粕减量替代，强化饲料科技创新、质量提升和绿色环保。指导伊品集团积极研发生物发酵饲料新产品，提升玉米蛋白粉等玉米深加工副产品，替代部分豆粕用量。组织饲料专家团队开展了宁夏本地枸杞渣、葡萄渣、马铃薯渣、柠条等非粮饲料原料研发应用，“非粮资源饲料化技术集成与推广应用”课题，获全国农牧渔业丰收成果三等奖。与宁夏湖城万头猪场生猪开展低蛋白质饲料应用试验研究，与宁夏恒泰元种禽有限责任公司开展了白羽肉鸡无抗饲料饲喂试验研究。

（二）严格生产许可，推进质量规范管理

把实施“1条例2规范1标准”、质量检测与行政许可结合起来，在所有配合饲料企业实施《饲料质量安全管理规范》（以下简称《规范》），强化全程质量控制、促进产业链延伸。积极推进“放管服”改革，将添加剂预混合饲料和混合型饲料添加剂产品批准文号，由审批制改为企业在网上备案，进一步简化手续、优化流程。全年组织专家审核新（换）发生产许可证22家，实现网上申报网上审批。

（三）强化监管执法，落实市、县属地责任

制定了《2019年全区整治饲料质量安全问题行动实施方案的通知》（宁饲站发〔2019〕7号），督查市、县认真开展日常监管巡查，全面落实市、县饲料属地管理主体责任、企业产品质量安全第一责任。全年在所有67家饲料生产企业和155家经销店开展饲料质量安全和生产安全大检查2次，开展危险化学品贮存使用和饲料质量安全问题行动专项整治2次，现

场检查发现安全隐患 13 个，全部落实整改到位。全区 5 个市、22 个县（市、区）饲料管理部门均组织 4 次以上检查，共出动 1 020 人次。

（四）加强质量监测，完善“检打联动”机制

制定了《2019 年全区饲料质量安全监管监测方案的通知》（宁农办通〔2019〕52 号），开展饲料产品质量安全、饲料使用环节违禁添加物等 4 项监测。全年抽检饲料产品样品 345 个，进行常规、预警检测合格率为 98%。在饲料行业开展扫黑除恶专项斗争知识宣传和线索排查，严厉打击掺杂使假、偷减含量、添加禁用药品等违法行为，维护市场公平竞争秩序。

（五）创新服务机制，加强法规政策培训

印制了申报指南分发新申报企业，推荐专家到新建（换证）企业辅导实施《规范》和修改申报材料。举办全区市、县监管人员、企业管理人员政策法规培训班和饲料行业统计培训班。加强统计监测，对所有饲料企业开展网上年度备案，全面推行月报制度，实现了企业饲料统计数据网上按月报送全覆盖。组织宁夏伊品、紫光天化、金维制药、润土生物 4 家企业参加南宁“2019 中国饲料工业博览会”添加剂产品展销。

【存在问题】

一是饲料产品同质化趋势加剧，行业竞争激烈，转型升级的压力越来越大。二是由于非洲猪瘟疫情的影响，能量饲料原料成本增加，蛋白饲料原料主要依靠国内外市场，成本也大幅增加，国外采购也造成一定困难。三是饲料产业存在着利用率总体不高、技术研发与创新不足，饲料企业产业链短。四是质量安全隐患仍然存在，饲料生产企业自订公布的“企业标准”“产品标签”不规范、不严谨；对饲料药物依赖严重，个别企业被检测出饲料产品中有铜、锌等微量元素超标。五是基层饲料监管力量薄弱，各县（市、区）没有成立专门的饲料管理部门，监管职责设在不同的单位（动物卫生监督、疾控、兽药等部门），造成监督执法机制不健全，个别地方出现监管空白。六是养殖环节饲料安全使用标准还有“空白”，自配料市场和监管还有“死角”等。

【下一步工作思路】

2020 年，宁夏将坚持以习近平新时代中国特色社会主义思想为指导，围绕实施农业农村发展“十大行动”，调整优化饲料产业结构，落实饲料产业高质量发展，努力抓好饲料产前（许可）、产中（规范）、产后（监测）管理工作，推动饲料工作再上新台阶。

一是继续抓好饲料生产许可审核办理工作，严格审核程度，严把准入关。

二是继续开展饲料产品质量安全等 4 项监测。对全区的自配料市场进行调研，摸清底数，开展一次对全区自配料市场及经销店的饲料质量安全专项整治工作，制定形成自配料市场及经销店饲料质量安全管理制度。

三是推进饲料产业科技创新，鼓励饲料企业延长和拓展产业链，调整优化饲料配方和原料结构，采取豆粕替代配方，大力推动优质绿色健康型的饲料产品的研究开发。

四是调整饲料行业生产经营结构。引导饲料企业加快产能优化重组，提高饲料企业生产的集约化水平，不断推动全区无抗饲料产业的发展，落实产业高质量发展。

五是组织自治区饲料专家技术服务组开展柠条、枸杞渣、葡萄渣等本地非粮资源饲料化利用研发；开展保育猪无抗饲料等新产品试验研发。

六是组织召开宁蒙陕甘青等毗邻地区饲料产业发展高峰论坛。

七是举办全区饲料法规和专业知识培训宣传，完善饲料工业统计月报体系，组织宁夏企业参加国内饲料博览会、经洽会等。

（宁夏回族自治区饲料工作站）

新疆维吾尔自治区饲料工业

【发展概况】

饲料生产企业数量。2019 年全区有效期内饲料生产许可证 142 份，各类饲料生产企业共 130 家（12 家为多证企业）。其中饲料添加剂、混合饲料添加剂生产企业 11 家，添加剂预混合饲料生产企业 15 家，配浓精饲料生产企业 55 家，单一饲料生产企业 61 家。

饲料工业生产形势。2019 年全区饲料生产企业积极克服饲料原料价格不断上涨的影响，抵御非洲猪瘟的不利影响，基本保持平稳略有增长态势，以新疆天康、新疆泰昆集团为代表的大型企业，集饲料、养殖、畜产品深加工于一体，上、下游产业相互支撑、相互弥补，有效地化解了市场上各种不利因素的影响，生产形势稳定，全年饲料产量和效益呈稳步增长。2019 年全区饲料总产量 157.9 万 t，同比增长 26.5%。其中：配合饲料 147.9 万 t，同比增长 30.1%；浓缩饲料 8.3 万 t，同比下降 13.9%；添加剂预混料 1.6 万 t，同比增长 17.8%。各类饲料中配合饲料占饲料总量的 93.7%，浓缩饲料占 5.2%，添加剂预混合饲料占 1.0%。饲料工业总产值 50.2 亿元。

【主要工作】

饲料行业法规宣贯工作。2019 年，共举办饲料法规培训班 4 期，受训人员 568 人次。一是举办了 2019 年饲料行业安全生产管理培训班，培训学员 159 名；二是举办了 2019 年饲料行业“企业标准化”培训班，培训学员 143 名；三是举办了 2019 年自治区规范饲料标签工作培训班，培训学员 131 名；四是举办了 2019 年自治区饲料法规和饲料原料相关知识培训班，培训学员 135 名。

饲料生产许可管理工作。2019 年审核发放饲料生产许可证 61 份，变更饲料生产许可证 23 份，注销饲料生产许可证 60 份，发放产品批准文号 7 个。

推进“放管服”改革工作。取消混合型饲料添加剂、添加剂预混合饲料 2 项产品批准文号许可的审批事项并指导企业开展网上备案工作；制定饲料和饲料添加剂网上申报审批程序及审批工作办事指南，进一步细化审批事项内容，并在新疆政务网上开展申请审批工作。

开展饲料行业管理调研活动。1～9 月分别到昌吉州、伊犁州和阿克苏地区 13 家饲料生产企业开展了调研活动。通过座谈交流、现场察看等方式，了解饲料行业现状、问题，探索解决办法。

饲料质量安全监管工作。一是根据《农业农村部关于印发饲料质量安全监督抽查检测工作要求及 2019 年工作方案》（农牧发〔2019〕22 号）要求，完成了农业农村部对全区 7 个地（州、市）27 家饲料生产企业开展的抽样任务。二是根据《2019 年自治区畜产品质量安全监测实施方案》（新牧发〔2019〕10 号）文件要求，组织相关单位对伊犁州、喀什地区、巴州、昌吉州、阿克苏地区等地州的饲料产品进行了监督抽检，对饲料产品质量卫生、禁限用药物和违禁物质等项目指标实施监测。三是根据《关于开展饲料标签和饲料原料使用情况检查的通知》要求，对全区已取证饲料生产企业进行监督检查。

开展“检打联动”。完成全区饲料产品监测任务 633 批次，总体合格率 98.42%。其中饲料质量安全监测 186 批次，饲料违禁添加物专项监测 297 批次，反刍动物监测项目 150 批次。依法严厉打击饲料违法行为，对抽检不合格的 8 批次产品的 5 家饲料生产企业进行了通报、约谈、停产整改和行政处罚等措施；责成伊犁州畜牧兽医局组织执法人员，依法扣押、查封和没收伊宁县 4 家饲料销售部销售无饲料添加剂生产许可证的饲料添加剂氯化钠（NaCl）640 袋（16 000 千克），行政处罚罚款 15.5 万元，并按照法律程序移交伊宁县人民法院审理。

（新疆维吾尔自治区畜牧兽医局饲料饲草处）

新疆生产建设兵团饲料工业

【发展概况】

2019年，兵团共有42家饲料和饲料添加剂获证企业，其中双证企业3家。所获生产许可证企业中单一饲料生产企业24家，配合饲料、浓缩饲料、精料补充料生产企业13家，饲料添加剂生产企业5家，混合型饲料添加剂企业1家，添加剂预混合饲料生产企业2家。

2019年，兵团饲料工业总产值62.45亿元，营业收入59.08亿元。饲料总产量81.7万t，营业收入24.3亿元，总产值23.6亿元。按产品类别分：配合饲料产量77.6万t，浓缩饲料产量2.8万t，添加剂预混合饲料产量1.3万t。按产品品种分：猪饲料产量32.9万t，蛋禽饲料产量14.2万t，肉禽饲料产量13.9万t，水产饲料1.1万t，反刍饲料产量19.5万t，其他饲料产量0.08万t。饲料添加剂产量41.2万t，营业收入15.7亿元，总产值15.5亿元。其中氨基酸、氨基酸盐及其类似物产量40.1万t，微生物产量0.15万t，着色剂产量1.0万t。单一饲料总产量85.6万t，营业收入19.0亿元，总产值23.3亿元。其中：谷物及其加工产品20.9万t，油料籽实及其加工产品58.9万t，微生物发酵产品及副产品5.8万t。

【组织机构】

兵团农业农村局畜牧兽医处（渔业监督处）主管兵团的饲料行业行政监管工作，各师市、团场两级畜牧相关机构负责日常的饲料生产监督管理工作。

【主要工作】

（一）严格做好许可行政审批工作

按照《饲料和饲料添加剂生产许可管理办法》的要求，兵团畜牧兽医处组织专家对申报或续展的饲料生产企业进行现场核实检查，及时对获证企业进行网上公示、公告，确保行政许可工作程序合法。2019年共审核发放饲料生产许可证28张，审核变更许可证信息10家，注销饲料生产许可15家。

（二）加强饲料质量安全监管工作

为加强兵团饲料质量安全监督管理，根据兵团农业农村局《关于开展兽药、饲料质量安全监督抽检工作的通知》（兵农医发〔2019〕183号）文件的要求，兵团和各师共派出60余人次在兵团14个师市开展饲料质量安全监督抽检工作，共抽检饲料样品447批次，其中饲料产品质量安全监测127批次，饲料安全专项监测220批次，反刍动物饲料中牛羊源性成分监测100批次，检测合格率为100%。10月，兵团农业农村局畜牧兽医处（渔业监督处）配合国家饲料质量监督检验中心在第六师、第九师对2家饲料生产企业开展了现场督导检查和抽样工作，抽样4批次。

（三）认真开展饲料行业安全生产检查工作

把饲料行业安全生产纳入日常监管工作中，兵团、师市两级饲料管理部门认真组织开展安全生产检查。2019年，兵团对辖区内的21家饲料生产企业进行了安全生产检查，对发现的问题及时反馈生产企业，督促企业限期整改，有效防范安全事故的发生。

（四）积极进行饲料法规、信息填报培训工作

10月在乌鲁木齐市举办了2019年兵团饲料质量安全规范及饲料工业信息系统填报培训班，共培训各师和饲料厂人员75人。培训班邀请专家对饲料许可审批程序、饲料法律法规、饲料企业设立及续展现场审核、饲料工业统计信息系统填报、饲料监管及企业质量安全规范等内容进行了深入细致的讲解。

【存在问题】

由于2019年兵团开始承接辖区内饲料行政职能职权工作，存在监管体系不健全，监管力量比较薄弱；饲料监管人员不足，大多数为兼职，人员流动较快，难以进行有效监管；部分监管人员对饲料行业的

规章制度学习不够，发现问题、解决问题能力不足；部分企业安全生产意识薄弱，从业人员守法意识不强等问题。

【下一步工作思路】

（一）规范饲料和饲料添加剂行政审批

按照《饲料和饲料添加剂管理条例》和《饲料和饲料添加剂生产许可管理办法》等要求，认真开展饲料生产企业许可审核换证工作，进一步完善饲料和饲料添加剂行政审批制度，规范审批程序，加强现场审核专家队伍建设和管理。

（二）全面推进饲料生产全过程质量安全管理制度

按照《饲料质量安全管理规范》要求，积极推进饲料生产全过程质量安全管理制度，提高饲料生产企业管理水平。

（三）加强对饲料生产企业的日常监管

定期对辖区内饲料生产企业进行检查，发现问题及时解决，严厉打击违法违规行为。

（四）做好饲料质量安全监管工作

加强饲料质量安全监督管理，建立健全饲料产品监测抽查制度，定期对饲料生产企业的产品进行抽检。

（五）认真做好饲料信息统计工作

按照饲料信息统计要求，认真落实饲料统计报表制度，确保饲料企业月度数据及时、准确。

（新疆生产建设兵团农业农村局畜牧兽医处）

大连市饲料工业

【发展概况】

2019年，全市共有各类饲料生产企业129家，获得生产许可134个，其中新增饲料企业5家（2家宠物饲料生产企业、2家配合饲料企业和1家饲料添加剂企业）。各类饲料产品总产量355.4万t，其中配合饲料188.2万t，同比增长5.2%；浓缩饲料10.1万t，同比减少16.3%；添加剂预混合饲料1.3万t，同比增长16.1%；新增宠物配合饲料50t；饲料添加剂产量2.5万t；单一饲料总产量153.2万t（其中单一动物源性饲料11.46万t、豆粕141.66万t）。累计饲料工业产值111.5亿元，同比下降4.6%。

发展特点：一是大连市饲料生产企业种类比较全，从饲喂种类分，有常用的家畜家禽类饲料，同时还有水产类饲料；从生产饲料类型分，不但有配合料、浓缩料、预混料，还有宠物饲料、鱼粉、鱼浆、羽毛粉、蛋粉等动物源性单一饲料和豆粕这种主要饲料原料。二是各企业发展水平不均衡。有的企业只满足于自产自用，技术水平和管理水平都比较低，只能满足基本的许可要求和生产需要；有的企业具备较高的科技含量，管理上也更科学规范，企业规模也比较大。三是缺少大连自有名牌。大连饲料企业从产值和产量上看，均位居辽宁省第三，但本地没有名牌，市场料较少。

【组织机构】

大连市农业农村局畜牧业管理与动物防疫处（饲料工作办公室）负责全市饲料和饲料添加剂行政监管工作；大连市农业农村发展服务中心承担饲料和饲料添加剂行政执法工作；大连市检验检测认证技术服务中心负责饲料产品质量监测工作。10个涉农县（市、区）畜牧兽医主管部门分别承担了相应的饲料管理职责，负责日常饲料生产经营监管管理工作。大连市饲料工业协会为独立法人的社团组织，为饲料企业提供技术服务、加强行业自律起到了积极的作用。

【主要工作】

（一）强化饲料产品质量监测

为加强全市饲料质量安全监督管理，确保饲料产品质量安全水平，制定《2019年大连市饲料监测方案》，在全市范围内开展了生产、经营和使用环节饲料产品质量监测工作。由各县（市、区）监管部门进行抽检及其结果的查处，市农产品和水产品检验检测院负责产品检测，全年共监测饲料产品403批次，合格率为94.79%。全市生产企业抽检覆盖率100%。对不合格产品按照属地化管理原则下达督办单，要求各地执法部门按照要求进行查处。同时，圆满完成农业农村部对全市15家饲料企业监督抽检工作。

（二）开展“检打联动”和专项整治

一是组织开展春季打假活动，对全市饲料生产、经营企业进行了全面检查，重点加大对三聚氰胺、“瘦肉精”等违禁物质及饲料原料的清理检查力度，坚决取缔无产品质量标准、无产品批准文号、无产品标签的“三无”饲料生产企业，依法坚决取缔无生产许可证行为。二是以监督监测为依据，强化风险预警，落实“检打联动”工作机制，加强饲料产品质量安全监管。对检测不合格的20批次饲料产品下达督办单，要求相关县（市、区）按照属地管理原则，依法查处。做到了检测不合格样品发现一起查处一起，对违法违规者予以打击，产生了较强的震慑力。三是开展宠物饲料经营环节专项整治行动。对宠物饲料批发市场和经营集散地发放宣传《宠物饲料管理办法》800册，改善宠物饲料拆包零售的现象，规范宠物饲料市场经营行为，减少因宠物饲料导致的纠纷和不安定因素，提高经营者守法经营意识，确保全市宠物饲料行业健康有序发展。

（三）严格开展饲料生产许可审核

按照省政府要求，2019年开始，本市饲料企业生产许可委托大连市农业农村局受理、由市农业农村局行政审批办进行材料审核，由业务处室、执法单位和检测单位三方组成专家组开展现场审核。全年共完成61个许可申请，其中新获饲料生产许可企业4家，不予许可2家，续展许可55个。

（四）全面落实饲料安全生产责任

按照“管行业必须管安全，管业务必须管安全，管生产经营必须管安全”的要求和属地化管理的原则，组织各县（市、区）开展饲料企业安全生产，重点对生产现场粉尘防爆、生产设备以及消防等安全生产隐患排查，排查覆盖率达100%。开展安全生产宣传活动，发放安全生产挂图250余张。各县（市、区）监管部门对辖区内饲料生产企业逐一签订了《安全生产承诺书》，企业安全生产主体意识不断提高。

（五）加强培训提高监管水平

为提高基层监管人员业务水平，规范执法行为，全面落实饲料行政部门的监管责任，举办了大连市兽药饲料监管执法培训班。市农业农村局兽药、饲料相关监管人员执法人员、各县（市、区、先导区）负责兽药、饲料监管及执法人员共50多人参加了培训。培训中各县（市、区）执法人员与授课专家们就执法过程中遇到的实际问题进行了面对面的交流，对全市饲料方面监督执法工作具有指导意义。

【存在问题】

一是饲料生产企业整体素质不高，部分企业处于停产、半停产状态，中小型生产企业生存尚存在问题，《饲料质量安全管理规范》更是无法真正实施，企业规范制度、记录、规程等执行不力。

二是养殖环节质量安全监管难度大。自配饲料生产具有随意性，安全隐患较多。属地监管部门缺乏有效监管手段，各相关部门配合协调不密切。以上因素导致监管不到位，影响畜产品质量安全。

【下一步工作思路】

一是加强饲料质量安全监管。开展饲料质量安全监管工作，围绕饲料质量安全、违禁物质和药物饲料添加剂使用三方面开展监测，认真落实检打联动机制，严厉打击违法违规行为，确保动物源性食品源头安全。

二是强化饲料许可审核各项工作。规范饲料许可审批程序，简化审批流程，提升审核水平，注重审批时效，保障饲料生产许可审核工作顺利有序开展。

（大连市农业农村局）

青岛市饲料工业

【发展概况】

2019年，全市饲料行业克服非洲猪瘟造成的不利影响，化“危”为“机”，以质量促发展，以信誉赢市场，始终坚持高质量发展，总体形势比较平稳。饲料生产企业供给侧改革、转型升级、优胜劣汰局面日趋明显，新设立规模化企业比例增加，小规模、竞争力较弱的企业逐步退出市场。截至2019年12月31日，全市共有饲料生产企业130家；持证166个（其中，配合、浓缩、精料补充料证65个；添加剂预混合饲料证34个；饲料添加剂证16个；混合型饲料饲料添加剂证25个；单一饲料26个）。新设立生产企业16家，注销18家，企业总数比2018年减少5家。130家生产企业吸纳就业人员6 771名，其中，博士生44名，硕士生266名，本科生1 227名，大专生1 588名，大专以下3 646名。饲料和饲料添加剂总产量（不包含饲料原料）达到209.0万t，同比增长8.0%，总营业收入和总产值均有所增长，分别达66.5亿元和65.5亿元，同比分别增长1.5%和4.6%；全年总营业收入128.4亿元，同比下降2.1%；总产值150.9亿元，同比增长0.6%；营业收入过亿元的共有19家。受非洲猪瘟影响，猪料产量下降幅度较大，仔猪料尤其严重，下降幅度近25%；2019年猪饲料66.44万t（2018年75.8万t），同比下降12.3%；仔猪料下降25.7%，母猪料下降28.0%，生长育肥猪料下降5.0%。蛋禽、肉禽及水产料出现不同程度的增长，蛋禽料同比增长4.5%，肉禽料增长32.2%，水产料增长11.3%。

【组织机构】

根据省委、省政府批准的《青岛市机构改革方案》和市委、市政府《关于青岛市市级机构改革的实施意见》，撤销原单设的青岛市畜牧兽医局，与原青岛市农业委员会、青岛市农机局合并组建青岛市农业农村局，加挂青岛市畜牧兽医局牌子。根据青岛市农业农村局《关于贯彻落实“三定”方案进一步细化明确处室和有关单位职责的通知》，全市饲料行业管理工作职责由市农业农村局农业投入品管理处（挂种业管理处牌子）承担。

【主要工作】

（一）规范饲料生产企业消毒防疫工作

为确保饲料产品安全卫生，防范非洲猪瘟等动物疫情经由饲料产品和饲料运输车辆、工具、包装材料等传播，严格贯彻落实农业农村部公告第91号，在全市范围内以猪血为原料的饲用血液制品生产企业、其他动物源性饲料生产企业、猪商品饲料和自配料生产活动等环节扎实开展全覆盖式排查。对以猪血为原料的2家饲用血液制品生产企业注销其该产品的生产资质；对其他生产企业和使用环节，全面停止使用除鱼粉、乳制品以外存在非洲猪瘟隐患的动物源性饲料。目前，全市范围内所有生产猪料的企业积极采取有效的消毒防疫措施，外来车辆、人员均采取消毒隔离等措施，有效杜绝了外来非洲猪瘟病毒的传播，没有因饲料产品质量安全问题或其他问题而导致非瘟疫情的发生。

（二）积极开展企业“分级管理”和“一企一档”整理

按照省畜牧兽医局的统一部署，有效开展了饲料兽药分级管理评定工作，并通过省畜牧兽医局门户网站进行了公示，全市130家饲料生产企业，有39家被评定为优秀企业、64家被评定为良好、16家为一般企业，有11家企业新获证或停产等原因未进行评定。根据《企业信息公示暂行条例》，建立兽药饲料生产企业信息档案公示制度，对全市130家饲料生产企业全部建立了电子信息档案，做到“一企一档”，对监督检查、检测结果、行政处罚、教育培训等情况对社会公示，督促企业强化自律意识。

（三）强化行业从业人员培训

面对2019年机构调整变化大、行业监管队伍成分新的现状，为全面提升全市饲料行业管理水平，提高饲料监管队伍素质，杜绝行业安全生产隐患，及时举办了全市饲料行业监管培训班，邀请省畜牧兽医局有关业务领导讲解《兽药管理条例》《饲料和饲料添加剂条例》《饲料质量安全管理规范》及其配套法规；同时，邀请青岛市安全生产方面的专家对参训人员进行了行业安全生产监督管理相关知识的培训，达到了较好的效果。各市区兽药饲料监管科室负责人、工作人员、基层动监站、兽药饲料生产企业、机关相关处室、局属有关单位共计160人参加了培训。

（四）严格落实监督抽检和“检打联动”制度

一是按照《青岛市2019年度饲料和饲料添加剂产品监督抽检计划》安排，委托第三方检测机构和市农产品质量安全中心进行检测，共监督抽检饲料产品400批次（含飞行抽检50批次），实际检测完成饲料产品403批次（青岛谱尼完成200批次，市农安中心完成203批次），抽检完成率达101%，经检测，不合格样品10批次，合格样品393批次，检测项目合格率为97.5%，是2016—2019年合格率最高的一年。检验数据表明，饲料产品质量状况进一步好转，回升向好。二是严格落实“检打联动”制度，对不合格产品及涉及生产企业、经营单位，依照《兽药管理条例》《饲料和饲料添加剂管理条例》依法进行了查处。3批次不合格兽药产品为经营环节抽检样品，全部为外地生产，目前已对1批次不合格产品实施了查处；2批次正在组织查处。10批次不合格饲料产品中，有3批次来自养殖环节（均为外地生产）、4批次来自经营环节（均为外地生产）、3批次来自本地生产环节。4批次经营环节和3批次生产环节的已查处完毕；对于3批次养殖环节的已按规定由执法部门函告生产企业当地监管部门。

2018—2019年度饲料监督抽检情况对比

年度	时间	抽检批次	合格批次	不合格批次	合格率	同比提高百分比
2018	上半年	129	127	2	98.4%	7.1%
	下半年	92	77	15	83.70%	−7.4%
	合计	221	204	17	92.31%	−3.2%
2019	上半年	200	196	4	98.0%	−0.4%
	下半年	203	197	6	97.04%	13.3%
	合计	403	393	10	97.52%	5.2%

（五）严厉打击违法违规行为

坚持对饲料违法行为“零容忍”，下半年，根据省畜牧兽医局信息反馈和群众反映，第一时间组织市农业行政执法支队连夜对非法生产窝点进行了突击检查，并查实，依法对其责令停止生产、没收违法产品、罚款10 000元的行政处罚。

（六）全面排查行业安全生产隐患

饲料生产过程中涉及粉尘防爆，涉及萃取、浸提工艺使用易燃易爆等危险化学品，监管难度大。为进一步贯彻“三个必须”总要求，落实兽药饲料企业的安全生产主体责任和网格化监管责任，组织开展了兽药饲料生产企业安全隐患排查快整治活动。经排查，全市兽药饲料生产企业排查出安全生产隐患68项，在限制时间内整改完成63项。对在规定时间内未完成整改或无法整改仍存在较大安全生产隐患的企业，要求各相关市区函告当地安监部门、消防部门。

（七）培树行业典型

按照省畜牧兽医局和省饲料行业协会的要求，总结了青岛饲料行业四十年发展的历程，编纂了《改革开放四十年青岛饲料行业的发展历程与成就》等典型材料4篇，并推选部分优秀饲料企业以及28名先进个人，其中：功勋人物4人，卓越人物4人，领军人物10人，管理英才6人，技能工匠4人。有2家饲料生产企业通过省级饲料质量安全管理规范示范创建验收。

（青岛市农业农村局）

宁波市饲料工业

【发展概况】

2019 年，全市饲料和饲料添加剂生产企业 30 家，生产许可证 32 张。其中浓缩饲料、配合饲料生产企业 13 家，饲料添加剂和预混料企业 9 家，单一饲料企业 8 家。全市饲料企业职工总数 1 491 人，其中博士学历 10 人，硕士学历 64 人，本科学历 319 人，大专学历 364 人，其他 734 人。博士生、硕士生、本科生同比分别增长了 43%、3.2%、10.8%，饲料行业人员队伍素质不断提升。全年饲料工业总产值和总收入分别为 37.2 亿元和 42.0 亿元，与上年基本持平。全市各类饲料加工产品总产量 87.4 万 t，同比增长 7.8%。其中配合饲料产量 34.3 万 t，同比增长 10.2%；浓缩饲料产量 3 949t，同比增加了近 3 倍，增产的主要为蛋禽浓缩料；添加剂预混合饲料产量 1 566t，同比增长 2.2%；饲料添加剂和混合型饲料添加剂总产量 4 733t，同比增长 18.0%；单一饲料总产量 52.0 万 t，同比增长 5.6%，其中豆粕产量 46.2 万 t，同比增长 7.1%。

【组织机构】

2019 年，宁波市农业综合行政执法队挂牌成立，全市饲料工作相应管理职能暂时仍由宁波市农业综合行政执法队（宁波市畜牧兽医局）负责。

【主要工作】

（一）做好饲料企业生产许可换发证工作

依法依规严把行政许可审批程序，组织做好企业申报材料和现场审核工作，把好准入关。2019 年，新设立单一饲料生产企业 2 家，分别是宁波丰肽生物科技有限公司、宁波诚元海洋生物科技有限公司，主要生产水解鱼蛋白粉和鱼溶浆粉；企业续展换发饲料生产许可证 13 家；申请变更生产许可证 2 家；注销生产许可证 2 家。

（二）做好饲料生产统计及形势分析工作

根据农业农村部、浙江省统一要求，严格把控时间节点，认真做好饲料生产月报、年报统计工作。同时确保统计数据的完整性和准确性，为全市饲料行业生产形势分析奠定基础。2019 年，全市饲料生产总量趋于平稳，但因受非洲猪瘟疫情影响，生猪养殖规模缩减，猪饲料生产受到明显冲击，产量有所下滑。但随着各地生猪增产保供惠农政策的出台，激励养猪户积极补栏，新建猪场等措施实施，后市猪饲料的生产也将随之回升。

（三）做好饲料生产安全隐患排查工作

为确保饲料行业生产安全，3 月，根据宁波市安全生产委员会办公室《关于强化危险化学品领域安全生产工作的通知》要求，在全市范围内开展饲料企业安全生产隐患大排查，重点对饲料生产涉及的化学试剂和危化品使用、储存；生产过程中防尘除尘情况及安全生产隐患防范设施设备储备情况开展检查，督促企业严格落实安全生产主体责任，牢固树立安全生产意识，切实履行饲料行业安全生产规范要求，不断加强自查自纠和隐患治理，有效预防安全生产事故发生。

（四）做好饲料产品监测抽检工作

为保障饲料和畜产品质量安全，提高风险预警应对能力，在全市范围内开展了生产、经营和使用环节饲料产品质量监测工作。2019 年共计监测抽检饲料产品 64 批次，涉及 33 家养殖企业、10 余家饲料企业。通过例行监测和监督抽检，尤其是对重点场（户）、重点企业及重点环节的抽检，来严格杜绝饲料生产、使用违规行为，确保饲料产品质量安全。

（五）做好“绿剑”执法专项检查工作

为全力打击违法犯罪行为，先后于 3～5 月开展了“绿剑”春季集中执法检查和于 7 月开展了市、县两级“绿剑”夏季交叉执法检查。两次执法行动对全市各区县市饲料和饲料添加剂生产企业及经营单位等农业投入品的生产、经营、使用环节进行全面检查，发现不合格的产品，要求各地按照属地原则进行依法查处。本次“绿剑”执法行动通过宣传教育、打防并重、跟进抽检等方式对重点区域、重点主体深入排查，发现问题，追根溯源，并始终保持严管、重打、高压态势，确保不发生饲料产品质量安全事件。

【存在问题】

目前全市饲料行业存在问题集中表现：一是饲料质量安全形势比较复杂；二是《饲料质量安全管理规范》（以下简称《规范》）实施不够彻底；三是环保型饲料推广困难；四是自配料监管难度大。

【下一步工作思路】

（一）持续推进《规范》贯彻实施

针对当前饲料行业规范化水平参差不齐的问题，将生产许可申报和贯彻落实《规范》工作紧密结合起来，要求与饲料生产许可条件同步审核，提高企业的重视度。并在此基础上积极推进饲料行业质量安全管理规范示范性创建行动，通过以点带面的方式全面提升饲料生产规范化水平。

（二）全面提升饲料质量安全监管能力

按照“属地管理、分级负责”的监管原则，加大对饲料生产企业的检查力度。督促各地建立监督抽检与行政执法联动的长效机制，加大对不合格产品和违法案件的查处力度，完善饲料生产、经营、使用“全链条”质量安全监管工作机制，提高执法监管能力。

（三）加强环保型饲料宣传和推广应用

根据农业农村部、浙江省关于开展抗生素减量化行动要求，将积极配合做好引导、服务和宣传工作，鼓励企业科技创新，开发抗生素替代技术，加大绿色、环保、高效产品研发生产。支持企业通过创新饲料加工工艺、开发发酵饲料、添加“减抗”“替抗”型饲料添加剂等方式来减少抗生素的使用，提高饲料企业绿色发展水平。

（宁波市畜牧兽医局）

厦门市饲料工业

【发展概况】

截至2019年12月31日，全市共有饲料生产企业39家。其中：湖里区1家，海沧区9家，集美区7家，同安区17家，翔安区5家。

全市2019年饲料和饲料添加剂年总产量达112.03万t，比上年同期117.49万t相比下降4.65%，其中配合饲料35.5万t，同比下降21.7%；浓缩饲料0.9万t，同比下降10.3%；添加剂预混料2.71万t，同比下降17.6%；饲料添加剂0.3万t，同比增长8.3%；混合型饲料添加剂0.1万t，同比下降35.8%；单一饲料72.5万t，同比增长7.6%。累计营业收入49.23亿元，同比下降20.8%；工业总产值49.09亿元，同比下降20.8%。

【发展特点】

一是由于经济下行压力及部分企业经营不善，加上场地租金上涨明显和政府征地拆迁等因素影响，2019年全市饲料生产企业数量下降，从上年的45家减少到39家。

二是2019年饲料产值产量同比下降，除单一饲料产量同比增长7.6%外，其余饲料产品均同比下降；由于非洲猪瘟及生猪数量下降影响，生产猪饲料的企业寻求转型，专门从事猪饲料生产企业数量有所减少，从事水产饲料生产企业数量有所增加，我市以生产猪饲料为主的企业有6家，以生产水产饲料为主的企业有15家。

（厦门市农业农村局）

深圳市饲料工业

2019年，深圳市市场监督管理局克服了机构改革带来人员划转、职能交接的问题，以及非洲猪瘟疫情对饲料行业的冲击，进一步强化饲料质量安全监管，推动饲料行业提质升效。根据农业农村部、省农业农村厅的工作部署，积极开展饲料生产、经营、消费等环节的监管工作，有效维护了全市饲料市场的正常秩序和行业生产安全形势的稳定。

【发展概况】

目前全市共有27家生产企业。截至2019年12月底，全市配合料、浓缩料和预混料生产总量18.1万t（配合料15.5万t、浓缩料1.3万t、预混料1.3万t），比2018年减少4.6万t，同比下降20.3%；饲料工业总产值10.0亿元，比2018年减少3.7亿元，同比下降27.0%。饲料添加剂总产量1.0万t，比2018年减少0.3万t，同比下降22.6%；总产值2.1亿元。单一饲料20.9万t，产值6.0亿元。宠物饲料总产量641.9t，总产值1.9亿元。

【主要工作】

（一）生产许可情况

2019年，根据省级行政职权事项调整要求，深圳市市场监管局承接了饲料、饲料添加剂行政许可相关业务工作。承接后，认真学习行政许可相关的业务法规，虚心向省农业农村厅请教业务工作流程，及时申请相应的保障经费，多管齐下确保行政许可工作顺利开展。通过有效组织，全年共对全市6家饲料生产企业和1家饲料添加剂生产企业开展现场评审，最后核发生产许可证5家，重新核发饲料添加剂（不含混合型饲料添加剂）产品批准文号1家；协助省农业农村厅开展2家饲料添加剂预混合料现场审查、对2家饲料生产企业进行备案，顺利完成本年度的行政许可工作，确保委托业务“接得住、管得好”。

（二）日常监管情况

1. 召开2019年饲料监管工作会议

为落实上级部门关于饲料质量安全监管工作的部署，进一步保障全市饲料和饲料添加剂产品质量安全，7月中旬，召开了全市饲料质量监管工作会议，一是通报2018年饲料质量抽样检测情况，研讨2019年监测工作重点；二是传达了省农业农村厅《关于印发〈2019广东省饲料质量安全监管方案〉的通知》（粤农农函〔2019〕1191号）文件精神，落实年度监管工作任务；三是结合本市实际情况，结合机构改革，部署全市2019年饲料监管工作重点。

2. 制定风险监测工作方案

根据省农业农村厅工作要求，结合本市实际，制定《2019年深圳市饲料产品质量安全风险监测工作方案》，明确各单位职责分工，按时完成监测任务。全年共抽检饲料生产企业9家，抽取饲料产品共20份，包括原料（植物性）2份，配合饲料8份，预混合饲料5份（复合预混合饲料4份、维生素预混合饲料1份），浓缩饲料3份，宠物饲料2份，检测饲料常规项目、药物残留、重金属、维生素、毒素等16个项目，经深圳市农产品检测中心检测，1份浓缩料粗白含量不合格，部分产品标签不符合规定。

3. 开展日常监管工作

以质量安全和生产安全相结合、日常巡查和专项整治相互补的检查形式，对饲料和饲料添加剂生产企业按照年内监管全覆盖的要求开展监督检查，同时对饲料经营企业进行有效监管。重点检查企业是否规范化生产经营、是否合规性把控产品质量、安全生产（粉尘防爆措施，危险化学品管理等）管理情况等；针对宠物饲料生产经营企业尤其突出饲料合法性、标签合规性的检查。检查过程中发现生产企业一年内没有生产饲料，将督促企业向发证机关申请注销生产许可证，或收缴企业生产许可证，提请发证机关注销。

2019年，共出动执法人员60多人次，检查饲料生产企业23家、宠物饲料经营企业2家、大型养殖场1家。

此外，积极配合农业农村部、省农业农村厅检查组对全市饲料生产企业生产情况的检查，共检查了全市10家饲料企业，抽取饲料样品18份，同时开展了监督检查工作。暂未收到不合格检测报告。

4. 组织开展饲料监管业务培训指导工作

为进一步提升全市饲料监管队伍业务能力水平，提高从业人员自觉守法意识，规范从业行为，先后开展了有针对性的业务培训：一是举办饲料兽药抽样培训班；二是举办了一期兽药饲料管理法律基础培训班，向饲料兽药监管人员以及全市兽药生产经营企业、饲料生产企业、养殖企业普及了饲料兽药有关法律法规，收到了良好的反响，共有135人参加了培训；三是受新瑞鹏集团宠物诊疗机构邀请，为企业人员讲解《宠物饲料管理办法》，指导企业如何规范经营；四是加强法律法规指导，在法规部门的统筹下，印制了一批农业、畜牧业法规汇编，下发至各辖区局，做好业务指引工作。

【存在问题】

（一）产业面临的问题

一是非洲猪瘟疫情持续爆发，严重影响饲料行业的发展。二是中美贸易摩擦造成原料价格上升，行业困景进一步加剧。三是生产安全和环保监管趋严，传统的生产企业被迫迁移。近年来，传统配合料、浓缩料生产企业，特别是饲料粉尘较大的饲料生产企业，因设备陈旧、厂区布局不合理，不符合生产安全和环保新政策要求，受改造成本制约，企业陆续出现迁移情况。因上述等因素，导致本市行业产能下降、企业关闭情况突出。

（二）监管面临的问题

一是饲料管理机构不全、技术力量不足；二是网络饲料市场混乱、假冒假劣产品充斥市场；三是饲料产品标签仍不规范，特别是宠物饲料标签非常混乱。

（深圳市市场监督管理局）

企业篇

重点企业经验介绍

上市十载兴农梦 整装再踏新征程

——北京大北农科技集团股份有限公司

北京大北农科技集团股份有限公司创建于1993年，于2010年4月9日在深圳证券交易所上市(002385，大北农)。集团坚持“创建世界级农业科技与服务企业”的发展愿景，以“报国兴农、争创第一、共同发展”为核心，牢固树立企业文化作为企业长远发展的灵魂和根本，全力实现2020年600万头、2021年1 000万头生猪出栏规划。新时代，新征程，大北农全速推进“五个一百工程”，即帮扶100个贫困县，投入100亿元资金，实施100个扶贫项目，实施100亿元以上年产值，带动100万人贫困人口脱贫致富。

大北农集团主营业务有饲料、养猪、水产、疫苗、作物、农业互联网六大产业，拥有近20 000名员工、1 500多人的核心研发团队、120多家生产基地和300多家分（子）公司，在全国建有10 000多个基层科技推广服务网点；拥有5个国家级创新平台，4家国家农业产业化重点龙头企业，23家国家级高新技术企业，是国家农业科技创新与集成示范基地，建有北京市首家民营企业院士专家工作站，中关村科技园海淀园博士后工作站分站。

一、上市十年　稳健经营

业绩是企业的生存之本，为股东创造价值是企业的经营核心。大北农集团在错综复杂的经济环境中，通过多个层面的改革创新，创造出更多的利润增长点，持续为股东创造价值。上市以来，大北农集团业绩保持增长态势，营业收入由上市之初的52亿元发展到目前的166亿元，复合增长率达12.3%（截至2019年度业绩）。

二、科技创新　行业领先

大北农集团拥有1 500多人的核心研发团队，占比8.3%，其中博士及高级专家95人。近年来，每年的研发投入约5亿元，研发经费投入总额位居行业第一。集团全部研发项目累计273项，其中基础研究和应用研究项目33项，占比是12.09%；目前大北农有效授权专利823件（其中发明专利393件，实用新型专利400件，外观专利16件，国际专利14项)，位列2019年“中国企业专利500强榜单”第八位；授权植物新品种权193件，北京市重点新产品74项、国家新兽药证书8个（其中兽药3个、疫苗5个)，商标322个。

集团或分（子）公司参与申报的仔猪健康养殖营养饲料调控技术及应用、重要动物病毒病防控关键技术研究与应用、生物靶标导向的农药高效减量使用关键技术与应用、两系法杂交水稻技术研究与应用、猪健康养殖的饲用抗生素替代关键技术及应用、家畜养殖数字化关键技术与智能饲喂装备创制及应用6个项目获得国家科学技术进步奖。

大北农集团始终秉承市场导向、创新驱动和国际视野的发展理念，致力于发展生物技术产业，提升作物效益和营养健康，下属子公司北京大北农生物技术有限公司DBN9936玉米品种获得农业转基因生物安全证书（生产应用）[农基安证字（2019）第291号]。这标志着该性状产品具备农业转基因生物安全性，可以用于农业生产和农产品加工，是继2019年大北农下属公司北京大北农生物技术有限公司研发的转基因大豆转化事件DBN-09004-6获得阿根廷政府的正式种植许可后，大北农在生物技术方面研发的又一个里程碑。

三、奉献社会　强大国家

大北农集团以奉献社会，强大国家为企业观，在救灾援助、公益事业、教育发展、捐资设奖等方面积极履行社会责任，成立大北农公益基金，确保公益事业的稳健发展。1999 年设立“大北农科技奖”，鼓励科技创新，已举办十一届，奖励金额 3 891 万元，获奖项目 409 项；1995 年设立“大北农励志奖学金”捐资助学，累积发放 4 500 万元，3 万余名学生获得奖励；创办中国农民大学、农业院校“大北农班”，培养新型现代农民和优秀农业学子；在中国农业大学、浙江大学、南京农业大学等高校设立“大北农教育基金”“大北农奖教金”“大北农学者计划基金”等项目，用于支持农业高校的学科建设和人才培养。

大北农集团积极响应国家号召，把国家扶贫战略与企业发展相结合，发挥集团在技术、资金、管理等方面的优势，为贫困户解决实际困难和就业需求，带动地方经济发展，带领贫困户脱贫致富。

四、传承卓越　奔向未来

目前，大北农集团正在北京市海淀区中关村翠湖科技园建设国际农业科技创新园，项目总用地面积 55 283.1m^2，总建筑面积 161 581.21m^2，其中地上建筑面积 82 813.9m^2，总投资 15 亿元。国际农业科技创新园将围绕生物育种、生物饲料、农业生物制剂、农业大数据、农业人工智能等现代农业关键核心技术，力争建成全球领先的具有标志性的农业科技创新中心、中国现代农业高技术集中原始创新基地，以“农业中关村”的建设为抓手，构建大型开放创新创业生态系统，吸纳国际资源与创新元素，引进国际顶尖人才，形成农业产业聚集型综合发展平台。

未来，大北农集团各产业也将依托自身发展优势，主动开拓进取，努力作为，奋力完成各产业发展目标。饲料产业以创建全球最大的养殖综合服务企业为目标，不断强化科技与服务，稳步落实“1＋N”战略，积极掀起第三次创业浪潮；养猪产业以创建一流养猪科技企业为目标，全面实施“规模集约化养猪＋粪污资源化利用”的生态养猪模式，全力完成 2022 年千万头的目标；疫苗产业以创建全球品质与服务最好的疫苗企业为目标，通过资金重组的兆丰华生物科技充分发挥“三厂一中心”的战略布局优势，持续加大科研投入，努力打造成集“国际化、专业化、智能化”为一体的世界级生物科技企业；作物科技产业以成为全球领先的作物科技企业为目标，致力为中国农业和食品的安全生产提供更为卓越、安全、环保的创新解决方案，围绕“种、肥、药”和优质农产品的品牌化及标准化种植，为亿万农民提供全产业链一体化的种植科技服务；农业互联网产业以创建全球最大的农业互联网平台生态圈为目标，专注于“用互联网改变农业”的使命，现已建成“数据＋电商＋金融”三大核心业务平台，成为农业互联网领域的独角兽企业。

十年探索创新，百年基业传承。大北农必将围绕“创建世界级农业科技与服务企业”的愿景，秉承一贯稳中求进的步伐，保持创新思维，把握社会与行业的发展大势，为集团注入持续动力和旺盛活力，以迭变、精进的姿态，不断提高中国农业竞争力，为实现中华民族伟大复兴的中国梦、农业梦，不辱使命，不懈奋斗！

用生物技术创造价值
科为博集团十年砥砺行

——北京科为博生物科技有限公司

彼得·德鲁克曾经说过“企业是社会的器官。商业企业及公共服务机构都是社会的重要器官，它们不仅仅是为了自身的目的而存在，而且为了某种特殊的社会目的。任何一个组织机构都是为了某种特殊目的、使命和某种特殊的社会职能而存在的。无论是从心理、地理、文化的角度，还是从社会的角度来看，组织机构都必须是社会的一个组织部分，一个重要器官。企业得以生存，就是因为它满足了社会某一方面的需要，实现了某种特殊的社会目的”。从本质上讲，一个企业存在的价值，是为了这个社会而存在，努力创造价值。

21 世纪是生命科学的世纪，而微生物和酶又是生命科学中两颗璀璨的明珠。人与动物肠道菌群总数可达到百万亿个，起到微生态平衡、免疫、排毒等作用，被现代微生物学誉为机体的重要“器官”。酶是微生物的代谢产物。生命体如果没有酶，生命活动就无法维持，酶是一切生命活动的催化剂。

创造、价值、生物，科为博由此而生，北京科为博生物科技有限公司于 2008 年 12 月注册于北京中关村科技园，2009 年 6 月正式运营，立足生物科技，是专业研发、生产、销售以“生物酶、益生菌”等生物制剂为主的国家和中关村双高新技术企业。

科为博致力于生物技术，在北京和南京建立“科为博生物技术研究院”和“科为博（江苏）生物科技研究院”，拥有多项国家发明专利，多名业界著名科研技术专家为顾问，技术力量雄厚，研发水平处于行业前沿；在内蒙古赤峰市与美国建明合资设立生物发酵基地，按 ISO9001、HACCP 标准建立起了质量管理控制体系，并通过 FSSC22000 欧盟食品安全管理认证体系，致力于打造世界级的“酶与菌”的生产基地；诚信的经营理念、严格的生产管理、高学历的专业人才，有效地保证了产品质量的优越和稳定，产品已经逐步遍及全国各地和世界多个国家与地区，服务于动物、植物、纺织、环保、食品与医药等多个产业，推动行业绿色、安全、高效发展！

科为博集团重视研发，截至目前总计申请 12 项国家发明专利，其中 7 项获得国家知识产权局授权，分别为：(1) 一种发酵后高产乳酸的地衣芽孢杆菌及其制剂和应用（专利号：ZL2012100429126）；(2) 一种枯草芽孢杆菌制剂及其制备方法（专利号：ZL2010106045309）；(3) 一种耐温嗜酸 α-半乳糖苷酶 Agal L56 及其基因和应用（专利号：ZL2013107469557）；(4) 一种中温酸性木聚糖酶 XYN10L1 及其基因和应用（专利号：ZL2013107454227）；(5) 一种低温酸性 α-淀粉酶 AMY-L27 及其基因和应用（专利号：ZL2014100236762）；(6) 一种耐高温酸性 β-甘露聚糖酶 Man-L30 及其基因和应用（专利号：ZL2014100231966）；(7) 一种耐高温酸性果胶酶 PA-GL8 及其基因和应用（专利号：ZL2016103238896）。集团在促进农业科技成果转化和使用技术推广方面成绩显著，其中蛋鸡绿色健康养殖技术示范与推广、奶牛绿色无抗养殖关键技术研究与示范推广成果荣获 2017—2019 年北京市农业技术推广一等奖。

创业 10 周年，集团凭借努力证明实力。集团现为中国饲料工业协会理事单位、北京市饲料工业协会副会长单位、内蒙古饲料工业协会副会长单位、中国饲用抗生素替代品产业创新战略联盟副理事长单位等。集团载誉不断，获得“饲料行业最具影响力品牌”“中国畜牧饲料行业诚信标杆企业”“微生态生物科技创新企业”“中国畜牧饲料行业最佳企业形象奖”“中国农牧行业最佳成长企业”“中国畜牧饲料行业十大新锐企业”“中国安全动物营养产品供应商联盟单位”等称号。集团董事长吴培均先生是“首都饲料行业领军人物”“中国三农新儒商大奖”“赤峰市五一劳动奖章”获得者，集团创业团队被评为“饲料行业优秀创新团队”。

集团在自身发展同时不忘回报社会，连续多年在南京农业大学、沈阳农业大学、山东农业大学等高校设立奖学金。同时，集团注重党建，设立党支部。北京科为博生物科技有限公司党支部自成立以来，多次组织到儿童福利院、希望小学、养老中心等地奉献爱心，并为河北省隆化县郭家屯中学捐款，关注并支持山区基础教育事业。公司党支部积极响应上级党委要求，参加各项学习和活动，公司党员同志在不同的职责岗位上充分发挥共产党员的先锋模范作用。当企业命运和国家利益紧密结合，企业的发展空间无疑会更加广阔；而当企业的创新活力、发展活力被进一步激发，国家经济强盛也必然会拥有不竭的动力。

科为博是 CRVAB（Create Value Biology）的音译，指出了集团的使命，是一家“创造价值的生物科技集团”。科为博也象征着“科技”成就“博大”，科技将是集团发展的源动力！科为博的愿景是“成为世界级的酶与菌的供应商”，科为博的使命是“让生命更健康”！

科为博，不忘初心，追求极致，集团打造“成长、创业、梦想”之平台，基层员工在这里成长，中层员工在这里创业，高层员工在这里实现梦想；集团倡导“事业之家”之文化，倡导“勤、拼、简、乐”之工作精神；以“成就他人，实现自我”为核心理念；在公司以“是否创造价值”为一切工作准则，意在为更多人享有优质的食品与健康的生命而做出努力！

科技引领匠心有担当
创新开拓稳步再前进

——北京桑普生物化学技术有限公司

北京桑普生物化学技术有限公司起源于全国首批的饲料研究机构——北京市饲料研究所（现名北京市营养源研究所），45 年科研历程，一直致力于饲料添加剂、预混合饲料、动物保健、特种饲料等领域的开发；30 年企业化运营，发展成为一个以科研开发为龙头集产品制造、销售和技术服务于一体的国家高新技术企业——北京桑普生化集团，打造出一支近 500 人的高科技人才队伍，高、中级研究开发和工程技术人员占员工总数的 20%，本科及以上学历人员占员工总数的 60%以上。企业立足中关村科技园海淀园，集团总部位于北京兴创国际中心，技术研发中心设在北京市营养源研究所，在河北固安、广东顺德、广东惠州、湖北广水、安徽明光等建有生产、物流基地，拥有辐射全国的 15 家下属全资及控股企业，2019 年与饲料相关科技产品年产量 3.5 万 t、产值达 5 亿元。桑普生化列全国饲料添加剂 20 强，获得全国饲料添加剂科技创新优秀企业、全国饲料工业标准化先进集体、全国饲料行业“一带一路”国际合作先进企业、全国水产饲料行业最佳服务商、中关村百家最具影响力信用企业等多项荣誉，以及北京市企业技术中心、北京市专利试点单位等多项资质，为中国饲料工业协会理事单位、北京市饲料工业协会常务副会长单位。

桑普生化奉行“科技引领、创新开拓、绿色发展、守信担当”的经营方针，倾力打造一流品牌，自觉履行社会责任，坚持树立行业典范，积极推进行业健康发展。公司倾力建设技术平台，扎实建立运行ISO9001、HACCP和FAMI-QS等质量管理及品控体系，拥有近30项国家发明专利权，成为行业新产品技术研发、应用推广的倡导者、践行者。桑普鱼虾4号、可利康、肉碱、大蒜素、35%维生素C磷酸酯、包膜维生素C等产品先后荣获“中国饲料行业信得过产品”“北京市饲料行业推荐产品”“北京市饲料行业影响力品牌”等荣誉奖项。在饲料用稳定维生素C领域，几十年坚持不懈开展工艺技术和产品应用的科研，成功推出10%液体维生素C磷酸酯，填补国内该项技术和产品空白，之后升级为25%型固体维生素C磷酸酯，以及现今国内外饲料行业广泛使用的35% 维生素C-2-磷酸酯。公司拥有中国第一个维生素C酯专利，是参与35% 维生素C-2-磷酸酯国标制定的唯一企业单位。桑普生化的维生素C酯产品坚持使用独特的生产工艺，单酯率、稳定性、水溶性、消化吸收率在同类产品中卓尔不凡。近年，桑普生化成功推出世界创新的40%全水溶维生素C酯，成为名副其实的世界领先者。作为全国饲料工业标准化技术委员会团体成员，桑普在打造一流品牌的同时，积极参加国家与行业标准的制（修）订工作。先后参与制定了维生素C磷酸酯产品、维生素C磷酸酯盐等8项国家标准和2项农业行业标准。2011年，公司作为全国唯一一家饲料添加剂企业跻身“中关村国家自主创新示范区标准创新首批试点单位”。

“创造一流科技产品，改善动物与人类健康”的企业宗旨和“匠心成事”的奋斗精神，造就了桑普生化优秀品牌和坚毅稳健的经营风格。几十年来，在行业主管部门的带领下，围绕添加剂预混合饲料、动物保健、特种饲料等领域，相继开发并成功推广的数十种新技术产品，全部拥有自主知识产权。桑普生化向全国包括一流饲料集团在内的上千家饲料及养殖企业输送质量稳定、功效显著的高科技产品，并提供技术培训、技术服务，与合作伙伴携手共赢，共同取得了长足的发展。桑普饲料添加剂及相关产品和技术支持服务在20年前就走出了国门，目前在亚洲、非洲、欧洲、大洋洲及南美洲、北美洲建立了顺畅业务渠道，拥有一批稳定的合作伙伴。目前，桑普生化是当之无愧的国内一流、面向世界的饲料添加剂科技研发、生产、服务企业。

桑普生化企业化运营30年的不同阶段，应对了各式各样的考验，做到了技术每年有开拓、业务每年有增长。历经数次改制，塑造了年轻骨干深度参与的股权结构，为业务发展打造了技术研发与品控平台、产品与服务供应链、运营与安全考评激励体系。“绿色、安全、高效、健康”的时代主题，为创新开拓提供了机遇和平台，桑普生化将不辱使命，勇敢担当。在非洲猪瘟疫情、新冠肺炎疫情等多种不利因素形势下，企业提出“5个五、1个一”的新目标：每年向饲料行业供应5 000t稳定维生素C、产值5 000万元保肝护胆产品、5 000万元替抗保鲜产品、5 000万元功能性预混料、5 000万元动保产品；稳固甲鱼饲料全国销量第一的位置。桑普生化将继续攻坚克难、砥砺前行，扎实推进各项工作，坚持做好自己的产品和服务，与广大合作伙伴和业界朋友精诚合作、携手共进，为行业不断提升发展做出新的、更大的贡献！

扎根中国　服务中国

——路易达孚（天津）食品科技有限责任公司

路易达孚（天津）食品科技有限责任公司位于滨海新区内临港经济区，是路易达孚集团在中国重要的油籽油料加工基地之一，也是北纬39°海岸线上一颗璀璨明珠。该工厂主要从事大豆毛油、精炼食用植物油和豆粕的供应，研发并生产“易富”品牌豆粕产品以及包括“金掌门”“孚大厨”“鸿孚乐”“孚百香”在内的多个品牌食用油，以满足中国对于蛋白质和高品质安全产品快速增长的需求，同时也助力路易达孚集团实现向供应链下游延伸的战略布局。

路易达孚集团是全球领先的农产品贸易和加工企业之一，致力于运用全球影响力和广泛的资产网络向全世界的客户和消费者提供安全、有效及可靠的服务，在关键的时间将恰当的产品供应到正确的地点。路易达孚多元化的业务组合贯穿于从农场到餐桌的全价值链，涵盖广泛的业务平台。自1851年以来，集团业务逐渐壮大，涵盖了谷物油籽、大米、海运、全球市场、咖啡、棉花、糖和果汁等领域。每年，路易达孚在全球范围内种植、加工和运输约8 000万t农产品，为全球约5亿人提供食品和衣物。路易达孚在全球拥有6个业务区域，涵盖8个业务平台，在世界100多个国家拥有1.8万余名员工。

路易达孚于1973年首次开启与中国的棉花贸易，并于1994年和1995年先后在上海和北京成立了办事处。2005年，路易达孚成为首家获准在华从事农产品贸易的外商独资企业。通过持续稳步发展，路易达孚北亚区目前在中国的业务涵盖八大业务平台，运营4个办事处与7处资产，拥有近1 000名员工，并成为路易达孚全球贸易流的重要组成部分之一。

路易达孚（天津）食品科技有限责任公司占地面积 300km^2。2018 年 4 月初，路易达孚集团正式完成对原金天源食品科技（天津）有限公司的收购，更名为路易达孚（天津）食品科技有限责任公司，并按照全球标杆工厂的标准进行了优化。工厂于 2018 年 6 月进入试运营阶段，9 月正式投产。公司年设计加工大豆能力与实际加工能力均为 150 万 t、原料油仓储能力 10.8 万 t，目前每天可压榨大豆 4 000t，精炼食用油 1 200t。小包装油生产线已经于 2019 年年底正式投入使用。

自投产以来，获得天津保税区“百强企业高成长企业”“安全生产先进单位”等荣誉，并在路易达孚集团内获得 2019 年路易达孚北亚区安全领导力奖、2020 年路易达孚集团全球可持续发展奖等。截至 2020 年 3 月底，路易达孚（天津）食品科技有限责任公司已连续安全生产 730 天。

一、众志成城，抗击疫情

作为一家在中国扎根逾 40 年的企业，路易达孚集团密切关注着新型冠状病毒肺炎疫情及其为大众带来的影响，第一时间采取措施确保员工与相关方的人员安全，并且以实际行动帮助抗击疫情。在疫情发生的第一时间，路易达孚通过中国红十字基金会向湖北提供了 100 万元现金捐赠，也通过滨海新区红十字会向天津当地定点医院提供价值 40 万元的物资支持，支援抗击疫情的一线工作。

在疫情期间，路易达孚获得了天津市及滨海新区、保税区各级政府及相关职能部门给予的诸多关心和支持，确保企业能在疫情期间顺利复工复产，继续保障食用油与饲料原料等民生相关物资的生产和供应。路易达孚在中国的所有油籽油料加工厂均于 2020 年 2 月上旬恢复生产，其中路易达孚天津工厂于 2 月 1 日开机复工，并于 2020 年 2 月中旬全面恢复 100%生产产能。

疫情发生初期，在工人紧缺、跨省运输受限的困难局面下，路易达孚统筹协调多方力量，在 2020 年 2 月向湖北省供应豆粕约 3 万 t，努力供应当地养殖企业的生产需要，保障当地人民群众的生活需求。

在此次疫情中，餐饮企业受到的冲击巨大，路易达孚和美团、美菜等电商合作伙伴联手，对 16 万箱食用油产品提供补贴，支持餐饮企业渡过难关。

同时，路易达孚携手所有员工和合作伙伴，为防止疫情进一步蔓延采取了科学的防控措施。路易达孚（天津）食品科技有限责任公司的防控预案被作为范本推荐给天津港保税区内的企业，帮助更多企业共渡疫情难关。

二、绿色发展，环保先行

路易达孚致力于确保天津工厂的工作和生产环境符合最高安全标准。2019 年年初，路易达孚与全球领先的光伏能源综合服务提供商隆基新能源达成战略合作，打造分布式光伏电站。该套全新的能源系统每年将产生 150 万 kW·h 电量，提供清洁电力满足路易达孚天津厂区的部分用电需求，以减少其生产过程中的能源消耗。

路易达孚集团在全球为超过 5 亿人口提供衣食所需，深谙“可持续发展”意味着一个更加美好的未来，始终将其作为集团业务的重点。为了进一步提升生产效能，降低能源损耗，实现绿色生产，路易达孚集团制定了覆盖全球 100 多个国家、数百家厂区的能源清洁化蓝图。作为该蓝图的一部分，路易达孚集团致力于通过建设屋顶分布式光伏电站将天津工厂打造成应用节能环保技术和绿色能源体系的示范厂区，为工厂工作和生产环境提供最高安全标准。

展望未来，路易达孚将继续通过一系列环保举措，在日常办公及其资产网络的各项活动过程中，减少包括二氧化碳排放、能源消耗、用水量和固体废物在内的生态足迹。百年传承，砥砺前行，我们将为人类世世代代的福祉继续奋斗，创造公平、可持续的价值。

三、多元发展，成为“全价值链”

2019 年 5 月 22 日，路易达孚集团和广东海大集团共同为毗邻路易达孚（天津）食品科技有限责任公司的高端水产饲料合资企业——天津容川饲料有限公司举行了启动仪式。该项目占地 5.3 万 m^2，依托路易达孚天津工厂的区位优势，通过将大豆压榨与水产饲料生产活动就近形成上下游产业集群，最大程度发挥区位优势和协同效应，具有重要的战略意义。工厂预计 2020 年年中建成投产，年饲料生产能力 30 万 t。

中国是全球最大的水产饲料供应国和消费国。路易达孚集团与广东海大集团的合作目标是建成中国北方最大的水产饲料加工厂。根据两家公司 2018 年 12 月签署的战略合作协议，该项目将专注于生产高端水产饲料，包括虾饲料和发酵豆粕等。

“这是路易达孚参与的首个水产饲料生产项目，我们很高兴能与广东海大集团这一水产饲料生产领域的全球领军者携手开展该项目”，路易达孚集团董事长玛格丽特·路易达孚说，“此次与海大在中国开展战略合作，再次印证了我们在实施增长战略时对伙伴关系的珍视”。

广东海大集团董事长薛华表示：“随着水产品消费量的增加，高端水产饲料生产已成为我们未来增长计划的重要组成部分。与路易达孚这一世界领先的农贸巨头共同成立的这家合资企业，为我们双方精诚合作、互惠共赢提供了一个极好的机会。”

“这个项目是我们多元化战略的重要组成部分，我们将进一步向产业链下游整合拓展，提供更多高附加值产品。”路易达孚集团首席执行官麦金涛表示，“海大集团是动物营养领域内的巨头，在此次的战略合作中我们可以实现优势互补和共同增长”。

路易达孚北亚区首席执行官周学军表示：“如今，中国消费者对健康食品的需求不断增加，对红肉替代品的需求不断扩大。在这样的市场需求下，水产养殖能够为消费者不断提供高效、可持续的优质蛋白质，而这正与我们的企业愿景相一致。”

此外，路易达孚集团在上海举办的第二届中国国际进口博览会上发布了包装食用油品牌“金掌门”，并陆续推出了“孚大厨”“孚百香”“鸿孚乐”等多个面向餐饮渠道的食用油品牌，以一条更高效、更透明、更可追溯的价值链，来满足中国客户和消费者对高品质食品和饮品的需求。

路易达孚十分赞许中国及天津地区鼓励外商直接投资的利好环境和政策，也很高兴能够积极参与中国重要的商业和技术区域的发展，并致力于继续为地区、为行业乃至整个中国的发展做出贡献。路易达孚对在中国的投资充满信心，也深感自豪，热切希望在与国内发展重点相契合的前提下，不断寻求与本地合作伙伴和利益相关方合作的机会。

创业方田、专业表现、聚焦猪业、全国标杆

——河北方田饲料有限公司

河北方田饲料有限公司（以下简称“河北方田”）创建于 2013 年 5 月，注册资金 5 000 万元，总投资 2 亿元，坐落于保定市蠡县工业园区，是由付学平先生带领的创业团队与北京大北农科技集团（股票代码：002385）共同投资成立，是专业于高档猪饲料研发、生产、销售及规模化猪场高效管理的省农业产业化重点龙头企业，以猪业为核心业务，现已成为集高档猪饲料、生物饲料及健康养猪产业为一体的引领性农牧业高新技术企业。

一、品质方田，专业专注

河北方田以“报国兴农、争创第一、共同发展”为核心理念，坚持品质第一、创新发展。在创业期初就制定了“100％安全、100％品质、100％供给、100％服务”的 4 个 100％质量方针，制定了“创业方田、专业表现、聚焦猪业、全国标杆”的 16 字战略定位，并以“方言矩行、田地广袤”8 字为行为准则，严格要求自己。“品质、专业、共赢、卓越”是河北方田孜孜探索、不懈追求的出发点和落脚点。追求品质、精益求精、不断创新是河北方田的愿景和追求，在 2015 年 6 月 15 日以当时全国最高分 93.2 分顺利通过农业部评优验收，成为河北省第一家专业生产猪饲料的全国饲料质量安全管理规范示范企业，实至名归。为确保产品稳定卓越，又于 2016 年 10 月 31 日顺利通过 ISO9001 质量管理体系和 ISO22000 食品安全管理体系的国际双体系认证，为河北方田产品的优质高效奠定更加坚实的基础和更加完善的体系。同时，河北方田还是河北省农业产业化重点龙头企业、河北省饲料质量安全管理规范示范企业、科技型企业、“科技小巨人”企业、“专精特新”企业。以专业专注为手段，以卓越共赢为指导，以积极探索助推养猪业快速发展为目标来实现产品升级和服务创新，全面提升产品价值和服务能力，帮助猪场提高生产指标，增加经济效益，提升社会效益。优质的产品和完善的服务使得河北方田广受业界好评，一举跻身大型猪饲料企业之前列，引领发展。

二、工艺领先，设备精良

河北方田采用全套牧羊设备，美国 CPM 制粒机，瑞典 Atlas Copco 空压机，英国 Spirax Sarce 蒸汽阀门，瑞士 Mettler Toledo 称重感应系统，牧羊第三代超越微粉粉碎机等。工艺优化，科研创新，教保料采用双制粒工艺和食品级高端原料，70 日龄体重提升 3～10 斤/头，效果深受好评。母猪饲料全面解决困扰猪场多年的便秘和产房掉膘难题，窝均产仔数提高 1～2 头，初生均重提高 1～2 斤/头，母猪效率大幅提升，卓越的表现使得“教保母”关键产品占销售比 80％以上，经济效益和社会效益双高。

三、崇尚技能，玉汝于成

河北方田以人为本，重视人才的选拔和培养。河北方田员工 80％以上拥有大专以上学历，其中一线服务专家有毕业于中国农业科学院、中国农业大学、河北农业大学等高等专业院校。从事猪场管理工作 10 年以上专家 10 位，带领技术服务团队 100 多人，分布在数百家合作猪场，为客户排忧解难，保驾护航。成立以“崇尚技能、玉汝于成”为校训的方田养猪学院，遍请国内外行业专家为学员讲解授课，系统培训、培养专业服务人才，同时也帮助客户培养技术人员和管理骨干。

四、追求卓越，科技创新

“科技是第一生产力，是创新时代发展的永恒动力”。为追求卓越，河北方田投巨资建立饲料技术研发中心、于世征工匠人才创新工作室、抗体检测中心、中心化验室等，配备世界领先的全套液相色谱仪等高端精密检测仪器，并配备流动服务车，成立专家和技术骨干为核心的百人服务团队，以“猪联网”为平台的大数据管理、以“抗体化验”为基础的生物安全管理、以“背膘监控”为手段的生产经营管理、现场营养监控的方田“三四五”工厂标准化高效养猪模式及可视化管理模式，科学实用，理论精湛，深受猪场喜欢和行业推崇，被中国畜牧兽医学会养猪学分会和中国饲料行业信息网，联合评为“规模化猪场信赖技术服务体系”，于2016年升级为“河北方田高效养猪模式”并被河北省农业农村厅畜牧站编制的《畜牧生产技术（产品落地操作规程）》收录，向全省推广。

五、融于行业，勇于担当

积极搭建行业交流平台，积极组织行业互动分享，为行业的发展竭尽所能，河北方田是中国饲料工业协会常务理事单位、河北省畜牧业协会副会长单位，并于2018年12月河北省饲料工业协会与政府脱钩的换届选举中被推选为河北省饲料工业协会第六届会长单位，河北方田董事长付学平先生任河北省饲料工业协会第六届理事会会长。新的岗位新的责任，为应对非洲猪瘟、无抗减抗、中美贸易摩擦，助推会员发展提升，河北方田携手各副会长单位邀请国内外产、研、学、企的著名专家学者，于2019年3月18日在石家庄成功举办“巨变·迎变·改变”为主题的2019河北省饲料工业发展峰会，为行业交流提升提供了一顿“饕餮大宴”，人员逾千。

2018年8月我国确诊非洲猪瘟，疫情迅速蔓延全国，给养猪业造成巨大损失，行业低迷，值此行业危难关头，河北方田以身作则、勇于担当，迅速研究饲料厂区各环节生物安全防控措施，在行业内率先严格落实“抗非十项措施”，全力以赴“只求安全不计成本打造抗击非洲猪瘟战斗基地”。特邀中国农业科学院哈尔滨兽医研究所猪传染病研究室主任、猪烈性传染病创新团队首席科学家仇华吉研究员，河北省现代农业产业技术体系生猪创新团队首席科学家苗玉涛研究员，河北农业大学动物医学院教授左玉柱等国内外知名专家学者成立“非洲猪瘟防控技术应用研究院”，深入研究抗击非洲猪瘟的新技术、新方法、新设备、新产品和新模式，为养猪企业提供实用、安全、实战、高效的非洲猪瘟防控措施方案和技巧方法，为养猪业的复产保供保驾护航，贡献方田智慧和力量。对河北方田抗击非洲猪瘟的付出和给行业做出的贡献，仇华吉研究员寄语方田精神“修合自见、存心天知的职业精神；聚焦本业、作深作精的专注精神；苛求细节、力求极致的工匠精神；忧人所虑、解人之难的担当精神；礼贤下士、博采众长的学习精神”，这是对河北方田抗击非洲猪瘟的高度认可和褒奖。

六、新产品，新模式

为防控非洲猪瘟，一是在生产实践上，继续保持非洲猪瘟阴性饲料厂状态，2020年规划基础母猪3 000头以上，进一步为抗击非洲猪瘟探索更好的方法，总结经验；二是在产品创新上，河北方田研发出高效“抗非”新产品“有机酸”和“抗非”饲料新产品；三是在管理模式上，河北方田在实践中总结出对人、车、物管控的“1＋3”模式和生物安全防控的“3+3”模式，在拯救感染场和指导复养场防控非洲猪瘟过程中效果显著、成绩斐然，深受猪场和同行的高度认同和赞许，得到省、市、县政府部门的高度认可并多次组织企业组团莅临观摩学习。为扭转养猪业不利形势，重塑养猪业复养信心，2019年3月在河北方田所在地蠡县举办“论道非瘟”暨非洲猪瘟防控技术研究和抗非产品发布会，2019年8月1日在河北省畜牧总站的大力支持下，河北方田联合河北省生猪健康联盟和河北省现代农业产业技术体系生猪创新团队在雄安新区举办以“产业·生存·创新·发展”为主题的“2019首届雄安猪业高峰论坛暨后非洲猪瘟时代恢复产能稳定生产会议”，与会1 300多人，河北省农业农村厅领导亲临指导。

七、强化担当，奉献社会

在外界大环境依然严峻的情况下，河北方田不忘初心砥砺前行，只求安全不计成本，确保饲料到终端用户的长期稳定安全，为养猪业的健康发展做出自己应有的贡献，作为河北省饲料工业协会会长单位、农业农村部全国饲料质量安全管理示范企业和河北省农业产业化重点龙头企业，河北方田必将更加重视品质和创新，全力打造抗击非洲猪瘟战斗基地，保证产品和猪场的洁净高效稳定安全，致力于成为全国抗击非洲猪瘟标杆企业。

创新发展模式引领行业变革

——石家庄飞龙饲料有限公司

石家庄飞龙饲料有限公司坐落于河北省的省会石

家庄市，处于西北绿色生态板块，北依石环路、西望植物园，景色优美，环境怡人，交通便利，悠久的燕赵文化和优良的燕赵传统赋予了企业深刻的内涵，造就了飞龙人勤身立业的人文风度。

公司成立于 2002 年，注册资本 2 000 万元，是集饲料及饲料添加剂研发、生产与销售、生猪养殖合作社、蛋鸡养殖合作社为一体的，致力于打造以生产节粮型畜牧业为主的专业化企业，其预混合饲料产销量名列全省前茅。现有职工 120 余人，其中大专以上学历 80 余人，博士 1 人、硕士 5 人，科研人员 25 人，专业涉及预防兽医、动物科学、动物遗传育种、畜牧、生物制药、动物营养等多个专业，为开发高端饲料新产品提供了人才支撑。

（一）坚持发展用人，重视人才引进，是企业发展的根本保证

企业秉承着“讲业绩、讲态度、讲能力”的企业文化、“讲感情、讲激情、讲真情”的做人思想和“各就各位、各尽其责、各展其能、各取所得”的管理理念，积极引进人才，培养人才，将知识转化成企业发展的驱动力，公司加大了人才的引进力度，通过举办“产学研”研讨会，积极对接优秀人才；组织公司和高校的“一对一”对接，实现人才落地培养，加速知识快速转化，同时，积极参加各层次畜牧业招聘会，加大引进人才的宽度，这些措施使飞龙在产品研发、模式创新上保持领先。

公司自成立以来，通过多措并举引流人才，为公司培养高效管理团队，为发展积累下优质管理梯队，同时加快了公司在畜牧领域的发展，通过不断进行管理提升、研发创新等工作，使企业始终保持在行业前端，取得了多项成绩。先后荣获石家庄市企业技术中心、河北省名牌产品、河北省饲料产业技术创新战略联盟理事长单位、河北省饲料化验员职业技能鉴定基地、石家庄市农业信息应用示范点、河北省饲料工业协会副会长单位、河北省科技型中小企业、石家庄市农业产业化重点龙头企业；2017 年畜禽用预混合饲料连续被评为河北省中小企业名牌产品；荣获实用新型专利 6 项；2018 年荣获“河北省农业科技小巨人”“国家级星创天地”“高新技术企业”等多项荣誉称号；2019 年荣获“石家庄创新型企业”和“河北省专精特新企业”等荣誉称号。

（二）注重科技驱动，加强校企合作，是企业发展的不竭动力

为了进一步增强公司的科研开发能力，提高综合竞争力，公司与中国科学院、中国农业大学、河北科技师范学院、天津农学院、河北工程学院等大专院校、科研院所建立了紧密联系，开展了多项技术合作。

近年来，技术中心的专家们，对公司产品进行不断的推陈出新，新型微生态制剂、新型绿色微生态型预混合饲料、新型液体防霉剂等自问世以来，深受广大客户欢迎，销量直线上升。新型绿色微生态型预混合饲料，绿色安全替代抗生素；新型液体防霉剂属国内首家液体饲料防霉保鲜剂，其研究和应用都达到了“国内领先”水平，2017 年，液体饲料防霉剂的研发及安全性评价荣获市科学技术二等奖。液体防霉剂已经在河北省甚至全国范围内的大中型饲料厂推广使用。2018—2019 年分别承担河北省、市科技部门研发课题 4 项：环保型无抗发酵液体乳猪饲料的研制、活性生物饲料冷制粒技术的研究、姬松茸生物活性多糖的高效提取技术研究与应用、猪源嗜酸杆菌生物饲料的中试与示范，2019 年企业荣获“石家庄市动物营养与生物饲料技术创新中心”称号。

（三）强化产品质量管理体系，为养殖户提供优质产品打下坚实基础

公司建有省内领先的产品研发技术中心，中心配有国内外先进的检验设备，如高效液相色谱仪、原子吸收仪、酶标仪、紫外可见分光光度计、自动电位滴定仪、全自动水分快速测定仪等仪器，同时建有微生物室、抗生素效价测定室、抗体检测室等，确保了公司产品质量稳定可靠。

2006 年一次性通过 ISO22000 食品安全管理体系和 ISO9001 国际质量管理体系双认证，企业严格按照体系管理规范操作，视质量为企业的生命。2015 年“龙之翼牌预混合饲料”被评为河北省名牌产品；2017 年企业技术中心被评为河北省工业企业 B 级研发机构、安全生产标准化二级达标企业、河北省安全生产诚信 B 级企业。飞龙图形商标产品被评为“河北省中小企业名牌产品”，荣获 6 项实用新型专利。

（四）创新发展新模式，实现“企业＋养殖场＋上下游企业”持久发展

我国养殖业的未来走向：“服务平台＋产业链＋生态圈”，“飞龙饲料”是以饲料为服务载体，聚焦客户，跨界服务，为客户创造价值，最终实现生态圈。公司基于对行业了解和使命的担当通过整合养殖场，经销商以及与养殖场相关的上下游资源，建立“飞龙财富共同体”平台，以多种超价值服务为纽带，将一些松散的养殖群体整合起来变成“财富共同体”，可为每一个会员提供“一条龙”式的服务。“飞龙财富共同体”自 2014 年开展以来，以共创、共享、共赢的思想、思路是正确的、措施是有效的。“飞龙财富共同体”的开展犹如炎热夏季的一缕清风，让我们找到了饲料企业和养殖场实现共同发展的新模式。

高举“事业共创，财富同享”旗帜的飞龙人下一个目标是，未来 5 年，在飞龙财富共同体的平台上开展“千家万户工程”即打造1 000家合作社，聚集1万个规模猪场、鸡场，率领1万个合伙人，旨在突破行业传统营销模式，致力于打造行业内厂场对接的新模式，实施联合采购，使养殖成本最小化，提高养殖场的生产效益，实现合作社成员财富倍增，实现企业的第二次腾飞。

时代加速发展，行业快速变革，飞龙人积极创新，坚持为农兴农，不断创新服务方式和服务内容，让更多的养殖场自愿加入到财富共同体平台上来，不断推进畜牧业供给侧结构性改革，促进畜牧业创新发展，加快建设现代化畜牧业。不忘初心，紧紧围绕“互联网＋畜牧业”大方向着力发展。全心全意为广大消费者服务，为中国民族饲料工业的腾飞而努力奋斗。

为消费者提供安全、优质、新鲜的动物蛋白

——山西正大有限公司

山西正大有限公司是由泰国正大集团与太原粮食联合厂合作的大型现代化农牧食品企业，为正大集团子公司，属中外合作企业。山西正大有限公司兴建于1992年10月，位于山西省晋中市祁县经济开发区，注册资金1 167.32万美元，由两个股东组成：正大（中国）投资有限公司，出资700.39万美元，占比60.0%；太原粮食联合厂，出资466.93万美元，占比40.0%。项目总投资1.2亿元，占地面积125亩。经营范围主要为饲料、粮食、养殖及畜产品深加工和销售，兼营饲料添加剂、饲料原料、油脂、食用油料、肉类、蛋类、果类、蔬菜类、食品、日用百货及农副产品经营批发业务，提供相关技术管理服务。公司十分重视人才培养及企业文化建设，2009—2014年被山西省就业局评选为省高校毕业生就业见习基地，2016年公司荣获山西晋中市省农业产业化重点龙头企业。

为保证饲料的技术含量和优良品质，公司从国外引进了全套现代化的生产设备，如美国CPM制粒机、青岛诺力达全自动码垛系统、HOUGH混合机；化验设备有美国FOSS公司的近红外扫描仪、日本赤外线水分仪、瑞典凯氏蛋白消化仪、美国OMNION牌钙离子剂分析仪、日本奥林巴斯显微镜、美国ROMER全自动酶标仪等；整个生产过程均由电脑全方位控制，全部配方由泰国正大集团技术总部提供，通过严格的质量控制体系对饲料质量全程把关，层层监控，确保饲料营养指标的均衡性和饲料质量的安全性。公司大力推进产业整合，率先建立起了“厂—商—户—消费者”四赢的四元价值链，为解决“三农”问题及国家食品安全体系的建设做出了新的尝试。

2019年，在非洲猪瘟疫情持续影响饲料养殖行业的严峻市场形势下，山西正大有限公司严抓全产业链的生物安全防控，从饲料厂到运输到客户，全程管控、重点辅导和监督，取得了所有与公司全过程合作的客户无非洲猪瘟发生的良好业绩。公司2019年营业收入2.08亿元，其中猪饲料1.21亿元，蛋鸡饲料0.46亿元，牛饲料0.30亿元，羊饲料0.11亿元。

山西正大致力于为山西省畜牧业的发展提供传播先进的养殖理念及技术，倡导及实践“政府＋公司＋农户＋银行”四位一体的产业共赢模式，提供农场技术人员培训和农民畜禽养殖生产技术标准培训，提供规模农场标准化生产全程服务，大型标准化规模农场整体方案提供者，利用山西正大动物保健中心为广大客户提供疾病预防与检测服务，有效防控疾病。企业发展的同时不忘回馈社会。随着企业的发展，公司进行产业化运作，下游向现代化养殖业与食品销售发展，旨在通过全产业链控制，为消费者提供安全、优质、新鲜的动物蛋白，正大集团的愿景是“做世界的厨房，人类能源的供应者”，为人类提供“生命之食品”“精神之食品”“生活之便利”。

致力成为顶尖微生态制品供应商和微生态技术方案服务商

——山西大禹生物工程股份有限公司

世界尚新，一切秩序只为有识者审视。

2014年，食品安全问题日益重视，饲料企业不断转型升级，山西大禹生物应运创立。2016年取得高新技术企业证书，2017年建立院士工作站，挂牌“新三板”，2018年全新技术研发中心投入运行，2019年建设微生物基地……连续多年，营业收入、净利润增长保持30%以上。一个专注于饲料领域生物应用技术的新晋公司，正以空前的革命性创造，向行业证明了自己的勇气和格局，维新进取，迈向辽阔未来。

2017年9月9日，在国家会议中心，由大禹生物承办的全国绿色养殖发展大会盛大启幕。一个聚集畜牧行业高层领导、专家学者、忠实用户等6 000余人参加的行业盛会，再一次让大禹生物站立在行业的前端，让饲料行业从不同角度审视这个新起之秀。大禹生物用生物应用掀起了绿色养殖的热潮，用技术实践引导绿色养殖的行业新风。

站在食品安全、禁抗限抗的历史交汇点上，大禹生物董事长闫和平认为，这个时代从不辜负人，把必胜的信念融进血脉，坚持走下去，必有收获。大禹生物以自我创新推动技术变革，在市场技术突围中瞭望未来，终日乾乾，与时偕行，星汉灿烂，洪波涌起。

弘毅之士，心存高远，终成千里。

闫和平和他的大禹生物团队依托新发展理念和科技创新，精心构建以现代生物工程为主体，以品质和服务为两翼，构建新型功能性添加剂、生物原料、健康食品为核心产业“一体两翼三维”的发展格局，赋予了大禹生物产品专属的“功能绿色”属性。

大禹生物以客户应用效果为导向，将更多现代生物的新技术、新工艺转化为新产品，把微生物发酵中药应用于功能性添加剂和生物原料，向客户提供绿色、安全、高效的生物技术产品和整体服务方案，致力于成为顶尖的微生态制品供应商和微生态技术方案服务商。

坚持品牌发展，坚持体系创新、标准创新、服务创新和产业创新发展模式，将国际领先的生物工程技术转化为生产力，形成自主知识产权和核心竞争力。从技术创新到体系创新，从产品开发到标准制定，从输出产品到输出服务，从自身成长到产业升级，都彰显了大禹生物“专业化、集团化、国际化”的核心优势。目前，大禹生物已跻身于微生物饲料添加剂领域第一阵营，被誉为中国畜牧业最具影响力品牌和标杆示范企业之一。

工善其事，必先利器。

技术领先、品牌聚焦、服务差异化是公司发展的不竭动力。

聚焦于新型功能添加剂、益生菌、酶制剂等生物产品的研发，每年投入的科研资金占产品收入总额的6%以上，先后与中国农业大学、西北农林科技大学、山西农业大学等高等院校进行产学研合作，依托高端科研技术自主创新，形成企业的核心竞争力。目前，大禹生物以发酵杜仲技术为核心，取得了生物制品研发 12 项专利、7 项核心技术和 40 多项专有技术，形成了大禹生物独具特色的研发体系。

2017 年 6 月 23 日，董事长闫和平和中国工程院院士李德发在中国农业大学国家饲料工程技术研究中心签署了《山西大禹生物工程股份有限公司建立李德发院士工作站合作协议》（以下简称“工作站”）。工作站研发团队由李德发院士领衔，汇聚中国农业大学、农业农村部饲料工业中心、国家饲料工程技术研究中心、中国农业科学院北京畜牧兽医研究所、农业农村部动物营养学术委员会等多家科研院所近百名行业知名专家，依托院士专家团队在动物营养与饲料科学方面的研究成果，针对食品安全领域上下游产业链发展趋势，研发轻松养殖绿色发展的关键性技术模式，为实现大禹生物“一体两翼三维”的发展格局注入强劲动力。

2018 年 10 月 30 日，大禹生物 12 000m^2 的生物技术研发中心及检测中心投入使用。该中心集生物技术研发、CMA 质量检测中心、院士工作站、大禹生物博士工作站于一体，着力打造生物工程领域专业化、精益化、系统化、信息化、开放式研发平台，立足于益生菌、酶制剂、有机酸、抗菌肽、发酵中药、生物饲料、生态养殖及特色食品等方面，标志着大禹生物在技术研发方面开启了新的起点。

2019 年 12 月，大禹生物液体发酵车间基地投入运行。建筑面积 2.1 万 m^2，总投资 1.2 亿元，是目前国内智能化程度最高的微生物发酵生产线之一。

汇聚国家饲料工程技术研究中心李德发院士专家团队智慧，利用前沿基因工程技术对天然蛋白的分子结构进行改造，精选性质优良的蛋白分子，建立高效表达通路，实现先进技术和重大科技成果的集成创新，历经 15 个月建设形成生物工程领域规模化智能制造产业示范基地。通过远程通信的异地数据采集，实现发酵过程远程分析，具有更先进的发酵过程优化与放大性能，保证了产品的优良品质。可满足大部分工业微生物发酵系统技术产业化需求，生产固体、液体、溶水型固体、颗粒、包衣颗粒及特殊剂型的产品。

大禹生物液体深层发酵生产车间是国内重要的规模化功能性微生物饲料添加剂生产基地之一，是我国生物技术发展水平的重要代表。

进取维新，智者不袭常。

“阿米巴”终端服务模式是大禹生物在饲料领域极致应用的营销模式创新。建立了全国范围内的“阿米巴”终端服务模式，运用一站式技术服务，从养殖理念、养殖环境、疫病防控、饲养管理、营养搭配等多方面对用户开展应用指导，因地制宜，顺势而为，由点成线，由线及面，用成功复制成功，走出了一条具有大禹特色的营销之路。

针对客户需求，推出了提高动物机体免疫力的发酵杜仲、母猪专用的“希慕泰”、仔猪专用的“合生源”、育肥阶段的“出提”，以及种畜禽专用的多种维生素聚合体“全能维”等系列产品。通过各种方式密切与客户沟通交流，细致缜密地推介了相关产品和应用知识理念，很好地解决了客户们的难题，受到市场的普遍欢迎和青睐。

市场服务确立了“品质+服务”的经营思想，建立了质量追溯精细化制度，整个生产系统通过了质量、环境和食品安全管理体系认证，形成了企业独有的 SAME 质控体系，确保所有产品品质优良，并提供全方位的优质服务，让客户放心和信赖。

大禹生物以“生物功能健康专家”为企业定位，走“品质+服务”的品牌发展之路，给客户提供科学养殖全程技术服务方案和一站式技术服务，建立了高效、专业、及时、覆盖面广的技术服务体系。全国 34 个省级销售中心，800 多名终端服务经理深耕全国 1 000 多个重点县级服务网络，26 人的专业技术服务团队为养殖一线提供产品讲座、养殖理念、养殖环境、饲养管理、疫病预防、营养配方等方面的技术指导。为客户提供价值最大化的增值服务，凸显大禹生物产品和服务的市场价值，形成了生物领域独具特色的“大禹速度、大禹气质、大禹现象”。

目前，大禹生物新型功能性添加剂、益生菌、酶制剂三大生物类产品已覆盖全国 1 000 多个县、市。涉及猪、禽、反刍动物、水产等不同动物不同阶段专用产品，服务结构涵盖饲料企业、添加剂企业、规模养殖企业等上下游产业，基础用户超过 5 万个，已成为微生物饲料添加剂领域第一品牌。

专注饲料营养　致力畜禽健康

——内蒙古正大有限公司

内蒙古正大有限公司位于呼和浩特市东郊，是正大集团与内蒙古收益饲料有限责任公司合作创办的现代化农牧企业。公司成立于 1994 年，注册资本为 8 190 700 美元。总投资超过 6 亿元，员工总人数 300 余人。公司主要业务涵盖生产加工、销售各种畜禽、水产饲料，开展各种畜禽疫病防治、配种技术咨询及售前、售中、售后服务等。目前拥有大型现代化饲料加工厂 2 个，总生产能力 48 万 t，累积向内蒙古地区提供各类畜禽饲料 300 万 t。连续 3 年在自治区范围内饲料工业企业生产能力及主营产品销售量、市场占有率均排名第一位。2019 年 11 月公司被农业农村部认定为第六批农业产业化国家重点龙头企业。

一、专注饲料营养　致力畜禽健康

内蒙古正大饲料经过 26 年的辛勤耕耘，始终坚持“利国、利民、利企业”的核心价值观，从无到有，从有到优，正大品牌在内蒙古迅速发展，树立了良好的品牌形象，形成与国际饲料技术发展趋势相同步的、覆盖饲料领域禽类、生猪、肉羊、水产各个细分市场的系列产品线布局。“正大”品牌饲料产品包括：奶牛饲料、肉牛饲料、羊饲料、猪饲料、蛋鸡饲料、肉鸡饲料、种鸡饲料、鸭饲料、鱼饲料等九大系列，70 多个品种，4 种规格。多年以来，内蒙古正大有限公司依靠国际先进技术、生产设备和专业化精英团队，不断完善售后服务和产品质量，赢得了广大客户的信任与支持。

内蒙古正大有限公司拥有专业的研发技术团队，同时聘请多位国内外知名专家定期指导，依托饲料产品和强大的技术支撑，研发出最为适合当地畜禽生长发育并能充分发挥其生产性能的多种饲料配方，正成为农牧民致富的好帮手。公司先后被评为国家、自治区、市三级农业产业化重点龙头企业，多次被行业、自治区、市授予先进技术企业、呼和浩特市小巨人企业、百企联百村优秀企业、年度全市工业经济快速发展显著成绩奖、自治区民营企业 50 强、农牧企业 10 强、产业化先进集体、诚信纳税 A 级企业、“十二五”期间内蒙古农牧业产业化扶贫先进企业、幸福企业最佳实践单位、自治区重点人才培养基地、国家级大学生就业见习示范单位等荣誉。公司生产的禽饲料、猪饲料多次被授予“中国名牌产品”“自治区名牌产品”称号。

二、确保饲料质量安全，打造产品质量安全坚固堡垒

公司秉承“科技创新应用于生产实践、通过提升技术提高生产效率推动产业进步”的原则，着力打造具有世界水平、行业先进、智能优化、具备自主知识产权的集成式现代化饲料生产线。公司品牌产品的集约化生产，全程采用智能化、数字化、自动化加工工艺，生产技术和管理工艺完全引用了正大集团的成功模型，拥有最先进的产品检测仪器，这些先进技术、高质量设备的集成组合，不仅带来公司饲料生产的高效率，更重要地保证了饲料产品的高质量。

为保证向农牧民提供一流的饲料产品，内蒙古正大有限公司的饲料生产线全部由美国公司设计，选用了最先进的 WEM 的 F－4000 自动配料系统，原料清理、粉碎，以及半成品制粒的设备全部采用 CPM 公司生产的先进设备，成品码垛设备选用了智能全自动日本进口的码垛“机器手”，先进的设备为生产高质量的产品提供了保证。公司化验室从美国、德国、日本等国家引进先进的检测设备，对进厂原料进行 100％抽检，严把原料质量关，坚决杜绝不合格的原料进厂，对生产的全过程实施监控，严防不合格产品出厂。实施全面质量管理，顺利通过 ISO9001 质量管理、ISO22000 食品安全管理和 ISO14001 环境管理体系认证，正大饲料荣获“中国驰名商标”称号。

三、创新农牧业产业化联合体新模式、构建订单农业下的三产融合发展体系

内蒙古正大有限公司通过创新经营体制和机制，走出了一条具有自身特色的现代农牧业发展之路，一是组建农牧业产业化联合体，创新三产融合模式。充分发挥龙头企业示范带头作用，助力地区构建现代农业产业体系、生产体系、经营体系，推进农业产业化经营，健全农业社会化服务体系。以饲料原料种植，饲料加工生产，规模化生猪、蛋鸡养殖，污粪还田处理等循环农业为基础，以生猪屠宰、产品深加工基地配套为纽带，以农畜产品供应链物流体系建设为抓手，通过品牌电商、直营中心双线销售推广，充分发挥龙头企业的示范带动作用，有效订单联结贫困户、合作社及需求企业，推进自治区产业融合、产城融合，打造内蒙古地区乡村产业新业态、新模式、新格局。二是“三定代养”利益联结养殖模式。“三定”模式即定仔猪价格、定饲料价格、定毛猪回收价格。该模式下，公司依托国际先进的养殖体系，按合同价格向养殖户提供仔猪、饲料、药品、疫苗、技术服务，养殖户负责仔猪的育肥和养殖场管理工作，仔猪达到出栏标准后，公司按合同进行定价回收。该模式有效解决了传统养殖户生产效率低、销售渠道窄等问题，公司承担市场风险，养殖户获得稳定收入。三是饲料原粮订单合作种植模式。以“公司＋基地＋合作社＋区域原粮交易经理人”的模式打造原料订单收购模式，每年带动当地玉米耗用量约 15 万 t，占呼和浩特市地区全年玉米总产量的 15%左右，帮助农户消化玉米的销售额约 2.8 亿元，解决农民售粮难的问题。在当地农户及订单合作客户中取得良好的口碑。四是产学研紧密结合，增强了企业持续创新能力，推动企业不断进步。至今，内蒙古正大有限公司已与内蒙古地区多所农业院校、科研院所进行全面而紧密的产学研合作，使行业最新的技术成果得到了及时的推广和应用，保证了公司的技术在行业中的领先地位。

四、积极参与公益事业，履行企业社会责任

内蒙古正大有限公司在国家乡村振兴战略、供给侧结构性改革、“一带一路”等政策指导下，在公司事业发展的同时，不忘所承担的社会责任，本着“利国、利民、利企业”的经营原则，多年来一直热心于社会公益事业。一是对口帮扶，精准扶贫。内蒙古正大有限公司于 2009 年起开始实施重点扶困计划，通过当地民政部门、扶贫办寻找贫困村，实施一帮一扶助计划，对口扶贫，通过聚焦重点村、重点户进行帮扶，以点带面，大力推广现代化养殖技术。二是设立高校奖学金，资助贫困学生。2013 年起，公司在内蒙古自治区 3 所高校设立贫困学生助学金和奖学金，共计 50 余万元；同时公司推行“爱心资助”文化，每年在公司销售市场区域内挑选 6 名成绩优异的特困学生，进行长期资助，直至大学毕业，每名学生每年 4 000 元，并对毕业后就业困难的贫困学生安排就业岗位，累计资助金额 30 余万元。三是疫情当前，稳产保供。自新型冠状病毒肺炎疫情发生以来，公司积极响应国家及自治区“一手抓防控、一手抓复工”“做好新冠肺炎疫情防控期间农产品稳产保供工作”等相关要求，严防严控新冠疫情的同时全面保障政府“菜篮子”供应，确保自治区民生保供农产品安全有效供给。同时公司向呼和浩特市、包头市、巴彦淖尔市及周边旗、县的疾控医疗系统、红十字会等多个机构捐赠了价值 66 万元的防疫物资，用实际行动为打赢这场防疫保供攻坚战贡献力量。2020 年 2 月内蒙古正大有限公司等 7 家企业被自治区人民政府认定为内蒙古自治区民生保供重点企业。

五、公司发展规划

未来，在公司各项事业不断发展的基础上全力促进内蒙古自治区农牧业现代化的发展。依托于公司现有的 2 座饲料厂，计划于 2019—2021 年在巴彦淖尔市、鄂尔多斯市发展年出栏 50 万头生猪全产业链“绿色发展”综合示范项目。内蒙古正大将一如既往坚持用科学引导养殖，推进全产业经营，肩负起农牧行业龙头企业的社会责任，在企业发展的同时，为国家及自治区、呼和浩特市经济发展与社会稳定做出应尽的义务和贡献，使地区饲料工业和养殖行业发展跨上新的台阶。

成为中国优质天然产品的牧业引领者

——内蒙古牧泉元兴饲料有限责任公司

2019 年，内蒙古牧泉元兴饲料有限责任公司（以下简称“公司”）全面落实自治区各项工作部署，大力发展生产经营，积极推进企业创新，全面加强企业管理，开拓进取，扎实工作，较好地完成了各项工作任务，实现了企业又好又快的发展。

一、经济效益持续增长

2019 年，公司营业收入同比增长 20%以上，实现全国产能布局 150 万 t。

二、坚持专业化市场战略

2019年公司提出了"成为中国优质天然产品的牧业引领者"的愿景，坚持走专注反刍动物养殖的专业化市场路线，以反刍动物饲料销售、饲料原料和添加剂贸易、奶牛超市为业务主线，以"聚牧城"电子商务平台为依托进行全国市场布局，目前在内蒙古、黑龙江、河北、河南、山东、陕西、宁夏、云南、安徽、辽宁等多个省份建设饲料生产工厂或委托加工。目前已拥有奶牛饲料、肉牛饲料、肉羊饲料、奶山羊饲料、反刍动物预混料、蒸汽压片玉米、犊牛代乳粉、棕榈脂肪粉、酿酒酵母培养及膨化豆粕十大产品系列共60余种产品。

三、坚持品质领先战略

在产品品质保证方面，公司遵循"全员、全方位、全过程"三全质量管理理念，不断完善饲料质量保障体系，从产品设计、原辅料管理、生产过程质量控制及上市产品质量跟踪等四大环节建立全程可追溯体系，实现专业质量保障。首先，产品设计上依据国家标准及美国NRC、英国ARC等标准，应用欧洲最先进的BEST-MIX配方系统进行配方设计，从产品设计阶段充分考虑产品品质。其次，在原辅料管理上制定了严格的管控流程，各种原料均选择行业内排名前列的供应商进行合作；供应商准入前进行风险评估，合作过程中进行"飞行检查"，月度、季度及年度均进行供应商绩效评价，绩效评价低于80分时，对供应商进行淘汰；同时根据农作物自然生长环境，采取地域性采购措施，确保原料卫生指标安全性；原辅料到厂后标签、感官指标、理化指标及卫生指标均实施批次检验且合格后投入使用。再次，在生产过程质量控制方面公司将生产质量作为质量管控的重中之重，采用国内先进的自动化生产设备结合近红外分析仪实时监控及生产过程CCP点三级监督检查方案，保证产品上市合格率100%。此外，上市产品检验方面，公司设有1个已通过CNAS认证中心实验室和12个化验中心，共计检测设备200余台，累计投资4 000多万元，包括氨基酸分析仪和ICP-MS等设备，检测项目涵盖饲料原料、成品和辅料产品共计102项，能够分析1 085项指标，其中饲料原料及成品检验92项、辅料检验10项。公司利用6年时间，建立了中国规模最大的近红外检测数据库。目前近红外年检测样品累计达到10 000批次，奶牛料产品已经实现近红外快速检测。近红外快速检测技术在成品饲料中的应用，不仅满足产品快速出厂的需求，更有效监控了在线产品的合格性与稳定性，实现产品的可追溯性，降低产品的质量风险。

四、坚持创新引导企业发展战略

公司一直致力于反刍动物营养的创新研究，紧跟时代步伐，响应时代号召，立足全方位、精准营养、优化成本的理念，全力打造差异化产品模式，以客户的需要为根本出发点，不断吸纳国际最新反刍动物营养技术与理念，持续开发新产品、新技术，为客户带来新的饲养模式、持续提升客户收益，促进我国反刍动物养殖不断走向新的高度。2019年针对我国在奶牛养殖过程中存在干奶围产牛饲养数量偏少、产后问题高发的情况，公司采用最新国际干奶围产牛只饲养模式，并结合我国实际，开发出了干奶围产统一料产品，在解决牧场养殖干奶围产牛困难的基础上，推出了新的关于干奶围产牛饲养方案，不仅有效降低牧场母牛产后疾病的高发，同时提升企业收益。此外针对我国奶山羊养殖快速发展的国情，结合奶山羊养殖过程中经济收益不显著，饲养操作困难的实际情况，公司于2019年开发出了新型富纤颗粒饲料，在降低牧场饲养难度的同时，显著提升奶山羊奶产量1～2kg，有效促进客户持续受益。

五、充分发挥服务支撑作用

公司依据国家养殖业发展规划，持续秉承"精益式服务，系统化方案"的服务理念，构建奶牛养殖生态系统化解决方案，持续为客户创造价值。公司推动的服务项目广泛，重点包括：牧场规划与设计、环保工程、奶牛全生命周期养殖管理（包括营养饲养、选种选配、奶厅、保健等），另外专设奶山羊、肉羊、肉牛等其他反刍动物养殖服务。同时服务形式多样化，主要包括：签约式服务、承诺式服务、示范牧场式服务。针对不同客户需求，公司服务工程师驻场开展"精益式"诊断服务，帮助客户提高单产、降低饲养成本，2019年公司为356个社会牧场导入技术服务，全年共计服务牧场3 709个次。另外，公司每年组织引入美国、以色列等畜牧业大国先进的养殖新技术、新理念，截至目前累计形成近百项操作标准和操作流程，如AMTS配方软件、繁育操作流程、新产牛护理等已经成功服务于全国反刍动物行业。

六、狠抓安全生产

2019年公司狠抓安全生产，以零违章、零伤害、零缺陷、零事故为安全生产目标，从安全体系建设、安全文化打造、安全硬件改善等方面落实公司安全生产目标。在安全体系建设上，进行安全管理过程分解，梳理相关风险，依据风险管控措施建立对应管理制度。在安全文化上，通过安全领导力践行分享、安全微课堂、安全执行力考评等措施持续进行安全领导力建设，充分发挥安全领导力作用。在安全硬件改善上，推动各分公司更换防爆电器、增加单点除尘器、提升机跑偏报警装置、轴温检测装置等安全装置，强化设备本质安全。

七、引入全面生产运营管理工具，推行精益管理

随着客户需求的不断提升，如何具备高质量、高效率、低成本产品交付能力是公司一直不断追求的目标之一，为了挑战这一目标，2018 年公司引入了世界先进的管理方法——全面生产运营管理（TPM）。项目主要通过安全、健康、环境管理系统化、以客户为中心的质量管理系统化、追求效率极限的设备管理系统化工作开展。通过推进 TPM，企业能够不断改善运营体制，以生产系统全管理要素为对象，追求零灾害，零不良，零故障，并将所有损失加以消减，使公司实现可持续、安全、环保以及低碳的发展，逐步向世界级制造工厂水平迈进。通过 TPM 推行，公司生产效率、运营成本均实现了显著改善。

未来，公司将继续以产品质量为基础、以产品创新为动力、以生产安全为保障，凝心聚力，为自治区农牧业发展贡献微薄之力。

产业纵深　裨益四海

——大连禾源牧业有限公司

大连禾源牧业有限公司（以下简称“大连禾源”）成立于 2015 年 1 月 26 日，由辽宁禾丰牧业股份有限公司（沪市主板上市公司，股票代码 603609）和瓦房店市泓源牧业有限公司共同注资成立。公司坐落在辽宁省瓦房店市复州城镇安台村。公司顺应农产品深加工的政策指导，以及行业内产业化转型的趋势，构建起了集饲料加工、种鸡饲养、鸡雏孵化、肉鸡养殖、肉鸡屠宰、熟食加工为一体的全封闭白羽肉鸡全产业链。大连禾源目前是大连地区产业链最完整、单体肉鸡养殖量最大、鸡肉产品品质优良且稳定的白羽肉鸡生产企业，还经营从事肉鸡屠宰与熟食加工业务，主要生产鸡肉分割产品和熟食调理类产品。公司于 2018 年 5 月被评为“农业产业化国家级重点龙头企业”。

一、业务组成

大连禾源旗下包含饲料加工、育雏、养殖、屠宰、有机肥业务，目前已经完成食品深加工业务的布局。公司在饲料生产方面实现集研发、生产、自养供应、销售于一体，同时肉禽饲料实现专业化生产。所有饲料厂均采用智能管理系统实现自动配料，并配套有原料库、玉米筒仓、豆粕仓、成品库、成品散装仓，保证了成品和饲料原料的仓储能力及仓储安全。其中总部饲料厂采用行业内先进的生产线，颗粒饲料产品具有制粒效果好、生产效率高、性能稳定、能耗低等特点。在肉鸡养殖环节，公司在大连地区率先推行建设高标准的智能笼养小区模式，同时率先采用“公司＋农场＋农户”的合作养殖模式，该养殖模式具有饲养量大、自动化程度高、便于管理和疫病控制等特点。公司于 2017 年 9 月加入辽宁省肉鸡产业绿色制造联盟，将更加致力于为中国消费者提供更安全、更优质的鸡肉食品。同时公司积极响应国家大力倡导的种养循环农业，支持畜禽粪污处理利用设施建设，公司积极响应政府号召率先投资发展有机肥业务。

二、市场规模

大连禾源以及其子公司市场布局广阔，产品销往国内 20 多个省份，国外销往巴林、阿富汗、伊朗、蒙古等十几个国家和地区。同时产业链日臻完善，大连禾源和其子公司大连中佳凭借完整的现代肉鸡全产业链经营模式，实现了肉鸡产品的食品安全和可追溯性，有效确保了整个产业各个环节的生产供应、风险规避、安全控制，进一步提高了企业的经营效率与经济效益。

2019 年大连禾源建有饲料加工厂 2 个，年产能可超过 60 万 t；投资 3 500 万元建成 4 条自动化颗粒生产线，年颗粒饲料产量可达 35 万 t。孵化业务上公司已经建成智能化孵化场 1 个，合作孵化场 4 个，可年孵化鸡雏 5 000 万只。肉鸡养殖量达 6 800 万只，主营业务销售收入 22 亿元。公司采用的是“公司＋农场＋农户”的合作养殖模式，目前有合作养殖户 200 多户，建有标准化笼养鸡舍 600 多栋，满产可达到年产 8 200 万只，目前肉鸡年饲养量 8 500 万只，每年可为合作农户带来养殖利润至少 2 亿元。公司目前有自营种鸡场 8 个，合作种鸡场 7 个，存栏父母代种鸡 70 万套，可年产肉鸡种蛋 8 000 万枚。而衍生的有机肥业务也随之扩大产能，公司已经建成两个粪污处理中心，可实现年处理畜禽粪便 5 万 t。改畜项目也被当地政府列为一二三产业融合发展重点扶持项目。

屠宰业务发展迅猛，目前可屠宰肉鸡 3 000 万只，生产鸡肉产品产量 10 万 t，年销售收入 5 亿元，2018 年旗下鸡肉产品出口创汇 2 500 万美元，生制鸡肉产品出口量达到国内领先水平。中佳食品二期工程已经开工建设，建成后该工厂将达到全年肉鸡屠宰量 9 000 万只，生产深加工肉制品 3 万 t，产能将大大增加。2019 年大连禾源以及旗下企业销售收入合计 30 亿元，合并资产总额 12 亿元。

三、研发创新

公司高度重视自主研发和自主创新能力的提升，现有饲料研发团队，本科以上学历人员共10名，共同致力于研究更符合动物营养和确保食品安全的高效白羽肉鸡饲料，力争“禾源”在肉鸡饲料领域做到营养、安全和养殖效益等方面都能达到行业标杆水平。商品代肉鸡的出栏均重为2.9～3.0kg，欧洲效益指数可达380～390，居国际领先水平，受到养殖合作伙伴的广泛认可。

智能制造方面也不断创新升级，孵化场选用的是国内水平一流的孵化器，该设备自动化、稳定性、节能性都处于行业领先水平，优秀的设备加上科学、严格的管理，保证了鸡雏产品的质量。不管是自营孵化场还是合作孵化场，公司都采用统一人员组织架构，统一品质管控标准。禾丰牧业肉禽产业化板块孵化养殖事业群的业务涵盖种鸡养殖、种蛋孵化、商品代肉鸡养殖、饲料生产等环节。集团选育国际知名品牌父母代种鸡，配合科学合理的饲喂程序、光照程序以及综合防疫规范等，为孵化场输送合格种蛋。孵化场采用完善的孵化生产管理制度，配置世界一流库卡机械手臂和AI（人工智能）选蛋系统，实现智能选蛋、节能孵化、高效出雏和精益环控，为商品代肉鸡养殖提供健康鸡雏。集团商品代肉鸡养殖采取“公司＋规模化农场”的经营模式，严格执行科学饲养标准，全程使用无抗绿色饲料，采用三层笼养模式，从上料、给水、控温和控湿等各个环节实现全程自动化。

四、质量品控

公司通过ISO9000质量管理体系认证、ISO22000：2005质量管理体系认证和HACCP食品安全管理体系认证，公司拥有中国海关自主报检权、对外贸易经济出口权。建立起了完善的质量管理体系，给产品质量、安全架起一道坚实的屏障。公司有明确的质量方针，严格监控产品质量形成的开发、设计、生产、销售、使用和服务全过程，在饲料原料采购、生产过程、成品储运的每个环节，严格遵守国家药物和卫生标准。生产全程严格管理，产品质量稳定如一，入库成品抽检合格率100%，出厂产品得到广大养殖户的高度认可。

生产管理方面，公司严格贯彻“三成”原则，把握成本、注重成绩、保障成色；公司所有种源全部采购优质种雏，主要为AA和罗斯等，种鸡场采用全封闭管理，建立了完善的生物安全体系，严格执行出入检验检疫和药残检测，生产过程严格遵照国家食品卫生要求，坚持预防为主、种源净化的生产理念，除了为养殖户提供优质鸡雏、优质饲料等产品以外，还配备专业养殖专家、技术人员、动物营养与疾病防控专家为合作养殖户进行全程技术指导，优质的原料和先进的饲养技术既保证了高效的饲养成绩为公司和养殖户带来较好的经济效益，同时也保证了肉鸡在养殖环节的疫病控制和生产安全，为产业链的下一环节提供更优质安全的产品。

五、管理理念

2018年随着禾丰牧业整体引入卓越绩效和精益管理，大连禾源也开始进一步梳理完善自身的管理方针。并在集团的基本文化基础之上形成了针对产业化事业线的独特管理理念。大连禾源严格遵循“三品”品质、品牌、品格，“三本”资本、知本、人本的理念。企业团队实行“五个一”、三条主线管理。即“一个核心”（以班长为核心的班底），“一支队伍”（以班底为代表的骨干团队），“一套流程”（完整、严密、高效的流程体系），“一大组织”（多个由超强竞争力系统组成的有超级战斗力的组织），“一种文化”（禾丰的文化：禾丰宣言、五项原则、自我约束的文化），三条主线是“人、模式、产品线”。经过不断的摸索总结出“战术六脉神剑”：安全、品质、价值、结构、效率、规模，梳理出“战略独孤九剑”：战略、文化、组织（架构）、执行、人才、创新、并购、领导力、商业模式。同时大连禾源积极为禾丰牧业产业化的经营目标贡献价值和力量，助力集团早日实现“屠宰15亿只白羽肉鸡，让每个中国人都能吃到一只禾丰鸡”的目标。以先进的技术、完善的服务，最终实现食品安全，造福全人类。

重技术创新　重价值创新

——菲迪集团

一、集团简介

北京菲迪集团创立于1996年，经过20多年的快速发展，已发展成为全球畜牧行业极具影响力的大型科技研发公司，集团下设北京菲迪、北京亚禾、辽宁菲迪、辽宁亚禾4个公司，拥有2万m^2的大型专业生产基地，包含大型饲料及饲料添加剂专业生产线4条，均已通过GMP＋、FAMIQ-S、ISO9001、ISO22000的认证。多年来，菲迪集团专业从事动物营养研究和饲料应用技术开发，并以企业“一对一成长解决方案”输出为特色，专注于植物精油与过瘤胃系列产品的研发和推广，现已成为国内植物精油的一流生产企业以及全球过瘤胃技术的领跑者。集团现年生产添加剂18 000t，年出口额达1.2亿元，已出口至欧洲、北美、南美、中东、东南亚等30多个国家和地区。

北京菲迪于2007年开始新型绿色添加剂植物精

油系列产品的研发，2009 年新型绿色饲料添加剂牛至香酚（净力安）系列产品研发成功。该产品具有独特的抗菌机理和抗氧化性能，同时净力安能够改善肠道“四大屏障”功能，即肠道机械屏障、微生物屏障、化学屏障、免疫屏障；同时提高动物机体免疫力，对提高动物器官免疫、细胞免疫以及体液免疫效果显著，而且无任何药物残留，不产生耐药性，是一种理想的饲用抗菌剂，其效果可以和抗生素媲美，是抗生素的理想替代品。目前，北京菲迪净力安产品是国内唯一一家获得农业农村部生产许可证和批准文号的植物精油类产品。牛至香酚（净力安）系列产品已经更新为第四代，其效果可以和抗生素媲美。

北京亚禾自 2002 年开始做反刍动物过瘤胃系列产品的研发。2005 年，第一款过瘤胃产品，过瘤胃葡萄糖问世；截至 2007 年，推出了过瘤胃系列产品：过瘤胃氨基酸、葡萄糖、胆碱和维生素；其中过瘤胃葡萄糖、维生素填补世界空白，过瘤胃氨基酸和胆碱填补国内空白。

北京亚禾首次在行业内推广牧场专业社会化服务体系，并取得可喜成绩。在国内牧场推行小肠代谢氨基酸平衡理论，极大地降低饲料成本，使饲料成本在 1.45～1.8 元/kg，同时提高奶牛的生产性能，成母牛单产达到 11t，泌乳牛单产达到 13t。北京亚禾在国际上首次提出反刍动物葡萄糖代谢失衡理论，纠正了传统反刍动物围产期能量负平衡理论，在《中国奶牛》杂志发表，并得到法国、美国等专家的一致认可。

目前，集团与国内多家科研单位联合，共同研发新产品，为差异化产品投放市场提供相关数据和实验支持。为培养后继人才，保持公司持续发展，分别在中国农业大学研究生院和黑龙江八一农垦大学设立“菲迪”奖学金，有针对性地培养公司所需人才，为公司的发展提供了人才保证，助力行业发展。集团现有职工中 70%以上具有大专以上学历，其中 20%具有硕士以上学历。

集团秉承“尽菲薄之力，开迪企业成功之道”的饲料企业合作理念，用诚实的经营信条，与饲料行业许多企业建立了广泛联系。出口产品求品质，工作求质量，企业求诚信，是菲迪公司与客户共赢合作的基础。菲迪集团将一如既往地致力于饲料的研究，继续以创新技术驱动企业价值的提升，引领饲料行业安全，环保，科技化发展。

二、文化理念

1. 文化定位争创一流。菲迪人的目标一流的管理，一流的作风，一流的团队，一流的人才稳步发展。菲迪人稳健的工作思路，稳妥的办事效率，稳定的人员体系，稳步的发展态势，稳重的为人作风服务“三农”。菲迪人的使命开创新农业，造福新农民，建设新农村。

2. 菲迪的思维模式。逆向思维、创造思维、推理思维。

3. 菲迪的管理特色。以“人”为中心，以“科技”为向导，以“发展”为目标，以“服务”为己任。

4. 菲迪的经营特色。实诚的经营文化、精专的产品技术、持久的企业合作、整体的解决方案。

5. 精神追随勤劳——中华民族的美德，通向富裕的桥梁；菲迪人的坚强所在朴实——节俭的象征，平民化的思想，菲迪人的高尚品质创新——时代发展的助推器，企业生存的保障；菲迪人的不朽智慧善解是和睦相处的保证包容，是保持和谐的情操感恩，是个人成长的动力。

6. 菲迪理念。管理理念：系统化管理，人性化管理，科学化管理；发展理念：稳步，创新，合作；人才理念：以人为中心，尊重人，依赖人，理解人，凝聚人，培养人。

7. 菲迪纪律坚持团队协作，反对个人主义坚持科学真理，反对迷信愚昧坚持勤俭节约，反对奢侈浪费坚持实事求是，反对弄虚作假坚持集体利益，反对利已思想坚持大胆创新，反对墨守成规坚持宽以待人，反对官僚作风坚持拼搏奉献，反对懒惰自私。

8. 菲迪团队广泛沟通，互相支持关系融洽，分配合理定位准确，目标明确共同分享工作成果。

9. 争创民族饲料工业先锋，带动其他行业的发展，建立庞大的合作体系，和伙伴们一道：共同繁荣，共同进步。

三、集团大事记

1996 年 2 月，北京菲迪饲料科技有限责任公司成立。

2000 年，北京菲迪饲料公司被评为“北京市饲料工业协会团体会员单位”。

2004 年，被北京市工商行政管理局授予“守信企业”荣誉称号。

2005 年，获得由中国农业大学动物科技学院颁发的“2005 年感恩工程证书”。

2007 年，成立子公司北京亚禾营养高新技术有限责任公司，同年 3 月，凭借过瘤胃系列产品的独特性及其生产工艺的高难度性获得了高新技术企业的认定。

2013 年，荣获中国畜牧饲料十大科技进步奖。

2014 年，被畜牧行业用户优选品牌评选“最具成长潜力三十大品牌”。

2015 年，被评选为中国畜牧饲料行业最具投资价值企业。

2015 年，荣获饲料添加剂明星品牌植物精油类全国三强。

2016 年 3 月，获得首都饲料科技创新奖，同时，公司董事长刘春海当选首都饲料行业领军人物。

2016 年，被畜牧行业用户优选品牌评选“十五强创新品牌”。

2017 年 4 月，北京菲迪饲料科技有限责任公司在辽宁兴城基地奠基仪式正式启动。

2018 年 10 月，获得校企合作突出贡献奖、黑龙江八一农垦大学精英合作伙伴，12 月净力安获得 2018 中国畜牧饲料行业十大饲料及饲料添加剂爆品奖。

2019 年 8 月，菲迪集团在辽宁兴城基地二期奠基仪式正式启动。

四、公益事业

社会公益：在中国农业大学设立奖学金，在黑龙江八一农垦大学设立奖学金。

公司愿景：争创民族饲料工业先锋。智慧打造运气、诚信拓展空间、科技创造财富、服务引领未来。

五、菲迪集团未来规划

菲迪集团一直是一个以科技创新推动企业发展的研发型企业，在未来将以全球化战略为核心，不断加强品牌、营销、技术创新、人才与信息化战略的布局，加速海外营销网络的扩建和升级，加大科研投入，不断引进海内外优秀人才，不断凝聚生产工艺，加大知识产权的投入力度，将集团发展成为我国畜牧行业的特色企业，更将成为全球畜牧行业最具竞争力的科研型企业。

专注微量营养　提升服务能力
做最有价值的预混合饲料供应商

——沈阳波音饲料有限公司

沈阳波音饲料有限公司是东北地区最早的预混合饲料专业研究者和生产商。1990 年沈阳饲料科学研究所与美国波音饲料公司合资组建，1999 年完成民营股份制改造。专业生产制造各种比例的维生素、微量元素、复合预混合饲料。公司是国家农业科技成果转化资金项目单位、国家饲料行业科技进步先进集体、国家高新技术企业，辽宁省预混合饲料企业技术中心、辽宁省农业产业化重点龙头企业、辽宁省海外学子创业企业、辽宁省创新型中小企业、辽宁省博士后创新实践基地、沈阳市科技小巨人企业、沈阳市民营企业科技创新百强企业。

公司拥有控温、控湿的专业预混合饲料生产车间和布勒公司制造的目前世界最先进的预混合饲料生产设备；拥有维生素、微量元素和氨基酸分析实验室；建有猪、肉鸡、蛋鸡营养实验中心；拥有科学完备的 ISO9001 质量管理和食品安全管理体系。过去 5 年，公司承担完成国家、省、市科研计划 30 余项，设计生产的猪只安全预混合饲料荣获辽宁省新产品二等奖。公司运用无缝营养技术概念研发的“百赢”牌预混合饲料被评为中国饲料行业信得过产品、中国驰名商标。通过 30 多年连续不断的预混料专业研究，公司的专业能力得到同行的广泛认可，许多知名饲料企业和养殖企业与公司建立了稳定的合作关系，公司成为东北地区市场占有率最高的预混料供应商。

一、适合客户的才是最好的预混料

公司要做的不是所谓的好饲料，更不是简单意义上的好预混料，而是适合客户条件的预混料。中国地理环境复杂，集约化程度较低，是世界上动物饲养环境差异最大的国家，在动物品种、保健方案、畜舍设备、饲养管理、上市日龄等诸多方面的差异很大，这些条件又在较长的时间内很难得到统一，因此，帮助不同条件的养殖者，设计“适合”他们条件的营养调控方案和饲料产品，推动畜牧业安全、健康、持续高效的发展是我们的使命。

公司通过不断实践和摸索，深信产品不是为了做得多好，而是为了适应客户的饲养条件。中国在畜牧业上的投入决定公司不容易改变客户的养殖条件，不能让客户重新建设现代化的规模化养殖场，只能做适度的引导，更重要的是改变公司的设计方案。基于这种现状，公司技术人员在预混合饲料设计方面创造性地提出了无缝营养技术概念。无缝营养技术是指在设计动物营养方案时，把动物营养作为动物生产的要素之一，使设计水平与现实的动物育种、营养保健、饲料生产、畜舍设备、饲养管理等要素相匹配。公司技术人员有 33 人，占到总员工的 37%。技术理念的诞生，要求这些人必须做大量的技术服务工作，亲自到现场，不仅了解客户的育种、畜舍设备、饲养管理、疾病防控，还要考虑同一纬度下湿度、温度、通风条件等对饲养的影响，和客户探讨哪些可以改善，哪些不可以改善。养殖场的条件普遍差，公司技术人员每天做大量艰苦细致的工作，不怕脏、不怕累，进入鸡场或猪场一待就是几天，为的就是能为客户提供适合饲养环境的预混合饲料产品，为客户的利益最大化服务。公司技术人员对畜牧业的这份热爱和专注，客户们口耳相传，公司销售市场从东北地区逐渐扩展到华北地区。

二、坚持维生素和微量元素基础应用研究

维生素和微量元素是动物机体不可缺少的一类营养素，虽然生理需要量甚微，但必须有一定的量来保证正常机体生理功能的需要。其能够促进和调节动物机体物质代谢、维护组织细胞的正常功能。因此，维生素和微量元素与蛋白质、碳水化合物、脂类一样重要，是维持机体的必需营养物质，在营养学中占有重要的地位。若长期摄入不足、吸收障碍等无法满足生理需要时，会引起生化紊乱，导致疾病。若补充过多，则有害无益。

随着养殖业的迅速发展，维生素、微量元素在动物营养中的不规范使用现象已存在，畜禽饲料中各微量营养素应用添加量均变异较大，并且各微量营养素商品形式多样，化学结构不一，理化性质不同，又因其在饲料中的添加量以及动物组织中的含量很小，目前没有适用的检测标准或者已有检测条件很难达到。因此，亟须开展微量营养研究，通过科学的动物营养方案提供优质的畜牧产品，为畜牧业效益最大化服务。近年来，公司通过研究考察了储存条件，加工工艺和不同的原料及其配伍对预混合饲料稳定性的影响，建立了不同储存条件下维生素存留率的动态模型，科学合理指导原料的选择和应用，提高饲料稳定性，改善畜产品质量。同时通过畜禽各微量矿物质应用研究，显著提高饲料微量矿物质的利用，改善饲料稳定性，减少微量矿物质的过量释放给环保带来的压力。公司通过体外模拟试验，同时对动物体内试验进行研究，对动物生产性能和生理生化指标等做测定分析，研究畜禽微量矿物质利用情况，对微量矿物质的改善量进行定量分析，为生产中降低微量矿物质添加量提供理论基础，不仅降低了客户生产使用成本，且能够改善微量矿物质蓄积对环境的污染问题。公司起草了预混合饲料中维生素稳定性企业标准 1 个，申报技术发明专利 1 项，发表核心期刊论文 1 篇。

2019 年 5 月开始，公司投资 2 100 万元，建设占地 90 000m^2 的动物营养研究试验基地，计划 2020 年 10 月投入使用。公司已联合中国医科大学、沈阳药科大学、沈阳农业大学、沈阳化工大学、美国安伟捷肉鸡育种集团、美国海兰蛋鸡育种集团以及浙江医药、花园高科、湖北广济等维生素生产企业，共同开展维生素、微量元素的应用研究，解决现在困扰行业发展的关键问题。

三、企业存在的价值不只是赚钱，更重要的是解决客户的问题

作为国内唯一一家省级预混料企业技术中心、工程技术中心、工程实验室，帮助客户解决问题是公司一直遵循的服务理念。为东北、内蒙古、山东地区 500 家饲料企业和 500 家养殖企业的饲料原料及成品提供免费检测服务，每年检测产品数量高达 4 000 多个，为客户正确选择合格、性价比高的原料提供依据。同时还为客户提供原料评估、掺假鉴别、免费培训化验人员等服务，帮助客户提高饲料产品质量，降低饲料安全风险，提升客户管理能力。

2019 年 3 月公司技术中心分析实验室参加了由英国食品与环境研究院组织的分析实验室能力验证 FAPAS（Food Analysis Performance Assessment Scheme），采用国际通用的检测标准，通过全球实验室间测试结果的比对来判定实验室检测能力。并于 2019 年 4 月顺利地通过 FAPAS 认证，并取得证书。此次顺利通过 FAPAS 认证，不仅仅体现了公司分析实验室高效、准确的检测效率，同时也是为客户出具严谨准确的检测结果提供了权威性的保障。

在不断提高饲料原料检验分析能力的同时，公司与全球知名企业达成战略合作关系，增强技术团队和分析实验室对本地区饲料企业的服务能力。我们与德国德固赛集团成立的波音—德固赛氨基酸应用研究实验室，免费为本地区饲料企业提供饲料原料及饲料中的氨基酸快速检测服务，提高了饲料企业的资源利用率和产品质量；与全球最大的美国安伟捷育种集团成立了波音—安伟捷肉鸡营养研究中心，主持东北地区笼养肉鸡营养饲料及配套技术攻关“双百工程”项目的研发工作，负责蛋种鸡科研项目的技术工作；配合农业农村部饲料科学研究所开展东北地区饲料质量安全风险评估防控；连续两年免费组织东北地区饲料企业分析实验室能力验证工作；组织东北地区饲料企业开展霉菌毒素快速检测试剂盒评估及霉菌毒素快速检测定量试纸条评估；与福斯公司两次合作开展“近红外”分析仪技术推广工作；建立万德福商会品控群，组织相关学习活动；联合 25 家合作社、家庭农场组建了沈阳市第一个农业产业化联合体，通过系统地饲料产品设计、原料选择、生产控制技术创新与优化，降低联合体中养殖合作社和家庭农场的饲料成本，提高畜产品质量，降低环境污染，逐步提高畜产品品牌价值，稳定提高农民的收入，带动农民致富。

沈阳波音饲料有限公司 30 年专注预混合饲料的研发和生产，不断提高专业和服务水平，为客户创造卓越产品，寻求多角度合作共赢，践行企业责任和担当，为畜牧业发展尽绵薄之力。

打造生物发酵行业数字化样板工厂

——黑龙江伊品生物科技有限公司

黑龙江伊品生物科技有限公司是宁夏伊品生物科技有限公司在黑龙江杜蒙县投资设立的有限公司，成立于2017年5月5日，注册资金2.5亿元。公司计划投资68亿元，分两期建设180万t玉米深加工及配套项目。主要生产饲料级赖氨酸、苏氨酸、生物基尼龙盐及其他副产品。项目配套的热电联产项目由黑龙江伊品生物科技有限公司与杜蒙县国有资产经营管理有限公司合资成立黑龙江伊品能源有限公司为主体同步建设。

本项目借鉴企业和国际同行业领先技术，工艺技术水平、各类污染物治理和清洁化生产水平达到行业领先水平，和西门子合作联手打造生物发酵行业数字化样板工厂。

本项目借助黑龙江省玉米深加工产业和地方的优惠政策，依托本地玉米、煤炭的优势资源以及充足的原、辅料供应，并借助国家“一带一路”倡议和优惠政策，进一步提升企业和产品的竞争力，进一步提高伊品的氨基酸在欧洲等地的市场占有率。

本项目建成后，将进一步提升伊品的赖氨酸、苏氨酸在行业内的龙头地位和市场占有率，企业的盈利能力和抗风险能力将会进一步增强。

该项目投产后，年产98.5%赖氨酸13万t、70%赖氨酸17万t、苏氨酸10万t、氨基酸单一蛋白饲料11万t，预计实现销售收入343 662万元，实现净利润52 483万元，年加工玉米90万t，具有良好的经济效益和社会效益。该项目投产后，伊品的行业三甲地位将会进一步巩固，赖氨酸和苏氨酸在全球的市场占有率将会进一步提高。

该项目被列入黑龙江省重点产业项目，也是大庆市的重点项目，是杜蒙县的一号工程。

该项目于2017年9月20日奠基开工，于2018年12月28日生产出合格产品。

赖氨酸是人体必需氨基酸之一，在人体和动物所需的8种必需氨基酸中，赖氨酸是第一限制性氨基酸，人和动物不能自己产生，必须人为添加，被广泛应用于食品业、饲养业以及医药行业。饲料行业2017年总产量达2亿t，未来将继续保持5%左右的年增长率。

中国的饲料行业相比国际在赖氨酸的添加比例上较低，98%赖氨酸平均添加量在3.2%～3.4%，而西欧地区98%赖氨酸平均添加量在4%～4.5%，国内以牧原为代表，赖氨酸在猪料添加量可达到4.5%～6%，未来因配方调整和饲料业持续发展，市场需求的增加是稳定和持续的。

近两年以来，随着中国玉米市场化的改革，中国的玉米价格和欧美、俄罗斯、乌克兰相比差价变小，中国的氨基酸企业制造成本会进一步降低，中国的氨基酸企业参与全球竞争的价格优势将显著提升。

国外的氨基酸企业过去5年及未来，都没有提产的计划，而且个别工厂有转产和停产的安排。2018年国内市场集中度进一步提升，伊品、梅花、希杰占市场份额61%左右。

苏氨酸是一种必需氨基酸，在人体和动物所需的8种必需氨基酸中，苏氨酸是仅次于蛋氨酸、赖氨酸的氨基酸，被广泛应用于食品业、饲养业以及医药行业。2003—2015年，全球苏氨酸供应量持续增长，2015年全球苏氨酸供应量达到52.3万t，同比增长11.7%，增长全部来自中国；2015年中国苏氨酸供应量达到38.5万t，同比增长16.6%，2017年中国苏氨酸出口量同比增长达17%，继续保持强劲的增长势头。

2018年产量达80万t左右。梅花、阜丰、伊品三家厂商的寡头格局已经形成（CR3约为70%）。

同样存在添加量低于国际平均添加量的情况，目前西欧地区苏氨酸平均添加量在1.3%～1.5%；而国内只有0.6%左右，目前牧原苏氨酸可达到2%～2.3%，配方调整将放大1倍以上的市场需求。

纵观氨基酸市场，目前供需基本平衡。未来随着饲料配方的调整，包括苏氨酸在内的氨基酸类产品的产量均会有一定幅度的增长，尤其是印度等南亚地区、巴西等南美地区的需求增长较快。

本项目于2017年9月20日开工，2018年11月24日试车，12月28日生产出合格的产品，用14个月完成了常规需要两年才能建成的项目，创造了伊品的奇迹。

二期项目被列为全省百大项目。

项目计划分两部分建设，一期计划投资3亿元，主要新建细胞催化车间、萃取精馏车间、硫酸钾提取车间、尼龙车间、原辅料库房、硫酸钾库房、成品库房及配套设施等。建成后戊二胺产能1.2万t/年，尼龙56产能2.5万t/年。

项目建设时间计划为2019年3月至10月。二期项目计划投资30亿元，再建设20万t戊二胺项目，配套建设一条45万t淀粉、一条30万t赖氨酸生产线。建设时间为2019年9月至2020年10月。

目前一期项目已经完成项目备案、主要设备选型工作。图纸设计、环评、节能、安全预评价等手续已经委托有关单位设计和编制。

截至2019年1月31日，已完成设备采购近亿元。2019年，公司将筹备建设二期项目，实现跨越式发展。未来5年，借助公司战略项目的实施，伊品将成为一家立足前沿生物技术的科技型、创新型、产融结合、轻重结合的国际领先企业。2019年，伊品将实现百亿收入、百亿元市值的战略目标，实现社会、企业、相关方的共同成长，共创美好生活。

致力于成为玉米深加工产业领航者

——黑龙江金象生化有限责任公司

黑龙江金象生化有限责任公司是世界500强厦门象屿集团有限公司旗下投资企业，成立于2015年8月，注册地位于哈尔滨新区，由哈尔滨管理总部、研发中心及富锦产业园、北安产业园、绥化产业园三大园区构成，主要从事玉米深加工行业，打造资源共享、优势共享、成果共享的产业园发展模式，致力于成为玉米深加工产业领航者，与客户、员工、股东和社会，构建共生共赢的价值生态圈。公司积极贯彻落实习近平总书记“粮头食尾、农头工尾”的指示精神，把玉米深加工建在粮堆里，目前已完成投资70亿元，年加工玉米320万t，总营业收入70亿元，利税5亿元，现有员工3 000余人，公司已成为黑龙江省粮食加工领域龙头企业。

扎根龙江大地，谱写生化新篇。

象屿生化聚焦玉米深加工产业，围绕“一条链+一个园”全产业链差异化运营模式，践行搭平台、促共赢的合作理念，通过引进下游的生物科技、医药、高端食品添加剂、淀粉基新材料等高附加值、高成长性企业，形成产业集聚、资源共享、优势共享、成果共享的产业链竞争优势，致力于成为中国玉米深加工产业领航者。

富锦产业园区建成于2015年8月，坐落于黑龙江省富锦市经济开发区，占地面积54万 m^2，以富锦象屿金谷生化科技有限公司为核心，规划总投资30亿元，玉米年加工能力200万t，包括国投象屿生物公司、热电公司、海资生物公司等上下游企业，形成以淀粉及副产品、燃料乙醇、生物发酵制品、肌醇原料等产品为主导的综合产业园区。依托三江平原粮源优势和象屿农产500万t仓储能力，保障原粮稳定供应。目前已形成年加工玉米90万t，带动就业1 000余人，为黑龙江省农业产业化龙头企业。

北安产业园区建成于2015年8月，坐落于黑龙江省北安市健康产业园区，占地面积23万 m^2，以北安象屿金谷生化科技有限公司为核心，规划总投资30亿元，年玉米加工能力200万t，包括国投象屿生物公司、热电公司等上下游企业，形成以淀粉及副产品、燃料乙醇、生物饲料等产品为主导的产业园区。依托黑河地区优质粮源和象屿农产100万t仓储能力，保障原粮稳定供应。目前已形成年加工玉米80万t，带动就业1 000余人，为黑龙江省农业产业化龙头企业。

绥化产业园区建成于2017年3月，坐落于黑龙江省绥化市张维现代农业产业园区，占地面积150万 m^2，以绥化象屿生化公司为核心，投资超过40亿元，年加工玉米150万t、生产结晶葡萄糖70万t、发酵用糖30万t、苏氨酸10万t、色氨酸1万t。依托绥化地区优质粮源和象屿农产120万t仓储能力，保障原粮稳定供应，带动就业近10 000人。

科技推动生产，创新引领未来。

科技创新能力已成为企业发展的核心驱动力，每一项技术革新都将为企业发展带来新的机遇。象屿生化以研发中心和智能化工厂建设两大抓手为核心，大力开展科技攻关，打造企业发展新优势。

研发中心围绕淀粉及副产品、淀粉糖、氨基酸、生物饲料等产品，以生物发酵、分子生物学为主要技术手段，以淀粉糖及其副产物为主要原料，关注和研究氨基酸、维生素、酶制剂、原料药、功能饲料、新材料等各类产品技术与工艺，解决产品在生产和应用端的问题，强化公司战略实现。对标国内、国外同类企业，对产品研究采取差异化策略；强化内外联合，技术、资源与成果共享，确保研发高效，技术服务到位。

智能化工厂建设以生物工程、信息化、智慧物流为关键环节。

生物工程围绕建立生物发酵技术体系构建，充分利用研发中心，富锦、北安、绥化产业园区现有设施条件，成立分析检测与数据中心、固态发酵实验室、分子生物实验室、中试技术平台，从菌种选育、酶制剂研发、工艺优化、产品应用、分析检测等方面，为工业生产提供技术支持和前端技术研究。

信息化是以成为企业生命体中的“智能数位神经系统”为目标，通过ERP、SAP、LIMS、DCS、MES、WMS等系统，将供应、生产、销售、质量、物料追踪、设备维护等关键环节有效链接，实现智能化工厂的高效运转。

智慧物流以TMS运输管理系统为手段，通过精细、动态、科学的管理，实现产品物流的自动化、可视化、可控化、智能化、网络化。为打造高效物流网络，提升产品运送效率，控制物流成本，提供能力保障。

贯彻绿色工厂理念，把深加工建在粮堆里。

我们以实现用地集约化、原料无害化、生产洁净化、废物资源化、能源低碳化的绿色工厂为目标，践行精益管理理念，遵循国家标准，推行资源能源环境数字化、智能化管控体系，追求资源、能源及污染物动态监管，不断增加资源利用率、减少废物排放量。

我们秉承“把深加工建在粮堆里”和“一个园”产业聚集绿色发展理念，最大减少工厂内物流和产品跨区运输耗能，实现低碳运行。按照发展循环经济和有利于污染集中治理的原则集约用地、科学布局，3个工厂与象屿的仓储设施实行联建，坐落在“玉米堆里”，结合工艺生产流程将生产区、原料加工区、生产辅助区、生活服务区科学布局，有效利用土地，实现工艺管线最短，园区运输能耗最佳。

质量就是效益、质量就是品牌、质量就是生命！

我们以“四个满意”为质量方针，用现代化的设备对原辅料入库、投料记录、中间控制、产品检测等各个环节进行实时检测，严控生产流程，严抓产品质量。

通过SQI、CSI建立客户服务保障体系，以高品质、高标准、高起点、全方位管理和全链条管控，打造“象屿生化”的品牌知名度。

目前，已获得质量管理体系、食品安全管理体系、环境管理体系、职业安全健康、SA8000、犹太食品、清真食品、FAMI-QS、IP非转基因认证等10余项体系认证。

产品销售网络已从全国走向世界，先后获得韩国、日本、印度尼西亚、越南、泰国、马来西亚、菲律宾、墨西哥、智利、哥伦比亚、美国、俄罗斯等国家和地区的出口认证和备案。

审时度势，运筹帷幄，精准规划，扬帆领航！

2020年，面对玉米深加工产业格局变化，我们围绕粮源优势最大化、成本管控最优化、物流劣势最小化、研发支持更强化的战略目标，坚定不移，贯彻系统低成本和差异化产品路线，加强合作，进一步深化“一条链+一个园”的全产业链运营模式。

聚力同心，必将扬帆领航！

做好行业标杆　引领行业潮流

——帝斯曼维生素（上海）有限公司

帝斯曼维生素（上海）有限公司成立于1995年12月18日，前身是罗氏（上海）维生素有限公司，公司于2003年被帝斯曼集团收购，归属于帝斯曼动物营养与保健部。帝斯曼动物营养与保健部是全球饲料添加剂行业的先锋，是世界领先的维生素、类胡萝卜素、摄生素、饲用酶制剂及添加剂预混合饲料的生产者和供应商。凭借独特的优选维生素营养（OVNTM）理念，强大的创新能力，先进的生产工艺，严格的质量和可追溯体系，遍及世界各地的营销服务网络，源源不断地为饲料厂和养殖场提供优质高效的产品和解决方案。帝斯曼维生素（上海）有限公司注册资本6 470万美元，为荷兰帝斯曼集团在中国的外商合资企业，帝斯曼维生素（上海）有限公司生产场地在上海市奉贤区白沙路118号，专业生产添加剂预混合饲料已近20年。公司目前生产的产品为维生素预混合饲料、复合预混合饲料、微量元素预混合饲料和混合型饲料添加剂，年生产能力19 000t。

帝斯曼的核心价值是人、地球、利润。我们所做的一切为更可持续发展的世界做出贡献。

在生产管理方面，公司采用了SAP系统、PCS系统（工艺控制系统）和条形码系统，不仅从客户订单、物料采购、生产、仓储、检验、放行、发放、销售等全过程进行计算机系统管理，还对设备预防性和纠正性维修等方面也进行了计算机管理。尤其是PCS和条形码系统的实施，100%达到了对产品的生产过程进行监控和追溯。公司配备了符合生产工艺要求的生产设备，主要生产设备由全球专业生产商布勒公司提供，包括原料接收、称量配料、混合包装、电器控制、除尘、标签打印等设施。生产中各种原料通过载体得到均匀的分散和混合，确保了最终产品的均匀性。所有操作均通过SAP、PCS和条形码系统完成，使整个操作更透明，保证提供给客户符合质量要求的产品。

在质量保证体系方面，由质量管理部门负责生产全过程的质量控制，对产品的质量具有否决权。质量管理部门配备具有资质的检、化验员，具有天平室、理化分析室、仪器室和留样观察室，制定原材料、成品的标准和检验操作指示，制定取样和留样的操作指示。对无国家标准、行业标准的产品根据要求制定企业标准。进行产品的型式检验、营养素的含量和卫生指标的各项检验工作。对于任何客户反馈的投诉，均可通过CCR系统进行接收并将调查情况反馈给客户。公司还设有客户服务实验室，从各方面给客户提供最优质的服务，保证客户满意。公司已经通过了ISO22000质量管理体系的认证。

新的3年战略：即以帝斯曼各个业务集团为中心，强化支持部门的专家服务职能，同时更好地运用支持外包和共享的理念提高效率，以及同时打造各个地区总部的支撑作用。

2016年4月22日，帝斯曼发布2016版优选维生素添加准则。优选维生素（OVN）是在家畜、家禽、水产和反刍动物及宠物的饲料中添加最适合和最适量的维生素，使之保持最佳的健康状况及生产性能。其推荐的维生素添加量是基于许多大学和研究部门的研究成果，实际饲养敬仰和已出版的营养需要量资料（如NRC），考虑到现代养殖生产的各种应激因素及各种维生素预混料、全价料等商业饲料中的特性和稳定性等多种因素。

2016年6月6日，帝斯曼维生素 B_6 工厂正式建成，新工厂位于上海市奉贤区帝斯曼星火场地内，总投资额超过1亿美元，采用全球最新的技术和标准建造，能够确保生产出可信赖的维生素 B_6 产品。同时新工厂还采用了清洁技术等环保科技，最大程度降低对于环境的影响。

2019年1月7日，以“低蛋白日粮和肠道健康”为主题的帝斯曼中国第五届水产饲料与营养研讨会在海南三亚热烈召开，会议特邀中国海洋大学麦康森院士、中国水产科学研究院黑龙江水产研究所王炳谦研究员，以及来自全国各地最具代表性的近百家水产饲料企业高管、技术总监出席，为水产饲料低蛋白日粮与肠道健康的研究落地做了一次有益探讨。

2019年5月17日，帝斯曼第四届规模种鸡养殖企业技术研讨会在武汉如期召开。帝斯曼以搭建一个交流、分享、学习的平台为出发点，特邀国内外行业专家与会分享，来自全国各地百余位白羽肉种鸡规模企业老板、技术总监齐聚一堂，共同为推动肉种鸡产业向高效、安全、优质、快速的方向发展，旨在生产更好更多的鸡苗。

2019年10月22日，“见微知著”帝斯曼第六届全国规模猪场研讨会第一站在河北保定拉开帷幕。本次会议特意邀请到了河北省内百余家养殖户，在当前生猪行情大好的形势下，共同探索如何适应未来更加复杂的行业变化以及养殖形势，以期助力养殖业繁荣与发展。

2019年11月18日，由帝斯曼—诺维信饲用酶制剂联盟组织为期一天半的“酶力无限研发之旅”圆满收官，本次活动吸引了来自全国各地的饲料或养殖企业近50人，深入了解全球销量第一的饲用酶制剂联盟在酶制剂研发、生产、解决方案以及服务上的具体情况，让业者对酶制剂的生产、使用有了更为直观清晰的认识。

为应对非洲猪瘟疫情，帝斯曼在2019年推出5D生物安全体系，旨在从5个维度最大限度地减少生物安全风险，保证产品的安全。从原材料端→生产端→物流端→经销商端到最终用户端，针对其中每个环节可能存在的风险点进行把控。帝斯曼5D生物安全体系学习和借鉴了全球规模猪场的生物安全防控经验，从而形成一套流程化、标准化、系统化的体系，并将其作为帝斯曼质量体系中的一部分，以期全力守护产品安全。

2020年面对突如其来的新型冠状病毒肺炎的疫情，帝斯曼迅速形成了防非洲猪瘟＋防新型冠状病毒肺炎的升级版5D生物安全管理体系，全面做好疫情防控。同时，技术部门迅速推出了针对各畜种在新冠肺炎疫情导致原料紧缺的情况的应对方案供养殖户参考。农业农村部第194号公告，标志着抗生素促生长剂即将退出历史舞台。帝斯曼积极推出摄生素、酸化剂、植物精油等各种替抗方案，为行业的可持续发展做出自己的贡献。

帝斯曼非常希望成为上海市的优秀饲料工业企业，帝斯曼希望运用自身理念实现“百年传承，全球产品”“半个世纪，服务中国”“动物营养，助力成长”“本土方案，共迎挑战”，做好行业标杆，引领行业潮流！

精于营养　让动物更健康

——上海富朗特动物保健股份有限公司

上海富朗特动物保健股份有限公司，是一家专业从事动物营养与动物保健产品研发、制造与经营的现代型企业。2011年年底，公司由松江搬迁至上海市金山区枫泾经济技术开发区。公司占地近20 000m^2，拥有总建筑面积11 000m^2 的多个独立的标准生产车间、质检研发与办公大楼。

富朗特公司拥有3个独立的生产车间，包括动物营养产品线、动物保健产品线和饲料添加剂独立生产车间。动物营养产品线拥有一条现代化全自动的复合维生素生产线，全套工艺设备由瑞士布勒公司设计、制造和安装，采用全球领先的自动化生产中央控制系统。由中控计算机根据要求进行自动化操作，除了原料进入筒仓和成品包装流水线需要人员介入操作以外，均为设备自动化运行。所有维生素均进入独立筒仓，工艺流程设计上充分消除任何交叉污染风险。该线年设计产能高达15 000t复合维生素。动物保健产品线是通过GMP认证的兽药生产车间，包括粉剂、预混剂、中药散剂生产线，口服液剂生产线。该GMP车间拥有十万级洁净车间、拥有二级反渗透纯水制造和分配系统，以及温控搅拌反应罐和全自动灌装系统，每条生产线配置中央空调送风系统进行温度与湿度控制。

公司的质检研发大楼、超洁净级微生物检测实验室，配备了安捷伦超高效液相色谱仪、Waters（沃特世）高效液相色谱仪、原子吸收分光光度计、紫外—可见分光光度计等先进的检测设备。在维生素检测方面，液相色谱仪不仅可以检测单维，同时部分高效液相色谱仪配备二极管整列检测器，采用全波段扫描，能精确检测多维中的不同维生素含量，从而保证富朗特复合维生素产品的质量稳定与精确性。原子吸收分光光度计与氢化物发生器的组合，既保证矿物微量元素的检测，同时能兼顾卫生指标的监控。在兽药检测方面，不仅可以进行常规的理化检测，更能进行微生物检测及中药检测。

公司同时运营多个体系：GMP、ISO22000及中国饲料行业首批通过的食品安全体系认证FSSC 22000，该体系通过全球GFSI认可。上海富朗特动物保健股份有限公司于2015年1月首批通过农业部的饲料质量安全管理规范示范企业的认证。2017年，公司和上海交通大学合作，于2018年通过上海市科技兴农重点攻关项目：防治仔猪腹泻的猪源性单链抗体口服制剂研制及应用。

公司的核心产品是维生素预混合饲料（标准配方包括通用、畜、禽、水产和宠物用等五大系列）。富朗特的维生素预混合饲料是公司动物营养专家充分考虑当今国内外养殖业的发展趋势，根据动物品种和生长阶段对维生素营养水平的需要而精心设计的不同系列配方，以充分满足不同的市场需求。产品畅销全国，深受广大用户的信赖与好评。维生素预混合饲料目前的产销量已跻身行业前列。

富朗特拥有自主研发的生产管理软件系统，该软件系统集成了ERP、CRM、MES、BI及PLC等，充分发挥互联网功能，使各个业务单元能在软件的管理下统一协调地工作。在MES子系统当中，富朗特公司率先采用先进的无线射频识别技术（RFID），并将该技术和生产软件系统以及ERP管理系统相结合，应用在公司生产全过程当中，做到全过程自动记录，建立准确可靠的信息库，实现采购、生产、质检、储运、销售全过程信息化管理，为产品的过程追溯性提供可靠的技术保证。上海富朗特动物保健股份有限公司于2016年获得上海市金山区两化隔合示范企业称号。

公司人力资源配置齐全，员工总数108人，其中动物营养、畜牧兽医等专业性人才有37人。管理层设有采购部、财务部、技术部、生产部、质量部及销售部，质检研发工作人员分别毕业于动物科学、动物医学、药学、生物技术等专业院校。凭借严格的管理体系，富朗特在整个生产过程的多个控制点进行全程质量监控，以确保产品的优异品质。公司有以技术为核心的创新团队，其中核心人员19人，主要负责新产品研发、现有产品功能改进、设备更新、检测创新、软件开发等工作。关键技术点通过申请发明专利、实用新型专利、软件著作权等加以保护并运用。公司建立了院士专家工作站，通过与各院校紧密合作、相互学习和沟通，夯实专业知识及能力；建立了有效的创新激励机制，鼓励并奖励相关的技术创新人员。公司拥有一批高素质可持续创新能力强的科研开发队伍和技术人员，大专及以上学历人员76人，占员工总数的73%，核心研究开发人员19人，占员工总数的18%，其中中级职称1人，其他类型专家2人。目前拥有几十项独立知识产权，并于2014年获得上海市金山区企业技术中心认定，于2018年获得上海市金山区科技小巨人的称号。

富朗特以“精于营养，让动物更健康”为经营理念，秉承“尊重、积极、奉献”的企业精神，致力于成为全球化发展的动物营养与保健公司！

水产营养领域
最值得信赖的合作伙伴

——嘉吉饲料（镇江）有限公司

嘉吉饲料（镇江）有限公司是嘉吉公司（Cargill）在中国大陆独资成立的企业，投资总额为4 180万美元，注册资本为1 920万美元，1995年12月批准成立，1998年8月28日正式开业。

嘉吉公司（Cargill）成立于1865年，是一家集食品、农业、金融和工业产品及服务为一体的多元化跨国企业集团，总部设在明尼苏达州的明尼阿波利斯市，业务遍及70个国家和地区，拥有员工160 000多名。嘉吉的使命是以安全、可靠和负责任的方式滋养世界。作为一家多元化跨国企业集团，嘉吉正运用其全球化运营的深刻洞见和超过150年的业务经验与专长，为中国正在实施乡村振兴战略做出贡献，通过提高农产品生产、加工、分销和贸易环节的效率与附加值，促进中国农民增收、农业可持续发展和食品安全供应。

专注于农业领域的嘉吉动物营养与健康业务集团（Cargill Animal Nutrition & Health）在全球40多个国家拥有310个运营基地，20 000多名员工。通过不断的创新和研发，为世界各地的饲料生产商、养殖农场和饲料零售商提供一系列的产品和服务，影响着全球10亿人口的生活。嘉吉动物营养与健康业务集团提供一系列的全价饲料、预混料、饲料添加剂、供应链及风险管理解决方案，所具备的软件工具和动物营养专业知识在行业内具有全球影响力。嘉吉动物营养与健康业务集团包含嘉吉动物营养（Cargill Animal Nutrition）、嘉吉水产营养（Cargill Aqua Nutrition）和嘉吉健康业务（Cargill Health and Technical）三大业务子集团。

嘉吉饲料（镇江）有限公司是嘉吉水产营养中国区的核心工厂，位于江苏省镇江市新区大港经济开发区，占地面积 90 亩，现有员工 150 名，年生产能力达到 30 万 t，是当今世界饲料行业设施最先进的企业之一。

公司拥有行业内最先进的一整套专业设备和工艺流程，配备齐全的生产机械设施，混合机、制粒机、膨化机、粉碎机、超微粉碎机等。主要有美国 SCOTT 公司的大开门双螺带高效混合机，每小时产量达 60t，ANDRITZ 公司制造的 400 马力制粒机，丹麦进口环模，单机产量可达 24t/h，颗粒耐久度≥95%，有效减少含粉量，有 ANDRITZ 膨化机，熟化充分，产品质量稳定，美国 JACOBSON 公司制造的水滴型高性能粉碎机，是世界上最先进的粉碎机之一，先进的超微粉碎机，产量 5t/h，荷兰进口双层高效立式烘干机，美国 EXPRESS 公司制造的高精度定量包装秤系统，丹麦进口安德利茨水平式烘干机，成品水分的控制更加均匀，与标准差异不超过 1%。美国 FULTON 公司制造的高效率柴油、天然气锅炉，美国进口 APEC 喷涂机，世界上最干净的喷涂机，烘干之后热喷涂，喷涂更加均匀。还有来自美国 WEM 公司设计制造的自动称量系统等。

公司于 2016 年 8 月通过 FSSC22000 质量体系认证，公司对于原料供应商的准入和评估有严格的标准，只选择具有法定资质和可靠质量管理体系的供应商，对供应商进行准入审计、年审和随机审计，确保供应商的质量保证能力符合要求。每批原料收货前均根据原料质量标准进行抽样和检测，检测合格方予以接收。每月对于所有供应商的到货质量进行汇总和评价，对供应商实行末位淘汰。每批成品均根据成品质量标准进行营养指标与物理指标检测，检测合格才能予以放行和发货。为提高产品质量检测的准确性和效率，斥资 50 万元引进 NIR 近红外光谱扫描仪及其营养方程数据库，可在 3 分钟之内完成一批产品全部营养值的检测，处于行业领先水平。

公司依靠先进的技术实力和多年的经验积累，重点在螃蟹、小龙虾、南美白对虾、青蛙、大黄鱼等领域为养殖户提供优质安全的饲料产品。公司引领行业高价值品种领域的快速发展，帮助养殖户实现了价值的呈现。目前旗下有安亿科、普瑞纳、渔嘉健、普特健 4 个品牌。

自 2017 年，发酵类的产品开始进驻市场，初期发酵产品集中在发酵豆粕、麸皮等发酵原料上，后期演化成具有各种不同功能的发酵类产品，生物饲料已经被市场认可，生物饲料产业核心技术逐步建立，增量明显。据媒体预计，目前发酵料市场总容量约 700 万 t，未来有望发展成 3 000 万 t 的市场。公司在 2019 年也发布了发酵类产品，丰富了产品线，同时更好地满足了终端市场的需求，为整个行业的无抗健康生态养殖助力。

中国的水产行业正处于一个技术持续升级、集约化不断提高的阶段，伴随着技术的升级和模式的转变，在单位水面的投入品，已远超水体的自我净化能力，养殖的问题也层出不穷，本着“健康水产，泽被后世”的理念，公司利用集团的优势，整合行业资源，以“渔嘉健”这一新品牌，开发了调水产品、改底系列、肥水系列、功能产品这四大品类产品。让我们以绿色、生态的养殖理念，共同推动水产行业的可持续发展。

近年来小龙虾市场异常火爆，带动了小龙虾养殖行业的异军突起。公司具备充分的市场敏感性，开创了小龙虾开口料的先河，率先在市场投放小龙虾开口料，获得了市场的一致赞誉。与此同时，公司的小龙虾产品也获得了诸多殊荣，2018 年、2019 年两年连续获得了“最值得信赖的小龙虾饲料企业”和“行业值得信赖的品牌”称号。2019 年 7 月，公司率先在螃蟹、小龙虾、大黄鱼、鲟鱼 4 个品类上通过了最佳水产养殖规范（Best Aquaculture Practices）认证。该认证表明公司致力于实现产品工艺的高品质以及持续改进，使用公司产品的客户，将具有更大的优势进入大型零售商行，也更容易出口到国外。

公司一直关注着整个行业的发展，持续的深入研究产业面临的主要问题，不仅从营养的角度帮助客户解决最基础的动物食品需求，还从管理、健康、品种等多维度帮助客户生产出最健康安全的水产品，助力并创造最大的行业价值。公司在接下来的 5 年中，将重点在苗期营养、功能料开发、高端经济品种的技术开发引进等方面投入更多，还将落地有效的智慧养殖方案，创造出更多切实可行的行业解决方案。除此之外，公司在动保产品领域的投入将不断加大，最终趋于完善服务型的产业链。公司整个组织协同一致、专注执行并灵活创新，坚持在高价值品种领域创造并维护客户黏性。

嘉吉饲料（镇江）有限公司不仅提供水产营养和水质管理方案，更为客户创造独特的价值体验。我们以确保安全、全员敬业、关注客户、贡献社区、可持续发展为五大目标，以正确行事，以人为先，志存高远为价值观，以可持续的方式运营业务。健康水产，泽被后世，公司立志成为水产营养领域最值得信赖的合作伙伴。公司将持之以恒以客户为中心，为客户创造最大的价值。

专业专注　做精做强

——常州市新鸿医药化工技术有限公司

常州市新鸿医药化工技术有限公司是一家集科研、生产和销售的现代化饲料添加剂高新技术企业，创建于1997年。坐落于江苏省常州市新北区滨江化工园区内，周边紧邻长江航道、346国道、沪蓉高速及常州奔牛国际机场，交通条件十分便利。公司主营产品“新鸿”牌饲料添加剂叶酸，是全球最大的叶酸供应商之一，与国内外知名动（宠）物饲料及食品生产企业建立了广泛稳定的合作关系。在欧洲和北美设有海外仓库，客户的服务得到了极大的保障和提升。

经过20多年的发展，公司厂区占地面积近26 000m^2，拥有现代化的生产厂房、仓储区域和办公楼。多次被江苏省、常州市及新北区等各级部门评为江苏省民营科技企业，获得纳税贡献奖和创新发展奖等荣誉。

公司建立了一套全流程基本实现自动化控制的生产系统。合成车间的生产实现DCS控制，各项加料、关阀等可以在中央控制室的操作系统中完成操作，极大地改善了员工的工作环境。

随着公司的深入发展，公司分步按计划对生产环境、生产设施进行了升级改造。成品车间按GMP规范的标准对精烘包车间进行了改造，所有的生产设备均使用304不锈钢材质便于清洗；各种物料输送等均使用密封管道输送，最大限度地降低了混淆和污染的风险。内包装工序按照D级洁净区进行设计、建设、管理，还对原有的干燥系统进行升级改造。改建了一套喷雾干燥系统，使原有年产能迅速得到了提升，在节能降耗上也有了很大的提升，并且极大地改善了物料的流动性，在混合生产中使得客户能够得到充分的产品均匀度，得到了客户的一致好评。

公司陆续通过了ISO9001、ISO14001、ISO22000、BRC、FAMI-QS、HALAL、KOSHER等管理体系认证。产品质量符合国内食品添加剂和饲料添加剂国家标准，还符合USP、BP、EP、JP等发达国家的药典标准。公司还积极参与“饲料添加剂　叶酸”国家标准（GB 7302—2018）的修订，不仅作为企业代表参与了标准评审，还为该标准修订提供了大量的稳定性数据和试验样品。

质量部配备了先进、齐全的质量检测仪器，为产品质量体系运行的有效性提供了有力的保障，主要检测设备为高效液相色谱仪、气相色谱仪、原子荧光光度计、紫外—可见分光光度计等，实验室检测人员均取得相关的分析证书。人员和设备均满足了公司原料、成品等检测的需求。

为了更好地接轨国际，使产品更好地满足市场、不同客户、满足生产工艺优化的需要，公司成立了研发中心。该中心现有5人，其中1名博士、1名硕士、2名本科生。2015—2019年投入自主研发项目18个，还与江苏理工学院共同研发项目2个。研发中心提供强有力的技术支持，使公司产品质量一直处于国内领先，产品质量一直得到用户的满意。

公司以“预防环境污染、构建环境友好型企业”为发展目标，积极开展环保、安全设施大改造和管理提升的工作。公司于2018年年初投入近600万元建成日处理能力250t的污水处理系统并成功运行，2019年9月又投入200万元对雨污分流系统、安全设施等进行改造提升。为目前企业的正常生产运行和产能提升打下了坚实的基础。

公司秉着“创新、发展”的理念，在安徽淮南设立原料生产基地，从原料产能提高、质量保障、成本控制等方面全面发力，为实现“专注成为世界一流的叶酸供应商”这个发展战略目标，奠定了坚实的基础。

今后一段时间，常州新鸿医药将积极响应国家号召，努力创新转型升级，将企业从传统的饲料添加剂生产企业打造成科技创新型企业。在人才激励、人才引进等方面，在现有引进博士、硕士的基础上，继续引进高层次的专业人才，一切优惠政策向优秀人才倾斜；在科技创新方面，继续加强研发队伍建设，加大研发资金投入，在自主研发的同时，进一步加强产学研结合，与国内外高校、科研机构进行协作开发；在企业建设方面，公司将进一步完善企业文化建设，遵守社会公德，尊重员工权益，让每个员工都能享受到企业发展的红利。

乘着国家各种优惠政策的东风，得益于各级领导的关心指导和广大客户的认可支持，通过公司全体员工齐心协力，常州新鸿医药取得了可喜可贺的成绩。未来，公司将继续秉承“创新、发展”的理念，以战略目标为发展动力，坚实每一步的脚印，稳步迈向更加光辉的明天！

做精细精准的蛋鸡饲料生产者

——江苏盐城源耀饲料有限公司

一、企业介绍

江苏盐城源耀饲料有限公司是上海源耀农业股份有限公司的全资子公司，正式投产于2010年，位于全国蛋鸡之乡江苏省东台市，占地120亩，是一家专业研发、生产和销售蛋鸡饲料的企业，目前拥有年产20万t的配合饲料生产线和年产3万t的预混合饲料生产线。

公司现有80人员工队伍，大学以上学历员工占30%以上，组建了动物营养、畜牧兽医、质量管理等专业人员为主的技术团队和营销服务团队，并与扬州大学、南京农业大学、上海交通大学、安徽农业大学、安徽科技学院等高等院校建立合作关系，将先进的动物营养技术、养殖技术、牧场运营理念进行优化整合，为蛋鸡养殖家庭农场提供优质高效的饲料营养和养殖服务方案。

公司按照饲料质量管理规范和ISO9001质量管理体系组织生产和品控，配以NIR近红外检测仪等先进的检化验设备和优秀的检化验人员，对原料的接收、饲料生产销售的各个环节严格把控，确保饲料产品的安全稳定。2019年生产销售蛋鸡饲料超10万t，服务约400万羽蛋鸡，占东台蛋鸡养殖量的20%左右。

江苏盐城源耀饲料有限公司的母公司上海源耀农业股份有限公司（证券代码：834414）成立于1998年，总部位于上海浦东，上海市百强企业（79名），上海市成长性企业50强（14名）；20多年来专注于农业领域，成功打造包括饲料原料贸易、微生物发酵饲料、畜禽配合饲料、养殖服务、食品加工、供应链平台等产业生态群，业务范围遍布全国及东南亚，在全国拥有6个生产基地并与全球知名的粮油和农牧企业保持深度合作，2018年集团营业额突破100亿元，年销售豆粕玉米油脂等大宗原料500万t、发酵豆粕30万t、畜禽饲料30万t，近几年增长率均保持在20%以上。2019年以科技推动产业升级的理念，结合互联网思维、大数据、人工智能、区块链等技术，通过便捷的交易方式、准确的资讯信息、全程的物流服务、安全的金融工具，打造千亿级大宗饲料原料交易平台“粮巴巴”。

公司以聚焦农牧行业、提升安全与效率、让生命健康成长为使命，秉承满足客户需求、艰苦奋斗、追求卓越的价值观，始终以推动和引领畜牧行业发展为目标，把成为农牧行业最卓越企业作为发展愿景。

二、产品介绍：4+4蛋鸡营养方案提高养殖性能

公司不断总结经验，拓展创新，立足东台地区蛋鸡养殖，专注蛋鸡营养，服务蛋鸡行业。公司重点打造的蛋鸡4+4营养模式：育雏育成期4个阶段和产蛋期4个阶段，通过各阶段细分、精准营养和全程调理的方式，提高蛋鸡全程的产蛋性能，让养殖户的效益发挥得更好。

蛋鸡育雏育成期4个阶段：

1. 育雏宝雏鸡开口强化料，饲喂阶段0～2周龄。添加多种抗应激因子减少雏鸡应激，提高雏鸡成活率和饲料表达效率；使用进口鱼粉、发酵豆粕、膨化大豆等易消化高利用率原料，减轻雏鸡消化吸收负担，减少雏鸡肠道疾病和饲料浪费；给予雏鸡卵黄般的营养，促进雏鸡初期的体重增长和免疫器官发育，减少后期疾病发生。

2. 806蛋鸡育雏前期配合饲料，饲喂阶段3～5周龄。高能高氨基酸营养水平，保证雏鸡5周龄体重达标和各器官发育，提高蛋鸡全程产蛋性能；添加多种特殊免疫营养因子，提高蛋鸡免疫力，促进蛋鸡免疫器官发育，提高蛋鸡全程的抗病力，减少死淘率和用药成本。

3. 816蛋鸡育雏后期配合饲料，饲喂阶段6～9周龄。优化的钙磷比，添加足量的维生素、有机微量元素等，促进雏鸡骨骼发育，提高雏鸡全程骨骼健康和后期产蛋性能；高品质蛋白和氨基酸营养，保证雏鸡此阶段肌肉发育，提高蛋鸡全程抵抗力。

4. 826蛋鸡育成期配合饲料，饲喂阶段10～16周龄。合理的钙磷和维生素营养调整，保证骨骼的发育，减少蛋鸡后期瘸腿断翅的比例；高含硫氨基酸水平、抗应激原料，为青年鸡阶段羽被发育打好基础，减轻蛋鸡产蛋后期断毛掉毛症状；添加功能性植物提取物，促进蛋鸡性器官发育，保障蛋鸡高产稳产。

蛋鸡产蛋期4个阶段：

1. 838蛋鸡产蛋前期配合饲料，饲喂阶段16周龄到产蛋率达到5%。高营养水平设计，满足产前的营养储备需要，提升蛋鸡上高峰速度；添加抗炎性添加剂，降低因蛋鸡开产导致输卵管出血发炎的概率，减少破损蛋、软壳蛋造成的损失；合理的钙磷比例水平，给蛋鸡从育成期到产蛋期平稳过渡，消除蛋鸡营养性腹泻、瘫脚等产前综合征损失。

2. H0产蛋鸡高峰期配合饲料，饲喂阶段5%产蛋率到50周龄。平衡精准的高峰期营养设计，足量、稳定的供应蛋鸡产蛋高峰全程营养，延长产蛋高峰期时间，提高产蛋效益；优选原料组合，提高肠道消化吸收，保持鸡体健康，减少全程蛋鸡死淘损失；添加有机微量元素、肠道及输卵管保护添加剂，提高蛋壳品质，减少全程破蛋、畸形蛋损失。

H1产蛋鸡高峰期配合饲料（轻型蛋鸡专用颗粒料），饲喂阶段5%产蛋率到50周龄。轻型蛋鸡定制化的营养设计，降低耗料、提高产蛋率、延长小蛋获得周期，大大增加养殖经济效益；提前添加足量的有机微量元素、植物提取物、保肝护胆添加剂，增加蛋壳的红亮度和厚度，提高蛋商认可度，减少后期卖蛋苦恼和损失；颗粒料较粉料损耗少、均匀度好、易消

化，节约饲料、提高蛋鸡及鸡蛋大小均匀度，增加养殖效益。

3. H2产蛋鸡高峰后期配合料，饲喂阶段50周龄到出栏。调整饲料蛋白能量比，有效控制脂肪肝，减少蛋鸡过肥导致的耗料高、产蛋率下滑快、死淘高造成的经济损失；调整钙磷比例，减少后期瘸腿断翅现象，降低死淘和出栏损失的风险；补充有机微量、多种维生素等功能性添加剂，提高后期蛋壳厚度和颜色，延长产蛋周期、减少后期卖蛋损失。

4. H3产蛋鸡育肥期配合饲料，饲喂阶段出栏前1～2个月。高能、高氨基酸的蛋鸡育肥方案设计，后期快速育肥，降低养殖户蛋鸡出栏顾虑，提高出栏效益，减少因此造成的浪费和不经济。

三、经验介绍：罐装料塔业务推动养殖行业升级

公司一直秉承提升行业安全与效率为使命，不仅从营养的角度为客户提供安全高效的饲料产品，还从客户营运的角度来保障养殖户的养殖安全和提升养殖户的养殖效率。我们发现客户在使用饲料的过程中大量使用人工不仅安全性不够，效率也很低下，于是经过考察走访现场研究率先于2014年成功推广罐装料塔。罐装料塔不仅使用方便，减轻客户的劳动力和提高安全性而且具有防虫、防霉、防鼠等诸多优点。在推广使用罐装料塔的过程中，为了保障养殖户的利益不受损失，制定了一整套完整的罐装料运输流程，从散装料车进公司开始：消毒、开票、过磅、放料、封签、过磅、确认重量并签字出厂，到达客户处卸料前检查封签，卸料后清扫车厢等。在公司内部做到全程视频监控，在外面养殖户可以随时进行重量抽查，从而全方位地保障了客户的利益不受损失。经过6年的实践和推进以及不断地改进，得到了一致的认可和好评，现有约600个料塔服务蛋鸡养殖客户。

四、发展思路

1. 服务升级：组建兽医检测实验室。

2019年源耀检测实验室正式启动，实验室总面积约300m^2，旨在为养殖户关心的疾病监测、抗体检测、药敏检测、水质检测、鸡蛋检测等问题提供高效快速的检测服务并提供解决方案。目前源耀检测实验室配备了专业的蛋品检测分析仪、无菌操作室、酶标仪、荧光仪等检测仪器。实验室成员由3名畜牧兽医专业的硕士研究生组成，各项检测服务正在不断地创新和完善。

2. 行业论坛：苏中蛋鸡养殖论坛。

为了响应国家政策，应对蛋鸡产业发展的实际情况，理性探索苏中地区蛋鸡家庭农场的未来发展方向，公司在2018年和2019年举办了两届苏中蛋鸡养殖论坛，论坛邀请了国家蛋鸡产业体系专家、江苏省蛋鸡产业体系专家、江苏家禽研究所研究员、扬州大学教授及本地畜牧兽医系统行业领导、资深禽病专家做会议报告，带给养殖户专业的养殖经验和发展建议，受到了广泛好评。我们将把每年一届的养殖论坛坚持做下去。

3. 产业链延伸：打造品牌鸡蛋产业链。

公司在不断探索中成长，一项项利于广大蛋鸡养殖户的新实践在不断落地，对于未来的发展之路公司也在做长远的布局。源耀饲料将以精准蛋鸡饲料营养为立足点，为广大蛋鸡养殖户提供解决问题的全面服务方案，并向下游消费端延伸，2018年成立东台源耀蛋品有限公司，致力于打造高品质品牌鸡蛋，计划用3～5年时间孵化出全新的蛋鸡产业链，为东台蛋鸡产业生态链的可持续发展做出自己的贡献。

坚持创新引领发展

——浙江天蓬饲料有限公司

浙江天蓬饲料有限公司位于浙、闽、赣三省交界的江山市贺村镇淤头岗，创办于2014年5月，专业从事配合饲料（畜禽、水产）、浓缩饲料（畜禽）的生产与销售。公司占地20 000m^2，注册资本500万元，现有资产4 500万元。2019年实现产值近8 000万元。

公司先后通过了ISO9001质量体系、标准化AAA级、中小企业计量水平认证。“天蓬”商标被认定为浙江省著名商标，“大蓬”牌饲料被认定为中国驰名商标，“天蓬”牌饲料荣获衢州市名牌产品。

公司长期致力于科研投入，动员所有的员工投入到科研创新的工作当中去。2016年12月，公司联合李德发院士成立了衢州市院士专家工作站。围绕企业饲料营养、饲料新品种研发、饲料品质提升等急需解决的重大关键技术难题开展联合攻关。公司还充分利用与中国农业大学合作取得的成果，研发生产出省内最先进的猪用免疫保健饲料（生物发酵饲料），项目填补浙江省在该项产品上的空白。在人才培养方面，公司与浙江大学先后联合培养企业博士后研究人员两名。截至目前，蔡青和博士已出站，雷元培博士在中国农业大学博士生导师计成教授，浙江大学动物科学学院院长、浙江大学饲料科学研究所所长、博士生导师汪以真教授，以及天蓬集团董事长、高级经济师王国水的指导下，围绕“浙江省猪饲料黄曲霉毒素污染调研及生物降解剂应用效果的评价”这一课题，对提高动物健康、养殖效益及肉蛋白质量安全进行探索，

这对建立养殖业中全产业链黄曲霉毒素污染控制体系有着重要意义。

习近平总书记在十九大报告中指出，坚持人与自然和谐共生。必须树立和践行绿水青山就是金山银山的理念，坚持节约资源和保护环境的基本国策。安全、生态成了产业持续发展的两大基本要素。

2017 年，公司新建年产 12 万 t 生物安全高档饲料项目，该项目主要是基于公司现有的曾荣获中华科技一等奖的“霉菌毒素生物降解机理及饲料污染控制技术”，成功运用到了“天蓬”牌生物安全饲料，完全符合饲料卫生标准、各种饲料原料标准、饲料产品标准和饲料添加剂标准等有关规定。联合国粮食及农业组织估计，全世界谷物供应 25%受真菌毒素污染而不能食用，其中黄曲霉毒素污染最为严重。黄曲霉毒素（AF）具有较强的毒性、致癌性和诱变性，而人类常见的健康问题如癌症、畸形、抗药性和某些中毒现象与肉、蛋、奶中的毒素、抗生素、激素和其他合成药物的残留有关，从而促使各国纷纷立法限制和禁止抗生素、激素等添加剂在饲料中的使用。而公司基于黄曲霉毒素生物降解技术的新型微生态制剂，能零残留地有效分解毒素，真正生产出安全、环保、无公害的生物饲料。该生物饲料具有以下四大优势：一是饲料营养成分提高：该饲料的黄曲霉毒素、呕吐毒素、玉米赤霉烯酮等毒素降低了 30%；二是饲料成本降低：食用该饲料的猪只全程料肉比达到 3.0：1，假设以江山 2019 年生猪存栏 46 万头，市场占有量 60%，1 只猪从小猪到中猪增重 100kg 计算，节省饲料 8 300t，节省成本 2 950 万元；三是猪肉品质提升：通过权威部门的肉检，食用该饲料的猪只猪肉蛋白质高于普通猪肉的 33%，且未检出土霉素、金霉素等含量；四是有机肥质量提升：食用该饲料的猪只排泄物在质量上得到了有效提升，经检测，由此制成的有机肥重金属含量能严格控制在国家标准（NY 525—2012）之内，尤其是超标率最高的 Pb 也能严格遵守≤50mg/kg 的标准。

此项目在经济效益方面：新建年可完成生物饲料产量 20 万 t，与过去实际年产量 8 万 t 相比，新增产量 12 万 t，按每吨 3 550 元计算，年可新增营业收入 42 600 万元，除去新增成本 38 300 万元，年新增利润总额达 4 300 万元。除去上交所得税 1 100 万元，年新增税后利润可达 3 200 万元。在社会效益方面：一是公司每年需向农户、专业大户、家庭农场、农民合作社等增加采购玉米 8 万 t，按照人均土地面积为 4 亩，每亩玉米产量为 0.5t 计算，此项目可直接带动增收农民数为 40 000 人；二是该生物饲料可实现料肉比 3.0：1，可为养殖户减少饲料，节约饲养成本；三是此高质高效饲料生产线，强化并推广了饲料的安全意识，有效推动了饲料产业的转型升级，保障周边养殖户的养殖健康，促进了江山市生猪产业的可持续发展；四是使得猪只排泄物中重金属等有害物质含量大大降低，有机肥质量得以快速提升，而经高品质有机肥灌溉的田地又带动了绿色种植的发展，保障了果蔬的产量、质量、口感和营养的多重提升，使农作物增收增益，带动绿色种植模式的大规模复制和推广；五是通过引进微软 Dynamics ERP 软件互联网平台，将原料、饲料成品、生产效能等监测数据进行实时上传公开，分析每个区域、每个原料来源地、饲料等各项营养指标及毒素指标等，可为周边养殖户提供饲料原料检测、成品检测及数据分析，为养殖户选择安全优质的生物饲料提供保障，充分发挥了信息化带动作用。在生态效益方面：一是此生物饲料以生物技术保持了饲料原料本身具备的各种成分结构与自然状态和生物活性，具有纯净的天然性；具有营养作用、免疫作用、激素作用、抗生素作用等多能性；有效减少了饲料添加剂的使用和养殖过程中兽药的使用，有效保证了猪只的入口健康，极大地控制了猪只排泄物中药物残留以及重金属含量等，直接减少了药物残留以及重金属对土壤的污染，规避化肥对土壤板结的不良作用，缓解土地污染情况；二是饲料转化率的提高。生物饲料于 2017 年 9 月小试以来，饲料月销量上升 30%，得到了市场的高度认可，为江山市养殖户减少饲料，有效节约了粮食资源；三是通过袋装转变为罐车运输，通过人工打包转变为自动化包装，通过智能化的生产线管理，不仅实现了经济效益的提高，而且减少了废弃包装袋对土地的污染，实现了对环境污染的控制，有效地推动了环境友好型饲料生产模式的运营。

公司带动周边饲料原料种植户及相关合作社的种植效益，促进增收。通过饲料原料的加工转化，促进饲料资源的增值，提高粮食的转化率，促进粮食增值，促进农业结构调整，提高农业的综合效益。而饲料及其原料的供需，需要运输、贸易等行业的支持，也进一步推进了二三产业的发展。总体来说，项目积极响应了振兴乡村的号召，支持推动区域经济发展。

2018 年下半年暴发的 ASF（非洲猪瘟）疫情，公司迅速提出有效防疫制度，封闭厂区，进行区域隔离，投资 300 万元建成省内一流的生物防控洗消中心，涵盖一级洗消、二级洗消、烘干、熏蒸全方位消毒流程。公司联手各实体紧急出台防控政策，严格执行防控标准。成立非洲猪瘟防控、应急处置小组，加强人员防控意识，强化消毒手段。最大限度阻断病毒流通，从车辆到人员，由内致外，层层深入，层层防控。规避病毒流入风险，实现企业饲料厂安全生产，主动帮助客户建立防疫防线，达成安全零事故。

就企业而言，下一步我们将聚焦可持续发展，推进绿色生态循环，响应政府 2019 年下发的中央 1 号文件《关于坚持农业农村优先发展做好“三农”工作的若干意见》，围绕全面建成小康社会总目标，带动周边农户增值增收。坚持创新引领发展，围绕科研抓产业、做优平台，从新技术、新工艺、新设备等各个方面，加大研发资金倾斜力度。2020 年公司计划将改进制作工艺，采用古法制曲和经典烘培，研发主要适用于亚健康猪群的新产品，并着重研究提高饲料综合生产能力，突出加大非常规饲料资源的科学利用。

繁衍绿色生命　关爱人类健康

——安徽丰原集团有限公司

安徽丰原集团有限公司（以下简称“丰原集团”）是国内从事生物发酵产品开发及生物医药研发方面的大型科技产业公司，是国家级创新型企业、国家高新技术企业、国家知识产权示范企业、国家科技兴贸出口创新基地重点建设单位。目前控股丰原药业（股票代码：000153）、参股山东地矿（股票代码：000409），拥有丰原生物（主营有机酸系列产品及工程技术开发等）、丰原生化（主营氨基酸及生物新材料系列产品）、泰格生物（主营维生素系列产品）、丰原明胶、丰原食品、丰原化工装备等产业型公司以及海外农产品深加工制造基地、国内外贸易营销公司，并设有发酵技术国家工程研究中心、医药研发国家技术中心、安徽省发酵技术省级重点实验室、院士工作站等科技创新平台。

丰原集团前身为蚌埠柠檬酸厂，始建于 1977 年。1988—1994 年，企业自身因技术落后、管理不善等问题连续多年亏损，至 1994 年 9 月企业全面停产，濒临倒闭，资产不足 5 000 万元，负债超过 6 300 万元。1994 年 10 月，新领导班子上任后，全面加强企业管理和技术改造，于 1995 年，发明“玉米粉清液发酵”专利技术，并荣获安徽省科技进步奖一等奖、国家科技成果奖、中国专利金奖等荣誉，该成果大大优化了柠檬酸生产技术指标，使企业扭亏为盈，走上健康发展的道路。1998 年，蚌埠柠檬酸厂经过改制成立丰原集团，由蚌埠市国资委持有其 100% 的股权。1999 年和 2000 年，丰原集团成功发起丰原生化（证券代码：000930）、丰原药业（证券代码：000153）两家上市公司，使集团成为国内生物化工、生物制药行业的知名企业；2004 年，丰原集团通过竞买方式取得 ST 泰复（证券代码：000409）的控股权，至此丰原集团旗下拥有三家上市公司。2006 年年底，集团将旗下丰原生化控股权转让给中粮集团（2011 年将其更名为“中粮生化”）。2009 年年底，经蚌埠市人民政府批准，丰原集团实施以股权激励、职工安置、引进战略投资者为主要内容的国有企业改制。改制后，丰原集团成为一家管理层及骨干持股、国有参股的混合所有制企业。

2014 年，集团积极响应市委、市政府号召，实施“退市进园”发展战略。丰原生物制造产业基地坐落于安徽省蚌埠市北郊固镇工业园，沿京沪高铁东西两侧布局，南北长约 4 公里，总占地面积约 9 500 亩。项目分 4 期进行建设：一期（2016—2019 年）4 000 亩地，实施生物化工类投资项目共计 22 个，总投资额 53 亿元，其中固定资产投资 45 亿元，主要生产有机酸、氨基酸及维生素系列产品。丰原集团积极响应蚌埠市政府打造“创新之城·材料之都”的号召，做大做强生物新材料产业。二期（2019—2021 年）将再投资约 60 亿元，打造百万吨级聚乳酸及其初步加工产业基地，届时可实现营业额超 300 亿元，按照 30～40 倍的增加值计算，可带动下游纺织服装、家用及工业塑料万亿级产业集群发展。三期（2021—2025 年），丰原生化将进行全球布局，打造千万吨级聚乳酸及其加工产业，届时丰原生化营业额可达 3 000 亿元，并带动下游纺织服装、家用及工业塑料 5 万亿～6 万亿元产业集群发展，实现蚌埠市万亿元 GDP 经济规模。四期（2025—2030 年），丰原生化在国内外进一步打造 3 000 万 t/年左右的聚乳酸及其加工产业，实现营业额过万亿元目标，为地方经济发展做出更大贡献。

丰原集团积极进行自主创新，参与多项国家、省重点科技攻关项目，拥有发明专利 500 多项，重大工艺技术发明专利 170 多项。公司先后承担了国家“十一五”科技支撑计划项目“农作物秸秆生物转化生产燃料乙醇”、国家“十一五”期间的“863”计划重点项目“生物基化学品的生物炼制技术”中的“生物基乙烯”“乳酸/聚乳酸”、国家“十二五”科技支撑计划项目“蔗渣水解液态发酵生产燃料乙醇关键技术与示范”、国家“十二五”期间的“863”计划重点项目“非粮生物质原料的生物炼制技术”中的“秸秆资源化综合利用的关键技术集成与工程示范”等课题项目。

丰原集团获得多项国家及省、市科学技术奖，其中固定化酵母细胞酒精连续发酵技术荣获国家科学技术进步奖二等奖。丰原集团在发展工业化项目建设的同时还注重新产品的研究开发工作，安徽泰格维生素 C 磷酸酯获得国家重点新产品称号；丰原 B 型骨制药用明胶、L-色氨酸等获得省高新技术产品称号；涂山药厂扎来普隆原料及片剂、萘哌地尔原料及片剂获得安徽省重点新产品称号；赖氨酸阿司匹林原料及制剂、多种注射液获得省高新技术产品及自主创新产品称号。

丰原集团还把“产学研”联合作为企业科技创新工作的核心主线，充分发挥企业生产优势、学校知识优势、科研部门技术优势，有效整合科技创新资源，提高科技创新能力。近年来，集团先后与江南大学、合肥工业大学、天津大学、南京工业大学、中国科学院物质研究所、中国科学院天津工生所、中国科学院过程研究所等高校院所尝试了多种方式的联合，并与中国科技大学、解放军第二军医大学、中国药科大学、上海医药工业研究院、军事医学科学院、中国科学院微生物所、中国医学科学院药物研究所、天津药物研究院、上海康岱生物医药有限公司等科研院所进行了大量新药项目的合作开发，并且一直保持良好的合作关系。

丰原集团在发展自主创新的同时还注重品牌建设，其主导产品维生素C磷酸酯、包膜维生素C、“狮头牌”明胶、丰原牌系列输液、来比林牌注射用赖氨酸阿司匹林、致欣牌西尼地平片等先后获得安徽省名牌产品称号，并获得安徽出口名牌、安徽省质量奖等荣誉，其中维生素C磷酸酯、来比林等商标荣获安徽省著名商标。目前，“BBCA”赖氨酸、“TIGER”维生素系列产品、“狮头牌”明胶等知名品牌已形成巨大的市场影响力和竞争力并已得到国际、国内客户的广泛认可。同时，集团积极参与了柠檬酸、柠檬酸钠、葡萄糖、L-赖氨酸盐酸盐、味精、精氨酸、透明质酸、L-阿拉伯糖等多项国家标准、行业标准的制、修订工作，从而对提升产品质量、提高经济竞争力起到了很大促进作用。

丰原集团将始终坚持“繁衍绿色生命，关爱人类健康”作为新时期企业文化的核心，为了进一步提升企业核心竞争力和市场开拓能力，集团工会、人事部，归口管理并积极推进企业文化建设，在完成企业识别系统建设的同时，大力加强创新文化等专项建设。丰原集团在始终坚持“质量是企业发展的生命线”的价值观基础上，从加强企业文化建设和加强知识产权保护的角度，塑造企业品牌，增加品牌的知名度和美誉度。丰原集团将创新文化建设与三大主业发展相融合，与国家重点科技攻关任务的推进紧密结合，与满足市场和客户需求相结合，与促进创新人才培育相结合，逐步推进学习型组织建设，进一步促进转化为创新型组织。

丰原集团始终坚持“以农业为基础，以生物发酵和现代化工分离技术为手段”，以“提高人们生活品质为己任”的创新发展思路，秉承“繁衍绿色生命、关爱人类健康”的理想，大力发展生物制造产业，将先进的生物工程与化工分离技术大规模地应用于农产品深加工中，变农业资源为工业原料，实现可再生资源的利用与转化；推动产业结构调整，实现经济增长方式的转变，以工业的方式推动农业发展，改善大气环境，实现可持续发展，发展循环经济，走出一条适合我国农业发展和资源综合利用的新型工业化道路。

依托科技　降本增效

——安徽省全椒未来饲料有限责任公司

安徽省全椒未来饲料有限责任公司是一家以饲料为主，兼营粮食收储的民营企业，公司成立于1999年3月，注册资本1 000万元，现位于全椒经济技术开发区，占地面积45亩，投资总额5 000多万元，是安徽省规模饲料企业之一。

自公司成立以来，不断加大对固定资产的投入，按现代饲料企业的标准打造自己，逐步提高硬件水平。现拥有专业饲料生产设备3套，年设计生产能力20万t。

公司本着“依托科技，降低养殖成本，提高养殖效益”的办厂宗旨，始终坚持“微利经营，价值营销”的经营原则，使公司逐步走上了一个健康发展的快车道。“我的真心，您的需要”已成为皖东地区广大养殖户最为熟悉的企业口号，为公司的更大发展打下了坚实基础。

公司成立以来，在县委、县政府领导下，在金融部门的大力支持下，取得了经济效益和社会效益的双丰收。先后被全椒县委、县政府命名为“文明单位”、被安徽省国家税务总局评定为“A级纳税信用单位”，“真需要”商标被安徽省工商行政管理局认定为“安徽省著名商标”，“真需要”品牌饲料被滁州市消费者协会认定为“滁州市地方名优商品”“滁州市消费者协会推荐商品”，公司被安徽省银行业协会授予“银行诚信客户”称号，2008年被评定为农业产业化省级龙头企业、安徽省守合同重信用单位。

公司现有员工80人，其中具有大专以上文化程度的员工达200多人，中高层管理人员均具有多年饲料、种禽、种畜管理经验。在企业的管理、营销、生产、服务等方面形成了一整套现代化的且有自己特色的规章制度。并先后与江苏省水产研究所、江苏省农业科学院畜牧研究所、扬州大学等多家国内外企业单位建立了长期协作关系。还经常邀请行业著名的专家、教授到公司举办讲座和进行技术交流，为公司种禽、种畜的品质和饲料产品技术升级提供了有力保障。

在饲料行业发展的新形势下，自2007年起，公司投资5 000多万元，占地1 800多亩，先后成立了全椒丰乐新农业开发有限公司、全椒未来畜牧有限公司，全椒未来渔业有限公司分别从事良种繁育、畜禽、水产养殖和观光农业等项目。已形成年出栏生猪1 000头，鱼5万kg，家禽100万只。将为当地的粮食转化、新型农业的发展以及农业产业化发挥更大的作用。

20多年来的未来饲料人，仍不忘初心，始终保持创业的激情和创新的状态，是我们能够走到今天、走向未来的关键。展望未来，未来饲料全体员工将信心百倍，豪情满怀。决心以真心开创未来，以诚信铸就辉煌。科技兴农，产业报国，力争做大做强，回报社会，为新农业的发展做出更大的贡献！

聚力创新驱动 提高核心竞争力

——福建傲农生物科技集团股份有限公司

福建傲农生物科技集团股份有限公司（以下简称“傲农集团”）成立于2011年4月，是一家以标准化、规范化、集约化和产业化为导向的高科技农牧企业。公司于2017年9月在上海证券交易所挂牌上市（股票简称：傲农生物，股票代码：603363）。

目前，傲农集团市场覆盖全国20多个省（自治区、直辖市），拥有100多家分（子）公司、4 500多名员工。傲农集团规划主要产业包括饲料、养猪、食品、原料贸易等。饲料产业和养猪产业是当下聚力发展的核心产业。傲农饲料产业，共投资建成了40多家饲料生产基地，年产能突破300万t；养猪产业，拥有两家“国家生猪核心育种场”，全资和控股公司60多家，母猪存栏十几万头。

截止到2020年3月底，傲农集团共荣获国家科技进步奖二等奖1项、省级技术发明一等奖1项、省级科技进步奖一等奖1项、农业农村部丰收奖一等奖1项。集团及下属控股公司拥有专利334余项（其中发明专利58项、实用新型专利224项、外观专利52项），计算机软件著作权106项，国家核心育种场2家，国家知识产权优势企业3家、国家高新技术企业7家，农业农村部饲料质量安全管理规范示范企业4家、省级工程技术中心2个、省级农业产业化龙头企业8家。

经过8年多的创业，傲农集团在各级政府的大力关怀下，在广大客户及社会各界的鼎力支持下，在全体员工的协同努力下，不断适应宏观环境和行业环境的变化，在创业中不断进行文化创新、思维创新、管理创新和技术创新，从以饲料为主的单一发展模式，到“产业＋互联网＋服务”的平台模式，再到探索以“饲料＋养猪”为核心引擎，“食品＋原料贸易”为两翼的“一体两翼”产业模式。我们不断以变应变，捕捉行业变化趋势，创新调整企业发展战略，增强企业核心竞争力，也取得了一点小成就，在行业内赢得一定的认可度和口碑。

一、党建引领，文化助力，党企共建促双赢

傲农集团高度重视非公企业党建工作，始终把党建与企业发展相结合，按照“目标同向，工作同心，发展同步”的要求，创造性探索“嵌入”式党建工作法，坚持把党务、文化、业务同步谋划部署。

公司找准“党内学习教育”和“傲农精神文化学习”的结合点。将党的方针政策、重大决策部署的学习和企业核心文化的学习融会贯通，通过举办专题讲座、研讨会、在线学习等形式，让广大党员、干部员工在学习傲农文化的同时，了解党和国家的路线、方针、政策，使企业的经营发展更加符合国家的政策方针。

公司用党的组织体系、宣传思想、作风建设引领企业组织文化、思想文化、核心价值观、创业文化等，发挥好党组织的政治核心、政治引领作用，发挥好党员的先锋模范带头作用，把党的先进思想和运行机制融入企业创业文化的塑造和传承中。

公司采用“党绩＋业绩”双重考评机制。鼓励党员“亮身份、亮承诺、比作为”，开展“党员创新立功竞赛”“降本增效党员先行”等活动，用党员的先锋模范作用，促进公司产品质量、技术创新、服务效益和经营管理水平的提高。

二、重视创新能力建设，助力企业强劲发展

在激烈的市场竞争中，唯创新者进，唯创新者强，唯创新者胜。坚持创新在企业发展核心作用，实施创新驱动发展模式，是应对行业环境变化、保持发展速度、提高企业在市场中核心竞争力的必然选择。

着力把握创新方向重点突破。傲农集团按照行业发展形势和市场需求，主动跟进、精心选择、有所为有所不为的方针，明确企业创新的主攻方向和突破口。先后研发出“前期营养三阶段”“母猪营养三阶段”“仔猪营养三阶段”等在市场上叫好又叫座的产

品，亦正着力攻克无抗饲料技术、育种技术一批关键核心技术。

造良好的创新氛围。傲农集团不断健全倡导创新的机制，搭建多样化的创新平台，高度重视产权保护，促进创新成果知识产权化，构建有助于全员创新的保障体系。傲农集团已经与国内外的农牧大中专院校、科研机构、专家学者合作，成立了集团专家委员、院士工作站、博士工作站、研究院、企业技术中心等平台，为能创新、想创新的人才提供施展才能的舞台。

使人才真正成为创新的主体。傲农集团自创立以来，高度重视创新型人才的引进和培养，已经建设了一支年轻化、创业化、专业化的创新队伍。企业现有硕士及以上学历人才130多人，他们既是傲农创业的“先锋队”，也是“侦察兵”。

三、抓好人才队伍建设，提升发展软实力

人是傲农之本，发展之源。傲农集团把人才强企作为重要战略，始终坚持严格选育用管、统筹推进，努力打造堪当重任、大有所为的“傲农创业军团”。

坚持事业引人。“栽好梧桐树，引得凤来栖。”我们靠傲农事业的发展前景和个人职业成长的“上不封顶”来吸引优秀的人才。傲农饲料、养猪两大产业正在全速前进，需要大量专业能力强、综合素质高、有志于农牧的优秀人才。我们坚持五湖四海、广纳天下英才的方针，向国内外大中专院校、行业内部发出人才“召集令”，让他们一起加盟傲农集团，打造万马奔腾的人才“逐梦场”。

坚持科学选人。傲农落实“德才兼备，以德为先”的原则，坚持“想干事、能干事、干成事”的目标，按照“人岗相适、以岗择人”的用人导向，坚决把优秀的干部员工选出来、用起来。

坚持持续育人。傲农与厦门大学、江西农业大学、东北农业大学等院校建立了人才联合培养机制，开设“学历提升班”“高级营销管理研修班”等，企业自行举办“星火计划”“燎原计划”“猪场场长培训班”等，让不同岗位的人才在职业发展的不同阶段持续“充电”，最终实现人才发展与傲农事业发展相得益彰。

坚持留心留人。傲农集团提供行业内有竞争力的薪资体系和完善的福利保障，切实解决新员工后顾之忧。切实做好员工关怀，打造温暖和谐的“家文化”。增加带薪休假、员工旅游、福利慰问、文化活动等，持续完善多元化暖心保障体系，让他们从内心把“家”安在傲农。

四、推进企业品牌建设，打造农牧行业傲农“专属名片”

品质＝质量＋品牌。傲农集团敏锐地把握市场形势的变化，最大程度满足客户的新需求和个性化需求。从过去满足客户需求的“有没有”，向满足当下客户需求的“好不好”转型。

我们在饲料生产过程中，通过引进智能化、自动化生产设备、智能仓储系统、智能制造、智能制造管控平台等系统，实现了生产流程和工艺较高的智能化程度，力求提升生产效率，降低生产成本，真正做到傲农出品的质优物美，最大程度满足客户个性化需求。

养猪方面，傲农集团与国外领先的育种公司合作，建立战略合作伙伴关系，引进纯种度高、繁殖性能好、PSY高、健康度高、抗病性强、无特定病原、生长速度快、料肉比低、肉质鲜美、风味独特的优良种猪。在猪场选址、整体布局、设施设备、环境保护、疾病防控等方面持续优化，提高“傲农猪”的品质，让广大客户用得放心。

产品未动，服务先行。傲农不仅为客户提供优质的产品，更注重为客户提供最适合的养殖解决方案和最全面的技术服务。我们利用自身平台，为客户提供技术支持、行情信息、猪场管理、检验检疫、生猪销售、物流运输等服务，为客户解决后顾之忧。

同时，为让更多合作伙伴记住傲农、了解傲农、认可傲农，我们积极参加过中国饲料工业展、中国畜牧业博览会等大型行业盛会，展示傲农形象；先后与新牧网、搜猪网、中国养猪网、博亚和讯、中国饲料行业网、猪e网等行业媒体建立合作，宣传傲农品牌，共同打造“傲农名片”，让更多人“闻名”而至，共创未来。

世界变化那么大，傲农也将与时俱进，与时偕行，驭势聚力，跟紧农牧行业的脉搏，争做弄潮儿，不做跟随者，积极创新求变，力求在农牧行业里留下独一无二的傲农印记，推动农牧行业的发展与进步。

布局全产业链
推动产业优化升级

——福建天马科技集团股份有限公司

福建天马科技集团股份有限公司（以下简称“天马科技集团”）是一家集特种水产、畜牧、种苗动保、食品于一体的集团化企业，于2017年1月17日在上交所主板挂牌上市（股票简称：天马科技，股票代码：603668）。

集团旗下拥有子、孙公司共30家，遍布福建、广东、浙江、四川、江苏、香港等地区及马来西亚等东南亚国家。天马科技集团是农业产业化国家重点龙

头企业、国家技术创新示范企业和国家级高新技术企业，是中国鳗鱼协会会长单位、中国饲料工业协会副会长单位和福建省饲料工业协会会长单位。目前，鳗鲡配合饲料产销量稳居全球前列，大黄鱼、石斑鱼、鲟鱼、鲑鳟、鲆鲽鳎、龟、鳖、加州鲈等特种水产配合饲料产销量位居全国前列。

坚持“自主创新、科技兴业”的科技理念，开发出具有自主知识产权的高科技产品，拥有独立的研发中心和专业的服务团队。玻璃鳗配合饲料、鳗鲡膨化颗粒配合饲料等的产品技术填补多项国内空白；已获得授权专利51件，其中授权发明专利42件，实用新型专利2件，外观专利7件；主导和参与制、修订国家、行业及地方标准10项；荣获省、市科技进步奖18项。

“为了人类健康，追求卓越品质”，获首批农业农村部饲料质量安全管理规范示范企业称号，在为特种水产养殖业提供安全、高效、环保饲料产品的同时，为养殖业者提供全方位服务，得到了社会的认可，先后荣获“国家火炬计划重点高新技术企业”“全国三十强饲料企业”等殊荣。

经过18年创业，天马科技集团在各级政府的大力关怀下，在广大客户及社会各界的鼎力支持下，在全体员工的协同努力下，不断适应宏观环境和行业环境的变化。我们扎根行业，推进集团化产业布局、产业融合，也取得了一点小成就，在行业内赢得一定的认可度和口碑，现将发展经验分享如下。

一、以党建引领夯实文化建设，凝心聚力奋勇前进

天马科技集团始终把党建与企业发展相结合，成立中共天马支部委员会，围绕做强做优做大企业、实现高质量发展这个中心，聚焦强化企业党委领导力、党建工作引领力进行了大量积极有益的工作和探索。

坚持用党的先进思想谋划企业发展，找准“党内学习教育”和“天马文化学习”的结合点。坚持把文化理念作为党建文化管理工程推进、落地的一项重要工作来抓。通过举办专题讲座、研讨会、党员活动日等形式，让广大党员、干部员工在学习天马文化的同时，了解党和国家的路线、方针、政策，使企业的经营发展更加符合国家的政策方针。

天马科技集团以党的十九届四中全会精神为指导，不忘初心，牢记使命，以更加良好的工作作风和务实的工作态度，进一步加强党建工作与企业实际深度融合，持续增强党组织的创造力、凝聚力和战斗力，为集团高质量发展提供坚强的思想保证、政治保证、组织保证。

二、“自主创新、科技兴业”理念先行，铸就高新技术实力企业

在激烈的市场竞争中，首要竞争力就是创新，科技是创新的关键。天马科技集团坚持“自主创新，科技兴业”的科技理念，实施创新驱动发展模式，坚持创新在企业发展中的核心作用，创新是提高企业在市场中核心竞争力、推动行业发展的必然选择。

着力打造科技创新平台，成立了以中国科学院桂建芳院士为主任委员的科技委员会，与厦门大学、上海海洋大学等达成产学研战略合作；被认定为国家技术创新示范企业，创建了国家企业技术中心、博士后科研工作站、院士专家工作站、福建省特种水产配合饲料重点实验室、福建省特种水产配合饲料企业工程技术研究中心等研发平台。

开发具有自主知识产权的高科技产品，着力打造科技创新团队，高度重视创新型人才的引进和培养，建设了一支年轻化、创业化、专业化的创新队伍。自创业以来，吸引了众多优秀科研人才，保证了集团研发水平提升，为公司以技术创新始终处于行业领先地位、以突破创新引领产业高质量发展，提供了坚实的保障。

三、遵循品牌发展战略，力促“品牌强企”发展战略

大力推行品牌发展战略，集团品牌知名度、美誉度持续提高。以“产业报国，以科技及创新改善农村现状”为品牌形象，提出了“品质天马，服务至上”的品牌主张。先后注册了以“健马、天马”为主导品牌及“鑫鱼、鱼贝贝、益多美、小龙女”等130项商标，专利28件，其中“健马”牌商标荣获“中国驰名商标”“健马”牌水产配合饲料被评为“中国饲料行业信得过产品”。“健马”“天马”等众多品牌在消费者的心目中形成安全、高效、环境友好型特种水产配合饲料的品牌联想定势。

在品牌运营方面，本着“诚信为本、公道守规、货真价实、服务优质”的商业道德和经营理念。先后成立了客服中心，并设立专门的客服热线及时处理客户反馈的各种意见，利用在各主要销售区域的细分事业部快速处理客户反映的各种问题。

集团还通过各种与客户的互动活动的开展，与客户加强互信。如2016年以来开展“养殖示范点”活动，通过挑选部分养殖户的基地，让养殖户现身分享经验，增强对公司文化的理解，不断提高养殖户的忠诚度。

四、坚持人力资源发展战略，打造集团发展软实力

人才资源是天马科技集团发展的第一资源。集团

推行“以人为本”的人才战略，致力打造人力资源“一把手”人才战略和“258人才工程”，集聚了国家“万人计划”科技创业领军人才、科技部科技创新创业人才、全国饲料工业标准化技术委员会委员等专业精英，形成了技术过硬、经验丰富、爱岗敬业的研发、生产、营销、服务、管理团队。

倡导“职业、事业、家业在天马”的核心企业文化。集团以市场为导向，大量引进业界经营管理、科技研发、市场营销等专业精英人才加盟天马科技集团。2017年7月公司成立了天马科技产业学院和天马科技实训基地，坚持“以人为本”的人才战略思想，努力为员工创造良好的个人发展空间，引导他们将个人发展目标与企业发展目标相结合，创建学习型组织，建立了公司培训、部门培训、员工自学的全方位培训机制。

五、发挥“实体＋资本”战略发展模式，布局全产业链

天马科技集团充分运用“实体＋资本”的优势，全面布局集团产业发展规划，打造可持续的高质量发展模式。

上市至今，成功实现多板块优质资产收购，为集团全产业链发展奠定良好基础。收购华龙集团、江西西龙食品有限公司、福清福荣食品有限公司等优质资产，优化了集团产品结构，完善了集团产品线。目前，集团畜禽全产业链服务和现代农业综合服务体系已经形成，将为股东创造长期回报。

集团进行可转债项目“天马转债”，转股完成后，公司总股本显著增加，增强了公司资本实力。可转债项目的成功发行及实施，有效提升了公司产能，为集团业绩持续增长提供了坚实的保障。

实行股权激励计划，搭建“同心创业”合伙人机制平台。股权激励计划回购的股份全部用于实施股权激励，极大地激励了天马科技集团精英团队的信心，树立公司良好的资本市场形象。

当前，天马科技集团已经形成“特种水产配合饲料业务板块、畜禽饲料与养殖业务板块、水产食品加工业务板块及鳗鱼全产业链业务板块”四架马车齐头并进的业务发展新格局，构建了完整的水产和畜禽产业链以及现代农业综合服务体系。

秉承“产业报国，以科技及创新改善农村现状”的使命，天马科技集团不忘初心，继续前行，延伸发展产业链，形成“养殖、水产、畜牧、动保、食品”等多板块、多元化战略发展格局，打造生态、健康、环保、可持续、循环经济产业链发展模式，向着实现打造百亿集团化企业的目标稳步前行，为现代农业发展、全国饲料工业繁荣、农民持续增收致富不断贡献新力量。

以客户为中心　以奋斗者为本

——双胞胎集团

双胞胎集团是一家专业从事生猪养殖、养猪服务、饲料销售、玉米收储贸易的全国性大型农牧企业。总部坐落于江西南昌，集团成立20多年来，先后荣获中国企业500强、国家科技进步奖二等奖、农业产业化国家重点龙头企业。现有员工8 000余人，分、子公司200多家，销售收入超600亿元。

双胞胎前身是成立于1988年的赣南饲料厂，伴随着1998年经济体制改革的浪潮，企业实现华丽转身，集团创始人、董事长、CEO鲍洪星先生，带领客家健儿，踏出憧憬的跬步，迈上千里征途。

2003年，第一包双胞胎乳猪料横空出世，在江西一战成名；2004年，走出江西，进军广西；2005—2009年，“挺进华中，征战西南，决战广东，挥师北上”，完成全国战略布局；2013年，跻身中国企业500强，饲料销量突破800万t；2015年，强势转型直销大猪场，直销销量突破200万t；2017年，进军越南，走向国际化，产业链延伸，进军生猪养殖；2018年，饲料销量突破1 000万t，生猪上市150万头；2019年，转型养猪公司，母猪存栏35万头，生猪上市200万头。

前20年是双胞胎专注猪料高歌猛进的20年，实现了40万元到600亿元，0到1 000万t的完美跨越。历经20多年的发展，双胞胎由过去只做好猪料，已延伸至饲料销售、生猪养殖、玉米收储贸易的三大业务板块。

一、破釜沉舟，紧握改革机遇

“不管前面是地雷阵，还是万丈深渊，我将义无反顾、勇往直前、鞠躬尽瘁……”这句话一直激励着双胞胎集团和董事长鲍洪星。

1998年，国家提倡经济体制改革，将一部分经营不善的企业实行改制，鲍洪星发动员工筹集资金40万元，将赣南饲料厂租赁下来，成立华利饲料有限公司。

现实是残酷的，无厂房、无资金、无技术，举步维艰，加之市场行情低迷，让一群有梦想的年轻人遭受了沉重的打击：7个月下来，华利公司就亏损50万元，股本全部亏完。市场给了鲍洪星当头一棒。市场不相信眼泪，要干成一件事，光有梦想和决心是远远不够的。

破釜沉舟，不进则亡。从那时起，鲍洪星和员工们再也没有回头路，只能一心一意撸起袖子加油干。为了做销量，全体员工骑着自行车跑市场、找客户，“五加二，白加黑”；为了搞好采购，他们寻找到最好的原料，万里奔波，打地铺、睡地板；为了生产规范流程化：领导亲自上阵投料、打包、搬运、修理机器，浑身上下满是尘土污垢……

天道酬勤，绝境逢生。大家上下齐心，其利断金，终于坚持到了市场的回暖。随后5个月，公司净赚400万元。1999年，销售收入突破亿元大关，公司终于走上正轨。

二、专做猪料，开创新纪元

2001年，国有赣州大康实业有限公司，因经营不善停产拍卖。本着为企业发展，也为政府分忧解难的大胸怀，鲍洪星大胆地做出一个决定：“把大康饲料厂买下来。”华利公司终于实现第一次华丽转身，改名为江西金苹果科技牧业有限公司。新的产能让公司产生了新的压力。那时的公司本质上依然是地方性的饲料加工厂，受地方性需求的制约，公司以禽料生产为主。产能的大增和禽料的微薄利润，让鲍洪星敏锐地意识到墨守成规存在着很大的发展瓶颈。

2002年伊始，鲍洪星做出了一个大胆的战略决策：主攻猪料！2003年年初，全球范围内暴发禽流感，人人“谈禽色变”，禽饲料市场一片萧条。鲍洪星和经营团队都彻夜难眠，市场的突变终于使他们坚定了决心：放弃禽料，主攻猪料。已经完成了研发与技术储备的金苹果公司迅速转型，将营销部一分为二，组成猪料营销公司和禽料营销公司，并将公司80%的资源和激励政策往猪料公司倾斜。

思路决定出路。思路有了，猪饲料的突破口在哪里？关键时刻，一部意外收获的饲料膨化机带来了转机。在饲料领域，乳猪料是技术难度最高的一种，双胞胎在国内首次启用膨化技术，一举攻克乳猪拉稀“顽疾”。通过膨化技术，使玉米从生食变成熟食，熟料的使用和干喂法、水喂法的推广，彻底解决了猪的拉稀问题，大幅提升了生猪存活率，极大节约了农村劳动力，养猪从此变成了一件容易的事，中国人几千年以来的养猪方法被彻底地改变了，由此开创了养猪模式的新纪元。

三、全国布局，站上行业巅峰

为了让更多的养殖户认识并使用双胞胎产品，2003年9月至12月，公司高层分赴市场，深入到养殖户家，与养殖户一起，同吃、同住、同劳动，帮农户装自动饮水器，手把手地示范“双胞胎乳猪饲料”的用法，面对面地解决困难和问题。从此诞生了“三同”“称猪算账”“全国统一零售价”等具有里程碑意义的营销概念和营销技法。双胞胎“称猪实证”的方法，在行业内史无前例。1头猪，0.6kg饲料长0.5kg猪肉，一包料长23kg猪肉，简单的数字对比让产品拥有了巨大的说服力。

到2004年，双胞胎饲料基本处于缺货状态。在市场营销的强力拉动下，双胞胎乳猪料很快就在江西及周边地区供不应求，短短几个月内，月销量就突破了5 000t大关。

“去广西建厂！”鲍洪星亲临广西考察，当他发现广西团队士气高涨，而且经销商、养殖户对外观独特、品质优良、饲喂简单的双胞胎乳猪料非常认同后，他毅然做出决策——在广西办厂，并亲自参与广西双胞胎筹建的全过程。“广西战役”是双胞胎迈向全国的第一步，成为双胞胎发展史上一个重要的战略转折点。

星星之火，可以燎原。2007年，公司正式改名双胞胎集团，广西之后，双胞胎的工厂在全国20多个省、市、自治区乃至海外落地开花，截止到2018年已达107家！随后，中国企业500强、农业产业化国家重点龙头企业、国家科技进步奖二等奖等荣誉纷至沓来，一举站上行业巅峰！

四、转型养猪，再创辉煌

生猪养殖是双胞胎当前的主航道。双胞胎养猪起点高、发展快、后发优势强，定位聚落式布局，聚焦发展的模式，以国际化、现代化的标准建设母猪场，通过公司＋农户和养殖小区模式育肥配套，短短3年，生猪年上市200万头，母猪存栏35万头，在全国建立了上百个母猪场和养猪服务部。

双胞胎“公司＋农户”，具有苗好、料好、服务好的优势，与双胞胎合作的农户，投入小、风险小、收益高，年出栏2 000头猪收入可达50万元，比同行多赚4万元。双胞胎立足于“三农”，服务于“三农”，积极落实国家“精准扶贫”政策，现已帮助上万农户通过养猪实现脱贫。

五、双胞胎掌握核心科技

双胞胎致力于构建行业最强的产业研发平台，技术研发是双胞胎始终保持行业领先的最强法宝，每年坚持投入数亿元用于基础技术研究和应用技术开发，拥有并储备了大量的饲料和养猪核心技术。双胞胎现拥有专业研发人员400多名，硕博人员100多名，成立院士、博士工作站，在荷兰、法国等欧美国家成立研究所，拥有国家CNAS认证的实验室，国家企业技术中心，两次荣获国家科技进步奖二等奖，累计获得国家级专利100多项。

六、双胞胎核心价值观

“以客户为中心，以奋斗者为本”是双胞胎的核心价值观。“以客户为中心”就是站在客户的角度思考问题，为客户创造价值，集团通过规模化的采购优势及强大的八大管理平台，全流程降低运营成本，把省下的每一分钱让利给客户。同时还为客户提供饲料、猪苗、动保、卖猪、金融服务、栏舍升级与改造、养殖技术等全方位解决方案。

“以奋斗者为本”是双胞胎价值分配的核心理念，激励导向有成效的奋斗者，“不让雷锋吃亏，不让焦裕禄穿破袜子”“要让火车头加满油”。双胞胎相继推出了员工持股、利润分享和同心共享机制，提倡三个人干五个人的活，拿四个人的工资，良好的分享机制最大限度地激活了组织自我经营的意识，更好地为客户服务。

七、展望未来

栉风沐雨数十载，砥砺奋斗续华章！过去双胞胎是饲料公司，现在是养猪公司，未来是食品公司。展望未来，全体双胞胎人将继续紧密团结在以董事长鲍洪星为核心的高层领导下，“全员一杆枪”，聚焦饲料、养猪、屠宰、肉食的主航道，构建全球最大最好的养猪服务平台，让养猪更简单；通过全产业链闭环管理，让猪肉更安全。

通过5年发展，双胞胎将实现母猪存栏200万头、生猪年出栏4 000万头，养猪三分天下有其一，饲料销量3 000万t，始终保持行业领先地位，销售收入突破2 000亿元，朝着世界一流农牧企业的宏伟目标而奋勇前行！

助力非瘟防控有亮点 播恩“生物技术”突重围

——播恩生物技术股份有限公司

播恩集团是以邹新华为代表的一批青年知识分子，结合Hemke博士为代表的欧洲技术专家，共同组建而成的科技型企业集团。播恩，汇集全球科技，融合中国本土实践，努力为中国大农业服务。

作为一家科技型农业公司，播恩以生物技术为核心，以生物产品为主，形成以维生素预混料、教槽料、蛋鸡生产为主营业务，以添加剂、动物保健品、农业自动化为辅助业务的新型现代化农业集团。播恩成立于江西省赣州经开区，员工总人数1 000多人，根据公司战略发展已投资设立10余家全资子公司，当前集团饲料年生产能力45万t，年产量25万t。2019年度，播恩公司实现产值14.77亿元，营业收入超14.77亿元，纳税总额超1 711万元。

一、非洲猪瘟疫情冲击大，快速反应，积极帮助客户应对

2019年，播恩从利润到销量，都有大幅增长，这主要取决于播恩的快速反应。当年非洲猪瘟疫情发生之后，播恩很快就提出“播恩双酸清洁养殖模式”，主要是让客户利用酸的饲料和酸的环境充分发挥动物的生产潜能，并通过清洁管理模式来主动预防非洲猪瘟。“播恩双酸清洁养殖模式”建立起来之后，很快就得到了广大客户的认可，因为“播恩双酸清洁养殖模式”不是增加成本的方案，而是增加利润的方案，通过“播恩双酸清洁养殖模式”，每头猪可能需要增加20元的成本，但可以增加50～100元的利润。也正是因为这样，双酸模式推广起来之后客户的接受度比较高，发展也很快。

通过双酸清洁养殖模式来主动预防非洲猪瘟，第一个是酸的饲料，是通过发酵之后，饲料里面含有10%以上的有机酸，有机酸浓度高，不利于细菌和病毒的生长，起到一个隔离的作用，而同时又有利于猪只的肠道健康。另外一个是酸的环境。包括饮水清洁、空气清洁、栏舍清洁、人员清洁、动物清洁、管理清洁等6个维度。比如说饮水方面，通过管道消毒和饮水酸化，可以提升猪群的健康水平，降低料肉比，预防非洲猪瘟。

实际上，非洲猪瘟病毒本身对环境的耐受力不是很强，在干燥的环境下很难存活，此外，它也不是很耐酸碱。播恩认为碱性环境对猪群不友好，但酸性环境能促进猪只的生长。概括来说，就是在有利于动物生长的前提下，找到预防非洲猪瘟的方法。双酸模式就是将酸的饲料和酸的环境结合起来，达到有利于猪的生长，又有助于预防非洲猪瘟的目的。

二、无抗、替抗，播恩的解决方案

除了非洲猪瘟疫情以外，近几年饲料行业面临的最大问题就是无抗问题，因为农业农村部明确要求2020年开始禁止抗生素饲料添加剂的使用，播恩在应对这些方面也做了很多工作。首先一个是双酸模式。实际上，播恩采用双酸模式，最初的目的是饲料替抗，因为播恩的欧洲研究院得出结果，根据国内实际情况，替抗最有效的方法是用酸化剂。在非洲猪瘟疫情发生以后，播恩发现双酸模式也可以“抗非”，就以“抗非”的名义推广。第二个是生物工程。播恩的生物工程基地有许多技术储备和解决方案。播恩在10年前就看到饲料行业的这种趋势，当时就启动了

研发，把所有的方案做完，现在播恩的技术，可以做到全阶段完全替抗。

三、突破重围：以生物技术为核心

对于国内的饲料板块，这几年同质化比较严重，而同质化严重带来的后果就是创新力不够，很多都是通过低价竞争。在这种大背景下，播恩的做法是以生物技术为核心来进行突破。总体的思路是通过生物技术来改造播恩传统的饲料工业。基于这样的思路，播恩做了 3 个方面的工作，包括人才建设、平台建设和资金支持。

人才建设方面，播恩引进了一批青年知识分子，结合国内外知名技术专家，组建了一支年轻的专业技术人才队伍，为播恩在生物技术领域打下了一定的基础。

平台建设方面，播恩集团成立了“1234”研发平台，一是指农业农村部生物饲料国家重点实验室，二是指院士工作站和博士后科研工作站，三是江西省企业技术工程中心，广东省企业工程中心和赣州市企业技术工程中心，四是四大研发基地：生物发酵基地、欧洲研发基地、总部研发基地和养殖试验基地。播恩用“1 室、2 站、3 中心、4 基地”平台建设来支撑起整个生物技术工程，在播恩研究院的全体员工努力下，播恩集团已经成为生物饲料的领先企业。

资金支持方面，播恩每年都拿出销售额 3%以上的资金来作为研发费用，投入到生物技术的研发上。

四、适度多元化，缓冲产业集中风险

播恩原先只做猪料，现在也做蛋鸡料和特种水产料，通过适度多元化来缓冲产业集中的风险。这个也是行业的大趋势。对于播恩来说，就是根据自己的核心竞争力来进行适度多元化的发展。

风险方面，如果说在转型的时候没有完成技术等方面的积累，实际上会增加很多成本，而如果主业也不挣钱，又多出了成本，那么反而会把企业搞垮。对于播恩来说，这些年已经做好了蛋鸡料、特种水产料方面的技术储备，蛋鸡料方面，播恩已经研究了两三年，技术也已成熟，所以现在做市场推广也没有问题；特种水产料方面的产品也很成熟，不需要过多的投入。有了足够的技术储备和积累，播恩可以顺利转型。

五、播恩，始终坚持科技创新的发展战略

播恩始终坚持科技创新的发展战略，企业是国家高新技术企业。播恩集团有农业农村部生物饲料重点实验室、国家级博士后科研工作站，江西省级院士工作站、江西省级技术中心、广东省环保安全饲料工程技术研究中心等创新发展平台，在以李德发院士、桂建芳院士、蒋宗勇研究员、江青艳教授、汉姆克博士为代表的国内外专家组成的专家委员会指导引领下，公司研发人员奋勇拼搏、不懈努力，通过自主研发、技术引进、科技成果转化和产学研合作等途径，形成了国内一流的营养技术体系“播恩效能营养”。经过十余年的技术研发和实践生产积累，公司在生物发酵、猪用、鸡用饲料产品领域核心技术稳居国内领先，“双酸清洁养殖模式”为国内首创，为应对国内非洲猪瘟和无抗饲料应用提供一套高水平的解决方案。

播恩一直以来高度注重技术研发，拥有相关产品知识产权 67 项，其中发明专利授权 44 项，实用新型专利授权 18 项，外观专利授权 5 项，主持企业标准制定 10 余项。播恩目前已形成“1 室、2 站、3 中心、4 基地”的科研平台，1 室是指农业农村部生物饲料国家重点实验室；2 站是指 1 个博士后科研工作站、1 个院士工作站；3 个企业研发中心是广东省企业技术工程中心、江西省企业技术工程中心、赣州市企业技术工程中心；四大研发基地是指生物技术工程研发基地、欧洲研发基地、总部研发基地、养殖试验基地。2019 年 5 月，播恩牵头承担了广东省科技厅重点领域研发计划项目微生物发酵饲料关键技术研究与应用。2019 年 11 月，公司荣获广东省农业科学院“科技成果示范基地”。

在“传播农业智慧，提升生命品质”使命驱动下，播恩在生物发酵料、教槽料、预混料等细分市场取得了令人瞩目的成绩，2016 年播恩进入中国饲料行业 30 强，2016 年成为中国畜牧兽医学会副理事长单位，2017 年公司荣获饲料行业匠心企业，2018 年 3 月获评赣州市市长质量奖，2018 年 11 月获评为江西民营企业 100 强。2019 年 5 月播恩获批博士后科研工作站，2019 年 11 月播恩与广东省农业科学院共建科技成果示范基地，2019 年 12 月播恩获批海智工作站、广东省院士工作站。播恩集团是中国畜牧兽医学会副理事长单位，中国饲料工业协会常务理事单位。

播恩人，以“理想、行动、担当”的核心价值观为指引，围绕中国农业产业，踏实经营，积极探索适合中国农业的可持续发展之路。

为养殖户提供优质饲料和服务

——江西正邦科技股份有限公司桑海分公司

江西正邦科技股份有限公司桑海分公司是一家集代奶料、教槽料、预混料、浓缩料生产为一体现代化

饲料企业，是正邦科技核心的预混料生产基地之一，面向正邦旗下全国60多家内供猪饲料企业供应0.5%～1%预混合饲料添加剂产品；向南方区200多家大型配合饲料厂及数百家大型生猪养殖场供应0.5%～4%的预混饲料、饲料添加剂。向江西及周边部分正邦旗下的养猪场供应代奶料、教槽料产品。

江西正邦科技股份有限公司桑海分公司，位于江西南昌赣江新区新祺周。2015年10月建成年产12万t多维、多矿预混料，12万t代奶料、教槽料生产线，总投资近2亿元，占地面积50亩。预混料车间采用瑞士布勒全套进口设备，从原料入库、生产、成品出库全程自动扫码识别分配跟踪，做到了可追溯、高生产效率和精准配料与加工、中控室全程操作与监控各环节，属当前国际饲料行业一流的机械化与自动化装备的企业。并结合正邦长期积累的生产管理经验，形成了成熟的具有桑海分公司特色的生产加工工艺及生产技术。

在信息化、智能化设施配备与使用方面：上线瑞士布勒WINCOS中控配料系统、SCM设备清理系统、能耗自动采集系统、自动出入库系统，自动化水平行业领先。生产效率大幅提升，生产成本不断降低。在提升生产效率提高的同时，确保生产相关数据的及时性及准确性。

在质量管理体系、标准化体系建设方面：公司中心化验室配备了高精密度的仪器设备：德国SYKAM公司氨基酸分析仪、SDS-III型单胃动物仿生消化系统、德国Bruke公司近红外光谱仪、美国热电公司Thermo全自动酶标仪、德国IKA公司能量检测仪、美国Waters公司高效液相分析仪、日本岛津公司火焰原子吸收分光光度计等；配备专业检测人员，其中研究生以上学历化验人员配备率90%，进厂原料和出厂成品做到批批检测，并通过近红外光谱持续优化，确保检测结果的准确性，为原料的使用及成品的判定提供保障。同时，公司建立了完善的原料和产品质量追溯体系。通过智能化系统，“邦供云”精益质量管理App，将生产过程控制与工厂运营管理相结合，实现关键控制点的实时监控，保证从原料入库到成品出厂，每一个环节都有严格监控，保证产品质量和产品安全，帮助企业实现跨越式发展。

在正邦农业科学院等相关科研院校所的指导帮助下，桑海分公司应用微生物技术，推动向无抗饲料、益生菌应用。公司的代奶料、教槽料应用复合益生菌剂、专用大豆小肽、有机酸复合物等原料有效地提升饲料适口性，增加哺乳猪、教槽猪的采食量，促进小猪生长。同时通过母猪预混料中益生菌微生物对母猪肠道调节作用，促进肠道健康、母猪自身免疫力、减少疾病，并使畜舍内氨气等有害气体浓度明显降低、大幅度减少污物的排放。

桑海分公司技术配方研发团队通过持续不断地探索和实践，大胆地实施科技创新，公司成功开发出一系列“优优乳”“邦优乳”产品，降低养殖户哺乳仔猪、断奶仔猪、病弱猪的死淘率，获得养殖户广泛好评，取得了良好的经济效益和社会效益。

通过努力，公司获得了一系列荣誉。主要包括：江西省农业产业化重点龙头企业、江西省规模以上企业，被江西省科学技术厅授予“江西省科技协同创新体”。面对竞争激烈的市场环境，桑海分公司始终秉承“谦虚、好学、仁爱、负责”的企业精神，坚持“以人为本、以正兴邦”的经营哲学，践行“广泛联合、永远惠民”的发展准则，以科技创新为主轴，以饲料安全为核心，以产业化经营为目标，不断提高产品质量和服务质量，通过为养殖户提供优质饲料和服务，提高广大养殖户的养殖水平，为江西农牧业的发展、经济繁荣和社会进步不懈努力。

做中国人自己的饲用酵母

——湖北宜昌安琪酵母股份有限公司

2018年9月13日，农业农村部发布第64号公告，在全国范围内暂停使用血浆蛋白粉，以应对来势汹汹的非洲猪瘟疫情继续扩散。

一纸公告让无数饲料企业老板和配方师心急如焚，安琪福邦“赛雪江”仿佛一夜之间成为饲料行业、尤其是教槽料企业的“香饽饽”。在“赛雪江”成为现象级产品之前，酵母的“饲用”之路，已在安琪经历了近20个年头。

一、探索与出发

2000年左右，中国畜牧业正在集约化的道路上快速前进着，但对于集约化养殖中需要的饲料添加剂严重依赖进口，特别是饲用酵母类产品更是被国外大厂垄断。针对这种情况，安琪公司运用自身研发优势，细分业务，成立生物饲料研发室，专注于酵母源生物饲料的研究，并成功向市场推出了自研饲用酵母类产品。两年后，安琪成立动物营养事业部，并创立了“福邦”酵母源生物饲料品牌。

在饲料添加剂领域，安琪是个“新人”。当时的业务经理在饲料厂和养殖企业“跑断了腿”，但收获的却是对“安琪”品牌及酵母源产品功效的质疑。“为啥国内响当当的食用酵母品牌，用在动物上就行不通了呢?”原本以为依靠大品牌力量可以畅通无阻的年轻业务员在饲料及畜牧行业碰壁了。

为了获得行业的认可，年轻的福邦团队开始与行业进行频繁沟通和交流，积极加入行业团体组织。在以过硬的产品质量的保障下，安琪、福邦开始在行业内获得认可。

二、发展及突破

安琪早期的动物营养业务主要以饲用高活性干酵母、酵母硒等饲料添加剂产品为主，同时引进了枯草芽孢杆菌等市场跟进产品。由于国内饲料添加剂的同行们起步时间差不多，并且面临国际大厂的挤压，行业竞争激烈。同时容易受到行情波动的影响，短期内难以形成规模，限制了业务的快速发展。

这时，安琪急需在动物营养领域打造一款“爆款”产品，并且是去掉同质化，又区别于国外先行者们的产品。在经过详细的市场调研后，安琪发现饲料企业为了提高动物的采食量，对于诱食性产品存在强烈的需求，并且国内畜牧业存在巨大的蛋白原料缺口。有了明确的目标，安琪开始开足马力进行产品研发。

2005年，安琪公司研发出有增强诱食、免疫力效果的蛋白原料——酵母水解物。在经过与国内某大型养殖企业进行产品应用试验后，推向市场。这是在国内首次将酵母水解物应用在动物营养领域，弥补了国内饲用蛋白源的缺口。安琪也在这一年将饲用酵母类产品命名为“酵母源生物饲料”。

经过多年的推广，酵母水解物已经具有相当的市场基础，但酵母水解物依然是饲料添加剂，对于添加量有着严格要求。

在公司的大力推动下，农业部2013年发布第2038号公告，将酿酒酵母水解物、食品酵母粉、酿酒酵母细胞壁、酿酒酵母提取物等酵母源生物饲料由饲料添加剂目录转入饲料原料目录。这意味着酵母类产品在饲料配方中的比重加大，安琪动物营养业务规模得以快速提升。

三、重视可持续发展

酵母水解物在国内遭遇非洲猪瘟疫情的背景下成为现象级产品，但在之前多年不断完善应用方案，提高生产工艺的过程中，依靠的不仅是销量，更是安琪一脉相承对于食品安全的重视。

酵母水解物作为一款饲用蛋白原料产品，最大的竞争者是在饲料中广泛应用的血浆蛋白粉，这是在当代饲料配方中不可或缺的蛋白原料。但业内对血浆蛋白粉使用的风险一直存有争议。

一方面，血浆蛋白粉具有良好的诱食效果、能促进采食，同时富含免疫球蛋白，增强抗病力，被广泛用作教槽料原料。另一方面，血浆蛋白粉源自猪血，存在携带病菌和传播疾病的隐忧。而酵母水解物没有生物安全隐患的特点，正是血浆蛋白粉的有力替代物。但血浆蛋白粉在养殖应用中有着高性价比的效益优势，导致水解物只用于部分替代血浆蛋白粉使用，未能完全替代其在配方中的地位。

安琪是一家十分注重食品安全的企业，我们相信向着食品安全前行才是真正的可持续发展道路。正是这样，酵母源生物饲料无生物安全隐患、减少环保污染的特点让公司相信它就是中国需要的饲料原料。在公司不断完善产品应用方案的同时，市场也越来越认可酵母源生物饲料的价值。

2007年，在中国饲料经济专业委员会主办的首届中国农牧行业隐形冠军发展论坛上，福邦凭借前瞻的产品布局和快速增长的业绩，被评为隐形冠军。2010年福邦销售额破亿元，2019年福邦销售额破5亿元。

四、无抗是未来

2017年，一篇名为《“抗生素肉”摆满中国人餐桌，猪肉含量是牛肉5倍!》的文章再次引发了国内民众对养殖中抗生素滥用的担忧。

虽然我们不能否认抗菌促生长剂对畜牧行业带来的贡献，但是凡事都有两面性，并且禁止在饲料中长期添加抗生素的脚步离我们越来越近，我们应该如何应对禁抗后对动物生长性能以及疾病带来的影响？行业内各专家普遍认为，只有从饲料原料的角度出发，才能从根本上解决养殖生产中面临的各种问题，设计出真正的无抗饲料配方，而非使用添加剂。

早于2003年，安琪就推出了具有增强免疫力效果的饲用酵母细胞壁产品，是替抗的主力成员之一。在多年不断优化工艺及应用推广后，该产品已在强免疫、抗应激、吸附霉菌毒素等方面获得市场的广泛认可。并且与酵母水解物一同在2013年被农业部列入饲料原料目录，相比其他抗生素替代物具有较高的性价比。2018年，安琪更是针对替抗需求，自主研发了“亢可替”产品。

替抗以及无抗是一条长远艰难的道路，但也是中国向未来迈进的必经之路。安琪从源头着手，在帮助祖国经济腾飞的同时，也为人民的身体健康保驾护航。

致力于为客户实现安全、高效、环保养猪

——湖南九鼎科技（集团）有限公司

一、研发实力是企业发展之本

1. 专业化研发团队。公司拥有一支年轻、高效

的专业化研发团队，还同中科院亚热带所、湖南农业大学、华中农业大学等院校所开展合作，发挥大学和科研院所的知识和研究成果的优势，提升产品的技术含量。

2. 高效的研发体系。始终坚持客户价值最大化的原则，打破部门壁垒，拉近产品研发与市场的距离，建立以客户需求和市场需要为导向的研发体系。导入流程型组织管理模式，并配套严格的考核激励制度，确保业务流程的高效运转。

3. 研发基础保障——智能化测试设备。公司研发配套由集团自主研发的智能化养殖设备，囊括怀孕母猪限位栏精准饲喂器、怀孕母猪大栏群养饲喂站、哺乳母猪饲喂器、保育至生长育肥猪的生长性能测试站，并将所有监测数据上传至智慧养殖远程管理系统的云平台，大数据记录增加了样本数量，产品研发更加快速、更加精准。

二、产品效果与推广引领行业新潮流

1. 无抗饲料——猪用饲料选九宝，好养好治排放少！

九鼎集团在行业率先立项攻关饲料无抗技术，2016年年底，各阶段替抗取得了突破性成果，实现零抗生素添加，生长性能与有抗无差异，为可追溯源无抗猪肉产业链提供了坚实的技术支撑。在“推动健康养殖，保障食品安全”的今天，九鼎无抗饲料引领行业发展。

无抗饲料技术获得岳阳市科技局批准科技项目1项，科技成果2项，申请专利8项，其中2项已授权，6项正在受理，发表科技论文8篇。2016年，九鼎无抗环保饲料研发团队被授予岳阳市“科技创新创业人才团队奖”。

2. 环保饲料——低排放，高转化，九鼎6D环保饲料！

2016年年底，九鼎集团将“环保型”饲料开发制定为集团重要战略项目。2017年九鼎集团6D环保饲料的推出，不仅解决了养猪业低排放的环保要求，而且提高了饲料原料的利用率和猪的生产性能，改善了机体的肠道健康和免疫力，最终生产出安全优质的肉食品，受到了市场、用户及环保部门的一致好评。6D环保技术实现了环境和产品的生态安全，引领饲料行业朝着环境友好型方向发展。

经过技术研发团队的通力合作，2017年九鼎集团成功推出6D环保系列饲料产品，并获得科技成果1项，省科技项目1项，申请专利6项，起草了湖南省团体标准《环保型猪用配合饲料质量要求》，另外发表科技论文9篇。

3. 分阶段针对性产品套餐——为了用户，活得更多，长得更快，养得安心！

母猪：仔多多滋补套餐。

（1）提高母仔猪免疫力：根据“后非瘟时代”需要、母仔一体化思考，补充机体亏损、强化免疫营养，清除毒素、保肝护肝，改善肠道健康、提高非特异性免疫力，母猪自身及仔猪抵抗力大大提高。

（2）母猪发情率高、产仔数多、仔猪存活率高。

A. 后备母猪料在满足生殖发育、肢蹄健康、高抵抗力的基础上，调节雌激素分泌、促进卵泡发育成熟，并补充乳腺发育的功能营养，后备母猪发情率提高10%以上、乳腺发育好。

B. 怀孕料通过优质纤维改善便秘，同时通过功能氨基酸改善胎儿营养吸收。窝产活仔数多1头、仔猪发育好。

C. 哺乳料高营养高平衡，弥补母猪低采食量的营养缺口及亏损；通过添加活性能量及植物提取物使得母猪奶水充足、优质，仔猪死亡率少10%、仔猪免疫力高，断奶后更好养。

仔猪：大保育套餐。

（1）仔猪最健康：

A. 母猪配套使用“仔多多母猪滋补”套餐，来自母体的仔猪免疫力增强。

B. 选用益生元、功能性寡糖类、功能性酯类等，配合独特的肠道修复技术、免疫增强技术及高效环保技术，大大降低仔猪的免疫抑制。

（2）饲料最安全：

A. 不添加任何血源制品，消除非洲猪瘟病毒的潜在隐患。

B. 使用九鼎效果最好的无抗核心技术，消除抗生素对猪肠道的破坏作用。

（3）仔猪长速最快：

A. 套餐营养均衡，最大程度实现仔猪各个环节饲料的平稳过渡。

B. 选用消化率高、新鲜、质量稳定的原料作为主原料来源，仔猪采食量高，确保仔猪最关键的前80天营养充足，较常规产品提前3～7天达到40kg，为后期快速出栏奠定基础。

肥猪：大育肥套餐功效。

（1）强化机体免疫力：益生元、功能性寡糖类、植物提取物类、功能性酯类等免疫增强剂的应用能极大提高育肥猪的免疫能力，强化其抗病力。

（2）释放机体的免疫力：

A. 效果最好的饲料无抗技术及成熟的肠道细胞供能技术能将抗生素对肠道的损伤降到最低，促进肠道结构及功能的完整性，充分发挥肠道作为机体最大免疫器官的作用，全面释放机体的免疫力。

B. 性价比最优的环保饲料技术能显著改善猪舍

内的空气质量，缓解育肥猪的呼吸道疾病压力及免疫应激，充分释放机体的免疫力，提高育肥猪的健康程度。

（3）挖掘育肥猪的生长潜力：

A. 分阶段高而精准的营养浓度能为育肥猪提供最全面的营养。

B. 发酵原料的使用能有效提高育肥猪的采食量。

C. 发酵代谢产物配合复合酶制剂的使用能最大程度提高养分的消化吸收效率。高营养、高采食、高转化共同支撑了育肥猪的快速生长。

三、综合服务为客户“降本增效”

九鼎科技，最实惠的养猪综合服务商！

九鼎集团联动内部的智能化设备、远程养猪管理平台、动保产品以及多年来在产业链运作方面积累的经验资源，给养殖户提供最好的综合服务方案，为猪场“降本增效”。

九鼎防非洲猪瘟配套动保产品：

（1）免疫强化产品包（沙普艾菲），母猪保健产品包（鼎母安、绿生源、健母宝、奶水伴侣）。

（2）肠道健康产品包（教保康），呼吸道健康产品包（三仙汤+1）。

（3）清洁消毒：沙温。

九鼎防非洲猪瘟配套设备产品远程管理系统。

四、饲养互动，联盟一体化发展

九鼎集团秉承着创新和引领的企业发展理念，从单纯的饲料经营到饲料养殖联盟一体化发展，将再一次站在行业变革的前沿，并且充分整合集团内部企业行业顶尖水平的智能化养猪设备、养猪远程管理平台等资源，为客户实现安全、高效、环保养猪，最终提高养殖收益！

将来，九鼎集团会继续加大与分布在全国各地的广大养猪朋友的合作，为客户提供最好的无抗饲料、性价比最高的环保饲料，充分整合企业内部资源，成为养猪户最实惠的综合服务商，并为力图产业链发展的客户提供经验、工具、方案及平台，携手客户共创明天的辉煌！

行创新之举　兴强企之道

——长沙兴嘉生物工程股份有限公司

长沙兴嘉生物工程股份有限公司2002年成立，凭借对矿物微量元素营养价值和行业发展规律的深刻理解，秉承对行业的高度使命感和责任感，持续专注于安全、高效、低排的矿物微量元素研发与推广，为行业提供矿物微量元素营养整体解决方案，不断推动行业的技术升级和产品变革。多年的行业沉淀，兴嘉生物不忘初心，以匠人精神引领行业的健康良性发展，成为国内矿物微量元素行业高端产品的领军企业！

公司连续3年保持20%以上的增长速度，是什么内在力量促使企业在激烈的市场竞争中占据行业主导地位，保持高速发展呢？董事长一句话道出了真谛，创新是企业发展的永恒动力！

一、技术创新是源动力

矿物微量元素是所有生命体的“发动机”，其技术创新和产品变革是所有营养素协同发展的关键，更是资源高效、合理化利用，减少浪费和排放，符合全球可持续发展的关键要素。

兴嘉生物倡导和推动矿物微量元素生态链的构建，让矿物微量元素的价值在工业→畜牧业→种植业→人各环节之间有效传递和循环，形成人、动物、植物、环境间的和谐，资源有效利用，实现循环可利用的产业布局。

自成立以来，公司一直致力于矿物微量元素的技术创新和产品变革，始终坚持“自主创新为主，产学研合作相结合”的研发模式，坚持“销售一批、推广一批、储备一批”的科研方针，保持产品研发和产品转化的连续性和前瞻性，不断提高产品的竞争能力。在研发平台的支持下，重点研究氨基酸络（螯）合物有机矿物微量元素、羟基化产品（如羟基氯化物：碱式盐）以及矿物微量元素平衡营养方案，拥有多系列产品的制备方法与应用专利，掌握了核心工艺技术，并具备成熟的规模化生产经验。同时，在动物版块的核心技术研发和产品应用基础上，还构建了针对植物营养的微平衡研发平台，基于目标作物的营养需求特点以及土壤肥力状况，首创了四大植物营养“微平衡”技术，从“矿物微量元素平衡、微生态平衡、土壤微环境平衡及植物营养平衡”4个方面使植物营养需求和土壤肥力多维度协同发展，避免拮抗，让土壤可持续耕耘，为植物创造良好的生态环境，为人类提供安全、适口性佳的农产品。

公司是唯一一个拥有氨基酸络（螯）合物和羟基化产品两大研发平台的企业，多系列的产品全方位、多维度满足不同动植物，不同阶段，不同功效的需求，推动了整个矿物微量元素的协同发展。2002年全球首创羟基蛋氨酸螯合物系列产品，参与制定国家标准并获得国家发明专利，推动了国内氨基酸螯合物的有序发展；2003年中国首创羟基氯化铜（碱式氯化铜），改变了行业内一直以来使用硫酸盐的状态，获得国家饲料和饲料添加剂新产品证书，被公认为行业内最有价值的新产品；2005 年中国首创羟基氯化锌（碱式氯化锌），再获国家饲料和饲料添加剂新产品证书，是首家在全球实现该产品产业化的企业；2006 年建成规模较大的甘氨酸有机产品生产基地，推广甘氨酸络（螯）合物；2007 年，在不断推出单一新产品的同时，公司开始研究矿物微量元素协同营养技术，以羟基氯化物（碱式盐）和氨基酸络（螯）合物为核心原料，推出复合微量元素产品以及功能性产品，为客户提供矿物微量元素营养体解决方案；2010 年研发和推广苏氨酸螯合物系列产品……兴嘉每一次新的尝试都引起国内矿物微量元素新的变革。

后抗生素时代，人们越来越重视健康养殖、营养调控、环境保护，氨基酸络（螯）合物、羟基氯化物（碱式盐）作为新型、高品质的矿物微量元素，产品价值将会得到更好的释放和体现，拥有巨大的提升空间。未来，公司在抗病营养和免疫营养以及低蛋白日粮的趋势下，将为客户提供更多、更精准的矿物微量元素营养解决方案，并将这些解决方案在中国应用的经验，复制到全球，在全球持续为行业解决问题，为行业创造价值和持续被客户所需要。

二、生产和质量管理创新是核心保障

一直以来，兴嘉人把“安全、环保、新型、高效”当成自己的神圣使命。公司产品涵盖的品种较多，剂型较多，许多产品处于国内外的领先地位，为了确保成本的合理性、品质的稳定以及生产的效率，公司推出了原料与工艺匹配、工艺与设备匹配、设备与产品匹配、产品与客户匹配的精益生产管理理念，并按照 ISO9001 质量管理体系、ISO22000 食品安全管理体系以及 FAMI-QS 欧洲饲料添加剂和预混合饲料质量体系的要求规范建立了原料、生产和应用等品质管理体系，实行品控上移，产品品质从源头抓起，对所有外购原料均进行定点开发、定点工艺改造、定点控制、定点供应，实现产品质量可追溯，安全有保证。

品质的管理不仅依靠处处严谨的制度，而且兴嘉生物在质量体系硬件设备上也给予了巨大的投入。针对全球尚无矿物微量元素专业化的生产线，公司联合瑞士布勒历经两年的研究，开发了全球首条智能化的矿物微量元素生产线，填补了行业和布勒公司在矿物微量元素领域设备开发和推广的空白。该生产线实现了矿物微量元素的精准配方、单班效率高、变异系数小，WinCoS 软件系统与公司的产供销、配方下达等可进行有效联动、高效运转，提高公司的市场反应速度，增加了与客户的黏合度。公司目前分别在长沙国家生物产业基地和望城铜官循环经济工业园建有生产基地，年产能可达 10 万 t 以上，此外还建立了自己的动植物应用研究中心，开展矿物微量元素在动植物中的应用研究，确保公司所有推向市场的产品安全、高效，充分满足动植物营养需要，发挥最佳的生产潜能，通过不断地改进和完善，确保用户最终购买的产品物有所值。自成立以来，已累计完成近百次动植物相关试验。

公司产品出口根据输入国家或地区的相关管理规定，严格按照输入国产品注册流程取得相关备案，同时，严格遵守输入国家或地区的协议、合同等相关要求，公司是中国第一家矿物微量元素按饲料添加剂管理条例出口的企业，产品均经受住输入国家或地区的验证，符合质量标准要求，得到了国内外客户的高度评价和持续稳定的合作，重塑中国产品出口的口碑，在全球与国际同类知名企业在同一水平下公平竞争。

三、营销模式创新是助推力

随着全球化的禁抗、减排、食品安全的趋势凸显，国家产业政策不断进行优化和调整，加速了行业的洗牌和整合，畜牧行业向集团化、规模化发展，产业链一体化趋势越来越明显，客户的经营模式和需求发生了根本性的变化。

兴嘉结合自身的优势创新采用“1＋1”营销模式，在为客户提供的产品中，一是有形的产品，二是无形的技术服务。这种根据客户的需求“量身定做”的营销模式，分为售前、售中、售后 3 个过程，售前通过与客户的交流及实地考察，了解客户的使用现状及使用需求，制作合理的方案，提供使用方法和配方设计。售中选择合适的产品，对生产过程进行全程跟踪，并给予专家级的技术支持。售后了解客户使用公司产品后终端客户的使用情况，并制作效果跟踪报告，为客户使用公司的产品建立信心。这是对传统销售领域单纯“以产品卖产品”模式的巨大突破。

作为一家在矿物微量元素上具有先行优势和技术优势的领导企业，兴嘉有这种技术服务的实力，也有传播矿物微量元素使用新技术、新理念、新产品的决心与毅力。兴嘉的发展观中，发展的外延被无限放大，发展的主体不仅仅指企业本身，而且还关联着行业整体状态的改进和整体水平提高的“大发展”。为此，针对矿物微量元素成分复杂、检测标准不统一的问题，兴嘉生物多次举办“矿物微量元素质量控制研讨班”，利用自身多年积累的经验，为行业检测技术交流搭建平台；而面对长期以来饲料原料中矿物微量元素本底值为多少的难题，兴嘉生物广泛收集原料样品，检测原料中矿物微量元素的含量，建立“中国饲料原料矿物微量元素数据库”，为饲料企业配方设计提供科学依据与数据支持；此外，自费主办了多届

"微量元素与饲料安全"国际论坛，邀请国内外专家和行业知名企业共同交流新理念、新技术、新成果，推动行业进步与发展，被誉为矿物微量元素学术水平最高的行业技术会议。

同时，公司引进了华为的管理模式，改变传统的营销模式，重新梳理营销策略，定位客户、定位需求、定位产品、定位价格与价值，精准定位，运用产出线思路等一系列营销措施，从简单地为客户提供产品转变为"帮客户解决问题"，"为客户创造价值""持续被客户所需要"，重塑营销的价值链。

经过多年的发展，凭借新型、高效、安全、低排的产品系列，优良的品质以及值得信赖的行业口碑，公司赢得了国内外客户的广泛认同，积累了大批优质客户，产品和服务网络已覆盖中国20多个省份以及全球20多个国家和地区。通过核心技术的支撑，产品品质的保障，完善的服务体系，获得在矿物微量元素领域更大的国际话语权，占有更大的市场份额成为兴嘉人孜孜不倦的追求。

随着国家对环境保护和食品安全政策力度的加强，一方面养殖规模和数量将受到限制，另一方面全球范围内农牧行业的全面减抗和禁抗，为了充分发挥动物的生长效率，减少疾病，需通过营养平衡调控动物的健康水平，提高抗病能力。矿物微量元素作为三大核心营养之一，将从关注基础营养过渡到关注功能性营养和抗病免疫营养，其营养价值越来越得到行业的认可，新技术、新产品将逐步成为行业的主流，矿物微量元素的价值无论从技术营养的角度和使用者的角度都会得到进一步释放和体现。

未来已来，兴嘉人承载着光荣与梦想，将继续坚持自主创新发展之路，用创新引领这个行业，用正知、正行、正念影响这个行业，为实现全球矿物微量元素的领军企业的宏愿。

为用户提供健康、安全和高性价比产品

——广东恒兴饲料实业股份有限公司

一、公司简介

广东恒兴饲料实业股份有限公司创立于1995年，是一家集饲料产销、种苗繁育、微生态制剂及兽药、进出口贸易于一体的民营企业。旗下拥有子公司37家，分布于广东、广西、海南、福建、江苏、浙江、山东、湖北、吉林等地区及越南、印度尼西亚、马来西亚等东南亚国家。其中公司特种水产饲料销量连续多年位居全国前列。

公司被认定为"农业产业化国家重点龙头企业""高新技术企业"，2014年被评为中国畜牧饲料行业"综合科技创新企业"，2016年被评为"全国三十强饲料企业"，2017年被评为"中国水产科技创新示范基地"，2018年被评为"农业农村部华南水产与畜禽饲料重点实验室"，被评为"改革开放40年·中国农业十大卓越贡献企业"，"一带一路"国际合作先进饲料企业，"饲料行业扶贫工作先进集体"；2019年中兴1号南美白对虾被评为"广东渔业种业十大名优品种"。

公司主持制定了6项饲料产品国家标准，1项饲料卫生国家标准，1项对虾育苗国家标准；现有国家发明专利及实用新型专利共73项，与中山大学共同选育第一个国家认定的凡纳滨对虾（南美白对虾）抗病新品种"中兴1号"。

公司秉承"恒农兴邦"为愿景，以"致力于农业发展、为用户创造价值，提供安全、营养、健康食品，改善人类生活品质"为使命，以"专业化、产业化、国际化"为发展目标，立足饲料业务，积极拓展种苗业务，配套发展微生态制剂业务，坚持为用户提供健康、安全和高性价比的产品、技术和服务，帮助用户实现养殖价值最大化。公司实行"公司＋基地＋农户＋标准＋服务"的运作模式，提供"饲料＋种苗＋制剂＋养殖技术服务"一体化的养殖服务平台。

二、积极响应"倡议"赢发展

公司积极践行国家"一带一路"倡议，利用公司在越南、印度尼西亚虾料市场已形成的品牌优势，加大公司在越南、印度尼西亚的投资；坚持"先市场、后工厂"的投资理念，积极拓展马来西亚、印度、中东及非洲市场；目前，恒兴走出去业务遍及越南、印度尼西亚、马来西亚、缅甸、印度等国家。在越南建有2家饲料加工厂，马来西亚1家饲料厂。在建项目有印度尼西亚的1家饲料厂及缅甸的育苗场和饲料厂，另有印度、菲律宾和孟加拉国的项目正在规划中。

三、助力扶贫和公益

恒兴运用产业优势，帮扶贫困人口脱贫致富。在偏远的农村，仍然有着很多的贫困户，他们不愿意到城市生活，只愿意待在自己的家乡。由于各方面原因制约了他们走向富裕，至今仍然未脱贫、未脱困。恒兴结合自身农业产业优势，成功帮扶近100多万户脱贫户致富。

提供启动资金扶贫。公司每年提供扶贫资金超5亿元帮扶农村困难人口解决创业启动资金的难题。这些资金通过恒兴3 000多个乡村养殖技术服务推广站、1 000多名恒兴技术服务员、5 000多名经销商走访乡村，以“免息赊销”的方式投放给他们。将资金变换为优质的“种苗、饲料、动保产品”，帮助他们开启养殖脱贫的大门。待他们养殖成功赚到钱后，再把“种苗、饲料、动保”的货款还给公司。

技术下乡扶贫。恒兴为了帮助贫困人口解决“种苗、饲料、动保产品”科学养殖的技术问题。累计提供养殖技术培训30多万次，免费赠送养殖技术手册30多万册，仅培训养殖户一项累计投入经费超过1.5亿元。

就业扶贫。公司现在国内外建有20多个工厂，先后累计帮助4 300多名贫困人口提供就业岗位。每年公司重点接收贫困人口300多人。

其他公益。公司发展的同时，勇当社会责任，为建设新农村、改善医疗、赈灾捐款、修路架桥、办学助学等慈善活动中累计捐款超过1.5亿元；为救活“死火”的国有企业，投资近1亿元。未来，恒兴将继续积极履行社会责任，投入社会公益事业，为建设和谐社会贡献自己的一份力量。

打造生物饲料第一品牌

——江门市六和饲料有限公司

江门市六和饲料有限公司（以下简称“江门六和”）位于广东省台山市大江镇潭江工业区6号，紧邻美丽的潭江。公司于2013年7月建成投产，占地60亩，总投资额超过1亿元，是新希望六和股份控股子公司。江门六和专业从事猪、鸡、鸭、鱼配合饲料研究、开发与生产，以及生猪养殖、禽养殖等业务，饲料年产能超45万t，销售收入10亿元。

公司拥有独立研发团队，同时依托新希望六和技术研究中心的技术力量，同国内科研院校紧密合作，率先推出生物环比全价饲料，提高产品质量，积极践行“精准营销”和推行“健康养殖”，为养殖户提供最优的养殖方案。公司自2013年成立之始，每年保持量在20%以上的复合增长。

一、打造专业自动化生产车间

公司自2013年6月至2019年12月，累计固定资产投入超1亿元。公司建有水产车间、猪料车间、禽料车间专业生产。水产车间有3条时产10t的膨化料生产线、1条虾料线，猪料车间有2条生产线和8个散装料塔，禽料车间有4条生产线。

二、坚持生物饲料的研发和运用

公司还建有自主的生物饲料车间，为“无抗养殖”“健康环保养殖”提供保障。公司从2014年就开始生物全价饲料的研究和开发，经过不断的研发和试验，公司推出了猪、鱼生物全价饲料，以及生物功能饲料，“好消化、好肠道、好效益、好环境”的生物饲料第一品牌得到了广大养殖户的认同。

三、质量第一，客户至上

公司秉承新希望六和“客户至上”的经营理念，坚持为客户提供最好的产品和最优质服务，不断优化生产工艺及技术方案，加大技术研发投入。公司目前有博士生2人、研究生4人，同时坚持打造强大的品质管理团队力量，投资购买行业中最先进的检、化验设备，保证不让一颗不合格产品流入市场，产品在市场上口碑好，得到广大用户朋友非常好的评价。

四、坚持“精准营销”营销思路

公司不断从各大高校引进专业人才，对核心市场进行密集调研、精准调研，找准客户需求，通过技术服务和示范饲养，不断提高客户经济效益，同时通过会议传播、复制先进的做法，达到形成一片的效应，大大提高了开发效率，市场进展快。

五、不断创新业务和进入养殖

2017年公司开始进入特水鱼料，现在公司生产销售生鱼、加州鲈、塘虱、黄颡、泥鳅等特水鱼料，已经在市场形成良好的口碑。

2018年暴发非洲猪瘟疫情以后，国内饲料行业格局发生了巨大变化，饲料的商品属性也逐渐在向生产资料属性转变。未来谁拥有养殖谁就拥有饲料销量，为了应对市场变化，稳定增长，公司经过慎重研究后决定要积极参与到养殖中去，现生猪存栏量超2万头。

未来5年，公司将继续以高增长目标作为牵引，积极参与市场竞争，深耕饲料主业，细分饲料市场，计划投入更多的资金和精力参与到特水鱼料的竞争中去。

3C清洁饲料技术领跑者

——广东旺大集团

40年前，改革开放的春风从南粤大地发端，以席卷之势吹遍全国，改变世界格局。旺大——发端于斯，雄居华南，谋篇华夏，造福行业！

2000年1月27日，旺大于改革先锋广州成立，2013年3月旺大成立集团公司，2014年10月集团改制为股份公司，2015年6月集团在新三板挂牌。20年来集团一直专注于“绿色、安全、优质、高效”3C清洁生物饲料的研发和生产，2019年起，集团除了保持猪料核心业务外，同时发展禽料、水产和反刍动物饲料。

翻开旺大的成长履历，最值得旺大人和忠诚客户称道的，无疑是19年产品零事故、零投诉；提起旺大的董事长钟世强，凡是熟悉他的人，莫不对其看重科研投入、重视产品研发、率先倡导和践行“大幅领先国家标准做产品”的理念竖起大拇指，堪称业界良心。

旺大实行精准营养理念，认为并非高营养标准就能达到好的生产性能，某些指标太高反而导致难以消化吸收，增加机体负担，造成不必要的浪费。因此，旺大集团率先引入净能体系，建立低蛋白日粮下的氨基酸平衡，维生素、矿物微量元素、脂肪酸等模型及抗病营养新技术，从配方源头控制动物体的消化吸收，绝对不用违禁原料与有毒有害物质，不用抗生素，形成了自己领先于同行的、独特的清洁饲料产品的技术标准。

有人说，旺大是一个没有故事的企业，然而，正是因为没有故事，反而成为有内涵并最值得玩味的故事。

一、致力基础研究 20年厚积薄发

20年来，秉承“应用一代、储备一代、研发一代”研发理念的旺大人一直潜心于基础研究，始终不渝坚持科技创新，一如既往重视技术储备和研发；中国工程院院士工作站、四川农大博士工作站、清洁饲料工程技术研究中心等相继成立，承担产学研合作项目，先后获得14项国家专利或实用新型专利；成立华南首家预混料“安全检测中心”，可开展质量控制监测指标180多项，为旺大产品保驾护航。

什么是3C清洁饲料?

旺大科技赋予其最新科技产品的核心内涵是Clean the feed（日粮清洁）、Clean meat（肉品清洁），Clean environment（环境清洁）。相对传统饲料日粮而言，旺大3C清洁饲料采用现代综合技术配制而成，具有消化率高、排放少、生产过程清洁的节能型的明显特征。

——日粮清洁：核心是高吸收、低排放、节粮型，使旺大产品成为旺大科技传导用户价值的有效载体。

——肉品清洁：核心是营养更全面、无药残，肉品品质更佳，从源头解决消费者对食品安全的核心需求。

——环境清洁：核心是重金属含量低、臭味少。排泄物中氮磷及重金属含量少，气味温和，便于发酵、养虫等资源化利用，让粪污变废为宝。

二、四大专利技术 支撑产品灵魂

在科技先行的理念指导下，随着3C清洁饲料技术的研发方向提出和推进，逐渐形成四大核心专利技术，形成旺大产品的基因和灵魂。

生物快大技术：除吸收国外先进和严格的原料品控技术外，又融入了高科技成果，如氨基酸螯合物、复合酶、益生素、维生素包被技术等，独创出“生物快大配方新技术”。

免疫增强技术：采用最新的免疫增强技术，包括从世界最发达养猪基地欧洲荷兰进口的SP100免疫增强剂，结合微生态制剂和我国优质的中草药，发挥最佳的免疫增强效果。

植物保健技术：运用现代动物营养新技术与动物保健技术相结合原理，成功研制以纯植物提取物、小肠绒毛抗体为核心组成的植物保健型产品，具有驱虫、健胃、清热、解毒、镇定、平喘等功效，经济效益更显著。

清洁营养技术：采用现代加工工艺综合技术配制成消化率高、排放少、生产过程清洁、安全、环保的节能型饲料日粮。绝对不用违禁原料和不用抗生素，不用有毒有害物质，从而在设计配方时就控制到产品的清洁。即利用氨基酸（平衡）模型、维生素模型、矿物微量元素模型、脂肪酸模型（按照生猪生长和繁殖需求，建立的最佳平衡量模型）、净能应用、抗病营养以及功能性添加剂等技术，达到高吸收、低排放、节能型的清洁目的。

三、践行工匠精神 雕琢3C精品

在3C清洁饲料理念引领下，旺大产品研发日新月异。旺大人持续优化软硬件建设，践行“工匠精神”，为实现产品优秀、过硬的品质以及升级迭代的平稳过渡提供了坚实可靠的技术支撑。

2015年，旺大箭头产品“优代乳”教槽料横空出世，并快速形成以优代乳、金代乳、绿代乳为主的“代乳家族”系列教槽料产品。依托精准营养、食品级原料和近乎苛刻的品控体系，“代乳家族”系列教槽料以开食快、吃得多、转料易的绝对优势“力压群芳”，顽强攻克断奶掉膘三大顽疾，实现猪崽断奶——轻松过渡，10秒搞定！以此为基础，旺大第三代产品组合“旺崽套餐”乳猪成长精细化营养方案，以全面、均衡营养构建免疫防护屏障，护航轻松断奶。

从三代产品的升级迭代、到3C清洁饲料技术的践行，旺大一以贯之重视客户价值的创造。第一代产品“旺大中猪料”以“快大、拉骨架”著称，第二代产品“旺大保育料”以高免疫、好过渡的特点获得养殖户广泛认可，第三代产品“旺崽套餐”凭借营养免疫、护航轻松断奶的特点领跑行业。旺大产品先后荣膺“中国名优产品、中国饲料行业信得过好产品、广东省名牌产品、广东省高新技术产品”等称号。

四、时刻不忘初心 服务增加价值

随着养殖格局的急剧变化，养殖户在厂商户关系链条中处于空间重要的位置，饲料厂基础研究和产品提供方向已真正回归到“养殖户为王”的正常轨道；在此背景下，以 PSY、MSY 提升为核心的养殖生产成绩提升（养殖增效），才是养殖户的首要价值。

旺大科技认为：对饲料厂来说，要多点“价值”、少点“套路”，把产品做好，就是为养殖户提供最大的价值；帮助养殖户把产品用好（实现配方价值），是给养殖户最好的服务。与此同时，旺大矢志推动“产品力、服务力、品牌力”建设齐头并进，走专业特色化的发展之路，构建“营销工程师、畜牧兽医师、专家教授团”三级服务体系，与华南农大、温氏合作成立了猪病动检中心和猪行为研究中心，推广福利养猪新技术，完善旺大技术服务体系和服务平台。

旺大倡导积极向上的企业精神，携手与各方打造共赢格局。我们秉承“务实敬业、合作创新、从心沟通、伙伴成长”的核心价值观，牢记“安全产品创造美好生活”的企业使命，发扬“团结、务实、求精、创新”的旺大精神，践行“用户赚钱、经销得利、员工成长、企业发展、社会和谐”的五赢模式。

扎根酵母乳强价值，突破畜禽料扩规模，多元化发展创效益。旺大集团将坚持“平台推动、机制激活、高质发展”的管理思想，朝着中国一流的农牧科技企业集团战略目标奋勇向前、永不止步，持续做好日粮清洁、肉品清洁、环境清洁的 3C 清洁饲料技术领跑者。打造安全产品，创造美好生活！

当前，党中央提出了乡村振兴战略，而畜牧业发展、增效是老百姓增收的重要途径。创始于 2000 年的旺大集团，始终坚持以科技为导向，牢牢把握农业供给侧结构性改革攻坚的历史机遇，精准发力，以全新的 3C 清洁饲料技术，践行科技兴农、质量强农之路，奏响乡村振兴的奋进强音！

旺大，3C 清洁饲料技术领跑者！

内外协同　逆水行舟

——南宁漓源粮油饲料有限公司

一、企业基本情况

南宁漓源粮油饲料有限公司创建于 2003 年，由农业产业化国家重点龙头企业、全国饲料企业前 10 强的桂林力源粮油食品集团有限公司投资近亿元兴建。公司位于国家级南宁经济技术开发区金凯路 25 号，占地面积 88 亩。一期工程于 2003 年 7 月建成投产，二期工程于 2009 年 3 月建成投产，三期工程于 2015 年 5 月建成投产。设计加工猪、鸡、鸭系列配合饲料及浓缩料 80 万 t，生产的产品有猪、鸡、鸭系列配合饲料及猪、鸡浓缩饲料，目前猪饲料占销售市场 33%左右，鸡饲料占 27%，鸭饲料占 40%。

公司具备完善的企业制度和以人为本的企业文化理念，并拥有雄厚的人力资源、先进的生产设备。有数十名企业管理优秀人才和高级技术专业人才，70%左右大、中专以上学历的高素质员工，共同为企业的发展一起努力；饲料生产线均为美国 CPM 公司的成套设备以及江苏牧羊集团的饲料加工设备。公司采用现代化企业管理，完善的质量保障体系。并不断根据市场需求，提升老产品，开发新产品，现有“漓源”“金漓源”“金凯福”“山水”牌猪、鸡、鸭系列等 100 多个品种。产品品质优良，具有生长快、肉质好、抗病能力强、性价比高等特点，产品畅销区内外，深受广大养殖朋友的欢迎和好评。

公司秉承“合作、创造、共赢”的核心价值理念，把做“养殖企业的饲料加工车间”贯彻到底，深受养殖企业的欢迎，养殖企业的生产成本大幅降低，与公司合作更加紧密。公司通过大量的养殖数据对比，均达行业前列，诠释作为企业带给客户优质产品的决心。

二、2019 年企业经营状况

2019 年饲料行业受到非洲猪瘟疫情的影响，竞争越发的激烈，各猪料厂家销量出现断崖式掉量，为了谋求生存，各大饲料企业纷纷发力，抢占禽料市场份额。面对竞争对手疾风骤雨般的市场进攻，公司临危不惧，毅然决然，以“提升全员质量意识，保持住产品力，提高竞争力，赢取市场”的工作方针为突破口，打响 2019 年的攻坚保卫战，全年仍取得较好的成绩，2019 年全年销售量突破 68 万 t，实现销售收入 19 亿元，纳税总额 3 100 万元。

三、质量先行，产品品质的保障

“产品质量”作为企业持续发展的动力，赖以成长的源泉，无论什么时候都是企业工作中的重中之重！有了 2018 年质量基础的铺垫，2019 年继续主抓人员的质量思想认识，并通过不定期持续的组织员工共同学习相关的饲料质量常识、质量标准。内部通过开展员工岗位技能竞赛，岗位操作流程优化，从而提高岗位员工的质量意识、安全意识及岗位操作规范化等。同时，以往都是由品管员下市场处理投诉，现改由岗位员工自己下市场处理，市场上有投诉，如是缝包线未缝好，由当班缝包工跟生产经理、业务员一起下市场处理，让岗位员工切身体会，由于自己工作上的不足，造成的一系列问题，给养殖户、公司带来的影响，从而使员工在工作上更加认真仔细，确保每一个环节质量更有保障。

四、充实队伍，提升服务能力

2019年通过校园宣讲会及参加高校招聘会，扩大人员规模，从而优化人才组成。公司为提升干部管理技能及员工的基础业务能力，组织干部赴天津学习丰田5S的管理知识，集团研究院不定期地组织小讲堂，培训关于非洲猪瘟的相关专业知识及其他的养殖知识；同时，入职的技术员每个月都安排一定的时间来培训相关业务知识，针对各个时期各个阶段鸡、猪、鸭常见的疾病等进行系统的培训，坚持每期输送3～4人参加集团培训班，聘请专业老师给大家培训。另外，根据市场需求成立一个禽料技术团队和猪料技术团队，安排业务能力强、专业性高的技术员驻场，专门一对一服务于养殖户。

五、布局区域，稳步发展

2019年是力源集团稳步发展的一年，同时也是以南宁为中心的桂南漓源饲料板块布局完善发展的一年，南宁、隆安、田阳、武鸣、横县五大地区共同完成桂南片区的饲料板块区域全覆盖，实现片区大战略，对桂南区域的饲料板块生产经验服务统筹划分，充分发挥地域优势，为养殖户提供更便捷、更快速的服务。2019年，集团还重点布局种猪、肉猪、畜禽饲养领域，建立大型养猪、畜禽示范场，同时与丹麦合作，建立中国（广西）-丹麦生猪产业园，项目计划总投资80亿元，计划在2022年前，实现年出栏生猪500万头的目标。

六、组织工作下沉，保持住产品力，坚决进攻

客户的需求随市场变化而变化，为适应市场，公司主动进行工作下沉，进行老总负责制，进入终端市场，直面养殖户。一是建立更强的感知顾客需求的触角。二是理解满足顾客对产品力要求，找出最影响产品竞争力的工作和要点，保持产品的价值持续体现。三是加强对终端需求的重视，掌握制定最符合公司发展的策略，以客户利益为导向。保持产品力，保证产品在终端市场的稳步推广，在满足不同类型客户需求上所表现出来的综合竞争力。公司每月专门定量定性讨论评价产品力的联席会议，把掌握竞争双方的产品力表现上升到组织层面；投诉处理老总负责制，就算是假投诉也是机会；生产经理、内务负责人和配方师加入公司业务员每日工作汇报群，关注公司的市场表现。

公司适应市场推出App下单服务，为客户提供更便利的产品下单结算业务；优化开票流程，司机自主扫码即可开票打单；整合资源，帮助猪料客户做好猪转禽的转型；设立专职驻厂技术人员，实现技术服务深入终端养殖；以上种种，凸显公司不断适应社会发展，以顾客需求导向，不断进取的表现。

七、并肩作战

2019年在非洲猪瘟及禽流感的双重影响下，国内畜牧企业都受到前所未有的打击，部分养殖户损失惨重。公司通过技术和资金帮扶，支持养殖户转型，实现绿色发展。在非洲猪瘟及禽流感横行的情况下，公司高层领导高度重视，多次开会讨论，下市场研讨，及时确认自己的战略问题，和养殖户、经销商一起做好“防非御禽”措施，通过不断用心去解决，达到共赢的目的。

在经历了2018年的挫折低谷后，2019年全体员工知耻后勇打起精神进攻，进攻，再进攻，取得了应得的收获。然而，环顾四周，2020年定将是一个更具挑战的一年，过去的经验反复地告诉我们逆水行舟不进则退，在新的一年里，我们不但要继续保持过去的斗志，进攻，进攻，再进攻，我们还必须在进攻的同时，实现新的不断的突破。

在团队建设上，我们始终把“合作、创造、共赢”的力源理念内化于心，以此提高我们的站位，拓宽经营思路，找到工作具有的超越物质的意义，使整个团队的思想素质上一个新的台阶，实现新突破。

在业务上，我们更要努力地将力源理念外化于形，转化为一个又一个具体的经营和管理行为，为利益相关者创造更大价值。我们各个线条板块都要不断提高对自己所在线条板块的业务本质和行业现状的认知，在此基础上找到有效应对措施，实现业绩上的不断突破。

着力打造料、养、宰、商一体化的养猪全产业链

——广西扬翔股份有限公司

一、企业简介

广西扬翔股份有限公司是一家以“基因＋产品＋服务＋互联网”综合模式为主的现代化高科技农牧企业，成立于1998年，是农业产业化国家重点龙头企

业，现有分、子公司53家，员工6 000多人。公司业务涵盖种猪、肉猪、猪精、饲料、智能养猪设备等。

秉承“科技改变养猪业”的理念，不断探索科学养猪模式，在行业中率先提出低成本、高效率养猪五大关键要素——扬翔“五环”，在国内首创集群式智能楼房养殖模式，并开启互联网智能养猪新篇章。未来扬翔将着力打造料、养、宰、商一体化的养猪全产业链，为社会提供健康、安全、美味的猪肉食材。

二、饲料工厂结构化防非体系

自非洲猪瘟入侵中国养猪业，对于养猪而言，保障饲料安全是防控非洲猪瘟的重中之重。

扬翔公司全员出动全力以赴，通过不断的实战、升级迭代，通过打造四层生物安全圈，创新探索出一套结构化防控非洲猪瘟体系。

（一）控源头

非洲猪瘟病毒可在饲料原料中存活并传播，扬翔公司采用“选、控、检”的策略。

选：选择高温处理的烘干玉米大原料，同时选择高温处理过的小原料、对于存在隐患的原料从目录中删除。

控：严格把控源头，安排专人监管原料车的消毒、装货，出厂前严格消毒产品外包装，并进行封膜打包；同时扬翔公司与物流供应商签署《防非承诺书》，告知其相关防控非洲猪瘟规定等。

检：对于原料在产地、码头等进行抽检。

（二）控入厂

扬翔各饲料厂建立了一、二级洗消中心，所有入厂车辆均需依次经过清洗消毒，并且安排专人监督司机更换防护服，检查货物外膜是否完整。

（三）控生产

扬翔首创饲料工厂热粉工艺，通过四大举措实现饲料干净无毒。

1. 食品级热粉工艺，高效卫生杀菌消毒，温度达到85℃以上，持续3分钟以上，这样可杀死潜伏在饲料里的非洲猪瘟病毒。

2. 穿透性连续杀菌消毒，生产制造过程采用多道连续式高温长时间杀菌消毒，保证每一颗饲料都能杀得彻底。

3. 全过程密闭热粉工艺处理，确保食品级热粉工艺在高温消毒灭菌过程的卫生安全，防止消毒后的饲料又被污染。

4. 全程自动温控时间调节，保证饲料在标准的防非控制下实现全程杀菌消毒，饲料全程实现防非料工艺超3分钟、强化防非料工艺超过10分钟以上高温杀菌消毒。

（四）控成品出厂

扬翔公司严控饲料成品安全出厂，所有包装都要经过彻底消灭外带病毒隐患后才可入厂。再经过全自动打包，全自动码垛，杜绝人员与饲料直接接触。成品车辆入厂前需经过两级洗消中心空车洗消，装车出厂前散装料车全封闭出厂，标包料车用篷布全封闭出厂。

为确保产品安全，扬翔持续升级生物安全体系，对工厂区域实施三级防护体系，完全实现场外、生活区及生产区的产区分隔。

三、科学精准营养方案助力复产

非洲猪瘟疫情对中国养猪业造成巨大冲击，能繁母猪存栏下降严重。如何高效复产，迫在眉睫。

针对行业内广泛存在的，后备母猪成种率低，产仔数少，同时哺乳母猪奶水少，弱仔多且不好养活，仔猪死亡率高等现象，扬翔公司营养研发团队经过深入研究，向行业提供了高效成种方案与保护弱仔方案，同时推出两款针对性产品，诱情宝与喜扬扬仔仔乐人工乳。

短期营养优饲是促进母猪卵子成熟、促进发情最为有效的手段。目前大多数母猪料营养方案只是对母猪的后备培育期、妊娠期、哺乳期三个阶段设计，缺乏针对促发情、促排卵的营养设计。

诱情宝是扬翔公司为提高后备母猪成种率及繁殖效率而推出的高端母猪料，是经过多年扬翔自养猪团队探索研究，在后备营养、妊娠期营养、哺乳营养的基础上，针对后备母猪配种前“优饲”及断奶期“促发情多排卵”设计出的新营养方案。

诱情宝精选优质原料，严格控制霉素，优化有机多矿及维生素，并通过低蛋白、平衡氨基酸和强化糖源能量，来促进母猪卵泡发育及成熟。在后备母猪配种前2周及断奶至配种前使用诱情宝，可提升母猪采食量、强化母猪促排卵营养，有利于母猪发情，多排高品质卵子，实现多生目标。

仔仔乐是一款人工乳，通过全新的配方设计，完全复制母乳营养，并且通过全新工艺，全溶解，使得仔猪更易采食。能够替代母猪，解决母猪没有奶水或者奶水不足的问题，同时营养科学，易吸收，提高仔猪断奶重，提高仔猪成活率。

喜扬扬仔仔乐适用场景：

1. 正常情况下作为母猪奶水的补充，第3～10天开始补充，解决仔猪最大生产潜能与母乳不足的矛盾，断奶后继续使用3天，断妈不断奶，规避断奶应激，实现生长最大化。

2. 提前断掉妈妈的仔猪，提供优良的产房环境，可使用仔仔乐替代母乳，直至7kg正常体重断奶。

3. 断奶体重偏低的仔猪，提供优良的产房环境，可使用仔仔乐人工延迟断奶。

四、疫情期间马力全开，稳产保供给

春节过后，扬翔各地饲料厂积极申请复工，获批复工后，按规定做好厂里消毒隔离工作，将各项措施落实到位，严格执行封闭式管理，做好稳产保供工作，保障各猪场的饲料供应。

为保证“菜篮子”产品和农业生产资料正常流通，各地政府目前都给到保民生企业最大力度的支持，扬翔公司也得到了充分信任，获得多地保供企业资质。

专业进取　磨砥刻厉

——海南远生渔业有限公司

一、定位——勇创一流

海南远生渔业有限公司于2007年8月在海南省工商行政管理局注册成立，坐落于海南老城经济开发区玉堂路6号，注册资金11 450万元，是海南翔泰渔业股份有限公司的全资子公司，法定代表人刘荣旭，经营范围为水产品、禽畜的收购及销售，速冻食品、饲料的生产及销售。

公司总占地62 000m^2，加工车间总面积20 000m^2，冷藏库面积1 440m^2、容量3 000t。公司发展至今已形成以罗非鱼产品为主，养殖、捕捞、加工、运输、销售一体化的经营运作流程。公司拥有职工800多人，设有行政部、业务部、原料管理部、生产部、品管部、财务部六大部门及HACCP领导小组，形成完善的企业运作体系和质量管理体系。公司按照出口食品生产企业、卫生注册登记管理规定及SSOP、HACCP法规有关规定建立行之有效的卫生质量管理体系。在生产全过程严格按照各体系规定及国际通行的卫生质量标准实施品质控制，先后通过国家检验检疫局出口食品卫生注册、输美水产品HACCP认证，是农业产业化省级重点龙头企业。

公司拥有加工产业链，罗非鱼鱼片生产线9条，双螺旋冻结设备3台，平板机4台，金属探测仪2台；配置有800m^{2}的化验室，化验室除常用检验仪器、设备外，还配备了目前业内领先的水产品检测设施——液相色谱仪、液质联仪，借助先进的仪器设备分析检测与CIQ、USFDA及EU规定的微生物和氯霉素、呋喃代谢物、孔雀石绿、三聚氰胺、四环素等抗生素，实现了从原料到成品的微生物及各类抗生素的自检自控，为客户提供质量稳定的高品质产品。公司每天能加工冻罗非鱼片60t，罗非鱼10t，年产量20 000t。产品以出口为主，主要销往美国、欧盟、俄罗斯、墨西哥等国家和地区。

二、发展——开拓进取

为了完善产业链，提高市场的竞争力，海南远生渔业有限公司于2012年下半年进入饲料行业，建设年产量20万t以上的饲料生产线，饲料厂区占地面积20 000m^2，共有5条水产饲料生产线，2条沉料罗非鱼生产线，2条浮性罗非鱼饲料生产线和1条虾料生产线。

生产设备使用先进原装配套生产线，该生产线工艺居国内领先水平，采用全自动监控系统。2017年11月通过农业部饲料质量安全管理规范示范企业验收，成为海南省第三家部级饲料质量安全管理规范示范企业；2018年2月获得由农业部颁发的饲料质量安全管理规范示范企业证书；2018年11月及2019年12月继续获得中国质量认证中心颁发的ISO22000认证证书，2018—2020年获得BAP认证证书。

从2013年起海南远生渔业有限公司连续6年稳居海南罗非鱼饲料销售量第一，2019年总销售10万t以上，产值达4.6亿元，市场占有率达到1/3以上，公司基地以养殖产生的效益、实验效果及养殖户的使用效果为不断进步的品质基准，获得了客户对公司产品的一致好评。

公司通过完善产业链，将下游市场需求、技术革新传导到养殖环节，以带动本公司的技术进步，形成完善、高效的现代化产业链模式，从而提高公司的盈利能力和市场竞争能力。

公司注重环保要求，抓好厂区周围环境，实施厂区绿化，主要道路及进入厂区的主干道铺设混凝土路面硬化，并配有卫生工，每天按时对厂区进行清扫，确保环境的卫生。车间、仓库也配有专门的卫生员，每天按时打扫车间，定期做好设备的清洁工作。为了响应国家环保排放要求，2017年12月公司安装一期除臭系统工程，2018年再安装二期除臭工程，涵盖全部生产及仓库整体空间，确保生产过程避免饲料味道的散发对周围环境产生影响。2017—2019年在环保除臭系统工程方面，总投资1 000万元左右，将饲料全部生产线都进行有组织收集处理，同时，对生产车间及仓库也进行无组织收集处理，保障符合国家臭气排放标准。

三、扶贫——扶危济贫

公司本着共同发展，共同富裕的原则，鼓励并带动海南省中、西部地区农户养殖罗非鱼；在总部及子公司提供近3 000个就业岗位，累计吸纳建档立卡贫困户 1 533 人，员工人均年收入 5 万元以上；对上游 4 527 个养殖专业户实施养殖技术培训，实现了精准帮扶和融智扶贫；采取“公司＋农民入股”模式，从 2017 年年底开始与澄迈县各乡镇合作，吸纳澄迈县老城镇、文儒镇、加乐镇、中兴镇、仁兴镇、金江镇和永发镇等 87 个村委会 1 500 户贫困户，入股产业资金共计 2 708 万余元，主要投资公司在澄迈加潭水库建立巴沙鱼及罗非鱼养殖基地，共计 500 余亩，产业资金从两个方面实现扶贫：一是安排养殖劳动就业十余人。二是以固定收益分红的模式带领贫困户脱贫致富。截止到 2019 年 9 月底，已向上述乡镇分红总计 351.5 万元。

其中，第一批水产品收购及加工产业建设项目于 2018 年 5 月投入专项扶贫资金 286.68 万元，每年按照入股资金总量的 8%进行保底分红，全部用于入股村委会参与该项目的贫困户进行产业。

我们还把产业带动扶贫推广到公司产业化生产经营的上游与下游链条，对接饲料板块带动原料和饲料供应商超过 50 家，带动物流运输业超过 500 家，带动包装物料供应商超过 600 家，带动就业增收达 3 万人以上，就业第一线不乏贫困农户子弟。

四、未来——踔厉奋发

在过去的几年中，海南远生渔业有限公司规模越来越大，开拓市场越来越广，汇集人才越来越多，打造品质越来越好，更新技术越来越专业。成绩让我们喜悦，但不会让我们止步。未来的发展道路充满了荆棘，有机遇也有挑战，但是化压力为动力，这才是我们一直以来不断进步的最根本。我们将不断开拓创新、勇于进取、积极行动，团结一心，以更加饱满的热情，以更加昂扬的斗志，努力把公司的发展战略推向一个更新的阶段，为开创新局面而奋斗不息。

不忘初心　逆境中寻求突破

——海南漓源饲料有限公司

海南漓源饲料有限公司是广西力源粮油集团饲料事业部下属饲料企业，于 2013 年投产 8 000 多万元在海南澄迈县金马物流工业园建设饲料厂，占地 70 亩，设计加工猪、鸡、鸭系列配合饲料及浓缩料 40 万 t，生产的产品有猪、鸡、鸭系列配合饲料及猪、鸡浓缩饲料。公司秉承“合作、创造、共赢”的核心价值理念，贯彻“养殖企业的饲料加工车间”的思想，不断开拓进取，根据市场需求，提升老产品，开发新产品，现有“漓源”“金漓源”“山水”牌猪、鸡、鸭系列等 100 多个品种，产品品质优良，具有生长快、肉质好、抗病能力强、性价比高等特点，深受广大养殖朋友的欢迎和好评。企业产销量逐年增加，2019 年销量突破 37 万多 t，生产产值近 9 亿元，上缴利税 998 多万元，同时担当社会责任，为企业周边创造了提供就业岗位 210 个，2019 年为员工工资等福利支出 465 万元，社保缴纳 400 多万元，带动 1 万多个养殖户与经销商共同致富，成为海南大型的饲料生产基地之一，为社会经济发展贡献价值。

一、质量先行，保证产品品质

稳定质量，设备是基础。公司先后投资 600 多万元建设 8 个圆筒仓与 21 个散装原料仓等配套仓储设备，保证原粮的存储质量。饲料生产线均为美国 CPM 公司的成套设备，配置国内一流的全套牧羊生产设备及一套微量添加小料自动生产线，独立了两条猪料专用生产线，实现猪禽料分线生产；同时投入机器人码包，提升现代化管理，完善的质量保障体系。为确保产品质量，不断添置检化验设备，拥有自动定氮仪、近红外、酶标仪等先进设备，严格把好原料进厂到成品出厂质量检验关。“产品质量”作为企业持续发展的动力，赖以成长的源泉，无论什么时候都是企业工作中的重中之重！2019 年，一是主抓人员的质量思想认识，不定期组织员工共同学习相关的饲料质量常识、质量标准。二是组织开展员工岗位技能竞赛，提高岗位员工的质量意识、安全意识等。三是加强生产员现场查验，实行品管员下市场处理投诉变为岗位员工自己下市场处理的模式，只要市场上有投诉，比如缝包线未缝好，由当班缝包工跟生产经理、业务员一起下市场处理，让岗位员工切身体会，由于自己工作上的不足，造成的一系列问题，给养殖户、公司带来的影响，从而使员工在工作上更加认真仔细，确保每一个环节质量更有保障。

公司投入 100 多万元完善了质量管理体系，提升全员质量意识，公司通过质量管理规范的推动，定期组织公司管理骨干进行学习并组织基层岗位员工不断进行宣传、培训考核。企业利用全员持股的经营模式，实现员工共同致富的同时也附加了员工的自身责任感、使命感。

同时把好原料关，利用集团的采购优势，直接从东北海运进岛玉米、进口原料、优质豆粕，从原料入选用层层把关，同时绝不使用违禁的药品、添加剂及不合格原料，提倡绿色食品，安全食品从原料质量与添加恪守底线。

二、增强队伍，强化服务能力

2019 年通过参加高校招聘会，扩大人员规模，优化人才组成，调整组织结构，从2019年年初的40人，增加到了65人。入职的技术员每个月都安排一定的时间培训相关业务知识，针对各个时期各个阶段鸡、猪、鸭常见的疾病等进行系统的培训，坚持每期输送3～4人参加集团培训班，聘请专业老师给大家培训。同时鼓励技术员抱团学习，每日坚持打卡学习，考取专业执业资格证书，提高业务员理论水平和动手能力，逐步成为综合性技术性人才。另外，根据市场需求成立一个禽料技术团队和猪料技术团队，安排业务能力强、专业性高的技术员驻场，专门一对一服务于养殖户。

为最大限度地提升服务水平，针对海南养殖品种及养殖习惯，以集团线条到企业自己的研发团队下市场调整配方，跟进市场行情，养殖效果方面得到认可，销售团队不仅是推销产品，而是立身与服务养殖户，将企业文化合作、创造、共赢的理念用到工作中，以提升养殖户价值为首要任务，特别是在行情不好，遇到自然灾害时，与养殖户并肩作战共渡难关，从产品质量及服务理念得到市场广大经销商养殖户的认可。市场份额不断增加。在非洲猪瘟来临，利用现有条件，积极带着养殖户转型，减少客户损失，也带来了企业价值的提升。

三、优化布局，稳步发展

为保证海南的“菜篮子工程”发挥作用，海南洋浦的第二家饲料企业预计2020年7月正式投产。同时完善产业链恢复生猪行业，与三亚万保猪场合作，2019年引进3 000多头种猪已经开始产仔，预计2020年可提供3万多头猪苗上市，还在昌江、临高等市、县投资的种猪项目，正在紧张地建设之中。海南漓源公司将在集团领导和政府的指导下，完善海南农业产业链条，提升综合服务能力。

四、重心下沉，保持住产品力，坚决进攻

客户的需求随市场变化而变化，为适应市场，公司主动进行工作下沉，进行老总负责制，进入终端市场，直面养殖户。一是建立更强的感知顾客需求的触角。二是理解满足顾客对产品力要求，找出最影响产品竞争力的工作和要点，保持产品的价值持续体现。三是加强对终端需求的重视，掌握制定最符合公司发展的策略，以客户利益为导向。保持产品力，保证产品在终端市场的稳步推广，在满足不同类型客户需求上所表现出来的综合竞争力。公司每月专门定量定性讨论评价产品力的联席会议，把掌握竞争双方的产品力表现上升到组织层面；投诉处理老总负责制，就算是假投诉也是机会；生产经理、内务负责人和配方师加入公司业务员每日工作汇报群，关注公司的市场表现。

公司适应市场推出App下单服务，为客户提供更便利的产品下单结算业务；整合资源，帮助经销商转型，成立养殖合作社；设立专职驻厂技术人员，实现技术服务深入终端养殖；以上种种，凸显公司不断适应社会发展，以顾客需求导向，不断进取的表现。

五、并肩作战，努力前行

从2018年环保政策及非洲猪瘟疫情双重影响以来，畜牧养殖业受到前所未有的打击，部分养殖户损失惨重。公司努力学习国家环保法律法规，为保护海南这片蓝天碧海，公司紧跟时代步伐，在环保方面投入大量资金，投入100万元进行锅炉改造及增加布袋除尘器，投入200多万元进行仓库隔离，防止粉尘外扬等。恪守承诺，安全生产、安全质量齐抓共进，新员工岗前安全培训率达100%，每月定期开展全厂范围安全隐患大检查，定期开展安全培训、演练等安全措施，让安全生产深入每个员工心里。通过技术和资金帮扶，支持养殖户转型升级，实现绿色发展。在非洲猪瘟横行的情况下，公司高层领导高度重视，多次开会讨论，下市场研讨，及时明确自己的战略问题，和养殖户、经销商一起做好防控非洲猪瘟措施，通过不断用心去解决，达到共赢的目的。

6年风雨兼程，企业的发展，离不开各级政府及主管业务部门的关怀与指导，省农业农村厅领导及县畜牧局、属地金马物流管委会领导及工作人员更是多次亲临企业，下到现场，做了许多重要指示提出了大量建设的意见与建议，让企业得以不断完善提高并取得一定的业绩。在团队建设上，把“合作、创造、共赢”的力源理念内化于心，以此提高企业的站位，拓宽经营思路，找到工作具有的超越物质的意义，使整个团队的思想素质上一个新的台阶，实现新突破。在业务上，更要努力地将力源理念外化于形，转化为一个又一个具体的经营和管理行为，为漓源利益相关者创造更大价值，实现业绩上的不断突破。

面向未来，海南漓源饲料有限公司将不忘初心，在安全生产、规范操作、质量安全上继续努力，为市场提供安全可靠的产品，为海南省“菜篮子”工程保驾护航。

科技创新促发展
砥砺前行在路上

——重庆民泰新农业科技发展集团有限公司

“帮助畜牧行业健康安全发展，帮助饲料企业提

升饲料品质，改善动物肉质风味”，为实现这一美好愿景，1996年，重庆民泰新农业科技发展集团有限公司（简称“民泰农发集团”）的前身重庆民泰香料化工有限责任公司应运而生。经过20余载的发展，今天的民泰农发集团已然成为以“饲料清洁卫士”和“动物消化道健康管理专家”为己任，涉及饲料添加剂、添加剂原料、科学仪器、检测、耗材、物流、养殖、文化等领域的多元化集团企业。

民泰农发集团凭借专业的技术团队和先进的生产、检测设备，持续的技术创新和过硬的产品质量，赢得了社会各界的信赖，树立了卓越的品牌形象，先后荣获国家高新技术企业、重庆市企业技术中心、重庆市创新创业示范团队、优秀民营企业、银行AAA级信用企业等数十项荣誉称号。

民泰农发集团一步一个脚印，日渐成为引领饲料添加剂行业创新发展、提档升级的中坚力量。光环的背后是一个企业努力创新、厚积薄发的“编年史”。

一、立足主业，积极推动和促进饲料业绿色健康发展

回顾往昔，民泰农发集团一直坚守饲料添加剂主业，并没有辜负时代的期许。

发展之初，民泰农发集团便在养殖行业关键危害因子（如农残、抗生素、重金属）监控技术研究、新型饲料添加剂研发、动物采食调控、饲料防霉保鲜技术研究等方面接连打破了行业纪录，整整引领七代饲料防霉剂、四代饲料甜味剂和三代饲料香味剂的发展。其自主研发的防霉剂、甜味剂、香味剂、抗氧化剂、大蒜素、酸化剂、富血康、优力安肽、水产复合预混料及具有驱虫功能和杀菌功能的饲料添加剂，以其高效的品质赢得了国内外市场的认同，民泰农发集团也跃升为中国著名的专业化“饲料品质改良剂专家”。

二、创新路上，民泰农发集团从未停下脚步

基于饲料生物安全、环境保护以及人类健康的要求，民泰农发集团将产品战略从“饲料品质改良剂专家”提升为“饲料清洁卫士”，并提出“民泰清洁”理念，希望能运用清洁的能源和原料，采用民泰特色的原创型专业产品及工艺、检测技术及设备，为饲料及养殖企业的清洁生产提供系列服务。

2013年，民泰农发集团在全国饲料和养殖行业率先推出“清洁化生产技术服务项目”，运用防霉剂、抗氧化剂、具有驱虫功能和杀菌功能的饲料添加剂产品，帮助饲料企业彻底解决原料仓储、生产流水线、流通3个环节的虫害、霉变及保鲜问题。民泰农发集团每年为国内数百家知名饲料企业及养殖企业提供“清洁化生产”专项技术服务，在原料及生产线防霉驱虫等方面取得了显著效果，得到了广大客户的一致好评。

随着饲料禁抗、养殖减抗、产品无抗时代的到来，抗生素类饲料添加剂将退出商品饲料，饲料中如何选择其他保护动物健康和促进动物生长的添加剂成了饲料企业、饲料添加剂企业面对的新挑战。民泰农发集团以“消化道健康专家”为己任，以科技研发为导向，经过6年的研发和应用，于2019年8月发布动物消化道健康管理“无抗日粮”方案，运用饮水酸（水千金）、胃舒宁、肠舒宁、菌威宁、功能性诱食剂、新型抗氧化剂等产品，帮助饲料及养殖企业顺利步入“无抗”时代。

始终以科研为抓手，将技术创新工作置于战略核心位置的民泰农发集团，在知识产权重点领域方面也取得一系列丰硕成果：起草编制《混合型饲料添加剂香味剂中水分测定法》行业标准；主持制定的《混合型饲料添加剂防霉剂通用要求》国家标准已于2019年4月正式实施，率先提出将饲料添加剂产品的卫生指标由“砷、铅”拓宽到“砷、铅、汞、镉、氟”。拥有国家发明专利41项，PCT专利5项，实用新型专利20项，外观设计专利10项，注册商标25项，作品版权登记45项，先后承担国家级和市级科技项目12项。

经过多年探索和努力，民泰农发集团发展成为中国饲料添加剂行业领军企业之一。除建立起成熟的全国销售网络外，还积极响应国家“一带一路”倡议部署，快速开拓海外市场，与美国、日本、俄罗斯、德国、新西兰、斯里兰卡、越南、印度尼西亚、孟加拉国、尼泊尔、菲律宾、马来西亚、新加坡、尼日利亚等数十个国家和地区开展了技术及管理方面的合作，产品已覆盖亚洲、非洲、中东等部分国家，为全球饲料和养殖企业的健康、绿色发展提供科学、高效、安全的服务方案，并得到越来越多国内外客户的认可。

三、严格品控，层层把关

质量是企业的生命，是企业的立业之本。民泰农发集团有条不紊地战略推进背后是精细化的品质把控。民泰农发集团始终贯彻“保证质量、严控品质”的工作方针，建立了产品从原料、生产、储存到运输的可追溯过程，严控原料及产品质量关。

在民泰农发集团，所有原料、产品都会“上刀山，下火海”，进行严格的养殖实验、生产试验、品控测试等，只有经历了“九九八十一难”后的产品，才能真正地走向市场，面向用户。民泰农发集团以专业的品控团队，高端精密的检测设备，过硬的产品质量，通过了ISO9001：2015质量管理体系、ISO22000：2005食品安全管理体系认证以及美国

FDA 认证。

2019 年 11 月，民泰农发集团旗下检测中心获得了重庆市市场监督管理局颁发的检验检测机构资质认定证书（CMA）和重庆市农业农村委员会颁发的重庆市农产品质量安全检测机构考核合格证书，标志着民泰农发集团将充分发挥自身在检验检测领域的资源、技术等优势聚焦农业、服务于畜牧养殖及食品安全事业，为保障我国的食品安全贡献一份力量。

四、以高端科学仪器为起点，开启新征程

精准的品控检测，离不开先进的检测设备。在国家和全社会对食品安全、环境保护的日益重视，国人对国产科学仪器和硬核科技殷殷期盼的现状下，民泰农发集团从 2011 年开始率先整合分析化学、光学、电子学、机械工程等方面的高精尖科研技术人才，历经 8 年潜心研发，在重庆、成都、上海 3 个研发中心团队的通力合作下，已成功开发了多款具有完全自主知识产权的科学仪器，其中最具代表性的——重金属测定仪（非色散原子荧光光度计）CAF18 - YG201 型原子荧光仪，颠覆了一系列传统观念，创立了以水为载流的全新进样方式，克服了测定 Hg 时严重的记忆效应，采用大流量载气等新技术和新方法，极大地提高了方法的灵敏度、重现性和准确度，同时实现了在高酸度下测定实际样品中 Pb 和 Cd，开辟了原子荧光分析的新格局，在国内同类产品中具有明显的技术先进性，在多个元素测定上超越了国际领先的科学仪器，可广泛应用于农牧业、食品、核工业、质监、环保、医疗卫生、化工、冶金领域中重金属的精确测定。该项目被列入 2018 年重庆市技术创新与应用示范产业类重点研发项目。

2018 年 9 月，民泰农发集团成立专业、先进、权威的重金属技术研究院——伯侨（重庆）重金属科学技术研究院（简称“伯侨科研”），专注于重金属、农残、药残等严重影响农业安全、食品安全、环境安全和人体健康的有毒有害因子的检测方法研究、分析检测仪器研发以及测后综合解决方案。

2018 年 10 月，民泰农发集团携重金属测定仪（非色散原子荧光光度计）CAF18 - YG201 型原子荧光仪亮相慕尼黑上海分析生化展。在展会上，CAF18 - YG201 型原子荧光仪得到了众多国内外知名仪器制造企业的高度赞许和青睐，甚至有一家国外著名的仪器商欲斥巨资购买该仪器的核心技术，但被民泰农发集团婉言谢绝。因为民泰农发集团董事长杨梅深信，只有把核心技术掌握在中国人自己手中，才能真正掌握竞争和发展的主动权，做强国产高端科研仪器。

2019 年初起，小批量的 CAF18 - YG201 原子荧光仪已提供给多个国家级重点研发机构开展科研试应用，得到了一致好评。2019 年 11 月，CAF18 - YG201 型原子荧光仪已正式通过国家相关主管部门的型式评价，目前已进入产业化及市场推广应用阶段，自主科研成果的产业化落地正在加速。

农业是国泰民安之本，农业健康问题关乎人类健康，关乎子孙后代。民泰农发集团始终不忘当初创办时最朴素的初心，秉持企业良心和社会责任，不断加强技术创新升级，为饲料添加剂行业树立起最严格的安全标杆，为实现“关爱健康、关爱环境、关爱后代”的宏伟愿景而努力，为大农业、大健康产业的安全、绿色、环保提档升级做出积极贡献！

专注优质产品　服务天下爱宠

——重庆龙衡生物科技有限公司

重庆龙衡生物科技有限公司成立于 2019 年 5 月，位于重庆市荣昌区昌州街道安福路，环境舒适、交通便利，占地 600 多亩，注册资金 100 万元，是一家专业从事宠物营养及保健产品研发、生产、销售与技术服务为一体的技术型企业。公司研发能力雄厚，产品主要有宠物奶粉、宠物保健食品、宠物营养膏等系列，20 余个 SKU，在川渝宠物行业内具有非常高的美誉度。公司设备选型遵循装置大、能耗低、效率高的原则，生产环节采用闭路循环、清洁高效的新工艺、新技术，采用一流的生产工艺标准和质量控制方法，生产宠物营养品及保健品，同时，公司配有先进的原料及成品检测、检验、化验设备，以确保产品的质量管理。长期以来，公司坚持以质量取信客户，严格确保产品品质；以专业、呵护、安全、健康为发展理念，为保障宠物健康做出积极贡献。

一、现状与发展前景

近年来，随着社会的进步、经济的发展和人们生活水平的提高，养宠物家庭及宠物数量与日俱增，宠物成为重要的家庭成员。宠物在人们的消遣娱乐和为残疾人提供某种帮助等方面都具有重要意义，宠物在为人类健康提供帮助和保障的同时，宠物保健品的需求及市场也得到了迅速的发展。

虽然中国的宠物行业相对于欧美等发达国家起步较晚，但随着国民经济水平的不断提高，国内宠物行业在大环境下的发展势头非常迅猛，在近 10 年内涌现了一大批优秀的宠物食品、药品、用品等相关行业的生产厂家，宠物行业逐渐走向本土化。宠物行业作

为朝阳行业，其发展速度处于一个较高的水平，一方面从近几年宠物保健市场的趋势来看，未来宠物保健品仍有较大的空间。另一方面，宠物作为人类的朋友，其生活条件和健康更多地被饲主所重视，国人随着经济条件的改善也在不断提高健康意识，这不仅让人用保健品的需求量持续上升，也会提升宠物保健品在饲主心中的地位，从而进一步拓宽宠物保健品的市场。公司抓住当前行业先机，在川渝片区走在了宠物行业前列，在顺应潮流、瞄准市场、合理利用现有资源、不断开发推广出具有现代意义的新产品的情况下，不仅保证产品质量，还通过价格优势、市场营销等手段逐渐加大公司的品牌知名度与影响力，得到了广大消费者的认可。我们深知，要想占据更多的市场份额，还有一段很长的路需要走，但我们有信心增强产品特色，在保持高性价比的同时，兼顾产品质量，提高品牌在消费者心中的信誉度，从而提高品牌辨识度。

二、产品研发特色

和一些功能性的饲料添加剂作用相似，宠物保健品同样面临着相同的双重问题，即如何解决吃什么、怎么吃的问题，公司着力解决这两个基础性问题后，对配方和剂量进行了优化和调整等，开发出了顺应市场的宠物营养品和保健品，包括母乳化配方的犬猫奶粉、调理肠胃的健胃整肠生、增强泌乳量和提高乳品质的泌乳多、美毛护肤的磷脂鱼油软颗粒等 20 多款畅销产品。

1. 结合共性与差异性。宠物与人类保健品和畜禽类的添加剂有相似之处，因此在研发产品时借鉴了人用保健品和畜禽类添加剂现有的研究成果，但宠物胃肠道生理性结构与其他大动物存在一定的差异性，通过试验验证厘清差异性后，将共性与差异性相结合研发出适合宠物的特有产品。例如早已被证实具有改善肠道功能的益生菌、益生元能用于畜禽类，同样宠物保健品也可以借鉴，虽然每种动物在肠道上组成的菌群结构不同，但是益生菌具有抑制有害菌的生长，益生元在调节肠道菌群结构的功能上具有共性；而宠物与畜禽动物在微量元素或氨基酸的需求上有着较大差异，对此公司参考宠物类相关营养素的标准和行业内权威准则，并根据推荐的营养需要范围进行了合理的开发。

2. 针对性。由于宠物作为被毛动物，其具有较强的观赏性，因此具有美毛靓毛功能的保健品必不可少，这类产品也深受广大消费者的欢迎。为满足广大饲主需求，公司研发人员在结合实际情况展开动物试验的基础上，选用纯度高的粉末磷脂，搭配富含多不饱和脂肪酸 EPA、DHA 的深海鱼油，研发出了从毛囊—毛根—毛质—毛色，由内而外，全面养护肌肤毛发的针对性功能保健品，除此之外，还根据犬猫自身特点研制出了不同的针对性产品。

3. 适口性。产品的适口性是饲主能否接受产品的重要因素，同样也是作为制约保健品发挥效果的主要因素之一，因为宠物食品必须首先被宠物所接受，然后才能提供最佳的营养。犬猫不会采食适口性不好的食物，一旦不被犬猫所接受，无论含有再高的营养物质水平或者多均衡的配比都将被淘汰。宠物保健品需要长期服用且不宜进行强行饲喂，只有当宠物按照指定剂量采食保健品，才能达到理想的保健作用，因此解决适口性问题至关重要。公司在研发产品时重点从原料组成及品质、加工工艺等方面出发，针对不同的成分活性、不同剂量选用合适的加工工艺，并在产品上市之前进行大量的试验，摸索出最佳配方和工艺，通过长期跟踪并做出安全性评估实现了产品的最佳效果。公司生产的奶粉类产品无论是拌入粮食还是用水冲调，都很受宠物喜欢，而片剂宠物保健品方便饲主定量饲喂也有利于保存，适口性也相当好。

4. 多样化。由于犬、猫对营养的需求大多相似，所以绝大部分宠物营养品和保健品对于犬、猫是通用的，但仍有少数特殊需要或者功能性的保健品则需要加以区分，这才能使宠物得到更有针对性和更有效的预防与调理。因此，为了满足广大消费者的不同需求，公司在研发产品时尽可能将产品多样化，不仅有犬、猫通用产品，还涵盖犬、猫各领域中针对性功能型产品，在保证产品多样化的同时做到了精细化。目前已研制出包括奶粉类、片剂类保健品等 20 多款产品，并持续不断地研发新的产品。

三、品牌推广

当下，在任何消费领域里，品牌、口碑在消费者心中的影响力与日俱增，宠物保健品行业也不例外。对于大多数宠物保健品厂家而言，怎样塑造具有公信力的品牌是打开市场的关键一步。因而，公司每年投入大量资金、人力、物力参与全国各地大、中、小型宠物博览会，对品牌推广取得了显著效果。

由于大数据、互联网＋的盛行，电商也就应运而生，在电商飞速发展且已经取得了一系列成果的今天，电商显然是最省时省力且有效的宣传途径，公司顺应时代潮流，开启网络运营模式，以相对较低的投入获取最大的回报。利用自产自销的固有优势，在价格上占据了一定的优势，高性价比、兼顾质量的方式打开产品的知名度。

通过线上线下相结合，进一步占据了宠物保健品市场。

四、未来展望

公司虽在宠物保健品行业内尚处起步阶段，目前仍有较多的问题需要解决，但得到了越来越多的同仁和消费者的关注和认可，这极大地增强了我们的信心，我们定不辜负外界对我们的期望，势必会加大产品研发并融入创新机制、增加品牌推广成本投入等行之有效的方法，并适时调整自身的经营和生产战略，不断增强企业的综合竞争力，争做行业佼佼者！

打造“世界级安全食品供应商”

——通威股份有限公司

通威股份有限公司由通威集团控股，是涉足农业、新能源双主业相关领域的大型科技型上市公司，系农业产业化国家重点龙头企业、全球高纯晶硅龙头企业及全球最大的晶硅电池生产企业。公司现拥有遍布全国各地及东南亚地区200余家分、子公司，年饲料生产能力超过1 000万t，是全球主要的水产饲料生产企业及我国重要的畜禽饲料生产企业，水产饲料全国市场占有率连续20余年全国领先。同时，公司旗下永祥股份、通威太阳能等企业专注于新能源产业布局和发展。目前，通威正秉承“为了生活更美好”的企业愿景和“追求卓越，奉献社会”的企业宗旨，致力打造“世界级清洁能源综合运营商”及“世界级安全食品供应商”。

通威股份农业主业以饲料工业为核心，集品种改良、研发、养殖技术研究和推广，以及食品加工、销售、品牌打造和服务为一体，全力延伸和完善水产及畜禽产业链条。同时，在新能源主业方面，通威已成为拥有从上游高纯晶硅生产、中游高效太阳能电池片生产、到终端光伏电站建设与运营的垂直一体化光伏企业，形成了完整的拥有自主知识产权的光伏新能源产业链条，并已成为中国乃至全球光伏新能源产业发展的重要参与者和主要推动力量。

通威拥有雄厚的科研开发和自主创新实力，拥有世界先进的科研队伍和研发体系。通威成立以来，先后投入数亿元建立了十三大研发基地，同时，常年与美国奥本大学、芬兰赫尔辛基大学、日本等饲料和养殖技术发达国家和地区的机构战略合作，与国外多家饲料企业、专业机构建立了常年的技术与战略合作关系，长期致力于动物营养、环境保护、工厂化养鱼、食品安全及养殖业可持续发展的科学研究，开发出了国际水平的饲料产品，并引种和培育出了多种名、特、优、新水产新品种。近年来，通威积极探索、研究行业发展变化趋势，研发“365”健康养殖、智能“手机养鱼”、PRAS池塘循环水养殖模式等新型科学养殖模式，并在全国200余个示范点全面推广，经济效益得到较大提升。同时，通威将光伏发电与现代渔业有机融合，于全球率先创造“渔光一体”发展模式，推进传统产业的全面升级。目前，通威正在全国各地推广和建立“渔光一体”基地，优质而清洁的光伏电力正源源不断地惠及千家万户。项目建成后，8～10年即可收回成本，除养殖收入外，发电收入可达3万～4万元/亩，经济效益显著提高。目前，通威已在江苏、湖北、天津等14个省份建成和在建20个“渔光一体”养殖基地，未来几年将建成20万～60万亩渔光一体养殖鱼塘。作为同时涉足农业和新能源光伏产业的龙头企业，通威将借助于独特的商业模式，真正实现农业和光伏高效协同发展，最终成为全球杰出的绿色农业和绿色能源供应商。

经过多年的跨越式发展，在新能源产业链上游，通威旗下永祥股份经过4次技改升级，已形成8万t高纯晶硅产能，位列全球前三，产品质量、各类消耗水平和成本处于行业领先水平。公司产品可全面满足P型单晶、甚至N型单晶需求，达到电子级晶硅标准，真正实现高纯晶硅“中国制造”，替代进口产品，彻底改变全球高纯晶硅行业竞争格局。

在产业链中游，通威太阳能深度切入太阳能发电核心产品的研发、制造和推广，现已实现总计20GW的电池片产能，位居全球首位。目前，通威太阳能电池片最高平均转换效率达到22.5%，品质达到行业一流，成本实现行业领先，各项技术指标已达世界先进水平。2017年9月20日，通威太阳能世界首条工业4.0高效电池片生产线正式投产，标志着通威制造正式步入工业4.0时代，树立了行业智能制造的新标杆。预计到2020年年底，通威太阳能电池产能将达30～40GW，进一步夯实其全球太阳能电池片生产龙头企业地位。

在产业链终端，通威将光伏发电与现代渔业有机融合，于全球首创“渔光一体”发展模式。目前，通威正在全国各地推广和建立“渔光一体”基地，优质而清洁的光伏电力正源源不断地惠及千家万户。作为中国乃至全球同时涉足农业和新能源光伏产业的龙头企业，通威真正实现了农业和光伏高效协同发展，并将最终成为全球领先的绿色农业和绿色能源供应商。

在十一届全国政协常委、全国人大代表、通威集团董事局主席刘汉元先生的带领下，在全体通威人的努力下，30余年来，通威一直保持稳健发展，在为中国水产事业、新能源事业及其他事业做出积极贡献的同时，也得到社会的广泛认同。公司相继荣获国家科学技术进步奖二等奖、中国质量奖提名奖、中国民营上市公司 100 强、中国驰名商标、中国名牌等近百项殊荣，并连续 14 年入列“中国 500 最具价值品牌”榜。2018 年 11 月 1 日，在京召开的民营企业座谈会，刘汉元作为 10 位企业家代表之一，代表新能源行业围绕光伏产业和能源转型进行了发言。2018 年，通威股份独立完成的现代水产产业链技术创新工程项目荣获四川省科技进步奖一等奖。2019 年 1 月，通威参与的猪抗病营养技术体系创建与应用项目荣获国家科技进步奖二等奖；2020 年 1 月，通威股份参与的草鱼健康养殖营养技术创新与应用项目再次荣获 2019 年度国家科学技术进步奖二等奖。

在获得自身稳健发展的同时，通威始终坚持以一个成功企业的高度社会责任感，情系民生，饮水思源，用真情和爱心回馈社会各界的厚爱，积极参与社会公益事业、光彩事业和思源工程。迄今为止，通威各种捐款捐物总额已超过 4 亿元。

安全　优质　高效　诚信

——仪陇温氏畜牧有限公司

温氏食品集团股份有限公司（简称“温氏股份”），创立于 1983 年，现已发展成一家以畜禽养殖为主业、配套相关业务的跨地区现代农牧企业集团。2015 年 11 月 2 日，温氏股份在深交所挂牌上市（股票代码：300498）。

截至 2018 年 12 月 31 日，温氏股份已在全国 20 多个省份拥有 270 多家控股公司、5 万多户合作家庭农场、5 万多名员工。2018 年温氏股份上市肉猪 2 229.7 万头、肉鸡 7.48 亿只，实现营业收入 572.36 亿元。

温氏股份现为农业产业化国家重点龙头企业、国家级创新型企业，组建有国家生猪种业工程技术研究中心、国家企业技术中心、博士后科研工作站、农业农村部重点实验室等重要科研平台，拥有一支由 20 多名行业专家、69 名博士为研发带头人，614 名硕士为研发骨干的高素质科技人才队伍。

温氏股份掌握畜禽育种、饲料营养、疫病防治等方面的关键核心技术，拥有多项国内领先、世界先进的育种技术，现有国家畜禽新品种 9 个、获得省部级以上科技奖励 58 项，温氏股份及下属控股公司共获得专利 364 项（其中发明专利 124 项）。

温氏股份始终坚持以“精诚合作，齐创美满生活”为企业文化的核心理念，与股东、员工及各方合作伙伴一道精诚合作，为推进中国农业产业化做出应有的贡献。

仪陇温氏畜牧有限公司是温氏股份在川渝地区开办的第五个专业一体化养猪公司，公司总投资 3.5 亿元，配套建设行政办公中心、年产 15 万 t 的饲料厂、3 个合计年产猪苗 30 万头的种猪场。建成后将带动建设家庭农场 500 户，年平均出栏肉猪约 600 头，公司年上市肉猪 30 万头，年销售值达 5 亿元，促进农民年增收 5 000 万元，同时解决 1 500 个就业岗位，促进建筑建材、交通运输业等相关产业的发展。

目前公司正处于快速发展时期，现有员工 230 余人，行政中心、双胜种猪场、福临猪场已建成并投入使用，公司采用温氏集团“公司＋家庭农场”的合作经营模式，即公司负责向家庭农场主提供猪苗、饲料、药品、技术指导，包产品回收，农场主按公司的管理规定与技术要求，为公司养殖肉猪，将公司在技术、资金、市场方面的优势和农村劳动力与土地资源方面的优势有机结合起来，带动广大农民致富。公司全产业链生产模式，有效控制从种苗到肉产品产业链各环节的质量安全，向广大消费者提供优质、健康、安全的产品。

仪陇温氏畜牧有限公司饲料厂隶属仪陇温氏畜牧有限公司，位于仪陇县新政镇河西工业区桑梓街 11 号，于 2013 年 11 月筹建，2016 年 1 月投产使用。年生产规模 15 万 t。

饲料厂占地面积约 50 多亩，生产区（含原料接收场地）占地约 2 万 m^2，其中原料仓库面积 1 800m^2，另外独立配套共 7 000t 圆筒仓、成品仓库面积 1 800m^2、生产主车间 5 层使用面积共 2 000 多 m^2。公司饲料厂配合型饲料生产线 1 条，饲料厂设计产能为 36t/h。

饲料厂采用年产量 15 万 t 畜禽饲料成套设备，饲料厂充分吸收了集团公司生产饲料的优秀经验，并且在此基础上进行了进一步的技术创新，生产技术已达到国家先进水平。

饲料厂设有办公室、技术部、生产部、质量部、销售部、采购部等部门，有员工 55 余人。公司各项制度健全，各部门紧密配合、相互协调并严格监督。质检部门由公司经理直接负责，以完善的管理体系和责任制度来确保从原料采购到产品出厂每一个环节的可靠性与稳定性。饲料厂聘有动物营养、饲料加工等专业技术人员为产品质量把关。饲料产品质量严格执行集团公司制定的《猪用配合饲料标准》文件的规定。

仪陇温氏畜牧有限公司严格落实《饲料质量安全管理规范》体系，遵循“安全、优质、高效、诚信”的生产理念，致力于集约化、规模化、标准化、一体化养猪事业的推广和发展，并于 2018 年 2 月获得农业农村部饲料质量安全管理规范示范企业。

致力于新产品新工艺研发

——新津邦得科技有限公司

新津邦得科技有限公司是由华西希望·特驱集团投资6 000万元兴建的高新技术企业。公司成立于2014年4月2日，位于四川省成都市新津天府智能制造产业园，占地面积30余亩，于2016年1月建成投产，是一家大型、现代化、专业化的添加剂预混合饲料生产企业。

工厂全套引进瑞士布勒专业预混料生产设备和WinCos. r2生产过程控制系统，设计年生产能力10万t，可满足生产1 000万t配合饲料对添加剂预混合饲料的需求，工厂按国际添加剂预混合饲料生产工艺最高水准设计建设。

公司生产设备和配套设施具有：

从原料接收到成品出库实行全程条形码控制和智能化生产过程控制，对全过程进行精准的自动记录，有效防止错误发生，实现从原料到成品到客户和成品到原料的双向快速质量追溯。

生产前WinCos. r2系统的防交叉污染模块会自动检查前后批次间有可能的交叉污染，有效避免批次间产生的交叉污染。

对全过程错误操作或超误差现象实行报警，终止继续生产，及时纠错。

每条生产线配置5个不同量程的大料配料秤和微量配料秤，从硬件上确保配料的精确性。

所有称量设备均具有设备参数自动修正功能，从而实现完美的称量精度控制。

微量元素预混合饲料和维生素预混合饲料采用完全独立的生产线，减少了添加剂原料间的氧化及变色反应。

WinCos. r2与JDE实时智能化数据交互，保证各项业务数据的准确性，同时极大提高工作便利性，业务流程及生产过程记录严格按农业农村部《饲料质量安全管理规范》的要求自动生成，永久保存。

工厂建有一流的检测分析实验室，配有电位滴定仪、电感耦合等离子发射光谱仪ICP-OES、超高效液相摄谱仪UHPLC等高端检测仪器设备，并设立无菌实验室，保证所有原料和不同批次产品得到快速准确的检测分析，确保产品质量和产品安全。

公司通过ISO9001质量管理体系认证，按照农业农村部《饲料质量安全管理规范》和ISO9001标准建立了严格的质量控制体系。先进的设备、完善的控制软件和严谨的生产质量管理从根本上确保所有的生产步骤都具有很高的准确性，能最大限度地消除污染及交叉污染的危害，最大限度地消除分级的危害，配料精度达到完美控制，混合过程达到最佳均匀性，保证了从原材料进厂到产品出厂的全程质量管理。

新津邦得科技有限公司是一家致力于新产品新工艺研发的高新技术企业，研发中心拥有先进的研发检测实验室、研发试验料生产机组和研发试验饲养场，每年研发投入超过1 000万元。目前公司获得授权的专利有20项、软件著作权1项，研发成果持续运用饲料产品中，产品品质持续提高。公司产品通过下游的配合饲料生产企业走向千家万户，得到养殖户的一致好评，树立了“特驱”牌饲料的高品质形象。

奋进中的昆明金钱

——金钱饲料（昆明）有限公司

金钱饲料（昆明）有限公司是经云南省人民政府批准成立的一家外资企业，创建于2003年12月，自2005年1月正式投产以来，公司主要从事畜禽配合饲料、浓缩饲料、水产饲料、预混合饲料的研发、生产与销售。公司位于春城昆明美丽的西山之后，占地面积1.6万m^2，交通十分便利。

一、集团背景——进驻中国市场37年，步履铿锵

金钱饲料（昆明）有限公司隶属于金钱集团，是集团投资510万美元在中国大陆兴建的第五家公司。金钱集团创建于1953年，在亚太多个国家和地区拥有20多家生产工厂，年产能近300万t，是中国国内最早的外资饲料企业之一。之前，已在中国沿海的深圳、珠海、湛江、漳州和昆明建有5个公司。金钱饲料（昆明）有限公司的成立，标志着金钱在进入中国20多年后，首次进军中国内陆市场。自1983年进驻中国市场以来，金钱集团始终坚持“质量稳定、信誉第一”的发展原则，在我国稳步布局。金钱饲料（昆明）有限公司始终秉承集团理念，专注于为广大养殖户提供安全高效、一流品质的产品，2018年，被云南省农业厅授予“饲料质量安全管理规范示范企业”称号。

二、稳定的饲料产品质量

产品是企业生存的基础，尤其是生产企业，拥有稳定的产品质量才是立足的根本。金钱在进入云南市

场之前曾做过全面深入的考察，包括云南的气候自然条件、地理区域特点、养殖水平现状及市场产品构成。在收集了大量数据仔细分析研究之后，集团技术总部的营养师根据云南的养殖实际结合当前的国际营养理念进行设计，一系列区域针对性极强的“金钱”牌饲料产品才得以诞生。产品包括猪、鸡、鸭、鱼的各种配合饲料和浓缩饲料，同时同种料型设置不同档次与价位的产品以满足市场多元化的需求。

原材料供应方面，金钱饲料（昆明）有限公司充分发挥集团采购优势，与中粮、益海、嘉吉等大型粮油企业建立良好的合作伙伴关系，在供应链管理中，真正完成了信息资源的共享，通过深入比较、确定供应商，完成集团化、低成本采购。

品质是企业持续发展的根本。在品质管控方面，引进美国 NIR（近红外扫描）系统对原料及成品进行质量的全程跟踪监测，保证“不合格原料不入库，不合格产品不出厂”。2019 年，金钱饲料（昆明）有限公司获得云南省首家 ISO22000：2018 食品安全管理体系认证证书，生产工艺严格按照国际标准，保证饲料产品质量。

人员能动方面，公司充分发挥员工的工作积极性和主动性，对集团员工进行岗位培训，让各员工精通各个环节规程与操作，成为生产多面手，以此确保生产的连续性和产品质量的稳定性。

管理方面，公司践行 6S 管理模式，从而提高效率，降低成本，以人为本。从细节出发，保障和稳定产品质量，始终按照饲料质量安全管理规范示范企业标准严格要求落到实处，这是金钱昆明公司的企业操守和责任体现。

三、拳头产品，饲料无抗，助推养殖业

金钱昆明公司是以稳定产品质量实现企业发展。在此基础上，不断创新、迎难而上、把握发展机遇、突破自我。可持续发展的动力在于人才。集团拥有一批包括动物营养、畜牧兽医、饲料加工等方面的博士、硕士组成的人才队伍，着力于新产品的研发与创新。在具备较高专业素质的人才队伍的努力下，金钱鸡料多年来广受好评，从小鸡到大鸡长势优于同行业，全程使用“金钱”肉鸡料，出栏肉鸡具有良好的商品性，羽毛光亮，皮肤、腹脂着色明显，效益更高。

金钱始终一切以满足客户需求为出发点，不断改进优化产品。针对散养户，基于养户需求，根据猪的消化生理和营养需要的特点，结合当前养殖环境下猪只健康的实际需求，不断改进优化猪全价饲料和浓缩饲料，促进饲料转化，实现最佳的生产效益，10 多年来一直喜获市场认可。

为响应国家的号召，金钱饲料（昆明）有限公司已推出无抗饲料。无抗饲料提高了畜禽的吸收能力，缩短了饲养周期，生长速度快，满足了当下不断提高的养殖品种需求。并且无抗饲料适口性好，可提高饲料转化率 10%～20%，大大降低了饲养成本，为广大的客户谋福利。无抗饲料还能降低畜禽体内有害物质的积累，增强畜禽的代谢调节能力和抗应激能力，提高整体综合免疫力和机体抗病能力，这样一来，消化系统疾病明显减少，禽类冠红羽亮，猪皮红润，毛顺贴身。为消费者提供健康、绿色的肉制品。ISO22000 食品安全管理体系认证证书不是纸上荣誉，而是金钱昆明公司落实到行动上的企业责任体现。

四、稳定的员工和经销商队伍

良好的企业人员架构既包括富有创造力的技术研发人员，也包括具备市场开发能力的销售人员。金钱集团在培养人才方面不拘一格，高度注重人员队伍建设。集团每年定期邀请专家为员工进行学习培训，例如针对管理层的 MDP 和 LDP（管理层和领导人）培训，培养后备人才，为集团今后的发展奠定基础。还有针对销售人员的 SDP 培训无不彰显出公司重视人员队伍建设的程度。除了集团的培训以外，公司内部也会定期组织各类职能和安全培训，各个职能部门的员工都有机会通过培训深造等方式获得知识、技能的提升。金钱集团同时具备清晰、明确的晋升制度，确保为每一个有才能、有目标、有进取心的员工提供实现自我价值的发展道路。可以说，金钱是人才培养的沃土，在这方土地上培养出的精英勤恳地为金钱的发展贡献着自己的力量。

目前，金钱饲料（昆明）有限公司很多员工都是工龄超过 10 年以上的资深员工，人性化管理便是秘诀。除了给予员工当地平均水平以上的薪资，公司还严格按双休和国家法定日休假制度，给予员工充分的休息时间，让员工感受轻松的工作及休息氛围。生日会、员工旅游、春游等活动让员工相处融洽，更似家人。稳定的员工队伍保证公司各项工作有条不紊、高效地进行，而稳定的经销商网络则有赖于公司良好的产品和售后服务。公司以稳定优质的产品打通云南市场，通过养殖场管理和疾病控制等售后服务与经销商建立了紧密合作，同时以公司或者集团的名义举办多个大型活动以走近我们的客户，挖掘客户最真实的需求，帮助广大的养殖户解决问题。例如，2019 年参加在昆明国际会展中心举行的中国（云南）畜牧业暨饲料工业展览会和海南博鳌东屿岛大酒店举办的“2019 年博鳌猪业科技论坛”金钱之夜，与行业同行，与行业共同成长，期待未来不断创新给行业带来更多新的理念和产品。除了这些，集团还组织一年两

次惠及客户的MBA农牧行业工商管理高级研修班培训，邀请行业内知名专家从行业的现状出发，剖析时代下养殖、营销等专业知识和实践经验分享，让我们的客户即使面临低谷，仍能保持理智和必胜的决心，达到双赢。

15年以来，金钱饲料（昆明）有限公司稳扎稳打，步步为营，以不断更新满足市场需求的产品打造专属优势，以高端的研发实力铸就品牌保障，以稳定的产品质量赢得客户关注和认可，以良好的企业文化吸引人才聚集。未来，金钱饲料（昆明）有限公司将秉承在云南15余年的成功管理经验和经营理念，一如既往地服务于养殖户，服务于社会，金钱伴您成长。

变革创新　引领企业新发展

——昆明正大有限公司

昆明正大有限公司于1991年10月成立，位于安宁市太平新城街道，是由泰国正大集团和昆明产业开发投资有限责任公司合作经营的外资企业，注册资本640.53万美元。公司现有员工132人，其中大专以上86人，占公司总人数的65.2%，技术人员22人，占公司总人数的16.6%。主要从事饲料生产经营，是云南省第一家现代化饲料生产企业，饲料生产工艺为美式先粉碎后配料工艺，主要生产设备为美国CPM公司产品，拥有一条年产18万t的畜禽饲料生产线，一条年产5万t的水产饲料生产线，以及一条年产3万t的反刍饲料生产线，截至目前投资总额已达2.1亿元。主要产品为猪浓缩料、全价料、猪九宝套餐，鸡料、鸭料、鱼料、牛料等。多年来，公司遵守国家各项法律、法规、政策，重视企业文化建设，团结进取，勇于开拓创新；尊重知识，尊重人才；重视市场营销工作，生产经营运行良好，经济效益显著。

2019年，受非洲猪瘟疫情的影响，畜牧行业很多企业防疫不到位，资金链崩断甚至倒闭。昆明正大有限公司在第一时间采取防疫措施，化危机为转机。首先在原料、工厂管理方面，我们时刻关注产地的非洲猪瘟疫情，做原料的定期检测，原料到达工厂，我们在各原料品质的关键点定期取样检测，对各关键设备以及饲料场地定期严格消毒，对员工进行非洲猪瘟知识的培训及防控措施落实；其次在车流、人流管理方面，我们采取二消措施：车辆在公司门口进行一次消毒及进入饲料厂全车进行二次消毒，员工进入公司进行一次雾化消毒，进入饲料厂的员工进行二次消毒并参与防疫知识培训考试，对于外来人员（司机）告知及管理完善（快入快出，不下车，划定活动区域等）；最后在成品管理方面，外卖（袋装饲料）与内销（专用罐车直接散装）分开不同场地操作，杜绝交叉污染。通过严格的防疫措施，给客户信心，为集团养殖事业提供保障。2019年共生产12.087 1万t饲料，相比2018年总产量增长了9.7%，制造费用降低了4.4%，制造费用节约67.4万元。

创新是一个企业实现生存、发展的动力，是企业壮大、可持续发展的根本。针对当前饲料生产企业发展面临的突出问题：一是质量安全任务越来越重；二是市场竞争激励，饲料生产企业利润空间越来越小。降低生产成本，提高饲料质量安全管理水平越来越重要，只有创新才能使企业获得持续发展的重要动力。

正大集团作为世界500强企业，世界饲料生产行业的领跑者，始终坚信：创新才能持续发展，将“不断创新”列入集团核心价值观，指导集团企业践行和发展。为了更好地贯彻落实集团价值观的不断创新精神，鼓励集团各事业线、各区域公司全员发挥主观能动性，积极在各个岗位上大胆创新，多年来，正大集团坚持每年举办创新博览会，全球正大集团旗下企业参加。2019年1月16日，正大集团2019全球创新博览会（CP Innovation Exposition 2019）暨2019学术研讨会（CP Symposium 2019）在泰国曼谷国际贸易会展中心盛大开幕。本次创新博览会持续4天，来自16个国家和地区的2 000多名集团管理人员参加开幕式，共有来自全球的34 105名正大员工前来参观，分享创新带来的改变。

正大集团资深董事长谢国民在开幕式上致辞，要求全球35万多名正大员工齐心协力，分享创意，为组织创造变革。

一直以来昆明正大有限公司全面响应和贯彻集团技术创新的指示精神，努力推进企业科技进步和增强公司自主创新能力，建立企业持续发展的科技创新、科技进步长效机制，不断总结技术创新工作经验，努力推动公司科技创新并大力推动科技成果向生产力的转换，为公司持续健康发展增加动力。在开展创新过程中，走出了一条符合自身发展的创新之路，坚持自上而下、全员参与，取得了丰硕成果。2019年公司组建云南区科技创新工作领导小组，全面领导推进公司的科技创新工作。同时，健全和完善各公司科技创新工作领导小组，不仅建立了自身的技术创新管理体系，同时也制定了技术创新的奖惩标准来激励广大员工积极参与和投身技术创新管理工作。各部门科室纷纷建立健全科技创新工作体系，形成了良好的技术创新工作氛围。

随着集团“正大4.0战略”的持续推进，以及

2021年正大集团成立百年的契机，正大集团要求全员向创新型组织转变，通过持续的创新提高企业竞争力。我们积极推进集团4.0“六化”建设：①装、卸机械化，②原料、成品散装化，③生产运行自动化，④生产过程可视化，⑤饲料质量安全化，⑥生产管理标准化（制度建设），精益生产，保证高品质，降低生产成本。在原料输送工艺中，开发新型石粉气力输送系统及相应的存储和出仓工艺，大幅减少原料损耗，节约劳动力投入，提高了原料系统自动化水平。在新产品、新工艺及硬件设备投资方面按集团“三高一低”（高投入、高效率、高品质、低成本）指导政策思想，投入更多，继续提高企业在行业中的竞争力。在生产工艺中，核心制粒系统通过设备升级带来控制柔性更好的自控喂料系统和润滑更好的黄油主轴，使得生产过程更稳定，也杜绝了液体润和油脂带来的成品污染，保证了产品的品质，提升市场竞争力。另外在软件系统方面，针对核心配料系统，升级改进了部分数据链及数据采集分析方式，通过大数据分析更好地指导安排生产计划，同时更好地实现品质追溯，通过数据管理提高生产效率，减少设备空载时间，降低能耗费用，也进一步保障产品品质。在节能减排及环保方面，引入电叉车替代柴油叉车，使用清洁的电能，减少使用柴油带来的环境污染，积极响应并支持国家节能减排的号召。2019年共完成24项创新项目，直接节约生产成本25万元。

公司在生产、技术等职能线推广专利意识，鼓励积极原创、申报专利，创造属于自己的知识产权，提高核心竞争力。发挥各经济实体和各公司的技术优势，调动基层技术人员申报专利的积极性，充分发挥其技术创新的主体作用。在饲料生产项目课题的选择上，结合各公司单位自身优势与专利技术加强指导，聘请技术专家多次到各生产现场进行技术培训和指导，与技术人员进行座谈，深入挖掘创新点。2019年共获得实用新型技术专利3项。

随着更多的研发投入，研发团队进一步扩大，公司近年来也积极协同云南农业大学等高校，引进优秀应届毕业生，为研发队伍注入新鲜血液，让年轻人多参与项目，授权赋能，使他们快速成长，同时年轻人的新思维，也为公司新项目的研发提供了新的方向，实现公司效益及个人成长的双赢。

在国家、省、市各级政府以及行业协会的扶持和关怀下，秉承正大集团“利国、利民、利企业”的核心价值观，昆明正大有限公司将继续严格品质管理，制定完善的标准和严格的检验程序，始终把饲料质量提升到“关心人类健康”的高度，努力实现“世界的厨房，人类能源的供应者”的宏伟愿景。

科技创新引领方向 企业实现稳步发展

——云南快大多畜牧科技有限公司

云南快大多畜牧科技有限公司成立于1991年，是一家专门从事畜禽、水产动物营养研究以及专业化的饲料生产企业。多年来，公司始终把科学技术作为第一生产力，高度重视科技创新工作，专注于生产研发优质畜禽饲料，把产品研发和技术改造应用到饲料制造及养殖领域。结合目前业务开展和未来发展规划，加大了在生物工程、动物营养、饲料配方、疾病防治、高效养殖和生态环保技术等方面的投资力度，每年投入近千万元经费用于新产品的研发及新设备的引进。2019年超额完成了年初制定的目标任务，在非洲猪瘟疫情造成较大影响的形势下，确保销量增长，水产部的同仁在网箱拆除、鱼价低迷的形势下，积极地为下年度做好准备工作，快大多品牌在市场上的影响力日渐提高，实力让整个团队充满了信心。

一、紧扣产业前沿的市场需求，确定企业的技术研发方向

多年来，公司承担国家、省、市、区科技项目20多项，特别是DLY高瘦肉型猪繁育配套技术示范推广、优质无公害商品猪生产技术示范、无公害饲料生产与配套技术推广、肉用土杂鸡饲料研发及配套养殖技术推广、高原型鲤鱼配合饲料研发与推广、生态养猪关键技术研发及产业化推广等项目的实施，使公司的产品技术含量在省内达到领先水平，促进了饲料销量的稳步上升，市场用户占有率有了较大提高，企业也取得了可喜的经济效益。针对饲料产业发展中的关键技术和共性问题，我们进行集中研究，强化和完善了科技成果转化的中间环节，不断提高科技成果的成熟性、配套性和工程化水平。通过优化产品结构、调整人才队伍建设、加强对外技术交流合作和进一步加大技术研发力度等有效措施，不断推出技术附加值高、效益好的系列产品，提升了公司在同行业中的竞争力。

2016年4月12日，李德发院士工作站在云南快大多畜牧科技有限公司正式挂牌成立，中国工程院院士、动物营养学国家重点实验室学术委员会主席、国家基金委优秀创新研究群体学术带头人、国家重大基础研究973项目首席科学家李德发与云南快大多畜牧科技有限公司真正迈出了强强联手的第一步，携手为企业装上了创新驱动的强力引擎，标志着快大多企业

由此走上了一条科技创新与市场合作的高科技发展之路，为更好地推进畜牧饲料行业的发展，提高公司的生产效益，实现产业的可持续发展，打下了坚实基础。

二、以人才引进和培养支撑企业的创新发展

为了进一步促进企业技术与产业化销售升级，2014年公司在云南农业大学协助下，引入中国农业大学农业部饲料工业中心李德发院士专家团队，并正式申报了企业的李德发院士工作站。2015年4月，李德发院士工作站及省院省校合作项目无抗环保猪饲料关键生产技术研发与产业化推广获得科技厅立项实施并正式挂牌。

工作站挂牌成立以来，中国工程院院士李德发及其团队的朴香淑博士、孙祥丽博士、程志斌博士等组成快大多研发团队，将中国农业大学饲料工业中心、云南农业大学教学实习单位等取得的试验成果应用到企业的生产平台并进行推广，取得较好的效果。

公司围绕工作站不断加强自身人才队伍储备工作，先后派出公司领导及技术人员3人到中国农业大学学习和交流，加大项目人才的培养力度，5人通过了中级以上职称晋升，团队力量得到加强。与云南农业大学签订项目合作协议，程志斌博士和畜产中心普岳红老师常年担任公司顾问，负责项目的咨询和指导。出台一系列政策鼓励人才成长，每年斥资10万元对技术创新、试验示范工作成绩突出的技术人员进行奖励。鼓励员工提升学历和专业技术职务，对积极参加学历提升的人员给予奖励，培养硕士研究生2人，其中1人已毕业，1人在读。在工作站的指导下，公司团队2016年被评定为环保无抗饲料研发省级创新团队培养对象、玉溪市高层次人才创新创业示范基地，每年开展养殖户技术培训1 000人次以上，接待交流学习人员2 000人次以上，成为玉溪师范学院、玉溪农业职业技术学院以及玉溪市农业广播学校教学基地，每年安排顶岗实习生10人以上。

公司设立的“薛涛工作站”是玉溪市红塔区的首家专家基层科研工作站，专门研究动物营养增强动物免疫，减少疾病发生和保障畜牧业健康发展。2019年总经理杨保和获云南省“第八届百名优秀民营企业家”称号，副总经理袁明凤获“全国百名饲料科技优秀人才”称号，并通过了正高级农业技术研究员职称认定，标志着快大多的实力和影响力在2019年得到了更大的提高。

三、引领行业进步，实现企业发展

多年来，快大多畜牧科技有限公司高度重视科技创新工作，着力实施了一批重大科技项目，取得了若干自主知识产权，其中发明专利4项、实用新型专利15项、外观专利4项。承担的科技项目获得省、市、区科技进步奖励20余项。公司先后被认定为国家级高新技术企业、云南省创新型企业、云南省农业产业化经营省级重点龙头企业、云南省农产品深加工科技型企业、省级技术中心、云南省成长型中小企业、玉溪市饲料与养殖工程技术中心、市级企业技术中心，公司的“快大多”品牌为云南省著名商标、玉溪市知名商标。公司的技术研发水平快速提升，部分技术成果已达到国内和省内领先，相关科技成果及运用均实现转化及产业化，减少了养殖户饲料成本及药物等成本，提高了养殖户的养殖效果，增加了农民收入，也为公司带来了明显的经济效益。

快大多成为农业农村部饲料质量安全管理规范示范企业，标志着公司的绿色安全发展迈入新的台阶。

四、加大产学研合作力度，快速提升企业创新实力

公司十分重视与省内外高等院校、科研院所、企业之间的合作，积极走产学研联合的发展道路，加强与科研院所建立各种技术合作项目，形成完善的技术创新体系。与中国农业大学、云南农业大学、云南师范大学建立了合作关系，公司现已成为玉溪师范学院、玉溪农业职业技术学院等大专院校稳定的生产教学实习基地。一是通过联合培养技术人才，提高专业技术队伍素质，为中心技术创新工作提供人才保障；二是通过联合开展技术合作项目，研究开发新产品、新技术、新工艺，增强企业技术创新能力，带动经济效益增收；三是通过引进先进的技术创新理念，强化公司员工创新意识，促进企业创新发展。

年度外出学习人数比往年有所增加，3月组织了100位员工及家属到泰国旅游学习；主要管理人员参加了省工商联、省青年企业家协会举办的清华大学企业管理学习班；在技术部、财务部外出参加学习的机会比往年增多，派员参加了中旭公司举办的团队培训，其他培训7次以上；到广州参加为期3天的企业领导力培训，更新了观念，提高了认识。

五、增加科技研发经费投入，鼓励科技人员创新创业

公司高度重视研究开发工作，不断加大研发经费投入力度，有效保障公司研发活动的资金需要，并将中心所需经费纳入企业年度财务预算。每年按不低于公司销售收入的4%计提研发费用，专款用于公司的研发工作。2019年公司再投入532.91万元完成了检测中心，购置了先进的研发仪器设备，完善的研发、试验、

检验、中试仪器设备，能够满足现阶段所研发产品及相关原料主要指标的检测及小试转化为中试的能力。

公司把自主创新作为可持续发展的战略核心，注重营造优越的创新环境，提升企业自主创新能力。在有形的制度创新上，公司建立了一系列人才、项目等管理制度，用以规范管理，营造良好的创新环境。一是创新劳动用工、工资分配机制，建立健全考核目标，形成良性内部激励机制；二是创新项目管理制度，建立现代科研项目立项、验收、评审制度，推动科研成果进入市场，取得持续研发的资源；三是建立健全知识产权管理、保护制度，进一步完善公司专利申请、管理交易制度。在无形的创新文化上，公司着力打造“快—大—多”企业文化，营造良好的文化氛围。

六、非洲猪瘟的防控显示快大多的社会责任和意识力量

自 2018 年 6 月全国发生第一例非洲猪瘟疫情和玉溪市年初发生的疫情，公司迅速反应，积极应对，及时停用了所有猪源性的原料产品，食堂停止采购猪肉，2019 年大门新增人车消毒设施，这些不仅体现了快大多的认识和对社会责任的担当，更使快大多的形象在养殖户心中得到认可。

七、不忘初心，牢记使命，支部阵地作用持续发挥

在红塔工业园区党工委的指导下，除正常开展支部工作外，组织参加了“万名党员进党校”，参观玉溪市反腐倡廉教育基地，踏寻红色足迹，“不忘初心，牢记使命”活动，以及参与园区举办的文明讲堂活动，党员的模范意识和担当意识进一步提高。2019 年的全国扫黑除恶活动，快大多在职工中进行了广泛的宣传，以支部为主体，开展扫黑除恶专项斗争的知识普及，营造风清气正的生产经营环境。

七项发展措施保国企本色

——陕西华秦农牧科技有限公司

陕西华秦农牧科技有限公司是杨凌示范区管委会直属的国有独资企业。公司前身“陕西省饲料厂”于 1990 年建成投产。公司拥有“华秦”“劲达”两个著名品牌，下辖 3 个全资子公司，产品涵盖鸡、猪、牛、鱼各类浓缩饲料、配合饲料、预混合饲料及单一饲料，畅销全国 23 个省份，形成了“立足陕西、覆盖西北、辐射全国”的经营格局。

作为陕西饲料行业唯一的国有独资企业，近年来，公司保持良好的发展势头。2019 年，公司坚持党建引领，销售饲料 20.3 万 t，同比增长 23%；饲料销售收入 6.01 亿元，同比增长 22%，销量增速位居全省饲料行业前列。

一、坚持党建引领，不断增强企业发展动力

一是抓组织、筑基础，增添新动力。深入开展“四强”党支部、“四优共产党员”创建活动，通过“党员先锋岗”“党员责任区”“党员突击队”等载体，促进党员发挥先锋模范作用。面对艰难的行业形势和经营压力，党建成为企业行稳致远的压舱石、支部一线加强连、党员岗位排头兵的作用充分发挥。二是抓纪律、改作风，扩大影响力。与采购、研发、财务、后勤岗位员工订立了“廉洁自律军令状”，班子成员、中层管理人员面向全体职工做出《拒收礼品礼金廉洁从业公开承诺》；建立了多方参与、全程公开的原料采购和项目招标机制，阳光采购。公司上下坚决杜绝违规，不断改进工作作风，在业内树立了清正廉洁的国企形象。

二、坚持“3631”方略，不断提升公司服务保障能力

“振兴饲料工业、发展农牧经济、服务养殖产业、营养健康国民”这是华秦人矢志不渝的宗旨，做养殖企业优秀服务商是华秦人的战略定位。围绕示范区优化提升营商环境“3631”方略总体部署，公司着重围绕做养殖户和养殖企业的“五星级服务员”和“金牌店小二”，成立了市场技术服务部，设立了养殖技术服务、驻场服务、养殖工程服务 3 类服务项目，聘请了西北农林科技大学、杨凌职业技术学院 6 位专家教授，实施了养殖技术服务人员下沉一线驻区包片服务模式，形成了以专家指导、专人包片、专业服务为支撑，以科技培训、疫病防控、养殖配套服务为保障的“华秦农牧现代健康养殖服务体系”。与此同时，年投入 100 多万元为养殖户提供免费畜禽饲养管理新技术和疫病诊治 3 000 多人次，解决其养殖后顾之忧。

三、坚持创新驱动，提升产品市场竞争力

以创新为驱动，以区校融合、校企合作为抓手，公司积极实施“市场驱动型技术创新战略”和“技术创新推动营销战略”，成立了 3 个以公司研发骨干人员姓名命名的创新工作室，与西北农林科技大学联合成立“陕西省饲料工程技术研究中心”“杨凌饲料企业创新联盟”，承担国家重点可研计划项目 1 个、省级科技进步奖三等奖 2 项、示范区科技进步奖 3 项，

获得8项国家发明专利，“华秦”“劲达”品牌先后被评为“陕西名牌”“陕西省著名商标”，产品畅销陕、甘、宁、晋、川、豫等20多个省份，成为西北饲料行业的领头羊。当前，公司正在积极参与示范区“科创中心”建设，启动了“饲料试验和绿色养殖示范基地”建设项目，推动公司从单一饲料型企业向产业链型企业转型升级。

四、坚持高效营销，实现销量逆势增长

一是实施销量进度、新客户开发等绩效指标月度统计分析，强化营销人员考核，建立了营销经理、营销员自动淘汰机制。二是实施产品成本和销售成本精准核算，实行预混料产品折让、距离折让并行的折让政策，鸡、猪、反刍动物预混料销售分类管理，提升了销售利润率。三是增设了预混料四川事业部、云南事业部、反刍动物饲料营销部，优化了营销布局；在云南、河北设立了预混料产品中转库，降低营销成本，推动阵地前移。四是抢抓生猪、鸡蛋价格上涨，养殖户积极扩大规模的市场机遇，积极贯彻落实稳增长促发展工作部署，实施了“强基扩面冬季营销攻坚行动”，努力提升销量、扩大收入。

五、坚持管理强基，提高企业管理水平

一是抓规划，召开了公司发展战略研讨会，明确了公司发展战略。二是抓文化，提出了忠诚、团结、守信、求实、竞争、创新“六型企业”创建载体，组织开展了丰富多彩的员工群众性文化活动，增强了企业凝聚力、向心力。三是抓质量，完善了公司生产工艺标准、作业标准和品管流程、品管标准等工作制度19项，启动了省级“质量基础提升”项目，推动公司质量管理持续向着标准化规范化方向迈进。四是抓落实，建立了周督办工作机制，实现各部门工作清单式交办、督办，提高了部门执行力。五是抓制度，完善了营销人员自驾车营销管理办法等基础制度，大力弘扬艰苦奋斗、自力更生精神，严格落实八项规定精神。

六、坚持开源节流，努力扩大企业经营效益

一是降库损，明确了原料库存上下限标准，严格执行原料库存量和库存时间管理制度，有效降低原材料库损，确保库存质量。二是降能耗，合理安排生产计划，扩大夜班生产，错峰利用谷电，提高生产效率，降低生产能耗成本。三是降低原料采购成本，坚持门市收购和玉米产地收储的双线采粮模式，建立优质粮源供应基地。坚持“货比三家、择优采购”，克服中美贸易摩擦不利影响，积极拓展采购渠道，实现豆粕、磷酸氢钙、多维等大宗原料高水平采购。

七、坚持“两条腿走路”，积极探索公司新的发展模式

公司聚焦杨凌示范区建设上合组织农业技术交流培训示范基地的重要工作，发挥自身优势，积极实施“上合组织蛋鸡绿色高效养殖技术交流实训示范基地”建设项目，紧贴地方政府工作步伐，加快产业链探索进程。

科学防控确保饲料安全

——陕西石羊农业科技股份有限公司

陕西石羊农业科技股份有限公司（简称“石羊农科”）是省级农业产业化重点龙头企业、科技型企业，业务涉及饲料、育种、养殖、食品等一二三产业。公司创建于1992年，现有员工1 100余人，2019年实现销售收入近20亿元。

公司自创建以来，专注于养好“一头猪”、聚焦于做好“一块肉”，注重全产业链体系建设与科研开发。截至目前公司已经在陕西、山西、甘肃等省份建立20家分、子公司，年销售动物饲料100余万t。公司旗下猪场当前母猪存栏4.5万头，年出栏生猪100万头。

多年来，公司致力于科研机构的创新完善，以科技为先导，以服务养殖业为宗旨，在适应饲料生产和养殖需要的基础上，在公司动物营养研究中心指导下，石羊农科拥有西北地区规模最大，技术设备最领先，自动化程度最高的饲料加工工厂。从原料产地评估，到进厂检测，再到生产过程的监控，以及市场跟踪，建立了完善的品质管控系统，确保动物生长过程中的健康和安全。生产产品包括猪料、蛋鸡料、肉鸡料、预混料、反刍动物料等。

自从2018年8月国内暴发非洲猪瘟疫情，给养殖行业造成巨大威胁，作为一家饲料生产企业，陕西石羊农业科技股份有限公司采取科学措施，积极加强疫情防控，确保饲料产品安全。公司从原料源头、车辆物资、人员管理、生产工艺等所有环节及时完善管理措施，并大幅提升生物安全防护等级和管控力度，为广大养殖户朋友“保驾护航”，一道抗击疫情。

2019年，突出做好饲料企业非洲猪瘟防控，公司制定消毒标准流程和规范要求，保障集团饲料、畜牧等产业健康发展，重点开展了以下几方面的工作。

一、严格执行洗消流程

为做好非洲猪瘟疫情防控，公司规定所有外来车

辆禁止进入厂区。

对允许进入公司的车辆，在距离公司 1 000 米的地方，增加一个洗消站，对所有入场原料和拉料车进行彻底清洗和第一次消毒。所有送原料和拉料车必须先到公司洗消站，进行彻底高温高压清洗，清洗后进行第一次消毒，消毒合格后领取合格证明卡，再开到公司大门外接受二次彻底消毒。公司大门口对所有进入车辆进行第二次消毒；对进入公司人员只有一个进入通道，设有消毒 95 秒的自动控制消毒室。所有非运拉公司原料和饲料车辆，不得进入公司。生产工人除每天上班在大门外进行第一次彻底消毒外，进入生产区，设有第二道消毒室，进行鞋衣更换和二次消毒。产区和办公区彻底隔离，同时不允许任何私家车和销售人员车辆进入公司。任何非生产人员不得进入生产区，生产人员进入生产区只有一个进入通道，设有换鞋和消毒室，进行彻底消毒后方可进入。公司各区域每天彻底消毒。要求每天对办公区域、餐厅、生产区域、成品库、原料库发货区域、车辆人员通道进行喷雾消毒；对所有进入公司的物资（吨包、编织袋、标签等物资），在公司大门口设置的消毒间进行熏蒸消毒后，方可进入公司使用。通过严格洗消流程，确保公司大环境安全卫生。

二、抓好饲料原料防范提升

为从源头做好非洲猪瘟防控，公司对原料采购区域和使用进行了调整。集团明确规定，不得采购和使用来自疫区的饲料原料，对于非疫区无法采购，且饲料企业必须使用的特殊原料，尽量选择在距离疫病县 100 公里以外的原料厂家采购；另外，公司技术研发部针对非洲猪瘟疫情，对饲料配方进行调整，优化配方中原料使用，对存在使用安全风险大的原料取消使用。对于大宗饲料玉米，严格管控。严格采购使用非疫区的烘干玉米，并由公司专人现场监督对玉米运输车消毒。

特别是要求装玉米车现场消毒、现场装货、现场跟踪，同时将装货时消毒照片和视频发公司品管部经确认，方可送货。货到公司前先到距离公司 1 公里的专用洗车点，进行彻底高温高压清洗消毒合格，然后到公司大门外进行二次彻底消毒后，才可进行取样化验。对其他原料运输提出了供应商提供消毒过程的照片或视频作为送货依据的要求。品管部对不符合生物安全规定或无法提供消毒证据的车辆，通知厂家不得发货。

三、提升生产工艺做好防控

公司对生产工艺进行改进，加强生产环节对病毒等物质进行消杀。公司要求对教保料一直按二次制粒工艺操作，除热敏原料和小料外，所有原料全部经过 95℃高温，调制 180 秒，然后将第一次制粒后的半成品，加入小料进行 70℃的二次制粒，确保通过两次制粒工艺有效杀灭病菌。对中大猪料由一次制粒改为二次制粒工艺：所有大宗原料全部经过 95℃高温，进行 180 秒调质后制粒，然后将第一次制粒的半成品，加入小料进行 85℃以上，95 秒的二次调制和制粒，以便更有效杀灭病菌。

通过坚守生物安全大堤，公司与广大养殖户朋友一道抗击非洲猪瘟疫情，确保了饲料产品安全和养殖安全。

公司在提供安全饲料产品的同时，积极履行社会责任，以种猪繁育为核心，充分利用政府“精准扶贫”的产业政策、金融“脱虚向实”的政策导向、农业合作社新模式等资源，采取“公司＋家庭农场”的主导扶贫模式，扎根合阳县、蒲城县、淳化县以及山西省等养猪地区，帮助当地养殖企业积极推进畜牧业供给侧结构性改革，着力加快畜牧业转型升级，实施以产业带动，带动当地农民通过养殖产业脱贫致富，实现精准扶贫目标。

石羊农科规划，在未来 3 年步入中国畜牧行业第一梯队，发展成为年销饲料 100 万 t，年产生猪 200 万头，屠宰加工猪肉 200 万头的现代化、大型、全产业链农牧企业。继续坚持走饲料＋生猪养殖＋屠宰加工＋生鲜肉品的全产业链的发展道路。

引领产业进步　倡导健康高效

——兰州正大有限公司

兰州正大有限公司（简称“兰州正大”）是由泰国正大集团与甘肃省农牧厅合作兴办的大型现代化农牧企业，于 1993 年 8 月正式开业。近 30 年来，兰州正大始终秉承集团“利国利民利企业”的经营原则，主动融入甘肃经济社会发展大局，先后投资 12 亿元，成功建立了正大饲料、正大种猪、正大肉品、正大蛋品、正大食品、正大优鲜等省内知名品牌，形成了从种植、饲料生产、种畜禽繁育、商品代饲养到屠宰加工、食品深加工及终端零售为一体的全产业链经营体系。公司资产总额达 15 亿元。2019 年营业额 25 亿元，利润 1.5 亿元。

1. 饲料业。正大集团作为改革开放后第一家进入中国的外资企业，早在 20 世纪 90 年代就率先进入甘肃，建设了 24 万 t 的现代化饲料厂，开创了甘肃饲料工业的先河；同时扎根农村，为养殖户传授现代养殖理念，推广现代养殖技术，引导农民大力发展标准化养殖，转变旧有的思想观念和生产方式，培养新型农民从传统的精耕细作走上养殖致富的产业化道路，在促进农民收入稳步增长、生活水平日益提高的同时，为甘肃地区现代化新型畜牧业的发展起到了极大的推动作用。目前，在甘肃皋兰县、张掖市、泾川县等地建成现代化专业饲料厂3座，年产能达70万t。

2. 养殖业。兰州正大本着“引领产业进步，倡导健康高效”的养殖理念，成功引入美国2 000头原种猪及CG公司先进的育种技术，采用德国Big Dutchman和Minitube公司的成套智能化养猪设备和人工授精系统，运用正大集团先进的管理和生产模式，建成2 400头现代化种猪场1座，现代化万头种猪扩繁场5座，种猪遗传性能测定中心1座，200头种公猪站1座，项目运营管理展示中心1座，种猪销售中心1座，车辆消毒中心2座。建成目前国内建设工艺、标准、生产技术、管理系统最先进、规模最大的种猪核心育种基地，年生产祖代种猪1万头，为甘肃和全国提供千万头商品猪生产所需要的优质配套种源，实现了当地畜牧业由数量型向质量型、效益型的战略性转变。同时在兰州市皋兰县、张掖市及全省各地建设了现代化种猪场，年提供优质种猪3万头，优良商品仔猪15万头。

此外，在平凉市泾川县建设青年鸡场1座，年生产优质青年鸡150万羽，建设了存栏50万羽规模的现代化蛋鸡场1座，年可向城市消费者提供安全蛋品10 000t。

3. 产业扶贫。兰州正大在甘肃各级政府的支持和关怀下，积极融入当地社会主义新农村建设和精准扶贫产业扶贫计划，按照集团“四位一体”产业扶贫模式，组织政府、银行、企业服务农民，在嘉峪关市建设了正大新农村现代农牧产业化示范项目。该项目总投资2.5亿元，建设2 400头现代化种猪育种繁育场1座，现代化万头种猪扩繁场6座，以及与之配套的项目运营管理展示中心、销售中心、车辆消毒中心各1座，年生产优良父母代种猪1.5万头。同时使当地400户低保户、贫困户得到了稳定的收益。这种模式已经陆续在张掖、武威、平凉、庆阳、白银和兰州地区顺利推进，目前，项目已带动脱贫户8 271户。正在实施的产业扶贫项目有陇南文县6万头生猪养殖项目将带动14 000户农民脱贫致富，庆阳市30万头生猪全产业链项目将带动14 000户农民脱贫致富，这些项目必将为当地及全省“三农”问题的解决和扶贫攻坚发挥引领示范作用。

4. 安全食品。建立连锁经营点1 084家，建立正大品牌肉蛋食品超市经营店19家，直销点704个，铸就了值得消费者信赖的“正大肉品”和“正大蛋品”城市品牌。近两年来，正大后厨工业化产品，包括面点、休闲小食、方便餐等现代食品已全面进驻兰州市场，并受到广大消费者的青睐。

5. 新零售。“正大优鲜”作为正大集团旗下的全新品牌，旨在为附近社区居民及商务白领工作和生活提供一站式全方位的购物体验。不仅仅是便利的购物环境，更是以食品安全为宗旨，无论是正大产品还是其他商品，都经过严格的筛选，确保每一种商品的安全、优质、新鲜。自2015年11月麦积山路店开业以来，就受到兰州市民热捧，“正大肉品”“正大蛋品”和“正大现代食品”等琳琅满目的正大食品深受广大消费者青睐。目前，正大优鲜社区便利店已在兰州开设30多家，这将是兰州正大在未来的一个重点业务。目的就是打通“最后一公里”，真正实现农超对接，为周边居民提供一个“放心厨房”，让消费者吃得安全，吃得优质，吃得新鲜，吃得健康。

6. 社会责任。兰州正大在自身发展的同时，没有忘记一个优秀企业应尽的社会责任，践行爱是正大无私的奉献。过去几年里，兰州正大积极参加各类社会公益，始终以一颗感恩之心回报社会。公益脚步遍及贫困山区、孤儿院、敬老院等社会各地，不论助残助学抑或是救灾捐款、扶贫济困都能看到兰州正大奉献爱心的身影。此外，兰州正大还不遗余力地支持当地教育事业发展，设立“正大奖学金”、鼓励支持大学生自主创业、为广大优秀人才提供广阔的就业平台。并且，日趋成熟的“政府＋银行＋农民合作社＋企业”四位一体模式在农业项目中的实践，有效破解了新农村建设中农民缺少资金、技术、市场的难题，为项目地的精准扶贫提供了范例。积极参与社会公益事业和抗震救灾行动，公司和员工个人累计为捐助教育、公共设施建设、陇原绿化、灾区重建和农村特困户扶助等方面捐款捐物达到500多万元。2020年，新冠肺炎疫情期间，兰州正大出资380万元通过正大集团总部统一支援武汉抗击肺炎疫情，这次捐赠是兰州正大历年来捐赠数额最大的一次。

7. 所获荣誉。进入甘肃投资以来，兰州正大团结务实、创新图强，得到了社会各界的高度认可和广泛好评，获得以下荣誉：国家级农业产业化重点龙头企业、国家级饲料质量安全管理规范示范企业、全国十大领军饲料企业、第三届中国畜牧行业先进企业、农业农村部国家生猪核心育种场（景泰农场）、全国猪人工授精关键技术最具影响力企业、全国畜牧行业优秀种猪五强企业、2017年度中国最佳雇主企业、中国饲料工业协会常务理事单位、中国畜牧业协会猪业分会常务理事单位、甘肃省养猪业协会副会长单位、甘肃省农业产业联合会理事单位、甘肃省食品工业协会副会长单位、甘肃省烹饪协会副会长单位、兰州十佳外商投资企业、兰州市优秀非公有制企业。

8. 未来规划。未来5年，兰州正大将继续秉承集团“利国、利民、利企业”的经营原则，瞄准国际一流水平，发挥龙头企业在产品、技术和服务上的优势，在全省建设150万头生猪、300万只蛋鸡、1 000家正大优鲜店。通过多方组团合作发展，充分整合优势资源，以正大集团50万头生猪全产业链项目为主体，加快庆阳新农业暨产业扶贫综合示范项目落地实施进度，大力发展特色优势产业，培育壮大新型经营主体，打造农牧业全产业链和绿色循环农业，促进全市农牧业转型跨越发展，为打赢脱贫攻坚战提供强劲产业支撑。按照正大集团新型农牧食品产业一二三产深度融合、生态友好、绿色发展、食品安全、生物安全保障、智慧农业和产业扶贫结合的新型发展路径，在政府提供项目建设土地和种养结合土地资源的支持下，分别在天水、陇南建设50万头生猪全产业链项目，在白银建设30万头生猪全产业链项目，在平凉建设20万头生猪全产业链项目。同时积极融入项目地乡村振兴和精准扶贫战略，通过全产业链条带动当地农民增收致富。此外，在兰州地区发展蛋鸡养殖30万羽，在河西地区发展蛋鸡养殖50万羽，在全省范围内布局1 000家正大优鲜新零售项目，打通“最后一公里”，真正实现农超对接，为周边居民提供一个“放心厨房”，为甘肃省安全食品供应和振兴乡村战略做出贡献，同时为全省乃至全国现代农业发展和产业扶贫提供有益示范。

质量第一　用户至上

——青海黄河畜兴农牧开发有限公司

一、公司简介

青海黄河畜兴农牧开发有限公司是经青海省工商局批准注册的一家具有独立法人资格的科技型企业，专业从事各类牛、羊、猪、鸡、鸭、鱼等系列精料补充料、配合饲料、添加剂预混合饲料的加工及销售，兼营畜牧业养殖及牧畜品种改良。

该公司于1984年建厂，原隶属于贵德县粮食局，经国企改制要求，于1998年由国有企业改制为股份合作制企业，后因企业发展的需要，2006年再次改为有限责任公司。公司占地面积132亩，其中良种繁育及养殖基地100亩，生产基地32亩，是青海省唯一一家同时拥有三条生产线（反刍动物饲料生产线、畜禽饲料生产线、添加剂预混合饲料生产线）的生产厂家，年单班生产能力7.8万t。截至2019年年末，企业注册资本3 100万元，销售收入4 950万元，利润150万元，工业总产值5 227万元，总资产6 100万元。

该公司现有职工42人，年累计使用季节性农工80余人。公司采用多种形式与客户合作，实施订单农业、公司+农户+基地、校企合作等经营模式，以“质量第一、用户至上”的原则服务于广大农牧民。以质量为抓手，制定了一套完整的现代化管理体制，建立和健全了质量保证体系，是青海省唯一一家饲料质量安全管理规范部级示范企业，同时被青海省工业和信息化厅评为“青海省质量标杆”企业。

历年来，青海黄河畜兴农牧开发有限公司先后获得了青海省农牧业产业化结构调整省级龙头企业、青海省科技型企业、青海省著名商标、青海省青南牧区牲畜越冬饲料贮备定点生产厂家、青海省促进就业先进单位、青海省饲料工业协会优秀会员单位、中国饲料工业协会理事单位、青海省总工会红旗班组、青海省守合同重信用企业、青海省保护消费者合法权益先进单位、青海省诚信服务先进单位、青海省文明诚信私营企业、青海省诚信兴商双优企业、青海省名优商品金奖、青海省职业道德建设标兵单位、青海省五一劳动奖、青海省和全国安康杯竞赛优胜单位等荣誉称号。

该公司注重党建工作，党支部积极发挥职能作用，引领各项工作有序开展，先后被各级党组织授予贵德县先进基层党组织、海南藏族自治州基层党组织建设十佳党支部、海南藏族自治州民族团结进步示范点、青海省非公有制经济党组织党建工作省级示范点等荣誉称号。

二、经营和发展经验

（一）创业启程

1984年5月，县委、县政府划拨经营用地3 059m²，利用废弃的罐头厂（贵德县河西镇西街104号）作为经营地点，筹建贵德县饲料厂，建厂时全厂员工10人，注册资金15万元，总资产120万元，主要从事生产销售猪、牛、羊等饲料，销售市场仅限贵德县三河地区，在当时的计划经济模式中，企业得以延续。

（二）发展历程

1998年，按照国企改制要求，县企改领导小组以零资产出售给18名参加改制的职工。同年12月，由18名职工筹集资金成立了贵德县饲料股份合作公司，注册资金51.4万元。因生产设备老化、基础设施简陋，专业技术人员匮乏，只生产单一的混合饲料，年产量不到2 000t，由于产品缺乏市场竞争力，仍摆脱不了亏损局面。此后，该公司分别于1998年、2001年、2006年，针对饲料生产线存在的高能耗、低产能等纰漏，历经3次技术升级改造，引进了国内先进的生产设备，使产能提高到5万t，同时通过人才引进措施，聘请了具有动物营养与饲料加工专业的大专毕业生和天津正大饲料公司的销售精英、复转军人等专业人才加入公司，并对业绩突出者给予一定份额的股份奖励。通过人才输入，给企业带来先进的管理理念，科技研发成果凸显。公司先后成立了技术部、采购部、营销部、品管部等职能部门。2004 年，针对市场需求，研发了新产品“预混合饲料添加剂”，并于同年获得了农业部颁发的生产许可证，通过了ISO9001：2008 质量管理体系认证。2006 年 6 月，公司名称正式更名为青海黄河畜兴农牧开发有限公司，成功注册了“黄河畜兴”商标，公司由此扭亏为盈。2008 年、2012 年青海省青南牧区遭受雪灾，该公司全力以赴为灾区加班生产救灾饲料。由于生产任务紧，生产量大，公司经营场地小、生产应急能力弱的问题凸显。为谋长远发展，公司于 2013 年重新选址，在贵德县文化旅游生态创业园区内购置 27 亩建设用地，实施总投资 3 000 万元的饲料生产线建设项目，新建三条生产线（年单班生产 3.2 万 t 反刍动物饲料生产线、年单班生产 3.2 万 t 畜禽饲料生产线、年单班生产 1.3 万 t 添加剂预混合饲料生产线）、办公楼、化验中心、库房等相关配套设施。公司的生产工艺、检验能力、产品性能、各项营养指标等均达到国内同行业先进水平。为了公司管理更加科学规范，确保产品质量，该公司于 2015 年开始实施农业部颁布的《饲料质量安全管理规范》，并于 2017 年 12 月份通过了农业部专家组现场审核，成为青海省唯一一家饲料质量安全管理规范部级示范企业。通过严格运行《饲料质量安全管理规范》，青海黄河畜兴农牧开发有限公司已成为青海省饲料行业标杆。2019 年 3 月，公司的饲料质量安全管理规范运行经验被青海省工业和信息化厅评为青海省质量标杆。

公司在发展过程中积极承担企业社会责任，截至目前，已累计为青南牧区供应了 15 万 t 以上的抗灾保畜饲料。肩负完成了青海省青南牧区 4 次重大雪灾（1998 年、2008 年、2012 年、2019 年）的救灾饲料生产任务，其间全力配合省农业农村厅的工作安排部署，保质保量完成了生产任务，并为 2019 年玉树遭受雪灾地区捐赠价值 41.45 万元的救灾饲料，为青海省畜牧业发展做出了应有的贡献。

经历了 33 年的长足发展，公司从濒临倒闭的小微企业逐步成长为青海省饲料行业规模型龙头企业，办公设施、管理模式、专业技术人才、销售团队、生产线及配套设施、化验室、产品质量等均处于全省饲料行业前列。

三、未来发展思路

展望未来，饲料企业历经几十年的迅猛发展，行业产能过剩，多年引领养殖行业发展的辉煌历史已慢慢逝去。在新的发展阶段中，消费需求引领养殖业发展，养殖业引领饲料业发展的新格局已然渐渐呈现。特别是近年来，行业天花板渐显，单纯想扩大规模来谋发展已无可能。

鉴于此，公司未来发展方向将以以下 3 个方面为重点：一是加大科研和技术创新力度，推行校企合作模式，聘请相关专业院校教授专家，成立研发团队，研发高效能产品，以此壮大公司技术力量和市场竞争优势，促进企业高质量发展。二是产业链延伸，利用饲料生产企业自身优势，发展地方特色经济，在养殖业以高原原生态牦牛、国内外优良品系商品牛的养殖为主，同时实施循环经济，利用养殖废弃物发展有机肥产业，以此达到饲养互补，相得益彰。三是打造综合服务型平台，利用公司省级龙头企业优势，运行“公司＋农户＋基地”的经营模式，积极实行订单农业，大量收购本地区农户的农副产品，达到公司、农户、基地三赢的良好局面。

青海黄河畜兴农牧开发有限公司的发展壮大，离不开历届省、州、县各相关部门的关怀支持和正确领导，离不开每位员工的辛勤工作，离不开各界朋友和广大客户的鼎力支持。我们坚信，黄河畜兴一定会继续稳步、持续、健康地发展，一定会再创辉煌，走向更加美好的明天！

团结　务实　创新　图强

——银川正大有限公司

银川正大有限公司是泰国正大集团在宁夏投资兴办的中外合资现代化农牧企业。公司成立于 1998 年 3 月，固定资产 9 200 万元，是由自治区对外贸易经济合作厅引进的国家鼓励发展的外资项目，是最早来宁夏回族自治区投资的外资企业之一。公司浓缩了正大集团 90 多年的饲料生产工艺，引进国际、国内一流的设备，国际最先进的技术和经营管理理念，汇聚众多业内技术和管理精英，高起点、高标准、高水平地进入饲料及农牧领域，公司先后于 1998 年投资 2 000 万元建成位于西夏区年产 12 万 t 的现代化反刍饲料厂，2015 年，为适应自治区农牧产业化发展的需要，公司投资 7 200 万元建成位于经济技术开发区年生产能力 18 万 t 的现代化畜禽饲料厂。实现了反刍动物、畜禽、水产饲料的专业化生产，总产能达到 30 万 t。公司主要从事畜禽和水产饲料生产与销售及畜禽养殖技术的研发和运用推广等服务，并延伸到畜禽屠宰加工销售、动物药品销售、饲料及原料贸易、蛋类、食品销售等，初步形成了产加销及安全食品供应的产业体系。产品有猪、肉鸡、蛋鸡、水产、反刍动物、配合、浓缩饲料，2019 年销售收入达 2 亿元，上缴税金 300 多万元，产量达 6 万 t。

银川正大采用现代企业管理模式和管理机制，以人本管理为基础，充分调动员工的能动性和发挥其创造力。吸收任用国外、国内和本地的优秀人才，建设了一支由博士、硕士、大学生占 45%、专科生占 35%，平均年龄 35 岁的年轻化、专业化、知识化的百名职工团队，在良好的正大企业文化氛围内，通过企业资源的有效整合发挥企业团队优势参与市场竞争。在企业管理上，采用正大集团九条职能线管理及条块结合的管理模式，实现管理的科学化、专业化、标准化和制度化。公司采用当今国际最为先进的 Oracle 大数据库平台，上线使用 Smartsoft 信息管理软件，运用 OA 办公自动化系统、SAP 财务管理系统、EHR 人力资源管理系统、物料采购系统及生产管理系统。通过企业 ERP 等先进管理方法，实现了工业化、信息化的融合，实现了管理的信息化和高效率，提高了现代化企业管理水平。在生产管理上，公司立足于高标准、高起点，引进国际、国内一流的设备，先进的技术和科学的管理，浓缩了正大集团 80 多年的生产（如 5S、TPM 管理等）、技术与企业管理经验，采用正大集团一流的国际水平配方，电脑控制生产工艺流程，全程实行完善的品质管理，加工生产粉料、颗粒料两大类，浓缩料与全价配合饲料两大系列，各种畜禽、反刍动物、水产不同生产期需要的几十种优质饲料。在市场营销方面，公司致力于培育市场，自投产以来，公司免费发放技术资料 500 万份，免费为农民技术培训 2 万场次，培训达 50 万人次，建立农村养殖技术服务和饲料专销商网络 1 000 多个，发展养殖骨干及养殖工匠 2 万户。

近年来，公司通过有效的经销网络管理和对养殖户的技术服务，不断加大对公司品牌的宣传，为更好践行正大集团“利国、利民、利企业”的企业经营宗旨，持续促进农村精准扶贫与社会经济发展，公司与阿里巴巴集团进行战略合作，将正大饲料上线村淘平台。运用快速高效打开农村市场的方式，打造数字化时代的新农业与新农村，共同助推农村经济的持续健康发展。将农村安全、健康、放心、绿色产品输入到城市市场，真正实现从“农场”到“餐桌”的全产业链模式。中国饲料市场竞争的模式正在发生颠覆性变化，饲料竞争已经进入快速迭代的新时期，电商平台已经成为传统饲料业务竞争模式快速升级的驱动力和工具。村淘以搭建县、村两级服务网络的方式，将电子商务的优势展现出来，实现“物流”“信息流”瓶颈的破局工作，并完成“消费品下乡”“农产品进城”双行道的筑路工作，让农民享受价格实惠、质量有保障、品类多样的商品，进一步走城乡一体化道路，能够让农村的农产品通过更加简单、有效的方法，进入城镇中，减少中间商差价，保障农民利益。

截至目前，公司累计向社会提供优质饲料 120 万 t，使用本地地产原料 40 万 t，年产值达 2 亿元，累计上缴利税 4 000 万元。与此同时公司还向市场提供种猪、精液、仔猪、青年鸡、疫苗兽药及标准化养殖设备等产品，并向标准化规模养殖场推行技术人员驻场服务，不仅带动了全区的农牧养殖业发展，还带动了种植业、运输业、食品加工业、商业零售业等相关产业的发展，在整个正大产业链上，汇聚了近 20 万人的从业队伍，解决了农村富余劳动力。公司还招聘社会各类现代农业服务人才 1 000 余人，为社会缓解了就业压力。长期以来，公司为农民养殖户和相关产业链上的客户提供了无以估量的获利空间，有力促进了当地经济的可持续、健康发展。

公司先后被评为“全国饲料工业科技进步先进集体”“国家饲料质量安全管理规范示范企业”“自治区农业产业化重点龙头企业”，奶牛饲料被指定为“中国西部乳都”专用饲料，公司饲料产品被授予“宁夏名牌产品”称号。

银川正大将奉行“利国、利民、利企业”的经营方针，充分发挥产品技术与管理优势，弘扬“团结、务实、创新、图强”的企业精神，竭诚为广大养殖户提供最满意的服务，努力发展规模养殖，繁荣农牧事业，为宁夏和周边地区的经济发展做出积极贡献。

夯实基础　管理升级
持续为客户创造价值

——新疆泰昆集团昌吉饲料有限责任公司

一、泰昆集团基本情况

新疆泰昆集团创建于 1996 年，于 2010 年 2 月整体变更为股份有限公司，是依托新疆特色农业资源、立足新疆、辐射中亚的农业产业化国家重点龙头企业。泰昆集团由植物蛋白、饲料、禽养殖与食品加工、猪养殖四条相关联产业组成；创建了 4 个版块的持股平台，构建了“植物蛋白加工—饲料生产—畜禽养殖及食品加工产业”于一体的产业链，拥有目前在中国农牧行业最完整的产业链结构，在全疆各地州成立29家子公司各类员工近2 000人，各产业带动农民及农牧从业者8万人。

泰昆集团先后荣获“农业产业化国家重点龙头企业”“农发行总行黄金客户”“国家级博士后工作站”“国家级扶贫龙头企业”“国家重点研发计划项目——示范种禽场”“高校毕业生就业见习国家级示范单位”“全国三十强饲料企业”“全国民族团结进步模范集体”“自治区企业院士工作站”“自治区饲料工程中心”等荣誉称号。

2019年，植物蛋白产业生产加工棉籽50万t；饲料产业实现销量80万t；禽产业生产鸡苗2 300万羽，商品鸡养殖1 100万羽；猪产业断奶仔猪22.4万头，出栏肥猪16.3万头；集团实现营业收入43.17亿元，实现利润3.5亿元。

泰昆饲料产业：在南疆喀什、阿克苏、库尔勒建有3个加工基地，北疆伊犁、石河子、五家渠、昌吉建有4个加工基地，甘肃代工基地1个，总产能达到120万t；饲料销售网络覆盖全疆，远销西北，目前疆内市场占有率30%以上，为农户提供技术服务、担保贷款服务、养殖模式推广等，支持终端养殖户扩大养殖规模、实现养殖转型，目前拥有销售网点2 000个，终端用户50 000多家。2019年泰昆集团在湖南长沙建立了南方生产基地，为实现集团的战略部署，有着非常重要的意义。

新疆泰昆集团昌吉饲料有限责任公司是新疆泰昆集团股份有限公司下属全资子公司，成立于2001年1月11日，2013年投入9 000万元资金升级扩建后，全价料年产能达到36万t，预混合饲料年产能达到3万t，是西北五省规模最大的饲料加工基地。

二、夯实基础、管理升级，持续为客户创造价值

1. 规范安全生产管理，建立安全长效机制，保障身心健康。公司依据法律法规要求制定“横向到边，纵向到底”的全员安全生产责任制，并层层签订安全责任书，全年安全生产责任制运转正常。通过建制度、强化操作规程、互检，有效实施，及时消除生产安全事故隐患，同时组织制定并实施生产安全事故应急救援预案，及时、如实报告生产安全事故，组织制定并实施安全生产教育和培训计划，执行到位、动作落地保障了全年无安全事故发生。

为调动员工自动自发，自下而上的安全意识及隐患排除，公司制定并颁布实施《安全专项积分实施办法》，通过各层级主管的宣贯和引导，鼓励全员参与到安全生产工作中，针对联产类员工，进行日、月、季、年度考核和专项积分奖励。同时已搭建平台，打通安全公众号，员工的安全提案和建议，得到实时反馈。在公司内部形成人人为自己负责、人人为安全负责、人人为公司负责的良好氛围。

2. 产品质量，金杯银杯不如老百姓的口碑。严格按照《饲料质量安全管理规范》，建立原料采购→生产过程质量控制→检化验管理→产品追溯各环节全程控制的一整套产品质量管理、质量诚信以及检验检测体系文件，以保障产品的安全、稳定，取得了市场、客户的高度认可。

严格控制进厂原料的品质，各项指标严格按照国家强制性标准和本公司制定《原物料验收标准》执行，针对卫生指标更是检测把控对象的重中之重。

生产加工制程，设备均采用目前国内先进的自动化设备，在粉碎工段、配料工段、混合工段、制粒工段、分筛工段、接包工段均采用计算机自动控制，最大程度减少人为操作失误带来的质量隐患；在历次的农业农村部及区、州饲料管理行业部门的现场检查中获得好评。

在保障供给、稳定品质、非洲猪瘟防控等环节，严格按照相关制度执行落地，跟踪监督，定期检查，提升客户满意度，销量得到大幅增加。

饲料工程中心，投资1 000多万元匹配相应的自动化检验设备，通过进口近红外、高效液相、原子吸收、全自动纤维和脂肪测定仪等设备及时出具产品质量分析报告，做到不合格原料不进厂，不合格产品不出厂。

产品品质追溯，品质管理部和生产部每周1天时间与不同客户见面，当面畅聊关于产品质量方面存在的问题及客户建议，组织相关人员商讨制定解决方案并及时回复客户，追踪结果，得到客户认可。

客户投诉，严格按照公司《客诉制度》及时调研、自查、分析解决方案反馈于客户，积极地保障客户的养殖收益。我们的宗旨是：没有成功的客户就没有成功的泰昆，以客户为中心的理念贯穿日常生产经营。

学习创新，公司积极创造学习氛围，努力搭建同行对外学习平台，采用引进行业和高校等地精英来厂培训、外出学习、师徒制带教、相互学习交流等方式提高自己，提高团队。

3. 员工幸福，公司是家。提倡“家”文化，让员工在公司上班能够感受到家庭的氛围。每逢员工生日时，全体员工通过微信群为当日的“寿星”发送祝福语和生日红包，同时公司食堂为当日“寿星”专门定制一份生日餐，使员工感到幸福、开心、快乐。

公司为员工提供标准四人间和夫妻房，配置独立的卫生间、淋浴、电视、无线网络，使员工住得舒服、舒心、放松；同时配备娱乐设施活动场所及相应器材——食堂电影院、篮球场、羽毛球等。

组织各类线上线下活动，通过积分活动鼓励所有员工积极参与，让员工在下班期间心理、身体能够得到彻底放松。

为保障员工能够专心工作，各部门主管每周与部门内的每位员工沟通本周生活、工作上的困难及建议，对于当下能够解决的问题当场给予解决方案，对于暂时无法解决之问题，24 小时内与相关人员及主管沟通解决方案，并张贴式反馈。

4. 快乐积分，快乐工作。公司为提高员工工作的积极性、主动性，最终达到快乐工作、快乐生活，改善员工工作环境和公司向好发展的目标，特别推出《积分制管理制度》，积分面对所有员工，涉及质量提升、效率提升、节能降耗、服务力提升、流程优化、积极参与公司活动、工艺创新、挖掘人才、好人好事等各个方面。按照《积分制管理制度》的标准进行物质兑现，同时为了让员工对所兑换的物品满意，由员工自行决定想要兑换的物品，由公司统一购买发放。

《积分制管理制度》经过一年的运行，体现出其价值所在——公司厂貌发生了明显的改变、公司活动参与度明显提升、员工质量意识随之提升，员工的主动性得到了充分的提升，同时员工的个人能力得到了提升，公司整体环境、生产运营效能、团队氛围、团队能力都在向好发展。

5. 乡村振兴战略，养殖联盟。借助国家扶贫政策对于南疆的倾斜，2019 年泰昆饲料在南疆整合优质资源，规模化养殖；培养技术人才，沉淀养殖模式，龙头企业带头示范养殖，在母畜、品种改良、规模化育肥技术等环节引领行业发展。

6. 慈心为人，善举济世。公司于 2012 年 7 月成立爱心基金会，每年组织 3～4 次的社会公益性活动（走进校园、慰问捐赠、疫情捐款、帮扶社区贫困家庭等），每年为南疆捐赠鸡苗进行产业扶贫。同时，借助“一带一路”的东风和新疆区位优势，成为最受尊重的农牧企业。

7. 员工成长，公司成长。新员工入职培训、成长，采用师徒制，指定专职师傅，量身定做一份培训计划，讲解+实操示范，督促跟进，定期考核评定，直至使其成为一名在相应岗位上合格的泰昆人。

核心员工培养、成长，采用部门主管导师制，针对性地制定培养计划，定期考评，同时将培训过程、培训效果、培训结果反馈至人事部，人事部定期组织核心员工座谈、交流，听取其困惑及建议，同时反馈至部门主管和总经理，根据具体情况调整更适合的培养计划，使其快速成长进步。

公司将坚持“打造一流农牧企业，制造绿色健康食品”为使命，持续为客户创造价值，倡导“爱与支持，说事实，负责任、创值分享”的核心价值观，坚持廉政建设、坚守“四不准”的底线，建立健康、简单的经营文化，为经营保驾护航。内部夯实基础管理，做好管理升级，持续开展公司生产经营管理向好发展；依托国家生物工程中心，专业化推进生物饲料开发，实现西北领先。成为新疆规模化养殖企业首选的合作伙伴，打造西北饲料精益化生产的标杆基地，为新疆乃至国内饲料行业快速发展添砖加瓦。

中国高蛋白棉粕引领者

——新疆泰昆集团油脂事业线

2019 年 1 月，新疆泰昆股份植物蛋白事业线全面实现了技术革新，南北疆四家工厂同时拥有 50%蛋白棉粕、60%蛋白棉粕加工工艺，加工产能提升至 60 万 t，是国内唯一一家专业化、规模化生产高蛋白棉粕的厂家，是名副其实的中国高蛋白棉粕引领者。

2019 年 3 月，泰昆股份积极响应国家无抗饲料发展趋势，旗下的阿拉尔瑞利恒工厂进一步技术改造，完善了 60%脱酚棉籽蛋白加工工艺，瑞利恒工厂也成为国内唯一一家专业化、规模化生产 60%蛋白棉粕和 60%脱酚棉籽蛋白的厂家。

2019 年 8 月，中国农牧 CEO、CTO 夏季峰会在新疆昌吉市召开，正大集团、海大集团、通威集团、双胞胎集团、安佑集团、大北农集团、耘垦集团等 50 多家企业 100 多位代表出席，泰昆股份作为东道主主办了这次盛会。与会代表对非洲猪瘟献言献计，共商行业发展大计，并对泰昆 60%蛋白产品及自主知识产权给予高度关注和认可。

中国对全球饲料蛋白原料的进口依存度高达 80%，而国内拥有 800 万 t 棉籽的供应量，蛋白产品的利用率却很低。泰昆股份立足新疆丰富的棉籽资源，充分发挥“三个价值”，即价值采购、价值生产、价值营销，将棉籽类产品的蛋白提升 60%～65%，产品主要销往海大集团、通威集团等国内知名的高端水产料企业，在减少鱼粉用量、降低配方成本方面效果显著，对降低进口原料的依赖做出了应有的贡献。

当前，中国饲料产销量 2.2 亿 t，水产料近 2 200 万 t，高档水产料、特种料 360 万 t 以上，高档膨化料迅猛发展，而高档水产料主要使用鱼粉等动物蛋白，海洋环保力度加大，鱼粉资源会更趋紧张，行情波动也会更大。

随着中产阶级的崛起，消费升级的拉动，高端水产品将成为餐桌上的常见佳品，拉动高端水产养殖的快速崛起。鱼粉资源的短缺，对泰昆60%蛋白棉粕来说，将迎来历史发展新机遇。

服务健康养殖　供应优质产品

——新疆北泉天康饲料科技有限公司

新疆北泉天康饲料科技有限公司作为一家饲料加工型企业，以产品质量为先。在原料选用方面，严格筛选原料供应商，提供质量稳定的原料；在检测化验方面，配备近红外检测仪及毒素检测仪，对物料的营养指标和卫生指标进行检测；在生产设备配备方面，对乳仔猪和育肥猪料产品配备独立的专业生产线。公司完全按照《饲料质量安全管理规范》的要求进行产品的生产，并在2018年2月获得了由农业部颁发的饲料质量安全管理规范示范企业的称号。

2019年非洲猪瘟相继在我国河南等地出现了严重的疫情。新疆北泉天康饲料科技有限公司从生物安全第一的角度出发，遵守“安全食品供应商，健康养殖服务商”的经营理念，公司为了落实非洲猪瘟防疫工作，所有产品进行高温制粒，安装了车辆喷洒消毒设备，人员消毒防疫通道、物资消毒室、车辆洗消房、车辆烘干房，配备专职洗消、烘干人员。根据猪瘟强烈的接触性传染特点，制定并落实了车辆及人员“进厂必须防疫”的各项措施，生物安全得到了保证。

2019年是北泉天康丰收的一年，北泉天康全年生产加工饲料21.2万t，为天康集团畜牧公司提供了保质保量的产品，为新疆的生猪养殖事业贡献了自己的力量，为新疆生猪养殖的安全贡献了自己的力量，为新疆的猪肉供应提供了一份保证。

注重研发　提质增效

——新疆金兰植物蛋白有限公司

一、基本情况

新疆金兰植物蛋白有限公司成立于2009年，注册资金5 000万元，是一家国有控股企业。公司位于新疆生产建设兵团石河子市第八师144团，拥有丰富的棉籽资源，主要从事棉籽精深加工业务，产品有棉蛋白、棉油、棉壳、棉短绒。2016年获得兵团级“农业产业化重点龙头企业”称号。

二、发展历程

公司于2010年建成一条15万t棉籽精深加工生产线，该生产线采用国际先进的低温脱酚萃取工艺，在低温下完全物理方式浸取油脂和萃取棉籽蛋白，同时脱去有害物质棉酚，生产过程达标排放。可生产棉蛋白7万t、棉油2万t、棉壳5万t。棉蛋白含量50%～55%，主要用于饲料企业的混合饲料配方，是优质的植物蛋白源。

2015年以后，随着棉粕加工企业越来越多，产能过剩，产品被同化，销售利润平均化，竞争越来越激烈。行业的获利能力越来越弱，抗风险能力越来越差，公司的生产经营受到严峻考验。

在企业发展的低谷期，企业负责人及核心团队，团结一心抵御风险，共同承担市场压力。通过分析市场需求、产品性能、工艺技术，带动核心技术团队继续研发新产品，于2017年7月研制出棉籽浓缩蛋白，该产品具有以下优点：一是棉籽浓缩蛋白是植物提取物，采用最先进的低温脱酚萃取工艺，无毒、无害、安全。二是品质好，氨基酸组分优良，其粗蛋白含量>65%，氨基酸在粗蛋白中占比>95%，游离棉酚<300mg/kg，精氨酸是豆粕中含量的2.8倍，蛋氨酸是豆粕的2倍，作为植物蛋白添加剂安全有效地提高了饲料品质。三是棉籽浓缩蛋白的黏合性使其在水中的悬浮时间较长，投入水产饲料会延长鱼的采食时间，有效避免饲料浪费。四是棉籽浓缩蛋白替代水产饲料中的鱼粉，价格便宜，品质好，性价比明显。

通过饲料企业的实验，其优良品质充分得以体现，产品供不应求。

2019年7月，第二条生产线建成投产，公司全年生产能力达到30万t，可生产棉籽浓缩蛋白10万t、棉油4万t、棉壳14万t。

三、典型经验

1. 优化组织结构，提高工作效率。公司采用集约型、扁平式组织架构，实行总经理负责制下的分层次管理模式，岗位层次清晰。所有岗位工作内容都是透明的，工作中遇到问题由直接领导帮助解决。

2. 业务流程严谨、客观、合理。公司成立伊始就设置了严谨的业务流程，即使一人多岗，业务流程也要按照岗位职能设计，不会因为一人多岗就简化程序，始终确保业务流程有效运行。

3. 成本控制注重细节。成本控制不在于表面的口号和流于形式的各项管理制度，而是在于公司生产经营过程的每一个环节控制。一是采购环节，在合理的定价机制、监督机制下进行采购。市场价格由各方面信息综合而定，采购人员主要把控货物质量，及时反馈市场动态，根据公司需要签订采购订单，并对采购货物的质量、数量、货款负责。二是货物存储安全，货物入库时检验是否合格，对不同品质的货物分别放置。库管员每天测量温度，观察判断货物是否有霉烂变质情况。三是生产加工，对加工工艺不断改进，达到节约能耗的同时生产合格产品。四是加强生产消耗统计，确保及时准确，有利于动态观察、判断消耗指标，避免浪费。五是销售环节管理，制定产品销售定价制度，每周对产品销售市场的价格波动进行分析，确定本周产品价格，溢价部分给予提成。货款回笼与销售提成挂钩，销售人员不仅负责销售还负责跟销售有关的运输、货款回笼、客户信息反馈。六是财务环节，财务制度健全，有互相监督机制，岗位职责分明。核算体系健全，能够及时、准确、动态地反映公司的生产经营情况和资产状况。

4. 注重培养职工敬业精神。公司成立了党支部，树立党员的模范带头作用，保留朴实的地方文化，弘扬淳朴的品质，每个管理人员都亲力亲为，任劳任怨，不辞辛苦地工作、付出。通过模范带动，培养了全体员工爱岗敬业、以厂为家的精神。

5. 注重产品研发，保护知识产权。公司自主研发申报获批 10 项实用新型专利，已通过初审的发明专利 4 项。公司积极与石河子大学食品学院、中国农业科学院水产研究所等院校、科研机构合作，共同设立棉籽蛋白研发项目，在更深更广的领域探索棉籽蛋白应用价值。

提供绿色产品 创造美好生活

——青岛渤海科技有限公司

青岛渤海科技有限公司隶属于山东渤海实业股份有限公司，是一家以大豆加工为主的民营企业，坐落于青岛港八号码头西门。主要产品为豆粕、豆油和膨化大豆。公司于 2011 年 2 月建成投产，日加工大豆能力 6 000t，日精炼毛豆油 1 200t，日产包装油 1 000t，日产豆粕4 000 余 t，是目前全国大豆加工能力最大的生产线之一。

公司以“提供绿色产品，创造美好生活”为企业使命，经过近 10 年的探索实践，在不断扩大生产能力、加强质量建设的同时，坚持强化品牌建设，加强销售管理，提高产品的社会影响力，不断拓宽经营渠道。豆粕、豆油和大豆磷脂油等产品已经畅销国内市场，部分产品远销海外，得到广大客户的充分认可。其中，“口福”牌豆粕销售市场覆盖山东、河南、山西、陕西、甘肃、宁夏等区域，80%以上的销量投放到山东省内核心市场，青岛地区市场占有率 80%，山东省内市场占有率达到 30%。

渤海科技在发展中逐步壮大，2018 年加工大豆 170.7 万 t，销售豆粕 128 万 t；2019 年加工大豆 177.36 万 t，销售豆粕 147.3 万 t。2017—2019 年连续 3 年的全年开机率在 80%以上，公司的大豆加工能力、豆粕市场占有率及产销量等在国内同行业中均名列前茅。

产品质量是企业的生命线，公司自成立以来一直严把质量关，把产品质量安全作为工作中的头等大事。公司先后通过了 ISO9001 质量管理体系、ISO14001 环境管理体系和 HACCP 食品安全管理体系认证。从原辅料采购、供应商选择、原辅料进厂检验、生产过程控制、储存运输到成品出厂及售后服务全过程进行质量管理控制。

一、抓产品质量，提升产品竞争力

首先，坚持高起点、高标准的建厂原则，选用世界一流设备供应商美国皇冠的大豆加工自动化生产线，实现了全部工艺设备联动式自动化控制及整个工艺流程产量、质量的全自动平衡调节。不仅提高了生产效率，减少了影响质量的人为因素，而且生产流程更安全、可靠，有效地保障了产品品质。

其次，把好原料源头关。高品质的原料才能制造高品质的产品，公司加工用原料以进口大豆为主，通过强强联合，选择国际知名的大豆供应商实施采购，确保持续、稳定地供应优质大豆，为后续产品生产提供优质的原料保证。每批大豆到港后，通过海关等部门以及企业内部抽样检验，对到货大豆进行一道道严格的检测把关，确保了进口大豆的产品质量。辅料采购管理方面，通过切实有效的供应商考察、样品评估等方式，筛选、评定管理水平高、质量稳定、信誉好的供应商为合格供应商，确保所有外采物料质量优良安全可信。

再次，把好生产过程中的关键环节。根据豆粕等产品特性和有关法规、标准要求，制定了严格的质量控制标准和作业指导书，在生产加工、储存运输等多个环节设立质控点进行有效控制。同时通过明确的岗位责任制，要求各工段人员必须按照相应技术标准、操作规程和质量控制标准要求进行生产加工和监控工作，确保产品的质量安全。

最后，把好饲料成品的质量关。检验检测体系是确保产品质量安全的重要保障。在检验方面，建立了原辅料采购验收、中控分析、产品出厂检验、不合格品控制等比较完善的管理控制体系，并从严执行。公司还配备了瑞典波通、丹麦福斯等国内外知名厂家生产的近红外仪、全自动蛋白测定仪、气相色谱仪、纤维测定仪等先进检测设备，有效地保证了检验数据的准确性。集团内部定期进行环比检测，提高检验人员

的检验技能，定期开展豆粕等竞品检测，跟踪周边市场同类产品的质量动态，通过对比分析，寻找产品的优化方向，确保公司产品质量处于领先水平。

另外，豆粕生产输送线安装的近红外仪在线监测系统，对豆粕质量指标实现实时在线监测，操作人员可以根据质量指标的变化趋势，提前判断指标的波动情况，最终实现精确化的质量控制。

通过采取以上举措，豆粕和膨化大豆等饲料产品一直保持较高的质量水平，获得了较多客户如正大集团、中慧集团、胶州彩虹等大型饲料企业的信赖，建立了长期战略合作伙伴关系，成为互信免检信誉单位，对公司生产的豆粕和膨化大豆产品一律免于检验直接使用。

二、抓安全生产，提升安全管理水平

通过建立健全安全生产责任制，落实各级人员的安全生产职责，明确安全管理的重点工作，提高各级人员的安全意识。加强对职工的安全生产教育，严格执行安全培训教育，增强安全生产意识，落实各级人员是安全生产相关责任人。加强现场工艺设备设施安全管理，工艺设备设施逐步采用自动化、机械化，提高工艺设备设施的安全水平，对生产、加工、仓储等过程中的防火防爆安全进行全面分析，认真查找隐患，堵塞漏洞，确保实现安全生产。遵循“安全第一、预防为主”的原则，通过集团季度安全检查、公司月度安全检查、车间每周安全检查、安全员每天巡检等层层检查、环环相扣，并结合安全隐患排查治理工作的有序开展，举一反三，不断提高现场安全作业规范和生产安全标准。

通过开展三级安全标准化建设，提高企业安全管理的水平。建立安全风险分级管控和隐患排查治理体系，将公司各个风险点进行把控管理，全面实施隐患排查，全面落实企业主体职责。

三、抓技术改造和节能降耗，提升自主创新能力

创新是企业发展的不竭动力，是企业提升企业竞争力的关键要素。公司通过不断的技术改造、创新，让公司产品重新焕发生机与活力。

1. 在饲料产品供应方面，不断创新产品类别。为满足市场上的养殖需求，公司分别于 2015 年和 2016 年相继投资 1 400 万元，在原有豆粕生产线基础上增加两条膨化大豆生产线，生产能力达到日产 900t 膨化大豆，有效地满足了山东省及周边地区对膨化大豆的需求，保障了市场的有效供应。

2. 以提高产品质量指标，降低能物耗水平为主线，不断开展技改创新工作。2019 年共计完成 18 项技术改造项目，包括更换调质塔风管、改造豆粕干燥冷却器加热方式、膨化加热器改造、蒸发系统改造等。通过一系列技改创新项目的实施，达到了提升产品产量、节能降耗的目的。能物耗水平处于国内大豆加工行业的前列。

四、抓精细化管理，优化管理流程，实现精简高效

公司通过新上自动化设备，优化各项管理流程，提升企业信息化水平，达到精简高效的目的。2018 年年底投入运行的一卡通无人值守地磅系统，大大精简了整个流程工作人员数量，有效地降低了用人成本，提高了工作效率，进而提升了市场竞争力。目前，集团正在上 ERP 信息系统，将来可以实现各业务板块的信息化和规范化管理，有助于提升公司整体的管理水平。

为全力保障新冠肺炎疫情防控特殊时期饲料原料豆粕的产品供应，维护市场秩序稳定，公司于春节后第一时间组织复工复产。针对复工后面临的用工短缺、原材料供应紧张、销售等方面的困难，在各级政府的关心和支持下，公司采取各种措施，一手抓疫情防控，一手抓复工复产，确保产能，全力以赴保证供应。自 2020 年 2 月初开工至 3 月底，公司共加工 22.3 万 t 大豆，产出 16.9 万 t 豆粕，为市场提供了充足的供应，保证了青岛周边饲料生产企业的原料来源，有效缓解了青岛及其周边地区养殖饲料的需求。同时，向合作伙伴发出《关于疫情防控期间稳价保供的倡议书》，倡议同行及合作伙伴平抑物价，保障疫情期间农产品物资正常的流通秩序。

公司今后将继续在原有基础上深挖潜力，抓节能降耗和技术改造，不断创新优化内部业务流程，提升企业信息化管理水平，不断提高市场竞争能力，形成市场竞争优势，以获得最大化的经济效益和社会信誉。

打造为全国知名特种水产养殖综合服务专家

——厦门嘉康饲料有限公司

厦门嘉康饲料有限公司成立于 2001 年，是一家专业从事研发、生产和销售高端水产配合饲料的民营科技型企业，是我国最早从事膨化水产饲料生产的企业之一，是厦门市饲料工业协会副会长单位、中国水产加工与流通协会石斑鱼分会副会长单位、福建省水产饲料研究会会员单位。公司坐落于厦门市集美北部工业区，注册资本 3 000 万元，占地面积约 50 亩，拥有 4 个标准化生产车间，年生产能力超过 20 万 t。

2012年成立全资分、子公司——湖北嘉康生物科技有限公司，坐落于湖北省仙桃市郭河镇镇郊村，占地100亩，总投资达1.2亿元。拥有5条先进的各类水产配合饲料生产线，年生产能力达18万t。

公司产品包括：黄鳝料、乌龟料、泥鳅料、鲈鱼料、海水鱼料、金鲳鱼料、黄颡鱼料、蛙料、罗非鱼料、青鱼料、草鱼料、石斑鱼料、大菱鲆料、蓝子鱼料、大黄鱼料、河蟹料、斑节对虾料、对虾料、龙虾料、虾蟹混养料、鱼虾混养料等。主要市场分布在福建、广东、海南、江西、湖北、湖南、安徽等地。其中，黄鳝配合饲料从2007年至今品牌知名度和市场占有率连续位居全国第一，公司是第一家研发、生产和销售乌龟膨化配合饲料的厂家，嘉盛牌高档乌龟料一直是高档珍稀龟类养殖市场的第一品牌。公司开发的各种高档特种水产配合饲料在水产养殖业均获得了良好口碑。2019年厦门嘉康饲料有限公司销售各种水产配合饲料2.9万t，销售收入近2亿元。

公司严格实施质量管理工程，通过了ISO22000食品质量安全管理体系认证，被评为福建省农业产业化重点龙头企业、厦门市最具成长性中小企业、厦门市海洋新兴产业龙头企业、大黄鱼饲料领军企业、华中水产膨化饲料先锋企业，湖北嘉康生物科技有限公司被评为全国饲料质量安全管理规范示范企业，“嘉盛”牌水产饲料被评为“福建名牌产品”，“汇嘉”商标被评为福建著名商标。公司始终致力于为社会提供安全、高效、优质的“绿色产品”，为养殖户创造最大的效益，为水产养殖业的健康、持续发展贡献力量。

未来3年，公司计划成立嘉康集团总部，全力打造集团总部经济。集团将整合厦门嘉康饲料有限公司、湖北嘉康生物科技有限公司、厦门嘉盛生物科技有限公司、湖北嘉盛饲料养殖实验基地有限公司、福建嘉康水产食品有限公司、福建嘉康饲料有限公司、厦门嘉信弘物流有限公司等多家分、子公司，业务涵盖特种水产配合饲料、饲料原料加工与贸易、水产动保系列产品、水产养殖终端技术服务方案、水产品冷链运输与流通等。厦门嘉康将继续扎根厦门，服务地方经济发展，努力建设成为全国知名的特种水产养殖综合服务专家。

科技创新　服务三农
做行业领导者

——厦门隆励工贸有限公司

厦门隆励工贸有限公司于2012年成立，注册资本2 000万元。主要从事饲料添加剂预混合饲料、生物发酵饲料、高档浓缩料和配合饲料的研发生产与销售、养殖技术开发与服务、原料贸易等业务。公司占地近40亩，生产工艺和设备采用国际知名企业瑞士布勒集团生产的全自动化生产线，年生产能力达10万t，产品主要涵盖猪鸡各生长阶段的40多个品种。旗下“易先”品牌已成为国内知名饲料品牌。

一、团结、互助、拼搏、创新，创建一流团队

公司坚持团结、互助、拼搏、创新的企业精神，并建立一个充满朝气、活力、团结、不怕苦、不怕累、踏实肯干的团队。勇于创新，敢于拼搏，回顾过去，着眼现在，设计未来，不断加快科技创新的产业化、市场化步伐，不断提高企业员工素质，强化企业整体管理水平，实行目标绩效管理模式，确保执行的有效性。

公司从成立起就抓服务团队的建设，服务团队由业务人员、售后服务人员和专家团队组成，目前规模达100多人。经过多年的市场开发及产品应用，已经有一套完善的养殖场饲养模式和保健体系，并逐步完善了一套培训体系，新的员工加入团队，首先就公司产品信息、特点以及公司提倡的饲养模式进行培训并考核，考核通过后派往公司的猪场，经过长时间的锻炼和经验积累，再次对技能进行考核，考核通过后才能派往客户猪场，这样到客户那里就能发挥作用，得到客户的认可。

目前公司预混料和高档乳猪料产品销售范围已拓展到黄河以南的地区，遍布福建、广东、浙江、江西、河南、江苏、湖南、湖北等省份，并保持不断攀升的发展势头。

二、坚持人才领先的发展模式

公司始终视人才为企业最重要的资源，通过积极引进、放手使用、机制激励、文化吸引、培训提升等措施，聚集形成了一支高层次、高素质、高能力团队。

公司已拥有博士和高级职称研究人员8人，硕士研究生和中级职称研发人员15人。做到专长发挥，专业化发展，畜牧兽医、动物营养相关专业人员占总员工数达到85%，尤其是市场服务营销队伍中，专业化程度达到90%以上，人员比例居同行业前列。与此同时，公司保持着良好的人才梯队建设，每年都吸纳大批优秀的专业化人才和大学毕业生就职，为企业的持续发展增添强大的动力。

三、坚持科技创新，开发特色产品

公司注重技术创新和产品质量。坚持以科技创新

为主线，紧紧抓住质量、服务、诚信三大主题，塑造企业品牌，以产品的高质量赢得用户的高度认可。

公司以生物技术与动物营养产品研发为核心，采用“产、学、研”相结合模式，与四川农业大学、福建省农业科学院和厦门大学等著名高等院校密切技术合作，有效促进科研成果的转化，加快其在公司产品中的应用，保证产品在行业内的领先性。

公司每年投入大量资金用于产品研发，在新产品推向市场之前，在自有规模猪场和长期合作猪场进行大量试验，得到实际生产中大量有效数据后方可决定是否推向市场，从而保证了产品的稳定性，做到心中有数，有的放矢。

公司急用户之所急，想用户之所想，不断研发出绿色、环保、优质、高效的产品。在全国内率先提出“全营养”配方与加工技术，通过全局考虑、重点分析猪各阶段营养需要特性，结合进化营养和小分子营养代谢组学新理念，旨在通过营养途径增强动物免疫，进一步挖掘动物生产性能，提高饲料利用效率。

公司全球首创研发并应用包被缓释氧化性和包被缓释微量元素预混料技术，彻底消除了长期困扰饲料企业的高锌导致的慢性锌中毒问题，解决微量元素污染问题，并且进一步提高养猪生产性能 5%以上，显著改善猪只健康状况，真正实现无抗生素饲料产品和技术。高效、环保，引领行业可持续发展。

公司在无抗日粮研发方面的成绩也遥遥领先，并在 2018 年下半年开始全部停用抗生素，所有产品均为无抗日粮。

公司一向注重产品质量，在内部严格按照 ISO9001 质量管理体系和《饲料质量安全管理规范》中的要求进行企业管理，制订了一系列严格的计量与质量管理制度和追溯系统，做到原料、产品可追溯，保证销售的每一袋产品都是合格产品。在日常工作和生产中，公司有一套完善的绩效管理体系，与生产、产品的各个环节挂钩，从而保证入库的原料合格、生产过程无误、产成品检验合格。公司于 2017 年 10 月 22 日顺利通过农业部饲料质量安全管理规范示范企业验收。

四、推行“客户、员工、企业”共赢模式

公司成立以来就导入以价值和共赢为核心价值观的企业文化，从“用户成长、员工发挥、企业发展” 3 个层面来实施共赢。这样的价值观将用户、员工和企业有机地结合起来，使一大批优秀中间商、用户等走上了规模化产业化经营之路，员工和企业也得到快速发展。

在饲料行业日益同质化的今天，公司除了坚持创新，提供特色的产品外，公司还通过服务转型提高差异化能力，提升用户价值体验。公司坚持“内部服务外部，全员服务市场”的原则，将企业的基础落实在市场对价值的需求上，在技术服务上植入新内涵，改变用户落后观念，提供综合服务方案，增效益，助发展，促进养殖业升级转型。

比如根据用户规模大小和实际养殖情况提供配套服务方案，提供技术服务如看猪病、防疫与保健程序，教用户新的养猪管理技术和管理理念，帮用户做通产业链各个环节，提供准确的市场动态信息等。

公司成立以来根据市场变化，销售方式和服务方式也随之而变，公司早已开始布局扩大直接服务终端市场，逐渐减少中间环节，直接与猪场对话和服务，进行协管或托管。公司根据猪场的实际情况进行分析，与猪场老板进行沟通或约定，采用公司提供的饲料和饲养模式，能够达到理想的预期生产目标和效益。这样一个猪场一个猪场的开发，稳扎稳打，一方面把中间环节的利润还与客户，客户能够受益，一方面公司会得到越来越多的猪场的肯定。现在已经从当初的要求和客户进行协管合作，发展成客户主动要求和公司进行协管合作，可以说在合作模式和养殖水平方面已经在行业内小有名气。

公司不定期地举办“易先”健康养殖论坛，针对不同市场行情指导猪只存栏、不同季节养殖过程中注意事项、不同产品及其饲喂方式、不同疾病的预防与治疗等内容与养殖户充分交流和沟通，使养殖户在饲养过程中猪只发病率更低、养殖水平和养殖理念逐渐提升，养殖效益得到充分保障。

五、立足畜牧业，创造新未来

公司通过专业化提升企业竞争力，将来逐步发展成为国内优秀的农牧一体化、规模化、产业化企业，在此基础上，发展成为对行业、社会更有价值的专业化综合性企业。纵观饲料行业，在产品日益同质化和竞争日趋激烈的形势下，厦门隆励工贸有限公司有信心脱颖而出，成为饲料行业的标杆企业，为我国饲料工业的发展做出更大的贡献。

企业简介

北京市

北京都润科技有限公司

北京都润科技有限公司是2006年成立的国家级高新技术企业，总部位于北京市海淀区中国农业科学院内，是饲料行业一间专注于微生物饲料添加剂研发、生产、应用和推广的企业，服务于安佑、禾丰、康地、扬翔等大型商业饲料企业和饲料养殖一条龙企业。2019年产销量7 000多t，营业额近亿元。公司总经理孙鸣先生被推选为北京市饲料工业协会第八届理事会轮值会长。2019年，公司荣膺中国畜牧饲料行业十大优秀企业文化奖、北京市诚信创建企业等荣誉。

技术当先。作为国家饲料工程技术研究中心的成果转化单位，公司注重基础科研和实验验证，运用“同源筛分”与“合生发酵”技术，构建自然健康状态下肠道菌群标准模型和数据库。以正面舆论主张与导向，在动物微生物领域保持着前瞻性和开创性。

系统驱动。对内，企业通过了ISO质量管理体系和食品安全管理认证，以严格的标准化体系保证产品的稳定性；对外，建立以产品品牌体系、技术价值体系、质量保证体系、销售服务体系为一体的基础支持，与客户一同搭建平台、深度链接，保证商业的可持续化。

以人为本。在生命的维度，认真践行全面演绎：责任为本，传播正能量——公司设立爱心基金，积极履行社会责任；持续学习，价值提升——定期读书分享和专项培训，完善个人知识体系；全员戒烟，奔跑致远——以奔跑的姿态，践行都润知行合一的健康理念；丰富阅历、开拓视野——以团队形式旅行游历，凝聚团队。通过系统体制提升个人和团队素质，实现个人成长和公司价值的同步提升。

以“只为真健康”为理念，秉承“真诚、专注、健康、担当”的核心价值观，本着回馈社会之初心，服务客户之匠心，开放创新之恒心，将“真健康”理念践行于工作和生活的点滴，做有温度、有态度的团队，有格局、有格调的企业！

泰高营养科技（北京）有限公司

泰高营养科技（北京）有限公司（以下简称“泰高中国动物营养”）成立于1993年，2019年全年营业额达6亿元，隶属荷兰泰高集团旗下。

泰高中国动物营养作为泰高集团中国区业务总部，坐拥北京、湖南两大生产基地，业务遍及全国各个区域。主要业务包括复合预混合饲料、维生素预混合饲料、V＋X、饲料添加剂、幼畜料、浓缩料和动物健康类产品及相关营养技术服务。为满足饲料生产企业、一条龙企业、大中型农牧场及各类养殖场（户）的多样化需求。

泰高集团严格遵循欧盟倡导的自2006年起禁止饲料中添加促生长抗生素的规定，经过多年的替抗摸索，积攒了许多成功的经验。无抗元年，泰高中国动物营养将秉承总部无抗经验，更全面更高角度的诠释减抗替抗的思路与方案，同时继续专注于为客户提供创新性和可持续性营养解决方案，其中包括产品、动物营养模型以及专业的服务，为发挥畜禽的最大生产性能提供最优支持。

泰高中国动物营养以创新作为企业文化价值核心，把能力、协作和关爱作为实现创新价值的三大途径，同时把哺育未来作为公司使命，致力于推动饲料—食品产业链的长足的、和谐发展！

北京菲迪饲料科技有限责任公司

北京菲迪饲料科技有限责任公司创立于1996年，

经过20多年的快速发展，已发展成为全球畜牧行业极具影响力的大型科技研发型企业，拥有5万m^2的大型专业生产基地，包含添加剂预混合饲料生产线2条，饲料添加剂专业生产线3条，均已通过GMP+、FAMIQ-S、ISO9001、ISO22000的认证。多年来，菲迪集团一直专注于动物营养及动物健康的技术应用与开发，不断创新，攻坚克难，并取得了不错的成绩。其中自主研发的植物精油系列产品与过瘤胃系列产品获得国内外多项发明专利，植物精油应用技术和过瘤胃技术现已成为国际上的引领者。集团现年生产添加剂18 000t，年出口额达1.2亿元，已出口欧洲、北美、南美、中东、东南亚等30多个国家和地区。

菲迪集团一直是一个以科技创新推动企业发展，以价值创新带动行业进步。未来，菲迪将以全球化战略为核心，不断加强品牌打造、强化营销团队、坚持技术创新、持续人才培养，深耕国内市场的同时，加速海外市场的拓展和布局，将菲迪集团打造成中国畜牧行业的特色企业，更将成为全球畜牧行业最具核心竞争力的科研型企业。

北京益农饲料中心

北京益农饲料中心成立于1999年，由中国农业科学院北京畜牧兽医研究所动物营养学科主任、博士生导师张宏福研究员领衔创建。公司拥有由硕士、博士、博士后组成的强大技术研发团队，以转化国家级科研平台前沿科技成果支撑产业提质增效技术升级为使命。重点研发：饲料中碳水化合物的组分及其营养功能解析，酶制剂产品优化与效价评估，肠道健康机制与调控技术，微生态制剂及功能性膳食纤维，畜禽健康营养模式优化，功能性畜产品生产营养调控，高效维生素、微量元素产品开发等健康养殖核心技术及新产品。

公司以“培育健康动物、生产安全食品”为宗旨，倡导“动物健康、生产高效、产品优质安全、环境友好和标准化”健康养殖理念，创建“无抗饲养、无抗食品”技术体系，开发高新饲料产品，推广健康养殖绿色发展配套技术。

公司2018年建成天津生产基地并成立金益农生物科技（天津）有限公司，位于天津市宝坻区津围公路60公里处。基地拥有先进的生产工艺和设施装备，加工生产的产品：复合多维、微量、酶制剂、微生态制剂及抗应激、增强免疫力、膳食纤维等功能性添加剂产品和全系列的畜禽、水产预混料。

我们以专业化产品和动物营养学国家重点实验室国际领先的实验室科研、检测平台，为用户提供节本增效个性化服务，提升用户赢利能力，分享国家级平台前沿科技创新成果。

北京正大饲料有限公司

北京正大饲料有限公司是北京京粮食品有限公司与正大投资股份有限公司合资经营的农牧企业，是北京市最早的合资企业之一。公司成立于1984年，占地6.67万m^2（100亩），其中厂房面积约22 300m^2，总投资1 000万美元，注册资本500万美元。

公司引进美国全套自动化生产设备，生产畜禽各阶段生长所需的配合饲料、浓缩饲料、精料补充料及预混合饲料，主要产品有六大类、50多个品种。自1987年投产以来，连续5年被北京市外商投资管理委员会评为“优秀外商投资企业”、连续5届被北京市工商局评为“北京市著名商标”、连续两年被国务院发展研究中心等列入全国500家最佳经济效益企业，并获得中国保护消费者基金会最高奖和可信优质产品奖及“全国饲料百强企业”“北京市饲料十强企业”等荣誉称号。2006—2007年，正大牌猪饲料、禽饲料和水产饲料分别被国家质量监督检疫总局评为“中国名牌产品”。

2002年10月，公司通过ISO9001国际质量管理体系认证，使产品的质量得到了更加有力的保障。公司以优质的产品、热情周到的服务，赢得了客户的信赖和社会的认可。

北京正大饲料有限公司一贯坚持，质量第一的原则，以为养殖户提供安全、优质的产品和周到满意的服务为己任，实现厂商与客户多赢共发展。现公司正以新的经营模式，积极开拓国内、国际市场，促进公司产业化发展的进程，为畜禽养殖企业提供了良好的技术平台，同时为今后探索养殖业的发展铺垫了宽阔的道路。

天 津 市

正大预混料（天津）有限公司

正大预混料（天津）有限公司是泰国正大集团在中国设立的专业化生产添加剂预混合饲料的独资公司，是国内乃至亚洲最大的预混料生产厂家之一。公司坐落于环渤海经济圈中心的天津市滨海新区，占地3万m^2，投资额5 269万美元。

正大集团是国内饲料行业的龙头，作为集团饲料核心料和添加剂预混合饲料的生产基地，产品由正大集团配方中心的国际行业顶尖专家针对中国畜禽特点精心设计，并在全球范围内甄选优质、新鲜的原料，采用全自动化设备加工而成。产品覆盖畜、禽、反刍动物、水产等各系列，全面满足动物的各个生长时期的营养需要。从原料采购、品质控制、生产制造和成品运输整个过程严格遵守 ISO9001、ISO22000 质量管理体系，和 ISO14000 环境管理体系、OHSAS18000 职业健康安全管理体系，可全程做到“原料到成品，成品到原料”的双向质量追溯。

公司自 1993 年投产以来，经过不断发展，目前已达到年产 15 万 t，年营业额突破 9 亿元，为集团内外饲料企业提供专业化的添加剂预混合饲料产品，成为国内预混料行业的领军企业。

正大集团的预混料事业，以集团配方中心为依托，以正大预混料（天津）有限公司为中心，目前已在中国设立 12 家公司和工厂，分别位于天津、沈阳、柳州、杭州、广汉、南通、北京、武汉、岳阳、厦门、吉林、福州。在全国各省份设立 30 多个“一站式”客户服务中心，销售服务网络遍布全国，可提供优质的产品和便捷高效的专业化服务。

公司秉承正大集团“利国、利民、利企业”的核心经营理念，践行“协同发展”的价值观，将致力于与广大客户和合作伙伴共同推动中国饲料产业的健康和可持续发展。

河北省

保定伟昌饲料加工有限公司

保定伟昌饲料加工有限公司成立于 2009 年，位于保定市清苑区北店乡牛庄村，占地面积 30 亩，建筑面积 3 200m²。固定资产投资 1 600 万元，注册资金 3 200 万元，2015 年被评为市级农业产业化重点龙头企业，2017 年被评审 AAA 及信用企业。2018 年被评为河北省饲料科技创新企业。2020 年推选为河北省创新型农业企业。

公司采用全自动生产线，专业生产“森阳”系列反刍动物饲料，年产值 1.25 亿元。2017—2019 年连续 3 年被蒙牛望都乳业有限公司优秀牧场供应商。严格按照农业农村部《饲料质量安全管理规范》进行生产经营活动，公司多年来一直秉承“顾客至上，质量第一”的原则，对原料供应商采取严格评价和再评价制度，原料和产品做到批批检测。

依托 ISO9001 质量安全管理体系，实现科学及规范化的管理；2011 年顺利通过 ISO9001 体系认证，2012 年顺利通过 GB/T 22000—2006 食品安全管理体系认证；保障了每一个生产和经营活动有章可循并严格执行。不断地创新才能屹立潮头，聘请河北农业大学教授开展新型饲料产品的研发和试验，保证公司的饲料产品引领反刍动物饲料行业的最前沿。培养自己的技术服务团队，不断提升公司的技术实力，提高产品的市场竞争能力。

公司注重知识产权建设，拥有 6 项知识产权，知识产权激励了公司的技术创新、促进了科技成果向产品价值的转化，同时给公司带来了效益。

在企业文化方面，公司秉承“团结合作、锐意进取”的团队精神，赢得广大客户的真诚信赖。通过互惠互利、合作共赢，通过不断发展和壮大，建立了完善的产品售后服务体系和技术支撑，奠定了公司的市场地位，获得了客户的好评和行业的认可。

河北坤元饲料有限公司

河北坤元饲料有限公司成立于 2011 年 11 月 16 日，是北京九州大地集团在河北省设立的一家专业化生产、销售配合饲料、浓缩饲料、精料补充料的全资子公司。公司位于河北省宁晋县凤凰镇西王里村，总占地面积 24 000 余 m²，年生产能力可达 12 万 t，2019 年企业资产达 2 550.09 万元，销售收入 10 848.98 万元，从不拖欠职工工资和社会保险金，企业信誉优良。

公司依托九州大地集团的人力资源优势，拥有一支在品控、采购、生产、营销、人力资源、财务等方面术有专攻的专业化人才团队，现有员工 125 人，大专学历以上的人员占总员工的 43%。其中营销人员 50 人，营销人员 70%以上为动物营养、畜牧兽医专业人员，为公司的快速发展提供了强有力的后盾。

公司始终把管理提升与质量安全作为提升企业运作效能的有效手段，建立的科学、规范化的管理流程，尤其在产品生产质量控制管理方面，通过了 ISO9001 质量管理体系和 HAPPC 食品安全管理体系双项认证，保证了最终产品的安全性。

“帮客户创造效益、让个人体现价值、使公司得到发展、为社会积累财富”是公司尊崇的核心价值观，公司以一支专业化、高素质的营销及技术服务团队，为广大客户提供饲养管理、疾病防治、用料指导、养殖方案、TMR 技术等方面的技术支持，配备乳房炎测定仪、修蹄车、分级筛等设备为广大用户服务，用挚诚之心架起了与客户朋友共同到达成功之路的桥梁。

唐山禾丰饲料有限公司

唐山禾丰饲料有限公司，成立于 2010 年 3 月，位于唐山市汉沽管理区平安东路，总占地面积 81 亩。公司是中型的股份制企业，注册资金 5 000 万元。唐山禾丰饲料有限公司属于饲料生产加工制造业，主导产品是反刍动物饲料和水产饲料，年生产能力 35 万 t，产品销售覆盖天津、唐山、承德和秦皇岛。通过农业农村部饲料质量管理规范，并通过了 ISO9001 国际质量管理体系和 ISO22000 食品安全管理体双认证。2016 年被评为河北省饲料行业十强企业。2017 年获得河北省农业产业化重点龙头企业。

禾丰产品由具有多年实践经验的资深博士、硕士组成的动物营养专家团队。同时应用世界顶级的美国 BRILL 配方软件，采用优质原料，使用可现实微粉碎、全熟化，自动化、专业化的生产设备，在以 ISO9001 国际质量管理体系和 ISO22000 食品安全管理体系为保障的前提下生产而成。产品一贯秉承高安全性、高有效性、高稳定性、高适口性、高平衡性五大特点，经过养殖户的持续验证，质量得到了广泛认可。

随着科技的不断进步，养殖模式也发生了很大的变化，禾丰积极顺应新趋势，不断拓宽市场，开发定制产品。禾丰以优质、性价比极高的产品得到了农户的广泛好评，同时带动 5 000 多名农户发展，增加就业岗位 2 000 多个。

公司始终对质量严格要求，始终按照质量管理体系和食品管理体系在运转，这样也得到了行业的认可。深信质量是企业生存的基础，公司会高标准的为广大养殖户提供性价比更高的产品和服务。

山 西 省

山西大象农牧集团

山西大象农牧集团起步于 1989 年，依靠 300 只蛋鸡养殖滚动发展和资本的积累，成为一家集种禽繁育、饲料加工、肉鸡屠宰、种猪繁育及商品猪养殖、生物制药全方位产业化的大型龙头企业。2019 年，企业实现销售收入 142 亿元，位列“山西民营企业 100 强”第 15 名，农业板块第 1 名。

饲料作为集团的一个重要板块，秉承“品质等同生命”的理念，严格原料标准，诚信守法、合规生产、微利经营，竭诚为广大养殖户提供优良的服务，目前已在全省设立 12 个分（子）公司，实现产量 120 万 t。集团长期致力于品牌建设，“象丰”牌系列饲料连续多年被评为山西省著名商标。自 2017 年以来，集团生产肉（蛋）鸡、猪等百余种饲料以平均每年 20 万 t 的速度大幅扩产增能，饲料产销量占山西省总量的 30%以上。公司严格遵守国家《饲料质量安全规范管理》要求，采用高端设备与工艺，凭借科学完善的品控体系，投资 1 000 万元成立了饲料中心化验室，确保产品质量的稳定和提高。同时不断探索新工艺、新技术，努力降低成本，提高养殖效益。

自 2016 年以来，山西大象农牧集团饲料板块积极响应国家号召，主动参与脱贫攻坚战役，投身于乡村振兴战略，带农富农成效显著。公司直接带动建档立卡贫困户 2 万余户，带动 10 万户产业农户调产增收，农户累计实现增收 10 亿余元。

晋中大北农农牧科技有限公司

大北农集团是以邵根伙博士为代表的青年学农知识分子创立的农业高科技企业。自 1993 年创建以来，大北农集团始终秉承“报国兴农、争创第一、共同发展”的企业理念，致力于以科技创新推动我国现代农业发展。

晋中大北农农牧科技有限公司是大北农集团全资子公司，坐落于风景秀丽、气候宜人的祁县省级经济开发区，总占地面积 40 亩，年生产能力 18 万 t，拥有 100 多名员工，形成了集配合料、浓缩料、高档乳猪料的生产、科研、示范、培训于一体的农业现代化科技园，并于 2015 年 12 月通过农业部饲料质量安全管理规范示范企业验收，成为山西省首家通过饲料质量安全管理规范的饲料企业，为山西省饲料行业取得了荣誉。

企业上设总经理办公室，下设生产、市场、技术、品管、行政、财务等六大职能部门。晋中大北农农牧科技有限公司自成立以来，一直推行“以人为本”的企业文化精神，注重人力资源的培养，把人力资源作为最宝贵的财富。公司实行电算化管理，打造了一支集动物营养、畜牧兽医、生产管理、经济管理、财务管理等专业的 40 余人的复合型人才队伍。

晋中大北农是山西省饲料工业协会副会长单位，山西省农业产业化重点龙头企业，坚持“晋中大北农，专做好猪料”的经营思路，服务于山西省内广大养殖户，努力在山西省建立以产品为载体、服务为内容、培训为手段、服务人才为主体的知识型服务网络。

晋中大北农立志发展成为山西省一流的饲料科技企业，成为山西省高档猪料领军企业，为山西经济和农业大发展、产业精准扶贫等方面做出新的更大贡献。

内蒙古自治区

赤峰市大中高科技饲料有限公司

赤峰市大中高科技饲料有限公司始建于 2002 年，现厂址坐落在红山区农畜产品产业园区。公司成立十几年来，坚持“科技兴企、质量为先”的办厂宗旨，致力于绿色、环保、安全饲料产品的研发生产，在饲料科技前沿积极探索不断创新取得了丰硕成果，赤峰市大中高科技饲料有限公司是内蒙古第一家农业部饲料质量安全管理规范示范企业，公司微生物平衡蛋白饲料技术被科技部列为国家级星火计划项目，公司是内蒙古科技创新示范企业、内蒙古农牧业产业化重点龙头企业。

公司从成立初期，就组建了 50 多人的产品研发团队，专注于微生物平衡蛋白饲料的研发，几年来投入研发经费 6 000 多万元，其中机器设备厂房等固定资产投资达 2 800 万元。

该技术是在现代生物工程技术指引下，将农作物副产品（豆粕、米糠、小麦麸、秸秆）经过接菌、发酵、使粗纤维有效降解，产生大量有益菌、活性酶、菌体蛋白、寡糖和多糖类物质，通过有益菌筛选、营养提取等生产工艺，使饲料利用率显著提高。2011 年该技术通过赤峰市科技成果鉴定，经中国重大科技成果数据库查新，此项技术为全国首创，技术新颖。在研发这项技术过程中，企业同时获得了 12 项国家专利、企业独有的自主知识产权受到了国家保护。

今后公司将以绿色和发酵饲料为主要抓手，实现产品的升级换代。公司总体规划是实现“1511”目标，即“十三五”发展为 150 家分公司，职工达到 10 000 人，资产突破 100 亿元。为实现这一目标，将带动种植户、养殖户规模将达到 10 万户，实现中国大地无缝隙全覆盖，创造出中国最大的饲料生产企业。

赤峰大北农农牧科技有限公司

赤峰大北农农牧科技有限公司是隶属于北京大北农科技集团股份有限公司全资子公司，公司位于元宝山区美丽河镇农牧产品加工园区中心地带；是内蒙古自治区东部规模最大、设备最先进的年产 12 万 t 专业生产反刍饲料生产基地。公司法人代表鲁秋英，总投资 8 000 万元，固定资产约 5 000 万元，注册资金 4 000 万元。占地面积 72 余亩，现有员工 80 余人，其中大专以上学历人数占总人数的 60%以上，公司主要是从事服务于养殖业的反刍动物饲料生产与销售、粮食收购、出口贸易，并为广大养殖户、牧场、养殖园区提供饲养技术服务。

赤峰大北农农牧科技有限公司是饲料质量安全管理规范示范企业、内蒙古工信厅智能制造试点企业、内蒙古名牌产品、赤峰市农牧业产业重点龙头企业、公司连续 5 年通过中国质量认证中心认证的 ISO9001 质量管理体系认证和 ISO22000 食品安全管理体系认证。到目前公司发明专利 1 项、实用新型 13 项。销售区域为赤峰、通辽、锡林郭勒盟、兴安盟、朝阳、阜新等地区。

公司以经济效益为中心，以过程质量控制为重点，通过科技服务和知识传播振兴农业，奉献农业，实施报国兴农，争创第一，共同发展的创业理念，最终实现“创建世界级农业科技企业”的远大愿景。注重质量安全，保障“进厂原料 100%合格，出厂成品 100%合格”为质量安全目标，将质量管理理念融入企业管理经营整个过程，质量意识深入每一位员工心中，我们坚信“产品品质是大北农人品质和尊严的体现”。

内蒙古科河饲料科技有限公司

内蒙古科河饲料科技有限公司于 2006 年 4 月投资兴建 6 万 t 饲料生产线，2007 年 1 月投产。公司注册资本 510.6 万元，占地面积 99 900m^2，总资产 1.2 亿元。随着公司的发展，又先后累计投资 6 000 多万元，于 2009 年改扩建成 18 万 t 现代化微机程控全自动饲料生产线；2017 年新建 1 条 24 万 t 现代化微机程控全自动饲料生产线；2019 年新建 1 条牛羊专用预混料生产线。目前，科河饲料公司年生产能力已达到 48 万 t。

公司现有员工 128 名，具有畜牧兽医专业中高级技术职称的人数占总人数的 60%以上，其中博士 1 名、硕士 3 名、大学本科 48 名。公司本着“为农民增收、为农牧业增效”的经营宗旨，秉承“以人为本，诚实守信，科技创新，质量取胜”的经营理念，坚持高起点发展，规模化运作，走科技兴企之路。

公司自成立起，始终把科技创新放到了第一位，于 2009 年成立企业研发中心，2013 年被自治区科技厅核准为自治区级。研发中心特别聘请了具有丰富经验的高级畜牧营养师专门负责产品的研发，并与中国农业科学院饲料研究所、内蒙古农业大学、西北农林科技大学等国内科研院所建立了紧密的协作关系。通过合作，不仅保障了产品优质、高效和稳定的质量，而且也为产品不断升级和研发新产品奠定了坚实的基础。目前，科河饲料公司已发展成为内蒙古西部区较大的饲料科技生产企业，集畜禽饲料研究、开发、生产、销售、技术推广为一体的产学研综合型高科技民营企业，巴彦淖尔市农牧业产业化重点龙头企业，自治区驰名商标单位，全国优秀民营科技企业。2018 年，被内蒙古自治区农牧厅核准认定为自治区级饲料质量安全管理规范示范企业。

科河饲料公司连续 7 年位居巴彦淖尔市饲料企业销售之首，是自治区内较大的肉羊饲料专业生产企业，国家饲料工业协会理事单位，内蒙古自治区四星级诚信单位，银行信用等级为 AA 级。

辽宁省

希杰（沈阳）生物科技有限公司

希杰（沈阳）生物科技有限公司是韩国最大的综合性食品企业CJ集团在沈阳投资建设的生物工程企业，位于沈阳市沈北新区裕农路，成立于2011年5月，占地面积1 026亩，员工1 000余人。是一家以玉米为原料，生产食品添加剂、饲料添加剂的农业产业化重点龙头企业。

公司项目初期投资30亿元，总建筑面积达到18.6万m^2。主要产品包括：食品添加剂核苷酸，饲料添加剂赖氨酸、缬氨酸、精氨酸、异亮氨酸等多种氨基酸产品，单一饲料赖氨酸渣、核苷酸渣、玉米蛋白粉、喷浆玉米皮等。

公司拥有自主技术研发中心和自主知识产权，通过持续的技术革新、提高产品质量和产量。目前添加剂产品在技术领域及市场占有率方面，均占据世界第一的领先位置。

公司本着“客户至上，质量为本”的原则，建立健全的质量体系。公司产品已通过ISO9001、ISO22000、FSSC22000、BRC、FAMI-QS、HALAL、KOSHER等多种质量管理体系认证。产品销售至国内外，遍布欧洲、北美、南美、亚洲、非洲等50多个国家和地区。是全球著名的添加剂生产企业，世界500强食品、商贸企业的直接供应商和合作伙伴。

作为生物发酵技术的领导者，希杰秉承ONLY ONE的精神，不断用“首创、最佳、与众不同”的产品与服务价值，打造集团核心竞争力，并力行不懈追求“世界第一”的集团全球化目标。

三仪集团

三仪集团（以下简称“三仪”）始建于1998年12月，厂址坐落于中国辽宁省大连市，是国内领先的专注微生态制剂、酶制剂、动物用益生菌的研发、生产、推广应用的高新技术企业，持续为全球客户提供有竞争力、无药残、绿色、安全可信赖的产品、解决方案及增值服务。

三仪拥有液体深层发酵和微囊包被核心生产工艺的微生态制剂车间，为行业提供高品质的微生态制剂并广泛应用于畜牧、水产养殖、环境污染的降解处理等领域。

三仪拥有独立的研发机构三仪生命科学研究院和CNAS实验室公共服务平台，CNAS实验室未来将建立大数据、大平台共享联盟机制，为上下游生态合作伙伴提供检测诊断开放式服务。

三仪同时与国内农业高等院校、科研院所展开深度广泛的产学研联合，成果丰硕。目前，三仪科技创新已经取得多项成果，共获得52件发明专利，三仪已经制定两项国家标准、数十项地方标准、几百项企业内控质量标准。三仪已经起草、制定和获批了丁酸梭菌国家团体标准（T/C SWSL001—2019），并在2019年的中国生物饲料年会上向全国发布该团体标准。

从科研到产业，从原料到产品，三仪一直参与和推动从农场到餐桌食品安全体系的建设，打造无抗养殖，帮助合作伙伴创造竞争力，并赢得合作伙伴的信任和尊重。

辽宁爱普罗斯饲料有限公司

辽宁爱普罗斯饲料有限公司于2011年1月在沈阳成立，前身是成立于2004年的沈阳爱普罗斯牧业咨询中心，经过10余年的不懈奋斗，成长为一家集生物、饲料、养殖、经贸、食品于一体的集团化企业。

辽宁爱普罗斯饲料有限公司是国家高新技术企业、省级企业技术中心，现拥有国家专利22项，在研国家级课题1项，省级课题3项，市级课题1项。

公司“畜禽EM菌浓缩饲料—猪食茂”（以下简称“猪食茂”）产品，2017年获得辽宁省名牌战略推进委员会、辽宁省质量技术监督局颁发的“辽宁名牌产品”荣誉，同年获得“沈阳市名牌产品”荣誉。猪食茂在2017年获得第二届中国畜牧生物科技大会组委会颁发的“中国畜牧饲料十大创新科技产品”荣誉。

通过生物饲料的大量使用，终结养殖业的抗生素添加剂时代，解决人畜争粮、饲料利用率低、畜禽抗病能力差等问题，为社会贡献绿色、美味、安全、营养的高档畜产品。通过期货工具以及生猪交易平台，帮助客户锁定养猪效益，让养殖者不再被行情波动困扰。通过线上线下打造“三度空间”“三位一体”的新营销模式，聚精英、提销量。

爱普罗斯专注于为家庭猪场提供生猪期货、组合产品等一体化解决方案的服务，为消费者提供绿色健康食品，为客户、为员工、为合作者构建幸福人生。

沈阳富士大通科技有限公司

沈阳富士大通科技有限公司创立于2011年，位于沈北新区蒲南路161号，年饲料产能60万t。现已发展成为以专业研发、生产、销售各类畜禽饲料为主导产业的现代农牧企业，担任辽宁省饲料工业协会副会长单位，荣获辽宁省农业产业化重点龙头企业、辽宁省高新技术企业、辽宁省首批瞪羚企业。

沈阳富士始终坚持科技创新引领企业发展，企业通过了ISO9001国际质量体系和HACCP食品安全管理体系双认证。公司与沈阳农业大学等高校科研院所建立起紧密的战略合作关系，汇聚畜牧兽医、生命科学、动物营养、食品安全等相关领域高端人才，多年专注动物营养免疫研究，以行业领先的饲料研发技术和不断完善的现代生产技术为基础，以“让更多的农民朋友富起来”为使命，致力于为更多客户创造更大价值，公司品牌影响力和主导产品市场占有率连续多年保持高速增长。

沈阳富士在高速发展中建立起具有强大竞争力的“科技型、学习型、服务型”现代农牧企业模式，在组织架构、管理体系、企业文化等领域形成鲜明的企业特色，一大批高素质、高层次的优秀人才成为富士高速发展的坚定基石。

沈阳富士大通科技有限公司将坚持“富四方之士，追求共赢”的发展理念，全力打造中国饲料行业的优秀品牌！

吉 林 省

吉林新方圆牧业科技有限公司

吉林新方圆牧业科技有限公司是吉林省最大的饲料企业之一，吉林省饲料工业协会副会长单位。

公司在长春经济技术开发区建有一座年产 18 万 t 的饲料厂，饲料厂占地 2 万 m^2，生产设备是国内最先进的饲料成套设备。

公司主要生产“精气神”“欣方圆”“吉方圆”等多个品牌的畜禽、水产饲料，产品主要销往黑龙江、吉林、辽宁、内蒙古等省份。

公司和产品获得的荣誉主要有：吉林省农业产业化重点龙头企业，吉林省农产品加工业百强企业，吉林省守合同重信用（AAA）企业，吉林省诚信示范企业，2008 年抗震救灾先进单位，吉林省名牌饲料，中国饲料行业信得过产品等。

为提高产品质量和服务质量，公司通过了中国质量认证中心（CQC）ISO9001 质量管理体系认证。在生产和在原料采购中严格把关，强化检测手段，先后购置了进口液相色谱仪等先进的检测仪器，实现了从原料进厂到成品出厂的全程监控。

公司始终秉承做“养殖业贴心的专业饲料服务商”的经营宗旨，常年举办免费的养殖技术讲座，免费为养殖户解惑答疑，不断提高养殖户的养殖水平，提高养殖效益，深受广大农户的欢迎。

公司愿与国内外同行及各界朋友携手共进，全心全意服务“三农”，为我国乡村振兴战略做出新的更大的贡献。

上 海 市

上海美农生物科技股份有限公司

上海美农生物科技股份有限公司是以功能性饲料添加剂和原料为核心的动物营养解决方案提供商，是一家国际先进、国内领先的动物营养技术公司。美农成立于 1997 年，位于上海嘉定工业园区，占地 40 余亩，有 4 万余 m^2 的现代化厂房和办公大楼，是目前中国最先进的饲料添加剂生产基地之一。美农目前拥有员工近 200 人，大专以上文化程度的员工人数占总人数的 60%以上。有近 40 人的研发队伍，其中硕士及以上学历占 80%以上，有博士 1 名。曾获得“上海市创新型企业”“上海市文明单位”“上海市著名商标”“上海名牌产品”“上海市‘专精特新’中小企业”等荣誉称号。

美农拥有上海、苏州、成都和重庆四大产业基地，专业从事猪、家禽、反刍动物和水产四大种类饲料添加剂及原料的研发、生产和销售，以“技术驱动价值”为核心经营理念，秉承“分种分品，全程营养”的产品战略，针对猪、家禽、反刍动物和水产四大类动物的不同生长阶段，分别对采食、消化和吸收的各个环节，提供调味剂、酸化剂、肠道健康类产品、家禽类产品和反刍动物类产品，销售网络遍布全球。

美农拥有先进的产品研发体系，现代化的生产车间，规范的技术质量检测中心，已获得发明专利 17 项，实用新型专利 11 项，申请并获得受理的专利超过 28 项，率先通过了 ISO9001 质量管理体系认证、ISO22000 食品安全管理体系认证、FAMI-QS 体系认证。

美农十分重视企业的现代化管理，通过 20 多年的探索与发展，逐渐形成了推动美农发展的经营及管理模式，使美农在近 5 年实现了 3 倍的增长，近 3 年营收实现了翻一番。

上海禾丰饲料有限公司

上海禾丰饲料有限公司成立于 2003 年，由辽宁禾丰牧业股份有限公司和上海美农生物科技股份有限公司合作兴建，2013 年迁入新工厂。辽宁禾丰简称禾丰牧业，是中国饲料行业十强之一，国家级优秀农业产业化重点龙头企业，上海美农是中国最大的香味剂生产企业之一。

上海禾丰是禾丰牧业位于华东地区的核心企业，本着“专业、专注、安全、环保”的企业定位，专注于高档复合预混合饲料、浓缩饲料和配合饲料的生产和销售。服务于华东地区规模化牧场和养殖户，着力打造华东地区规模化牧场顶级饲料服务商。

上海禾丰秉承禾丰集团一贯的高品质与专业精神，应用世界顶级 BRILL 配方软件设计开发产品，使用高精度自动化的专业生产设备，遵照 ISO9001 质量管理体系及 HACCP 食品安全管理体系、《饲料质量安全管理规范》要求，进行生产管理。

上海禾丰不断开发新产品，努力为客户提供持续、有效、有利的动物营养和技术服务，积极提升客户价值，实现共赢，共同谱写新时代的经典乐章。

2004 年，上海禾丰经上海出入境检验检疫局登记备案，成为上海市备案登记的 3 家出口食用动物（猪）饲用饲料生产企业之一。

2006 年，上海禾丰通过质量管理体系和食品安全管理体系认证。

2010 年，上海禾丰被认定为上海市高新技术企业。

2011 年，上海禾丰被评为“上海城市公众满意企业”。

2016 年，上海禾丰被评为“上海市饲料质量安全管理规范示范企业”。

上海福贝宠物用品股份有限公司

上海福贝宠物用品股份有限公司成立于 2005 年 4 月 28 日，注册资本 3 000 万元，是经上海市科学技术委员会、上海市财政局、国家税务总局上海市税务局联合认定的高新技术企业。

公司被认定为上海市松江区企业技术中心、松江区专利工作试点企业，先后荣获“2014 年度中国宠物行业最具竞争力企业”“2015—2016 年度宠物行业用户最喜爱的品牌行业贡献企业”“2016 年全国十强宠物饲料企业”“2017 年中国宠物行业最具竞争力企业”“2019 PFA 年度中国质造 TOP10”、上海市“专精特新”企业等多项荣誉称号。

上海福贝作为国内领先的宠物饲料生产制造企业，是我国饲料工业产业升级、市场消费升级的代表性企业。近年来经营业绩持续提升，2019 年实现营业收入约 5 亿元，贡献税收约 3 000 万元，盈利规模在宠物食品行业内名列前茅。

上海福贝旗下的“比乐”品牌具有较强的市场影响力和品牌美誉度。公司未来仍将专注打造我国宠物食品领域优质、领先、卓越的民族品牌，进一步替代进口品牌，建成国内一流、国际具有竞争力的宠物食品制造企业。

江 苏 省

江苏三仪生物工程有限公司

江苏三仪生物工程有限公司成立于 2008 年 4 月 10 日，总投资 3 亿元，总占地面积 30 余万 m^2。公司汇集高级工程师、博士、硕士等高端优秀科技人才 50 余名，利用分子生物学、微生物学、细胞工程学、基因工程学、兽医学、食品科学等手段为企业提供最前沿的科研思路和高科技产品。江苏三仪科研质量控制中心按照 CNAS 实验室认可体系标准，打造国际领先、国内一流的集产品研发、实验室检测、质量控制管理、核心技术输出、市场服务于一体的综合技术服务平台。中心检测平台以大数据、云计算、人工智能等先进手段为载体，构建兼具公正性、权威性及独立性的具有国际竞争力的行业相关标准研发和第三方质量检测机构。

公司被认定为“国家级高新技术企业”，拥有中国农业科学院博士后工作站（生物技术中心）、江苏省企业研究生工作站、江苏省农牧业抗生素替代技术工程研究中心。产品融合抗生素替代品、蛋白小肽、有机微量元素和酶制剂等技术于一体，打造国内领先的功能性微生态制剂产业化基地。公司研发的丁酸梭菌、地顶孢霉培养物、凝结芽孢杆菌等功能型益生菌产品及创新性新技术均处于国内领先水平，牵头制定的团体标准弥补相应领域的空白，公司始终致力于人类及其生存环境的生物安全事业。

无锡正大生物股份有限公司

无锡正大生物股份有限公司成立于 1985 年，是一家致力于植物提取物、绿色饲料添加剂、预混料和动物药品的研发、生产、销售为一体的国家高新科技企业。无锡正大占地面积 7 万 m^2，具有 8 条兽药 GMP 生产线，3 条添加剂、2 条预混生产线，以及年产 5 000t 的植物提取生产线。同时配备了 1 000 多 m^2 国际高端研发检测中心，引进国际先进设备，为公司产品创新和提高产品质量及稳定性提供了可靠的保障。

无锡正大 35 年来积累了雄厚的技术资源，拥有一支由 40 多位具有实际科研经验的动物营养、药理专家、中药专家组成的高素质年轻化的技术研发团队，具备了国内一流的添加剂、药品及预混料的研发水平，专注植物提取和智慧包被两大技术。

植物提取物引领行业健康发展

无锡正大从 2003 年开始与各大院校进行产学研合作，进行植物提取物的研发和生产，从组方筛选、质量标准制定、生产工艺优化等方面不断创新与优化，开发出一系列有标准、可检测、功效明确的植物添加剂及中兽药产品，包括替代抗生素、提升免疫、调节采食、驱虫、提高繁殖性能和肉质风味等系列，为饲料及养殖企业提供健康、安全、高效的解决方案。

智慧包被技术实现定速、定时、定点释放

无锡正大从20世纪90年代中后期开始进行包被工艺的研究，成功开发了包被氧化锌、包被过胃酸化剂、混合型包被精油酸化剂、包被植物精油、包被过瘤胃产品等，包被后的产品挥发性极低，无气味，适口性好，直达消化道后端，释放率100%。2019年公司新建成一条2万t全自动化包衣微囊颗粒添加剂生产线，实现冷喷和底喷两种生产工艺，大大提升生产效率，提升了包被产品的稳定性和质量，确保产品在动物体内定速、定时、定点释放。

车间智能化升级推进OEM代工服务

无锡正大是江苏省第一家预混料生产企业，并在2010年首创中药保健预混料，在行业内有稳定的客户及良好的口碑。面对饲料行业的全面禁抗，公司在2019年年底又新建成一条10万t智能化全自动化无抗预混料生产线，这标志着无锡正大进入了智能化全自动化生产领域，生产效率和产能进一步提高，为客户提供更高质量的预混料代工和定制等服务。

无锡正大35年来与国内众多的畜牧饲料养殖企业及越南、马来西亚、韩国、印度、埃及、约旦等海外国家客户有着长期稳定的合作，为其提供优质的产品和服务。我们愿与更多的合作伙伴携手同行，共创未来！

南通巴大饲料有限公司

南通巴大饲料有限公司隶属于通威集团，是一家集水产饲料研发、生产、销售于一体的科技创新型企业，坐落于江苏省如东县岔河镇银河工业园区。公司创建于1995年，资产总额1.5亿元，现有员工200人，年销售额超6亿元。拥有国内先进的饲料生产流水线7条，年生产能力20万t。公司坚持“诚、信、正、一”的经营理念，面向长三角密集的水产养殖区域，销售普、特种水产饲料，单厂虾、蟹料销量位居华东地区前列。公司在为客户提供优质的饲料产品同时，更致力于帮助客户科学饲养，提升养殖效益，实现价值最大化，每年举办上百次农业养殖培训交流会，推进了养殖水平提升，被教育部授予“先进学习型组织”。

公司强抓管理，通过了ISO9001国际质量体系和ISO22000食品安全体系认证，产品荣获“江苏名牌产品”等殊荣，“巴大”商标被评定为江苏省著名商标。公司致力于水产料开发与研究，尤其是虾蟹料，公司先后与上海海洋大学等高校合作建立了合作关系，建有江苏省唯一的“生态营养水产饲料工程技术研究中心”，建有江苏省院士工作站，公司先后被主管部门认定为：江苏省企业技术中心，江苏省高新技术企业，江苏省农业产业化重点龙头企业，公司拥有有效专利30余项，其中中华绒螯蟹育苗和颜值关键技术开发与应用项目获国家科技进步奖二等奖。科技实力推动了公司产品的转型升级，公司的温棚白对虾料、罗氏沼虾料、螃蟹料、小龙虾料、鳊鱼料、黄颡鱼料等系列产品深受养殖户信赖。

中粮东海粮油工业（张家港）有限公司

中粮东海粮油工业（张家港）有限公司，位于长江下游南岸、江苏东南部的张家港保税区，成立于1993年，1997年8月全面投产，占地面积1 267亩，总投资32.27亿元，中粮集团控股54%，公司主要从事大豆、小麦、大米加工以及油脂深加工项目，现在有员工2 700多人。

中粮东海为粮而生、因粮而兴，是20世纪90年代中粮集团从外贸型企业向实业化转型，国内全面引入国际先进粮油加工技术的第一家企业，是中粮集团下属最大的旗舰工厂和第一家产业园，是中粮集团沿海战略沿江战略的重要战略节点。成立26年来，中粮东海始终把企业战略融入国家粮油食品安全战略，以规模能力提升企业的市场地位和影响力，在维护市场稳定中发挥了重要支撑作用，带动地方经济发展。

目前公司粕类业务、散油业务、中包装油业务在区域市场的份额都是第一位，中粮东海已经成为立足华东地区、面向全国乃至国际市场，集粮油食品生产加工、内外贸易、保税仓储、水陆运输于一体的综合性粮油加工基地，初步奠定在国内同行业中的龙头地位，跻身首批国家级粮食现代物流示范单位。自投产至今，公司已累计向国家上缴关税、增值税、所得税等各类税收350多亿元。

江苏雅博动物健康科技有限责任公司

江苏雅博动物健康科技有限责任公司成立于2011年，主要从事饲料添加剂、添加剂预混合饲料、宠物添加剂预混合饲料等研发、生产和销售。其前身是全球著名维生素C生产商江苏江山制药有限公司的子公司，目前为全球领先的人类营养品制造商江苏艾兰得营养品有限公司的子公司，凭借在技术、人才、管理经验等方面的传承和积累，短短几年内公司就实现了飞跃式的进阶发展。

公司专注于宠物营养，获省高新技术企业、省民营科技型企业等资质认定，拥有多项发明专利技术。公司严格按照产品质量标准和《饲料质量安全管理规范》组织生产，对生产过程实施有效控制。除通过省级饲料质量安全管理规范示范企业验收外，公司还通过了ISO9001、ISO22000、FAMI-QS、SQF等多项国际先进质量管理体系认证和国家AAA级标准化良好行为企业认定。

农业农村部发布的《宠物饲料管理办法》等规范性文件于2018年6月正式施行，对宠物饲料（食品）生产、经营行为提出一系列具体明确的要求，给公司带来新的合规挑战。作为宠物营养品领域的先行者，公司抓紧新版法规的学习与差距分析、制定改进计划并实施，短短半年时间便完成饲料生产许可证的更新。

态度决定质量，质量决定成败。凭借强大的研发能力、极致的匠人精神以及优势明显的海内外渠道，在未来几年内，公司必将完成其逐步成为宠物健康产品综合供应商的发展目标，并带领行业向更优质、更稳定的方向全力冲刺。

丰尚农牧装备有限公司

丰尚农牧装备有限公司是一家以饲料机械、养殖机械、仓储机械、粮油加工机械、食品机械为主营业务，致力为全球客户提供从“田间”到“餐桌”农牧装备全产业链系统解决方案，具有国际影响力的大型农牧装备制造集团企业，年销售收入50亿元以上。

服务国计民生，践行国家战略。丰尚公司积极响应国家建设高水平的全面小康社会，创新发展饲料厂的智能化、生态化，推动农牧装备制造转型升级；发展现代仓储技术，确保国家粮食安全；与80%的“一带一路”沿线国家开展合作，已在全球140多个国家建成8 000多座工程。

引领行业科技，缔造系统价值。丰尚公司是我国农牧装备行业四次获得国家科技进步奖二等奖企业。每年确保主营业务收入5%以上的研发投入，研发（技术）人员超员工总数的20%，海外专家近100人。累计申请各类专利1 017项，其中发明专利62项、国际专利10项，15项成果国际领先。公司与业内5家顶尖技术公司合资合作，以云计算、大数据、物联网等科学技术为支撑，推动农牧装备行业生产制造实现智能化、数字化、自动化、绿色化。

聚焦客户需求，提升增值服务。丰尚公司树立“以客户为中心”的价值观，为客户提供包括规划、研发、设计、土建、制造、物流、安装、交付、培训等一站式服务，实施FPDS交付体系，打造交付核心竞争力，快速响应客户需求，全面提供增值服务，增强客户黏性，提升客户体验，为客户创造价值。

未来，丰尚公司将持续践行国家发展战略，深耕“大国智造”战略举措，研发和制造更安全、更智能化、更生态环保的农牧装备产品，为全球客户提供更优、更可靠的农牧装备全产业链系统解决方案，为实现中华民族伟大复兴的“中国梦”贡献力量！

浙 江 省

杭州唐天科技有限公司

杭州唐天科技有限公司前身为1996年成立的浙江大学生物活性物质研究中心，现注册于杭州滨江国家高新技术产业园，2010年认定为高新技术企业。公司专业从事新饲料添加剂、新药和安全优质动物源性食品的研究与产业化。公司联合浙江大学先后参与多项国家高技术研究发展计划（“863”计划）、国家攻关项目和国家重点新产品计划的饲用抗生素替代物、调控免疫抗病毒新产品课题，2013年公司参与的猪抗病营养理论与技术研究获得四川省科学技术进步奖一等奖。

公司主营产品——糖萜素饲料添加剂，糖萜素系公司创始人、浙江大学动物科学学院副教授詹勇带领的团队，自1994年承担国家专用化学品项目饲用抗生素替代物研究开发［（85－94H－02－03（创））］，从山茶科植物中提取生物活性物质研制成功的一项新饲料添加剂。1998年农业部批准为新饲料添加剂，列入农业部《饲料添加剂品种目录》。2005年由科技部推荐列入国家“十五”现代农业技术领域的重大科技成就，2005年获国家重点新产品证书，1996—2005年，糖萜素核心技术获中国、美国、欧洲、日本、澳大利亚等17个国家和地区发明专利。公司在全面实施糖萜素产业化过程中，通过ISO9001：2015和ISO22000：2005管理体系认证，主导制订糖萜素饲料添加剂国家标准（GB/T 25247—2010）。

大量研究及应用表明：糖萜素可提高动物机体的免疫功能，提高抗病能力，促进动物生长，提高生产性能，改善屠宰性能和肉产品品质，为国家“饲料禁抗”提供一种解决方案。目前，糖萜素产品已在广东、广西、山东、北京、四川、重庆和河南等22个省份推广应用，同时，已批量出口泰国、韩国、菲律宾等国际市场。作为中国自主研发的具备“自主技术—自主标准—自主产品—自主品牌”的产品，已经逐渐走进全国及国际市场。

安 徽 省

安徽华澳生物技术有限公司

安徽华澳生物技术有限公司（简称“华澳生物”），成立于1999年，是一家集兽药研发、生产、销售于一体的国家级高新技术企业，下辖兽药、饲料、畜禽养殖、有机种植四大板块。2004年公司成为国内首批、省内首家通过农业部兽药 GMP 验收的合资企业。

华澳生物是一家立足于研发的高科技合资公司，具有强劲发展势头，与国内外农业院校及公司都有着广泛的交流和合作。2008 年公司被中国兽医学会药理毒理学分会授为常务理事单位，2009 年成立安徽省兽药研发中心，2010 年被指定为安徽农业大学的科教基地。

一年之计在于春。春季是一年中猪发病较高的季节，气温早晚温差大，通风与保温矛盾突出。针对以上情况，近期华澳生物的技术人员分别在东北、河北、河南等地开展养猪技术指导。技术人员指导养殖户认真贯彻“防重于治”的原则，坚持在做好保温措施的同时要做好通风工作，做到保温与通风并重，开展猪场科学驱虫，加强饲养管理，做好卫生防疫工作。

非洲猪瘟疫情致使不少养殖户受到不同程度的影响，面对疫情，安徽华澳生物技术有限公司立即抽调业务骨干会同当地的销售员深入一线，指导养殖场（户）开展非洲猪瘟的防控知识讲座。除此之外，华澳生物还开展了微信讲课、线上问诊等活动，全方面为养殖户服务。

芜湖丽仁农牧科技有限公司

芜湖丽仁农牧科技有限公司成立于 2012 年 5 月，坐落于安徽省芜湖市繁昌县孙村镇工业园，它依托芜铜公路、芜大高速、长江黄金水道，交通方便。它是一家由私人合资兴办的股份制公司，公司注册资本 3 000 万元，其中固定资产投资 2 000 万元、流动资金 1 000 万元：公司占地面积 32 亩，生产车间、仓库，建筑面积 10 000 多 m^2，厂区的地面硬化 5 400m^2，拥有钢构高标准生产车间及钢构库房 3 800 余 m^2，其中浓缩饲料、配合饲料生产车间 500 余 m^2，原料库 2 300 余 m^2，成品库 1 000 余 m^2，办公及生活面积 1 600 余 m^2，其中化验室 70 余 m^2，生活区、办公区、生产区相分开，完全能满足生产、检验及生活需要。

公司于 2016 年 3 月正式开始投产，在总经理陈谦的带领下公司的销量稳步增长，3 年的时间销量突破 10 万 t，产品质量符合国家标准，通过走访养户基层调查，根据周边养殖模式做好产品定位、价格定位、市场定位、市场销售定位，树立全员营销意识，及时解决市场上各种营销问题与要求，以“厂内服务于厂外”的宗旨做好服务，提升经销商、养殖户、公司三者的合作密度形成良性的循环系统。

丽仁农牧秉承用户第一、质量至上、标准管理、完善服务的经营理念。本着“以科技为先导、以服务为依托”，与养殖业的朋友真诚合作，用智慧和真诚的劳动，全心全意的服务于饲料工业和养殖业，与广大养殖户朋友们一道“直面竞争、和衷共济”，共创我们美好的明天，打造崭新的丽仁农牧品牌。

宣城市鸿运农业开发有限公司

宣城市鸿运农业开发有限公司成立于 2007 年，是一家集配合饲料加工，合作社＋基地＋农户为一体的省级农业产业化龙头企业，于 2011 年投资成立宣城市鸿运饲料有限公司，年产禽类配合饲料 20 万 t，总公司位于宣城市宣州区孙埠镇产业园。公司已通过 ISO9001 质量管理体系认证，产、研、供、销体系较为完善。整条生产线采用全自动配料系统、高效双轴混合系统、八角冷却系统、自动打包系统等工艺。公司拥有 5 个系列，10 多个品种规格的畜禽配合饲料，产品销往安徽、江苏、浙江、江西等市场，在本地市场拥有较高的市场占有率，且在广大养殖户中拥有良好的口碑。2015 年 10 月在宁国经济技术开发区河沥园区八里村成立了宣城市鸿运饲料有限公司宁国分公司，年产 8 万 t 禽类配合饲料。公司明确产品的结构、方向，以创建“中皖鸿运”品牌为宗旨、以市场为导向，采用现代企业的先进管理制度，向管理要效益，保证公司产品质量的长期稳定。

公司现有员工 60 余人，其中管理技术人员 10 人，大专以上学历员工有 15 人，拥有素质良好、业务能力强的销售队伍，并与多家科研院所、多家原料源头企业保持长期合作，与国内大型供应商及厂家直接交易，从源头上保证优质原料的供给。

公司自投产以来，以推进名牌战略为切入点，始终提升农户养殖致富为目的，发挥公司供销一条龙产业化经营的整体优势，为了养殖户更加的便利，自 2018 年 12 月宣城市鸿运饲料有限公司与汇通达网络股份有限公司达成共识，成立了安徽福乘达电子商务有限公司，该公司是一家集农业科技，电子信息，产业互联网于一体的农村商业数字化服务平台，公司全心全意为养殖户服务，帮助养殖户获得更好的效益。

“质量是企业的生命、品牌是企业的优势”，这是公司每位员工始终紧抓的主线，从原材料进厂，严格实行产品质量检验制度，实行质量否决权。做到不合格的原材料不进厂，不合格的产品不进入下道工序，不合格的产品绝不出厂，从而保证了产品质量，维护了企业品牌信誉。宣城市鸿运饲料有限公司希望和广大同仁一起为中国饲料业和养殖业的发展携手共进！

宣城木子禽业专业合作社

宣城木子禽业专业合作社成立于 2010 年，坐落在安徽省宣城市，是全国农民专业合作社示范社、省级农业产业化龙头企业，专营 817 肉鸡生产和宣州黄鸡育种；2018 年全国农民专业合作社 300 强的第 25 名；2018 年省级畜禽养殖标准化示范场；全省唯一通过国家认证家禽绿色饲料生产企业。

合作社坚持“心系社员发展，专注食者健康”的企业使命，从发展之初带动 3 户农民到现在的 982 户社员，现有员工 200 余人，年出栏商品鸡达 3 000 万羽，产值 6 亿多元，年带动社员创收达 5 000 万元，解决社会就业 4 000 多人，创造社会效益 7 000 多万元，同时帮扶贫困户 77 户 161 人、残疾人 35 人，从事肉鸡养殖。拥有 10 万套规模的宣州鸡保种场 2 处，拥有年孵化能力 3 000 万羽孵化场 1 座，拥有年出栏 500 万羽养殖基地实验场 5 处，拥有年屠宰 1 600 万羽的家禽屠宰场。合作社坚持六统一：即统一标准化鸡舍建设、统一生产资料供应、统一技术管理、统一社会化服务、统一产品销售、统一收益分配，充分发挥规模效益，以批量规模优势获得收益。帮助社员解决六大难题：解决技术服务难题、解决销售难题、解决资金互助难题、解决社会化服务难题、解决技能培训难题、解决市场风险难题。社员提供养殖场地，劳动力入社，合作社保价回收成鸡和利润分成模式，真正实现“风险共担、利润共享、共同发展”。更好地带动广大农民发家致富。

为了统一供料，2015 年建设了现代化的饲料厂 1 座，其占地 50 亩，拥有 3 000t 的圆筒仓、两条 600 制粒线、全自动电脑配料、年生产能力为 12 万 t 级。具有健全的质量管理体系，从原料到产品，严格遵守《饲料质量管理规范》的要求组织生产，真正从源头做到餐桌食品让百姓放心。配合饲料产量为：2017 年 7.5 万 t、2018 年 8.3 万 t、2019 年 10.1 万 t，年增长率分别 10.7%、20.48%。坚持“采最好原料、用合理配方、产最优饲料”理念。树立了区域品牌优势，企业具有良性发展和抗风险能力。

福 建 省

福建圣农控股集团有限公司

一、企业概况

30 年专注养好白羽肉鸡，成就亚洲最大的白羽肉鸡企业。圣农集团创始于 1983 年，总部位于福建省南平市光泽县，是集自主育种、孵化、饲料加工、种肉鸡养殖、肉鸡加工、食品深加工、余料转化、产品销售、冷链物流于一体，横跨农牧、食品、冷链物流、投资、能源和环保、配套兽药和疫苗七大产业的全封闭白羽肉鸡全产业链集团。圣农作为中国白羽肉鸡行业产业链最完整的企业，以独树一帜的“自繁-自养-自宰-深加工”的闭环管理，构建企业可持续发展的绿色循环经济产业链。

二、产品特色

绿色饲料才能养出圣农生态白羽鸡。圣农拥有光泽、浦城、政和 3 个基地的 7 座饲料厂，并建有自己的铁路专线，精选国家二级优良品种饲料原料，采用国内先进的全自动饲料生产设备和加工工艺，运用配料、混合、制粒、成品称重包装、除尘辅助、压缩空气、液体自动添加、散装自动控制、计算机全程控制监测等系统，实现年产饲料 250 多万 t 的生产能力，可供公司 500 多个生产基地使用。从原料投放到成品整个流程全封闭、自动化生产，大大提高了生产效率，防止了过程污染，保证了产品质量。

三、未来展望

集团在行业内率先实施农业养殖 4.0 体系。严格按照农业养殖 4.0 标准，新建管理职能化、生产自动化的饲料生产线，提升新动能。集团将按照农业养殖 4.0 标准对原有的饲料生产线进行技改，提高生产效率，降低劳动强度，节省用工，从而改造旧动能，促进饲料版块的高质量发展。

福建省海新集团有限公司

一、企业概况

海新集团创办于 1985 年，目前已成长为多元化集团企业，拥有近 30 家全资子公司，涉及农牧、食品等板块的专业化、规模化、现代化企业。农牧产业以饲料生产为龙头，发展粮油、物流、生猪养殖、肉食品加工的农业产业链，是“农业产业化国家重点龙头企业”“全国农产品加工 100 强企业”。

二、产品特色

海新饲料生产基地主要分布在福建和广东两省，主要生产“海新”“海扬”“海力”等品牌的猪、禽、水产配合饲料、浓缩饲料和添加剂预混料，年产生产能力达 150 万 t。海新的禽料以质量持续稳定为优势，市场占有率名列福建省前茅。生猪养殖产业已投建 5 个万头级规模种猪场，实行“公司＋基地＋农户”模式，与农户建立全面合作伙伴关系，组建科技服务队伍，从猪仔提供、饲料供应、卫生防疫、技术指导与服务，到大猪出栏收购，提供一条龙全方位服务，努力保障生猪产业的发展。

三、企业展望

海新集团将持续“以农为先”的发展战略，以饲料加工为龙头，多点开花，努力实现产业链的全面延伸。通过不断创新发展，不断转型与升级来挖掘企业增长点，提升核心竞争力，充分发挥农业产业化龙头示范带动功能，为实施乡村振兴战略起着积极推动作用。

福建海大饲料有限公司

一、企业概况

福建海大饲料有限公司是广东海大集团股份有限公司旗下的全资子公司，于2008年注册成立，占地面积近100亩，总投资达1.3亿元。座落于福建省漳州市长泰县岩溪工业园。

二、产品特色

公司拥有虾料、膨化、颗粒、粉料等12条全自动化配合饲料生产线，年设计生产能力超过30万t。公司有“海大”“海龙”“容川”“大川”四大品牌，海水高档膨化水产配合饲料有大黄鱼、篮子鱼、海水鱼、鲈鱼、金鲳鱼、石斑鱼，淡水鱼膨化水产配合饲料有黄颡鱼、蛙料、罗非鱼、草鱼、池塘混养，虾配合饲料有斑节对虾、南美白对虾、罗氏沼虾、鱼虾蟹混养，颗粒配合饲料有草鱼、罗非鱼，鸭配合饲料，鳗鱼配合饲料等近300种不同规格的系列产品。产品已覆盖厦门、漳州、宁德、泉州、莆田、长乐、福州、福清、龙岩等福建各个地、市。

三、企业展望

公司秉承海大集团以“科技为导向、质量求生产、服务促发展”的宗旨，以“满足客户”为经营理念，凭借过硬的产品质量、完美的市场开拓途径，以及积极热情的售后服务和诚实守信的经营承诺成为福建地区饲料行业的标杆企业，领军企业。同时，产品深受广大养殖户的喜爱和信赖，赢得良好的社会信誉。

江 西 省

江西新希望农牧科技有限公司

希望，是美好的代名词。

新希望，是一家致力于创造美好的新兴企业。

江西新希望农牧，是新希望六和股份（股票代码：000876）独资兴建的一家现代化饲料生产企业，公司位于江西省赣江新区云居山工业园区，2019年7月建成投产，占地60余亩，总投资1.5亿元。

匹配世界一流的生产智能成套设备与先进技术：拥有畜禽、水产饲料生产专线7条，覆盖时产15t特种水产膨化饲料、猪饲料、畜禽颗粒配合饲料，实现年生产能力30万t。拥有智能自动化精准配料系统、添加剂条码防错可追溯系统、走在前沿的油脂真空后喷涂、质量安全控制中心实验室……在这场与时俱进的“马拉松赛”中，在起跑线上我们已经做到快半步。

依托新希望数百名研发团队，结合30余年的技术研发，运用微生物工程技术，设计开发出“青印迹”“鱼渔欢”“蛋多多”等品牌高端生物环保饲料。

公司以“农牧食品行业领导者”为愿景，以“为耕者谋利、为食者造福”为使命，以“客户至上、挑战自我、奋斗者为本”为核心价值观，着重发挥农业产业化重点龙头企业的辐射带动效应，整合打造安全健康的大食品产业链资源，为帮助农民增收致富，为满足消费者对安全肉食品的需求做出更大贡献。

作为一颗冉冉新星，拥有着一流的武器，先进的大脑，超前的响应，在新希望体系内厚积薄发，在农牧食品行业默默前进。从前端到终端，每一步都是新希望人奋斗的足迹，江西新希望不是最完美的，却一直在追求完美的路上光芒绽放！

江西赣达牧业有限公司

江西赣达牧业有限公司是一家集饲料自主研发、生产、销售、种猪养殖、冷链物流的省级农业产业化龙头企业。

公司成立于1994年10月，总部设在南昌市南大门银三角经济开发区。占地面积50亩，拥有最先进的化验设备和饲料成套生产基地3个，有蛋鸭料、肉鸭料、鹌鹑料、肉鸡料、猪料五大系列近30余个品种。公司全套引进具有国际水平的布勒全自动化生产设备，采用高科技饲料配方技术和科学管理方法进行饲料加工生产。企业发展前景一路向好，产销量逐年稳步上升，2019年销量突破16万t，年产值达4亿元。

企业经过20多年的打拼，在发展过程中得到了各级政府和上级主管部门的支持和认可。先后荣获农业农村部认证达标企业，省级农业产业化龙头企业，国家高新技术企业，全国乡镇创名牌企业，一级诚信企业，江西省禽饲料工程技术研究中心等。历年被农业农村部、省、市、县各级管理部门抽查为质量合格产品，信得过企业。

公司以“初心不忘惠民生，责任担当促三农”为初心使命，以“质量为本，技术创新”为竞争核心，以“诚信至上，守法经营”为根本遵循，以“让赣达养殖户过上更加富裕的日子”为梦想追求，为数以万计畜禽养殖提供优质安全的产品和养殖技术服务，保障了江西省肉、蛋、奶的食品安全和“菜篮子”工程的前端供应。每年为社会产出了5.8万t禽蛋，2万t猪肉，解决了农村万余剩余劳动力转岗就业问题，为县域经济发展，民生改善，精准扶贫，社会稳定做出了重要贡献。

江西天新药业股份有限公司

江西天新药业股份有限成立于2004年9月，是一家专业生产维生素的高新技术企业。公司主要产品有维生素 B_1、维生素 B_6、叶酸等，用于原料药、食品添加剂、饲料添加剂等领域。历经 10 多年的精耕细作，公司现已迅速成长为全球领先的维生素制造商，以及全球最大的维生素 B_6 和维生素 B_1 生产商。

公司坚持“悉心打造产品、用心关爱健康”的方针，秉承“日日新，又日新”的文化理念，不断创新，精益求精，建立了江西省维生素工程技术研究中心，以及上海研发中心，并与知名院校开展校企合作，致力于生产安全高效的维生素产品。2019 年新增饲料添加剂维生素 D_3、生物素生产线。公司拥有发明专利 19 项，其中 2019 年获得专利 3 项。目前，公司参与了维生素 B_6 饲料添加剂和硝酸硫胺素食品添加剂等国家标准制订工作。

公司以市场为导向，以客户为中心，主动参与行业交流互动，不断优化产品，拓宽产品价值链，提升品牌价值，满足客户多样化需求，为客户提供安全和最具价值的产品。如今，公司已成为全球众多知名公司的供应商与战略合作伙伴。2019 年，公司以战略合作伙伴身份与中国畜牧兽医学会、博亚和讯成功举办中国维生素产业发展高层论坛，传递新形势下行业发展与价值链重塑等信息。

瞩望未来，在维生素领域砥砺耕耘的天新公司，始终以人类健康为使命，服务社会为宗旨，坚定不移地走生态文明，绿色发展道路，为实现中国梦助力！

山 东 省

青岛蔚蓝生物股份有限公司

2019 年 1 月 16 日，蔚蓝生物两家公司登陆上交所，山东省企业上市工作迎来开门红。蔚蓝生物以酶制剂、微生态制剂等饲料添加剂的生产、研发和销售为主营业务，拥有多项专利，紧密贴合国家战略性新兴产业主攻方向，登陆资本市场将使其更好地服务山东省新旧动能转换。蔚蓝生物此次募集资金总额 3.94 亿元。山东省饲料行业协会李祥明秘书长参加首发仪式。

青岛蔚蓝生物股份有限公司注册成立于 2005 年，总部位于青岛，现有员工 1 300 余名。公司主营业务为酶制剂、微生态、动物保健品的研发、生产和销售。以“生物科技还原生态世界”为宗旨，致力于为生物制造提供核心技术支持，为传统产业提供清洁节能技术，为食品安全提供绿色解决方案，全程服务农牧、食品、洗涤、纺织、健康、环保等多个产业。

2019 年 1 月 16 日，青岛蔚蓝生物股份有限公司 A 股主板上市（证券代码 603739）。青岛蔚蓝生物股份有限公司及子公司，先后被评为国家认定企业技术中心、国家动物用保健品工程技术研究中心、生物催化技术国际联合研究中心、国家技术创新示范企业、高新技术企业、生物催化技术国家地方联合工程实验室、中国轻工业工业酶菌种选育重点实验室、农业农村部动物保健品工程技术重点实验室、全国酶制剂行业十强企业、山东省引才工作重点支持企业，拥有 3 家院士专家工作站、2 家博士后科研工作站。在 2015 年全国 1 098 家国家认定企业技术中心评选中，生物行业排名第 1 位。

青岛蔚蓝生物股份有限公司及子公司，截至目前荣获国家科技进步奖二等奖 1 项，教育部技术发明一等奖 1 项；拥有国内授权发明专利 222 件、美国授权专利 4 件、PCT 专利申请 11 项及国家级新兽药证书 34 项。在 2015 年中国科学院发布的《中国工业生物技术白皮书》发明专利公开数量 TOP25（2012—2014 年）中，蔚蓝生物集团在全国工业生物技术企业排名第 1 位。2019 年中国企业专利 500 强第 177 位。近年来，主持国际合作专项、国家“863”课题等国家级项目 33 项，参与 22 项；主持、参与酶制剂、动物保健行业方面的国家和行业标准制定 43 项，其中 40 项已颁布，3 项待颁布。

日照海派集团（顺合饲料有限公司）

日照海派集团是从事鱼粉、虾粉、鱼油、鱼溶浆、肉粉生产加工、销售于一体的综合性集团企业。集团位于素有“日照北大门”之称的山海天旅游度假区两城镇，地理位置优越、交通便利。

集团 2012 年成立日照顺佳饲料油脂有限公司，年产鸡油 1.1 万 t、猪油 1 万 t、鸡肉粉 1.8 万 t、猪肉粉 5 000t。集团 2016 年率先在日照地区实行鱼粉行业的整合，以租赁的方式关停了 2 家老旧鱼粉厂，其他 5 家企业整合入众合渔业合作社中。整合后，众合渔业合作社的成员是：海派集团顺合饲料有限公司，日照丰裕海鱼粉有限公司，日照益洋鱼粉有限公司，顺源饲料有限公司，百纳生物科技有限公司，日照金顺鱼粉饲料有限公司。

集团 2017 年建成青岛嘉乐宜工贸有限公司，2019 年 2 月控股江苏海福特海洋科技股份有限公司动工建设。公司设备设施齐全、部门结构完整、体制健全，共计拥有 22 条先进的自动化生产线，年生产量 20 万 t；生产采用海捕鳀鱼、优质小虾、远洋冻板鳀鱼、新鲜肉类等原料。

集团从事冷链物流、水产品冷冻、冷藏、进口肉类查验、仓储一体化服务，是较大的冷链物流查验仓储一体化平台之一。建有配套冷库 33 个，储总库容量约 21 万 m^3，兼有冷冻、恒温、速冻、0～4℃冰鲜库。查验和仓储一体化平台总建筑面积2万m^2，查验冷库容纳2万t堆积量。集团严格按照物流标准化要求建设，配备标准化货架、托盘、叉车，安装标准化车辆防撞设施、保温气囊门、月台高度调节板，实现与集装箱货车无缝衔接，保证货物装卸过程中的温度保持。集团升级库内温、湿度测量及视频监控设备，采用电脑温度数控仪进行24h温度动态监控。直采冷链监控数据，实现与省冷链物流公共信息服务平台和全国农产品冷链流通监控平台信息的对接。全面实行数字信息化系统分析处理，对物料的入库、在库盘点、出库、冷链运输等各个环节进行数据自动采集，控制和管理冷链仓储、运输全过程。

集团通过了ISO9001：2008质量管理体系认证，先后荣获“仓储型国家3A级物流企业”“国家三星级冷链物流企业”“山东冷链物流三十强企业”“日照冷链物流服务标准化试点企业”“日照市重合同、守信用企业”“日照进口水产品备案存储库”“日照口岸港航工作先进单位”“培植税源先进单位”“安全生产标准化三级企业”等荣誉。

中粮黄海粮油工业（山东）有限公司

中粮黄海粮油工业（山东）有限公司为世界500强中粮集团下属企业，公司先后通过了ISO9001国际质量管理体系认证，ISO14001环境管理体系认证，OHSMS18001职业健康安全管理体系认证，ISO22000食品安全管理体系认证以及ISO17025实验室管理体系认证等，为公司建立了完善的产品质量、环境以及职业健康等相关的全套的管理体系，从产品研发、生产、检验的每个环节严格执行相关标准，在关注产品质量和食品安全的前提下，积极履行社会责任，保护职工健康和环境安全，是同行业标杆企业。公司以质量为首，以客户满意为目标，坚持以“市场为导向、以客户为中心”的发展理念，坚持“科学技术是第一生产力”的理念，加强企业的研发能力，提升产品质量和市场竞争力。

公司从采购、生产、物流、仓储、检测、销售等各环节加强食品安全管理，制定了《食用植物油产业链风险大纲》，通过分析每个环节的质量安全风险，明确质量安全管控重点，做到全年食品安全零事故。公司建立了完善的产品质量追溯体系，2018年自主设计开发了产品质量追溯电子系统，实现从源头到产品终端的全过程可追溯，保障食品安全。公司注重源头供应商管理，对供应商分级分类管理，并定期组织供应商现场审核，从源头消除食品安全隐患。公司制度严于国标的企业标准，对进货原辅料批批检验，实验室通过了CNAS体系认证，保证检查结果的准确性。

目前共有2个大豆榨油厂，产量分别为一厂1 850t/天、二厂4 000t/天，榨油规模居全国前列。主要加工大豆，主要产品为豆粕、毛豆油。主要工序有：大豆除杂系统、大豆热脱皮破碎系统、轧胚膨化系统、浸出湿粕烘干系统、混合油蒸发系统、溶剂回收系统。全套引进瑞士布勒和美国皇冠公司的先进设备和工艺，其中大豆预处理加热二次脱皮属于国际先进工艺，可生产高蛋白豆粕，满足各类客户的需求。大豆加热器采用气动阀实现自动化控制，精确控制蒸汽量，精准控制大豆加热效果。豆粕水分调节用流量计精确控制加水量，豆皮绞龙转速通过变频器精准控制，并加装豆皮连锁控制系统，通过变频器频率的高低精确控制豆皮的添加量，精准控制豆粕粗蛋白含量，提高豆粕合格率。车间生产线上安装在线近红外检测仪，在线数据直接连线到控制室，实时反馈豆粕质量指标，实现了豆粕质量的全程自动化控制，提高了豆粕产品的一次合格率。所产豆粕富含多种氨基酸，蛋白溶解度在80%～83%，尿素酶活性0.05～0.10U/g，有利于牲畜吸收，在不额外加入动物性蛋白的情况下，仅豆粕中所含有的氨基酸就足以满足家禽和家畜的营养需求。

河 南 省

河南白云牧港生物科技有限公司

河南白云牧港生物科技有限公司成立于2003年，是一家集中兽药、饲料添加剂、中药+预混料、中药发酵等研发、生产、销售、服务于一体的股份制高新技术企业。

集团拥有专业的研发团队和一流的销售服务团队，员工300余人，其中教授2名、博士2名、研究员2名、硕士8名，在职员工30%以上为本科毕业。与此同时，加强与中国农业科学院、生物饲料开发国家工程研究中心等科研单位以及湖南农业大学、河南农业大学等全国多所高等院校的合作，壮大研发队伍。截至目前，公司荣获“高新技术企业”“中兽药动态提取工程技术研究中心”“兽医学博士后科研流动站”“河南省科技型企业”“文明诚信企业”等多项荣誉，在中药提取、除杂等方面，获得国家8项实用新型专利证书。

集团建设有极具规模的中药材深加工基地，全面通过农业农村部GMP验收，拥有专业的研发质检中心、采购中心、中药提取车间、中药+预混料生产工厂、固体制剂车间、液体制剂车间、中药原材料库、成品库等，整个生产车间全部通过管道运输实现了全线自动化。生产、消毒、罐装、封口等关键程序均达到了万级洁净标准。

集团发展期间，结合一流研发、专业设备研制出一系列中兽药产品，如归解素、肌缘严、料加宝、清热开胃宝等产品，广泛应用在猪、鸡、牛羊等各个领域并受到了广大养殖户的认可。其中，“诸福佳强壮中国猪”产品广告已连续4年在央视七套黄金时段播出，深受市场好评！

17年间，白云牧港牢记誓言：“我们是农民的儿子，坚决不做欺骗农民的事情，做良心药、放心药！”。捍卫食品安全从源头做起，白云牧港助力畜牧业健康、绿色、可持续发展，励志让无抗绿色肉走进千家万户！

河南普爱饲料股份有限公司

普爱集团创建于2000年8月，公司总部位于河南省周口市商水县，现有员工1 000多人，是一家专业从事高端饲料和养殖技术研发与生产的现代化农牧企业。2014年，普爱与丹麦DLG、IFU和Vilofoss合资合作，将世界领先的农牧业发展理念、精湛的动物营养技术、科学的管理体系、优良的基因品种引进中国，建立符合中国养殖业高效发展的新模式，以帮助养殖户获得更大价值。

普爱现拥有5个研发中心及多家大型生产基地，所有产品均已通过ISO 9001国际质量管理体系及ISO 22000国际食品安全管理体系认证，业务范围遍及全国。曾连续8年被省政府评为“国家农业产业化国家重点龙头企业”和“河南省高新技术企业”，并先后荣获“饲料行业科技创新先进企业”“国家级农业产业化重点优秀龙头企业”“A级纳税信用企业”等多项荣誉。

普爱秉承“爱心永在，普济民生”的企业理念，坚持“普爱只做好饲料”的经营方针，努力打造“业界最受尊敬的企业”。普爱依托丹麦DLG集团雄厚的研发和技术服务支持，运用欧洲最新动物营养体系，结合中国养殖现状，致力于满足不断发展的生猪、家禽和反刍动物等产业的需求，提供更优成本的营养与管理方案，为客户创造更大价值。

普爱产业涵盖饲料生产与销售、原料贸易、动保产品及生猪养殖四大板块。饲料生产与销售业务遍及全国30余个省份，主营猪全价浓缩预混合饲料，家禽和反刍动物的预混合饲料。集团在上海设立了绿臣国际贸易公司，主要进口丹麦鱼粉，DLG动保产品及美国矿物质维生素等。2016年，公司开始发展生猪养殖板块，在商水县张明乡建设1 200头丹系种猪场。

河南雄峰科技股份有限公司

河南雄峰科技股份有限公司是中国第一家专业从事猪用预混料生产和养猪技术服务的企业。创业伊始，创始人许锐及其团队发现国内大量中小规模和家庭农场由于缺乏系统、科学的猪场经营管理理念、方法、工具，造成生产效率低，养殖效果差，从此，公司以“健康猪业、大利天下”为使命，创建“猪场管家”为核心的技术服务模式，努力提高中国养猪企业和从业者的经营管理能力，至今，先后为成千上万家养猪企业提供管家式技术服务，以“专注、专业”的精神持续为客户创造价值。

公司创建和不断完善以提升猪场效率的“五星猪场管家”认证体系，涵盖猪场五大板块、100项操作要求。帮助客户做好五大板块的工作：“以生产指标为导向、以流程管理抓关键、以现场执行看效果、关注从入口到餐桌、关注人的激情成长”，同时将生产绩效提高方案嵌入认证体系，依照认证体系纠正薄弱环节，推动更多的猪场获得更好收益。通过“五星猪场管家”认证体系，雄峰猪场管家驻场团队每月跟踪改善，保证生产成绩逐年稳定或提升。关键流程为猪场预防疫情提前防范，服务的猪场PSY最高达28头。在行业升级和变革的风口，雄峰人不忘初心，“企业以服务为本，员工靠服务立业”，做时代英雄，攀事业高峰！

湖 北 省

武汉正大有限公司

武汉正大有限公司是武汉市政府引进的十大重点外资项目之一，是1993年1月28日由武汉农业集团有限公司所属武汉市畜牧发展公司与正大（中国）投资有限公司合作兴办的大型现代化农牧企业，主要从事生产和购销猪饲料、鸡饲料、鸭饲料等各种饲料和饲料添加剂并进行产品售前宣传和售后服务。公司先后荣获武汉市优秀外商投资企业、履行社会责任先进单位、湖北省外商投资百强企业、武汉市农业产业化重点龙头企业、全省饲料工业“先进单位”等荣誉称号，并继续当选省、市饲料协会副会长单位，武汉外商投资企业副会长单位。

为配合武汉市光谷地铁配套建设，武汉正大有限公司于2018年1月17日落户阳逻，创造了新洲速度（当年动工、当年建成、当年投产、当年纳税）。阳逻厂总投资3亿元，占地100亩，现有员工300人，年设计产能30万t。

2019年武汉正大完成全年销量23.5万t，产值8.5亿元，实现利税3 000余万元。武汉新冠肺炎疫情期间，为保障武汉市及周边县、市2 000余个养殖户饲料供应，做好“菜篮子”供应。武汉正大克服重重困难，以不到40%的复工人员保障公司产品供给，实现月销售20 000t。在社会责任上，公司始终秉持着“利国、利民、利企业”的三利原则，积极为一线抗“役”工作者提供卫生防疫物资、食品物资等，先后捐赠资金和物资达到40余万元。

武汉正大有限公司2019年开厂暨满产，2020年公司将继续砥砺奋进创卓越产销量，为快速建成正大全产业链，为实现集团“做世界的厨房，人类能源的供应者”这一伟大目标而努力奋斗！

武汉国雄饲料科技有限公司

武汉国雄饲料科技有限公司隶属于新希望六和股份有限公司，是国家饲料质量安全管理规范示范企业，是华中地区大型水产饲料生产企业，是湖北生物发酵饲料引领者。目前公司主要生产和销售“鱼渔欢”“国雄”二大品牌水产饲料。公司一直坚持“不合格的原料不投入使用，不合格的过程产品不转序，不合格的成品不出厂”的质量管理原则，建立了产品质量永久追溯制，确保了产品质量的稳定，维护了养殖户的利益。2019年，公司设备技改升级总投资1 300万元，新安装了机械手码包、先进的膨化机、烘干机、天然气锅炉、全自动环保设备，提高产能，稳定质量。为了方便及服务用户，公司同时推出电商平台，网络直播，为广大养殖户提供先进的养殖模式及优质的技术服务，帮助养殖户走向富裕，促进水产养殖走资源节约和效益型发展之路。2019年公司产品及服务得到广大用户认可，产销量同比增长30%。2020年年初公司对设备进一步升级，投资380万元，新增自动套袋机、机械手、小料预混合机、膨胀器等设备，保障产品质量更稳定，同时后期公司准备安装自动拆跺机、自动卸货机械手等全自动控制设备，打造行业内全自动化饲料生产企业。

湖 南 省

湖南正虹科技发展股份有限公司

湖南正虹科技发展股份有限公司作为一家以研发、生产、销售饲料为主营业务，以饲料生产、畜禽养殖、肉食品加工、进出口贸易为四大业务板块的大型企业集团。公司于1986年创立，1997年上市（股票简称：正虹饲料，股票代码：000702），2001年更名，股票简称更名为正虹科技。公司是中国饲料行业第一家上市公司，被业界誉为“中国饲料第一股”，注册地为湖南省岳阳市屈原管理区。

2019年正虹集团实现换届，新一届董事会和经营班子制定了企业新的发展思路：全面贯彻新发展理念和高质量要求，始终坚持稳中求进总基调，以兴衰与共为理念，赢得发展机遇，以弘扬正念为导向，优化管理要素，以降本增效为抓手，扩展市场容量，围绕3年实现“2345+N”量利目标努奋斗。

同时，公司将继续紧紧围绕“不忘初心，牢记使命”这个主题，结合企业的生产经营实际，全方位地开展党建和意识形态建设工作，以党建促发展，以发展带党建，为企业生产和发展凝聚人心，充分发挥党组织的战斗堡垒作用和党员的先锋模范作用，肩负起一家上市“三农”企业的责任与义务。

湖南普菲克生物科技有限公司

湖南普菲克生物科技有限公司成立于2005年11月，总部设在湖南省长沙市。公司经过10余年的发展，已经成为一家集研发、生产、销售于一体的综合性集团公司，现拥有湖南中联生物技术有限公司、湖南省希母生物科技有限公司等5家控股子公司。在全国共有8个营销大区、30个省级直销分支机构、覆盖全国及东南亚部分地区经销网络的农牧产业链上游集团化企业。2019年实现销售收入2.45亿元。

湖南普菲克生物科技有限公司致力于饲料添加剂、功能性能量与蛋白原料、动物保健品等产品的开发、生产与销售，是应用现代生物技术进行生产研发的高新技术企业，拥有占地近70亩的研发生产综合工业园，位于长沙市开福区金霞经济开发区。目前拥有微生物发酵技术、油脂微囊化技术、精准营养技术、功能性添加剂技术等数个研发团队。研发中心拥有高级工程师2名，博士6名，硕士13名，研发助理12名，真正凝聚了一支高技术水平的研发团队。公司先后获得国家授权专利11项；目前正在申请的发明专利9项，实用新型专利10项。2019年企业技术中心被认定为长沙市企业技术中心，2019年公司车间被认定为湖南省智能制造示范车间。

普菲克的发展宗旨为“对生命负责，让世界更美好”，我们做到了动物更健康，食品更安全，环境更友好，资源更节约，并将持续前进，为我国饲料畜牧行业上游领域的发展，不断地做出更大的贡献。

广 东 省

广州巨元生化有限公司

广州巨元生化有限公司是一家创新型高新技术企业，多年来一直致力于类胡萝卜素产品的研发及生产。肇庆巨元生化有限公司和广东富元健康食品有限公司是广州巨元的全资子公司及中试与成果转化基地。2010年12月及2013年10月，广州巨元、肇庆巨元先后通过了“高新技术企业”认定，并于2019年12月均顺利通过了高企复审。广州巨元获授“2016全国饲料优秀创新企业”，肇庆巨元获授“2016广东省饲料百强企业”。共申请专利40项，已获得授权发明专利13项和实用新型专利14项。公司已通过并严格按照ISO22000、欧盟FAMI-QS5.0质量管理体系进行管理。

经过近20年的耕耘，目前，公司已规模生产斑蝥黄（天丽红®）、β-阿朴-8'-胡萝卜素酸乙酯（天丽黄®）、β-胡萝卜素（普维他®）、虾青素（天丽粉红®）、叶黄素系列（天丽金黄®、维他黄®）等5个品种的系列产品，成为全球类胡萝卜素产品的主要供应商之一。目前，产品除供应国内市场外，还大量出口欧洲、南美洲、亚洲、中东等多个国家和地区，在国际市场上具有一定的影响力。

公司将继续秉承“有创新才有发展”和“为顾客创造价值”的核心理念，以为顾客创造价值为核心，诚信守法，不断创新，确保产品质量安全，持续提供满足顾客要求和期望的产品和服务。

广东联鲲集团有限公司

广东联鲲集团有限公司（简称“联鲲集团”），是一家专业从事水产饲料预混料和添加剂、水产动保、特种原料等的研发、生产、销售以及为水产饲料企业提供整体解决方案的高科技服务型、国际化集团企业。

联鲲集团成立第1年，水产预混料销量便跃居行业第一，产品销往全国26个省份，并远销东南亚、南亚及南美等市场。目前集团多条业务线齐头并进，联牧蛋白单品动物蛋白销量全国第一。鱼来鱼旺水产动保产品已携手国内外多家知名集团企业。召师牧享线下会议、培训及线上知识分享如火如荼开展……凭借优异的产品及强大的服务力，先后荣获“中国水产行业推动企业”“中国水产推动成就企业”“中国产学研合作创新示范企业”等荣誉。

联鲲集团注重研发，拥有一支由100多位硕士和博士组成的技术研发团队，与国内外20所知名高校和科研院所建立长期深度的合作关系，并创新地和全球客户共建20多个联合研发基地。公司成员在国内外重要期刊上发表文章130多篇，申请专利48项，广东省高新技术产品认定45项，核心子公司广州市联鲲生物科技有限公司顺利通过“国家高新技术企业”认证，获得2项中国水产行业最高科技奖——中国水产学会范蠡科学技术奖，荣获“创业领军团队”专项支持。

联鲲集团专家团队深耕全球20多个主要水产养殖国家，既向全球水产行业提供优质的产品和领先的技术，也帮助他们积极出口优质的饲料原料和水产品到中国市场，实现了良好的双赢。此外，联鲲专家也多次应邀出席参加各类国际研讨会并做主题报告，向全球介绍中国水产的新发展。

联鲲——让世界水产聆听中国的声音！

中粮饲料华南大区

中粮集团有限公司（COFCO）是立足中国的国际一流粮食企业，是全球布局、全产业链的农业及粮油食品企业。中粮集团以“确保国家粮食安全，把中国人的饭碗牢牢端在自己手中”为己任，致力于打造具有全球竞争力的世界一流粮食企业，构建具有中粮特色的国有资本投资公司。中粮集团连续26年入围财富世界500强，名列榜单第134位，在入选榜单的全球粮食企业中位居首位。

中粮饲料华南大区是世界500强中粮集团成员企业，是集团全产业链的重要一环，是中粮集团发挥央企服务国家宏观调控、维护食品安全的重要组成。中粮饲料华南大区以中粮集团原料优势为依托，负责中粮饲料系列著名品牌——“五谷丰登”“高捷”系列猪、鸡、鸭、鱼、反刍动物及发酵料等在华南地区的生产和销售。大区目前拥有中粮饲料（佛山）有限公司、中粮饲料（茂名）有限公司和中粮饲料（成都）有限公司3家公司，产能90万t，以珠三角、粤西和成都为主体核心区域，市场覆盖广东、广西、海南、四川、重庆、云南、贵州等省份。

中粮饲料华南大区正结合中粮集团“全产业链”的企业发展战略，以顾客为关注焦点，凭借中粮集团的原料优势和专业技术团队，为客户提供优质的产品和服务，为农民增收致富做出应有的奉献。

海 南 省

海南西南红农牧科技有限公司

海南西南红农牧科技有限公司是西南农牧集团于2012年投资兴建的现代化生产企业，公司位于海南老城开发区南一环路。公司拥有一批饲料营养、畜牧兽医方面的专家和多年从事企业管理、饲料营销的专业人才。公司现有3条饲料生产线，年生产能力18万t，生产设备先进、生产工艺领先，采用了现代饲料工业膨化、熟化和后喷涂等新技术，使公司的产品质量可靠、稳定。公司主要生产和销售“西南红”品牌猪、鸡、鸭、鹅饲料。

西南农牧集团成立于1993年，是以饲料生产销售为主业，并涉及养殖、贸易等领域的国际化、现代化高新技术企业集团。集团旗下拥有1个省级工程技术研究中心、1个国际科技示范园、1个国家生猪核心育种场、2个院士工作站、3个实验基地和32家子公司（省内10家、省外18家、境外4家），其中饲料生产企业19家，养殖企业12家；第三方检测机构1家，现有员工2 000多名。2005年集团响应国家"走出去"的战略，率先走出国门，目前是云南省内唯一走出国门的农牧企业。

公司秉承"以人为本、以德从业、利益共享、追求卓越"的企业理念，愿与广大农牧业同仁携手合作，共创辉煌！

海南裕泰科技饲料有限公司

海南裕泰科技饲料有限公司是--家集饲料科研、生产销售、综合养殖为一体的大中型民营企业，崛起于中国美丽的海南岛，它积极投身于饲料行业的研发大潮中，为使我们饲料行业早日成为世界之强，贡献着自己的智慧、热忱与执着。

公司自1998年创办以来，在各级政府及有关部门的关心指导和支持下，一直坚持以"立足农业、面向农村，服务百姓、共同富裕"的双赢经营理念，利用企业的技术及人才优势，抓管理、促效益，经营规模日益扩大，取得了可喜的成绩。2002年11月被海南省政府评定为"海南省农业产业化重点龙头企业"，2002年12月被国家9个部委联合评定为"国家农业产业化重点龙头企业"，2003年被农业部评为"全国饲料行业先进企业"。

公司现拥有一套国内先进的5条饲料生产线，年加工各种畜禽、水产饲料30万t。公司生产的"誉泰"牌饲料，现已开发猪、鸡、鸭、鱼、鸽等五大系列配合饲料100多个品种。

公司现有员工190名，其中硕士生2名，本科生20名，大中专生56名，其他大部分为专业技术工人，技术人才雄厚。公司常年与华中农业大学、中山大学进行技术合作和人才培训，为裕泰的发展奠定了坚实的基础。

发展和做强是裕泰的事业，也是每个裕泰人的责任。为此，所有裕泰人正在不断学习，吸收国内外先进科学技术知识和卓越的管理经验，为饲料行业的明天，为裕泰的明天，也为自己的明天努力工作，集体共同奋斗。

儋州双胞胎饲料有限公司

双胞胎集团是一家集饲料研发、生产、销售与技术咨询为一体的大型饲料集团，总部设在江西省南昌市。集团荣获"中国名牌产品""国家免检产品""全国三十强饲料企业""国家农业产业化龙头企业"等诸多殊荣，并通过了ISO9001：2000质量管理体系和HACCP饲料安全管理体系认证，双胞胎乳猪料的生产与应用技术被授予象征着中国饲料行业的"奥斯卡金奖"，即"中国饲料重大科技进步与应用奖"。双胞胎集团目前在江西、广东、广西、湖南、海南、云南、四川、湖北、贵州、河南等地拥有100多家子公司。

儋州双胞胎饲料有限公司坐落于海南省儋州市王五镇海南畜产品加工园区，由双胞胎（集团）股份有限公司投资设立，注册资本300万元，是一家现代化的大型饲料生产企业，专业生产双胞胎系列品牌猪饲料和其他禽畜饲料等，目前设计年生产能力24万t，年产值10亿元。

儋州双胞胎饲料有限公司从2012年11月规划，公司按高质量、高标准的要求进行生产前筹建和设备安装工作，固定资产5 000余万元，引进目前国内先进的制粒成套设备。借助集团成功的子公司管理组织和质量管理体系进行科学管理，确保公司运作高效、产品高质。集团借助高科技人才优势，采用国际领先技术设计科学合理的配方，利用先进的生产和检测设备进行规模化生产。公司充分发挥双胞胎的品牌优势、人才优势和服务优势，全力开拓市场，服务于海南省畜牧养殖业，为海南省饲料工业发展和经济发展做出应有的贡献。

为确保产品质量，公司严格按照国家标准或高于国家标准要求，制定了公司原料、标签、包装和生产工艺的企业验收标准，配置了化验室检测设备，引进价值40余万元的丹麦进口近红外扫描仪，对原料和产成品有自主检验能力，同时对生产过程建立了规范的质量操作流程和关键控制点，设立现场品管岗位负责监督执行情况，建立健全的各种质量责任管理制度和质量控制体系，将质量视为双胞胎人的品格和自尊。

2018年年底非洲猪瘟肆虐，很多养户损失惨重，为了帮助养户快速恢复，集团与有资质的兽药生产企业合作，通过正规的渠道进购及销售动物保健药品给客户，帮助客户增强猪只的抵抗能力以及对养殖环境的消毒，让养殖户无后顾之忧，放心大胆地去养殖，快速补充生猪缺口市场，以保证我们的"菜篮子"。

重 庆 市

重庆汇光饲料有限公司

重庆汇光饲料有限公司（拟更名重庆汇光生物科技有限公司）成立于2014年，公司位于中国畜牧科技城重庆市荣昌高新区，是重庆市饲料工业协会常务副会长单位、西南大学动物科学学院教学科研实习基地、西南大学动物科学学院学生创新创业实践基地、重庆市畜牧科学院试验料生产基地。公司是一家集动物营养研究、饲料生产销售、养殖为一体的创新型高速成长农牧企业。公司技术力量雄厚，遵循“专注动物营养研究，倡导绿色健康养殖”的企业产品研发思路，发挥自身专业优势，与西南大学、中国农业大学、李德发院士工作站、江西农业大学、重庆市畜牧科学院、广东农业科学院等科研院所开展紧密技术交流与合作，目前公司已获得独创的有关发酵饲料、生物饲料、母猪高产饲料、无抗饲料等10余项国家发明专利。公司是西南地区最大的专业化猪场饲料供应商之一，是专业化高产母猪料制造商和母猪高产方案提供商。公司秉承好原料、好饲料、好效益的“三好”理念，服务于养殖行业。公司饲养种母猪1 000余头，作为公司产品研发测试和转换的试验基地。

公司主要业务围绕猪、反刍动物（牛、羊）、鸡、鸭、宠物（狗、猫）等饲料的研发、生产、销售，产品主销重庆、四川、云南、贵州、湖北、湖南、陕西、甘肃、宁夏等地区，其中猪用教槽料、乳猪保育料、母猪料、猪用浓缩料、牛羊料、种鸭料深得大型养殖场的认可。公司及产品在行业和客户心目中赢得了极好的口碑和信誉，已成为众多养殖场的首选品牌之一。

随着销售市场的开拓及公司多元化发展，为了满足更多客户的需要，公司投资3 000余万元新建年产15万t自动化、智能化生物发酵饲料工厂，热诚欢迎各界朋友洽谈合作，欢迎有志之士加盟，共同创造更加美好的汇光生物！

重庆凡特施特生物科技有限公司

重庆凡特施特生物科技有限公司，位于重庆市永川区，公司总部位于北京市海淀区永丰科技园，总公司于2003年开始专注于微量元素的生产、研发和销售，意在为行业提供优质的有别于同类的产品，公司主要生产大比表面积健乐保·氧化锌、硫酸锌、硫酸锰、缓释微孔氧化锌——锌语、复合微量元素等，生产基地分布于北京、重庆、江西、广西等地。随着公司和社会的不断发展进步，为了青山绿水，为了减量减排，公司产品全面升级换代，通过特殊的工艺，使其降低添加量提高利用率，达到减量不减效，从而减少了畜禽从粪便中排除的微量元素残留，减少了对环境的污染。

新同连饲料生产公司

专注饲料20年，铸就同连好饲料。同连人在20年前从研发生产浓缩饲料开始起步，专注饲料行业，从事研发、投资、采购、生产、产品推广应用，发展成为规模化、专业化、经济实力雄厚的同连生物科技集团。

集团总部研发中心：公司依托西南大学的先进技术优势，应用国内外科研新的成果，依靠以动物营养学博士为核心的高新技术人才。

新同连饲料生产公司位于重庆市江津区德感工业园区绿色食品产业园内，占地40余亩，拥有猪、禽、反刍动物等饲料自动化生产线3条，年生产能力达10万t以上；厂区内建有完善的配套设施，设有办公区、研发中心、员工生活区、客户接待区等功能区，拥有完备的检测设备。二期小肽益生菌生产车间建设已近尾声，2020年将投入市场。公司已陆续研发出乳猪教槽料、畜禽系列全价配合饲料、猪浓缩饲料、反刍动物精料补充料等20余个产品。生产的“同连牌”系列浓缩饲料及蛋鸡E系列配合饲料，“大象”牌猪、牛、羊、兔系列全价配合饲料和“富四方”专供大中型养殖场系列，配方科学、工艺先进，品质优异、质量稳定。公司还拥有一批专业化的技术服务团队，为客户提供更及时、专业、贴心的服务。产品主要销往重庆、四川、贵州、云南、湖北和广州等地，市场占有量在西南地区同类饲料产品中位居前列。经营战略稳中求发展，发展中求创新，始终坚持以高质量发展为导向，推动企业做大做强，为员工创建更多的发展平台。

不忘初心，砥砺奋进。同连董事长带领全体同连人，牢记遵循“生产一流饲料产品，为养殖行业保驾护航，保障人类健康”的企业使命，践行“勤劳、好学、感恩、共赢”的核心价值理念，打造培育一支专长发挥、活力创新、创值奉献的得力团队。

四 川 省

成都三旺农牧股份有限公司

成都三旺农牧股份有限公司始建于1990年，地处四川省成都市新津县工业园区，占地面积70余亩，以成都三旺农牧股份有限公司作为母公司，在全国范围内设立了15个全资子公司，饲料年生产能力达215万t。

成都三旺农牧股份有限公司注册资本9 321.7万元。“用户满意，才算合格”是公司的经营宗旨。公司通过了ISO9001质量管理体系认证和ISO22000食品安全管理体系认证。公司拥有实用新型专利16项，发明专利2项。公司生产的配合饲料、浓缩饲料、精料补充料和添加剂预混合饲料产品以其优良的品质，受到养殖户的青睐和高度认可，在行业中享有较高的美誉度。

近年来，公司获得了一系列荣誉：2010年公司被评为四川省农业产业化重点龙头企业，2012年被评定为国家级高新技术企业，2012—2015 年被评为国家级“守合同重信用企业”，2013 年公司技术中心被认定为成都市企业技术中心，2014 年公司的三旺牌鱼配合饲料获得了“四川名牌”产品称号，2015 年起，连年被列入四川省地方名优产品推荐目录；2016 年 12 月，被中国饲料工业协会评为“2016 全国三十强饲料企业”；2017 年 10 月，被四川省饲料工业协会评为“四川十强饲料企业”；2019 年 11 月，被四川省饲料工业协会评为“四川省饲料行业十大质量标杆企业”。

四川正鹏农牧科技有限公司

四川正鹏农牧科技有限公司创建于 2014 年 1 月，是由正邦集团和具有多年农牧行业经营管理经验的任鹏先生合资组建成立的大型现代化农牧企业。公司位于四川省德阳市罗江经济开发区金山工业园（省级经济开发区），总投资 5 000 万元，占地面积 50 余亩，现有员工队伍 120 余人，其中研究生学历 5 人，本科及本科以上学历员工占 40%以上。

公司选用最先进的成套生产设备，建有 2 条现代化饲料生产线，总产量达 30 万 t/年。公司本着“品质领先、全程服务、精英团队”的经营理念，以创“高品质饲料首选品牌”为战略目标。借助集团技术和采购优势，为广大规模养殖场提供优质高效安全的产品和全方位的技术服务，目前公司产品已覆盖德阳、绵阳、成都、眉山、雅安、西昌、广元、南充、内江、重庆等全省各地，并赢得了良好的市场口碑，成为规模养殖场的首选品牌。

精英团队

公司拥有一支年轻化、专业化的高素质营销精英团队，以“为客户创造价值”为使命，我们永不满足、永远向前，积极探索营销新模式，创新营销新战法。做行业一流营销标杆团队！

品质领先

1. 采用国内最先进的成套生产设备，核心设备制粒机使用进口 CPM 制粒机，充分保障了产品品质。

2. 公司依托正邦集团院士工作站和公司技术专家多年从事配方技术积累的经验，依靠集团原料采购优势，从而保障了产品优质高效、稳当安全。

3. 先进的检测设备和高素质的检、化验人员。

贵 州 省

贵州川恒化工股份有限公司

贵州川恒化工股份有限公司（以下简称“川恒股份”）成立于 2002 年 11 月，位于贵州省黔南苗族布依族自治州福泉市，注册资本 4 亿元，占地 800 余亩，员工 900 余人，是一家专业从事磷矿开发和磷资源精深加工的民营企业，贵州省百强企业。经过 10 多年的发展，公司已经形成矿山开采、磷酸盐产品生产、磷化工技术创新、伴生资源开发利用、磷石膏建筑材料、磷营养技术服务、产品销售为一体的磷化工循环经济产业群。2017 年 8 月，公司在深圳证券交易所上市（股票名称：川恒股份，股票代码：002895）。

川恒股份有 5 家全资子公司，另控股 3 家公司和参股 5 家公司，年销售收入 13 亿元以上，利税近 2 亿元，是我国重点生产饲料级磷酸盐的大型饲料添加剂生产企业。公司先后被授予“全国模范职工之家”“全国就业与社会保障先进民营企业”等称号，获得“贵州省守合同重信用企业”“贵州省外来投资优秀企业”“贵州省诚信示范企业”“黔南州优秀民营企业”“贵州省十佳民营企业”“中国磷化工行业十强”“贵州省绿色发展 50 强”等百余项荣誉。

川恒依托区域丰富优质的磷矿资源，经过 10 余年的发展，已经形成饲料级磷酸盐、肥料级磷酸盐、工业级磷酸盐、食品级磷酸盐四大系列 10 余个产品，产能总规模已达到 45 万 t/年。川恒股份主要产品为“小太子”牌饲料级磷酸二氢钙和“川恒”牌磷酸一铵。“小太子”牌饲料级磷酸二氢钙产能规模为 40 万 t/年，其生产过程符合 ISO9001：2015 质量管理体系标准，并已通过 FAMI—QS 认证（欧洲饲料添加剂和预混合饲料质量体系），GMP+（饲料生产行业产品质量与安全保障体系）认证。“小太子”牌饲料级磷酸二氢钙是“贵州省著名商标”“贵州省名牌产品”，连续 14 年保持中国市场近 40%的占有率；同时，该品牌在亚太、欧美地区同样具有较高的市场占有率和知名度，是非常有影响力的一个品牌。“川恒”牌磷酸一铵，2011 年开始投入市场，该产品持续 8 年保持国内 ABC 干粉灭火剂用磷酸一铵市场占有率第一。

川恒股份重视技术创新，公司为国家火炬计划重点高新技术企业，并建有省级企业技术中心、企业工程技术研究院（专门致力于磷化工及相关技术的系统创新研究）。截止到 2019 年 12 月 31 日，川恒股份已累计申报专利 82 件，取得授权专利 58 件，并先后荣获国家科技支撑计划承担单位、贵州省优秀专利单位、贵州省科技进步奖二等奖等多项省级以上技术创新奖项。核心技术“半水湿法磷酸技术”“半水磷石膏充填矿井技术”，填补国内空白，达国际先进水平，代表着国内湿法磷酸生产的最高水平；“半水磷石膏改性胶凝材料及充填技术”研究成果达到国际领先水平。川恒股份还与国内一流院校合作，成立中国磷营养研究中心，开展动物、植物的磷营养研究，创新磷元素的科学应用方法，探索磷元素的重要新功效。

未来，川恒股份将继续坚持以循环经济为中心，走多资源综合开发利用的清洁生产工业路线，以高性能饲料磷酸盐和新型肥料为主体，商品磷酸及精细磷酸盐为辅助，副产品开发及新型建筑材料为补充，建设一个清洁、高效、可持续的磷化工产业集群。

黔东南新希望农牧科技有限公司

一、企业简介

黔东南新希望农牧科技有限公司是新希望六和股份有限公司（股票代码：000876）在凯里开发区兴建的独资企业，于2012年12月19日正式建成投产，首期投资为5 000万元，占地30余亩，紧邻320国道和凯麻高速公路，距凯里市城区20公里，距凯里西高速公路出口5公里，地理位置优越，交通十分便利。

公司环境优雅，设备一流，拥有国内一流的饲料生产设备以及先进的生产工艺，全过程采用电脑自动控制和防错纠错系统，具备年产20万t优质畜、禽、鱼饲料生产能力。公司主要生产“国雄”“青印迹”两大生物环保饲料品牌，猪、鸡、鸭、鱼四大系列饲料，具有适口性好、优肠道、高成活、省用药、强免疫、低排放、高转化等特点，饲养对象生长迅速、肉质细嫩，是广大养殖户致富的好帮手。

公司严格按照农业农村部《饲料质量安全管理规范》的标准来严格生产，以“打造世界级农牧食品企业领导者”为愿景，以“为耕者谋利、为食者造福”为使命，以“客户至上、挑战自我、奋斗者为本”为核心价值观，着重发挥农业产业化重点龙头企业的辐射与带动效应。

2019年公司投资200余万元建设非洲猪瘟防控系统，主要建设车辆洗消中心、雾化熏蒸消毒室、人员通道消毒室、车间设备改造、工艺调整、生产生活区隔离等一系列防控设施建设，为广大养殖户生物安全保驾护航。

二、企业荣誉

1. 公司是贵州省饲料行业十强企业。

2. 贵州民营企业100强。

3. 黔东南苗族侗族自治州农业产业化重点龙头企业。

4. 黔东南苗族侗族自治州安全生产标准化三级企业。

5. 公司于2016年先后通过贵州省农委和农业部饲料质量安全管理规范示范企业验收，是贵州省首批获得该项荣誉的企业。

三、2019年企业成效

公司2019年销量累计达到8万t，年均产值达2.2亿多元，累计销售收入为2.3亿多元，纳税200余万元；销售、服务网络覆盖到了贵州省的100多个区、县、市及上千个乡镇，生猪养殖采取公司＋家庭农场年出栏达20万头，为贵州省排名前列的优秀企业。

2019年在全省累计开展农民培训52场，累计参会人数35 286人，帮助358户农民累计增收2 000万余元。

云 南 省

大理安佑生物科技有限公司

大理安佑生物科技有限公司是安佑集团旗下全资子公司之一，是一家集饲料生产、销售、养殖技术咨询服务为一体的大型饲料企业。注册资金2 000万元。主要产品有猪用教槽全价料、保育全价料、育肥全价料、种猪全价料系列和浓缩料、预混料、禽料系列。产品畅销全省各地，深受广大养殖户好评，是广大养殖户公认的名牌产品。

公司位于大理市祥云县财富工业园区。自2017年3月成立至今，累计投入9 000万元新建的饲料生产线，目前已竣工并投入生产，总占地面积约31亩，厂房面积近10 000m^2，年产能达24万t，产值近10亿元。

大理安佑肩负“科技安佑、幸福中国、低碳地球”的安佑使命，秉承“品质、科技、服务——永远争先”的经营宗旨。公司生产加工工艺现代化、智能化，采用布勒的成套自动化生产设备，配料精确度高、效率高，特别增加色选设备，对霉变原料进行挑选，最大限度地确保生产出高质量的饲料产品。

从2019年10月20日至12月31日，公司累计销量达13 200t，销售额达9 000多万元。预计2020年全年销售收入可达3亿元，迅速发展成为行业标杆企业。

昆明特驱饲料有限公司

昆明特驱饲料有限公司隶属华西希望特驱集团投资有限公司，成立于2013年10月24日，位于昆明市宜良县北古城镇饲料工业园区。公司占地总面积30余亩，总投资1.9亿元，是一家专业生产、销售畜禽饲料的现代化大型饲料企业，现拥有动物营养、畜牧兽医、饲料加工各类型专业人才数名，占员工比例40%以上。生产的产品类别主要涵盖配合饲料和浓缩饲料两大类别，产品系列主要以畜禽配合饲料和猪浓缩饲料为主。依托特驱集团一流的研发平台和高素质的专家团队，研制、生产、销售“特驱”“生搏”“特驱三康”“普华”品牌奶猪、乳猪、仔猪、生长猪、肥育猪、鸡、鸭等系列优质饲料。

公司已兴建两条配合饲料、浓缩饲料生产线，生产线拥有计算机自动化控制配料系统、批混合量1 000kg 的单轴双浆叶高效混合机 2 台，年设计生产能力 18 万 t，并具有与生产能力相匹配的仓储设施。

昆明特驱饲料有限公司依托特驱集团技术质管体系实施平台，按 ISO9001 质量管理体系要求建立了本企业的质量控制体系。从原料进厂到产品出厂整个产品生产过程中，能确保影响产品质量的人、机、料、法、环、测六大因素处于受控状态，生产出符合产品标准要求的安全卫生、优质高效的饲料产品。

昆明正阳饲料有限公司

昆明正阳饲料有限公司成立于 2000 年 4 月，注册资本 1 000 万元，占地面积 16 650m^2，坐落于昆明市官渡区阿拉乡阿拉村，是一家专业化猪料及生物发酵产品研发、生产、销售的国家级高新技术企业，年生产能力 18 万 t。

公司依托“双优采食、全肠康、优活免疫”三位一体的技术核心，专注研发专业化、差异化的特色产品，为养猪业提供最优成本的全局健康营养方案，实现健康、安全、低碳、高效养殖！

公司遵循“细节求胜、食饲同源”的品控理念，优选高于行业标准的安全原料，按动物食品的标准加工饲料，每道加工工序都能体现原料营养的最大价值，创造加工技术制胜的空间，实现饲料与食品的质量等同性，为饲料养殖业提供优质的饲料产品与养殖空间。

公司在各级政府的领导与支持下，在饲料行业各位专家的关心与帮助下，通过了 ISO9001 质量管理体系认证与饲料质量安全管理规范示范企业的验收。公司在科技创新、技术改造和规范管理方面取得了很好的成效，已先后获得云南省省级成长型中小企业、云南省创新型试点企业、高新技术企业、市级重点龙头企业等荣誉称号。

公司坚持“匠心独运、与众不同”的战略方针，弘扬“正行、协作、精进”的企业精神，秉承“专业至上、品质为先”的经营理念，坚定“共创、共荣、共享、共赢”的核心价值观，尽心竭力、持续创新，与正阳伙伴同心前行！

云南禾丰饲料有限公司

云南禾丰饲料有限公司成立于 2015 年 5 月，是禾丰牧业面向东南亚地区布局而成立的第 129 家核心企业，公司自成立以来，始终奉行“诚信、责任、共赢”的企业精神，在上级领导下取得了显著的成绩，赢得了云贵川各地养殖户的信任。2018 年 12 月 18 日，公司与具有 20 多年历史坐落于昆明市晋宁区宝峰镇工业园区的昆明市金广卫饲料加工有限公司合作，成为云南地区年产 24 万 t 的集饲料研发、生产、销售和服务为一体的现代化饲料生产企业。

公司现平仓原料库面积为 4 800m^2，另有 3 个筒仓，每个筒仓容量为 1 200t，综合储存能力为7 200t；工厂车间拥有 3 台领先品牌粉碎机，综合粉碎效率达 30t/h，能同时满足多种不同粉碎粒度的生产需求；两台制粒系统综合产能达 24t/h，制粒机前段采用双层调制器后再经过保质器，调制时间、糊化度、灭菌效果都得以有效控制，颗粒质量得到充分保障；四条打包系统全部采用智能双斗打包秤，并配备进口机械手，综合打包效率达 36t/h。

禾丰人始终坚持知识就是力量、团结就是力量，愿时刻倾听客户的需求并全力以赴，努力实现与所有合作伙伴共赢的经营目标，致力于打造饲料市场第一品牌。

云南胜威化工有限公司

云南胜威化工有限公司（原云南铜业胜威化工有限公司），位于云南省昆明市海口镇桃树箐，依托海口本地及滇池周边的磷矿资源，和云南铜业集团的副产硫酸资源，建立硫磷配套产业，形成了“资源综合利用、发展循环经济”的有效发展模式。2005 年公司成立之初产能仅有每年 3 000t 磷酸氢钙产量，成立 14 年以来，年均增长率为 20%以上，现已达年产 53 万 t 饲料级磷酸氢钙，19 万 t 肥料级磷酸氢钙，能力居同行业前列，市场占有率约为 20%，在职员工 700 余人，年产值 14 亿元以上。

公司推出的“胜威”牌磷酸氢钙系列产品，销售到广东、山东、江苏、江西等 20 多个省份，国外销售到澳大利亚、韩国、新加坡、孟加拉国、菲律宾、缅甸、老挝等 20 多个国家。

公司不断带领员工持续改革和创新，自主研发，在技术与工艺上精益求精，获得节能型饲料级磷酸氢钙半成品干燥设备、带防堵装置高效浓密机、硫酸法钛白粉废酸选磷矿的方法等 20 余项发明及实用新型专利。公司先后荣获云南省高新技术企业、云南省民营企业 100 强、云南省成长型中小企业、昆明市工业百强企业、中国 AAA 级信用企业等 60 余项荣誉。

陕 西 省

宝鸡博迪生物科技有限责任公司

宝鸡博迪生物科技有限责任公司是2007年6月经农业部验收通过的专业研发、生产绿色高效饲料添加剂的高新技术企业。公司以西北农林科技大学、浙江大学生物活性物质研究中心等科研单位专家教授为技术依托，研发生产"肠泰系列、鑫博迪系列"等饲料添加剂微生物。以"发展绿色产业，服务人类健康"为己任，采用先进的生物发酵技术，优化当前产品工艺，成功建成"饲料添加剂微生物"及"混合型饲料添加剂微生物"两条生产线，并申请发明专利、外观设计专利、实用技术专利8项。将中草药提取物与有益微生物合理结合，改善动物肠道环境，增强肠道吸收功能，提高动物生产性能，增强动物机体免疫功能，减少动物疾病，降低药物投资，使养殖户投入产出比达1：10，效益倍增，深得养殖户喜爱。

公司被授予"陕西省重合同守信用企业""陕西省质量明星企业""消费者信得过企业""陕西省民营科技企业"等荣誉称号。2018年7月至2019年5月，参与陕西省饲料工作总站高活性微生物饲料添加剂研究应用与推广项目小试及扩大试验。2019年8月20日至12月4日配合陕西省饲料工作总站成功举办高活性微生物饲料添加剂研究应用与推广项目集中推广应用启动培训会5场，共推广高活性微生物饲料添加剂产品货值67万元，进行相关补贴8万余元，会上邀请专家讲授无抗养殖知识和技巧，积极出台优惠政策，让参会养殖户享受实惠，受到大家普遍称赞，取得良好的社会效益。2019年公司生产各类饲料添加剂600t，产值2 000万元。

陕西杨凌富仕特生物科技有限公司

2014年整合陕西杨凌富仕特农业发展有限公司、陕西农丰生物工程有限公司、杨凌志邦中医药工程有限公司，投资逾亿元成立陕西杨凌富仕特生物科技有限公司，努力打造生物发酵饲料第一品牌。

公司总占地面积40万m^2，专业从事生物发酵和生物型复合预混料的研发、推广。2016年，公司新建年产2万t生物发酵饲料生产线和高档畜禽预混料生产线，其中生物发酵生产线发酵设备及辅助设施预计总投资6 500万元，具有全自动控制、低温干燥等特点，产品质量稳定，自动化程度高，生产工艺先进，固体发酵工艺处于国内领先水平。

公司立足科技领先战略，充分发挥技术优势和区位优势，与中国农业大学、西北农林科技大学、青海大学等多所高校和科研院所展开密切合作。采用校企联合研发，合作开发，科研成果转化，产学研相结合等多种合作方式，紧密结合市场需求，聚焦行业尖端技术和动物健康高效养殖模式、食品安全、无抗养殖解决方案等行业热点问题进行针对性研发，取得了丰硕的研发成果。"多乳白金""反刍先锋""速长白金""活菌宝"等多项产品获得国家发明专利。"青藏牛羊健康高效养殖模式""蛋鸡健康高效养殖模式""反刍三宝"已为千万养殖户带来显著的经济效益。

2019年公司生产生物饲料1.24万t，实现产值5 000万元。

宝鸡阜丰生物科技有限公司

宝鸡阜丰生物科技有限公司成立于2004年，是香港上市公司阜丰集团的全资子公司。主要从事生物发酵制品的研发、生产与销售，主产品是味精、单一饲料、肥料。

公司在产品质量安全管理方面，注重从源头到终产品每一个环节的质量管控，配备了专业性较强的原料及产品检验队伍，配置了国外先进的检测仪器，实现了产品全项目的检测，并严格按照公司制定质量标准要求进行每一批次原材料、产品的质量检验，确保不合格原料不进厂、不合格的产品不出厂销售，让广大消费者买得放心、用得安心。

加强生产过程监控，公司建立健全了生产过程所有岗位的作业指导书，并遵照执行，包括工艺准则、重点区域监控。

公司建立了《标识和可追溯性控制程序》及《产品标识和可追溯性管理制度》，确保能够识别产品批次及生产线编号、包装日期与时间及操作人员的关系。通过标签、挂牌、记录、区域定置等标识的方式，以防止不同规格产品的错用。采用机器人自动码垛，确保了产品存放的安全规范。对库存产品，做到分区、分批存放，每班不定时进行检查，保证仓库内的安全防护措施到位。

2019年生产玉米蛋白粉等单一饲料产品4.4万t，产值2.9亿元，产品质量受到用户好评。

萨诺（杨凌）现代动物营养有限公司

2011年6月德国萨诺集团在杨凌建立中国的第一家全资生产基地——萨诺（杨凌）现代动物营养有限公司。秉承德国式的严谨，萨诺产品的生产完全由计算机控制的自动化生产设备来实现监控，并实时反馈到德国总部，精细的数据化管理，保证了产品的统一稳定性。

公司采用全球领先的饲料行业生产、管理等技术手段，原料接收和生产配料采用风送系统，清洁生产的同时保证原料接收和生产输送的高效率；每个配料仓都单独设立原料进出口和风送管网，可有效避免残留物及交叉污染；全自动小料配料系统配备高精度传感器，可实现所有微量添加成分的自动配料，精度可达1g。公司利用全球采购网络，在全世界范围内筛选优质的原料。从原料采购的质量安全，再到产品的生产、运输和使用，萨诺的检验标准高于国家和行业的要求。

公司通过多元化的服务，有针对性地为客户制定个性化的营养饲喂方案，并通过不断改善动物的健康和生产性能，来优化客户的长期生产效益。2019 年公司饲料产量 2.49 万 t，实现产值 11 850 万元。

甘 肃 省

临夏州小康村饲料有限责任公司

临夏州小康村饲料有限责任公司位于甘肃省临夏回族自治州临夏县北塬农业经济开发区，是按照股份制形式，筹资 2 000 多万元，于 2006 年兴建的一家集饲料研发、加工、生产、销售、技术服务于一体的专业饲料生产企业。公司占地面积 28 亩，现有职工 50 多人，其中解决当地贫困农民 24 人就业。常年生产销售猪、鸡、牛、羊四大系列各阶段的配合料、浓缩料、精料补充料等 30 多个品种，年设计生产能力达 12 万 t，产品除满足当地市场外，还远销兰州、武威、张掖、白银、定西及青海省等地。公司于 2010 年 6 月被农行临夏县支行评定为“A＋”级信用企业，是甘肃省农业产业化重点龙头企业。公司通过延伸产业链进一步提升发展竞争力，现已流转土地 400 多亩，饲养蛋鸡、肉鸡、猪，常年存栏蛋鸡 50 万只，年出栏肉鸡 200 万只，猪存栏近 1 万头，出栏 2 万头，现已成为省内名列前茅的一体化农牧公司。

公司自成立以来，始终坚持“科技为第一生产力”的发展原则，先后引进了巴斯夫、帝斯曼、蜀星、兴嘉、新华扬、溢多利等国际国内知名公司的核心产品和技术，使公司的产品定位、科技含量及知名度大大提升，为公司的进一步发展奠定了坚实的技术保障。

公司每年可消化利用当地及周边地区生产的玉米及农副产品 5 万多 t，同时通过带动养殖、种植、运输、商贸、轻工等相关产业的发展，直接或间接利用当地富余劳动力 1 000 多个，极大地带动了当地农村和农业经济的快速发展。

张掖市德华饲料有限公司

张掖市德华饲料有限公司隶属甘肃德华生物股份有限公司，成立于 2006 年 9 月 22 日，现总资产 3 200 余万元，占地 40 亩，员工 50 余人，地处张掖市东北郊工业园区敬候路，地理位置优越，交通便利。

张掖市德华饲料有限公司是一家集配合饲料、浓缩饲料、复合预混合饲料、膨化饲料生产及销售于一体的市级龙头企业，年产规模 15 万 t，是西北地区饲料生产加工工艺最先进的生产企业之一。

公司高度重视人力资源开发和企业文化建设，注重高新技术人才的引进和培养，现有一支优良的技术研发和经营管理团队，并借助周边地区在饲料原料方面的优势及良好的养殖环境，为广大的养殖户提供质量可靠、稳定的各种饲料产品和及时有效的技术服务，也为养殖业健康及可持续性发展提供了有力的保障。

近年来公司引进德国先进的近红外营养自动分析仪、原子吸收分光光度计、高效液相色谱仪等检测设备，依托德华生物技术研究院雄厚的专家智库和企业技术实力与世界著名科研院所和企业合作，为牧场提供快速精准的营养检测服务，在动物营养研究与无抗·科学养殖、生物安全建立等方面引领西北畜牧业健康发展。

甘肃元生农牧科技有限公司

甘肃元生农牧科技有限公司是一家集绿色种植、饲草加工、生态养殖、食品加工、肥料生产、沼气生产和尾菜处理为一体的综合型农牧企业。由公司研发的国内首创的拥有自主知识产权的羊全混合日粮，已获国家科技部创新基金支持，填补了国内市场空白；同时也成为省内唯一一家获得农业农村部饲料质量安全管理规范示范企业的本土企业。在全省率先引进绵羊品种——湖羊，并培育形成了“湖羊金昌肉用新品系”高繁母本绵羊；开展的尾菜规模化处理与综合利用项目，实现了尾菜处理“饲料化、肥料化和能源化”的综合处理；国内首家引进奶绵羊新品种——东佛里生，与高繁母本湖羊杂交利用，旨在培育形成我国自己的乳肉兼用奶绵羊新品种。公司现已申报各项国家专利 46 项，公司被评为国家高新技术企业、甘肃省农业产业化重点龙头企业、甘肃省非公有制经济组织先进基层党组织、甘肃省劳动和谐关系企业、甘肃省先进私营企业、甘肃省企业质量信用等级评价 AA 级企业、甘肃省农业发展银行 AA 级信用企业和金昌市光彩事业重点会员单位”，并顺利通过了 ISO9001 国际质量体系认证，产品已荣获“甘肃省名牌产品”荣誉称号、“元生”商标被认定为“甘肃省著名商标”，建成了行业一流的检测中心，创新已成为公司发展的新引擎。

目前，公司根据肉羊不同生理阶段和不同季节的营养需求，研制出了肉羊浓缩饲料、精料补充料和全混合日粮三大系列、八大阶段、24 个品种，包括育肥羊料、母羊妊娠前后期料、母羊哺乳期料、种公羊料和羔羊料等。

公司现已形成了“绿色种植—饲草加工—生态养殖—食品加工—肥料生产—沼气生产—尾菜处理”为一体的工农业复合循环经济全产业链，实现了企业小循环、产业中循环、社会大循环“三环”紧密相连的循环经济产业格局，已成为甘肃省资源节约型、环境友好型循环农业示范企业。

宁夏回族自治区

宁夏正旺农科产业发展集团有限公司

宁夏正旺农科产业发展集团有限责任公司成立于1998年，是宁夏回族自治区饲料行业的“省级农业产业化重点龙头企业”。从事畜禽、反刍动物复合预混合饲料、浓缩饲料、配合饲料的研发、生产和销售，下辖两个生产厂区，拥有3条饲料生产线，饲料年生产能力20万t，产品有畜、禽复合添加剂预混合饲料、浓缩饲料、高档配合饲料精料补充料、高档活性生物饲料四大类系列100多个品种，销往宁夏、甘肃、内蒙古、陕西、青海等周边省份。2019年实现产量2.68万t，营业收入0.86亿元。

多年来，公司狠抓产品质量管理和标准化体系建设，先后实施ISO9001质量管理体系、ISO22000食品安全管理体系、ISO14001环境管理体系三体系建设，积极开展饲料质量安全管理规范示范企业创建工作，下辖子公司宁夏正旺生物科技股份有限公司反刍动物饲料生产项目被列为国家级饲料质量安全管理规范示范企业。

公司始终坚持“服务生态养殖，让生命更健康”的企业经营理念，紧紧围绕科技创新寻求企业发展，倾力服务绿色、健康、生态畜牧养殖业。承担实施各类国家科技项目和省级科技项目20多项，拥有专利23项。生产的系列饲料产品先后被评为“中国饲料行业信得过产品”“宁夏名牌产品”“消费者信得过产品”等多项殊荣。公司先后被评为“科技创新先进单位”“专精特新示范企业”和全区优秀非公有制企业等称号。

银川康地反刍动物营养科技有限公司

银川康地反刍动物营养科技有限公司是美国康地谷物公司建立的大型饲料生产企业，隶属于康地饲料（中国）集团。公司位于宁夏银川市永宁县工业园，成立于2005年，占地50亩，注册资本1 500万元，建有产能9万t的配合饲料、浓缩饲料和产能3万t的复合预混合饲料两条反刍动物饲料生产线，一条年产1万t独立的动物保健品生产线。产品向西北地区的养殖户提供高品质的配合饲料、精料补充饲料、浓缩饲料、复合预混合饲料等四大系列60多个产品。2019年实现产量1.7万t，营业收入0.88亿元。

公司本着一贯的经营理念，以引进世界先进技术和资源，始终以全新的产品和先进的管理理念，针对西北地区家禽、家畜、水产等行业发展的特点，不断创新和完善，以雄厚的技术，精益求精的工作态度，生产出高品质的产品，使公司的声誉和品牌始终站在行业的最前列，并带动、促进了整个饲料行业的发展和进步。

公司已通过了质量管理体系认证和食品安全管理体系认证，并严格按照体系要求进行管理，康地集团获得了“中国驰名商标”荣誉称号，是业界内值得信赖的品牌。

新疆生产建设兵团

乌鲁木齐正大畜牧有限公司

乌鲁木齐正大畜牧有限公司是新疆生产建设兵团与泰国正大集团合作兴办的大型现代化高科技农牧企业。公司兴建于1992年，位于乌鲁木齐西郊乌昌大道28公里处五一农场。公司实行董事会领导下的总经理负责制，下设阿克苏分公司。公司业务以饲料生产为主，设备年生产能力已达30万t，截止到2019年年底公司累计投资1.2亿元，累计生产销售优质饲料1 460万t。公司全套引进美国豪孚公司的先进生产设备，采用泰国正大集团提供的经专家多年研制的优秀配方，实行电脑控制生产工艺流程，严格质量管理，全程品质检测。公司主要生产的饲料产品为肉鸡料、蛋鸡料、猪料、鱼料、奶牛料、育肥牛料、育肥羊料七大系列80多种产品。极大地促进了新疆养殖业的发展，为新疆饲料业的快速发展奠定基础。

20多年来，公司以诚信为本，把质量看作是公司的生命线，为服务好养殖户，全疆内建立了广泛的销售网络，每月对养殖户进行技术培训，积极开展售前、售中和售后服务工作。公司利用新疆作为畜牧大省和资源丰富的优势，积极将国际先进科技成果和养殖技术植入传统养殖业，改变过去传统落后的生长周期长、料肉比低的养殖水平，为养殖户发展规模养殖，获取规模效益开辟了新路，为促进新疆的畜牧业特别是饲料工业的发展做出了积极的贡献。

乌鲁木齐正大畜牧有限公司正以蓬勃向上的精神面貌发展壮大，日趋成熟。公司将以“生产物美价廉的动物蛋白质，以提高人民生活水平”为经营宗旨，致力于新疆畜牧业的持续发展和经济繁荣。

新疆梅花氨基酸有限责任公司

新疆梅花氨基酸有限责任公司位于新疆五家渠市经济技术开发区农副产品加工区，成立于2011年1月，注册资金25.2亿元。公司总投资110亿元，年产68万t各类氨基酸，现有员工4 000余人。公司是国家高新技术企业、兵团农业产业化重点龙头企业、国家级绿色工厂、国家级第一批生态绿色设计示范企业。企业在创造了大量利润和税收的同时也取得了良好的社会效益。

公司在海关各级领导的关心支持下，在国家降税减费、为企业减负的利好下，不断提质增效、创新发展，努力拓展国外客户，加大氨基酸产品出口，2019年投资2亿元新增年产1万t缬氨酸生产线，扩展了产业链。

2019年精深加工玉米145.6万t，生产苏氨酸12万t、赖氨酸30万t、单一饲料30万t，实现产值56.02亿元，同比增长7.7%；实现利润4.6亿元，与2018年持平；实缴税款2.16亿元。氨基酸出口量26.15万t，出口金额2.517亿美元，同比分别增长46.9%、23.4%，公司的出口产品销售网络继续向欧盟、东南亚、俄罗斯等地区巩固和延伸。

新疆天康饲料有限公司五家渠基地

天康生物股份有限公司成立于1993年，是一家集“生物科学育种与养殖，饲料与饲养管理，兽用生物制品及动物疫病防治，生猪屠宰加工配售”的全产业链上市企业。截止到2019年8月，天康企业已拥有全资公司、控股公司、参股公司、分公司80余家，分布全国各地。

26岁的天康，从区域性的企业到全国战略布局，始终心无旁贷坚持围绕现代农牧，确定未来发展的战略定位，倾力打造国际一流的“健康养殖服务商，安全食品供应商”。

新疆天康饲料有限公司五家渠基地成立于2019年5月28日，投资2.5亿元，占地200亩，是一个拥有专业化、智能化、可视化、清洁化、标准化五大亮点的生产基地。目前在全国同行业中，单一生产基地产能最大，年产58万t、拥有9条专业生产线，是品种最全、设备最先进的生产基地。饲料产品有猪料、肉禽料、蛋禽料、奶牛料、肉牛料、水产料、预混料及添加剂产品8个系列，120余个品种，能满足不同畜种，不同生长阶段的营养需求，围绕畜种的不同生产阶段，通过精准饲喂套餐模式推广，最大限度地提高畜禽的生产性能及生产成绩，并在疆内创立了第一品牌影响。

扎根服务养殖业，产品是我们的基础。保持技术创新是我们持续提升产品力的动力和源泉，天康企业技术实力雄厚，是国家级企业技术中心，天康饲料作为国家级农产品加工技术饲料研发分中心，围绕健康、安全、高效，展开各种合作、研究与开发。“天康品质、深的信赖”是天康人的经营理念，公司将秉承努力学习、不惜思考、勤奋工作、诚实做人的企业精神，秉承天康质量方针：选用好原料，使用好设备，生产好产品，服务好用户，与新疆畜牧业同仁共同发展、共同进步，为新疆畜牧业发展做出一份贡献。

大 连 市

大连赛姆生物工程技术有限公司

大连赛姆生物工程技术有限公司成立于2001年，由海外归国学者徐永平博士投资创建，是一家以动物生物技术产品研发、生产和销售为一体和产学研互助相结合的高新技术企业。

公司坐落于大连双D港生物医药产业园区，现拥有12 000m^{2}研发中心、6 000m^{2}的标准厂房、3条GMP动物药品生产线，两条绿色终生保健型添加剂预混合饲料生产线。公司全面通过饲料管理规范、农业农村部GMP认证、ISO9001：2000标准质量管理体系认证，2015年申报成为高新技术企业并于2018年重新认证成功。

公司拥有博士后科研工作站（迄今为止共培养博士后42名，现阶段有在站博士后14名）、辽宁省噬菌体应用工程技术研究中心、中俄（辽宁）创新创业基地等科技研发机构，拥有一支以海外留学人员和博士、硕士组成的高水平研发团队，几乎每年邀请俄罗斯专家来公司，对公司现阶段的技术产品进行优化整合，并到市场上进行推广。公司先后取得了中华全国归国华侨联合会授予的“科教兴国示范基地”，辽宁省科技厅授予的“辽宁省海外学子创业优秀企业”，大连金普新区科技创新平台、大连市外专局和科技局联合授予的“大连市引智示范基地”等荣誉称号。企业注重科技研发和产品创新，每年企业研发投入占销售收入10%左右。

公司先后承担了国家科技部“863”计划项目、国家杰出青年科学基金项目、辽宁省重点科技计划项目、大连市重点科技计划项目、金州新区现代农业计划项目等40余项科研课题。截至2019年，公司拥有3项国际领先水平和3项国际先进水平的技术成果，申请国家发明专利71项，已获授权发明专利28项。公司先后获得国家重点新产品、辽宁省科技进步奖和大连市科技进步奖等科技成果达11项。

公司以天然植物药效营养品和特异性卵黄抗体（IgY）替代抗生素为途径，以亚微米级生物天然活性成分全效释放和卵黄抗体集成为核心技术，研发并生产营养和保健功能合二为一、使养殖动物生长效率快、肉蛋奶品质好、安全绿色无抗生素残留的高品质产品。公司目前主要生产的30余种饲料添加剂产品在猪、肉牛、肉羊、家禽和貂、狐狸、貉子等养殖界内广受欢迎，且在辽宁、吉林、黑龙江、河南、山东、河北、内蒙古等20多个省份建立了销售网络，取得了较好的销售业绩。这些新技术产品的推出提高了养殖企业效益，保障了动物性食品的安全。

赛姆生物将继续以抗生素替代技术和保健型饲料生产技术等科技创新为驱动力，推动企业技术不断进步，保持产品的高品质、高标准，努力把自身打造成全球知名企业。将继续秉承“学术立企、科研立业”的创业创新精神和“绿色生物、福泽三农”的企业理念，以保障动物性食品安全和健康高效健康为主题；依托自身强大的自主创新能力和市场拓展能力，致力于为广大养殖场（户）提供更可靠更优质的产品，为生物科技人才搭建实践与创新的平台，为我国畜牧业的良性发展做出更大贡献。

青岛市

青岛宝佳自动化设备有限公司

青岛宝佳自动化设备有限公司位于青岛红岛高新技术产业开发区，是智能码垛机器人生产线的专业生产厂家，创建于2009年8月，注册资金1亿元，先后获得国家级技术创新示范企业、全国首批智能制造系统解决方案供应商、全国首批机器人行业规范企业、工业和信息化部首批专精特新小巨人企业等。

宝佳公司以“打造智能码垛机器人生产线专业生产厂家”作为公司发展的战略目标，以“产学研结合”的发展模式，致力于与饲料行业领军企业合作，以自身所积累的先进装备技术、先进制造技术联合信息化技术与饲料生产工艺深度融合，持续探索饲料生产的新工艺、研发新设备、测试新方法、形成新标准，并推向广大饲料生产企业以及相似工艺流程的企业，从而有效地推动饲料工业转型升级。为饲料、化工、粮油、面粉、医药以及机床上下料等各行业提供超过3 500台（套）自动化装备及解决方案，拥有广泛且稳定的客户群。产品从2016年起远销日本、欧洲、东南亚等20多个国家和地区。

宝佳公司另一项成果就是饲料生产油脂后喷工艺及其工艺装备的应用。它将传统的饲料生产工艺先混合油脂再进行造粒成型改为完成造粒后油脂后喷技术，使得油膜喷淋表面均匀覆盖。两种工艺相比，后者比前者压缩比约缩小30%，生产周期缩短27%，能耗降低25%左右，油脂消耗量降低30%左右；可为饲料企业节约大量成本，同时具有显著的环境效益。

公司先后承担过多项国家、省、市级科技重点研发、发改产业振兴项目以及工信部智能制造专项等，公司拥有授权机器人相关发明专利、实用新型、软著等近百项。

青岛根源生物技术集团有限公司

青岛根源生物技术集团有限公司是一家以微生物为核心，聚焦微生态制剂、酶制剂和生物原料三大生物类产品和系统解决方案的综合性集团公司。集团始终将用户价值放在第一，立足“科技、专精”，致力于成为最具用户价值的生物产品解决方案提供商。自2009年成立以来，根源集团以复合增长率41%的速度迅速发展壮大。截至目前，拥有14家子公司，员工500余人，年销售额超过8个亿元。产品覆盖饲用生物制剂、饲用生物原料、农业微生物、食品益生菌/酶制剂和环保微生物五大领域。

集团高度重视技术研发，每年投入销售额的10%作为科研经费，不断进行原创性研究和全球技术资源的整合。目前拥有一支由19名博士和80余名硕士组成的高素质研发队伍，及山东省企业技术中心、山东省益生菌工程研究中心、山东省益生菌工程技术研究中心等多项资质平台。坚持自主研发的同时，积极与国内外高端院校、科研机构、战略合作客户开展合资或联合研发、技术合作、技术外包等多元化合作模式，已承担国家级课题20余项，省、市级课题50余项，拥有科研成果4项，申请国家专利110余项。

根源生物集团已经与温氏、希望、海大、双胞胎、正大、力源、中慧、通威、九鼎、禾丰、铁骑力士等中国农牧集团前50强中的大部分企业达成战略合作关系，产品销售遍布国内的21个省份，并远销东南亚、南亚、中东、非洲、美洲。

青岛普兴生物科技有限公司

青岛普兴生物科技有限公司坐落在山东青岛，成立于2002年，下设生物技术研究所以及多个分公司。

一、公司主营业务与亮点

1. 畜禽预混料。公司预混料以加有益菌，加复合酶，加植物保健原料或成分，加功能性添加剂，加脱毒、脱霉剂等为特色。不但注重打造预混料产品的营养功能，也用心打造产品的保健功能，促消化功能，脱霉、脱毒功能，环保功能等。

公司研发的猪低蛋白推荐配方预混料，节省成本，维护健康，高效环保，受到市场广大用户普遍认可。

2. 有益菌、发酵料、复合酶系列保健、环保饲料产品。公司以无抗、环保、优质绿色畜禽产品为导向，开发出了系列发酵料、有益菌、复合酶类的产品，特别在黄芪、大蒜、辣椒、花椒等保健植物类原料发酵方面做出了令行业瞩目的成绩!

3. 特色产品。公司理论联系实际，根据中国养殖现状开发出系列有针对性的特色产品，如，蛋建宝、肉满丰、金补丁、维康加利、金益维康等产品。

二、公司荣誉

2015年被评为山东省著名商标，2016年被评为国家高新技术产业，2016年被评为青岛市高新区优秀品牌企业，2018年被评为山东省创新型饲料企业20强，2019年被评为山东无抗饲料产品示范企业，2017年获得山东科技进步奖二等奖，2017年获得神农中华农业科技奖一等奖，近几年，每年被评为山东省蛋鸡饲料十大品牌。

厦 门 市

厦门傲农银祥生物科技有限公司

厦门傲农银祥生物科技有限公司成立于2019年1月17日，法人代表为陈福祥，是由福建傲农生物科技集团股份有限公司和厦门银祥集团有限公司共同出资成立的合资公司，是一家专业从事特种水产配合饲料和畜禽配合饲料研发、生产、销售的企业。公司目前拥有7条现代化饲料生产线，年生产能力达25万t，生产水产、畜禽两大类20多个系列的高品质饲料。公司将依托傲农集团先进的产品理念以及银祥集团在水产饲料领域20余年的沉淀，充分利用两大集团的资源优势，在饲料行业发展壮大。公司2019年实现饲料销量5.5万t，销售收入1.99亿元。2020年公司将依托管理团队长期在饲料行业的深耕细作，借助上下游供应链，开展原料贸易，实现“两条腿”走路，为企业的发展添砖加瓦。

厦门汇盛生物有限公司

厦门汇盛生物有限公司坚持“用科技传递健康”的理念，以“发展特色海洋微生物发酵产业”为总体思路，紧紧围绕以“建设优质海洋微生物发酵制品”为主线，以科技为引领和支撑，建立了海洋微生物发酵标准化生产基地，生产了一批优质海洋生物产品（DHA藻油、裂壶藻粉），推动公司由“海洋微生物发酵企业”向“海洋新兴产业龙头企业”的转变。公司健康成长直接带动海洋生物饲料、海洋生物医药、食品、饲料等多个产业发展，实现海洋裂壶藻全产业链产业化发展，推动海洋生物事业快速和可持续发展。

公司致力于海洋微生物发酵饲料裂壶藻粉（水产、畜禽等用）的开发，在水产、畜禽养殖中全面推广应用补充必需脂肪酸DHA营养强化日粮饲料技术，解决了水产、畜禽业（特别是反刍动物牛、羊等养殖业）发展中DHA营养强化问题。公司现有年产3 000t饲料裂壶藻粉生产线，拥有（水产、畜禽等用）裂壶藻粉专利产品。其中国际先进过瘤胃裂壶藻粉产业化项目技术（现已获2项授权发明专利，处于实审发明专利6项，2项PCT专利），突破了反刍动物专用裂壶藻营养强化剂的技术难点，提高了反刍动物专用裂壶藻粉的市场占有率和竞争力，现已成功在国内某集团公司（生产国内第一款高DHA的类母乳原生DHA牛奶）实现产品的产业化。

厦门市海林生物科技有限公司

厦门市海林生物科技有限公司成立于2002年4月，位于厦门市翔安区巷北工业区内田路599号。公司拥有经验丰富的技术队伍，配有先进的生产设备、生物化学实验室、现代多功能科研培训中心，并配备万吨水体大型试验基地，是一家配套齐全、规模大、面向世界的专业研发、生产和销售鱼、虾种苗专用饵料的高新技术企业，为社会提供安全、高效、环境友好型的水产配合饲料产品。

厦门市海林生物科技有限公司荣获“福建省农业产业化龙头企业”“厦门市海洋新兴产业龙头企业”“厦门市高新技术企业”等荣誉，获得授权国家发明专利2项，实用新型专利19项。公司主持厦门市“十三五”海洋经济创新发展示范项目——功能饲料与健康优质对虾种苗产业链协同创新示范，牵头联合自然资源部第三海洋研究所、厦门大学、集美大学等科研院校与上下游企业，围绕厦门市对虾种苗产业链，加大饲料产品、抗生素替代产品的开发力度，实现对虾产业链的产出由优质苗种、优质种虾向新产品延伸，培育新型产业，形成新的经济增长点，完善了对虾饲料生产技术和生产工艺，促进我国对虾养殖的健康可持续发展，同时提升产业竞争力。

统计资料

中国饲料工业统计资料

2019 年全国饲料工业总产值和营业收入情况

单位：万元

地区	饲料工业总产值	饲料工业总营业收入	饲料产品		宠物饲料产品		饲料添加剂		饲料机械	
			总产值	营业收入	总产值	营业收入	总产值	营业收入	总产值	营业收入
全国总计	80 881 064	77 799 759	70 977 073	68 584 882	1 033 194	975 567	8 393 220	7 634 318	477 577	604 991
北　京	813 940	805 560	670 168	682 738	90 411	70 464	53 361	52 358	—	—
天　津	883 240	892 567	773 760	783 655	79 459	78 442	30 021	30 470	—	—
河　北	4 050 572	4 007 712	3 442 833	3 480 720	269 580	263 387	333 291	259 210	4 868	4 395
山　西	999 508	858 156	992 086	852 695	—	—	7 422	5 461	—	—
内蒙古	1 600 372	1 525 442	1 028 958	1 032 442	1 274	1 145	570 139	491 855	—	—
辽　宁	4 101 254	3 578 164	3 925 474	3 415 535	3 945	5 825	171 835	156 805	—	—
吉　林	1 444 110	1 350 878	1 070 723	1 067 825	1	1	373 386	283 052	—	—
黑龙江	1 372 597	1 334 445	1 081 190	1 020 160	27	9	291 380	314 276	—	—
上　海	922 048	875 622	498 014	514 772	255 225	227 512	168 809	133 338	—	—
江　苏	5 187 312	5 221 900	4 200 586	4 158 963	35 073	34 063	484 425	432 325	467 227	596 548
浙　江	2 704 151	2 554 212	1 492 925	1 462 143	25 043	23 387	1 186 183	1 068 683	—	—
安　徽	2 544 255	2 189 731	2 357 917	2 017 170	46 663	45 284	139 676	127 277	—	—
福　建	2 722 541	2 699 519	2 579 749	2 574 568	18 718	594	124 074	124 356	—	—
江　西	2 832 301	2 774 616	2 589 171	2 556 699	2 981	2 151	240 149	215 766	—	—
山　东	12 289 265	11 847 189	10 571 226	10 287 072	143 583	139 769	1 573 784	1 419 677	672	672
河　南	2 825 889	2 437 361	2 712 747	2 328 851	1 148	1 144	111 995	107 366	—	—
湖　北	3 704 233	3 593 748	3 367 405	3 276 767	3 389	3 004	333 440	313 978	—	—
湖　南	3 457 009	3 361 907	3 318 657	3 226 373	720	525	137 383	134 761	248	248
广　东	10 667 042	10 515 150	10 089 857	9 991 981	30 735	34 211	546 451	488 958	—	—
广　西	4 429 873	4 150 406	4 331 578	4 059 057	305	305	97 990	91 044	—	—
海　南	830 066	835 118	829 077	834 103	—	—	989	1 015	—	—
重　庆	1 008 433	951 932	978 214	923 907	164	231	30 055	27 793	—	—
四　川	3 731 215	3 764 620	3 530 971	3 554 660	23 744	43 028	171 939	163 805	4 561	3 127
贵　州	851 405	812 389	726 228	679 995	—	—	125 177	132 394	—	—
云　南	2 113 623	2 142 965	1 568 601	1 571 733	—	—	545 021	571 231	—	—
陕　西	916 985	891 585	908 707	884 666	916	999	7 362	5 920	—	—
甘　肃	400 201	418 793	395 815	414 775	89	88	4 297	3 930	—	—
青　海	30 537	23 994	30 471	23 923	—	—	66	71	—	—
宁　夏	553 994	486 505	232 698	221 483	—	—	321 296	265 023	—	—
新　疆	501 730	496 790	444 839	442 068	—	—	56 890	54 722	—	—
新疆兵团	391 363	400 784	236 429	243 384	—	—	154 934	157 400	—	—

2019年全国饲料加工企业生产综合情况（总表）

单位：t

地　区	总产量	配合饲料	浓缩饲料	添加剂预混合饲料	宠物饲料
全国总计	228 854 061	210 137 769	12 419 080	5 426 382	870 830
北　京	1 555 654	917 654	216 376	385 605	36 020
天　津	1 945 308	1 213 370	453 904	257 486	20 548
河　北	12 310 803	10 616 250	991 183	278 958	424 412
山　西	3 472 584	3 173 930	260 678	37 976	—
内蒙古	3 789 434	3 135 988	576 889	76 246	310
辽　宁	13 188 574	10 713 561	2 237 238	231 912	5 862
吉　林	3 730 963	3 002 442	657 230	71 290	1
黑龙江	3 457 463	2 364 320	1 012 319	80 766	58
上　海	1 202 548	895 440	58 968	145 730	102 410
江　苏	12 764 270	12 106 307	281 008	358 734	18 222
浙　江	3 919 839	3 727 729	65 264	91 784	35 063
安　徽	8 173 613	7 785 402	176 587	144 871	66 753
福　建	7 994 283	7 666 809	164 599	162 242	633
江　西	8 437 901	8 065 739	99 758	270 699	1 705
山　东	37 788 642	35 825 511	1 059 027	784 992	119 112
河　南	9 299 002	8 538 664	454 750	302 982	2 606
湖　北	10 913 686	10 509 410	196 358	207 559	358
湖　南	10 337 711	9 805 045	195 504	336 984	179
广　东	29 237 982	28 405 199	242 914	573 031	16 838
广　西	15 089 466	14 828 393	110 337	150 675	61
海　南	2 861 946	2 859 743	—	2 203	—
重　庆	3 072 950	2 856 654	207 433	8 558	305
四　川	10 366 558	9 659 091	434 456	255 885	17 125
贵　州	2 276 931	1 898 126	378 805	—	—
云　南	4 577 532	3 679 938	851 267	46 327	—
陕　西	2 686 486	2 085 477	494 366	104 504	2 139
甘　肃	1 200 616	975 148	212 372	12 988	110
青　海	81 749	78 881	685	2 183	—
宁　夏	724 278	492 051	218 145	14 082	—
新　疆	1 578 512	1 479 322	82 845	16 345	—
新疆兵团	816 775	776 175	27 815	12 785	—

2019 年全国饲料加工企业生产综合情况（分品种）

单位：t

地　区	总产量	猪饲料	蛋禽饲料	肉禽饲料	水产饲料	反刍动物饲料	宠物饲料	其他饲料
全国总计	228 854 061	76 631 828	31 166 158	84 647 953	22 029 068	11 089 159	870 830	2 419 065
北　京	1 555 654	526 723	276 056	293 766	29 292	347 849	36 020	45 947
天　津	1 945 308	638 440	247 945	210 303	302 238	484 503	20 548	41 331
河　北	12 310 803	2 083 764	3 944 881	4 005 569	381 402	1 174 180	424 412	296 596
山　西	3 472 584	1 021 619	979 810	1 328 689	1	141 478	—	987
内蒙古	3 789 434	841 026	195 456	294 490	7 639	2 386 840	310	63 674
辽　宁	13 188 574	3 071 829	2 170 942	5 913 016	459 214	1 249 315	5 862	318 395
吉　林	3 730 963	1 094 717	910 884	1 348 688	8 600	322 041	1	46 032
黑龙江	3 457 463	1 293 163	298 346	637 746	56 846	990 149	58	181 154
上　海	1 202 548	265 285	427 534	214 426	33 230	145 999	102 410	13 664
江　苏	12 764 270	2 550 278	2 173 022	4 090 557	3 441 924	429 212	18 222	61 057
浙　江	3 919 839	1 190 480	491 037	1 062 856	911 316	109 623	35 063	119 464
安　徽	8 173 613	1 768 267	1 237 035	4 609 061	399 535	89 793	66 753	3 169
福　建	7 994 283	2 268 702	1 078 599	3 067 133	1 543 711	105	633	35 400
江　西	8 437 901	4 568 936	1 203 443	1 991 984	659 903	799	1 705	11 131
山　东	37 788 642	7 228 992	3 457 170	25 080 875	455 615	715 986	119 112	730 892
河　南	9 299 002	4 812 916	1 487 665	2 276 853	308 769	331 703	2 606	78 490
湖　北	10 913 686	4 333 057	2 843 742	1 017 202	2 689 355	14 240	358	15 733
湖　南	10 337 711	6 144 615	1 139 154	1 521 057	1 482 559	4 480	179	45 668
广　东	29 237 982	9 287 578	2 097 199	11 142 937	6 562 440	56 469	16 838	74 521
广　西	15 089 466	5 910 247	919 481	7 649 963	573 018	16 445	61	20 251
海　南	2 861 946	892 722	223 305	1 323 858	421 461	—	—	600
重　庆	3 072 950	1 839 427	340 394	671 380	183 350	18 811	305	19 284
四　川	10 366 558	6 135 393	1 073 599	2 257 893	610 715	109 678	17 125	162 154
贵　州	2 276 931	1 604 313	200 771	381 121	11 634	77 552	—	1 540
云　南	4 577 532	2 592 015	385 476	1 235 769	319 509	43 565	—	1 199
陕　西	2 686 486	1 359 955	686 316	341 018	30 126	256 885	2 139	10 048
甘　肃	1 200 616	490 453	110 690	180 501	7 973	405 627	110	5 263
青　海	81 749	4 195	16	1	—	77 537	—	—
宁　夏	724 278	94 467	49 457	46 850	38 884	494 529	—	90
新　疆	1 578 512	389 689	374 643	313 556	87 795	398 274	—	14 554
新疆兵团	816 775	328 564	142 093	138 834	11 015	195 493	—	776

2019年全国配合饲料加工企业生产情况

单位：t、%

地　区	猪饲料	比重	蛋禽饲料	比重	肉禽饲料	比重	水产饲料	比重	精料补充料	比重	其他饲料	比重
全国总计	66 745 483	31.8	27 959 257	13.3	83 007 471	39.5	21 638 562	10.3	8 546 523	4.1	2 240 473	1.1
北　京	221 770	24.2	121 334	13.2	284 332	31.0	22 474	2.4	231 045	25.2	36 699	4.0
天　津	238 558	19.7	136 229	11.2	198 743	16.4	296 211	24.4	302 322	24.9	41 307	3.4
河　北	1 530 312	14.4	3 692 697	34.8	3 918 633	36.9	378 606	3.6	824 181	7.8	271 822	2.6
山　西	916 261	28.9	849 570	26.8	1 311 639	41.3	—	0.0	95 473	3.0	987	0.0
内蒙古	717 303	22.9	162 362	5.2	264 844	8.4	7 549	0.2	1 932 038	61.6	51 891	1.7
辽　宁	2 102 959	19.6	1 540 828	14.4	5 486 965	51.2	431 380	4.0	897 172	8.4	254 257	2.4
吉　林	779 699	26.0	821 365	27.4	1 169 360	38.9	7 049	0.2	186 954	6.2	38 015	1.3
黑龙江	687 229	29.1	172 654	7.3	570 624	24.1	44 949	1.9	710 385	30.0	178 478	7.5
上　海	148 898	16.6	370 388	41.4	207 491	23.2	31 726	3.5	124 642	13.9	12 296	1.4
江　苏	2 178 235	18.0	1 990 354	16.4	4 046 954	33.4	3 428 353	28.3	401 794	3.3	60 617	0.5
浙　江	1 060 134	28.4	478 984	12.8	1 050 728	28.2	909 127	24.4	109 309	2.9	119 447	3.2
安　徽	1 522 361	19.6	1 213 240	15.6	4 567 767	58.7	395 183	5.1	84 219	1.1	2 632	0.0
福　建	2 046 749	26.7	1 059 047	13.8	2 995 938	39.1	1 529 609	20.0	105	0.0	35 360	0.5
江　西	4 227 356	52.4	1 194 215	14.8	1 975 659	24.5	657 209	8.1	229	0.0	11 071	0.1
山　东	6 247 906	17.4	2 963 840	8.3	24 893 273	69.5	447 864	1.3	591 507	1.7	681 120	1.9
河　南	4 311 035	50.5	1 305 007	15.3	2 232 510	26.1	307 437	3.6	304 701	3.6	77 974	0.9
湖　北	4 081 699	38.8	2 716 933	25.9	1 007 197	9.6	2 674 281	25.4	13 566	0.1	15 733	0.1
湖　南	5 699 179	58.1	1 087 730	11.1	1 502 731	15.3	1 467 963	15.0	1 916	0.0	45 526	0.5
广　东	8 805 030	31.0	2 041 339	7.2	11 068 460	39.0	6 361 898	22.4	56 230	0.2	72 243	0.3
广　西	5 754 358	38.8	909 435	6.1	7 559 733	51.0	568 173	3.8	16 443	0.1	20 251	0.1
海　南	891 309	31.2	223 305	7.8	1 323 858	46.3	420 670	14.7	—	0.0	600	0.0
重　庆	1 647 483	57.7	319 343	11.2	670 762	23.5	183 301	6.4	16 481	0.6	19 283	0.7
四　川	5 619 111	58.2	998 143	10.3	2 228 514	23.1	571 665	5.9	80 120	0.8	161 539	1.7
贵　州	1 238 482	65.2	199 510	10.5	373 620	19.7	11 634	0.6	73 340	3.9	1 540	0.1
云　南	1 779 716	48.4	349 476	9.5	1 198 627	32.6	318 632	8.7	32 288	0.9	1 199	0.0
陕　西	1 161 506	55.7	424 557	20.4	273 611	13.1	29 065	1.4	186 917	9.0	9 822	0.5
甘　肃	412 750	42.3	91 905	9.4	159 283	16.3	7 942	0.8	298 004	30.6	5 263	0.5
青　海	4 141	5.2	15	0.0	1	0.0	—	0.0	74 724	94.7	—	0.0
宁　夏	48 998	10.0	43 915	8.9	30 456	6.2	32 716	6.6	335 876	68.3	90	0.0
新　疆	359 303	24.3	345 114	23.3	299 208	20.2	86 365	5.8	376 700	25.5	12 634	0.9
新疆兵团	305 655	39.4	136 424	17.6	135 947	17.5	9 531	1.2	187 843	24.2	776	0.1

2019年全国浓缩饲料加工企业生产情况

单位：t、%

地　区	猪饲料	比重	蛋禽饲料	比重	肉禽饲料	比重	水产饲料	比重	反刍动物饲料	比重	其他饲料	比重
全国总计	7 558 178	60.9	1 516 450	12.2	1 180 765	9.5	46 895	0.4	1 993 906	16.1	122 886	1.0
北　京	181 566	83.9	2 198	1.0	133	0.1	—	0.0	31 777	14.7	703	0.3
天　津	319 307	70.3	9 991	2.2	3 003	0.7	12	0.0	121 590	26.8	—	0.0
河　北	489 177	49.4	153 038	15.4	68 573	6.9	—	0.0	273 367	27.6	7 029	0.7
山　西	94 112	36.1	117 700	45.2	10 457	4.0	—	0.0	38 409	14.7	—	0.0
内蒙古	80 356	13.9	32 227	5.6	29 259	5.1	—	0.0	434 960	75.4	87	0.0
辽　宁	917 163	41.0	573 187	25.6	381 835	17.1	5 127	0.2	301 440	13.5	58 486	2.6
吉　林	294 921	44.9	68 138	10.4	168 839	25.7	168	0.0	117 151	17.8	8 013	1.2
黑龙江	586 198	57.9	96 337	9.5	65 247	6.4	11 897	1.2	250 901	24.8	1 739	0.2
上　海	51 555	87.4	824	1.4	422	0.7	—	0.0	6 167	10.5	—	0.0
江　苏	239 859	85.4	25 249	9.0	4 917	1.7	139	0.0	10 844	3.9	—	0.0
浙　江	61 413	94.1	3 594	5.5	257	0.4	—	0.0	—	0.0	—	0.0
安　徽	142 969	81.0	70	0.0	30 036	17.0	219	0.1	3 294	1.9	—	0.0
福　建	105 302	64.0	5 789	3.5	53 353	32.4	154	0.1	—	0.0	—	0.0
江　西	96 563	96.8	376	0.4	2 631	2.6	137	0.1	—	0.0	51	0.1
山　东	818 069	77.2	41 268	3.9	118 777	11.2	1 099	0.1	34 704	3.3	45 110	4.3
河　南	352 553	77.5	49 916	11.0	33 840	7.4	—	0.0	18 441	4.1	—	0.0
湖　北	187 750	95.6	3 286	1.7	364	0.2	4 329	2.2	629	0.3	—	0.0
湖　南	177 241	90.7	10 894	5.6	7 369	3.8	—	0.0	—	0.0	—	0.0
广　东	216 054	88.9	1 885	0.8	8 754	3.6	16 220	6.7	—	0.0	—	0.0
广　西	79 017	71.6	4	0.0	31 236	28.3	80	0.1	—	0.0	—	0.0
海　南	—	—	—	—	—	—	—	—	—	—	—	—
重　庆	185 028	89.2	19 943	9.6	587	0.3	—	0.0	1 876	0.9	—	0.0
四　川	393 419	90.6	24 513	5.6	2 045	0.5	—	0.0	14 479	3.3	—	0.0
贵　州	365 832	96.6	1 261	0.3	7 501	2.0	—	0.0	4 212	1.1	—	0.0
云　南	796 293	93.5	8 631	1.0	35 246	4.1	—	0.0	11 097	1.3	—	0.0
陕　西	166 982	33.8	217 545	44.0	63 941	12.9	—	0.0	45 898	9.3	—	0.0
甘　肃	76 138	35.9	16 371	7.7	20 795	9.8	31	0.0	99 037	46.6	—	0.0
青　海	18	2.6	—	0.0	—	0.0	—	0.0	667	97.4	—	0.0
宁　夏	41 268	18.9	4 551	2.1	16 127	7.4	6 168	2.8	150 030	68.8	—	0.0
新　疆	22 876	27.6	25 329	30.6	13 207	15.9	1 108	1.3	18 657	22.5	1 668	2.0
新疆兵团	19 180	69.0	2 334	8.4	2 014	7.2	7	0.0	4 279	15.4	—	0.0

2019年全国添加剂预混合饲料加工企业生产情况

单位：t、%

地　区	猪饲料	比重	蛋禽饲料	比重	肉禽饲料	比重	水产饲料	比重	反刍动物饲料	比重	其他饲料	比重
全国总计	2 328 166	42.9	1 690 451	31.2	459 718	8.5	343 611	6.3	548 730	10.1	55 705	1.0
北　京	123 388	32.0	152 524	39.6	9 301	2.4	6 818	1.8	85 028	22.1	8 546	2.2
天　津	80 574	31.3	101 724	39.5	8 556	3.3	6 016	2.3	60 591	23.5	24	0.0
河　北	64 275	23.0	99 145	35.5	18 364	6.6	2 796	1.0	76 632	27.5	17 745	6.4
山　西	11 246	29.6	12 540	33.0	6 594	17.4	1	0.0	7 596	20.0	—	0.0
内蒙古	43 366	56.9	866	1.1	386	0.5	90	0.1	19 842	26.0	11 696	15.3
辽　宁	51 708	22.3	56 927	24.5	44 217	19.1	22 706	9.8	50 703	21.9	5 651	2.4
吉　林	20 097	28.2	21 381	30.0	10 489	14.7	1 383	1.9	17 936	25.2	4	0.0
黑龙江	19 736	24.4	29 355	36.3	1 875	2.3	—	0.0	28 863	35.7	937	1.2
上　海	64 832	44.5	56 322	38.6	6 512	4.5	1 505	1.0	15 190	10.4	1 368	0.9
江　苏	132 185	36.8	157 419	43.9	38 686	10.8	13 432	3.7	16 573	4.6	439	0.1
浙　江	68 934	75.1	8 458	9.2	11 872	12.9	2 189	2.4	314	0.3	17	0.0
安　徽	102 937	71.1	23 725	16.4	11 258	7.8	4 133	2.9	2 281	1.6	537	0.4
福　建	116 651	71.9	13 762	8.5	17 842	11.0	13 948	8.6	—	0.0	39	0.0
江　西	245 017	90.5	8 853	3.3	13 693	5.1	2 557	0.9	570	0.2	9	0.0
山　东	163 016	20.8	452 061	57.6	68 825	8.8	6 652	0.8	89 775	11.4	4 662	0.6
河　南	149 328	49.3	132 743	43.8	10 502	3.5	1 332	0.4	8 561	2.8	515	0.2
湖　北	63 608	30.6	123 522	59.5	9 641	4.6	10 744	5.2	45	0.0	—	0.0
湖　南	268 195	79.6	40 530	12.0	10 957	3.3	14 596	4.3	2 563	0.8	142	0.0
广　东	266 493	46.5	53 975	9.4	65 723	11.5	184 322	32.2	239	0.0	2 278	0.4
广　西	76 872	51.0	10 043	6.7	58 994	39.2	4 766	3.2	2	0.0	—	0.0
海　南	1 413	64.1	—	0.0	—	0.0	791	35.9	—	0.0	—	0.0
重　庆	6 916	80.8	1 108	12.9	31	0.4	49	0.6	453	5.3	1	0.0
四　川	122 863	48.0	50 943	19.9	27 334	10.7	39 050	15.3	15 079	5.9	615	0.2
贵　州	—	—	—	—	—	—	—	—	—	—	—	—
云　南	16 006	34.5	27 368	59.1	1 895	4.1	877	1.9	180	0.4	—	0.0
陕　西	31 467	30.1	44 214	42.3	3 465	3.3	1 061	1.0	24 071	23.0	226	0.2
甘　肃	1 565	12.0	2 414	18.6	423	3.3	—	0.0	8 586	66.1	—	0.0
青　海	36	1.6	1	0.0	—	0.0	—	0.0	2 147	98.3	—	0.0
宁　夏	4 201	29.8	991	7.0	268	1.9	—	0.0	8 623	61.2	—	0.0
新　疆	7 511	46.0	4 201	25.7	1 141	7.0	323	2.0	2 917	17.8	252	1.5
新疆兵团	3 729	29.2	3 335	26.1	873	6.8	1 477	11.6	3 371	26.4	—	0.0

2019年全国饲料添加剂产量情况（一）

单位：t

地　区	饲料添加剂产品总产量	饲料添加剂	混合型饲料添加剂
全国总计	11 991 580	11 301 807	689 773
北　京	19 091	4 399	14 692
天　津	43 123	37 915	5 208
河　北	288 497	251 222	37 275
山　西	16 950	15 079	1 872
内蒙古	796 390	758 048	38 343
辽　宁	239 540	193 683	45 857
吉　林	570 232	567 145	3 088
黑龙江	548 973	543 508	5 465
上　海	53 061	11 445	41 617
江　苏	542 786	450 495	92 291
浙　江	195 125	189 216	5 910
安　徽	160 651	149 973	10 678
福　建	65 145	57 941	7 204
江　西	195 588	157 848	37 740
山　东	2 221 028	2 095 709	125 319
河　南	198 440	182 193	16 247
湖　北	775 318	742 258	33 060
湖　南	299 656	288 702	10 954
广　东	171 831	79 016	92 814
广　西	296 719	288 149	8 569
海　南	816	464	352
重　庆	25 410	12 041	13 369
四　川	634 384	598 958	35 426
贵　州	504 290	504 290	—
云　南	2 318 623	2 317 208	1 415
陕　西	27 859	24 231	3 628
甘　肃	2 155	1 088	1 067
青　海	146	—	146
宁　夏	348 105	348 105	—
新　疆	19 500	19 338	162
新疆兵团	412 146	412 139	7

2019 年全国饲料添加剂产量情况（二）

单位：t

地区	氨基酸、氨基酸盐及其类似物		维生素及类维生素		矿物元素及其络（螯）合物		酶制剂	
	饲料添加剂	混合型饲料添加剂	饲料添加剂	混合型饲料添加剂	饲料添加剂	混合型饲料添加剂	饲料添加剂	混合型饲料添加剂
全国总计	3 298 881	2 564	1 178 399	93 853	5 822 316	82 289	121 830	72 500
北　　京	—	62	1 889	1 135	—	173	—	1 913
天　　津	—	38	42	55	677	1 346	6 510	1 305
河　　北	4 812	40	78 292	7 094	143 142	4 055	8 177	5 192
山　　西	1 740	17	1	23	13 082	4	44	5
内 蒙 古	700 580	6	2 632	—	20 113	149	1 139	11 376
辽　　宁	50 210	15	8 768	39 117	109 580	2 112	539	1 763
吉　　林	474 204	—	17 249	6	10 738	—	—	—
黑 龙 江	538 863	20	229	229	242	214	2 321	181
上　　海	91	—	10 055	3 800	—	—	60	4 785
江　　苏	152 005	413	57 147	86	126 490	1 154	30 847	8 390
浙　　江	18 431	10	143 001	306	11 904	190	671	328
安　　徽	121 062	4	9 680	1 045	13 083	230	—	213
福　　建	—	263	2 650	145	—	—	807	79
江　　西	10 427	66	18 004	73	114 402	16 926	108	114
山　　东	483 210	326	787 130	33 349	487 227	3 088	29 327	10 301
河　　南	5 514	355	3 208	1 217	90 245	145	3 245	1 172
湖　　北	18 398	13	12 934	248	680 544	1 196	1 670	18 690
湖　　南	15	156	38	217	244 151	4 161	5 190	2 000
广　　东	4	730	5 900	5 262	37 080	21 014	25 188	3 138
广　　西	—	—	—	—	247 834	5 862	959	69
海　　南	—	3	—	2	—	—	—	1
重　　庆	—	—	1 226	83	10 813	592	—	11
四　　川	152	28	2 866	55	588 447	18 448	2 537	633
贵　　州	—	—	—	—	504 257	—	—	—
云　　南	1	—	1 180	—	2 311 995	32	887	716
陕　　西	—	1	—	307	24 146	971	—	59
甘　　肃	—	—	43	—	—	—	911	63
青　　海	—	—	—	—	—	96	—	—
宁　　夏	311 069	—	14 237	—	21 970	—	657	—
新　　疆	7 284	—	—	—	10 154	131	—	—
新疆兵团	400 809	—	—	—	—	—	36	—

2019年全国饲料添加剂产量情况（三）

单位：t

地区	微生物		非蛋白氮		抗氧化剂		防腐剂、防霉剂和酸度调节剂	
	饲料添加剂	混合型饲料添加剂	饲料添加剂	混合型饲料添加剂	饲料添加剂	混合型饲料添加剂	饲料添加剂	混合型饲料添加剂
全国总计	55 094	119 267	11 368	27 916	18 580	48 881	519 630	128 705
北　京	2 510	1 251	—	—	—	210	—	1 829
天　津	1	260	2 954	—	—	164	7 790	1 215
河　北	11 657	7 132	11	10 326	—	58	293	371
山　西	47	1 720	—	—	—	—	—	23
内蒙古	438	13 500	—	12 660	—	—	33 106	93
辽　宁	1 016	2 141	—	200	—	—	205	424
吉　林	151	2 338	—	322	—	—	64 803	—
黑龙江	1 287	2 248	—	1 455	—	—	—	367
上　海	—	991	—	1 912	1 239	6 251	—	19 361
江　苏	1 067	1 996	3 508	—	16 683	34 243	25 328	23 085
浙　江	878	1 519	274	—	—	793	1 934	1 152
安　徽	24	962	—	—	—	59	225	6 709
福　建	34	1 013	—	—	—	677	2 869	3 788
江　西	479	1 506	—	—	13	267	13 538	17 911
山　东	19 905	47 485	—	24	—	1 317	269 442	8 152
河　南	1 518	8 112	—	13	—	2	78 283	253
湖　北	8 070	5 535	—	—	419	20	18 362	1 648
湖　南	396	3 395	4 621	—	136	132	1 474	460
广　东	687	9 753	—	—	47	3 638	708	23 530
广　西	1 560	289	—	—	—	10	1 271	2 298
海　南	12	318	—	—	—	—	—	—
重　庆	—	1 153	—	—	—	941	—	8 152
四　川	1 023	1 811	—	—	8	56	—	7 755
贵　州	—	—	—	—	33	—	—	—
云　南	300	667	—	—	—	—	—	—
陕　西	84	2 138	—	—	1	40	—	92
甘　肃	79	—	—	1 004	—	—	—	—
青　海	—	—	—	—	—	2	—	35
宁　夏	—	—	—	—	—	—	—	—
新　疆	361	31	—	—	—	—	—	—
新疆兵团	1 510	2	—	—	—	—	—	5

2019 年全国饲料添加剂产量情况（四）

单位：t

地区	着色剂		调味和诱食物质		黏结剂、抗结块剂、稳定剂和乳化剂		多糖和寡糖		其他	
	饲料添加剂	混合型饲料添加剂	饲料添加剂	混合型饲料添加剂	饲料添加剂	混合型饲料添加剂	饲料添加剂	混合型饲料添加剂	饲料添加剂	混合型饲料添加剂
全国总计	27 967	20 980	3 531	30 334	198 775	5 907	3 161	4 303	42 275	52 273
北　京	—	—	—	1 406	—	—	—	—	—	6 712
天　津	—	—	—	256	19 941	—	—	29	—	541
河　北	2 688	—	23	499	262	—	18	63	1 848	2 444
山　西	—	—	—	10	166	—	—	2	—	67
内蒙古	—	—	—	105	—	85	—	—	40	369
辽　宁	—	—	2 389	35	20 975	7	—	—	—	43
吉　林	—	—	—	—	—	—	—	—	—	422
黑龙江	329	—	—	79	238	—	—	—	—	672
上　海	—	—	—	4 204	—	—	—	313	—	—
江　苏	—	—	—	1 645	36 618	142	356	989	446	20 149
浙　江	882	—	—	244	11 234	55	7	—	—	1 312
安　徽	102	—	—	24	5 745	—	1	3	52	1 428
福　建	—	—	—	1 056	51 580	72	—	56	—	55
江　西	—	248	221	91	543	220	—	89	112	229
山　东	983	9 597	42	1 582	1 561	1 035	254	1 050	16 629	8 011
河　南	—	1	—	221	24	6	157	215	—	4 536
湖　北	—	211	1	1 480	1 043	—	710	161	106	3 858
湖　南	—	—	16	90	9 799	68	1	45	22 867	231
广　东	7 848	10 924	816	9 036	738	4 191	—	561	1	1 038
广　西	—	—	—	—	35 403	6	1 119	35	3	—
海　南	—	—	—	—	453	—	—	29	—	—
重　庆	—	—	—	2 332	—	18	—	9	2	77
四　川	795	—	1	5 936	2 452	3	539	639	137	62
贵　州	—	—	—	—	—	—	—	—	—	—
云　南	2 845	—	—	—	—	—	—	—	—	—
陕　西	—	—	—	—	—	—	—	15	—	4
甘　肃	—	—	23	—	—	—	—	—	32	—
青　海	—	—	—	—	—	—	—	—	—	13
宁　夏	172	—	—	—	—	—	—	—	—	—
新　疆	1 539	—	—	—	—	—	—	—	—	—
新疆兵团	9 784	—	—	—	—	—	—	—	—	—

2019年全国饲料添加剂单项产品生产情况（一）

单位：t

地区	赖氨酸及其类似物	蛋氨酸	苏氨酸	色氨酸
全国总计	2 273 492	253 445	656 201	25 331
北　京	—	—	—	—
天　津	—	—	—	—
河　北	—	713	300	—
山　西	—	—	—	—
内蒙古	315 162	—	379 957	389
辽　宁	12 021	—	1 400	—
吉　林	473 946	—	258	—
黑龙江	352 628	—	184 902	1 333
上　海	—	—	—	—
江　苏	—	149 001	—	—
浙　江	—	183	2 466	12 055
安　徽	115 800	—	500	—
福　建	—	—	—	—
江　西	—	—	—	—
山　东	433 730	48 280	—	8
河　南	—	—	—	4 890
湖　北	—	—	—	—
湖　南	—	9	—	—
广　东	4	—	—	—
广　西	—	—	—	—
海　南	—	—	—	—
重　庆	—	—	—	—
四　川	—	—	—	—
贵　州	—	—	—	—
云　南	1	—	—	—
陕　西	—	—	—	—
甘　肃	—	—	—	—
青　海	—	—	—	—
宁　夏	241 206	55 259	14 604	—
新　疆	—	—	—	6 656
新疆兵团	328 995	—	71 814	—

2019 年全国饲料添加剂单项产品生产情况（二）

单位：t

地　区	氯化胆碱	维生素 A	维生素 E	维生素 B_{12}	维生素 B_2	维生素 C
全国总计	770 014	8 214	86 425	6 263	150	31 515
北　京	—	—	—	—	—	—
天　津	—	—	—	—	—	—
河　北	50 471	—	—	12	147	3 705
山　西	—	—	—	—	—	—
内蒙古	—	—	—	1 672	—	—
辽　宁	4 006	—	—	—	—	—
吉　林	—	—	14 764	—	—	—
黑龙江	—	—	—	—	—	—
上　海	—	—	—	—	—	—
江　苏	15 867	—	68	—	—	2 629
浙　江	670	8 214	56 507	170	—	6 096
安　徽	—	—	—	—	—	1 236
福　建	—	—	168	—	—	—
江　西	—	—	—	1	—	—
山　东	698 986	—	4 794	1 655	3	3 012
河　南	—	—	—	2 608	—	600
湖　北	—	—	10 124	146	—	—
湖　南	14	—	—	—	—	—
广　东	—	—	—	—	—	—
广　西	—	—	—	—	—	—
海　南	—	—	—	—	—	—
重　庆	—	—	—	—	—	—
四　川	—	—	—	—	—	—
贵　州	—	—	—	—	—	—
云　南	—	—	—	—	—	—
陕　西	—	—	—	—	—	—
甘　肃	—	—	—	—	—	—
青　海	—	—	—	—	—	—
宁　夏	—	—	—	—	—	14 237
新　疆	—	—	—	—	—	—
新疆兵团	—	—	—	—	—	—

2019年全国饲料添加剂单项产品生产情况（三）

单位：t

地区	硫酸铜	硫酸亚铁	硫酸锌	硫酸锰	磷酸氢钙
全国总计	21 024	115 754	76 518	136 955	3 662 655
北京	—	—	—	—	—
天津	—	—	—	—	—
河北	—	—	—	582	38 500
山西	—	—	—	—	—
内蒙古	—	—	—	3 105	8 450
辽宁	405	—	—	962	—
吉林	—	—	—	—	10 738
黑龙江	—	—	—	—	—
上海	—	—	—	—	—
江苏	250	—	—	—	190
浙江	—	—	—	—	—
安徽	—	—	—	—	—
福建	—	—	—	—	—
江西	75	—	30 974	63	—
山东	—	—	—	—	64 830
河南	—	—	—	—	—
湖北	—	—	—	—	394 561
湖南	3 471	—	—	42 906	—
广东	16 141	—	—	503	—
广西	134	38 957	32 420	74 078	99 297
海南	—	—	—	—	—
重庆	—	—	—	—	—
四川	436	76 797	7 257	14 674	334 164
贵州	—	—	—	—	434 796
云南	113	—	—	82	2 277 129
陕西	—	—	—	—	—
甘肃	—	—	—	—	—
青海	—	—	—	—	—
宁夏	—	—	5 868	—	—
新疆	—	—	—	—	—
新疆兵团	—	—	—	—	—

2019 年全国饲料企业年末职工人数情况

单位：人

地 区	职工总数	其中职工学历构成					其中技术工种人员构成		
		博士	硕士	大学本科	大学专科	其他	小计	检验员、化验员	维修工
全国总计	791 303	4 706	15 300	110 989	173 260	487 048	73 073	38 074	34 999
北 京	6 109	89	358	1 520	1 381	2 761	455	278	177
天 津	11 769	64	344	2 996	3 430	4 935	1 259	553	706
河 北	42 102	234	774	5 661	9 894	25 539	4 641	2 619	2 022
山 西	9 417	30	111	1 109	1 931	6 236	1 036	575	461
内蒙古	31 487	72	311	4 390	8 470	18 244	3 092	1 652	1 440
辽 宁	33 599	132	688	4 980	8 700	19 099	3 453	1 927	1 526
吉 林	20 694	62	208	2 777	4 464	13 183	2 889	1 370	1 519
黑龙江	26 168	93	387	4 514	6 357	14 817	3 650	1 688	1 962
上 海	4 798	74	405	1 229	1 022	2 068	435	269	166
江 苏	53 291	224	1 297	9 585	13 938	28 247	5 468	2 597	2 871
浙 江	25 528	190	862	5 066	5 039	14 371	2 561	1 547	1 014
安 徽	20 247	84	297	2 505	4 030	13 331	2 036	1 070	966
福 建	20 412	97	359	2 930	3 804	13 222	1 924	1 043	881
江 西	19 739	107	335	2 554	4 209	12 534	1 742	934	808
山 东	112 846	682	2 329	14 238	27 453	68 144	10 523	5 747	4 776
河 南	37 016	258	739	5 087	9 621	21 311	3 877	2 109	1 768
湖 北	45 363	142	912	7 297	9 394	27 618	3 273	1 604	1 669
湖 南	32 495	224	686	5 473	7 851	18 261	2 406	1 389	1 017
广 东	57 067	310	1 459	8 902	10 696	35 700	5 148	2 655	2 493
广 西	26 864	365	328	3 349	5 587	17 235	2 625	1 159	1 466
海 南	3 173	3	24	430	473	2 243	252	126	126
重 庆	7 845	50	148	1 120	1 592	4 935	784	394	390
四 川	33 248	134	479	3 679	6 231	22 725	3 077	1 550	1 527
贵 州	5 066	21	71	686	1 183	3 105	480	236	244
云 南	64 820	844	652	2 817	5 055	55 452	1 952	977	975
陕 西	11 568	49	203	1 679	3 594	6 043	984	527	457
甘 肃	3 852	35	84	781	1 099	1 853	397	200	197
青 海	561	4	7	67	151	332	67	38	29
宁 夏	7 081	22	336	1 435	1 997	3 291	950	449	501
新 疆	11 431	9	81	1 438	3 550	6 353	1 241	593	648
新疆兵团	5 647	2	26	695	1 064	3 860	396	199	197

主要饲料原料进出口情况

2019年主要饲料原料进出口情况

	出口数量（t）	同比（%）	进口数量（t）	同比（%）	出口金额（万美元）	同比（%）	进口金额（万美元）	同比（%）
玉米	26 135.6	114.4	4 793 424.0	36.0	987.1	64.7	106 318.5	34.8
大豆	117 145.3	−13.9	88 511 244.4	0.5	9 471.5	−7.3	3 533 687.2	−7.2
豆粕	988 350.0	−12.8	9 543.4	−58.2	44 944.7	−18.1	729.9	−48.6
饲料用鱼粉	140.0	10.0	1 418 725.0	−2.9	20.3	37.7	196 993.0	−11.3
蛋氨酸	28 655.2	−83.0	220 149.8	553.1	6 305.9	−82.2	43 207.0	396.0
赖氨酸	588 292.3	45.1	1 124.0	−15.9	54 165.4	20.2	296.8	−19.8

2019年各月玉米进出口情况

	出口数量（t）	同比（%）	进口数量（t）	同比（%）	出口金额（万美元）	同比（%）	进口金额（万美元）	同比（%）
1月	430.6	−12.4	401 315.4	2.3	13.4	−48.2	8 764.1	9.2
2月	8.7	−96.3	165 001.2	60.9	7.3	5.1	3 577.8	67.5
3月	1 122.0	2 318.9	416 685.0	561.4	29.7	927.2	9 227.5	494.2
4月	3 228.7	690.5	664 056.5	75.1	78.5	550.6	14 913.4	79.2
5月	1 907.2	34.0	747 148.0	−1.1	62.7	36.6	16 150.9	0.0
6月	2 124.9	−35.8	716 993.3	39.1	69.5	−29.2	15 168.9	34.8
7月	6 548.9	580.8	386 149.8	16.4	203.8	612.4	8 245.1	9.8
8月	353.3	−75.8	232 438.1	−28.9	11.5	−80.5	5 392.3	−30.7
9月	1.1	−99.9	139 636.0	237.2	0.1	−99.6	3 320.2	177.7
10月	104.7	−87.2	91 256.7	12.8	3.3	−94.7	2 269.0	−0.5
11月	1 996.9	260.5	98 731.7	−16.6	179.0	30.0	2 471.5	−20.5
12月	8 308.6	391.8	734 269.9	76.0	329.4	244.8	16 819.8	75.6

2019 年各月大豆进出口情况

	出口数量（t）	同比（%）	进口数量（t）	同比（%）	出口金额（万美元）	同比（%）	进口金额（万美元）	同比（%）
1月	12 333.5	43.9	7 377 001.5	−13.0	1 029.5	46.8	331 638.9	−7.1
2月	6 938.4	−24.1	4 456 123.8	−17.8	584.9	−15.0	195 395.5	−13.4
3月	14 210.5	8.5	4 917 468.6	−13.1	1 188.8	19.5	200 924.5	−16.0
4月	14 263.5	−19.9	7 640 006.9	10.4	1 221.8	−14.1	306 746.0	3.2
5月	11 540.8	−29.9	7 361 975.5	−24.0	991.3	−19.4	287 878.7	−31.7
6月	8 124.2	−55.6	6 513 166.6	−25.1	627.7	−50.3	245 122.6	−36.9
7月	4 491.9	−47.1	8 640 294.8	7.9	358.1	−41.9	327 695.7	−8.0
8月	7 597.7	42.8	9 480 693.2	3.6	525.3	34.8	367 355.5	−7.2
9月	5 427.9	−0.4	8 196 635.7	2.1	401.7	1.9	318 678.8	−7.2
10月	6 752.0	10.6	6 181 352.8	−10.8	558.4	21.0	241 228.5	−20.0
11月	15 311.7	38.1	8 277 774.5	53.7	1 174.1	18.8	330 400.9	40.9
12月	10 159.2	−37.5	9 543 376.3	66.8	810.2	−24.3	388 893.6	52.7

2019 年各月豆粕进出口情况

	出口数量（t）	同比（%）	进口数量（t）	同比（%）	出口金额（万美元）	同比（%）	进口金额（万美元）	同比（%）
1月	36 478.8	−24.9	1 225.0	73.3	1 899.8	−30.4	86.0	69.8
2月	38 899.0	−33.4	232.9	935.2	2 009.7	−31.7	13.8	815.8
3月	77 600.0	43.1	1 615.4	22.1	3 553.4	35.2	121.3	37.1
4月	110 567.5	2.7	400.0	−81.3	4 886.8	−8.7	31.7	−78.9
5月	94 368.3	−29.9	950.0	−65.2	3 979.2	−37.6	76.4	−57.9
6月	118 652.1	−18.0	400.0	−86.7	4 713.7	−33.1	31.8	−85.2
7月	109 868.7	−26.4	800.0	65.3	4 599.7	−34.7	66.2	162.0
8月	104 053.6	−17.4	800.0	−37.3	4 665.1	−19.5	67.1	−4.1
9月	60 983.0	−59.3	400.0	−77.3	2 672.3	−60.8	32.1	−65.4
10月	70 750.5	−27.4	800.0	−84.7	3 487.9	−24.3	60.4	−77.4
11月	74 977.5	145.1	55.0	−98.6	3 883.5	133.0	3.0	−98.9
12月	91 609.6	178.0	1 865.0	1 719.9	4 613.1	147.1	140.2	2 749.3

2019年各月饲料用鱼粉进出口情况

	出口数量（t）	同比（%）	进口数量（t）	同比（%）	出口金额（万美元）	同比（%）	进口金额（万美元）	同比（%）
1月	40.0	60.0	59 770.6	−5.5	6.0	118.2	8 330.2	−4.1
2月	0.0	−100.0	82 187.8	134.6	0.0	−100.0	11 675.4	124.5
3月	50.0	—	170 902.4	120.5	6.8	—	24 381.4	110.9
4月	0.0	−100.0	171 223.9	14.9	0.0	−100.0	24 032.3	6.0
5月	0.0	−100.0	192 711.4	85.0	0.0	−100.0	26 839.7	63.4
6月	0.0	−100.0	100 451.1	−30.6	0.0	−100.0	13 688.1	−40.6
7月	0.0	−100.0	148 978.6	−32.0	0.0	−100.0	21 213.0	−39.2
8月	0.0	—	167 984.6	−27.2	0.0	—	24 171.5	−31.5
9月	0.0	—	93 367.9	−50.3	0.0	—	13 240.2	−52.9
10月	50.0	—	63 775.4	−48.7	7.5	—	8 488.1	−54.9
11月	0.0	—	93 048.7	20.4	0.0	—	11 820.0	5.8
12月	0.0	−100.0	74 238.8	61.8	0.0	−100.0	9 104.6	51.2

2019年各月蛋氨酸进出口情况

	出口数量（t）	同比（%）	进口数量（t）	同比（%）	出口金额（万美元）	同比（%）	进口金额（万美元）	同比（%）
1月	3 789.8	−21.8	18 643.7	99.5	856.1	−31.3	3 648.8	52.4
2月	2 547.5	−8.6	6 957.2	5.5	542.7	−24.8	1 356.4	−17.4
3月	3 218.3	−54.1	10 561.5	−65.0	752.7	−60.6	2 137.9	−69.6
4月	3 218.3	—	17 864.1	−2.7	752.7	—	3 394.2	−20.8
5月	2 530.2	—	21 473.9	27.2	547.5	—	4 111.7	6.3
6月	2 230.0	—	18 179.2	17.7	437.7	—	3 586.3	8.9
7月	2 502.6	−24.9	21 201.8	77.4	480.3	−38.1	4 306.7	80.2
8月	1 456.4	−52.9	15 493.6	13.6	367.7	−49.9	3 325.4	29.1
9月	1 604.8	8.6	22 359.1	63.4	363.9	−20.2	4 250.3	70.1
10月	1 514.6	176.6	28 750.0	107.3	319.1	102.7	5 429.0	113.9
11月	838.7	−52.0	23 584.1	20.4	208.4	−53.6	4 754.2	30.4
12月	2 489.7	−86.0	15 081.8	563.9	540.8	−84.4	2 910.0	438.2

2019 年各月赖氨酸进出口情况

	出口数量（t）	同比（%）	进口数量（t）	同比（%）	出口金额（万美元）	同比（%）	进口金额（万美元）	同比（%）
1月	39 827.1	62.5	162.5	−12.9	3 986.6	35.8	47.0	−15.7
2月	36 425.7	75.2	121.1	−32.9	3 592.1	49.7	27.1	−29.7
3月	59 643.8	48.8	112.9	−50.5	5 895.4	23.7	35.2	−55.5
4月	57 138.5	108.3	76.5	15 169.3	5 425.8	69.0	28.6	722.3
5月	49 811.3	39.0	140.1	−15.2	4 636.2	10.4	33.6	−31.8
6月	43 236.2	16.9	104.6	−2.0	4 099.8	−4.3	22.9	−23.5
7月	43 808.4	22.4	4.6	−97.7	4 223.3	6.5	8.5	−77.7
8月	51 034.4	41.8	101.3	−40.9	4 710.7	22.4	22.7	−46.1
9月	47 996.1	32.8	70.1	14 843.3	4 254.9	10.3	18.0	2 127.4
10月	49 221.7	45.9	170.3	739.6	4 157.9	17.6	36.1	586.3
11月	49 102.2	40.4	0.0	−99.9	4 052.1	10.0	1.1	−96.0
12月	61 206.0	41.9	60.1	6 009 400.0	5 128.0	17.3	15.9	8 400.3

2020

中国饲料工业年鉴

大事记

农业农村部畜牧兽医局饲料饲草处

2019年3月12日　农业农村部办公厅发布通知，贯彻落实《国务院关于取消和下放一批行政许可事项的决定》，其中涉及农业农村部1项行政许可事项和2项中央指定地方实施的行政许可事项，分别是：取消已经取得进口兽药注册证书的兽用生物制品进口审批，取消饲料添加剂预混合饲料、混合型饲料添加剂产品批准文号审核，改为备案，取消新兽药临床试验审批，改为备案。

2019年3月12日　农业农村部发布《关于编纂〈中国饲料工业年鉴（2019）〉有关事项的通知》。

2019年3月20日　农业农村部印发《全国饲料工业统计调查制度》。

2019年3月29日　农业农村部发布《关于实施添加剂预混合饲料和混合型饲料添加剂产品备案管理的通知》，明确了添加剂预混合饲料和混合型饲料添加剂生产企业生产相关产品不再申请产品批准文号，省级饲料管理部门不再审批核发相关产品批准文号。

2019年4月18日　农业农村部通报2018年全国饲料质量安全监测结果。2018年抽检各类饲料产品7 424批次，饲料产品总体合格率为93.2%。

2019年7月10日　农业农村部发布公告第194号，决定停止生产、进口、经营、使用部分药物饲料添加剂。自2020年7月1日起，饲料生产企业停止生产含有促生长类药物饲料添加剂（中药类除外）的商品饲料。

2019年7月24日　农业农村部印发《饲料质量安全监督抽查检测工作要求》和《2019年全国饲料质量安全监督抽查工作方案》，对饲料质量安全监督抽查检测工作进行了规范。

2019年9月2日　农业农村部发布公告第210号，决定延长宠物饲料标签转换过渡期6个月。2020年3月1日以后生产的国产和进口宠物饲料产品所附具的标签，应当符合《宠物饲料标签规定》。

2019年9月29日　全国粮改饲工作推进现场会在甘肃省临夏回族自治州召开，农业农村部副部长于康震出席会议并讲话。会议强调，要认真总结2015年以来的工作经验，把握历史方位，坚持问题导向，努力把粮改饲工作做得更实更有成效。

2019年10月24日　全国饲料工业信息统计培训班在四川成都举办。来自各省级及部分地市级饲料管理部门、10家饲料集团企业的统计工作人员等70余人参加了此次培训。农业农村部畜牧兽医局饲料饲草处处长黄庆生指出，各省要适应行业管理和产业发展新形势新要求，创新和改进工作方式方法，抓紧推进监管监测一体化，以监管促进监测，用监测结果推动监管，相互促进，相得益彰。要提高做好新时期饲料统计监测工作重要性的认识，继续努力做好统计工作。

2019年11月4日　农业农村部发布公告第226号，修订了《新饲料添加剂申报材料要求》《新饲料添加剂申报材料格式》《新饲料添加剂申请表》，自2019年12月4日起施行。

2019年11月4日　农业农村部发布公告第227号，建立饲料原料和饲料添加剂审批咨询服务工作机制。

2019年11月5—7日　为提升饲料行业管理人员能力素质，农业农村部畜牧兽医局在陕西省西安市鄠邑区韩村举办了全国饲料行政执法培训班。此次培训班的主要内容涵盖了农业领域“放管服”改革情况及下一步工作考虑，分析基层农业执法与饲料监管执法行刑衔接监管实践问题，解读混合型饲料添加剂生产许可备案系统、宠物饲料生产企业许可条件和饲料质量安全管理规范执行情况，邀请上海、浙江、山东、四川、广东等省份分别介绍推进优化服务改革工作、实施“最多跑一次”改革、推行饲料生产企业分级管理、实施饲料质量安全监督抽查全覆盖、委托地市实施饲料行政许可及监管工作情况等。

各省级饲料行政管理部门及饲料质检机构有关人员，部分省份承担饲料行政许可工作的地市或县级管理部门有关人员，全国畜牧总站、国家饲料质量监督检验中心（北京）、中国农业科学院饲料研究所、中国农业科学院北京畜牧兽医研究所有关人员参加培训。

2019年11月20日　2019全国饲料生产形势分析会在海口召开。会议从深入分析了2019年饲料生产、饲料原料供求变化及畜禽养殖等领域生产形势、存在的问题与发展建议。农业农村部畜牧兽医局饲料饲草处处长黄庆生对2020年饲料行业管理工作提出了三点要求。一要认真落实“放管服”改革要求，根据饲料行业的现实情况和发展需要，创新方式方法，着力围绕规范行业秩序、营造良好发展氛围，做好饲料行业管理工作。二要为企业做好服务，加强一线调研，及时了解企业困难和诉求，尽力做好帮扶工作。三是加强饲料质量安全监管，特别是针对混合型饲料添加剂，要进一步强化监管，近期农业农村部将研究制定相关标准，为监督执法提供更有效的规范支撑。

2019年11月21日　农业农村部发布公告第231

号，决定增补乙基纤维素等2个饲料添加剂品种进入《饲料添加剂品种目录（2013）》。

中国饲料工业协会

2019年4月15—20日　2019中国饲料工业展览会在南宁召开。以“合作共赢、绿色发展”为主题，稳步推进乡村振兴战略，不断提升产业竞争力和质量安全水平。农业农村部副部长于康震亲临大会并在论坛上做重要讲话，中国工程院院士、中国饲料工业协会会长李德发，以及畜牧兽医局等有关领导莅临大会。来自美国、加拿大、欧盟、澳大利亚、日本、韩国、东盟等20多个国家和地区的511家农牧企业参展，展会接待观众6万余人次。

2019年4月16日　举办2019中国饲料发展论坛。邀请行业领导、知名专家学者、企业家代表就“三农”政策、行业趋势、现代种业等领域做专题报告，设置“应对非洲猪瘟疫疫情”和“畜牧业减排、替抗”2个互动环节。共600多名代表参加。

2019年11月25—26日　中国饲料工业协会第七届理事会会议暨2019年年会在北京召开。农业农村部副部长于康震出席会议并讲话。农业农村部总畜牧师马有祥、畜牧兽医局局长杨振海，中国饲料工业协会会长、中国工程院院士李德发等领导出席会议。协会理事单位及会员代表400余人参加了会议。会议听取并审议了《中国饲料工业协会第七届理事会三年工作报告》，表决通过《中国饲料工业协会会员会费标准》和《中国饲料工业协会会员服务项目》。本次会议对中国饲料工业协会第七届理事会部分负责人进行了调整，全国畜牧总站站长王宗礼当选协会常务副会长、秘书长。

2019年　全年对13个产品进行技术评审，3个产品通过新饲料添加剂评审，3个产品通过扩大适用范围评审，2个产品增补进入《饲料添加剂品种目录》。

内蒙古自治区

2019年3月21日　为认真落实农牧业高质量发展，全面提升饲料行业管理水平，进一步加强饲料质量安全监管、“瘦肉精”专项整治工作，严厉打击违法违规行为，保障畜产品质量安全。下发了内蒙古自治区农牧厅《关于下达2019年饲料质量安全及养殖环节“瘦肉精”监测计划的通知》（内农牧饲发〔2019〕111号）。

2019年5月　内蒙古自治区农牧厅饲料饲草处成立。

2019年12月2日　为更好地贯彻落实《饲料和饲料添加剂管理条例》及其配套规章，召开了全区饲草产业发展暨饲料行业管理工作会议。

辽　宁　省

2019年3月　开展全省法制安全宣传教育活动，检查指导饲料生产企业28家，发现安全生产隐患5处，整改5处。

2019年5月　根据《农业农村部畜牧兽医局关于开展饲用血液制品生产企业监督检查工作的通知》（农牧便函〔2019〕455号）要求，对涉及辽宁省的4家生产企业开展现场监督检查。

2019年3—6月　开展“大下乡、大调研、大讨论、大提升”活动，对全省20余家饲料生产企业实地深入调研，掌握全省饲料行业发展现状，检视问题，提出发展建议，形成《辽宁省饲料工业发展现状问题与对策调研报告》。

2019年10月12日　在辽宁营口举办辽宁省畜禽养殖减抗实用技术培训班，落实农业农村部第194号公告精神，全省各市农业农村局、农业发展服务中心主管人员以及饲料生产企业技术负责人、国家及省级养殖减抗示范企业负责人共计150余人参加培训班。

2019年2—11月　根据《辽宁省农业农村厅关于做好2019年涉企行政执法检查的通知》（辽农办法发〔2019〕214号）要求，全年开展4期执法检查活动，检查饲料生产企业50家、饲料经营店50家，对企业存在的问题跟踪整改，对存在的共性问题，提出工作建议。

上　海　市

2019年1月　与上海市所有饲料生产企业签订质量安全承诺书，要求企业作为质量安全的第一责任人，自觉遵守国家的相关法规要求。

2019年4月　印发了《2019年上海市地产生猪出栏前“瘦肉精”及其替代品监测计划》，全年布置了“瘦肉精”等违禁药物出栏前监测12 600批任务；制订了《2019年上海市饲料质量安全监测计划》，全年计划监测总数100批共896项目批次。

2019年4月　组织上海市饲料企业参加2019年中国饲料工业展览会，上海市共参展约220个展位，展位数名列前茅。

2019年4月　根据《农业农村部办公厅关于编纂〈中国饲料工业年鉴（2019）〉有关事项的通知》，完成了上海市3家优秀企业、5家重点企业的推荐和《中国饲料工业年鉴（2019）》地方篇和大事记的编写工作。

2019年5月　按照“谁审批、谁监管，谁主管、谁监管”和市级统筹的原则，梳理了市、区监管职能范围内的饲料监管事项，并形成市、区两级饲料监管事项目录清单和检查实施清单。

2019年5月　按照农业农村部91号公告要求，上海市组织实施了饲用血液制品生产企业现场督查行动，督促相关企业建立完善可追溯制度，严把严控消毒、生产、储存、检测等各个环节管理。

2019年7月　从控制农业面源污染、保障饮用水安全、提供优质绿色农产品的角度出发，制定了《上海市养殖业抗菌药物使用规范（试行）》规范性文件，明确将抗菌药物使用监管纳入对各区乡村振兴年度考核。

2019年7月　上海市农业农村委员会执法总队正式挂牌成立，饲料监督执法纳入总队职能，总队以上海市农业农村委员会名义统一执法。

2019年9月　协助农业农村部畜牧兽医局破获长沙谷歌生物科技有限公司生产、销售非法添加物米诺地尔重大案件，涉案货值约300万元，公安机关对涉案人员实施了刑事拘留。

2019年9月　农业农村部正式发布了由上海市兽药饲料检测所承担制定的《饲料中可乐定等7种α-受体激动剂的测定　液相色谱—串联质谱法》《饲料中利巴韦林等7种抗病毒类药物的测定　液相色谱-串联质谱法》《动物毛发中赛庚啶残留量的测定　液相色谱-串联质谱法》3项饲料安全风险监测技术国家标准及《动物性食品中5种α2-受体激动剂残留量的测定　液相色谱-串联质谱法》《猪组织和尿液中赛庚啶及可乐定残留量的测定　液相色谱-串联质谱法》2项食品安全强制性国家标准。

2019年10月　农业农村部专家组对上海市12家获证饲料生产企业开展了质量安全监管专项督查，并通过饲料企业监督检查和产品抽样检测联动，不断规范饲料生产经营和使用。

2019年11月　上海市组织开展了饲料企业质检人员检、化验技能提高培训，共有30余人参加了培训班。

2019年12月　全国饲料质量安全预警结果分析会暨2020年监测计划讨论会在上海召开，农业农村部畜牧兽医局副局长魏宏阳出席并发表讲话，全国20多家质检机构、科研院所及生产企业专家和代表共60多人参加了此次会议。

江苏省

2019年1月11日　江苏省农业农村厅印发《关于开展饲料质量安全典型案例专项警示教育活动的通知》（苏农办牧〔2019〕2号），在全省开展为期5个月的饲料质量安全典型案例专项警示教育活动，打击生产、经营、使用环节违规添加行为，提升饲料和饲料添加剂质量安全水平。

2019年4月2日　江苏省农业农村厅印发了《关于进一步做好全省畜牧兽医行业安全生产大检查的通知》（苏农函〔2019〕114号），列出饲料和饲料添加剂生产企业安全生产检查要点，采取县级自查、市级督查、省级抽查的方式，组织对全省饲料和饲料添加剂生产企业进行全面安全生产大检查，全面排查消除安全生产隐患，杜绝安全生产事故发生。

2019年4—5月　江苏省农业农村厅和江苏省饲料工业协会组织拍摄制作了《改革开放40年江苏饲料工业发展纪实》宣传片，回顾发展历程、总结发展成就，展望发展趋势。

2019年6月3—4日　江苏省饲料工业协会在南京举办2019年江苏省饲料工业协会年会。会议以“回眸卓越四十年、开创绿色新未来”为主题，总结改革开放40年来江苏饲料工业发展成就，分析当前饲料行业发展形势，探索江苏饲料工业发展思路。

2019年6月4日　江苏省农业农村厅召开全省饲料管理工作会议，全省各市、县（区）农业农村局分管负责人、饲料管理人员和部分企业代表350多人参加会议。会议总结2018年饲料管理工作，分析行业发展形势，部署2019年监管工作。

2019年10月9—21日　农业农村部派出3个饲料质量安全监测工作组赴江苏开展饲料质量安全监测工作，对随机抽取的115个饲料和饲料添加剂生产企业进行现场监督检查与产品抽样。

2019年10月11日　江苏省农业农村厅下发了《关于印发〈饲料和饲料添加剂生产企业省级“双随机、一公开”监管工作方案〉和〈2019年省级饲料质量安全监管实施方案〉的通知》（苏农办牧〔2019〕46号），切实加强饲料和饲料添加剂行政许可审批和事中事后监管。

2019年11月22日　江苏省农业农村厅和江苏省饲料工业协会在南京举办2019饲料监测统计业务培训班，解读宣贯全国饲料工业统计调查制度、培训饲料工业统计信息系统操作方法和饲料行业安全生产监管知识。

2019年11月25—29日　江苏省农业农村厅组织4个检查组赴全省各地开展饲料和饲料添加剂生产企业省级“双随机、一公开”监管工作，对随机抽取的35家企业开展现场监督检查和产品抽样工作。

福建省

2019年2月1日　根据福建省农业农村厅“三定”规定，饲料兽药管理处撤销，有关饲料行政管理的职能划转新设立的畜牧兽医处。

2019年8月20日　福建省政协副主席、省工商联主席王光远考察天马科技集团。

2019年12月3日　中国证监会福建监管局局长鲁颂宾考察天马科技集团。

江西省

2019年12月18日　全省饲料质量安全管理规范及法律法规培训班在南昌举办。各设区市、省直管试点县畜牧兽医（畜牧水产）局或饲料办分管领导、饲料工业统计系统填报人员，饲料生产企业管理人员、饲料工业统计系统填报员等共330余人参加了培训班。

湖北省

2019年4月12日　湖北省饲料工业协会第六届会员代表大会暨2019年年会在武汉召开，省农业农村厅畜牧兽医处处长何年华莅临本次会议并做重要讲话，湖北省饲料工业协会会长詹志春做了第五届理事会工作报告。

2019年4月12日　湖北省饲料监管培训会议在武汉召开，会议组织学习了《湖北省人民政府关于印发湖北省推进“证照分离”改革试点工作实施方案的通知》（鄂政发〔2018〕6号）精神，研究并制定了关于加强饲料和饲料添加剂生产许可证核发事中事后监管工作实施方案。

2019年8月20日至9月28日　2019年湖北省饲料质量安全管理规范培训班分别在武汉、荆州、襄阳、黄冈、宜昌、荆门、咸宁、黄石、随州、鄂州、孝感等地举办11场次，共为全省饲料企业培训各类技术人员660余人次。

2019年10月10—21日　2019年农业农村部专家组对湖北省饲料质量“双随机”检查在武汉、荆州等11个市、州展开，共检查企业28家，抽样96份，产品合格率在97%以上。

2019年11月7日　“中荷饲料和食品安全协同发展高峰论坛”在武汉举行，本次论坛由湖北省人民政府主办、湖北省科学技术厅承办、湖北省饲料工业协会支持。

此次高峰论坛旨在基于风险分析和供应链管理的饲料和食品安全监管体系，帮助企业建立自身品控体系，进一步提升肉、蛋、奶等畜产品的食品质量安全水平。湖北省科技厅领导、荷兰驻华使馆代表、GMP＋国际组织主席、湖北省农业农村厅畜牧兽医处处长何年华及中荷双方企业代表共180人参加了本次论坛。湖北省科技厅二级巡视员邓仕明致开幕欢迎辞，荷兰驻华使馆Henk先生致欢迎辞；会上还举行了湖北省对外科技交流中心和GMP＋国际组织关于“饲料和食品安全协同发展”高峰论坛合作协议和“谅解备忘录”的签署仪式。

2019年11月11—17日　湖北省第27期饲料行业检化验员培训班在华中农业大学举行。全省各地、市、州近40家企业的化验员参加了本次培训。湖北省农业农村厅畜牧兽医处、华中农业大学动物科技学院、湖北省饲料质量监督检测站给予了大力支持，同时本次培训班开创历届培训班之先例，对取得优异成绩的学员给予精神和物质奖励。

2019年11月23日至12月27日　2019年湖北省饲料质量安全“双随机”检查在武汉、黄冈等15个市进行，共检查企业17家，发现并责令整改问题52个。

湖南省

2019年4月2日　湖南饲料工业协会制定了《非瘟综合防治措施》。

2019年5月8日　湖南饲料工业协会联合省养猪协会、长沙市成长型企业发展促进会在湖南农大举办了第一期总经理提高班。

2019年9月9日　黄逸强董事长受邀在“FIIF 2019饲料行业创新论坛”上演讲，演讲的题目为《创新是添加剂企业发展的最大动力和源泉》。

2019年11月29日　湖南智能制造对接合作推进会在长沙融城花园酒店召开，湖南普菲克生物科技有限公司获湖南省智能制造示范车间并授牌。

湖南九鼎集团推出防非洲猪瘟配套设备产品——智慧养殖远程管理系统，现已在集团养殖企业普遍使用。

2019年　湖南百宜积极申报国家、省、市级知识产权相关项目，并在知识产权与科技创新的结合促进中，有效开展工作，共申请专利7件。

2019年　湖南伟业集团聚焦在线近红外技术，创新饲料ODM物联网应用，现已在一些企业推广使用，普获好评。

2019年　唐人神集团董事长陶一山和总裁陶业捐赠3 000万元，龙华农牧创始人龙秋华和龙伟华捐赠2 000万元，唐人神集团股份有限公司捐赠1 000

万元，“龙华上品教育扶贫基金会”成立。

广 东 省

2019 年 1 月 15 日　广东省饲料行业协会在广东顺德召开饲料企业环保排放专题研讨会，全省 40 多家饲料企业代表参加了会议。

2019 年 3 月　根据《国务院关于取消和下放一批行政许可事项的决定》（国发〔2019〕6 号），取消添加剂预混合饲料、混合型饲料添加剂产品批准文号核发。

2019 年 3 月　根据《广东省人民政府关于将一批省级行政职权事项继续委托各地级以上市实施的决定》（粤府〔2019〕16 号），将饲料生产许可证核发（单一饲料、浓缩饲料、配合饲料、精料补充料）和饲料添加剂（不含混合型饲料添加剂）产品批准文号核发两项行政许可事项，继续委托各地级以上市实施。

2019 年 6 月 5 日　召开全省饲料质量安全监管工作座谈会，分析研判饲料质量安全形势，布置质量安全监管工作。

2019 年 6 月　印发《2019 年广东省饲料质量安全监管工作方案》，按照“双随机、一公开”原则，组织开展饲料质量安全监管工作。

2019 年 7 月　委托 4 家第三方检测机构承担行政审批所需的检测工作，免费为企业提供高效的检测服务。

2019 年 7 月　印发《2019 年饲料产品质量风险预警监测工作方案》，开展饲料产品质量风险预警监测。

2019 年 8 月　按照《饲料和饲料添加剂管理条例》及有关规定，增补生产许可现场审核专家，进一步提升现场审核工作效率。

2019 年 9 月 5—6 日　举办全省饲料生产许可现场审核培训班，提升专家现场审核工作能力，规范现场审核行为。

2019 年 12 月 6 日　第七届广东省饲料行业协会会员代表大会在广东东莞召开，选举出新一届协会领导班子。举办了第三届无抗联盟大会暨 2019 年度总监峰会。

2019 年 12 月 7 日　2019 年广东省饲料行业年会成功召开，举办了第六届广东饲料科学技术论坛，成立了广东省微生态制剂分会。

广西壮族自治区

2019 年 1 月 11 日　印发《关于开展“瘦肉精”专项监督抽查工作的通知》（桂农厅办发〔2019〕2 号），在春节前开展“瘦肉精”专项监督抽查。

2019 年 2 月 2 日　上报 2018 年度饲料工业统计年度报表，发布 2018 年全省饲料生产形势分析信息。

2019 年 2 月 22 日　印发《关于下达 2019 年广西饲料和饲料添加剂质量安全监测计划的通知》（桂农厅发〔2019〕39 号），在全区组织开展饲料和饲料添加剂质量安全监测工作。

2019 年 2 月 22 日　印发《关于进一步贯彻落实农业农村部 91 号公告规范饲料生产企业消毒防疫工作的通知》，努力防范非洲猪瘟等动物疫情经由饲料产品和饲料运输车辆、工具、包装材料等传播。

2019 年 4 月 15—20 日　配合中国饲料工业协会在广西南宁举办 2019 年中国饲料工业展览会和 2019 中国饲料发展论坛暨畜禽粪污资源化利用高峰论坛。广西共组织 44 家饲料养殖企业以“参展参会＋广西优质畜产品推介”形式参加，充分展示了广西养殖业生态、环保、健康等理念，取得了良好的效果，展会上，农业农村部副部长于康震对广西畜牧业和饲料工业发展的成绩给予充分肯定。

2019 年 5 月 21—29 日　对区内 3 家饲用血液制品生产企业进行了现场监督检查。重点检查企业在消毒措施、生产工艺、产品过程管理、产品出厂检测等方面的落实情况。

2019 年 5 月 22 日　举办全区饲料和饲料添加剂生产许可评审专家的培训班，针对《饲料和饲料添加剂管理条例》及配套法规宣贯，生产许可证审核技术要点分析，生产许可和规范实施中常见问题进行解答。

2019 年 10 月 11 日　农业农村部派出抽查组到广西开展全国饲料质量安全监督抽查，共对广西 31 家饲料和饲料添加剂生产企业 109 个样品进行监督抽检。

2019 年 11 月 3 日　2019 广西动物营养学术年会暨广西饲料工业协会第二届邕江论坛在南宁召开，邀请业内知名专家、企业家共探产业发展之路。

海 南 省

2019 年 4 月 9 日　为了解全省第一季度饲料行业生产经济运行情况，加强行业生物安全体系建设，提升非洲猪瘟风险防控能力，更好地预测和研判全年行业经济发展态势。在琼海召开全省饲料行业第一季度形势分析暨提升非洲猪瘟防控能力培训会，邀请海南大学教授韩谦讲授如何做好防控非洲猪瘟的生物安全，有 70 多名饲料管理人员参加。

2019 年 4 月 30 日　针对海南省非洲猪瘟防控形

势，为全面掌握全省饲料行业防控非洲猪瘟工作，打好全省非洲猪瘟防控歼灭战，召开了全省饲料行业非洲猪瘟防控工作汇报会，省农业厅饲料兽药管理处负责人、省饲料兽药行业协会会长和秘书长及20多家畜禽饲料生产企业主要负责人参加会议。

2019年7月21日至10月31日　根据《海南省农业农村厅关于开展安全生产风险隐患百日整治行动的紧急通知》（琼农字〔2019〕133号）要求，实施全省饲料行业开展安全生产风险隐患百日整治行动。

四 川 省

2019年1月　四川省农业农村厅召开加强以猪血为原料的饲用血液制品生产过程管控工作座谈会，并对全省所有以猪血为原料的饲用血液制品生产企业进行现场检查，对不符合91号公告要求的企业责令立即整改或停产整顿，切实防控非洲猪瘟通过饲料途径传播。

2019年11月　四川省饲料工业协会在成都成功举办2019年四川省饲料行业年会，展示发展成果，推动饲料行业健康发展。

2019年11月　四川省饲料工业协会组织评选出了新希望六和股份有限公司、通威股份有限公司、四川铁骑力士实业有限公司、四川特驱投资集团有限公司、成都正大有限公司、四川省畜科饲料有限公司、巨星农牧股份有限公司、四川省旺达饲料有限公司、成都大帝汉克生物科技有限公司、四川吉隆达生物科技集团有限公司10家“四川省饲料行业十大领航企业”和成都蜀星饲料有限公司、四川大北农农牧科技有限责任公司、四川傲农生物科技有限公司、帝斯曼维生素（四川）有限公司、绵阳禾本生物工程有限公司、四川新一美生物科技有限公司、邛崃驰阳农牧科技有限公司、四川省眉山万家好饲料有限公司、成都美溢德生物技术有限公司、成都三旺农牧股份有限公司10家“四川省饲料行业十大质量标杆企业”。

2019年12月　四川省农业农村厅建立四川省饲料兽药生产企业重点监控名单和黑名单制度，加大对违法违规企业的震慑力度，切实改变“违法成本低”的状况，维护行业健康发展。

云 南 省

2019年3月21—22日　云南省饲料工业协会在昆明云安会都举办了2019年《饲料质量安全管理规范》培训班。来自全省饲料和饲料添加剂生产企业的品管、生产、技术等部门负责人共160多人参加了此次培训。云南省农业农村厅畜牧兽医处副处长张存焕出席了本次培训班并讲话。

2019年5月10日　由云南省饲料工业协会、北京市饲料工业协会主办，北京博农利生物科技有限公司承办的“维基”解密主题沙龙在昆明世纪金源大饭店召开。来自云南、四川、贵州、重庆多地的企业代表100多人出席本次活动。

2019年8月22—24日，8月28—30日　云南省农业农村厅畜牧兽医处组织省动物卫生监督所在建水县和大理市分别举办了2019年云南省畜牧投入品监管培训班。培训主要围绕饲料及投入品监管、畜产品抽样及兽药残留注意事项等5个内容来重点讲述。来自各州、市动物疫病预防控制中心和动物卫生监督机构的210余名工作人员参加了培训。

2019年9月12日　云南省饲料工业协会在昆明举办了2019饲料法规培训班。来自全省饲料和饲料添加剂生产企业的相关部门的负责人共120多人参加了此次培训。

2019年10月13—18日　按照农业农村部的安排，云南省兽药饲料检测所协助河南省兽药饲料检测所对云南省饲料企业开展飞行抽检，共抽检企业20家，抽取饲料样品84份。

2019年11月15—29日　云南省饲料工业协会在云南农业大学开展了饲料检化验员检测能力提升培训班。来自昆明正阳、昆明特驱等饲料生产企业的19名学员参加了本次培训班。

2019年11月29日　云南省饲料工业协会联合北京美正生物科技集团在昆明举办了饲料及饲料原料真菌毒素检测技术交流会。来自全省饲料生产企业的品管负责人及化验员50多人参加了此次交流会。

陕 西 省

2019年1月17日　全省饲料工业发展与环保政策落实对接座谈会在西安召开。

2019年3月6日　全省饲料工业工作暨行业新规培训会在西安召开，陕西省农业农村厅党组成员、副厅长宁殿林出席会议并讲话。

2019年3月25日　印发《陕西省农业农村厅办公室关于规范饲料类行政许可办理事项的通知》。

2019年7月19日　陕西省饲料总站组织实施的省农业农村厅《高活性微生物饲料添加剂研究应用与推广项目》试验总结暨推广实施方案讨论启动会在西安成功举办。

2019年8月20日　《高活性微生物饲料添加剂研究应用与推广项目》集中推广应用首次启动培训会

在富平县成功举办，近百人参加培训。

2019年9月25—27日　由陕西省饲料工作总站主办，咸阳市饲料工业办公室、永寿县农业农村局协办，永寿温氏畜牧有限公司承办的全省饲料行业（温氏杯）男子篮球比赛在永寿县体育馆成功举办。

2019年9月29日　全省饲料行业前三季度生产与发展形势分析会在西安召开。

2019年11月14日　陕西省饲料工作总站在宝鸡举办2019年陕西省饲料行业通讯员培训班。

2019年11月22日　陕西省饲料工作总站站长刘万军带领站班子成员与业务骨干，赴杨凌分别与西北农林科技大学、杨凌职业技术学院就如何加强省饲料工作总站与院校对接和合作进行座谈交流。

2019年12月27日　全省饲料工业统计分析与监测预警专题培训班在西安举办。邀请中国饲料工业协会信息中心高级项目数据分析师陆泳霖进行授课。

甘肃省

2019年1月15日　下发《关于印发甘肃省“瘦肉精”专项监督抽查工作实施方案的通知》（甘兽医函〔2019〕17号），在养殖、活畜运输、交易和屠宰环节开展使用“瘦肉精”专项整治行动。

2019年1月21—23日　农业农村部“瘦肉精”检查工作组，赴天水市抽检样品15个，结果全部为阴性。

2019年2月6日　上报2019年度饲料工业统计年度报表，发布2019年全省饲料生产形势分析信息。

2019年10月23—30日　农业农村部饲料质量监管检查组，赴金昌、张掖、武威、兰州、白银5个市检查饲料生产企业13家，抽取饲料样品35批。

2019年11月20—28日　开展全省饲料生产企业“双随机”监督检查，检查企业25家。

2019年12月9—15日　农业农村部“瘦肉精”检测采样工作组赴定西市安定区、通渭县和陇西县，在149户肉牛和肉羊养殖场（户）抽取438份牛尿液和羊尿液，检测出阳性样品1例，已责成渭源县畜牧兽医管理部门依法查处。

宁夏回族自治区

2019年7月19日　宁夏伊品生物科技股份有限公司李德发院士专家工作站在宁夏永宁县建成揭牌，成为继宁夏大北农科技实业有限公司之后建成的宁夏第二个饲料和饲料添加剂院士专家工作站，为推进宁夏饲料业科技创新高质量发展注入了新活力。

新疆维吾尔自治区

2019年1月23—24日　举办了2019年饲料行业安全生产管理培训班，举办了2019年饲料行业“企业标准化”培训班，培训学员143名。

2019年1月　新疆泰昆集团股份植物蛋白事业线全面实现了技术革新，南北疆4家分公司同时改革更新50%蛋白棉粕、60%蛋白棉粕加工工艺，加工产能提升至60万t，是国内唯一一家专业化、规模化生产高蛋白棉粕的生产企业，成为中国高蛋白棉粕引领者。

2019年3—8月　为贯彻落实《饲料和饲料添加剂管理条例》规定，推进《饲料质量安全管理规范》实施，确保饲料产品质量，提高饲料生产企业规范化管理水平，根据《2019年自治区畜产品质量安全监测实施方案》（新牧发〔2019〕10号）文件要求，组织相关单位对伊犁哈萨克自治州、喀什地区、巴音郭楞蒙古自治州、昌吉回族自治州、阿克苏地区等地（州）的饲料产品进行了第二季度监督抽检，对饲料产品质量卫生、禁限用药物和违禁物质等项目指标实施监测。监督抽检33家企业的饲料产品135批次，其中127批合格、8批不合格，合格率为94.07%。8批不合格样品的不合格项目主要分布在铜、锌和粗蛋白上。

2019年5月9—12月　责成伊犁州畜牧兽医局组织执法人员，依法扣押、查封和没收伊宁县4家饲料销售部销售无饲料添加剂生产许可证的饲料添加剂氯化钠（NaCl）640袋（16 000千克），行政处罚罚款15.5万元，并按照法律程序移交伊宁县人民法院审理。

2019年5—9月　分别到昌吉州、伊犁州和阿克苏地区13家饲料生产企业开展了调研活动。通过座谈交流、现场察看等方式，了解饲料行业现状、问题，寻求解决办法。

2019年6月13日　举办了2019年自治区规范饲料标签工作培训班，培训学员131名。

2019年8月　新疆泰昆集团在新疆昌吉市举办了中国农牧CEO、CTO夏季峰会，正大集团、海大集团、通威集团、双胞胎集团、安佑集团、大北农集团、耘垦集团等50多家企业的100多位代表出席。与会代表对应对非洲猪瘟疫情献言献策，共商行业发展大计。

2019年10月14—21日　根据《农业农村部关于印发饲料质量安全监督抽查检测工作要求及2019年工作方案》（农牧发［2019］22号）要求，积极配合农业农村部专家完成对新疆7个地（州、市）的

27 家饲料生产企业开展的抽样任务。

2019 年 11 月　按照国务院、新疆维吾尔自治区人民政府和农业农村厅有关要求，制定了饲料和饲料添加剂申报审批程序及审批工作办事指南等，进一步细化审批事项内容，并在新疆政务网上开展申请审批工作。

2019 年 12 月 14—15 日　举办了 2019 年自治区饲料法规和饲料原料相关知识培训班，培训学员 135 名。

图书在版编目（CIP）数据

2020中国饲料工业年鉴 / 农业农村部畜牧兽医局，全国畜牧总站，中国饲料工业协会编．—北京：中国农业出版社，2020.12
ISBN 978-7-109-27650-5

Ⅰ.①2… Ⅱ.①农… ②全… ③中… Ⅲ.①饲料工业—中国—2020—年鉴 Ⅳ.①F326.3-54

中国版本图书馆CIP数据核字（2020）第253961号

2020中国饲料工业年鉴
2020ZHONGGUO SILIAO GONGYE NIANJIAN

中国农业出版社出版
地址：北京市朝阳区麦子店街18号楼
邮编：100125
责任编辑：张丽四　程　燕　　文字编辑：张丽四　吴洪钟　汪子涵　耿增强
版式设计：韩小丽　　责任校对：沙凯霖
印刷：北京通州皇家印刷厂
版次：2020年12月第1版
印次：2020年12月北京第1次印刷
发行：新华书店北京发行所
开本：787mm×1092mm　1/16
印张：34　　插页：20
字数：750千字
定价：300.00元